凉山年鉴 2015

LIANGSHAN YEARBOOK

凉山彝族自治州人民政府 主办
凉山彝族自治州史志办公室 编纂

方志出版社

图书在版编目（C I P）数据

凉山年鉴. 2015 / 凉山彝族自治州史志办公室编.
—北京 : 方志出版社, 2016.2
ISBN 978-7-5144-1960-3

Ⅰ.①凉… Ⅱ.①凉… Ⅲ.①凉山彝族自治州—2015—年鉴 Ⅳ.①Z527.12

中国版本图书馆 CIP 数据核字(2016)第 046265 号

凉山年鉴（2015）

编　　者：凉山彝族自治州史志办公室
责任编辑：罗　滔
出 版 人：冀祥德
出 版 者：方志出版社
地址　北京市朝阳区潘家园东里 9 号（国家方志馆 4 层）
邮编　100021
网址　http:// www.fzph.org
发　　行：方志出版社发行中心
电话（010）67110500
经　　销：各地新华书店
设计制作：四川省天隆文化传播有限公司
印　　刷：成都市天金浩印务有限公司
开　　本：889×1194　1/16
印　　张：33
字　　数：838 千字
版　　次：2016 年 2 月第 1 版　2016 年 2 月第 1 次印刷
印　　数：001~800 册
ISBN　978-7-5144-1960-3　定价：340.00 元

凉山彝族自治州行政区划图

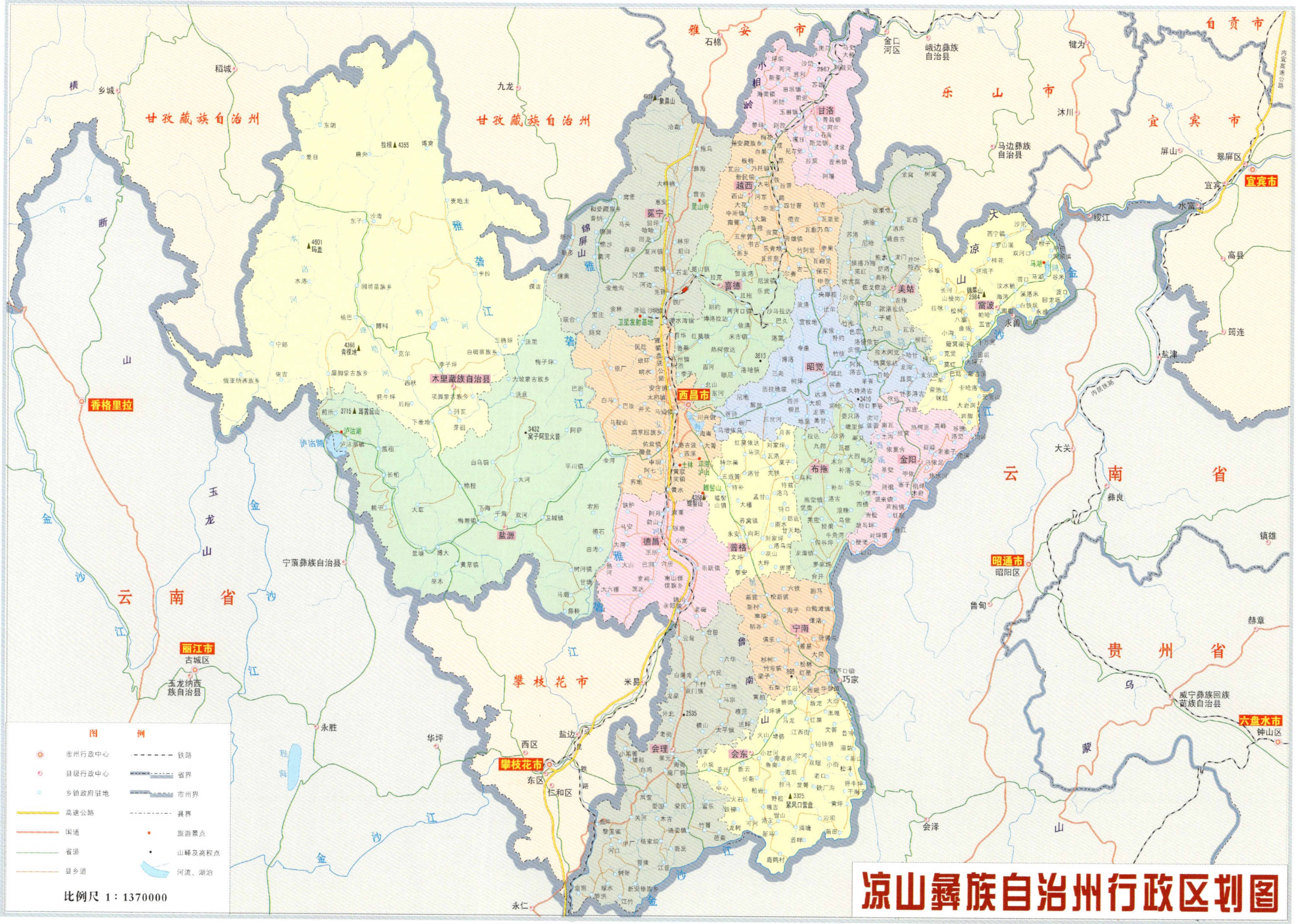

此图各要素不作实际界定依据，资料截止2006年。

数说凉山

【2014】

项 目	单 位	数 据	在全省位次	在全国30个少数民族自治州中的位次
人 口	人	5117825	8	1
国内生产总值	万元	13143033	7	1
第一产业增加值	万元	2533033		1
第二产业增加值	万元	6933855		1
第三产业增加值	万元	3676145		1
民营经济增加值	万元	7473502	8	
全社会固定资产投资总额	万元	10458692	7	5
社会消费品零售总额	万元	4478224	9	2
地方财政总收入	万元	1600968		3
地方财政一般预算收入	万元	1123019	3	1
地方财政支出	万元	3658972	2	1
年末金融机构存款余额	万元	13866700		2
年末金融机构贷款余额	万元	6554298		5
各级各类学校	所	1649		1
卫生机构数	个	1131		10
城镇居民人均可支配收入	元	23609	13	9
农民人均纯收入	元	8264	17	

凉山州各县市主要经济指标

【2014】

县市	国内生产总值（万元）	全州排位	规模以上工业增加值增速（%）	全州排位	公共财政总收入（万元）	全州排位	地方公共财政收入（万元）	全州排位	城镇居民人均可支配收入（元）	全州排位	农民人均纯收入（元）	全州排位
西昌市	4186854	1	15.9	6	413626	1	325839	1	28194	1	11561	1
德昌县	578726	6	-11.9	13	64710	8	48434	7	23541	3	11253	2
会理县	2159907	2	9.2	8	157289	2	114351	2	23767	2	11178	3
会东县	1205849	3	1.9	11	107282	4	87993	3	21661	4	10840	4
宁南县	491878	8	7.9	9	41974	9	30890	9	21592	5	10123	5
普格县	218361	15	-31.2	15	23765	12	16028	11	20684	10	6287	8
布拖县	237773	13	-5.3	12	16017	15	12623	15	21024	9	5368	13
昭觉县	233696	14	7.1	10	17759	14	13367	14	19858	16	5611	12
金阳县	280648	10	41.4	3	25175	11	14696	13	20514	11	5318	15
雷波县	545364	7	65.2	1	64781	7	48082	8	20067	14	5980	9
美姑县	187244	17	-17.6	14	15178	16	10446	16	20066	15	5244	17
甘洛县	249870	12	11.1	7	29820	10	15577	12	20287	12	5265	16
越西县	333805	9	-34.5	16	23051	13	16992	10	20265	13	5930	11
喜德县	191458	16	-54.1	17	15025	17	9576	17	18786	17	5329	14
冕宁县	931420	4	29.3	4	91450	5	63734	5	21466	7	9470	6
盐源县	848947	5	18.3	5	123121	3	87376	4	21587	6	7458	7
木里县	261233	11	45.4	2	70494	6	49447	6	21260	8	5963	10

2014年9月10日，中央政治局委员、中央书记处书记、中宣部部长刘奇葆，全国政协副主席、国家民委主任王正伟在民族文化宫参观凉山州成就展

2014年5月18日，最高人民检察院原检察长贾春旺在锦屏电站调研

2014年7月21日，中央第四巡回督导组组长张维庆在冕宁县看望基层群众

2014年10月30日，水利部部长陈雷在德昌县调研

2014年5月18日，最高人民检察院原检察长贾春旺在锦屏电站调研

2014年7月21日，中央第四巡回督导组组长张维庆在冕宁县看望基层群众

2014年10月30日，水利部部长陈雷在德昌县调研

2014年5月7日，交通运输部副部长翁孟勇在昭觉县调研

2014年3月25日，省委书记、省人大常委会主任王东明在昭觉县调研

2014年1月27日，省委副书记柯尊平在普格县调研

2014年8月28日，省委常委、省总工会主席李登菊在西昌市调研

2014年3月8日，省委常委、组织部部长范锐平在盐源县调研

2014年11月14日，省委常委、农工委主任李昌平在西昌市调研

2014年11月17日，省政府副省长黄彦蓉在西昌市看望基层群众

2014年11月5日，省政府副省长陈文华在昭觉县调研

2014年7月10日，省政府副省长刘捷在西昌市调研

2014年4月19日，省政府副省长曲木史哈在冕宁县城厢镇长征社区观摩防震救灾综合演练

2014年7月18日，省政府副省长、省公安厅厅长侍俊在昭觉县调研

2014年1月1日，省政协副主席、州委书记翟占一在西昌市看望慰问公安干警

2015年10月10日，州委书记林书成在盐源县职业中学调研

2014年4月24日，州委副书记、州长罗凉清在西昌烟厂调研

2014年8月16日，州人大常委会主任王金铁率省州人大代表在昭觉县视察

2014年4月23日，州政协主席邓显祥在白鹤滩水电站调研

2014年1月23日，州委副书记赵世勇在锦屏电站调研

2014年6月18日，州委副书记苏嘎尔布在西昌市西乡乡调研

2014年9月26日，州委副书记滕中平在锦屏一级水电站调研

2014年9月10日，州委常委、常务副州长胡云在宁南县调研

2014年12月3日，州委常委、州国资委党委书记胡坤在西昌新钢业调研

2014年4月21日，州委常委、宣传部部长王阿呷在越西县调研

2014年7月29日，州委常委、组织部部长冯斌在木里县调研

2014年12月10日，州委常委、统战部部长达久木甲在宁南县调研

2014年3月20日，州委常委、政法委书记杨文泉在木里县调研维稳工作

2014年4月11日，州委常委、州委秘书长、州总工会主席龙伟在普格县五道箐乡调研

2014年5月22日，州委常委、州纪委书记张力在德昌县调研

2014年1月21日，州委常委、凉山军分区政委叶佩在美姑县慰问贫困党员

2014年10月29日，州委常委何邵聪在宁南县调研

2014年5月6日，州人大常委会副主任熊正林在盐源县卫城镇调研

2014年12月18日，州人大常委会副主任刘建蓉在德昌县德州镇角半村调研

2015年1月6日，州人大常委会副主任钟承先在会东县慰问贫困户

2015年6月10日，州人大常委会副主任何绍忠在冕宁县污水处理厂调研

2015年2月16日，州人大常委会副主任海来木呷在冕宁县彝海乡调研

2014年9月10日，州人大常委会副主任李军在木里县下麦地乡调研

2014年5月12日，州人大常委会副主任周斌在会理县调研

2014年3月18日，州政府副州长杨卉在冕宁县调研

2014年6月19日，州政府副州长周德文在冕宁县调研

2014年7月31日，州政府副州长施遐在德昌县调研

2014年10月21日，州政府副州长、州公安局局长余毅在卡杨水电分局调研

2014年6月10日，州政府副州长白云在德昌县调研

2014年12月23日，州政府副州长肖春在西昌市调研

2014年3月13日，州政府副州长熊自力在喜德县调研

2014年6月16日，州政府副州长朱学雷在西昌市调研

2014年12月24日，州政协副主席黄志富在美姑县调研

2015年11月28日，州政协副主席香根•边玛仁青在木里县牦牛坪乡与干部群众座谈

2014年5月26日，州政协副主席熊仿秋在四川方兴稀土有限公司调研

2014年12月12日，州政协副主席季晓静在喜德县慰问贫困户

2014年5月15日，州政协副主席蒋若枫在雷波县凯瑞磷化工调研

2014年9月1日，州政协副主席马报在凉山州青年就业创业基地调研

2014年12月24日，
州政协副主席宋光明
在德昌县慰问贫困户

2014年12月25日，
州政协副主席杨洪清在
雷波县调研

2014年5月25日，
州政协副主席苏燕凌在
普格县螺髻山旅游开发
公司调研

2014年5月19日，州政协副主席王萌在会东利森水泥有限公司调研

2014年11月12日，州中级人民法院院长李俊在宁南县调研

2014年3月27日，州人民检察院检察长米滨在昭觉县看守所调研

2014年6月25日，四川省军区副司令员地的古火在冕宁县人武部指导党的群众路线教育实践活动

2014年3月13日，四川省军区副政委马福朝在西昌市人武部检查工作

2014年12月5日，四川省军区参谋长曹均章在昭觉县人武部检查工作

2014年3月6日，凉山军分区司令员申玮在会东县人武部检查工作

2014年11月3日，州委常委、凉山军分区政委叶佩在冕宁县人武部检查工作

2014年4月29日，凉山军分区副司令员郭友谊在冕宁县人武部指导党的群众路线教育实践活动

2014年7月17日，凉山军分区参谋长崔伟参加宁南县人武部党的群众路线教育实践活动专题民主生活会

2014年8月26日，凉山军分区政治部主任朱安平在昭觉县人武部检查工作

2014年7月14日，凉山军分区后勤部部长陈硕在喜德县人武部检查工作

2014年8月28日，中纪委监察部扶贫办主任钱武军在州委常委、州纪委书记张力的陪同下在雷波县调研

2014年3月25日，省纪委副书记邓顺贵在凉山调研

2014年6月11日，省纪委副书记李世成在凉山调研

2014年11月12日，省纪委常委贾瑞云在凉山调研

2014年3月20日，州委常委、州纪委书记张力在会东县调研

廉政文化下乡

2014年3月9日，省委常委、组织部部长范锐平在州委常委、组织部部长冯斌的陪同下在木里县调研

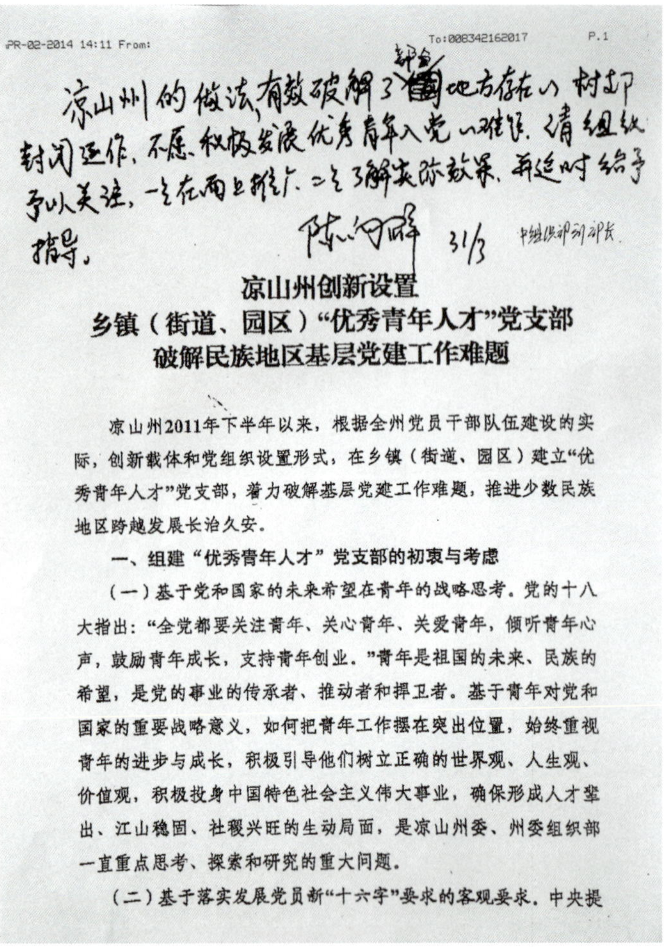

PR-02-2014 14:11 From: To:008342162017 P.1

凉山州的做法，有效破解了部分地方存在的村支部封闭运作、不愿积极发展优秀青年入党的难题。请组织局予以关注，一是在面上推广，二是了解实际效果，并适时给予指导。

陈希 31/3 中组织部副部长

凉山州创新设置
乡镇（街道、园区）“优秀青年人才”党支部
破解民族地区基层党建工作难题

凉山州2011年下半年以来，根据全州党员干部队伍建设的实际，创新载体和党组织设置形式，在乡镇（街道、园区）建立“优秀青年人才”党支部，着力破解基层党建工作难题，推进少数民族地区跨越发展长治久安。

一、组建“优秀青年人才”党支部的初衷与考虑

（一）基于党和国家的未来希望在青年的战略思考。党的十八大指出：“全党都要关注青年、关心青年、关爱青年，倾听青年心声，鼓励青年成长，支持青年创业。”青年是祖国的未来、民族的希望，是党的事业的传承者、推动者和捍卫者。基于青年对党和国家的重要战略意义，如何把青年工作摆在突出位置，始终重视青年的进步与成长，积极引导他们树立正确的世界观、人生观、价值观，积极投身中国特色社会主义伟大事业，确保形成人才辈出、江山稳固、社稷兴旺的生动局面，是凉山州委、州委组织部一直重点思考、探索和研究的重大问题。

（二）基于落实发展党员新“十六字”要求的客观要求。中央提

2014年7月15日，州委常委、组织部部长冯斌在会理县调研

2014年12月25日，州委常委、组织部部长冯斌出席“凉山党群通”开通仪式

2014年8月28日，省委常委、省总工会主席李登菊在西昌市四合乡调研彝绣产业发展

2014年1月23日，州委常委、州委秘书长、州总工会主席龙伟在普格县五道箐乡慰问困难群众

2014年5月27日，州总工会党组书记、常务副主席王英在普格县洛乌沟乡跃进村指导彝区健康文明新生活运动，并慰问群众

2014年9月23日，凉山州第四届劳动模范表扬大会在西昌召开

2014年5月22日，州中级人民法院院长李俊在喜德县调研

州中级人民法院荣获四川省“2014年法学研究工作先进集体”称号

2014年5月28日，州人大常委会机关党组到昭觉扶贫乡调研

2014年3月11日，州人大常委会机关干部职工参加党的群众路线教育实践活动

2014年3月28日，州人大常委会机关职工参加社区活动

2014年12月19日，公安部党委委员、部长助理刘跃进在凉山调研禁毒工作

2014年12月30日，州政府副州长、州公安局局长余毅在学校开展禁毒防艾大教育活动

反恐演练

缉枪治爆

同城户籍“一站式”办理

2014年7月16日，省委编办机关党委书记蒲善明在州委组织部副部长、州委编办主任姚云成的陪同下在德昌县调研

2014年5月12日，州委组织部副部长、州委编办主任姚云成在宁南县调研

2014年8月13日，州委编办副主任黄蓉带队赴大竹县庙坝镇考察学习经济发达镇体制机制创新改革工作

2014年4月18日，州委编办全体党员干部在冕宁县红军广场重温入党誓词

2014年1月21日，州委编办在冕宁县曹古乡扯羊村开展“走基层、送温暖、聚民心”活动

州委组织部副部长、州人社局局长罗卫平在甘洛县则拉乡磨房村调研

签订目标责任书

警示教育

2014年11月11日，凉山州学习贯彻《事业单位人事管理条例》暨事业单位人事管理和专业技术人员管理培训会在西昌召开

2014年5月12日，省委群教活动第二十一督导组副组长汪社林在州财政局督导群教活动

2014年1月，省财政厅厅长王一宏在凉山调研

2014年12月12日，省财政厅副厅长帅克在凉山调研

2014年12月5日，州财政局局长吴闯在普格县调研基层财政工作

嫦娥奔月

晨练

观海湾

高原牧场

邛海栈道

日出东方

泸沽湖

云海日出

螺髻山朝霞

长海雪景

雪山

花海

《凉山年鉴》编纂委员会

《凉山年鉴》编辑部

地　　址： 四川省西昌市三岔口南路 55 号

凉山州人民政府 4 楼（州史志办公室）

电　　话：（0834）3865357

传　　真：（0834）3865357

邮　　编： 615000

编辑说明

一、《凉山年鉴（2015）》是在中共凉山州委的领导下，由凉山州人民政府主办、凉山州史志办公室承办、《凉山年鉴》编辑部组织编纂的一部大型综合性和年度资料性文献。其宗旨是全面、系统、准确反映凉山彝族自治州自然、政治、经济、文化和社会发展情况，为各级领导和部门科学决策、制定发展规划提供依据，为科研和教学工作提供新的信息，为招商引资、商贸活动提供权威资讯，为国内外各界人士了解、认识凉山提供参考，为加快建设美丽富饶文明和谐新凉山提供资政服务。

二、《凉山年鉴（2015）》坚持以马列主义、毛泽东思想、邓小平理论、“三个代表”重要思想和科学发展观为指导，适应新形势，迎接新挑战，力求新发展，全面体现地方特色、民族特色、时代特色，做到思想性、科学性、文献性和可读性相统一，全面、系统、综合地反映2014年度凉山彝族自治州各条战线、各行各业在“五个文明”建设中取得的新成就、新经验和遇到的新问题。

三、《凉山年鉴（2015）》内容包括专述、凉山概况、大事记、党委、人大、政府、政协、军事、民主党派·工商联、群众团体、法治、经济管理、农业与农村经济、财税·金融、旅游、社会事业、公共建设、工业·企业、县市概况、附录、索引21个大类。

四、《凉山年鉴（2015）》文体结构由类目、分目、条目三个层次组成，类目、分目、条目标题分别用不同字体加以区别。

五、《凉山年鉴（2015）》卷首有中文和英文目录，卷末有按汉语拼音排列的主题分析索引，全书所有信息可通过目录、索引获取，检索方便。

六、《凉山年鉴（2015）》所用资料、图片、数据均由各供稿单位提供，并经所属单位领导审核送编。主要经济指标数据均采用统计部门年报数，并经统计部门审核。全书由《凉山年鉴》编委会审定，向国内外公开出版发行。

七、《凉山年鉴（2015）》采用现代语体文记述，力求言简意赅、文风朴实、语言流畅、设计新颖、图文并茂；内文采用双色印刷，装帧美观大方，特点突出，特色鲜明。

八、《凉山年鉴（2015）》所用计量单位采用国际单位制。

九、《凉山年鉴（2015）》编辑出版得到了全州各级领导的关心重视，得到了各地各部门、各事企业单位和社会各界的大力支持，在此谨表谢意。同时真诚欢迎社会各族各界人士提出宝贵意见，以便帮助我们改进工作。

《凉山年鉴》编辑部

2015年12月

目 录

政　府

政　协

军　事

民主党派·工商联

群众团体

法　治

经济管理

农业与农村经济

财税·金融

旅　游

社会事业

公共建设

工业·企业

县市概况

附　录

索　引

CONTENTS

Special

Liangshan Prefecture Introduction

Events

Party Committee

The Standing Committee of the NPC

Government

Political Consultative Committee

Military

Democratic Parties & Federation of Industry and Commerce

Non-governmental Organization

Political and Legal

Economic Management

Agriculture and Rural Economy

Finance and Tax

Tourist

Social Undertakings

Public construction

Industry and Enterprises

Counties & Cities

Addendum

Index

专述

Special

在中共凉山彝族自治州委七届六次全会第一次全体会议上的工作报告

（2014年12月1日）

省政协副主席、州委书记　翟占一

同志们：

这次州委全会的主要任务是，深入学习贯彻党的十八届四中全会、省委十届五次全会精神和习近平总书记在党的群众路线教育实践活动总结大会上的重要讲话精神，结合凉山实际研究部署全面深入推进依法治州、全面推进从严治党工作。

首先，我受州委常委会委托，向全会报告常委会一年来的主要工作。

州委七届五次全会以来，州委常委会全面贯彻落实党的十八大、十八届三中、四中全会和省委十届四次全会精神，以邓小平理论、“三个代表”重要思想、科学发展观为指导，认真学习贯彻习近平总书记系列重要讲话精神，积极应对复杂严峻的宏观经济形势，始终保持专注发展定力，锐意改革创新，突出发展、民生、稳定“三件大事”，大力实施“三大片区发展战略”，统筹谋划、扎实抓好“五位一体”建设，认真开展党的群众路线教育实践活动，标本兼治加强反腐倡廉建设，全州呈现经济平稳较快发展、民生持续改善、社会和谐稳定、干部奋发有为良好局面。

第一，保持专注发展定力，推动经济平稳较快发展。牢牢把握加快发展第一要务，紧扣全州中心工作不动摇，突出投资拉动、产业支撑，改革促发展、发展惠民生、民生促和谐，致力推动全域凉山全面协调可持续发展。把稳增长摆在突出位置，制定落实一系列稳增长配套政策措施，围绕资源型、生态型、开放型经济发展，充分激发“三大片区”“两大类区”发展潜力，全州经济运行总体平稳，稳中有进、逆势上行。前三季度，实现地区生产总值979.11亿元、总量全省第七，同比增长8.5%；城乡居民收入分别增长9.2%、13.41%，农村居民收入增速继续保持“两个高于”（高于经济增速、高于城镇居民收入增速）。1—10月，规模以上工业增加值同比增长13.7%，高于全省3.9个百分点，增速全省第一；固定资产投资891.11亿元（其中第三产业投资占比达47.4%）、增速全省第六；社会消费品零售总额

350.14亿元、同比增长12.9%；公共财政总收入127.2亿元、同比增长9.9%，其中地方公共财政收入87.51亿元，居全省第二。把调结构作为主攻方向，以攀西国家级战略资源创新开发试验区建设为契机，大力实施重大科技攻关和科技成果转化项目，以创新驱动特色优势产业、战略性新兴产业发展，在扩大增量中调优结构，确保产业发展换挡不失速、增效又增量。“大凉山”特色优质农产品生产加工基地加快建设，创建国家、省级名优品牌76个，农业增加值增速继续高于全省平均水平。钒钛综合利用和稀土深加工及应用产品研发取得新进展，新增冷轧产能210万吨、高精度稀土抛光粉产能2000吨，新增水电装机1773万千瓦、风电装机19.8万千瓦，淘汰落后与化解过剩产能企业22户。旅游、金融、信息、物流、电子商务等现代服务业带动第三产业加快发展，凉山被列入“全省服务业示范市州”。非公有制经济增加值国民经济占比达54.6%。科技对经济增长的贡献率达44.2%。把扩大开放作为发展动力，深入实施充分开放合作战略，深化与津巴布韦、荷兰、泰国、丹麦等国开展的国际产业合作，务实推进区域、部门、银政（企）协作合作，发挥“中外知名企业四川行”、第十五届西博会、农博会、“国际友好合作凉山行”等平台作用，新引进一批符合国家产业政策和投资方向的重大项目，保持招商引资稳定增长。截至10月底，全州履约招商引资项目193个，累计到位州外资金419亿元。把基础建设作为长远战略，强力推进“交通大会战”、新型城镇化、生态文明建设等重点项目，为凉山未来发展打基础、增后劲。总投资453亿元的成昆铁路扩能工程凉山段（峨眉至米易）获国家发改委批复，高速公路和畅通联网工程有序推进，开工建设国省干线及重点公路1320.8千米，建成通乡油路1047千米、通村水泥路1457千米、通村通达路1865.3千米。西昌城市总体规划获省政府批准实施，布拖、雷波、盐源等8县垃圾填埋场和宁南、德昌、冕宁3县污水处理厂加紧建设。邛海湿地成功创建“国家湿地公园”，五、六期湿地恢复工程即将全面竣工。把县域经济作为根本支撑，召开全州县域经济工作会议，制定实施《关于加快县域经济发展的意见》，分类支持和推动全州县域经济发展，“加快发展区”继续领跑、经济总量占全州的85.5%，“综合扶贫开发区”经济发展稳中有增、民生改善迈出新步伐，安宁河谷地区、大凉山彝区、木里藏区你追我赶、竞相发展。

第二，落实全面深化改革部署，推进重点领域改革突破。坚持问题导向，把握全面深化改革的重点难点，制定实施年度改革要点，州委全面深化改革领导小组先后召开6次专题会议，研究确定年度改革任务184项，按“近期推进”“先行试点”“深入研究”分类实施，把有利于稳增长、调结构、防风险、惠民生的改革举措往前排，出台并备案专项改革方案34个，集中力量推进关键改革事项落实。深化农村改革，以放活土地经营权为主线，开展林权流转问题专项清理整治，全面启动土地承包经营权确权颁证工作，通过转租、转包等方式流转土地32万亩，农业产业化龙头企业、农民专业合作组织、家庭农场等新型经营主体带动农户面达72.4%。深化国资国企和新型城镇化体制改革，研究制定《关于深化国资国企改革的意见》，设立国有企业改革创新专项发展资金，以西昌运输公司、大桥水电、益门煤矿为重点，完善州属国有企业法人治理结构。扎实推进新型城镇化，出台《经济发达镇行政管理体制改革试点工作指导意见》，省州“百镇建设试点行动”有序开展，撤并29个乡、新设10个镇、扩建4个乡。深化行政体制改革，以简政放权为主线，进一步取消、调整行政审批，州级行政审批事项由373项减少至44项，精简率达88%，成为全省行政审批事项最少的市州。积极开展并联审批，企业设立登记时限大幅压缩。推进工商注册登记便利化改革，完成市场主体登记12740户、同比增长32.76%。深化资源要素市场化配置改革，积极推行直购电试点，推进西昌、甘洛等4县市城乡建设用地增减挂钩，立项实施土地开发整理项目50个。推进金融体制改革，州农信社改制组建农商行，推动农业银行深化“三农金融事业部”改革，稳步推进

"惠农保"保险和小额贷款公司试点，鼓励民间资本参股、投资金融机构和准金融机构，前三季度银行累计投放贷款261.44亿元。

第三，切实保障和改善民生，确保发展成果全民共享。始终把保障和改善民生作为一切工作的出发点和落脚点，健全完善以民生为导向的财政政策体系，安排资金43.3亿元，实施省19件、州10件民生实事，突出解决教育、医疗、社保、住房、饮水、道路等民生难题，扎实抓好越西地震抗震救灾和灾后恢复重建，提升民生保障水平。用好用活乌蒙山片区区域发展与扶贫攻坚规划和省"四大片区扶贫攻坚行动"政策，安排资金107.68亿元统筹推进彝区"十项扶贫工程"、藏区"六项民生计划"，加快贫困群众脱贫致富步伐，预计年内减少贫困人口9.43万人。坚持"五管齐下"，精准扶贫、"雪中送炭"，推动东西扶贫协作、省内对口帮扶和机关定点扶贫、干部结对联系、州内"4+5"对口帮扶等扶贫力量向最贫困的村、最困难的群众汇聚，集中力量解决227个村极度贫困问题。坚持把彝家新寨建设作为扶贫开发的主载体，按照"五新一体"要求，产村相融、成片推进"百乡千村"新村建设工程，年内将建成彝家新寨210个、藏区新居43个、安宁河谷新村278个。统筹推进社会事业发展，启动实施大凉山彝区教育振兴行动计划，大力整治非法组织未成年人外出务工问题，落实"控辍保学"多长负责制，巩固"两基"攻坚成果，大力发展学前教育、"双语"教育，深入推进彝区、藏区"9+3"免费教育计划，招收"9+3"学生4049名；加大就业促进力度，组建"凉山劳务经纪人协会"，年内转移输出农村劳动力110万人、实现劳务收入126亿元，提前一年实现"双百"目标；加强基层医疗卫生服务体系建设，全州新农合参合率达98.99%，艾滋病防治体系进一步完善，法定传染病得到有效防控，突发公共卫生事件"零"报告。完善城乡社会保障体系，关爱特殊困难儿童，加强五大保险扩面征缴，推进新型农村和城镇居民养老保险全覆盖。积极推进百姓安居工程，开工建设各类保障性住房和棚户区改造23650套（户）。

第四，大力发展社会主义民主政治，保障人民群众民主权利。认真学习贯彻习近平总书记在庆祝全国人民代表大会成立60周年大会、庆祝人民政协成立65周年大会上的重要讲话精神，坚定不移走中国特色社会主义政治发展道路。支持州人大及其常委会依法行使职权，围绕凉山改革发展加强地方立法工作，增强对"一府两院"监督实效，加强对重大经济、民生工作监督，开展环境保护、人口与计划生育等法律法规实施情况检查，依法决定重大事项，充分发挥人大代表知情参政、桥梁纽带和模范带头作用。支持州政协和各民主党派、工商联、无党派人士围绕全州工作大局开展政治协商、民主监督、参政议政，紧扣新型城镇化建设、生态文明建设、现代服务业发展、加强和创新社会治理等重大问题开展广泛调查研究、积极建言献策。积极发展基层民主，完善村（居）民自治，健全政务公开、村务公开、厂务公开等制度，人民群众民主权利得到更好保障。加强民族宗教、侨务和对台工作，各民族团结和睦大好局面进一步巩固发展，成立全省民族地区首家州级群团组织社会服务中心，构建形成大群团工作新格局。坚持党管武装原则，推进议军议警制度化，促进军民融合深度发展，国防动员和国防后备力量建设得到加强，军政军民团结局面进一步巩固。

第五，坚持正确舆论导向，加强宣传思想文化建设。深入学习宣传贯彻习近平总书记系列重要讲话精神，发挥州委中心组理论学习"核心"导向作用，抓住党员干部群众关注的重点、热点、焦点问题，组织开展大宣讲活动，用习近平总书记系列重要讲话精神统一思想、武装头脑、指导实践、推动工作。加强意识形态领域工作，突出藏区维稳宣传，深入开展爱国守法、民族团结、感恩奋进、理性信教"四项教育"，打好"攻心战"，把牢"话语权"，唱响"国家好、民族好，大家才会好"的时代主旋律。广泛开展社会主义核心价值观宣传教育，通过设立"凉山好人榜"、举办"道德讲堂"、评选"感动凉山十大人物"等，深化道德实践和精神文明创建，宣传树立各方面先进典型，营造昂扬向上的社会氛围。成功举办纪念《民族区域自治法》颁布30周年凉山州成就展、西昌邛海湿地国际马拉松赛，全面展示凉山山水阳光、资源优势、产业优势和发展潜力，塑造、提升凉山全面开发开放形象。着力深化文化体制改革，深入实施“文化惠民”工程，大力弘扬优秀传统民族文化，制定出台《凉山州藏羌彝文化产业走廊规划》，“摩梭家园”建设保护工程系列规划编制完成、10个重点摩梭古村落改造全面启动，州歌舞团原创大型民族歌剧《彝红》获第二届中国歌剧节优秀剧目二等奖，州第四届民族文化艺术节圆满成功。大力倡导现代文明生活方式，突出科技惠民、文化利民、教育培育、卫生普及、移风易俗，推进彝区健康文明新生活运动制度化常态化。加强互联网建设和管理，积极开展网上重大主题宣传和网络文化建设，营造健康向上和谐舆论环境。

第六，全面推进依法治理，维护社会大局和谐稳定。着眼民族地区长治久安、团结和谐，制定出台《依法治州实施意见》，整体推进依法执政、依法行政、公民守法，着力提升全社会法治意识，构建办事依法、遇事找法、解决问题用法、化解矛盾靠法的法治良序。加强和创新社会治理，注重通过法治手段解决社会治理中的突出问题，健全完善社会稳定风险评估机制，扎实推进网格化服务管理体系建设，西昌网格化服务管理经验受到各级充分肯定。坚持用群众工作统揽信访工作，健全“大调解”工作体系，严格推行“诉访分离”，着力解决初信初访、重信重访和信访积案，全州各类矛盾纠纷成功调解率达95.2%。认真贯彻落实省委藏区工作思路，抓住争取人心这个关键，突出“文明和谐寺庙”创建和寺庙僧人依法管理，健全完善藏区稳定防控体系，长足发展、长治久安“木里实践”20条基本经验在全国推广，木里持续成为“全国最稳定藏区”。深入推进平安凉山建设，严厉打击各类刑事犯罪，加强反恐防暴安保工作，深化“肃毒害、创平安”攻坚会战，“绿色家园”两个强戒所改扩建及队伍力量培训基本完成，将于年底开展收戒工作，全州安全形势总体平稳。

第七，贯彻“三严三实”要求，聚精会神抓好党的建设。高标准高质量完成全州党的群众路线教育实践活动，全面落实习近平总书记“三严三实”和省委“五个带头”“五个结合”要求，以焦裕禄、兰辉、毕世祥、杜萍等先进典型为榜样，开门开放抓教育，聚焦“四风”摆问题，严督实导把方向，领导带头移风易俗倡树新风，以整风精神开好专题民主生活会，扎实推进正风肃纪，集中开展“9+3”专项整治和班子、个人问题整改，一大批群众反映强烈的“四风”突出问题得到有效解决，党群干群关系进一步密切。全州性会议同比下降23.1%，公务接待费同比下降45.8%，整改超标办公用房近7000平方米；查处侵害群众利益行为159起，查处“四风”问题183个，处理221人。扎实开展“走基层”活动，5.3万余名党员干部下访接访6.36万次，建立民生诉求、困难群众、稳定工作和帮扶工作“3+1”台账14万余件，化解矛盾2888件，处理信访积案1163件，解决民生难题1.57万件，有效扩大了教育实践活动成效。

坚持钢班子带铁队伍，认真落实“好干部”标准，鲜明重品行、重实干、重公认用人导向，紧扣凉山改革发展大局选贤任能。深化干部人事制度改革，全面推行“六步法”选拔领导干部、“1+5”选育后备干部，探索差异化考核政绩、结构模型化配备干部模式，推行“月考年评”监督管理干部，递进培养优秀年轻干部。按照省委部署和巡视反馈意见，落实问题整改责任分工，集中整治跑官要官、“三超两乱”、领导干部违规兼职等问题，着力匡正选人用人风气。夯实基层基础，纵深推进“苏施”党支部和“四型”党组织建设，扎实开展边界区域党组织“携手共建”和“五彩凉山城市党旗红”活动，建成边界区域党组织210个，整顿后进党组织390个，新建村级组织活动场所163个。

强化党风廉政建设党委主体责任和纪委监督责任，严格落实“一岗双责”和“四个一”

制度，坚持书记负总责、班子成员各负其责，形成全域覆盖、上下贯通、层层负责的工作格局。落实党委（党组）书记党风廉政建设约谈制度，县市委书记、州直部门党组书记向州纪委全会述责述廉，接受民主测评，促进“两个责任”落实。坚持有案必查、有贪必肃、有腐必反，保持查办案件高压态势。今年以来全州纪检监察机关立案 666 件，查处县级干部 18 人、科级干部 165 人。广泛开展警示教育，组织县级以上领导讲廉政党课 300 余场次，受教育 6 万多人次；州纪委制作《权钱殇》《贪欲之痛》警示教育读本和警示教育片，以案说法教育党员干部。更加注重制度建设，州委制定出台《关于建立健全作风建设长效机制的实施意见》《关于认真贯彻“三严三实”要求进一步加强党员干部教育管理监督的实施意见》，强化制度的刚性约束，推进作风建设规范化、常态化、长效化。

州委常委会高度重视和加强自身建设，带头喊响“从我做起、向我看齐、对我监督”，进一步营造“拼干部、比工作、赛作风、争一流”的浓厚氛围。带头抓好理论学习，州委中心组开展专题学习 13 次，深刻领会和把握中央、省委精神特别是习近平总书记系列重要讲话精神，不折不扣地贯彻落实到全州工作之中；带头提升执政能力，注重在应对复杂局面中锻炼、检验、提升执政能力和水平，面对重点难点问题，常委班子始终做到总揽全局、积极应对，科学决策、果断处置；带头执行民主集中制，严格落实常委分工负责制，集体讨论、集体决策“三重一大”事项，始终做到“喊出一个声音、走出一个步调”；带头践行“三严三实”要求，直接牵头联系重大工作，针对稳定增长、转型发展、深化改革、法治建设等加强调研和部署，深入基层和群众解决实际问题；带头加强党风廉政建设，严格执行廉洁从政有关规定，注重反腐倡廉制度机制创新，为推进全州党风廉政建设发挥了表率作用。

同志们，七届五次全会以来州委常委会的工作，是在全面深化改革的大背景下展开的，是在宏观经济复杂严峻的大环境中推动的，取得这样的成绩来之不易，是州四大班子团结拼搏的结果，是各级党组织和广大党员干部超常努力的结果，是全州各族人民艰苦奋斗的结果。同时，我们也清醒地认识到，凉山各方面工作任务依然艰巨繁重，区域、城乡发展不平衡，转方式、调结构、增效益更加紧迫，扶贫攻坚、改善民生需进一步加大力度，全面深化改革亟待攻坚突破，从严管党治党、全面加强班子队伍建设务必抓紧抓实。州委常委会一定保持清醒认识，肩负职责使命，一心一意谋发展、聚精会神抓党建，不断开创凉山改革发展新局面。

根据州委常委会研究的意见，下面，就全面深入推进依法治州、全面推进从严治党提几点要求。

一、坚持思想自觉与行动自觉高度统一，强化推进依法治州、从严治党的责任担当

这次提交州委全会讨论的《关于贯彻落实党的十八届四中全会精神全面深入推进依法治州的意见》《关于坚持思想建党与制度治党紧密结合全面推进从严治党的意见》，既贯彻落实中央和省委全会新要求、新部署，又承接融合了之前出台的《依法治州实施意见》和贯彻省委“两个意见”的《实施意见》主要内容，结合凉山实际，突出问题导向，按照可操作、能监督、易考评的原则，逐一细化了工作措施。从会前“两个意见”征求意见建议的反馈情况看，大家普遍认为，“两个意见”是对州委既定战略部署的传承创新，符合中央、省委要求，贴近凉山州情，富有针对性和可操作性，回应了社会和群众关切，集中了各方智慧，凝聚了思想共识，是全面深入推进依法治州、建设法治凉山和全面推进从严治党、打造钢班子铁队伍的行动指南。全州各级党组织和广大党员、干部要进一步强化在党忧党、责无旁贷的使命意识，直面矛盾、敢于负责的担当意识，在落实州委推进依法治州、从严治党重大工作部署中当标杆、做表率，影响和带动全州各族各界群众主动支持、积极参与、广泛监督，推动形成依法治州新格局、从严治党新常态。

第一，要充分认识全面深入推进依法治州的客观必要性。依法治国是党领导人民治理国

家的基本方略，法治是治国理政的基本方式。党的十八届四中全会以依法治国为主题，吹响了建设社会主义法治国家的“进军号”。省委十届五次全会通过的全面深入推进依法治省的《决定》，总结运用依法治省《纲要》实践成果，进一步明确了推进依法治省的指导思想、目标任务、基本原则，丰富和完善了工作举措，开启了法治四川建设新征程。当前，凉山正处于追赶跨越发展的黄金期、全面深化改革的攻坚期、由传统社会向现代社会的转型期，无论是转变发展方式、提升发展质量，还是促进公平正义、维护民族团结，无论是推动安宁河谷地区率先发展，还是推进大凉山彝区扶贫攻坚和木里藏区长治久安，无论是推进优势资源科学开发、战略资源创新开发，还是建设文化强州、构建长江上游重要生态屏障，都需要依靠法治的力量、发挥法治的引领和规范作用。必须把依法治州作为推动凉山追赶跨越发展、同步全面小康建设的根本之举，以贯彻落实州委依法治州《意见》为抓手，加强和改进党对全面推进依法治州的领导，系统设计与末端治理相结合，科学立法、严格执法、公正司法、全民守法，加强法治队伍建设，通过全面深化改革加快法治凉山建设进程，推动形成尚法守制、公平正义、诚信文明、安定有序的依法治州新格局，夯实治凉兴州法治根基。

第二，要深刻把握全面推进从严治党的极端重要性。党是领导我们事业的核心力量。治国必先治党，治党务必从严，这是执政党的自觉担当，更是依法治国的必然要求。十八大以来，党中央站在党和国家长治久安的高度，就从严治党作出一系列部署，特别是习近平总书记提出的“八项要求”，是新形势下管党治党的根本遵循。省委十届五次全会通过的从严治党《决定》，突出思想建党与制度治党紧密结合，把制度建设贯穿从严治党全过程，对构建从严治党新常态进行了制度设计，是全省加强党的建设的基本准则，是党员干部履行职责的行为规范。当前，全州发展、民生、稳定任务艰巨，工业强州、生态立州、开放兴州才夯基立柱，弥补社会事业和基础设施历史欠账还需持续发力，稳增长、促改革、调结构、惠民生必须统筹推进，“三大片区”差异化发展、“两大类区”协调发展必须优化升级，尤其需要充分发挥党组织的战斗堡垒作用、党员的先锋模范作用、干部的标杆示范作用，尤其需要加强和改进党的领导、从严管党治党，把党的组织政治优势转化为推进全域凉山全面协调可持续发展的强大力量。全州各级党组织要坚持钢班子带铁队伍，自觉履行管党治党政治责任，扎实推动州委从严治党《意见》落实见效，以严的标准要求党员干部、以严的制度管理党员干部、以严的纪律约束党员干部，巩固深化教育实践活动成果，标本兼治正党风，惩防并举治腐败，着力铲除滋生“四风”的土壤、扎紧制度之笼，大力弘扬为民务实清廉的优良作风，更加鲜明“抓落实、重实干、办实事、求实效”的工作取向，努力营造“拼干部、比工作、赛作风、争一流”的良好氛围，进一步形成凝心聚力促跨越、团结奋进奔小康的生动局面。

第三，要准确理解依法治州、从严治党的紧密关联性。依法治国靠国法，从严治党靠党纪，党纪严于国法，从严必有法度，党的建设与法治建设相辅相成、共生共存，从严治党与依法治国同向而行、并行不悖。一方面，从严治党是依法治国的根本保证，推进依法治州必须加强和改进党对法治工作的领导，把党的领导贯彻到全面深入推进依法治州全过程。党的领导是中国特色社会主义最本质的特征，是社会主义法治最根本的保证，坚持党的领导、人民当家作主和依法治国的有机统一，是推进依法治国的正确方向。要充分认识党的领导和社会主义法治的一致性，准确把握中国特色社会主义法治道路的核心要义，在党的领导下依法治州、厉行法治，实现人民当家作主，有序推进社会生活法治化。要充分发挥党总揽全局、协调各方的作用，把依法执政、依法行政与依法治州统一起来，既严格按照法律法规和制度规定议事决策，又积极支持人大、政府、政协、审判机关、检察机关依法依章履行职能、开展工作，主导推动和落实“4+5”法治建设工作机制，完善考评办法，加强督促检查，做到党领导立法、保证执法、支持司法、带头守法。要坚决抵制把党的领导与“人治”“专制”画等号的歪理邪说，搞清与西方所谓“宪政”的根本区别。另一方面，依法治国必然要求从严治党，推进从严治党必须强化依法执政，运用党内法规把从严管党治党落到实处，促进党员、干部带头遵守国家法律法规。依法执政，既要求党依据宪法法律治国理政，也要求党依据党内法规管党治党。以《党章》为核心的党内法规是社会主义法治的重要组成部分，《党章》明确要求党员要“自觉遵守党的纪律，模范遵守国家的法律法规”。要坚持依法执政，提高领导干部运用法治思维和法治方式推进改革发展的能力，自觉在宪法和法律范围内活动，做到法无授权不可为、法定职责必须为。要从严从实强化制度治党，将制度治党贯穿于党建工作全过程，突出务实管用加强党内法规制度建设，着力刚性约束强化制度执行，推动党的制度建设重心从建章立制转向依靠制度进行治理，推动党的建设规范化、制度化、科学化。要坚持制度面前人人平等、执行制度没有例外，不留“暗门”、不开“天窗”，坚决纠正有令不行、有禁不止、各自为政，坚决反对以言代法、以权压法、徇私枉法，做到用制度管权管事管人，使制度成为硬约束而不是橡皮筋。

二、坚持法治凉山、法治政府、法治社会一体建设，把凉山改革发展各项事业纳入法治化轨道

依法治州是一项庞大而复杂的社会系统工程，必须统筹兼顾、把握重点、整体谋划。要坚持依法治州、依法执政、依法行政共同推进，法治凉山、法治政府、法治社会一体建设，形成贯彻落实国家宪法法律和与凉山经济社会发展相适应的制度规范体系、高效的法治实施体系、严密的法治监督体系、有力的法治保障体系、完善的党内法规体系，推动凉山治理体系和治理能力现代化。

一要推进科学立法，用好民族区域自治地方立法权，推动立法工作与时俱进和创新发展。良法是善治的前提。必须充分发挥民族区域自治制度优势，坚持立法于先，突出提高立法质量这个着力点，不断加强和改进地方立法工作，增强自治条例和单行条例制定的及时性、系统性、针对性、有效性。

要建立健全立法机制，确保科学立法、民主立法。切实加强党对立法工作的领导，进一步完善党委对立法工作中重大问题决策的程序，将立法工作纳入全州改革发展总体规划和总体布局，健全党委审定立法规划与计划制度，强化对立法工作规划计划实施情况的督促指导，保证立法工作的正确方向。优化立法职权配置，强化州人大及其常委会在立法工作中的主导作用，完善和落实公开、听证、咨询等立法程序，充分发挥政协专家学者的智力优势，扩大人民群众对立法工作的有序参与，使立法过程成为倾听民声、了解民意、汇集民智、凝聚民心的过程。

要加强重点领域立法，使州委战略部署通过法定程序得到全面贯彻落实。始终坚持围绕中心、服务大局，突出抓好与国家法律法规相配套的实施性立法和体现凉山特色的创制性立法，抓紧修改和废止不适应经济社会发展的单行条例，加快形成有利于破解凉山改革发展难题的法规体系。紧扣同步全面小康建设战略部署，研究制定转变经济发展方式、优势资源开发利用、特色产业发展、综合扶贫开发、生态文明建设、民族文化传承发展、社会治理等各方面的单行条例，使州委重大决策和主张成为全州人民的共同意志和行为规范。

要坚持立法与改革相衔接，以法治保障改革，以改革推动法治。坚持把法治作为改革的压舱石，对各方面提出的改革举措和创新需求，积极从立法上研究可行路径和解决办法，凡需法律授权的重大改革事项，立法机关要提前介入、主动研究，必须上位法授权的，要积极对接；属于地方权限，该立法的抓紧立法，该修订的抓紧修订，该废止的及时废止，努力做到改革深化到哪一步，立法工作就跟进到哪一步，确保重大改革于法有据、先立后破、有序推进。坚定不移推进法治领域改革，大力破除制约法治建设的体制机制障碍，统筹抓好“五位一

体”改革和党的建设制度改革，使各方面制度更加成熟更加定型，为推进依法治州提供制度保障。

二要推进严格执法，建设法治政府，用法律规范行政权力运行、提高服务质效。行政机关是实施法律法规的重要主体，必须把依法行政作为依法治州的中心环节，紧紧抓住“法治”这个核心，加快政府职能转变，加快建设职能科学、权责法定、执法严明、公开公正、廉洁高效、守法诚信的法治政府。

要进一步厘清边界、简政放权。坚持职责法定，大力推行政府权力清单制度，对权力集中部门和岗位实行分事行权、分岗设权、分级授权，消除权力设租寻租空间，推进机构、职能、权限、程序、责任法定化。深化行政审批制度改革，清理和公布行政许可项目，取消非行政许可审批事项，清理减少行政事业性收费，加快发展、规范管理中介机构，积极推进行政管理重心由事前审批向事中事后监管转移。

要健全依法科学民主决策机制。把合法作为行政决策的第一要件，明确行政决策范围、权限、规则和程序，建立健全行政机关内部重大决策合法性审查机制，落实政府法律顾问制度，把部门论证、公众参与、民主协商、专家论证、专业机构测评、成本效益分析、社会稳定风险评估、合法性审查和集体讨论决策作为重大行政决策必经程序，提高行政决策科学化、民主化水平。严格落实重大决策终身责任追究制度和责任倒查机制，对决策严重失误或依法应该及时作出决策但久拖不决造成重大损失、恶劣影响的，严格追究行政首长和相关责任人的法律责任，切实把行政决策过程置于法治框架内。

要严格规范公正文明执法。深化政务公开和信息公开，健全政府公开制度，加快推进行政职权目录、电子政务大厅、行政权力运行基础平台和行政权力运行监察平台建设，保障行政权力运行规范化、公开化。深化行政执法体制改革，深入开展相对集中执法权工作，推进综合执法，完善行政执法与刑事司法衔接机制，健全行政权力运行制约和监督体系，建立健全权责统一、权威高效的行政执法体制，切实解决“依法打架”、权责交叉、多头执法、多层执法和不执法、乱执法问题，做到有权必有责、用权受监督、侵权要赔偿、失职要问责、违法要追究。

三要推进公正司法，增强司法公信力，让人民群众在每一个司法案件中都感受到公平正义。司法公正是法治的生命线，对社会公正具有重要引领作用。要紧扣“公正”这个核心，推进司法改革，规范司法行为，促进司法公正，维护司法权威。

要积极推进司法体制改革。严格落实司法机关依法独立工作相关要求，改革法院案件受理制度，健全审级制度，完善法院主审法官、合议庭、主任检察官和主办侦查员办案责任制，实行办案人员案件质量终身负责制和错案责任倒查问责制，规范司法机关自由裁量权行使，健全案件全程监控和质量管理机制，加强对司法活动的监督，推进司法公开，确保司法权力在阳光下运行，真正让暗箱操作没有空间、让司法腐败无处藏身、让公平正义“看得见、摸得着”。

要支持司法机关依法履职。优化司法职权配置，尽快建立并严格执行领导干部干预司法活动、插手具体案件的实况记录、通报和责任追究制度，健全行政机关依法出庭应诉、支持法院受理行政案件、尊重并执行法院生效裁判等制度，建立司法人员业务提升、培养使用、表彰奖励、物质保障机制和履行法定职责保护机制，确保审判机关、检察机关依法独立公正行使审判权、检察权，发挥司法机关惩治犯罪、保障人权和维护社会秩序的职能作用。

要坚持司法为民利民护民。抓紧解决执行难、办“人情案”“关系案”“金钱案”等群众反映强烈的突出问题，深入开展集中清理和处理积案专项行动，对群众反映较大的执行积案进行挂牌督办，加快推进法院“一站式”诉讼服务、检察院综合性受理接待中心等窗口建设，开辟“绿色通道”，消除群众诉讼障碍。健全完善司法救助制度，积极开展执法下乡活动，打通司法服务“最后一公里”，全力维护群众合法权益，不断提升司法工作群众满意度。

四要推进全民守法，加强法治宣传教育，使尊法守法成为全社会共同追求和自觉行动。法律的权威源自人民内心拥护和真诚信仰。必须大力弘扬社会主义法治精神，把全民普法和守法作为依法治州的长期性、基础性工作，培养法治意识，提升法律素质，使全州人民成为法治的忠实崇尚者、自觉遵守者、坚定捍卫者。

要着力增强全民法治观念。切实加强法治宣传教育，根据不同地区、不同领域、不同对象、不同时期重点，科学制定法治宣传和普法活动工作方案，以“法律七进”为抓手，突出抓好青少年、外出务工人员及边远农村、民族聚居区普法宣传教育，努力消除普法盲区死角，实现法治宣传教育全覆盖。要建立健全党委（党组）会会前学法机制，确保领导干部学法制度化、常态化，以上率下，推动形成学法守法的浓厚社会氛围。坚持法治养成与法治实践相结合，从依法解决突出问题入手，以案说法、以事明理，立规矩正方圆，着力解决“无理取闹”、以“闹”争利、“法不责众”等问题，逐步养成遇事找法、解决问题用法的习惯。

要健全法治宣传教育机制。各级党委、政府要加强对法治宣传教育工作的领导，宣传、文化、教育部门和人民团体要充分发挥在普法教育中的职能作用，加快形成党委领导、人大监督、政府实施、全社会共同参与的法治宣传教育工作格局。要将普法工作纳入各级党委、政府绩效考核范畴，健全普法教育考核评估、督导监督检查机制。要落实“谁执法谁普法”责任制，深化法治创建活动，提升法治宣传教育实效。

要坚持法治与德治相结合。法治持之有依、惩之有据，德治践之有信、行之有义，二者都是约束人民行为的“规则之治”。推进依法治州，必须一手抓法治、一手抓德治，既重视发挥法律法规的规范约束作用，又重视发挥道德力量的教化感召作用，做到遵纪守法与崇德尚礼相辅相成。要大力培育和践行社会主义核心价值观，加强公民道德建设，弘扬传统美德，强化法律对道德建设的促进作用，褒奖和支持美德善德行为，禁止和惩罚不道德行为，用法治手段解决失信、失范等问题，使守法重德成为人们的生活方式。要深入推进健康文明新生活运动，把法律规定与良俗新风结合起来，推动形成依法立约、以约治理、民主管理的基层治理良序。

五要推进依法治理，加强和改进社会治理方式，推进全域凉山和谐稳定、长治久安。加强社会依法治理是依法治州的一项重要任务，要针对性推进系统治理、依法治理、综合治理、源头治理，完善现代社会治理体制，确保社会既充满活力又和谐有序，努力把凉山建成全国最平安、最稳定、最和谐的民族地区之一。

要分区域推进依法治理。木里藏区要着眼长治久安，树牢底线思维，旗帜鲜明喊响“不论什么民族、宗教、信仰，都必须遵守法律法规，决不允许有法外之域、法外之人”，抓住宗教管理、寺庙僧人管理等关键环节，依法加强突出问题整治，始终保持对分裂破坏活动的严打高压态势，确保木里持续成为“全国最稳定藏区”。大凉山彝区要围绕铲除毒品、艾滋病两大“毒瘤”，深入实施彝区普法大纲，着力培育法治信仰、弘扬法治精神、建设法治文化、树立法治意识，坚持不懈推进禁毒防艾人民战争，持续开展专项整治行动，加快彝区法治化进程。安宁河谷地区要紧扣营造公平开放的市场经济法治环境，强化规则意识、契约意识和诚信意识，坚持“法无禁止即可为”，加快完善有利于投资促进、开放合作、产业转移、企业发展等制度机制，促进经济社会科学发展、加快发展。

要着力提高依法治理水平。积极适应治理能力现代化新要求，坚决摒弃“搞定就是稳定、摆平就是水平”“遇到问题动辄采取高压手段、进行强制处置”等观念，全面推进网格化服务管理体系建设，整合利用、依法规范各类社会治理资源，积极推进多层次多领域依法治理，不断提高社会治理的法治化水平。健全依法维护群众权益和化解纠纷机制，始终坚持依法办事，开展“花钱买平安”、息事宁人和“信访不信法、信闹不信法、信权不信法”等问题专项治理，引导群众以法治思维和法治方式解决问题，依法理性表达合理诉求。

要加强公共安全体系建设。深化安全生产管理体制改革，健全隐患排查治理、预防控制、源头管理，强化重点行业和领域安全专项治理，提高对自然灾害、事故灾难、公共卫生和社会安全等突发事件的预防预警和应急处置能力，保障人民群众生命财产安全。深化“平安凉山”建设，用制度固化基层平安建设经验，健全立体化社会治安防控体系，依法打击各类违法犯罪活动，促进全州社会大局安定有序。

六要推进队伍建设，努力打造一支依法治州、建设法治凉山的法治铁军。优秀的法治队伍是实现良法善治、法正民安的根本保障。必须把法治队伍建设贯穿依法治州全过程，建立健全人才发现、培养、使用成长机制，全面加强立法、执法、司法三支队伍建设，着力锻造政治过硬、业务过硬、纪律过硬、作风过硬的法治骨干力量。要切实加强思想政治建设，使广大法治工作者保持对法律的敬畏之心，带头遵守法律，以宪法和法律规范自己言行，以自身的良好形象和实际行动维护宪法和法律权威。要提升法治队伍整体素质，畅通立法、执法、司法部门之间以及与其他部门之间的人才交流渠道，把善于运用法治思维和法治方式推动工作的人选拔到领导岗位上来，建立从符合条件的律师、法学工作者中招录立法工作者、法官、检察官制度，健全从政法专业毕业生中招录人才的规范便捷机制，加快建设高质量法律服务队伍。要注重法治人才智库建设，突出抓好彝汉、藏汉“双语”法治人才培养和储备，解决好民族地区、基层法律服务资源不足和人才匮乏问题，努力满足广大群众维护合法权益的法律需求，推进法律服务均等化。

三、坚持思想建党与制度治党紧密结合，打造引领和推动凉山追赶跨越发展、同步全面小康的钢班子铁队伍

各级党组织要深入贯彻落实省委“八个务必从严”要求，认真履行从严管党治党政治责任，深入实施“钢班子铁队伍”工程，抓干部改作风，惩腐败严党纪，重落实求实效，推动形成干事创业、崇廉尚实、风清气正的政治生态，为凉山科学发展、加快发展、追赶跨越发展提供坚强保障。

一要抓牢党员干部这个核心，健全完善干部思想教育、选拔任用和管理监督制度体系，铸就党执政为民的中坚力量。把全体党员干部教育引导好、选拔任用好、管理监督好，是推进思想建党与制度建党紧密结合的核心问题，也是全面落实从严治党要求的根本任务。要把加强干部队伍建设作为重中之重，着力补足精神之钙，匡正选任之风，强化监管之举，努力锻造政治强、能力强、作风强的钢班子铁队伍。

要在思想上增强党员干部“三个自信”，拧紧“总开关”。一些干部出问题，无一不是源于思想滑坡、信念动摇。要加强理想信念教育，深入学习中国特色社会主义理论体系特别是习近平总书记系列重要讲话精神，引导党员干部树牢马克思主义群众观和正确的是非观、义利观、权力观、事业观，始终做到在党言党、在党忧党、在党为党、在党兴党，坚守共产党人的精神追求。要加强主观世界改造，带头践行社会主义核心价值观，教育引导党员干部始终保持积极的人生态度、高尚的道德品质、健康的生活情趣。要加强法治教育和党规党纪教育，强化富民强州兴凉重在厉行法治的观念，增强党员干部特别是领导干部的法治意识，崇尚法律、敬畏法律，自觉克服特权思想，提升法治思维和依法办事能力。要扎实开展党内教育，着眼建设学习型党组织，制定党委理论中心组理想教育、道德教育、纪律教育、形势教育、传统教育等学习计划，严格执行学习组织、集体研讨、专题调研、汇报通报、督促检查、学习考核等制度，把领导干部学习情况纳入评优评先的重要内容，以优良学风带动党风政风。要用好批评与自我批评这个有力武器，开展积极的思想斗争，强化党内政治生活锻炼，从政治上凝聚全体党员意志。

要在选用上坚持“好干部”标准和“三重”导向，提高公信度。选准用好干部，是从严管党治党的一件大事。要鲜明正确的选人用人导向，将干部选拔使用置于全州改革发展大

局中考量谋划，置于人民群众的监督下完善提升，坚持信念坚定、为民服务、勤政务实、敢于担当、清正廉洁“五条标准”不降格，坚持重品行、重实干、重公认用人导向不偏离，以最坚决的态度、最果断的措施刷新吏治、推动发展、造福人民。要健全科学的选人用人机制，严格执行《干部选拔任用条例》，积极探索和完善干部培养选拔考核机制办法，加大少数民族干部、妇女干部、优秀年轻干部培养选拔力度，注重选用扎根基层、埋头苦干、创新进取的优秀干部，在重点领域、重要岗位、重大事件中作出贡献的优秀干部。要设置严格的选人用人关口，将育人用人作为各级党组织特别是一把手的政治责任，认真履行领导和把关职责，严格执行“四项监督制度”，深刻汲取近年来各地选人用人上的教训，举一反三，严惩违规选人、“带病提拔”，形成选人用人的正气清风。特别要认真落实省委“六个坚决不能用”要求，政治不过硬的坚决不用，廉政不过关的坚决不用，对中央和省州作风建设规定置若罔闻的坚决不用，热衷搞人身依附、抱大树攀高枝、官商勾结搞利益输送的坚决不用，结团伙、搞勾兑、拉票贿选的坚决不用，为官不为、庸懒散浮拖不在状态的坚决不用。

要在监管上落实“三严三实”要求，将权力关进制度的笼子。党要管党，首先是管好干部；从严治党，关键是从严治吏。要坚持以制度治本堵源，切实解决失之于宽、失之于软的问题，真正使干部心有所畏、言有所戒、行有所止，让干部既感到心中有一盏明灯，又感到身边有一把戒尺。要从严管理监督干部，严格贯彻落实“三严三实”要求进一步加强党员干部教育管理监督“21条”，加大权力运行监督力度，加强对资金集中、资源集中、权力集中等重要岗位特别是一把手的监督，从集体决策、末位发言、经济责任审计、干部选用离任检查审计等方面建立健全一把手用权行为监督制约机制；加大党员干部日常管理和监督力度，健全双向约谈、函询诫勉等制度，对干部常了解、常沟通、常交流，对问题早发现、早提醒、早处理。要敢于管理监督干部，强化是非标准，力戒“好人主义”，不搞“明哲保身”，坚持本着事业第一的原则，对违反党的原则的人和事绝不能顾忌情面，对工作不力、作风不正的干部绝不能姑息迁就，对出了问题的干部绝不能包庇袒护，对反映问题失实的及时予以澄清，底气要足、导向要明，以敢抓敢管的实际行动树立威信、赢得支持，形成讲认真、讲原则、讲规矩的良好风气。要全方位管理监督干部，强化党内监督，畅通批评监督渠道，坚持人大法律监督、政协民主监督、司法监督、审计监督等多管齐下，多听群众怎么说，多了解舆论怎么看，开启全天候“探照灯”，使各级干部敬畏权力、恪尽职守。要既重约束又重激励，坚持从严管理与关心爱护相结合，关心干部特别是基层干部成长，改善环境条件，帮助解决实际困难和问题，激励他们一心为民、干在实处、争创一流。

二要贯穿改进作风这条主线，持续打好作风建设攻坚战、持久战，形成为民务实清廉的作风常态。践行群众路线没有休止符，作风建设永远在路上。通过教育实践活动，我们都看到，“四风”问题抓和不抓大不一样，真抓和假抓大不一样，严抓和松抓也大不一样。当前正处在改进作风的节骨眼上，必须以常抓的韧劲、严抓的耐心，持续用力、久久为功，全面落实中央和省委关于深化“四风”整治、巩固拓展教育实践活动成果的要求部署，将作风建设不断引向深入，推动好作风内化为信念、外化为习惯、固化为制度，真正让为民务实清廉之风深深扎根。

要着力抓好整改落实，推进正风肃纪常态化。严格对照整改方案和整改清单，本着有什么问题就解决什么问题、什么问题突出就着重解决什么问题的原则，把巡视反馈意见整改与教育实践活动问题整改紧密结合起来，惩防并举、标本兼治，动真碰硬、举一反三，确保突出问题一一得到回应、件件得到整改，推动整改工作向县市、部门和基层一线延伸，适时开展整改“回头看”，坚决查处顶风违纪行为，坚决防止“四风”问题反弹回潮，坚决铲除滋生腐败的土壤和温床。对作风领域出现的新变化新问题，要及时了解情况、跟进对策，做到掌握情况不迟钝、解决问题不拖延、化解矛盾不积压。每个党员干部要自觉把自己摆进去，克服“事不关己高高挂起”“别人生病自己吃药”的偏颇认识，扎实抓好领导干部收受红包礼金、滥发奖金工资补贴、违规购置和使用车辆、庸懒散浮拖、选人用人等专项整治，持之以恒纠正“四风”，驰而不息正风肃纪，让党员干部不敢、不能、不想沾染歪风邪气，始终保持先进性和纯洁性。

要着力抓好建章立制，推进作风建设长效化。全面落实从严治党、制度治党要求，在解决体制和制度问题上狠下功夫，建立健全作风建设治本机制。要弘扬改革精神、树立法治思维，推进解决问题与制度建设相结合，突出抓好省委、省政府关于十大领域“五个规定”“五个意见”的执行落实，盯住“四风”及招投标、政府采购、土地出让、专项资金管理、干部监督管理等重点领域，深入分析和查找产生问题的深层次原因，做到解决一个问题、堵塞一个漏洞、建立一套制度。要健全发挥人民群众监督作用的制度机制，全面推行党务政务事务公开、行政权力清单、重大议定事项通报、社会舆论监督、党组织和党员承诺践诺、群众评诺等制度，教育引导每个党员干部习惯在监督的环境里工作、习惯在法治的轨道上履职、习惯在清新的风气中生活。

要着力抓好联系帮扶，推进“走基层”活动制度化经常化具体化。紧紧依靠群众改作风，全心全意为群众谋福祉，深化“五个一”直接联系服务群众工作制度和“一线工作法”，建好领导干部联系点，推进部门与乡镇、村组“连心共建”，干部与群众“连心牵手”，形成农村“走基层”、城乡“结对子”的“大服务”“大帮扶”格局，做到每个村（社区）都有部门联系、每户贫困户都有干部帮扶、每名干部都有联系户。要零距离、心贴心联系服务群众，将联系帮扶与扶贫攻坚、民生改善、新村新寨建设等紧密结合起来，切实解决群众生产生活中的具体困难，让各族群众感受到社会主义大家庭的温暖。要扎实做好新形势下群众工作，健全完善矛盾纠纷“大排查”、信访问题“大调解”工作体系，依法治访，提高做群众工作水平，创造安宁祥和、和谐稳定的社会环境。

三要突出惩治腐败这个抓手，深入推进党风廉政建设，构建“不敢腐、不能腐、不想腐”的制度机制。中共十八大以来，中央、省委对治党、反腐屡出重拳，党风廉政建设取得明显成效，增强了党的威信，赢得了人民群众的信任和拥护。当前党风廉政建设和反腐败斗争形势依然严峻复杂，要深刻认识和把握省委“三个不可低估”的重要判断，树立持续作战、长期作战的思想，保持政治定力，坚定信心决心，深化反腐倡廉，建设“廉洁凉山”。

要严格落实党风廉政建设“两个责任”。抓好党风廉政建设是尽职，不抓党风廉政建设是严重失职。要强化党委主体责任，落实各级党委（党组）“第一责任人”、领导干部“一岗双责”和“四个一”工作制度、逐级“签字背书”制度。党组织书记必须做到重要工作亲自部署、重大问题亲自过问、重要环节亲自协调、重要案件亲自督办，凡连续发生贪腐案件、党风廉政建设社会评价满意度排位长期靠后的地方或部门，要严格追究领导责任。要强化纪委监督责任，发挥党内监督专门机关作用，聚焦中心任务转职能、转方式、转作风，强化办案首位意识，专注监督执纪问责。信任不能代替监督。要强化纪委自身监督，以更严的标准教育纪检监察干部心存敬畏和戒惧，干干净净低调做人、兢兢业业为党工作，以铁的纪律打造一支忠诚、干净、担当的过硬队伍。

要以零容忍的态度惩治腐败。要健全惩治腐败工作机制，充分发挥巡视反腐作用，继续保持反腐高压态势，坚决抵制反腐“影响发展论”“过头论”等错误认识，加大对领导干部和关键岗位人员违纪违法问题查处力度，重点查处不收敛不收手、顶风违纪的干部，群众反映强烈、损害群众利益的问题，该曝光的及时曝光，该通报的及时通报，形成强烈震慑。要健全惩治腐败工作责任追究制度，对不履行党风廉政建设责任的严格问责，对发生重大腐败案件和严重违纪行为的“一案双查”。

要坚持标本兼治加强源头治理。反腐防腐，重在惩防并举、抓源治本。要坚持积极预防、系统治理，针对权力运行的重点领域、关键环节加强制度创新，从源头找原因，用制度堵漏洞，逐步形成不敢腐、不能腐、不想腐的长效机制，最大限度地预防和减少腐败发生。要把警示教育贯穿党员干部成长全过程，开展好“阳光凉山·清廉彝州”主题教育，落实好领导干部讲廉政党课制度，建好用好州法纪教育基地，大力弘扬“以廉为荣、以贪为耻”的廉政文化。

四要强化纪律约束这个保障，严格规范党内行为准则，营造敬法畏纪、遵规守纪的从政环境。纪律不严，从严治党就无从谈起。要将制度治党、依规治党、严肃党纪作为推进从严治党的重要内容，拧紧纪律发条，着力强化令行禁止、步调一致的全党意志，坚决反对自由主义。

要严格遵守党规党纪。更加严明政治纪律，讲政治、讲原则、讲规矩，决不允许在群众中散布违背党的理论和路线方针政策的意见，决不允许公开发表与中央、省州委决定相违背的言论，决不允许执行中央和省州委决策部署打折扣、做选择、搞变通，决不允许编造、传播政治谣言及丑化党和国家形象的言论，决不允许以任何形式泄露党和国家的秘密，决不允许参与任何非法组织和非法活动；更加严明组织纪律，强化党员组织观念，严格按权限、职责和程序办事；更加严明财经纪律，严格执行财经制度、审计制度，坚持“三个严禁”，防止权力滥用；更加严明工作纪律，持之以恒贯彻中央“八项规定”和省州“十项规定”，让党员干部纪律意识、规矩意识进一步强起来。

要坚持纪律面前一律平等。党内不允许有不受纪律约束的特殊党员、自由党员，任何人都不能凌驾于组织之上。要积极推进纪律教育经常化、制度化，提高组织管理的有效性，多做提提领子、扯扯袖子的工作，使党员干部自觉将党纪党规作为行为准则。要强化纪律刚性约束，对违纪问题一经发现便及时查处，架起带电的“高压线”，无论是谁，一旦触碰都要付出代价。群众的眼睛是雪亮的。要织密人民监督之网，让“两面人”无处遁形，依靠群众的拥护支持筑牢管党治党坚实根基。

五要抓住责任落实这个关键，真正做到党委抓、书记抓、一级抓一级，开创全州党建工作新局面。抓党建是各级党组织根本的政治职责，抓好党建是最大的政绩。要大抓党建、抓大党建，进一步强化各级党组织特别是一把手的责任担当，决不能重经济轻党建，决不能一手软一手硬，要将党建工作与中心工作同谋划、同部署、同考核，真正抓扎实、抓具体、抓深入，健全一级抓一级、一级带一级、一级促一级、层层抓落实的责任体系，形成党委统一领导、组织部门牵头协调、有关方面齐抓共管的工作格局。要严格各级党组织负责人述职考评，实行州、县市、乡镇党委书记党建工作专题述职，将党建工作作为考核各级党组织负责人的首要内容，将党建实效作为提拔任用的首要条件。要鲜明重视基层、关心基层导向，推动人力物力财力精力向基层倾斜，铸就坚强战斗堡垒，全面提升基层党建工作科学化水平。

同志们，时代鼓点催人奋进，凉山发展重任在肩。让我们紧密团结在以习近平同志为总书记的党中央周围，坚决认真贯彻中央和省州委决策部署，厉行法治、从严治党、扎实工作，为谱写同步全面小康建设新篇章、加快建设美丽富饶文明和谐新凉山而努力奋斗！

在中共凉山彝族自治州委七届七次全会第一次全体会议上的讲话

（2015 年 7 月 24 日）

州委书记　林书成

同志们：

这次州委全会，是在推进凉山追赶跨越发展、决战全面小康关键时刻召开的一次重要会议。主要任务是，深入学习贯彻习近平总书记关于扶贫开发工作的重要讲话精神和部分省区市扶贫攻坚座谈会精神、省委十届六次全会精神，研究部署新阶段我州扶贫攻坚工作，审议通过《关于集中力量打赢扶贫开发攻坚战，确保同步全面建成小康社会的决定》。

州委全会专题研究部署扶贫开发工作，充分体现了州委、州政府对扶贫开发工作的高度重视，充分表明我们向贫困宣战、向全面小康迈进的坚强意志和坚定决心。这次会议对于动员全州上下进一步统一思想、振奋精神、坚定信心，大力推进精准扶贫、精准脱贫，确保与全国全省同步全面建成小康社会具有重大战略意义。

下面，根据州委常委会研究的意见，我讲几个方面的问题。

一、深刻认识新阶段扶贫开发的极端重要性，更加坚定打赢扶贫开发攻坚战的信心决心

消除贫困、改善民生、实现共同富裕，是社会主义的本质要求，也是摆在我们面前最紧迫的政治任务。“曾经一步跨千年，今朝跑步奔小康。”对于我们这样一个民族自治州，扶贫开发无疑具有重大而特殊的历史意义。我们一定要统一思想、深化认识，以冲锋冲刺的状态、决战决胜的勇气，坚决打赢扶贫开发、全面小康攻坚战。

第一，深入贯彻中央和省委扶贫攻坚决策部署，以放眼全局的战略思维把握新要求。全面建成小康社会，是党的十八大作出的重大部署，是实现中华民族伟大复兴中国梦的关键一步，在“四个全面”战略布局中居于战略目标的重要地位。实现这一宏伟目标，重点在农村、难点在贫困地区。习近平总书记多次指出“小康不小康，关键看老乡”，强调必须把扶贫开发作为如期实现全面小康最紧迫最艰巨的任务。近期在贵州召开的部分省区市扶贫攻坚座谈会上，习近平总书记深刻指出：“十三五”时期经济社会发展，关键在于补齐“短板”，其中必须补好扶贫开发这块“短板”；实现贫困人口如期脱贫，是我们党向全国人民作出的郑重承诺，责任重于泰山，各级党委和政府一定要不辱使命。总书记的系列重要论述和要求，科学回答了全面建成小康社会的重大现实问题，深刻阐明了做好扶贫工作的极端重要性，清晰指明了新阶段扶贫开发的主攻方向，为我们提供了根本遵循和行动指引。

省委一直高度重视扶贫开发工作，特别是党的十八大以来，坚持把扶贫开发作为实施“三大发展战略”、推进“两个跨越”的一项全局性工作来部署和落实，王东明书记在凉山调研时提出“四个好”，要求以精准扶贫、精准脱贫为主攻方向，以大小凉山彝区等“四大片区”为主战场，以幸福美丽新村建设为主抓手，全面打响新一轮扶贫开发攻坚战，有力推动全省迈入加快脱贫致富、冲刺全面小康的历史新阶段。省委十届六次全会站在全局和战略高度，对新阶段扶贫攻坚进行了总体设计和制度安排，进一步明确了目标任务、总体思路、实现路径、着力重点和推进方式，吹响了全省扶贫开发攻坚的冲锋号。今年 4 月省人大常委会审议通过了《四川省农村扶贫开发条例》，首次将扶贫

开发提升到依法治省、建设法治四川层面，标志着我省扶贫开发工作步入了法治化、规范化、制度化新阶段。全州各级党组织和广大党员干部一定要深刻领会、准确把握中央和省委关于推进扶贫开发的新部署新要求，真正把思想和行动统一起来，把智慧和力量凝聚起来，万众一心、合力攻坚，依法治贫、法治扶贫，加快群众脱贫致富步伐，加速凉山全面小康进程。

第二，充分肯定我州扶贫开发取得的重大成就，以奋发有为的精神状态开启新征程。近年来，我们始终把扶贫开发作为推进全域凉山全面协调可持续发展的重中之重，紧紧抓住国家、省实施乌蒙山片区区域发展与扶贫攻坚规划、大小凉山综合扶贫开发规划等重大机遇，标本兼治、综合治理、连片开发、整体推进扶贫开发工作，取得明显成效。一是综合施策拔“穷根”，贫困地区落后面貌不断改观。创新“统筹型、捆绑式”扶贫开发模式，聚焦集中连片特困地区，产村相融、成片推进“百乡千村”新村建设工程，强力推进交通大会战、无电地区电力改造等基础设施建设，深入实施彝区教育振兴行动计划、劳务开发“双百工程”等，贫困地区发展条件持续改善、自我发展能力持续提升。2001 年以来累计减贫 172 万人，近四年共建成新村新寨 2074 个，21.7 万户群众入住新居。二是移风易俗除“陋习”，农村群众精神风貌明显提升。坚持治穷、治愚相结合，实施“板凳工程”进而集中开展彝区健康文明新生活运动，引导群众从“不坐地上坐板凳”做起，改变席地而卧、裹毡而眠、人畜混居、高价彩礼、厚葬薄养等陈规陋习，树立清洁卫生、厚养薄葬、勤劳致富等新观念，以生活方式转变倒逼生产方式变革，贫困群众思富求变的愿望日渐强烈。三是禁毒防艾铲“毒瘤”，因毒因病致贫返贫得到初步遏制。持续开展禁毒防艾人民战争，全力以赴肃毒害、防艾滋，大力实施“净土计划”、禁毒“摘帽”攻坚行动，认真落实省《大小凉山艾滋病综合防治试点规划》，深入推进健康教育宣传、美沙酮维持治疗、艾滋病防治综合管理等“七大工程”，扎实抓好“绿色家园”戒毒康复基地建设，坚决遏制毒品、艾滋病蔓延势头，禁毒防艾工作不断取得新进展。四是驻村帮扶结“对子”，精准扶贫工作体系基本形成。瞄准贫困村、贫困户，细化完善贫困识别、资金管理、督查考核等制度办法，着力构建“大扶贫”工作格局，以深化东西扶贫协作、百乡教育扶贫、“挂包帮”活动、州内“4+5”对口帮扶为抓手，实行定点、定人、定责帮扶，确保扶到点上、扶到根上，精准扶贫效果不断显现。总体上讲，我州扶贫开发已由解决温饱问题、巩固温饱成果，进入到加快脱贫致富、迈向全面小康的历史新阶段，为我们做好今后工作奠定了基础、增添了信心。

第三，清醒认识贫困地区发展存在的突出问题，以舍我其谁的责任担当履行新使命。突出民生和极度贫困问题是凉山最大的问题，扶贫攻坚是凉山最重的任务。大凉山彝区、木里藏区是从奴隶社会、封建农奴制社会“一步跨千年”进入社会主义社会的“直过区”，贫困问题根深蒂固，扶贫形势严峻复杂。虽然贫困人口在持续减少，但贫困人口多、贫困程度深的状况尚未根本改变；虽然发展条件在持续改善，但贫困面大、基础设施薄弱的状况尚未根本改变；虽然群众收入在持续增长，但社会事业滞后、多种贫困问题交织的状况尚未根本改变；虽然贫困面貌在持续改观，但全面小康实现程度低、“二元”矛盾突出的状况尚未根本改变。只有准确把握上述四个基本判断，才能充分认识凉山扶贫攻坚的艰巨性、复杂性和紧迫性。一是任务艰巨，贫困面宽、量大、程度深。集中连片特困区域达 4.16 万平方千米、占全州辖区面积的 68.9%，有国家扶贫开发工作重点县 11 个、占全省的 30.6%，5.2 万户 26.1 万人居住在高寒山区、严重干旱缺水地区、地质灾害多发地区。按 2736 元贫困标准划线，尚有贫困人口 50.6 万人，贫困发生率高于全省 3.1 个百分点。一些特困家庭家徒四壁、一贫如洗，处于极度赤贫状态。二是成因复杂，穷、愚、病、毒问题相互交织。彝区群众受教育年限不足 6 年，远低于全省 9 年的平均水平，农村青壮年中还有相当一部分人不懂汉语，群众就业能力弱、创业意识差，苦熬守穷、贫困代际传递现象依然存在。受多子多福、重男轻女畸形生育观影响，越穷越生、越生越穷，难以摆脱“扶贫—脱贫—返贫—再扶贫”的恶性循环。同时，毒情、疫情形势严峻，吸毒一人、增贫一户，一人染病、全家陷贫，已成为阻碍群众脱贫致富的重大社会问题。三是时间紧迫，实现同步全面小康耽搁不起、延误不得。目前，凉山全面小康总体实现程度仅为67.8%，人均GDP、城镇居民人均可支配收入、农民人均纯收入3项核心指标（2014年数据），仅为2020年全国小康目标值的47.6%、61.8%、69.8%。同时，凉山区域发展极不平衡，相对贫困问题仍相当突出，“综合扶贫开发区”8县经济总量仅占全州的14.7%，农民人均纯收入仅为全州的67.2%。实现贫困地区“旧貌换新颜”，形势逼人，任务催人。我们务必保持坐不住、等不起、慢不得的责任感、使命感和紧迫感，紧紧扭住经济建设这个富民强州兴凉之要，用力抓发展，用情抓扶贫，盯节点、抓重点、破难点，一村一村扶贫、一户一户脱贫，持续用力、久久为功，努力消除绝对贫困、减少相对贫困，带领各族群众携手迈向全面小康。

第四，抓住用好凉山扶贫攻坚面临的重大机遇，以抓铁有痕的实干劲头夺取新胜利。当前和今后一个时期，既是凉山转型发展、跨越提升的战略机遇期，也是扶贫开发攻城拔寨的冲刺期，政策环境利好，有利因素增多。一是国家和省的特殊支持政策更加精准。中央明确将采取力度更大、针对性更强、作用更直接、效果可持续的政策措施，支持贫困地区如期脱贫。国务院同意实施《关于支持凉山州、怒江州、临夏州加快建设小康社会进程的若干意见》，明确将我州规划投资4892亿元的48个项目纳入国家、省“十三五”相关行业规划实施，并建立部际协调推进机制，支持探索集中连片特殊困难地区扶贫攻坚的有效途径。省委、省政府量身定制“3+10”配套政策支持贫困地区精准扶贫、精准脱贫，在基础、产业、新村、财政金融等方面给予集中倾斜帮扶，力度之大、含金量之高，前所未有。二是扶贫开发的物质条件更加充分。经过多年的发展，凉山经济规模不断壮大、财政实力逐渐增强，特别是交通、水利、电力、通信等基础设施加快建设，贫困地区发展条件不断改善，扶贫开发客观上有了更为牢靠的物质保障。同时，绝大多数贫困地区旅游、文化、生态、清洁能源等资源比较富集，特色农业、牧业、林业具备一定的产业规模和发展基础，尚有潜力可挖。三是群众脱贫致富的内生动能更加强劲。随着经济社会发展和扶贫开发向纵深推进，贫困地区群众的思想观念由“让我脱贫”向“我要发展”深刻变化，不甘落后、盼富求富的愿望越来越急切，摆脱贫困、走向富裕的积极性越来越高。我们一定要把握机遇、主动作为，以背水一战、决战决胜的坚定决心，以坚忍不拔、勇往直前的顽强斗志，坚决啃下这块“硬骨头”、打好这场攻坚战，决不让一地一域、一户一人在全面建成小康社会进程中掉队落伍。

二、准确把握精准扶贫的总体要求和着力重点，奋力开创新阶段扶贫开发工作新局面

州委深入学习领会中央精神，认真贯彻落实省委十届六次全会部署，全面总结十八大以来扶贫开发成效经验，组织起草了《集中力量打赢扶贫开发攻坚战，确保同步全面建成小康社会的决定》稿，召集相关部门讨论修改，在一定范围征求了意见。大家一致认为，《决定》讨论稿符合中央和省委战略部署，符合凉山州情实际，顺应各族群众诉求期盼，是当前和今后一个时期全州扶贫开发工作的指导性文件。

《决定》从协调推进“四个全面”战略布局的高度，确立了指导思想、目标任务和基本要求，为推进精准扶贫、精准脱贫制定了时间表、路线图、任务书。《决定》与《凉山州农村扶贫开发规划（2011—2020年）》、即将出台的《关于贯彻〈四川省农村扶贫开发条例〉的实施意见》以及基础扶贫、产业扶贫等12个《专项方案》紧密衔接，相辅相成、有机统一，其中《规划》突出整体布局，是总蓝图；《决定》突出任务要求，是动员令；《实施意见》突出制度保障，是硬约束；《专项方案》突出着力重点，是主抓手。这套“四合一”政策

"组合拳"，共同构成了新阶段全州扶贫开发攻坚的总体设计和制度安排。

按照中央、省委决策部署，州委结合凉山实际，确立了当前和今后一个时期全州扶贫攻坚的总体思路：坚持以邓小平理论、"三个代表"重要思想、科学发展观为指导，认真贯彻习近平总书记系列重要讲话精神、省委十届六次全会精神，全面实施国家和省新十年农村扶贫开发纲要及州农村扶贫开发规划，以消除绝对贫困为目标，以精准扶贫精准脱贫为手段，以改革创新为动力，扶贫、教育、禁毒、防艾、倡导现代文明生活方式"五管齐下"，治穷、治愚、治病、治毒"四治并举"，采取超常举措，拿出过硬办法，扎实推进省"五大扶贫工程"、彝区"十项扶贫工程"、藏区"六项民生计划"和"七个一批"扶贫攻坚行动计划，严格领导责任，强化社会合力，加强基层基础，坚决打赢扶贫开发攻坚战。目标任务是：按照"五年集中攻坚、一年巩固提升"要求，以县为单位分年度制定到村到户的扶贫脱贫计划，确保全州每年减少农村贫困人口10万人左右。到2020年，基本消除绝对贫困，2072个贫困村和50.6万贫困人口全部脱贫，11个贫困县全部"摘帽"；贫困县农民人均纯收入较2010年翻一番以上；基本公共服务均等化、社会保障全覆盖，乡乡有标准中心校、有达标卫生院、有便民服务中心，村村有硬化路、有学前教育机构（幼儿园）、有医务室、有文化室、有民俗文化坝子、有宽带网，户户有安全饮用水、有生活用电、有广播电视，让贫困群众住上好房子、过上好日子、养成好习惯、形成好风气。重点举措是：精准实施"七个一批"扶贫攻坚行动计划。在省上"五个一批"的基础上，新增治毒戒毒救助、移风易俗巩固"两个一批"，突出"创新创业致富"，将艾滋病防治作为"医疗保障扶持"的重要内容，以解决凉山扶贫攻坚面临的特殊问题和突出问题。要精准识别、对号入座、对症施治，将贫困人口无一遗漏地纳入行动计划，通过扶持对象精准、扶贫项目精准、资金使用精准、扶贫措施精准、驻村帮扶精准，实现脱贫成效精准。

第一，树牢全域理念抓扶贫，形成分类推进、整体联动的工作格局。我州集资源富集地区、集中连片特困地区、多民族聚居地区、西部内陆欠发达地区于一体，西昌"一城独大"、安宁河谷"一谷支撑"、彝区藏区发展滞后，"一条腿长、一条腿短"尤为突出。必须把加快发展作为解决一切问题的总钥匙、作为脱贫奔康的根本途径，按照全域全面、同向同步要求，坚持发展经济与改善民生并举，安宁河谷地区与彝区藏区并重，县域全面小康与全州整体全面小康并进，从根本上改变凉山贫困落后面貌。

安宁河谷地区要把加快发展摆在突出位置，始终保持专注发展定力，顺应"四化同步"大趋势，统筹做好稳增长、调结构、惠民生各项工作，保持加快发展、转型发展、率先发展良好态势，通过加快发展帮助贫困群众找准致富门路、拓宽增收渠道，力争用三年左右时间完成区域内脱贫解困任务。要连心牵手民族贫困地区，深化对口帮扶及县域间合作，为全州扶贫攻坚、同步全面小康多做贡献。

大凉山彝区要把扶贫攻坚作为首要任务，以彝家新寨建设为抓手，集中力量解决好住房难、行路难、用水用电难等突出民生问题，扎实抓好教育、卫生计生、禁毒防艾等重点工作，抓住用好扶贫开发本身蕴含的发展机遇，大力培育特色产业，做大民生经济，让彝区群众逐步告别贫困，过上幸福美好新生活。

木里藏区要把富民和谐作为重中之重，着眼跨越发展和长治久安，"稳藏兴藏""依法治藏"，统筹抓好发展、民生、稳定"三件大事"，依托水电、旅游、生态资源开发挖掘经济发展潜力，实施"六项民生计划"改善群众僧人生产生活条件，让藏区群众更多更直接享受改革发展成果、感受党和政府温暖，确保持续成为"全国最稳定的藏区"。

第二，落实精准要求抓扶贫，以精准扶持措施实现精准脱贫目标。习近平总书记指出，扶贫开发贵在精准、重在精准，成败之举在于精准。要紧扣贫困人口这一主线，以人人脱贫、真正脱贫为"硬杠子"，把精准要求落实到每个人头上、每户收入上，有的放矢地解决其当前生计和长远发展问题，切实减少贫困存量、抑制贫困增量、巩固脱贫成果。

实施精准扶贫锁定扶贫对象是关键，必须高度重视和加强计划生育，坚决防止贫困人口无序增加、爆发式增长。精准扶贫是变“大水漫灌”为“精准滴灌”，其关键在于要真正锁定扶贫对象，将扶贫措施精准落实到特定人口、具体人口。目前我州建档立卡的贫困人口为50.6万人，但这只是静态数据，尚未考虑人口自然增长特别是民族贫困地区超生多生等动态变化，如果群众增收速度赶不上人口增长速度，就会形成“劣性均衡循环”，难以走出“年年贫困年年扶、年年扶贫年年贫”的怪圈。王东明书记在省委全会上特别就民族地区计划生育工作作出重要指示、提出具体要求。当前我州计生形势十分严峻，人口发展态势与省内其他地区不同，切不能将“单独”二胎生育新政曲解为鼓励生育甚至全面放开生育。要高度重视并加强人口计生工作，坚持计划生育基本国策不动摇，坚守“三条底线”，落实“三项制度”，严格“一票否决”，宣传教育、政策利导、问责追责等多措并举，着力“刷新”群众生育观念，促进优生优育、少生快富，决不能让来之不易的发展成果被过度膨胀的人口所吞噬。

幸福美丽新村建设在扶贫攻坚中具有全局性、牵引性作用，必须作为提高贫困地区发展能力的重要载体。州委全会后，将接着召开全州幸福美丽新村建设推进会，专题研究部署相关工作，要认真抓好落实，不容丝毫松懈。要把极度贫困村和极度贫困户摆在优先位置，坚持新村、新居、新产业、新农民、新生活“五新同步”，统一规划、分步实施、整村推进，确保到2020年建成幸福美丽新村3000个，80%的行政村建成新村、80%的村民入住新村。要坚持因地制宜、自然组团、田园生态，突出地域风貌、乡土特色、民族文化，注重新建、改造和保护相结合，全面实施扶贫解困、产业提升、旧村改造、环境整治、文化传承“五大行动”，完善农村基础设施、公共服务体系和社会治理机制，确保建成一片新村、实现一村脱贫、带动整村致富。要突出特困群体实施特殊帮扶，整合使用各类危房改造资金，提高改造补助标准，开展农村危房改造信贷贴息试点，确保2020年前全面完成农村危房改造任务，让困难群众住有所居、住房安全。按需推进农村廉租房建设，多渠道、多方式增加廉租房源，为建不起、改不起的特困户提供保障性住房。要抓好易地搬迁，结合水电移民、灾后恢复重建、新型城镇化、城镇保障性安居工程和幸福美丽新村建设，帮助居住在生存环境恶劣、生态环境脆弱地区的群众“挪穷窝”，重点让高寒山区生存条件恶劣的35万群众中具有搬迁条件和意愿的贫困户“应搬尽搬”，切实解决其宅基地、基本口粮田，妥善处理“自主搬迁”问题，确保群众搬得出、住得下、能发展。

贫困地区群众脱贫致富，根本要靠发展产业、实现就业，必须扎实抓好富民增收产业培育。要坚持标本兼治、长短结合，按照“一乡一业、一村一品、一家一园”思路，宜农则农、宜工则工、宜旅则旅，推动富民产业进村到户，精准到每户栽树多少株、养畜多少头、养禽多少只、种植经济作物多少亩、外出务工多少人，帮助群众找对路子、鼓起“钱袋子”、过上好日子。要推动特色农业富民，突出生态、绿色、优质、安全，加快发展烤烟、蚕桑、马铃薯、苦荞、蔬菜、优质水果、花卉、中药材、生猪、草食畜等特色产业，大力发展订单农业、定制农业、农产品精深加工，培育“互联网+特色农业”品牌，推进电子商务“村村通”，加快建设“大凉山”特色优质农产品生产加工基地，带动群众持续增收。尤其要充分发挥林地资源优势，引导群众树立“今天人养树、明天树养人”的观念，建设“绿色银行”，到2020年贫困人口人均种植核桃50株（或花椒80株、其他果木2亩以上），农民人均林业收入达到5000元。要推动特色旅游富民，大力实施“旅游+”战略及乡村旅游提升行动计划，突出生态田园、休闲观光、康养度假、民族风情等特色，着力建设乡村旅游“四大产业带”，推进藏羌彝文化走廊建设，培育一批美丽乡村旅游扶贫重点村，积极打造中国西部旅游扶贫示范区。要推动资源开发富民，对接融入攀西战略资源创新开发试验区，以水电、矿产等资源开发带动基础设施改善，推进资源就地转化、链条延伸，鼓励发展"飞地"园区，争取开展流域补偿、资源开发补偿、资源开发权入股参与投资等试点，支持地方以土地、资源等入股参与产业发展，让群众在资源开发中直接受益、长期受益，决不能让群众"捧着金饭碗讨饭吃"。要推动劳务就业富民，采取"劳务经纪人+劳务派遣公司+用工企业"开展订单输出培训，让更多农民工"组团"打工，力争到2020年转移输出农村富余劳动力150万人，实现劳务收入255亿元。加快发展建筑业、农村服务业、彝绣漆器乡村手工业、特色种养业等业态，争取国家、省科技富民强县项目支持，支持大学生、农民工返乡创业致富，形成大众创业万众创新良好生态，让更多群众就近就地就业增收。

第三，突出问题牵引抓扶贫，着力堵源治本阻断贫困的代际传递。凉山作为集中连片特困地区，其特殊困难主要在于大凉山彝区社会发育程度较低，毒品艾滋病问题、落后观念及陈规陋习问题与贫困问题叠加，彝区藏区教育、卫生等社会事业相对落后，解决不好势必影响发展，甚至贻误一个民族的未来。必须下最大决心、花最大力气，针对特殊困难采取特别举措，帮助群众斩断"穷根"，加快扶贫开发攻坚进程。

治穷先治愚，教育扶贫是最根本的扶贫，要坚持教育优先发展地位不动摇。深入实施彝区教育振兴行动计划，创造条件逐步实施民族地区十五年免费教育计划，积极推进教育均衡发展，为贫困家庭孩子脱离困境插上知识的翅膀，把人口压力转化为人口"红利"。要巩固提升"两基"攻坚成果，健全"七长责任制"，织牢"控辍保学"网络，推进贫困地区义务教育学校标准化建设，大力发展中小学寄宿制教育，确保2018年全部实现县域内义务教育基本均衡。要大力发展学前教育，结合新村新寨建设抓好幼儿园规划布局，实施彝汉、藏汉"双语"教学，着力解决"语言关"问题，决不让贫困家庭孩子输在起跑线上。要扎实推进职业教育，扩大"9+3"免费职教计划范围，确保"应读尽读"，减轻供养大学生贫困家庭负担，加大对青壮年、初高中毕业生等的劳动力技能培训，实现一人就业、全家脱贫。要提升教育质量水平，深入实施素质教育工程，深化教育科研改革，加快推进教育信息化进程，逐步实现宽带网络"校校通"，扩大优质教育资源覆盖面。要加强师资力量建设，认真实施"乡村教师专项支持计划"和"藏区千人支教十年计划"，加强贫困地区教师培训，深化教师队伍管理体制改革，构建乡村教师激励机制，夯实农村教育阵地。

人民健康是全面小康的重要内涵，要切实提高基本医疗卫生服务水平。重大疾病是造成贫困的主要因素之一，必须着力抓好基本医疗服务，让贫困群众"病有所医"。要健全医疗服务体系，加快县级医院创二甲和乡镇卫生院、村卫生室标准化建设，补足配齐基层医务人员，加大全科医生培养力度，建立城乡对口支援长效机制。要健全重大疾病防治体系，提高大病保险报销比例，探索财政支持贫困户购买重大疾病医疗保险办法，扩大大病救助覆盖范围，加大麻风病、结核病、血吸虫病、包虫病等地方病防治力度。要健全公共卫生服务体系，落实基本公共卫生服务均等化项目和重大公共卫生专项，提高县乡村公共卫生服务能力。

毒品、艾滋病是危害凉山经济社会发展的"两大毒瘤"，要坚决打好禁毒防艾人民战争。全州"6·26"禁毒防艾工作会议已对相关工作作出安排部署，各地各部门务必认真抓好禁毒防艾工作《条例》、加强禁毒工作《意见》、艾滋病防治《办法》的贯彻落实，全民动员、全社会参与，再掀一轮禁毒防艾人民战争新高潮，从根本上解决因毒因病致贫返贫问题。要以萎缩毒品市场为重点，着力"堵通道、抓管控、防新增"，坚决遏制毒品问题蔓延势头。"堵通道"就是要"零容忍"禁毒肃毒，重拳出击、保持高压，打好专案攻坚、控源截流、清查管控、外流贩毒整治"四大会战"，严厉打击孕妇、哺乳期妇女运贩毒犯罪活动，让毒品违法犯罪无处藏身；"抓管控"就是要针对

"毒品难戒、复吸率高"问题，探索构建强制戒毒与社区康复有效衔接机制，加快建设集强制隔离戒毒、身心矫治转化、社区康复安置于一体的凉山"绿色家园"，让解除强戒人员在"大范围封闭、小范围自由"的环境中隔绝毒源，重树生活勇气，找到一条重生的道路；"防新增"就是要大力实施"净土计划"，完善"支部+协会+家族"等禁毒模式，强化禁毒宣传教育，增强群众识毒、防毒、拒毒意识，确保新增吸毒人员明显减少。要筑牢艾滋病"防火墙"，以艾滋病感染者及病人环比增长率、病死率进入下降"拐点"为契机，加快"七大工程""一批中心"建设，严控性途径传播上升势头和母婴、血源传播，深入实施"四免一关怀"政策，加大对艾滋病患者的救助帮扶力度，有效解决艾滋病患者弃医、失联、脱管问题，切实保障群众生命健康安全。

思想贫穷是最大的贫穷，观念落后是最大的落后，要倡导养成现代文明生活方式。坚持把扶贫开发与精神文明建设、依法治州紧密结合起来，以现代文明荡涤陈规陋习，以法治良序促进社会和谐，养成好习惯、形成好风气。要塑造培育群众文明意识，大力弘扬社会主义核心价值观，深化彝区健康文明新生活运动，开展婚丧嫁娶高额礼金和铺张浪费问题专项治理，实施科技、文化、教育、卫生、计生、文明"六进彝家"行动，拓展群众性精神文明创建和文化体育活动，让现代文明生活方式在广大农村生根开花，教育引导群众移风易俗、自立自强、勤劳致富，打破苦熬守穷的"贫困宿命论"。重点要从学校和孩子抓起，着力养成文明生活习惯，形成文明健康新风尚。要塑造培育群众法治意识，大力推进法治凉山建设，深入开展"法律进万家"活动，教育引导贫困群众摒弃"贩毒致富""一夜暴富""患艾获保"等畸形观念，完善推广西昌"网格化"社会管理服务、木里长足发展长治久安"20条"等经验，发挥村规民约的独特作用，优化提升彝区"法官+德古"调解模式，把农村各项事务纳入依法管理轨道，为贫困地区脱贫致富、同步全面小康创造良好法治环境。

第四，坚持民生导向抓扶贫，努力改善贫困地区群众生产生活条件。我州绝大多数贫困地区偏远闭塞、山高坡陡，自然条件恶劣、基础设施薄弱，突出民生问题亟待解决。要始终把改善民生作为一切工作的出发点和落脚点，着力解决群众最难最急最盼问题，有针对性地打通贫困地区"最后一公里"，增强自我发展能力。

要强力推进交通建设大会战。一路通方能百业旺。要强化"交通惠民"理念，下好扶贫"先手棋"，争取实施新一轮"交通大会战"，突出抓好乡村道路建设，以交通提速推动扶贫提速。要扎实推进城乡交通建设，加快县域交通改造提升，依托国省干线"主动脉"搭建贫困地区交通骨架，深入实施路网通村达户工程，畅通"毛细血管"，打通断头路、修建便民桥，力争2020年前所有乡镇通油路、所有建制村和新村聚居点通硬化路。要大力发展通道经济，紧紧围绕产业发展规划建设交通路网，以交通建设带动特色种养业、农产品深加工、客货运输、特色旅游等产业蓬勃发展，拉动新村新寨、农田水利、电力通信等基础设施建设，帮助贫困地区群众走上发展路、致富路、小康路。

要提高用水用电和信息保障水平。用水用电是最基本的生计问题。要把解决农村群众安全饮水、无电人口用电问题作为一项硬任务，让群众尽早喝上放心水、用上优质电。要增强饮水安全保障，全面完成"十二五"农村居民和农村学校师生安全饮水规划任务，启动实施饮水安全巩固提升工程，构建精准到户的饮水安全保障体系，提高集中供水率、自来水普及率、水质合格率。大力推进贫困地区重大水利工程、"五小"水利工程等项目建设，切实改变农业生产"靠天吃饭"现状。要推进电力和信息网络覆盖，年内全面解决无电人口用电问题，实现农村电网升级改造工程全覆盖，大力实施光伏工程，彻底消除无电户。加快构建全州供电"一张网"，推进县域电网同网同价，逐步实现供电服务均等化。加快推进"三网"融合，基本实现行政村广电网、互联网全覆盖，加快空白乡镇邮政所补建，提高固定宽带家庭普及率。

要切实加强生态建设与环境保护。良好生态环境是最普惠的民生福祉。要树牢“绿水青山就是金山银山”的理念，生态打底、保护优先，资源开发与生态保护并重，争创国家生态文明建设示范区，让各族群众享受到干净的水、新鲜的空气、洁净的食品、优美宜居的环境，绝不以牺牲环境换取一时的经济增长。要推进生态扶贫工程，巩固天然林保护、退耕还林、退牧还草、沙化及石漠化治理等项目建设成效，对坡度25度以上非基本农田耕地实行应退尽退，逐步提高森林覆盖率和生态系统稳定性，争取国家扩大生态效益补偿范围、提高补偿标准。要改善农村人居环境，深入开展以脏乱差治理、人畜分离、垃圾污水处理等为重点的农村环境综合整治，突出抓好面源污染治理，打造整洁优美的村容村貌。要提升防灾减灾能力，落实主体功能区制度，加强脆弱地区生态治理，加大泥石流、山体滑坡、崩塌等地质灾害防治力度，打牢贫困地区可持续发展的生态本底。

要健全完善农村社保安全网。同步全面小康，一个都不能少。要立足扩面提标，进一步完善提升以农村最低生活保障、新型农村合作医疗、新型农村社会养老保障三项制度为核心，以五保供养、临时救助、社会福利和慈善事业为重点的农村社会保障体系，实现农村社会保障全覆盖。要强化低保政策兜底，对丧失劳动能力、无法通过产业扶持和就业帮助实现脱贫的特困家庭，要通过纳入低保体系实施政策性兜底扶贫。要坚持扶贫线和低保线“两线合一”，逐步实现农村低保标准与扶贫标准基本一致。要加强统筹、精准到人，对符合集中供养政策条件且自愿的特困人员应养尽养、对困难残疾人生活补贴应发尽发、对城乡居民养老保险应保尽保。要高度重视留守儿童、留守老人、特殊困难儿童等问题，落实帮扶救助措施，让他们感受到社会主义大家庭的温暖。

三、充分尊重经济社会发展规律，切实解决好新阶段扶贫攻坚中事关全局的重大问题

习近平总书记指出：“推进扶贫开发、推动经济社会发展，首先要有一个好思路、好路子。”必须尊重规律、讲究方法，正确处理好关系全局的重大问题，确保扶贫攻坚始终沿着正确方向推进。

一要正确处理精准扶贫与区域开发的关系，切实解决好贫困地区长远发展问题。一村一户的发展状况，往往与一个区域的发展状况紧密相连。即使到2020年基本消除绝对贫困现象，脱贫群众的收入及生活水平与安宁河谷相对发达地区仍然存在较大差距。这就要求我们必须把精准扶贫与区域开发有效衔接起来，既解决好贫困群众的具体问题，又解决好贫困地区的共性难题，点面结合、相互促进，形成双轮驱动的协同效应。要大处着眼，主动适应经济发展新常态，准确把握加快发展、转型发展的形势任务，把扶贫攻坚的产业设置、项目确定、资金支持纳入区域发展总体战略，统筹谋划、系统实施，发挥比较优势、挖掘内在潜力，增强贫困地区自我发展能力。要细处着力，把精准扶贫、精准脱贫具体化，对照“六个精准”要求，瞄准贫困群众制订个性化帮扶方案，落实针对性帮扶措施，推动贫困群众限期脱贫、精准脱贫。

二要正确处理突出重点与兼顾一般的关系，切实解决好贫困群众共同脱贫致富问题。我们提出把集中连片贫困村作为新阶段扶贫攻坚的主战场，进行重点扶持，无疑抓住了关键，抓住了扶贫开发的主要矛盾，必将极大提高扶贫工作的针对性和实效性，但在抓重点区域、重点群体的同时，对面上零星分布、“插花式”贫困人口也要落实相应措施、定向定点扶贫（安宁河谷6县市尚有贫困村210个、“插花式”贫困人口达9.86万人，占全州贫困总人口的19.5%，贫困发生率最高达5.7%）。要坚持应扶尽扶，科学研判贫困人口“小集中、大分散”新趋势，无论是安宁河谷地区还是彝区藏区，无论是扶贫开发工作重点县还是非重点县，只要有贫困人口，都要同等对待、精准帮扶，坚决杜绝“穷在深山无人问”，确保贫困群众不落下一户一人。

三要正确处理夯实基础与提升能力的关系，切实解决好贫困群众能力不足问题。一个地方

的贫穷，固然有多方面的原因，但归根结底还是人的素质能力问题。推进新阶段扶贫攻坚，既要优先解决基础设施问题，不断改善贫困地区发展条件，更要抓住“人”这个关键因素，帮助贫困群众提高就业创业、劳动致富本领。“授人以鱼，不如授人以渔”。要把送政策、送项目、送资金与送知识、送人才、送培训有机结合起来，依托驻村干部、农业专家、当地种养大户，大力开展实用技术和职业技能培训，确保每一个贫困户都有一个技术明白人或致富能手。同时，要始终把教育扶贫摆在突出位置，把贫困地区孩子培养出来，让贫困家庭孩子拥有一技之长，用知识点亮孩子的未来，阻断贫困的代际传递。

四要正确处理政府主导与社会参与的关系，切实解决好扶贫攻坚整体合力问题。扶贫之路越往后走，攻坚的难度越大，越要整合力量、形成合力。各级党委、政府要加强统筹谋划、宣传动员和组织实施，统筹专项扶贫、行业扶贫、社会扶贫等多方力量共同参与，形成政府、市场、社会互为支撑的“大扶贫”格局。要深化与浙江省、广东珠海市东西扶贫协作，认真做好攀枝花对口援藏（木里）协调服务工作，拓展延伸州内“4+5”对口帮扶，积极争取更多国家部委、中央企业、省级部门支持扶贫开发，推动对口帮扶向长期合作转变，增强贫困地区“造血”功能。各相关职能部门要按照责任分工制定工作计划、推动项目实施，引导国有企业、非公有制经济和社会组织等积极参与，发展壮大社会扶贫力量。

五要正确处理外部支持与自力更生的关系，切实解决好干部群众精神状态问题。扶贫必先扶志。物质贫困并不可怕，精神贫困更令人担忧。如果一味畏难发愁、等待观望，缺乏脱贫致富的志气勇气，没有奋发向上的精神状态，给再多的金钱和物质，也难以脱贫解困。贫困地区群众是扶贫开发的受益主体也是实施主体，必须把他们的积极性充分调动起来、主观能动性充分发挥出来。要坚持“物质扶贫”与“精神扶贫”一起抓，既强化政府主导下的资金、项目、技术等外部支持，更增强贫困群众脱贫致富的决心干劲，克服“等靠要”的依赖思想，树立“争闯干”的创业意识，实现由“站着看、等着扶”向“主动干、忙致富”转变。“但愿苍生俱温饱、不辞辛苦入山林。”面对群众脱贫致富的强烈愿望，各级党组织和广大党员干部务必强化责任担当，自觉把扶贫攻坚作为践行“三严三实”要求的生动课堂，一心为民、干在实处，带着责任、带着感情、带着智慧抓扶贫，努力把人民的期待变成自己的行动、把人民的希望变成生活的现实。

四、创新扶贫开发工作体制机制，在强化责任落实中推进精准扶贫取得实实在在的成效

适应新阶段扶贫开发新要求，既要抓住重点问题集中攻坚，更要从政策机制层面着手破题、提供保障。要紧密结合实际深化扶贫机制改革，构建务实管用的政策支撑体系和责任分工机制，保障扶贫资源有效利用、扶贫成效稳步提高。

一要全面深化农村改革，激发贫困地区内生动力。习近平总书记指出：“贫困地区发展要靠内生动力”。激发贫困地区内生动力，根本方法是深化改革，通过改革破除体制机制障碍，让贫困地区真正“活起来”。一是让农村土地“活起来”，积极探索集体建设用地、承包地、宅基地“三权分离”，所有权归集体，承包及用益物权归农民，经营权归市场主体，并通过建立城乡统一的建设用地市场，使农民公平分享土地增值收益；二是让农民资产“活起来”，探索推动林地、房屋等资产可抵押、可转让，赋予农民更多财产权利，增加农民财产性收入；三是让市场主体“活起来”，大力发展专业大户、家庭农场、农民合作社、龙头企业等新型农业经营主体，推动自然人农业向法人农业转变；四是让农村劳动力“活起来”，在继续发展劳务经济的同时，积极发展适合留守老人、妇女、残疾人等闲散劳动力从事的家庭手工业，努力发掘贫困地区劳动力资源优势。

二要构建多元投入机制，推进扶贫资源集中投放。要建立完善稳定增长的投入机制，提高扶贫支出占一般公共预算支出的比重，加大对贫困地区一般转移支付和民族地区转移支付

补助力度，将全州新增财力重点用于扶贫开发，发挥好财政扶贫资金的最大效益。要抓住国家研究发行贫困地区基础设施建设专门国债、提高易地搬迁扶贫补助标准、支持发行专项地方债券等特殊政策机遇，加强沟通对接，力争更大支持。要提高金融服务水平，强化覆盖贫困地区和贫困人口的便利化特惠金融政策措施，大力发展村镇银行，建立农村产权交易、抵押融资平台，创新扶贫信贷、农业保险等金融产品，拓宽扶贫攻坚的融资渠道。要统筹整合各类要素，把住房改善、基础设施、产业发展等项目资金打捆使用、集中投入，注重发挥民主党派、工商联、群众团体、科研院校、驻州部队等独特作用，引导社会力量有序参与。要全面落实扶贫目标、任务、资金、权责“四到县”制度，尽可能将资金项目安排交给县市、审批权限下放到县市，提高县市对扶贫资源的统筹整合力度。

三要建立多方联动机制，压紧压实扶贫攻坚责任。要强化对扶贫开发工作的组织领导，认真落实“州级抓总、县为主体、乡镇实施”的管理体制，“片为重点、工作到村、扶贫到户”的工作机制，党政“一把手”负总责的扶贫工作责任制，细化和靠实各级责任，州级要做好进度安排、资金管理、检查指导等工作，县市要做好人力调配、项目落地、资金使用等工作，乡镇要做好项目实施、登记造册、信息反馈等工作，形成上下贯通、横向到边、纵向到底的责任体系。县市、乡镇党政主要领导是扶贫开发的第一责任人，要亲自抓、负总责，以上率下、真抓实干，及时研究解决突出问题，每年报告扶贫攻坚工作进展情况。分管领导要直接抓、具体抓，深入贫困村、贫困户，加强协调指导，现场推进工作。要发挥好扶贫系统的职能作用，重视和加强基层扶贫队伍建设，打造一支能力过硬、作风扎实、乐于奉献的扶贫干部队伍。

四要创新农村基层党建，夯实扶贫攻坚基层基础。“农村要发展，农民要致富，关键看支部。”要围绕建设“四型”基层党组织，有针对性开展分类大提升行动，持续整顿软弱涣散基层党组织，选好配强村“两委”班子，突出抓好村带头人队伍建设，重点从乡科级优秀年轻干部、大学生村干部中选派优秀人才到村担任党组织书记或“第一书记”。特别要注重发挥大学生村干部的专业特长，帮助农民开“网店”、卖山货，实现电商扶贫。积极探索强村带弱村、富村带穷村、驻村帮扶单位与贫困村联建党支部等办法，把村级党组织建成带领贫困群众脱贫致富的坚强战斗堡垒。要制定人才激励政策，大力培养本土人才，加快引进教育、卫生、文化、农技、旅游等专业技术人才，鼓励和选派思想好、作风正、能力强、愿为群众服务的优秀年轻干部、高校毕业生等到贫困村工作。要坚持“双联”及“五个一”联系工作制度，认真组织开展驻村帮扶工作，定向选派、因村派人，做到每个贫困村都有驻村工作队、每个贫困户都有帮扶责任人。驻村帮扶要把加强基层组织、推进精准扶贫、为民办事服务、提升治理水平作为主要任务，针对贫困村的具体情况和突出问题，每年扎扎实实办成几件实事。

五要完善精准考评制度，确保扶贫攻坚取得实效。要健全完善差异化考核评价办法，更加鲜明贫困地区扶贫攻坚、改善民生的工作导向。要建立扶贫攻坚台账制度，细化分解目标任务，规范建档立卡、推行挂图作业，对规划执行、措施落实、资金使用、工作进展等实行全程考评、跟踪督查，全面提高项目建设管理水平和扶贫攻坚工作效率。要健全精准评估机制，进一步明确贫困户脱贫、贫困村减贫、贫困县“摘帽”等标准，真实反映扶贫攻坚成效。扶贫资金是贫困群众的“救命钱”“造血钱”，绝不能截留挪用，绝不能挥霍浪费，更不能中饱私囊。要强化扶贫资金监管，真正把有限资金用在“刀刃”上，建设民心工程、廉洁工程。要全面落实问责问效制度，建立竞争激励机制，对提前脱贫“摘帽”的县乡，原定扶持政策不变，投入力度不减，并给予相应的奖励；对不能按期“摘帽”或造假“摘帽”的，要严肃问责，追究相关领导和部门的责任。

同志们，扶贫攻坚是民生所向、责任所在，

是一项“底线性”工作，这块“骨头”无论多硬都必须啃下，这场硬仗无论多难都必须限时打赢。全州各级党组织和广大党员干部一定要认真贯彻落实中央和省委、州委决策部署，以攻坚破难的拼搏精神、奋发有为的昂扬斗志，朝着既定目标坚定前行、克难奋进，奋力夺取扶贫攻坚全面胜利，为实现凉山同步全面小康而努力奋斗！

在凉山彝族自治州第十届人民代表大会第五次会议上的工作报告

（2015 年 2 月 11 日）

州人大常委会主任 王金铁

各位代表：

我受凉山彝族自治州人民代表大会常务委员会委托，向大会报告工作，请予审查。

2014 年的主要工作

州十届人大四次会议以来，在州委的坚强领导下，州人大常委会认真学习贯彻党的十八大、十八届三中、四中全会精神和习近平总书记系列重要讲话精神，全面落实省委十届四次、五次全会和州委七届五次、六次全会决策部署，紧紧围绕州委中心工作和全州改革发展大局，切实履行宪法法律赋予的职权，深入实施依法治州战略，努力推动全州经济社会发展，圆满完成了州十届人大四次会议确定的各项任务。

一、着力提高立法质量，积极推进立法工作

一年来，州人大常委会按照民族自治地方立法职权，遵循立法技术规范，完善立法程序，改进立法方式，坚持科学立法、民主立法、开门立法，着力提高立法质量。

加强地方性立法。开展了《凉山彝族自治州邛海保护条例》和《凉山彝族自治州东西河飞机播种林区保护管理条例》两部单行条例的修订工作。在修订过程中，常委会按照立法反映民意、汇聚民智、维护民利，防止地方保护和部门利益法制化的要求，召开了十多次座谈会，多次将修订草案及说明印发给常委会组成人员、州级有关部门和相关县市，并在《凉山日报》、凉山人大网等平台全文公布修订草案及说明，广泛征求意见和深入论证，共征求到有价值的意见建议 300 多条，汇聚了专家和社会各界的意见建议，进一步提高了立法的科学性和可操作性。《凉山彝族自治州邛海保护条例（修订草案）》经州十届人大常委会第十六次会议审议通过，提请本次代表大会审议；《凉山彝族自治州东西河飞机播种林区保护管理条例》修订工作正有序推进。

加强立法调研。把加强立法调研作为立法工作的重要环节，开展了《凉山彝族自治州实施〈四川省人口与计划生育条例〉的补充规定》《凉山彝族自治州施行〈四川省禁毒条例补充规定〉》《泸沽湖风景名胜区保护条例》《大凉山特色农产品品牌保护》等法规立法和修订前调研工作。配合全国人大常委会、省人大常委会开展了《立法法》《行政诉讼法》《军事设施保护法》等法律法规修正案的立法调研工作。组织有关部门、专家对全国人大常委会、省人大常委会下发征求意见的 22 部法律法规草案进行了认真讨论，广泛征求意见，结合凉山实际，提出了修改意见和建议。

加强法规清理。为了使法规更加准确反映经济社会发展要求，适应我州全面深化改革和推进依法治州的需要，常委会认真开展了地方性法规清理和评估工作，对 1981 年以来州人大常委会制定的 19 件地方性法规进行了全面评估和清理。

二、着力增强监督实效，加强和改进监督工作

坚持法治导向、问题导向、发展导向、民生导向，丰富监督内容，改进监督方式，综合运用审议专项工作报告、执法检查、专题询问等形式，加强对“一府两院”的监督，进一步提高监督实效。

加强法律监督。加强法律法规实施情况执法检查，开展了《四川省人口与计划生育条例》《凉山彝族自治州实施〈四川省人口与计划生育条例〉的补充规定》《中华人民共和国环境保护法》及相关法律法规实施情况的检查；受省人大常委会委托，开展了对《中华人民共和国城乡规划法》《中华人民共和国消防法》《四川省消防条例》等法律法规实施情况执法检查；配合全国人大常委会、省人大常委会开展了《中华人民共和国未成年人保护法》《中华人民共和国消防法》《四川省消防条例》等法律贯彻实施情况的调研，保证宪法和法律在我州得到遵守和执行。

按照州人大常委会专题询问办法，在听取州人民政府关于凉山州义务教育发展情况专项工作报告后，常委会组成人员就我州义务教育发展中的重要问题，特别是人民群众关心的农村义务教育办学条件的改善、义务教育阶段辍学等问题，首次开展了专题询问，丰富了监督形式，深化了监督内涵，提高了监督实效，产生了积极的社会反响。

按照"有件必备、有备必审、有错必纠"的原则，严格登记、初审、移送、审查、反馈等程序，着力加大规范性文件备案审查工作力度，提高审查的实效性。全年备案审查了州人民政府报送的11件规范性文件、各县市人大常委会报送的162件规范性文件，依法撤销了2件规范性文件。对州十届人大及其常委会通过的决议决定，及时报送省人大常委会备案，全年上报省人大常委会规范性文件20件。

加强工作监督。围绕全州经济社会发展的重点领域和关键环节，强化对"一府两院"的工作监督。听取和审议了州人民政府关于2014年计划、财政、审计和"十二五"规划实施中期评估报告，审查和批准了2013年州本级财政决算。围绕推动依法行政，听取了州人民政府关于实施依法治州情况的专题报告。听取了全州推进现代畜牧业发展、全州旅游发展情况的报告和州人民检察院关于全州检察机关监所检察工作情况报告，提出了有针对性的意见和建议，并加强对审议意见落实情况的跟踪监督。

加强人大信访工作。高度重视人民群众来信来访，加强同人民群众密切联系，常委会领导带头接待上访群众、阅批群众来信，关注信访反映的问题诉求，作好疏导解释。全年共受理来信来访878件次，其中来信330件，来访548人次，信访总量比去年上升12%。按照"分级负责、归口办理"的原则，转交纪检监察机关、政府相关部门和法院、检察院，做到了事事有交待，件件有着落，使一些事关群众切身利益的问题得到切实解决，维护了人民群众的合法权益和社会和谐稳定。

三、着力推进科学决策，强化重大事项讨论决定权

围绕州委重大战略决策部署，抓住事关全州经济社会发展根本性、全局性、长远性的重大事项，密切关注与人民群众切身利益相关的重大问题，认真听取和审议有关工作报告，依法作出有关决议、决定，调整了州本级财政预算，着力推进"一府两院"决策科学化、民主化。认真贯彻落实《四川省依法治省纲要》和《凉山州依法治州实施意见》，结合人大工作实际，及时作出了《凉山州人大常委会关于推进依法治州的决议》，把州委重大决策部署通过法定程序上升为全州人民的共同意志和自觉行动，为全面推进依法治州提供保障。

四、着力强化监督管理，认真行使人事任免权

坚持党管干部和人大依法任免相统一，以对党、对人民、对被任免人员高度负责的精神，不断完善和创新人事任免机制，加强干部监督。全年共任免国家机关工作人员24人次，其中任命13人，免职5人，接受辞职6人。加强对任命干部的任后监督，对常委会任命的政府组成人员开展了满意度测评，并对一名严重违纪违法的干部作出了免职处理的决定，强化了任后监督力度。根据新时期、新任务、新特点、新要求，依法开展对人大代表的管理和履职监督，依法许可司法机关对7名因涉嫌违纪违法的省、州人大代表采取强制措施。切实做好代表资格审查工作，接受1名代表辞去省人大代表职务，接受1名常委会组成人员辞去常委会委员职务，

依法终止15名人大代表资格，补选了3名州人大代表。

五、着力做好代表工作，充分发挥代表作用

进一步密切同代表联系，支持和保障人大代表依法履行职务，充分发挥人大代表依法参与管理国家事务的作用。

认真办理代表议案及建议、批评和意见。州十届人大四次会议期间，州人大代表提出议案1件，提出建议、批评和意见95件。常委会高度重视代表议案和建议办理工作，在督办方式上不断探索创新，坚持重点督办和常态化督办相结合，确定了8件重点督办建议，分别由常委会领导领衔督办，推动代表关注、群众关心问题的解决。代表提出的1件议案审议结果的报告，已经州十届人大常委会第十八次会议审议通过，印发各位代表。代表提出的95件建议已办结94件，代表反馈对办理结果均表示满意和基本满意。

认真开展闭会期间代表活动。委托各县市人大常委会组织选区代表开展专题调研和集中视察活动。受省人大常委会委托，组织省和部分州人大代表，到美姑、昭觉开展了扶贫开发工作暨大凉山彝区“十项扶贫工程”2014年项目实施进展情况的专题调研活动；到会理、会东就经济社会发展情况、依法行政等开展了集中视察，为代表依法履职提供了条件。加强对代表的培训，举办了州十届人大代表履职培训会，对137名州人大代表进行了履职培训。组织了部分省、州、县（市）人大代表到全国人大培训中心参加履职学习，组织了22名州人大代表、乡镇人大主席到省人大培训中心参加履职培训学习，承办了全省人大常委会人事代表工作暨代表联系群众工作座谈会。为州人大代表订阅《民主法制建设》《人民权力报》等学习资料，进一步提升代表对人大制度、人大工作的认识，增强代表依法履职的责任担当。

六、着力推动跨越发展，深入开展调查研究

按照“围绕中心、服务大局”的工作思路，围绕全州经济社会发展的重点领域、关键环节和人民群众关注的热点、难点问题，确定了16个重点调研课题，深入开展调查研究，努力推动全州经济社会持续健康发展。

加强经济建设领域和民生工作的调研。围绕经济发展重点领域和关键环节，开展了对全州招商引资、商务、金融等工作和预算审查、大型水电资源税收分成、工业产业转型升级、国有资产运行情况等专题调研，形成了《大力加强民族地区立法工作，促进凉山经济跨越发展》《加强民族地区立法，促进生态凉山建设》《关于凉山工业产业转型升级的思考》《关于溪洛渡电站建成后地方税收分成比例的建议》等一批调研报告。围绕人民群众关心的热点难点问题，开展了交通大会战、食品安全监管、义务教育发展情况、现代畜牧业发展情况、核桃产业发展情况等工作和专题调研，形成了《关于发展核桃产业的调研报告》《凉山食品安全工作现状及建议》《关于凉山州旅游产业发展情况的调研报告》《对凉山州推进依法治州工作的思考》等调研文章，配合省人大常委会开展秸秆换肉奶工程促进牛羊产业发展和彝家新寨建设情况调研，对推进全州经济社会发展发挥了积极作用。

加强督导和联系活动。扎实开展“五个一”“走基层”和“挂包帮”活动，深入基层积极宣传党的十八大和十八届三中、四中全会、省州党代会精神和人大制度。认真完成州委交办的督导、检查、考核考评等各项工作，常委会领导督导检查我州党的群众路线教育实践活动开展情况、重大项目建设情况、“开门红”“双过半”以及经济社会发展目标完成情况等工作近60次，并提出了一系列意见建议，有力助推了全州经济社会协调发展。

七、着力增强民主法治意识，加强人大制度宣传

紧紧围绕人大及其常委会的重点工作加大宣传力度，创新理念、突出重点，准确、全面反映人大制度、人大工作的新进展新成绩，生动展现人大制度、人大工作的新气象新局面。

加强人大制度宣传。通过电视、网络、报刊等媒体，及时报道人大工作情况，加强对人

大制度的宣传。全年共出刊《凉山人大》4期，召开了首次《凉山人大》编辑工作座谈会。每次常委会会议、主任会议均邀请凉山电视台、凉山日报等媒体进行宣传报道，及时将人大通过的决议、决定向社会公布。改版升级了凉山人大网，增加了信息量，加快了更新速度，宣传效果进一步得到强化。在全国人民代表大会成立60周年、《民族区域自治法》颁布实施30周年之际，通过在《凉山日报》刊发《全面贯彻实施民族区域自治法、建设美丽富饶文明和谐新凉山》的署名文章等多种方式，广泛深入宣传人大制度。坚持每次常委会会议邀请公民旁听，扩大公民有序政治参与，进一步拓宽了人民群众对人大工作的认识和了解渠道，营造了人大工作开展的良好氛围。

加强法律法规学习宣传。健全完善了常委会会前学法制度，坚持围绕国家、省新颁布实施的法律、法规和规章，会议议题涉及的法律、法规和规章以及与人大工作密切相关的专业法律、法规和规章开展会前专题学习和解读。召开了州政府工作部门主要负责人参加的新预算法颁布实施座谈会，对新预算法在我州全面贯彻实施进行了动员部署；开展了新环保法颁布实施专题学习会，努力提高常委会组成人员依法履职的能力和水平。

八、着力提高依法履职能力，切实加强自身建设

始终坚持人大工作正确的政治方向，以学习为抓手，以党风廉政建设为重点，不断加强思想、作风和制度建设。紧密结合人大工作实际，突出人大工作特点，严格按照中央和省州党委的统一部署，以“振奋精神转作风、为民务实作表率、依法履职促实效”为主题，深入思想发动，强化学习提高，认真查摆问题，深入落实整改，扎实开展了党的群众路线教育实践活动。通过教育实践活动，机关党员干部都受到了一次深刻教育和洗礼，从政治上增强了与以习近平同志为总书记的党中央保持一致、执行党的纪律和中央、省州党委决定的自觉性坚定性；从思想上着力解决“总开关”问题，强化了为民务实清廉的价值追求；从作风上聚焦解决“四风”突出问题，增进了人民群众对党的信任和拥护；从组织上严格党内政治生活，提高了班子的凝聚力和战斗力；从行动上突出联系服务群众，凝聚了人民群众坚定跟党走的信心和力量；从制度上规范权力运行和从政行为，提升了作风建设制度化科学化水平。广泛开展党风廉政和反腐倡廉建设宣传教育活动，严格落实《廉政准则》各项规定，深入推进惩防体系建设创新发展，认真落实党风廉政建设工作责任制，把党风廉政建设和反腐败工作部署落实到位，努力实现干部清正、为政清廉、政治清明，为常委会依法履职提供了可靠的政治纪律保障。注重常委会组成人员、干部职工和全州人大系统学习提高，召开了全州人大常委会主任暨州人大常委会组成人员学习会，组织机关干部职工开展了11场专题学习，开展“庸懒散浮拖”等问题专项整治，不断提升凝聚力和执行力，履职能力得到进一步提升。

各位代表，回顾2014年，常委会各方面工作取得的新进展，是在州委正确领导下，全体州人大代表、常委会组成人员、州人大各专门委员会和常委会各办事工作机构辛勤工作的结果，是州人民政府、州中级人民法院、州人民检察院密切配合的结果，也是全州各级人大常委会和广大人民群众大力支持的结果。在此，我谨代表州十届人大常委会表示诚挚的敬意和衷心的感谢！

在总结成绩的同时，我们也清醒地看到，常委会的工作离新形势、新任务的要求和全州人民的期望还有一定的差距。主要是：立法质量还有待提高，监督实效有待增强，讨论决定重大事项有待探索，加强人大代表联系群众工作有待创新，对基层人大建设的指导有待加强。对这些问题和不足，我们将在今后的工作中切实加以改进。

2015年主要工作任务

2015年是全面深化改革的关键之年，是全面推进依法治国的开局之年，也是全面完成“十二五”规划的收官之年。州人大常委会工

作的总体要求是：认真学习贯彻党的十八大、十八届三中、四中全会精神和习近平总书记系列重要讲话精神，以习近平总书记在庆祝全国人民代表大会成立60周年大会上的讲话精神为指针，全面落实州委七届五次、六次全会决策部署，始终坚持党的领导、人民当家作主、依法治国有机统一，按照全面建成小康社会、全面深化改革、全面依法治国、全面从严治党的要求，主动认识新常态，适应新常态，把握新常态，与时俱进开展人大工作，奋力推进凉山各项事业健康发展。

一、推进立法工作取得新进展

认真贯彻落实《凉山彝族自治州依法治州实施意见》，坚持问题导向，提高立法的针对性、及时性、系统性、可操作性，发挥立法引领和推动作用。扎实开展与国家和省法律法规相配套、体现凉山特色的一批实施性地方立法前期调研。把推动和保障全面深化改革作为立法工作的重点，研究制定促进我州特色产业发展、资源开发利用、生态环境保护、大凉山特色农产品保护和民生重大问题等方面法规。继续做好《凉山彝族自治州东西河飞机播种林区保护管理条例》的修订工作。抓住提高立法质量这个关键，加强立法工作组织协调，完善立法工作机制和程序，多渠道扩大公众的有序参与和意愿表达，推进科学立法、民主立法，努力使每一项立法都符合宪法精神、反映人民意愿、得到人民拥护。发挥法治引领作用，结合立法开展普法，把立法过程变为弘扬法治精神的过程，推动全社会学法守法尊法用法。

二、推进监督工作取得新成效

探索建立有效的监督工作机制，综合运用审议报告、执法检查、专题询问等形式，加强对“一府两院”执法、司法工作的监督，确保法律法规得到有效实施，行政权、审判权、检察权得到正确行使。围绕落实州委重大决策部署和群众关注的热点难点问题，认真拟定并执行2015年度监督工作计划，进一步强化监督工作的实效性。加强对法治政府建设、重大改革和发展部署落实、“十二五”规划目标任务完成、“十三五”规划编制等工作的监督，进一步强化全面实施新《预算法》和全口径预决算审查监督，促进预算管理制度改革，提高依法理财、科学理财水平。扎实开展法律法规实施情况的执法检查，协助完成全国人大常委会和省人大常委会委托的执法检查工作，依法保证宪法法律、行政法规和上级人大及其常委会决议在本行政区域内得到遵守和执行。

三、推进重大事项决定和任免工作实现新探索

积极探索政府重大决策出台前向人大报告制度，完善常委会议事规则和常委会讨论决定重大事项等有关制度，保障人大重大事项决定权得到有效行使。特别是着眼于改革、发展、稳定大局，努力对州委关于全州经济社会发展和深化改革、扩大开放的重大决策部署，适时依法作出决定决议，通过法定程序转化为全州各族人民的共同意志和自觉行动，推进科学决策、民主决策、依法决策。坚持党管干部和人大依法任免有机统一，严把人大及其常委会任免干部关，依法行使好选举任免权。坚持和完善任前法律知识考试制度，加强干部任后监督，认真组织代表评议，推动领导干部依法用权，不断增强干部宪法意识、法治意识和人大意识。

四、推进代表工作实现新拓展

充分尊重人大代表的主体地位，进一步健全人大常委会组成人员联系代表、代表联系群众的工作机制，认真开展“走基层人大代表在行动”活动，加强同人民群众的联系，畅通社情民意反映和表达渠道，支持和保证代表依法履职。认真督促代表议案和建议、批评、意见的办理，逐步向社会公开办理结果，推动办理工作由重满意率向重落实率转变。确定一批涉及民生重要事项的代表建议作为重点督办事项，确保督办见实效。丰富闭会期间代表活动内容，组织州人大代表围绕经济社会发展的热点、难点问题开展专题调研和视察，促进解决群众实际困难和问题。组织代表广泛参与常委会立法、监督、调研等各项工作，拓宽代表知政渠道，充分发挥人大代表作用。加强协调和服务，为凉山州全国、省人大代表和州人大代表出席人代会做好相关服务工作。

五、推进履职能力实现新提升

巩固和深化党的群众路线教育实践活动成果，认真践行“三严三实”，带头守纪律讲规矩，进一步加强思想建设、作风建设、制度建设、组织建设和廉政建设。坚定理想信念，增强政治定力，提高党性修养，筑牢抵御不良风气侵蚀的思想防线和行为底线，确保在工作中坚持正确的方向。增强大局意识、责任意识、担当意识，始终保持昂扬向上、奋发有为的精神状态，不断提高常委会组成人员和机关干部职工履职尽责的自觉性和责任感。进一步强化学习，坚持开展常委会会前学法，增强集中学习的实效。积极组织代表、人大工作者参加全国、省人大常委会组织的各类业务学习培训。紧扣州委工作部署，扎实开展“五个一”“挂包帮”“走基层”和“大督查”活动。围绕常委会工作内容，带着问题下基层，深入开展调查研究，形成具有前瞻性、针对性、指导性的专题调研报告，切实推动一批老百姓关注的热点难点问题得到解决。以全面深化改革为动力，积极探索、完善地方国家权力机关的科学决策机制、监督工作机制、民主选举机制和代表履职机制，推进地方人大工作制度化、规范化、程序化。加大对县市人大常委会和乡镇人大工作的联系和指导，重视人大基层基础建设，及时总结推广基层在改革实践中创造的成功经验，扎实推进县市人大工作完善发展。加强对人民代表大会制度、立法过程、监督工作和人大代表活动的宣传，丰富宣传内容，增强宣传效果。

各位代表，全面深化改革时不我待，全面推进依法治国任重道远。让我们紧密团结在以习近平同志为总书记的党中央周围，在中共凉山州委的坚强领导下，围绕中心、主动作为，依法履职、推动跨越，为谱写同步全面小康建设新篇章、加快建设美丽富饶文明和谐新凉山而努力奋斗！

在凉山彝族自治州第十届人民代表大会第五次会议上的工作报告

（2015年2月10日）

州人民政府州长 罗凉清

各位代表：

我代表州人民政府，向大会报告过去一年政府工作，对今年工作提出建议，请予审查，并请州政协委员提出意见。

一、保持定力、克难奋进，全州经济社会平稳向好发展

2014年是我州经济社会发展十分艰难的一年，多种矛盾交织、多重困难叠加。在省委、省政府和州委的坚强领导下，在州人大及其常委会、州政协的监督支持下，我们紧紧依靠全州各族人民的智慧和力量，主动适应新常态，沉着应对新挑战，各项工作取得了明显成效。

一年来，我们主要做了以下工作：

全力以赴稳增长。实现地区生产总值1314.3亿元，同比增长8.5%，其中一、二、三次产业增加值分别同比增长4.5%、10.6%、6.7%；规模以上工业增加值同比增长13.3%；全社会固定资产投资1045.9亿元，同比增长7.2%；社会消费品零售总额428.2亿元，同比增长12.8%；地方公共财政收入112.3亿元，同比增长2.1%；城镇居民人均可支配收入23609元、农民人均纯收入8264元，同比分别增长8.8%、12.3%；居民消费价格总水平上涨1.8%。“三大片区发展战略”深入实施，“两大类区”统筹发展，西昌跻身全国县域经济与县域基本竞争力百强县。

加大力度调结构。三次产业比重调整为19.3∶52.7∶28。攀西战略资源创新开发试验区建设稳步推进。实施重大科技攻关和成果转化项目132项，获授权专利270项；组建院士（专家）工作站3个，引进高层次专家123名；创建国家高新技术企业3户、省创新型企业5户，实现高新技术产业产值30亿元，科技进步对经济增长的贡献率达44.2%。新增清洁能源装机1078万千瓦、冷轧产能210万吨、高精度稀土抛光粉产能2000吨。会理入选全省首批“工业强县示范县”。成功创建“国家优质烤烟综合标准化示范州”，新增国省名优农产品品牌13个，统一使用“大凉山”特色农产品品牌包装产品1212个；新增县市级以上农业产业化重点龙头企业25户，新增农民合作组织699个、国家农民合作社示范社7个，培育家庭农场6591个。启动“全省服务业示范市州”建设，组织实施服务业重大项目50个，新增限额以上企业29户；新创建国家AAA级景区5个、AA级景区3个，全州接待游客3165.5万人次，实现旅游收入189亿元，同比分别增长10.5%、36.7%；各项存款余额1386.7亿元、贷款余额655.4亿元，同比分别增长9%、13.9%；保费收入22.3亿元、证券交易量478.6亿元，同比分别增长15.7%、37.1%；“全企入网”“全民触网”等工程全面启动，淘宝特色凉山馆即将开馆；彝族服饰产业创意园区列为中国文化产业重点项目，2户企业列为第四批省级文化产业示范基地。

攻坚克难促改革。州级行政审批事项精减了88%，市场主体新增2.98万户，非公有制经济增加值达750亿元，占全州地区生产总值的57%。设立国企改革创新专项发展资金，重点州属国企法人治理结构进一步完善。财税体制改革全面启动。州商行、州农信社改制积极推进。依法流转土地37.8万亩，新型农业经营主体带动农户面达72.4%。户籍制度改革稳步推进。县级以下公立医院全部取消以药补医。“单

独两孩”政策全面落实。政府机构改革基本完成。成功举办“北京·凉山成就展”等重大活动，全面展示了凉山改革开放新形象。国际产业、区域、银政企等合作不断深化，与美国、澳大利亚等国企业、机构签署合作协议或达成合作意向，充分利用“西博会”“友好合作凉山行”等平台，新签约项目 99 个、协议引资 798.8 亿元，履约项目 203 个、到位州外资金 465 亿元。实现外贸进出口总额 8263 万美元。

坚定不移破瓶颈。开工建设国省干线及重点公路 859.5 千米，建成农村公路 2008.5 千米、路侧护栏 1073.5 千米、县乡客运站 29 个，成昆铁路凉山段扩能工程开工建设，泸黄高速改扩建工程前期工作加快推进，西香高速公路项目抓紧招商。新增有效灌面 5.3 万亩、节水灌面 5.8 万亩，治理水土流失面积 482 平方千米。木里水洛 500 千伏等输变电工程建成投运。完成有线电视模数转换改造 6.9 万户。新增城镇建成区面积 4 平方千米，城镇化率提高 1.5 个百分点。45 个村、4 个镇和宁南县城成功创建省环境优美示范单位。顶住经济下行压力，下决心淘汰了攀钢西昌新钢业等 22 户企业落后产能，督促攀钢西昌钢钒公司建成投运烧结烟气脱硫项目，立案查处环境违法企业 28 户，建成垃圾填埋场 4 个、污水处理厂（站）4 个，基本完成主要污染物排放年度控制任务。实施“天保工程”二期国有公益林管护 3385.1 万亩，巩固退耕还林成果 163.5 万亩，完成营造林 95.7 万亩，建成退牧还草围栏 231 万亩。邛海湿地公园晋级国家湿地公园，全国最大的城市生态保护湿地全面建成。实施重大地质灾害防治项目 24 处、中小型排危除险项目 10 处，成功避让地质灾害 12 起，实现人员零伤亡。

强化保障惠民生。在财政增收十分困难的情况下，财政民生支出稳步增长。筹集资金 124.7 亿元办结省 19 件、州 10 件民生实事，完成“十项民生工程”年度任务。安排 38.9 亿元实施大凉山彝区“十项扶贫工程”。木里藏区“六项民生计划”年度任务全面完成。全年减少贫困人口 9.7 万人。解决了 22.7 万农村人口的饮水安全问题、17.2 万无电群众的用电问题。建成安宁河谷地区新村 281 个、彝家新寨 210 个、藏区新居 48 个。保障性安居工程开工建设 24055 套，基本建成 2655 套、竣工 7582 套，改造农村危房 3.3 万户。新增城镇就业 1.9 万人，城镇登记失业率为 3.9%。转移输出农村剩余劳动力 113.2 万人，实现劳务收入 134.6 亿元，提前一年完成劳务开发“双百”工程任务。社会保障提标扩面，社会救助机制进一步完善，65 万名城乡低保“五保”对象、2.6 万名孤儿及特殊困难儿童纳入最低生活保障和困难救助，基本实现应保尽保。“惠农保”试点覆盖 291 万人。搬迁安置移民 955 人，兑现后期扶持直补金 9421.6 万元。盐源地震、喜德特大洪灾灾后恢复重建基本完成，越西地震灾后恢复重建扎实推进。大凉山彝区教育振兴行动计划启动实施，招收彝区、藏区“9+3”免费教育计划学生 4808 名，组建凉山工业职教集团，全州中小学 D 级危房全部拆除。医疗卫生服务体系进一步完善，城乡医疗救助 74.2 万人，法定传染病得到有效控制，突发公共卫生事件首次实现零报告。藏羌彝文化产业走廊规划启动实施，泸沽湖“摩梭家园”建设和保护工程有序推进，新增国家级非遗项目 8 项、省级 19 项，民族歌剧《彝红》荣获第二届中国歌剧节优秀剧目二等奖，新增社区书屋 211 个，西昌公交场所实现彝汉双语播报全覆盖。成功举办 2014 西昌邛海湿地国际马拉松赛，我州体育代表团在第十二届省运会、第十四届省民运会上取得优异成绩。

创新治理促和谐。依法治州深入推进，平安凉山建设不断深化，社会大局保持和谐稳定。办结重大疑难信访积案和挂牌督办案件 1163 件，重点矛盾纠纷化解率达 72%。破获刑事案件 3109 件，命案侦破率达 94%；查处治安案件 1.67 万件，查处率提高 6.3%；“绿色家园”建设稳步推进，禁毒和打拐工作名列全省前茅，西昌戒毒康复中心被评为“全国爱民模范先进集体”。“12348”法律援助服务热线全面开通，凉山驻北京农民工法律援助站、驻浙江农民工工作服务站挂牌运行。第九届村（居）委会换届选举顺利完成。全国“民族团结进步模范州”、全省“双拥模范州”创建工作取得阶段性成效，彝族奴隶社会博物馆被命名为“全国民族团结进步教育基地”。宗教工作取得新成绩。建立了统一权威的食品药品监管机构，形成了覆盖到村（社区）的监管网络，食品药品安全监管全面加强。安全生产形势平稳向好，生产经营性事故起数和死亡人数同比分别下降20.5%、14.9%。彝区健康文明新生活运动拓展深化，西昌创建国家卫生城市、全国文明城市工作顺利推进，盐源泸沽湖镇喇次尔丁家庭、美姑巴普镇吉觉尔乌家庭分别当选全国、全省“最美家庭”，西昌“开水爷爷”施永清荣登“中国好人榜”。

动真碰硬转作风。严格执行中央“八项规定”、省州“十项规定”，深入开展党的群众路线教育实践活动，大力整治“四风”突出问题，严肃查处了一批违纪违规案件，正风肃纪工作取得显著成效。全面清理处置违规公务用车、超标办公用房、“吃空饷”人员，预算单位公务卡实现基本覆盖，全州“三公”经费支出同口径下降21.6%。深化服务型政府建设，政府协同办公系统建成投用，州政府会议、文件分别减少25.7%、14.5%，州政府门户网站在全国地市级绩效评估中位列第六，州长公开电话受理群众有效诉求2704件，办结率达100%。全面推进依法行政，完善落实政府常务会议学法制度，加强行政决策合法性审查，推进行政权力依法规范公开运行，法治政府建设迈出新步伐。

各位代表，过去一年的成绩来之不易，团结稳定和谐的局面值得倍加珍惜。这是全州上下奋发努力、社会各界大力支持的结果。在此，我代表州人民政府，向全州各族人民，向各民主党派、工商联、无党派人士、人民团体、中央和省驻州单位，向人民解放军驻州部队指战员、武警官兵、政法干警和民兵预备役人员，向所有关心、支持、参与凉山改革发展的各界人士，表示衷心感谢并致以崇高敬意！

我们也清醒看到，我州经济发展仍然处在十分困难的时期，长期积累的矛盾和短期市场低迷所带来的困难问题叠加，增大了发展的压力。部分经济指标增速回落幅度较大；产业结构性矛盾凸显，工业高增长、低效益，服务业增速慢、占比低；企业科技创新能力弱，核心竞争力不强；投资增长乏力，大规模、高强度的投资高峰期已经结束，新的投资接续还未形成；要素瓶颈制约加剧，融资难、融资贵问题仍然突出，民间借贷潜在风险增加；节能减排压力大，环境保护任务重。同时，在政府工作和自身建设方面，有的决策部署和工作措施没有落到实处，“四风”问题、“庸懒散浮拖”现象仍然存在，反腐倡廉、法治政府建设还需下大力气。我们将直面问题、正视不足，以更加扎实有效的措施做好各项工作。

二、稳中求进、提质增效，推动全州经济社会持续健康发展

当前，在我国经济进入新常态的大背景下，我们既要有定力保持经济平稳增长，又要有耐力经受结构调整的阵痛。在发展速度上，必须适应由高速向中高速转变；在发展方式上，必须加快由粗放增长向集约增长转变；在发展动力上，必须加快由要素驱动、投资拉动向创新驱动转变。综合考虑，我们要科学合理确定今年各项预期目标，保持适度快于全国、全省的增速，既为同步全面小康建设打下坚实基础，又为转方式调结构促升级预留空间。同时，建议根据我州国民经济和社会发展“十二五”规划中期评估情况，对按高速增长安排的“十二五”部分主要经济指标进行适度调整，将地区生产总值年均增速由15%调为11%，人均地区生产总值年均增速由14.1%调为11.1%，规模以上工业增加值年均增速由25%调为15%，社会消费品零售总额年均增速由15%调为13.5%，二、三产业占地区生产总值比重由85%调为80%以上。

今年政府工作的总体要求是：全面贯彻落实党中央国务院、省委省政府和州委各项决策部署，以邓小平理论、“三个代表”重要思想、科学发展观为指导，认真学习贯彻习近平总书记系列重要讲话精神，主动适应经济发展新常态，坚持科学发展、转型发展、特色发展、开放发展，把握稳中求进工作总基调，以提质增

效为中心，深入实施“三大片区发展战略”，着力资源转化、产业支撑，投资拉动、扩大内需，改革攻坚、保障民生，促进全州经济平稳健康发展，推动全域凉山全面协调可持续发展和社会和谐稳定。

今年全州经济社会发展的主要预期目标建议：地区生产总值增长8%左右，规模以上工业增加值增长12%左右，全社会固定资产投资完成1000亿元以上，地方公共财政收入增长5%左右，社会消费品零售总额增长13%左右，城镇居民人均可支配收入增长9%左右，农民人均纯收入增长11%左右，城镇登记失业率控制在4%以内，城镇化率提高1.5个百分点，居民消费价格涨幅控制在2.5%以内，人口自然增长率控制在8.5‰以内，完成省政府下达的约束性指标。

需要报告的是，在经济新常态下，国家创新了宏观调控的思路和方式，对经济增长实行区间调控，根据年初提出的预期目标，明确稳增长、保就业的下限和防通胀的上限，实行区间管理，这更加符合市场经济规律，更有利于稳定市场和社会预期。我州地区生产总值增长8%左右是一个区间值、一个弹性指标。我们既要坚持底线思维、保持经济平稳发展、防止增速滑出下限，又要摆脱速度情结、换挡焦虑，努力提升经济运行质量。

今年，我们将重点抓好以下工作：

（一）全力稳定经济增长

切实稳定投资规模。围绕国家政策支持抓投资，主动对接生态环保、水利、交通、能源等七大重点投向，力争更多项目进入国家、省盘子，积极创造条件，加快实施一批具有基础性、全局性、战略性影响的重大项目。围绕产业结构调整抓投资，突出抓好省州重大项目建设，实施一批特色农业发展项目，形成投资骨干支撑。围绕基础设施建设抓投资，集中力量推进交通、水利、城镇、电力、信息等基础设施项目。围绕民生改善抓投资，突出抓好扶贫开发、社会事业、住房保障、生态环保等民生项目。优化签约项目协调服务，加强跟踪督查，促进项目落地。完善政府投资项目管理办法，规范政府投资行为，提高政府投资效益。

着力破解要素瓶颈。坚持把交通作为基础设施建设的重中之重，强力推进交通大会战，努力完成三年攻坚任务，实现西昌到每个县均有三级及以上公路连接。加快推进“七高五铁”等大通道项目，全面开工建设34个国省干线项目，建成农村公路1600千米，新建改造县级汽车客运站6个、乡镇客运站18个，启动实施《凉山港总体规划》、建成2个作业区，抓好38个农村渡口和桥梁项目建设。优化金融业发展布局，加强银政企融资对接，落实金融授信，稳定融资增量，优化融资结构，促进金融更好地支持实体经济发展，力争全年新增贷款70亿元以上。积极发展新型金融业态，加快建设统一开放的融资信息网络平台，拓宽融资渠道，切实解决融资难、融资贵问题。健全重点项目用地计划梯度保障机制，充分用好国土资源部“十九条”支持政策，有效破解项目用地难题。

更加重视发展非公有制经济。完善支持政策、社会化服务、信用评价、统计监测体系，强化支持服务，解决实际困难，推动非公有制经济蓬勃发展。平等保护各类市场主体合法权益，推进工商注册登记便利化，引导各类市场主体履行社会责任，依法持证规范经营。通过投资补助、股权基金投入、基金注资、担保补贴、贷款贴息等方式，积极探索公私合作、特许经营等模式，落实“五个一律”要求，鼓励和引导民间资本进入基础设施、基础产业等领域，激发民间投资活力，释放民间投资潜力。

（二）强力推进转型升级

以创新驱动促进工业转型升级。深入实施创新驱动战略。用好攀西战略资源创新开发试验区政策，创新战略资源开发模式，推进科技金融深度融合，建立钒钛、稀土、有色等重点产业联盟，积极创建省级、国家级企业技术中心，组建凉山稀土产业技术研究院，提升区域科技创新能力。继续面向全球开展重大科技攻关项目招标，组织实施重大科技攻关项目35个，加快突破核心关键技术。加强知识产权保护运用，健全技术创新激励机制，加快科技成果转化，力争技术合同交易额增长30%以上，带动实现产值100亿元。全面加强各类人才队伍建设，做好招才引智工作。大力发展新材料、新能源、生物医药、装备制造等战略性新兴产业，突出抓好2个全省高端成长型产业项目建设，加快形成全产业链发展模式，培育新的经济增长点。积极支持企业加快推进乌东德、白鹤滩、卡拉、杨房沟4个大型水电站和一批中小水电、风电、光电项目，新增新能源装机100万千瓦以上。大力改造提升传统产业，支持企业加大技术改造和创新投入，推动冶金矿冶、金属材料、铸材建材等产业向中高端迈进。实施“1286”产业园区培育计划，抓好西昌临港产业开发区等产业园区建设，推动园区布局优化、提档升级。加强企业培育，千方百计帮助企业解决实际困难，恢复生产，降本增效，开拓市场；大力培育创新型企业，扶持企业做大做强，力争创建国家高新技术企业3户、省创新型企业5户，培育百亿元企业1户、50亿元企业2户、10亿元企业3户。

以品牌建设推动农业转型升级。深入实施“大凉山”特色农产品品牌发展战略，突出抓好十大特色农业产业基地建设，大力推进农业产业化，加快转变农业发展方式，加快建设产出高效、产品安全、资源节约、环境友好的现代农业。力争新创建国家地理标志保护产品2个以上、省著名商标2个以上，培育国省名优农产品品牌5个以上。支持宁南世界优质茧丝、会东全国优质烤烟和华山松大县等特色产业基地建设，继续抓好省级现代农业、畜牧业、林业重点县、产业强县和州级现代农业园区建设，收购烟叶271.1万担，生产蚕茧51万担、马铃薯鲜薯360万吨、特色水果121万吨、优质蔬菜261万吨、肉类46万吨，建设以核桃、油橄榄为重点的木本油料产业基地65万亩。继续实施粮食安全战略，确保产粮210万吨以上。创新农业经营体系，发展适度规模经营，力争新增县市级以上农业产业化重点龙头企业5户、农民合作组织50个。加快推进大桥水库灌区二期、盐源龙塘水库等重大水利项目前期工作，加快建设德昌和平水库等骨干水利和“小农水”重点县项目，新增有效灌面5.2万亩、节水灌面5.8万亩，新建高标准基本农田55.9万亩，新增耕地1.4万亩，建设沼气池2万口、机耕道500千米。全面落实惠农政策，整合涉农资金，创新农业补贴制度，强化金融支农服务，促进农民增收。

以新兴先导型产业引领服务业转型升级。制定完善五大新兴先导型服务业发展规划、产业政策和推进方案。突出抓好渝川大宗商品交易电子商务中心、大凉山电子商务功能园区、淘宝特色凉山馆等电商平台建设，深入实施“全企入网”“全民触网”工程，推动“大凉山”名优品牌产品全球交易，力争实现电子商务交易额20亿元以上。积极推动西昌现代物流园区和电商物流分拨中心建设，加快重点县市供应链及农产品物流一体化进程，推进物流业主辅分离工作。支持西昌建设全省金融次级中心和全州服务业核心城市，抓好特色商业街区、特色商圈、商贸功能区建设，积极推进社区、农村商业发展，引导支持企业加快建设商贸物流配送中心，发展直营连锁、加盟连锁和特许经营。大力发展康养产业，规划建设安宁河谷康养产业带。全面实施A级景区创建提升计划，突出抓好邛海—泸山、泸沽湖、灵山创国家AAAAA级景区和会理古城、雷波马湖、越西文昌故里创国家AAAA级景区工作，支持各县市分别创建1个以上国家AA或AAA级景区，打造精品旅游线路，开发中高端旅游产品，搭建旅游营销平台，提升旅游服务管理水平，实现旅游总收入250亿元以上。高水平举办第七届彝族国际火把节，大力支持彝族服饰产业发展，精心实施一批民俗村寨项目，加快推进民族文化创造性转化、创新性发展，努力把凉山打造成为藏羌彝文化产业走廊的核心节点。顺应群众个性化、多样化消费需求，加快培育六大消费热点，落实城乡居民增收政策，执行带薪休假制度，全面释放消费潜力。

（三）大力优化经济发展空间格局

优化对外开放空间格局。紧扣优势资源开发与保护，围绕产业发展方向和重点，加快推进与11个国家相关企业和机构的合作，依托成昆铁路扩能工程等大通道项目实施，加快布局建设融入东盟自贸区的经济走廊。主动对接国家“一带一路”、长江经济带等重大发展战略，加强成凉、攀凉、川滇黔12市州等区域合作和厅局州、银政企合作。积极承接产业转移，锁定重点、集群承接，沿链引进新能源、新材料、装备制造、特色农业等高端产业和产业高端。创新招商引资机制和方式，修订完善招商引资政策，加大精准招商和小分队招商力度，充分利用国家和省级层面招商平台，积极引进更多世界500强、国内500强企业，力争到位州外资金330亿元。积极发展对外贸易，培育3户进出口额跨千万美元的本土企业，加快建设西昌铁路口岸和一批外向型产业园区，推进全方位、多元化对外经济合作，实现外贸进出口总额8000万美元以上。

优化区域发展空间格局。深入实施多点多极支撑发展战略，完善规划、政策、机制，统筹“三大片区”差异化发展，推进“两大类区”梯次化发展，支持县域经济特色化发展，促进西昌、德昌、冕宁同城化和会理、会东、宁南一体化发展，加快建设安宁河谷攀西战略资源创新开发试验区核心区、金沙江下游沿江经济带，大凉山彝区“三化”联动、协调发展创新区，木里藏区生态文明、长治久安示范区。推进基础设施互联互通，以交通为纽带，抓住关键通道、关键节点和重点工程，优先打通干线路，畅通瓶颈路，提升道路等级，加快构建以西昌为中心的两小时经济圈。推进产业发展互补互促，根据功能定位，优化区域分工和钒钛、稀土、有色等产业布局，严禁新上同构性、同质化项目，促进矿产、农业、旅游等资源整合开发和产业抱团发展。推进资源要素对接对流，促进彝区、藏区的政策优势与安宁河谷地区的产业优势互补互用、良性互动、共赢发展。推进生态环境联防联控，抓好东西河飞播林区、邛海集水区、安宁河流域等重点区域生态建设和环境保护。

优化城乡一体空间格局。突出人的核心地位，全面提升城镇化质量。加快完善城乡规划体系，完成2个县城总体规划修编和3个镇、15个村的规划编制，强化规划执行的监督问责，促进规划落地。加强城镇基础设施建设，加快推进大桥水库库水入昌等城镇饮用水工程，加大交通拥堵、水电供应不足等城市病治理力度，补齐地下管网等基础设施“短板”，科学布局建设学校、医院、绿地、公园等公共配套设施。继续抓好棚户区改造和保障性住房建设，新开工1.9万套、续建3万套，为农民工提供公租房113套。抓好31个省州级试点镇建设，打造一批特色鲜明的农业大镇、工业强镇、商贸重镇、文化名镇、旅游旺镇和生态靓镇。加强历史文化和民族文化的固态保护、活态传承、业态提升，发展有历史记忆和地域特色的城镇、村寨。加强城镇管理，深入开展卫生城市、文明城市创建活动。加快推进幸福美丽新村建设，建成安宁河谷地区新村316个、彝家新寨159个、藏区新居25个，抓好农村危房改造。

优化生态环境空间格局。深入推进生态州建设。实施新一轮退耕还林12.7万亩，完成营造林75万亩，建设退牧还草围栏289万亩，加大天然林保护力度，完善野生动植物保护机制。抓好邛海、泸沽湖国家良好型湖泊生态环境保护，加快建设国际重要湿地。抓好水电库区、矿山开发区生态恢复工程建设。治理水土流失面积300平方千米，完成11条中小河流和2段重要支流治理。实施10处重大地质灾害工程治理、3处中小型排危除险、100户农户避险搬迁安置项目。严格实施新《环保法》。坚定不移推进主要污染物减排，淘汰2户企业落后产能，严禁新上“两高一低”、低水平重复建设和产能过剩项目，确保完成年度和“十二五”节能减排任务。全面开展环境安全隐患排查和重点区域、流域环境风险评估，加大重金属污染治理力度，优先解决损害群众健康的突出环境污染问题。加强重点企业“三废”排放监管，狠抓污染企业挂牌整治，建立环保“黑名单”制度，对环境违法犯罪行为零容忍。加快推进城镇污水、污泥、垃圾处理设施建设，实现污水处理厂和垃圾填埋场县城全覆盖，着力消除城镇“黑臭河”。扎实抓好农业面源污染防治，开展农村生活垃圾专项治理行动，改善农村人居环境。完善环境标准体系，引导环保技术示范推广应用，推进强制性清洁生产审核，加快培育和发展环保市场，推动绿色低碳发展。

（四）倾力保障和改善民生

扎实推进扶贫攻坚。坚持区域扶贫攻坚与精准扶贫双轮驱动，创新机制，加大投入，力争全年减少贫困人口10.6万人。深入实施乌蒙山片区、藏区区域发展与扶贫攻坚规划，扎实抓好大凉山彝区“十项扶贫工程”、木里藏区“六项民生计划”，支持安宁河谷地区贫困“插花村”扶贫开发。深化与浙江、珠海的东西扶贫协作，做好国家机关、企业定点扶贫协调服务。继续开展州内“4+5”对口帮扶活动，强化部门帮扶，向所有贫困村派驻工作队，“一对一”实施帮扶。大力支持社会扶贫，切实抓好移民扶贫，引导群众自强脱贫。加强扶贫资金审计监管，强化考核，增强实效。

深入实施民生工程。更加注重保障基本民生，更加关注低收入群众生活，更加重视政府基本公共服务均等化，优先实施一批群众急需急盼的普惠性民生项目，地方公共财政支出用于民生的比重提高到67%以上。继续抓好“十项民生工程”。办好省上安排的20件民生大事，解决好20万农村人口的饮水安全问题，全面完成无电地区电力建设任务，对行政村公共服务给予经费补助。抓好越西地震灾后恢复重建。持续推进“惠农保”试点工作。强化民生价格成本监审，抓好粮食、蔬菜等特色农产品基地建设和物资供应，确保居民消费价格总水平基本稳定。

努力提供良好的就业和社会保障。实施劳动者就业创业能力提升专项行动，落实高校毕业生就业创业政策，抓好城镇就业困难人员、失地无业农民、退役军人等群体就业，促进下岗失业人员再就业，实现城镇新增就业1.5万人。转移输出农村剩余劳动力116万人，实现劳务收入150亿元。加快推进城乡统筹社会保障全覆盖，加强城乡各项社会保险经办能力建设，提高社会保障服务水平。新农合参合率保持在99%以上。新增“五保”对象、“三无”人员和孤儿集中供养床位1.2万张，提高城乡低保、“五保”供养水平。积极鼓励社会资本兴办社会化养老服务机构，规划建设一批社会养老项目，全面落实高龄老人生活补贴政策，为7万名以上城乡三类老人购买居家养老服务。

努力办好更加公平有质量的教育。继续加大投入，优化资源配置，推进县域义务教育均衡发展。确保西昌、德昌两县市义务教育均衡发展通过国家督导评估。深入实施大凉山彝区教育振兴行动计划，深入开展彝区、藏区“9+3”免费职业教育，招收学生4700名。新建改建普通高中薄弱学校3所、公办幼儿园45所，抓好边远贫困地区农村教师周转房建设，完成学校光环境改造工程，努力改善基本办学条件。加快推进州民中高中部项目，加快建设西昌教育园区，启动建设四川民族幼儿师范高等专科学校，抓紧筹建高职院校，支持西昌学院建设发展。认真落实各项教育惠民政策。积极支持优质民办教育资源办学。全面落实“六长”责任制，加大“控辍保学”力度，小学和初中辍学率分别控制在1%、3%以内。严格执行校长、教师交流制度，加强师资力量、师德师风建设，增强队伍活力。

努力建设更高水平的健康服务体系。加快建立完善分级诊疗体系，不断完善基本药物制度，推动医疗卫生工作重心下移、资源下沉，解决好群众看病难、看病贵问题。加强疾控工作，落实艾滋病综合防治措施，完善妇幼卫生三级网络，确保法定传染病发病率稳步下降，住院分娩率提高到80%以上。抓好30个州重点专科（学科）、冕宁和盐源2个县级区域医疗中心、布拖重大疾病医疗救治中心建设，力争7个县级疾控中心达到二级以上标准。稳步推进区域卫生信息平台建设和居民健康卡发行试点，扩大社区（乡村）医生签约服务试点，落实12类43项基本公共卫生服务项目，城乡居民健康档案规范化电子建档率达90%以上。加大新农合资金和民营医院的监管力度。加强计划生育基层基础工作，抓好人口文化阵地建设，实行免费孕前优生健康检查。

努力丰富人民群众的精神文化生活。免费开放5个博物馆和纪念馆、14个公共图书馆、18个公共文化馆、608个乡镇综合文化站。加强公共文化服务体系建设。加快推进州广播电视台彝语译制中心、州博物馆等项目，抓好泸沽湖“摩梭家园”建设和保护工作。鼓励全社会创作文艺精品，支持拍摄《彝海结盟》电视剧。创新“非遗”保护方式，设立州级文化生态保护试验区。抓好第一次全国可移动文物普查、第三批州级“非遗”传承人申报评审工作。实施州广播电视台广播节目全域覆盖、1788个行政村广播村村响工程。实现县城和重点乡镇4G网络全覆盖。办好2015西昌邛海湿地国际马拉松赛、全州首届广场舞大赛，推动全民健身活动蓬勃开展。

努力推动各项事业协调发展。科学编制“十三五”规划，做好重大课题研究，加强衔接，优化布局，构建定位清晰、功能明确、协调合理的发展格局。大力支持国防和军队建设，推动军民融合深度发展，加快创建全省“双拥模范州”。统筹抓好档案、保密、台湾事务、供销工作，推动气象、人防、邮政等事业健康发展，扎实做好残疾人、地方志、外事侨务、妇女儿童、红十字、关心下一代等工作。

三、锐意改革、开拓创新，为全州经济社会发展创造良好环境

（一）加快推进重点领域改革

深化经济体制改革。继续清理优化行政权力目录，全面取消非行政许可审批事项，加强事中事后监管，加大违法惩处、失信惩戒力度，推动市场主体自我约束、诚信经营。深化农村改革，完善农村土地经营权流转政策，推进农村土地承包经营权、林权抵押贷款、水权制度等改革。落实国企改革部署，完善现代企业制度，合理确定并严格规范企业负责人薪酬水平、职级待遇和业务支出；对国企实施功能性、竞争性分类监管考核，优化国资监管体制，探索组建国有资本运营、投资公司，稳步发展混合所有制经济。深化金融体制改革，推进农行深化“三农金融事业部”改革试点、州农信社改制组建农商行、州商行跨区域经营，支持民营金融机构发展。深化财税体制改革，强化预算编制执行，合理划分州与县市财力、支出责任，推进专项资金管理改革，规范政府性债务管理，推动“营改增”扩面。积极稳妥推进价格改革，放开竞争性环节价格，完善农水、水电上网价格形成机制。

深化社会事业改革。统筹城乡综合配套改革，推进户籍制度改革，促进城镇基本公共服务常住人口全覆盖。完善城乡居民大病保险、企业职工基本养老保险等制度。启动机关事业单位工作人员养老保险制度改革。深化机关事业单位工资收入分配制度改革。健全最低工资、低保标准增长机制。加强社会救助制度建设，建立基层“一门受理、协调办理”机制。深入推进政府机构改革，稳步推进事业单位分类改革。按期完成公务用车制度改革。抓好教育、卫生等领域改革。

（二）加快推进社会治理创新

加强法治凉山建设。全面推进依法治州，加快构建尚法守制、公平正义、诚信文明、安定有序的法治凉山新格局。完善现代社会治理体制，健全落实社会稳定风险评估制度，从源头上防范化解风险。深化网格化服务管理体系建设，健全基层综合服务管理平台，加强特殊人群服务管理。加强“两所一庭”建设，夯实依法治州基层基础。健全群众权益保障体系、矛盾纠纷化解机制和公共法律服务体系，引导支持群众理性表达诉求，依法维护权益。注重发挥人民团体和社会组织在社会治理中的积极作用，完善基层群众自治制度，健全社会征信体系。深入开展“法律七进”活动，广泛开展“凉山好人”评选活动，大力倡导守法重德的社会风尚。全面贯彻执行党的民族、宗教政策，依法管理民族、宗教事务，提升彝区、藏区治理法治化水平，做好城市和散居地民族工作，加快创建全国“民族团结进步模范州”。

加强平安凉山建设。严厉打击刑事犯罪，深入推进禁毒人民战争，全面落实省《流动人口信息登记办法》，加快完善治安防控体系，大力推进“智慧型平安城市”建设，切实增强公共安全和社会治安保障能力。依法治理网络环境。严厉打击非法金融活动。加强食品药品安全监管，强化监管责任，提高监管能力，加快构建技术检测、食品质量安全追溯体系，全力

保障人民群众饮食用药安全。认真贯彻实施新《安全生产法》，健全安全生产责任、管理和技术标准体系，强化重点行业和领域安全专项治理，坚决杜绝重特大安全责任事故发生。完善应急救援体系，加快推进应急救援基地和队伍建设，提高突发公共事件预防预警和应急处置能力。

（三）加快推进法治政府建设

坚持依法行政。厉行法治，依法办事，全面推进政府工作在法治轨道上运行，加快建设法治政府和服务型政府。完善行政权责法定体系。推进机构、职能、权限、程序和责任法定化；推行“三个清单”制度，加强政务服务体系建设，规范行政权力运行，坚决消除权力寻租空间；创新完善政府向社会购买服务机制。提高政府依法决策水平。遵循重大行政决策法定程序，完善重大决策合法性审查、终身责任追究及责任倒查等机制，健全政府法律顾问制度，充分发挥政研、文史机构、社科联、行政学院、高校、决咨委和民间智库作用。改进地方行政执法体制。精减政府执法队伍种类，推进行政综合执法；科学界定行政执法权限，严格执法程序，健全行政执法裁量权基准制度，加强行政执法和刑事司法衔接，规范行政执法行为，促进公正文明执法。加强行政权力监督。健全政府内部层级监督和专门监督机制，对公共资金、国有资产、国有资源和领导干部履行经济责任情况实行审计全覆盖；完善行政过错责任追究制度，健全行政监督问责机制；依法规范和深化政务公开；自觉接受州人大及其常委会的法律监督、工作监督，主动接受州政协的民主监督，诚恳接受媒体和社会舆论监督。

坚持廉洁从政。严格执行从严治党、从严治政各项规定，严明党的政治纪律和政治规矩。深入落实中央“八项规定”、省州“十项规定”，驰而不息纠正“四风”，巩固拓展党的群众路线教育实践活动成果。全面落实党风廉政建设“两个责任”，健全廉政风险防控体系，突出抓好土地出让、矿产开发、工程招投标、政府采购等十个重点领域的整治和规范。持续保持高压态势，对腐败行为“零容忍”，严肃查处违纪违规案件。加强公务员队伍建设，遵循“三严三实”要求，以身作则，以上率下，努力营造干部清正、政府清廉、政治清明的政治生态环境。

各位代表，新的一年，挑战多、压力大，但我们有信心和决心克服困难，夺取胜利。让我们紧密团结在以习近平同志为总书记的党中央周围，在省委、省政府和州委的坚强领导下，团结一心、奋发进取，为实现凉山同步全面小康而努力奋斗！

名词解释和说明

1. 三大片区：即安宁河谷地区、大凉山彝区和木里藏区。

2. 两大类区：即加快发展区和综合扶贫开发区。加快发展区包括西昌、会理、会东、冕宁、德昌、宁南、盐源、雷波、木里9县市；综合扶贫开发区包括普格、布拖、昭觉、金阳、美姑、甘洛、越西、喜德8县。

3. 全企入网：即支持企业应用电子商务平台拓展业务，逐渐形成与实体经济深度融合的发展态势。

4. 全民触网：即促进广大消费者网购网销，扩大网络消费。

5. 有线电视模数转换改造：即将模拟信号制作传输改造为数字信号制作传输，使广播电视节目信号更好、画面更清晰。

6. 十项扶贫工程：即省委、省政府为支持大小凉山扶贫开发制定的彝家新寨建设、乡村道路畅通与大交通建设、农田水利建设、教育扶贫提升、职业技术培训、特色产业培育、农业新型经营主体构建、产业发展服务、卫生健康改善、现代文明普及工程。

7. 十项民生工程：即省委、省政府安排实施的就业促进、扶贫解困、民族地区帮扶、教育助学、社会保障、医疗卫生、百姓安居、基础设施、生态环境、文化体育工程。

8. 六项民生计划：即省委、省政府为支持藏区发展制定的新居建设、教育发展振兴、医疗卫生提升、社会保障促进、文化发展繁荣、扶贫解困行动计划。

9. 劳务开发双百工程：即到“十二五”期末全州转移输出农村剩余劳动力100万人，实现劳务总收入100亿元。

10. 大凉山彝区教育振兴行动计划：即省政府支持大凉山彝区教育发展的计划。目标是：盐源、昭觉、喜德、甘洛、雷波5县教育事业主要指标到2016年达到全省民族地区平均水平，到2018年达到全省平均水平；普格、布拖、金阳、越西、美姑5县教育事业主要指标到2016年接近全省民族地区平均水平，到2018年达到全省民族地区平均水平。

11. “9+3”免费教育计划：即省委、省政府加快彝区、藏区教育发展的战略部署。“9+3”指在9年义务教育的基础上，对彝区、藏区学生提供3年的免费中职教育，旨在利用内地优质教育资源，帮助彝区、藏区学生学到技能、顺利就业，最终实现一人成才、全家脱贫。这一计划已列入全省教育中长期改革发展规划纲要。

12. 藏羌彝文化产业走廊规划：即文化部、财政部促进藏羌彝特色文化产业发展的规划，涉及青海、四川、云南、贵州、西藏、陕西、甘肃等7省区的11个地市州。

13. 绿色家园：即利用盐源监狱搬迁后留下的闲置土地和房屋资产建设的集公安强制隔离戒毒、劳动技能培训、身心矫治康复和社区康复安置为一体，总体容量近2万人的全国特大型综合戒毒康复基地。

14. “12348”法律援助热线：即2014年7月在全州开通的集在线咨询、在线宣传、在线申请为一体的法律援助咨询服务热线。

15. 四风：即形式主义、官僚主义、享乐主义和奢靡之风。

16. “三公”经费：即公务出国（境）、公务用车购置及运行、公务接待经费。

17. 七高五铁：即G5京昆高速泸黄改扩建、西昌—香格里拉、西昌—昭通、宜宾—攀枝花、乐山—西昌、乐山—巧家、德昌永郎—会理7条高速公路，及成昆铁路扩能改造、西昌—宜宾、攀枝花—昭通—遵义、西昌—香格里拉、雅安—甘洛5条铁路。

18. “十九条”支持政策：即国土资源部支持我州扶贫攻坚的19条特殊支持政策，重点在用地计划指标、土地综合整治、工矿废弃地复垦、工矿低效用地二次开发利用、耕地占补平衡、城乡建设用地增减挂钩、露天采矿临时用地、矿产资源勘查、矿业权审批、控制性矿种的配额和地灾防治等方面给予支持。

19. 五个一律：即对属于企业经营自主权的事项，一律不再作为前置条件；对法律法规未明确规定为前置条件的，一律不再进行前置审批；对法律法规有明确规定的前置条件，除确有必要保留的外，通过修法一律取消；核准机关能通过征求部门意见解决的，一律不再进行前置审批；除特殊需要并有法律法规依据的外，一律不得设定强制性中介服务和指定中介机构。

20. 2个全省高端成长型产业项目：即万凯丰稀土新能源5亿安时高能储氢动力电池及成组生产线、江铜稀土资源和伴生元素综合开采项目。

21. 攀西战略资源创新开发试验区：即2013年3月国家发改委正式批准设立、目前我国唯一的资源开发综合利用试验区，涵盖我州西昌、冕宁、德昌、会理、会东、宁南6县市，攀枝花市全境以及雅安市石棉、汉源2县，规划面积近3万平方千米，纳入开发的战略资源包括钒、钛、稀土、碲、铋。

22. “1286”产业园区培育计划：“1”即整合成凉工业园区、西昌太和工业园区和西昌城市新区，建设西昌临港产业合作开发区，培育一个省级经济开发区或省级重点工业园区；“2”即提升西昌钒钛、会理有色两个省级重点园区发展水平，力争到2017年进入全省500亿元园区行列；“8”即重点培育冕宁稀土高新产业园区等8个州级特色产业园区；“6”即加快推进会东工业集中区等6个协作配套合作园区建设发展。

23. 十大特色农业产业基地：即国家重要的战略性优质烟叶、国家绿色食品（原料）马铃薯标准化生产、全国最大的苦荞生产加工、国家优质茧丝、全国优质高原水果、全国重要的优质花卉、全国“南菜北调”优质蔬菜、国家油橄榄良种、四川最大的核桃、全省最大的草食畜生产基地。

24. 五大新兴先导型服务业：即电子商务、现代物流、现代金融、科技服务、养老健康五大服务业。

25. 六大消费热点：即养老健康家政、信息、旅游、住房、绿色、教育文化体育六大消费热点。

26. 一带一路：即新丝绸之路经济带和21世纪海上丝绸之路。

27. 长江经济带：即国务院规划建设的东起上海、西至云南，涉及上海、江苏、浙江、安徽、湖北、江西、湖南、重庆、四川、云南、贵州9个省2个直辖市，涵盖长江三角洲城市群、成渝经济区、长江中游城市群、滇中地区、黔中地区的经济带。

28. 金沙江下游沿江经济带：即《四川省金沙江下游沿江经济带发展规划（2015—2017年）》涵盖的凉山州会理、会东、宁南、布拖、金阳、雷波6县，攀枝花市仁和区、西区、东区、盐边县，宜宾市屏山县、宜宾县、翠屏区，总面积2.65万平方千米的经济带。

29. 两高一低：即高污染、高能耗、低产出。

30. “4+5”对口帮扶：即西昌、德昌、会理、会东4县市对口帮扶昭觉、金阳、布拖、美姑、木里5个国家扶贫开发工作重点县，加快推进区域协调发展。

31. 省20件民生大事：即改善全省农村通村公路1.5万千米；全面解决农村人口及学校师生饮水安全问题；全面实现全省无电村通电；改造城市危旧房棚户区30万户；改造农村危旧房15万户；向农民工定向出租公租房1万套；为200万名老人提供居家养老服务；提高60岁以上城乡居民基础养老金发放水平；安排财政专项资金帮助高校毕业生和在校大学生创业就业；继续提高城乡居民基本医疗报销水平；强化“老幼病孕”免费基本公共卫生服务；为1万名贫困白内障患者实施免费复明手术；为边远贫困地区农村教师建设1万套周转房；提高全省644所公办普通高中办学经费；免除10万名民办中职学校三年级学生学费；治理100处地质灾害隐患点，避险搬迁安置2万户农户；向三州30万户农户发放新型小粮仓；对全省4.5万个村提供公共服务经费补助；全省每个县建成1个残疾人服务中心；加强藏区包虫病预防和治疗。

32. 惠农保：即我州试点开展的覆盖农村群众的自然灾害公众责任险、农村住房险、农村小额人身险三个组合商业保险。

33. 三类老人：即60周岁以上散居城镇“三无”老人、散居农村“五保”供养对象；60周岁以上居家养老城乡低收入家庭中的失能老人、残疾老人、独居老人；城乡低收入家庭中80周岁以上居家养老的老人。

34. “三无”人员：即由民政部门收养的无生活来源、无劳动能力、无法定抚养义务人的公民。

35. “六长”责任制：即县市长、教育局长、乡镇长、校长、村长（村、居委会主任）、家长义务教育阶段“控辍保学”责任制。

36. 营改增：即把原缴纳营业税的应税项目改为缴纳增值税。

37. 两所一庭：即基层派出所、司法所、法庭。

38. 法律七进：即法律进机关、进学校、进乡村、进社区、进寺庙、进企业、进单位。

39. 三个清单：即权力清单、负面清单和责任清单。

在政协凉山彝族自治州第十一届委员会第四次会议上的工作报告

（2015 年 2 月 9 日）

州政协主席 邓显祥

各位委员，同志们：

我受政协凉山彝族自治州第十一届委员会常务委员会委托，向大会报告工作，请各位委员审议，请同志们提出意见。

一、2014 年工作回顾

2014 年，在中共凉山州委的正确领导下，州政协坚持以邓小平理论、“三个代表”重要思想和科学发展观为指导，始终坚定正确的政治方向，牢牢把握团结民主主题，紧紧围绕州委七届五次全会确定的目标任务，凝心聚力，改革创新，团结奋进，协商民主制度建设稳步推进，民主监督职能有效发挥，参政议政水平不断提高，人民政协工作呈现出团结民主、生动活泼、积极向上、求真务实的良好局面，为助推我州经济快速发展、民生持续改善、民族团结进步、社会和谐稳定作出了积极贡献。

（一）讲政治，始终坚持正确方向

始终坚持中国共产党领导，认真贯彻中央决策部署和省委、州委要求，确保政协工作沿着正确的方向前进。一是注重提高政治把握能力。深入学习贯彻党的十八大、十八届三中、四中全会精神和习近平总书记系列重要讲话精神，在政治上思想上行动上与党中央保持高度一致。一年来，共组织州政协党组学习会 13 次，举办全州政协主席学习会 1 次，举办专题讲座、报告会、情况通报会等 18 次，印发学习材料 300 余份。二是不断巩固共同思想政治基础。引导各民主党派、工商联和各族各界人士坚持中国共产党领导的多党合作和政治协商制度，深入贯彻中共中央和省委、州委关于统一战线和政协工作的一系列方针政策，增强坚持走中国特色社会主义政治发展道路的自觉性和坚定性。三是自觉接受州委领导。坚持重要工作主动向州委报告，重大事项主动向州委汇报，重大活动主动邀请党政领导参加，协助州委加强和改善对政协的政治领导、思想领导和组织领导，确保州委重大决策部署在政协得到贯彻落实。四是深入开展党的群众路线教育实践活动。按照中央部署和省委、州委要求，结合政协工作实际，认真查摆“四风”方面存在的突出问题，并从理想信念、宗旨意识、党性修养、服务群众、勤政廉洁等方面进行深刻剖析，明确了坚定理想信念、改进工作方法、加强作风建设、密切联系群众、完善规章制度等 5 个方面 27 项整改措施，新制定和修订完善了 39 项工作制度。

（二）谋发展，积极助推富民强州

围绕州委、州政府中心工作，抓住影响和制约全州经济社会发展的重大问题，主动融入，尽心履职，积极为稳增长、调结构、促转型、保稳定献智出力。一是围绕中心协商议政。坚持主题，把握主线，竭力为助推我州经济社会持续快速健康发展建言献策。州政协十一届十一次常委会围绕“助推凉山新型城镇化建设”主题开展专题协商议政，提出“着力破解‘片面土地城镇化’‘城镇空心化’‘摊大饼’‘千城一面’”等建议意见；州政协十一届十二次常委会围绕“加快现代服务业发展，促进经济转型升级提质增效”主题开展专题协商议政，提出“促进现代服务业和先进制造业互动发展、建立现代服务业产业集聚区、打造现代服务业品牌、提升现代服务业发展带动能力、提高现代服务业融合发展水平、破除制约服务业发展的体制机制障碍、形成现代服务业发展合力”

等建议意见；州政协十一届十三次常委会围绕“推进社会治理创新，加快平安凉山建设”主题开展专题协商议政，提出“着力从源头上预防和化解社会矛盾、着力提高社会治理创新的科学化水平、着力形成社会治理创新的强大合力、着力健全完善社会治理创新的服务体系和制度机制、着力解决影响社会和谐稳定的突出问题、着力增强和提升全民法治意识和思想道德水平、着力健全完善社会治理创新的领导体制和工作机制”等建议意见。这些建议意见，对促进党委政府科学决策、民主决策发挥了积极作用。二是突出重点深入调研。充分发挥政协人才优势，多形式、多渠道开展重点课题调研，努力为破解发展难题献智出力。组织开展“转变经济发展方式”重点调研，形成《加快转变发展方式，推进凉山绿色、低碳、循环发展》调研报告，提出“转变发展理念、构建现代产业体系、加大改革开放力度、促进民营经济健康快速发展、着力生态环境保护”等建议意见，助推我州经济提速增量、提质增效。组织开展“建立生态补偿机制”重点调研，形成《关于建立生态补偿机制，推动长江上游生态屏障建设的若干建议》调研报告，提出“加快资源税改革、加大民族地区资源开发补偿力度、加快生态补偿立法工作”等建议意见，为推动建立科学的资源开发与生态环保补偿长效机制献智出力。专项督办《关于推进国企改革，盘活资产，发展混合所有经济的建议》《关于抓住攀西战略资源创新开发试验区建设机遇，切实提升凉山工业经济绿色水平的建议》《关于加快内河水运发展，助推凉山沿江经济的建议》《关于加强国有资产体制改革的建议》等重点提案，积极为壮大非公有制经济、提升工业经济质量、促进区域协调发展、激发内生动力活力，谋创新之举，建务实之言。三是服务大局开展督查。按照州委统一部署，州政协党组成员、州级督导员认真履行党的群众路线教育实践活动督导职责，始终坚持以严的标准、严的措施和严的纪律开展督导工作，保证了所督导地方和部门按时按质完成集中教育实践活动。主席会议成员分别率队赴县（市）开展“双过半”督查，为确保全面完成“双过半”目标任务尽责出力。

（三）惠民生，着力促进社会和谐

坚持把服务民生改善作为政协工作的出发点和落脚点，围绕关注民生、保障民生、改善民生认真做好各项工作。一是真实反映群众意愿。鼓励委员通过视察调研倾听来自基层群众的呼声，提交涉及群众利益的提案，撰写群众反映强烈的社情民意信息，帮助党委政府更好地体察民情、了解民意、集中民智。十一届州政协三次会议以来，共收到委员提案 409 件，经审查立案 364 件，全部按时办复，答复满意和基本满意率达 100%。二是切实维护群众利益。组织驻昌全国和省、州政协委员，重点围绕“生态环境保护”“城市污染治理”“美丽凉山建设”“新能源产业发展”“成昆铁路复线规划”等开展视察调研，取得较好成效。各专委会结合自身实际，积极组织开展委员小组活动，选择教育、医疗、就业、旅游、养老、人防、社会保障、食品安全、未成年人权益保护、贯彻《民族区域自治法》和《凉山彝族自治州自治条例》情况等热点问题组织视察调研，促进了一些改善民生决策部署、目标任务的落实。三是促进热点难点问题解决。发挥政协民主监督职能，运用多种形式，助推解决各界群众普遍关注的热点难点问题。组织开展对州交通运输局的民主评议，形成评议主体报告和 8 个单项评议意见，向州委提交《关于对州交通运输局开展民主评议的情况报告》，提出“科学修编交通规划、强化工程建设管理、完善配套设施建设、着力推进工作创新”等建议意见，积极为助推我州交通大会战、缓解交通瓶颈制约献智出力。主席会议成员牵头督办《关于加强灰霾防治的建议》《关于加快凉山州职业教育建设步伐的建议》《关于积极推进我州教育资源均衡配置的建议》《关于进一步加强西昌市集中饮用水水源地保护的建议》《关于加快我州养老服务产业社会化发展的建议》等重点提案，推动群众关注的热点难点问题得到解决。四是积极开展惠民生活动。倾情关心弱势群体，引进社会扶贫资金及物资价值 970 万元，投入贫困地区发展教育事业，协调争取栋梁工程基金5.7万元，资助19名贫困大学生上学。深入开展“走基层、解难题、办实事、惠民生”活动、“五个一”联系工作和“挂包帮”活动，协调落实各类帮扶资金1303.9万元，用于灾后恢复重建、彝家新寨建设、交通建设、饮水工程建设、发展种植养殖业等项目。

（四）促团结，广泛凝聚智慧力量

突出统一战线、多党合作、民主政治特色，广泛开展联谊交流活动，积极营造民主团结、和衷共济的社会氛围。一是充分发挥民主党派、工商联作用。坚持政协党组成员联系走访民主党派、工商联制度，支持各民主党派、工商联在政协各种会议上发表意见建议。一年来，邀请各民主党派、工商联参加视察调研69人次，安排他们在全体会议、常委会议上发言18人次。二是广泛团结民族宗教界人士。积极参与彝区矛盾排查，疏导化解积怨，专题调研木里藏区维稳工作，热情看望民族宗教界代表人士，协调解决寺庙困难和教职人员社会保障问题，促进民族宗教关系和谐，协力维护社会稳定。三是密切与港澳台侨胞和各族各界人士的联系与交流。举办新春茶话会、中秋联谊会，开展走访慰问，加强同各族各界人士的联系与交流，增进共识，凝聚人心，汇聚正能量。

（五）重创新，全面提升工作水平

探索协商民主的实践路径和有效方法，不断创新和丰富经常性工作的内容和形式，着力提升履行职能的质量和效果。一是认真开展专题协商。围绕“引调大桥水库库水入昌工程建设”开展专题协商，取得明显实效，协商成果被纳入党委政府决策。专题协商工作历时两个半月，得到了州政府和西昌市政府的积极回应和全力支持，受到省政协领导及州委领导的高度评价和充分肯定，《人民政协报》《四川日报》《四川政协报》在头版作了报道，《凉山日报》、凉山电视台进行了全程跟踪报道，引起广泛的社会影响和收到了良好的社会效果。这次专题协商工作是州政协近年来开展的一次层次高、规模大、较为规范的协商活动，是我们认真贯彻中共十八大和十八届三中全会关于健全社会主义协商民主制度精神，全面推进协商民主广泛多层制度化发展的一次探路前行的具体实践，具有很强的示范和传导作用。二是增强政协工作整体合力。配合全国政协、致公党中央、九三学社中央完成“乌蒙山片区扶贫攻坚行动计划实施情况”“水电资源开发与环境保护”“西南水电资源开发情况”，协助省政协完成“金沙江流域区域经济发展现状”“凉山光伏产业发展情况”“大小凉山基础教育、职业教育发展现状”等多项考察调研任务。制定加强对县（市）政协工作联系和指导的意见，协调组织全州17县（市）政协秘书长赴全国政协培训中心学习。三是做好文史资料和新闻宣传工作。编辑出版《凉山彝族自治州领导机构沿革暨战略发展概要》文史资料专辑，为省政协编纂《回忆西部大开发》《四川抗日战争文史资料》组稿7篇，改版《凉山政协》会刊，启动州政协机关综合信息平台建设，加强政协新闻宣传工作，不断扩大凉山州政协的社会影响力。

（六）强基础，不断加强自身建设

适应新形势下政协事业发展的要求，切实加强政协思想建设、组织建设、作风建设、制度建设，为履行职能奠定坚实基础。一是加强委员队伍建设。举办州政协委员培训会，邀请全国政协文史和学习委员会办公室巡视员王合忠作《人民政协与政协委员》专题培训，提高委员履职能力。举办常委会学习报告会3次，邀请有关方面和专家作专题报告，为委员知情明政提供帮助。健全委员服务联络机制，完善委员活动召集人制度。加强委员履职管理，严格会议考勤、“五个一”履职考核，增强委员履职积极性和主动性。二是加强专委会建设。修订完善专委会履职工作规定，推动专委会工作规范有序开展。把发挥专委会基础作用与突出界别特色有机结合起来，支持委员通过界别渠道联系群众，及时反映社会各界愿望诉求。建立健全对口联系制度，促进政协专委会与州直有关部门相互沟通、良性互动。三是加强机关建设。以开展党的群众路线教育实践活动为契机，制定贯彻落实中央八项规定和省委、州委十项规定的实施意见和配套制度，采取有效措施，转变工作作风，提升机关服务质效。加大州县（市）政协机关培训力度，培训人次比2013年增加三倍，切实提高政协干部队伍素质和履职能力。改进视察调研工作，轻车简从，减少陪同，深入基层，走进群众。坚持走访看望委员，认真接待和处理委员来信来访。精简会议文件，控制“三公”经费，清理办公用房，加强公务用车管理，规范公务接待，推动机关作风整体好转。制定加强机关自身建设、加强机关干部队伍建设等工作制度，进一步形成锐意进取、合力干事的良好氛围。

一年来，州政协开展各种层次的协商议政活动32次，形成专项建议报告16份；开展专题调研20项，形成调研报告13份；开展常委、委员视察22次，形成视察报告15份。

各位委员，同志们！

上述成绩的取得，是中共凉山州委加强领导的结果，是全州各级党委、人大、政府和社会各界大力支持的结果，是政协各参加单位、各级政协组织和广大政协委员团结奋斗的结果。在此，我代表十一届州政协常委会向大家表示衷心的感谢并致以崇高的敬意！

我们也清醒地认识到，我们的工作与州委的要求，与新形势新任务新常态的要求，与社会各界和人民群众的期望仍有差距。主要是，协商民主制度建设有待进一步加强，委员主体作用、专委会基础作用有待进一步发挥，参政议政水平、建言献策质量需要进一步提升，真诚希望广大委员对常委会工作提出意见建议。

二、2015年工作建议

2015年，是全面建成小康社会、全面深化改革、全面推进依法治州的关键之年，也是实施“十二五”规划的收官之年。州政协工作的指导思想和总体要求是：高举中国特色社会主义伟大旗帜，以邓小平理论、“三个代表”重要思想、科学发展观为指导，全面贯彻党的十八大、十八届三中、四中全会和习近平总书记系列重要讲话精神，认真贯彻省委十届四次、五次全会精神，在中共凉山州委的坚强领导下，按照州委七届六次全会和州委经济工作会议决策部署，把握稳中求进工作总基调，主动适应新常态，坚持团结民主，坚持改革创新，切实履行职能，积极发挥作用，为全面深化改革、全面推进依法治州，努力开创经济社会发展新局面，加快建设美丽富饶文明和谐新凉山作出应有的贡献。

（一）加强学习，打牢履行职能基础

把深入学习贯彻党的十八大、十八届三中、四中全会精神和习近平总书记系列重要讲话精神作为一项重要政治任务，切实加强政治理论学习，着力增强学习内容的针对性、学习载体的多样性、学习形式的灵活性和学习成果的有效性。通过学习，进一步深化对当前形势任务的认识，自觉把思想和行动统一到中央和省委、州委的决策部署上来，始终做到与党委目标一致、方向一致、行动一致。把深入学习贯彻中央、省委精神与全面落实州委七届六次全会和州委经济工作会议各项要求有机结合起来，找准政协服务发展的切入点和着力点，切实把智慧和力量凝聚到州委作出的决策部署和确定的目标任务上来，凝心聚力促发展，求真务实谱新篇。

（二）聚焦中心，自觉助推科学发展

坚持把推动发展作为政协履行职能的第一要务，把握经济发展新常态，按照州委坚持科学发展、转型发展、特色发展、开放发展的总体要求，紧扣稳中求进工作总基调和深入实施“三大片区发展战略”，积极入位，主动作为。一要为稳增长献良策。围绕推进重大项目建设、实施“交通大会战”、推进新型城镇化、深化“大凉山”特色优质农产品品牌建设、大力发展特色旅游产业、深入推进实施开放合作战略等重点问题，开展视察调研、咨询论证，提出有价值、有分量的意见建议。二要为促改革建真言。围绕推进简政放权、农业农村、国资国企、民主法治、教科文卫、社会治理等方面的体制机制改革，围绕落实州委两个《意见》所涉及的改革事项，围绕推进依法治州，深入调查研究，广泛咨询议政，为全面深化改革、全面推进依法治州行助推之力，建务实之言。三要为解难题出实力。围绕制约我州跨越发展的交通、水利、能源、资源环境、城镇发展等瓶颈问题，积极建言献策、参政议政，为州委、州政府科学决策、民主决策提供参考。

（三）发挥优势，着力服务民生改善

牢固树立以人为本、履职为民理念，把实现好、维护好、发展好最广大人民群众的根本利益作为政协工作的出发点和落脚点。一要及时反映民意。广泛收集各界群众对社会热点难点问题的意见建议，通过发言、提案、社情民意信息等形式，及时向党委政府反映群众的愿望呼声和社会动态。二要重视群众关切。围绕推进“综合扶贫开发”、深化健康文明新生活运动、推进“彝区教育振兴行动计划”、健全完善县乡村医疗卫生服务网络、构建覆盖城乡社会保障体系、强化“禁毒防艾”等重大民生问题开展专题调研、专项视察、民主评议和检查监督，促进民生重点工程建设，落实各项惠民政策，维护社会公平正义。三要服务民生改善。继续开展引资引智活动，发挥政协委员联系广泛的人脉资源优势，引进项目、资金、技术，助推经济社会事业发展。深化领导干部“五个一”联系工作和“挂包帮”活动，出实力、办实事、惠民生。

（四）增进团结，广泛凝聚发展力量

牢牢把握团结和民主主题，凝聚各方力量，汇集各界智慧，推动形成助推凉山跨越发展、促进社会和谐稳定的强大合力。一要加强党派合作。积极支持各民主党派、工商联参与重大决策的民主协商，重点安排他们作大会发言，重点办理他们提交的提案，邀请他们参加州政协组织的重要活动。二要团结民族宗教界人士。大力宣传党的民族宗教政策，广泛听取民族、宗教界人士的意见建议，协助党委政府做好维护稳定工作，巩固和发展平等团结、互助和谐的社会主义民族关系。三要发挥港澳台侨界委员作用。支持港澳台侨界委员积极履行职能，鼓励他们搭建经贸、文化交流合作平台，为凉山扩大开放、招商引资贡献智慧和力量。四要密切与县（市）政协的联系合作。健全完善州与县（市）政协的联络联动机制，增进交流，扩大合作。

（五）创新履职，推动协商民主发展

充分发挥人民政协协商民主重要渠道作用，丰富形式、拓展内容、规范程序、创新实践，积极推进协商民主广泛多层制度化发展。一要继续深化认识。认真学习中共十八大、十八届三中全会以及习近平总书记在人民政协成立65周年庆祝大会上的重要讲话精神，深刻理解推进协商民主多层制度化发展的重大意义，准确把握性质、定位、内容、特征和原则，进一步增强推进协商民主的自觉性和主动性。二要主动开展工作。积极向州委提出推进协商民主的意见建议，主动与州委、州政府协商研究确定年度协商计划，积极组织开展专题协商、对口协商、界别协商和提案办理协商。三要加强协商理论研究。整合全州政协理论研究力量，加强对协商民主理论和实践问题的研究。

（六）从严从实，切实抓好自身建设

巩固和拓展党的群众路线教育实践活动成果，不断加强政协自身建设，努力提高政协工作科学化水平。一要发挥委员主体作用。加强委员服务管理，完善委员联络制度，帮助委员知情明政，拓展委员履职平台，积极组织委员开展活动，维护委员合法权益。二要加强专委会建设。着力提高专委会组成人员的政治素质和业务能力，密切专委会同党政有关部门、党派界别、县（市）政协之间的协作配合，形成履行职能、开展工作的合力。三要提高机关服务水平。认真贯彻中央八项规定和省、州十项规定，切实落实教育实践活动中制定的各项制度和整改措施，转变作风，改进工作，力戒“庸懒散浮拖”，提高服务大局、服务基层、服务委员、服务群众水平，努力让基层政协满意、让政协委员满意、让人民群众满意。

各位委员，同志们！凉山发展前景催人奋进，人民政协事业大有可为。让我们紧密团结在以习近平同志为总书记的中共中央周围，高举中国特色社会主义伟大旗帜，以邓小平理论、“三个代表”重要思想、科学发展观为指导，在中共凉山州委的坚强领导下，团结一致、奋发有为，开拓创新、扎实工作，为奋力开创凉山科学发展、加快发展新局面，谱写同步全面小康新篇章作出新的更大贡献！

凉山概况

Liangshan Prefecture Introduction

【基本情况】 凉山彝族自治州位于四川省西南部，北起大渡河与雅安市、甘孜州接壤，南至金沙江与云南省相望，东临云南省昭通市和四川省宜宾市、乐山市，西连甘孜州。地处北纬26°03′~29°18′，东经100°03′~103°52′之间。全州辖区面积60423平方千米，辖西昌市、德昌、会理、会东、宁南、普格、布拖、昭觉、金阳、雷波、美姑、甘洛、越西、喜德、冕宁、盐源县和木里藏族自治县17个县（市），610个乡镇（街道）；2014年全州总人口511.78万人，同比增长1.06%。其中，少数民族人口282.34万人，占总人口的55.2%，彝族人口为264.78万人，占总人口的51.74%。全年出生人口6.76万人，出生率为13.28‰；死亡人口2.44万人，死亡率为4.79‰。境内居住着彝族、汉族、藏族、回族、苗族、蒙古族、傈僳族、傣族、纳西族、布依族、壮族、白族、满族、土家族等14个世居民族，是全国最大的彝族聚居区，是四川省民族类别最多、少数民族人口最多的地区。州府所在地西昌市，海拔1510米，冬暖夏凉，四季如春，天空洁净清朗，月亮晶莹皎洁，素有“月城”之称，是一座春天栖息的城市，也是举世闻名的中国航天城。

【地质地貌】 凉山地处川西南横断山系东北缘，界于四川盆地和云南高原之间，地质地貌复杂。地质构造位置处于扬子地台西南缘，居康滇地轴中段：表现为南北向构造—岩浆活动带；西部跨入盐源—丽江台缘凹陷及松潘—甘孜地槽褶皱系；其东部则为上扬子台坳。凉山处于中国东部地台区和西部地槽区的分界部位、太平洋构造域与特提斯构造域的交接部。

地势西北高、东南低。山脉多呈南北走向，岭谷相同，从东至西主要有小凉山、大凉山、小相岭、螺髻山、牦牛山、银屏山、柏林山、鲁南山等山脉，这些山脉分别属于大凉山山系、小相岭—鲁南山山系、大雪山山系。海拔最高处为木里县恰朗多吉峰5958米，海拔最低处为雷波县大岩洞金沙江谷底325米，相对高差5633米。境内以山地、高原为主，占全州辖区面积的90%以上，丘陵、盆地、平原不到10%。

【气候状况】 凉山属亚热带季风气候，气温日较差大、年较差小，冬无严寒，夏无酷暑，干雨季分明，立体气候显著。境内最热为7月，最冷为1月，无霜期230~306天。年平均气温14℃~17℃，年日照时数2000~2400小时，日照辐射总量120~150千卡/平方厘米·年。全年降水量的水平分布是东部多于西部，南北差异不明显，年降水量600~2000毫米。

【历史文化】 凉山自古就是通往祖国西南边陲的重要通道，是古代“南方丝绸之路”和“茶马古道”的必经之地。秦汉时期，中央王朝就在凉山设置郡县进行管理。历史上许多著名人物如西汉司马迁、蜀汉诸葛亮、元世祖忽必烈、著名旅行家徐霞客、马可·波罗等都曾有在凉山游历、活动的记载。1935 年中国工农红军长征过凉山，途经境内 10 个县市，发生了巧渡金沙江、会理会议、彝海结盟等重大历史事件。1950 年凉山解放，1952 年凉山彝族自治区人民政府正式成立。1956 年实行民主改革，凉山“一步跨千年”由奴隶社会直接进入社会主义社会。1979 年，原凉山州和西昌地区合并，成立凉山彝族自治州，凉山迈入新的发展时期。

【自然资源】 凉山是攀西国家战略资源创新开发试验区的核心区，资源富集度高、组合性好、开发潜力巨大。水能资源。可开发量 6924 万千瓦，占全国的 15%、全省的 57%，国家在金沙江、雅砻江、大渡河“三江”流域规划建设的 14 座 100 万千瓦以上电站中，凉山占 10 座、总装机 5700 多万千瓦，是国家“西电东送”的重要基地和骨干电源点。矿产资源。已探明矿种 103 种，有相当储量的 60 种，特大型、大型矿床 30 处。其中轻稀土氧化物保有储量 27.8 亿千克、全国第二，有色金属矿产储量全省第一，铁矿资源保有储量 1.5 万亿千克，钒钛磁铁矿 1.2 万亿千克、全省第二。农业资源。是四川三大林区、三大牧区之一，安宁河谷平原是四川第二大平原（960 平方千米），被誉为“川南粮仓”。烟叶、蚕茧、马铃薯、苦荞麦、花卉、水果等特色优质农产品享誉全国，是全国市州级第二大优质烟区。生物资源。国家一级珍贵树种 8 种，国家二级珍贵树种 14 种。野生动物 661 种，鸟类 442 种，其中国家和省级重点保护野生动物 97 种。旅游资源。地处“大香格里拉旅游环线”腹心地带，有代表性景区景点 160 多个、AAAA 级景区 3 个，国家和省级风景名胜区、自然保护区 7 个，邛海—泸山、螺髻山、泸沽湖、西昌卫星发射中心等闻名中外。

【国民经济】 2014 年，完成地区生产总值 1314.3 亿元，比 2013 年增长 8.5%。其中：第一产业增加值 253.3 亿元，同比增长 4.5%，对经济增长的贡献率为 9.3%；第二产业增加值 693.4 亿元，同比增长 10.6%，对经济增长的贡献率达到 69.1%；第三产业增加值 367.6 亿元，同比增长 6.7%，对经济增长的贡献率为 21.6%。人均 GDP 达到 28556 元，比 2013 年增长 7.8%。三次产业比重为 19.3 : 52.7 : 28.0。公共财政总收入完成 160.1 亿元，同比增长 6.5%；地方公共财政收入完成 112.3 亿元，同比增长 2.1%，其中：税收性收入 65.6 亿元，同比增长 1.0%。公共财政支出完成 365.9 亿元，同比增长 9.9%。全州实现工业增加值 530.0 亿元，同比增长 12.4%；固定资产投资 1045.9 亿元，同比增长 7.2%。地区生产总值、地方公共财政收入分别位列四川 21 个市州第七位、第三位，均居全国 30 个少数民族自治州首位。

【民生状况】 2014 年，全州城镇居民人均可支配收入 23609 元，比 2013 年增长 8.8%；社会消费品零售总额 447.8 亿元，同比增长 12.8%。人均消费支出 16525 元，同比增长 8.3%。农民人均纯收入 8264 元，比 2013 年净增 905 元，同比增长 12.3%；农民消费支出 5456 元，同比增长 26.6%。全州城乡居民年末储蓄余额 686 亿元，同比增长 9.7%。城镇纳入最低生活保障 7.79 万人，农村纳入最低生活保障 55.76 万人。新农合参合率 98.99%，同比增长 0.3%。普通高校在校生人数 15503 人，同比增长 2.9%，中小学生在校生人数 79.11 万人，同比增长 0.8%。全州广播覆盖率 81.43%，同比下降 0.37%，电视覆盖率 92.29%，同比增长 0.16%。

（审核：尹克发　刘尧平/撰稿：肖元东）

大事记

Events

1月

1日　翟占一、罗凉清到西昌市南坛农贸市场、旅游集散服务中心、火把广场交警执勤点，慰问值守在一线的干部职工。龙伟、余毅、朱学雷等陪同慰问。

6日　州委经济工作暨城镇化工作会议在西昌举行。翟占一、罗凉清出席并讲话。王金铁、邓显祥、赵世勇、苏嘎尔布出席。州委、州人大、州政府、州政协和凉山军分区领导，各县市党政主要负责人和分管城镇化工作的负责人，州级相关部门和部分国有企业负责人，部分民营企业家等参加会议。

▲　全州烟草工作会议在西昌举行。翟占一、罗凉清出席并讲话。罗凉清代表州委、州政府与各县市签订2014年现代烟草农业建设目标责任书和烟叶生产基础设施建设责任书。龙伟宣读表扬通报。达久木甲、刘明书①、杨卉、周德文、白云、黄志富、戚天福，州烟草工作领导小组成员单位、烟叶主产县市以及县市烟草办、烟草公司的相关负责人参加会议。

7日　攀枝花—凉山区域合作联席会第四次会议在攀枝花市举行。翟占一，攀枝花市委书记刘成鸣，罗凉清，攀枝花市委副书记、市长张剡出席并讲话。王金铁、邓显祥，攀枝花市人大常委会主任谢道全，攀枝花市政协主席单荣，赵世勇，攀枝花市委副书记赵辉出席会议。杨文泉、龙伟、杨卉、余毅，州级相关部门，西昌、德昌、会理、会东、宁南、普格、喜德、冕宁、盐源、木里等县市负责人，攀枝花市领导张伟、王海波、殷旭东、贾德华，市级相关部门，东区、西区、仁和区、盐边、米易等区县负责人参加会议。

8日　翟占一、罗凉清在西昌会见中国华电国际电力股份有限公司总经理陈建华。赵世勇、华电国际电力股份有限公司副总经理罗小黔，龙伟，州发改委、“三江”办、华电国际电力股份有限公司相关部门负责人参加会见。

▲　翟占一、罗凉清在西昌会见华能新能源股份有限公司常务副总经理余春平，龙伟等参加会见。

10日　凉山州召开2014年春节慰问老干部暨情况通报会。翟占一出席并讲话。赵世勇宣读州委、州政府致全州离退休老干部、老同志的慰问信。冯斌主持通报会。全州在西昌的离退休干部和担任过正县级职务以上的退休干部参加会议。

▲　凉山州与鞍钢集团公司在西昌举行座谈会。翟占一，鞍钢集团公司董事长、党委书记张广宁，罗凉清出席并讲话。鞍钢集团公司副总经理、攀钢集团有限公司董事长姚林，攀钢集团有限公司总经理张大德，赵世勇出席。蒋若枫，毕志强，州级相关部门、西昌市负责

① 刘明书：因涉嫌严重违纪违法，于2015年3月接受组织调查。

人，攀钢集团副总经理周一平，攀钢集团西昌钢钒有限公司总经理肖明富等参加会议。

12日 翟占一、罗凉清在西昌会见四川航空集团董事长王凤朝，胡坤、朱学雷等参加会见。

▲ 翟占一、罗凉清在西昌会见嘉士伯亚洲区副总裁方军涛，赵世勇、杨卉等参加会见。

13日 翟占一主持召开七届州委第62次常委会议，传达全省推进依法治省工作电视电话会议精神，传达省委政法工作会议精神，传达省政府摩梭家园建设暨摩梭文化保护工作专题会议精神，研究凉山州贯彻意见。罗凉清、赵世勇、苏嘎尔布、滕中平、胡坤、冯斌、达久木甲、张力出席。邓显祥、熊正林、何绍忠、周斌、余毅、马报、李俊、米滨，州级相关部门负责人列席会议。

▲ 总投资274亿元的凉山州一季度83个重点项目集中开工仪式在西昌举行。翟占一宣布开工。罗凉清讲话，王金铁、邓显祥，嘉士伯亚洲区企业事务副总裁方军涛出席。赵世勇主持。滕中平、李军、蒋若枫、石一鲁实，州级相关部门，17个县市相关负责人，部分项目业主、施工单位代表参加开工仪式。

▲ 罗凉清主持召开州政府党组（扩大）会议，贯彻落实州委经济工作暨城镇化工作会议精神，研究安排2014年经济发展目标任务及一季度经济“开门红”工作。

14日 凉山军分区党委十四届十次全体（扩大）会议在西昌召开。会议传达成都军区、省军区党委扩大会议精神，全面总结凉山军分区2013年各项工作，部署2014年工作任务。翟占一出席并讲话。叶佩代表军区党委常委会作工作报告，申玮出席并讲话。

▲ 凉山州与省烟草专卖局（公司）在成都召开工作座谈会。翟占一出席并讲话，省烟草专卖局（公司）局长、党组书记胡存忠主持座谈会，罗凉清介绍情况。省烟草专卖局（公司）副总经理陈霖、肖瑞，龙伟、周德文，戚天福，州烟草专卖局（公司）、州烟草办，省烟草专卖局相关处室负责人参加会议。

18日 省十二届人大二次会议凉山代表团在驻地审议省政府工作报告。省人大代表、省委常委、宣传部部长吴靖平，省人大代表、省政府资政张作哈，翟占一，省人大代表、十届省政协副主席陈杰参加审议。罗凉清、王金铁、阿什老轨、赵世勇、苏嘎尔布等参加审议。

22日 中国唯一系统展示摩梭历史文化与民族风情的专题博物馆——摩梭博物馆在盐源泸沽湖开馆运行。

26日 武警凉山州支队党委一届十二次全体（扩大）会议在西昌举行。翟占一出席并讲话。杨文泉、余毅、邹楠参加会议，赵小兵主持会议。

▲ 罗凉清主持召开十届州政府第23次常务会议，审议《政府工作报告》（征求意见稿），州政府副州长、秘书长和州政府组成部门主要负责人出席会议。

26日至27日 省委副书记柯尊平、省政府副省长王宁率省委、省政府慰问团，深入凉山州西昌、普格等县市，看望慰问困难群众、老党员。翟占一、罗凉清一同慰问。省委副秘书长张宁，省委组织部副部长雷世界，省民委副主任甘映平，省总工会副主席纪小玲，胡坤、冯斌、龙伟，西昌市、普格县负责人参加慰问。

27日 凉山州法学会正式成立，苏嘎尔布主持会议并致辞。四川省法学会专职副会长、省委政法委副巡视员朱时顺，杨文泉、周斌、余毅、马报、李俊、米滨等参加会议。

28日 翟占一主持召开七届州委第63次常委会议，传达省“两会”、省党的群众路线教育实践活动第一批总结暨第二批部署会议和省纪委十届三次全会精神，研究凉山州贯彻意见；会议传达省委农村工作会议和省政府研究加大彝族地区扶贫开发工作力度、解决特殊困难问题专题会议精神；会议听取凉山州电力惠民工作实施情况汇报。罗凉清、赵世勇、滕中平、胡坤、王阿呷、冯斌、达久木甲、杨文泉、龙伟、张力出席会议。王金铁、邓显祥，州人大、州政府、州政协，州法院、州检察院相关领导，州级相关部门负责人列席会议。

2月

7日 凉山州推进依法治州工作电视电话会议在西昌召开，传达学习《四川省依法治省纲要》，深入贯彻省委书记、省人大常委会主任王东明在全省推进依法治省工作电视电话会议上的重要讲话精神，研究落实依法治州实施意见，安排部署法治凉山建设工作。翟占一出席并讲话。罗凉清主持会议，王金铁、邓显祥、赵世勇出席，苏嘎尔布就《凉山州依法治州实施意见》作说明。

▲ 州依法治州领导小组（扩大）会议在西昌举行，会议听取州依法治州领导小组办公室关于开展依法治州工作的具体建议，讨论《依法治州2014年工作要点》。会议由翟占一主持。苏嘎尔布、滕中平、达久木甲、杨文泉、周斌、余毅、马报、李俊、米滨，州依法治州领导小组成员和各县市委负责人参加会议。

▲ 中共凉山州委以凉委发〔2014〕2号文件印发《关于深入开展党的群众路线教育实践活动的实施意见》。

▲ 中共凉山州委以凉委发〔2014〕3号文件印发《关于印发〈凉山彝族自治州依法治州实施意见〉的通知》。

8日 凉山州党的群众路线教育实践活动工作会议在西昌召开。会议贯彻中央、省委党的群众路线教育实践活动第一批总结暨第二批部署会议精神，对凉山州开展党的群众路线教育实践活动进行安排部署。翟占一、省委第21督导组组长梁熙扬出席并讲话。省委第21督导组副组长陈万福出席，赵世勇主持会议。会议以电视直播的方式召开。省委第21督导组成员，十八大党代表、省十次党代会代表，州四大班子领导，正副州职（级）督导员，州法检“两长”，武警凉山州支队政委，州委党的群众路线教育实践活动领导小组成员，州老同志，17个县市、州直各部门主要负责人共计470余人在州主会场参加会议。17个县市、全州机关、事业单位、乡镇（街道）组织共11万余名党员和干部群众收看会议实况。

▲ 杜萍先进事迹报告会在西昌举行。翟占一主持报告会。省委第21督导组组长梁熙扬，省委第21督导组副组长陈万福参加事迹报告会。省委第21督导组成员，州四大班子领导，正副州职（级）督导员，州委党的群众路线教育实践活动领导小组成员，州老同志，17个县市、州直各部门主要负责人在州主会场参加报告会。

13日 翟占一主持召开七届州委第64次常委（扩大）会议，传达省委十届四次全会精神，研究凉山州贯彻意见；传达全省宣传部长暨文化工作会议、培育和践行社会主义核心价值观座谈会精神；传达省总工会第十三届二次全会、全省市州长会议精神；审议《凉山州建立健全惩治和预防腐败体系2013—2017年实施细则》。罗凉清、赵世勇、苏嘎尔布、胡坤、王阿呷、杨文泉、龙伟、张力、叶佩出席会议。州政府、州政协领导，州法检“两长”，州级相关部门负责人列席会议。

14日 中共凉山州委、凉山州人民政府以凉委发〔2014〕4号文件印发《关于2014年推进现代烟草产业工作的指导意见》。

▲ 中共凉山州委以凉委发〔2014〕5号文件印发《关于进一步加强领导班子和干部队伍建设的实施意见》。

▲ 中共凉山州委以凉委发〔2014〕6号文件印发《关于进一步转变作风加强党的群众工作的实施意见》。

17日至20日 政协凉山州第十一届委员会第三次会议在西昌召开，会议应到委员407人，实到委员375人。邓显祥、黄志富、香根·边玛仁青、熊仿秋、季晓静、蒋若枫、马报、宋光明、杨洪清、苏燕凌、王萌、邹学军在大会主席台就座。翟占一、罗凉清、王金铁、赵世勇、苏嘎尔布，州委常委、州人大常委会副主任、州政府副州长、州法检“两长”等领导出席大会。大会审议通过政协凉山州第十一届委员会第三次会议议程。邓显祥代表政协凉山州第十一届委员会常务委员会作工作报告。季晓静作《政协凉山州第十一届委员会常务委员会关于十一届二次会议以来提案工作情况的报告》。大会通过《政协凉山州第十一届委员会常务委员会关于十一届三次会议提案征集情况的报告》和《政协第十一届凉山州委员会第三次会议决议》。

18日至21日 凉山州第十届人民代表大会第四次会议在西昌召开，大会应到代表410人，实到398人。王金铁、熊正林、刘建蓉、刘明书、钟承先、何绍忠、海来木呷、李军、周斌在大会主席台就座。翟占一、罗凉清、邓显祥、赵世勇、苏嘎尔布，州委常委、州政府副州长、州政协副主席、州法检“两长”等领导出席大会。大会表决通过会议选举办法，会议议程，“一府两院”工作报告，计划、财政报告决议。大会补选康曦为州十届人民代表大会常务委员会秘书长，申玮为凉山州十届人民代表大会常务委员会委员。

19日 凉山州与四川省商务厅座谈会在西昌举行。省商务厅党组书记、厅长谢开华，罗凉清出席。赵世勇主持，杨卉参加座谈会。

20日 翟占一主持召开七届州委第65次常委会议，听取《州委关于贯彻落实省委十届四次全会精神　全面深化改革的决定》起草情况汇报。罗凉清、赵世勇、苏嘎尔布、滕中平、胡坤、冯斌、达久木甲、杨文泉、龙伟、张力、叶佩出席。王金铁、邓显祥，州级相关部门负责人列席会议。

21日 省委常委、农工委主任李昌平率领省委农工委、省农业厅等部门负责人，在赵世勇的陪同下，深入德昌、冕宁、西昌，调研凉山州新农村建设和特色产业发展情况。达久木甲陪同调研。

22日 罗凉清主持召开十届州政府第四次全体会议，细化落实州十届人大四次会议通过的《政府工作报告》各项任务。滕中平、杨卉、周德文、施遐、余毅、白云、肖春、熊自力、朱学雷在会上发言，就各自分管工作进行安排。申玮、刘明书、蒋若枫列席会议，石一鲁实出席会议。

▲ 州政府召开廉政工作电视电话会议。罗凉清出席并讲话，滕中平主持会议，张力、杨卉、周德文、施遐、余毅、白云、肖春、熊自力、朱学雷、石一鲁实出席会议。

24日至25日 州委七届五次全会在西昌召开。州委委员52人，候补州委委员10人出席。州纪委常委和有关方面负责人，十八大党代表、省十次党代会代表、州第七次党代会代表中部分基层代表和专家学者列席会议。会议由州委常委会主持。翟占一作重要讲话。全会深入学习贯彻党的十八大、十八届三中全会和省委十届四次全会精神，听取和讨论翟占一受州委常委会委托作的报告，研究凉山全面深化改革相关重大问题，审议通过《中共凉山州委关于贯彻落实党的十八届三中全会精神全面深化改革的决定》。

25日 翟占一主持召开七届州委第66次常委会议，听取中共凉山州委七届五次全会全体会议各组讨论情况汇报。州委常委罗凉清、赵世勇、苏嘎尔布、滕中平、胡坤、冯斌、达久木甲、杨文泉、龙伟、张力出席会议。王金铁、邓显祥，州级相关部门负责人列席会议。

▲ 中共凉山州第七届纪律检查委员会第四次全体会议在西昌召开。会议传达贯彻省纪委十届三次全会精神，安排部署党风廉政建设和反腐败工作。翟占一出席并讲话。罗凉清、王金铁、邓显祥、赵世勇、苏嘎尔布出席，张力主持会议，并作工作报告，对凉山州党风廉政建设和反腐败工作进行安排部署。州委常委，州人大常委会、州政府、州政协有关领导，州法检“两长”，17个县市、州直各部门、部分企事业单位主要负责人参加会议。

▲ 凉山州召开会议贯彻四川省投资促进工作电视电话会议和省委书记、省人大常委会主任王东明，省委副书记、省长魏宏①重要讲话精神。翟占一、罗凉清对进一步做好凉山州投资促进工作提出明确要求。赵世勇总结2013年凉山州投资促进工作情况。熊正林、杨卉、宋光明，州招商引资领导小组成员，17个县市主要负责人参加会议。

---

① 魏宏：因涉嫌严重违纪，于2016年1月被中共中央纪委立案审查。

26 日 全州宣传思想工作会议在西昌召开，会议贯彻落实全国、全省宣传思想工作会议精神，部署凉山州宣传思想文化工作。翟占一出席并讲话。王金铁、邓显祥、苏嘎尔布出席，赵世勇主持会议。王阿呷安排部署 2014 年全州宣传思想工作。龙伟宣读州委《关于表扬 2010—2013 年度全州思想政治工作先进集体和先进个人的决定》。施逻安排部署凉山州文化改革发展工作。滕中平，州级相关部门负责人，17 个县市相关负责人参加会议。

▲ 西昌市保安公司朱育德等三名保安和王国辉、王汉林两位市民在海河奋勇营救跳水轻生少女，朱育德不幸牺牲。

27 日 州委召开党的群众路线教育实践活动集中学习会议，翟占一主持。省委党校教授彭穗宁作“加强作风建设，践行党的群众路线”专题辅导讲座。罗凉清、王金铁、邓显祥、赵世勇、苏嘎尔布及州委、州人大、州政府、州政协、凉山军分区领导，州委中心学习组全体成员，州直各部门、州属各企事业单位、垂管系统驻州有关单位班子成员参加会议。

▲ 州委中心组举行党的群众路线教育实践活动专题学习会，翟占一主持学习会并发言。省委第 21 督导组组长梁熙扬讲话。罗凉清、王金铁、邓显祥、赵世勇、苏嘎尔布参加学习。学习会上，州委中心组成员罗凉清、赵世勇、苏嘎尔布、滕中平、胡坤、王阿呷、达久木甲、杨文泉、龙伟、张力交流学习心得体会。省委第 21 督导组成员，州委中心组成员，州人大、州政府、州政协领导，州法检“两长”等参加学习会。

28 日 全省政府职能转变和机构改革电视电话会在成都举行。罗凉清、赵世勇、滕中平、石一鲁实，州级相关部门负责人在凉山分会场参会。

3 月

4 日 受翟占一、罗凉清的委托，苏嘎尔布、余毅及西昌市相关领导到西昌市高枧乡联合组 4 组朱育德（西昌市保安服务公司保安，2 月 26 日晚因抢救跳河轻生女孩而不幸溺水身亡）家中，走访慰问朱育德的亲属，为他们送去慰问金。

▲ 中共凉山州委办公室、凉山州人民政府办公室以凉委办发〔2014〕4 号文件印发《关于建设幸福美丽新村的实施意见》。

8 日至 11 日 省委常委、组织部部长范锐平深入凉山州盐源、木里、德昌、普格等地，调研指导党的群众路线教育实践活动和贯彻落实省委藏区工作会议精神情况。翟占一一同调研。冯斌，省委组织部相关处室负责人，相关县市负责人分段参加调研。

11 日 州委召开专题会议，听取民主党派工商联无党派人士对州委全面深化改革《决定》（讨论稿）的意见。赵世勇就《决定》的形成过程作说明，介绍《决定》的主体框架及“五位一体”改革的主要内容。达久木甲主持会议。民革、民盟、民建、九三学社州委主委，州工商联负责人及无党派代表人士肖春、刘建蓉、王萌、熊仿秋、宋光明、韩嘎拉坡、刘玉光参加会议并发言。

▲ 中共凉山州委、凉山州人民政府以凉委发〔2014〕1 号文件印发《关于深入推进农村改革加快发展现代农业的意见》。

12 日 翟占一深入党的群众路线教育实践活动联系点西昌市，与基层党员干部、群众面对面交流，听取对开展党的群众路线教育实践活动的意见和建议。州委组织部、西昌市负责人参加调研。

12 日至 13 日 摩梭家园建设暨摩梭文化保护工作座谈会在盐源泸沽湖畔召开，副省长曲木史哈主持会议并讲话，强调高水平建设新家园，让摩梭群众过上更好生活。13 日，曲木史哈深入盐源县梅雨镇、棉垭乡等乡镇村寨调研烤烟产业发展、彝家新寨建设林业产业发展等工作。省政府副秘书长赵学谦、省财政厅副厅长帅克、省林业厅副厅长刘书贵，滕中平、王阿呷陪同调研。

14 日 翟占一在州政务服务中心调研并指导党的群众路线教育实践活动。滕中平，州委组织部、州政务服务中心负责人参加调研。

16 日至 17 日　省委第 21 督导组第一组组长、省政府副省长黄彦蓉深入凉山调研指导党的群众路线教育实践活动，听取凉山州教育实践活动开展情况汇报。翟占一、罗凉清一同调研。省旅游局局长郝康理，省委第 21 督导组副组长陈万福，省委教育工委副书记、省教育厅党组成员王晓都，王金铁，邓显祥、赵世勇参加调研或汇报会。

20 日　中共凉山州委以凉委发〔2014〕9 号文件印发《关于印发〈凉山州建立健全惩治和预防腐败 2013—2017 年实施办法〉的通知》。

21 日　翟占一主持召开七届州委第 67 次常委会议。会议传达学习十二届全国人大二次会议和全国政协十二届二次会议精神；传达省委常委、组织部部长范锐平，省委第 21 督导组第一组长、省政府副省长黄彦蓉在凉山调研时的重要讲话精神，通报全州教育实践活动和“走基层”活动开展情况；通报全州依法治州工作开展情况；传达全国全省未成年人思想道德建设工作电视电话会议、全省关心下一代工作会议精神，研究凉山州贯彻意见；审议《全州深化改革领导小组办公室及专项小组组成人员和主要职责的通知》《凉山州实施县级领导班子和领导干部差异化标准及结构模型化选配暂行办法》；听取近年来凉山州开展禁毒工作的情况汇报。罗凉清、赵世勇、苏嘎尔布、滕中平、胡坤、王阿呷、冯斌、杨文泉出席会议。王金铁，州人大、州政府、州政协领导，州法院院长，26 个州委教育实践活动督导组组长，州直有关部门负责人列席会议。

22 日　翟占一主持召开七届州委第 68 次、69 次常委会议。罗凉清、赵世勇、苏嘎尔布、滕中平、胡坤、王阿呷、冯斌、杨文泉、龙伟出席会议，王金铁列席会议。

24 日　省委十届四次全会精神宣讲报告会在西昌举行。罗凉清主持会议。省委讲师团团长谢越宣讲。王金铁、苏嘎尔布出席。州委、州人大、州政府、州政协、凉山军分区领导，州委中心学习组全体成员，州直各部门、州属各企事业单位、垂管系统驻州有关单位班子成员参加会议。

25 日　凉山州召开党的群众路线教育实践活动集中学习会议。罗凉清主持会议，省纪委副书记邓顺贵作专题讲座，苏嘎尔布出席。州委、州人大、州政府、州政协、凉山军分区领导，州委中心学习组全体成员，州直各部门、州属各企事业单位、垂管系统驻州有关单位班子成员参加会议。

▲　全州投资促进工作电视电话会在西昌召开，赵世勇出席并讲话，李军主持会议，杨卉参加会议并讲话，宋光明参加会议。

24 日至 26 日　省委书记、省人大常委会主任王东明在凉山州实地调研彝区经济社会发展和彝区群众生产生活情况。省委常委、秘书长陈光志，副省长曲木史哈，翟占一参加调研。王东明先后前往大凉山腹心地带美姑县、布拖县、昭觉县，深入边远山村，看望慰问困难群众和民族学校师生，进门入户与基层干部群众面对面交流，详细了解彝区扶贫攻坚、各项惠民政策落实、彝家新寨建设、特色产业发展、村级公共服务和社会治理，以及基础教育普及、职业技术教育发展和医疗卫生、禁毒防艾工作有关情况。考察结束后，王东明在西昌市主持召开大小凉山彝区扶贫开发工作座谈会，研究部署大小凉山彝区扶贫开发工作。凉山州、乐山市、昭觉县、金阳县、马边县负责人，围绕推进扶贫开发工作发言。罗凉清、王金铁、邓显祥、赵世勇、苏嘎尔布，州委常委、州政府副州长参加座谈。凉山州、乐山市、大小凉山彝区 13 个县和省直有关部门负责人参加调研或座谈。

26 日　翟占一主持召开七届州委第 70 次常委（扩大）会议，传达贯彻省委书记、省人大常委会主任王东明在凉山调研时的重要讲话精神，研究凉山州贯彻意见。罗凉清、赵世勇、苏嘎尔布、王阿呷、冯斌、达久木甲、杨文泉、龙伟、张力出席。王金铁、邓显祥及州人大、州政府、州政协领导，州法检“两长”，州直各部门，大凉山彝区 10 个县主要负责人列席会议。

27 日　凉山州关心下一代工作暨基层组织建设会和凉山州关心下一代基金会成立会议在

西昌举行。省关工委执行主任谢世杰，省关工委常务副主任张中伟、陈官权，翟占一，省关工委副主任杜江，省民政厅巡视员杜小炎出席。冯斌、钟承先、施遐、宋光明，州关工委执行主任秦在高，常务副主任张中由、沈明祥，17个县市相关负责人，州关心下一代基金会全体成员，先进基层组织建设单位，捐赠企业代表参加会议。

▲ 罗凉清在西昌主持召开十届州政府第24次常务会议，研究设立州人民政府州长质量奖等相关事宜。

4月

1日 中共凉山州委以凉委发〔2014〕10号文件印发《关于贯彻落实党的十八届三中全会精神全面深化改革的决定》。

3日 翟占一主持召开七届州委第71次常委会议，传达贯彻省委书记、省人大常委会主任王东明在省第二批教育实践活动座谈会上的重要讲话精神，研究凉山州贯彻意见。罗凉清、苏嘎尔布、滕中平、胡坤、王阿呷、冯斌、达久木甲、杨文泉、龙伟、张力、叶佩出席。王金铁、邓显祥，州人大、州政府、州政协领导，州法检“两长”，26个州委教育实践活动督导组组长，州直相关部门负责人列席会议。

4日 罗凉清主持召开州政府与群团部门联席会议，专题研究支持群团组织参与社会管理、服务民生改善工作。滕中平、龙伟、石一鲁实出席。

▲ 省人民政府追记因公牺牲的会理县公安局缉毒大队副大队长杜萍一等功。同月，杜萍被公安部追授为全国公安系统二级英雄模范。

8日 凉山州与国家电网四川省电力公司座谈会在成都举行。翟占一出席并讲话。国家电网四川省电力公司总经理王抒祥主持。罗凉清、国家电网四川省电力公司党委书记葛兆军讲话，胡坤在会议上发言。州发改委、经信委，西昌、会东、木里等县市负责人，省电力公司副总经理李华、副总经济师刘洋，省电力公司相关部室，凉山供电公司、西昌电力股份有限公司负责人参加座谈会。

9日 “中外知名企业四川行”凉山州投资说明暨产业推介会在成都举行。省人大常委会副主任张东升，省政府副省长黄彦蓉，省政府资政张作哈出席。翟占一致辞，罗凉清作项目推介。杨卉主持说明会，胡坤、王阿呷、达久木甲、李军、白云、宋光明，州级相关部门、17个县市负责人参加投资说明会。省级有关部门领导，省政府驻上海、天津、广州等11个办事处负责人，中国华能集团、中国葛洲坝集团、新奥集团、中国建筑材料集团、中国广核集团、荷兰贸易促进会、以色列中国商会等150多家企业集团和商会参加投资说明会。《人民日报》、新华社、中央人民广播电台、中国经济网、凤凰网、新浪网、腾讯网、搜狐网等30多家新闻媒体报道了投资说明会。

▲ 凉山州与省政府驻上海、重庆、沈阳、杭州、厦门、武汉、乌鲁木齐、天津、广州、昆明十个驻外省市办事处负责人在成都召开座谈会。翟占一出席并讲话。达久木甲主持会议，胡坤、王阿呷、李军、杨卉、朱学雷、宋光明，州级相关部门、17个县市负责人参加座谈。

▲ 凉山州与参加“中外知名企业四川行”企业家在成都召开座谈会。翟占一出席并讲话。杨卉主持，胡坤、达久木甲、王阿呷、宋光明，州级有关部门、17个县市负责人参加座谈会。西部矿业集团有限公司总裁刘昭衡、新奥能集团股份有限公司总裁杨宇、中国丝绸之路控股集团有限公司董事长凌兰芳等14家企业负责人参加座谈会。

9日至12日 致公党中央副主席、全国人大常委、全国人大华侨委员会副主任杨邦杰带领致公党中央、四川省政协、致公党四川省委联合调研组，到凉山州调研水电资源开发与环境保护工作。省政协副主席、致公党中央常委、四川省委主委杨兴平，省政协副主席解洪，罗凉清、邓显祥、苏嘎尔布等参加调研。

10日 凉山州与雅砻江公司在成都举行雅砻江中下游水电开发工作会议。翟占一，雅砻江公司党委书记、总经理陈云华出席并讲话。滕中平与雅砻江公司副总经理吴世勇签订雅砻江流域水电建设项目2014年度工作目标责任书。白云宣读表彰2013年度雅砻江中下游水电开发工作目标考核先进集体和个人通报。龙伟，州级相关部门、相关县市负责人，雅砻江公司相关部门负责人参加会议。

▲　凉山州与省国土资源厅在成都举行座谈会。翟占一，省国土资源厅厅长杨冬生出席并讲话。雅砻江公司党委书记、总经理陈云华参加会议。滕中平、白云，州级相关部门、木里县负责人，省国土资源厅副厅长王平、朱明仓，省国土资源厅相关处室负责人参加座谈。

11日　罗凉清到联系点会理县老街乡，调研指导党的群众路线教育实践活动。州委第六督导组组长许正模，石一鲁实参加调研。

14日至15日　罗凉清到木里藏区，对重点项目建设、民生事业发展、社会稳定等工作进行调研。石一鲁实，州交通运输局负责人参加调研。

15日至16日　罗凉清在盐源县调研摩梭家园建设与摩梭文化保护、绿色家园建设情况。王阿呷、杨文泉、石一鲁实参加调研。

19日　2014年省级防震救灾综合演练在凉山州举行，演练模拟冕宁县城厢镇发生7.0级地震，取得圆满成功。此次演练，凉山州共出动1000余人，车辆、设备125台（辆）；冕宁县共出动5300余人，车辆、设备153台（辆）；省级各部门出动250余人、41台（套）车、4架直升机。

20日　省政府副省长曲木史哈在冕宁县调研农业农村工作，罗凉清、达久木甲、白云、石一鲁实参加调研。

21日　州政府召开全州一季度经济运行分析会。罗凉清出席并讲话。胡坤、杨卉、朱学雷、石一鲁实出席会议。

▲　州交通大会战指挥部召集指挥部各成员单位及各县市政府主要领导、交通部门负责人召开会议。罗凉清出席并讲话。胡坤、朱学雷、蒋若枫、石一鲁实出席会议。

23日　翟占一、罗凉清在西昌会见国电大渡河公司总经理涂扬举。滕中平、杨文泉，州发改委、三江办、林业局、国土资源局、移民局，国电大渡河公司党委书记、副总经理何仲辉，副总经理周业荣，国电大渡河公司相关处室负责人参加会见。

23日至25日　全国人大常委会原副委员长、中国关心下一代工作委员会主任顾秀莲在凉山调研，省关工委常务副主任张中伟，翟占一，罗凉清、王金铁，省关工委副主任杜江，冯斌，州关工委执行主任秦在高，常务副主任张中由、沈明祥，西昌、德昌等县市相关负责人分段参加调研。

25日　州委中心学习组学习（扩大）会议在西昌举行。翟占一主持会议。省统计局局长范秋美作《经济发展的速度与效益》专题辅导报告。苏嘎尔布出席。州委、州人大、州政府、州政协、凉山军分区领导，州委中心学习组全体成员，州直各部门、州属各企事业单位、垂管系统驻州有关单位负责人，西昌市党政干部及各行各业代表参加会议。

26日　2013年度凉山十大经济人物颁奖典礼在西昌举行，金铁矿业集团有限公司董事长、总经理陈宁，钢城集团凉山瑞海实业有限公司总经理殷国名，德昌县志能稀土有限公司董事长黄小云，德昌元坤绿色果业有限公司董事长赵元明，雷波县锦新矿业公司董事长杨拉哈，四川雷波洋丰肥业有限公司董事长杨华锋，宁南县南丝路集团公司董事长丁广涛，四川瑞坤置业有限公司冕宁分公司董事长李端全，凉山州金泰投资开发有限公司总经理杨志亮，西昌思奇香食品有限责任公司董事长华钧获得殊荣。

27日至28日　罗凉清到甘洛、越西、喜德三县调研经济社会发展情况，并重点检查交通大会战项目建设进展情况。胡坤、石一鲁实，州发改、财政、交通等部门负责人参加调研。

29日　翟占一在邛海湿地五期、六期建设现场调研。西昌市负责人参加调研。

30日　中共凉山州委、凉山州人民政府以凉委发〔2014〕13号文件印发《关于2014年党风廉政建设和反腐败工作的意见》。

5月

5日　翟占一主持召开七届州委第73次常

委会议，听取全州党的群众路线教育实践活动开展情况汇报，研究阶段重点工作。会议传达学习省委书记、省人大常委会主任王东明在全省市厅级主要领导干部读书班上的重要讲话精神；传达贯彻省大小凉山彝区“十项扶贫工程”总体方案和2014年度实施方案精神；分析全州一季度经济运行情况，研究二季度经济发展任务“双过半”工作。罗凉清、苏嘎尔布、滕中平、胡坤、王阿呷、达久木甲、杨文泉、龙伟、张力、叶佩出席。王金铁、邓显祥，州政府领导，州直相关部门负责人列席会议。

▲ 罗凉清主持召开十届州政府第25次常务会议，研究鼓励民间资本兴办社会化养老服务机构等工作。

▲ 州政府追授因勇救落水群众牺牲的朱育德“凉山州见义勇为勇士”荣誉称号，并根据规定奖励其10万元。

5日至6日 九三学社中央调研组一行深入锦屏水电站等地，实地调研凉山州水电开发情况，并于6日在西昌与凉山州举行座谈会，翟占一主持会议。全国人大常委，九三学社中央副主席谢小军，全国政协常委、全国政协提案委员会副主任、九三学社中央副主席赖明，罗凉清，王金铁，邓显祥，苏嘎尔布出席座谈会。九三学社中央副秘书长兼参政议政部部长赵勇，熊仿秋、蒋若枫、王萌，州级相关部门及相关电站负责人参加座谈会。

6日至8日 交通运输部副部长翁孟勇率领调研组在凉山州调研交通建设工作，并于7日在西昌召开座谈会，听取四川省、凉山州农村公路建设情况汇报。翟占一，交通运输部综合规划司司长孙国庆，省交通运输厅厅长彭琳，罗凉清，交通运输部综合规划司副司长任锦雄，省政府副秘书长戴东昌，省交通运输厅副厅长冯文生，滕中平、朱学雷、石一鲁实分段参加调研。

7日 全州党的群众路线教育实践活动视频会议在西昌召开，学习传达中央党的群众路线教育实践活动视频会议精神，对凉山州教育实践活动前期工作进行“回头看”，安排部署下一步工作。翟占一出席并讲话。省委第21督导组副组长汪社林，王金铁、邓显祥出席。

▲ “农行杯”“大凉山”特色农产品包装集中展示活动在西昌举行，集中展示近年来凉山州“大凉山”农产品品牌建设成效。翟占一出席并讲话，王金铁、邓显祥出席。达久木甲、钟承先、白云、宋光明，中国优质农产品开发服务协会副秘书长兼项目部部长傅金凯，中华商标协会会员部主任那春燕，中国优质农产品开发服务协会品牌部部长陈松梅，州级相关部门、企事业单位、农民合作社负责人参加活动。

8日 凉山州二季度重点项目集中开工仪式在西昌市举行，西昌航天大道东延线等全州共84个重点项目集中开工，计划总投资325亿元，2014年年度计划完成投资151亿元。翟占一宣布开工。罗凉清讲话，王金铁、邓显祥出席。滕中平主持开工仪式，李军，州级相关部门及17个县市相关负责人，部分项目业主、施工单位代表参加开工仪式。

9日 鞍钢集团攀钢西昌钢钒冷轧项目举行投产仪式。鞍钢集团公司董事长、党委书记张广宁出席投产仪式。罗凉清致辞。鞍钢集团公司党委常委、副总经理，攀钢集团公司董事长、党委书记姚林代表鞍钢集团致辞。王金铁、邓显祥，成都海关副关长尹卫峰，鞍钢集团公司党委常委、副总经理、鞍钢集团公司总经理唐复平，鞍钢集团公司党委常委、副总经理、总会计师于万源出席投产仪式。攀钢集团有限公司总经理、党委副书记张大德主持投产仪式。

12日 翟占一主持召开七届州委第74次常委（扩大）会议，传达贯彻全省县域经济工作会议和省委书记、省人大常委会主任王东明，省委副书记、省长魏宏重要讲话精神，研究凉山州贯彻意见。罗凉清、苏嘎尔布、滕中平、胡坤、杨文泉、龙伟出席。王金铁、邓显祥，州人大、州政府、州政协领导，州法检“两长”，州直各部门、17个县市主要负责人列席会议。

13日至15日 省委第21督导组第一组长、省政府副省长黄彦蓉深入凉山州检查指导教育实践活动，并于15日听取全州党的群众路线教育实践活动工作推进情况汇报。翟占一就凉山州教育实践活动开展情况作汇报。省委第21督导组组长梁熙扬，督导组副组长汪社林，王金铁、邓显祥、省教育厅副厅长何浩参加会议。罗凉清主持会议。

14日 翟占一听取凉山州无电地区电力建设工作情况汇报并讲话，滕中平主持会议。州发改委、国网凉山供电公司、省水电集团、四川中兴能源有限公司在会议上发言，州直相关部门负责人参加会议。

16日 翟占一主持召开七届州委第76次常委会议。会议学习了习近平总书记关于维护国家安全和社会安定的系列重要指示精神，传达省委常委会重要部署和省委书记、省人大常委会主任王东明重要指示精神，听取州公安局关于反恐维稳工作汇报，研究部署凉山州贯彻落实工作。罗凉清、苏嘎尔布、滕中平、胡坤、王阿呷、冯斌、达久木甲、杨文泉、龙伟、张力、叶佩出席。王金铁等列席会议。

19日 罗凉清出席全州汛期防灾减灾工作电视电话会议并讲话，白云、熊自力、朱学雷结合各自分管工作，对全州汛期防灾减灾工作进行具体安排。凉山军分区参谋长崔伟，石一鲁实参加会议。

▲ 罗凉清出席西昌市创建国家卫生城市州市联动暨创卫攻坚动员大会并讲话，王阿呷主持会议。龙伟、钟承先、施遐、蒋若枫、石一鲁实参加会议。

20日 根据《茧丝绸行业特色基地评比办法》，通过严格评定，中国丝绸协会授予凉山"中国茧丝之都"称号。罗凉清，中国丝绸协会会长杨永元出席授牌仪式。

▲ 凉山州10万吨氧压浸出锌冶炼工程在会理县铅锌产业园区正式开工建设。罗凉清出席开工仪式并宣布项目开工，胡坤代表州委、州政府致辞，朱学雷主持开工仪式。

20日至21日 罗凉清对会理县经济"双过半"工作进行督导调研，胡坤，石一鲁实，州发改、经信、财政等部门负责人参加调研。

22日 凉山州与中国长江三峡集团公司在成都举行座谈会。三峡集团公司董事长、党组书记卢纯，翟占一出席并讲话。三峡集团公司总经理王琳主持会议。罗凉清通报凉山州服务金沙江下游水电开发建设情况。三峡集团公司副总经理樊启祥通报金沙江下游水电工程建设进展情况。滕中平、余毅、白云，三峡集团公司相关部门负责人参加会议。

23日 州政府召开全州金融工作电视电话会议，罗凉清出席并讲话，李军、蒋若枫、石一鲁实参加会议。

25日至26日 广安市党政代表团赴凉山州考察，并于26日在西昌召开凉山州、广安市工作交流座谈会。翟占一、广安市委书记侯晓春出席并讲话。凉山、广安两市州有关领导，相关部门负责人参加会议

27日至29日 翟占一到西昌、德昌、冕宁等县市企业、产业园区、农村，调研当前经济社会发展情况，召开座谈会听取三县市工作情况汇报。滕中平、胡坤、王阿呷、龙伟、白云，州直相关部门、西昌市、德昌县、冕宁县负责人参加调研或座谈会。

▲ 省委常委、农工委主任李昌平到美姑、金阳、昭觉、布拖等县的边远村寨，看望基层彝族群众，实地调研扶贫开发工作，罗凉清参加调研。省委农工委副主任杨秀彬、刘铁，省扶贫移民局副局长刘维嘉，达久木甲、张力，州级相关部门负责人参加调研。

28日 苏嘎尔布在喜德县调研经济社会发展情况，督导经济"双过半"工作和党的群众路线教育实践活动。

30日 大凉山彝区"十项扶贫工程"推进工作会议在西昌举行。省政府副省长曲木史哈出席并讲话。翟占一主持会议。罗凉清安排2014年大凉山彝区"十项扶贫工程"实施方案。省扶贫移民局局长张谷，王金铁、邓显祥出席。省扶贫移民局副局长刘维嘉，胡坤、王阿呷、达久木甲、施遐、白云、朱学雷，州直相关部门负责人在州主会场参加会议。凉山州大凉山彝区10个县负责人在县分会场参加会议。

6 月

3 日至 5 日　国家烟草专卖局调研组深入凉山州冕宁、德昌、会理、会东等县调研现代烟草产业发展情况，并于 5 日在西昌举行烟草工作座谈会。国家烟草专卖局副局长杨培森出席并讲话。翟占一主持会议。中国烟叶公司副总经理吴洪田，省烟草专卖局（公司）局长、总经理胡存忠，罗凉清、王金铁、邓显祥出席。

9 日　罗凉清出席全州服务业发展工作电视电话会议并讲话，何绍忠、熊自力、苏燕凌参加会议。

9 日至 10 日　翟占一在甘洛、越西、喜德县产业园区、农村、企业、城市新区和交通大会战建设现场，调研县域经济发展。

11 日　凉山州落实“两个责任”工作会议在西昌召开。会议传达学习省委《关于落实党风廉政建设党委主体责任和纪委监督责任的意见》，对扎实推进凉山州党风廉政建设和深化正风肃纪工作进行安排部署。翟占一出席并讲话，省纪委副书记李世成对《意见》进行宣讲解读，罗凉清主持会议，王金铁、邓显祥、苏嘎尔布等出席。

▲　州交通大会战指挥部召开第二次全体扩大会议，翟占一出席并讲话，罗凉清作安排部署。胡坤、朱学雷对细化目标任务、加快项目建设、强化要素保障提出具体要求。州交通大会战指挥部全体成员，17 县市负责人参加会议。

12 日　罗凉清主持召开十届州政府第 26 次常务会议，研究审议《大凉山彝区教育振兴行动计划实施意见》和《凉山州深入推进义务教育均衡发展实施方案》等事项。

13 日　大凉山彝区教育振兴行动计划动员大会在西昌召开。省政府副省长黄彦蓉出席并讲话，翟占一主持会议，罗凉清与相关县签订《大凉山彝区教育振兴行动计划责任书》，省教育厅厅长朱世宏，王金铁、邓显祥出席。何浩、王阿呷、钟承先、施遐、苏燕凌，州直有关部门，10 个彝区县委、县政府主要负责人参加会议。

13 日到 14 日　省委第 21 督导组第一组长、省政府副省长黄彦蓉，翟占一出席指导西昌市委常委班子专题民主生活会并讲话。省委教育实践活动领导小组成员、省教育厅厅长朱世宏，省委第 21 督导组组长梁熙扬出席会议。

16 日　翟占一主持召开七届州委第 78 次常委会议，传达学习省委书记、省人大常委会主任王东明，中央第四巡回督导组组长张维庆在指导中江县委常委班子专题民主生活会和省委教育实践活动督导工作会议上的重要讲话精神，传达省委第 21 督导组第一组长、省政府副省长黄彦蓉在指导西昌市委常委班子专题民主生活会时的讲话精神，研究凉山州贯彻意见。苏嘎尔布、滕中平、胡坤、王阿呷、冯斌、达久木甲、杨文泉、龙伟、张力、何邵聪出席会议，王金铁、邓显祥，州政府副州长、州法院院长、州检察院检察长，26 个州委教育实践活动督导组，州直有关部门负责人列席会议。

17 日　“友好合作凉山行”投资说明推介会暨签约仪式在西昌举行。翟占一、省友协会长罗玉彬致辞。罗凉清作投资推介说明，王金铁、邓显祥、达久木甲、何邵聪、白云、德国驻成都总领馆总领事安介儒、澳大利亚驻成都总领馆副总领事艾德威、泰国驻成都总领事馆副总领事克雅特功、法国驻成都总领事馆副总领事高宁等出席，滕中平主持会议。

▲　翟占一、罗凉清在西昌会见参加“友好合作凉山行”的外国驻成都领事馆官员、外国驻成都商贸机构和企业代表。省友协会长罗玉彬，王金铁、邓显祥、滕中平，德国驻成都总领馆总领事安介儒，澳大利亚驻成都总领馆副总领事艾德威，泰国驻成都总领馆副总领事克雅特功，法国驻成都总领事馆副总领事高宁等参加会见。

18 日　全省依法治省工作“三州”片区推进会在西昌召开。省委副书记、省依法治省领导小组副组长柯尊平出席并讲话，翟占一出席。省委副秘书长、省依法治省领导小组办公室主任杨天宗主持会议。

20 日　省委书记、省人大常委会主任王东明主持召开攀西经济区工作座谈会，听取凉山州、攀枝花市工作情况和省发展改革委关于攀西国家级战略资源创新开发试验区建设情况汇报。省委常委、宣传部部长吴靖平，省经济和信息化委员会主任王海林，省科技厅厅长刘东，省国土资源厅厅长杨冬生，省环境保护厅厅长姜晓亭，省交通运输厅厅长彭琳，省旅游局局长郝康理围绕落实王东明讲话要求，合力推动攀西经济区发展作发言。翟占一汇报凉山经济社会发展情况。攀枝花市委书记刘成鸣，罗凉清，攀枝花市委副书记、市长张剡，省发展改革委副主任赵辉参加会议。

▲ 全省加快民族地区县域经济科学发展座谈会在西昌举行。省决咨委常务副主任、省政府原副省长、省县域经济学会顾问李成云讲话，省政府参事、省县域经济学会会长张成明作民族地区县域经济发展报告。滕中平致辞，阿坝州委副书记、省县域经济学会副会长谷运龙出席。

25 日 翟占一主持召开七届州委第 79 次常委（扩大）会议，传达贯彻省委书记、省人大常委会主任王东明在攀西经济区工作座谈会上的重要讲话精神，研究凉山州贯彻意见。罗凉清、滕中平、胡云、胡坤、王阿呷、冯斌、达久木甲、杨文泉、龙伟、张力、叶佩、何邵聪出席会议。王金铁、邓显祥，州人大、州政府、州政协领导，州法检“两长”，武警凉山州支队支队长，州直相关部门负责人列席会议。

26 日 州政协“加快推进引调大桥水库库水入昌工程建设”专题协商会在西昌举行。罗凉清、邓显祥、滕中平出席会议。

▲ 凉山州暨西昌市“6・26”禁毒法制宣传教育大会在火把广场隆重举行。罗凉清出席会议并下达销毁毒品命令，苏嘎尔布出席，杨文泉讲话。

27 日 中国少年先锋队凉山州第五次代表大会在西昌召开。大会开幕前，翟占一、罗凉清、王金铁、邓显祥等亲切看望“十佳少先队员”“十佳少先队辅导员”和参会代表。团省委副书记张荣，王阿呷、龙伟、周斌、施遐、马报参加看望。

▲ 凉山州庆祝中国共产党建党 93 周年座谈会在西昌举行。翟占一出席并讲话。罗凉清主持会议，王金铁、邓显祥、苏嘎尔布出席。

30 日 罗凉清主持召开十届州政府第 27 次常务会议，研究审议《中共凉山州委凉山州人民政府关于加快县域经济发展的意见》（讨论稿），研究建设州政府应急综合指挥平台的有关问题，研究审议《凉山州企业投资项目备案暂行办法》。

同月 四川省首座山地高原风电场——华能昭觉特口甲谷风电场在昭觉建成投产发电。

7 月

1 日 翟占一主持召开七届州委第 81 次常委（扩大）会议，专题学习讨论省委书记、省人大常委会主任王东明在四川省庆祝中国共产党成立 93 周年暨表彰优秀县乡村党组织书记大会上的重要讲话精神，研究凉山州贯彻意见。罗凉清、苏嘎尔布、滕中平、胡云、胡坤、王阿呷、冯斌、龙伟、张力、叶佩出席会议。王金铁、邓显祥，州人大、州政府、州政协领导，州法检“两长”，州直相关部门负责人列席会议。

3 日 州委常委班子召开党的群众路线教育实践活动专题民主生活会。省政府资政张作哈，省委第 21 督导组组长梁熙扬到会指导。翟占一主持会议，州委常委参加会议。王金铁、邓显祥列席会议。省委组织部、省纪委、省委第 21 督导组派员参加专题民主生活会。

4 日 苏嘎尔布、滕中平等率州市机关干部职工、驻西昌部队官兵近 3000 人在西昌市川兴镇焦家村开展雨季义务植树活动。

7 日 罗凉清出席全州无电地区电力建设项目推进工作电视电话会议并讲话，滕中平主持会议。

9 日 凉山州与中国长江三峡集团公司在西昌召开金沙江下游水电开发工作第七次联席会议。三峡集团党组书记、董事长卢纯，翟占一出席会议并讲话。滕中平与三峡集团公司副总经理毕亚雄签署战略合作协议。

9日至10日 省政府副省长刘捷到凉山州西昌、德昌、冕宁等县市调研工业经济发展情况，翟占一、罗凉清分段参加调研。胡云、胡坤、石一鲁实，州直相关部门、西昌、德昌、冕宁等县市负责人，州内部分企业负责人分段参加调研或座谈会。

10日 凉山州与云铜集团座谈会在西昌举行。罗凉清，云铜集团总经理武建强出席座谈会。胡坤主持座谈会。

10日至11日 省人力资源和社会保障厅厅长王建军赴凉山州木里县调研藏区人力资源和社会保障工作开展情况，滕中平陪同调研。

15日至17日 省政府副省长陈文华到凉山州西昌、盐源等县市调研生态文明建设情况，翟占一分段参加调研。施遐，省、州相关部门及相关县市负责人参加调研。

16日 翟占一主持召开服务业发展工作座谈会，胡云、王阿呷、何邵聪、肖春，州直相关部门、相关县市、州内部分企业负责人参加座谈会。

17日至18日 国家烟草专卖局局长凌成兴到凉山州西昌、冕宁等县市调研现代烟草产业发展情况，省政府副省长、省烟草发展工作领导小组副组长刘捷，翟占一、罗凉清参加调研。

17日至19日 省政府副省长、公安厅厅长侍俊到凉山州西昌、昭觉、布拖等县市调研禁毒和社会治安综合治理等工作，于19日在西昌听取凉山州情况汇报。翟占一主持会议。罗凉清汇报，苏嘎尔布出席。省公安厅副厅长王雄，杨文泉、施遐、余毅，州法院院长李俊，西昌、昭觉、布拖等县市负责人参加调研或座谈会。

20日至24日 中央第四巡回督导组组长张维庆到凉山州西昌、冕宁等县市，调研党的群众路线教育实践活动开展情况，指导冕宁县委常委班子党的群众路线教育实践活动专题民主生活会，翟占一，省委组织部副部长、省委党建办主任周国庆，省委第21督导组组长梁熙扬分段参加调研和会议。王阿呷、冯斌等参加调研或座谈会。

20日 “2014形象中国·百家报社聚焦凉山彝族火把节新闻摄影采访活动暨县市特色风情推介会”在西昌举行。翟占一致辞，罗凉清主持会议。王阿呷、施遐，凉山日报社、相关县市负责人，来自全国25个省、直辖市和自治区的近百家地市报和中国地市报新闻摄影学会负责人参加推介会。

▲ “2014年凉山彝族火把节点火仪式”在西昌市洛古波乡举行。翟占一、罗凉清与嘉宾参加点火仪式。

▲ 晚8点，以“共创幸福中国梦，繁荣文化新凉山”为主题的凉山州第四届民族文化艺术节在西昌金鹰大剧院开幕。

23日 州政府党组召开党的群众路线教育实践活动专题民主生活会。省委第21督导组组长梁熙扬到会指导，罗凉清主持会议，胡云、杨卉、周德文、施遐、余毅、白云、熊自力、朱学雷参加民主生活会。州纪委、州委组织部负责人到会指导。

29日 2014年西昌邛海湿地国际马拉松赛新闻发布会在成都召开。国家体育总局田径运动管理中心副主任、中国田径协会副主席王楠，四川省政府副秘书长何旅章，四川省体育局局长朱玲，罗凉清出席新闻发布会。同日，马拉松赛组委会召开第一次会议，听取赛事筹备情况汇报，审议《组委会工作方案》。

31日 凉山州暨西昌市2014年“八一”军政座谈会在西昌举行。翟占一讲话，驻州部队领导张振中、王经中等出席。罗凉清主持会议，邓显祥、苏嘎尔布、滕中平出席。达久木甲、叶佩、周斌等参加座谈会。

8月

1日 翟占一主持召开七届州委第83次常委会议，传达中央第四巡回督导组组长张维庆在凉山调研指导党的群众路线教育实践活动时的重要讲话精神，研究凉山州贯彻意见。会议研究了加快凉山州县域经济发展工作。会议听取凉山州贯彻落实中央“八项规定”、落实“两个责任”、开展正风肃纪“三项工作”情况。罗凉清、苏嘎尔布、滕中平、胡云、胡坤、王阿呷、冯斌、杨文泉、张力、何邵聪出席会议，王金铁、邓显祥，州人大常委会副主任、州政府副州长、州政协副主席，州直相关部门负责人列席会议。

▲　罗凉清主持召开十届州政府第五次全体会议，分析全州经济运行形势，研究部署下半年工作。会上通报了州政府领导班子专题民主生活会情况。

4 日至 8 日　全州县域经济工作会议召开，翟占一出席并讲话。王金铁、邓显祥、苏嘎尔布出席。罗凉清、滕中平分段主持会议。全州县域经济工作会议分三段进行。8 月 4 日至6 日进行现场参观考察，4 个考察组分别前往全州 17 县市和攀枝花市米易县，实地考察调研县域经济发展。8 月 7 日与会人员集体观看 17 个县市县域经济发展专题片，进行分组讨论。8 月 8 日进行会议交流发言。州委常委、州人大常委会副主任、州政府副州长、州政协副主席，州直有关部门，17 个县市党委、政府主要负责人，部分州属企业负责人参加会议。

5 日至 9 日　国家教育咨询委员会调研组深入凉山州西昌、昭觉、普格等地，实地调研凉山教育发展状况。10 日上午，调研组一行在西昌召开座谈会，听取四川省、凉山州教育发展情况报告。省教育厅厅长朱世宏，罗凉清在座谈会上分别代表四川省、凉山州汇报教育发展情况，滕中平出席座谈会，教育部综合改革司副司长王洪元主持座谈会。

7 日　全州安全生产工作会议暨州政府安委会 2014 年第五次全体会议召开，罗凉清出席并讲话。会议以视频会的方式召开，石一鲁实，州安委会成员单位负责人在西昌主会场参会。

13 日　州委、州政府召开全州安全生产防灾减灾专题会议。翟占一主持并讲话，罗凉清对安全生产、防灾减灾工作作安排部署。

▲　全州彝区扶贫攻坚交通基础设施建设推进会暨农村公路现场会在普格县召开，罗凉清出席并讲话，胡坤主持会议，李军、蒋若枫、石一鲁实，州级相关部门、全州 17 县市政府及交通部门负责人参加会议。

14 日至 18 日　州人大常委会组织驻州全国、省、州部分人大代表前往美姑、昭觉，对综合扶贫开发和省“十大重点扶贫工程”进行专题调研，并召开座谈会听取工作汇报。罗凉清、王金铁、冯斌、海来木呷、康曦参加调研。

15 日　罗凉清主持召开州应急委第一次全体会议，会议审议并原则通过州政府《关于进一步加强应急管理工作的意见》《州应急委工作规则（试行）和州应急委办公室工作细则（试行）》。胡云、申玮、白云、肖春、石一鲁实出席。

19 日　翟占一到西昌、德昌等县市深入农业产业园、龙头企业、乡村、田间、农户，调研特色农业发展情况。何邵聪、白云，州委农工委，西昌、德昌等县市负责人参加调研。

▲　罗凉清主持召开十届州政府第 29 次常务会议，审议并原则通过凉山州州本级 2014 年国有资本经营预算。胡云、杨卉、余毅、肖春、熊自力出席会议。

▲　川渝大宗商品电子商务交易中心项目推进座谈会在成都举行。罗凉清，原化工部副部长、中国经济贸易促进会执行会长阎家铭出席。

20 日　翟占一在西昌会见井冈山干部学院副院长匡胜。冯斌，井冈山干部学院教学科研部肖小明、刘浩林、李清平、张庆杭参加会见。

▲　罗凉清主持召开十届州政府第 29 次常务会议，审议并原则通过凉山州州本级 2014 年国有资本经营预算。胡云、杨卉、余毅、肖春、熊自力出席会议。

20 日至 21 日　全省现代特色农业发展现场会召开。省政府副省长曲木史哈出席并讲话，省政府副秘书长赵学谦主持会议，省农业厅厅长任永昌，罗凉清出席。达久木甲、白云参加会议。会议分两阶段进行，20 日至 21 日上午，来自省直有关部门及各市州的 150 余名与会代表，先后到攀枝花市米易县、盐边县，凉山州会理县、德昌县、西昌市等地，参观考察稻菜轮作粮经复合现代农业产业基地、芒果基地、石榴专业合作社、现代烟草农业示范基地、三牧乳业奶牛基地等现代特色农业产业基地建设现场，21 日下午在西昌召开大会。

22 日 州十届人大常委会在西昌举行第二十六次主任会议，王金铁主持。会议传达四川省十二届人大常委会第十次、第十一次会议精神；审议《凉山彝族自治州人大常委会专题选文办法（草案）》《凉山彝族自治州东西河飞机播种林区保护管理条例（修订草案）》《凉山彝族自治州人大常委会关于推进依法治州的决议（草案）》《凉山彝族自治州邛海保护条例（修订草案）》；审议决定其他事项。

25 日 翟占一主持召开州委中心学习组学习（扩大）会议，专题传达学习省委书记、省人大常委会主任王东明在省委常委（扩大）会议上的重要讲话精神和省委《建立健全作风建设长效机制的意见》《认真贯彻“三严三实”要求进一步加强党员干部教育管理监督的意见》，研究凉山州贯彻意见。罗凉清、王金铁、苏嘎尔布、滕中平出席，州委常委、州人大常委会副主任、州政府副州长、州政协副主席，州法院院长，州委中心学习组全体成员参加会议。

▲ 州委召开加强党风廉政建设工作会议，贯彻落实省委书记、省人大常委会主任王东明在省委常委（扩大）会议上重要讲话精神，传达学习省委《关于建立健全作风建设长效机制的意见》《认真贯彻“三严三实”要求进一步加强党员干部教育管理监督的意见》。翟占一出席会议并讲话，罗凉清出席，滕中平主持会议。冯斌传达省委“两个意见”，张力通报上半年全州党风廉政建设社会评价情况。17 县市党委书记、纪委书记参加会议。

26 日 中共凉山州委、凉山州人民政府以凉委发〔2014〕16 号文件印发《关于加快县域经济发展的意见》。

26 日至 27 日 由眉山市委书记李静，眉山市委副书记、市长宋朝华率队的眉山市党政代表团到凉山州西昌、德昌等县市考察。翟占一、罗凉清陪同考察，王金铁、邓显祥，眉山市人大常委会主任贺文，眉山市政协主席王影聪，眉山市委副书记刘十庆等参加考察。

28 日 全省政协提案办理协商工作座谈会在西昌举行，翟占一出席会议并讲话。省政协提案委员会主任何大新主持会议，邓显祥出席。

▲ 省委常委、省总工会主席李登菊到凉山州调研群团工作并听取凉山州群团工作情况汇报，翟占一、罗凉清分段参加调研。省妇联主席吴旭，省科协党组书记、副主席吴凯，龙伟、肖春，州总工会、团委、妇联、科协、残联，西昌市负责人分段参加调研或座谈会。

▲ 第一次全国地理国情普查技术质量工作会议在西昌召开。国家测绘地理信息局副局长、国务院普查办常务副主任李维森出席并讲话，四川省测绘地理信息局局长、普查办主任马赟，罗凉清致辞。

▲ 国家能源局党组成员、纪检组组长戴晓曙，四川省发改委副主任、省能源局局长雷开平，四川能源监管办副专员马军杰一行检查调研凉山无电地区及农网升级改造和电网发展情况。滕中平陪同调研并介绍凉山电网的概况。

9 月

1 日 凉山州与省交通运输厅在成都举行座谈会，专题研究推进“凉推方案”交通大会战工作。翟占一，省交通运输厅党组书记、厅长彭琳出席并讲话，罗凉清介绍“凉推方案”推进情况，胡坤、朱学雷等参加座谈会。

2 日 翟占一、罗凉清在西昌会见国家林业局湿地保护管理中心主任马广仁。达久木甲、白云等参加会见。

5 日 凉山州与省国土资源厅在成都举行座谈会，研究落实国土资源部支持凉山扶贫攻坚的“十九条”政策。翟占一、省国土资源厅厅长杨冬生出席并讲话。罗凉清汇报凉山州国土资源工作和贯彻落实“十九条”扶贫支持政策的举措。胡云、熊自力，省国土资源厅副厅长杨文杰、王平、毕胜、徐志文，总规划师王浩等参加会议。

▲ 州政协举行中秋茶话会。邓显祥、苏嘎尔布，全国政协常委、州决咨委主任阿什老轨，达久木甲等，与驻西昌全国、省、州政协委员代表和港澳同胞台湾同胞海外侨胞代表、

民主党派、工商联和社会各界人士座谈。

9日 在庆祝《民族区域自治法》颁布实施30周年之际，“凉山彝族自治州成就展”在北京民族文化宫开幕。中央统战部副部长斯塔出席，国家民委副主任罗黎明宣布“凉山彝族自治州成就展”开幕，省政府副省长曲木史哈，翟占一致辞，罗凉清主持，滕中平等出席。王阿呷、达久木甲、何邵聪、熊自力等参加开幕式。

▲ 五彩凉山投资说明暨大凉山特色农产品推介会在北京举行。省政府副省长曲木史哈出席，翟占一致辞，罗凉清作投资推介说明。滕中平主持会议。省民宗委副主任甘映平，省投资促进局副局长刘建平，王阿呷、达久木甲、何邵聪、熊自力等参加推介会。华能新能源股份有限公司等130家企业参加推介会。

10日 中共中央政治局委员、中央书记处书记、中宣部部长刘奇葆，全国政协副主席、国家民委主任王正伟到民族文化宫，参观在京举办的凉山彝族自治州成就展。中宣部副部长王世明，省政府副省长曲木史哈，翟占一，罗凉清陪同参观。

12日 州委、州政府专题研究三季度重点项目推进工作。翟占一、罗凉清出席并讲话，滕中平出席，胡云通报全州重点项目推进情况，胡坤、达久木甲、龙伟，州直相关部门负责人参加会议。

14日 原中央军委副主席迟浩田到民族文化宫，参观凉山彝族自治州成就展。国家民委副主任罗黎明陪同参观。

▲ 韩国执政党——新国家党国际委员会副委员长李映周一行参观凉山彝族自治州成就展。

10日至15日 全国人大调研组深入凉山州西昌、冕宁、盐源等县市调研民族地区经济社会发展工作，于15日在西昌召开调研座谈会，听取凉山州工作情况。全国人大常委会委员、全国人大民族委员会副主任委员孙大发，全国人大常委会委员、全国人大民族委员会委员刘振来，全国人大民族委员会委员张永义出席。翟占一、罗凉清汇报凉山州经济社会发展情况，王金铁等参加座谈会。

15日 州依法治州领导小组召开第四次（扩大）会议。翟占一出席并讲话，苏嘎尔布主持会议，杨文泉传达依法治省领导小组第二次会议精神。胡云、达久木甲、周斌、李俊、米滨，领导小组成员及办公室负责人，州直有关部门负责人参加会议。

22日 翟占一主持召开七届州委第85次常委（扩大）会议，传达贯彻全省深化农村改革推进会和省委书记、省人大常委会主任王东明重要讲话精神，研究凉山州贯彻意见。会议审议《中共凉山州委关于认真贯彻“三严三实”要求进一步加强党员干部教育管理监督的实施意见》和《中共凉山州委关于建立健全作风建设长效机制的实施意见》。苏嘎尔布、滕中平、胡云、王阿呷、冯斌、达久木甲、杨文泉、龙伟、张力、叶佩、何邵聪出席。王金铁、邓显祥，州人大常委会副主任、州政府副州长、州政协副主席，州法检“两长”，州直相关部门负责人列席会议。

▲ 州委常委会就全面推进依法治州开展集体学习。翟占一主持，州委常委参加学习。王金铁、邓显祥，州人大常委会副主任、州政府副州长、州政协副主席，州法检“两长”，州直相关部门负责人列席。州司法局局长卢立武在学习会上就提高依法执政水平、建强党委领导核心、“法治中国”建设、法治思维培育和法治方式养成等进行讲解。

▲ 州政协十一届十二次常委会召开，邓显祥出席并讲话，苏嘎尔布出席，钟承先、杨卉应邀出席会议，香根·边玛仁青、季晓静、蒋若枫、宋光明、苏燕凌、邹学军出席。

23日 凉山州第四届劳动模范表扬大会在西昌召开。翟占一出席并讲话，王金铁、邓显祥，省总工会副巡视员唐科伟，苏嘎尔布出席，滕中平宣读《凉山州第四届劳动模范表扬决定》。胡云主持会议，冯斌、达久木甲、龙伟、张力，受表扬的全体劳动模范，17个县市总工会负责人，部分省、州属企事业单位负责人参加会议。

21日至24日 全国政协民族和宗教委员

会副主任杜鹰率全国政协民宗委调研组到凉山州调研乌蒙山片区扶贫开发工作。23 日下午，调研组在西昌与凉山州举行座谈，听取凉山州乌蒙山片区扶贫工作情况汇报。全国政协民族和宗教委员会委员王伟，省政协民宗委主任宋光齐出席，罗凉清主持，达久木甲汇报凉山州乌蒙山片区扶贫相关工作。全国政协常委、州决策咨询委员会主任阿什老轨，杨卉、杨洪清陪同调研或出席座谈会。

24 日　建设创新型国家战略推进委员会考察组在西昌与凉山州举行座谈，听取凉山州经济社会发展情况及相关工作汇报。国家创推委顾问、解放军总装备部原副部长胡世祥中将，国家创推委副主席、国务院稽查特派员刘吉出席，罗凉清主持。胡云汇报凉山州相关情况。州级相关部门负责人参加座谈。

▲　2014 年全州“挂包帮”活动、百乡教育扶贫工程总结暨工作推进视频会在西昌召开，滕中平出席并讲话，达久木甲宣读通报表扬决定，龙伟主持会议。

28 日　在国庆、重阳双节来临之际，滕中平在州级有关部门负责人和西昌市领导陪同下先后到部分老干部、老党员家中走访慰问，为他们送去慰问金，向他们致以崇高的敬意和最真挚的节日问候。

29 日　全州“走基层”、党的群众路线教育实践活动暨优秀年轻干部培养选拔工作电视电话会议召开。滕中平出席并讲话，王阿呷主持会议，冯斌就全州优秀年轻干部培养选拔工作作部署。省委党的群众路线教育实践活动第 21 督导组成员黄健，龙伟、张力等在西昌主会场参加会议。

30 日　王金铁、邓显祥、苏嘎尔布等州领导和驻昌部队主官到西昌市烈士陵园，与社会各族各界群众一起，向抗战烈士敬献花篮，达久木甲主持仪式。

10 月

1 日　9 时 23 分，凉山州越西县（北纬 28.4 度，东经 102.8 度）发生 5.0 级地震，震源深度 15 千米，震感明显。

3 日　苏嘎尔布到越西查看地震灾情，指导抗震救灾工作。

6 日　罗凉清率领工作组赶赴越西“10·1”地震灾区，代表州委、州政府查看灾情，看望慰问干部群众，指导抗震救灾及灾后重建工作。

9 日　翟占一主持召开七届州委第 86 次常委（扩大）会议，学习习近平总书记在中央党的群众路线教育实践活动总结会议上的重要讲话精神，传达中央民族工作会议精神，研究凉山州贯彻意见；会议听取越西县 5.0 级地震抗震救灾工作情况汇报；会议还传达全省纪检监察工作会议精神，研究凉山州贯彻意见。罗凉清、苏嘎尔布、滕中平、胡云、胡坤、达久木甲、杨文泉、龙伟、张力、叶佩、何邵聪出席。王金铁、邓显祥，州人大常委会副主任、州政府副州长、州政协副主席，州法检“两长”，州直相关部门负责人列席会议。

▲　州委、州政府听取“交通大会战”推进工作汇报。翟占一、罗凉清出席并讲话，滕中平出席，胡坤、朱学雷汇报交通大会战进展情况，胡云、李军、蒋若枫，州交通大会战指挥部全体成员参加会议。

10 日　州委召开各民主党派工商联 2013 年度调研成果汇报会，听取民革、民盟、民建、九三学社、工商联调研成果汇报。翟占一出席并讲话，罗凉清通报全州经济社会发展情况，邓显祥、苏嘎尔布出席，达久木甲主持会议。

11 日　罗凉清主持召开十届州政府第 31 次常务会议，研究凉山州实施集中连片特殊困难地区和国家扶贫开发工作重点县农村教师生活补助政策等事宜。会前组织集中学法活动，学习领导干部法治思维的养成。

13 日　凉山州党的群众路线教育实践活动总结大会在西昌召开。翟占一、省委第 21 督导组组长梁熙扬讲话。罗凉清主持会议，王金铁、邓显祥，省委第 21 督导组副组长陈万福、汪社林，苏嘎尔布、滕中平出席。会议以电视电话会议形式召开。省委第 21 督导组成员，州委、州人大、州政府、州政协领导，州法检“两长”，州委党的群众路线教育实践活动领导小组成员，州委各督导组组长，州直各部门、高等院校、国有企业主要负责人参加会议。17个县市负责人在县市分会场参加会议。

▲ 翟占一主持召开州委中心学习组学习会议，专题学习习近平总书记在中央党的群众路线教育实践活动上的重要讲话及中央第四巡回督导组组长张维庆，省委书记、省委党的群众路线教育实践活动领导小组组长王东明在四川党的群众路线教育实践活动总结大会上的讲话精神。罗凉清、王金铁、邓显祥、滕中平出席。州委、州人大、州政府、州政协领导，州法检“两长”，州委中心学习组成员参加会议。

15日 中共凉山州委以凉委发〔2014〕18号文件印发《关于建立健全作风建设长效机制的实施意见》。

16日 第二届中国（绵阳）科技城国际科技博览会攀西经济区科技投资推介会在绵阳召开。凉山州在会上发布科技合作技术需求信息150条、人才需求信息528条、招商引资项目130个，成功签约重大科技投资项目11个，签约金额达23亿余元。副省长、省公安厅厅长侍俊出席推介会并致辞，省政府副秘书长王七章出席并主持会议，罗凉清出席并致辞。

18日 凉山藏学会第五届会员代表大会在西昌召开，苏嘎尔布、中国藏学研究中心出版社社长周华到会祝贺并讲话，熊正林、白云、香根·边玛仁青、四川省民族研究所所长袁晓文出席会议。

20日 罗凉清在西昌会见荷兰弗里斯兰省副省长克莱默一行，就加强农牧业、职业教育等领域合作进行交流。滕中平、杨卉，州级相关部门负责人参加会见。

21日 罗凉清主持召开全州减排工作推进电视电话会议，再次对减排工作进行紧急动员部署。杨卉通报全州“十二五”主要污染物总量减排（控制）工作进展情况。石一鲁实，州级相关部门、企业负责人在主会场参加会议。

22日 全州深化农村改革推进会在西昌召开。翟占一出席并讲话，罗凉清主持会议，王金铁、邓显祥、苏嘎尔布出席。胡坤、王阿呷、达久木甲、龙伟、张力、何邵聪、肖春、熊自力、朱学雷、杨洪清，州农村工作领导小组成员单位，17县市和州直相关部门负责人参加会议。

23日 州委、州政府召开会议专题研究第四季度经济运行和交通建设工作。翟占一、罗凉清出席并讲话。胡坤、朱学雷、杨洪清，州直相关部门、17县市负责人参加会议。

24日 翟占一、罗凉清前往第十五届中国西部国际博览会凉山展馆，了解场馆布展、招商引资项目包装推介情况。滕中平、达久木甲、杨卉、宋光明，州直相关部门负责人参加检查。

▲ 凉山州投资说明暨产业推介会在第十五届中国西部国际博览会上举行。省政府资政张作哈讲话。翟占一致辞。罗凉清作投资推介说明，滕中平主持会议。参会代表观看《五彩凉山》宣传片。胡坤、达久木甲、杨卉、白云、朱学雷、宋光明，州直相关部门、17县市负责人参加推介会。澳大利亚驻成都总领事馆总领事郭南希，以色列驻成都总领事馆总领事蓝天铭、驻华大使馆农业参赞尤博恩等领事官员和外国企业代表，鞍钢集团、大德鑫臣集团、中铝集团、中国长江三峡集团等200多家企业集团和商会代表应邀参加投资说明会。《人民日报》、新华社、中央人民广播电台等30多家新闻媒体报道投资说明会。

▲ 翟占一、罗凉清在成都会见参加凉山投资说明暨产业推介会的外宾。滕中平、达久木甲、杨卉等参加会见。

▲ 全国人大常委会法制工作委员会副主任郑淑娜一行在凉山调研立法工作。王金铁、省人大常委会法制工作委员会副主任杨筠陪同调研并汇报工作。

25日 省委书记、省人大常委会主任王东明，省委副书记、省长魏宏专程来到成都世纪城新会展中心，参观考察第十五届中国西部国际博览会展馆。省委副书记柯尊平一同参观。省委常委、副省长钟勉，省委常委、成都市委书记黄新初，省委常委、秘书长陈光志，省人大常委会副主任张东升，省政府副省长甘霖、省政协副主席晏永和陪同参观。翟占一、罗凉清、滕中平陪同参观凉山展馆。

27 日 州委召开中心学习组学习会议，专题学习党的十八届四中全会精神。翟占一主持会议，罗凉清、王金铁、苏嘎尔布、滕中平出席。州委、州人大、州政府、州政协领导，州法检“两长”，州委中心学习组全体成员参加会议。

27 日至 28 日 全省森林防火工作暨基层基础建设现场会在凉山州西昌市举行。省政府副省长、省森林草原防火指挥部指挥长曲木史哈出席并讲话。翟占一致辞。国家森林防火指挥部专职副总指挥杜永胜讲话。省政府副秘书长、省森林草原防火指挥部常务副指挥长赵学谦主持。省林业厅厅长、省森林草原防火指挥部常务副指挥长尧斯丹安排部署全省森林防火工作。罗凉清出席会议。

29 日 翟占一到 2014 四川农博会凉山展馆，了解场馆布展、“大凉山”特色农产品品牌建设、农业招商引资项目包装推介、农产品产销合作情况，滕中平参加巡展。

30 日 以“携手保护长江湿地、共建长江生态文明”为主题的 2014 年长江湿地保护网络年会在西昌开幕。国家林业局湿地保护管理中心主任马广仁，省政府副秘书长赵学谦，省林业厅厅长尧斯丹，罗凉清，世界自然基金会 CEO 卢思骋出席开幕式。国家林业局湿地保护管理中心巡视员程良主持开幕式。

30 日至 31 日 水利部部长、党组书记陈雷一行深入凉山州德昌、冕宁、西昌等县市基层一线，督导检查农村饮水安全工程建设，实地调研凉山水利工作情况。省政府副省长曲木史哈，水利部规计司常务副司长汪安南、水资源司司长陈明忠、农水司司长王爱国、办公厅副主任李训喜，省水利厅党组书记、厅长冷刚，罗凉清、苏嘎尔布等参加调研。

11 月

1 日 珠海对口帮扶凉山的“山海缘”以及“珠海班”项目在凉山农校正式启动，珠海市委副书记、市扶贫工作领导小组常务组长王衍诗，苏嘎尔布出席启动仪式。达久木甲主持启动仪式。

▲ 在广西梧州举办的第五届中国民族节庆峰会上，“中国・凉山彝族国际火把节”荣获由中国人类民族学研究会、国际节庆协会、中国民族节庆峰会组委会颁发的“最具影响力节庆”奖，并在评选中排名第一。

2 日 珠海凉山东西扶贫协作工作座谈会在西昌召开，珠海市委副书记、市扶贫工作领导小组常务组长王衍诗，苏嘎尔布出席并讲话。达久木甲主持会议，省扶贫移民局副巡视员张学勤，珠海市副市长刘嘉文，白云参加会议。

4 日 州委、州政府专题研究凉山州基础教育和计生服务管理工作。翟占一、罗凉清出席并讲话。王阿呷、达久木甲、龙伟、钟承先、苏燕凌，州直相关部门负责人参加会议。

5 日至 6 日 省政府副省长陈文华深入凉山州昭觉、雷波两县基层一线调研医疗卫生工作，省政府副秘书长何旅章，省卫计委主任沈骥，罗凉清参加调研。

6 日 四川省第十八次市州人大常委会人事代表工作暨代表联系群众工作座谈会在西昌召开。省人大常委会副主任、党组副书记张东升讲话。翟占一致辞。省人大常委会委员、副秘书长、办公厅主任朱新华，王金铁出席。省人大常委会委员、省人大常委会人事代表工委主任肖萍主持。

▲ 中共凉山州委、凉山州人民政府以凉委发〔2014〕19 号文件印发《关于深化国资国企改革促进发展的意见》。

9 日 2014 年西昌邛海湿地国际马拉松赛鸣枪开赛，来自 25 个国家或地区的 18366 名运动员报名参赛。翟占一致辞。国家体育总局田径运动管理中心副主任王大卫出席。罗凉清主持。四川省体育局副局长、省运动技术学院院长张容伟，国家体育总局田径运动管理中心马拉松办公室主任张永良出席。翟占一、王大卫、罗凉清等为大赛鸣枪发令。

▲ 四川省第十届少数民族体育运动会在宜宾闭幕，凉山队获 32 个一等奖，实现奖牌总数和金牌总数“双第一”。

10 日 翟占一主持召开七届州委第 87 次常委会议，传达四川省落实巡视整改暨党的群众路线教育实践活动整改深化工作会议精神，研究凉山州贯彻意见。罗凉清、苏嘎尔布、胡云、胡坤、王阿呷、冯斌、达久木甲、杨文泉、龙伟、张力、叶佩、何邵聪出席会议。王金铁、邓显祥，州政府副州长、州政协副主席，州法检“两长”，州直相关部门负责人列席会议。

11 日至 12 日 翟占一前往越西、喜德两县，察看越西地震灾情，调研喜德“8·31”洪灾灾后恢复重建情况，看望慰问基层干部群众。胡云，州交通运输局、州民政局、州扶贫办、越西、喜德县负责人参加调研。

14 日 川西北经济区和攀西经济区县域经济工作座谈会在凉山州召开。省委常委、农工委主任李昌平出席并讲话，翟占一出席。罗凉清就凉山州推进县域经济发展、深化农村改革相关工作情况作发言。省发展改革委副主任黄河主持并通报两经济区相关情况。

▲ 凉山歌舞团原创大型民族歌剧《彝红》获第二届中国歌剧节优秀剧目二等奖。

17 日 省政府副省长黄彦蓉深入联系点西昌市安哈镇长板桥村“走基层”，看望干部群众，了解镇情村情民情，并就彝家新寨和基础设施建设，特色产业、旅游产业及教育事业发展等进行调研。翟占一、罗凉清一同调研。

▲ 省“双拥”检查考评组赴凉山州检查双拥模范州创建工作，听取凉山州工作情况汇报。罗凉清，驻州部队领导杨永安出席，苏嘎尔布主持会议，省“双拥”检查考评组成员出席。

18 日 第十五次滇川黔桂彝文古籍协作会、第十次全国彝学学术研讨会在凉山州召开。四川省彝学会名誉会长、中共四川省委原副书记、四川省政协原主席冯元蔚，贵州省彝学会会长、滇川黔桂彝文古籍协作组副组长、贵州省人大常委会副主任禄智明，省政府副省长曲木史哈，省政府资政张作哈，贵州省人大常委会原副主任禄文斌，滇川黔桂彝文古籍协作组副组长、省政协原副主席史志义出席。翟占一致辞。罗凉清、王金铁、邓显祥、苏嘎尔布，全国政协常委、州决咨委主任阿什老轨，云南省彝学会会长、滇川黔桂彝文古籍协作组副组长、云南省民委原主任马立三，广西壮族自治区彝学会会长王光荣出席。四川省彝学会执行会长、国家民委双语基地主任沙马拉毅主持。

27 日 翟占一主持召开七届州委第 88 次常委（扩大）会议，传达学习省委十届五次全会和省委书记、省人大常委会主任王东明重要讲话精神，研究凉山州贯彻意见。罗凉清、苏嘎尔布、胡坤、王阿呷、冯斌、达久木甲、杨文泉、龙伟、张力、叶佩、何邵聪出席。王金铁、邓显祥，州人大常委会副主任、州政府副州长、州政协副主席，州法检“两长”，州直相关部门负责人列席会议。

▲ 省委副书记、省长魏宏会见出席 2014 年中国钒钛产业博览会暨攀西战略资源创新开发试验区投资推介会的部分嘉宾。省政府副省长甘霖，翟占一，省政协副主席王正荣，罗凉清等参加会见。

28 日 2014 年中国钒钛产业博览会暨攀西战略资源创新开发试验区投资推介会在攀枝花开幕。翟占一、罗凉清出席开幕式，胡云、胡坤、杨卉、朱学雷，州直相关部门，西昌、冕宁、德昌、会理、会东、宁南等县市负责人参加相关活动。

29 日 雅砻江流域水电开发公司宣布，锦屏一级、二级水电站全面建成投产。标志着中国仅次于金沙江、澜沧江流域的第三大水电基地雅砻江的下游水电梯级开发全面进入收官阶段。

12 月

1 日 州烟草工作领导小组召开会议，听取凉山州现代烟草产业发展情况汇报。翟占一、罗凉清出席并讲话。胡云、达久木甲、龙伟、刘明书、杨卉、周德文、白云，州烟草工作领导小组成员单位，会东、昭觉、甘洛、美姑、布拖等县负责人参加会议。

1 日至 2 日 州委七届六次全会在西昌召开。全会由州委常委会主持，翟占一讲话。全会深入学习贯彻党的十八届四中全会、省委十届五次全会精神以及习近平总书记在党的群众路线教育实践活动总结大会上的重要讲话精神，听取和讨论翟占一受州委常委会委托作的报告，研究凉山全面深入推进依法治州、全面推进从严治党工作，审议通过《中共凉山州委关于贯彻落实党的十八届四中全会精神全面深入推进依法治州的意见》和《中共凉山州委关于坚持思想建党与制度治党紧密结合全面推进从严治党的意见》。

3日至4日 翟占一到宁南、普格两县"走基层"，看望基层干部群众，宣讲省委十届五次全会和州委七届六次全会精神，调研当前经济社会发展工作。余毅等参加调研。

9日 省委宣讲团"学习贯彻党的十八届四中全会和省委十届五次全会精神"宣讲报告会在西昌举行。翟占一主持。省委宣讲团成员、省委党校副校长裴泽庆宣讲。罗凉清、邓显祥、苏嘎尔布、滕中平出席。州委常委、州人大、州政府、州政协、凉山军分区领导，州委中心学习组全体成员，州直各部门、州属各事企业单位、垂管系统驻州有关单位主要负责人和班子成员参加报告会。

10日 罗凉清到会理县基层一线宣讲党的十八届四中全会、省委十届五次全会、州委七届六次全会精神，看望基层党员干部，调研经济社会发展情况。石一鲁实，州委宣传部、州交通局、州政府金融办负责人参加调研。

11日 州委全面深化改革领导小组会议举行。翟占一、罗凉清出席并讲话，滕中平出席。胡云、王阿呷、冯斌、张力、何邵聪、熊正林、肖春、朱学雷，州委全面深化改革领导小组成员参加会议。

12日 凉山州2014年第四批重点项目（西昌市）集中开工仪式举行，全州124个重点项目计划总投资238亿元，2014年计划完成投资69亿元。翟占一宣布开工，罗凉清讲话，邓显祥出席。胡云主持开工仪式，李军、蒋若枫，州直相关部门、西昌市及部分项目业主、施工单位代表参加开工仪式。

▲ 中共凉山州委以凉委发〔2014〕20号文件印发《关于坚持思想建党与制度治党紧密结合全面推进从严治党的意见》。

▲ 中共凉山州委以凉委发〔2014〕21号文件印发《关于贯彻落实党的十八届四中全会精神全面深入推进依法治州的意见》。

15日 凉山州与省信用联社工作座谈会在西昌举行。翟占一，省信用联社党委书记、理事长王华出席并讲话。滕中平、胡云、杨卉，州金融办，省农村信用联社计划财务部、办公室，州农村信用联社负责人参加会议。

▲ 凉山州连续三年荣获全国地市级防震减灾工作综合考核先进单位称号，成为全国民族地区防震减灾"排头兵"。

16日 翟占一到西昌市乡镇、社区、法治文化公园等地，带队检查考核2014年度党风廉政建设工作情况，与基层党员干部群众面对面交流，宣讲落实党风廉政建设党委主体责任和纪委监督责任，听取西昌市2014年度党政领导班子及成员落实党风廉政建设责任制情况汇报。王金铁、张力一同检查。

22日 翟占一主持召开七届州委第90次常委（扩大）会议，传达贯彻省委经济工作会议精神，研究凉山州贯彻意见。罗凉清、苏嘎尔布、滕中平、胡坤、冯斌、达久木甲、杨文泉、龙伟、张力、叶佩、何邵聪出席。王金铁、邓显祥，州人大常委会副主任、州政府副州长、州政协副主席，州法检"两长"，州直相关部门负责人列席会议。

▲ 总面积达860多公顷的邛海湿地保护区五期"梦寻花海"、六期"梦回田园"建成开园，与"观鸟岛""梦里水乡""烟雨鹭洲""西波鹤影"湿地保护区连为一体，邛海水域面积恢复到34平方千米，湿地总面积达13.73平方千米，成为全国最大的城市湿地，实现邛海湿地全域恢复、全面保护。翟占一宣布开园，罗凉清致辞，王金铁、滕中平出席。达久木甲、龙伟、白云，驻州部队领导，州直相关部门，西昌市及部分施工单位代表参加开园。

23日 成昆铁路峨眉至米易（凉山段）扩能工程开工仪式在越西县越城镇白马村举行。翟占一宣布开工，罗凉清致辞，成昆铁路公司副总经理李元中，中铁八局集团有限公司董事长、党委书记徐敦美讲话，滕中平主持。龙伟、李军、余毅、朱学雷、蒋若枫，州直相关部门，西昌、德昌、冕宁、甘洛、越西、喜德等县市，成昆铁路公司、中铁八局集团有限公司相关负责人及铁路沿线部分乡镇、群众代表参加开工仪式。

24日 罗凉清主持召开十届州政府第33次常务会议，研究2014年经济社会发展主要指标完成情况及2015年经济社会发展预期目标。

▲ 全州工商、质监管理机构职能划转工作会在西昌召开。滕中平出席并讲话，杨卉主持会议，州委组织部、州委编办等有关部门负责人在会上发言。

29日 中共凉山州委、凉山州人民政府以凉委发〔2014〕22号文件印发《关于州政府职能转变和机构改革的实施意见》。

30日 全州烟草工作视频会议召开。罗凉清出席并讲话，会议传达全国、全省烟叶工作会议精神，通报表扬2014年烟叶生产工作和烟叶基础设施建设先进集体、先进个人。达久木甲、龙伟、杨卉、周德文，州烟草工作领导小组成员单位负责人在主会场参加会议。

▲ 全州群团工作经验交流视频会召开，翟占一在会上作书面讲话，滕中平出席会议并讲话，胡云、王阿呷出席，龙伟主持会议。

（审核：邓天友　骆国兴　尹克发/撰稿：郑宏扬　詹金涛　罗艳）

党 委

Party Committee

综 述

【概况】 2014年，凉山州委主动适应新常态，始终保持专注发展定力，突出投资拉动、产业支撑，锐意改革创新，抓好发展、民生、稳定“三件大事”，大力实施“三大片区发展战略”，统筹谋划、扎实抓好“五位一体”建设，认真开展党的群众路线教育实践活动，标本兼治加强反腐倡廉建设，全州呈现经济平稳较快发展、民生持续改善、社会和谐稳定、干部奋发有为良好局面。全年实现地区生产总值1314.3亿元，比2013年增长8.5%。规模以上工业增加值比2013年增长13.3%；全社会固定资产投资1045.9亿元，比2013年增长7.2%；社会消费品零售总额428.2亿元，比2013年增长12.8%；地方公共财政收入112.3亿元，比2013年增长2.1%；城镇居民人均可支配收入23609元，比2013年增长8.8%；农民人均纯收入8264元，比2013年增长12.3%。

【经济结构调整】 2014年，凉山州以攀西国家级战略资源创新开发试验区建设为契机，大力实施重大科技攻关和科技成果转化项目，以创新驱动特色优势产业、战略性新兴产业发展，在扩大增量中调优结构，确保产业发展换挡不失速、增效又增量。加快建设“大凉山”特色优质农产品生产加工基地，创建国家、省级名优品牌76个，农业增加值增速继续高于全省平均水平。钒钛综合利用和稀土深加工及应用产品研发取得新进展，新增冷轧产能21亿千克、高精度稀土抛光粉产能200万千克，新增水电装机1773万千瓦、风电装机19.8万千瓦，淘汰落后与化解过剩产能企业22户。旅游、金融、信息、物流、电子商务等现代服务业带动第三产业加快发展，凉山被列入“全省服务业示范市州”。非公有制经济增加值国民经济占比达54.6%。科技对经济增长的贡献率达44.2%。

【对外开发开放】 2014年，凉山州深化与津巴布韦、荷兰、泰国、丹麦等国开展的国际产业合作，务实推进区域、部门、银政（企）协作合作，发挥“中外知名企业四川行”、第十五届西博会、农博会、“国际友好合作凉山行”等平台作用，新引进一批符合国家产业政策和投资方向的重大项目，保持招商引资稳定增长。

【基础设施建设】 2014年，凉山州继续强力推进“交通大会战”、新型城镇化、生态文明建设等重点项目，为凉山未来发展打基础、增后劲。总投资453亿元的成昆铁路扩能工程凉山段（峨眉至米易）获国家发改委批复，高速公路和畅通联网工程有序推进，开工建设国省干线及重点公路1320.8千米，建成通乡油路

1047千米、通村水泥路1457千米、通村通达路1865.3千米。西昌城市总体规划获省政府批准实施，布拖、雷波、盐源等8县垃圾填埋场和宁南、德昌、冕宁3县污水处理厂加紧建设。邛海湿地成功创建“国家湿地公园”，五、六期湿地恢复工程即将全面竣工。

【县域经济发展】 2014年，凉山州制定实施《关于加快县域经济发展的意见》，分类支持和推动全州县域经济发展，“加快发展区”继续领跑、经济总量占全州的85.5%，“综合扶贫开发区”经济发展稳中有增、民生改善迈出新步伐，安宁河谷地区、大凉山彝区、木里藏区你追我赶、竞相发展。

【重点领域改革】 2014年，凉山州坚持问题导向，把握全面深化改革的重点难点，制定实施年度改革要点，研究确定年度改革任务184项，按“近期推进”“先行试点”“深入研究”分类实施，把有利于稳增长、调结构、防风险、惠民生的改革举措往前排，出台并备案专项改革方案34个，集中力量推进关键改革事项落实。在农村改革中，以放活土地经营权为主线，开展林权流转问题专项清理整治，全面启动土地承包经营权确权颁证工作，通过转租、转包等方式流转土地2.13万公顷，农业产业化龙头企业、农民专业合作组织、家庭农场等新型经营主体带动农户面达72.4%；在深化国资国企和新型城镇化体制改革中，研究制定《关于深化国资国企改革的意见》，设立国有企业改革创新专项发展资金，以西昌运输公司、大桥水电、益门煤矿为重点，完善州属国有企业法人治理结构。扎实推进新型城镇化，出台《经济发达镇行政管理体制改革试点工作指导意见》，省州“百镇建设试点行动”有序开展，撤并29个乡、新设10个镇、扩建4个乡；在深化行政体制改革中，以简政放权为主线，进一步取消、调整行政审批，州级行政审批事项由373项减少至44项，精简率达88%，成为全省行政审批事项最少的市州。积极开展并联审批，企业设立登记时限大幅压缩。推进工商注册登记便利化改革，完成市场主体登记12740户、比2013年增长32.76%。深化资源要素市场化配置改革，积极推行直购电试点，推进西昌、甘洛等4县市城乡建设用地增减挂钩，立项实施土地开发整理项目50个；在推进金融体制改革中，州农信社改制组建农商行，推动农业银行深化“三农金融事业部”改革，稳步推进“惠农保”保险和小额贷款公司试点，鼓励民间资本参股、投资金融机构和准金融机构。

【民生保障改善】 2014年，凉山州把保障和改善民生作为一切工作的出发点和落脚点，健全完善以民生为导向的财政政策体系，安排资金43.3亿元，实施省19件、州10件民生实事，突出解决教育、医疗、社保、住房、饮水、道路等民生难题，扎实抓好越西地震抗震救灾和灾后恢复重建，提升民生保障水平。用好用活乌蒙山片区区域发展与扶贫攻坚规划和省“四大片区扶贫攻坚行动”政策，安排资金107.68亿元统筹推进彝区“十项扶贫工程”、藏区“六项民生计划”，加快贫困群众脱贫致富步伐，全年减少贫困人口9.43万人。坚持“五管齐下”，精准扶贫、“雪中送炭”，推动东西扶贫协作、省内对口帮扶和机关定点扶贫、干部结对联系、州内“4+5”对口帮扶等扶贫力量向最贫困的村、最困难的群众汇聚，集中力量解决227个村极度贫困问题。坚持把彝家新寨建设作为扶贫开发的主载体，按照“五新一体”要求，产村相融、成片推进“百乡千村”新村建设工程，全年建成彝家新寨210个、藏区新居43个、安宁河谷新村278个。统筹推进社会事业发展，启动实施大凉山彝区教育振兴行动计划，大力整治非法组织未成年人外出务工问题，落实“控辍保学”多长负责制，巩固“两基”攻坚成果，大力发展学前教育、“双语”教育，深入推进彝区、藏区“9+3”免费教育计划，招收“9+3”学生4049名；加大就业促进力度，组建“凉山劳务经纪人协会”，全年转移输出农村劳动力110万人、实现劳务收入126亿元，提前一年实现“双百”目标；加强基层医疗卫生服务体系建设，全州新农合参合率达98.99%，艾滋病防治体系进一步完善，法定传染病得到有效防控，突发公共卫生事件“零”报告。完善城乡社会保障体系，关爱特殊困难儿童，加强五大保险扩面征缴，推进新型农村和城镇居民养老保险全覆盖。积极推进百姓安居工程，开工建设各类保障性住房和棚户区改造23650套（户）。

【民主政治建设】 支持州人大及其常委会依法行使职权，围绕凉山改革发展加强地方立法工作，增强对“一府两院”监督实效，加强对重大经济、民生工作监督，开展环境保护、人口与计划生育等法律法规实施情况检查，依法决定重大事项，充分发挥人大代表知情参政、桥梁纽带和模范带头作用。支持州政协和各民主党派、工商联、无党派人士围绕全州工作大局开展政治协商、民主监督、参政议政，紧扣新型城镇化建设、生态文明建设、现代服务业发展、加强和创新社会治理等重大问题开展广泛调查研究、积极建言献策。积极发展基层民主，完善村（居）民自治，健全政务公开、村务公开、厂务公开等制度，人民群众民主权利得到更好保障。加强民族宗教、侨务和对台工作，各民族团结和睦大好局面进一步巩固发展，成立全省民族地区首家州级群团组织社会服务中心，构建形成大群团工作新格局。坚持党管武装原则，推进议军议警制度化，促进军民融合深度发展，国防动员和国防后备力量建设得到加强，军政军民团结局面进一步巩固。

【思想文化建设】 加强意识形态领域工作，突出藏区维稳宣传，深入开展爱国守法、民族团结、感恩奋进、理性信教“四项教育”，打好“攻心战”，把牢“话语权”，唱响“国家好、民族好，大家才会好”的时代主旋律。广泛开展社会主义核心价值观宣传教育，通过设立“凉山好人榜”、举办“道德讲堂”、评选“感动凉山十大人物”等，深化道德实践和精神文明创建，宣传树立各方面先进典型，营造昂扬向上的社会氛围。成功举办纪念《民族区域自治法》颁布30周年凉山州成就展、西昌邛海湿地国际马拉松赛，全面展示凉山山水阳光、资源优势、产业优势和发展潜力，塑造、提升凉山全面开发开放形象。着力深化文化体制改革，深入实施“文化惠民”工程，大力弘扬优秀传统民族文化，制定出台《凉山州藏羌彝文化产业走廊规划》，“摩梭家园”建设保护工程系列规划编制完成、10个重点摩梭古村落改造全面启动，州歌舞团原创大型民族歌剧《彝红》获第二届中国歌剧节优秀剧目二等奖，州第四届民族文化艺术节圆满成功。大力倡导现代文明生活方式，突出科技惠民、文化利民、教育培育、卫生普及、移风易俗，推进彝区健康文明新生活运动制度化常态化。加强互联网建设和管理，积极开展网上重大主题宣传和网络文化建设，营造健康向上和谐舆论环境。

【社会和谐稳定】 着眼民族地区长治久安、团结和谐，制定出台《依法治州实施意见》，整体推进依法执政、依法行政、公民守法，着力提升全社会法治意识，构建办事依法、遇事找法、解决问题用法、化解矛盾靠法的法治良序。加强和创新社会治理，注重通过法治手段解决社会治理中的突出问题，健全完善社会稳定风险评估机制，扎实推进网格化服务管理体系建设，西昌网格化服务管理经验受到各级充分肯定。坚持用群众工作统揽信访工作，健全“大调解”工作体系，严格推行“诉访分离”，着力解决初信初访、重信重访和信访积案，全州各类矛盾纠纷成功调解率达95.2%。认真贯彻落实省委藏区工作思路，抓住争取人心这个关键，突出“文明和谐寺庙”创建和寺庙僧人依法管理，健全完善藏区稳定防控体系，长足发展、长治久安“木里实践”20条基本经验在全国推广，木里持续成为“全国最稳定藏区”。深入推进平安凉山建设，严厉打击各类刑事犯罪，加强反恐防暴安保工作，深化“肃毒害、创平安”攻坚会战，全州安全形势总体平稳。

【党的全面建设】 2014年，凉山州高标准高质量完成全州党的群众路线教育实践活动，全面落实中共中央总书记习近平“三严三实”和省委“五个带头”“五个结合”要求，以焦裕禄、兰辉、毕世祥、杜萍等先进典型为榜样，开门开放抓教育，聚焦“四风”摆问题，严督实导把方向，领导带头移风易俗倡树新风，以整风精神开好专题民主生活会，扎实推进正风肃纪，集中开展“9+3”专项整治和班子、个人问题整改，一大批群众反映强烈的“四风”突出问题得到有效解决，党群干群关系进一步密切。全州性会议比2013年下降23.1%，公务接待费比2013年下降45.8%，整改超标办公用房近7000平方米；查处侵害群众利益行为159起，查处“四风”问题183个，处理221人。扎实开展“走基层”活动，5.3万余名党员干部下访接访6.36万次，建立民生诉求、困难群众、稳定工作和帮扶工作“3+1”台账14万余件，化解矛盾2888件，处理信访积案1163件，解决民生难题1.57万件，有效扩大了教育实践活动成效。落实“好干部”标准，鲜明重品行、重实干、重公认用人导向，紧扣凉山改革发展大局选贤任能。深化干部人事制度改革，全面推行“六步法”选拔领导干部、“1+5”选育后备干部，探索差异化考核政绩、结构模型化配备干部模式，推行“月考年评”监督管理干部，递进培养优秀年轻干部。按照省委部署和巡视反馈意见，落实问题整改责任分工，集中整治跑官要官、“三超两乱”、领导干部违规兼职等问题，着力匡正选人用人风气。夯实基层基础，纵深推进“苏施”党支部和“四型”党组织建设，扎实开展边界区域党组织“携手共建”和“五彩凉山城市党旗红”活动，建成边界区域党组织210个，整顿后进党组织390个，新建村级组织活动场所163个。强化党风廉政建设党委主体责任和纪委监督责任，严格落实“一岗双责”和“四个一”制度，坚持书记负总责、班子成员各负其责，形成全域覆盖、上下贯通、层层负责的工作格局。落实党委（党组）书记党风廉政建设约谈制度，县市委书记、州直部门党组书记向州纪委全会述责述廉，接受民主测评，促进“两个责任”落实。坚持有案必查、有贪必肃、有腐必反，保持查办案件高压态势。2014年，全州纪检监察机关立案666件，查处县级干部18人、科级干部165人。广泛开展警示教育，组织县级以上领导讲廉政党课300余场次，受教育6万多人次；州纪委制作《权钱殇》《贪欲之痛》警示教育读本和警示教育片，以案说法教育党员干部。更加注重制度建设，州委制定出台《关于建立健全作风建设长效机制的实施意见》《关于认真贯彻“三严三实”要求进一步加强党员干部教育管理监督的实施意见》，强化制度的刚性约束，推进作风建设规范化、常态化、长效化。

（审核：邓天友　顾炯/撰稿：周卫平）

反腐倡廉建设

【概况】　2014年，全州各级党委政府和纪检监察机关主动把握反腐倡廉新形势新任务新要求，坚定不移担负党风廉政建设“两个责任”，旗帜鲜明反对腐败，持续发力整肃作风，建章立制巩固成果，大力营造风清气正政治生态，开创党风廉政建设和反腐败斗争新局面。全州“四风”问题和腐败蔓延势头得到有效遏制，作风建设新常态深入人心，党风廉政建设群众满意度指数达到82.78，较2013年上升2.42。全州纪检监察机关贯彻落实中央八项规定和省州十项规定、开展关爱提醒教育、强化案件查办、推进正风肃纪专项整治等工作受到中央纪委和省纪委的充分肯定。州纪委监察局荣获全州党风廉政建设责任制先进单位、“四好”活动先进班子、全州思想政治工作先进集体、全州第七次民族团结进步模范集体、第三次全国经济普查先进集体、全州“挂包帮”活动及百乡扶贫工程先进集体、全州社会治安综合治理和平安建设先进单位、全州档案工作先进集体、全州安全生产先进单位、2014年度综合目标考核先进单位、全州国土资源执法监察工作目标考核一等奖、全州城乡环境综合治理一等奖等殊荣。

【“两个责任”】　2014年，州委将落实“两个责任”纳入综合目标考核、教育实践活动督查、党风廉政建设责任制考核重要内容。制发建立健全作风建设长效机制和落实“三严三实”从严教育监督管理干部的“两个实施意见”，落实“两个责任”更加具体化。各级党委（党组）主要负责人履行“第一责任人”职责、增强班子成员“一岗双责”意识。州纪委认真履行协调牵头监督职责，分赴17县市和州直部门、国企、学校宣讲，约谈县市党委、政府和纪委主要负责人51人，约谈州直部门党委（党组）书记、纪检组长185人，层层签订履责承诺书，“签字背书”制度得到落实。全面推行县市委书记电视“谈廉”、各级党组织书记向纪委述责述廉；积极探索内设机构负责人向派驻纪检组述责述廉。加强对执行政治纪律和组织纪律、实施“三大片区”发展战略等重大决策部署的监督检查，确保政令畅通。

【正风肃纪】 2014年，州纪委、监察局把正风肃纪作为改进作风、贯彻中央八项规定、省州十项规定和群众路线教育实践活动的重要抓手，以整治“杀牛风”、铲除“小金库”、严控“三公”经费、破除婚丧喜庆事宜大操大办为重点，综合推进“9+3”专项整治。州、县市查找整改作风共性问题200余项，个性问题600余个。查处“小金库”案件30件73人，收缴资金2500万元；查处涉及“四风”问题案件104件、处分129人，点名道姓通报曝光29件。集中开展红包礼金、违规发放津补贴、违规使用车辆、“庸懒散浮拖”、选人用人专项治理，清退违规发放资金450万元、诫勉谈话50人，腾退超标办公用房7000平方米。州委制定建立健全作风建设长效机制和落实“三严三实”从严教育监督管理干部的“两个实施意见”，将作风建设长效机制、干部教育管理监督、“三公”经费管理、领导干部婚丧喜庆事宜操办等正风肃纪成果固化为制度规范，从源头上防止“四风”反弹。正风肃纪工作得到省纪委充分肯定，《人民日报》、中央电视台和省内多家媒体进行宣传报道。

【查办案件】 2014年，州纪委、监察局坚持有案必查、有贪必肃、有腐必反，始终保持惩治腐败强劲势头，实现办案数量和案件质量“双提升”。全年全州纪检监察机关共接受群众信访举报3233件、初核问题线索1067件、立案813件、党政纪处分871人，比2013年分别上升20.5%、65.2%、47.3%、59.8%；其中县级干部24人、科级干部212人。坚决查处发生在群众身边的腐败问题，严肃查办发改、农能、林业、文广、交通、国土等系统腐败案件，形成强大震慑。州纪委承办中央和省委巡视组交办信访举报561件，办结446件，初核转立案58件、处分54人。健全完善反腐败协调机制，加强问题线索集中管理，规范纪律审查审批程序，查办案件依纪依法、安全文明、快查快移。统筹州、县市、乡镇和部门三级联动，集中开展信访积案化解月活动，全州清理信访积案1403件，成功化解1336件，化解率95.2%，约谈496人，函询172人，走访777人，转立案55件，移交司法机关16件，留存线索57件，为518名干部澄清事实。

【源头治理】 2014年，州纪委、监察局贯彻州委惩防体系建设《实施细则》，深化源头治理。加强廉政风险防控，查找风险点2.4万个，创新试点项目49个。全面拓展行政权力运行和电子监察平台建设，在平台公开录入7.6万项行政权力清单。围绕阳光凉山、清廉彝洲，强化“一书、一片、一网站、一中心”建设，改版升级凉山清风网站，刊发稿件2500余篇，网站年点击量达240万人次以上，在中央、省级主流媒体刊发稿件140余篇，向全州副科级以上党员干部发送廉政短信160万条；编印《权钱殇》警示教育读本，拍摄《贪欲之痛》警示教育片，科级以上党员干部观看接受教育。敢于揭短亮丑，点名道姓公开曝光44名领导干部违纪违法案件信息。州、县市纪委组织庭审现场教育和“高墙内”廉政谈话1300人次。坚持抓早抓小，抓好关爱提醒教育，约谈670人、函询314人、诫勉谈话120人。

【"两深"改革】 2014年，州纪委、监察局深化"三项建设"和深入推进"三转"。调整机构职责，州纪委、监察局整合内设机构4个，办案机构由原3个增加到5个，新设干部监督室和州法纪教育中心，县市纪委新增办案机构17个，州、县市从事监督执纪问责机构、人员分别达78.5%、76.9%。全州纪检监察机关清理议事协调机构1544个，退出1292个、保留252个，精简84%。清理规范各级纪委书记、纪检组长的分工和排名，专注监督执纪问责。积极探索查办腐败案件以上级纪委领导为主，健全办案机制。积极推进纪检机构全覆盖，州直部门新设纪检机构9个。建立完善纪检组长述职述责、目标考核、约谈提醒等机制。州纪委监察局机关分3批次公开遴选19名年轻干部，全州纪检监察机关提拔和交流任职38人。扎实开展"双创"活动，践行"六项承诺"，以零容忍态度惩处纪检干部违纪违法行为，立案10件，查处10人，切实解决"灯下黑"问题。

（审核：李东明/撰稿：税洪昌）

组织工作

【概况】 2014年，州委组织部认真贯彻全国全省组织工作会议、组织部长会议精神和省委、州委重大决策部署，围绕全域凉山全程全面小康建设，全面实施"钢班子铁队伍"工程，深入开展群众路线教育实践活动，认真践行"三严三实"要求，鲜明"抓落实、重实干、办实事、求实效"工作导向，多项工作得到中央和省委领导批示肯定，中央政治局常委、全国政协主席俞正声作出"'木里经验'很好，请转中央新疆办、西藏办认真组织学习"的重要批示。中组部副部长向群批示："凉山州基层组织建设工作抓得扎实，打开了工作局面，许多创新的实践值得重视和推广"。新华社、《人民日报》、中央电视台、《四川日报》等主流媒体多次给予高度关注和深度报道。

【领导班子和干部队伍建设】 代州委制发《建立健全作风建设长效机制的实施意见》《坚持思想建党与制度治党紧密结合，全面推进从严治党的意见》，深入开展理想信念教育，认真落实"好干部"标准，鲜明"重品行、重实干、重公认"用人导向，围绕推进凉山改革发展稳定大局选好干部、配强班子。2014年共提请州委常委会研究干部任用392人，提拔任领导职务38人、非领导职务42人，交流干部56人，非定向推荐市厅级领导干部拟提拔对象12人，安置军转团职干部7名，提拔重用基层一线特别是艰苦边远地区干部22名，占提拔干部总数58%。完成对第二批63名援藏干部人才考核考察、第三批54名援藏干部人才接管服务工作，接收各类挂职干部31人。审批13名州、县、乡机关干部双向交流挂职，从木里县选派3名干部到浙江省挂职，安排2批4名新任县处级干部到州群众工作局挂职锻炼。公务员统计工作获得全优报表单位称号，受到省委组织部通报表彰。

【干部人事制度改革】 坚持问题导向，深化干部人事制度综合配套改革，制发《县级领导班子和领导干部差异化标准及结构模型化选配办法（试行）》《县级领导班子和领导干部综合分析研判实施办法（试行）》《县级领导班子和领导干部综合考核评价实施办法（试行）》，全面实施"六步法"选拔干部、差异化考核干部、模型化配备班子，进一步提高干部选任科学化水平。优化调整县级领导班子56个，科级班子134个。采取"六步法"选拔副县级干部152人，科级干部600余人。统筹县市公开选拔副科级领导干部32人。严格执行人事调配有关规定，办理科级干部调动68人、调任9人、转任1人，完成公务员登记610人，参照公务员法登记212人。定向招录142名乡镇机关公务员、102名选调生，从优秀工人农民和村（社区）党组织书记中定向考录6名乡镇机关公务员。落实藏区公务员招录政策，录（聘）用21名藏区"9+3"退役士兵，招录101名基层公务员补充到县、乡机关和寺庙管理所。

建立“1+5”递进培养后备干部人才新机制，实行“集中选拔、系统培养、跟踪管理、分析研判、择优使用”，全州建账入库12000余人。推荐报送市厅级副职、县委书记后备干部和中长期培养对象初步人选66人。统筹实施优秀年轻干部“递进培养计划”，遴选县级培养对象249名，科级及村（社区）主要负责人培养对象1854名，从中交流、提拔224人。制定《党的建设制度改革专项小组2014年工作要点》，认真履行“党的制度建设改革专项小组办公室”工作职责。

【干部教育】 制定《凉山州大规模培训干部的意见》《2014—2018年凉山州干部教育培训规划》，按照“分层施教、分类培训、全面覆盖”原则，分6个专业类别举办5期“党的十八届三中全会、中共中央总书记习近平系列讲话精神和党的群众路线教育县级领导干部专题轮训班”，对全州1200名县级领导干部进行全覆盖培训。采取“课堂讲授+实地调研+异地培训”三位一体培训模式，选派45批2000余名干部到清华大学、四川大学、西南财经大学、江西干部学院等省内外院校进行能力提升培训；指导县市举办主体班58期，培训干部14500人次、专业技术人才13500人次、村（社区）干部人才11700人次。组织730名干部参加县处级党政领导职务政治理论任职资格考试，合格率达74.96%。继续抓好297名干部在职学历教育，完成5名县级干部学历学位变更工作。

【干部监督】 出台《关于从严要求加强干部监督管理的实施意见》《凉山州任期经济责任审计结果运用办法（试行）》，全面贯彻党风廉政“两个责任”，健全干部监督体系。将“月考年评”制度由科级干部延伸至县级领导干部、一般干部、大学生村干部，加强干部日常考核管理。严格落实集体决策、经济责任审计、领导干部个人有关事项报告等制度，对11名州管干部进行经济责任审计。建立领导干部个人有关事项报告抽查核实制度，将1700名州管领导干部个人有关事项报告录入信息管理系统，随机抽取核查52名。受理群众来信来访、举报反映181件（次），调查核实28件，直接答复55件，转办98件。开展“三超两乱”、干部档案造假、领导干部违规兼职、“裸官”等六个方面选人用人不正之风专项整治，共清理超职数配备干部780名，清理在企业兼职干部88人，“裸官”1人。在落实省委专项整治部署基础上，结合凉山实际确定“违规借用干部问题”“跑风漏气问题”和“诬蔑诽谤干部问题”等3个突出问题，集中两个月时间开展“5+3”专项整治，全面停止施行享受待遇相关文件，停发民族地区补贴等四项津贴，对23名高配县级领导职务干部进行消化。集中开展“庸懒散浮拖”专项整治，查处43人，曝光典型69个，诫勉谈话116人、通报批评176人。

【基层党建】 制发《关于扎实推进“四型”党组织创建活动的通知》，全州“四型”党组织创建达标率达75%。组建跨省、市（州）和县、乡镇、村联合党工委204个，推进边界区域党建共抓、发展共谋、和谐共创。健全完善基层党组织分类提升长效机制，390个后进村（社区）党组织100%实现转化提升。探索形成发展创稳、主动维稳、强基促稳、创新抓稳20条“木里经验”得到中央、省委领导充分肯定，省委组织部转发全省藏区推广。全面落实“一定三有”“三有一化”政策，全州3860个村（社区）党组织工作经费均达2万元，服务群众专项经费达到3万元以上。圆满完成全州村（社区）党组织换届在全省率先推行村文书“公开遴选、持证上岗”。开展“五彩凉山城市党旗红”活动，设立党员责任区2156个，创建州级共产党员示范岗310个、示范单位103个。加快推进党建“区域化”进程，全州100%街道建成“大工委”、80%社区建成“大党委”。制发《关于向“两新”组织选派党建指导员的通知》，非公有制企业党组织覆盖率达到75.2%，社会组织党组织覆盖率达到80.3%，单独组建率达到26%。以“苏施”支部为抓手，推进党员发展和管理工作，2014年发展党员5303名，其中由苏施党支部发展入党2000余名〔其中1416人进入村（社区）“两委”班子，260 人任村（社区）“两委”正职〕，工作经验在全国发展党员工作培训班上作交流发言。将 5371 名流动党员全部纳入台账管理，制发 30 条不合格党员具体表现，严肃处置不合格党员 127 名。设立州委直管“中共凉山州北京市区流动党员支部委员会”，对北京市区凉山籍流动党员进行管理服务。8 名乡镇党委书记、11 名村（社区）党组织书记被省委表彰，推荐人选表彰率名列全省前列。党内统计工作获得全优报表单位称号，受到省委组织部通报表彰。创新开办凉山党建网、“凉山党群通”手机党建信息平台和“先锋凉山”微信平台，拍摄党员教育电视作品 79 部，其中《高凳上的格根》《官迷村支书》被中组织部评为全国优秀电教片。

【主题教育活动】 认真履行“双重职能”，高质量牵头完成群众路线教育实践活动，全州党员干部经历一次严格的党内政治生活锻炼。广泛开展“6+4”专题教育，“一把手”带头讲党课，拧紧党员干部“总开关”；“四查四看”找问题、真刀真枪真批评，以“五不开五重开”严把专题民主（组织）生活会质量关；大力推进“9+3”专项整治，查处“四风”问题 152 个，处理 115 人；深入开展“走基层”“双报到”活动，分期分批走访群众 33.5 万户 109.3 万人，结成帮扶对子 29 万对，建立“3+1”台账 14.6 万件，解决各类问题 13.5 万个。教育实践活动得到中央、省委督导组充分肯定，群众满意度测评达 99.5%。

【人才队伍建设】 出台《关于加快建设“攀西地区六类人才高地”服务全域凉山全面开发开放跨越发展战略的意见》，抓好“1+9”人才工作政策贯彻落实，完善和细化凉山州中长期人才发展规划。完成第 13 批 49 名州级拔尖人才评选，选派第五批 15 名“成—凉”合作挂职干部和第四批 8 名干部到省政府驻外办事处挂职锻炼。实施凉山籍“英才计划”，培养本土人才 120 余名。实施高层次人才引进计划，引进 60 名硕士、600 名急需紧缺专业人才。探索政企共建引才模式，四川万凯峰稀土新能源科技有限公司等 3 家单位设立州级院士（专家）工作站。继续实施人才培养“百千万”工程，培训 35 岁以下优秀年轻干部人才 560 名，调训藏区和贫困地区产业发展急需紧缺人才 450 人。大力推进大学生创新创业，推行“地方政府+孵化企业+大学生”模式，与恒然公司、西昌学院达成三方战略协议。获全省“创青春”大赛金奖 3 项、银奖 3 项、铜奖 19 项，选送参加国家级创新创业大赛 1 项。筹资 700 万元建立“创新人才及大学生村干部培养基金”，安宁河流域县市、民族聚居县分别按不低于 50 万元、30 万元标准设立培养基金。

【自身建设】 坚持“和谐、创造、成长”理念，深入开展“五带五争”活动，牢固树立组工干部良好形象。分期分批选派 200 余名组工干部赴州外省内、省外参加学习培训交流。从基层组织部门选拔 12 名年轻干部到部机关挂职锻炼，下派 2 人到定点帮扶村挂职锻炼，推荐 1 人到中组部挂职。公开遴选 9 名机关工作人员，面向社会公开考录 3 名党员教育中心工作人员，竞争性选拔 5 名正科级、6 名副科级领导干部，完成 2 名部机关干部非领导职务晋升。修改完善转变作风加强党的群众工作、领导班子和干部队伍建设等 27 项制度，新建各类管理制度 19 项。着力为群众办实事、解难题，62 名机关干部对口帮扶越西县拉普乡如果洛村 68 户建卡贫困户，协调民生建设项目 5 个，涉及资金 340 余万元。

（审核：张剑 /撰稿：张启琳）

宣传工作

【概况】 2014 年，州委宣传部以学习宣传贯彻中共中央总书记习近平系列重要讲话精神，学习宣传贯彻党的十八届三中四中全会、省委十届四次五次全会、州委七届五次六次全会精神为主线，紧紧围绕州委、州政府中心工作，创造性开展工作，在理论武装、舆论引导、思想政治、文明创建、文化事业、队伍建设等方面取得新突破，为推进凉山跨越发展提供强有力理论指导、舆论支持和文化支撑。

【理论武装】　2014 年，州委宣传部以深入学习贯彻中共中央总书记习近平系列重要讲话精神和中央省州全会为统领，先后召开专题学习（扩大）会议 5000 多场次，邀请国家、省级专家学者 21 人次作专题辅导。广泛开展大宣讲，组成 1200 多支宣讲团（队）、3743 支“马背（双语）宣传队”深入基层一线开展宣讲，党员覆盖面达 98.5%，直接受众 400 多万人。做好州委中心学习组的服务协调，加强对县市和州直部门中心学习组的检查指导，编发学习参考资料 56 期 5500 余册，着力办好《凉山党建》和《凉山日报・论坛专刊》。深化“六个一”学习模式，共召开中心组专题学习会议 14 次，特邀专家作辅导讲座 6 次，辐射带动各级党员干部开展基层实地调研 3100 余次、专题讨论 5000 余场。

【新闻宣传】　2014 年，州委宣传部紧密结合当前国际国内新形势，紧紧围绕全州经济社会发展工作中心和大局，组织指导州内各级各类新闻媒体开设专栏、专题，按照“五位一体”原则，认真做好中央省州全会精神宣传，认真做好开展党的群众路线教育实践活动宣传，深入宣传推进依法治州、建设法制凉山各项工作；组织协调中央、省级和州内媒体广泛宣传“木里实践”的六大类基本经验和二十条具体做法；精心组织第十五届西博会、2014 西昌邛海湿地国际马拉松赛、在北京举办的“凉山彝族自治州成就展”等重大宣传活动；大力宣传报道各地落实“两个责任”加强党风廉政建设工作的好做法、好经验和涌现出的先进典型，宣传报道腐败典型案例，开展警示教育，营造党风廉政建设良好舆论环境。同时继续加大对扶贫攻坚、禁毒防艾、社会主义核心价值观、彝家新寨建设、食品药品安全等十六个方面的宣传报道，营造安定和谐、繁荣发展的舆论环境。

【网络管理】　2014 年，州委宣传部以构建大网络大舆情全媒体工作格局为目标，切实加强互联网宣传管理，加强中国凉山彝州新闻网、凉山新闻网等一批州级重点新闻网站建设。大力发展凉山手机报，办好、用好“五彩凉山”信息微博发布厅、微信公众账号。加强网站分级分类管理，大力整治网络乱象，开展“剑网 2014”等互联网专项整治工作。加强网络舆情的管控、引导，建立网上舆论引导工作“台账”和考评制度，初步建成州上 50 人、各县（市）20 人左右的骨干网评员队伍。加大社会热点舆情信息的预警和研判力度，深化反腐倡廉网络舆情联席会议制度。建立健全监看、研判、预警、处置“四位一体”工作机制，全州各县市网络舆情中心组建工作已全部完成，初步建立一支覆盖全州的网络舆情监控和处置队伍。

【思想文化】　2014 年，州委宣传部以践行社会主义核心价值观为统领，加强课题调研，形成调研课题 42 个，其中 1 个获全国三等奖。充分发挥爱国主义教育基地的宣传教育作用，组织群众和青少年学生积极参加纪念活动。通过媒体和户外广告加强核心价值观“二十四字”宣传；通过开展读书活动、志愿服务活动、文艺演出、文艺创作、流动文化惠民服务等，加强核心价值观实践。艺术感恩大地“千乡播梦”演出 66 场演出，“月城之春”惠民音乐会举办 154 场，民族歌舞剧《彝红》在第二届中国歌剧节上荣获优秀剧目二等奖。持续深入开展“三下乡”活动，举行“新华杯”知识竞赛等活动，设立“凉山好人榜”，开展“沃野传廉声・清风送万家”廉政文化大下乡活动，全面推进社会主义核心价值观落地生根。

【精神文明】　2014 年，州委宣传部深入推进“富在彝家”“乐在彝家”“学在彝家”“康在彝家”“美在彝家”工作，巩固和深化彝区健康文明新生活运动。深入开展公民道德建设实践活动，共有 1 人荣获“中国好人”称号，8 人荣获“四川好人”称号，20 余人荣登“凉山好人榜”，评出州级“最美家庭”38户，1户家庭当选四川“最美家庭”，1户家庭当选全国“最美家庭”。不断强化未成年人思想道德建设工作，全年全州中小学共举办各类主题教育活动5500多场次，参与学生达181.4万人次，加强校园周边环境整治，上级支持建立和在建乡村学校少年宫88所，自建141所。以“学习雷锋——邻里守望”等主题志愿服务活动为载体，广泛开展城乡志愿服务，全年全州共开展各类志愿服务活动10万余次，参与志愿者达60余万人次，提供服务咨询6万余次。

【文化产业】　2014年，州委宣传部充分履行州委深化文化教育卫生和科技体制改革专项小组职责，明确专项小组的机构设置、职责分工、会议程序、办文制度等，建立规范的运行机制，深入开展调研工作。会同有关部门积极做好凉山州文化旅游发展集团的组建筹备工作，积极推进州新华书店系统文化体制改革，全面完成四川省有线广播电视网络公司凉山分公司机关事业人员安置和身份转换工作。积极做好文化产业项目的申报工作，申报2014年中央文化产业专项资金项目4个，申报资金4200万元。制定《凉山州幸福美丽新村（社区）文化院坝建设工作实施方案》，省州共计下拨补助经费190万元，试点建设23个幸福美丽新村（社区）文化院坝。

【队伍建设】　2014年，州委宣传部以领导班子开展群众路线教育实践活动为契机，紧紧围绕“三严三实”要求，加强干部队伍建设。深入开展“走基层、转作风、改文风”活动，持续推进“三项学习教育”活动，扎实开展治理“庸懒散浮拖”活动，不断加强党风廉政建设工作，组织中层以上干部层层签订年度党风廉政责任书。同时加强教育培训，选派1名部领导和3名基层县（市）委常委、宣传部部长参加中宣部举办的培训班，组织县市宣传部和州级宣传文化系统40人到中国上海浦东干部学院进行为期5天的宣传业务理论学习培训，着力打造一支“政治强，业务精，作风正，纪律严”的宣传思想文化队伍。

【群教活动】　2014年，州委宣传部在开展党的群众路线教育实践活动中，每周组织2次集中学习，集中开展群众路线怎么走、改进作风怎么办等专题讨论，把心思和精力集中到贯彻落实州委决策部署上来，提高参与教育实践活动自觉性和主动性。广泛征求党员干部群众意见建议，累计召开专题座谈会3次，支部学习讨论会21次，个别访谈76人次，发放无记名调查问卷313份，梳理出涉及班子及班子成员在“四风”方面意见和建议共计15条。班子及成员对照“四面镜子”，认真对照检查，深刻剖析原因，班子对照检查材料累计修改9次以上，个人对照检查材料修改10稿以上，对照检查中，5名班子成员共查摆问题140多个。针对查摆出的问题和需要完善的制度，开展“10+X”专项整治，改进完善14项制度，新建立6项制度。

【帮扶工作】　2014年，州委宣传部调整充实“挂包帮”工作领导小组，科学制定《2014年挂包帮工作规划》，领导班子成员6次深入到定点联系的盖租乡、回项村调查研究帮扶事宜。结合领导干部“五个一”、群众路线教育“走基层”活动，精心组织落实“挂包帮”各项工作。协调资金50万元，解决盖租乡回项村人畜饮水问题。协调联系专项教育经费划拨60万元修缮盖租乡回项村小学。干部职工筹集“一帮一”现金5000余元，机关出资将价值2万余元的大米、棉被、食用油等必需品送到贫困户手中。协调4头优良种猪，向广大贫困村民提供花椒、核桃各10万株，培育群众新的增收点。班子成员每人联系3户特困户，各科室负责人和党员干部每人联系1户特困户，实施“暖冬”行动，为盖租乡困难群众赠送1000只鸡，向回项村困难户每户提供1床棉被、25千克饲料等家居用品。

（审核：陈甫林/撰稿：宋兴龙）

统战工作

【概况】 2014年，凉山州委统战部牢牢把握大团结大联合主题，着力服务全面深化改革，着力破解重点难点问题，把改革创新贯穿统一战线各个领域各个方面，全面深入推进依法治州和从严治党各项工作，不断提高统战工作制度化、科学化水平，最大限度地凝聚人心、汇集力量。

【开展学习活动】 2014年，凉山州委统战部按照州委统一部署，专门召开部务会，结合全州统一战线工作实际，就开展党的群众路线教育实践活动进行认真研究部署，注重抓好州委统战部中心组专题学习会，领导班子成员率先垂范带头学习搞好“个人自学、集中研学、宣传促学”，上带下动形成浓郁的学习氛围，结合各自学习工作情况撰写心得体会，并在集中学习会上作交流，收到较好的效果。多次组织干部职工认真学习习近平总书记系列重要讲话和省委书记王东明、州委书记翟占一等领导对群众路线教育实践活动的有关讲话精神和州教育实践活动领导小组的相关要求；学习焦裕禄精神和兰辉、菊美多吉等先进典型。认真组织干部职工学习贯彻党的十八大、十八届三中、四中全会精神。在学习中，特邀州委党校副校长罗玉林以《新时期党的群众路线》为题，从中国共产党群众路线的历史演变、群众路线教育实践活动的要求、党的群众路线教育实践活动要解决的问题、树立为民务实清廉新形象和民生问题等进行系统的阐释和深入的解读；邀请全国政协常委、州人大常委会原主任阿什老轨作题为《深刻领会十八大精神、推进民企社会诚信》的报告；州委常委、州委统战部部长达久木甲分别作题为《实现伟大中国梦与凉山民营企业家》《做守法诚信的民营企业家》的报告。

【民主党派工作】 2014年，凉山州委统战部健全政治协商机制，进一步推进协商民主广泛多层制度化发展。在无党派人士中开展坚持和发展中国特色社会主义学习实践活动和在非公有制经济人士中开展以“信念、信任、信心、信誉”为主题的理想信念教育实践活动；深入学习贯彻省委十届四次、五次全会精神和州委七届五次、六次全会精神，深刻领会省委、州委关于巩固和壮大统一战线的新要求，进一步筑牢谱写中国梦凉山篇章的政治共识。制定贯彻落实《凉山州依法治州实施意见》的实施方案，要求全州统战系统和统一战线广大成员全面落实依法治国基本方略，坚持用法治思维和法治方式深化改革、推动发展、化解矛盾、维护稳定，为统一战线服务全面深化改革、构建和谐社会提供有力保障。认真组织各民主党派州委、州工商联、无党派代表人士参加州委、州政府召开的《政府工作报告》（讨论稿）、《中共凉山州委关于贯彻落实党的十八届三中全会精神全面深化改革的决定》（讨论稿）征求意见会，提出修改意见建议共50余条。州委、州政府召开和委托州委统战部召开的征求意见会5次，情况通报会7次。年初召开的中央、省、州“两会”上，各民主党派提交提案、议案204件，其中集体提案116件，个人提案88件，被州政协列为重点提案10件。与各民主党派州委协商确定2014年12个重点调研课题，协助州委召开2013年民主党派、工商联调研成果汇报会，州委、州政府主要领导和州级相关部门负责人专题听取民主党派调研成果汇报，州委主要领导亲自签批督办调研报告10篇；州政府形成《关于统一战线调研成果转化落实情况的报告》上报州委；各民主党派共有30多人次参加各类视察、调研活动并就有关工作提出意见建议50多条。各民主党派、工商联累计捐款捐物700余万元，发放科普、卫生资料5000多份。

【党外代表人士队伍建设】 2014年，凉山州委统战部进一步健全完善党外干部工作联席会议制度、党外代表人士队伍建设责任制，形成在州委统一领导下，组织、统战等部门共同参与的“六共同”党外干部培养选拔工作机制。认真抓好17县市和州级部门副科级以上党外干部的发现储备，加强学校、科研单位、国有企业、新社会阶层、新经济组织中素质高、影响大、代表性强的党外人士的物色培养，形成从基层一线培养党外代表人士的工作链。分领域、分层次建立民主党派、无党派、少数民族、宗教、非公有制、港澳台海外同胞6个领域副科级以上的党外代表人士和党外后备人才信息库，实行动态管理。对全州县处级及以上、副科级无党派干部进行分类登记储备。建立县处级无党派重点人物数据库，形成一支规模适度、结构合理、分布广泛的无党派代表人士队伍。选派37名党外干部和15名统战干部参加中央、省社会主义学院等院校的学习培训。在州社会主义学院举办第7期党外中青年培训班，17县市、州级相关部门、各民主党派的48名党外中青年干部参加培训。各县社会主义学校分别举办党外干部培训班10期，共计培训县处级党外干部50人次、科级党外干部500多人次。认真做好部机关公招、遴选工作人员工作。2014年完成州委藏区办4名工作人员的招录，其中公招2名、遴选2名。2015年4名工作人员均已到岗。

【民族宗教工作】 2014年，凉山州委统战部深入开展民族团结进步宣传教育进社区、进学校、进企业、进机关宣教活动，大力宣传贯彻党的民族宗教政策和《民族区域自治法》，深入开展民族团结进步宣传教育进社区、进学校、进企业、进机关活动。认真组织开展民族团结进步宣传月活动。凉山州有两个县市党委、3名干部分别被国务院授予民族团结进步模范集体和模范个人称号。把寺庙依法管理作为法制建设的重要内容，积极开展“法律进寺庙”活动，加强法制宣传教育，配套和完善规章制度。扎实开展和谐寺观教堂创建活动，加强宗教活动场所民主管理。全年组织开展各类培训28期，1500人次参训。选派12名僧人到凉山卫校参加2013级乡村医生中专学历培训班学习。投入资金改善藏区寺庙基础设施和社会服务条件。举办历时20天的凉山州首届僧伽培训班，50余名僧尼参加培训。

【经济联络工作】 2014年，凉山州委统战部深入开展以“信念、信任、信心、信誉”为主要内容的非公有制经济人士理想信念教育实践活动。进一步做好政治安排工作，最大限度地为非公有制经济人士提供更多参政议政机会。会同州工商联、州经信委、州投资促进局、凉山日报社举办“首届凉山十大经济人物”评选活动。州委统战部、州工商联联合组织，采取州、县市联动的方式，在全州范围内对影响非公有制经济发展的“三门”问题（“玻璃门”“弹簧门”“旋转门”）进行专项调研，共发出问卷2050份，收回1830份，走访企业215户，召开各类座谈会76次。向州委、州政府提出建议意见。在州属新经济组织中广泛开展以争创“五个好”党组织为主要内容的创先争优活动。表彰10个先进基层党组织、15名优秀党务工作者、30名优秀共产党员。2名州工商联民营企业家副主席被评为凉山州第四届劳动模范。在全州35个乡镇（街道）建立完善基层商会组织，充分发挥商会作用，为企业引进人才、技术和资金牵线搭桥，推动企业健康发展。资阳商会党支部向越西县板桥乡广河村小捐资10万元的校服和一批学习用品。第三届光彩事业促进会安排理事97名，其中非公有制经济人士占76名，推荐7名非公有制经济人士为省光彩事业促进会下届副会长、常务理事和理事候选人。协调省光彩事业促进会投资34万元为雷波县谷米乡岩峰村解决群众饮水困难问题。州海外联谊会进行换届，安排理事共56名，充实领导班子，畅通做好海外统战工作的渠道。还推荐2名留美人员为四川省欧美同学会理事，进一步扩大海外统战工作队伍。协助完成中华海外联谊会在昭觉县援建10个新农村“海联”卫生室。

【自身建设】 2014年，凉山州委统战部坚持把服务大局、提升能力、队伍建设作为重要抓手，注重服务大局与自身发展相促进、全面推进与重点突破相协调、系统资源与外部资源相整合，加强理论政策创新和实践创新，围绕统一战线工作重点、难点问题开展调研。下发《关于加强我州统一战线和多党合作事业宣传工作的意见》，要求县（市）党委宣传部将统一战线和多党合作事业的宣传纳入党委宣传工作的总体部署和年度宣传工作要点，纳入季度宣传工作策划和工作通报，加大统战工作宣传力度。加强向省委统战部、州委办的信息报送工作，发挥好信息工作在扩大宣传影响、展示特色亮点工作、及时反馈有关情况、服务领导决策等方面的重要作用。按照省委“两个决定”和《中共凉山州委关于建立健全作风建设长效机制的实施意见》《中共凉山州委关于认真贯彻“三严三实”要求进一步加强党员干部教育管理监督的实施意见》等文件要求，贯彻落实“两个责任”、加强作风建设，深化“四风”专项治理。大力加强制度建设，提高制度执行力，推动统战工作制度化、规范化、程序化。加强统战重点工作督查，推进督查工作制度化、常态化。严格落实廉洁从政各项规定，强化“一岗双责”，健全党风廉政建设责任制，切实做好反腐倡廉工作。严格执行中央“八项规定”和省委、州委“十项规定”，认真贯彻落实《党政机关厉行节约反对浪费条例》。进一步精简文件简报和会议，压缩行政开支和“三公”经费，着力建设节约型机关。州委统战部班子成员赴 17 县市、基层统战组织、扶贫联系点调研 60 余人次，为群众解难事、办实事 50 余件，累计协调落实项目帮扶资金 86 万元。由州委统战部、州工商联、州关心下一代工作委员会联合举办“民企五月爱心行、真情关心下一代”公益活动，为“凉山关心下一代基金会”共捐善款 185. 8 万元。

【荣誉】 2014 年，州委统战部被省政府授予“民族团结进步模范集体”称号；州委统战部被评为民主党派工作、民族宗教工作、非公有制经济代表人士工作、党外知识分子工作、统战调研工作、统战宣传工作六项工作先进单位；荣获 2014 年度全省统战信息工作先进单位称号；荣获 2014 年度凉山州档案先进集体；荣获 2012—2014 年度凉山州保密先进集体；凉山州《坚持“两真两严”推进木里藏区跨越式发展和长治久安》获 2014 年度全省统战工作实践创新优秀成果奖、《加强和改进新时期基层统战工作的调查与思考》获 2014 年度全省统战理论政策研究优秀成果三等奖。罗晓英被省委统战部评为优秀信息员；郭涛被州委评为“民族团结进步模范个人”。

（审核：高旦珠/撰稿：陈敏）

州直机关党建工作

【概况】 2014 年，州直机关工委紧紧依靠机关各级党组织和广大党员干部，认真贯彻党的十八大、十八届三中四中全会、省委十届四次全会、州委七届六次全会和中共中央总书记习近平系列讲话精神，坚持服务中心、建设队伍这个核心任务，认真开展党的群众路线教育实践活动，贯彻“三严三实”要求，聚精会神抓好机关党的建设，扎实推进机关党的思想建设、组织建设、作风建设、反腐倡廉建设和制度建设，圆满完成机关党建各项目标任务，为实现全州经济社会民生发展提供坚强保证。

【思想建设】 以党的群众路线教育实践活动为契机，州直机关工委和州直各部门坚持把学习贯彻党的十八大和十八届三中、四中全会精神，学习中共中央总书记习近平系列讲话精神作为首要政治任务。州委七届六次全会召开后，及时传达学习，掀起贯彻全会热潮，开启依法治州、从严治党的新征程。加强机关党建理论工作。确定 2014 年党建课题研讨的五个重点课题。征集到 230 余篇党建理论研讨文章，并将优秀获奖文章汇编成册。

【作风建设】 2014 年，全州上下以国家扶贫开发重点县 276 个极度贫困村、非国贫县贫困村对口定点扶贫工作全覆盖作为重点，深化

"挂包帮"活动，继续实施百乡教育扶贫工程。年度实施帮扶项目1891个，累计投入资金18.8亿元，其中干部职工及社会捐助6274万元。共新建、改建村级公路3624千米，实施蓄水保水工程935个，新建、整修蓄水池2863口、渠道1327千米；发展优质粮油4.07万公顷、优质果树2.13万公顷，发展养殖户11.2万户；新建居民聚居点216个，新建、改建、维修学校368所、卫生院所79个、村活动室584个，新建农民书屋563个、垃圾处理池1547个，改水改厕8276户，并解决11546户村民饮水困难，帮扶活动受益农户达25147户。

【组织建设】 开展党的群众路线教育实践活动。紧紧围绕保持党的先进性和纯洁性，以为民务实清廉为主要内容。以贯彻落实中央八项规定、省州委十项规定为切入点，以严的标准、严的措施、严的纪律为重点，以"树立为民务实清廉新形象，争做州级机关率先垂范的排头兵"为主题，切实加强全体党员马克思主义群众观点和党的群众路线教育，集中解决"四风"问题以及群众反映强烈的突出问题。按照开展"四型"党组织创建活动的要求，进一步明确"四型"党组织创建标准，坚持把创建活动与领导班子创"四好"活动、基层党组织分类提升等有机结合，统筹推进。开展机关党组织和党员到社区"双报到"活动。机关各党组织和在职党员主动到社区报到，党组织到单位驻地社区报到，与社区积极开展各种结对共建活动，为社区提供各类志愿服务，参与社区建设。完成2013年度目标考核管理作。对州直机关93个部门（单位）党风廉政建设、"四好"班子建设和机关党建工作进行年度考核。

【队伍建设】 召开州直机关2013年度党组织负责人述职报告会，州委办机关党委等10名党组织负责人集中向工委进行述职。首次和省直机关党校合作，组织50名机关专兼职党务干部到省直机关党校培训。与州委党校联合对州直机关133名入党积极分子进行培训。

【反腐倡廉建设】 以加强机关作风建设为重点，以开展惩防体系建设、正风肃纪、庸懒散奢、"两个责任"专项督查等各项工作为抓手，全面有效推进州直机关党风廉政建设和反腐败工作。在2014年州直98个部门党风政风行风群众满意度及绩效管理社会评价中，平均得分87.78分，较2013年增加3.06分，同比增长3.61%。全年给予州直机关违纪人员党纪处分2人，向上级纪委提出处理意见7人；组织专门力量就上级交办的19件信访积案进行初核和信访约谈。初核信访积案19件，约谈群众来信来访反映强烈的州直机关单位领导干部5人。加大查办案件力度。登记信访案件126件次，案件线索初核25件，立案登记2件。

【制度建设】 巩固党的群众路线教育实践活动成果，建立长效机制，2014年州直机关工委共修订制度19个，废止9个，修改13个、新订立6项制度，并汇编成册。开展《条例》《实施细则》和《州委意见》贯彻落实情况督促检查工作。

【统战、群团工作】 共协助5个工会进行换届选举，新建立工会1个。有效促进基层工会组织建设，增强基层工会的战斗力。举办州级机关第九届职工运动会、2014年州级机关全民健身职工游泳比赛、州级机关周末篮球联赛，组织99个州直部门6200余人参加"2014西昌邛海湿地国际马拉松赛"的"迷你马拉松比赛"，向全国人民展现凉山州州直机关广大干部职工的良好精神风貌。

【自身建设】 做好发展新党员和预备党员转正工作。2014年审批发展新党员11名，转正预备党员11名。并对一名高校转入挂靠机关党组织转正的党员材料予以退回重审，严把党员入口。完成机关党组织换届审批工作，共协助23个机关党组织进行换届和调整补充，有效促进机关党组织的班子建设，增强基层党组织的战斗力。投入8.35万元资金，开展走访慰问老党员、贫困党员工作。进一步加强机关离退休党支部建设。推动“进机关”活动向广度、深度拓展。2014年，州直部门上报党建信息1300余篇，编发上网180多条。媒体多次宣传工委工作，其中《凉山日报》33次，凉山电视台10次，《时代先锋》杂志宣传8次、四川机关党建网站宣传28次。在《凉山日报》开设“凉山党建”栏目，完善充实机关党建网，建好机关党建宣传阵地。2014年，荣获2010—2013年度全州思想政治工作先进集体、荣获第七次民族团结进步模范集体单位，受到省直工委表彰2014年度全省城乡环境综合治理“进机关”活动先进。

（审核：杨太荣/撰稿：王佳）

机构编制

【概况】 2014年，州委编办认真贯彻党的十八大和十八届三中、四中全会精神，坚持科学发展、加快发展工作指导思想，深化政府职能转变和机构改革，推进事业单位分类改革，强化机构编制管理，不断加强机关自身建设，圆满完成省委编办下达的和州委、州政府交办的各项工作任务，为凉山州深入实施“三大发展战略”，实现同步全面小康“三级跳”第二级跨越良好开局提供切实有效的体制机制保障。

【政府职能转变和机构改革】 按照中央和省上要求，结合凉山实际，突出地方特色，整合县以上卫生行政部门、人口和计划生育部门的机构和职责，整合农业、畜牧、水产渔政行政管理职责，整合扶贫开发和移民工作职责，将现行工商、质监机构由省级以下垂直管理改为由各级政府分级管理，为同级政府工作部门。依托现有政务服务平台，整合工程建设项目招投标、土地使用权和矿业权出让、国有产权交易、政府采购等平台，建立统一规范的公共资源交易平台。改革后，州政府工作部门不超过32个、挂牌机构不超过10个，规模较大的县（市）政府工作部门不超过24个，中等县不超过23个，县级挂牌机构不超过8个。州、县两级政府均不设部门管理机构，州级行政编制和各类专项编制不突破中央核定的总额，事业编制总额以2012年年底统计数为基数只减不增，财政供养人员只减不增。减少领导职数，非领导职务严格按规定配备。全面清理编外人员，从严规范并妥善处理编外用人问题。综合设置州政府各部门及内设机构，从严控制人员编制，确保部门内设机构和人员编制不超过改革前的数额。

【事业单位分类改革】 坚持按照政事分开、事企分开和管办分离的要求，以促进公益事业发展为目的，以科学分类为基础，以深化体制机制改革为核心。2014年，凉山州及时修改、完善和上报事业单位分类方案，如期完成行政类事业单位备案和17县（市）行政类事业单位的备案批复。首批公益一类4451个，公益二类90个，生产经营类6个，达到纳入分类事业单位总数的86.3%。已撤销生产经营类事业单位2个；结合政府机构改革，撤销行政类的凉山州水产渔政局，将其行政职能划入凉山州农牧局；将17县（市）具有行政管理职能的事业单位整合归并到行政机构，如粮食局、体育局、旅游局和投资促进局等。严明纪律，严格执行有关机构编制、干部人事和财经工作纪律，切实保证分类推进事业单位改革顺利进行，为实现改革的总体目标奠定坚实基础。

【经济发达镇体制机制创新改革】 成立以州委编办为牵头部门的经济发达镇行政管理体制改革试点工作指导小组，涵盖组织、农办、发改、公安、民政、财政、人社、国土、环保、住建、法制等相关部门，明确职责分工，加强工作指导，强化政策支持。在组织人员赴成都市新津县花源镇、达州市大竹县庙坝镇考察学习先进经验的基础上，结合凉山州实际，研究制订《凉山州经济发达镇行政管理体制改革试点工作指导意见》。通过下放管理权限、优化人员配置、推进事权与财权相匹配、创新服务模式、完善运行机制等措施，健全试点镇工作运行、干部管理、履行职责、协调沟通等机制，激发自身发展活力，加强镇党委政府科学化、规范化、制度化建设，进一步探索与全州乡镇实际相结合的具有普遍意义的经济发达镇行政管理体制改革道路。

【行政审批制度改革】 深化行政审批事项清理，全面取消年检年审，对373项州级行政审批事项逐一核对清理，最终仅保留44项、精简率高达88%。累计清理非行政许可审批事项82项。建立完善权力运行机制。配合州法制办等部门认真清理规范行政职权目录，对5971项州级行权事项、65425项县市行权事项所涉及的权力依据、外部流程、服务信息等进行审核确认。推进公共资源交易集中、规范、高效运行。成立州公共资源交易服务中心，整合工程建设项目招投标、土地使用权和矿业权出让、国有产权交易、政府采购等职能，制定公布公共资源集中交易目录，完善交易制度和服务标准。开展规范行政执法行为工作。配合州监察局、州法制办于2014年3月至11月对全州行政机关及行政执法类事业单位开展行政机关不规范执法行为的清理工作，对行政执法不规范、行政执法权力交叉、多层执法、多头执法等问题进行分析，探索解决问题的办法。

【机构和人员编制核查工作】 2014年6月至11月，州委编办严格按照中央、省、州有关要求，以“四清”（机构清、编制清、领导职数清、实有人员清）“两对应”（具体机构设置与按规定审批的机构相对应、实际配备人员和财政供养人员与批准的编制和职数相对应）为基本目标，以“严格核查、严肃纪律”为基本要求，以机构编制实名制系统为基本平台，联合组织、人社、财政、审计、监察等部门，依照单位自查、联合审核、公示监督、信息汇总四个步骤，重点突出“真实、准确、完整”，始终做到“五个到位”（业务培训到位，单位自查到位，比对信息到位，公示监督到位，审核确认到位），共整理机构编制审批文件8431件，装订基础档案3368卷，实地核查单位3712个，占机构总数56%，对既在事业单位担任主要领导又在行政单位兼（任）职的16人进行清理规范，行文明确事业单位领导职数164个，对在行政机关不具备公务员身份的2人进行清理，对州级14名兼职领导分情况予以免职规范。通过核查，及时更新实名制信息平台数据，全面摸清全州机构编制底数及存在问题，进一步规范机构编制管理，盘活机构编制资源，严肃机构编制纪律。

【机构编制突出问题整治】 按照省委编办通知要求，州编办抓早动快，及时成立工作领导小组，研究制定《全州开展机构和人员编制突出问题整治工作的通知》和《整治工作实施方案》，明确整改内容、完成时限和整改责任人。按照“查找问题准、整改措施实”的原则，联合组织部门认真开展机构编制突出问题专项整治。整治中重点突出中央巡视组反馈的擅设职位、设置机构不报批、超限额设置机构、挂牌机构实体化、超限额核定领导职数、条条干预等六个方面问题和核查中发现的擅自设立内设机构、已到龄未办理退休手续、行政事业交叉任职、在编不在岗等问题，逐一逐条进行对照检查，并认真分析问题原因，制定整改措施，构建长效机制，达到预期目的。

【机构编制日常管理】 加强机构编制前置管理。严格执行机构编制“三个一”工作纪律，坚持审批机构编制事宜先行调研、控编5%、按程序报批进人、用编等制度。2014年审核州县行政机关公招、遴选工作人员用编162名，审核全州政法系统公招用编365名，乡镇公招公务员用编386名，州级事业单位公招遴选用编208名。强化实名制管理，制定下发《关于加强州级机关事业单位机构编制实名制管理的通知》，进一步明确上下编手续和机构编制事项调整手续办理必须在30个工作日内完成，有效解决上下编不及时、机构编制事项调整不及时、人员信息不准确的问题。2014年共办理州级行政事业单位上编492人，下编499人。认真研究制定控编减编工作方案。结合实际，按照

"严控总量、盘活存量、优化结构，增减平衡、分级负责"的原则，研究制定控编减编工作方案，制定下发《关于进一步强化管理严禁超编进人的通知》，确保编制和财政供养人员只减不增。规范乡镇公务员招录用编审核程序。会同州委组织部、州人力资源社会保障局研究制定出台《关于严格乡镇招录人员编制审核的通知》，规范乡镇编制的管理和使用、报批程序，严格乡镇招录人员的要求，有效推进乡镇人员招录工作的规范化、程序化。坚持动态调整。收回部门行政编制3名、乡镇周转编制4名；为州级相关部门增加"四大班子领导"单列管理行政编制；根据职责变化及工作需要增加州级相关部门行政编制；为经济发达镇体制机制创新提供保障，新增试点镇行政编制。

【事业单位登记管理】 加强宣传，强化服务，依法对全州事业单位登记年检。2014年全州新增注册域名230个，续费域名580余个。全州具备独立法人条件的事业单位中已登记事业单位4928个，已登记数占全州事业单位总数的98.6%，年检合格的事业单位4884个，暂缓年检44个，年检率为99.1%；设立登记事业单位51个，注销登记事业单位21个，变更登记事业单位616个。组织全州17县市开展网上登记工作，网上登记事业单位4907个，网上年检合格的事业单位4613个，网上年检率为94%。全州对设立、变更、注销登记的事业单位，严格按照《条例》的有关规定及时在相关网站及报刊上进行公告，公告率达到100%。

【自身建设】 扎实开展群众路线教育实践活动。一是采取组织集中学习学、专家辅导学、正反教育学、专题讨论学、多种活动配合学等方式将学习教育贯穿活动始终，进一步增强党员干部的思想自觉、行动自觉和实践自觉。二是通过个别谈话、召开座谈会、寄送《征求意见表》、制定征求意见箱和开通专线电话等多种形式广泛征求上级主管部门、下级系统单位、工作服务对象、普通干部职工和离退休人员的意见建议。三是注重立查立改。及时对征求到的意见建议和班子自身查找出的问题进行梳理，采取群众评、领导点、大家讲、个人做的方法制定整改措施，明确整改责任人和整改时限，进一步规范学习制度、会议制度、调研制度和上下班制度等，有力促进机关作风转变。积极开展"走基层"活动。扎实建好民生诉求、困难群众、稳定工作"三本台账"，始终坚持扶贫工作"五送""四帮助"，向曹古乡扯羊村213户贫困建卡户送去价值25000余元的大米、食用油，向10名困难党员每人发放300元慰问金；向基层群众就党的十八届四中全会、省委十届五次全会和州委七届六次全会精神进行面对面、一对一、心交心的宣传宣讲；协调20万元资金修建水利设施，解决扯羊村5组、7组村民人畜饮水困难；投入10万余元资金完成扯羊应林希望小学学生食堂标准化建设；积极协调马来西亚《星洲日报》，为扯羊小学70名贫困学生送去4.9万元助学资金，捐款3000元用于购置学习体育用品；向曹古乡扯羊村应林希望小学全体教师送去20多床保暖棉被，"挂包帮"工作受到州委、州政府表彰。深入开展正风肃纪活动，扎实开展庸懒散浮拖问题专项整治，狠刹工作不落实、服务不主动、办事推诿扯皮等不良风气。继续贯彻执行中央"八项规定"、省州"十项规定"，对单位制度进行"立改废"，共新增2项、合并12项、废除3项制度，建立起结构更加合理、配置更加科学、程序更加严密、制约更加有效的权力运行机制。积极开展党员"双报到"、服务进社区活动，充分发挥党支部的战斗堡垒作用和党员的先锋模范作用，圆满完成各项工作。

（审核：屈炜/撰稿：林彰宏）

政策研究

【概况】 2014年，州委政研室围绕州委中心工作和全州发展、民生、稳定"三件大事"，紧扣州委重大战略、重大决策、重大政策和重大举措，以深化改革和政研调研两大核心工作为重点，积极进取、求实创新、主动作为、当好参谋。全年完成政策性文件、领导讲话及署名文章、研究课题、调研报告等117件，审改各类文稿260余件，编印各类调研文集8本，组织、协调在各级刊物发表文章70余篇。2014年，州委政研室下设秘书科、政治科、经济科，州委改革办设于政研室。班子成员包括州委副秘书长、政研室主任、改革办常务副主任马孝林，副主任李建军（1—7月），副县级纪检员潘化荣（1—7月），副主任潘化荣（8—12月），副县级纪检员冷炳才（7—12月）。

【改革办工作】 2014年，州委政研室牵头组织起草《州委关于贯彻落实党的十八届三中全会精神全面深化改革的决定》，经州委七届五次全会审议通过，明确凉山州全面深化改革的行动纲领和路线图。协调对接落实《贯彻州委七届五次全会重要部署责任分工方案》，汇总研究提出《2014年改革工作要点》，把有利于稳增长、调结构、惠民生、防风险的改革举措往前排，确定184项年度改革任务，明确近期推进126项、先行试点25项、深入研究33项。精心做好7次领导小组会议的筹备工作，协助协调各专项小组、州级相关部门制定实施依法治州、深入推进农村改革加快发展现代农业、国资国企改革、大凉山彝区教育振兴行动计划等37个专项改革方案，对全州改革发挥支撑牵引作用。牵头研究制定领导小组、专项小组、改革办工作规则和细则，经领导小组研究通过后实施。协调配合各专项小组建立改革工作机制，各县市、州级部门成立改革领导小组及相关机构，建立改革责任机制，推动改革工作规范运行。探索建立专项小组、改革办、部门、县市之间的沟通协调机制，健全落实例会制度、联络员联席会议制度等，召开6次联络员会、县市改革办座谈会、研讨会，协调落实改革相关工作。制定专项改革方案备案机制，提出26个备案参考目录，跟踪了解执行情况，督促协调专项小组、相关部门完成备案37个，州委改革办向省委改革办备案19个。建立定期向省委改革办汇报工作机制，先后4次专程到省委改革办对接工作、争取支持，省委改革办对凉山州改革工作给予充分肯定和高度评价。坚持问题导向，积极协助、服务州级领导牵头开展“全面深化改革　追赶跨越发展　谱写凉山同步全面小康建设新篇章”“着力突破四大瓶颈 助推凉山转型跨越”等重大、关键改革问题研究，探索凉山州改革方向、重点难点、方法路径等。整理印发全国国资国企改革、农业农村改革等方面18条经验做法供全州学习借鉴，编发改革动态32期、上报改革专报24期，其中6篇被《四川改革动态》采用并印发全省学习交流。建立改革工作台账管理制度，将年度改革任务分解落实到州级责任部门、各县市，制定执行改革推进情况季报、半年报、年报、专项任务及时报告制度。建立改革任务分阶段调研评估机制，对深化国资国企改革、攀西试验区建设等25项重点改革任务进行督查调研，梳理57项改革试点，重点督促推动25项年度改革试点工作。加强协调对接，及时将深化改革工作纳入全州年度综合目标绩效考核，探索建立考核机制，县市按3个板块12个项目实行加分制考核，州级部门按3个项目实行扣分制考核。促进全州9个领域改革工作积极、稳妥、扎实、有效推进，184项年度改革任务落实到位。

【重大课题调研】 2014年，州级领导牵头开展《加快民族地区县域经济发展的实践与探索》《民族地区推进新型城镇化路径探索》等23个课题研究。政研室认真扎实做好课题选定、协调服务、文稿汇总等工作，同时，对一些课题提供意见建议和基础材料，协助完成调查研究、资料分析、文稿撰写等工作。所有课题在《调查与决策》《当代县域经济》《学习与研究》《领导参阅》《凉山经济》《凉山党建》等省、州刊物发表，其中州委主要领导署名文章《推动凉山在全省多点多极支撑发展格局中加快崛起》《加快民族地区县域经济发展的实践与探索》《全面深化改革　追赶跨越发展　谱写凉山同步全面小康建设新篇章》在省委政研室主办的《调查与决策》《四川改革动态》上刊发。

【课题研究】 2014年，州委政研室坚持围绕中心、服务大局，紧扣州委重大战略和重要工作，进行扎实调研、深入分析，形成调研成果，充分发挥以文辅政职能。形成《加快推进攀西战略资源创新开发试验区建设的探索与思考》《加快生态文明建设 打造幸福美丽凉山》《着力转学风改作风破“四风”努力为凉山追赶跨越发展谋好策服好务》等11篇课题研究成果，与州科知局等部门联合完成《加快三大“科技洼地”建设的实践与思考》等3个课题研究。对凉山州希望纳入“十三五”总体规划基本思路的重点改革和重点政策进行调查研究，形成《凉山州希望纳入“十三五”总体规划〈基本思路〉的重点改革和重点政策建议》。

【文稿服务】 2014年，州委政研室围绕州委七届五次全会、中央政研室调研汇报会、州委全面深化改革领导小组会议、全省民族地区加快县域经济发展座谈会及全州县域经济工作会、深化农村改革工作推进会、经济工作会等重要会议，高质高效完成《关于起草州委全面深化改革〈决定〉的说明》《州委全面深化改革领导小组会议讲话》《全省民族地区加快县域经济发展座谈会主持词、致辞、发言、讲话》和《全州农村改革发展工作建议》《全州2015年经济体制改革工作建议》等30余件文稿材料。优质服务州委领导在省、州有关会议上的讲话、发言、主持词等文稿材料，先后提供《加快民族地区县域经济发展的几点建议》《全州投资促进工作会议讲话》《在州委七届五次全会上谈全面深化改革的〈决定〉》等文稿20余件。

【信息服务】 2014年，州委政研室围绕州委州政府科学决策，加强信息平台建设，努力提供准确、快捷、有参考价值的信息服务。全年共编发《领导参阅》66期、《政研通报》7期，更新“凉山政研网”信息文章190余篇。编辑出版《学习与研究——凉山州领导干部调研文汇（2014）》《夯实底部基础 推进全面小康——加快发展凉山县域经济的探索与实践》，汇总州级领导、各县市、州级部门和室内的理论文章、课题研究成果等70篇。整理编印《改革开放再出发》2册、《全面深化改革资料选编》2册，汇总深化改革相关文件、工作制度、专项方案、经验材料等。

【“开放式政研”】 中央政研室政治研究局局长唐方裕，省委副秘书长、政研室主任冯键率调研组到凉山州调研，对全州工作给予高度肯定，认为凉山州工作思路新、特色产业发展好、发展势头迅猛，对凉山州各项事业留下深刻印象，特别是在为中共中央总书记习近平起草的“中央民族工作会讲话”中将“彝海结盟”作为民族团结的典范。绵阳、泸州、宜宾、内江、阿坝等市（州）委政研室（改革办）先后到凉山州就深化改革工作、政研工作学习经验、加强交流。继续将政研工作纳入综合目标绩效考核中，引导各县市、部门大兴调查研究之风；充分利用大专院校、研究机构、特约研究顾问、知名专家学者和州级部门、县市研究力量，建立多层次、广渠道、开放性调研工作体系，有效整合调研力量，完善调研网络，开展联合调研，形成“开放式政研”工作新局面。

【队伍建设】 2014年，州委政研室坚持不懈抓好干部队伍理论业务学习和实践锤炼，不断提升整体素质。优化干部队伍结构，州委新提任政研室副主任1名、定向考察推荐副主任1名、交流1名副主任到县上任职、交流1名副县级纪检专员到政研室任职，新提任科长1名、推荐1名干部到省委部门挂职锻炼、接收1名副县级军转干部，借调6名干部到改革办帮助工作。坚持高起点开局、高标准开展、高质量推进群众路线教育实践活动，认真贯彻落实省、州“两个意见”，严格执行中央“八项规定”和“省州十项规定”，从严从实反“四风”、转作风，积极为基层群众办实事、做好事、解难事，协调落实项目资金35万元，为对口帮扶的布拖县乌科乡洛呷村实施安全饮水工程和修建村道、入户道路。

（审核：马孝林　李文静/撰稿：姚大成）

保密工作

【概况】 2014年，全州保密工作以党的十八届三中、四中全会和中共中央总书记习近平系列重要讲话精神为指导，坚持保密工作为全州改革开放和经济发展服务的取向，团结带领全州保密系统，奋力拼搏，取得新佳绩，为“坚持科学发展，构建和谐凉山”发挥“保稳定、保发展、促和谐”的作用。

【基础管理】 定密管理、网络管理和涉密人员管理取得明显成效。全面落实定密管理制度，发布授权机关名录，举办300多人的定密管理专题培训。州委、州人大、州政府、州政协、州法院、州检察院开展主动授权工作，县市和州直各部门开展定密责任人确定和定密授权清理工作，全州确定定密责任人近1900人。组织开展网络核查清理工作，摸清全州涉密网络、非涉密网络基本情况。落实各项管理规定，加强涉密计算机和网络安全保密防护和管理。参与指导州检察内网测评审批工作，参与州政府协同办公平台建设、州住房公积金管理中心机房建设工程评审，参加西昌市党政网终端安全管理系统验收。结合保密要害部门部位确定工作，以岗定员，搞好涉密人员核查分类和确认。加强涉密人员管理，督促涉密单位保密机构、人员、经费、场所、工作职责的落实。建立涉密人员管理信息数据库，加强涉密人员动态管理，抓好上岗、在岗、离岗等环节保密监管。

【法规宣传】 以领导干部和涉密人员为重点，从强化保密意识、保密知识入手，广泛开展保密宣讲，筑牢思想防线，抓好预防工作。先后到州政协、州纪委、州委办、凉山监狱、州委组织部、州公安局、州招办、州法院、州供销社等单位开展保密宣讲。加强对州人社局和州公安局的保密宣传教育工作的指导，建立公务员初任和干警警衔晋升保密教育培训机制。全州组织开展《保密法实施条例》“宣传月”活动，举办培训班23次，发放宣传学习资料1万余册，上街宣传31次，悬挂横幅58幅，播放警示教育片44场，机关单位职工受教育面达90%以上。编制《凉山保密工作信息》17期，积极宣传凉山保密工作。开展警示教育，转发中保委、省委保密委关于全国全省泄密事件通报，并对2013年凉山州查处违反保密法律法规案件进行警示通报；举办保密技能培训1期，培训专兼职保密干部300余人；保密委主任讲保密专题党课，州县市各级各部门开展350场次，受教育3万余人。凉山州国家保密局等7个单位被评为全省保密工作先进集体，6名保密干部被评为全省保密工作先进个人。

【保密会议】 加强对全国全省保密工作会议精神贯彻落实，5月21日，州委常委、秘书长、州总工会主席、州委保密委副主任龙伟主持召开州委保密委员会全体会议，审议《中共凉山州委保密委员会2014年工作要点》，研究州委保密办、州保密局提请解决的机房建设、队伍建设、基础设施建设等问题。5月26日，组织召开全州保密工作会议。州委保密委员会有关领导，各县市委保密委员会主任（分管领导）、保密局局长，州直有关部门、州属有关事企业单位、垂管系统驻州有关单位分管保密工作的领导及具体承办保密工作科室负责人共计300余人参加会议。会议对2014年度保密各项重点工作进行全面部署。

【保密管理】 加强对党政机关和涉密单位的保密管理，开展2013年数据统计工作，摸清涉密单位、涉密载体、涉密人员、保密要害部门部位、涉密信息系统和信息设备的底数，做好全州保密管理数据库基础工作。加强保密要害部门部位动态管理工作，对多家单位重新变更，确认保密要害部门部位，组织开展保密要害部门部位保密管理专项检查，州、县市保密局重点抽查180多家单位。搞好涉密载体回收销毁工作，签订责任书107份，落实责任领导和责任人214人。集中清退2013年度中央、省委以及州本级密级文件，集中销毁文件资料2万余千克。加强教育、人事、财政、卫生、司法等部门组织的国家统一考试工作的保密监督和管理。依法报批涉密项目 2 件、密级鉴定 1 件，审批涉密定点维修单位 1 家，1 家企业通过现场军工保密资质审查认证。

【网络安全】　充分发挥保密部门保密服务和保障职能，全州配备计算机保密检查取证工具、存储介质信息消除工具、保密环境检测设备，对州委常委会议室，州领导办公场所，冕宁、德昌、西昌等县市高考考场等场所开展安全检测。举办保密技术专用工具培训，培训保密技术人员 60 余人，并到州级部门开展实战演练，保密检查能力得到整体提升。向州级相关单位和有关县市发出《保密工作建议书》《督查通知》30 份。充分发挥“五个平台”作用，形成管控、监测、预警、阻断、处置“五位一体”的常态工作机制。开展重要领域、重点行业的网络安全保密检查。2014 年全州共采集到基础数据 1.5 亿条。

【监督检查】　认真贯彻国家保密局《机关、单位保密自查自评工作规则（试行）》和《保密检查工作规定》，先后组织开展手机等通信工具及办公自动化设备、涉密中央文件保密管理、保密要害部门部位管理、涉密科研项目保密管理、涉密网络安全保密防护和管理、非涉密网络保密管理等专项检查。开展抽查 16 次，抽查县市和州直单位 47 个，以抽查促自查。在开展中央涉密文件检查工作中，州、县（市）保密部门共组成联合检查组 19 个，抽查单位 398 家。圆满完成国家保密局和省保密局对凉山州涉密中央文件保密管理工作的抽检。2014 年，全州处理失泄密法违规案件 9 起，对相关责任人进行责任追究。

【专项工作】　按照州委第 87 次常委会会前学法上省政协副主席、州委书记翟占一要求：“领导干部特别是州委常委要带头学习、熟悉保密法规，带头执行、严格遵守保密法规，带头检查本系统、本单位保密法规执行情况”。州委目督办下发《督查通知》，第一次把保密工作纳入州委专项督查。抽调州委目督办、州委保密办、州保密局、州委机要局及县市保密干部组成 8 个督查组，开展对州直机关和 17 县市为期一个月的大督查工作。全州督查县市 17 个，督查重点涉密单位 108 个，现场提出保密整改意见 498 条，发出《保密建议书》15 份。督查情况向州委书面报告，并在全州通报，有力地促进了全州保密工作的发展。

【机关建设】　认真落实中保委《关于进一步加强保密机构队伍建设有关事项的通知》文件精神，州保密局新增行政编制 1 名，下属保密技术检查检测和涉密载体销毁中心公开招录事业人员 2 名。按照州委、州政府的要求和安排部署，以“为民务实清廉”为主题，认真抓好党的群众路线教育活动各个环节的工作，满意度测评结果为 100%满意，达到预期目标。对口帮扶昭觉县特布洛乡特口摩铺村，加强调研，制定《保密局、机要局定点帮扶特布洛乡特口摩铺村三年规划》（2013—2015），解决通村毛坯公路整修经费 1 万元，开展“暖冬”行动，给村小 44 名师生送去过冬防寒衣物，并到 24 户贫困群众家中慰问，赠送价值 2 万余元的棉被、大米、菜油、化肥等生活物品和生产物资。机关内部管理、党建目标、精神文明建设、信访、维稳、综治、老干、史志、档案等工作扎实深入推进。

（审核：伍斌/撰稿：刘忠）

群众工作

【概况】　2014 年，全州信访部门结合党的群众路线教育实践活动，把握畅通和拓宽信访渠道、规范信访秩序、推动“事要解决”、信访工作制度改革、加强干部队伍建设等工作重点，构建及时就地解决信访问题的工作机制和平台，确保全州政治经济大局稳定，全年全州没有发生群体性事件和信访恶性事件。

【来信来访、网络投诉受理和督查督办】 2014年，全州信访部门共受理群众来信来访9860件次，比2013年下降4.0%，其中受理来信1676件，比2013年上升12.9%；接待来访1676批、8184人次，比2013年下降5.8%、6.9%，其中集体上访714批、6787人次，批次比2013年上升95.1%、人次比2013年下降4.1%。州级领导接待群众来访100批、708人次，有效解决问题66件。群众进京非正常上访62批、66人次；到省上访261批、620人次。办理中央、省级交办件327件，息诉息访214件，到期结案率100%；州本级立案交办件66件，到期结案率95.6%，息诉罢访率达60%；州、县（市）排查出的重点信访案件677件，办结657件。受理省长信箱群众来信504件，按期回复率100%；受理人民网地方领导留言板网民留言168件，按期回复率100%；受理省信访局门户网站“省委书记信箱”“省长信箱”“投诉平台”中的来信49件，按期回复率100%。受理符合复查复核条件的信访案件30件，按期办结率为100%。全年共化解重大疑难信访积案和挂牌督办案件1163件，结案率100%，息诉息访率72.3%。

【主要工作】 2014年，州委常委会和政府常务会议多次听取信访工作汇报。省政协副主席、州委书记翟占一，州委副书记、州长罗凉清听取信访工作汇报、阅批群众来信、接待来访群众和包案处理疑难信访问题，安排部署全国“两会”、第十五届西博会、党的十八届四中全会、西昌邛海国际马拉松赛等重大敏感节点信访工作。分管领导多次深入县市调研走访，协调、推动重大信访问题解决。17个县市、州直重点部门经常召开党委常委会议、政府常务会议或专题会议专题安排部署信访工作，细化工作措施。州、县市实行新提任领导干部和新进入机关工作人员首先到群众来访接待中心学习锻炼制度，健全信访工作定期向组织部门通报机制。每周有1名州级领导、每个工作日有1名县（市）领导，州级、县市各部门负责人和班子成员在信访接待中心坐班接访，乡镇街道领导随时接访。2014年，州级领导接待群众来访100批、708人次，带头包案信访问题413件，已结案380件；县市领导共接访2950批、8257人次，有效解决信访问题1200余件。落实州县领导干部分别联系1户企业、1个项目、1个乡镇（街道办事处）、1个贫困村、1户贫困户“五个一”联系工作制度，确保信访事项案结事了。对全州393件重点信访案件，实行领导包案。推行“三本台账工作法”。截至2014年底，全州建立民生诉求类台账28262件，已办结20194件，办结率71.5%；建立困难群众类台账43739件，已办结42449件，办结率97.1%；建立稳定工作类台账2258件，已办结1994件，办结率88.3%。健全矛盾纠纷排查化解机制，做到村组每周排查、乡镇半月排查、县市每月排查，扎实开展每年2次以上的定期巡查。整合矛盾纠纷排查化解力量，健全州、县市、乡镇、村、组五级“大调解”工作体系，成立州疏导调解中心，充分发挥“德古”、专业人员和社会志愿者等调解的独特作用，采取法律、政策、行政手段，辅之感情联络、思想疏导、人文关怀和困难救助等途径，人民调解、行政调解和司法调解“三调联动”，整合资源参与矛盾纠纷化解，积极促使信访者息诉息访。2014年，州疏导调解中心成功解决重大疑难信访事项78件。十五届西博会、党的十八届四中全会、彝族年期间，在全州开展拉网式排查，排查出支攀民兵、攀钢西昌新钢业410厂职工、乡镇八大员、被辞退的民办（代课）教师等重点群体18个，有越级上访滋事苗头的重点人员19名。稳控责任全部落到人头，确保将矛盾问题解决在当地、重点人员稳控在基层。2014年，全州共排查梳理出重点矛盾纠纷584件，已化解420件，化解率达72.0%。实行信访与诉讼分离，将158件涉法涉诉信访问题交由政法机关依法处理，把涉法涉诉信访纳入法治轨道解决。按照“属地管理、分级负责，谁主管、谁负责，依法、及时、就地解决问题与疏导教育相结合”的原则和有关规定，分级受理职责范围内的信访事项，并按规定的程序和期限办理。推动州、县市公安部门贯彻落实

《关于公安机关处置信访活动中违法犯罪行为适用法律的指导意见》。2014 年共依法处置各类违法上访人员 85 名。

【信访积案】 2014 年，凉山州办结中央、省交办的信访积案 327 件，息诉息访 214 件；州、县（市）排查出的重点信访案件 906 件，已办结 838 件。党政领导班子成员承担重大疑难信访积案化解工作，带动落实领导包案责任制。认真管好用好中央、省下拨的化解特殊疑难信访问题专项资金 156.75 万元，州级配套专项资金 60 万元，县市配套专项资金 420 万元，彻底解决久拖未决、难以划分责任主体、群众反映强烈的特殊疑难信访问题 105 件。加强信访问题分析研判，开展社会风险稳定评估，发挥特殊疑难信访专项资金作用，综合运用低保、社保、医保、新农合、“五保”和民政救助等措施，积极帮助信访人解决生产、生活困难，以真情感化、用爱心感召信访人息访罢访。10 余名上访人员经教育转化，走上村组信息员、调解员岗位。整合党委政府目督办、信访联席会议、组织、纪检、信访等部门督查力量，健全督查机制，适时启动信访问责程序，有力推动“事要解决”。2014 年，州联席办、州委群工局对 15 个县市和 4 个州直部门开展点对点督查督办，有效促进信访积案化解。

【信访管理】 2014 年，凉山州对符合法律法规和政策规定的合理诉求，一次性解决到位，不欠政策账；对诉求合理但坚持过高要求的，在解决合理诉求的同时，耐心细致做好教育疏导工作，晓之以理、动之以情，不欠感情账；对诉求不合理但生产生活确有困难的，及时采取政府救济、社会和民间救助等多种方式帮助解决困难，不欠时间账。开展联合接访，州、县市两级全部实行联合接访，实行派员驻点制，乡驻县市、县市驻州、职能部门驻中心，集中接访、协同办理，健全完善“一站式接待、一条龙办理、一揽子解决”工作机制，力求群众诉求在接访中心得到及时解决。推行“网上信访”，做好人民网地方领导留言、省长信箱、“12345”热线电话等受理工作，加强全国信访信息系统的建设推广应用力度，引导群众多上网、少走访。严格执行首办责任制，认真处理群众每一封来信、每一次来访，确保件件有回音、事事有结果。2014 年共受理网上信访 1269 件，较 2013 年同期增长 120.3%，按期回复率 98.9%。

【队伍建设】 坚持“自己找”“开门评”“群众提”“走访听”等形式，听取省信访局、州级部门、县市群工局和信访群众的意见，发放《班子和党员领导干部作风建设情况民主评议表》150 余份，收到反馈 60 余份，收集“四风”问题建议和班子成员意见建议，梳理排查“四风”方面存在问题 9 条。班子成员通过认真剖析，查摆出反对分裂维护稳定、促进民族团结长治久安的忧患意识不强，执行民主集中制不到位，履行党建责任制职责薄弱，执行干部人事纪律软弱，落实党风廉政建设不力，贯彻落实中央八项规定及省州十项规定不彻底，推进基层服务型党组织建设不力，基层基础保障不够等 27 个问题。建立健全各项规章制度 20 项，坚持用制度管住干部行为。坚持边学边改、边查边改和集中整改相结合，强力整改“四风”方面存在的突出问题。与 2013 年同期相比，会议减少 50%、文件减发 45%、简报减发 23.1%，压缩会议活动费 19.93 万元，压缩车辆运行费 5.72 万元，共减少“三公”经费支出 25.65 万元，比 2013 年下降 68.2%。开展办公用房清理整治工作，清理规范办公面积 150 平方米，调整、腾空 37 平方米的领导办公室作为机关档案室、机要室。开展社会管理综合治理各项工作，积极支持辖区和联系点开展社会治理能力提升，主动到“挂包帮”联系点开展社会综合治理工作；在网格化服务管理建设中履行职责职能，参与和配合全州网格化服务管理工作。深入推进党风廉政建设、组织建设、宣传思想、统战工作，主动开展维稳（防邪）、保密、应急管理工作，切实做好群团、史志、公文处理、信息报送、计生、禁毒、防艾、安全等各项工作，圆满完成州委、州政府目标考核各项既定工作任务。

（审核：杨成华/撰稿：张志杨）

精神文明建设

【概况】 2014年凉山州精神文明建设工作按照“高举旗帜，围绕大局，服务人民，改革创新”要求，紧紧围绕凉山州经济社会发展大局，认真贯彻落实党的十八大、十八届三中、四中全会精神，以培育和践行社会主义核心价值观为主线，以提升公民文明素质和社会文明程度为目标，深入开展彝区健康文明新生活运动、公民道德宣传教育、未成年人思想道德建设、群众性精神文明创建活动、志愿服务活动等各项工作，为谱写凉山新篇章提供强大思想保证、精神动力和文化条件。

【彝区健康文明新生活运动】 2014年，凉山州围绕省委书记王东明提出让广大彝区人民群众住上好房子、过上好日子、养成好习惯、形成好风气工作目标，全州上下以“五进彝家”活动为抓手，进一步巩固和深化彝区健康文明新生活运动。以科技推广现场会、科技人员进基层、科普宣传等方式，推广农村新技术，普及现代农业知识，提升彝区群众科学种植、养殖能力；投入770万元，开展33项农业科技项目研究、示范和推广，增强科技助农增收力度；深化“大凉山”品牌建设，加大外出务工输出，不断增加群众收入。以“千场文艺演出进乡镇”、农村文化艺术节、全州青少年运动会等大型活动和“学习型乡村”建设为依托，组织开展全民读书教育活动和2000余场次的群众性文体活动，促进健康文明休闲娱乐方式的养成。以“春风行动”、青年就业创业、留守妇女居家灵活就业等活动为平台，开展各类培训活动2328次，参训群众近10万人次。将学生习惯养成教育作为学校教育的重要内容，切实阻断不良习惯的代际传递。以举办健康凉山公益大讲堂、学校、社区健康巡讲、亿万农民健康促进行动试点等活动为切入点，发放各类宣传资料150余万册，普及健康卫生知识度。开展基层健康教育工作者业务培训40余次，完成1500户农村改厕项目，切实提高农村公共卫生服务能力。深入推进以送茶壶、送浴盆、送方桌为主要内容的帮扶活动，扎实开展破除陈规陋习专项整治活动，树立文明新风。全年共捐赠价值48.25万元的茶壶1500个、浴盆1094个、方桌850套，以及各类生活用品5万余件。

【公民道德建设】 2014年，制定《凉山州培育和践行社会主义核心价值观实施方案》，举办专题培训班、主题讲座、宣讲小分队基层宣讲，大力宣传社会主义核心价值观。以组织开展凉山州第二届广播电视公益广告制作大赛为载体，加大公益广告制作和刊播力度，切实发挥公益广告传播社会主流价值，引领文明风尚的作用。全年全州各级新闻媒体社会主义核心价值观宣传内容1000余次；刊载公益广告254版。以设立“凉山好人榜”“关爱道德模范·暖冬行动”、推荐评选“中国好人、四川好人”等主题活动为载体，传递道德力量。制定《凉山州关于深化“我们的节日”主题活动实施意见》，推动迎春晚会、民俗文化展演等传统节日文化活动的开展，培育民族精神和时代精神，丰富群众文化生活。深入开展文明交通、文明旅游、文明餐桌、文明传播和廉政文化建设，大兴文明礼仪、读书学习、勤俭节约、艰苦奋斗之风，培育文明风尚。西昌市施永清荣获“中国好人”称号，11人荣获“四川好人”称号，26人荣登“凉山好人榜”。

【未成年人思想道德建设】 制定州委2014年度未成年人思想道德建设保证目标考核细则，全面落实未成年人思想道德建设专项工作经费。全面完成55所2014年度中央专项彩票公益金支持的“乡村学校少年宫”建设，并采取各级文明单位结对帮扶形式，完成141所“乡村学校少年宫”自建项目建设工作。与财政局、教育局共同开展“乡村学校少年宫”项目检查考核工作，依据考核等次，拨付项目运行经费，形成良好的奖惩考核机制。采取多部门联合执法方式，开展未成年人外出务工专项整治行动，全年全州共查处非法使用未成年人的用工单位11个，立案5起，抓获犯罪嫌疑人14人，拦截劝返欲外出务工的未成年人32批482人，并建立县长、教育局长、校长、乡长、村长直接负责的“五长”制度，及时掌握失学儿童的情况，避免外流务工。开展校园周边环境专项整治行动，出动执法人员875人次，检查各类文化经营场所2433家次，取缔和查封违法经营户146户，立案查处经营销售过期食品、假冒伪劣商品案件152件，收缴非法出版物189册（盘）。精心编排《百歌颂中华》等优秀歌曲专辑，精办《教育时空》《少儿时空》《金色校园》《法制进校园》《国学讲座》等专栏，举办全州中小学（幼儿园）2013、2014年“星宇之星”少儿才艺展示，丰富未成年人文化生活。组织开展“做一个有道德的人”“清明祭英烈”“童心向党歌咏比赛”“网上祭英烈”“向国旗敬礼”“走复兴路 圆中国梦”及“崇德向善 奋发向上”读书教育活动、“新华杯”中小学生讲故事和演讲比赛、凉山州第三届“中国梦 中国诵”国学经典诵读大赛等主题活动5500多场次，参与学生达181.4万人次，创作童谣2500余首，创作节日小报3.6万份。德昌一小表演的节目《千字文》参与了四川电视台《2014年四川省中华经典诵读会》节目录制。

【三大创建】　2014年，凉山州成立由州领导任组长、州级相关部门负责人和西昌市主要领导任副组长的西昌市创建全国文明城市州市联动协调领导小组，整合州市力量，共同开展全国文明城市创建工作。结合凉山实际制定对各县市城市公共文明指数测评标准，并纳入州委对县市委的目标考核，凉山州（西昌市）在全省城市公共文明指数测评中取得第9名。认真组织实施5个省级“新家园、新生活、新风尚”示范点和33个州级健康文明新生活示范村的建设工作，发挥示范点示范带动作用，切实推进农村精神文明建设深入开展。组织开展州级文明村镇复查和全国文明村镇创建工作，会理县小黑箐乡白沙村荣获全国文明村镇称号。组织开展州级文明单位复查工作和全国文明单位创建（复查）工作，切实发挥各级文明单位的示范带动作用，促进全州群众性精神文明创建工作的深入开展。国网凉山供电公司、凉山移动公司、雷波县农行三家单位荣获全国文明单位称号，州国税局、州气象局顺利通过全国文明单位复查验收工作。

【志愿服务工作】　制定《凉山州推进志愿服务制度化实施方案》，围绕体系建设、运行机制、项目建设、宣传发动和基层建设等五个重点，落实部门职责，形成齐抓共管工作格局。依托省级文明单位，注册网络志愿者188人，网络发布文明传播信息10248条，形成网络文明正能量。完成甘洛县“文爱家园”项目建设，组织开展“学习雷锋——邻里守望”“党员社区义工日”“美丽家园、从我做起”“关爱山川河流，建设美丽繁荣和谐凉山”“知礼仪、树新风——美丽彝乡志愿行”等主题志愿服务活动10万余次，参与志愿者50余万人次，为30余万人次的群众提供家居清洁、义诊、困难帮扶等便民利民服务。协助省文明办完成“四川志愿，携手圆梦——新书节”公益广告拍摄，争取全省志愿者为凉山州12个县市农村留守儿童捐赠课外读本44273册。木里县苏莉荣获“全省十大最美志愿者”称号，凉山索玛花公益助学网荣获“全省十佳志愿服务项目”称号，4人荣获“全省百名优秀志愿者”称号。11人在全省“传播核心价值，践行雷锋精神”知识竞赛中获奖，2人分别荣获全省“四川志愿，携手圆梦——新书节”征文活动二等奖和三等奖。

【三个会议】　2014年2月26日，全州培育和践行社会主义核心价值观座谈会在西昌召开，州委常委、州委宣传部部长王阿呷主持会议，州委副书记赵世勇出席会议，并对全州培育和践行社会主义核心价值观工作进行安排部署。州级相关部门和各县市委宣传部部长、文明办主任共100余人参加会议。2月27日全州文明办主任会在西昌召开，会议总结2013年度工作，对2014年工作进行安排部署，与17个县（市）文明办签订2014年目标责任书。并以会带训对17县市文明主任进行党的十八届三中全会，全省文明办主任会精神的学习辅导和业务培训。10月24日和10月30日，全州“乡村学校少年宫”推进会分别在美姑县和西昌市召开，通过现场参观、大会交流、业务培训等方式，对各县市文明办、教育局、财政局负责人和88所项目学校校长进行培训，促进项目管理能力的提升。

【其他工作】　2014年，州精神文明办开展党的群众路线主题教育实践活动和“庸懒散浮拖”专项整治活动，整改“四风”突出问题18个，修改完善内部管理制度10个，促进机关作风转变。开展“挂包帮”和“走基层”活动，筹措10.58万元，为帮扶村群众和部分农村贫困学生购置生活用品、御寒衣服和课外书籍。州精神文明办副主任宋海音参加在上海浦东行政学院举行的为期一周的全州宣传系统培训班。

【荣誉】　2014年，凉山州精神文明办被第二十一届全国青少年爱国主义读书教育活动组委会评为组织特等奖；被精神文明报社评为四川省精神文明建设宣传报道先进单位；被省文明办评为四川省志愿服务宣传报道工作先进集体；被省新闻出版广电局、省文明办评为四川省第三届广播电视公益广告创作大赛优秀组织单位；被省文明办评为2014年度群众性精神文明创建活动先进单位。段梦珂被省文明办评为2014年度四川省志愿服务宣传报道工作先进个人。

（审核：李小雄/撰稿：宋海音　杨斌）

对外宣传

【概况】　2014年，全州外宣工作紧紧围绕州委、州政府中心工作，创新宣传方式、记录凉山故事、展示凉山精彩、提升凉山形象，为加快凉山追赶跨越发展营造良好的外部舆论环境。

【重大主题对外宣传】　一是西博会宣传突出全方位强声势。着眼助推全面开放合作，在西博会着力宣传凉山资源和环境优势。在《四川日报》《华西都市报》《成都商报》重要版面围绕凉山重大成果进行会前、会中、会后专题报道，推出专版宣传，形成《大开放促大发展 凉山州成欧美国家投资热土》等26篇高质量报道。香港《大公报》、中央电视台等数十家主流媒体刊播相关报道，网站刊载相关新闻1600余篇。拓展宣传渠道，在会场投放11幅巨幅宣传画，在天府广场LED持续1月播放形象宣传片。二是马拉松赛宣传突出生态田园名片。大胆创新宣传手法，精心组织邛海湿地国际马拉松赛外宣工作。中央电视台体育频道全程直播赛事，并航拍直播湿地风光、穿插介绍凉山风土人情，全方位反映生态田园城市建设成果。加强渐进式宣传，以赛前预热、赛中集中、赛后总结的方式，赛前在成都召开专题新闻发布会，赛中邀请30余家主流媒体跟进宣传，赛后总结报道重要成果，推出《西昌国际马拉松比赛明开跑　川籍奥运冠军领跑》等一系列稿件，网络媒体刊载新闻超过1000篇条。三是北京成就展宣传突出“排头兵”优势。以在北京举办“凉山彝族自治州成就展”为契机，利用多重宣传展示凉山成就。新华社以《凉山州 少数民族地区经济发展的排头兵》为题播发新闻通稿。《人民日报》、中央电视台《新闻联播》刊播相关新闻，在中央电视台播出专题片《大美凉山展风采》。《光明日报》《经济日报》《中国青年报》、北京电视台等380余家主流媒体进行宣传报道，各网站刊转载相关新闻2300余篇，图片1500多幅。在现场举办彝族歌舞民俗表演，以文化魅力带动展览效果。四是对外形象宣传突出凉山特色元素。组织中央省州媒体开展“木里实践经验”集中采访活动，大力宣传木里藏区成果经验，引起州内外良好反响。与中央电视台联合摄制凉山彝族、纳西族、藏族、傈僳族等6个民族风俗节目专题纪录片。与国新办五洲传媒联合摄制微电影《安妮的邛海日记》，提升邛海湿地对外知名度。积极组织“美丽凉山我最爱”微博摄影比赛等，通过全媒体手段宣传凉山。

【互联网宣传管理工作】 2014年，全州外宣工作牢牢把握“正能量是总要求、管得住是硬道理”要求，以构建大网络大舆情全媒体工作格局为目标，切实加强互联网宣传管理。抓全媒体建设，大力推进州内重点新闻网站建设，加强中国凉山彝州新闻网、凉山新闻网等州级重点新闻网站建设。推动党报党刊、广播电视台加快进入新媒体领域。延伸网络舆论宣传触角，重点打造以“凉山手机报”“凉山快讯”为代表的本土手机媒体。抓网站管理，进一步加强网站分级分类管理，对新闻舆论功能互联网业务实行许可管理。开展党政机关网站审核管理工作，规范党政机关网站建设。严厉打击网络不良之风，开展“打击新闻敲诈行为专项整治行动”等专项整治工作。抓网络宣传，以中国彝州新闻网、凉山新闻网、四川在线等网站为重点，进行网上正面宣传，组织网站先后开设“争做实践党的群众路线好干部—向毕世祥同志学习”等系列重要专题。成功承办四川新闻网“麻辣社区走进彝家新寨”活动，增进党政部门与网民的沟通。

【新闻发布工作】 2014年，全州外宣工作坚持把新闻发布作为保障群众知情权的新通道、争取舆论主导权的新方法，健全工作制度，不断提高工作水平。推进常规发布工作，坚持及时准确的信息发布机制，围绕凉山州纪检监察工作、重大活动等热点问题召开新闻发布会，在州内外组织协调召开中国西昌邛海国际湿地马拉松赛等31场新闻发布会，参加州内外媒体300余家次。加强网上发布平台建设，加强“五彩凉山信息微博发布厅”建设，打造全国少数民族自治州盟第一政务微博平台。及时提供政务资讯，疏导公众情绪。发布厅发布微博超过5000条，腾讯和新浪发布厅关注受众近20万人，成为凉山州发布官方权威信息的重要阵地，并被评为“全省十佳城市政务微博”。推进发言人队伍建设，按照凉府办发〔2014〕3号文件要求重新确定州直部门、县市政府新闻发言人。举办政务微博工作培训，17县市政府办、新闻办负责人，40余个州级部门政务微博管理员等参加培训。

【州外媒体服务与管理】 通过工作联席会议、座谈会等方式，加强与驻州媒体的工作沟通协调。发挥省驻州媒体的外宣功能，通过川报凉山分社、四川人民广播电台凉山记者站、《四川经济日报》记者站、《华西都市报》凉山站、《成都商报》凉山站充分利用对外宣传平台，提高供稿质量和播出采用率，增强对外影响力。切实加强州外媒体管理与服务工作，用开放的姿态来善待记者，全年全州共接待、服务来访的州外记者1400余人次，配合新华社、中央电视台、中新社、《四川日报》、四川电视台等主流媒体在凉采访报道任务，切实通过“寓管理于服务”，提高舆论引导水平。

（审核：格及依呷/撰稿：阿俄小沙）

史志工作

【概况】 2014年，全州史志系统认真贯彻落实党的十八大和十八届四中全会精神，按照中央、省、州党史工作“三个意见”和地方志工作“两《条例》一《办法》”的要求，围绕州委、州政府的工作目标和全省党史、地方志工作会议安排，突出“存史、资政、育人、服务”四个核心，坚持为“经济发展、全局工作、领导决策、社会大众”服务，各项工作成效明显。《凉山年鉴（2012）》荣获省第十六次地方志优秀成果“年鉴类”二等奖、州第十四次哲学社会科学优秀成果二等奖，州史志办被省地方志编纂委员会评为“依法行政和宣传工作”“志书年鉴编纂工作”成效突出单位，被州委、州政府评为“2013年度目标绩效管理考核先进单位”，被州委、州政府“挂包帮”活动领导小组评为“2013年度全州‘挂包帮’

活动及百乡教育扶贫工程先进集体”，被州委办、州政府办评为“2013 年度全州社会管理综合治理工作先进集体”，全年先后 5 次在全省党史和地方志工作会议上作经验交流发言。

【党政重视】 州委、州政府将史志工作列入重要议事日程，主要领导和分管领导先后多次在史志工作文件、信息简报上作出重要批示。各县市党委、政府不断强化对史志工作的领导，推动了全州史志工作的全面发展。5 月 19 日，州委、州政府召开全州史志工作会议，州四大班子分管联系领导出席会议，各县市、州级各部门分管领导和业务骨干共 200 余人参加会议。州委、州政府继续将史志工作纳入对全州 17 个县市和 94 个州级部门综合目标绩效管理考核。全州有会东、冕宁、德昌、普格、盐源、甘洛、木里、昭觉等 11 个县市将史志工作纳入县（市）党委、政府综合目标绩效管理。加强机构队伍建设，在组织人事和编制部门的大力支持下，州史志办面遴选和提拔任用了 3 名年轻干部。州委编委会正式批复同意木里、美姑、盐源、喜德、宁南 5 县地方志办公室增加党史工作职责，更名为“县史志办公室”，美姑、喜德两县分别增加了 2 名编制，普格等县充实了力量，促进了工作开展。

【党史工作】 推进党史基本著作编写。创新党史基本著作编写方式，采取课题制模式，于 11 月正式启动《中国共产党凉山历史（1979—2011）》的编写工作；《中共凉山历史大事记（2001—2013）》于 12 月经由中共党史出版社公开出版发行；启动编写《四川革命遗址通览（凉山卷）》。县市党史编写工作蓬勃开展，冕宁县启动中共党史二卷编写，越西县交付出版中共党史一卷，德昌编写完成中共党史一二卷书稿，会东、会理基本编写完成中共党史一卷书稿，宁南、木里、布拖等县启动了中共党史一卷编写；同时，各县市结合实际，积极开展地方党史著作编写工作，《中共西昌历史大事记（2014）》《中共木里历史大事记（1950—2013）》《解放普雄》《越西红色旅游》等一批党史著作编写有序推进。凉山州选送的《中国共产党冕宁历史（1933—1950）》《民族地区党的建设和组织工作的实践探索与思考》等四项党史成果荣获全省第十六次党史学科优秀成果奖。强化党史宣传教育。配合全州党的群众路线教育实践活动强化党史宣传教育，州史志办专门编发 5 期《凉山史志参阅》，精心摘编毛泽东等老一辈无产阶级革命家关于坚持走群众路线的重要论述和感人事迹，以及习近平同志等中央省州主要领导关于加强史志工作的重要指示，供全州各级党员干部学习参考，取得良好的政治效果；选送 11 篇论文参加全省纪念邓小平同志诞辰 110 周年学术研讨会征文活动，其中 4 篇入选“四川党史界邓小平生平与思想研讨会”，1 篇入选中央党史研究室举办的“全国党史界纪念邓小平同志诞辰 110 周年学术研讨会”入编论文；9 篇论文成功入选“四川党史界纪念三线建设 50 周年学术研讨会”，1 篇入选“全国党史界纪念三线建设 50 周年学术研讨会”；借助新闻媒体开展党史宣传教育，通过《四川党史》《凉山日报》、凉山电视台、凉山党政网、彝州新闻网、凉山史志网等媒体刊播党史工作新闻 50 余条次。

【地方志工作】 扎实开展《四川省地方志工作条例》宣传工作。采取多种形式加强《条例》宣传。先后在《凉山党建》《政府工作通报》刊载肖春副州长关于贯彻落实《条例》的重要讲话，《凉山日报》全文刊登《四川省第十二届人民代表大会常务委员公告（第 10 号）》和新《条例》；凉山电视台《凉山新闻联播》多次主播新《条例》颁布施行消息，新闻综合频道和公共频道《乡里乡亲》栏目用一个月时间逐条滚动播出新《条例》内容，配合州司法局将新《条例》纳入“六五”普法宣传教育和法制建设“七进”活动的重要内容。各地各部门通过报纸杂志、广播电视、手机短信等大众传媒，采取领导讲话、墙报板报、专题专栏、知识竞赛等形式，积极开展《条例》“宣传月”活动，进一步夯实了依法修志的社会基础。县市地方志工作有序开展。《美姑县志（1991—

2009）》通过州级评审，《凉山州人民防空志》《凉山州国土资源志》《凉山州委老干部工作志》启动编纂。西昌、盐源、雷波、木里等县市开展了旧志整理工作，西昌、冕宁、越西、盐源、雷波、宁南、昭觉等县市启动了乡镇志和部门志编纂工作。

【年鉴工作】 按时按质完成《四川年鉴（2014）》凉山篇供稿工作。5月在全州史志工作会议上面向各县市、州级各部门、州属各事企业供稿单位发放《凉山年鉴（2013）》。进一步创新思路，扩大收录范围，增加收录单位，创新编排方式，改进篇目设置，提升《凉山年鉴（2014）》编纂质量。全州17个县市全面启动了年鉴编纂工作，基本实现“一年一鉴”、公开出版发行的工作目标。《凉山年鉴（2012）》等8项成果荣获“四川省第十六次地方志优秀成果奖”，《凉山年鉴（2012）》等12项史志成果荣获“凉山州第十四次哲学社会科学优秀科研成果奖”。《凉山年鉴（2013）》分别荣获第五届全国年鉴编纂出版质量评比综合三等奖、框架设计二等奖、条目编写二等奖、装帧设计三等奖。

【地情资料开发服务】 各县市紧紧围绕党委政府中心工作和社会热点，扎实开展资政服务和社会服务。西昌市地方志办牵头负责“西昌市邛海湿地宣教中心”建设，全面完成市方志馆的方案设计，积极推进《家在西昌》系列丛书《飞越西昌》《田园西昌》《话说西昌》等的编纂。冕宁县史志办配合群众路线教育实践活动，编纂出版《红军长征在冕宁故事集锦》，发行2500册到各级党组织，供全县党员干部学习。配合全县红色旅游建设，完成红色冕宁展示中心布展文字撰写任务。木里县编纂《木里风物录》《木里人物风采录》，为建县60周年献礼。雷波县出版了《不该忘却的岁月》，美姑县编纂了《美姑县域经济发展探索》，会东县编纂了《会东县非物质文化遗产保护目录》，冕宁县编纂了《川西南散居藏族》，越西县编纂了《越西大事记（公元前285—2013）》等地情书籍。

【群众路线教育实践活动】 以扎实开展党的群众路线教育实践活动为载体，不断加强机关自身建设，干部队伍的凝聚力和执行力显著增强。及时成立领导小组、制订《实施意见》《工作方案》和召开动员会议，明确活动的目的意义、工作内容和总体要求，切实把全体干部职工的思想和行动统一到中央、省委和州委的安排部署上来。邀请退休老领导老党员上党课，开展爱岗敬业专题教育专题党课辅导。召开学习心得交流会，每名干部职工结合自身实际，谈体会、谈认识，进一步端正学风、转变作风。边查边改，广泛听取意见建议。主动开门纳谏，向全州17个县市及百余个州级部门发出征求意见函，虚心听取各方面的意见和建议。认真撰写对照检查材料，开好专题民主生活会，切实解决“四风”问题。认真开展“庸懒散浮拖”专项治理活动，着力建立长效机制，修订完善班子和干部队伍建设、三公经费管理、人事制度、干部考核、三重一大事项、史志业务考评等规章制度。

【惠民帮扶】 积极协调资金、筹集物资，加大越西县尔觉乡联系点的帮扶力度。协调州县水务局支持立项实施人畜安全饮水工程，争取国家补助资金93.56万元，基本解决全乡2220多人安全饮水问题；积极筹措资金购买大米、清油、化肥，争取州民政局、州慈善总会和州新华书店支持，共为尔觉乡彩洛村困难群众和乡中心校学生送去价值10余万元的生产生活物资和图书资料，“挂包帮”工作受到当地干部群众的好评。

（审核：尹克发/撰稿：罗艳）

老干部工作

【概况】 2014年，全州老干部工作以党的十八大、十八届三中、四中全会、省委十届四次、五次全会精神和州委七届五次、六次全会精神为指导，深入学习中共中央总书记习近平系列讲话精神和全国离退休干部先进集体和先进个人表彰大会、全国老干部局长会议、全省组织部长会议精神。把“为党和人民的事业增添正能量”作为工作价值取向，用心用情、敬爱至恭服务老干部。扎实深入开展党的群众路线教育实践活动。全面落实老干部两项待遇，不断加大特困离退休干部帮扶力度；积极搭建平台，创造条件，深化拓展“银色人才十大志愿服务”活动，引导老干部发挥正能量；老干部工作转型发展；加强离退休干部思想政治建设和党支部建设；全面加强自身建设。

【领导关心重视】 州委常委、组织部部长冯斌高度重视关心老干部工作，多次听取州委老干部局专题汇报，并要求全州老干部工作要以为党和人民的事业增添正能量作为价值取向，用心服务、敬爱至恭作为工作主题，带着思想、带着责任、带着原则，带着方法、带着感情服务好老干部。全面深化改革，广泛凝聚发挥老干部的正能量，推进老干部工作转型发展、科学发展，为凉山科学发展、跨越发展贡献力量。2014 年 4 月 17 日，州委老干部工作领导小组高规格召开全州老干部工作会议。州委常委、组织部部长冯斌作重要讲话，州委、州人大常委会、州政府、州政协领导出席会议，州级各部门（单位）分管领导和各县（市）委常委、组织部部长、老干部局局长参加会议。

【党的群众路线教育实践活动】 在州委党的群众路线教育实践活动领导小组和州委第七督导组的有力指导下，按照“照镜子、正衣冠、洗洗澡、治治病”的总要求，扎实深入开展党的群众路线教育实践活动。一是广泛动员，精心制定《州委老干部局党的群众路线教育实践活动实施方案》。二是深入学习党的群众路线教育实践活动有关文件、中央、省委、州委领导重要讲话和必学篇目，采取领导讲党课、专家作辅导、听报告、讨论发言，撰写心得等有效方式加深学习理解，提高认识。三是班子成员主动深入基层调查了解离退休干部和老干部工作者的意见和建议。发放离退休干部调查问卷 515 份，收集意见建议 317 条，梳理 4 类 49 条。四是领导班子及成员撰写对照检查材料；召开“红脸”“出汗”的领导班子专题民主生活会、专题组织生活会和党员民主评议会。五是领导班子及成员针对查找的问题，认真进行整改落实。修订完善各类制度 15 项，建立和完善作风建设长效机制。州委组织部副部长、老干部局局长杨国敏调研论文《在老干部中走好党的群众路线任重而道远》，荣获凉山州党的群众路线征文活动三等奖。

【政治待遇落实】 全州各级老干部工作部门把组织、引导离退休干部深入学习党的十八大、十八届三中、四中全会、省委十届四次、五次全会、州委七届五次、六次全会精神、中共中央总书记习近平系列讲话精神、党的群众路线教育实践活动和全国离退休干部先进集体和先进个人表彰大会精神作为首要政治任务，以学习、讨论会，举办培训班、专家讲座，撰写心得体会等方式组织离退休干部深入学习，加深理解。举办情况通报会。2014 年 1 月 10 日，省政协副主席、州委书记翟占一出席 2014 年春节慰问老干部暨情况通报会，并向老干部通报 2013 年全州经济社会发展情况。8 月 15 日，州委副书记、州长罗凉清向老干部通报 2014 年上半年全州经济社会发展情况。各级各部门领导及时向本地、本部门（单位）老干部通报情况，主要领导重大节日分组上门走访慰问离退休干部代表。邀请老干部代表参加重大会议。为全州副县级及其以上离退休干部订阅学习资料。

【生活待遇落实】 进一步巩固离休干部“三个机制”（离休费保障机制、医药费保障机制、财政支持机制）成果，不折不扣地保障“两费”和生活补贴等按时发放。认真贯彻落实离退休干部有关生活待遇文件精神。一是贯彻落实省委组织部、省委老干部局《关于提高我省部分离休干部待遇的通知》（川组通〔2014〕7

号）精神，经省委批准，全州41名离休干部提高享受正厅级工资、医疗待遇；12名离休干部提高享受副厅级工资、医疗待遇。二是贯彻落实省委组织部、省委老干部局、省财政厅、省人力资源和社会保障厅《关于转发〈关于提高离休干部护理费标准的通知〉的通知》（川组通〔2014〕4号）精神，全州离休干部按照川组通〔2014〕4号文件规定和川组通〔2009〕98号文件的会议纪要精神提高护理费标准。三是贯彻落实省委组织部、省委老干部局、省财政厅、省人力资源和社会保障厅《关于转发〈中共中央组织部、财政部、人力资源社会保障部关于企业和事业单位离休干部病故一次性抚恤金有关问题的通知〉的通知》（川组通〔2014〕56号）精神，凉山州对此文件进行转发，并对在执行时间范围内，已病故的企业和事业单位离休干部，请相关部门按文件精神给予家属补发兑现。四是按照省委组织部、省委老干部局的要求，州委组织部、州委老干部局、州财政局、州人力资源和社会保障局、州卫生局联合下发《关于对我州新中国成立初期参加革命工作的部分退休干部给予适当医疗照顾的通知》（凉组通〔2014〕61号），对全州新中国成立初期参加革命工作的部分退休干部给予适当医疗照顾；对生活不能自理的新中国成立初期参加革命工作的部分退休干部给予生活特殊困难补助。五是落实兑现2014年度州本级部门（单位）所有离休干部目标绩效考核奖金（生活补助）。六是继续按照《关于加强州级部门离退休干部生活特殊困难帮扶资金管理的通知》（凉老发〔2013〕8号）精神，认真审核，对符合条件的35名州本级离退休干部和离休干部无工作遗孀发放一年一次性金额不等的帮扶资金，共计95400元。七是持续完善州本级驻西昌城区离休干部赠送生日蛋糕精神慰藉关怀机制。八是上门走访慰问州本级特困离休干部和离休干部无工作遗孀代表46人次。九是分组对出川易地安置离休干部进行走访慰问。十是与州民政局、州红十字会联合开展老年人健康知识系列专题讲座。

【银色人才十大志愿服务活动】 各级各部门积极搭建平台，创新丰富载体，创造条件，组织和引导老干部发挥自身政治优势、经验优势、威望优势，在推动科学发展、促进社会和谐、弘扬社会主义核心价值观、关心下一代、禁毒防艾宣传教育、社区志愿服务、基层党建等方面开展活动，讲凉山故事、弘扬凉山精神、传播凉山好声音，弘扬时代主旋律，传递正能量。全年全州开展志愿服务活动852次，受益群众近40万人次。与凉山州旅游局联合下发《关于组织开展银色人才志愿服务凉山旅游产业发展活动实施方案》（凉老〔2014〕14号），组织引导志愿者开展宣传推介全州旅游资源，服务游客，开展文明劝导等活动，助推全州旅游发展。与州民政局、州老龄办、州老协联合表彰37个“尊老敬老爱老助老”州级先进单位。选树10名先进事迹突出的志愿者代表，与州电视台联合拍摄凉山州“银色人才十大志愿服务活动”专题宣传片。积极荐选1个离退休干部先进集体和1名先进个人参与全国先进离退休干部先进集体和先进个人评选，11月26日，州政协退休干部秦在高荣获“全国离退休干部先进个人”称号（全国450名，全省仅表彰10名先进个人）。

【学习活动阵地建设】 继续按照省委老干部局对全省老干部活动中心规范化建设达标创建要求，加大督导力度，对宁南县老干部活动中心进行达标创建指导，相关创建材料已报省委老干部局，待复审、命名。

【参观考察】 5月9日，组织州级老领导和地厅离休干部代表20名参观考察昭觉县尼地汽车自驾游营地、彝家新寨、文体广场、竹核快速通道、竹核雪松苗圃基地。10月21—22日，组织州级老领导和地厅离休干部代表27名参观考察会理县烟叶复烤厂、红军长征过会理纪念馆、南阁新村，会东县烟叶复烤厂、和文中学、名泉新村。各县市、州级各部门组织本地、本单位离退休代表参观考察本地或外地经济社会发展重点项目建设。

【走基层】 坚持群众路线，解决密切联系服务群众“最后一公里”问题。将“走基层”活动与“挂包帮”活动、百乡教育扶贫工程、防艾禁毒、“五个一”联系工作制度等结合起来，扎实开展。老干部局领导深入“挂包帮”联系点3次，班子成员和驻村帮扶工作人员到越西县大花乡大花村开展帮促共计12人次；帮助大花乡协调落实人畜饮水、村道建设、村经济发展产业等7项目，争取州级相关部门项目资金共计70多万元。争取到越西县委、县政府的支持，优先为大花乡中心校修建1幢600多平方米的教学楼、200多平方米的学生食堂。积极开展“送温暖”活动，向特困户赠送棉被100床。州委老干部局被州委、州政府评为2014年度全州“挂包帮”及百乡教育扶贫工程先进集体。

【信息、调研、宣传、信访】 2014年，州老干部局多层次、多角度、多专题宣传老干部工作。编辑《老干部工作通讯》9期，《凉山老干部信息》37期；《四川老干部工作信息》《晚霞》杂志、省委老干部局网站采用22篇；《凉山日报》刊发83篇；编辑《网上养生参考》《生活养生小报》各12期。牵头承担“如何加强民族地区离退休干部服务管理工作”课题研究任务，与甘孜、阿坝等市州委老干部局协调，较高质量地完成课题任务，形成具有一定价值的调研报告。全州各级老干部工作部门坚持信访工作制度，把法治思维和法治方式贯穿于工作全过程，始终坚持带着责任抓实共性问题、带着感情解决特殊问题。着力引导老干部以更加积极的心态、历史的眼光、辩证的思维，正确看待国家的发展变化，正确分析党内和社会风气，正确理解周围的人和事，正确对待全面深化改革中涉及自身利益的调整，以积极的心态适应社会发展，看待个人得失。同时着力保障维护老干部的正当利益，最大限度地让老干部共享改革发展成果。对确实不能按老干部所愿解决的，疏导情绪，特别是涉及历史遗留问题，做好消除摩擦和隔阂工作，化解矛盾，有力维护老干部队伍的稳定。

【自身建设】 2014年，州老干部局自觉践行“三严三实”要求，坚持“钢班子带铁队伍”，狠抓班子和队伍建设，发扬“安专迷”精神，以优良作风，把老干部工作队伍建设成讲政治、重感情、业务精、作风好、老干部信得过的过硬队伍。制定《认真贯彻“三严三实”要求进一步加强党员干部教育管理监督的实施意见》《建立健全作风建设长效机制的实施意见》。以争创“四型”党组织为抓手，继续开展以科室为主的“每月一讲”学习活动，坚持“走出去”与“请进来”相结合，对中央、省委、州委重大部署、中共中央总书记习近平系列重要讲话精神和全国“双先”表彰大会、全国、全省老干部局长会议精神深度学习理解。全年共学习22次；分别选派7名干部参加各类培训班学习；两次遴选补充机关工作人员3名；积极主动开展“双报到”“五彩凉山城市党旗红”活动；组织党员干部积极参加健康路社区环境卫生整治、当“文明劝导员”；组织全体干部职工参加职工运动会、马拉松赛等活动；持续开展法制教育、廉政教育、警示教育，凝聚干部思想共识，持续开展“四风”等问题“再回头”整改，以为民务实清廉的言行带动机关作风持续转变。

（审核：杨国敏/撰稿：王人伟）

党校工作

【概况】 2014年，凉山州委党校坚持围绕中心、服务大局，全面贯彻落实党的十八大、十八届三中、四中全会及习近平系列讲话精神，按照《2013—2017年全国干部教育培训规划》要求，持续推进大规模培训干部、大幅度提高干部素质战略任务，坚持深化改革、开拓创新，努力做优干部培训、做好决策咨询，做实人才培养，做强培训保障，圆满完成州委下达的干部教育培训任务，开创了党校工作新局面。

【干部培训】 2014年，凉山州委党校坚持教学是中心，充分发挥干部教育培训主渠道主阵地作用。全年共举办各级各类培训轮训班31期，培训轮训学员共2452人次。其中，主体班10期，培训学员606人，其他各级各类专题培训班21期，培训轮训学员1846人。研究生工作成绩突出，共录取169人，录取率名列全省第一，总人数仅次于省直机关党校，名列全省第二，连续十年荣获综合目标管理先进单位，连续六年荣获招生先进单位。全年培训课时达1913节，比2013年增加585节。共20人参加教学，教师平均课时量96节，比2013年增加30节。年轻教师通过试讲全部走进主体班课堂，为干部教育培训任务的圆满完成提供坚实保障。在主体班教学中设置理想信念教育、凉山经济发展、依法治国、领导力提升、当前社会发展重大现实问题研究5大教学板块，共68个专题，其中新专题20个。做到培训内容突出党性锻炼、注重理论培养、着力能力提升。在县级班和中青班分别采取党校理论武装与高校能力提升+红色革命党性教育的“2+1”培训模式。在教学方法上，以课堂讲授为主、综合运用案例式、参与式、互动式等教学方法，其中，讲授式教学占65%、互动式教学占20%、案例式教学占15%。增强培训的针对性和实效性。建立健全《中共凉山州委党校集体备课制度》《中共凉山州委党校新课进课堂制度》等9项教学管理制度；成立教学督导组，对年轻教师的主体班教学专题进行随堂听课和评课。以最严格的管理、最认真的学习、最明显的成效，将人才递进培训班打造成标杆班、精品班，将学风建设推上新台阶。

【科研工作】 2014年，凉山州委党校坚持科研基础地位，充分发挥党校“思想库”“智囊团”作用。全年共申报课题183项，立项77项，其中立项结项省社科院和省委党校重大研究课题3项、立项结项省委党校调研课题34项、立项结项凉山州党校系统调研课题37项，立项结项州级相关部门调研课题3项。有12项被评为优秀调研课题。与省委党校合作完成《统筹治理凉山彝区中小学生辍学务工问题的建议》课题，得到省委书记王东明重要批示，实现决策咨询的重大突破。完成《凉山发展概论（修订版）》，实现教材建设的不断创新。完成《多点多极支撑战略背景下凉山州跨越式发展研究》《对凉山州西昌、德昌、冕宁县同城化发展的思考》等省、州重大研究课题，做到课题研究与教学需求和凉山发展同频共振。全年共发表理论文章24篇，其中国家级刊物3篇，省级刊物2篇，州级刊物19篇。健全科研激励机制，将科研成绩作为晋职晋级的重要依据之一，激发科研人员的积极性。科研获奖数量创新高，获凉山州第十四次哲学社会科学优秀科研成果奖14项，其中一等奖1项、二等奖2项、三等奖6项、优秀奖5项。获机关党建研讨论文一等奖1项。

【队伍建设】 2014年，凉山州委党校坚持人力资源是第一资源，大力实施“人才强校”战略。加大人才引进力度，全年引进5名高层次、高学历、高素质人才；共选派15名教师外出培训学习；共聘请28名州级领导和部门相关领导及专家学者为学员授课，增强教学能力，提升教学影响力。选派1名副科级干部外出锻炼；调配任免干部7人，其中轮岗3名年轻干部，选拔正科级领导干部1人、正科级非领导干部2人，副科级非领导干部1人，被选拔干部平均年龄为30岁，研究生学历5人。对5名教师进行小档次晋级，1名教师被推荐参加州级劳模评选，2名教师被推荐参加州级法律人才专家库的评选，调动了干部教职工的工作积极性和主动性。建立《中共凉山州委党校科级领导干部月考年评制度》《中共凉山州委党校培养中青年骨干教师办法》等11项干部教职工管理和考核评价机制，干部教职工分类管理和分类考核更加规范化、科学化。

【后勤保障】 2014年，凉山州委党校坚持优化管理，为教学科研提供强有力保障。加强财务、组织人事、办文、办会等各项工作的管理，做到快捷实效，保证上下政令畅通，整体工作不出纰漏。加强校园网络建设，为学校整体工作提供稳定的网络平台；充分发挥信息化考场作用，圆满完成各项远程考试任务，考试场次达12场，考生共1040人；采集、编辑、刻录教学节目共62个，丰富远程教学节目库；参加世界银行和CDDLN远程培训7次，培训学员180人，充分发挥干部教育培训的网络平台和标准化考场建设技术保障作用。建立健全《凉山州委党校校园管理细则》，推动校园管理更加制度化、规范化。投入资金近50万元，加强基础设施建设，优化校园布局；大力开展社区和校园环境综合整治，美化校园环境，成立创卫志愿服务队，清扫包街路段32次；成立经济适用房业主委员会，规范电梯公寓管理；加强安全保卫工作，获“社会治安综合治理”先进单位。争取87.4万元资金、200万元生活用品和学习用品，为教育扶贫点昭觉县博洛乡金曲地莫村解决饮水、教育教学等问题，改善居民生产生活条件。全年扶贫总投入是2013年的9倍，超过前十年投入总和，开创教育扶贫工作新局面。获凉山州“挂包帮”活动、百乡教育扶贫工程先进集体及优秀下派干部奖。

【机关党建】 2014年，凉山州委党校围绕加强党的执政能力建设目标，不断提高机关党建科学化水平。按照中央、省委及州委精神和要求，扎实开展党的群众路线教育实践活动，受到州委督导组好评。全年共开展专家辅导学9场，支部分别学15次，集体研讨学12次，深入实践学6次，撰写调研报告和理论文章20余篇，心得体会56篇；走基层联系群众13次，为40户困难群众建立台账，走访慰问和集中帮扶群众60余户、260余人，教职工捐款7940元；召开座谈会87场，个别访谈100余人次，发放意见征求表96份，收集意见建议33条。机关党的思想政治建设水平不断提高，全年共组织党员干部进行专题学习2次，开展警示教育1次，创办宣传专刊2期，撰写党建文章20篇。创新党组织生活方式，开展“重走长征路”、纪念建党93周年、“爱读书、读好书”知识竞赛等组织生活、增强党组织凝聚力。按照部门机关工作人员工资总额的2%划拨党建经费，落实2014年专项党建经费30723元。吸收中共预备党员3名，发展入党积极分子2名。积极探索新形势下党建工作新机制，建立健全《中共凉山州委党校机关党委工作制度》《中共凉山州委党校党支部工作制度》等共10项党务制度。把握机关党的作风建设这个重点，开展党课、示范教育、警示教育、岗位教育，推动树立机关党员干部为民务实清廉的良好形象；认真贯彻执行中央《建立健全惩治和预防腐败体系2013—2017年工作规划》、省委《四川省建立健全惩治和预防腐败体系2013—2017年实施办法》和凉山州《实施办法》，进一步强化权力运行的公开透明；认真践行“三严三实”，严格执行中央“八项规定”、省州“十项规定”和相关廉政规定等各项制度，推动党风廉政建设和反腐败工作深入开展。

（审核：卢健/撰稿：杨福灵）

报社工作

【概况】 2014年，报社党委、编委团结带领全社职工攻坚克难、锐意创新，紧紧围绕州委、州政府的中心工作，坚持正确的舆论导向，践行党的群众路线，狠抓干部作风建设，推动传统媒体和新兴媒体融合发展，扎实开展新闻宣传工作；《凉山日报》彝、汉文版，《凉山城市新报》、凉山新闻网、《锦绣凉山》《五彩凉山》《凉山日报》新媒体集群等报、网、杂志、新媒体齐头并进，各显优势，在新常态下，凉山日报社各项工作迎来新气象、再上新台阶，组建报业传媒集团的基础更加巩固，创新发展的步伐更加坚实。

【新闻改革】 2014年，凉山日报社坚持用时代要求推进新闻改革，努力使新闻宣传工作体现时代性、把握规律性、富于创造性。推进报纸的副刊化成为《凉山日报》发展的必由之路。总体目标是：围绕中心，服务大局，使报纸的权威性更高；贴近读者，心系群众，使报纸的服务性更强；注重新闻性，强调实用性，使报纸的可读性更强；传递好声音，凝聚正能量，使报纸的影响力更大。在推进副刊化的进程中，《凉山日报》彝、汉文版，《凉山城市新报》都有大动作，或增设栏目，或改革版面，或软化新闻，或强化品牌，让广大读者爱读、喜读、悦读。《大凉山副刊》《凉山牛人》《寻找凉山好医生》等栏目特色彰显，深度厚度兼具，读者反响良好。

【宣传报道】 2014 年，凉山日报社围绕州委、州政府的中心工作，坚持正确的舆论导向，主动服务全州大局，把握新形势，掌握新情况，适应新要求，扎实开展新闻宣传工作，同时把目光更多地投向全州各地抢抓机遇、砥砺奋进的主战场，更多地总结来自基层的新鲜经验，更多地发现和挖掘群众路线教育实践活动中涌现出来的先进典型，及时充分地反映全州各条战线、各行各业在实现全面小康进程中的新思路、新突破和新成效。《开展党的群众路线教育实践活动 推动凉山跨越腾飞全面小康 》栏目、《加快推进大桥水库库水入昌工程建设协商专题报道》等凝聚发展的正能量。注重报纸的可读性和吸引力，让新闻更接地气。坚决杜绝长、空、假的文风，积极倡导短、实、新的文风，不断增强新闻报道的鲜明性、准确性和生动性。2014 年，报社继续深入开展“走基层、转作风、改文风”活动，报社领导带头到全州 17 个县市调研，带回大量基层鲜活新闻和深度报道。各部门主任带头到县、乡、镇、企业采访报道，进一步落实“传帮带”工作，编辑、记者深入基层采访的次数多，稿件更加生动，更加关注民生。2014 年 4 月，报社正式成立策划工作室和书刊工作室，全面统筹报社宣传和经营的所有策划，承担报社重大宣传和经营策划项目的创意和操作，并对报社宣传和经营策划的执行效果进行全面评估。7 月 19 日至 23 日，由中共西昌市委、西昌市人民政府主办，中国地市报新闻摄影学会和凉山日报社共同承办的 2014 中国（西昌）新闻摄影峰会、2014 中国（西昌）国际旅游摄影论坛、2014 形象中国 · 百家报社聚焦西昌凉山彝族火把节新闻摄影采访活动在西昌成功举行，第一次让凉山引起全国各地广泛而持续的关注。凉山日报社喜获“中国新闻摄影学术活动最佳组织单位”，党委书记、总编辑龙德华获“中国地市报新闻摄影学术贡献奖”。“健康凉山公益大讲堂”“凉山日报彝文报读者节”“九九重阳”等活动扩大了影响力，收到良好的社会效果。

【报业经营】 2014 年，报社各经营部门提振士气，振奋精神，积极寻找商机，广泛与各县市、各部门和各行业沟通合作，取得不菲业绩。同时，加强对报业经营的监管，明确各自的经营范围，进一步提高报业经营的科学、有序、规范管理水平，特别是以高考升学季、七夕节、火把节、百家报社聚焦西昌、彝族年等各个宣传节点为契机，大力拓展经营范围，一些领域的专题经营取得新突破，使凉山日报社的报业经营稳步推进。截至 12 月 31 日，凉山日报社实现经营收入 2117.84 万元，印刷厂也实现较好的利润指标。2015 年《凉山日报》汉文版完成发行 39392 份；《凉山城市新报》完成 25591 份，彝文版完成 5188 份。

【队伍建设】 2014 年，继续致力于建设学习型的单位，通过走出去、请进来、以老带新、自主培训等多种形式，先后组织数批中层干部赴山东青岛、福建厦门、成都、宜宾等地考察学习，派出编辑记者到省新闻出版局组织的培训班学习，大大提高中层干部和采编人员的政治思想素质和综合能力，充分调动年轻编采人员的积极性，使其在工作中锻炼成长。成功举行“当好记者讲好故事传好声音”演讲比赛，优秀选手代表报社参加全州新闻战线的演讲，展示风采，提升形象。同时，继续实施记者驻站锻炼机制，德昌、越西、会理、会东均派驻本报记者，培养年轻人肯吃苦、能付出的敬业精神。通过这些举措，使整个报社在学习中工作，在工作中学习的氛围越发浓厚。

【反腐倡廉】 2014 年，报社严格执行中央

“八项规定”、省州“十项规定”，扎实开展“走基层、解难题、办实事、惠民生”活动，深入开展“挂包帮”活动，用心走基层，真情解民忧，务实转作风，取得良好成效。并以解决“四风”问题为重点，加强新闻采编从业人员职业道德教育，强力落实《关于新闻采编人员从业管理的规定》，大力倡导廉洁自律，力戒奢靡之风。报社纪委从严落实“一岗双责”，推行全社中层以上干部向纪委述廉制度。全面履行监督执纪职责，全面落实州委《建立健全惩治和预防腐败体系 2013—2017 年工作实施细则》，深化惩防体系建设，在财务收支、干部选拔等方面始终做到公正、公开、透明，报社党风廉政建设和反腐倡廉工作取得新进展，各项工作步入新常态，越来越向科学化、制度化、法治化、常态化迈进，“不敢腐、不能腐、不想腐”更加深入全社上下干部的心。

【群团工作】　2014 年，充分利用报社印务中心所在地的现有条件，用好副食品基地，改善职工福利待遇；充分发挥工会、团委、妇委会、老协作为党委密切联系群众的桥梁和纽带作用，抓好党建带工建、团建、妇建工作；继续开展好“挂包帮”活动和百乡教育扶贫、治安、计生、卫生等工作，加强精神文明建设，增强凝聚力和战斗力，形成团结和谐氛围，促进工作开展。

（审核：龙德华/撰稿：唐刚）

关心下一代工作

【概况】　2014 年 4 月 23 日，中国关心下一代工作委员会主任顾秀莲莅临凉山考察指导关心下一代工作，顾秀莲对凉山关心下一代工作给予充分肯定和极大的鼓励。省关工委执行主任谢世杰、常务副主任张中伟等领导分别于 3 月、4 月、7 月到凉山州调研考察关心一代工作，对凉山关心下一代工作取得的成绩给予充分肯定。州委、州政府领导更加重视关工委工作。全州关心下一代工作结合凉山实际，以创建“六好”关工委活动为抓手，以“五老”志愿者为主体，以基金会为平台，以社会主义核心价值体系建设为主线，以加强青少年思想道德建设和培育“四有”新人为目标，充分发挥“五老”作用，整合成员单位力量，加强基层组织建设和机制创新，不断提高关心下一代工作的辐射力和影响力。

【基层组织建设】　2014 年，州关工委以创建“六好”基层关工委活动为抓手，大力推进基层组织建设。3 月 27 日，全州关工委会议专题部署全州“六好”基层关工委创建活动。出台《中共凉山州委办公室、凉山州政府办公室关于转发〈州关工委关于进一步开展创建六好基层关工委活动的实施意见〉的通知》（凉委办〔2014〕47 号），对全州开展创建六好基层关工委活动进行全面安排部署，进一步明确目标、任务、步骤、措施、内容及要求。各县市结合自身实际，制定实施意见及考核细则，并采取多种方式督查各基层关工委创建活动，有力推动全州创建“六好”基层关工委活动深入开展。

【“五老”志愿者】　2014 年，全州有各类“五老”志愿者团队 2038 个，注册登记的“五老”志愿者骨干 25289 人，参与关心下一代工作的“五老”达 10 万余人，占全州 60 岁以上老年人比例达 18.2%。全年全州“五老”志愿者围绕“中国梦”，培育、践行社会主义核心价值观，开展宣讲活动 628 场次，参加活动青少年达 412536 人次。昭觉县关工委执行主任汉呷以达获得 2014 年省“十佳五老”称号，州关工委执行主任秦在高获得中共中央组织部表彰的“全国离退休干部先进个人”称号。

【关爱活动】　2014 年，全州各级关工委组织开展各类关爱活动 823 场次，通过各种渠道捐款 356.53 万元，捐物 75428 件，捐书 52812 本。共关爱青少年 362147 人次。7 月 16 日，在会东县成功举办“中华大家园全国关爱各族少年儿童”夏令营分营暨“爱我中华，建设美好四川——快乐成长，放飞梦想”四川省万名青少年夏令营凉山分营活动。推荐4名学生到北京参加中国关工委组织的“中华大家园”关爱各族儿童夏令营及“中华大家园”儿童文化节活动。2014年，《四川日报》《凉山日报》《关爱明天》、四川电视台、四川人民广播电台，凉山电视台、凉山人民广播电台等新闻媒体刊载关心下一代工作信息近80条。在省关工委网站上发布信息468条，视频新闻链接32条。州关工委订阅省关工委《关爱明天》杂志订阅量名列全省第一位。出版《关爱》杂志3期，共计发放6450册。

【关心下一代基金会】 2014年3月27日，凉山州关心下一代基金会在邛海宾馆正式成立。省关工委执行主任谢世杰，常务副主任张中伟，省关工委常务副主任、省关心下一代基金会理事长陈官权，省政协副主席、州委书记翟占一，省关工委副主任兼秘书长、省关心下一代基金会秘书长杜江，省民政厅巡视员杜小炎，州委常委、组织部部长、关工委主任冯斌出席成立大会。基金会建立健全组织机构，调整充实理事会、监事会成员，配齐配强秘书处工作人员和具有专业资格的财会人员。制定《理事会制度》《监事会制度》等14个规章制度，切实进行规范化管理。5月14日晚，州委统战部、州工商联、州关工委共同开展“民企五月爱心行、真情关爱下一代”民营企业捐赠活动，并在现场对州书法家协会、美术家协会的部分艺术家作品进行义卖，活动总捐款金额和义卖所得善款超过100万元。7月6日，由南充市商业银行发起，省州关工委、团州委共同举办的“温暖凉山，双百育才”（三年捐资100万元，帮扶100个凉山贫困学生完成大学学业）青春助学行动启动仪式隆重举行。全年基金会募集资金1096万元，共安排项目81个，使用资金354.4万元。

（审核：饶云一/撰稿：刘杰）

人 大

The Standing Committee of the NPC

综 述

2014年是全面深化改革的起步之年，也是实施“十二五”规划、实现凉山三级跳第二级跨越的关键之年。在州委的坚强领导下，州人大及其常委会认真学习贯彻党的十八大和十八届三中、四中全会及习近平总书记系列重要讲话精神，全面落实省委十届四次和州委七届五次、六次全会决策部署，紧紧围绕州委中心工作和全州改革发展大局，切实履行宪法法律赋予的职权，深入实施依法治州战略，倾力推进全州经济社会发展，圆满完成了州十届人大四次会议确定的各项任务，为加快建设美丽富饶文明和谐新凉山作出新的贡献。

立法工作

【概况】　州人大常委会坚持把地方立法与涉及全州改革发展稳定的重大事项、人民群众切实关注的重大问题紧密结合，坚持质量为上、急需为先、特色为重的立法原则，大力推进科学立法、民主立法、开门立法，统筹兼顾各方面的利益，正确体现党的主张，切实反映人民意志，不断提高立法质量。

【立法工作】　认真开展《凉山彝族自治州邛海保护条例》和《凉山彝族自治州东西河飞机播种林区保护管理条例》两部单行条例的修订工作。在修订过程中，常委会按照立法反映民意、汇聚民智、维护民利，防止地方保护和部门利益法制化的要求，召开十多次座谈会，多次将修订草案及说明印发给常委会组成人员、州级有关部门和相关县市，并在《凉山日报》、凉山人大网等平台全文公布修订草案及说明，广泛征求意见和深入论证，共征求到有价值的意见建议300多条，汇聚专家和社会各界的意见建议，进一步提高立法的科学性和可操作性。《凉山彝族自治州邛海保护条例（修订草案）》经州十届人大常委会第十六次会议审议通过，提请本次代表大会审议；《凉山彝族自治州东西河飞机播种林区保护管理条例》修订工作正有序推进。

【立法调研】　把加强立法调研作为立法工作的重要环节，开展《凉山彝族自治州实施〈四川省人口与计划生育条例〉的补充规定》《凉山彝族自治州施行〈四川省禁毒条例补充规定〉》《泸沽湖风景名胜区保护条例》《大凉山特色农产品品牌保护》等法规立法和修订前调研工作。配合全国人大常委会、省人大常委会开展《立法法》《行政诉讼法》《军事设施保护法》等法律法规修正案的立法调研工作。组织有关部门、专家对全国人大常委会、省人大常委会下发征求意见的22部法律法规草案进行认真讨论，广泛征求意见，结合凉山实际，提出修改意见和建议。

【法规清理】 常委会认真开展地方性法规清理和评估工作，对1981年至2014年州人大制定的地方性法规进行全面评估和清理。

监督工作

【概况】 坚持法治导向、问题导向、发展导向、民生导向，丰富监督内容，改进监督方式，综合运用审议专项工作报告、执法检查、专题询问等形式，加强对“一府两院”的监督，进一步提高监督实效。

【法律监督】 加强法律法规实施情况执法检查，开展《四川省人口与计划生育条例》《凉山彝族自治州实施〈四川省人口与计划生育条例〉的补充规定》《中华人民共和国环境保护法》及相关法律法规实施情况的检查；受省人大常委会委托，开展对《中华人民共和国城乡规划法》《中华人民共和国消防法》《四川省消防条例》等法律法规实施情况执法检查；配合全国人大常委会、省人大常委会开展《中华人民共和国未成年人保护法》《中华人民共和国消防法》《四川省消防条例》等法律贯彻实施情况的调研，保证宪法和法律在凉山州得到遵守和执行。按照州人大常委会专题询问办法，在听取州人民政府关于凉山州义务教育发展情况专项工作报告后，常委会组成人员就全州义务教育发展中的重要问题，特别是人民群众关心的农村义务教育办学条件的改善、义务教育阶段辍学等问题，首次开展专题询问，丰富监督形式，深化监督内涵，提高监督实效，产生了积极的社会反响。按照“有件必备、有备必审、有错必纠”的原则，严格登记、初审、移送、审查、反馈等程序，着力加大规范性文件备案审查工作力度，提高审查的实效性。2014年备案审查了州人民政府报送的11件规范性文件、各县市人大常委会报送的162件规范性文件，依法撤销2件规范性文件。对州十届人大及其常委会通过的决议决定，及时报送省人大常委会备案，全年上报省人大常委会规范性文件20件。

【工作监督】 围绕全州经济社会发展的重点领域和关键环节，强化对“一府两院”的工作监督。听取和审议州人民政府关于2014年计划、财政、审计和“十二五”规划实施中期评估报告，审查和批准2013年州本级财政决算。围绕推动依法行政，听取州人民政府关于实施依法治州情况的专题报告。听取全州推进现代畜牧业发展、全州旅游发展情况的报告和州人民检察院关于全州检察机关监所检察工作情况报告，提出有针对性的意见和建议，并加强对审议意见落实情况的跟踪监督。

【信访工作】 高度重视人民群众来信来访，加强同人民群众密切联系，常委会领导带头接待上访群众、阅批群众来信，关注信访反映的问题诉求，作好疏导解释。2014年共受理来信来访878件次，其中来信330件，来访548人次，信访总量比2013年上升12%。按照“分级负责、归口办理”的原则，转交纪检监察机关、政府相关部门和法院、检察院，做到事事有交代、件件有着落，使一些事关群众切身利益的问题得到切实解决，维护了人民群众的合法权益和社会和谐稳定。

讨论决定重大事项

围绕州委重大战略决策部署，抓住事关全州经济社会发展根本性、全局性、长远性的重大事项，密切关注与人民群众切身利益相关的重大问题，认真听取和审议有关工作报告，依法作出有关决议、决定，调整州本级财政预算，着力推进“一府两院”决策科学化、民主化。认真贯彻落实《四川省依法治省纲要》和《凉山州依法治州实施意见》，结合人大工作实际，及时作出《凉山州人大常委会关于推进依法治州的决议》，把州委重大决策部署通过法定程序上升为全州人民的共同意志和自觉行动，为全面推进依法治州提供保障。

人事任免

坚持党管干部和人大依法任免相统一，以对党、对人民、对被任免人员高度负责的精神，不断完善和创新人事任免机制，加强干部监督。2014 年共任免国家机关工作人员 24 人次，其中任命 13 人，免职 5 人，接受辞职 6 人。加强对任命干部的任后监督，对常委会任命的政府组成人员开展满意度测评，并对一名严重违纪违法的干部作出免职处理的决定，强化任后监督力度。根据新时期、新任务、新特点、新要求，依法开展对人大代表的管理和履职监督，依法许可司法机关对 7 名因涉嫌违纪违法的省、州人大代表采取强制措施。切实做好代表资格审查工作，接受 1 名代表辞去省人大代表职务，接受 1 名常委会组成人员辞去常委会委员职务，依法终止 15 名人大代表资格，补选 3 名州人大代表。

代表工作

【概况】 进一步密切同代表联系，支持和保障人大代表依法履行职务，充分发挥人大代表依法参与管理国家事务的作用。

【代表议案及建议办理】 州十届人大四次会议期间，州人大代表提出议案 1 件，提出建议、批评和意见 95 件。常委会高度重视代表议案和建议办理工作，在督办方式上不断探索创新，坚持重点督办和常态化督办相结合，确定 8 件重点督办建议，分别由常委会领导领衔督办，推动代表关注、群众关心问题的解决。代表提出的 1 件议案审议结果的报告，经州十届人大常委会第十八次会议审议通过，印发各位代表。代表提出的 95 件建议已办结 94 件，代表反馈对办理结果均表示满意和基本满意。

【开展闭会期间代表活动】 委托各县市人大常委会组织选区代表开展专题调研和集中视察活动。受省人大常委会委托，组织省和部分州人大代表，到美姑、昭觉开展扶贫开发工作暨大凉山彝区“十项扶贫工程”2014 年项目实施进展情况的专题调研活动；到会理、会东就经济社会发展情况、依法行政等开展集中视察，为代表依法履职提供条件。加强对代表的培训，举办州十届人大代表履职培训会，对 137 名州人大代表进行履职培训。组织部分省、州、县（市）人大代表到全国人大培训中心参加履职学习，组织 22 名州人大代表、乡镇人大主席到省人大培训中心参加履职培训学习，承办全省人大常委会人事代表工作暨代表联系群众工作座谈会。为州人大代表订阅《民主法制建设》《人民权力报》等学习资料，进一步提升代表对人大制度、人大工作的认识，增强代表依法履职的责任担当。

调查研究

【概况】 按照“围绕中心、服务大局”的工作思路，围绕全州经济社会发展的重点领域、关键环节和人民群众关注的热点、难点问题，确定 16 个重点调研课题，深入开展调查研究，努力推动全州经济社会持续健康发展。

【工作调研】 围绕经济发展重点领域和关键环节，开展对全州招商引资、商务、金融等工作和预算审查、大型水电资源税收分成、工业产业转型升级、国有资产运行情况等专题调研，形成《大力加强民族地区立法工作，促进凉山经济跨越发展》《加强民族地区立法，促进生态凉山建设》《关于凉山工业产业转型升级的思考》《关于溪洛渡电站建成后地方税收分成比例的建议》等一批调研报告。围绕人民群众关心的热点难点问题，开展交通大会战、食品安全监管、义务教育发展情况、现代畜牧业发展情况、核桃产业发展情况等工作和专题调研，形成《关于发展核桃产业的调研报告》《凉山食品安全工作现状及建议》《关于凉山州旅游产业发展情况的调研报告》《对凉山州推进依法治州工作的思考》等调研文章，配合省人大常委会开展秸秆换肉奶工程促进牛羊产业发展和彝家新寨建设情况调研，对推进全州经济社会发展发挥积极作用。

【督导联系活动】 扎实开展“五个一”“走基层”和“挂包帮”活动，深入基层积极宣传党的十八大和十八届三中、四中全会、省州党代会精神和人大制度。认真完成州委交办的督导、检查、考核考评等各项工作，常委会领导督导检查凉山州党的群众路线教育实践活动开展情况、重大项目建设情况、“开门红”“双过半”以及经济社会发展目标完成情况等工作近60次，并提出一系列意见建议，有力助推全州经济社会协调发展。

法制宣传

【概况】 紧紧围绕人大及其常委会的重点工作加大宣传力度，创新理念、突出重点，准确、全面反映人大制度、人大工作的新进展新成绩，生动展现人大制度、人大工作的新气象新局面。

【人大制度宣传】 通过电视、网络、报刊等媒体，及时报道人大工作情况，加强对人大制度的宣传。2014年共出刊《凉山人大》4期，召开首次《凉山人大》编辑工作座谈会。每次常委会会议、主任会议均邀请凉山电视台、凉山日报社等媒体进行宣传报道，及时将人大通过的决议、决定向社会公布。改版升级《凉山人大网》，增加信息量，加快更新速度，宣传效果进一步得到强化。在全国人民代表大会成立60周年、《民族区域自治法》颁布实施30周年之际，通过在《凉山日报》上刊发《全面贯彻实施民族区域自治法、建设美丽富饶文明和谐新凉山》的署名文章等多种方式，广泛深入宣传人大制度。坚持每次常委会会议邀请公民旁听，扩大公民有序政治参与，进一步拓宽人民群众对人大工作的认识和了解渠道，营造人大工作开展的良好氛围。

【法律法规学习宣传】 健全完善常委会会前学法制度，坚持围绕国家、省新颁布实施的法律、法规和规章，会议议题涉及的法律、法规和规章以及与人大工作密切相关的专业法律、法规和规章开展会前专题学习和解读。召开州政府工作部门主要负责人参加的新预算法颁布实施座谈会，对新预算法在凉山州全面贯彻实施进行动员部署；开展新环保法颁布实施专题学习会，努力提高常委会组成人员依法履职的能力和水平。

自身建设

始终坚持人大工作正确的政治方向，以学习为抓手，以党风廉政建设为重点，不断加强思想、作风和制度建设。紧密结合人大工作实际，突出人大工作特点，严格按照中央和省州党委的统一部署，以“振奋精神转作风、为民务实作表率、依法履职促实效”为主题，深入思想发动，强化学习提高，认真查摆问题，深入落实整改，扎实开展党的群众路线教育实践活动。通过教育实践活动，机关党员干部都受到一次深刻教育和洗礼，从政治上增强与以习近平为总书记的党中央保持一致、执行党的纪律和中央、省州党委决定的自觉性坚定性；从思想上着力解决“总开关”问题，强化为民务实清廉的价值追求；从作风上聚焦解决“四风”突出问题，增进人民群众对党的信任和拥护；从组织上严格党内政治生活，提高班子的凝聚力和战斗力；从行动上突出联系服务群众，凝聚人民群众坚定跟党走的信心和力量；从制度上规范权力运行和从政行为，提升作风建设制度化科学化水平。广泛开展党风廉政和反腐倡廉建设宣传教育活动，严格落实《廉政准则》各项规定，深入推进惩防体系建设创新发展，认真落实党风廉政建设工作责任制，把党风廉政建设和反腐败工作部署落实到位，努力实现干部清正、为政清廉、政治清明，为常委会依法履职提供可靠的政治纪律保障。注重常委会组成人员、干部职工和全州人大系统学习提高，召开全州人大常委会主任暨州人大常委会组成人员学习会，组织机关干部职工开展11场专题学习，开展“庸懒散浮拖”等问题专项整治，不断提升凝聚力和执行力，履职能力得到进一步提升。

州十届人大四次会议

【概况】 2014年2月18日至22日，凉山彝族自治州第十届人民代表大会第四次会议在西昌召开。410名代表出席会议。不是州十届人大代表的州人大常委会、州人民政府、州政协领导，州委有关部门负责人，州人大专门委员会和州人大常委会办事机构负责人，州人民政府秘书长，州人民政府工作部门负责人，州人民政府直属单位及有关部门负责人，州“两院”及派出机构负责人，不是州人大代表的县市法院、检察院负责人，中央、省驻州有关单位负责人，驻州部队主官，群团系统负责人和特邀老领导共112人列席会议。本次大会的指导思想是：高举中国特色社会主义伟大旗帜，以邓小平理论、“三个代表”重要思想和科学发展观为指导思想，认真贯彻落实党的十八大和十八届三中全会及省委、州委经济工作会议和州委依法治州工作会议精神，团结动员全州各族人民，坚持“科学发展，加快发展”的工作指导思想和“稳中求进、改革创新、分类推进、统筹发展”的工作基调，攻坚实干、奋力拼搏，干在实处、争创一流。不断开创凉山追赶跨越发展、同步全面小康建设新局面，为推进全域凉山全面协调可持续发展，争当全国民族地区科学发展排头兵而努力奋斗。会议听取和审议政府、计划、财政、人大常委会、法院、检察院等工作报告，审查批准2014年凉山州国民经济和社会发展计划，审查批准2014年州本级财政预算。会议通过充分酝酿，补选凉山彝族自治州第十届人民代表大会常务委员会组成人员。四川省政协副主席、中共凉山州委书记翟占一在大会上作总结讲话。

【会议议程】 一、听取和审查凉山州人民政府工作报告；二、审查凉山州2013年国民经济和社会发展计划执行情况及2014年计划草案的报告，批准凉山州2014年国民经济和发展计划；三、审查凉山州2013年财政预算执行情况和2014年财政预算草案的报告，批准2013年州本级财政预算执行情况和2014年州本级财政预算；四、听取和审查凉山州第十届人民代表大会常务委员会工作报告；五、听取和审查凉山州中级人民法院工作报告；六、听取和审查凉山州人民检察院工作报告；七、补选凉山彝族自治州第十届人民代表大会常务委员会组成人员；八、其他。

【代表议案和建议】 本次大会共收到各代表团和10人以上代表联名提出的议案共15件，州人大各专门委员会分别举行全体会议，按照有关法律规定和本次会议关于议案的规定，对收到的议案进行审查，报经人大主席团审查通过，会东代表团提出的《关于修改完善〈凉山彝族自治州水资源管理条例〉的议案》（第3号）列为大会议案，其余14件议案转为建议、批评和意见，连同本次会议收到的代表对各方面工作提出的建议、批评和意见67件，共计建议、批评和意见81件，会后由州人大常委会代表工作部门整理归类交州人民政府和有关机关、组织研究办理，研究办理结果均在闭会后六个月内答复了代表。

【会议决议决定】 本次大会形成决议：一、关于政府工作报告的决议；二、关于凉山州2013年国民经济和社会发展计划执行情况及2014年计划的决议；三、关于凉山州2013年财政预算执行情况和2014年财政预算的决议；四、关于凉山州第十届人民代表大会常务委员会工作报告的决议；五、关于凉山州中级人民法院工作报告的决议；六、关于凉山州人民检察院工作报告的决议。

【会议选举】 大会通过充分酝酿，补选康曦为凉山彝族自治州第十届人民代表大会常务委员会秘书长；申玮为凉山彝族自治州第十届人民代表大会常务委员会委员。

州人大常委会会议

【概况】 凉山州十届人大常委会2014年共举行七次全体会议，通过《凉山州人大常委会关于推进依法治州的决议》，通过凉山州人大常委会关于召开凉山彝族自治州第十届人民代表大会第五次会议的决定；传达四川省第十二届人民代表大会第二次会议精神、四川省第十二届人民代表大会常务委员会第七至第十三次会议精神；审查批准凉山州2013年州本级财政决算；听取和审议“一府两院”工作报告10个、常委会执法检查组执法检查报告2个，审议法规草案2个。采取联组审议的方式，对凉山州义务教育发展情况开展专题询问。依法任免国家机关工作人员24人次，其中任13人、免5人、接受辞职6人。对一名严重违纪违法的干部作出免职处理决定，依法许可司法机关对7名因涉嫌违纪违法的省、州人大代表采取强制措施。

【常委会第十二次会议】 2014年2月13日，凉山州十届人大常委会举行第十二次会议。会议传达四川省十二届人大二次会议精神和省十二届人大常委会第七次会议精神，听取关于凉山彝族自治州第十届人民代表大会第四次会议筹备情况报告；审议通过凉山彝族自治州第十届人民代表大会第四次会议议程草案、凉山彝族自治州第十届人民代表大会第四次会议主席团和秘书长名单草案，决定凉山彝族自治州第十届人民代表大会第四次会议列席人员名单，审议通过凉山彝族自治州第十届人民代表大会常务委员会代表资格审查委员会关于个别代表的代表资格审查报告。审议凉山彝族自治州人民代表大会常务委员会工作报告稿，并对州人民政府工作部门主要负责人2013年度工作进行满意度测评，听取州人民政府关于2012年度州本级预算执行和其他财政收支审计结果落实情况的报告，进行了人事任免。

【常委会第十三次会议】 2014年4月10日，凉山州十届人大常委会举行第十三次会议。会议传达四川省十二届人大常委会第八次会议精神。审议通过凉山州人大常委会2014年工作要点，听取州人大常委会法制工作委员会关于2013年凉山州人大常委会开展规范性文件备案审查工作情况的报告，进行了人事任免。

【常委会第十四次会议】 2014年6月10日，凉山州十届人大常委会举行第十四次会议。会议传达四川省十二届人大常委会第九次会议精神，听取和审议州人民政府关于推进全州现代畜牧业发展的情况报告、关于全州旅游工作情况的报告，听取和审议州人民检察院关于全州监所检察工作情况的报告。

【常委会第十五次会议】 2014年7月15日，凉山州十届人大常委会举行第十五次会议。会议决定，接受滕中平辞去凉山彝族自治州人民政府副州长职务，决定任命胡云为凉山彝族自治州人民政府副州长。

【常委会第十六次会议】 2014年9月4日至5

日，凉山州十届人大常委会举行第十六次会议。会议传达四川省十二届人大常委会第十次、十一次会议精神。听取和审议州人民政府关于2014年1—6月国民经济和社会发展计划执行情况的报告、关于2013年财政决算和2014年1—6月财政预算执行情况的报告、关于2013年州本级预算执行和其他财政收支审计工作报告，听取州人大财经委关于2013年州本级财政决算的审查报告，审查批准2013年州本级决算。会议审议《凉山彝族自治州东西河飞机播种林区保护管理条例（修订草案）》，审议通过《凉山彝族自治州邛海保护条例（修订草案）》，审议通过《凉山彝族自治州人大常委会专题询问办法》，审议通过《凉山彝族自治州人大常委会关于推进依法治州的决议》。

【常委会第十七次会议】 2014年10月30日至31日，凉山州十届人大常委会举行第十七次会议。会议传达四川省十二届人大常委会第十二次会议精神。听取和审议州人大常委会执法检查组关于检查《四川省人口与计划生育条例》及《凉山彝族自治州实施〈四川省人口与计划生育条例〉的补充规定》实施情况的报告，听取和审议州人民政府《关于凉山彝族自治州国民经济和社会发展第十二个五年规划纲要》实施情况的中期评估报告。听取州人大常委会法工委关于《凉山彝族自治州东西河飞机播种林区保护管理条例（修订草案）》修改情况的报告，并对条例（修订草案）进行审议，进行了人事任免。

【常委会第十八次会议】 2014年12月29日至30日，凉山州十届人大常委会举行第十八次会议。会议传达四川省十二届人大常委会第十三次会议精神。听取和审议州人民政府关于办理州十届人大四次会议代表建议、批评和意见情况的报告，听取凉山州人大常委会省人大代表联络处关于州十届人大四次会议代表建议、批评和意见处理情况的报告。听取和审议州人民政府关于依法治州情况的报告。听取和审议州人大常委会执法检查组关于检查《中华人民共和国环境保护法》及相关法律法规实施情况的报告。听取和审议州十届人大四次会议主席团交付州人大农业委员会审议的议案审议结果的报告。会议采取联组审议的方式，对凉山州义务教育发展情况开展专题询问。通过关于召开凉山彝族自治州第十届人民代表大会第五次会议的决定。进行了人事任免。

财政经济委员会

【工作监督】 州人大财经委提请州人大常委会听取和审议州人民政府专项工作报告5个，即：1. 州人民政府关于2012年州本级财政预算执行及其他财政收支审计结果落实情况的报告。2. 州人民政府关于2014年1—6月国民经济和社会发展计划执行情况的报告。3. 州人民政府关于2013年财政决算及2014年1—6月财政预算执行情况的报告。4. 州人民政府关于2013年州本级预算执行及其他财政收支审计工作的报告。5. 州人民政府关于“十二五”规划纲要实施中期评估报告。并提请州人大常委会审查和批准2013年州本级财政决算。为提高常委会对专项工作报告审议质量，州人大财经委坚持在提请州人大常委会审议专项工作报告前，深入开展会前调研，认真组织对专项工作报告的预审，要求报告单位认真研究落实修改意见，负责地向州人大常委会提交一份高质量工作报告。会后，州人大财经委及时将常委会会议审议情况形成审议意见，经主任会议审查同意后，交送州人民政府及有关经济部门落实办理，并加强对审议意见落实情况的跟踪监督，确保审议意见真正落到实处。同时对提交州十届人大四次会议的州人民政府关于2014年计划、财政工作报告进行初审，并结合会上各代表团审议意见，向州十届人大四次会议主席团作关于州人民政府2014年计划、财政预算草案审查结果的报告。

【法律宣传教育】 2014年8月31日第十二届

全国人大常委会第十次会议通过关于修改中华人民共和国预算法的决定，新修改的预算法将于2015年1月1日起在全国施行。为促进新预算法全面有效实施，由州人大财经委、州人大常委会预工委具体承办，州人大常委会召开新预算法颁布实施座谈会，州级各职能部门负责人参加会议，州人大常委会主任王金铁、副主任李军和州人民政府常务副州长胡云出席会议，会议对新预算法在凉山州全面贯彻实施进行动员部署。

【工作调研】 2014年，在州人大常委会分管副主任李军率领下，深入到州招商局、州商务局，对全州招商引资和商务工作开展专题调研。深入到州商业银行、州金融办，对全州金融工作开展专题调研。深入到德昌、西昌、冕宁及州统计局，对全州工业产业转型升级开展专题调研，并撰写《关于凉山工业产业转型升级的思考》调研报告。报送州委、转交州人民政府及有关职能部门。深入到国有及国有控股企业，对全州国有资产运行情况开展专项调研，形成《国有资产监督初探》重点调研课题。并协同州人大常委会预工委，对部门预算审查进行专题调研。坚持依法履职和促进发展有机统一，州人大财经委调研后提出的《关于溪洛渡电站建成后地方税收分成比例的建议》，报送省人大财经委转报全国人大财经委，全国人大财经委转交财政部认真研究办理，为提升凉山水电资源开发效益作出积极努力。同时还深入到盐源、木里、宁南、普格等县开展对全州交通大会战的专题调研，提请州人大常委会主任会议听取州人民政府关于“凉推方案”实施情况的专题汇报，完成关于“凉推方案”实施情况的专题调研报告，报送州委、交送州人民政府及有关职能部门，要求认真研究解决全州交通大会战中面临的困难和问题，大力推进“凉推方案”的实施，尽快改善凉山州交通状况。还深入到州移动公司对全州通信网络建设开展专项调研。同时积极协助州人大常委会分管副主任李军深入到木里，开展“五个一”联系和“走基层”活动，并竭力为联系点协调解决发展中的困难和问题。

【代表建议督办】 2014年，州人大常委会列出8件作为州人大常委会重点督办的建议，州人大常委会副主任李军承担冕宁代表团提出的关于稳定解决冕宁县漫水湾镇用电问题的建议的督办，州人大财经委积极协助分管主任，多次深入到冕宁漫水湾镇进行调研，与有关职能部门共同研究建议的办理工作，并积极帮助协调解决电站改扩建立项、资金投入、施工等方面存在的困难和问题。漫水湾电站改扩建工作基本完成，代表们对建议办理表示非常满意。

民族法制宗教外事侨务委员会

【立法工作】 （一）组织编制州人大常委会年度立法计划。按照州十届人大四次会议“加快推进《邛海保护条例》和《东西河飞机播种林区保护管理条例》修订工作”的要求，拟订包括完成上述两条例修订工作，开展《泸沽湖保护条例》修订和制定《地理标志产品保护条例》调研等项目的州人大常委会2014年度立法计划（草案），经州十届人大常委会第13次会议审议通过后实施。（二）开展法规修订工作。委员会与有关专门委员会、常委会法工委密切配合，认真开展对《邛海保护条例》和《东西河飞机播种林区保护管理条例》的修订工作。为了保证修订工作的质量，多次召开修改座谈会，广泛征求有关机关、相关县市以及社会各界的意见和建议，并按照立法的有关程序要求，报省人大民宗委进行审查，同时征求省人大有关专门委员会、省级有关部门的意见和建议。根据省人大民宗委反馈的审查意见以及各方提出的修改建议，对《修订草案》进行反复研究和修改。其中，《邛海保护条例（修订草案）》经州人大常委会会议审议，决定提请州十届人大五次会议审议；《东西河飞机播种林区保护管理条例（修订草案）》因范围确定、管理机构、经费、林区人员安置等重大事项需进一步研究确定，故纳入2015年继续审议，并修改完善。（三）开展立法项目调研。针对修订《泸沽湖保护条例》的意见和建议，委员会汇同城环资委专程赴盐源县开展修订调研。通过调研，对提出的涉及民族文化保护的修改事项作出“应按照国家民族政策和非物质文化遗产保护法律法规规定处理好所涉及的事项，暂不对《条例》进行修订”的调研意见，并与有关方面交换意见，基本达成共识。此外，委员会还积极参与对修改凉山州计生补充规定、制定凉山州地理标志产品保护法规等立法调研课题，提出意见和建议。（四）参与上级人大的立法活动。为了配合好全国人大常委会法工委两个调研组分别前往凉山州开展民族立法工作情况和《立法法》修订的调研工作，委员会认真总结凉山州开展立法工作以来的成效、基本做法、体会以及存在的困难和问题，并形成向调研组的汇报材料；同时，针对进一步做好民族地方立法工作以及《立法法》修订，提出意见和建议，得到调研组的充分肯定。2014年，委员会还与有关专门委员会和常委会法工委配合，对省人大常委会下放凉山州征求意见的省国有土地房屋征收与补偿条例（草案）、村委会组织法实施办法（修订草案），文物保护法实施办法修正案（草案）等法规草案进行研究和修改，提出修改意见和建议。

【工作调研】　（一）开展对全州经济社会发展情况的调研。为更好地贯彻实施民族区域自治法，促进凉山州特别是少数民族聚居地区的经济社会发展，按照全国人大民委和省人大民宗委的部署，州人大民宗委于8月在部分县市开展了民族地区经济社会发展情况的调研，为全国人大常委会调研组赴凉山州调研做好各项基础工作。9月上旬，以全国人大民委副主任委员孙大发为组长的调研组深入凉山州盐源、冕宁、西昌等县市，对全州经济社会发展，重点是教育、医疗、社会保障等社会发展的情况进行调研，并充分肯定凉山州经济社会发展取得的成绩。（二）开展对全州依法管理藏传佛教事务现状及对策研究的调研。为更好地贯彻实施《四川省宗教事务条例》，促进藏区进一步做好藏传佛教事务管理工作，按照省人大常委会的部署，4月至5月间，委员会在副主任熊正林的率领下，先后两次赴木里县，深入到木里大寺、瓦尔寨大寺和康坞大寺，广泛听取僧人和信教群众对依法管理藏传佛教事务的意见和建议。调研后，向省人大常委会报送调研报告，提出加强和改进工作的对策建议。5月下旬，委员会又陪同省人大常委会重点课题调研组赴木里县就该事项进行调研。（三）开展促进农村产业发展的调研。与州人大农业委员会密切合作，从5月开始，先后深入到盐源、木里、会理、会东、越西、喜德六县调研，并赴云南大理州的漾濞县和楚雄州的大姚县进行学习考察。提交包括全州核桃产业发展现状、凉山具有发展66.67万公顷核桃得天独厚的八大条件、发展66.67万公顷核桃产业的对策建议等内容的关于发展核桃产业的调研报告，受到广泛好评。2014年，委员会还按照省人大外侨委的部署，就省华侨捐赠条例修订、民族地区侨务工作等情况进行调研；还与州人大城环资委、农委通力合作，就旅游产业发展、烤烟生产和收购等情况开展调研。

【其他工作】　深入开展机关“挂包帮”工作，协助常委会领导开展“五个一”工作。协调有关方面实施了130多公顷核桃种植项目，并代表机关送去大量衣服、鞋等物资，协同副主任熊正林多次到越西县开展“五个一”活动，协调有关方面为联系乡落实水利基础设施建设和道路建设资金25万元，并为联系户解决子女到州民中读书的事宜。出席省人大民宗委、外侨委和法制委（法工委）分别召开的全省工作座谈会，并分别就“凉山州民族法制建设工作”和“新形势下改进凉山州立法工作”在会议上作交流发言。

农业委员会

【立法工作】（一）开展《凉山彝族自治州东西河飞机播种林区保护管理条例》的修订工作。在2013年深入到喜德、昭觉林区现场调研和召开林业系统干部职工、专家学者座谈会听取意见的基础上，2014年委员会围绕《条例》修订中所涉及林区区域界定、执法管理机构、保护管理经费、林区居住人员不断增加等重大而关键的问题，分别召开三次有两县一市领导、基层一线干部职工、州级涉及部门负责人、林业专家等参加的座谈会、个别访谈会，广泛听取和收集修订意见。就林区居住人员因自由搬迁等原因，导致增长过快，影响飞播林保护问题，提出努力达到林区居住人员"增量为零，存量逐步减少"，有效保护林海的目标和对策措施，为修订条例奠定基础，为提高修订质量提供条件。（二）开展《凉山彝族自治州大凉山特色农产品品牌保护条例》制定的前期工作。按照2014年的立法计划和常委会工作要点的要求，10月初，委员会把条例制定的有关问题以书面方式印发州级涉及的12个部门讨论和征求意见，并专题座谈会，广泛听取意见，经过讨论确定报请常委会同意制定大凉山特色农产品品牌保护条例，并就条例制定工作进行研究，对条例的内容、开展工作的方法和有关要求等提出意见。（三）参与《凉山彝族自治州邛海保护条例》的修订工作。在修订中，就该条例与《凉山彝族自治州东西河飞机播种林区保护管理条例》的关系问题、如何防止邛海面源污染和重金属超标问题等提出修改意见。（四）完成省人大农业与农村委员会交付的任务。组织有关部门、专家对省人大农业与农村委员会交付的《中华人民共和国种子法》修正案、《四川省野生植物保护条例》（草案）、《四川省农村扶贫条例》（草案）等法律法规草案进行认真讨论，广泛征求意见，结合凉山实际，进行认真修改，上报的许多修改意见得到采纳。

【监督工作】 提请常委会听取和审议《凉山州人民政府关于我州推进现代畜牧业发展情况的报告》。审议前，州人大农业委组织有关部门深入昭觉县、会东县、会理县有关乡镇开展专题调研。仔细了解养殖户经营情况、畜产品市场行情、畜牧主管部门的服务质量、发展现代畜牧业的意见建议等问题。并召开座谈会，听取四县政府和相关单位的情况汇报。形成专题调研报告，为常委会审议提供第一手资料。为加快全州畜牧业发展出谋划策。

【工作调研】 5—9月，会同州人大民法宗外侨委员会组织林业等部门先后深入盐源、木里、会理、会东、越西、喜德六县就凉山州核桃产业发展情况进行深入细致的调研；在此基础上，12月初，调研组一行又专程前往云南楚雄州大姚县、大理州漾濞县两个核桃产业大县、强县实地考察学习核桃产业发展的先进经验，形成题为《凉山发展千万亩核桃是同步奔小康的首要选择》的翔实的专题调研报告，报告得到州委、州政府主要领导和分管领导的充分肯定。（三）配合省人大农业和农村委员会深入冕宁、西昌、喜德开展秸秆换肉奶工程促进牛羊产业发展和彝家新寨建设情况调研。

【办理代表议案建议】（一）代表议案办理。州十届人民代表大会第四次会议主席团交付州人大农业委员会审议的会东代表团提出的《关于修改完善〈凉山州水资源管理条例〉的议案》（第3号）。农业委员会高度重视议案办理工作，在深入开展调研，召集相关部门的领导、专家座谈，多方征求意见的基础上，对该议案进行认真的审议。委员会审议认为：一是在金沙江、雅砻江、大渡河上开发的大型水电站均属国管取水单位，水资源费、水土保持设施补偿费、渔业资源补救费、河道（堤防）工程维护管理费的征收权、处置权和分配权都在中央和省。建议工程所在地、工程影响区以水资源开发利用、节约和保护等项目的方式，积极争取中央和省的补偿和投入。二是水电站建设涉及的移民安置中前期补偿、补助与后期扶持应按国务院制定的《大中型水利水电建设征地补偿和移民安置条例》相关规定来规范。认为修改《凉山州水资源管理条例》条件尚不成熟，当前应认真贯彻落实好该条例。待条件成熟时再列入州人大常委会立法工作计划。对此审议结果，分别于4月、9月由州人大常委会分管领导率农业委两次到会东和县委、人大、政府的领导和有关代表面对面的座谈、沟通，会东代表团对议案办理表示满意。委员会最后形成的审议结果的报告，经十届人大常委会第十八次会议审议通过，印发州十届人大五次会议的与会代表。（二）督办代表建议、批评和意见。州十届人民代表大会第四次会议代表提出的《关于会理干旱地区农业生产生活提灌用水电价格执行优惠政策的建议》（第50号），经主任会议研究确定为重点批评、意见建议进行督办，交由州人大农业委员会完成。接此任务后，农业委非常重视，多次前往会理干旱地区了解情况，加强与发改委、国资委、电业等有关部门联系协商，国网四川会理县供电有限责任公司同意帮助解决会理代表所提问题。

【其他工作】 2014年，委员会通过沟通协调多方努力帮助金阳县老寨子乡解决12千米村道改造和20只种羊补助资金，争取种植140公顷核桃、100公顷地膜玉米的项目补助资金，为农户解决价值6万多元的节能灯；配合相关委员会和工作办事机构帮助昭觉县美甘乡协调解决9.5千米村道建设、1.5千米人畜饮水工程、180公顷核桃种植等项目。年末岁初，委员会还积极开展“走基层，送温暖”活动，为对口联系的困难群众送去棉被、衣服、食用油、大米等生活物资；积极探索在干热河谷地区，大力发展节水高效的林果业。主动牵线西昌中泽公司支持帮助会理县绿水乡从金沙江提水连片建设33.33公顷油橄榄示范基地，并将其作为委员会的联系项目，为会理干旱缺水的南半县大力发展油橄榄、核桃等木本油料作物，切实解决农民增收奔小康，起到典型示范引领作用。

教育科学文化卫生委员会

【立法工作】 四川省第十二届人民代表大会常务委员会第八次会议通过《四川省人口与计划生育条例》修正案，全省正式启动实施“单独二孩”。为了进一步完善凉山州的生育政策，委员会到州计生委进行专题调研，协助配合常委会开展《凉山彝族自治州实施〈四川省人口与计划生育条例〉的补充规定》修订前期调研工作。提出暂不对《凉山彝族自治州实施〈四川省人口与计划生育条例〉的补充规定》进行修订的结论提交主任会议，得到主任会议的认可。完成全国人大下发的《公共文化服务保障法》（草案）的征求意见工作，形成修改意见报省人大。对四川省人大《“科学立法”一级指标构建方案（征求意见稿）》提出修改意见，报州人大法工委。

【监督工作】 组织开展对《四川省人口与计划生育条例》及《凉山彝族自治州实施〈四川省人口与计划生育条例〉的补充规定》实施情况的执法检查。针对执法过程中存在的问题提出了强化法制宣传，进一步提高人口与计划生育政策知晓度；严格依法行政，进一步强化依法行政举措；强化部门配合，进一步形成齐抓共管合力；加强机构队伍建设；加大对人口与计划生育的奖惩力度的审议意见。为贯彻执行州委依法治州决定，推动凉山义务教育均衡发展，州十届人大常委会第十八次会议听取州人民政府关于凉山州义务教育发展情况的专题报告，在联组会议上开展凉山州义务教育发展情况专题询问，州政府十个相关工作部门接受询问。这是凉山州人大常委会首次开展的专题询问，是州人大常委会推进依法治州的重要举措。为了开展好州人大常委会首次专题询问，充分发挥人大依法监督，推动凉山义务教育均衡发展，委员会认真进行专题询问的准备工作，确保首次专题询问有条不紊地进行，得到各方面的好评。

【工作调研】 委员会深入到州食品药品监管局、西昌市思奇香食品有限公司实地调研《食品安全法》贯彻实施情况；深入到普格、宁南、会东、西昌的第一、二小学等义务教育大班额、学校收费、义务教育均衡发展等情况进行调研；到德昌县对攀西南山学校建设、招生情况进行专题调研。在州食品药品监督管理局的大力支持下，对全州食品安全工作的现状、存在的主要问题进行客观、系统的调查、研究和分析，对全州食品安全监管工作进行深层次的思考。完成题为《凉山食品安全工作现状及建议》的结题报告。

【其他工作】 积极配合有关省、市、自治州人大常委会到凉山州进行非物质文化遗产保护、旅游业发展状况、人口与计划生育立法调研工作，开展双边交流。对“挂包帮”联系乡昭觉县美甘乡的实际情况进行深入调研研究，针对该乡的实际情况研究制定工作计划，特别是加强该乡禁毒防艾、百乡教育等联乡帮扶，为群众办实事、办好事，为该乡困难群众送去价值27万多元的衣物、棉被、防艾宣传画册、艾滋病急救包、体育活动器材和学生学习用品等等。

城乡建设环境资源保护委员会

【监督工作】 一是协助州人大常委会开展《中华人民共和国环境保护法》和《四川省环境保护条例》（以下简称“一法一条例”）贯彻实施情况的执法检查。按照州人大常委会2014年监督工作计划，在全州范围内开展《环境保护法》以及《环境保护条例》的执法检查。为使执法检查取得实效，检查前，拟定执法检查方案，组织召开执法检查动员会，对本次执法检查工作作全面安排部署。会议决定重点对西昌市、冕宁县、会理县和会东县贯彻实施“一法一条例”的情况开展执法检查，同时委托其余13个县人大常委会组织开展本县执法检查。州人大常委会执法检查组在州人大常委会副主任刘建蓉、何绍忠分别率领下，对四县（市）“一法一条例”贯彻实施情况进行实地检查，听取四县（市）人民政府的情况汇报，形成执法检查报告，提请州十届人大常委会第十八次会议审议。会后，委员会及时整理形成“审议意见”，经主任会议审议通过后连同执法检查报告一并交州人民政府研究处理，并加强对落实情况进行督促检查。二是4月至5月，围绕常委会听取和审议州人民政府关于全州旅游工作情况报告开展专题调研，会前针对审议议题，委员会在州人大常委会副主任何绍忠率领下，与州级相关部门负责人一道，先后赴西昌、普格、冕宁、盐源、木里等县市，对旅游产业发展推进情况进行专题调研。调研结束后，委员会及时形成调研报告，并提交州十届人常委会第十四次会议在审议专项工作报告时参阅。与此同时，为提高常委会对专项工作报告的审议质量，委员会还对专项工作报告认真进行初审。会后，及时形成“审议意见”，经主任会议审议通过后，交由州人民政府研究落实办理，并加强对审议意见落实情况的跟踪监督，确保审议意见落到实处。三是加强对常委会“审议意见”的跟踪督办。2013年州人大常委会第九次会议听取和审议《凉山州人大常委会执法检查组关于检查〈中华人民共和人民防空法〉实施情况的报告》。常委会审议后，形成“审议意见”交州人民政府及相关部门认真研究落实办理。“审议意见”办理期间，通过听取汇报、座谈等方式对审议意见的办理落实情况进行跟踪督办，并对州人民政府提交的凉府函〔2014〕75号《凉山州人民政府关于落实州人大常委会对我州防空法实施情况审议意见的报告》进行认真审查，建议将报告书面提交州十届人大常委会第十四次会议并印发常委会各位组成人员。

【其他工作】 一是受省人大常委会委托，于2014年4月开展对《中华人民共和国城乡规划法》和《四川省城乡规划条例》（以下简称“一法一条例”）贯彻实施情况的执法检查，并将相关部门的自查情况和各县市的执法检查情况归纳汇总后，形成执法检查报告上报省人大常委会。二是认真做好省人大城环资委下发的法规草案征求意见工作。完成省人大城环资委关于征求对《四川省城镇住房保障条例》（草案）、《四川省国有土地上房屋征收与补偿条例》（草案）和《中华人民共和国大气污染防治法》的修改意见和建议，部分修改意见已被采纳。三是积极配合省人大城环资委开展四川环保世纪行宣传活动。向政府有关部门、人大代表及干部群众发放宣传资料，普及环保知识，宣传相关环保法律法规，组织并收集在大气污染防治、水资源环境保护、城乡环境综合治理等方面的稿件，报送省人大城环资委，在相关刊物上刊登进行宣传报道，通过宣传，提高广大干部群众的环境保护意识和环保法制观念，群众参与环境保护的自觉性和主动性得到提升。

【工作联系】　一是委员会陪同省人大常委会副主任黄润秋等调研组一行到凉山州赴西昌市太和铁矿和喜德县拉克铁矿就矿山地质灾害防治和地质环境保护情况开展调研，并做好协调、联系和接待服务工作。二是配合和协助成都市人大常委会调研组一行完成至凉山州西昌市开展饮用水水源地保护工作情况的专题调研工作。三是出席全省人大城乡建设环境资源保护工作座谈会，委员会领导在会上作题为《依法加强生态环境保护，建设美丽富饶文明和谐新凉山》的大会交流发言。

内务司法委员会

【立法工作】　按照州人大常委会工作报告中“适时修改《凉山彝族自治州施行〈四川省禁毒条例补充规定〉》”和第22次主任会议将“适时修改《凉山彝族自治州施行〈四川省禁毒条例补充规定〉》”工作交予内司委办理的要求，内司委赴省人大内司委汇报、联系禁毒立法相关工作，并数次专题开会讨论、研究凉山州禁毒立法工作，通过调查研究，反复论证，认为《凉山彝族自治州施行〈四川省禁毒条例补充规定〉》的立法工作条件尚不成熟，暂不列入州人大常委会立法工作计划。对省人大常委会及其有关专门委员会和州人大常委会的有关法规条例关于征求（征求意见稿），内司委组织有关单位和人员进行了认真讨论、修改，并上报了修改意见。

【监督工作】　2014年，内司委提请州十届人大常委会听取和审议的“一府两院”专项工作报告、执法检查报告及“一府两院”落实办理州十届人大常委会审议意见》的情况报告有：州政府关于《州人民政府关于依法治州的情况报告》，并形成《州十届人大常委会第十八次会议对〈州政府关于依法治州的情况报告〉的审议意见》。州检察院关于《全州检察机关监所检察工作情况报告》，并形成《州十届人大常委会第十四次会议对〈全州检察机关监所检察工作情况报告〉的审议意见》。协助常委会负责开展《凉山彝族自治州人民代表大会常务委员会关于推进依法治州的决议》调研、草案的起草及将决议提请常委会第十六次会议审议通过，并向社会公布。州政府关于落实办理《州十届人大常委会第八次会议对〈州政府全州公安监管场所建设的情况报告〉的审议意见》的情况报告。州中级人民法院关于落实办理《州十届人大常委会第十次会议对〈州中级人民法院涉诉信访工作开展情况的报告〉的审议意见》的情况报告。受省人大常委会委托，对凉山州贯彻实施未成年人保护法和《中华人民共和国消防法》《四川省消防条例》的情况开展了执法检查和督查，并形成书面情况报告上报。

【审议办理代表议案和建议】　州第十届人民代表大会第四次会议上，议案审查委员会将雷波县阿木布沙代表提出《凉山州人大常委会有必要作出全面贯彻实施〈凉山州依法治州实施意见〉的决定》的建议、宁南县代表团苏正清等10名代表联名提出《关于增加基层政法干警编制的议案》，交州人大内司委办理。州人大内司委高度重视，经全体会议认真讨论、审查后认为，第一，将《关于增加基层政法干警编制的议案》转为建议，并交州政府办理。第二，将《凉山州人大常委会有必要作出全面贯彻实施〈凉山州依法治州实施意见〉的决定》的建议列为内司委2014年工作重点，并提请常委会纳入2014年立法监督计划。3月和7月，州人大内司委先后两次赴省人大内司委咨询关于有关依法治省决议、依法治州决议工作。决议草案起草后，又征求了州人大各专委会、常委会工作委员会、各县市人大常委会、州依法治州办等单位的修改意见，经州人大常委会第十六次会议审议通过了《凉山彝族自治州人民代表大会常务委员会关于推进依法治州的决议》，向社会公布。

【调研工作】 组织开展关于州政府依法治州开展情况的专题调研；关于全州检察机关监所检察工作情况的专题调研；关于《中华人民共和国未成年人保护法》《中华人民共和国消防法》《四川省消防条例》等法律贯彻实施情况的调研；关于《四川省禁毒条例》《凉山彝族自治州施行〈四川省禁毒条例补充规定〉》《中华人民共和国行政诉讼法修正案（草案）的说明》《中华人民共和国军事设施保护法修正案（草案）的说明》《凉山彝族自治州邛海保护条例（修订草案）》《凉山彝族自治州东西河飞机播种林区保护管理条例（修订草案）》等立法调研。参加州人大常委会组织的全国、省、州人大代表赴昭觉县、美姑县调研扶贫工作开展情况。根据《凉山州人大常委会重点调研计划》的要求，内司委在与相关单位一起开展专题调研后，撰写了《关于州政府依法治州开展情况的调研报告》。

【其他工作】 初审州法院、州检察院提请州十届人民代表大会听取和审查的工作报告。召开关于《凉山彝族自治州施行〈四川省禁毒条例补充规定〉》的立法工作调研座谈会。陪同州人大常委会副主任周斌，深入到“五个一”联系点盐源县，开展“走基层、解难题、办实事、惠民生”活动。争取的棉垭乡政府至木邦营村的通村公路、林果业扶贫、2500盏节能灯项目全面实施。

（审核：刘建蓉/撰稿：赵忠恺）

政 府

Government

综 述

【概况】 2014年，州人民政府认真贯彻中央和省、州委决策部署，紧紧依靠全州各族人民的智慧和力量，主动适应新常态，沉着应对新挑战，推进全州各项工作取得了明显成效。全年州人民政府全力以赴稳增长；加大力度调结构；攻坚克难促改革；坚定不移破瓶颈；强化保障惠民生；创新治理促和谐；动真碰硬转作风。

【综合经济】 2014年，凉山州实现地区生产总值1314.3亿元，同比增长8.5%；全社会固定资产投资1045.9亿元，同比增长7.2%；社会消费品零售总额428.2亿元，同比增长12.8%；地方公共财政收入112.3亿元，同比增长2.1%；城镇居民人均可支配收入23609元、农民人均纯收入8264元，同比分别增长8.8%、12.3%；居民消费价格总水平上涨1.8%。

【工业产业】 2014年，凉山州第二产业增加值同比增长10.6%，总量占GDP的52.7%，规模以上工业增加值同比增长13.3%。实施重大科技攻关和成果转化项目132项，获授权专利270项；组建院士（专家）工作站3个，引进高层次专家123名；创建国家高新技术企业3户、省创新型企业5户，实现高新技术产业产值30亿元，科技进步对经济增长的贡献率达44.2%。新增清洁能源装机1078万千瓦、冷轧产能21亿千克、高精度稀土抛光粉产能200万千克。会理入选全省首批“工业强县示范县”。

【农业产业】 2014年，凉山州第一产业增加值同比增长4.5%，总量占GDP的19.3%。成功创建“国家优质烤烟综合标准化示范州”，新增国省名优农产品品牌13个，统一使用“大凉山”特色农产品品牌包装产品1212个；新增县市级以上农业产业化重点龙头企业25户，新增农民合作组织699个、国家农民合作社示范社7个，培育家庭农场6591个。

【第三产业】 2014年，凉山州第三产业增加值同比增长6.7%，总量占GDP的28%。启动“全省服务业示范市州”建设，组织实施服务业重大项目50个，新增限额以上企业29户；新创建国家AAA级景区5个、AA级景区3个，全州接待游客3165.5万人次，实现旅游收入189亿元，同比分别增长10.5%、36.7%；各项存款余额1386.7亿元、贷款余额655.4亿元，同比分别增长9%、13.9%；保费收入22.3亿元、证券交易量478.6亿元，同比分别增长15.7%、37.1%；“全企入网”“全民触网”等工程全面启动，淘宝特色凉山馆即将开馆；彝族服饰产业创意园区列为中国文化产业重点项目，2户企业列为第四批省级文化产业示范基地。

【改革开放】 2014年，凉山州州级行政审批事项精减了88%，市场主体新增2.98万户，非公有制经济增加值达750亿元，占全州地区生产总值的57%。设立国企改革创新专项发展资金，重点州属国企法人治理结构进一步完善。财税体制改革全面启动。积极推进州商行、州农信社改制。依法流转土地2.52万公顷，新型农业经营主体带动农户面达72.4%。户籍制度改革稳步推进。县级以下公立医院全部取消以药补医。"单独两孩"政策全面落实。政府机构改革基本完成。成功举办"北京·凉山成就展"等重大活动，全面展示凉山改革开放新形象。国际产业、区域、银政企等合作不断深化，与美国、澳大利亚等国企业、机构签署合作协议或达成合作意向，充分利用"西博会""友好合作凉山行"等平台，新签约项目99个、协议引资798.8亿元，履约项目203个、到位州外资金465亿元。实现外贸进出口总额8263万美元。

【基础建设】 2014年，凉山州开工建设国省干线及重点公路859.5千米，建成农村公路2008.5千米、路侧护栏1073.5千米、县乡客运站29个，成昆铁路凉山段扩能工程开工建设，泸黄高速改扩建工程前期工作加快推进，西香高速公路项目抓紧招商。新增有效灌面3533.33公顷、节水灌面3866.67公顷，治理水土流失面积482平方千米。木里水洛500千伏等输变电工程建成投运。完成有线电视模数转换改造6.9万户。新增城镇建成区面积4平方千米，城镇化率提高1.5个百分点。45个村、4个镇和宁南县城成功创建省环境优美示范单位。淘汰攀钢西昌新钢业等22户企业落后产能，督促攀钢西昌钢钒公司建成投运烧结烟气脱硫项目，立案查处环境违法企业28户，建成垃圾填埋场4个、污水处理厂（站）4个，基本完成主要污染物排放年度控制任务。实施"天保工程"二期国有公益林管护225.67万公顷，巩固退耕还林成果10.9万公顷，完成营造林6.38万公顷，建成退牧还草围栏15.4万公顷。邛海湿地公园晋级国家湿地公园，全国最大的城市生态保护湿地全面建成。实施重大地质灾害防治项目24处、中小型排危除险项目10处，成功避让地质灾害12起，实现人员零伤亡。

【民生改善】 2014年，凉山州财政民生支出稳步增长。全年筹集资金124.7亿元办结省19件、州10件民生实事，完成"十项民生工程"年度任务。安排38.9亿元实施大凉山彝区"十项扶贫工程"。木里藏区"六项民生计划"年度任务全面完成。全年减少贫困人口9.7万人。解决22.7万名农村人口的饮水安全问题、17.2万名无电群众的用电问题。建成安宁河谷地区新村281个、彝家新寨210个、藏区新居48个。保障性安居工程开工建设24055套，基本建成2655套、竣工7582套，改造农村危房3.3万户。新增城镇就业1.9万人，城镇登记失业率为3.9%。转移输出农村剩余劳动力113.2万人，实现劳务收入134.6亿元，提前一年完成劳务开发"双百"工程任务。社会保障提标扩面，进一步完善社会救助机制，将65万名城乡低保"五保"对象、2.6万名孤儿及特殊困难儿童纳入最低生活保障和困难救助，基本实现应保尽保。"惠农保"试点覆盖291万人。搬迁安置移民955人，兑现后期扶持直补金9421.6万元。盐源地震、喜德特大洪灾灾后恢复重建基本完成，越西地震灾后恢复重建扎实推进。

【社会事业】 2014年，大凉山彝区教育振兴行动计划启动实施，招收彝区、藏区"9+3"免费教育计划学生4808名，组建凉山工业职教集团，全州中小学D级危房全部拆除。医疗卫生服务体系进一步完善，城乡医疗救助74.2万人，法定传染病得到有效控制，突发公共卫生事件首次实现零报告。藏羌彝文化产业走廊规划启动实施，泸沽湖"摩梭家园"建设和保护工程有序推进，新增国家级非遗项目8项、省级19项，民族歌剧《彝红》荣获第二届中国歌剧节优秀剧目二等奖，新增社区书屋211个，西昌公交场所实现彝汉双语播报全覆盖。成功举办2014西昌邛海湿地国际马拉松赛，凉山州体育代表团在第十二届省运会、第十四届省民运会上取得优异成绩。

【社会治理】 2014年，凉山州依法治州深入推进，平安凉山建设不断深化，社会大局保持和谐稳定。办结重大疑难信访积案和挂牌督办案件1163件，重点矛盾纠纷化解率达72%。破获刑事案件3109件，命案侦破率达94%；查处治安案件1.67万件，查处率提高6.3%；“绿色家园”建设稳步推进，禁毒和打拐工作名列全省前茅，西昌戒毒康复中心被评为“全国爱民模范先进集体”。“12348”法律援助服务热线全面开通，凉山驻北京农民工法律援助站、驻浙江农民工工作服务站挂牌运行。顺利完成第九届村（居）委会换届选举。全国“民族团结进步模范州”、全省“双拥模范州”创建工作取得阶段性成效，彝族奴隶社会博物馆被命名为“全国民族团结进步教育基地”。宗教工作取得新成绩。建立统一权威的食品药品监管机构，形成覆盖到村（社区）的监管网络，食品药品安全监管全面加强。安全生产形势平稳向好，生产经营性事故起数和死亡人数同比分别下降20.5%、14.9%。彝区健康文明新生活运动拓展深化，西昌创建国家卫生城市、全国文明城市工作顺利推进，盐源泸沽湖镇喇次尔丁家庭、美姑巴普镇吉觉尔乌家庭分别当选全国、全省“最美家庭”，西昌“开水爷爷”施永清荣登“中国好人榜”。

【作风建设】 2014年，凉山州人民政府严格执行中央“八项规定”、省州“十项规定”，深入开展党的群众路线教育实践活动，大力整治“四风”突出问题，严肃查处一批违纪违规案件，正风肃纪工作取得显著成效。全年全州全面清理处置违规公务用车、超标办公用房、“吃空饷”人员，预算单位公务卡实现基本覆盖，全州“三公”经费支出同口径下降21.6%。深化服务型政府建设，政府协同办公系统建成投用，州政府会议、文件分别减少25.7%、14.5%，州政府门户网站在全国地市级绩效评估中位列第六，州长公开电话受理群众有效诉求2704件、办结率达100%。全面推进依法行政，完善落实政府常务会议学法制度，加强行政决策合法性审查，推进行政权力依法规范公开运行，法治政府建设迈出新步伐。

（审核：骆国兴/撰稿：詹金涛）

发展改革

【概况】 2014年，州发改委以深入开展党的群众路线教育实践活动为契机，全面落实省委、州委战略部署，用改革统领经济社会发展全局，坚持科学发展、加快发展的工作指导思想和“稳中求进、改革创新、分类推进、统筹发展”的工作基调，深入实施多点多极支撑、“两化”互动、城乡统筹和创新驱动“三大发展战略”，抢抓机遇，坚定发展定力，突出注重区域经济发展和布局，狠抓投资和重点项目建设，推进攀西开发、以工代赈工作，加强项目监管，严格落实各项价格调控措施，扎实推进粮食管理工作，较好地完成了各项工作任务。

【重大问题研究】 一是拟定计划，指引发展。组织起草《凉山彝族自治州2013年国民经济和社会发展计划执行情况及2014年计划草案的报告》经十届人大四次会议审议通过后编制下达。同时编制完成《凉山州2014年攀西战略资源创新开发试验区建设重点工作方案》《凉山州安宁河谷地区跨越式发展规划2014年实施计划及重大项目推进工作方案》等。二是紧盯形势，加强经济形势研判。坚持开展季度、半年度、年度经济运行形势预测分析，提出有针对性、可操作性的政策建议，为州委州政府实施一季度“开门红”、二季度“双过半”、三季度攻坚克难、四季度圆满收官等决策及时提供参考依据。完成《关于凉山彝族自治州2014年1—6

月国民经济和社会发展计划执行情况的报告》和《关于〈凉山州国民经济和社会发展第十二个五年规划纲要〉实施情况的中期评估报告》，并经凉山州十届人大常委会第十六次会议和第十七次会议审议通过。

【资金争取】 2014年，州发改委按照“争取大资金、保障大发展”的理念，围绕州委、州政府中心任务，围绕全州投资工作和重大项目建设，把争取国家、省投资工作放在重中之重的位置，从策划立项的源头抓起，狠抓申报项目质量，加大跑省进京力度，在争取国家、省投资上取得了新的成绩。全年共争取中央和省资金15.1亿元。

【重大项目和投资】 2014年，州发改委先后出台《关于加快推进重点项目开工建设的通知》《关于进一步加强州级重点项目建设管理工作的实施意见》。全年共举行3次重点项目集中开工仪式，集中开工291个重点项目涉及总投资额837亿元。2014年全州重点项目共135个，总投资3658亿元，2014年计划完成投资703亿元。135个州重点项目累计完成投资705亿元，占年度计划的100.2%。2014年全州全社会固定资产投资完成1045.9亿元、增速7.2%，投资总量居全省第7位，超额完成省、州年初确定的1045亿元投资奋斗目标。

【交通基础设施】 切实加强对重大基础设施项目前期申报工作指导，注重项目跟踪，及时掌握信息，随时关注项目进度，提高前期工作效率。2014年9月24日，成昆铁路峨眉至米易段扩能工程提前获得国家发改委批复，估算总投资453亿元，同意凉山段按新建双线建设。同时，立足全州发展实际，着眼长远发展需求，提出配套建设西昌青山机场货运停机坪，新建木里、会理、昭觉支线机场，建设雷波、盐源等县通用机场，新增西昌至北京、西昌至上海、西昌至广州、西昌至拉萨、西昌至九寨沟等直飞航线的建议。会同州邮政管理局、邮政公司对全州空白乡镇邮政局所补建项目进行督导检查。提出推进金沙江、雅砻江、大渡河等内河水运发展的积极意见建议。

【能源建设】 2014年，全州能源产业（不含“三江”干流大型水电）完成投资127亿元。全年中小水电完成投资72亿元，新增装机60万千瓦；全州中小水电可建成388座480万千瓦，在建85座220万千瓦，正开展前期工作项目121座300万千瓦。加快推进新能源产业发展，努力培育新的经济增长点。全州建成风电场8座36.7万千瓦、建成并网光伏电站6座15万千瓦。启动编制《凉山州风电基地建设规划》。2014年输变电项目完成投资35亿元（含农网升级改造和无电地区电力建设）。完成《凉山州天然气利用专项规划》调整修编。

【以工代赈】 2014年，全州狠抓以工代赈和易地扶贫项目计划实施建设工作。全年共争取国家以工代赈项目162个，投入中央、省资金12518万元。狠抓各类片区扶贫规划的编制实施工作。狠抓彝家新寨项目建设和对口帮扶等民生工程。2014年投入易地扶贫搬迁工程资金2700万元，在全州13个村实施彝家新寨建设，实施搬迁900户4500人，保障全州2014年度彝家新寨建设任务的顺利完成。

【节能减排】 2014年，凉山州建立健全节能减排工作机制，认真落实分年度节能减排目标任务。全年全州单位GDP能耗同比下降6.69%。狠抓项目申报衔接工作，组织完成13个2014年争取中央预算内投资城镇生活污水、垃圾处理设施建设项目申报工作，涉及项目总投资55372万元，争取到中央预算内投资补助资金11720万元。严格实施节能评估审查，全州各县市发改部门完成固定资产投资项目节能评估审查367个，州级完成节能评估审查82个。

【西部开发和攀西开发】 积极配合国家发改委西部开发司研究起草《关于支持甘肃省临夏州、四川省凉山州、云南省怒江州建设特困民族自治州同步小康试验区的若干意见》，争取国务院印发实施。抓好2014年度省预算内投资攀西资金项目和中央预算内投资西部大开发项目前期工作经费项目的申报、管理和计划下达以及督促检查等工作。转下达攀西资金投资计划2290万元，安排攀西开发项目11个。转下达凉山州2个重点项目前期工作经费补助130万元。抓好国家发改委西部开发司组织的东部地区对口支援西部地区人才培训工作。积极与北京、上海、天津、广州、深圳、杭州、烟台、苏州等8省市衔接合作，全年共培训各类人才达440人次。有序推进攀西战略资源开发创新试验区建设，牵头做好中国（攀枝花）钒钛产业博览会暨攀西战略资源创新开发投资洽谈会凉山州参会及综合展馆布展工作。

【深化改革】 2014年，凉山州结合自身实际，修改完善《凉山州公安机关户籍管理工作规范》，进一步加强和改进户政管理，全面开放全州城市、城镇的落户限制条件。出台《凉山州家庭农场认定登记暂行办法》，鼓励农民从事农业规模化、集约化、商品化、品牌化生产经营。积极稳妥推进土地承包经营权等确权颁证，分类推进土地经营权流转。将新增城镇人口纳入城镇化建设推进农民工参加失业保险。规范推进城乡建设用地“增减挂钩”试点，落实国土资源部支持凉山扶贫攻坚的十九条政策，创新用地保障思路，优先保障保障性住房、重大基础设施建设、重大产业项目、城市新区等城镇化建设项目用地需要。加快实施“银政”项目合作，加大州级财政对保障性住房、城市基础设施、小城镇建设的支持力度。

【法制机关建设和招投标监管】 2014年，州发改委将行政处罚111项，其他行政权力18项，共计129项录入四川省行政权力运行公共平台，接受群总监督，在阳光下运行行政权力。完善工作制度，依法高效执法。行政诉讼、行政复议数量均创历年新高，其中行政诉讼同比增长300%，行政复议同比增长75%。州发改委作为复议机关处理案件平均结案时间15天，结案率100%，加大物价、粮食、招投标执法检查力度，严格查处违法违规行为。全年共查处物价、粮食违法案件4件；查处招投标违法案件12件。规范标准文件，依法备案与处理投诉。2014年全州核准备案招标项目497个，项目资金152.59亿元；备案项目比选446个，项目资金7.85亿元；备案代理机构比选392个，涉及资金117.6亿元。

【价格调控】 2014年，州发改委做好价格形势的分析、汇总、整理，为政府价格决策提供参考，维护市场价格稳定。1—12月CPI累计上涨1.8%，较全省1.6%高0.2个百分点，较全国2.0%低0.2个百分点。凉山州物价总水平涨幅平稳，总体稳定，完成2014年全年消费价格涨幅控制在3.5%以内的目标。审慎稳妥推进各项价格改革，疏导突出价格矛盾。加大清费治乱减负工作力度，切实减轻社会负担。全面完成农产品成本调查和成本监审工作任务。加强价格监督检查，维护市场价格秩序

【粮食管理】 2014年，省粮食局下达凉山州国有粮食企业粮食收购计划3100万千克，粮食销售计划7000万千克。全年全州完成粮食购进8700万千克，粮食销售6960万千克，保证全州粮食市场的粮源充足，市场较为稳定，价格基本平稳。共投资1716.77万元，对全州25个国有粮食仓库（仓容1.052亿千克）进行维修改造和设施配套完善。督促各县市粮食部门进一步修订和完善粮食应急预案，细化操作方案，加强应急演练。积极推广农户科学储粮工程，大力发展“小粮仓”建设项目。

（审核：赵玉聪/撰稿：王宁）

攀西资源开发工作

【概况】 2014年，州攀西资源开发办公室抢抓新一轮西部大开发、攀西国家级战略资源创新开发试验区建设和省委、省政府“一个意见、

三个规划”等重大机遇，把握“科学发展、加快发展”工作基调，深入实施多点多极支撑、“两化”互动、“三化”联动、城乡统筹和创新驱动“三大发展战略”及建设美丽富饶文明和谐新凉山要求，认真履行攀西资源开发工作职责，圆满完成各项工作任务。

【工作新思路】 2014年，州攀西资源开发办公室紧紧抓住国家实施新一轮西部大开发战略、攀西战略资源创新开发试验区建设和省委、省政府为凉山州量身制定的“一个意见、三个规划”战略机遇，以加快发展作为攀西资源开发工作主线，认真学习国家新一轮西部大开发配套政策，加强对西部大开发政策的研究，积极向州委、州政府提出凉山州对接西部开发、攀西资源开发的建议，主动与省发改委、省西部办汇报，凉山州在新一轮西部大开发过程中，进一步提升攀西资源开发，较好地推进水电资源、矿产资源、农业资源、旅游文化资源开发，加快基础设施和城镇化建设及生态环境保护与建设，提升扶贫攻坚和社会事业发展水平，持续改善民生。

【西部开发意见】 为加快推进特困民族自治州建设小康社会进程，2013年年底，国家民委、国家发展改革委、教育部、国家卫生计生委赴云南省怒江州、甘肃省临夏州、四川省凉山州进行广泛调研，形成《关于探索建立特困民族自治州同步小康试验区的调研报告》。2014年2月8日，国务院副总理刘延东在调研报告上批示：“民委调研工作很深入，所提建议值得重视，可转请发展改革委等部门研究，按程序上报。”2014年4月，国家发展改革委召集有关部门和甘肃省临夏州、四川省凉山州、云南省怒江州开展《建设小康社会进程的若干意见》起草工作。州攀西开发办（州西部办）按州委、州政府领导指示，多次赴北京积极配合做好国家层面《若干意见》草拟和基础资料收集整理工作。2014年12月，国家发改委西部司在云南省怒江州召开三州座谈会，凉山州在会上结合自身实际提出对《建设小康社会进程的若干意见》征求意见稿的修改建议。2015年3月16日《建设小康社会进程的若干意见》在征求三省、三州及中央33个部委意见后，国家发展改革委以发改西部〔2015〕470号文正式上报国务院待批。

【试验区建设】 2014年，凉山州按照省试验区领导小组工作安排，结合自身实际，制定《攀西战略资源创新开发试验区建设2014年重点工作方案》，对凉山州实验区建设工作进行分工落实。与四川钒钛产业技术研究院密切合作，共同编制《攀西钒钛资源综合利用产业技术路线图》，成立重大项目课题组，形成《关于加强凉山在国家攀西战略资源创新开发试验区建设中科技支撑的对策建议》。2014年，凉山州经省认定科技型中小企业达到134户，正在组织培育和申请认定高新技术企业5户、创新型企业26户。成立四川凉山稀土产业研究院，重点开展稀土新产品、新技术、新工艺、新装备的研究开发。积极做好州内方兴稀土、新钢业等24户企业申报2014年国家（省级）淘汰落后和化解过剩产能计划和奖励资金项目工作。成立淘汰新钢业落后产能实施结构性减排政企联合领导小组，并按计划于6月底关闭新钢业落后生产线。积极配合省发展改革委顺利召开攀西战略资源创新开发试验区建设第四次工作会议。

【人才队伍建设】 2014年，按照国家发展改革委东部城市对口支持西部地区人才培训计划安排，凉山州围绕深入实施西部大开发的战略目标和重点任务，积极与北京、上海、天津、广州、深圳、杭州、烟台、苏州8省市衔接合作，全年共培训各类人才达440人次，为全州经济社会发展和建设培养和储备一批能挑大梁、干实事的优秀干部。一是国家发展改革委西部司直接对凉山州下达培训计划10期60人次。二是广州市协作办在国家下达的计划外，在自有指标中调配给凉山州“转变经济发展、新农村建设、区域经济发展与区域竞争力提升、应急管理、城市管理、公共管理”等专题6期20

人次。三是深圳对口支援办公室为凉山州举办“工业园区建设与招商引资”专题班40人次。四是凉山州在选派参训人员“走出去”的同时，与广州市协作办协调，采取“请进来”的方式，由广州市协作办于2014年9月16日聘请广东省委党校教授赵超到凉山作《县域经济转型升级的实践与启示》专题讲座，全州各县市分管经济工作的副县市长，发展改革局局长、经信局局长、财政局局长；州直各部门负责人；州委党校县处级、乡科级主体班学员；州发展改革委副科长以上干部共计300多人参加培训。

【重大项目建设】 2014年，安宁河谷地区七县市（西昌、德昌、会理、会东、宁南、冕宁、喜德）按照《凉山州安宁河谷地区跨越式发展规划2014年实施计划及重大项目推进工作方案》要求，坚持科学发展、加快发展的工作指导思想和稳中求进、改革创新、分类推进、统筹发展的工作基调，以投资为主线，以项目为抓手，继续保持安宁河谷地区经济社会健康、持续、快速发展势头，圆满完成全年规划和项目建设各项目标任务。七县市完成地区生产总值993.04亿元，占全州的75.1%，比2013年增长7.4%。完成固定资产投资613.3亿元，占全州的58.4%，比2013年增长4.6%；地方公共财政收入68亿元，占全州的60.7%，比2013年增长4.1%；社会消费品零售总额350.5亿元，占全州的81.7 %，比2013年增长13.8%。纳入《凉山州安宁河谷地区跨越式发展规划2014年实施计划及重大项目推进工作方案》的140个重大项目计划投资491.3亿元，完成投资532.2亿元，为年度计划投资的108.3%。

（审核：赵玉聪/撰稿：陈昌友）

民　政

【概况】 2014年，全州民政系统以科学发展观为统领，深入贯彻落实十八大、十八届三中、四中全会和省、州民政工作会议精神，以推进民政民生工程和民生实事为重点，迎难而上，开拓创新，城乡困难群众生活得到更好保障，进一步规范完善社会救助体系，养老济孤等社会福利和慈善事业取得重大突破，双拥优抚安置成效显著，加快发展基层政权和社会组织党组织建设，大幅提升区划地名、社会事务管理水平，机关党建、党风廉政、信访维稳、禁毒防艾、安全生产等各项工作成效显著，优化政风行风，突出创先争优，优质、超额完成民生实事和各项绩效目标任务。

【社会救助】 2014年，全州63.54万名困难群众纳入保障，累计支出低保金8.3亿元，其中：农村低保55.76万人，发放低保金6.34亿元，月人均救助水平91.8元，城市低保7.78万人，发放低保金1.96亿元，月人均救助水平205.4元。全年救助74.16万人次，累计支出救助金1.287亿元；城乡困难群众政策范围内住院自负费用救助比例达62.9%和61.1%。

【救灾减灾】 2014年，凉山州全面完成省州县三级综合减灾救灾应急指挥体系建设。建成州级救灾物资储备库。下拨救灾救助资金4350万元，19.4万名受灾群众得到妥善救助安置。暖冬行动发放棉被1.45万床、防寒服2.9万套、单衣裤8500套、电热毯1000床等价值近700万元的御寒物资帮助受灾群众和困难群众温暖过冬。全部完成“4·20”芦山地震农房恢复重建任务。

【养老服务】 2014年，《凉山州人民政府关于鼓励民间资本兴办社会化养老服务机构的实施意见》（凉府发〔2014〕10号）正式出台；新增民办养老机构床位3000张，维修改造公办机构床位830张，农村五保、城镇“三无”人员集中供养对象生活费400元/每月，供养率达31.8%和55%，建设城乡社区日间照料中心21个，为3.66万名困难家庭失能老人和80周岁以上高龄老人提供居家养老服务。创建省级养老示范社区1个，完成131个农村幸福院建设，城乡社区居家养老服务覆盖率达30%和25%。

完成142名（含22名民办）养老服务机构护理人员培训和职业技能鉴定，达到目标任务（80名）的177%。民族地区五保对象、“三无”人员及孤儿集中供养全覆盖工作纳入全州民生工程顺利推进，各县市完成项目选址、立项等前期工作。

【社会福利与老龄事业】 2014年，全州6732名孤儿（含289名艾滋病感染儿童）全部纳入保障，社会散居和机构供养月人均保障标准提高到678元和1130元。“政府主导，民政牵头，部门协作，社会参与”“保基本、全覆盖”的城乡特殊困难儿童专项救助体系建立健全，19072名城乡特殊困难儿童全部纳入城乡低保，省州县三级财政专项生活补贴从135元提高到200元，月人均生活补助分别达到395元和295元，全额资助其“参保”“参合”，门诊或住院医药费用补偿比例提高10个百分点并取消住院起付线。新建11个儿童福利服务指导中心，实现县市全覆盖。全州第一所专业性儿童福利院凉山州儿童福利院建成。新建儿童福利机构床位3700张项目完成选址立项。成功召开全州第二次老龄工作会。新建农村老年协会1368个，基层老年协会达2156个。扩大高龄津贴范围，为全州2.46万名高龄老人发放津贴1325万元。2014年首次将21144名80~89周岁农村老年人纳入高龄补贴，发放津贴1268.64万元，月人均补助达50元。

【公益慈善】 2014年，凉山州贫困家庭先心病患者救助成效显著，累计救治人数突破千人，获首届巴蜀慈善奖。按照“绝不让一个先天性心脏病患者的心脏因为贫困停止跳动，绝不让一个先天性心脏病患者家庭因病致贫返贫”的要求，首次实行“不限年龄、有多少救助多少”的救助原则，免费开展义诊筛查5.3万人次，成功救治贫困先心病患者261名，治疗费用采取“四个一点”（社会各界爱心人士、公益慈善基金会捐助一点，医疗机构减免一点，医保或新农合报销一点，民政救助一点）的方式，基本实现患者家庭“零负担”，为贫困先心病患者家庭节约治疗费用800多万元。接收社会捐赠资金97.48万元，物资306.48万元，免费救助唇腭裂110人。完成862例贫困家庭白内障患者免费治疗。

【优抚双拥安置】 2014年，凉山州积极争创全省“双拥模范州”，西昌、会理等5县市完成全省双拥模范城（县）创建申报工作。首届烈士纪念日“烈士公祭活动”在全州范围成功举行；完成全州14453名优抚对象数据信息采集和入库工作，发放抚恤补助资金7409.21万元，发放医疗补助资金332.54万元。换（补）发残疾军人证979本、烈士证明书682本。完成117座散葬烈士墓抢救保护工作。接收退役士兵888人，安置率98%；自主就业785人，发放经济补助1297万元。接待过往部队22489人次，军供准确率、优质率100%。退役士兵职技培训率95%。

【基层政权和区划地名】 第九届村（居）民委员会换届选举圆满完成；乡镇政务公开和村（居）务公开达100%；全州3747个村和120个城市社区完成“村规民约（居民公约）”的修订和完善工作。新增社区服务站5个。第一本《凉山地名故事》正式出版。撤销29个乡、新设10镇1乡行政区划调整工作。2014年，全州有485个乡（含13个民族乡）、101个镇、6个街道办事处。第二次全国地名普查和第三轮县级行政区域界线联合检查启动。

【社会组织管理】 2014年，凉山州社会组织新审批登记375个，变更登记21个，注销登记6个，撤销登记6个；民办非企业451个，新审批登记37个，变更登记20个，注销登记2个，撤销登记13个，年检率达99%。新建州级社会组织党组织93个，较2013年同比增长225%，党组织覆盖率达到应建组织的75.6%，较2013年提高50个百分点。指导社会组织深入开展第二批党的群众路线教育实践活动。

【婚姻、收养登记】 2014年，凉山州县级婚姻登记机关全部实现网络化登记服务；婚姻、收养登记合格率100%，限时办结率和群众满意度100%。

【行政效能建设】 2014年报送调研文章3篇，上报信息299条，在中央、省、州新闻媒体宣传报道602条次，公开涉及优抚、救灾、灾后恢复重建、民生工程等资金、项目实施情况及相关政策文件753份。惠民殡葬改革顺利推进，婚姻收养登记合格率均达100%。受理办结行政审批登记54件，办结率和群众满意度均达100%。全年接收来信来访537件次，办结率100%。息诉息访率达98%，群众满意率达98%以上。领导干部包案160件，化解158件；积案化解10件；领导接访163件，下访53件。

（审核：杨洪忠/撰稿：雷刚）

人力资源和社会保障

【概况】 2014年，凉山州人力资源和社会保障局坚持以“四个全面”为指导，认真贯彻落实党的十八届三中、四中全会精神，结合党的群众路线教育实践活动开展，主动适应新常态，将人社工作融入全州经济社会发展战略大局，全面深化人社改革，积极推进依法行政，坚持“民生为本、人才优先”，强化措施、狠抓落实，主动服务全州改革发展稳定大局，人力资源和社会保障事业健康持续发展。

【依法行政】 转变职能、简政放权，进一步优化行政权力目录，加强行政权力运行平台和电子监察平台建设，推进行政权力动态调整并在平台依法规范公开运行；深入开展依法行政突出问题承诺整改，强化法治宣传教育，严格执法主体资格制、规范行政执法程序，不断提高执法水平和能力；畅通行政复议渠道，完善行政应诉制度，积极探索运用法治思维和法治方式妥善化解各类行政争议，2014年共办理复议案件10件，出庭应诉3次；以推进“依法治州”“六五”普法和“法律七进”等为载体，加强普法依法治理，发放社保、工伤、大学生就业创业等宣传手册万余册（份）；规范门户网站管理和建设，不断加强和改进政务信息公开，发布人社工作信息和典型材料1450余条（篇），门户网站访问量超过16万人次。

【就业促进】 落实更加积极的就业政策，积极探索建立经济发展和就业促进联动机制，强化创业帮扶，加强技能培训，搭建服务平台，开发就业岗位，推动全州经济发展和就业促进的良性互动。2014年全州城镇新增就业19738人，失业人员再就业3230人，就业困难人员再就业940人，城镇登记失业率控制在3.93%以内；农村转移就业劳动力数据入库80.33万名；建成高校毕业生就业见习基地48个，开展青年劳动者技能培训10005人，促进高校毕业生创业100人；2011级藏区“9+3”毕业生就业率达100%。举办春风行动等多场招聘会，提供岗位9350个，进场28800余人。

【社会保障】 全面深化社会保障领域改革，建立统一的城乡居民基本养老保险制度，城乡居保与城镇职工养老保险实现自由转移接续，全面启动疾病应急救助工作，开展城乡居民大病保险工作，与全省同步实现异地就医即时结算，实现全省医保一卡通刷，有序推进社会保障卡发行，社会保障能力稳步提升。2014年全州五大保险参保121.87万人次，其中企业基本养老保险参保25.66万人，城镇基本医疗保险参保56.60万人，工伤保险参保16.66万人，生育保险参保10.32万人，失业保险参保12.63万人，征缴五大社会保险费342903万元，支出各类社会保险费315326万元；城乡居民社会养老保险覆盖人数任务数182.62万人；发行社保卡162万张。

【人才队伍建设】 建立学术和技术带头人培养专项资金，2014年评审出57个资助项目。组织开展第八批凉山州学术和技术带头人及后备人选申报工作，评出45名带头人及200名后备人选。抓住2014年中国科技城科技博览会人才延揽会契机，展示凉山州高层次及紧缺人才引进优惠政策，发布人才需求信息525名。完成4636名副高以上专业技术人员续聘和661名专业技术人员新聘工作。完成39名“三支一扶”人才招募工作。开展电工、电焊工、厨师、美容等22个工种共7782人次的职业技能培训鉴定。接收大中专毕业生学籍档案9380份、转出档案6150份，接收大中专毕业生报到8124人。

【收入分配】　落实公务员职务和级别工资档次套改政策，健全符合事业单位特点、体现岗位绩效和分级分类管理要求的收入分配制度，加强企业宏观工资调控。完成全州27459名公务员（含参公人员）晋升级别工资档次和68460名事业人员正常增加薪级工资的审核审批工作；完成全州85689名企业退休职工调整待遇工作，人均月增加181.9元；全州最低工资线调整为每月1250元，非全日制用工调整为每小时13.2元。

【人事制度改革】　强化《事业单位人事管理条例》的宣传贯彻实施，完善岗位聘后管理机制，对全州“吃空饷”情况进行清理整治。完成事业单位编制岗位设置管理工作，实施“两降两加两限”公务员招录倾斜政策，首次开展从优秀工人、农民和村（社区）党组织书记中定向考试录用乡镇（街道）机关公务员工作，组织“四级联考”公开考录625名公务员。完成15名首批藏区“9+3”退役士兵和8名应届“9+3”毕业生的考录工作。安置48名军转干部，加强对621名企业军转干部解困服务。完成公务员录用、事业单位招聘、各类执业（职称）资格等考试25次125000科次70000余人的各类考试任务。

【劳动关系协调】　会同工会等有关部门加大《劳动合同法》执法力度，加大劳动监察执法、劳动关系协调和争议调解仲裁力度，积极构建和谐劳动关系长效机制，研究制定《凉山州农民工法律援助办法》，拟定《凉山州工伤保险补充意见》和《凉山州工伤保险政策汇编》，充实州级劳动能力鉴定委员会和专家库，探索建立农民工伤残鉴定便捷通道，在全州范围内推行农民工工资周薪制，全面实施“集体合同制度攻坚计划”。督促用工单位补发工资待遇3712万余元，涉及劳动者3095人。受理劳动人事争议案件960件，涉及2471人，涉案金额达46750.88万元。接待群众来电、来访3200余人次。受理工伤认定938件。各类企业签订劳动合同人数达140235人，劳动合同签订率达94%。牵头协调、稳妥处理南方都市报披露的“深圳童工事件”，妥善接收安置从深圳返回凉山人员73人。

【培训教育】　完成公务员初任培训5期560人；举办全州乡镇文秘干部专门业务培训班2期，培训132人；开展“培育和践行社会主义核心价值观”培训，培训师资骨干153人，在师资骨干的辅导下，各种形式培训考试1.8万人；举办中级计算机培训4期444人，举办“三支一扶”岗前培训1期39人；专业技术人员公需科目继续教育网络培训14341人次。

【表彰奖励】　全年共审核上报50个先进集体，85个先进个人，审核办理州级行政机关和州属参照公务员法管理单位48人的考核奖励工作。上报第五届四川省“人民满意的公务员集体”1个、“人民满意的公务员”2名、“记一等功公务员集体”2个、“记一等功公务员”10名。严格清理和规范评比达标表彰活动、整治授牌晋级现象，整理州级部门和各县（市）人社局填报的78项表彰事项，经甄别审核清理8项。

【自身建设】　扎实开展党的群众路线教育实践活动，立足部门职能，突出把教育实践活动与保障和改善民生、改变作风、加强党风廉政建设有机结合，“明礼怀信、忠诚担当、心忧天下、坚韧致远、清正廉洁”，充分展示全州人社干部主动服务基层、服务群众的新形象。建立和完善《凉山州人社局领导干部联系指导基层和各二级局、机关各科室参与联系指导基层的“双联”制度》《领导干部调查研究工作制度》和《凉山州人社局休假制度》等一系列规章制度，不断加强思想、组织、作风和制度建设。建立民生诉求、困难群众、稳定工作“三本台账”和一本“帮扶台账”，结合“挂包帮”“走基层”和“精准扶贫”等一系列活动集中走访群众听取民声，协调资金35万元帮助联乡单位修建通村主干道和波形防护栏，捐赠办公设备和落实经费20万余元帮助联乡单位完善“苏施”党支部和村级活动室建设，全局干部职工结对联乡单位159户贫困家庭，捐款捐物68000余元。整合、集中办公地点，解决老百姓办事两头跑、机关行政办公成本高的问题。

（审核：罗卫平　王建芳/撰稿：程勇　沙马瓦作）

民族宗教

【概况】　2014年，全州民族宗教工作有力、有序推进。先后被省民委表彰为全省民族工作先进集体、信息工作先进集体；被四川省文化厅表彰为第七届少数民族艺术节优秀组织奖；被州委、州政府表彰为百乡教育扶贫先进集体；被州委、州政府表彰为农村经济发展先进单位、防震减灾先进工作单位、凉山州第七次民族团结进步模范集体；被州直工委表彰为“四好”活动优秀单位、优秀党组织；保持省级卫生先进单位、州十佳卫生先进单位、州级文明单位、州级计生工作合格单位称号。

【项目资金管理】　2014年，州民宗委分二批次上报民族工作机动项目28个，申请补助资金430万元，省民宗委共下达民族工作机动项目26个，下达补助资金348万元，项目覆盖水、电、路、桥等“四小”工程，重点安排在少数民族散杂区解决扶贫盲点。共向省民宗委申请少数民族发展资金项目86个，申请补助资金2220万元。其中，申请“四小”及特色产业项目69个，申请补助资金1580万元；申请特色村寨项目4个，申请补助资金400万元；申请13个民族自治乡扶持项目13个，申请补助资金240万元。截至2014年年底，省民宗委共下达项目44个，资金1877万元。认真贯彻执行《四川省民族工作机动金、发展资金管理办法》，州民宗委党组成员分片区对2011—2013年的项目进行检查考核，对项目资金进行效益评估，并与次年申报项目挂钩。同时，严格要求项目实施县（市）按照国家的相关规定，实行报账制、公示制管理，确保资金专款专用。

【宗教事务管理】　2014年，州民宗委加强“3·10”“3·14”“3·16”“3·20”等敏感时段的维护稳定工作，确保宗教领域大事不出、中事、小事都不发生。指导宗教团体、宗教活动场所、宗教教职人员，继续开展和谐寺观教堂创建活动。通过创建活动，宗教团体和教职人员进一步树立恪守职责、爱国爱教、端正品行的意识，营造宗教界风清气正的良好环境。在全州宗教界开展发挥正能量、共筑中国梦为主题的宗教政策法规学习月活动，推动宗教界形成办事依法、遇事找法、解决问题用法，化解矛盾靠法的法治秩序。对全州佛教界开展释常善非法宗教活动排查，对全州宗教界开展收留孤儿、弃婴活动进行排查，经排查，全州无释常善非法宗教活动和收留孤儿、弃婴等情况。

【境外藏胞工作】　2014年，州民宗委根据《四川省对藏工作领导小组2014年工作要点》，按照中央对藏工作“三个维护”的工作方针和“三个坚持”的基本原则，进一步加大对凉山州探亲、朝佛、旅游、投资、捐赠的审批、接待管理、调研、宣传、重点联系等各项工作力度。一是深入开展境外藏胞工作的权限和操作程序以及审批境外藏胞回国探亲访新的规定。二是加强对申请回凉山州探访审批工作。优化审批程序，严格把握住敏感日、敏感时期的审批工作，做到个案审批，宽严适度，提高审批效率。三是积极做好接待管理工作，慰问、走访回国探亲藏胞。四是建立完善系统翔实的人头资料档案，完成2008年至2014年境外藏胞非政府组织及个人在凉山州投资情况和定居藏胞滞留人员情况的调研工作任务。五是宣传党和政府对国外藏胞方针政策，充分利用媒体如实宣传报道凉山州藏区经济社会发展变化，开展“一封家书”和“家音”民间对外宣传活动。

【社会事业】 2014年，州民宗委组织参加四川省第十四届少数民族运动会。凉山州组成160余人的团队，参加竞技、表演两类项目，是全省参赛项目最全的州（市）、并获得奖牌最多。其中，由州民宗委负责的6个表演类项目获得一等奖3个、二等奖2个、三等奖1个，奖牌总数位居前列。由国家民委主办、四川省人民政府、凉山州委、州政府承办的凉山彝族自治州成就展9月中旬在北京民族文化宫举行，充分展现凉山建州62年时间，在党的民族政策的光辉照耀下取得的辉煌成就，中共中央政治局委员、中宣部部长刘奇葆、中央民委主要负责人到会参观并给予高度肯定。充分利用彝族火把节与《凉山日报》、凉山州广播电视台合作，广泛宣传民族团结进步模范人物、模范事迹，经济社会发展变化等，在社会上掀起人人争当民族团结模范的氛围，“三个离不开”“四个认同”更加深入人心。配合《中国民族》杂志社采访彝家新寨、民族文化、彝族医药等；配合州教育局开展中央民大附中、内地班成都三中等西部民族班的招生工作；参与全州妇女儿童和关心下一代工作；全力做好老年干部的服务工作。

【民族研究】 2014年，州民宗委成立“凉山州彝族聘礼现状调查”课题组，历时一个多月，深入凉山州9个县和雅安石棉、甘孜九龙等彝族聚居县开展调查研究，完成2.7万字的调研报告；2014年7月至9月彝家新寨建设课题调研组到昭觉、布拖等县进行田野调查，撰写《凉山州扶贫暨彝家新寨建设调查》论文；11月16日至19日到木里县固增乡开展《世居少数民族传统文化传承与保护》课题的前期采点和摸底调查。同中央民族大学、西南民族大学、省民族研究所等地的专家学者进行学术交流，探讨研究领域所涉及的问题。征集《凉山民族研究》年刊稿源及《凉山民族研究》丛书第五辑的出版、发行准备工作。

【政务信息和信访工作】 2014年，州民宗委根据《凉山州民族宗教事务委员会关于进一步做好民族宗教信息工作的通知》精神，加强对全州各县市信息报送工作的管理。全年向国家民委上报信息120余条，采用9条，实现零突破；向省民宗委上报信息114条，采用68条；向州委、州政府报送简报46条；在《凉山日报》上发表文章11篇，进一步宣传凉山州民族团结、和谐、稳定的发展局面。根据《凉山州民族宗教事务委员会关于加强全州民族工作部门信访工作的意见》，各县市民宗局进一步建立和完善适应当前信访工作任务需要的各项工作制度，认真倾听少数民族群众的意见和建议，做好信访超前预测和排查工作，把矛盾和问题及时解决在基层，消除在萌芽状态。

【群教活动和“走基层”活动】 2014年，州民宗委制定《凉山州民宗委关于开展党的群众路线教育实践活动实施方案》。通过集中学习、党员自学、讲党课等形式，使党员干部增强对党的群众路线教育实践活动的深刻认识。向省民宗委、各县（市）宗教局、各宗教团体发出征求意见函，党组成员分别深入联系点开展调研，现场听取多方意见建议等方式广泛征求意见，州民宗委共发放征求意见表217份，其中函131份、表86份，归纳梳理出具体意见23条，建议116条。坚持分层次、全覆盖、有重点地开展交心谈心，班子成员间交心谈心10人次以上，班子成员和各科室负责人交心谈心12人次以上。对照“四风”问题，立行立改，开门整改，并通过立、改、废，进一步完善相关制度。深入推进“走基层”活动。全年共投入近20万元帮助解决固增乡政府办公设施等，安排项目资金100万元改善撒瓦村住房条件。11月16日至19日，党组成员、州民族研究所所长沈卫国，驻乡、驻村干部，赴木里县固增乡与乡、村、组干部召开座谈会，深入固增苗族乡撒洼村进行实地摸底调查，形成干部驻村工作方案和集中走基层工作方案。

【惠民帮扶】 2014 年春节前夕，州民宗委党组及相关科室人员，到木里县固增乡撒洼村看望困难群众，并为该村的五保户、贫困户、贫困党员、贫困学生、空巢老人、留守儿童、残疾人、孤寡老人送去价值 5 万元的食用油、大米、棉被等物品。2014 年 3 月，州民宗委党组书深入联系点木里县固增乡，慰问困难群众、党员、学生，并送去慰问经费 4800 余元。

（审核：石一史军/撰稿：李娅）

外事侨务

【概况】 2014 年，凉山州外侨办、州侨联、州对外友协围绕“坚持开放兴州，充分开放合作”战略，以发展、民生、稳定为中心，充分利用“中外知名企业四川行”“友好合作凉山行”“侨资企业西部行”和第十五届西博会等活动平台，务实推进凉山多层次多领域开展对外交流与合作，促成凉山州与澳大利亚、以色列、波兰、美国及哥伦比亚等国的相关企业和商贸机构在油橄榄种植、旅游产品开发、冷水鱼养殖、咖啡种植和水果保鲜等方面广泛开展合作。扎实开展涉外管理，稳步发展侨务引援、为侨服务等基础性工作。全年通过各种渠道引进海内外各类捐助资金 675.23 万元，修建和改建学校 12 所，资助贫困学生、孤儿 2421 名，捐赠各类物资设备 4885 件。2014 年有干部职工 25 人，其中州外事侨务办公室 9 人、州归国华侨联合会 4 人、州人民对外友好协会 5 人、州国际交流中心 7 人。

【对外交流与合作】 一是州外侨办借助“中外知名企业四川行”活动，为凉山州广泛开展对外交流与合作奠定基础。2014 年 4 月 8 日至 9 日，省政府在成都举办“中外知名企业四川行”活动。外侨办邀请到新加坡丰益国际集团、菲律宾上好佳集团等著名侨资企业负责人以及荷兰贸易促进会、以色列中国商会、哥伦比亚哥中商会、四川毅华国际文化交流发展中心和俄罗斯·中俄文化研究所等外国商会及商贸组织代表参加凉山州组织的相关活动，并与他们就粮食、食用油、果汁加工、油橄榄种植、花卉产业合作、旅游产品开发、咖啡试种、教育培训等方面进行深入细致的交流与合作，并进一步达成广泛共识。在集中签约仪式上，德昌拓鑫园艺公司与荷兰安祖（昆明）园艺公司签署技术合作、种苗引进协议，协议金额 4000 万元人民币。二是四川省友协与凉山州委、州人民政府于 6 月 17 日至 18 日联合举办“友好合作凉山行”活动在西昌成功举办。参加活动的国外来宾有德国、澳大利亚、泰国、法国等 4 家外国驻蓉总领馆官员，英中贸易协会、哥伦比亚哥中商会、澳大利亚贸易委员会、意大利对外贸易委员会、四川毅华国际交流中心、成都中俄文化研究所等 6 家外国商贸机构代表和杜邦中国集团有限公司、飞利浦（中国）投资有限公司、奥克福德国际贸易有限公司、澳大利亚沁诺斯股份有限公司、英国阿特金斯公司、加拿大中王国数码影视公司等 6 家外国企业代表以及香港《大公报》《香港商报》等媒体。省政协副主席、州委书记翟占一，州人民政府州长罗凉清在活动期间会见参加“友好合作凉山行”的外方代表团成员并举办凉山州投资推介说明会暨项目签约仪式，省政协副主席、州委书记翟占一，省友好协会会长罗玉彬分别在投资推介会上讲话，州长罗凉清就凉山优势资源和良好的投资环境进行投资推介说明。会上，凉山州分别与哥伦比亚哥中商会签署《关于引进哥伦比亚咖啡在凉山试种合作协议》，与奥克福德国际贸易有限公司签署《关于开展冷水鱼养殖合作协议》，与四川毅华国际交流中心签署《在职中小学英语老师培训协议》。由州林业局、会东县和三牧乳业公司就核桃产业、华山松系列产品和乳制品加工等进行推介；由哥伦比亚哥中商会、成都中俄文化研究所和英国阿特金斯公司分别就咖啡产业、俄罗斯文化旅游产业和城市设计与管理等项目进行推介。三是积极组团出访，开辟凉山与韩国、澳大利亚开展交流合作新渠道。应韩国忠清南道政府、澳大利亚贸易委员会、南澳州上议院邀请，经中央外事工作领导小组、外交部和四川省委外事工作领导小组批准，省政协副主席、州委书记翟占一率凉山州代表团一行6人，于2014年4月13日至20日出访韩国和澳大利亚，推介凉山州富集的自然资源、良好的发展态势、广阔的市场空间，与韩国、澳大利亚相关地方政府、部门、企业、协会洽谈交流合作事宜。在韩国期间，忠清南道行政副知事宋锡斗会见代表团一行，凉山州外事侨务办公室与忠清南道国际通商课签署《关于推进凉山州与洪城郡友好交流与合作意向书》。在澳大利亚期间，代表团先后拜会中国驻布里斯班总领事馆和驻悉尼总领事馆，分别与南澳大利亚州上议院和南澳州政府基础产业及区域开发部、澳大利亚贸易委员会、澳中友好发展协会、西悉尼技术与继续教育学院和包括林奇集团在内的部分企业代表进行会谈交流，实地参观南澳州 Lambert 葡萄酒庄，与澳大利亚昆华资本投资管理公司执行董事 John Lin、国际贸易和资源顾问 Robbie Elsom 就推进澳大利亚与凉山州相关产业合作进行洽谈。代表团向澳方重点介绍凉山州矿产资源、农业资源、旅游资源和民族文化资源，推介凉山州马铃薯、花卉、葡萄酒、油橄榄、乳制品加工等对外合作项目。四是借助第十五届西博会平台，实现与多个国家在多层次多领域合作项目签约。10月24日，第十五届西博会开幕第一天，凉山州分别与澳大利亚、哥伦比亚、以色列等国的商贸机构和企业签署4项合作协议。凉山州人民政府与澳大利亚贸易委员会签署《关于共同推进凉山州与澳大利亚开展交流合作的战略合作协议》，凉山州中泽新技术开发有限公司与以色列佳农公司签署《油橄榄产业合作协议》，凉山州亚热带作物研究所与哥伦比亚哥中商会签署《关于引进哥伦比亚咖啡在凉山试种合作协议》，越西县人民政府与美国奥克福德成都国际贸易有限公司签署《三文鱼等冷水鱼养殖项目框架协议》。10月22日，在第十一届国际旅游文化推介会上，凉山州玉礼南红商贸有限公司与波兰琥珀长廊公司签署《关于开展玛瑙琥珀等旅游产品交流合作协议》。根据协议内容，凉山州人民政府与澳大利亚贸易委员会共同推动凉山州与澳大利亚开展农业、畜牧业、旅游业、教育等领域的交流合作。凉山州中泽新技术开发有限公司与以色列佳农公司在凉山州发展6.67万公顷高效油橄榄种植基地，在种苗、繁育、栽培管理技术、节水施肥、技术交流、人才培养等方面开展合作，共同申请6000万美元以色列政府贷款项目。凉山州亚热带作物研究所与哥伦比亚哥中商会在凉山州进行咖啡试种，由哥伦比亚提供6个哥伦比亚优质小粒咖啡品种在凉山州进行试种，筛选出适应凉山州种植的咖啡品种1~2个进行推广。越西县通过推广使用奥克福德公司的饲料配方入手，开展冷水鱼养殖技术培训，逐步建成优质冷水鱼鱼苗供应基地、冷水鱼养殖示范基地、商品冷水鱼生产基地，开拓高端冷水鱼销售渠道。凉山州玉礼南红商贸有限公司与波兰琥珀长廊公司开展以产品互换销售、加工技术交流为主要内容的合作。省政协副主席、州委书记翟占一，州人民政府州长罗凉清在签约仪式后会见参加项目签约仪式的国外嘉宾。州委副书记滕中平，州委常委、统战部部长达久木甲，州政府副州长杨卉，澳大利亚驻成都总领事馆总领事郭南希、以色列驻成都总领事馆总领事蓝天铭、以色列驻华大使馆农业科技参赞尤博恩，澳大利亚贸易委员会成都代表处、哥伦比亚哥中商会成都代表处、荷兰贸促会成都代表处、意大利对外贸易委员会成都代表处、以色列佳农公司、美国奥克福德成都国际贸易有限公司等外国驻华使领馆官员、商贸机构代表和企业负责人参加会见。五是成功举办“侨资企业西部行”活动。由国务院侨办主办，四川省外侨办、江苏省侨办共同组织的“侨资企业西部行”考察团于8月19日至20日在凉山州开展投资考察活动。考察团由苏州市政超矿产有限公司、苏州豪建纺织有限公司、亿丰集团、常州奥科保鲜技术有限公司、苏州佳士美塑胶科技有限公司、苏州金华贝建筑装饰有限公司、天坤国际控股集团有限公司等江苏知名侨商企业组成。考察团先后参观宁南县蚕丝绸工业园区、西昌成凉工业园区、正大葡萄酒业等园区和企业。西昌市、宁南县及州级相关部门重点在水果深加工、蚕丝绸纺织、矿产、旅游、职业教育毕业生就业等五大领域进行项目推介。六是主动对接，认真安排荷兰弗里斯兰省副省长克莱默访问凉山代表团活动。10 月 20 日至 21 日，四川省友好城市、荷兰弗里斯兰省代表团一行，在弗里斯兰省副省长克莱默的率领下，对四川的考察访问活动延伸到凉山。代表团成员包括四川—弗里斯兰省联络官员，荷兰贸促会成都办事处首席代表，万豪劳伦斯坦大学、诺德文学院的农牧园艺专家和学者。期间，州人民政府州长罗凉清会见克莱默一行；副州长杨卉陪同代表团先后到西昌学院、凉山农校、西昌三牧乳业公司、凉山州马铃薯良繁中心参观考察并与代表团进行工作座谈，与凉山州相关企业、院校和技术人员广泛探讨农牧教育技术培训领域的交流合作。七是接待葡萄牙中华总商会一行到凉山州考察酿酒葡萄种植。3 月 29 日至 31 日，葡萄牙中华总商会副会长黄品鑫、朱长武、葡萄牙 VISTA ALEGRE 酒庄老板米格尔·马丁斯（MIGUEL MARTINS）、葡萄牙 ENCOSTA DOSOBTAL 酒庄老板佩德罗·赛伦洛（PEDRO SERENO）一行四人到凉山州考察酿酒葡萄种植。其间，黄品鑫一行前往盐源县对土质、气候和土地流转等情况进行详细考察。八是接待波兰亚当·凯伦斯基到凉山州考察旅游产业。4 月 19 日至 21 日，波兰格但斯克旅游组织、格但斯克会展局理事，琥珀艺术品经销商亚当·凯伦斯基在凉山州进行为期三天的旅游产业考察。亚当·凯伦斯基参观考察凉山奴隶社会博物馆、螺髻山、邛海湿地、正大酒业、油橄榄基地、凉山歌舞团等，并先后与相关单位就推动凉山州与波兰开展旅游文化交流，推动凉山州旅游走向欧洲进行充分交流。九是协助“好医生”药业果果果业公司与以色列英飞尼迪集团及阿萨公司合作发展石榴保鲜产业。由以色列中以交流协会介绍，11 月 19 日，以色列著名投资公司英飞尼迪集团和以色列农产品加工企业阿萨公司与凉山州好医生药业旗下的果果果业公司签订合作协议，在会理县投资 2000 万美元发展石榴保鲜业。州委常委、州政府常务副州长胡云，州委常委、州委统战部部长达久木甲会见以色列中以交流协会会长丹尼尔、英飞尼迪投资公司中国区代表张晓东、阿萨公司董事长阿萨·阿哈诺尼一行。

【涉外管理】 2014 年，州外侨办严格执行因公出国（境）管理的各项规定。严格按照省外侨办最新因公出国（境）审核程序，规范因公出国（境）手续办理；严控出国计划，实现量化管理。全年省委外事领导小组批复凉山州因公出国（境）计划指标为 50 人，全州申请办理因公临时出国（境）手续共 24 批次，45 人次。因邀请函不符合要求、任务不明确、组团单位材料不规范等原因，未受理申请 10 人次；因没有经费预算，未能办理出国（境）手续的共有 8 人次；实际受理并审核因公出国（境）申请 16 批次，共计 27 人次。积极做好各类外事管理和服务工作。全年受理 8 人次境外驾驶执照转成国内驾照的翻译审核手续；为西昌一中俊波外国语学校、凉山州二医院、会理县人民医院、昭觉县医院、昭觉县青年创业中心等单位邀请短期在凉山州开展医疗、教育、友好交流等活动的外国专家 64 人次；为参加 2014 西昌邛海湿地国际马拉松赛的 34 名外籍运动员办理邀请手续；严格执行州内组织和个人与境外非政府组织合作的各项规定，全年新备案合作项目 2 个。

【引援助困】 2014 年，州外侨办联系浙江省新华爱心教育基金会资助凉山州民族中学、西昌一中共 12 个“珍珠班”和布拖县拖觉镇石咀小学 7 个女童班、四所村中心校 4 个儿童班助学项目，共有 600 名高中生、345 名女童和 200 名儿童获得资助，资助金额共计 257.68 万元。联系上海围炉助学公益社在西昌市、盐源县两地的部分学校开展捐资助学活动，先后资助西昌市西宁中学和盐源中学 34 名贫困生生活费；

资助西昌市川兴麻卡小学 100 名学生“营养午餐”；资助西昌一中、西昌二中、川兴中学和礼州中学 21 名贫困高中生学杂费，捐资总额 11.98 万元。联系香港基督教协进会在西昌市、会理县、冕宁县、普格县、越西县、昭觉县实施“走进高中计划”和“薪火工程”大学助学金项目，共资助 332 名贫困高中生和 131 名贫困大学生。捐赠美姑县四所村小图书 500 余册、书包 895 个，资助金额合计 127.5 万元。联系香港小平教育基金在凉山州西昌一中、德昌中学和会理二中开展四川高中助学金及贫困大学生助学项目，资助 300 名贫困高中生和 10 名贫困大学生，资助金额 22 万元。联系香港慈恩基金会和中国烛光教育基金为凉山州会东县、宁南县捐建 12 所小学，捐助金额 252.65 万元港币，折合人民币 202.12 万元。联系香港福慧基金会和香港爱心人士林源道资助昭觉县、冕宁县、普格县 9 名孤儿，资助金额 3.06 万元。联系湖北襄阳铁路公安处警官贺瑞明及北京女士顾华爱心助学团队先后资助凉山州普格县特补乡中心校和洛甘乡中心校 153 名贫困学生，资助金额合计 15.79 万元。引进中国华侨公益基金会在西昌一中设立“怡海树人班”，资助学生 50 名，资助金额合计 6.25 万元。引进马来西亚星洲媒体集团资助普格县洛甘乡中心校和冕宁县曹古乡扯羊应林希望小学 150 名贫困学生，资助金额 10.5 万元。联系西部益善爱心基金，由鹿门旅游有限公司、襄阳市台商协会捐赠普格县特补乡中心校 100 张铁床、100 套棉被、100 张床板等床上配套用品及 3000 件衣物，价值 10 余万元。联系广东狮子会，捐赠普格县特补乡中心校 80 套学生课桌椅，资助洛甘乡中心校 15 名贫困学生，捐助金额合计 3.56 万元。联系广东狮子会岭南服务队，捐赠普格县特补乡中心校 88 套学生课桌椅，资助洛甘乡中心校 15 名贫困学生，捐助金额 3.65 万元。

【为侨服务与侨务基础性工作】 2014 年，州外侨办积极开展走基层、暖侨心活动。一是春节前夕，中国侨联组织人事部部长李杰，在省侨联领导的陪同下，专程到凉山慰问困难归侨侨眷，把各级侨联组织的关心送到困难侨界群众中。同时州侨联通过多方努力共筹措资金 7.1 万元，重点走访慰问西昌市、德昌县、会理县、宁南县、冕宁县等县市的老、病、困归侨侨眷共 124 户。二是为“好医生”药业主动联系生物医学专家王莉博士和江苏博雅干细胞科技有限公司许晓椿博士与“好医生”药业进行对接交流。推荐“好医生”药业参加第十届北京科博会“新侨创新成果展”，并获得“最佳展示奖”。三是认真组织开展侨界联谊活动。全年共 400 余人次参加州、市侨联先后组织西昌市文教、医疗卫生、行政事业、工交财贸、地质等侨联小组开展活动。四是认真调查了解美籍华人袁家建反映的土地纠纷事宜的相关情况，并及时向上级部门予以回复。对归侨侨眷反映的住房难、请求帮助搜集失散亲人档案的问题，专门派人联系西昌市分管副市长和相关部门为困难侨眷庞鸿富落实公租房的问题，帮助王新康在州、市档案局查找失散 60 多年的父亲（原国民党将军）的档案。五是圆满完成州侨联换届工作。2014 年 12 月 15 日至 17 日，凉山州第五次归侨侨眷代表大会在西昌召开。大会总结州侨联第四届委员会过去五年的工作，对未来五年的工作进行规划，选举产生州侨联新一届领导班子。六是积极开展群团组织参与社会治理工作。认真做好盐源县大河乡彝（藏）区群团组织社会服务工作站工作；认真开展侨爱心志愿者活动，发动受援学生组建侨爱心志愿者服务队，组织参加西昌市创建全国卫生城市、开展侨法宣传等活动。

（审核：贾帅/撰稿：王团）

移民工作

【概况】 2014 年，凉山州移民工作局党组带领全体干部职工认真学习贯彻党的十八大、十八届三中、四中全会、省委十届四次全会和州委七届五次、六次全会等精神，扎实开展党的群众路线教育实践活动，切实加强移民工作，全面完成或超计划完成2014年州委、州政府和省扶贫移民工作局下达的各项工作目标任务。在2014年度全省扶贫移民系统工作目标考评中被评为优秀单位、在全州国土资源管理综合目标考核中被州政府评为一等奖、在年度地质灾害防治目标考核中被州政府评为三等奖、在年度劳务经济目标考核中被州政府办评为优秀单位、2014年度雅砻江中下游水电开发工作目标考核先进集体（二等奖）。

【移民安置规划工作】 2014年，凉山州移民工作局完成白鹤滩水电站枢纽区及围堰区移民安置规划报告征求意见和库区移民安置规划报告征求意见；社会稳定风险评估及环境影响公众参与调查工作已经会东、宁南两县初审后上报州政府；白鹤滩水电站移民安置规划大纲正在编制中。完成乌东德水电站枢纽区、库区移民安置规划报告征求意见；完成枢纽区及围堰区移民安置点基础设施建设总工程量的60%，是目标任务50%的110%；完成官田安置点场平验收工作；完成姜州安置点场平总工程量的100%，是目标任务80%的120%；《移民安置规划大纲》于2014年11月13日经四川省移民工作局审查通过并获省政府批复。完成杨房沟水电站施工区移民290人的搬迁安置工作，是目标任务151人的192%；积极参与社会风险综合评估审查会。完成卡拉水电站移民安置规划大纲征求意见，申报工作正在启动；完成移民安置社会风险评估工作。完成麦日、大弯腰树等一批中型水电站和水库移民安置规划大纲和移民安置规划报告的报审工作；启动益地、固滴等一批中型电站搬迁安置及移民资金补偿补助兑付工作。

【移民安置工作】 2014年，凉山州移民工作局完善溪洛渡水电站淹没影响区安置移民2030人（其中完善库区安置移民1700人，新增影响区移民搬迁73户330人），是目标任务1700人的119%；完成11个迁（复）建和防护集镇剩余工作量的90%，是目标任务85%的106%；完成16条县乡复建公路剩余工作量的90%，是目标任务85%的106%。实现全部机组投产发电目标。完善向家坝水电站淹没影响区和淹没线以上安置移民870人，是目标任务870人的100%；完成迁（复）建项目剩余工作量的90%，是目标任务85%的106%。实现全部机组投产发电目标。完善锦屏一级水电站古柏农场集中安置点基础设施建设，已完成瓜别、大坡、洼里集镇建设剩余工作量的95%，是目标任务90%的106%。老沟水库工程建设已完成总工程量的72%，是目标任务45%的127%；完成库区第一期新增影响区326人人口对接工作并启动搬迁安置工作和第二期400余人实物指标调查工作并启动移民安置对接工作，是目标任务520人的139%。实现全部机组投产发电目标。完成官地水电站建设征地移民安置规划调整、变更报告征求意见工作；完善库区600多名移民的后续安置工作，是目标任务150人的400%。完成2个西昌移民安置点基础设施建设剩余工作量的95%，是目标任务90%的106%。启动瀑布沟水电站黑马料场临时占地的复垦工作并完成工程量的20%，是目标任务10%的200%；启动耳足100人移民二次搬迁安置工作。完成深溪沟水电站乌史大桥乡乌史村农田整治工程完成90%，是目标任务85%的106%。完成枕头坝水电站20人移民搬迁安置工作，是目标任务11人的182%；完成肖家坪人行便道和道林子索桥复建工程的90%，是目标任务85%的106%；完成甘洛库区移民安置自验工作。完成阿海水电站新增、退休回原籍人口认定和补偿补助兑现工作量的95%，是目标任务90%的106%；完成移民新增人口10人的界定、搬迁和生产安置工作；完成四川坪子安置点阻通道路、抓子组连接三亚的道路建设工作总工程量的90%，是目标任务85%的106%。完成卡基娃水电站三座吊桥复建总工程量的85%，是目标任务85%的100%。完成立洲水电站通村公路、沙湾大桥复建总工程的90%，是目标任务85%的106%。完成撒多、宁朗水电站，和平水库等一批中型水电站和水库投产发电及移民搬迁安置工作。

【移民后期扶持工作】 2014年，凉山州移民工作局按时足额兑现大中型水利水电工程农村移民39071人后扶直补金，是目标任务39000人的100%；完成移民技能培训共38期，2567人次，是目标任务1900人次的135%；完成56个后期扶持项目建设，投资3005万元，是目标任务45个的124%；申报12座水电站后期扶持移民40241人，四川省移民工作局批准25331人。

【移民资金管理工作】 2014年，凉山州移民工作局加强移民资金的管理，接受全省移民资金检查，确保资金按进度兑付到移民手中，满足专项迁（复）建工程进度要求。全年四川省移民工作局下达资金计划9.8亿元，全年全州完成移民投资11.08亿元，是目标计划的113%。

【移民信访维稳工作】 2014年，凉山州移民工作局共接待水电移民来访71批402人次，办理来信43件。向相关县（市）交办27件，已办结25件，办结率为93%，是目标任务90%的103%；转办15件；凉山州移民工作局复查复核8件，办结率100%，是目标任务90%的111%。其余信访事项在现场接访中向移民群众作政策解释。2014年未发生到省进京非正常上访事件和大的群体性事件，实现移民整体稳定。

【“挂包帮”活动】 2014年，凉山州移民工作局多次深入“挂包帮”定点帮扶单位冕宁县惠安乡开展帮扶和“暖冬”活动，全年共计投入45.84万元。切实为老百姓办实事、真帮户，使老百姓充分感受到党和政府的温暖。其中：投入资金40万元用于1.6千米公路设施建设；投入资金1万元、用于禁毒防艾工作；教师节对惠安乡的教师发放6000元慰问金和用1万元为50名学生购买学习用具；对惠安乡勒安村10户困难群众每户1000元（大米、清油、化肥）和8名贫困党员每名300元进行慰问，合计1.24万元；对惠安乡投入资金2万元为40名五保户、困难群众和20名贫困学生（每名一袋大米、一床棉絮、一套被套）开展“暖冬”行动。

【群众路线教育活动】 2014年，凉山州移民工作局扎实开展群众路线教育活动，按要求开展专题民主生活会和民主评议党员工作。移民工作局党组先后召开18次领导小组会议和7次班子会议，先后6次深入基层、联系点面对面交心谈心，广泛听取对移民搬迁安置工作和教育实践活动的意见。发放征求意见函52份，收回30份，同时结合移民工作召开征求意见座谈会3次。移民工作局领导小组办公室对征求到的意见和建议及时进行归纳整理，共征求到对移民工作局领导班子的意见有8条，归纳整理为5条，对移民工作局班子成员个人无意见。领导班子提出整改措施20项，领导班子成员个人整改清单共提出整改措施87项。

（审核：邓寿祥/撰稿：刘英）

扶贫开发和两项资金管理

【概况】 2014年，全州扶贫工作认真学习贯彻党的十八届三中、四中全会，省委十届五次全会和州委七届六次全会精神，深入开展党的群众路线教育实践活动，全面推进扶贫开发领域六项改革创新，深化落实乌蒙山片区、藏区区域发展与扶贫攻坚规划、大凉山彝区十项扶贫工程总体方案和大凉山综合扶贫开发规划，加快实施“五大扶贫工程”，推进“五新一体”、产村相融，扶贫工作取得明显成效，2014年荣获四川省民族团结进步模范集体荣誉称号（川府发〔2015〕8号）和四川省扶贫移民部门2014年工作目标考评优秀单位（川扶贫移民发〔2015〕18号）。州委、州政府先后8次召开州委常委会、州政府常务会专题研究扶贫工作，9次召开全州扶贫工作会议专题研究扶贫工作。

【扶贫资金】 2014年，省、州、县共下达投入财政扶贫资金129004.3万元，比2013年的112797.2万元增加16207.1万元，同比增长

14.37%。其中：省财政扶贫资金101699.6万元，比2013年增加16718.4万元，同比增长19.67%；州本级财政配套资金11604.7万元，比2013年减少1395.3万元；县市财政配套资金15700万元，比2013年增加884万元，同比增长5.97%。

【两项资金】 2014年，省安排下达两项资金9272.5万元，其中：三州开发资金8692.5万元，发展资金580万元。安排农村“四小工程”项目123个，投入资金5465万元；安排小流域现代农牧业增收项目4个，投入资金800万元；安排教育十年行动计划项目18个，补助学生19400名，投入资金1000万元；安排民族团结进步新村试点示范建设项目3个，投入资金1500万元；安排民族地区文化推进工程项目14个，投入资金280万元；其他项目4个，投入资金37.5万元；项目管理费项目1个，投入资金190万元。

【扶贫解困】 2014年，省下达扶贫解困任务9.43万人，通过彝家新寨、整村推进、产业化扶贫等重点扶贫项目的组织实施，完成改善97274名贫困人口的生产生活条件，完成下达任务的103.15%。

【彝家新寨】 2014年，凉山州彝区10县实施彝家新寨建设210个，投入资金196710.8万元。完成建房18294户，完成投资196710.8万元，发放彝家新生活“四件套”18120套，解决8.03万人的饮水，17778户用电难问题，新建垃圾处理池、公共排污设施207个，农村沼气17778口，村卫生室168所，公益商贸场所207个。安宁河6县市实施彝家新寨建设6个，新建住房736户。

【整村推进】 2014年，全州11个国家扶贫开发工作重点县在67个村组织实施整村推进。整村推进实施基础设施建设、产业培育、环境与生态建设、社会事业建设四大项目，覆盖18663户80681人，人均新增纯收入0.156万元。

【社会扶贫】 2014年，全州累计投入资金34400万元，其中中央国家机关定点扶贫投入8760万元、珠海义乌东西扶贫协作2941万元、省级机关定点扶贫1108万元、州县市社会团体帮扶17273万元、攀枝花对口支援木里2720万元、州内“4+5”对口帮扶工作投入1435万元、扶贫开发协会协调70万元等。实施彝家新寨、住房、交通、教育、卫生、社会事业等546个项目，各定点帮扶单位与联系县领导互访调研6581人，培训人数6.84万人，资助贫困大学生1.37万人。开展220户特困贫困户“结对认亲，爱心帮扶”活动的推荐、审核、上报。

【精准扶贫建档立卡】 2014年，凉山州为实施精准扶贫，精准识别出贫困对象，专门制定《凉山州建立精准扶贫工作机制指导意见》《凉山州扶贫开发建档立卡工作实施方案》，遵循“县为单位、规模控制、分级负责、精准识别、精准扶持、动态管理”原则，严格工作步骤和时间节点要求，通过精心组织、周密部署、全力推进，开展规模分解、初选对象、公示公告、结对帮扶、制定帮扶计划、填写扶贫手册、数据录入等，全年全州各县市共精准识别出贫困人口603299人。

【综合扶贫开发】 2014年，省下达大凉山综合扶贫开发10个专题资金458694.69万元，其中：省以上273424.75万元，州县配套41798.59万元，农户自筹85644.35万元，其他资金57827万元。大凉山综合扶贫开发10个专题实施“彝家新寨建设、特色农业发展、艾滋病防治和卫生、禁毒戒毒、义务教育和职业教育、劳务培训、公路建设、水利建设、社会保障、现代文明生活方式”等方面的项目。2014年大凉山彝区“十项扶贫工程”衔接落实资金397276.6万元，其中省以上286293万元，州县26804.4万元，农户自筹84179.2万元。具体实施彝家新寨建设、乡村道路畅通与大交通建设、农田水利建设、教育扶贫提升、职业技术培训、特色产业培育、农业新型经营主体构建、产业发展服务、卫生健康改善、现代文明普及“十项扶贫工程”55项建设任务。

（审核：黄玉超/撰稿：董红兵）

安全生产监督管理

【概况】 2014年，全州共发生各类事故638起，死亡101人，受伤481人，直接经济损失459.8万元。其中，生产经营性事故136起，死亡40人，分别比2013年下降20.46%、14.89%；发生2起较大安全生产事故，死亡7人，分别比2013年下降50%、53.8%，未发生重特大事故，全州安全生产形势继续保持稳定好转态势，截至2014年年底，全州连续9年主要控制指标下降，连续8年未发生重特大安全事故。2014年再次被州委、州政府评为“四好班子”，局长卢强被国家安监总局、国家煤矿安监局授予2014年度“安全生产监管监察先进个人”荣誉称号。

【责任制度体系】 制定出台《凉山州安全生产“党政同责、一岗双责”实施办法》，进一步细化安全生产责任体系，把安全生产责任切实落实到各级党委、政府、部门、基层、车间和操作手，形成环环相扣的责任链条。2014年共召开7次全州安全生产工作会议暨州政府安委会，全州安全生产防灾减灾专题会1次，州应急委全体会议1次，全州安全生产监管局长座谈会1次，认真贯彻落实中央、省安全生产工作部署，扎实有效推动全州安全生产工作。层层签订安全生产责任书，明确由州、县市、乡镇政府和相关部门“一把手”牵头负责，建立完善横向到边、纵向到底的安全生产责任制体系，提供强有力的领导和组织保障。

【安全生产专项行动】 一是“百日安全”活动。从2013年12月22日至2014年3月31日，围绕“查隐患、严执法、压事故、保平安”的主题，结合安全生产大检查“回头看”和“打非治违”工作，突出抓好重点行业（领域）专项整治，共排查治理隐患2228个，完成整改2210处，整改率达99.1%，隐患治理工作取得明显成效，活动期间没有发生一起较大以上生产安全事故。二是深入开展汛期防灾减灾工作。5月12日至23日，全州派出13个防汛减灾督导组，深入17个县市开展防汛减灾专项督导，对泥石流灾害易发区，水电工程、矿山、交通等项目施工影响区，水库库区、矿山尾矿库、排土场等重点部位，以及学校、医院、景区景点、商场等人员密集场所进行拉网式排查整治，确保安全度汛。三是安全生产大检查。7月至9月底，按照“全覆盖、零容忍、严执法、重实效”的原则，对全州所有地区、所有行业（领域）、所有生产经营企事业单位和人员密集场所集中开展安全生产大检查，全面彻底排查治理事故隐患。8月13日至9月底，全州成立12个安全生产专项检查督查组，严格落实“四个一律”要求，深入各县市开展督查检查，确保工作实效。州县两级组织督查组1067个，出动检查人员7469人次，检查5214家企业，责令改正、限期整改、停止违法行为3327起，责令停产、停业、停止建设87家，暂扣或吊销有关许可证、职业资格证171个，关闭非法违法企业7家，罚款87.58万元。四是集中开展“六打六治”打非治违专项行动。按照国家、省统一部署，9月至12月，组织国土、公安、交通、安监、建设、消防等部门，在全州范围内突出煤矿、金属与非金属矿山、危险化学品、油气管道、交通运输、建筑施工、消防等重点行业领域，集中开展以“六打六治”为重点的打非治违专项行动。其间组织执法检查组417个2607人次，检查企事业单位和场所1923家次，组织开展跨地区、跨部门联合执法77次，采取“四不两直”暗查暗访281次，进一步规范安全生产法治秩序，大幅减少因非法违法行为造成的事故。

【重点行业领域监管】 2014年，凉山州将隐患排查治理工作作为长治久安的根本措施来抓，努力使隐患排查治理工作真正做到常态化、规范化、制度化。道路和水上交通安全方面深入推进道路交通安全综合整治攻坚年各项工作，以“双超”治理为重点集中开展道路交通安全整治行动，全年全州排查整治公路安全隐患1309处，严查超载超限违法行为14760起。煤矿方面打好遏制煤矿较重特大事故攻坚战，深入贯彻落实煤矿安全生产治本攻坚“双七条”，推进煤矿整顿关闭和兼并重组工作，深入开展安监干部与矿长谈心对话活动，严格煤矿复工复产验收标准程序，有效防范瓦斯、水害等隐患引发安全事故，实现全年煤矿生产零事故的历史最好成绩。非煤矿山方面开展非煤矿山防采空区塌陷、防尾矿库溃坝等专项整治，对非法生产和不具备安全生产条件的矿山坚决整顿关闭退出，完成35家三级标准化非煤矿山企业考评工作，检查各类企业85家，排查安全隐患343条，整改率100%。在汛前及汛中，对全州21座尾矿库、36家矿山不间断开展安全隐患巡查，发现各类安全隐患271条并及时整改落实。开展金属非金属矿山整顿工作，打击查处超层越界等非法违法行为，对10家安证过期矿山进行整合，整治矿山企业4家。严把非煤矿山新、改、扩建项目“三同时”审查关，共审查备案安全预评价报告6家，审查安全设施设计22家，现场竣工验收10家。烟花爆竹方面，重点强化烟花爆竹企业转包分包、“三超一改”、产品超标等行为整治，加强“三库”“四防”安全设施建设，全年完成14家烟花爆竹企业安全标准化达标工作，督查整改6家不达标企业。危险化学品方面共检查危化企业86家（次），排查治理一般性安全隐患490条，停产停业整顿企业5家，督促6家企业完成自动化控制及紧急切断改造。安全生产审验9家企业达标。完成19家危化生产企业和55家危化经营企业安全标准化考核工作。督促危化企业安全生产“三同时”，认真负责地从源头上把好安全生产审验关，全州新建、改建、迁建单位14家，建设完成验收15家。公共安全方面突出重点节假日时段和薄弱环节，认真抓好学校、旅游景点、商场、医院、宾馆、专业市场、大型超市、娱乐场所、影剧院、车站、码头、景区等人员密集场所重点监管，坚决防止群死群伤事故发生。同时抓好消防、林业、电力等行业领域安全监管，全力排查和整治安全隐患，严防安全事故。

【安全生产投入】 2014年，全州612个乡镇建立安监站（安办）和交管办，配备近2000名专（兼）职工作人员，切实增强基层安全监管力量。认真完成2014年省上补助的1183千米的波防建设任务。通过安全生产隐患排查治理、提高准入门槛、标准化建设、落实“三同时”制度等措施，督促引导企业加大安全生产投入，切实提高企业安全水平。积极推进安全社区创建活动，不断扩大安全生产工作网格化管理覆盖。截至2014年年底，全州备案国家安全社区1个，四川省安全社区8个，凉山州安全社区15个，建成西昌市西郊乡、马道镇和会东县会东镇3个“四川省安全社区”。

【宣传教育培训】 以“强化红线意识，促进安全发展”为主题，全方位开展安全生产宣传。一是深入开展贯彻中共中央总书记习近平关于安全生产重要讲话精神专题宣传活动，刻录200盘主题片《生命的红线》，把总书记重要指示宣传到县市、乡镇、企业。二是以“安全生产月”为载体，全州于2014年6月16日开展现场“咨询日”活动，共设立740个咨询点，悬挂安全生产宣传条幅5000余幅，张贴宣传标语和宣传画2000余幅，展出安全警示教育版800余块，发放宣传单（册）40余万份。三是认真组织开展安全知识“七进”活动（进乡村、进社区、进企业、进机关、进学校、进单位、进家庭）。州安委会办公室编印《安全生产知识读本》3.5万册，免费发放至各县市、各部门和重点企业。四是开展安全文化传播活动，指导企业开展安全文化建设、创建安全标准化企业、自查自改隐患和“反三违”、安全生产知识竞赛等活动。结合安全社区建设，编印《安全社区（家藏手册）》3.5万册，免费向广大群众和社区居民发放。五是全面认真开展新《安全生产法》宣传贯彻。加强全州安监系统内对新《安全生产法》及释义学习，真正做到熟悉修改的目的意义，正确运用各项发条，各县市安监局主要领导带头做好宣传贯彻，分别在本级主流媒体发表贯彻新《安全生产法》的文章。同时以新《安全生产法》宣传贯彻为契机，开展百日安全生产宣传活动，确定6个重点县（西昌市、冕宁县、会理县、木里县、雷波县、昭觉县）和6个重点部门（州教育局、州交通运输局、州旅游局、州公安局、州规划建设住房保障局、州安监局）共同在凉山电视台开辟“百日安全生产宣传”栏目，开展具有区域和行业特色的安全宣传教育活动，广泛宣传新《安全生产法》和进行亮点解读，大力提升公众知晓度，营造出学习、宣传贯彻新《安全生产法》的浓厚社会氛围，深入攀钢集团西昌钢钒有限公司、重钢西昌矿业有限公司等重点企业开展落实企业主体责任的系列报道，继续加强社会性宣传，有效利用广播、电视、网络、报纸等各类媒体，用群众喜闻乐见的宣传方式，普及各类安全生产防范知识。六是狠抓业务培训。组织重点乡镇安办人员134人参加省专题培训，组织州、县安监部门18人参加宣传工作培训，5人参加行政执法培训，同时做好安全生产专业技术人才的培养，全年培训各类人员15345人，超省下达计划22.5%。

【应急救援工作】 大力推进安全生产区域性综合救援凉山示范基地建设，完成基地建设用地选址工作，经西昌市规划建设委员会审查通过，并出土地规划红线图，土地正在报件过程中，拟开展科研、初设等前期工作，其余规划设计、资金筹措等工作正稳步进行。应急联动方面以2014年4月19日全省防震救灾综合演练在凉山州举行为契机，对州、县（市）、乡镇、村四级应急指挥、应急队伍响应、应急物资技术准备等进行了一次全面检验。截至2014年年底，全州安监、国土、质监和消防等部门共组织各类应急预案演练活动13次，各县市、各重点企业也开展了1次应急演练活动。

【职业卫生健康监管】 一是以工作场所职业卫生监督执法年活动为抓手，2014年全州监督检查用人单位353家，发现问题隐患1058项，责令当场改正346项、责令限期改正712项、警告4家、罚款3.5万元、责令停产整顿5家、提请关闭3家。二是突出粉尘和毒物职业危害两个治理重点。加强对水泥生产、非煤矿山和石材加工等企业重点监管和整治工作，关闭不达标水泥生产企业3家，整治小微型的石材加工企业14家。三是抓好“三个培训”（即安全监管部门职业卫生监管人员，企业负责人和管理人员，监督企业对劳动者开展职业卫生知识培训），增强政府监管、企业自管、劳动者自防的“三个能力”，2014年全州用人单位监管人员和企业职业卫生管理人员参加培训人数达2680人，职业健康检查人数27981名。四是认真开展“职业病防治法”宣传周活动，组织开展全州监管单位和企业参加全国职业病防治知识竞赛。五是强化建设项目职业卫生“三同时”监管，防止建设项目“带病”生产和运行。六是督促用人单位全面落实职业病危害防治的主体责任。全年进行职业病危害检测企业215家、进行现状评价的企业97家，有40多家与职业卫生服务机构签订检测、评价合同。

（审核：卢强/撰稿：王德美）

语言文字工作

【概况】 2014年，全州语言文字工作紧紧围绕州委、州政府的中心工作和州语委年初制定的工作目标，根据语言文字的服务功能，本着语言文字为社会和为人民群众服务的理念，进一步创新工作方式，加强工作举措，在语言文字规范管理、彝族语言文字推广使用，规范管理社会用字、古籍抢救保护、普通话培训测试等方面取得显著成效。

【语言文字规范管理和彝语文推广使用工作】

2014年，州语委加强对会东县、会理县社会用字规范化管理督导工作，强化业务指导职能，加大督办督查力度，推进会理县、会东县社会用字规范化进程；和州旅游局研究部署景区社会用字规范化推进工作，并对马湖景区、彝海景区、灵山景区、邛泸景区进行命名；开展彝藏文社会用字情况检查工作；西昌市公共交通场所全面实现彝汉双语播报工作；《凉山语文工作》复刊发行，并免费发放各县市语委和州级相关部门；指导宁南县、会理县、昭觉县、西昌市、德昌县的州级、省级示范校创建工作，并完成西昌市一中、四小、五小省级示范校申报工作；对西昌市、甘洛县7所中小学校创建州级语言文字规范化示范学校进行命名和授牌；与州教育局联合组成评估验收小组，对德昌县三幼、喜德县瓦尔九年一贯制学校、会理县民族中学、城关镇第一小学等4所学校创建州级语言文字规范化示范学校工作进行评估验收；组织德昌县中学代表凉山州参加省首届汉字听写大赛；积极协调省语委，指导西昌市二类城市语言文字评估工作；采购《李光耀回忆录——新加坡双语之路》一书供单位职工和县市语委以及州级有关部门人员学习，拓宽语言文字工作者的工作思路。全年全州共组织24期733人参加普通话测前培训和4972人参加普通话水平测试，其中学生2794人、社会（含公务员）1093人、教师285人；组织全州积极开展第十七届推普宣传周活动；组织专家学者编写出版彝汉文对照、通俗易懂的《彝族传统道德教育》读本免费下发全州各村；州语委以“结合实际推广使用彝语文、创造和谐语言文字环境”为题在全国民族语文工作会上作交流发言，受到与会省区代表的高度称赞；协办在喜德县召开的2014年度全国彝语文专家工作会议；主办“中华字库·彝文字符搜集与整理工作会议”。

【古籍抢救保护和编译出版工作】 2014年，州语委编写的《中国彝文典籍译丛》第五辑获得第十四届凉山州社科一等奖，在川、滇、黔、桂四省区古籍协作会上，州语委以“凉山州着力抢救保护彝族古籍”的大会发言受到与会代表的高度称赞，并受到州委书记翟占一的讲话表扬；《彝族习惯法》获得第16届四川省社科三等奖；出版发行200万字的《中国彝文典籍译丛》（彝汉文对照版）第六辑；完成《中国少数民族古籍总目提要—— 四川彝族卷》全部编目的查漏补缺和修改审定工作；完成收集、整理、翻译、审定200万字的《中国彝文典籍译丛》（彝汉文对照版）第7辑任务；召开《凉山彝族姓氏汉字借音规范》审定工作会议，并发布试用；完成2014年“两会”工作报告及领导讲话稿、开闭幕词等30多万字的翻译及同声传译工作；翻译公章、牌匾等社会用字4500多条；与州食品药品监督管理局合作，翻译并彝汉双文发行《食品药品安全手册》《四川省农村自办群众性宴席食品安全管理办法》《四川省学校食堂食品安全管理办法》；为就业局翻译《进城务工手册》一书；为州农业局翻译近20万字的《农业科普系列丛书》；与州司法局合作编译《凉山州彝汉双语普法读物》读本；与四川民族出版社签订《妈妈的女儿》《幺表妹》等三本书的用稿协议；收集新词术语300余条；完成凉山州民族语文翻译系列中级职称资格评审和高级职称推荐工作。

【党的群众路线教育实践活动】 2014年，州语委以“树立为民务实清廉新形象，推动语言文字工作科学发展”为主题，认真开展党的群众路线教育实践活动。一是召集州语委全体干部职工在会议室召开党的群众路线教育实践动员大会。二是组织全体干部职工共同观看教育片《郭明义》《焦裕禄》，大力倡导清廉、敬业、和谐、务实、创新、学习的风气，观看警示教育片《阳光下的黑幕》和组织专题警示教育学习，集中学习《中共凉山州纪委 凉山州监察局关于对四起违规打牌典型案件的通报》（凉纪通〔2014〕7号）文件，将其作为反面教材警示教育全体干部职工。三是召开党的群众路线教育实践活动专题学习会，学习弘扬焦裕禄精神，践行“三严三实”要求等。四是开展“五好干部怎么做”“群众路线怎么走”等专题讨论。五是邀请州委党校高级讲师到州语委作加强党的作风建设，践行党的群众路线专题辅导。六是开展交心谈心活动，加强干部职工间的情感交流，进一步增强党员凝聚力。七是认真开展正风肃纪工作，从工作纪律入手，以工作效率和群众满意度为基本评判，开展“从我做起、向我看齐”的正风肃纪活动。八是州语委领导班子率干部职工分批次深入联系点木里县克尔乡彭姑村，与基层干部群众进行面对面交流，了解基层干部群众的期盼和愿望，并听取基层干部群众对州语委的建议意见，并实地调研当地的水源及饮水管道。与州上相关部门相互配合争取资金，努力解决彭姑村民饮水困难问题。九是通过设置意见箱、打电话、发放征求意见表、召开座谈会等多种方式征求意见。十是州语委领导班子及班子成员联系实际、认真分析、勇于剖析、对号入座，并结合征求到的意见，认真撰写对照检查材料，严格按照“照镜子、正衣冠、洗洗澡、治治病”总要求，召开专题民主生活会。认真贯彻整风精神，深入开展批评与自我批评，严肃认真、动真碰硬、充满“辣味”，达到统一思想、加油鼓劲、共同提高、增进团结的目的。十一是针对查找出来的存在问题和征求到的建议意见，制定《凉山州语委党的群众路线教育实践活动整改方案》和《凉山州语委党的群众路线教育实践活动制度建设计划》。州语委领导班子及班子成员根据自身查找出的问题，制定个人整改措施。州语委着重从作风建设、干部管理等方面，建立健全多项规章制度。

（审核：贾瓦盘加/撰稿：林燕）

对台工作

【党的群众路线教育实践活动】　2014年，州委台办按照全州党的群众路线教育实践活动有关工作安排制定工作方案，组织全体干部职工学习传达凉山州党的群众路线教育实践活动工作会议精神，采取职工大会学习、支部学习、中心组学习的形式，以中国特色社会主义理论体系、党章和党的十八大精神、中央和省委、州委领导一系列重要讲话精神、党的光辉历史和优良传统等为重点，组织党员干部原原本本开展学习，并对照“四风”的九种表现，支部组织党员干部职工，联系实际、认真分析，结合征求到的意见，深入查找存在的主要问题。班子及班子成员、全体党员围绕个人作风情况撰写个人对照检查材料，同时召开专题组织生活会，深入开展批评与自我批评。针对查找出来存在问题和征求到的意见建议，支部制定《凉山州委台办领导班子党的群众路线建议实践活动整改落实方案》。每个党员干部职工根据自身查找出来的问题，制定个人整改措施。进一步修订完善《凉山州台办规章制度》，确保整改落到实处。

【对台宣传】　2014年5月6日，全州对台工作会议在西昌召开。会议深入学习党的十八大及十八届二中、三中全会精神，传达贯彻落实全省对台工作会议精神，州委台办主任杨少波总结凉山州2013年对台工作，分析当前对台工作形势，安排部署2014年工作。州委常委、统战部部长达久木甲在会上作重要讲话，州人民政府副州长肖春主持会议。州委副秘书长陈华、州人民政府副秘书长郭均出席会议，17县市分管领导和台办主任、州对台工作领导小组成员单位负责人共70余人参加会议。州台办领导坚持参加两月一次的台联理事会例会，向理事们分析形势、通报情况，进行形势教育。并向台胞台属分析解读台海局势，宣传党和国家对台大政方针，通报介绍全州经济社会发展情况。全年台办共撰写对台宣传稿件27篇，被中国台湾网、《四川对台工作》《凉山日报》等新闻媒体采用稿件17篇，撰写对台调研文章《依托地方特色资源开展对台工作的实际与思考》，扩大凉山州的知名度和影响力。

【对台经贸】　2014年，州委台办充分利用“中外知名企业四川行”活动平台，邀请成都市台湾同胞投资企业协会成都罗莎食品有限公司等5家台资企业参加“四川·凉山彝族自治州投资说明暨产业推介会”。第十五届中国西部国际博览会召开前夕，台办积极联系成都台商协会，邀请有投资意向的台商参加凉山彝族自治州投资说明暨产业推介会，并达成2015年年初由会长高锦乐带队赴凉山考察的意向协议。2014年3月29日，台北士林观光发展协会执行长高启原、顾问郑荣财等一行4人，在凉山进行投资考察，签订首届两岸合作火把节之意向协议。州人民政府副州长肖春、州政协副主席宋光明、西昌市副市长代义分别会见台北士林观光发展协会执行长高启原一行。5月21日，西昌市人民政府与台北士林观光发展协会举行签约仪式。火把节期间，西昌市政府与台北市士林观光发展协会共同举办“中国·西昌首届台湾士林美食嘉年华风情美食节”，引进著名品牌士林夜市小吃“士林夜市嘉年华”，双方在成功打造本届风情美食节的基础上全方位整合台湾经贸文创之优势资源，着力将海河天街打造成为最具品牌价值和竞争力的“台北士林夜市嘉年华一条街”。6月20日，台北市士林观光发展协会驻西昌办事处正式揭牌，州委常委、统战部部长达久木甲，州政协副主席、州工商联主席宋光明，州、市相关部门负责人以及台北市士林观光发展协会代表参加此次揭牌仪式。5月，应中华台商之友交流会的邀请，经凉山州委同意，西昌市委常委、总工会主席余勇一行7人于2014年5月28日至6月1日赴台参访，考察台湾苗栗县草莓生产及深加工，在台中学习兰花生产优良技术，在南投、嘉义等县考察学习休闲农业及乡村旅游的优秀经验和发展模式。其间，西昌市与台湾相关企业在核桃产业、花卉产业等方面达成初步合作意向。

【对台交往交流】　一是2014年10月19日至21日，“2014海峡两岸媒体锦绣天府攀西阳光行”联合采访活动在凉山进行采访；海峡两岸16家媒体赴凉山进行为期三天的采访活动，先后参访游览螺髻山、凉山彝族奴隶社会博物馆和彝家新寨、邛海湿地公园、大凉山南红玛瑙城。台湾《中国时报》《旺报》《联合报》、中天电视台、中国电视公司、台湾新闻报、台中广播电台等台湾媒体以及中央电视台海峡两岸栏目、中央人民广播电台等中央相关媒体20余人参加。11月5日晚8时30分，“2014海峡两岸媒体锦绣天府攀西阳光行”联合采访活动在CCTV-4《海峡两岸》节目播出。进一步提高了凉山在台湾岛内的知名度，扩大凉山在台湾岛内的影响力。二是加强对台交流的归口管理，全年台办都严格按照《凉山州州管干部因私事出国（境）管理暂行办法》，加强对台交流的归口管理工作，严格审查审批，对全州州管干部因私赴台加强指导、规范管理，增强对台交流的实效性。2014年1—11月，共接待旅游、考察的台胞90人，因私赴台人员共12人次。切实加强凉山州赴台人员行前返后教育工作，避免负面影响。

【自身建设】　2014年，台办结合党的群众路线教育实践活动的开展抓好自身分设。一是认真践行习近平总书记关于“严以修身、严以用权、严于律己，谋事要实、创业要实、做人要实”的“三严三实”要求，对照中央“八项规定”和省、州“十项规定”，对照查找“四风”问题，深入基层，广泛听取群众意见。改进工作作风、创新工作思路，把活动有机融入凉山州经济社会发展各项工作之中。二是结合对台工作实际，继续大力推进“挂包帮”活动和定点扶贫工作。全年台办挤出经费为冕宁县哈哈乡小学订阅《未成年人思想道德建设专刊》30份；干部职工组织捐款2000元，为联系乡困难群众购买过冬衣物和棉被、大米、食用油；“六一”期间，为冕宁县哈哈乡那甲瓦村小学生捐赠服装。被州委、州政府评为2013年度全州“挂包帮”活动和百乡教育扶贫工程先进集体。三是把“党员义工日活动”作为贯彻落实党的群众路线教育实践活动的重要内容之一。全体在职党员认真开展“党员义工日活动”。组织全办干部职工学习警示教育读本《忏悔实录Ⅱ》，加强党员干部法制教育和党纪党规教育；认真组织党员干部观看电影《焦裕禄》《兰辉》《天上的菊美》，广泛开展向先进典型的学习活动。认真贯彻落实中央关于改进工作作风、密切联系群众“八项规定”和省委、州委“十项规定”，落实从严从实要求，以解决“四风”问题为中心，加强机关工作管理，提高工作效率，始终保持对台干部队伍的纯洁性。四是切实做好新形势下的对台工作，提高全州对台干部综合素质和能力水平。先后组织昭觉县、德昌县、金阳县、布拖县新任台办主任参加全国、全省对台干部培训班学习。全州对台系统广大干部职工全面贯彻落实党的十八大和习近平总书记关于两岸关系重要讲话精神以及中央和省、州委工作决策部署，对台各项工作取得突破，西昌市台办被省委台办评委2012—2014年度全省对台工作先进集体，冕宁县台办沈建勇、越西县台办吉木吉哈被省委台办评委2012—2014年度全省对台工作先进个人。

（审核：杨少波/撰稿：何瑛）

档案工作

【概况】 2014年，州档案局紧紧围绕州委、州政府工作大局，主动融入，主动作为，以提高服务能力为核心，以改革创新为动力，着力抓好档案馆库建设、档案资源建设、档案信息化建设、档案法制建设、档案文化建设、档案安全保护等重点工作。州、县市党委、政府继续推进档案工作目标管理。州政府分管领导与各县市分管档案工作的领导签订《档案工作目标管理责任书》，州档案局与各县市档案局签订《业务目标管理责任书》。州人民政府授予西昌、雷波、宁南、喜德、越西、昭觉、盐源、德昌、木里、金阳、冕宁、甘洛、普格十三县市人民政府2014年度档案目标管理考核一等奖，会理、会东、布拖、美姑四县人民政府2014年度档案目标管理考核二等奖。州纪委监察局、州委办公室、州人大常委会办公室、州委组织部、州委统战部、州委政法委、州直机关工委、州科知局、州公安局、州民政局、州人社局、州统计局、州食药监局、州档案局、州住房公积金管理中心、西昌学院、中国电信凉山分公司、州一医院荣获“2014年度全州档案工作先进集体”。并对获得2014年度档案目标管理考核一等奖的德昌、越西、会理、普格、布拖、甘洛、盐源、宁南、喜德、雷波等县市档案局和二等奖的西昌、会东、昭觉、木里、冕宁、美姑、金阳、西昌市城建档案馆进行表彰奖励。

【群教活动】 2014年，全州档案系统开展党的群众路线教育实践活动，狠抓整治“四风”问题，将档案业务工作与群众路线教育紧密结合起来，认真落实边学边改、立说立行要求，着力解决问题，推动档案事业快速健康发展。活动期间，州档案局到基层调研14次；深入查摆问题25条；提出整改措施33条；解决群众急难问题12件；废止制度6项，修改完善制度33项，新建立制度14项。

【档案法治建设】 2014年，州档案局充分利用“6·9”国际档案日、“12·4”国家宪法日等活动，大力开展档案法制宣传活动，全州档案系统工作人员全员参与，采取档案知识竞赛、有线电视播放、户外显示滚动播放宣传资料、州县分管领导上电视做专题讲话、与其他单位合办宣传展览、举办座谈会等多种形式进行宣传。宣传活动中，档案工作人员耐心解答、现场咨询1000余人次，发放宣传资料1万余份、悬挂宣传横幅30余条、发送短信宣传2000条、制作宣传展板40余块、征订宣传挂图50余套。通过以图文并茂配合讲解档案知识的宣传形式，缩短档案工作与社会公众之间的距离，扩大档案宣传覆盖面，提高档案宣传深度。2014年，州档案局继续加大档案法制建设力度，重点开展国家档案局9号令、10号令的学习宣传活动，对全州220个行政、企事业单位的档案工作进行执法检查。组织全州档案系统干部职工认真学习贯彻《中华人民共和国保守国家秘密法实施条例》，牢牢把握工作重点和难点，确保档案数字化处理安全，加强档案网站信息发布审查，坚决防止失泄密。在加强宣传教育、提高人员素质，加强制度建设、规范载体管理，加大检查力度、消除安全隐患，依法依规查处、杜绝安全事故发生四个方面扎实做好各项工作。

建立健全重大行政决策合法性审查、法律顾问等制度，及时对有关规范性文件进行清理，切实把执法与服务结合起来，强化档案行政执法责任制，强化执法检查和监督。积极开展档案安全保障、档案信息安全、贯彻执行《档案违法违纪行为处分规定》等专项执法检查，确保县市一级立档单位执法检查合格率100%，二级立档单位合格率在80%以上。

【档案体系建设】 2014年，全州各级档案部门按照档案“三个体系”建设的要求，依法加强和规范档案接收工作，确保应进馆档案依法接收进馆。进一步加强全州重点档案抢救和保护工作，积极主动做好重大活动档案收集整理和指导，广泛征集和开发利用珍贵历史档案、地方特色档案、民族文化档案，不断丰富馆藏档案资源。建立健全档案安全管理制度，不断提高档案安全管理意识，大力加强安全技术防范系统建设，组织开展经常性的档案安全保密教育和应急演练，落实安全管理措施，抓好库房管理、档案利用、数字化加工、网络应用等环节的安全监管，确保档案实体和档案信息安全。

【指导服务工作】 2014年，州档案局在全州开展“项目档案服务年”活动，联合州发改委开展项目档案工作督查，进一步深化能源、交通、民生、水利等项目档案的监管服务和分类指导，对农村安全饮水、棚户区改造、水电开发等27个重点建设项目档案进行督查检查和现场指导，全州重大项目档案登记率达90%以上。认真贯彻落实《关于加强全省民生档案管理工作的意见》，会同州民政局印发《凉山州城乡居民最低生活保障档案管理实施细则（试行）》，召开全州建立五保档案及最低生活保障信息系统培训会，完善凉山州社会救助文档管理体系，认真开展社会主义新农村建设档案工作示范创建指导，全州17个乡镇成功创建新农村建设档案工作示范乡镇。2014年，全州派出1200人次，指导机关单位1340次1532人次开展档案工作规范化管理达标、复查和10个新农村建设档案工作示范乡镇创建工作。州档案局与州发改委联合组成重点建设项目档案督查组，对昭觉、雷波、盐源、木里4县农村安全饮水、棚户区改造、水电开发等27个重点建设项目档案进行督查检查和现场指导。州档案局指导并参加四川省烟草工业有限责任公司技改项目、康西铜业粗铜冶炼生产技改项目、官地电站对外交通公路项目档案等的专项验收工作，参与省档案局组织的官地电站竣工项目档案预验收。加强对新增门类档案和电子档案等新型载体档案的收集力度，把涉及社会事务管理、公共服务等与老百姓生产生活息息相关的档案资料全都收集进馆。全年全州各级档案馆接收各类档案共22315卷、125405件，照片2939张，收集资料、报刊、书籍440册。

【档案利用】 2014年，全州各级档案馆共开放档案1675个全宗、240657卷、8401件；开放档案目录案卷级22.48万条，文件级65万条。接待来函、来电、来馆和网上查询利用22791人次，利用档案48946卷次、17999人次，为解决纠纷、核实工龄、机关查考、编史修志等方面提供大量翔实的第一手资料，有效地发挥档案的凭证和参考作用，解决很多棘手的实际问题。同时，对馆藏档案资源进行系统整理、深度开发，通过推出电子读物、图书、档案文献等编研成果，策划系列专题展览和大型主题宣传等形式，为群众提供丰富多样的档案文化服务。2014年，州县市档案局独立编研出版《会理县清代档案选编第二辑》《昭觉县历届四大家领导简历》《四川省甘洛县非物质文化遗产名录》等26部优秀档案文化产品。州档案局与州政协联合编研的《凉山州领导机构沿革暨发展战略概要》完成初稿审定。全州各级档案局馆在中国档案网、《中国档案报》《四川档案》等档案系统主流媒体刊发宣传稿件18篇，《凉山日报》刊发宣传稿件62篇。全州各级档案馆充分发挥档案馆爱教基地作用，州档案馆和甘洛、冕宁、德昌等12县在年内举办展览23次，接待参观人数54978人次。

【档案馆库建设】 列入第一批“十二五”国家中西部县级综合档案馆建设投资规划试点的西昌市档案馆现完成档案密集架、中央空调、智能安保系统和“档案三网一库”信息系统的采购，内部装修于2014年10月29日招标，12月初进场施工。喜德县档案馆建设项目完成地勘、施工图设计、审图、预算、财评及招投标、场地“三通一平”等工作，中央财政投资完成50万元，于11月10日破土动工。中央财政投资完成386.5846万元的德昌县档案馆建设项目完成地址勘察工作，完成建设工程初步设计图、设计方案，待州建设局设计科组织专家对设计方案进行评审。盐源、会理、金阳3县档案馆建设列入新一批实施的国家中西部县级综合档案馆投资计划。

【数字档案建设】 2014年，州档案局在学习和借鉴先进地区成功经验的基础上，认真制定《凉山州数字档案馆（室）建设规划》，提出存量档案数字化与增量档案电子化目标任务和计划，按照规划完成2014年馆藏档案数字资源建设工作，开展州档案馆、会东县档案馆、盐源县档案馆、甘洛县档案馆的档案数字化试点工作，选择凉山州中级人民法院、西昌市审计局为试点单位开展数字化档案馆（室）试点工作，全州数字档案馆（室）建设在调研试点的基础上积极稳妥向前推进。全州各级档案馆对涉及民生、查阅利用率高的人事档案进行数字化，完成馆藏档案全文数字化6103卷、60820件。2014年，州、县（市）档案馆加快建立馆藏档案目录数据库，共录入机读目录215.85万条，其中案卷级目录31.95万条，文件级目录183.90万条。州、县市档案局均开通了网站，“凉山档案网”公开政务信息358条，省档案资源网利用68条。州档案局开通政务微博，被州政府设立为“凉山州人民政府信息公开凉山州档案馆查询点”，满足政府信息公开、业务咨询、网上查档、档案文化展示等功能需求。

【档案文化建设】 2014年，州档案局组织拍摄电视专题片《典藏凉山》30多集，编辑出版《凉山档案》杂志4期；与州政协文史委联合编研出版《凉山州领导机构沿革暨发展战略概要》一书；与凉山日报社、凉山电视台联合办好凉山日报《凉山档案》专刊、凉山电视台《典藏凉山》栏目。把彝族毕摩文献档案申报《世界记忆名录》《世界记忆亚太地区名录》工作纳入议事日程，组织相关人员前往福建省档案局、厦门市档案局考察学习；积极向国家档案局、省档案局沟通汇报申报准备情况；积极开展彝族毕摩文献档案申报《世界记忆名录》《世界记忆亚太地区名录》征集、编研、利用和宣传等工作，拍摄制作《毕摩经卷——档案名录中的异彩》《尼木撮毕》电视专题片4集。

【干部队伍建设】 2014年，州档案局按照州委“钢班子带铁队伍”要求，结合开展党的群众路线教育实践活动，狠抓档案系统班子建设，在凝聚力量、强化合力、率先垂范、以身作则等方面下功夫、做文章、见成效，使档案系统领导干部学习大提高、能力大提升、作风大转变、工作大作为，从而形成引领档案事业大发展的坚强领导力量。针对全州档案干部业务实际，2014年组织培训261名档案干部，提高全州档案工作人员业务水平，不断强化机关、团体、企事业单位档案工作，促进全州档案事业全面持续健康发展。

【学会工作】 2014年，凉山州档案学会紧密联系档案工作实际，积极开展各项档案业务。配合档案行政部门开展档案宣传工作，充分利用报纸、杂志、广播电视等媒体，采取多种形式，开展档案法律、法规知识的宣传活动。

【帮扶工作】 2014年，州档案局组织全局干部职工45人次到普格县哈力洛乡进行帮扶工作，为哈力洛乡解决档案室装修和购置档案柜资金3万元，拟创建为普格县社会主义新农村建设档案工作示范乡镇，实行村档乡管，极大地改变了哈力洛乡、村各类档案保管保护条件。给哈力洛乡补觉村村民赠送价值7.5万元的220套棉被、100套棉服，向哈力洛中心校15名住校优秀学生捐赠棉被。

（审核：杨宏/撰稿：殷小琴）

政务服务

【概况】 2014年，州政务服务中共受理行政审批事项83984件，公共服务事项3273689件，按时办结率为99.97%，现场办结率为99.98%，群众满意率100%；州公共资源交易服务中心进场交易项目803项，控制价94.97亿元，中标价83.86亿元，房屋市政470项，交通工程101项，水利工程78项，电力工程41项，土地整理34项，其他79项，节资额11.11亿元，节资率11.7%。为政府采购项目提供开评标场地服务228场次，涉及金额3.51亿元。

【政务服务标准化】 2014年，州政务服务中心以创建一流政务服务中心的目标，采取切实有力的措施推进政务服务中心标准化建设。加强大厅管理，做到大厅宽敞、明亮、整洁，服务窗口办事指南、办公电脑等办公物品整齐统一，摆放有序，服务大厅窗口分布、楼层分布等指示牌清晰准确，配套服务设施设置合理、齐备，使群众到中心办事一目了然，方便办事。调整窗口布局，结合推进并联审批要求，将企业登记类的办事项目所涉部门分区域相对集中，便于服务对象咨询和审批内部流转，促进服务效率提高。严格规范各窗口的收费，统一由入驻政务服务中心的银行收取，向社会公布服务事项的收费标准及收费依据等，杜绝行政审批乱收费和“搭车收费”等不规范行为。

【场地设施标准化】 2014年，越西、宁南两县新建政务服务中心大楼投入使用。州、市合一的政务服务中心大楼修建工作完成勘察设计招标。全州政务服务中心标准化建设水平得到大幅提升。

【并联审批】 2014年，州政务服务中心加大并联审批工作力度。进一步完善《企业设立登记并联审批制度》，配合工商登记制度改革措施，对企业设立登记并联审批流程进行再造，经过咨询、受理、审批、审批决定通知、材料归档五个环节，限时7天内办结，比法定的70天提前63天，按照“八公开”要求，重新制作《办事指南》，极大方便办理群众，提高行政审批效率。牵头起草《凉山州投资建设项目并联审批实施方案（试行）》。多次与相关部门征求并修改意见、建议，形成试行方案，待省上相关工作明确后，立即试运行。建立省市县三级联动审批服务工作机制。积极参与三级联动审批试点工作，充分发挥政务服务平台作用，逐步实现办事群众就地就近申报和“一个窗口进出”。此项工作在省审改办的指导下进行相关基本数据前序工作。积极服务西博会签约项目和其他重大项目。按照“特事特办、急事快办、易事即办”的原则，为重大项目开辟绿色通道。并采取“代办制”“领办制”“会商制”“预约服务”“上门服务”“容缺预审制”等多种形式为项目业主服务。2014年多次为相关项目业主开辟“绿色通道”并指定工作人员自始至终为其代办、领办相关事项，得到业主的好评。指导市、县政务服务中心建立并联审批综合窗口，建立常规性审批由综合窗口交办、跨部门、跨层级事项由政务服务中心协调、重大问题报政府决定的工作机制，逐步推行省、市、县三级政务服务中心联动的并联审批机制。

【政务服务体系建设】 2014年，州、县（市）政务服务中心全部建立，各县市政务服务中心均为正科级行政机构。截至2014年年底，全州共建成便民服务中心581个，建成率95.4%，喜德、金阳部分便民服务中心因库区移民、搬迁等原因尚未建成，所有村（社区）便民服务代办点全部挂牌。西昌、冕宁、会理等县积极探索便民服务中心、社会管理中心、网格化管理服务中心和党员服务中心“多中心合一”的建立模式，有效整合资源，搭建综合性便民利民平台。同时，在便民服务中心开展“两集中”工作，通过集中时间和集中人员，确保群众在逢场天能高效办成事；在便民服务代办点开展“全程代办一条龙服务”，真正实现“群众动嘴、干部跑腿”。

【公共资源交易】 2014 年，州公共资源交易服务中心各项工作步入正轨，州委、州政府领导高度重视州公共资源交易服务中心建设运行工作，多次派员到中心调研，在人员配备、设施设备更新改造等方面给予了交易中心极大的支持。8 月 29 日，州长罗凉清亲自带队前往省政务服务和公共资源交易服务中心调研座谈，并于 9 月 2 日主持召开州政府常务会议专题研究加快凉山州公共资源交易服务中心建设，推进工程建设项目招投标、政府采购、土地和矿产资源交易、国有产权交易四大类交易“应进必进”等相关问题，就加强队伍建设、进行流程化管理等工作提出了具体要求。州本级涉及公共资源交易的各部门分中心人员及事权全部整合进入州公共资源交易服务中心的整合方案，交易机构整合升级报告上报省编委会审批，凉山州公共资源交易项目“应进必进”工作将全面展开。

【党的建设】 2014 年，州政务服务中心开展党的群众路线教育实践活动、深化正风肃纪、“庸懒散浮拖”专项整治等工作。一是领导班子及成员的思想认识和宗旨意识进一步增强；二是加强作风建设，党群干群关系进一步增强；三是查找出突出问题，形成发展共识；四是切实落实整改，促进政务服务工作发展。

【帮乡扶贫】 2014 年，州政务服务中心按照“走基层”活动要求，深入扶贫乡调查走访，建立困难群众、民生诉求、稳定工作三本台账，并先后多次深入扶贫乡为困难群众送去棉被、防寒服、大米、食用油等价值约 25000 元的扶贫物资，联系爱心企业家为扶贫乡学校捐赠校服、书包、文具盒等价值 3 万元爱心物资；携手深圳狮子会红荔服务队向布拖县特木里中心校和瓦都乡中心校捐建两间电教室和两间图书阅览室，每间电教室配备 25 台电脑、1 台笔记本和 1 套投影设备；每间阅览室按照学校学生人数分别配发价值 1 万元和 2 万元的书籍，总捐赠价值达到 20 余万元。同时，州政务服务中心积极协调发改等部门，为扶贫乡协调 15 万元的人畜饮水和 10 万元的乡村公路以工代赈项目。

（审核：王蕾 / 撰稿：王溢华）

政务接待

【概况】 2014 年，凉山州接待工作紧紧围绕十八届三中全会精神的贯彻落实和州委、州政府中心工作，以全面贯彻执行《党政机关国内公务接待管理规定》为抓手，以“重节俭、求精细、树形象、上水平”为核心，以“严管理、促规范”为重点，创新理念，积极探索新形势下的政务接待工作新方式，充分发挥政务接待为地方政治、经济服务职能，为全域凉山全面发展作出新的更大贡献。全年完成州本级接待任务 209 批 2927 人次，同比减少 18 批 108 人次；其中，中央相关部门领导 63 批 622 人次；省级相关部门领导 87 批 719 人次；兄弟市（州）客人 8 批 96 人次；军队 4 批 21 人次；企业（财团）20 批 191 人次；其他客人 27 批 1479 人次。圆满服务了全国人大常委会副委员长顾秀莲、最高人民检察院检察长贾春旺、水利部部长陈雷、国家能源局局长戴晓曙、国家烟草专卖局局长凌成兴、鞍钢集团董事长张广宁、国家农发行行长郑晖等和文化部、审计署、交通运输部、民政部、能源局、邮政局等部门相关领导及中央第四督导组、全国人大调研组、全国政协民宗委调研组、国家教育咨询委员会调研组到凉山考察调研的接待服务工作，有效开展了省领导王东明、柯尊平、李昌平、李登菊、范锐平、黄彦蓉、陈文华、曲木史哈、刘捷、侍俊、张作哈、李成云、崔保华、赵振铣和外省领导青海省委常委、宣传部部长吉狄马加、青海省人大常委会副主任沈何、甘肃省人大常委会副主任马青林等接待服务，成功服务了中国钒钛产业博览会暨攀西战略资源创新开发投资洽谈会、第十次全国彝学学术研讨会、全省现代特色农业发展现场会、大小凉山扶贫开发工作座谈会、全省政协提案办理协商工作座谈会、2014 年省级防震减灾综合演练、攀枝花·凉山区域合作会、川西北经济区和攀西经济区发展暨县域经济工作座谈会等 9 次大型会议。州本级接待费比 2013 年有大幅下降。

【管理】 2014 年，凉山州接待工作坚持不越底线，不碰红线，严格贯彻落实《党政机关国内公务接待管理规定》。一是进一步简化迎送陪同。以有利公务、简化仪式为原则，根据不同级别的接待对象和考察调研内容，合理安排陪同人员，不悬挂标语横幅，不铺设迎宾地毯。二是从严控制考察调研车辆。根据考察调研内容和地点，采取分段陪同的方式，严格限制陪同人员和车辆，特别是大型接待，尽可能使用载客量大的巴士，减少考察车辆。三是从简控制考察调研点现场布置。以不影响考察调研点正常工作、生产或经营为前提，按照整洁简朴而不失内涵的原则安排参观、考察点，不刻意布置参观、考察现场；同时，坚决杜绝把考察点或会议安排到景区景点。四是进一步明确接待标准。住宿方面，统一安排公务接待对象入住定点接待酒店，房间内不摆花篮、鲜花，不增配高档生活用品；餐饮方面，对就餐形式、菜品、水酒消费、陪餐人数等作出更为严格、细致的规定，就餐一般以吃自助餐为主，不上高档菜肴、水酒，菜品以凉山特色家常菜为主，兼顾客人饮食习惯、禁忌，合理搭配。五是进一步规范接待经费支出。严格执行下单与签章相分离、审单与签单相制约的“双分离双制约”和任务派遣单、审批单、消费清单、发票“四单”齐全报销制，严格接待经费事前、事中、事后控制审核，并全面启动推行公务结算卡，进一步规范财务管理。

【创新】 正确处理民族地区“热情好客”与厉行节约、尊重民族习惯与移风易俗关系的基础上，把突出地域特色、展现彝族特色作为接待工作的抓手，全力打造凉山特色接待文化品牌。一是从视觉上展示。在指南、温馨卡、乘车号、手举牌、接待服装等的设计制作上，融入彝族的图案、颜色等文化元素；在宾馆房间、环境布置上突出体现彝族风情，展示彝族文化，形成强烈的视觉效果。二是从餐饮上体现。以生态、健康为重点、家常化为原则，在“土、特、鲜”上下功夫，突出地域和彝族餐饮特色，同时，兼顾客人的饮食习惯、禁忌等，合理安排、搭配其他菜品，既让客人从餐饮上感受在其他地方无法感受到的彝族饮食文化，又让客人吃得健康、吃得卫生、吃得舒心。三是从接待服务中彰显。在跟随服务中，接待员着彝族装，用彝语问候客人，适时向客人介绍凉山彝族的民俗风情、文化传统，加深客人对凉山、对凉山各民族的了解，感受凉山各民族的勤劳朴实、热情好客，感受凉山经济和社会事业的蓬勃发展，从而更加关注凉山，支持凉山发展。

【自身建设】 一是“四好”班子建设进一步深入推进：以群众路线教育实践活动为契机，以理论学习为重点，实行领导小组负责制，建立中心组学习制度，每月组织集中学习 1 次，全年召开副科长以上（中心组）学习会 20 次，参学率 99%。班子成员带着问题先后开展三轮谈心交心，推心置腹地沟通思想、提出意见、寻求共识，增进了解，并召开专题民主生活会，敢于揭短亮丑，提出批评意见 12 条，达到“团结—批评—团结”的效果，增进班子团结，进一步增强凝聚力。严格执行中央和省、州有关规定，健全财务审批使用和监督制约机制，严把接待费用报销审批关、报销关，强化对接待经费的监督、管理和使用。严格接待范围、严格接待标准、严格经费管理，不折不扣执行中央“八项规定”，做到接待工作不走样、不变通。二是机关党的建设进一步加强：以党支部建设为核心，坚持党的民主生活会制度和民主评议党员制度，从思想、组织、作风、制度等方面开展机关党建工作，全年组织开展“一周一学”“一月一讲”等为主题的党组织活动 6 次；支部学习 16 次，上党课 3 次；增强党组织的凝聚力、向心力和号召力，不断加强党支部的战斗堡垒作用和党员的先锋模范作用。三是党风廉政建设有效开展：把反腐倡廉工作列入中心学习组的重要内容，推进廉政文化“六进”活动，筑牢廉洁从政思想基础。制定《进一步严肃工作纪律的规定》，严格考勤管理，严格考勤，购买安装指纹打卡机，坚持每天上下班指纹打卡、每周进行考勤通报，严肃查处上班时间打游戏、淘宝、购物、聊天、看影视剧等行为。

【“挂包帮”活动】 结合党的群众路线教育实践活动，带着感情，带着责任，深入基层、深入群众，开展联乡帮扶工作。一是坚持“五个一”工作制度，接待办领导坚持带头联系一个社、一户贫困户，全办干部职工对特困群众实行“一对一”联系帮户活动；改进作风，接待办领导带头先后12次深入帮扶乡、村，开展调研，与美姑县相关部门对接协商，促成拖木乡觉洛河桥修建的意向。二是深入联系乡了解掌握全乡教育现状，深入学校了解教育教学工作中存在的困难和问题，在儿童节期间为拖木乡中心校学校送去一体机、打印机、电脑等办公用品和儿童节慰问品等价值2万余元。三是大力开展彝区健康文明新生活宣传教育活动，引导彝区群众移风易俗，养成良好的卫生习惯和健康文明的行为习惯。四是组织单位干部职工分期分批到美姑县拖木乡库和莫村开展大走访活动聚合力量，广泛收集社情民意；开展“暖冬”行动，为拖木乡库合莫村20户贫困群众、6户贫困党员送去棉被、衣物等和职工募捐的慰问金1900元。

【荣誉】 2014年，州接待办荣获全省2014年度政务接待工作先进集体；2014年度“1001任务”先进单位等集体荣誉称号；全州防震减灾综合演练先进集体；全州社会管理综合治理和平安建设先进集体。

（审核：王建蜀/撰稿：樊飞雄）

政府门户网站建设

【概况】 2014年，凉山州政府门户网站围绕建设法治政府、创新政府、廉洁政府的目标，坚持“以人为本、服务民众”的原则，把握新形势下政府网站建设新趋势，落实国家、省政府网站建设要求和绩效评估指标体系，着力在提升政府网站发布信息、解读政策、服务公众、回应关切、引导舆论的能力和水平上下功夫，取得新成效、新突破。在第十三届（2014）中国政府网站绩效评估、2014年度全省政府网站绩效评估中，分别位列全国市州政府网站第6名、全省市州政府网站第1名（不含副省级城市），连续3年在绩效评估中保持第一方阵，网站的社会影响力和公众满意度持续提升。

【社会服务】 2014年，凉山州人民政府门户网站2014页面浏览5670万次，平均每天20万余次；全部点击14230万次，每日平均点击19万余次；访问人次426万次。每个访问的平均页面浏览14.08次，独立页面浏览3580万次，平均访客停留时间约14分钟。截至2014年12月22日，州政府门户网站共新增信息42448条，新建政务专题13个，新建服务专题10个，新建子站8个（其中2个县级门户网站、6个州级网站）。

【公开权威信息】 2014年，州政府门户网站按照国家和全省政府信息公开工作统一部署，围绕州委、州政府中心工作和群众关心、社会关注的重点领域，坚持以公开为常态、不公开为例外，充分发挥政府网站作为信息公开第一平台作用，大力推进决策公开、执行公开、管理公开、服务公开、结果公开，建设重要会议、政策文件、统计信息、人事信息、改革创新、产业发展、社会事业、民生工程等27个栏目，建设行政权力、财政资金、保障性住房、环境保护等9个重点领域信息公开专栏，及时、准确发布政府信息42448条，切实提升政府工作公开度和透明度。

【提升服务】 2014年，州政府门户网站全面梳理各领域用户需要的行政办事服务资源、社会公共服务资源、互动交流资源，制定各类服务资源的标准规范，策划教育、医疗、就业、社保、住房、交通、婚育收养、公用事业、经营纳税、企业开办、证件办理、资质认证、招商引资等13个民生重点专题建设方案和内容保障工作方案；按照“用户对象细分—办事流程具化—服务资源整合—资源标准规范—业务部门确认—服务内容展现”六步法，开展残疾人服务、老年人福利待遇、房屋产权登记、身份证办理、驾驶证申办、生育服务证办理、企业优惠扶持、户口办理、公积金贷款、保障性住房申请10个重点业务服务内容建设。

【公众关切】 2014年，州政府门户网站进一步完善互动交流渠道，广泛倾听公众意见建议，加强舆情跟踪引导，接受社会批评监督，搭建政府与公众的“直通车”。通过“12345”州长公开电话信箱渠道接受公众的咨询、投诉、意见和建议，易用性较强，答复内容质量较高，切实解决百姓实际问题。建设政策解读、意见征集、网上调查、听证会等栏目，发布政策解读、关注社会热点，靠近和走进网民，听取和了解群众心声，使政府网站更好地传播党和政府的声音，建立起政府同群众密切联系的桥梁，化解社会矛盾，促进和谐发展。

【新媒体应用】 2014年，州政府门户网站加强新技术研究和应用，建设“中国·凉山”移动APP，通过移动终端为社会公众和企业提供教育、医疗、社保、住房等民生领域移动应用服务。加强智能搜索技术的研究和应用，进一步提升网站搜索功能的智能化水平。整合用户咨询和网站服务的信息资源，利用知识库技术梳理、归纳、统计的各类常见问题、热点问题，运用人机互动对话技术，将传统的“用户自助式浏览信息”提升为“网站提示式智能服务”新模式，提升网站互动交流智能化水平。

【集约化建设】 2014年，州政府门户网站按照统一的技术架构和安全标准，建立全州统一的政府网站技术平台。会理、会东、木里，州经信委、州规划建设住房保障局、州林业局、州卫生局、州审计局、州体育局、州安监局、州法制办、州语委、州政府采购中心、州残联等县和部门依托该技术平台搭建新的网站，避免重复投资，实现信息资源共享。其中：会理、会东在2014年度全省政府网站绩效评估中分别位列全省182个区、县网站第16名、37名，较2013年上升17名、67名，网站绩效明显提升。

（审核：涂刚/撰稿：邹玉萍　郭菲）

政　协

Political Consultative Committee

综　述

【概况】　2014年，州政协坚持以邓小平理论、"三个代表"重要思想和科学发展观为指导，始终坚定正确的政治方向，牢牢把握团结民主主题，紧紧围绕州委七届五次全会确定的目标任务，凝心聚力，改革创新，团结奋进，人民政协工作呈现出团结民主、生动活泼、积极向上、求真务实的良好局面，为助推全州经济快速发展、民生持续改善、民族团结进步、社会和谐稳定作出了积极贡献。

【主要工作】　一是深入学习贯彻党的十八大、十八届三中、四中全会精神和习近平总书记系列重要讲话精神，在政治上思想上行动上与党中央保持高度一致。2014年共组织州政协党组学习会13次，举办全州政协主席学习会1次，举办专题讲座、报告会、情况通报会等18次，印发学习材料300余份。引导各民主党派、工商联和各族各界人士坚持中国共产党领导的多党合作和政治协商制度，增强坚持走中国特色社会主义政治发展道路的自觉性和坚定性。坚持重要工作、重大事项、重大活动主动向州委报告，协助州委加强和改善对政协的政治领导、思想领导和组织领导，确保州委重大决策部署在政协得到贯彻落实。按照中央部署和省委、州委要求，结合政协工作实际，认真查摆"四风"方面存在的突出问题，明确了坚定理想信念、改进工作方法、加强作风建设、密切联系群众、完善规章制度等5个方面27项整改措施，新制定和修订完善了39项工作制度。二是州政协十一届十一、十二、十三次常委会分别围绕"助推凉山新型城镇化建设"、"加快现代服务业发展，促进经济转型升级提质增效"、"推进社会治理创新，加快平安凉山建设"主题开展专题协商议政，提出系列意见建议，对促进党委政府科学决策、民主决策发挥积极作用。组织开展"转变经济发展方式"重点调研，形成《加快转变发展方式，推进凉山绿色、低碳、循环发展》调研报告。组织开展"建立生态补偿机制"重点调研，形成《关于建立生态补偿机制，推动长江上游生态屏障建设的若干建议》调研报告。专项督办《关于推进国企改革，盘活资产，发展混合所有经济的建议》等重点提案，积极为凉山州经济发展"双提升"谋创新之举，建务实之言。认真履行党的群众路线教育实践活动督导职责，保证了所督导地方和部门按时按质完成集中教育实践活动。主席会议成员分别率队赴县（市）开展"双过半"督查，为确保全面完成"双过半"目标任务尽责出力。三是鼓励委员通过视察调研倾听来自基层群众的呼声，提交涉及群众利益的提案，撰写群众反映强烈的社情民意信息，帮助党委政府更好地体察民情、了解民意、集中民智。组织驻昌全国和省、州政协委员，重点围绕“生态环境保护”“城市污染治理”“美丽凉山建设”“新能源产业发展”“成昆铁路复线规划”等开展视察调研，取得较好成效。各专委会结合自身实际，积极组织开展委员小组活动，选择教育、医疗、就业、旅游、养老、人防、社会保障、食品安全、未成年人权益保护、贯彻《民族区域自治法》和《凉山彝族自治州自治条例》情况等热点问题组织视察调研，促进了一些改善民生决策部署、目标任务的落实。组织开展对州交通运输局的民主评议，形成评议主体报告和8个单项评议意见，向州委提交《关于对州交通运输局开展民主评议的情况报告》，积极为助推凉山州交通大会战、缓解交通瓶颈制约献智出力。主席会议成员牵头督办《关于加强灰霾防治的建议》等10件重点提案，推动群众关注的热点难点问题得到解决。积极开展惠民生活动，倾情关心弱势群体，引进社会扶贫资金及物资价值970万元，投入贫困地区发展教育事业，协调争取栋梁工程基金5.7万元，资助19名贫困大学生上学。深入开展“走基层、解难题、办实事、惠民生”活动、“五个一”联系工作和“挂包帮”活动，协调落实各类帮扶资金1303.9万元。四是坚持政协党组成员联系走访民主党派、工商联制度，支持各民主党派、工商联在政协各种会议上发表意见建议。2014年邀请各民主党派、工商联参加视察调研69人次，安排他们在全体会议、常委会议上发言18人次。积极参与彝区矛盾排查，疏导化解积怨，专题调研木里藏区维稳工作，热情看望民族宗教界代表人士，协调解决寺庙困难和教职人员社会保障问题，促进民族宗教关系和谐，维护社会稳定。举办新春茶话会、中秋联谊会，开展走访慰问，加强同各族各界人士的联系与交流，增进共识，凝聚人心，汇聚正能量。五是围绕“引调大桥水库库水入昌工程建设”开展专题协商，取得明显实效，协商成果被纳入党委政府决策。专题协商工作历时两个半月，得到州政府和西昌市政府的积极回应和全力支持，受到省政协领导及州委领导的高度评价和充分肯定，《人民政协报》《四川日报》《四川政协报》在头版作了报道，《凉山日报》凉山电视台进行全程跟踪报道，引起广泛的社会影响和收到良好的社会效果。配合全国政协、致公党中央、九三学社中央完成“乌蒙山片区扶贫攻坚行动计划实施情况”“水电资源开发与环境保护”“西南水电资源开发情况”，协助省政协完成“金沙江流域区域经济发展现状”“凉山光伏产业发展情况”“大小凉山基础教育、职业教育发展现状”等多项视察调研任务。制定加强对县（市）政协工作联系和指导的意见，协调组织全州17个县（市）政协秘书长赴全国政协培训中心学习。编辑《凉山彝族自治州领导机构沿革暨战略发展概要》文史资料专辑，为省政协编纂《回忆西部大开发》《四川抗日战争文史资料》组稿7篇，改版《凉山政协》会刊，启动州政协机关综合信息平台建设，加强政协新闻宣传工作，不断扩大凉山州政协的社会影响力。六是加强委员队伍建设，举办州政协委员培训会，邀请全国政协文史和学习委员会办公室巡视员王合忠作《人民政协与政协委员》专题培训，提高委员履职能力。举办常委会学习报告会3次，邀请有关方面和专家作专题报告，为委员知情明政提供帮助。健全委员服务联络机制，完善委员活动召集人制度。加强委员履职管理，严格会议考勤、“五个一”履职考核，增强委员履职积极性和主动性。加强专委会建设，修订完善专委会履职工作规定，推动专委会工作规范有序开展。把发挥专委会基础作用与突出界别特色有机结合起来，支持委员通过界别渠道联系群众，及时反映社会各界愿望诉求。建立健全对口联系制度，促进政协专委会与州直有关部门相互沟通、良性互动。加强机关建设，以开展党的群众路线教育实践活动为契机，转变工作作风，提升机关服务质效。加大州县（市）政协机关培训力度，培训人次比2013年增加3倍，切实提高政协干部队伍素质和履职能力。制定加强机关自身建设、加强机关干部队伍建设等工作制度，进一步形成锐意进取、合力干事的良好氛围。2014年，州政协开展各种层次的协商议政活动32次，形成专项建议报告16份；开展专题调研20项，形成调研报告13份；开展常委、委员视察22次，形成视察报告15份。

重要会议

【全体会议】 政协凉山州第十一届委员会第三次会议于2014年2月17—20日在西昌举行。受州政协常委会委托，邓显祥代表政协凉山州第十一届委员会常务委员会作工作报告。对政协一年的工作进行回顾和总结。认为州政协充分发挥政治协商职能，围绕州委重大决策，自觉把促进发展作为政协履职的第一要务，深入开展调研，努力为破解发展难题献智出力。充分发挥政协民主监督职能，围绕州委重大举措，自觉把履职为民作为政协工作的根本取向，使民主监督有效融入政协各项工作之中，努力推动党委政府重大举措贯彻落实和相关部门改进工作。充分发挥政协参政议政职能，围绕州委重大部署，自觉把政协工作放到全局工作中去谋划和推进，做到党委政府工作推进到哪里、政协工作就跟进到哪里，着力推动政协工作在服务中履职，在发展中献策，在助推中尽责。充分发挥政协统战机构功能，自觉把团结民主两大主题融入政协各方面工作之中，着力围绕党委政府工作大局凝心聚力、促进和谐、维护稳定，积极营造民主团结和谐氛围。自觉以科学发展观统领政协工作全局，着力加强思想建设、制度建设、作风建设，不断提升履行职能的能力和水平。2014年，州政协开展各种层次的协商议政活动32次，提交专项建议报告22份；开展专题调研14项，提交调研报告13份；开展常委、委员视察17次，提交视察报告11份，协助配合全国政协、省政协相关部门开展调研13次。季晓静作《中国人民政治协商会议凉山彝族自治州第十一届委员会常务委员会关于十一届二次会议以来提案工作情况的报告》。一年来，共收到提案392件，经审查，立案358件，占提案总数的91.1%；作为意见转有关部门处理的25件，占提案总数的6.4%；不予立案的5件，占提案总数的1.3%。其中，全会期间提案387件，平时提案5件；各民主党派、工商联提案97件，委员个人或联名提案295件。截至2014年年底，所有提案全部办结。州民革、民盟、民建、九三学社，州工商联以及民族宗教界别代表先后在会上发言。会议赞同罗凉清州长所作的政府工作报告，赞同州中级人民法院工作报告、州人民检察院工作报告以及其他报告。会议批准邓显祥主席代表十一届州政协常务委员会所作的工作报告，批准季晓静副主席代表十一届州政协常务委员会所作的提案工作情况的报告。省政协副主席、中共凉山州委书记翟占一在会上作重要讲话。

【常委会会议】 十一届州政协第十次常委会议于2014年1月9日在西昌召开。会议传达学习州委经济工作暨城镇化工作会议精神；听取中共凉山州委学习贯彻十八届三中全会精神情况的通报；听取州人民政府关于提案办理情况的通报；听取木里藏区维稳工作经验介绍；听取州政协十一届委员会常务委员会工作报告（审议稿）的说明；听取州政协十一届委员会常务委员会关于十一届二次会议提案工作情况的报告（审议稿）的说明，对州级部门进行民主测评。会议审议通过州政协十一届三次会议有关事项，决定州政协十一届三次会议2月17日在西昌召开，会期4天。州政协主席邓显祥出席会议并讲话，全国政协常委阿什老轨、州委副书记苏嘎尔布出席会议，州人大常委会副主任熊正林，副州长白云应邀出席会议，州政协副主席黄志富、香根·边玛仁青、季晓静、蒋若枫、马报、宋光明，秘书长邹学军出席会议。各县市政协主席、州级有关部门负责人、州政协机关有关负责人列席会议，会议还邀请了6名群众代表旁听。十一届州政协第十一次常委会议于2014年6月25日在西昌召开。会议听取凉山州人民政府关于全州新型城镇化建设工作情况的通报；听取州检察院于全州反贪工作情况的通报；听取并通过关于助推新型城镇化建设的调研报告，与会人员围绕新型城镇化建设议题，积极协商议政、建言献策；审议通过州政协十一届三次会议提案审查情况的报告。州政协主席邓显祥出席会议并讲话，州人大常委会副主任熊正林，副州长周德文应邀出席会议，州政协副主席黄志富、熊仿秋、季晓静、蒋若枫、马报、杨洪清、苏燕凌、王萌，秘书长邹学军出席会议，州人民检察院检察长米滨应邀列席会议。州民盟、州规建局、州发改委、越西县政协、冕宁县政协、盐源县政协做了大会发言。各县市政协主席、州级有关部门负责人、州政协机关有关负责人列席会议。会议还邀请了5名群众代表旁听。十一届州政协第十二次常委会议于2014年9月22日在西昌召开。会议学习贯彻中共中央总书记习近平在庆祝中国人民政治协商会议成立65周年大会上的重要讲话精神；听取州人民政府关于全州现代服务业发展情况的通报；听取并通过州政协关于促进全州现代服务业发展的调研报告；与会人员围绕促进现代服务业发展议题，积极协商议政、建言献策。州政协主席邓显祥出席会议并讲话，州委副书记苏嘎尔布出席会议，州人大常委会副主任钟承先，副州长杨卉应邀出席会议，州政协副主席香根·边玛仁青、季晓静、蒋若枫、宋光明、苏燕凌，秘书长邹学军出席会议。州商务局、州文化影视新闻出版局、州金融办、州工商联、西昌市政协、德昌县政协、雷波县政协做大会发言。各县市政协主席、州级有关部门负责人、州政协机关有关负责人列席会议。会议还邀请5名群众代表旁听。十一届州政协第十三次常委会议于2014年12月16日在西昌召开。会议传达省委十届五次全会、州委七届六次全会精神；听取州政府关于全州加强和创新社会治理工作情况的通报；听取2014年度全州党风廉政建设情况的通报；听取2014年度全州反贪污贿赂工作情况的通报；听取并通过州政协关于加强和创新社会治理的调研报告；与会人员围绕加强和创新社会治理议题，积极协商议政、建言献策。州政协主席邓显祥出席会议并讲话，全国政协常委阿什老轨，州委常委、州纪委书记张力出席会议，州人大常委会副主任熊正林，州政府副州长余毅应邀出席会议，州政协副主席熊仿秋、季晓静、蒋若枫、马报、宋光明、杨洪清、苏燕凌、王萌，秘书长邹学军出席会议，州检察院检察长米滨应邀出席会议。西昌市政协、州民革、州民政局做大会发言。各县市政协主席、州级有关部门负责人、驻凉山全国、省政协委员、州政协机关有关负责人列席会议。会议还邀请4名群众代表旁听。

【主席会议】 十一届州政协第十五次主席会议于2014年3月17日在西昌召开。会议进一步安排部署党的群众路线教育实践活动；审议2014年工作任务一览表；审议2014年重大工作初步方案和职能工作初步方案。州政协主席邓显祥主持会议，州政协副主席黄志富、熊仿秋、季晓静、蒋若枫、马报、宋光明、杨洪清、苏燕凌、王萌，秘书长邹学军出席会议。十一届州政协第十六次主席会议于2014年5月14日在西昌召开。会议学习贯彻州委常委扩大会议精神，对“双过半”督导工作进行安排部署；审议通过政协凉山州十一届三次会议10件重点提案及主席会议成员重点提案督办有关事项；通报州政协党组成员党的群众路线教育实践活动对照检查阶段剖析材料督导组反馈意见。州政协主席邓显祥主持会议，州政协副主席黄志富、季晓静、蒋若枫、马报、宋光明、王萌，秘书长邹学军出席会议。十一届州政协第十七次主席会议于2014年6月12日在西昌召开。会议审议通过州政协十一届十一次常委会议有关事项，确定州政协十一届十一次常委会议2014年6月25日在西昌召开；研究推进大桥水库库水入昌工程建设专题协商座谈会有关事项；研究民主评议交通局有关事项；研究重点提案督办有关事项；安排部署州政协党组开展党的群众路线教育实践活动有关事项。州政协主席邓显祥主持会议，州政协副主席黄志富、熊仿秋、季晓静、蒋若枫、马报、宋光明、苏燕凌出席会议。十一届州政协第十八次主席会议于2014年8月27日在西昌召开。会议研究了州政协十一届十二次常委会议有关事项，确定州政协十一届十二次常委会议 2014 年 9 月 22 日在西昌召开；传达学习省政协党组副书记、常务副主席晏永和在听取州政协工作汇报后的讲话精神；研究 2014 年中秋茶话会筹备有关事项；审议通过《中共凉山州政协党组关于对州交通运输局开展民主评议的情况报告》；研究全省提案办理协商工作座谈会有关事项。州政协主席邓显祥主持会议，州政协副主席黄志富、季晓静、蒋若枫、马报、宋光明、杨洪清、苏燕凌，秘书长邹学军出席会议。十一届州政协第十九次主席会议于 2014 年 12 月 3 日在西昌召开。会议学习党的十八届四中全会精神和省委十届五次全会精神；传达学习州委七届六次全会精神；学习凉山州开展“庸懒散浮拖”问题专项整治工作实施方案；学习凉山州关于做好选人用人问题专项整治督查准备工作的通知；审议通过州政协十一届十三次常委会议有关事项，确定州政协十一届十三次常委会议 2014 年 12 月 16 日在西昌召开。州政协主席邓显祥主持会议，州政协副主席熊仿秋、季晓静、蒋若枫、马报、杨洪清、苏燕凌、王萌，秘书长邹学军出席会议。

【其他会议】 2014 年 1 月 16 日，省政协十一届第二次会议在成都金牛宾馆隆重举行，34 名来自凉山州各行各业、各条战线上的省政协委员出席大会，认真聆听省政协十一届委员会常务委员会工作报告和提案工作报告，并进行认真的审议。围绕凉山州的教育、扶贫等重点工作，委员们也提出了自己的意见建议。2 月 11 日下午，州政协党组书记、主席邓显祥在西昌主持召开州政协党组 2014 年第一次扩大会议。会议传达学习贯彻州委党的群众路线教育实践活动动员大会精神；研究州政协党的群众路线教育实践活动工作；研究州政协 2014 年工作；听取州政协十一届三次会议筹备工作情况的通报。州政协党组副书记、副主席黄志富，州政协党组副书记、副主席季晓静，州政协副主席蒋若枫、马报、杨洪清、苏燕凌，秘书长邹学军出席会议，州政协副主席熊仿秋、宋光明、王萌列席会议。2 月 13 日下午，州政协在西昌召开党的群众路线教育实践活动动员大会。州政协党组书记、主席邓显祥出席会议并讲话，他强调，要高标准、严要求地推进州政协党的群众路线教育实践活动，发挥政协优势，突出政协特色，深化整改落实，强化建章立制，以活动成效推动政协各项工作迈上新台阶。州政协党组副书记、副主席黄志富出席并主持会议，州政协党组副书记、副主席季晓静出席并安排部署州政协党的群众路线教育实践活动。州政协党组成员、副主席蒋若枫、马报、杨洪清、苏燕凌，州政协党组成员、秘书长邹学军出席会议，州委第四督导组副组长陆开华出席会议并讲话。2 月 19 日上午，政协凉山州第十一届三次会议在西昌举行州政协委员培训会议。邀请原全国政协学习文史委员会办公室副局长、正厅职巡视员王合忠为州政协委员们作题为《认真学习贯彻党的十八届三中全会精神，努力做好新时期人民政协工作》辅导报告。2 月 28 日上午，州政协党组书记、主席邓显祥在西昌主持召开州政协党组 2014 年第二次扩大会议。会议传达学习州委七届五次全会精神；传达学习州纪委七届四次全会精神；研究州政协开展党的群众路线教育实践活动工作；研究州政协机关开展党的群众路线教育实践活动方案；研究州政协 2014 年工作任务一览表等。3 月 10 日上午，州政协党组在西昌召开党的群众路线教育实践活动学习心得体会交流会。州政协党组书记、主席邓显祥主持会议并讲话。州政协党组副书记、副主席黄志富、季晓静，州政协党组成员、副主席马报、杨洪清、苏燕凌，州政协党组成员、秘书长邹学军出席会议。4 月 8 日，州政协召开党的群众路线教育实践活动学习大会，会议学习传达中共中央总书记习近平在调研指导兰考县党的群众路线教育实践活动时的重要讲话精神，就机关进一步做好党的群众路线教育实践活动提出要求。州政协主席邓显祥出席会议并讲话。4 月 9 日至 12 日，致公党中央副主席、全国人大常委、全国人大华侨委员会副主任杨邦杰带领致公党中央、四川省政协、致公党四川省委联合调研组，到凉山州调研水电资源开发与环境保护工作。省政协副主席、致公党中央常委、四川省委主委杨兴平，十届省政协副主席解洪，州委副书记、州长罗凉清，州政协主席邓显祥，州委副书记苏嘎尔布参加调研。4月15日下午，州政协召开2014年第三次党组（扩大）会议，传达贯彻省委党的群众路线教育实践活动第21督导组到州政协督查指导会议精神，安排部署州政协教育实践活动下阶段工作。州政协党组书记、主席邓显祥主持会议并讲话。23日至24日，全州政协主席学习会在宁南召开。州政协党组书记、主席邓显祥出席会议并讲话，他强调，要进一步强化学习意识，创新学习方法，提升学习能力，不断提高政治把握能力，组织协调能力，参政议政能力，合作共事能力，为凉山跨越发展作出积极贡献。5月5日至6日，九三学社中央调研组一行深入锦屏水电站等地，实地调研凉山州水电开发情况，并于6日在西昌与凉山州举行座谈会。省政协副主席、中共凉山州委书记翟占一主持会议。全国人大常委、九三学社中央副主席谢小军，全国政协常委、全国政协提案委员会副主任、九三学社中央副主席赖明，中共凉山州委副书记、州长罗凉清，州人大常委会主任王金铁，州政协主席邓显祥，中共凉山州委副书记苏嘎尔布出席座谈会。5月13日上午，省政协常委、州政协党组书记、主席邓显祥率领驻州全国、省政协委员，采取实地查看企业生产、治污情况和听取汇报相结合的方式，到西昌开展环境保护专题视察调研。邓显祥强调，各级政府、各企业要高度重视生态环境保护工作，增强生态忧患意识、参与意识和责任意识，始终坚持环境优先原则，将生态文明的理念渗透到产业发展、企业生产各个方面，在保护绿水青山蓝天白云中挣得金山银山，科学地高质量推进“美丽凉山”建设。6月19日上午，州政协党组书记、主席邓显祥在西昌主持召开州政协党组扩大会议。会议对党的群众路线教育实践活动开展情况作小结并对下一阶段的活动作安排部署；传达学习凉山州落实“两个责任”工作会议精神；讨论通过州政协十一届十一次常委会工作报告，对州政协十一届十一次常委会有关工作进行安排；安排部署州政协党组党的群众路线教育实践活动民主生活会有关事宜。6月26日上午，州政协“加快推进引调大桥水库库水入昌工程建设”专题协商会在西昌举行。州委副书记、州政府州长罗凉清，州政协主席邓显祥，州委副书记、州政府常务副州长滕中平出席。7月19日，州政协党组召开党的群众路线教育实践活动专题民主生活会。省委第21督导组成员、省纪委（监察厅）派驻省外办纪检监察室正处级纪检监察员袁杰，省委第21督导组成员，省公安厅机关党办副主任李蓉到会指导。专题民主生活会议严格按照“照镜子、正衣冠、洗洗澡、治治病”总要求，认真贯彻整风精神，大家严肃认真、动真碰硬，批评与自我批评充满“辣味”，达到红脸出汗、洗澡治病和“团结—批评—团结”的目的，被省委督导组评价为“要求高、标准高、质量高，氛围好、效果好”。7月19日晚，州政协在西昌召开党组班子专题民主生活会情况通报会。州政协党组书记、主席邓显祥通报。州政协党组副书记、副主席黄志富、季晓静，州政协党组成员、副主席蒋若枫、马报、杨洪清、苏燕凌，州政协党组成员、秘书长邹学军出席会议。8月18日下午，州政协民主评议州交通运输局工作大会在西昌举行，州政协党组书记、主席邓显祥出席会议并讲话，强调要深刻认识实施交通大会战、加快交通建设的重要性和必要性，抢抓机遇，合力攻坚，努力破解凉山同步全面小康建设的瓶颈制约，筑就富民强州的小康之路、富裕安康的幸福之路、追赶跨越的发展之路。8月28日，全省政协提案办理协商工作座谈会在西昌举行，总结交流提案办理协商工作经验，探索研究推进提案办理协商制度化、规范化、程序化，进一步做好提案工作。省政协副主席、中共凉山州委书记翟占一出席并讲话。省政协提案委员会主任何大新主持。州政协主席邓显祥出席。9月5日上午，在中秋佳节来临之际，州政协在西昌举行中秋茶话会。州政协主席邓显祥，州委副书记苏嘎尔布，全国政协常委、州决咨委主任阿什老轨，州委常委、统战部部长达久木甲等领导，与驻西昌全国、省、州政协委员代表和港澳同胞台湾同胞海外侨胞代表、民主党派、工商联和社会各界人士欢聚一堂，共叙友情，共话发展，共庆佳节。10月14日上午，州政协党组召开党的群众路线教育实践活动总结大会，并组织政协机关全体干部职工认真学习习近平总书记的两次讲话精神和省州相关活动精神。州政协党组书记、主席邓显祥就如何贯彻落实中央、省、州群教活动精神提出要求。11月4日上午，州政协在西昌召开第十二次党组（扩大）会议，组织学习十八届四中全会公报精神，传达学习州委中心学习组专题学习党的十八届四中全会精神学习会议的精神，组织学习十八届中央纪委第四次全会精神。州政协党组书记、主席邓显祥主持会议并讲话，他强调，全州政协各级组织、各参加单位、政协委员和政协机关干部要认真学习十八届四中全会精神，切实学深学透，入脑入心，以全会精神为指导推动政协的履职实践，为凉山跨越发展贡献智慧和力量。11月6日，州政协党组书记、主席邓显祥带领部分州政协委员到州国资委召开座谈会，就州政协十一届三次会议1号提案的办理情况进行督办。邓显祥强调，发展混合所有制经济是增强国有经济活力的有效途径和必然选择，必须高度重视，强化协商、汇集众智、注重实效，大力发展混合所有制经济，为凉山跨越发展增添新动力，作出新贡献。

提案工作

【概况】 2014年，州政协各参加单位、专门委员会和广大政协委员把促进凉山经济社会科学发展、加快发展作为履职尽责的第一要务，积极建言献策。全年共提出提案409件，其中，各民主党派、社会团体提案113件，委员个人或联名提案296件，提案数量和立案率与2013年基本持平。经审查，共立案364件，占提案总数的89%；2件并案为1件，占提案总数的0.4%；作为意见转有关部门处理的36件，占提案总数的8.8%；不予立案7件，占提案总数1.7%。这些提案既围绕凉山经济社会发展大局，又关注民生福祉，内容涵盖全州经济、政治、文化、社会、生态文明建设等方面，凝聚广大委员们的智慧和心血，反映广大人民群众的要求与期盼，体现时代特征和政协特色。截至2014年年底，所有提案全部办结。办结提案（意见）中，所提意见和建议已经解决或基本解决的206件，占51.5%；正在解决或列入规划逐步解决的186件，占46.5%；因条件限制暂不能解决的8件，占2%。2014年，提案工作在州政协常务委员会和主席会议的领导下，强化质量意识、服务意识，进一步创新工作思路，完善工作制度，搭建协商平台，有效提升了工作水平。一是坚持把提高提案质量作为一项重要的基础性工作，扎实做好委员培训、提案征集、审查立案等基础工作。强化委员培训；抓好提案征集；坚持标准，严把审查立案关口。二是采取多种有效方式，联动各方力量，切实提高提案办理实效。准确交接，确保及时办理；加强联系，提高服务水平；重点督办，强化以点带面。三是联合调研建言献策，对全州各界和广大群众关注的热点问题提出对策建议21条，为党委、政府依法决策提供参考依据。四是把加强学习交流作为做好提案工作的基本方法，通过举办专题培训、业务讲座等形式，达到加强交流、增进友谊、共同提高的预期目的。五是充分发挥舆论监督作用，不断扩大提案工作影响力。搞好全会集中宣传；注重平时宣传。

（审核：邹学军/撰稿：陈耿毅　蒲林恒）

军　事

Military

凉山军分区

【概况】　2014年，凉山军分区党委坚决贯彻落实党中央、中央军委的决策指示，面对反腐败斗争深入推进和年度工作任务繁重的双重考验，以强军目标为统领，抓住根本铸军魂，聚焦打赢强能力，改进作风聚军心，立足实际有作为，着眼大局保稳定，军分区部队和民兵预备役建设取得新的发展进步。

【思想政治建设】　坚持把学习贯彻中央军委主席习近平系列重要讲话精神作为首要政治任务，抓住学习贯彻十八届四中全会、全军政治工作会议精神契机，以“三清理、三整治”活动为载体，掀起学习贯彻中央军委主席习近平系列重要讲话精神热潮。组织学习中央军委主席习近平系列重要讲话网上理论集训，清理涉徐才厚、叶万勇等相关人员信息7500余条。扎实开展“牢记强军目标、献身强军实践”主题教育，倡导在弘扬战区“五种精神”的基础上培育军分区“两种精神”。组队参加两级军区网络政工比武竞赛取得较好成绩。规范军营政治文化建设。持续加强全民国防教育，军分区军史馆、冕宁红军纪念馆、宁南烈士陵园被命名为第三批省级国防教育基地。新闻报道、理论研究、政工网建设和舆情监测等工作进步明显。

【作风建设】　坚持大事大抓，突出问题导向，深入开展党的群众路线教育实践活动，反“四风”改作风取得明显成效。结合学习弘扬焦裕禄精神专题教育、深刻汲取叶万勇案件教训集中教育整顿，组织开展清理违规接待，补交2013年和2014年私客公请、用公款购买土特产赠送私客款项，清退新村小区外销房、违规占用干部士官公寓房，清退令位不符干部和机关超占兵员，投入资金对军分区独立连营区进行综合整治、对纠察排住房进行排险维修。新建和完善《党委机关改进作风规定》等9项规章制度，全面具体建立加强和改进作风的长效机制，群众满意率达99%。

【军事斗争准备】　着眼使命任务，开展“战斗力标准”大讨论活动和职能使命教育。狠抓民兵基层组织建设，指导西昌市依托交通系统组建民兵应急救援连试点。强化应急民兵维稳处突针对性训练、专业救援队伍训练和专武干部集训，抓好西昌学院4800余名新生军训工作，独立连完成为期1个月的野外驻训。加大首长机关训练和业务训练力度，在省军区交叉考核和成都军区抽考中取得较好成绩，组织军分区机关和人武部同步参加省军区军、师（旅）、团三级首长机关“天府使命—2014”实兵演习，组织830名民兵参加模拟冕宁7.0级地震应急救援演练。突出廉洁征兵，顺利完成年度新兵征集任务。军事志编纂、要讯和通信工作取得较好成绩。

【正规化建设与管理】 坚决落实依法治军、从严治军要求，持续推进军分区机关、人武部正规化建设达标活动和基层乡镇武装部规范化建设。加强部队安全管理，坚持安全教育重经常、形势分析重“苗头”、安全检查重具体、消除隐患重及时；深入开展谈心交心、安全教育周、条令学习月活动，广泛开展“三互”“三责”和“百日安全三无”竞赛活动。及时处理个别人武部办公计算机误接互联网问题。投入经费24万元为军分区营门安装防弹岗亭、减速破胎器和枪支离岗报警设备。加强预防犯罪工作力度，协助地方党委、政府做好军队复转退人员稳控工作。

【后装综合保障】 坚持严制度重管理，着力管住钱物管好人。修订完善财务、接待、车辆、营房管理规定，规范后勤管理，确保经费投向投量科学合理。加强对管钱管物人员的教育管理，按规定对任职时间较长的后勤人员进行调整，组织一期后勤科长集训。参加省军区后勤专业比武竞赛取得较好成绩。加强军交运输和军车号牌管理，组织为期1周的驾驶员复补训，收回5副暂借地方领导的军车号牌，归还2副地方牌照。较好完成车辆运输、卫勤和营房保障任务。及时调整补充应急维稳装备，完成报废手榴弹和装备车辆的上交任务，清缴移交地方离退休老干部小口径步枪1支，各类弹药3580发。

【参建参治】 着眼推动军民融合深度发展，围绕州委、州政府经济社会发展部署安排，组织部队官兵和民兵预备役人员积极参建参治。协调组织部队和民兵近8000余人次，圆满完成扑灭西昌、木里等县市50余起森林火灾任务。组织宁南、布拖、越西450余名官兵参加云南鲁甸6.5级和越西5.0级地震抗震救灾。积极参加雨季植树造林大会战，组织部队绿化荒山20余公顷，植树6万余株。组织参加凉山州“幸福凉山、暖冬关爱”活动，为45名留守贫困学生捐助价值5万余元的衣物和学习用品。坚持党管武装，深化双拥共建，积极参与凉山创建全省双拥模范州活动，协调开展“八一”、春节双拥活动，营造全社会关心支持国防后备力量建设的良好局面。

【党委班子和干部队伍建设】 认真贯彻民主集中制，严格党委议事原则、范围和程序，从思想上、组织上、制度上、廉政上加大自身建设力度，加强班子的凝聚力、战斗力、执行力、公信力。军分区前任主官涉嫌违法违纪问题暴露后，军分区党委自身并要求各人武部党委切实增强定力、毅力和活力，最大程度上减弱负能量增强正能量。端正选人用人导向，公开透明选拔和任用干部，坚持民主推荐使用干部，组织拟晋升团营职干部进行“双考”，对部分人武部党委班子和干部进行调整。扎实做好老干部和转业干部工作，军分区1名退休主官顺利移交，13名计划安置干部工作单位和岗位圆满落实。

【倡导激发两种精神】 2014年，凉山军分区结合大力弘扬战区“五种革命精神”，决定在所属部队官兵职工中激发改革创新和老黄牛两种精神，在年初的军分区党委会上作出部署，于8月初的理论集训党课辅导时大力宣扬，倡导官兵职工把弘扬以改革创新为核心的时代精神与踏踏实实工作多奉献少索取的精神有机统一起来，把远大目标与务实工作结合起来，着力解决动力不足、精神状态不好，心浮气躁、立足岗位干事业的意识不强，不爱学习、创新意识欠缺等问题。通过倡导激发官兵职工的两种精神，使官兵职工尤其是党员干部队伍在践行中国梦·强军梦中敢想敢干，开拓进取，求真务实，真抓实干，解决老问题有新思路，面对新问题有新办法，研判前瞻性问题有新对策，收到一定实效。

【军事训练考核】 5月14日至16日，根据省军区《关于组织半年军事训练交叉考核的通知》精神，凉山军分区接受攀枝花军分区政委李力生带领考核组实施的半年军事训练交叉考核，全区现役军官分为非值班干部、值班干部两个批次，参加体能（3000米跑、俯卧撑、仰卧起坐、10米×5往返跑、400米跑、高原组合练习）、技能（战术标图、轻武器操作、实弹射击、指挥通信装备操作、识图用图）、军事理论考核；西昌市民兵应急分队参加集结点验、实弹射击考核。考核成绩为良好。6月6日至8日，凉山军分区接受成都军区副司令员艾虎生率领的半年军事训练考核组检查考核，四川省军区副司令员丁忠汉带省军区相关人员全程参与。军分区军政主官及机关全体干部，冕宁、昭觉、美姑3县人武部干部，独立连干部和部分士兵接受考核。考核严格按成都军区考核组下发的计划和要求组织实施。军分区和人武部干部主要受考6个大项17个小项内容，总评取得军事理论96.9分，战术标图81.63分，识图用图（堆制沙盘）81.75分，战术作业89分，3千米跑、手枪射击、步枪射击、通信装备操作合格。独立连干部取得军事理论平均78分，手枪射击、步枪射击、地图使用合格。抽考战士取得步枪射击平均良好，地图使用合格，受到军区考核组肯定。

【学习贯彻全军政治工作会议精神】 12月1日至7日，凉山军分区结合党委中心组第四季度理论学习，采取集中学习、领导宣讲、观看录像、讨论交流、理论测试等形式认真学习贯彻全军政治工作会议精神，特别是军委主席习近平的重要讲话。一是研读原文系统学习理解。先后召开军分区党委常委会、团以上干部电视会，原原本本传达学习习近平重要讲话，逐章逐段阅读，逐字逐句领会，熟悉原文，理解原意。二是把握重点深化学习理解。把习近平指出的“十个方面突出问题”，提出的“四个牢固立起来”和“五个着力抓好”重点突出来，向党员干部宣讲，真切领悟习近平从严治党从严治军从严治官的坚定决心，强化领导干部的使命担当。三是丰富手段促进学习理解。以党委会、支委会、党小组会等多种形式集中学习，军分区党委常委两次到所在党小组参加学习、交流心得体会。从《人民日报》《解放军报》《战旗报》和政工网等军地媒体搜集整理关于会议精神的论述和阐释，汇编成260页的学习资料发干部每晚8~10时个人自学。军分区机关和各单位营区内办起宣传橱窗、板报40余块，更换灯箱30余块，集中学习与“月读一本书”“优秀机关公文评选”等活动结合起来，不断增强学习贯彻活力。四是联系实际推动学习理解。结合军分区前任主官涉嫌违法违纪问题，认真开展“三清理三整治”活动。清理涉及徐才厚、叶万勇、倪军、赵中书、刘继承等违法违纪人员信息7500余条。各级召开专题民主生活会，针对查找出的问题，逐一分析原因，制定整改措施。巩固深化对违规接待、违规售房住房、违规用车、违规使用公勤人员等7项清理整改，制定完善全面具体的规章制度，形成深入改进作风的长效机制，收到实效。

【调查培训】 1月17日至18日，军分区为全面贯彻省军区“三中心和一网四系统”作战数据培训相关要求，组织全州作战数据暨国防动员潜力调查培训，17个县市人武部各1名干部、1名职工，国动委各专业办公室负责人共40余人参加。培训突出对211K数据、兵要地志和国防动员潜力数据采集系统的安装、使用、维护，数据采集表格的使用及录入，数据采集的方法程序等重点内容进行培训。结合培训，部署全州国防动员潜力数据采集任务，明确数据采集编组、完成时限和要求，同时与各单位签订数据采集承诺书，达到预期目的。

【扑灭森林火灾】 1月至3月，凉山州风干物燥，导致10余个县市发生50余起森林火灾，军分区迅速指挥相关县市人武部组织民兵8000余人次灭火护林。1月29日17时许，木里县卡拉乡玛瑙村马老大沟发生一起森林火灾，县人武部及时组织民兵500余人，经过3天扑救，于2月1日将过火面积7公顷的林火彻底扑灭。2月14日13时30分，冕宁县城厢镇枧槽村突发森林火灾，冕宁县人武部迅速启动森林防火救灾应急预案，先后动员两个批次民兵共1000余人投入火场战斗，担负用抽水机从河沟和水田抽水灭火；铲除灌木丛开辟隔离带，引导直升机灭火；组织转移村里老人、小孩及牲畜、重要物资等多项任务。参战民兵经过3个昼夜连续奋战，共砍伐隔离带近10千米、扑灭大小火点300余处，为最终彻底扑灭过火面积63公顷的森林火灾、防范国家风景区遭受重大损失和保护国家生态资源安全作出积极贡献，受到军地领导和广大群众的高度评价。3月18日14时20分许，西昌市经久乡马鞍村突发森林火灾，迅速向泸山风景区蔓延，对沿线群众生命财产安全造成重大威胁，同时引发西昌城区全面停电，军分区随即指挥西昌市人武部就近组织民兵专业扑火队和应急民兵1000余人投入灭火，调集冕宁、普格、宁南、德昌4县应急民兵600人，从东西南北4个方向，与州森林武警合力扑打，控制火情，于19日8时将过火面积21公顷的森林大火扑灭。

【开展党的群众路线教育实践活动】 2月至10月，军分区开展党的群众路线教育实践活动。该活动以团以上单位党委机关和领导干部为重点，以“照镜子、正衣冠、洗洗澡、治治病”为总要求，以为民务实清廉为主要内容，以提高战斗力为唯一标准，着力解决“四风”方面存在的突出问题。活动按照深入调研、动员部署、学习教育、对照检查、整改落实、建章立制六个步骤进行，具体实施中注重突出五个方面：一是注重加强组织领导。军分区2月12日召开电视会议进行动员部署，先后6次召开党委常委会和领导小组会议，分析研究和通报教育实践活动情况；党委一班人带头参加学习调研、讨论发言、撰写心得体会和对照检查材料，为官兵做好表率；教育实践活动办公室10次下发指导督导活动文电和简报，确保教育实践活动有序扎实和深入开展。二是注重夯实理论基础。坚持把教育实践活动与“牢记强军目标、献身强军实践”主题教育，“讲党性、守党规、严党纪”反腐倡廉教育，“学习弘扬焦裕禄精神、争做勤政务政廉政的党员干部”专题教育和“深刻汲取叶万勇严重违纪违法案、全面加强团以上党委机关和部队建设”教育整顿结合起来，以6个读本为基本教材，采取领读串讲、辅导讲解等形式，先后组织12次专题学习，4次专题辅导，6次收看视频录像，5次心得体会交流和集体讨论；集中1周时间组织学习习近平系列重要讲话精神网上理论集训，进一步夯实官兵践行群众路线的理论基础。三是注重征求意见建议。采取召开恳谈会、老干部座谈会、问卷调查和个别谈话等方式，先后5次征求基层党委、干部、离退休老干部、职工、士兵、专武部长、民兵骨干意见建议，梳理汇总出20条具体意见建议。制定解决问题的具体措施。四是注重找准整改问题。军分区党委机关主要解决看淡地位作用、聚焦打仗不够、执行规定不严、超范围超标准接待等6个问题；人武部主要解决责任心不强、工作标准不高、执行财经纪律不严等5个问题；直属分队主要解决责任心不强、工作不细不实、管理教育不严、素质参差不齐4个问题。结合“叶万勇违法违纪案件”集中教育整顿，重点组织开展7项清理整改。补交私客公请和用公款购买土特产赠送私客的款项；清理清退新村小区外销房；清理违规用车；收回5副暂借地方领导军车号牌，归还2副地方牌照；清退机关超占兵员和令位不符干部回原单位工作；清理民兵武器仓库不符合规定存放弹药的问题。五是注重建立长效机制。修订完善《军分区党委常委议事规则》《军分区财务管理规定》《军分区车辆安全管理规定》《军分区干部管理规定》，制定《军分区党委机关改进作风规定》《军分区机关招待所管理规定》《军分区机关干部公寓房、士官周转房管理规定》《集中文印室管理规定》《文印管理制度》《机关勤务队人员管理规定》，建立增强教育实践活动实效的长效机制。

【主题教育活动】 2月至12月，军分区在全区部队开展“牢记强军目标、献身强军实践”主题教育活动。2月12日，军分区下发《关于开展“牢记强军目标、献身强军实践”主题教育活动为重点的各项教育的意见》，召开视频会议，对主题教育活动作出安排部署。各级把开展主题教育活动作为年度部队思想政治建设的一件大事和党的群众路线教育实践活动的重大课题，实行两个教育活动捆在一起部署，同步展开。主题教育活动覆盖全员、贯穿全年，分为两个阶段、4 个专题进行。上半年为第一阶段，结合党的群众路线教育实践活动进行集中学习教育，均以 8~10 天集中抓好学习主题教育规定篇目的学习专题、教育和战斗力标准大讨论；下半年为第二阶段，用 2~4 天时间围绕战斗力标准查漏补缺，着眼解决问题，确保主题教育活动取得实效。

【条令学习月活动】 3 月，军分区开展“条令学习月”活动。2 月 26 日，军分区下发通知，在全区部队组织开展“条令学习月”活动作出专门部署。活动以进一步加强部队作风纪律建设，强化官兵条令意识和法纪观念，提高部队正规化建设与管理水平为目的，按“教育动员、法规学习、查纠整改、检查验收”四个阶段进行，重点解决“秩序不正规、形象不好、作风不实”三个方面问题。各级把“条令学习月”活动作为贯彻落实党中央、中央军委和省军区关于改进作风指示的实际行动，采取集中辅导、个人自学与外出人员补课相结合的方式，组织所属官兵职工原原本本、逐章逐条学习好规定的条令法规；利用军分区交班会、局域网、板报、广播、宣传栏、知识竞赛等形式，深入学习宣传；结合早操检查军容风纪，抓好养成教育；派出工作组检查督导，西昌警备司令部加大警备纠察力度；加强工作统筹，落实活动内容，突出工作重点，注重结合渗透，强化习性养成，形成领导依法决策、机关依法指导、部队依法运转、官兵依法办事的良好局面，进一步提升军分区部队正规化建设与管理水平。

【综合整治工程】 1—4 月，军分区抓好独立连综合整治工程建设。1 月初，军分区党委常委集体到独立连调研，在听取官兵对独立连建设的意见和建议后，现场议定独立连办公、住宿、娱乐、生活等设施综合整治方案，并随即组织实施。该综合整治工程建设共投入资金 100 余万元，整修食堂操作间，将烧煤灶具更换为更加安全节能的以乙醇为燃料的新式灶；改善用餐环境，装修餐厅，更换陈旧、损坏的餐桌椅；新建板房，购置跑步机、健身车、杠铃、拉力器、健腹器等健身器材和乒乓球、桌球、象棋等文娱器材；改善住宿条件，装修宿舍楼，改造洗漱间，购置衣柜和班用书桌；改善学习条件，新建网络室，购置电脑，联通军网，新建学习室，增添书柜书架，购置新书；对障碍训练场、器械训练场等场所和室外环境进行整治和美化。经过实施综合整治工程，独立连设施环境整体面貌焕然一新，受到官兵一致称赞。4 月 7 日，军分区党委常委集体到独立连，逐项检查验收该综合整治工程项目，通过现场检查验收合格。

【西昌市民兵应急救援连】 3 月至 4 月，军分区结合抓西昌市民兵整组试点，指导西昌市在市交通运输局、市公路局、市运管所、市医院和汇通运输公司、双龙修理厂组建民兵交通应急救援连，共编民兵 125 人，建 3 个排 9 个班，主要担负道路抢险保通、物资运输、人员救护等应急抢险救援任务。4 月 14 日，西昌市举行民兵应急救援连成立大会暨部分课目汇报演练，军分区司令员申玮、政委叶佩、参谋长崔伟，州政府副州长白云，市委书记李俊、市长马廷贵等领导出席，西昌市民兵应急救援连、综合应急连、专武部部长等共 300 余人参加。会上，宣读组建西昌市民兵应急救援连的通知，向市民兵应急救援连授旗授牌，官兵举行入队宣誓，并组织以“西昌市小庙乡泸川村突发严重地质灾害，造成道路中断、交通堵塞、车辆损毁，人员受困”为背景的“人员搜救、车辆抢修、道路抢通”课目汇报演练，并展示市民兵交通应急救援连装备器材，检验组建市民兵交通应急救援连质量和成果。

【抗震救灾综合演练】 4 月 19 日，四川省政府在冕宁县举行模拟该县城厢镇发生 7.0 级地震抗震救灾综合演练。凉山军分区司令员申玮、政委叶佩参加“指挥部决策部署”演讲并全程参与和指导演练，州民兵综合应急营120名民兵参加（西昌至冕宁）“救援力量集结拉动”演练，冕宁县民兵710人参加“现场抢险救援”10个课目演练，军分区机关、独立连官兵50余人带12台车辆及器材参加抢险救灾装备器材展示活动，军分区司令部完成军区某陆航旅、省预高师等单位参演协调保障任务。参演任务部队和民兵按照实战化要求，发扬特别能吃苦精神，战胜高温天气、任务繁重、环境恶劣、连续作战等困难，发挥拳头骨干和生力军作用；参演官兵自觉服从省州县抗震救灾指挥部指挥，带头执行演练规定要求，模范遵守群众纪律，为军分区部队和民兵树立良好形象。

【人武部后勤科长集训】 4月26日至29日，军分区后勤部组织一期后勤科长业务集训。集训围绕战勤、财务、军需、油料、卫勤等方面的政策规定、法规制度和具体业务进行辅导，省军区审计办主任唐捷作专题辅导授课，17县（市）人武部后勤科科长、军分区机关及直属队相关人员共20余人参加集训。

【国防教育宣传活动】 4月，凉山州结合《国防教育法》颁布实施13周年契机，组织开展国防教育宣传活动。月初，军分区司令员申玮围绕国际国内和西南安全形势，专题为凉山州委党校400余名副县级以上党政干部上国防教育课，受到热烈欢迎。28日上午，州市国教委51家成员单位在西昌市月城广场开展国防教育系列宣传活动。州委常委、宣传部部长王阿呷，州委常委、军分区政委叶佩，军分区政治部主任朱安平等州国教委领导走进广场向过往群众宣讲国防教育知识，发放国防教育宣传资料。宣传活动现场还展出20张国防教育宣传展板，举办国防书画展，组织200余名少年军校学员表演军体拳、武术、爱国诗朗诵等节目。同时，在西昌学院组织开展国防教育知识竞赛，在凉山卫校围绕“关心国家安全，维护海洋权益”主题作形势报告；在城区醒目位置楼宇LED显示屏播放爱国影片和介绍中国海洋状况资料片；组织中石油凉山分公司、环太食品有限公司、家佳和达达超市等企业职工500余人到“彝海结盟”纪念馆、“丁佑君”烈士陵园、奴隶博物馆等省级国防教育基地开展“缅怀革命烈士，弘扬爱国精神”主题教育活动。通过开展系列活动，进一步强化全民国防观念，增强公民国防意识，营造关心国防、支持国防、建设国防的浓厚氛围。

【送交报废民兵弹药】 5月20日至21日，军分区按照省军区报废民兵武器弹药销毁处理工作的安排部署和军分区首长指示，副司令员郭友谊带领相关业务干部、战士，运输车和指挥车，将新增报废木柄手榴弹，采取公路运输方式，从军分区民兵武器仓库出发，顺利安全运抵成都上交省军区民兵装备仓库。

【“四系统”操作培训】 6月18日至19日，军分区举行一期人武部以情报信息、指挥控制、国防动员、综合保障“四系统”操作应用为主要课题的业务培训，主要讲授密码设备安装与设置、情报收集、要图标绘、值班运用、国防动员数据采集、分析与运用、文电传输等内容，达到预期目的。

【百日安全竞赛活动】 7月1日至10月10日，军分区在全区开展“拉网式”隐患排查治理暨百日安全无事故、无案件、无严重违纪“三无”竞赛活动。6月30日，军分区下发《“拉网式”隐患排查治理暨“百日安全‘三无’竞赛”活动实施方案》，对开展“拉网式”隐患排查治理暨“百日安全‘三无’竞赛”活动进行部署安排。整个活动认真贯彻落实两级军区安全稳定工作电视会议和总参军务部《传达习主席和军委首长对广州军区特大爆炸事故的重要批示》、省军区《关于开展“百日安全‘三无’竞赛活动”》精神，按照“教育动员、自查自纠、巩固提高、检查验收”四个阶段，全面查找和消除军分区部队在安全管理中存在的各类安全隐患，重点查纠领导干部履职尽责情况、规章制度落实情况等6个方面内容。通过活动收到统一思想、提高认识、突出重点、狠抓落实、加强领导、形成合力，推动各项安全管理工作落实的效果。

【植树造林活动】 7月4日，在军分区政委叶佩带领下，军分区组织协调驻西昌部队、武警共450名官兵到西昌市焦家村参加2014年州市机关、部队雨季植树造林活动，共种植香樟和蓝花楹2620余株，种植面积1.57公顷，受到州市党政机关和当地群众高度称赞。

【野外驻训】 7月10日至8月8日，军分区独立连进驻西昌市海南乡鹅掌河训练场，开展野外驻训。在军分区机关联合工作组指导下，独立连组织出动全连官兵和各型车辆，携带各类武器装备，分两个阶段组织完成3个类别、6个课目、16个训练项目、187个课时训练，取得9个考核课目4个100%合格率、3个70%合格率、2个47%合格率的较好成绩。

【集中文印室】 7月，军分区贯彻中央军委6号文件和保密工作8个从严规范要求，建成机关集中文印室并运行。集中文印室由涉密文印区、非涉密文印区和值班室构成，设施设备包括集中文印室打（复）印管控、保密管理、标签水印、视频监控、防辐射视频干扰、电磁手机信号干扰等系统。当月28日，经军分区司令员申玮、参谋长崔伟组织检查，查看试运行及管理维护情况，查阅集中文印室审批登记等文印管理制度登记本（册）等资料，基本达到上级建设要求，满足机关工作实际需要。

【理论学习集训】 8月5日至8日，军分区结合党委中心组带机关、人武部、直属队第三季度理论学习时机，围绕党在新形势下的强军目标，利用电视电话会议系统开展理论集训，采取集中学习、辅导授课、观看录像、个人自学、讨论交流等形式，对习近平系列重要讲话精神进行系统深入学习。军分区司令员申玮全程指导并参加集训，作《激发强大的精神力量推动分区部队全面建设上台阶》的党课辅导报告，并总结讲评集训情况；军分区副司令员郭友谊受政委叶佩委托代作集训动员讲话；17个县（市）人武部各1名主官围绕划分的三个专题进行交流发言，全体官兵职工认真组织开展学习讨论活动，并撰写学习心得体会。通过集训，军分区部队官兵职工对习主席系列重要讲话精神的重大意义、科学内涵、精神实质和实践要求有进一步的理解把握，集训取得较好效果，达到预期目的。

【抗震救灾】 8月3日，云南省鲁甸县6.5级地震发生后，军分区组织布拖、宁南两县人武部带领民兵跨区执行抗震救灾任务。布拖县人武部部长李德红带领81人民兵救援队，出动车辆4台，携带专业救援装备第一时间跨区赶赴云南巧家县包谷垴乡灾区抗震救灾，共抢救重伤员2人，救治伤病员12人，抢运遇难者遗体7具，搬运物资17.59万千克，清理危房36间，成功排险65处，搭建帐篷10顶，防疫洗消14万平方米，抢出被埋贵重物品价值25.8万余元，抢出被埋现金160920元，调配急救药品价值66800元，为包谷垴乡新坪村灾民捐款11500元。宁南县人武部政委田茂成带领23人民兵救援队，携带专业救援装备第一时间跨区赶赴云南巧家县新店镇灾区支援抗震救灾。共出动车辆3台，救治伤员182人，抢运各种物资2.2万千克，清理危房8间，搭建帐篷148顶，抢修道路11千米，防疫洗消69000平方米。完成任务后，根据云南鲁甸6.5级地震军地救灾指挥部命令，宁南、布拖两县民兵分别于8月11日和14日安全回撤归建。10月1日9时23分，越西县申果乡丰收村发生里氏5.0级地震，震源深度15千米。地震导致房屋倒塌58户、174间，严重损坏345户、1035间，一般损坏2398户、7194间，因灾受伤16人，灾害共造成受灾人口12081人，直接经济损失14669.46万元。灾情发生后，越西县人武部在县委、县政府统一领导下，立即启动抗震救灾应急预案，迅速组织出动民兵共1356人次抗震救灾，动用各类救援器材821件（套），租用地方车辆13台，转移安置灾区群众1188人，搬运各类救灾物资

10.25 吨，为群众搭设临时帐篷 116 顶，集中开展心理辅导 17 次，到受灾群众家里慰问走访、核实灾情 325 次。灾区救援工作基本结束后，迅即有序转入灾后重建工作。

【地质灾害抢险】　8 月 30 日，木里县乔瓦镇娃日瓦村五一组一处山体出现开裂滑坡现象，该镇专武部长杨八斤及时发现并向县人武部报告。县人武部政委肖玉成与县委、县政府相关领导第一时间赶往现场勘察核实险情，并参加县委县政府召开的“8·30”地质灾害应急抢险会。根据会议决定，县人武部迅速修订抢险救灾方案，先期组织应急民兵 20 余人配合公安在地质灾害危险区域开展安全保卫工作。山体滑坡处裂缝形成 4 米高挫坎，滑坡体积 3300 立方米，影响 95 户农户 283 人。民兵配合搭建救灾帐篷 8 顶，集中安置 26 人，学校集中安置学生 18 人，投亲靠友分散安置 239 人，协助有序做好各项应急处置工作。

【学生军训】　9 月 6 日至 20 日，军分区组织独立连 70 名官兵对西昌学院 4800 余人新生进行国防知识教育、单个军人徒手队列动作、阅兵式、分列式、轻武器实弹射击等 8 个课目的军事训练，收到开展学生军训的预期实效。

【教育整顿活动】　9 月 14 日至 20 日，军分区开展“深刻汲取叶万勇严重违纪违法案教训、全面加强团以上党委机关和部队建设”集中教育整顿活动。14 日，军分区召开电视电话会议对开展集中教育整顿活动作出部署安排。集中教育整顿按照动员部署、专题学习、案例警示、党课辅导、讨论剖析、召开专题民主生活会、总结整改“七个步骤”进行，坚持各级领导带头全身心投入，作为一项政治任务来抓。军分区司令员申玮主持集中教育整顿动员部署和总结讲评会，政委叶佩作动员教育和总结讲评，部以上领导均以普通党员身份分别参加所在支部讨论会，由小入手、由表及里，深入剖析叶万勇严重违纪违法案原因、教训、危害，增强对加强党风廉政建设重要性和必要性的认识，深化警示教育，牢牢守住思想防线、道德底线、法纪红线。教育整顿突出主要问题查找和整改落实，紧抓“组织专题学习、召开民主生活会、搞好总结梳理”三个重点环节，把住“领导足够重视、突出重点对象、注重工作统筹”三个关键问题，着力在提高思想认识、清理整改和建立长效机制具体化上下功夫见成效，达到预期目的。

【征集新兵】　8 月至 9 月，凉山州完成 2014 年度征集新兵任务。该工作以省政府、省军区《征兵命令》为依据，坚持依法征兵、质量征兵、廉洁征兵，严把新兵政治、身体、文化、年龄关。工作中，各级领导高度重视，齐抓共管；紧紧围绕兵员质量，措施得力；严格执行征兵命令，严把关口；深入贯彻廉洁征兵政策，确保公开、公平、公正。全州征集的新兵（含藏区“9+3”新兵和女兵）中，党团员占 37.7%；大专以上文化程度的占 15.5%；高中学历占 47.1%；初中生占 37.4%，少数民族新兵占 46.1%，做到了地方党政、接兵部队、征集部门和人民群众“四满意”。

【安全疏散工作】　10 月和 12 月，西昌卫星发射中心先后两次执行发射任务，冕宁县人武部担负卫星发射期间相关地域民众安全疏散撤离任务。10 月 24 日凌晨 1 时 59 分，西昌卫星发射中心用长征三号丙火箭发射“嫦娥五号 T1”试验飞行器；12 月 31 日 9 时 03 分，西昌卫星发射中心用“长征三号甲”运载火箭发射国内“风云 2 号”气象卫星。根据发射安全要求，冕宁县人武部先后两次组织沙坝镇和泽远乡应急民兵 420 人次，动用车辆 12 台次，圆满完成发射期间发射地域半径 2.5 千米以内 17 个疏散点 12826 人的群众安全疏散撤离任务，确保当地人民群众生命财产安全。

【比武竞赛】　10 月 26—27 日，凉山军分区代表省军区参加成都军区组织的网络政治工作比武竞赛。比武参赛队由军分区政治部主任朱安平带领，金阳县人武部政委李向进、军分区政治部干事王仁江、盐源县人武部政工科长曹飞、甘洛县人武部政工科长姚栓、军分区独立连指导员何震等6人参加，经过前期18天的强化集训，克服种种困难，最终在军区比武竞赛决赛中取得3000米跑第一名、第四名，基础知识考核第二名、第六名的较好成绩，为省军区争得荣誉，较好展现军分区部队政工干部的良好素质和形象，受到省军区首长充分肯定和表扬。

【安防设施】 7月至10月，军分区完成机关营门安防设施升级改造任务。该任务始于7月，军分区研究通过《军分区机关营门安防设施建设方案》，随即投入施工，为高标准完成建设任务，一是投入24万元购置安装防弹岗亭、防冲撞拒马、减速破胎器及报警系统，并加装“执勤用枪离位报警追踪定位系统”；二是修订完善《营门卫兵执勤实施细则》《营门出入管理规定》，对卫兵执勤和进出人员车辆秩序进行规范；三是组织独立连开展《营门处置突发事件情况预案》训练和演练，提高有效处置营门突发事件能力。该工程于9月份完成建设任务，10月份组织试运行，11月1日正式启用。

【勤务保障】 11月9日，2014年西昌·邛海湿地国际马拉松赛在西昌举办，来自25个国家（地区）和国内30个省（市）的运动员、体育爱好者共18366人参加比赛。根据西昌市委、市政府要求，凉山军分区赋予西昌市人武部组织1028名应急民兵，着便衣连续奋战8小时，配合公安部门圆满完成全赛程任务区域安全警戒、人员查验、秩序维护、应急处突等各项任务。

【“三清理三整治”活动】 12月，军分区机关扎实开展“三清理三整治”活动。整治活动按照“动员部署、理论学习、对照检查、整改治理、述职述廉、建章立制”等六个步骤，围绕查找解决的3个方面15个具体问题展开。重点对照“4个牢固立起来”“10个方面突出问题”，硬起手腕、扎实推进。一是彻底清理涉及徐才厚等违法违纪人员信息。在前期清理的基础上，按照“上下齐动反复查，硬件软件一起清，部队地方全覆盖”的思路，专门安排30余万元经费用于清理工作。将清理任务细化为5个方面20项具体内容，逐个单位、逐个场所、逐个点位进行拉网式排查。采取切断网络、拆换硬盘、新建网页等办法，对军分区军综网、政工网、局域网进行清理；协调州委宣传部、州公安局等部门对凉山州人民政府网、凉山网络电视台、《凉山日报》数字版等门户网站、服务器中涉及的相关信息进行彻底删除和注记说明；共销毁涉徐才厚、叶万勇、倪军、赵中书、刘继承等违法违纪人员照片857张、题词签名5张、录像视频20条、讲话指示批示等文件资料4260余份、各类书籍汇编及画册2150余本。二是下大力管好经费规范接待。深刻汲取军分区前任主官私开账户套取现金等涉嫌违法违纪问题教训，突出财务管理，切实强化经费收支监督制约。重点对财务运行情况进行自查分析，修订完善《分区财务管理规定》，对经费管理使用的原则、程序、监督等内容进行细化，缩紧经费审批权限；切实规范接待工作，建立《分区机关招待所管理规定》，严格执行“禁酒令”，细化严管严查严惩违规饮酒的刚性措施。三是扎实推进清人清房清车工作。安排3个检查小组，对军分区本级和17个人武部清理整治工作进行检查核实，清退新村小区外销房、违规占用干部士官公寓房，建立《分区机关干部公寓房、士官周转房管理规定》；清退令位不符干部和机关超占兵员，完善《分区干部管理规定》；修订《分区车辆安全管理规定》，规范车辆管理使用。

【年度干部“双考”】 12月11日至16日，军分区组织实施年度干部“双考”工作。以军分区《关于进一步加强和改进干部考核工作的意见》为依据，成立军分区干部“双考”工作领导小组，组织三个联合工作组深入17个县市人武部及军分区机关，按照“党委汇报、个人述职、民主测评、个别谈话、实绩分析、综合评定”方法步骤实施考评，采取“理论考试、体能测试、公文写作考核”方式组织考试，依据《凉山军分区年度工作检查内容及标准》组织年度工作检查，切实为军分区年终评比表彰和使用干部提供依据。

（审核：申玮　叶佩/撰稿：谭守平）

武警凉山州支队

【概况】 2014年，武警凉山州支队紧紧扭住国家军委主席习近平关于国防和军队建设重要思想这个总纲统建设谋发展；紧紧扭住战斗力这个唯一的根本标准聚焦使力；紧紧扭住作风建设这个保证坚持以上率下；紧紧扭住推动内涵式发展、建设全面过硬一流总队这个目标追赶跨越；紧紧扭住抓经常打基础这个支撑强基固本，部队发展稳步向上、持续向好，圆满完成以执勤、处突和反恐为中心的各项工作任务，实现“两个确保”，支队被总队表彰为“基层建设先进支队”。

【思想政治】 2014年，武警凉山州支队始终把学习贯彻国家军委主席习近平系列重要讲话精神作为重大政治任务，坚持理论武装求质量、主题教育求实效、文化建设求深化，有效推动党的创新理论入心入脑、落地生根。深入开展强军目标主题教育实践活动，5次推门听课，3次以会代训，召开主题教育座谈会，分析教育开展情况和各阶段把握的重点；进行战斗力标准大讨论、主题演讲、唱响强军战歌和“追逐梦想”岗位实践等配合活动；坚持用任务检验，把教育向任务一线延伸，进一步夯实官兵听党指挥的思想根基。每月落实“三堂课”，每季度下发《经常性思想教育实施意见》，扎实开展“研究新兵”“研究老兵”活动，全面排查并做好十二类人员思想心理工作，官兵思想纯洁稳定。

【中心任务】 2014年，武警凉山州支队注重思想解放聚焦战斗力，注重基础训练夯实战斗力，注重基地化训练催生战斗力，注重实战化训练锤炼战斗力，注重训练人才培养支撑战斗力，注重训练保障提高战斗力，部队训练水平明显提升，在总队特勤排比武竞赛中，获得超极限训练团体第一名、狙击专业第二名、突击专业第四名的优异成绩，向仕国、王典伟分别被总部、总队表彰为“优秀教练员”，一大批训练尖子受到支队表彰奖励；加强上层推动“四防一体化”建设，强力推进AB门建设，完成执勤阵地文化建设，为两看目标单位配备一批专业助勤犬，支队被总队评为正规化执勤优秀单位；严密组织临时勤务，制发《支队临时勤务组织实施规范》，设计定做防暴巡逻车，购买无人侦察机，先后圆满完成西昌森林灭火、冕宁抗震救灾演练、国际马拉松大型活动安保等145起各类临时任务。

【行政管理】 2014年，武警凉山州支队贯彻总部依法从严治警集训精神，深入开展“条令法规学习日”活动和治酒治赌治不健康交往治离兵活动，成立支队督查办加强实地检查，定期讲评通报，进一步强化官兵法治意识，正规运转秩序；落实重点时段、重大活动和任务安全风险评估，推行限制功能型手机，建成集中文印室，严格车辆派遣、跟踪管理和干部驾驶私家车考核评估、资格审批，加强伤病住院等7类易失管失控人员管理，先后对所有新兵、核心涉密岗位和担负重大临时勤务人员进行政治考核，对31个单位的营房、防雷设施及营区周边地质情况逐一排查治理，筑牢安全屏障。

【基层建设】 2014年，武警凉山州支队党委坚持重心下移，集中精力抓实经常，默默无闻打牢基础、盯着问题抓好落实；结合总队经常性基础性工作具体内容规范标准，分类分步抓好定型固化；科学调配基层党委（支部）班子，严密组织基层党委（支部）书记培训，深入开展练“六功”活动，分类探索建设规律，分类实施帮建，制定《支队党委加强分类指导帮建实施意见》，逐单位审定按纲建队规划，量化细化季度考核内容，梳理分析建设形势，党委常委定点、包片帮扶指导，各级跟踪督导问题整改，基层基础不断巩固，木里中队被总队评为基层建设标兵中队，第二、三、十中队和西昌、会理、甘洛、美姑、布拖、勤务汽车中队被评为基层建设先进中队。

【后勤保障】 2014年，武警凉山州支队树立“经济上出了问题、就是政治上打了败仗”的思想，自觉从政治上当家理财，全面清查支队资产并登记建账，确权土地2.47公顷，大宗物资采购合规合法；着力打造应急保障力量，建立“一组五队”，开展应急保障实兵实装拉动演练，随时做好伴随保障准备；修建北山生态农场，年产值达30余万元；完成教导队综合训练场、一大队反恐训练场、二大队战术训练场、单身干部公寓房及机关绿化、招待所、综合训练馆建设，指导8个未新建中队立项新建，基础设施建设稳步推进。

【重大临时勤务】 2014年3月18日14时20分，西昌市经久乡马鞍村1、3组交界处发生森林火灾，根据州防火指挥部命令，报经总队批准，支队出动兵力协助森林武警、消防、民兵及地方专业灭火队，经过近24小时艰苦奋战，成功扑灭森林火灾。2014年10月20日20时，美姑县柳洪乡发生泥石流，一辆面包车被冲毁，车内7名乘客被困，按县委、县政府要求，报经总队批准，中队出动官兵参加抢险救灾任务，经过4个多小时的奋勇战斗，成功营救受困群众6人，疏散群众80余名。2014年中国西昌·邛海湿地国际马拉松赛于11月9日在西昌市隆重举行。支队出动官兵，担负航天大道东沿线尤家屯路口至民族大道观海路口、民族大道三岔口南路口赛道（含起点及全程、半程终点，颁奖区）安全保卫任务和现场机动应急任务。支队官兵出色地完成执勤任务，受到国家机关部委、省州领导和人民群众的高度赞誉。

【重大活动】 2014年，武警凉山州支队应急救援分队野外驻训。进一步提高应急救援分队实战化训练质量，全面提升灭火抢险能力，支队于3月8日至15日，借用武警凉山州森林支队“两化”训练场开展专业灭火野外驻训，全面提高部队实战能力。模拟2014年4月19日7时30分，凉山州冕宁县城厢镇（北纬28°33′、东经102°10′）发生7.0级地震，震源深度10千米，震区大量房屋倒塌，道路、桥梁损毁，水电气通讯中断，数百群众被砸伤、掩埋，数千群众需转移安置，安宁河上游形成堰塞湖，大桥水库出现险情。支队出动官兵，担负力量展示、水上救援、废墟搜救演练任务。

【奖励情况】 2014年，武警凉山州支队被总队表彰为基层建设先进支队、安全工作先进单位、正规化执勤优秀单位、装备“三化”管理达标先进单位、新闻报道工作先进单位；政治部被总队表彰为先进政治部；司令部机要科被总队表彰为密码工作正规化建设先进单位；木里县中队被总队表彰为基层建设标兵中队；参谋长蒋复建被总队表彰为优秀参谋长；副参谋长王永平被总队记三等功；司令部通信科科长林俊被总队表彰为优秀参谋；盐源县中队副班长冯林悄被总队表彰为十大执勤标兵；支队新闻报道员李结义被总队表彰为新闻报道工作先进个人。

（审核：周建军/撰稿：张经国）

武警凉山州森林支队

【概况】 2014年是党和国家发展进程中具有特殊意义的一年，也是部队建设朝着强军目标迈出坚实步伐的重要一年。州森警支队紧紧围绕既定目标，在上级党委和凉山州委、州政府的正确领导下，按照“抓中心、打基础、强队伍、提质量、转作风、促稳定”的工作思路，着力铸军魂、大力改作风、全力抓落实，圆满完成了以防火灭火为中心的多样化任务，部队全面建设呈现出稳步上升、整体推进、协调发展的良好势头。

【思想政治】 坚持把学习党的十八大，十八届三中、四中全会，全军政治工作会议和习主席系列讲话精神作为重大政治任务，严密组织党委中心组理论学习和基层干部理论轮训。扎实开展“牢记强军目标、献身强军实践，永远做党和人民的忠诚卫士”主题教育，组织5名团职干部大课辅导，12名基层主官小课串讲；紧贴任务需求和官兵思想实际，深入扎实开展了九项经常性教育和新兵“第二适应期”专题教育，2名政工干部在总队“四会政治教员”比赛中均获得了名次。灵活运用“当好兵、读好书”“强军征程引领我成长”主题演讲、“强军战歌”歌咏比赛、第二届“卫士杯”篮球联赛、“中国梦·强军梦·我的梦”系列主题活动、“能打仗、打胜仗”宣誓签名和警民联欢晚会等活动丰富第二课堂，进一步打牢了官兵“三个绝对”和投身强军实践的思想基础。10篇经验做法被上级转发，616篇稿件被省部级以上媒体刊用。

【中心任务】 牢固树立战斗力标准，严格落实“真难严实”要求，突出抓好核心军事能力建设。修订完善战备方案，改善训练基础设施，正规部队训练秩序，加大训练演练力度，坚持网络和现地不定时抽查落实战备情况，每周不定时组织紧急拉动演练，每季不定科目、不定路线组织首长机关带实兵灭火作战“考比拉”活动。以西昌大队为依托，与州防震减灾局、西昌市政府共同组建了“凉山森林支队地震应急救援队”；严密组织了实兵、实装、实战抗洪抢险综合演练，参加了凉山州“4·19”抗震救灾演习和总部四川方向警地抢险救援联训联演。积极开展了“雄鹰杯”第三届军事比武、野外驻训、新《大纲》试训、专勤专训和骨干集训活动。先后出动4323人次，圆满完成27次灭火作战、5次防火执勤，泸山景区防火隔离带开设和地方扑火队员培训。担负了中国·西昌凉山彝族火把节、国际马拉松比赛等安保任务，部队遂行任务的能力得到检验。10篇经验做法和战例被上级转发。

【行政管理】 严格落实依法从严治警要求，狠抓部队安全管理，强力推进正规化建设。贯彻落实森林部队依法从严治警集训精神和总队能级量化管理问责制，制定下发“两个细则”“三个办法”，大力开展了装备普查、安全工作大检查、安全隐患排查、密切内部关系专项教育整顿和正规化建设现场观摩会等活动，适时召开阶段讲评会强力推进，进一步强化了按级抓、按责抓、人人参与管理的意识。紧紧扭住“四类”安全不放松，注重涉密载体、网络、手机和“五个重点问题”治理，加强重要目标、敏感时期、重点时段、在外人员的安全管控和制度落实；更换营区报警设施、进行集中文印室建设和机要通信融合改造，提升安全发展设施和技术支撑，营造了纪律严明、正规有序、团结和谐的良好氛围。

【后勤保障】 按照灭火作战应急保障要求，建立完善物资储备体系，扎实开展后勤应急保障演练，先后10次组织管理员、司务长集体办公和进行岗位培训，圆满完成了遂行任务后勤保障任务。如期组织驾驶员复训，卫生员到驻军医院实习，有效提升了综合保障素质能力。坚持党委集体理财，注重开源节流，严格经费投向投量；实施副食品集中采购，因地制宜发展“两业”生产，注重“一队一品”特色种植业拓展和特色养殖成效明显，不断提高了生活自给能力。组织98名官兵及家属体检，为机关防弹岗亭安装了空调，为大（中）队配发了文体器材、更换了乒乓球桌和台球桌；投入130余万元完成了直属大队基础设施升级改造、驻昌大队营区太阳能路灯安装、文化墙修建和木里大队车库卷帘门、营区路灯更换，对木里大队营房改建进行了勘察、测绘、鉴定，积极协调解决营以下干部住房，营造拴心留人环境。

【党委班子建设】 严格按“四个始终坚持”要求，大力加强党委班子能力建设、先进性和纯洁性建设。突出理论武装，把《习近平关于国防和军队建设重要论述选编》等创新理论作为“三学”活动重点内容，在总队统一组织6个专题学习教育的基础上，集中组织了22次党委中心组带机关理论学习、4次专题辅导和3次体会交流，提升了理性思维层次和领导部队建设能力。狠抓党的群众路线教育实践活动，对照“四风”要求，制订下发《关于规范党员婚庆等事宜的通知》，组织召开了专题民主生活会，制定增强党性、改进作风5项16条具体措施，组织常委和机关干部蹲连住班，扎实转作风，大力纠四风，有效促进党委作风转变。深入开展“读书思廉”活动，突出“四风”“五超”问题查摆整治，各级党组织的凝聚力感召力不断提升。严格落实民主集中制，做到大项经费、大宗物资、敏感问题阳光操作，提高了科学民主依法决策质量。调整任用干部11名、选送技术学兵34名、选改士官42名、推荐士兵考学22名、表彰奖励108个单位和个人，上下普遍满意。7月份，支队召开了第三次党代会，顺利完成了换届选举。

【基层建设】 年初，始终把工作重心放在基层，突出抓好经常性基础性工作落实，不断提升基层建设的质量水平。调整配备了4名基层党委（支部）正副书记，健全完善了基层各级组织。采取机关基层捆在一起抓的形式，每周组织开展“三学”和岗位练兵活动；编印下发了《基层建设工作规范手册》，并举办了基层党委（支部）、“两个组织群众”书记、主任和思想、保卫工作骨干等各类人员适应性培训，不断提升了基层自主抓建和应会、应做能力。逐条逐项制订完善了“三个计划”和“两个档案”，先后4次召开抓基层领导小组、党委常委会对“三个计划”进行研究审定；科学统筹抓基层力量，严格落实蹲点挂钩帮建责任制，派出四批次16个工作组深入基层蹲点调研帮建，注重对基层经常性帮扶，运用“日查、周审、月评、季考”加强过程控制，利用季度按纲建队考核促经常、开展“双向讲评”点问题，组织回头检查抓落实，为推动部队全面建设同步发展奠定了坚实基础，有力推进了基层全面建设协调稳步发展。

【奖励情况】 支队被武警总部表彰为“连续十二年预防事故案件工作先进单位”；被森林指挥部表彰为“基层建设先进支队”；木里大队团总支被指挥部表彰为“先进团组织”。支队党委被总队表彰为“先进支队党委”；支队司令部被总队表彰为“先进支队司令部”，后勤处被总队表彰为“先进后勤处”；木里大队、四中队和五中队分别被总队表彰为“基层建设先进单位”。木里大队党委和四中队党支部分别被总队表彰为“先进党委（支部）”。西昌大队四中队团支部被总队表彰为“先进团支部”。

（审核：张宏伟　刘永刚　张永强/撰稿：吴彬）

公安消防

【概况】 2014年，凉山州公安消防支队按照“跳出三州，比肩内地”的目标定位，以“抓班子、带队伍、促发展、保稳定、谋打赢”为主线，积极应对新形势新任务，精心谋划，狠抓落实，提升消防工作水平，消防安全环境持续改善，有力确保火灾形势和部队管理“两个稳定”。

【消防监督】 2014年，凉山州公安消防支队继续保持发现和整改火灾隐患的高压态势，全力开展第二次“清剿火患”战役、劳动密集型企业排查整治、今冬明春火灾防控、重大火灾隐患集中整治等专项行动，圆满完成各项工作任务。全年共检查单位和场所5304家，排查整改火灾隐患3143处，临时查封46家，责令“三停”53家，办理行政处罚案件231起，罚款140.31万元，拘留4人，按期整改销案重大火灾隐患13处，特别是彻底铲除西昌市商业区近10年的龙旺商业城重大火灾隐患；积极推进区域性火灾隐患整改攻坚，推动西昌市政府将消防安全纳入老城区改造的重要内容，投入消防改造经费900余万元，改善西昌老城区消防安全环境。

【执勤备战】 2014年，凉山州公安消防支队始终坚持实战化训练的指导思想，创新提出"四掌握四达标"练兵思路，注重打牢体技能基础，突出实战演练，努力提升全州消防部队灭火救援实战能力。全州消防部队开展实战演练236次，地震应急拉动演练5次，圆满完成"4·19"冕宁县省级防震减灾综合应急演练，参加灭火抢险救援和各类社会救助972起，抢救被困人员253人，疏散人员1055人，抢救财产价值910.18万元。先后成功处置"3·9"黄磷槽车燃烧爆炸事故、"3·18"冕宁液氯槽车泄漏事故和"10·1"越西地震救援，圆满完成马拉松、火把节、彝族年等消防保卫任务。

【消防宣传】 2014年，凉山州公安消防支队抓好主流媒体宣传，在州广播电视台和《凉山日报》开辟消防宣传专栏，在主流网站开设官方微博微信，官方微博、微信粉丝数分别达到20114人和4982人，排名全省前五；抓好专项教育宣传，组织开展"生命通道大体验""家庭疏散逃生路线图计划""九九消防平安行动"和"119"消防宣传等活动；加强典型任务宣传，特别是"5·30"沥青罐救援2名彝族儿童被中央电视台和20余家省级卫视广泛报道。全年支队共在中央级媒体发稿37篇，省级媒体发稿146篇，州级媒体发稿215篇，开展消防宣传活动248次，发放宣传资料30万余份，发送消防安全提示短信20万余条，受教育群众超过50万人次。

【基础建设】 2014年，凉山州公安消防支队根据"十二五"期间消灭县级消防站"空白点"的既定目标，支队抢抓消防站建设难得机遇，积极推动消防站建设工作。全年州政府先后4次督办各县市建站工作，兑现500万元的开工奖励经费，冕宁、宁南、木里、德昌4县主体已经完工，会东、盐源、昭觉、金阳、布拖、普格、西昌成凉工业园区消防站已相继开工；州政府成立常务副州长挂帅的州防震减灾应急训练和物资储备基地建设领导小组，初步确定4.67公顷建设用地；州市两级政府大力支持指挥中心改造，划拨0.2公顷土地补齐指挥中心占地，落实100万元土地资金，有序开展改造工作。

（审核：陈斌/撰稿：罗勇）

人民防空

【概况】 2014年，凉山州人防按照"战时靠得住、平时用得上"的总要求，坚持"长期准备、重点建设、平战结合"方针，以深入开展党的群众路线教育实践活动为契机，以人防"六个一"项目建设为抓手，狠抓重点工作落实，推动人防工作又好又快发展。人防指挥所信息系统、装饰装修及安装、"三防"控制系统建设项目有序推进，机动指挥所配套建设相继开展，人防工程建设不断加强，完成平战结合收入13万元，征收防空地下室易地建设费8079万元。深入开展重要经济目标防护调查研究，撰写的研究报告引起国家、省人防办重视。加强人民防空日常业务训练，推进业务训练规范化和制度化。组织开展机动通信野外适应性训练，有效检验了人防机动指挥设备使用性能，提高了人防队伍的技战术水平。人防宣传教育扎实开展，机关"准军事化建设"深入推进，党风廉政建设、制度建设不断加强，档案管理达"省二级"标准。在参与全省"4·19"模拟冕宁县发生7.0级地震综合演练活动中受到州政府的通报表彰。

【群教活动】 根据省、州的统一部署，在州委活动办、州委第22督导组的领导和指导下，按照"照镜子、正衣冠、洗洗澡、治治病"的总要求，紧密围绕为民务实清廉的主要内容，紧密聚焦"四风"突出问题，紧密联系工作实际，扎扎实实完成学习教育、听取意见，查摆问题、开展批评，整改落实、建章立制三个环节的工作任务，广大党员特别是党员领导干部牢固树立"为民、务实、清廉"的执政理念，在改进作风、服务群众、促进发展方面取得很大进步，教育实践活动取得明显成效。

【重点项目建设】　一是基本指挥所建设有序推进。主要围绕信息系统、装饰装修及安装、“三防”控制系统建设做了大量工作。二是配套完善州人防机动指挥通信系统，指导西昌、德昌完成人防机动指挥所建设。三是在成都铁路局西昌旧城改造中心开展规模化人防工程建设。四是全年新增电声警报器 9 台，有效提高了防空防灾预警报告能力。五是全州 17 县市配备卫星电话 36 部，新增短波电台 12 部，完成电台联络 210 余次、视频会议系统联络 40 多次，机动指挥通信系统互联互通训练 20 余小时。

【民防应急】　参与全省“4·19”模拟冕宁县发生 7.0 级地震综合演练，圆满完成演练现场音视频信息采集和防空警报鸣放任务，保障州长罗凉清与副省长曲木史哈的灾情视频通话，受到州政府的通报表彰。组织开展通信支队野外适应性训练，开展卫星组网、短波电台、无线电通信、3G 图传等业务训练，提高应急救援能力和水平。圆满完成《凉山州人民防空袭方案》修订任务，指导德昌、会理、甘洛、宁南、越西等县制订防空袭方案。

【宣传教育】　坚持以人防政策、法律法规、国防形势和人防知识为主要内容，通过报刊、电台、电视台、网络等多种渠道，广泛开展人防法律法规和政策宣传，在凉山电视台《先锋》栏目多次播出《加强人防建设，提高防空能力》专题片，有效增强广大干部群众的人防意识，营造全社会重视人防、关心人防、支持人防的浓厚氛围。

【防护工程建设与管理】　一是维护现有人防工程，做到防火、防汛安全无事故。二是搞好人防工事的开发利用，完成平战结合收入 13 万元。三是加强结合民用建筑修建防空地下室工作，按照“以建为主，以收促建”的原则严把审批关，搞好收建结合，以收促建工作，州本级征收防空地下室易地建设费 1041 万元，超额完成年度征收任务的 48.7%。

【机关建设】　认真贯彻落实中央“八项规定”和省、州“十项规定”，针对干部管理、党风廉政建设、工作纪律等方面的问题，修改和完善单位的规章制度，规范机关工作程序和工作行为，统一规范人民防空战备值班执勤和作战训练服装装具，加强机关文秘、保密安全、档案管理等工作，按照《国家行政机关公文处理办法》和《国家行政机关公文格式》规定，做好公文起草、审核、制发和信息、网络安全防护、档案规范化管理等工作，机关行政行为规范，无失泄密、行政责任事故和安全稳定问题发生。扎实开展“四好”班子创建活动，坚持民主集中制，注重班子团结，积极开展批评与自我批评，关心干部职工工作和生活，整个系统形成风清气正的良好局面。认真落实党风廉政建设责任制，结合实际推进惩治和预防腐败体系建设，加强廉政风险防控机制建设，形成为民、务实、清廉的坚强战斗集体。

（审核：杨洪彬/撰稿：刘国勇）

民主党派·工商联

Democratic Parties& Federation of Industry and Commerce

民　革

【概况】　2014年，中国国民党革命委员会凉山州第五届、西昌市第七届委员会认真贯彻民革中央组织工作精神，积极稳妥做好组织发展工作和干部培养工作，新发展党员7人。民革凉山州、西昌市委员会下辖6个基层支部，设组织部、宣传部、办公室及参政议政、经济社会服务、老龄工作、祖国统一联谊、青年工作、妇女工作6个工作委员会。机关办公室有编制2人，在编专职干部2人。截至2014年年底，民革凉山州、西昌市委员会共有党员262人，大专以上学历204人，中高级职称146人。委员会由17人组成，主委肖春，副主委肖萍华、陈宗荣、徐艺、马阿依，秘书长林毅。2014年，民革凉山州、西昌市委按照《凉山州各民主党派州委关于加强班子建设座谈会纪要》精神，着力班子成员、支部委员会成员学习常态化，进一步强化“五种能力”建设。不断强化班子成员共识，加强班子成员与各支部、党员的联系，带动支部班子，形成班子团结和谐、党内人心凝聚、组织基础夯实的良好局面。举办“新党员、基层干部暨参政议政骨干培训班”，邀请民革省委副主委曹丰平就“培育和践行社会主义核心价值观”和“如何撰写高质量的提案、议案、调研报告”作专题讲座；民革州委主委肖春被中共四川省委组织部选送至美国芝加哥大学高科技及战略性新兴产业培训班学习。积极推进后备干部队伍建设，在州委统战部的指导下，完成后备干部推荐工作。

【思想建设】　2014年，民革凉山州、西昌市委围绕坚持和发展中国特色社会主义学习实践活动，组织党员深入学习中共十八届三中、四中全会精神，加强对邓小平理论、“三个代表”重要思想、科学发展观和民革新党章的学习，专题学习中共中央总书记习近平系列讲话精神，准确把握实现中华民族伟大复兴“中国梦”的历史意义和“依法治国”的思想内涵，并以此指导民革各项工作。机关办公室全年编印学习资料文件11期。《四川民革》、民革省委网站、《四川经济日报》及州、市主流媒体报道凉山民革“博爱·光明”行动等活动达30余次，对外宣传数量和载体均有新突破。编印《凉山民革》4期，稿件质量和编印水平进一步提高。两名宣传骨干参加民革省委宣传处组织的培训班学习。

【参政议政】　2014年，民革凉山州、西昌市委围绕全面深化改革和推进依法治国的目标任务，坚持壮大骨干队伍，以参政为民生、参政谋发展、参政促稳定的工作思路，着力夯实参政议政工作基础，初步形成“全体参与、积极参政”的生动局面。一是围绕州市发展战略和社会热点、难点，深入调研，提建议、写提案，积极履职献策。2014年省、州、市两会期间共提交集体提案59件，立案率80%。其中《关于进一步加强西昌市集中饮用水水源保护的建议》《开拓泸山旅游环线，提升泸山旅游品质》《关于缓解西昌城区交通拥堵状况的建议》等四件提案被列为州、市重点提案。民革的政协委员和人大代表共提出议案、提案30多件，立案率达68%；《关于进一步加强西昌市集体饮用水水源保护的建议》《西昌市大气污染对人民健康影响调查及建议》等两件提案被评为西昌市优秀提案，民革被市政协评为“2014年优秀提案单位”。二是调研课题《凉山州农村困难群体权益保障问题调查与建议》作为向州委、州政府汇报课题，获得充分肯定。同时，承担州委统战部、州委政研室安排的三个课题和民革省委《关于四川省少数民族地区实施精准扶贫工程的对策建议》等两个课题的调研任务。州政协常委会大会发言《关于助推新型城镇化建设的建议》《关于推进社会治理创新的建议》，获得与会者的一致好评。民革的省、州、市人大代表、政协委员还多次参加人大、政府、政协组织的视察和调研工作；积极参加“双月座谈会”，配合州、市党委开展群众路线教育实践活动，积极参与政治协商、民主监督工作。

【经济社会服务】 2014年，民革凉山州、西昌市委组织基层支部、专委会结合自身实际开展社会服务活动，为和谐凉山建设奉献力量。一是传承博爱精神、积极践行社会主义核心价值观。青委会与团州委、州妇联协作，在凉山州、西昌市特殊教育学校举行2014年“迎新年·关爱儿童·献爱心”捐赠暨联谊活动；青委会、老龄委联合举行“3·5”学雷锋健康咨询、防艾宣传、为民义诊活动，为近百人义诊，发放各类资料1000余份；社会服务委员会开展“六一”儿童节慰问活动，为普格黄草坪小学师生送去学习、工作用品。二是妇委会借助“三八”国际妇女节，进一步将“巾帼建功”活动推向深入。祖统委牵头，开展清明节扫墓活动，号召全体党员从悲壮的历史中汲取伟大的爱国精神力量，为凉山全面深化改革、同步全面小康建设做出积极贡献。老龄委举办“健康讲座及谈心会”，开展“庆重阳”联欢活动，并利用周末时间，前往冕宁、会理，看望慰问民革老党员，送去组织的关心。民革凉山州、西昌市委全力筹办“暖冬行动”，为民革困难党员送去组织的关爱。三是凉山民革携手州、市相关部门，深入凉山监狱、荞窝监狱、西昌礼州戒毒所、安宁镇等地，共同开展“禁毒、防艾、守护我们的家园”知识宣传活动，参加者超过3000人。同时，启动“博爱·光明”行动，为多名贫困、高龄、并发症严重的白内障患者实施免费手术，并携手相关机构，共同发起设立“博爱·光明”公益金，深入安哈、洛古波等彝族乡镇和部分街道、社区，为广大群众进行免费检查，并为一些贫困白内障患者实施免费治疗。四是民革党员立足本职工作，努力为凉山、西昌经济、社会发展作贡献。民革党员韦燕常年坚持在社会服务第一线，为川滇两省的中老年人举行健康知识讲座；吴俊坚持基层调研，积极提交提案信息。副主委陈宗荣主持开展多项科研工作，并作为副主编参与《高等数学》一书的编写工作；钟传书撰写的《抗凝血药应用分析》等三篇医学论文在国家级核心期刊发表；帅丽被州委、州政府评为凉山州2011—2013年度艾滋病防治工作先进个人；杨华山投身农业合作社事业，获得“西昌市第七批突出贡献拔尖人才”称号；苏日呷参加《彝红》演出，获多个省部级大奖；青年党员曹娇参加四川省第七届少数民族艺术节，参演的两个节目分获非职业组创作奖一、二等奖。韩韦被评为凉山首届“优秀母亲”；李家勋被推荐为四川省“坚持和发展中国特色社会主义学习实践活动”先进个人候选人，同时他的家庭还被评为凉山州“最美家庭”（全州35户）。

【祖统联谊工作】 2014年，民革凉山州、西昌市委认真学习中共中央总书记习近平有关两岸关系发展的重要讲话精神，认真学习、贯彻中央对台工作的方针政策，坚决拥护祖国统一。

祖统委组织部分具有渊源关系的民革党员参加抗战胜利纪念活动，缅怀先烈、铭记历史，进一步增进与中国共产党的政治共识。各支部以多种形式开展“庆中秋、迎国庆”活动，切实加强与台侨属的互动联系。大力支持党员走出去，宣传祖国伟大成就和家乡巨大变化，与台海亲人积极开展感情交流。同时通过党员赴台观光，探亲访友，加深感情。民革凉山州、西昌市委在积极促进社会联谊工作中，与时俱进，在“四个转型”之中，积极探索涉台参政方面的新形式、新内容、新方法。

（审核：肖春/撰稿：张强）

民　盟

【概况】　2014 年，民盟凉山州、西昌市委按照《凉山州各民主党派州委关于加强领导班子建设座谈会纪要》的要求，在领导班子成员中继续开展以“同心”教育为中心的思想建设，以政治交接为主线的队伍建设，以贯彻民主集中制原则为重点的制度建设，以民主、团结、廉洁为出发点的作风建设。班子成员在日常工作生活中认真执行中央“八项规定”和省、州“十项规定”，切实对照整改“四风”问题，始终保持参政党的本色。在发展新盟员时，严格按照程序，吸纳政治素质好、作风正派、学有专长、富有生气，有一定代表性和参政能力的中青年人入盟。重点在教育、卫生和新阶层人士等行业中发展，全年发展新盟员 24 人，转入 1 人，发展率为 5.88%。截至 2014 年年底，全盟有盟员 450 人，平均年龄 52.9 岁。其中在职盟员 323 人，离退休盟员 127 人；博士及研究生 15 人，本科 255 人，大专 145 人；高级职称 132 人、占 29.7%，中级职称 186 人、占 41.9%。2014 年，民盟凉山州、西昌市委推荐 5 名中青年干部参加“凉山州第七期党外中青年干部培训班”学习；2 名正处级干部参加盟省委举办的从政人员处级研修班学习；2 名基层支部主委参加盟省委与中央社院在北京共同举办的“基层支部主委培训班”的学习，提升盟组织成员的履职能力。建立后备人才库，实现后备干部的梯级储备，根据盟省委、州委统战部的相关指示精神，推荐 1 人为“四川省民主党派旗帜性人物及其后备人才”、10 人为“四川省民主党派高层次代表人士及其后备人才”、17 人为“四川省民主党派代表人物及其后备人才”，充实后备人才库。西昌学院盟员钱波主研的《透水性混凝土关键因素研究》《共振破碎技术在凉山州旧水泥混凝土路面改造中的应用研究》分获凉山州科技进步一、二等奖；农科支部主委谢果林参与主研完成的“高产、多抗玉米杂交种凉单 6 号的选育及应用”项目获 2012—2013 年度凉山州科技进步二等奖；李艳主研的“马铃薯抗病优质高产凉薯系列新品种选育与应用”获四川省科技进步三等奖；盟员中承担国家自然科学基金、教育部、省、州各类重点科研项目 13 个；在外文期刊和中文核心期刊发表论文 11 篇；副主委贺新宇主编的高等院校教育公共课教材《新编教育学》被遴选为第二批四川省“十二五”普通高等教育本科规划教材；盟员中共有各级各类优秀教师、优秀班主任 31 人。

【参政议政】　2014 年，民盟凉山州、西昌市委着眼于“建可用之言、献有用之策”，紧紧围绕凉山发展改革大局和人民群众关心的热点难点等民生问题，发挥组织优势，认真做好参政议政工作。在省、州、县（市）“两会”上提交提案、建议并立案 128 件。其中，省政协个人提案 6 件；州人大个人重点建议 1 件；州政协提案 52 件（集体 18 件、个人 34 件，其中重点 1 件）；西昌市人大建议 11 件（个人建议 4 件，集体建议 7 件；其中重点 2 件）；西昌市政协提案 25 件（集体 10 件，个人 15 件）；会理政协提案 16 件（集体 16 件；其中重点 1 件）；会东县政协提案 17 件（集体 7 件、个人 10 件）。州人大常委会副主任刘建蓉所提的《关于加大对〈四川省环境保护条例〉检查力度，切实改善西昌城区空气质量的建议》被确定为州人大重点建议，由州人大常委会相关领导牵头进行重点督办；州政协常委郑琼茹所提的《关于积极推进我州教育资源均衡配置的建议》提案被列为州政协的重点提案，由有关政协领导督办；西昌市人大代表马联虎所提《尽快关停新钢业》和杰罗拉果所提《关于西昌市老城区改造的建议》也被西昌市人大列为重点办理建议；西昌市政协委员冯和平的提案《关于在我市建设规范化老年公寓的建议》促成政府征地4.27公顷、投资1.8亿元建设一所700~800个床位，集老人康复、医疗、娱乐、食宿、疗养于一体的阳光休闲养老院；会理总支集体提案《关于提高会理县国家公职人员绩效考核奖金的提案》被列为县政协重点提案；会东支部集体提案《关于进一步加强我县青少年防艾禁毒教育的建议》被评为县政协优秀提案。主委刘建蓉所撰写的提案《居民身份证应录入DNA信息》一文在《四川政协报》上刊登，此文收录于求是杂志《中国道路·发展经验选编》专辑；副主委贺新宇所写《“海南春游大巴侧翻事故”处理不当将严重影响全国中小学校组织学生出游积极性》紧急情况反映被盟省委采用。在四川民盟职业教育研讨会上，盟员周庆红所写《凉山民族地区中职学校管理创新和发展策略研究——以州属中职学校为例》和徐泰华所写《转变观念整合资源　加快职教发展步伐——对凉山州职业教育发展的思考》《有的放矢　注重实效——凉山州农村劳动力职业技能培训调查》、冯和平的论文《做强职业教育提高职业学校办学效益》4篇论文分别荣获一等奖、二等奖。副主委贺新宇参与四川省政协重点调研课题《大小凉山基础教育、职业教育发展中的问题与对策》，得到王东明、魏宏等领导的批示，被省政协采纳，并报全国政协，受到全国政协主席俞正声的批示。2014年，共完成《少数民族地区大学生创业、就业政策优化》（盟中央委托盟省委课题）、《规范民间融资监管 助推我州金融发展》《规划先行，助推我州新型城镇化建设的建议》《依托网格服务平台，创新流动人口管理工作的建议》《采取果断措施切实改善西昌城区空气质量》《影响我州农村剩余劳动力转移的因素及对策建议》6个调研课题。分别在州政协全委会和常委会上发言。其中，所撰写的调研报告《少数民族地区大学生就业创业政策优化》上报盟省委后已上升为民盟中央意见和建议，得到中央、国务院高度重视，国家领导人做出重要批示，对完善相关政策提供重要依据。发挥盟员专家、特约监督员、检查员、盟内人大代表政协委员的作用，通过参加“中共凉山州委民主党派调研成果汇报会”“凉山州人民政府工作报告征求意见会”以及各类视察活动，拓宽知情渠道，进一步激发广大盟员参政议政的热情和民主监督的意识。全年共有125人次参加各类视察、调研、执法检查、双月座谈会等活动。全年上报社情民意中，有4条被盟中央采纳；有2条被省政协采纳；1条被省委统战部采纳；1条被盟省委采纳。

【社会服务】　2014年春节期间，在西昌市川兴镇开展新春走基层送医疗文化下乡活动，书写新春对联600多幅，为200多名群众现场义诊。会理总支协调社会基金为会理县发坪中心小学发放89个价值3万余元的“温暖包”；卫生支部盟员骆昂出资1万元资助10名贫困儿童；西昌二中支部协调1万多元资助困难学生在校期间的学习生活；为北京郊区打工的凉山籍彝族农民工发放100套棉被床单等慰问物资。积极协调温州平安慈善基金会在凉山举行捐赠活动，冕宁、昭觉、美姑、甘洛、喜德五县10个乡镇接受捐赠衣物22583件、鞋子3200双，价值284万余元。2014年，在盟州委的多方联系协调和盟中央、省委的支持下，“明眸工程”落户凉山。温州医科大学附属眼视光医院和凉山州第一人民医院结成定点帮扶医院。在三年内，双方将在眼科方面开展全方位的援助与合作，包括培训眼科医护人员、引进先进诊疗技术等项目。爱心企业家现场捐赠55万元，用于对当地贫困眼病患者实施免费复明手术。积极协调盟中央社会服务部、“增爱基金会”“民盟增爱义诊走进西昌”大型义诊活动在西昌市人民医院进行，来自北京“宣武医院”“阜外医院”“积水潭医院”等医院的盟员医疗专家前来义诊，为300多名疑难病症患者解除痛苦。无锡、凉山合作上升为江苏、四川两省的合作。双方协商将民盟凉山州委“农村烛光行动基地学校”（西昌市中坝九年义务学校）打造成两地民盟社会服务的一面旗帜。盟州委资助1万元在西昌市中坝九年义务学校设立“教学奖励基金”。协调深圳巨发科技有限责任公司为西昌市36所中小学捐赠价值400多万元的“米信校园主动安防系统”。西昌学院三支部协调深圳守护宝科技文化有限公司为西昌市中坝九年义务学校捐赠价值3万余元的安防考勤系统。组织西昌、德昌、会理三县（市）四所中小学参加盟省委在遂宁开展的“农村教育烛光行动——外研通四川省支教行”公益活动，每校获赠一套“外研通”教学设备。协调民盟江苏省委、无锡市委“2014江苏民盟（无锡）烛光支教四川行”活动，向西昌市中坝九年义务学校、德昌县热河乡第二民族中学、会理县太平中学建立“电子阅览室”，每校获赠20台笔记本电脑、1台台式电脑和1台商用无线交换机及其教学软件系统。联合四川郎酒集团、西昌枫竺商贸有限公司举行“郎助郎，上学堂”的爱心公益助学捐赠活动，对西昌一中20名家庭贫困，成绩优秀，并被国内著名高校录取的优秀高中毕业生进行捐助，每人获赠5000元现金的爱心基金，共计10万元。帮助其圆大学梦。

【自身建设】 2014年，民盟凉山州、西昌市委始终把提高盟员的政治素质和参政议政能力放在首位，深入开展“坚持和发展中国特色社会主义学习实践活动”，紧贴党委、政府工作的重心，以纪念“四川民盟成立70周年”“西昌民盟成立70周年”为契机，挖掘、整理、抢救民盟历史，通过开展多种形式的学习活动，增强学习实效，自觉接受党的领导，坚定政治方向，努力提高参政党意识，坚定走中国特色社会主义政治发展道路的信心。重视《凉山盟讯》、“民盟凉山网站”建设与管理，实行主委负责，分管副主委落实，宣传部负责实施的三级管理责任制。网站做到及时发布思想宣传、理论学习、参政议政、组织建设、社会服务等方面的信息，及时反映盟务动态，用正能量占领舆论阵地；积极做好《凉山盟讯》的发行工作，广大盟员积极投稿，出版《凉山盟讯》4期；根据形势发展的需要，在网站和《凉山盟讯》上开辟“坚持和发展中国特色社会主义学习实践活动”专栏。重视对外宣传工作，积极与主流媒体对接，在《凉山日报》《凉山城市新报》等地方性报刊上报道盟务工作动态16篇；盟员接受媒体采访，在州、市电视台报道盟务工作共17次。

【获得荣誉】 2014年，会理总支荣获“民盟中央基层组织建设先进单位”称号；西昌学院基层委员会、西昌二中支部荣获“民盟四川省委基层组织建设先进单位”称号。盟州委机关荣获“四川民盟机关建设先进单位”称号。盟州委被评为全省调查研究工作先进集体。民盟西昌市委被评为提案先进集体。冯和平、刘效成、杨全中、柴湘蓉被评为提案先进个人；马联虎获西昌市九届人大第二次会议“代表建议先进个人”。民盟凉山州委荣获民盟中央2014年“民盟社会服务工作先进集体”称号。医卫支部、会东支部荣获2013—2014年度民盟四川省思想理论宣传工作优秀奖，盟员陈静、亓东明荣获盟省委思想理论宣传工作先进个人奖。

（审核：刘建蓉/撰稿：李龙）

民　建

【概况】 民建凉山州、西昌市委领导班子：主委王萌，副主委余堂辉、黄德斌、杨晓莉、罗伦才，秘书长王玉华。发展会员继续坚持“三个为主”的方针，2014年发展会员17人，发展率5.3%。截至12月，共有会员334人，平均年龄54.4岁，其中，女会员136名，在职会员226名，与中共交叉身份11人。具有大专以上文化占62.6%，具有中、高级职称会员占45.8%，经济界会员占70.2%。会员中任各级人大代表的7名、政协委员34名，机关编制2

人，基层支部12个。

【组织建设】 2014年，民建州、市委根据自身实际，认真贯彻落实民建全国市级组织建设会议精神，民建中央组织部李世杰部长到凉山调研时的讲话精神，学习各地方 组织建设的先进经验，立学立改，立学立完善。2014年民建重庆市合川区委、民建广东省委、民建雅安市委先后到西昌，与民建州、市委就做好民建会务工作开展座谈交流，相互吸取经验，增进民建会员友谊，推进民建州、市委工作不断进步。委员会全年组织开展老会员、困难会员春节慰问、生病会员温暖关怀、过世会员吊唁、“三八”国际妇女节活动、老年会员欢度重阳节等活动。

【领导班子建设】 2014年，民建州、市委领导班子坚持广泛深入到各基层支部，指导各基层支部学习实践活动的开展。认真贯彻《凉山州各民主党派州委关于加强领导班子建设座谈会纪要》文件精神，强化理论学习、认真履职尽责。召开领导班子民主生活会，不断提高领导班子成员和基层组织的“四种能力”。

【基层支部建设】 2014年，民建州、市委各基层支部认真贯彻全国基层组织会议精神，会员参加支部活动出席率在60%以上的支部占83%，覆盖率达90%以上的支部占100%。继续推进基层组织生活制度化、民主化、多样化建设。机关一支部组织会员到西昌市救助站看望流浪儿童并送去慰问品。机关三支部、机关四支部等多个基层支部纷纷改变原有的学习和讨论活动模式，开展“走进地震局，了解防震减灾知识”活动、参观荞窝监狱等活动。

【思想建设】 2014年，民建州、市委认真开展坚持和发展中国特色社会主义学习实践活动，全年共召开三次全体会员大会、五次全委会议、八次主委会议，以会代训的方式，学习中国特色社会主义理论体系，中共十八大和中共十八届三中、四中全会等重要会议精神，中共中央总书记习近平一系列重要讲话精神，委员会举办会员培训班，纪念凉山民建成立30周年座谈会及文艺表演活动。各基层支部按实施方案要求，组织会员广泛学习、畅谈心得体会。

【理论研究和宣传】 2014年，民建州、市委完成《加强基层组织机关建设，不断增强会的凝聚力和向心力》等4篇理论研究课题，并参加全国市级组织建设研讨会、民建四川省宣传工作会、民建川西南片区会，与各地方组织交流工作经验，促进民建州、市委各项工作再上一个新台阶。《凉山民讯》全年出刊4期，2014年各类报刊、电视、网站等媒体35次对民建州、市委开展活动及会员风采进行报道、扩大影响。

【参政议政】 2014年，民建州、市委会领导班子及各级人大代表、政协委员参加调研、协商会、通报会、座谈会、提案办理会等100余人次，分别就州政府工作报告征求意见稿、全州经济形势分析、邛海湿地封闭管理、西昌网格化管理等提出意见、建议，得到重视和采纳。特约监督员和行风评议代表认真履行职责，积极参加聘请单位活动，坦诚进言，发挥应有作用。民建州、市委广大会员深入实际调研、广泛收集反映社情民意。全年共完成《关于加快凉山高等职业教育建设步伐的建议》等8篇调研报告。在凉山州各民主党派工商联年度调研成果汇报会上，民建凉山州委《多点多极支撑与凉山区域经济协调发展的建议》的发言得到一致好评。州政协常委会召开之前，民建州、市委会积极深入调研，形成《加快城镇化建设步伐，助推我州经济发展》等3篇大会发言，并得到广泛好评。2014年，民建州、市委会向各级“两会”提交提案、议案72件（其中集体29件），内容涉及经济工作、教育、城市建设、旅游发展、环境保护等反面。这些提案多数得到提案办理单位的重视、肯定，其中《关于加快凉山高等职业教育建设步伐的建议》被州政协列为重点提案，《关于解决西昌城区交通拥堵现在的建议》《关于打击“两抢一盗”治安整治的建议》被市政协列为重点提案。民建州、市委被西昌市政协评为“提案工作先进集体”。

【社会服务】 2014年4月，民建州、市委与西昌市中坝乡正式结为帮扶对子，班子成员多次深入中坝乡调研，察看该乡发展的基本情况及存在困难。11月，民建州、市委积极协调资金20万元为该乡九年一贯制学校建立电教室。同时积极协调扶贫资金15万元为会理县野租村修建村民活动中心。积极推动“扬帆计划”活动，民建州、市委积极向民建中央、省委为凉山州争取扶贫项目。2014年4月，民建州、市委先后到普格县螺髻山中学、西昌市中坝九年一贯制学校等学校进行了实地调研，为“扬帆计划”的开展选定学校。4—7月，民建州、市委协助扬帆项目组完成一系列工作。7月，两所中学的20名贫困学生赴南京参加“扬帆计划”夏令营活动。截至2014年年底，州内各县市先后有300余名学生参加该项活动。

【服务地方经济建设】 发挥广大会员特别是会员企业家的优势，努力为地方社会经济建设服务，扶贫济困。陈浩2014年为西昌一中、礼州中学“启航”助学基金捐款7万元，钟雪、李作能积极参加凉山州关工委帮扶活动捐款8万元，李昌海向凉山州失依儿童捐款、越西贫困人口捐款3万余元，蔡佳良坚持每年资助贫困大学生。会员企业吸纳就业近4000人，会员企业安置下岗职工、退役军人及农村剩余劳动力1000余人。

【获奖情况】 张富翠获凉山州民族团结先进个人；罗伦才获得凉山州技术贡献奖、“西南地区药学大会”优秀论文奖；刘越飞被评为凉山州科技拔尖人才；陈燕、朱瑞昌分别获凉山州哲学社会科学优秀成果三等奖、优秀奖；潘天春获凉山州科技进步三等奖。

（审核：王萌/撰稿：张武霞）

九三学社

【概况】 2014年，在中共凉山州委、西昌市委和九三学社四川省委的正确领导下，在州、市委统战部的悉心指导下，九三学社凉山州、西昌市委组织带领全体社员，加强自身建设，提高履职能力，为凉山跨越发展做出积极贡献。全委截至2014年12月31日，共有11个支社，即西昌学院第一支社、第二支社、第三支社、水电建筑支社、攀西地质支社、四一零支社、西昌教育经济支社、州一医院支社、州二医院支社、农科所支社、会理支社和1个基层委员会，即西昌学院基层委员会（下设西昌学院第一支社、第二支社、第三支社）。社州市委委员17人，全年发展新社员15人，死亡4人，转入社员1人，共有社员327人，其中：女社员151人，占总人数的46%；中、高级职称304人，占总人数的94%。从界别上分：高等教育56人，占总人数的17%；科学技术132人，占总人数的40%；医药卫生98人，占总人数的30%；党派机关1人；（离）退休136人，占总人数的42%。11月9日，九三学社凉山州、西昌市委副主委徐嘉莉当选为凉山州海外联谊会第二届理事会副会长，委员赵彤当选为凉山州海外联谊会第二届理事会常务理事。

【参政议政】 2014年，九三学社凉山州、西昌市委围绕中共凉山州、西昌市党委、政府中心工作、重大问题以及人民群众普遍关心的热点难点问题，运用提案、建议、发言等形式履职尽责。九三学社凉山州、西昌市委人大代表、政协委员在全国、省、州、市（县）“两会”上提交议案、提案、建议118件，其中全国人大代表议案3件，建议6件；四川省人大代表建议8件，省政协提案1件；凉山州人大代表建议6件，州政协集体提案28件、个人提案9件；西昌市人大代表建议7件，市政协集体提案20件、个人提案12件；会理县人大代表建议4件，县政协集体、个人提案14件。王明雯在十二届全国人大二次会议上提交议案3件、建议6份，并在四川代表团全团会议上对两高报告审议作了发言。代表、委员们从经济建设、政治建设、文化建设、社会建设和生态文明建设等五个方面提出建议，助推美丽富饶文明和谐新凉山建设发展。九三学社凉山州委集体提案《关于抓住“攀西战略资源创新开发试验区”机遇，切实提升凉山工业经济绿色水平的建议》被列为凉山州政协十一届三次会议重点提案。在州政协十一届三次全会上，九三学社凉山州委作《加强禁毒防艾工作，建设平安美丽凉山》的大会发言；提交《关于进一步加强凉山州食品安全监管的建议》的提案，受到相关单位重视；在州食品药品监督管理局召开食品安全工作座谈会上，主委熊仿秋代表九三学社凉山州委对该提案的协商回复表示满意，提出4点建议。在州政协2014年的三次常委会上，九三凉山州委分别作题为《进一步完善城镇供排水体系，助推新型城镇化建设》《加快结构调整，促进现代服务业协调稳定发展》和《创新流动人口管理 推进西昌社会治理》的书面发言材料，以及在2014年召开的大桥水库库水入昌工程专题对口协商会上主委熊仿秋作的《缓解水资源供需矛盾　保障西昌供水安全》的大会发言。11月，九三学社凉山州、西昌市委《关于西昌建设文明秀美的山水城市、现代化生态田园城市解析》的调研报告被西昌市转化为调研成果，为西昌市的经济社会发展出谋划策。九三学社凉山州、西昌市委班子成员积极参加各级党委、政府、人大、政协、统战部和有关部门召开的民主协商会、暑期学习会、双月座谈会、情况通报会、秘书长联系会、工作会及各种视察、调研活动，听取工作介绍和情况通报，参与重大事项的协商讨论，就政治、经济、文化、社会、生态和人民群众普遍关心的热点、难点问题，提前作好准备，提出意见建议供决策参考。九三学社凉山州、西昌市委领导和州市政协委员、人大代表、特约人员认真参与有关部门的听证会、行风监督评议会等，积极提出意见建议140余条，发挥民主监督作用。2014年，九三学社凉山州、西昌市委始终把调研作为参政议政的重要抓手，组织完成自列调研课题7项，并形成调研报告。完成州委统战部、州委政研室确定的调研课题3项，并形成调研报告。

【社会服务】　2014年，九三学社凉山州、西昌市委充分利用资源优势和人才荟萃的特点，发挥自身优势，积极参加社会服务。3月6日，九三学社西昌学院基层委员会调研组一行到布拖县进行走基层帮扶活动，为当地学生及群众送去价值6000余元的生活用品、健身器材和医疗书籍。4月18日，州政协副主席、九三学社凉山州、西昌市委主委熊仿秋率调研组赴冕宁县复兴镇建设村，就围绕新农村建设、土地流转以及调研课题《凉山农产品溯源体系建设的可行性调研》进行调研。调研组对建设村的新农村建设、生态果园、蔬菜基地的建设和土地流转的模式进行专题研究，并对该村土质、水质、空气质量、农药化肥的施用情况、果蔬品种的培育和种植等方面内容进行讨论。村里的相关负责人也对这些问题，特别是村里引用安宁河水的情况，以及2014年天气变化对农产品生长和品质的影响等情况作介绍，并对建设村下一步的建设规划作详细的阐述。熊仿秋及调研组充分肯定建设村的建设理念和成果，并提出希望。九三学社老领导朱盛科和社员们从自己的研究领域出发，对建设村的发展现状和前景提出意见和建议，州政协委员、基层委员会主委李万友代表基层委员会提出和建设村在种养殖等方面加强交流与合作的愿望。2014年11月，九三学社凉山州、西昌市委及会理支社的医务专家15人组成医疗服务小组，在会理县益门镇上共同举办走基层、送科技、医药下乡社会服务活动（“第二十六届国际科学与和平周”活动），益门镇卫生院、农计站等单位干部也到现场开展工作。有关专家针对农业、畜牧等相关内容给予农户很好问答；医疗服务小组的医疗专家现场义诊，有儿科、妇科、普外科、中医科、五官科、康复科的医疗专家免费为当地彝族、汉族同胞看病、开药方、测血压，免费发放价值4000余元的非处方常用药品及卫生用品，防艾禁毒、健康卫生手册等科普宣传资料300余册。并与疑难杂症患者建立联系方式，方便前来医院就诊、问诊的彝族、汉族同胞500余人。同时开展“百名专家进乡村入学堂”活动。

【获奖情况】 九三学社凉山州委被九三学社四川省委评为2014年度参政议政工作先进集体、2014年度信息工作三等奖、荣获“举办第26届中国‘国际科学与和平周’活动”优秀奖。九三学社西昌市委被西昌市政协评为2014年度提案工作先进集体。全国人大常委、社州市委秘书长王明雯被九三学社中央聘为《九三学社中央坚持和发展中国特色的社会主义学习实践活动》宣讲团成员，并在全国多地举办讲座进行宣讲；2014年12月王明雯被九三学社中央评为“九三楷模”。

（审核：熊仿秋/撰稿：于泽军）

工商联

【概况】 2014年，州工商联围绕全面贯彻党的十八届三中、四中全会以及州委七届五次、六次全会和州委经济工作暨城镇化工作会议精神，围绕州委、州政府的决策部署和中心工作，以促进“两个健康”为主题，以开展党的群众路线教育实践活动为主线，以开展“庸懒散浮拖”专项治理为抓手，着力在加强调查研究、强化非公有制经济人士思想政治工作、服务经济建设、参与创新社会治理、加强自身建设上下功夫，成效显著。

【理想信念教育】 2014年，州工商联按照全国工商联和省工商联要求，在全州非公有制经济人士中继续开展以增强对中国特色社会主义的信念、对党和政府的信任、对企业发展的信心、对社会的信誉为主要内容的“四信”理想信念教育实践活动。3月28日，组织200多名民营企业家参加理想信念报告会，专门邀请全国政协常委、凉山州决策咨询委员会主任、州人大常委会原主任阿什老轨作专题辅导报告；在《凉山日报》上开设“两会民营企业访谈”“小微企业生存状况调查”栏目，已登载民营企业先进事迹、创业故事5篇；做好教育培训，选派2名民营企业家到省社会主义学院参加培训；推荐2名新生代企业家到省工商联青年企业家商会担任会员；从县市选派2名年轻民营企业家到中山大学参加学习；会同州经信委等部门开展“2013年凉山州首届十大经济人物”评选活动；2名民营企业家副主席被评为凉山州第四届劳动模范；2个民营企业被评为全州第七次民族团结进步模范集体。

【建言献策】 2014年，州工商联向州政协报送提案议案18件、会议发言材料3份，提案、议案得到有关州领导和部门的高度重视；积极参加州委、州政府及州委统战部组织的座谈会、征求意见会10余次，就政府工作报告及相关重要文件提出意见和建议；开展调研建言献策，全年共形成6篇专题调研报告。

【招商引资】 2014年，州工商联共邀请国内知名企业106户，参加4月9日在成都举办的“中外知名企业四川行”活动、9月9日在北京民族文化宫举办的“凉山彝族自治州成就展开幕式”和“五彩凉山”农特产品推介会、10月23日至26日在成都举行的第十五届西博会及“凉山州投资说明暨产业推介会”，共促成签约项目40余个，总投资额498.2亿元，圆满完成州委、州政府交办的招商引资工作任务。组织部分机关干部和民营企业家代表参加在云南省楚雄州召开的川滇黔毗邻市州工商联第十次联席会议，州政协副主席、州工商联主席宋光明在会上作经验交流发言。完成珠海市工商联到凉山州开展对口扶贫协作与经贸考察等协调服务工作。

【关爱下一代】 2014年5月14日，州工商联与州委统战部、州关工委联合举办“民企五月爱心行、真情关心下一代”捐赠义卖公益活动，引导民营企业和民营企业家献爱心，帮助特困儿童。为“凉山州关心下一代基金会”筹集善款178.8万元，其中商会组织及企业家个人捐款167.8万元，艺术家书画作品义卖10万元。

【依法治州】　2014年，州工商联按照《凉山州依法治州实施意见》和《凉山州依法治州2014年工作要点》要求，2月成立依法治州领导小组，并制定《实施方案》《宣传教育工作方案》和《凉山州工商联2014依法治州工作要点》，明确推进民营企业法制建设的指导思想、工作重点、目标任务、实施步骤和保障措施。8月14日，组织召开全州民营企业法律法规培训会议。10月27日，举办《技术咨询和融资服务培训》，凉山州100多名民营企业家和企业管理人员参加培训。督促各县市深入贯彻落实全州民营经济发展工作会议和凉委发〔2013〕19号文件精神，加快成立民营经济申诉维权服务机构，切实维护民营企业合法权益，布拖、金阳、雷波、德昌、甘洛等县相继成立民营经济维权服务中心；加大协调力度，多方面帮助资阳商会开展维权服务工作。

【创新社会治理】　2014年，州工商联与州人社局、州总工会、州企业联合会、州企业家协会联合发文，对全州构建和谐劳动关系工作和推进实施集体合同制度攻坚计划进行安排部署；为企业搭建劳动用工平台。与团州委、州人社局、州教育局、州总工会等部门联合开展2014年民营企业招聘周活动，州工商联组织78家会员企业参加现场招聘会，共提供就业岗位2703个，达成就业意向760人，其中高校毕业生357人。

【禁毒防艾】　2014年，州工商联组织人员深入昭觉、美姑、盐源等县调研，协调中华红丝带基金2013年在凉山州捐资270万元、建27个村卫生室及计划投资1200万元、总规模1200名学生，首期500万元、600名学生的“美姑红丝带民生爱心学校”进行督导，两个项目建设进展顺利，村卫生室已完成23个，爱心学校即将完工，完成盐源县4所村卫生室的选址工作。12月1日，州政协副主席、州工商联主席宋光明到北京参加红丝带母婴平安项目启动仪式。

【自身建设】　2014年，州工商联认真开展党的群众路线教育实践活动，围绕“为民务实清廉转作风、凝心聚力促发展”主题，聚焦“四风”突出问题，按照“照镜子、正衣冠、洗洗澡、治治病”的总要求，立足实际，加强组织领导，创新活动载体，务实有序推进，全面完成学习教育、听取意见，查摆问题、开展批评，整改落实、建章立制三个环节的各项教育任务，切实做到“规定动作”不打折扣，“自选动作”有特色，取得实实在在的认识成果、实践成果和制度成果，达到预期目标。认真开展“庸懒散浮拖”问题专项整治工作，增强机关干部职工的组织纪律性和工作主动性与积极性，进一步转变干部作风，提高办事效率。

【组织建设】　2014年，州工商联切实加强领导班子建设，经州委同意，州编委会正式下文在州工商联增设纪检组长1名，为实职副县级；大力推进“五好”县级工商联建设，按照《四川省“五好”县级工商联建设标准》和《2014年“五好”县级工商联建设工作实施方案》，制发实施意见，提出明确要求。雷波县工商联被省工商联评为“五好”县级工商联；加强商会建设，11月8日成立“凉山州南充商会”和商会党支部；加强会员发展管理，全年新发展会员180个，比2013年增长2.8%；完成凉山州工商联执常委数据库及工商联商会数据库、组织统计数据库的信息录入和上报工作。

【走基层活动】　2014年，州工商联主要领导和班子成员与州委统战部和州台办的领导一起，先后5次深入扶贫联系点冕宁县哈哈乡调研和送温暖，为那甲瓦村的44户建卡贫困户赠送母猪44头，为那甲瓦村的空巢老人、留守儿童、残疾人、“五保”户和建卡贫困户送去大米、清油、棉被、棉衣等生活物资，为那甲瓦村小学的学生送去校服45套，共计价值10万余元。

【表彰奖励】 2014年，凉山州工商联荣获中华红丝带基金颁发“重大贡献奖”证书；被州委、州政府评为2013年、2014年度州直部门综合目标绩效考评先进单位和2014年度艾滋病防治工作先进集体；被州委、州政府“挂包帮”活动领导小组评为先进集体；《找准问题、分析症结、破解难题、推动凉山民营经济健康快速发展》调研文章，被评为全省工商联系统优秀调研成果一等奖、被省委统战部评为二等奖；2014年度参与创新社会治理构建和谐劳动关系工作被省工商联评为先进单位。

（审核：宋光明/ 撰稿：邹学琼）

群众团体

Non-governmental Organization

工会工作

【概况】 2014年，凉山州总工会坚持围绕中心、服务大局导向，充分发挥工会组织优势和作用，改革创新、团结拼搏、求实奋进，做了大量党政所需、群众所急、社会所盼的工作，为全州经济社会发展作出了积极贡献，走出了一条民族地区工会工作转型发展新路子。

【服务经济】 2014年，全州各级工会围绕全州交通大会战、无电地区电力改造等重点工程项目、企业技术创新、节能减排等重点工作，深入开展各类劳动竞赛、提合理化建议等活动，全州共有3158个企业，14.8万名企业职工参加各类劳动竞赛，企业参与率达82%，职工参与率达86%；提出合理化建议2184条，已实施1382条，技术革新项目188项，职工发明创造项目57个；继续深化“工人先锋号”“五化五强”班组创建活动，大力开展女职工提素建功活动，不断激发职工群众劳动热情，释放劳动潜能，促进经济发展。认真做好劳模服务管理工作，及时发放劳模“三金”资金共104.4万元，为17名全国劳模和275名省部级劳模进行健康体检，建立州级以上劳模电子档案；9月23日，凉山州第四届劳模表扬大会在邛海宾馆召开，表彰99名劳模，以劳模精神引领职工群众立足岗位、积极奉献、建功立业。

【协调服务】 统筹协调资金600余万元，在西昌、宁南、昭觉、美姑、越西、盐源6个县市边远贫困山区相继援建小学10所，已有7所投入使用，促进贫困地区教育事业发展。协同中华红丝带基金、香港女工商专联、地方政府共同实施彝绣项目，协调筹集资金1500万元，在11个县市扎实开展彝绣手工技能培训，共培训绣娘5265人次。州政府将彝绣产业发展提上重要议事日程，成立凉山州彝绣产业发展领导小组，制定《凉山州彝绣产业发展2015—2020年规划》，着力强化规划引领，又好又快推动彝绣产业发展。扎实开展农民工技能培训，全年共培训农民工1537人，促进就业再就业572人。积极协助地方党委、政府做好藏区维稳工作，投入资金20万元帮助木里县丁央寺修缮基础设施，改善寺庙环境。深入开展“挂包帮”“走基层”活动，投入资金20余万元，在联系帮扶点普格县洛乌沟乡跃进村新建村小学1所，为学校赠送课桌椅30套，以及书包、书本等学习用品；机关干部职工深入开展“结对帮扶”活动，为104户群众捐送棉被、大米、化肥等价值5万余元的生产生活物资。

【维权帮扶】 2014年，凉山州总工会认真履行工会维权工作基本职责，依法维护职工合法权益。有力推动工资集体协商提质增效，全年共新签和续签工资集体协商合同3941份，覆盖职工16.5万人，签约企业数占建会企业数的90.84%；全州工会系统招聘22名工资集体协商指导员，初步建立一支维护职工收入分配权益的专业人才队伍。扎实推动以职代会为基本形式的企业事业单位民主管理制度的落实，切实加强厂务公开民主管理，全州已建工会企事业厂务、院（校）务公开率达95.42%，职代会建制率达99%。大力开展法律维权援助，办理各类案件64件，涉及862人，金额达1425.2万元。切实维护职工安全健康权益，职业病防治专项合同签订率达81%，参与“安康杯”竞赛单位374个，参与职工5.3万人，选树一批全国、全省“安康杯”竞赛优胜单位和班组。强化“帮扶也是维权”的工作理念，切实保障和发展职工正当利益，筹集资金600余万元，深入开展“四季送”活动，共慰问困难职工14000余人、困难劳模518人，帮助1094名困难职工子女正常就学。积极开展女职工大病医疗互助保险工作，6852人参保，为55名患病女职工进行赔付，赔付金额70万元。扎实做好职工住院互助保险工作，参保职工8210人，赔保400余人次，赔保金额42万元。

【宣传教育】 2014年，凉山州总工会深入学习宣传中央、省州委各级重大会议精神，全州工会系统共开展学习宣传活动132场次。认真贯彻落实依法治州要求，开展法律知识学习培训班210场次，培训7394人次，编制法律宣传读本和宣传小手册共3.3万份，发放法律、法规宣传资料2万余份，切实强化法制教育宣传工作，不断提高职工群众法治意识与法律素养。继续巩固和深化彝区健康文明新生活运动，重点在10个彝区县落实联系帮扶点，投入18万余元资金为2000余户农户赠送茶壶、保温水壶、电饭煲等生活器具，不断培育和引领彝区健康文明新生活。

【大群团工作格局】 2014年，凉山州总工会深入贯彻落实省委、州委《关于深化改革推进群团工作转型发展的意见》，围绕推动群团组织由单一参与走向联合运转，由相对封闭走向开放多元，由自成体系走向整体联动，形成“大群团”工作格局新目标，进一步深化改革，加强合作，投入资金110万元与其他群团组织共同筹建凉山州群团组织社会服务中心，联合推出5大类民生项目共33个子项目，共同搭建起全州群团组织资源整合与共享平台、维权工作平台、合作参与平台以及活动平台；统筹推进10个乡镇社会服务工作站建设，探索建立工会组织网格化服务管理模式，有效推动全州“大群团”工作格局的形成，为工会组织更好地发挥统筹协同作用，加快自身转型发展探索出一条新的有效途径。2014年6月18日，四川省群团藏（彝）区社会服务工作凉山州集中启动仪式在西昌市四合乡举行，凉山州群团组织社会服务中心正式挂牌成立。

【党的群众路线教育实践活动】 2014年，凉山州总工会围绕“树立为民务实清廉新形象，争做职工群众最信赖的娘家人”主题，深入开展党的群众路线教育实践活动。党员干部学习达到46个学时，集中学习8天，集中讨论5次。机关干部深入到联系帮扶点、基层工会组织、企业厂矿开展调查研究，召开座谈会、坝坝会87场次，走访群众176户，发放征求意见表223份，共征求到意见建议206条，共查找出班子在“四风”方面、关系群众切身利益以及联系服务群众“最后一公里”方面存在的7大问题及22个具体方面的问题。动真格铲除“四风”顽症，重点整改6个方面的突出问题，改建、新建制度12个，切实把整改成果固化于制。8月11日，召开领导班子专题民主生活会，班子成员之间开展批评与自我批评，相互提出批评意见73条。8月19日，凉山州总工会机关党支部召开了专题组织生活会。10月20日，召开总结会议。深入开展“庸懒散浮拖”问题专项整治，继续巩固和深化教育实践活动成果，不断把作风建设推向深入，工会组织和工会干部为民务实清廉新形象进一步树立。

【自身建设】 2014年，全州各级工会投入资金近5000万元，全面完成州级“三中心”建设；以新建、修缮为重点，分类推进县级工人文化宫（三中心）建设，截至2014年年底，全州已新建成3个、修缮1个，在建5个。认真贯彻落实省委、州委《关于进一步加强和改进新时期工青妇工作的实施意见》精神，积极争取党政支持，依法足额收取工会经费，全年实现决算收入3494万元，比2013年增长111万元，同比增长3.17%，完成核定预算的148%，财务工作取得良好成绩，州总工会被全总评为“2014年全国市级工会财务工作先进单位”。切实加强经审监督工作，全年共审计资金5716.3万元，审计催收上解工会经费120余万元，发现审计问题38个，提出整改意见37条。深入推进基层工会组织规范化建设，进一步加强会员发展和管理工作，不断拓宽工会组织覆盖面，以组织覆盖推动工作覆盖，2014年全州新建基层工会138个，新发展会员8452人；截至2014年，全州共有工会组织4714个，会员达到33.7万人。创新办好“一站一报一刊”，即凉山州总工会门户网站、《凉山日报》“凉山工运”专刊和《凉山工运》杂志，组建90余人的全州工会系统通讯员队伍。党委定期听取工会汇报工作制度、政府与工会联席会议制度得到全面落实。

（审核：王英/撰稿：吴恒）

共青团工作

【概况】 2014年，共青团凉山州委紧紧围绕党政中心工作，按照团省委“一根本两服务四驱动”的总体思路，深入推动凉山共青团“1234”工作战略，依法全面履行共青团职能，以只争朝夕的紧迫感和抓铁有痕、踏石留印的劲头，奋力推动凉山共青团各项工作不断创新前进，助推凉山跨越发展。

【青少年思想道德建设】 2014年，共青团凉山州委围绕培育和践行社会主义核心价值观，广泛开展“民族精神代代传”“城乡少年手拉手”“红领巾心向党”“彝汉少年手拉手”等主题活动，不断强化民族团结意识；深入开展“奋斗的青春最美丽”“我为社会主义核心价值观代言”“青春建功新凉山”等实践活动，引导全州青少年牢固树立正确的人生观、世界观、价值观。着力创新新媒体应用，除传统报刊传媒手段外，熟悉和运用青年常用的新媒体，扎实组建可控的网宣员队伍，进行常态化的思想引领。优化对外门户网站、完善微博、微信平台，每天定时推选发布青年关心的热点和评论，活跃粉丝总数4000人，网站点击量突破10万，凉山各级团属新媒体可直接影响覆盖12万名青少年。加强青年先进典型的选树培养和宣传，选树的木里县教师王偏初获评2014年“四川青年五四奖章”，凉山青年已经连续三年获此殊荣；积极组织参加中央、省、州“优秀共青团员”“优秀共青团干部”“五四红旗团组织”的评选工作，州职业技术学校团委书记张宇受到团中央表彰，被评为“全国优秀共青团干部”；组织“四川青年五四奖章”获得者杜萍的先进事迹报告会，让青年学有模范，做有标杆，在全社会有效凝聚了青春正能量。

【服务经济社会发展】 2014年，共青团凉山州委按照省委书记王东明“五进四好”和州委书记翟占一“团委工作要在健康文明新生活深入开展中继续发挥引领作用”的重要批示精神，捆绑资源要素，联动各方力量，统筹开展“六送一树”主题实践活动，创新实施“文明标尺”计划，扎实开展 “知礼仪，树新风——千里彝乡志愿行”活动，引导广大青少年在校做个好学生，在家做个好孩子，在社会做个好公民，营造“习惯改变命运，教育改变家庭，知识改变人生”的良好氛围。全年全州开展“千里彝乡志愿行”活动151场，修建共青浴室18所，捐赠共青方桌1300套，赠送价值10万元的图书，监督评选县级校级文明青少年1600名。以青年需求为导向，通过基地建设，技能培训、资金扶持和导师帮扶四大措施切实帮助广大青年成功创业就业。开展“凉山州第二届农信杯青年创业大赛”，吸引州内外涵盖农林牧渔业、信息化与高新技术产业、服务业、加工制作业等类别的1115个优秀创业项目1000人参与比赛，为进入决赛的1 2个优秀青年创业项目提供500万元的贴息贷款，实现青年创业梦想。在开展常规的教育宣传培训外，与州公安局、州卫生局、西昌学院一起深入开展“我的家园梦——百名高校学子禁毒防艾乡村行”活动，进学校、进家支、进家庭、搞调研，通过双教育影响群众、影响青年。全州累计建立州级青少年禁毒教育基地10个，县级青少年禁毒教育基地23个，禁毒教育宣传点54个，“两员”配备率98%以上，注册禁防志愿者2942名，下设禁防志愿者宣传小分队42支。以“幸福凉山”青年志愿者服务项目为载体，号召和动员广大青年志愿者参与凉山的发展。全年全州共组织上万名青年志愿者参加“健康文明新生活运动”“城乡环境综合治理志愿服务”“禁毒防艾志愿服务”“农村留守学生暑期关爱”“西昌湿地国际马拉松赛”和“暖冬关爱”等重大活动，通过广泛的志愿服务增强青少年的文明意识，培养文明习惯，在全社会大力营造“有困难找志愿者，有时间做志愿者”的良好氛围，凉山州青年志愿者协会荣获第六届四川省青年志愿者优秀组织奖，凉山志愿者工作获得团省委2014年度特等奖。

【团建工作】 2014年，凉山州委及州委组织部出台《中共凉山州委关于进一步加强和改进新时期工会、共青团、妇联工作意见的实施意见》《州总工会、团州委、州妇联、州侨联、州残联、州科协关于深化改革推进群团工作转型发展的意见》和《关于新形势下加强党建带工建、团建、妇建工作的实施意见》，将团建工作纳入党建整体格局，对共青团干部配备、经费保障、组织建设等工作提出明确要求，实现与党建工作同规划、同部署、同落实、同考核。2014年2月，首次以州委名义召开由各县（市）分管共青团工作的党委领导和团县（市）委书记参加的凉山州青年工作会；4月，在州政府和州级群团部门的首次工作联席会上，对共青团提出的青年就业创业、一元钱经费保障及青少年活动中心建设三个议题全部予以解决落实；12月30日，成功召开全州群团工作经验交流视频会，州委副书记、州政府常务副州长、州委宣传部部长、州总工会主席等领导亲自到会指导，进一步增强凉山共青团工作的影响力和执行力。

【基层组织建设】 2014年，共青团凉山州委以深化基层“服务型”团组织建设为抓手，强化服务功能、提高服务能力、完善服务保障，将人力物力财力向基层倾斜，强化基层保障，着力建强基层堡垒。科学合理构建纵向到底、横向到边全方位覆盖的服务型团组织网络，除传统领域外，抓住团建的薄弱环节和覆盖青年的关键点，大力拓展农村合作组织、青年社会组织、流动团员青年、互联网等新兴领域和行业团的建设。2014年，全州新建基层团组织36个，其中：传统团组织11个，两新团组织25个。新创建省级红旗团委12个、团支部14个，州级五四红旗团委（团支部）9个。

【干部队伍建设】 2014年，共青团凉山州委深入开展党的群众路线教育实践活动和庸懒散浮拖专项整治，广泛深入征求了社会各界意见建议，收集整理对团州委的12条意见建议，领导班子成员提出整改措施86项，从7个方面部署推进整改落实、建章立制工作，修订完善各项制度16项，转变作风、教育干部、凝聚青年取得显著成效。按照让党放心、让青年满意的工作要求，打造“喊出一个声音，走出一个步调”的团干部队伍。大力开展团干教育培训，在省团校举办基层团干示范班一期，培训乡镇团干60人。各县（市）采用培训和以会代训的方式，培训团干1926人次，完成全年干部培训目标。全面落实团干部协管考核要求，加大县级团干考核、选拔、转岗力度，切实把政治过硬、作风扎实、自律严格、善于做群众工作的优秀青年党员、团员充实到团干部队伍中，特别是选优配强各级团委书记。2014年，团县委共有3人转岗，8人新任职，全州团县（市）委书记配备率达100%。

【持续关爱青少年】 2014年，共青团凉山州委以“我要上大学”“爱伴你成长”“芙蓉学子”等主题助学活动为依托，资助80名品学兼优的高校学子；整合南充市商业银行100万元开展“温暖凉山，双百育才”青春助学行动，资助百名品学兼优的高中学子完成学业；通过“索玛花公益助学网”全年募集426万元资金和物资帮助3万名贫困青少年；整合中国移动60万元完成“爱伴你成长，星级留守学生之家”40所，开展留守儿童志愿服务共2万人次。全年累计整合各类社会物资资金超过千万元，有效帮扶广大困难青少年。通过与律师事务所、学校心理教师团队等合作，建立“12355”青少年服务台，依托网格化管理和志愿服务，开展法律援助、心理疏导、志愿服务三大项目，并积极融入创新社会管理网格化试点中，通过网格化达到精细化，对青少年维权、帮扶进行滴灌式输送。帮助解决凉山留住人才，立足从青年的个人生活源头留住优秀青年人才、稳定青年人才队伍，全力助推凉山州“人才强州”战略，举办“浪漫七夕·缘定凉山”青年交友联谊活动。经各级团组织广泛宣传、组织报名，共有278名未婚单身青年在火把广场参加联谊活动。

【“挂包帮”活动】 2014年，共青团凉山州委班子成员带头捐款捐物5000元，为帮扶村50户“五保”户、特困户送去生产物资；协调州民宗委30万元为联系乡新建便民桥1座；筹集各种物资和资金17.3万元开展“送温暖”和一对一帮扶活动，并对联系村300名青年开展建筑施工、畜牧养殖、农技等培训，切实送去党团的温暖，促进地方社会经济发展。

（审核：何建梅/撰稿：黄晓波）

妇联工作

【概况】 2014年，全州各级妇联组织结合党的群众路线教育实践活动，认真学习宣传贯彻党的十八届三中、四中全会精神，省委十届四次、五次全会和州委七届五次、六次全会精神，深入贯彻落实科学发展观，以建设“坚强阵地”和“温暖之家”为载体，积极参与凉山经济社会建设，全面完成各项任务，在推动妇女儿童事业发展方面取得一定成绩。

【社会主义核心价值观】 2014年，全州3167个“妇女之家”参与寻找“最美家庭”特别行动，评选出州级“最美家庭”38户，1户家庭当选为四川“最美家庭”，1户家庭当选全国“最美家庭”。在全州范围内评选表彰15名优秀好母亲、15名巾帼创业模范和47名“三八”红旗手、23个“三八”红旗集体。组织广大妇女参与第七届中国家庭文化艺术节暨“好家风好家训”主题宣传展示活动。雷波县苦卫东家庭被评为全国“五好文明家庭”。配合西昌市创建国家卫生城市积极开展城乡环境综合治理“进家庭”活动，履行包街牵头职责，为西昌市“创卫”工作尽责出力。与州纪委联合推进廉政文化进家庭“十个一”活动，在西昌城区5个社区建立5个廉政文化进家庭示范点。在全州组建217支巾帼志愿者队伍，巾帼志愿者达到8252人，全年开展志愿服务活动347场次，1.73万人次参与志愿服务活动，7万余人次受益，展现凉山州广大妇女健康、文明、积极向上的精神风貌。全州建立286支巾帼文明健身队，各级巾帼健身队开展科学文明、内容丰富、形式多样的健身活动8000余场次。

【帮扶妇女群众】 2014年，州妇联与州总工会、团州委联合开展巩固和深化彝区健康文明新生活运动，在10个县市选择10个村作为妇联新生活运动示范点，向1254户示范点农户赠送价值15万元的浴盆1254个，引导村民自觉抵制赌博、酗酒等不良风气，远离毒品、珍爱生命，养成健康文明的生活习惯。参与群团组织彝区（藏区）社会服务工作，与州总工会、团州委、科协、残联、侨联共同在西昌建立1个“凉山州群团组织社会服务中心”，在10县市分别建立1个乡镇“群团社会服务工作站”示范点。进一步推进实施“默沙东·春蕾计划”项目，在昭觉、甘洛设立5个教学点，设置民族手工、电子电器、酒店管理、家政服务、实用技术、电脑基础6个专业，开办培训11期25个教学班，资助西昌、昭觉、布拖、金阳、美姑、越西、甘洛7个县市1000名受毒品、艾滋病等因素影响的农村健康青少年女性接受技能培训，帮助406名学员实现创业就业。与州市相关单位联合举办“春风行动”现场招聘会，共组织89家用工单位现场招聘，为求职人员提供岗位1500个，进场求职5000余人。开展“两癌”宣讲救助，在西昌、宁南两个全国“两癌”项目县，开展“两癌”普查5724人，救助“两癌”患者30人；协调省财政资金10万元，救助“两癌”患者10人。2014年度共发放妇女小额贷款1276万元，帮助198名妇女实现创业愿望。

【帮扶工作】　2014年，州妇联结合“挂包帮”，开展“下基层、访妇情、办实事”活动，多次深入喜德县乐武乡开展结对帮扶工作，通过开展“暖冬行动”，结对帮扶呷子村50户农户，为其捐助150袋价值2.1万元的尿素等春耕生产肥料和80套过冬防寒衣服、60床棉被、60件学生毛衣、56桶食用油、60个母亲邮包等价值5.9万元的生活资料。帮助贫困户发展养殖业，为其购买1000只价值1.45万元的鸡苗。挤出3500元工作经费，表彰呷子村中心学校25名优秀女童，为学校购置7500余元的体育活动器材。结合社会主义新农村建设活动及彝区健康文明新生活运动，引导乐武乡干部群众解放思想、更新观念，为村民送去160套价值2万余元的洗澡盆、餐具、儿童毛衣、羽绒服等。

【“巾帼文明岗”创建】　2014年，全州新创建州级巾帼文明岗17个，在创建过程中，17个创岗单位积极开展“岗村联创”活动，在联点村开展扶贫、慰问、入户走访、单位职工与联点村农户点对点进行帮扶等丰富多彩的活动，切实为联点村贫困群众解决实际问题。

【维权和禁毒防艾工作】　2014年，州妇联开展“三八”妇女普法维权服务周宣传咨询活动，州级部门共发放宣传资料达2万份，接受宣传教育的人数达4000多人次；17个县市380多人次参与咨询服务工作，接受宣传咨询服务群众达5600多人次，发放宣传资料共计20余万份，受教育群众达7.5万人次。开展巾帼维权宣传月服务活动，进一步增强妇女法律意识，强化妇女维权服务，促进社会和谐稳定。参与依法治州，拟定《凉山州妇联依法治州实施方案》，就反拐工作制定“凉山州妇联参与预防和打击贩卖婴幼儿犯罪工作方案”。在全州推进“巾帼维权行动”，举办巾帼维权法律大讲堂培训，对80余名各县市妇联主席及州妇儿工委成员单位负责人，结合实际案例，就如何建立新型文明和谐的婚姻家庭关系，反对家庭暴力的相关法律知识等进行培训。加强妇联系统艾滋病防治工作，制定并下发《2014年凉山州妇联艾滋病防治工作实施方案》《凉山州妇联妇女预防艾滋病“面对面”宣传工作措施》。组织开展全州“禁毒防艾、两纲及相关法律法规”知识竞赛活动，发放知识竞赛试卷3500份，进一步提高妇女学法、知法、守法能力。全年全州17县市妇联和州妇联共接待群众来信来访来电总数为305件次。其中：婚姻家庭类192件次，占62.9%；劳动和社会保障权益类45件次，占14.7%；人身权益类17件次，占5.6%；其他类49件次，占16.1%；政治权利和违法违纪各2件次，分别占1%。

【少年儿童工作】　2014年，州妇联开展“六一”节关爱儿童活动，捐助4万余元体育、学习用品，慰问西昌市阳光学校、特殊学校、喜德县乐武乡中心校、金阳依达乡中心校、盐源平川幼儿园、金河中心校等8所学校的全体师生。协调南京市鼓楼区民政局慈善总会为凉山贫困儿童捐赠3万册、价值55.7万元新版幼儿图书，分发给木里、盐源、金阳、布拖、宁南、甘洛、美姑7个县的贫困儿童。继续组织实施何崇本“春蕾班”“爱之家活动室”项目，全年投入资金42万元，新建7个“爱之家活动室”。在全州创办家长学校151所，参加学习的家长9.8万人次。建立州级家长示范学校17所，省级家长示范学校5所，四川省小公民道德建设优秀示范基地1个。

【自身建设】 2014年，州妇联先后组织三批共66名优秀妇女干部赴浙江大学、清华大学、厦门大学参加“四川省优秀女干部能力提升研修班”培训；推选1名县级女领导干部参加省委党校女领导干部培训班培训；组织省妇代会代表、州县市妇联主席、群团社会服务工作站负责人50余人参加省妇联举办的“四川省妇女事业与社会工作专题培训班”；邀请省妇联兼职副主席吴兆华对800多名全州各界妇女干部进行女性素质提升讲座。通过系列培训，有效开拓女性视野，提升女性自身素质。

【志书编修】 2006年11月启动《凉山州妇联志（1991—2006年）》的编纂工作，2010年7月形成征求意见稿，2014年初出版发行。《凉山州妇联志（1991—2006年）》共6章19节，约25万字，全面系统地记述1991年至2006年，凉山妇女运动的历程。

（审核：雷琼/撰稿：吴邦华）

科协工作

【概况】 2014年，凉山州科协围绕州委、州政府中心工作，在转型发展，参与社会服务中，充分发挥“大联合、大协作”工作方式，以服务民生为切入点，以提升能力建设和服务水平为落脚点，切实履行“三服务一加强”工作职能，充分发挥参谋和助手作用。团结组织全州广大科技工作者开拓创新、奋力拼搏，积极推动全州人才战略实施，在实施“科普照亮山村行动计划”，全面实施《纲要》工作，努力推进学术交流、科学普及、青少年科技教育和企业科技创新工作。

【纲要工作】 2014年7月11日，凉山州召开《纲要》工作推进会，州政府副州长、州全民科学素质行动计划纲要工作领导小组组长肖春在会上作重要讲话，对2014年工作进行总结，对2015年工作进行安排。州科协及时利用州内主流媒体专题宣传《纲要》工作。在《凉山日报》专版刊登州政府副州长、凉山州全民科学素质行动计划纲要工作领导小组组长肖春答记者问的《提高认识、增添措施、创新方法、努力提高全州公民科学素质》全文，《凉山日报》《四川日报》攀西分社分别报道全州召开纲要工作推进会会议精神。州科协进一步完善《纲要》工作责任体系，明确细化《纲要》工作的责任体系，制定出《凉山州〈纲要〉主要目标任务分解目录》；制定对县（市）委政府和州级相关部门进行目标管理和考核的《凉山州〈纲要〉工作年度目标考核办法》报州委、州政府审定；组成督查组，对全州17县（市）《纲要》实施情况进行督查，形成调查报告上报州政府分管领导；州政府出台《关于进一步贯彻落实全民科学素质行动计划纲要的实施意见》《关于印发凉山州全民科学素质行动计划纲要（2011—2015年）实施方案》，细化分解到各县（市），加大对《纲要》工作的推进力度，将科普工作纳入对县（市）级相关部门和乡镇的年度考核、督查，制定《纲要》工作年度目标；州级《纲要》工作联席会议成员单位纷纷召集各责任单位对目标任务进行再分解、再落实。同时协调全州各相关单位开展中国数字科技馆举办的公众科学素养网络调查，制定凉山州全民科学素质抽样调查工作方案，委托国家统计局凉山调查队在西昌、德昌、昭觉、甘洛等9个样本县（市）开展随机抽样调查工作。

【科普示范单位创建】 2014年，凉山州科协继续在全州开展州级科普示范乡镇、社区、学校、村、协会和基地创建活动，经逐级推荐审核，共评出州级科普示范乡镇、社区、学校、村、协会和基地各10个，共计60个，并统一进行授牌，补助创建奖补资金共计20万元。指导会理、宁南两县积极开展“全国科普示范县”创建工作，两县按照创建标准全面开展创建活动，进一步加强对科普工作的领导和经费保障，完善基层科普设施和科普队伍，增强科普服务能力。积极做好西昌邛海湿地创建“全国科普教育基地”工作，州科协、西昌市创建办（西昌市科协）具体负责创建工作，与相关单位通力合作，制作电视片《探索湿地科教片》《湿地创建汇报片》，编制《邛海湿地·美好家园》大型科普主题宣传画册，举办邛海湿地科普活动、科普摄影展览，在湿地二期瀛海亭打造20米科普宣传长廊，收集整理各类资料，完善申报材料，于11月向省科协提交创建申请。

【科普惠农专家库】 2014年，凉山州科协深入实施基层科普行动计划。积极争取科普惠农项目，全年获得国家、省级基层科普行动计划项目资金238万元，对7个农村专业技术协会、6个科普示范基地、8个农村科普带头人、2个科普示范社区进行奖补。对获奖项目开展追踪问效工作，对2011年至2014年年底科普项目经费使用情况进行检查，督促县（市）建立经费管理台账。建立科普惠农专家库，全州有农村科普带头人25名进入专家惠农专家库。

【科普照亮山村行动计划】 2014年，凉山州科协紧贴民生与发展主题，围绕大凉山综合扶贫开发、彝家新寨建设、健康文明新生活等专项工作，在11个少数民族聚居县，启动实施以普及新知识，推广新技术，倡导新生活，加强科普基础设施建设为主要内容的科普照亮山村行动计划，项目化推进民族地区科普工作。2014年，州级投入资金50万元，在木里、越西、会东、宁南、布拖5县建设电子科普画廊，投入15万余元编印大凉山特色农产品等系列科普宣传资料7万余册，培训建立100名双语科普宣传员队伍，创建凉山州民族科普示范乡镇14个、民族科普示范村27个、民族科普示范校17个，评选少数民族科普带头人25名。在越西、德昌、甘洛开展实用技术现场指导培训4次。到木里县康坞大寺开展科普进寺庙活动，为大寺僧侣进行健康体检和健康知识讲座、投资2万元为木里大寺修建蔬菜大棚、为寺庙捐赠常用药品及医疗器械。到布拖、喜德等小学开展以“禁毒、防艾、反邪教”为主题的科普宣传进校园活动，特邀州艾滋病防治局老师刘杰为师生作《小学生行为习惯的养成》专题科普讲座，发放《健康饮食知识》《崇尚科学、反对邪教》等宣传资料共8000余份。

【青少年科普活动】 2014年，凉山州科协成功举办第29届凉山州青少年科技创新大赛，全州共有13个县（市）257所学校、5万多名师生参赛，参赛作品612项，终评展示会展出优秀项目295项。推荐108项作品参加省赛，获奖94项（一等奖17项、二等奖26项、三等奖51项，获奖率高达87%，全省排名第4位。更有6项作品入选全国赛，获一等奖1项、二等奖3项、三等奖2项，获奖率为100%。开展第二届凉山州青少年科普文化节系列活动、2014年青少年科学调查体验活动、青少年高校科学营活动，参加第五届全国青少年科学影像节活动、第九届中国少年科学院“小院士”课题研究成果交流活动，西昌市第十二小学学生顾瑞瞳研究的课题《鱼儿离得开水》，获全国二等奖，该同学被聘为中国少年科学院“预备小院士”。抓好科技辅导员队伍建设，举办2014年凉山州青少年科技辅导员培训会，组织各县（市）中小学校老师参加第22届省青少年科技辅导员论文征集活动。创建凉山州青少年科普教育基地，命名西昌学院农学院“植物昆虫标本、水培植物实验室”、动物科学学院“动物标本、鱼类实验室”为“凉山州青少年科普教育基地”。创建凉山州青少年科技教育示范学校10所、凉山州防震减灾科普示范学校9所。印制《凉山州青少年科技创新大赛历届优秀作品选集》2万册。

【州级院士（专家）工作站工作】 2014年，凉山州科协积极推进院士（专家）工作站建设，加强高端智力人才引进工作。2013年好医生攀西药业集团成功建成四川省民族地区第一家省级院士（专家）工作站，2014年9月，四川万凯丰稀土新能源科技有限公司、凉山金叶废弃烟草集中销毁环保科技公司、德昌县蔬莱藏业开发有限公司三家单位成功建成凉山州院士（专家）工作站，并推报四川万凯丰稀土新能源科技有限公司为省级院士专家工作站，州内共有院士1名、专家122名。邀请德阳市技术创新方法（TRIZ理论）推广应用专家组到凉山举办技术创新方法推广应用宣讲会暨深度培训。组织实施“金桥工程”，促进科技成果转化。2014年，凉山州推荐的《拉拉公司小露天底部探矿副产矿石和露天矿山北扩气氧化含泥矿石选矿试验研究》《美姑县生态猪养殖科技示范与推广应用项目》《凉山地震预警台网建设》和《铜钼分离选矿试验》四个项目均被列入四川省第23批金桥工程项目，《浮选柱应用》和《美姑县马铃薯高产》项目实施年创产值4340.66万元，年增利润1958.16万元，年增税收440.14万元。全州参与金桥工程人数9000多人，其中科技人员104人。

【“讲、比”活动】 2014年，凉山州科协深入开展“讲理想、比贡献”活动。明确州“讲、比”活动领导小组的主要职责和成员单位的具体工作职责，完善工作机制，制定出台凉山州《关于在企业中深入开展“讲理想、比贡献”活动的实施意见》，在全州开展“讲理想、比贡献，奋力实现中国梦”宣传教育活动，参加活动的科技人员900余人，“讲、比”活动立项总数152项，完成129项，提出合理化建议124条，其中43条被采纳，实现经济效益467.87万元。

【科普工作】 2014年，凉山州科协精心组织科技活动周、科普宣传月、“三下乡”、全国科普日等品牌科普活动，重点推出涉及农业技术、公众健康、生态环境、食品安全、防灾减灾等与广大人民群众的生活息息相关的科普活动。结合彝区健康文明新生活运动，在全州开展崇尚科学、反对邪教，禁毒防艾，科学就医三大主题科普宣传活动，结合西昌创卫、邛海湿地科普创建等活动，面向广大市民推出4万册便捷的《科普大排档》宣传折页。全年共举办科普宣讲1036次、专题展览13次、科技咨询942次、实用技术培训476次、播放广播影视节目5600分钟，受惠群众81万多人次。编印大凉山特色实用技术等系列科普宣传资料。

【学会工作】 2014年，凉山州科协新增州科普文艺协会、州工艺美术学会、州收藏家协会3个学会（协会）为州科协团体会员，州科协团体会员达36个。年中组织召开学会工作会议，进一步完善《凉山州科学技术协会学会工作管理办法》《凉山州科协学会工作综合评价指标》，引导学会依法办会，指导学会做好年检、换届等工作。加强学会党建工作，督促所属33个学会（协会）按要求及时建立党组织。继续开展示范学会创建工作，州医学会、州建筑业协会创建为2014年凉山州科协示范学会。编辑印刷《凉山州第六届自然科学优秀学术论文评选活动获奖论文选编》200册。组织开展课题活动，广大科技工作者围绕凉山差异化发展、凉山农业转型升级、城乡统筹推进等问题建言献策，向有关部门提合理化建议22条，被采纳5条，向州委、州政府建言献策13条，被采纳6条。西南眼科临床学术研讨会、凉山州2014骨科学术论坛、省级继续教育癌痛规范化诊疗研讨会等大型学术活动在西昌举办，并邀请到省内外一批知名专家到凉山开展专题讲座，为科技工作者开阔视野、增长专业知识，搭建多层次、多门类学术交流平台。全年举办专题讲座和培训班495次，培训人员16.7万人次，编印各类科普资料116种、20余万册。州防震减灾协会出版《守望家园》季刊，摄制《凉山州房屋隔震技术公益宣传片》。完善凉山州科协科技专家人才库建设工作，入库科技专家639人，其中：副高级职称人员452人，正高级职称人员74人。

【农民技术职称评（认）定工作】 2014年，凉山州科协发挥科技社团组织在科技人才评价、科技咨询、项目评估等方面的作用，在全省科协系统率先承接开展农民技术职称评（认）定工作。州、县两级科协成立评审工作领导小组和由相关专家组成的评委会。截至2014年11月底，全州各县（市）已经评审出农村实用技术初、中级职称人员210名、高级职称3名。

【企事业科协工作】 2014年，凉山州科协主动服务企业科技创新，在工业园区新建科协组织。2014年11月16日德昌县蔬菜藏业开发有限公司正式成立科协组织；2014年12月5日冕宁稀土高新产业园区正式成立科协组织。

【青少年科技教育工作】 2014年，凉山州科协成功举办第29届凉山州青少年科技创新大赛，全州共有13个县（市）257所学校、5万多名师生参赛，参赛作品612项，终评展示会展出优秀项目295项。推荐108项作品参加省赛，获奖94项（一等奖17项、二等奖26项、三等奖51项），获奖率高达87%，全省排名第4位。更有6项作品入选全国赛，获一等奖1项、二等奖3项、三等奖2项，获奖率为100%。顺利开展第二届凉山州青少年科普文化节系列活动、2014年青少年科学调查体验活动、青少年高校科学营活动，参加第五届全国青少年科学影像节活动、第九届中国少年科学院“小院士”课题研究成果交流活动，西昌市第十二小学同学顾瑞瞳研究的课题《鱼儿离得开水》，获全国二等奖，该同学被聘为中国少年科学院“预备小院士”。努力抓好科技辅导员队伍建设，举办2014年凉山州青少年科技辅导员培训会，组织各县（市）中小学校老师参加第22届省青少年科技辅导员论文征集活动。创建凉山州青少年科普教育基地，命名西昌学院农学院“植物昆虫标本、水培植物实验室”、动物科学学院“动物标本、鱼类实验室”为“凉山州青少年科普教育基地”。创建凉山州青少年科技教育示范学校10所、凉山州防震减灾科普示范学校9所。印制《凉山州青少年科技创新大赛历届优秀作品选集》2万册。

【民族科普工作】 2014年，凉山州科协紧贴民生与发展主题，围绕大凉山综合扶贫开发、彝家新寨建设、健康文明新生活等专项工作，在11个少数民族聚居县，启动实施以普及新知识，推广新技术，倡导新生活，加强科普基础设施建设为主要内容的科普照亮山村行动计划，推进民族地区科普工作。全年州级投入资金50万元，在木里、越西、会东、宁南、布拖5县建设电子科普画廊，投入15万余元编印大凉山特色农产品等系列科普宣传资料7万余册，培训建立100名双语科普宣传员队伍，创建凉山州民族科普示范乡镇14个、民族科普示范村27个、民族科普示范校17个，评选少数民族科普带头人25名。在越西、德昌、甘洛开展实用技术现场指导培训4次。到木里县康坞大寺开展科普进寺庙活动，为大寺僧侣进行健康体检和健康知识讲座、投资2万元为木里大寺修建蔬菜大棚、为寺庙捐赠常用药品及医疗器械。到布拖、喜德等小学开展以“禁毒、防艾、反邪教”为主题的科普宣传进校园活动，特邀州艾滋病防治局老师刘杰为师生作《小学生行为习惯的养成》专题科普讲座，发放《健康饮食知识》《崇尚科学、反对邪教》等宣传资料共8000余份。

（审核：杨康/撰稿：宋永国）

文联工作

【概况】 2014年，凉山州文联深入学习贯彻落实党的十八大、十八届三中、四中全会精神及中共中央总书记习近平在文艺工作座谈会上的重要讲话精神、省十届四次、五次全会、州七届五次、六次会议精神，紧紧围绕州委、州政府的中心工作，践行社会主义核心价值观，认真履行联络、指导、协调、服务、组织、维权的职能，以构建凉山和谐文化、建设民族文化强州、繁荣凉山文学艺术事业和出作品、出人才为根本任务，抓学习、抓创作、抓活动，各项工作稳步推进，文学艺术创作精彩纷呈，整体工作再上新台阶。

【组织机构】　凉山州文联编制25人，其中行政编制6人，机关后勤服务事业编制1人，凉山文学编辑部、民研室事业编制17人，领导职数4人，下属10个文艺家协会，即音乐家协会（州会员186人、省会员58人、全国会员15人）、舞蹈家协会（州会员127人、省会员45人、全国会员11人）、作家协会（州会员179人、省会员56人、全国会员10人）、美术家协会（州会员205人、省会员40人、全国会员5人）、书法家协会（州会员398人、省会员60人、全国会员9人）、摄影家协会（州会员128人、省会员45人、全国会员20人）、影视戏剧家协会（州会员72人、省会员20人、全国会员2人）、民间文艺家协会（州会员168人、省会员48人、全国会员9人）、曲艺家协会（州会员54人、省会员12人）、评论家协会（州会员40人）。

【理论学习】　州文联把学习贯彻好党的十八大、十八届三中、四中全会，中共中央总书记习近平在文艺工作座谈会上的重要讲话精神，省委十届三次、四次全会和州委第七届五次、六次等会议精神及群众路线教育实践活动的系列讲话精神作为重要政治任务和理论学习的重要内容，先后组织召开学习会、座谈会、民主生活会等进行集中学习。一是以专题学习方式开展学习中共中央总书记习近平在文艺工作座谈会上的重要讲话精神，把思想和行动统一到讲话精神上来，深刻领会讲话中关于文艺工作的新思想、新观点、新论断，准确把握文艺的重要地位和作用以及文艺为人民和社会主义服务的根本方向，用社会主义核心价值观引领文艺创作，将创作生产优秀作品作为文艺工作的中心环节，把创新精神贯穿到文艺创作生产的全过程中，将文艺工作的社会效益放在首位，生产出更多社会效益和经济效益相统一的作品。二是紧紧围绕保持和发展党的先进性和纯洁性，以为民、务实、清廉为主要内容，按照“照镜子、正衣冠、洗洗澡、治治病”的总要求，自上而下在全党深入开展党的群众路线教育实践活动的重大决策部署，围绕“树立为民务实清廉新形象，争当全国民族地区科学发展排头兵”主题，深入开展党的群众路线教育实践活动。三是文联机关认真学习贯彻落实依法治国、依法治州基本方略，重点抓领导干部学法用法的示范作用，提高领导干部运用法治思维和法治方式解决实际问题的能力，推进法治凉山、法治文艺、法治社会一体化建设，切实发挥法治的引导、规范、保障和促进作用，推进社会治理体系和治理能力现代化进程，逐步形成尚法守制、公平正义、诚信文明、安定有序的依法治州新格局。

【机关建设】　2014年，文联机关通过开展领导班子建设和组织建设、抓好机关党建、抓党风廉政建设工作，强化机关作风建设，确保工作顺利开展。领导班子成员以身作则，带头讲团结，讲奉献，起模范带头作用，单位上下气氛融洽，充满活力；机关全体党员按照党建工作的安排，采用集中学习与自学相结合的办法，增强党性修养，强化宗旨意识，充分发挥党员的先锋模范作用；提高对加强党风廉政建设重要意义的认识；组织党员干部学习贯彻两个《条例》，尤其是十八大、十八届三中全会、中共中央总书记习近平一系列重要讲话、中央八项规定以及省委“十项规定”、州委“转变机关作风密切联系群众”等文件精神的学习和贯彻落实，开展主题讲座、宣传栏等多种形式的警示教育活动，文联班子成员以身作则，从自我做起，自觉接受群众监督，用制度管人、管事、管工作。文联通过抓机关作风建设，形成主动服务的作风，做到热情待人，用心办事，进一步完善机关工作程序和工作规则；形成尽职尽责的作风，进一步明确工作职责，修订各个岗位的工作目标和工作标准，并进行细化、量化，促进各项工作按时保质保量完成。形成科学管理的机关作风，严格遵守文联机关“十项管理制度”，用制度管人管事，培养扎实的工作作风，做到各项工作有布置、有检查、有落实、有反馈。

【阵地建设】 进一步办好《凉山文学》彝文版和汉文版。在办刊中，按照中共中央总书记习近平在文艺工作座谈会上的重要讲话精神的要求，坚持“为人民服务、为社会主义服务”的根本方向，坚持将社会效益放在第一位，坚持面向社会、以培养文学新人为已任，自觉坚守中华民族精神家园，坚定文化自信，突出民族特色。2014 年，《凉山文学》编辑部保质保量按时出版发行共 10 期，其中，汉文版 6 期，彝文版 4 期。与云南楚雄州、红河州和贵州毕节地区文联联办《彝族文学报》，全年共编发 12 期，稿件 30 多万字，深受广大读者的好评。出版《凉山书法》4 期；出版《凉山摄影》报 12 期，每期 1500 份。

【文艺活动】 2014 年，州文联紧密围绕全州工作大局，认真履行联络、指导、协调、服务、组织、维权的职能，组织开展一系列丰富多彩的主题文艺活动。年初，州文联组织书法家协会、美术家协会与州市宣传部、市文联在步行街开展以“我们的中国梦文化进万家”为主题的为群众义务书写春联活动。州市美术家协会、书法家协会共 20 人书画家现场为群众义务写春联约 1200 副，作画几十幅。参与由中国文联主办，中国曲艺家协会、中国文联国内联络部、四川省文联承办，中共凉山州委、凉山州人民政府协办的中国文联文艺志愿者在白庙村举行慰问演出活动，组织音乐舞蹈家协会、摄影家协会、书法家协会等 50 余名协会会员参与。组织州摄影家协会参加由国务院新闻办公室、中国文联、中国摄影家协会、青海省委宣传部联合举办的（青海）2014 三江源国际摄影节摄影展。组织凉山州摄影家协会举办第四届少数民族艺术节摄影展，参与主办凉山旅游摄影大赛。组织州书法家协会会员优秀书法作品 20 幅（10 幅汉文、10 幅彝文）在内蒙古参加由文化部主办的西部边疆行书法展。10 月，“名家看四川——走进盐源泸沽湖”中国知名作家泸沽湖笔会，在盐源县泸沽湖畔开幕。此次笔会由四川省作家协会、凉山州文联和盐源县人民政府联合主办，笔会从作家的视角认识泸沽湖、了解泸沽湖。11 月，中国・西昌湿地国际马拉松赛在四川省凉山州首府西昌举行，这是四川省首次举办国际马拉松比赛，凉山州文联主席倮伍拉且作为转播策划嘉宾与中央五套节目主持人一起对西昌湿地国际马拉松赛全程进行解说，在宣传中国・西昌人文、历史的同时，让世界更进一步的了解了凉山，认识了凉山。组织州作家协会、音乐家协会、戏剧家协会参与四川省第十三届、凉山州第五届精神文明建设“五个一工程”评选作品参评。由国际国内著名诗人自筹资金，“诺苏当代艺术博物馆”“诗人之家”和凉山州文联主办的“达基沙洛・国际诗人创作之家”暨中外诗人圆桌对话会议，在凉山州布拖县达基沙洛揭牌。

【文艺创作】高度重视文艺人才选拔，高效率完成专业技术人员的选拔及各类人才推荐等工作。按照州委组织部、宣传部、统战部，州人社局以及四川省文联相关要求，推荐州第八批学术和技术带头人及后备人选；向省文联有关协会推荐副主席候选人人选；向州委有关部门推荐艺术家担任州人大代表、州政协委员等；充分利用各类国家级、省级展演、比赛和评奖为优秀人才提供展示机会。配合开展全省音乐、舞蹈考级工作，从中发现和培养人才；吸收优秀文艺工作者加入州级文艺家协会，积极推荐各文艺家协会优秀会员加入省级文艺家协会。2014 年，作协会员 600 余人次文学创作作品 2000 余件，除了在本土刊物上发表外，在《火车头》《问天》《中国散文诗》等各级、各类文学刊物和网站上发表。州文联主席倮伍拉且牵头参与编辑《新时期中国少数民族文学作品选集》，凉山州 30 余名彝族作家诗人创作的作品入选。由州音协会员为主体的凉山歌舞团原创彝族歌剧《彝红》2014年荣获第二届中国歌剧节优秀剧目二等奖，参加四川省第七届少数民族艺术节荣获最佳剧目奖和编剧，表演一等奖；参加第十六届全国少数民族运动会表演项目比赛，得3金、2银、1铜的好成绩。美术国画《长寿》代表四川参加联合国教科文组织在巴黎举行的画展，并获奖。组织州摄影家协会选送的150幅作品在国务院新闻办公室、中国文联、中国摄影家协会、青海省委宣传部联合举办的（青海）2014三江源国际摄影节摄影大赛中获大展奖。组织民间文学专家学者参与编撰中国民协主编的《追寻中国梦〈风从民间来〉采风文论集》及《四川工艺美术卷》一书；积极编撰《凉山彝族童谣》《凉山彝族民间歌谣精选》。

【文艺下乡】　2014年，州文联多次组织各文艺家协会到基层开展文艺活动。坚持惠民音乐会，以凉山州音乐家协会会员为主的州歌舞团及各业余音乐表演团体开展的公益演出活动，全年演出58场次。以凉山州音乐家协会会员为主的州歌舞团推出“艺术感恩天地、千乡播梦计划”送文化下乡演出活动，全年共演出40场，涉及30多个乡镇。结合群众路线开展走基层活动。组织州摄影家协会到喜德县桃园乡举办摄影展，到西昌荞地乡举办金果、金荞麦摄影大赛，组织作家协会参加党的群众路线教育实践活动征文组稿活动。开展“走基层、解难题、办实事、惠民生”活动，州文联结合群众路线教育实践活动组织各文艺家协会创作书画作品百余件并赠送到定点扶贫村（铁厂乡高楼村）开展“迎‘七一’，送温暖”扶贫慰问活动。

（审核：倮伍拉且/撰稿：沈英）

残联工作

【党的群众路线教育实践活动】　2014年，州残联不折不扣执行中央、省委和州委统一部署，严格按照学习教育、听取意见，查摆问题、开展批评，整改落实、建章立制等环节，深入开展第二批党的群众路线教育实践活动。一是高度重视，认真迅速传达落实中央、省委、州委部署，建立健全机构，制订实施方案，召开动员会议，细化活动内容。二是抓好学习教育，贯穿活动始终；做好活动宣传，营造良好氛围；加强联系服务，深入调查研究，真心实意“走基层”；广泛征求意见，认真查摆问题；深入交心谈心，认真撰写对照检查材料；高质量开好专题民主生活会和专题组织生活会；抓好专项整治，推进正风肃纪；狠抓整改落实，强化建章立制。三是联系工作实际，突出残联特色，注重结合贯彻落实中央、省、州残代会、工作会精神，推动残疾人事业发展，注重结合全面深化为残疾人提供“量体裁衣”式服务，注重结合全力落实省委、省政府、州委、州政府民生工程。进一步统一思想、凝聚力量、转变作风、推动工作，广大党员干部普遍受到教育和洗礼，群众路线、群众观点、群众立场和宗旨意识、大局意识、服务意识、廉政意识普遍增强，思想境界和工作作风得到切实改变，教育实践活动取得预期成果。

【工作会议】　2014年4月1日，全州残联工作会议在西昌召开。州人大常委会副主任周斌、州人民政府副州长白云、州政协副主席马报、州政府副秘书长谢立出席会议，州政府残工委成员单位负责人，各县市政府分管副县长、残联理事长和“量服”工作人员，州残疾人专门协会负责人，州残联机关及直属事业单位全体干部职工参加会议，会议由谢立主持。会上，盐源县、冕宁县、宁南县、金阳县的政府分管副县长作交流发言。州残联党组书记、理事长张建英宣读关于2013年度县市残联绩效考核通报，总结2013年全州残疾人工作，安排部署2014年的工作。州人民政府副州长白云作重要讲话，并代表州政府对全州广大残疾人工作者所付出的心血和努力表示问候，对大家过去一年取得的工作成绩给予充分肯定；希望各县市分管领导加强和改善对残联工作的领导，充分理解、支持残联工作；希望各级残疾人工作者增强责任感和使命感，不断推动残疾人事业迈上新的台阶；同时还强调加大残疾人事业宣传力度、进一步深化“量服”工作、加强按比例安置残疾人就业和依法征收残疾人就业保障金等重点工作。州委常委、秘书长、总工会主席龙伟作书面讲话。

【康复工作】 2014年，凉山州为6327名贫困残疾人适配基本辅助器具，救助贫困家庭脑瘫儿童122人，为93名贫困家庭重度听力残疾儿童提供康复服务，其中完成人工耳蜗植入手术任务9人。全年完成成人助听器验配43人，为肢体残疾儿童实施矫治手术106例，7周岁以下智力残疾儿童抢救性康复救助18例，资助贫困精神病患者免费服药422人、免费住院治疗128人，盲人定向行走训练315人，培训社区康复协调员198人，实施白内障复明手术703例，肢体残疾人社区康复训练1335人次，提供残疾预防与康复知识宣讲10.08万人次。5月13日，凉山州聋儿语训部萌芽班正式开班。全年聋儿语训部收训聋儿23名，已有1名聋儿进入普幼，1名聋儿进入普小，在训生中有6名可以与健听人群进行简单交流，在通过“七彩梦行动计划”人工耳蜗项目复筛的凉山聋儿中，有3人在聋儿语训部进行听觉言语康复训练。9月8日，省委常委李登菊到聋儿语训部看望聋儿，对聋儿语训部的工作给予肯定。5月18日“全国助残日”当天，州人大、州政府、州政协的分管领导到聋儿语训部进行调研，看望慰问老师和接受语训的聋儿。

【全国助残日】 2014年5月18日是第二十四次法定“全国助残日”，活动的主题是“关心帮助残疾人，实现美好中国梦”。在第二十四次“全国助残日”之际，州残联和西昌市联合在西昌市月城广场举办助残日活动，州、市四大班子相关领导出席。助残日期间，全州各级残联共慰问走访残疾人3200余户，投入资金99万余元，发放宣传资料2.6万份，悬挂横幅、标语170余条，同时还进行残疾人用品用具发放、宣传咨询、医院义诊和免费盲人按摩服务等。

【残疾人就业】 2014年，全州完成民生工程项目城乡残疾人居家灵活就业37517人，其中州本级投入100万元用于扶持全州各县市的残疾人就业和集中就业。全年全州残疾人单位就业390人。为残疾人提供职业技能培训3349人次。其中州本级投入70万元对全州540名农村残疾人进行养殖业培训、对55名盲人进行按摩培训；投入30万元组织残疾人参加服务外包培训。州政府印发《凉山州人民政府办公室关于加强和规范按比例安置残疾人就业及残疾人就业保障金征缴工作的通知》（凉府办函〔2014〕62号），就加强和规范凉山州按比例安置残疾人就业及残疾人就业保障金征缴工作提出要求，依法将征收比例提高到1.6%。全年全州依法征收、管理、使用残疾人就业保障金4689.54万元，比2013年增长15.65%。

【残疾人教育】 2014年，全州45名残疾考生达到录取分数线并被高等院校录取。全年全州资助在校残疾学生1156人次，资助残疾人在校子女717人次。其中州本级投入40万元资助123名残疾大学生，四川省残疾人福利基金会资助凉山州贫困女大学生9人，每人4000元，交通银行项目资助凉山州在成都和乐山特殊教育学校就读的残疾高中生11人，每人1000元。

【社会保障】 2014年，凉山州首次实施重度残疾人护理补贴制度，全年全州发放重度残疾人护理费用补贴36620人，其中一级残疾人每人每月补贴80元，二级残疾人每人每月补贴50元。全年全州居家托养智力、精神和重度残疾人2815人，资助残疾人托养服务机构3家。截至2014年年底，全州残疾人参加城乡居民社会养老保险69193人，参加城镇居民基本医疗保险6104人，参加新型农村合作医疗保险101051人，参加城镇职工社会保险1111人。全州残疾人纳入城镇最低生活保障2701人，纳入农村最低生活保障50825人，纳入“五保”供养1735

人，临时救助 13478 人。

【扶贫工作】 2014 年，全州完成民生工程项目资金扶持、物资扶持、技术扶持、劳动扶持农村贫困残疾人发展生产 46743 人。精心组织开展“走基层、解难题、办实事、惠民生”“挂包帮”“百乡教育扶贫”、极度贫困村帮扶等活动，及时成立、调整工作机构，开展实地调研。全州联合会党员干部共走访群众 560 户 1238 人，召开座谈会 18 场，333 人参加，结成联系帮扶对子 20 对，解决民生难题 2 件，慰问群众 536 人，发放慰问金、慰问品价值 13.06 万元。同时，有针对性地开展禁毒防艾等宣传教育活动。

【宣传文体工作】 2014 年，全州完成《中国残疾人》《三月风》《残疾人研究》三刊征订任务。继续办好凉山日报的《凉山残联》专刊，开通凉山州残联网站，编发每月 1 期的《残联工作信息》。全年全州组织筛选 30 名运动员组团参加四川省第八届残疾人运动会暨第三届特殊奥林匹克运动会，获得 9 金 7 银 9 铜的好成绩。

【维权信访工作】 2014 年，全州各级残联开展普法宣传教育活动 14 次，累计参加人数 7023 人。完成民生工程项目为残疾人家庭实施无障碍改造 87 户。为 493 名残疾人发放机动轮椅车燃油补贴。全年全州各级残联共受理来信 20 件，接待来访 7394 人次（其中集体访 2 批次、28 人次）。

【志愿助残工作】 2014 年，凉山州进一步加大志愿助残工作力度，加强志愿者队伍建设，截至 2014 年年底，全州共有助残志愿者 5389 人。

【综合服务设施建设】 截至 2014 年年底，州级残疾人综合服务设施已建成并投入使用，17 个县市中有 13 个已建成残疾人服务设施并投入使用，1 个县正在筹建。

【基层组织建设工作】 截至 2014 年年底，全州 17 个县市残联全部实现机构单列；610 个乡镇（街道）全部建立残联，全部配有兼职理事长和兼职工作人员，配备残疾人专职委员 214 个；全州 3868 个村（社区）全部建立残协，配备有兼职主席，配备残疾人专职委员 1505 人。

【专项调查】 2014 年，凉山州成立全州残疾人基本服务状况和需求专项调查联席会议和办公室，发出调查通知和工作方案，组织召开专项调查工作实施推进会并对全州专项调查工作进行安排部署，举办专项调查残疾人基础信息核查工作培训班，11 月 11 日，全州专项调查核查工作全部完成。随后凉山州组织人员参加专项调查工作省级培训，并在年内完成县级培训。

【个性化服务】 2014 年，凉山州残联认真学习贯彻省委书记王东明、省长魏宏对“量服”的重要批示精神和省委十届四次全会“开展‘量体裁衣’的个性化服务”的要求，抓住“真实”“准确”“全面”“个性化”几个关键，在保证为有需要的残疾人提供“量体裁衣”式个性化服务这个“量”的基础上，大力提升“量服”工作质量。全年全州基层残疾人工作者深入到 11.29 万名残疾人家中调研，掌握 300.59 万条基本信息和 95.32 万项次需求信息，为 11.17 万名残疾人制定并落实 73.24 万项次的“一人一策”个性化服务。

【荣誉】 2014 年，州残联获全省市（州）残联绩效考核一等奖；四川省第八届残疾人运动会暨第三届特殊奥林匹克运动会团体、残运会游泳、羽毛球、田径、网球、乒乓球、象棋、跳绳、举重和特奥会田径等 10 项体育道德风尚奖；2013 年度凉山州社会管理综合治理工作先进集体；2014 年度州直机关党建目标考核优秀党组织；2013 年度全州“挂包帮”活动良好等次单位。

（审核：张建英/撰稿：杨宓）

社科联工作

【概况】 2014年，凉山州社科联深入学习贯彻党的十八大、十八届三中全会和省委十届四次全会精神，按照省社科联年初制定的关于开展“创新发展·争先评优”活动的要求，全面部署，调整方案，全力推进社科工作创新发展。以积极开展党的群众教育实践活动为契机，强化联系群众、服务群众的观点，进一步重视和加强基层社科联的各项建设。注重基层实际，从实际出发，切实在基层社科联中宣传贯彻实施创新驱动发展战略，树立创新理念、拓展创新思路、探索创新方法、投身创新实践，努力推进全州社科工作向前发展。

【社会科学优秀成果评奖工作】 2014年，凉山州社科联根据凉山州人民政府3号令《凉山州社会科学优秀成果评奖办法》和《凉山州社会科学优秀成果评奖实施细则》的有关规定，认真开展凉山州第十四次社会科学优秀成果评奖工作。年初，下发评奖通知，截至5月底，共收到全州各县市、州级各单位及大中专院校报送的参评成果329项。经州级各学会（协会、研究会）、县市社科联和州级机关认真推荐，专家学科组评审，并经凉山州社会科学评奖委员会审定，凉山州第十四次社科评奖委员会在收到的329项成果中，共评出获奖成果共158项：其中一等奖9项、二等奖24项、三等奖59项、优秀奖66项。

【民族文化研究基金】 2014年，凉山州社科联结合新形势、新任务的要求，更加重视和精心安排基金的使用工作。通过两年时间，州财政局对基金使用情况的绩效考核和评估，社科联及时总结经验，发现不足，对全州各地申报的民族文化研究课题、专著出版资助经费的申报材料进行精心的梳理和筛选后，初步确定2014年凉山民族文化研究基金对民族文化研究课题和出版物资助方面的使用安排。在基金的使用过程中，充分考虑凉山民族文化的学术品牌建设和拓展，以彝族文化研究为主打，兼顾州内各少数民族文化学术研究，如：重大委托课题《凉山民族史稿》；一般研究课题《川西南民族自治地方发展、稳定、团结典型实证研究——以木里藏族自治县为例》《凉山社会发展调查与民俗文化研究》《山地彝族传统文化对生物多样性的保护》《凉山彝族节日文化研究》等，既体现重点，又体现兼顾。

【彝族历史文化科普基地建设】 2014年，凉山州社科联按照省社科联下发《关于开展申报2014年度四川省社会科学普及基地的通知》（川社联发〔2014〕4号）要求，积极申报社科基地建设，并成功获得省社科联第五批“四川省社会科学普及基地”称号。

【首届“凉山州人文社科优秀成果图书展”】

2014年，由凉山州委宣传部，凉山州社科联，凉山州文联及凉山州图书馆共同举办了“凉山州人文社科优秀成果图书展”。在开展仪式上，州委常委、宣传部部长王阿呷出席并号召：全州广大人文和社会科学工作者要以服务大局为己任，围绕推动凉山经济社会发展、构建社会主义核心价值观，主动投身于建设美丽富饶文明和谐新凉山的伟大实践，深入进行理论性、前瞻性、战略性思考，努力创作一批符合时代要求、具有凉山特色的精品良作，让更多更好的精神食粮惠及人民群众。同时希望广大读者朋友牢固树立“读书使人进步、知识改变命运”的理念，不断摄取成长进步的不竭动力。成果图书展汇集来自全州各县市、州级各单位、各科研院所、大中专院校，共400种、近2000册图书，包括《感受凉山变迁》（上下集）、《凉山州改革开放30年科技成果目录汇编》《彝历百科》《凉山发展概论》《凉山之鹰》《凉山抉择与咨询》等。初步展示凉山州社科战线的人文社会科学创作、研究、探索优秀成果，反映凉山这片广阔的热土上丰厚的人文资源、辛勤的创作队伍和丰硕的劳动成果。

【本职工作】 一是编辑出版《凉山社会科学》杂志6期近100万字，其中有4期是县市社科联组织的专辑。二是协助省社科联拍摄社科专题片相关工作。三是撰写“四川省长征路线文化资源研究丛书（凉山卷）”相关内容。四是学会管理工作常抓不懈。继续加强对全州各社科类学会、协会、研究会的管理和工作指导，积极为他们排忧解难，搞好服务。同时，把握正确的政治方向，支持和鼓励他们开展各种学术研究和交流活动，全州各级、种类学会的学术研究和交流活动开展得有声有色，成果丰硕，富有成效，没有杂音。五是深入开展科普工作。结合凉山州近年开展的健康文明新生活运动，有针对性地继续深入开展社科知识普及工作，培养全民族崇尚科学、反对迷信、昂扬向上的精神风貌；大力提倡移风易俗、破除陈规陋习、改变落后生产生活方式的健康文明新生活和新风尚，有力抵制各种错误思潮和腐朽思想的侵蚀，为推动凉山州“健康文明新生活”尽职尽责。六是基层社科联建设逐步完善、走向正轨。2014年，全州17县市社科联都做到了有专职人员、有办公地点、有办公经费。各县市社科联工作逐步开展并走向正规化。

（审核：哈小华/撰稿：吴伟）

红十字会工作

【党的群众路线教育实践活动】 2014年，州红十字会按照州委群众路线教育实践活动办的统一安排，参加州政府办党组开展党的群众路线教育实践活动。制订实施方案，成立领导小组，建立健全相关制度，召开动员会议，领导讲党课，干部职工参加集体学习和自学，记笔记，撰写心得体会，广泛征求意见建议，开展批评与自我批评，对查找出的问题进行整改，把实践活动落到实处。

【防震救灾演练】 2014年4月19日，模拟冕宁县城厢镇发生7.0级地震，防震救灾演练正式开始。按照防震救灾演练指挥部的统一安排，州红十字会组织2辆大巴车、50名红十字志愿者和红十字紧急救援队参与演练。模拟开展捐赠物资接收管理、救援物资发放、安置灾民、抢救伤员等志愿服务内容。演练结束后，州红十字会及时召开会议进行总结，修订完善《凉山州红十字会地震应急预案》。

【募捐工作】 2014年8月3日16时30分，云南省昭通市鲁甸县发生6.5级地震，震源深度12千米，造成大量人员伤亡和财产损失。灾情发生后，凉山州红十字会常务副会长方虹立即召开会议，要求大家密切关注灾情动态，24小时值班，保持和省红十字会的高度一致，并就为云南鲁甸地震灾区募捐工作进行安排部署：一是成立州红十字会募捐领导小组，明确职责，落实责任；二是通过网络迅速向17个县市下发为云南鲁甸地震灾区募捐的通知，全州红十字系统协同配合开展募捐工作；三是在凉山电视台、凉山日报和凉山州政府网站播发募捐公告，设立接收捐款办公室等，全面做好募捐和接受社会捐赠的工作。截至9月17日，州红十字会共收到捐款121068.5元（其中会理县红十字会接收捐款81642元、雷波县红十字会接收捐款25740元、宁南县红十字会接收捐款8926.5元），及时在凉山电视台、《凉山日报》和凉山州政府网站进行公示。按照《四川省红十字会关于做好云南鲁甸地震抗震救灾工作的通知》“川红发〔2014〕37号”文件要求，于9月17日下午将接收的捐款121068.5元全部汇缴到省红十字会。10月1日9时23分，越西县发生5.0级地震，震源深度15千米，震中位于申果乡丰收村马顺组，地震共造成越西、喜德、昭觉3县26个乡镇、12935人受灾。灾情发生后，州红十字会第一时间与州政府应急办和越西县红十字会取得联系，了解灾情并迅速向省红十字会进行汇报，省红十字会根据上报的灾情及需求表立即拨付价值16.05万元的家庭包500个，州红十字会接收到物资后当日即运到越西县红十字会，越西县红十字会迅速下发到灾民手中，解决灾民燃眉之急。

【救助工作】　2014年，州红十字会共向弱势群体发放价值27.45万元的救助物资，发放现金7.05万元，惠及10个县市，受益900余户，3600余人。

【救护培训】　2014年6月13日至14日，州红十字会举办首期救护员培训班，凉山州户外运动协会的34名志愿者参加为期2天的培训，经考试全部合格，获得“中国红十字会急救员”证书。8月至12月，州红十字会联合中共凉山州委老干部局、凉山州民政局共同开展关爱州级机关离退休老干部健康知识系列讲座。

【艾滋病防治宣传】　2014年4月29日，州红十字会到西昌市戒毒二所关爱戒毒学员、宣传禁毒防艾知识，采取“文艺表演+互动游戏+有奖知识问答”的方式开展，积极邀请戒毒学员们参与到活动中，让他们在轻松愉悦的氛围中了解更多的毒品知识和艾滋病防治知识，感受到党和政府、社会的关爱，树立戒毒康复的信心，早日重归社会。同时还给他们带去100件T恤衫和40条毛巾。12月2日中午，由西昌学院校团委和州红十字会主办、西昌学院红十字志愿者会承办的禁毒防艾宣传月启动仪式在西昌学院中心广场举行，州红十字会秘书长李华、赈济科科长孙云华、西昌学院校团委书记胡映、州中心血站罗军和近千名大学生志愿者参加启动仪式。孙云华代表州红十字会发言，号召大学生们行动起来，拒绝毒品，预防艾滋，关爱生命。西昌学院红十字志愿者会会长高小兵带领红十字志愿者进行禁毒防艾宣誓。全体到会人员在禁毒防艾横幅上进行集体签名，当场发放艾滋病宣传资料2000余份。12月10日至12日，全省红十字会艾滋病预防与关爱工作培训会在西昌市阳光泉茗酒店召开，全省21个市州红十字会防艾工作人员或分管领导、凉山州17县市红十字会防艾工作人员或分管领导、红十字志愿者共90余人参加会议。会议由省红十字会赈济救护部副部长伍旭主持。省重传办领导黎旭介绍四川省艾滋病防治工作开展情况，四川大学华西公共卫生学院教授张建新讲解红十字会系统开展防艾工作的手段和技巧，凉山州疾控中心副主任龚煜汉介绍凉山州艾滋病防治工作开展情况，德阳市红十字会和南充市红十字会进行交流发言。

【宣传工作】　2014年5月8日是第67个世界红十字日，5月12日是中国第6个防灾减灾日，5月10日至16日为防灾减灾周。5月7日，州红十字会在《凉山日报》用半个版面刊登以防灾减灾知识为主题的《红十字防范恐怖袭击与自救互救指南》和《面对突发事件的自我保护》等文章；并从5月7日起，州红十字会在《凉山日报》“健康周刊”栏目连续5期刊登以急救互救知识为主题的《红十字急救掌上学堂下载二维码》，方便广大群众扫描下载学习。5月8日，州红十字会在西昌市月城广场开展纪念宣传活动，悬挂“防灾减灾、人人有责”横幅，并组织志愿者发放《红十字防范恐怖袭击与自救互救指南》《红十字急救掌上学堂下载二维码》《面对突发事件的自我保护》等宣传资料4000余份，提供咨询50余人次。

【工作会议】　2014年11月7日，全州红十字会2014年工作会议在西昌市元园酒店召开，州政府副秘书长杨德瑞、州红十字会常务副会长方虹出席会议，全州17县市红十字会专职副会长、红十字会专职工作人员、州红十字会全体干部、冠名红十字医疗机构、西昌学院红十字志愿者会和凉山州红十字救援队代表参加会议，会议由州红十字会秘书长李华主持。会上，常务副会长方虹总结州红十字会2014年主体工作，安排部署2015年工作。州政府副秘书长杨德瑞结合凉山州红十字会工作实际，就进一步做好全州红十字工作提出希望和要求。秘书长李华针对如何做好救灾工作、“三献”工作和冠名红十字医疗机构等工作进行培训；赈济科科长孙云华针对救护培训工作、阳光天使基金和小天使基金申请工作、统计工作等进行培训；综合科科长杨海燕针对财务工作进行培训。会后，州红十字会各科室与各县市红十字会相互交流讨论红十字会工作经验。

（审核：方虹/撰稿：孙云华）

法 治

Political and Legal

政法工作

【法治凉山建设】 2014年，州委政法委深入贯彻落实《四川省依法治省纲要》和《凉山州依法治州实施意见》，广泛深入开展法治宣传教育，主动提供法律服务，狠抓司法体制改革措施落实，严格执法、公正司法，扎实推进依法治州、法治凉山建设。全面实施大凉山彝区、木里藏区和安宁河谷三大片区差异化普法策略，深入推进“法律七进”，建立法治宣传教育基地40个、法律援助站234个，开展法制宣讲活动260场，大力培育法治信仰、倡导契约精神，积极营造全民守法的法治氛围。认真落实涉法涉诉信访、社区矫正、执法司法公开等司法体制改革措施，全面落实执法办案岗位责任，健全完善执法制度、执法办案考评机制和责任追究办法86个，不断提高政法工作法治化水平。集中开展清理、处理积案专项行动和减刑、假释、暂予监外执行专项检查活动，整改执法司法问题2286个，推动形成规范有序的法治环境。

【重点打击整治】 2014年，全州共立刑事案件8662起，侦破2631起，抓获犯罪嫌疑人3104名，其中网上逃犯639名，打掉黑恶势力团伙17个，成功侦破涉拐案件190起，解救被拐妇女儿童157人；受理治安案件15251起，查处14717起，查处违法人员15537人次；受理审查批准、决定逮捕各类刑事犯罪3047人，审查后批准决定逮捕2644人，提起公诉2901人，查办职务犯罪142人；受理各类案件28777件，审结28444件，判处犯罪分子3122人，结案率达98.84%。2014年，全州开展社会治安重点地区、重点问题、重点部位排查整治598次，清理重点场所8960处、重点部位738个，涉枪涉爆涉危重点单位486家，消除安全隐患230处，收缴枪支439支、子弹8116发、雷管29643发、炸药6911千克。深入开展打击整治组织未成年人非法外出务工犯罪活动，全面落实“七长”负责制，强化对失学和在校学生管控两个责任倒查追究，建立“凉山州驻浙江省农民工服务站”，与流入地建立区域协作区机制，通过清理排查堵截等有效措施，劝返外出务工未成年人29批448人次，取缔“黑中介”11个，抓获犯罪嫌疑人14人，遏制了未成年人外出非法务工的高发势头。

【社会矛盾化解】 2014年，各级政法部门以持续深化“大调解”工作为重点，健全完善相关工作制度，推动“大调解”工作信息平台建设，全面推进涉稳情报信息研判、领导干部和部门接访下访、社会稳定风险评估等工作，深化源头治理防范。创建县级规范化调解委员会

17个、乡级116个、村级977个，设立调解窗口6084个、调解中心479个，调整充实调解力量23640人。全年共排查化解各类社会矛盾13880起，开展重大事项社会稳定风险评估313项（次），排查化解涉稳问题1113个，妥善处置群体性事件和苗头663件，办结中央、省交办信访积案325件，解决久拖未决特殊疑难信访问题105件。全州法院系统创新推进“诉非衔接”，最大限度增加和谐因素，民商事一审案件调撤率达83.93%。

【维护社会稳定】 2014年，始终坚持把藏区维稳工作作为全州政法工作的重中之重，深化落实“主动维稳、发展创稳、强基促稳、创新抓稳”工作思路，深入开展防自焚、防群体性事件、防规模性出境“三防”行动和依法治藏工作，木里藏区“大事不出，中事不出，小事可控”，群众满意度测评位居全省第五、民族地区第一，持续成为全国最稳定的藏区之一。“木里实践”经验得到中央高度肯定，中共中央政治局常委、全国政协主席俞正声对此作出重要批示。全面强化反恐防暴措施，防范和遏制暴恐事件的发生。始终坚守新媒体舆论斗争阵地，随时掌握舆情动态，准确把握舆论走向，及时封堵、删除有害信息9423条，妥善处理网络舆情事件36起，有力维护全州政治安全。

【禁毒攻坚行动】 2014年，凉山州梯次开展“打击外流贩毒”“环蓉破冰”“扫毒害保平安”“打击国家公职人员参与吸贩毒”等禁毒整治专项行动，全面深化“肃毒害、创平安”攻坚会战，破获毒品刑事案件705件，打掉贩毒团伙26个，缴获海洛因312.37千克、鸦片33千克、冰毒7.65千克，强制隔离戒毒5186人。深化打击外流贩毒工作，进一步巩固深化与云南9个市州的禁毒协作，劝返凉山籍无序外流人员1533人，接回特殊人群217人，遣返吸毒人员445名，破获外流运贩毒品案99件，省外抓获凉山籍外流贩毒比2013年下降23%。开展声势浩大的“6·26”国际禁毒日宣传活动。深化“支部+协会”禁毒工作模式，巩固禁毒协会1775个，多层面动态管控31506名在册吸毒人员。大力推进“绿色家园”项目建设，项目规划通过省级专家评审，先期强制隔离戒毒一所、二所即将投入使用。

【社会治理创新】 2014年，创新提升社会治理水平，着力推动平安建设从打击、防范、管控向服务、管理、建设转变，努力把凉山建设成为全国最平安、最稳定、最和谐的民族地区。坚持以推动凉山社会治理体系和治理能力现代化进程为目标，扎实推进网格化服务管理体系建设，实现全州城区网格化服务管理全域覆盖，稳步向农村延伸的目标，“凉山做法、西昌经验”得到中央、省综治委的充分肯定，并在中央深化平安中国建设工作会议上作典型经验交流发言。全州网格化服务管理平台共采集录入实有人口信息1071129条，特殊人群信息10535条，关怀对象信息284777条，房屋信息360016条，场所单位信息37867条，通过网格化服务办理各类民生事项13433件（次）。进一步深化刑释解教人员服务管理和社区矫正工作，建立完善社区矫正协调联系机制，开通社区矫正人员信息化监管平台，共接收刑释解教人员2142人，安置1683人，帮教1989人。接收3414名社区矫正对象，解除矫正1568人。3487名闲散青少年、579名高危人群全部落实帮教管控措施。持续推进平安细胞工程建设，全州建成州级平安乡镇（单位）829个，县（市）级平安乡镇（单位）2033个，14个县（市）步入全省平安建设先进县（市）行列，84%的村（社区）和基层单位达到平安创建标准。健全完善“两新组织”服务管理长效机制，全州362个非公有制企业和1041个各级各类社会组织实现党组织、发展党员、党建联络全覆盖。积极推动见义勇为保护奖励工作制度化、规范化，表彰奖励6名州级见义勇为先进个人，弘扬正气，传递正能量。

【政法队伍建设】 2014年，按照党的十八届四中全会明确提出“政法委员会是党委领导政法工作的组织形式，必须长期坚持”的要求，州委政法委切实加强对政法工作的领导，狠抓全州政法队伍建设。组织全州政法系统深入开展党的群众路线教育实践活动和“转变作风，司法为民”“庸懒散浮拖”等专项整治活动，严格落实省委“两个意见”、州委“两个实施意见”，制定出台《关于建立健全全州政法机关作风建设长效机制的实施意见》和《关于进一步加强全州政法干部队伍教育管理监督的实施意见》，推进惩防体系建设，健全完善责任分解、检查考核、追究问责“三位一体”责任体系。全面深化信仰、宗旨、警示、典型“四项教育”，从严执行中央、省、州规定要求，压缩会议、精简文件，减少评比达标、迎来送往活动，全面清理超标超配公车、超标使用办公用房，普遍压缩“三公”经费，坚决整治“会所中的歪风”等问题。分级分类开展执法司法大培训94期3642人次，提升队伍运用法治思维和法治方式化解矛盾、解决问题、维护稳定的能力和水平。

（审核：米色尔海/撰稿：张雁）

公安工作

【概况】 2014年，全州公安机关按照“三同步”“两手抓”“三提升”五年发展规划，以“夯实基础、改革创新、治安立警”为基调，以“六个抓手构建六个新格局”为主线，奋力推进全州公安工作向前发展，社会大局持续稳定，治安形势总体平稳。

【反恐维稳】 2014年，凉山州公安机关完善“情报导稳、寺庙驻控、节点管控、重口防控、应急处突”五项维稳机制，建立“两真两严”藏区维稳机制和“点、线、面”反恐维稳机制，化解苗头性事件709起，全州未发生有较大影响的群体性事件，圆满完成中央、省领导视察凉山、嫦娥五号卫星发射以及西昌邛海湿地国际马拉松赛等安保任务56次。定期组织开展联动大接访，办理部、厅交办信访案件37起、网络信访事项49起，办结率达100%。

【打击犯罪】 2014年，凉山州公安机关扎实推进“平安凉山”行动，全面开展破案攻坚大会战，立刑事案件9619起，侦破3109起，刑事拘留3271人，逮捕2339人，抓获网上逃犯878人、较2013年同比上升22.6%；受理治安案件17369起，查处16789起，查处违法人员13630人，较2013年同比上升6.6%、6.3%、16.2%。强化命案侦破工作，全年全州发生命案114起、破107起，破案率达94%，13个县实现命案现案全破，命案侦破率达94%，连续三年突破90%大关，命案起诉率达100%，出现发案下降、破案上升势头。严厉打击黑恶势力犯罪，打掉恶势力团伙19个、抓获团伙成员137名、破获刑事案件166起，较2013年同比分别上升171%、140%、88.6%。严厉打击拐卖儿童妇女犯罪，采取“理两头、打中间、救妇幼”策略，深入流入地跨省联动，侦破涉拐案件35起，打击处理违法犯罪人员132人，解救被拐儿童73人、妇女84人，打拐工作受到国务院打拐办肯定。严厉打击侵财犯罪，侦破“两抢”“两盗”、诈骗案件1064起，打掉团伙30个，成功侦破布拖“11·13”涉案金额73.5万元的特大抢劫案。严厉打击经济犯罪，开展“打假”、打击商业贿赂和涉众型经济犯罪专项整治，立经济犯罪案件170起，破案130起，抓获犯罪嫌疑人114人、较2013年同比上升15.7%，挽回经济损失612万元，成功侦破省厅挂牌督办的“3·5”网络围标串标案，涉案金额高达400亿元。严厉打击网络犯罪，侦破网络刑事案件29起，抓获犯罪嫌疑人31人，侦破省厅挂牌督办的“10·18”非法获取国家秘密案，成功处置网络攻击案（事）件13起。深入开展玛瑙石私挖滥采专项治理，落实打击惩处、日常监管、卡点查缉、驻点巡查等措施；大力整治未成年人非法外出务工，遣返、劝返、拦截、核查16周岁以下非法外出务工人员1260人。

【禁毒工作】 2014年，凉山州公安机关深入开展“除毒害集团作战”和“百城禁毒会战”，破获毒品刑事案件694起（其中部厅目标案件26起），打掉贩毒团伙26个，提请逮捕621人，强制隔离戒毒6337人，缴获各类毒品350千克，破案数、打击数、强戒数、缴毒数四项指标名列全省前茅，受到部、省禁毒办表彰。毒品案件侦办从“打马仔、缴毒品”传统工作法向“打团伙、打幕后、堵外流、断链条”转变，成功侦破建州后单案缴毒数最多的“2·21”“3·1”连环贩毒案，摧毁一个跨四省的贩毒网络，抓获骨干成员23人，缴获海洛因113千克。深化外流贩毒整治工作，落实“打、追、劝、阻、堵、清、查”七项措施，被外省抓获的凉山籍外流贩毒人员1386名，外流贩毒较2013年同比下降39%。开展“千校万生”禁毒防艾大宣传、大教育、大培训，完成216名部门领导、禁毒办负责人和骨干教师培训，1707所大、中、小学校的42万余名师生禁毒教育，实现学生、教师和家长禁毒防艾教育三个100%。

【安全管理】 2014年，凉山州公安机关组织开展道路交通安全综合整治年活动，设立7个治超检查整治点，优化驾驶员考试程序，整治车管乱象，实施机动车社会化检测，落实六年新车免检新政，交通秩序明显好转。全年全州发生道路交通事故25727起，死亡295人，受伤8881人、直接财产损失1677万余元，与2013年同期相比，事故起数同比下降2.4%、死亡人数同比下降27.7%。深入开展缉枪治爆收刀查危专项行动，侦破公安部督办的“苏天来非法制造买卖爆炸物品案”，妥善处置“3·9”黄磷泄露爆燃事故和“3·18”液氯运输车辆侧翻事故，全州实现“零炸响、零丢失”。全面开展“除火患、保平安”“清剿火患”战役、“严厉查处森林火案”专项行动，对火灾隐患始终保持严管高压态势，火灾形势总体稳定。消防支队被省委、省政府评为第三届“文明单位”。

【法治改革】 2014年，凉山州公安机关加强执法规范化建设，组织开展“执法检查‘回头看’、执法质量考评、执法场所专项检查、执法示范单位创建”四项专题活动，大力整治案件“单轨制”执行不全面、办案程序不严格、涉案财物管理不规范等突出问题，发出执法监督建议书22份，及时整改一批执法问题。在全省率先探索监视居住试点工作，建成执法办案中心16个、执法功能区166个，完成率达89%、98%。稳步推进改革创新，搭建“6+2”改革创新框架体系，全面推进8个方面42项重点工作，实行户籍同城“一站式”办理，开展“五个一、三有微笑”服务活动，出入境管理部门推出跨省市异地办证、“一站式”办理便民举措，办理出境证件39639件次，较2013年同比增长50.5%。持续开展“万警进万家”活动，建立结对帮扶机制，走访群众1600余人，帮扶困难群众712户。

【基层基础】 2014年，凉山州公安机关深化“一标三实”基础信息大采集，总结推广“以图定房、以房定人”“一照、二查、三看、四研、五搜”基础信息采集工作法，采录标准地址184.9万条、实有房屋信息136万条、实有人口信息304.6万条、实有单位信息8.6万条，完成省厅下达任务量的145%、106%、126%、83%。应用服务破案119起、位居全省第一，“9·10”特大团伙贩毒案被公安部评为“全国十佳信息化破案精品案例”。加强公安信息化建设，启动“智慧型平安城市”规划筹建工作，投入2537万元的图像资源整合平台有序开展。建成以应急通信指挥车为基础，以350兆集群通信、无线单兵系统、卫星地面站、高清大屏系统为支撑的应急通信保障体系。建成350兆通信基站55个、城区覆盖率达100%，建立州、县、乡的三级点名通信联络机制。州政府将11个强制隔离戒毒所改扩建列入2014年“十项民生工程”，会东、宁南、布拖、美姑4个看守所主体工程完工，昭觉县看守所、普格县监管中心破土动工；消防站开工建设7个、完成主体工程建设4个；在建公安业务用房2个，昭觉、金阳、越西、宁南4个毒品检查站已列入“十二五”规划。

【队伍建设】　2014年，凉山州公安机关统筹推进群众路线教育实践活动、队伍突出问题集中整治、“庸懒散浮拖”专项整治，逐级开展学习教育、对照检查、查摆剖析、整改提高等工作，有力整治“四风”方面的问题和队伍中存在的突出问题，教育引导“亚健康”民警51人，及时纠正制止多起苗头性问题。贯彻落实省委“两个意见”，全面落实党委主体责任、纪委监督责任，持续强化党风廉政建设和纪律作风建设，严格执行中央“八项规定”、公安部“三项纪律”、省公安厅“八个一律”等纪律规定，从严从实教育、管理、监督民警队伍，警示谈话94人次，处分民警38人、移送司法机关5人。州公安局党委班子在四好班子和基层党组织建设测评中受到广大民警点赞，满意率达99.9%。创新教育培训方式，坚持“战训合一、轮训轮值”与“走出去、请进来”相结合，着力抓好岗位练兵、比武竞赛、实战训练、反恐防暴演练，强化互动式、体验式、研讨式、实战化教学，完成民警、教官培训1889人，教育训练工作进入全省第一方阵，在全省比武竞赛中经侦业务技能比武荣获团体第三名、消防通信岗位比武荣获团体第三名、交警射击比武竞赛荣获团体第四名、特巡警练兵比武荣获团体第六名、装财实战化演练荣获第六名、刑侦警犬比武荣获第七名，州公安局荣获全省首届警体运动会总团体第五名。实施年轻干部培养计划，首次组织12名年轻科级领导干部挂职锻炼，继续组织37名青年民警学习交流，推荐2名干部参加全省公安优秀干部人才递进培养班。创新警务督察“三六”机制，其经验在全省督察巡视工作会上作交流发言。严格落实省厅“五句话”和州局“五化”要求，狠抓警容风纪、内务环境、工作作风，全州公安机关规范化建设迈上新台阶，木里藏区公安机关成为全省内务建设“排头兵”。完善民警绩效考核、目标管理考核、操行考评细则等制度办法，群众满意综合指数较2013年同比上升5.4%，保持逐年攀升的势头。坚持正确导向、任人唯贤，完成98名科级领导干部转正和10名副县级非领导职务选任工作，对部分岗位作交流调整，进一步激发民警干事创业的激情和活力。坚持培植典型、示范带动，全面开展“双十佳”“百名岗位能手”“好警嫂”评选表彰活动，“学英雄、见行动，争做杜萍式好民警”主题活动，形成崇尚先进、学习先进、争当先进的浓厚氛围，全州25个单位被记功嘉奖，368名个人受到表彰奖励。全国性先进典型不断涌现，西昌市公安局戒毒康复中心荣获“全国公安机关爱民模范集体”荣誉称号，杜萍被公安部评为“全国公安系统二级英模”，警训处教官蒋沛宏被公安部评为“全国公安教育系统优秀教师”，德昌县公安局马康被公安部评为“全国督察工作先进个人”。

（审核：梁小辉　石援外/撰稿：古浩）

检察工作

【概况】　2014年，全州检察机关认真学习贯彻党的十八届三中、四中全会，中央政治局常委会议，省委十届四次、五次全会，州委七届五次、六次全会，中央、省委、州委经济工作会和中央、省、州政法工作会，全国、全省检察长会议精神，以执法办案为中心，努力推进平安凉山、法治凉山建设，深化检察改革，不断提升检察工作水平，为全面建成小康社会，努力加快建设美丽富饶文明和谐新凉山提供有力司法保障。

【反贪污贿赂工作】　2014年，全州两级检察机关在查办贪污贿赂犯罪案件中不断创新工作思路，更新执法理念，规范办案流程，加强对涉案款物扣押程序，坚持讯问犯罪嫌疑人全面、全程、全部录音录像制度，牢固树立信息引导侦查意识，进一步优化硬件配置，搭建州检察院侦查情报信息处理平台，通过信息拷贝、直联互通、建立绿色通道等形式，建立完善行贿人信息等基础信息的侦查信息库，协调相关部门实现资源整合和信息共享。办案中注重盘活办案力量，整合侦查资源，切实增强调查取证能力，逐渐形成适合凉山州工作实际的反贪侦查一体化工作模式，查办贪污贿赂职务犯罪案件创历史新高，全州18个基层检察院反贪工作实现满堂红。全年全州共受理贪污贿赂案件线索190件223人，初查117件128人，立案查办贪污贿赂案件110件124人，与2013年同期相比，受理案件线索和初查分别上升167.6%和67.1%，立案件数上升69.2%。其中大要案102件113人，大要案件数与2013年同期相比增长108.1%。已侦查终结88件100人，侦结率为71.9%；移送审查起诉80件90人，提起公诉67件78人，起诉率为83%。

【公诉检察工作】 2014年，全州两级检察机关认真履行公诉职能，不断加强队伍建设，始终保持对各类犯罪案件“严打”方针不动摇，全年共受理各类刑事案件2343件3643人，自侦部门移送案件117件135人，经审查后依法提起公诉1928件2901人，不起诉案件124件198人；自侦案件不诉13件15人，撤回起诉案件7件9人；积极开展未检工作，严格执行未成年人犯罪记录封存制度，对涉罪未成年人及时开展回访帮教工作，共受理未成年人犯罪案件102件228人，起诉87件196人，不诉6件17人，开展社会调查3次；认真审判监督职能，共追诉漏罪5件8人，追诉漏犯12件30人，派员出席第一审法庭1678次、第二审法庭41次，派员审理简易程序案件591件。依法提出量刑建议429人。审查人民法院的刑事判决、裁定等法律文书1422份；依法提出书面纠正违法通知4件，支持抗诉2件3人，提请抗诉2件2人，向人民法院发出《纠正违法通知书》4份；以书面检察建议的方式向县人民政府提出管理意见1份；向侦查机关和人民法院发纠正违法检察建议29份，采纳15份；充分保障诉讼参与人的权利义务，提供辩护律师阅卷302人次，网上预约查询34人次，及时对发布案件程序性信息1536件，及时公开法院已做出生效判决案件的起诉书等法律文书175份。

【侦查监督工作】 2014年，全州两级检察机关立足侦查监督职能，突出侦查活动、立案监督重点，严格把握审查逮捕条件，依法开展各类专项监督活动，着力抓好“两法衔接”制度建设，全力维护民族地区社会稳定。全年共受理公安机关提请逮捕的各类刑事犯罪案件1944件2995人，较2013年同比件数下降6.4%、人数同比下降5.6%，经审查，依法批准逮捕1736件2580人，较2013年同比件数下降10.48%、人数同比下降8.22%；不捕374人，较2013年同比上升12.7%，其中不构成犯罪不捕23件52人，因事实不清、证据不足不捕91件192人，无社会危险性不捕51件99人，符合监视居住条件不捕1人，其他不捕19件30人。共受理职务犯罪审查逮捕案件54件60人，审查后决定逮捕48件54人，逮捕率为88.8%，决定不予逮捕5件5人，不捕率为9.4%。强化监督职能，增强监督实效，共纠正漏捕19件30人，依法提起公诉22人，向侦查机关发出书面纠正违法21件，发出检察建议15件，采纳14件。适时介入侦查50件，发出《逮捕案件继续侦查取证意见书》20份。大力开展破坏环境资源和危害食品药品安全违法犯罪专项监督活动，建议行政执法机关移送涉嫌破坏环境资源和危害食品药品安全违法犯罪的案件25件37人，公安机关立案24件34人，公安机关提请批捕16件25人，检察机关批捕16件25人。着力抓好“两法衔接”制度建设，不断完善行政执法与刑事司法衔接机制，建议行政执法机关移送涉嫌犯罪案件19件29人，较2013年同比件数增长46%。

【反渎职侵权工作】 2014年，全州两级检察机关认真贯彻中央关于保障和改善民生的重大部署，深刻把握当前反腐败斗争的新形势新任务，以执法办案为中心，加大办案力度、强化办案措施、突出办案重点、提高办案质效，着力查办党委、政府关注、人民群众反映强烈、危害民生民利的渎职侵权犯罪。全年共受理初查渎职侵权犯罪案件线索19件23人，初查后立案侦查13件16人，大要案件6件8人。

【监所检察工作】 2014年，全州两级检察机关深化三项重点工作，落实“三个强化”总体要求，以看守所“两网一线”建设为重点，加大对刑罚执行和监管执法活动的动态监督，积极查办监管人员职务犯罪和被监管人又犯罪工作，建立完善检察官约见工作制度，畅通被监管人及其近亲属的诉求渠道，全力维护监管场所的安全稳定、保护被监管人的合法权益。全年共受理监管人员职务犯罪案件线索2件3人，立案侦查1件2人。受理监管单位移送的又犯罪案件3件3人，审查后提起公诉3件3人；受理羁押必要性审查案件8件，提出的释放或变更强制措施建议6件；死刑执行临场监督12次。在开展监管场所专项整治和清理工作中查出久押不决案件16件37人，清理13件34人。审查监管单位呈报的减刑2508人，假释93人，暂予监外执行49人，审查后发现减刑、假释、暂予监外执行不当情况61件，发出书面纠正意见61件，均被纠正，对监外执行罪犯3818人（含社区矫正人员2552人）进行监督检查，对存在脱管、漏管等违法情况向监管单位提出书面纠正意见76件，纠正69件。全州21个派驻检察室，有18个驻所检察室实现监控和监管场所内网联通。荞窝监狱驻狱检察室被高检察院评定为一级规范化检察室，9个驻所检察室被省检察院评定为二级规范化检察室，8个驻所检察室被省检察院评定为三级规范化检察室，2014年5月州检察院专门向州人大常委会专题报告了监所检察工作情况。

【控告申诉工作】 2014年，全州两级检察机关紧紧围绕加强监督制约、加强权利救济、加强矛盾化解的控告申诉工作要求，全面落实首办责任制和检察长接待日制度，积极推进信访改革，加大刑事司法救助工作力度，依法办理涉检信访事项。全年两级控申部门共受理控告举报案件线索262件，控告部门办理1件，分送本院其他部门17件，移送其他检察院23件，移送公安机关25件，移送其他机关6件，直接答复62件，存查8件；举报线索举报中心初核2件，分送本院其他部门58件，移送其他检察院46件，转其他机关7件，直接答复3件，存查3件。受理申诉案件线索98件，控申部门办理7件，分送本院其他部门8件，移送其他检察院20件，移送公安机关2件，移送审判机关2件，直接答复55件，存查10件。两级检察院检察长共接待群众来信来访及批处理交办案件55件，办理救助案件27人，发放救助金11.4万元，其他救助方式2人。开展以“依靠群众惩治职务犯罪，公开检务强化自身监督”为主题举报宣传周活动，制作宣传展板25个，设宣传点36个，接受群众咨询600余人次，发放宣传资料10000余份。

【民事行政检察工作】 2014年，全州两级检察机关把依法办理民事行政诉讼监督案件作为全面贯彻执行修改后民事诉讼法的着力点，坚持诉讼结果、诉讼过程和执行程序“三位一体”监督格局，更新监督理念，拓展监督渠道，全年共受理民事行政检察监督案件123件。其中审结生效裁判结果监督案件30件，提请抗诉、向法院发出再审检察建议案件7件，对申请人的申请作不支持监督决定21件，办理人民法院民事行政审判活动违法情形监督案件10件，发出监督意见10件，法院采纳10件，办理人民法院民事行政执行活动违法情形监督案件9件，法院采纳监督意见9件，办理民事行政诉讼违法行为监督案件2件2人，办理督促履行职责、支持起诉案件42件，为农民工群体挽回经济损失150余万元。充分发挥检察建议“同级监督便于沟通和提高诉讼效率”的优势，全年向法院提出再审检察建议5件，依法纠正9件人民法院在执行中违法执行案外人财产、执行人员假冒被执行人签名、违法送达，伪造证据结案、违法重复查封、扣押、冻结、拍卖违反法定程序、对案外人提出的书面执行异议不依法作出裁定、终结执行不符合法律规定的违法执行行为。

【环境资源检察工作】 2014年，全州两级检察机关加大涉林职务犯罪的查处力度，共立案查办涉林职务犯罪案件16件16人，追缴赃款数百万元。其中受贿案14件14人、行贿案1件1人、渎职案1件1人，决定逮捕16件16人，提起公诉4件4人。法院依法作出有罪判决2件2人。受理森林公安机关提请批准逮捕涉林刑事案件54件71人，依法批准逮捕56人，共受理森林公安机关和本院自侦部门移送审查起诉72件100人，法院依法判处31件52人，提起公诉的案件均作有罪判决。2014年9月29日，凉山州检察院林业检察处更名为凉山州检察院环境资源检察处，主要办理破坏环境资源类犯罪检察案件及查办环境资源类职务犯罪案件，进一步加大林业检察职能。

【案件管理工作】 2014年，全州两级检察机关以统一业务应用系统为载体，加强案件流程监控、质量评查和考核评价，大力推进案件信息公开系统的部署应用，推动检务公开。全年共统一受理侦查机关、本院办案部门各类案件4476件8349册；对办案活动中不规范情形口头提示49件，纠正37件；发送流程监控通知书36件，纠正并书面回复35件；根据省检察院要求，对2014年度特定种类案件的质量进行评查，做到一案一表，实事求是地对办案质量作出评价；扎实推进统一业务应用系统，州两级检察院在统一业务应用系统共运行各类案件5552件；大力推进案件信息公开系统的部署应用，州两级检察院共公开案件程序性信息1834条，重要案件信息139条，法律文书148份，为律师办理网上预约申请38件；进一步加强辩护人、诉讼代理人统一接待工作，全年共接待辩护人、诉讼代理人侦查期间申请会见4次，要求或申请阅卷297次，安排阅卷297次，申请调取收集证据材料4件，申请变更或解除强制措施3人，要求听取意见8次，其他事项26次。接待律师、其他人员查询案件信息228次；制定《凉山州人民检察院基层院工作绩效考评办法》，进一步更新考评理念，改进检察业务考评工作，充分发挥考评工作的积极作用。

【职务犯罪预防工作】 2014年，全州两级检察机关围绕工作大局，不断深化预防工作机制建设，深入推进专项工作和重点工作，推动预防工作健康有序发展。与大型国有企业、行政执法部门、银行等加强联系，开展预防知识讲座、专题教育、预防警示教育37次，播放预防警示教育光碟11次，组织2361人次到监狱听取职务犯罪服刑人员悔罪说法；与联系单位召开预防职务犯罪联席会、情况通报会、工作座谈会等会议37次，为有关单位提供预防咨询21次，结合办案、预防活动开展向有关单位提出预防职务犯罪建议33项，被采纳28项；以预防宣传、警示教育“五进”活动为重点，开展预防宣传活动51次，向关系民生领域的相关部门发出检察建议13项；对重大投资建设项目开展跟踪服务活动，共计开展重大建设项目跟踪服务21项，与建设单位召开预防职务犯罪联席会议11次，共同开展预防建设中的职务犯罪专项调查7次，向建设单位提出预防职务犯罪建议9项，向建设单位通报工程建设中的职务犯罪新动向、新趋势13次。

【法律政策研究工作】 2014年，全州两级检察机关以检察理论研究为基础，以检察应用理论研究为依托，以检察专题调研为主线，充分发挥法律政策研究服务大局、服务领导决策、服务检察业务、服务检察干警的综合服务职能，不断提高法律理论研究能力。全年共撰写各类调研文章150余篇，完成4期《凉山检察》杂志的组稿、编辑工作，编写凉山州人民检察院精品案例选编《第四辑反渎职侵权案例专集》，编印《检察调研》4期、《检察队伍建设》79期；加强检委会规范化建设，充分发挥检委会作为检察业务决策机构的职能，全州共有检委会委员159人，专职检委会委员14人，两级检察院共召开检委会149次，讨论案件241件，重大事项5件，州检察院深入11个基层检察院旁听检委会，对基层检察院检委会规范化建设工作存在的问题进行现场指导，提高检委会议事决策能力和水平。

【人民监督工作】 2014年，全州两级检察机关以加强接受外部监督为推手，以加强公正执法、文明办案为目的，以建设检务公开平台为载体，全面加强人民监督员工作和检务公开制度改革工作。在两会期间认真听取人大代表、政协委员对检察工作的意见和建议，积极邀请代表委员、人民监督员、特约检察员参加检察机关开展的各项执法、宣传、工作视察、检察长会议、“检察开放日”等活动，扎实做好代表委员和特约检察员联络工作；深入推进人民监督员工作，组织人民监督员监督“七种情形”9件9人。视频监督3件3人；全力推进深化检务公开制度改革工作，制定《凉山彝族自治州人民检察院“检务公开平台建设”州、县两级院网站群建设方案》，州检察院门户网站于7月1日改版上线运行，各基层院门户网站于10月28日全部上线运行。

【检察队伍建设工作】 2014年，全州两级检察机关以思想政治建设、领导班子建设、人才队伍建设、基层基础建设和文化舆论建设为重点，创新举措、深入开展“转变作风，司法为民”纪律作风教育整顿活动、党的群众路线教育实践活动、“增强党性、严守纪律、廉洁从政”专题教育活动、“庸懒散浮拖”问题专项整治工作以及规范执法年活动，通过学习教育、查找问题、征求意见、专项整治、整改落实、建章立制等方式着力解决人民群众反映强烈的突出问题，切实转变工作作风，努力提高做好新形势下群众工作的能力；全面实施“人才强检”工程，认真执行《凉山州基层检察院副检察长和反贪局局长任前考试暂行办法》，把好领导干部任职关；扎实推进教育培训工作，组织中心组学习13次，选派195名干警参加各类培训，轮训各类干警725人，通过司法考试14人；大力开展检察文化建设，成立凉山州检察官文联，并召开州检察官文联成立暨第一次会员代表大会，各检察院检察文化建设开展得有声有色；建立对口受援工作机制，共接受援助资金110万元、价值3万余元的书籍1014册、挂职指导工作1人、座谈会9次、法学讲座2场，对推动凉山州检察业务工作的发展起到了重要的积极作用；认真践行“五个一”直接联系服务群众工作制度和“一线工作法”，深化“挂包帮”活动，为侯古莫乡、盐井镇落实项目6个，协调项目资金638万元，州检察院被评为“凉山州挂包帮活动及百乡教育扶贫工程先进集体”；进一步完善评先创优制度，全州检察机关48个集体和82人次受到州级以上表彰；加强检察宣传工作，开通州检察院官方微博、微信，及时反映全州检察工作开展情况和工作动态，在各级媒体上发稿613条（篇、幅），其中省级、国家级媒体342条（篇、幅）。

【后勤保障工作】 2014年，全州两级检察机关全面加强办公室、计划财务、检察技术、检察信息、司法警察、机关党建、机关服务中心等工作，为执法办案提供强有力的后勤保障、技术支持、组织保证和安全保证。办公室工作始终坚持以检察文稿工作为重点，不断加强对党的路线方针政策和相关领导讲话的学习，提高领会、把握和拓展领导意图的能力，更好地为领导决策提供参考，进一步强化制度，确保公文管理工作有序运作、目标管理工作稳步推进、会务水平不断提高，进一步完善各项档案管理工作规章制度，不断加强网络软硬件建设，确保机要保密工作安全。计财和机关服务中心以做好后勤保障工作为重心，坚持厉行节约，严格财经纪律，科学编制预算，加大对国有资产管理、暂扣款物、服装、枪弹、车辆、公务接待等的管理力度，不断提升服务质量和保障水平；深入实施科技强检战略，全面深化检察信息化应用，着力推进全国检察机关统一业务应用软件技术运用和后台保障，大力完善网络基础设施，加强规范化管理和制度建设，全面提升电子检务工作和信息化服务检察中心工作的能力和水平，推动检察信息化工作不断向前发展，全年共开展三级或两级视频远程会议联调及保障远程会议共45次，开展远程案件讨论、远程办理人民监督案件7件，开展同步录音录像案件155件，录制次数424次，时长885.12小时，开展电子证据鉴定业务2件；司法警察工作坚持以服务检察办案工作为中心，以保障办案安全为重点，充分发挥职能作用，为检察机关履行法律监督职能提供有力的警务保障，全州两级检察院司法警察共参与自侦办案，立案侦查110件124人，参与刑检办案185件；保护犯罪现场出警155人次；参与搜查出警125人次；参与执行冻结扣押查封出警126人次；协助执行拘留逮捕88人次；执行拘传、传唤、看管、提押、看管送达法律文书出警450人次；参与查询65人次；抽调基层检察院警力60人次；协助调查取证105人次；参与出庭维护秩序25人次；协助补充取证55人次；警务协助15件85人次。

【其他工作】 2014年，机关党委工作坚持以加强党的执政能力建设为重点，以增强检察机关活力为前提，全面加强和改进机关党的建设工作，努力提高党员队伍政治素质，完善党的组织建设，树立支部的堡垒作用，加强机关党风廉政建设，切实改进机关工作作风；纪检监察工作紧紧围绕党和国家工作大局，切实履行工作职责，深入开展专项行动，深化巡视督查和检务督察工作和惩防体系建设，全年共开展检务督察活动239次。

（审核：米滨/撰稿：丁梅）

法院工作

【概况】 2014年，全州两级法院在州委的坚强领导，州人大及其常委会有力监督、州政府大力支持、州政协民主监督和上级法院正确指导下，以党的十八大精神为统领，深入学习贯彻党的十八届三中、四中全会精神，围绕依法治州工作大局，以执法办案为第一要务，努力维护社会大局稳定，促进社会公平正义，保障人民安居乐业，为全州经济社会发展提供了有力司法保障。全年全州法院共受理各类案件28777件，审结28444件，结案率98.84%。其中：州法院受理各类案件4888件，审结4752件，结案率97.22%。

【刑事审判】 2014年，全州共受理各类刑事案件2227件，审结2212件，结案率99.33%，共判处犯罪分子3452人。针对严峻的毒品犯罪形势，始终保持对毒品犯罪的严打高压态势，判处毒品犯罪案件565件754人。深入推进“打黑除恶”斗争，判处杀人、强奸、拐卖妇女儿童等犯罪案件410件590人，切实维护社会稳定。判处“两抢一盗”、诈骗等犯罪案件524件950人，依法保障群众财产。判处危害食品、药品安全犯罪案件8件15人，宁南县、德昌县法院分别公开审理了凉山州首例“地沟油”案和“毒豆芽”案，切实保障食品药品安全。加大惩治贪污贿赂犯罪力度，突出打击权钱交易等腐败案件，共审结职务犯罪案件68件83人。如西昌市法院公开审理原凉山州国有投资发展有限责任公司党委书记、副总经理受贿、贪污一案，全州200余名纪检监察干部、国资企业负责人旁听庭审。坚持宽严相济刑事政策，扎实推进量刑规范化工作，统一全州法院1708件刑事案件的量刑方法和步骤、量刑情节适用标准，促进量刑公开公正。依法审理未成年人犯罪案件，认真落实未成年人犯罪记录封存制度，有效预防和减少未成年人再次犯罪。全州法院完成最高法院、省法院刑事案件远程视频提讯107次，州法院被评为全国法院远程视频提讯工作先进集体，系全省唯一获此荣誉的中级人民法院。

【民商事审判】 2014年，全州共受理各类民商事案件18735件，审结18506件，结案率98.78%，涉案标的35.92亿元。审结婚姻、继承等家庭纠纷案件4100件，促进社会公序良俗。审结买卖、借款、建设施工等各类合同纠纷案件6202件，涉案标的19.75亿元，维护公平有序、诚实守信的市场秩序。审理劳动合同、劳动保险、劳动损害赔偿等涉民生案件1380件、涉案标的1.68亿元，切实维护群众合法权益。在多次调研的基础上，制订《全州法院关于规范委托、委派、指定特邀人民调解员调解工作规则（试行）》，在充分发挥彝族“德古”调解优势的同时，进一步规范彝族“德古”依法居中调解行为，促进诉非衔接工作的开展。全年全州法院共调撤各类民商事案件14933件，调撤率80.69%，调撤率继续保持全省法院第一名。积极落实人民陪审员“倍增计划”，进一步扩大司法民主，全州人民陪审员总人数已达725人，占全州法院法官总数的120%。人民陪审员参与陪审一审案件3180件、陪审率达可参审案件的84.26%。在知识产权案件审理中，深入开展“民事、刑事、行政三合一”试点工作，切实加强知识产权保护力度。积极为企业安全生产提出建议，州法院关于《强化责任、细化措施，确保供用电安全的司法建议》，受到国网四川省电力公司凉山供电公司、四川西昌电力股份有限公司高度重视，及时提出改进措施并回函致谢。

【行政审判】 2014年，全州共受理各类行政案件158件，审结151件，结案率95.57%。以保护当事人诉权为重点，依法维护行政相对人合法权益，对7件行政案件予以撤销和变更。通过释法明理，当事人主动撤诉75件。促进政府依法行政，对涉及资源、城建、工商、交通等行政案件的具体行政行为进行合法性审查，维持行政机关具体行政行为37件，促进行政机关履行社会管理职能。及时分析、梳理和反馈在行政案件中发现的问题，促进司法与行政良性互动。针对全州农村违法占地建房现状，州法院向州政府发出《关于遏制农村违法占地建房的司法建议》。

【执行工作】 2014年，全州共受理各类执行案件4943件，执结4862件（含依法终结案件581件），执结率86.61%，执行到位标的3.577亿元。全州法院分别开展涉民生案件，涉金融债权，“转变执行作风、规范执行行为”，“反规避、惩失信”，清理执行积案等专项执行活动。其中：涉民生案件共执行到位标的872.04万元。将26名失信被执行人向社会公开曝光、促使7名被执行人自动履行义务，将4名失信被执行人纳入人民银行征信系统。在州委政法委领导下，全州法院于6月30日前完成“点对点”执行网络查控系统建设，法院与银监会、工商、住建、房管、国土、国税、地税及各大商业银行等单位部门之间形成协调联动工作格局，有效打击规避执行、逃避执行行为。全年全州法院“执行110”共出动执行警力1021次，促成执行和解案件1642件，采取罚款、司法拘留、强制搜查、限制出境等强制执行措施执行各类案件821件。严格落实执行案件一个案款账户、一本归口管理的案款台账、一条网上评估拍卖渠道的“三个一”制度，确保案件执行过程公开透明，执行案款及时兑付债权人。

【审判管理】 深入推进网上办案，州法院2014年制作网上办案通报8期，解决办案系统和网上办案中的问题865次，确保网上办案信息准确、同步、规范、完整。坚持常规性、经常性案件质量评查与申诉信访案件等重点案件评查相结合，共评查各类案件1806件，制作“案件质量评查通报”10期。根据要求，对甘孜藏族自治州法院187份和湖南省湘西土家族苗族自治州法院50份上网裁判文书开展交叉评查，共同提升裁判文书质量。认真查找全州法院弱势指标和工作短板，先后完善案件质量评查、案件审限管理等规定，健全流程监控、质量评查、责任倒查相结合的审判管理体系。全州法院审判质效整体值继续保持在全省一流法院方阵。昭觉、布拖、会理、雷波、普格、金阳等7个基层法院进入全省188个基层法院前35名，州法院受到省法院集体嘉奖。

【司法为民】 2014年，全州法院积极为群众提供诉讼引导、案件查询、诉讼材料收转的“一站式”诉讼服务，州法院首次以电子邮件确认和解协议，化解异地纠纷的方式被《凉山日报》以《身处异地调解难，司法为民有妙招》为题予以报道。全州法院共巡回审理各类案件8198件。州法院将法庭搬进医院，在病床前审理一起借贷纠纷，将司法便民利民落到实处。深入推进“法律七进”工作，全州法院选派100余名干警担任学校法制副校长或法制辅导员对广大学生进行法制教育辅导。木里县法院向唐央乡芽根寺送去藏汉双语版法律书籍200余本。全年全州法院对1526件案件减、免、缓诉讼费219.9万元，对144件208人给予司法救助302.83万元，对228件333人发放执行救助金138.89万元。自觉把法院工作置于人大、政协及社会各界的监督之下，认真听取意见建议，及时改进工作。认真办理和及时回复政协提案4件，满意率100%。自觉接受检察机关法律监督，审理抗诉案件7件。针对不法电信诈骗，州法院多次在电视台、广播电台、互联网、微博、微信上发布告示，在集市、商场、社区等人员密集场所张贴公告，提醒广大群众小心防范、妥善应对。

【司法公开】　2014年，全州法院开展和推进裁判文书公开、审判流程公开和执行信息公开"三大平台"建设，在互联网上公布裁判文书3798份（其中：州法院公布1591份，基层法院公布2207份），占应当上网生效案件数比例的33.16%。全州法院正式启用科技法庭28个，实现案件庭审的全程录音录像。全部建成执行公开网站，并在诉讼服务大厅设置触摸屏电脑，当事人可通过法院门户网站和自助查询系统查询执行案件的有关情况。全年审理减刑案件2374件、假释案件114件。从6月份起，对四川省荞窝监狱、攀西监狱，凉山监狱1374件减刑、假释案件的提请减刑、假释建议书和法院制作的裁判文书在互联网上予以公示。州法院首次将四川省攀西监狱提请的9件"三类罪犯"减刑案件的审理视频在互联网、微博和微信上予以公开，主动接受社会监督，促进减刑案件的审理更加公开透明。

【基础建设】　2014年，会东、甘洛、冕宁等7个县市法院审判大楼及"一站式"诉讼服务中心完成建设并投入使用，美姑县法院新审判大楼开始动工建设。加大对基层法官、"双语干警"招录力度，公开招录上岗的102名干警全部充实到基层法院及派出法庭。完成全州法院人事系统联网安装工作，实现省、州、县（市）人事管理三级联网，完成人事信息录入及修改2763条。全州法院办公自动化网络运行维护1600余次，有效保障法院案件流程管理系统的正常运转。新报建盐源县法院泸沽湖法庭等5个建设项目，越西县法院对"10·1"地震中受损的3个派出法庭及时进行检测、加固和维修。购置执法记录仪等安保装备，不断加强法院安保工作。

【队伍建设】　2014年，全州法院从加强思想政治建设、提升司法能力、改进司法作风着手，狠抓队伍司法能力和司法作风建设。一是深入开展群众路线教育实践活动，规范司法行为。全州法院以群众路线教育实践活动的开展促进法院工作，以工作成绩检验教育实践活动成效。州法院通过深入基层、问卷调查、召开座谈会、交心谈心等方式，征求到275条意见建议，认真制定整改清单逐项加以落实。全面贯彻中央"八项规定"、省州"十项规定"，扎实推进省委"两个意见"落实，切实简化文风会风。深入开展"转变作风，司法为民"活动，对收集到司法作风方面的52条意见，废、改、立68项规章制度。着力整治立案信访、诉讼服务中心等窗口部门服务态度差、办事效率低等涉及群众利益、关系群众感情、服务群众"最后一公里"的问题。采取有效措施，对工作时"人岗分离"、工作敷衍塞责等38个问题进行集中整改，细化整改措施，着力构建整治"庸懒散浮拖"问题长效机制。二是加强教育培训，提升司法能力。组织基层法院院长、藏区法院院长37人次参加国家法官学院调训，组织1200余名干警参加全省预备法官、法庭庭长、刑事量刑规范化、信息化技术、"彝汉双语""藏汉双语"、民商事审判和司法统计等业务培训，组织全州法院干警6687人次参加10期政法大讲堂网络培训。先后开展法警岗位练兵，法官、书记员审判技能竞赛和户外拓展训练等活动，以比促学、以赛促训，提高司法能力。全年全州有1名干警被西南政法大学聘为兼职教授并担任西南交通大学《司法改革与制度完善——民事诉讼专题研究》一书副主编，3名干警撰写的《少数民族地区诉讼与非诉讼纠纷解决机制探寻》一文获得中国法学会第九届“泛珠三角合作与发展法治论坛”二等奖，凉山中院在国家级法治学术论坛上首次获得殊荣。同时，凉山中院2篇学术论文获得中国法学会“中国调解高峰论坛”二等奖，1篇学术论文获得中国法学会“西部法治论坛”优秀奖。三是加强党风廉政建设，改进司法作风。严格落实“两个责任”，制定《关于落实党风廉政建设主体责任的实施办法》和《关于落实党风廉政建设监督责任的实施办法》，深入推进全州法院党风廉政建设和反腐败工作。全面开展述责述廉活动，各县市法院院长、纪检组长和州法院各部门主要负责人分别向州法院党组和纪检监察部门述责述廉。进一步加强司法作风建设，以问题为导向，结合执法办案，在抓常抓细抓长上下功夫，不断创新载体，持续开展廉洁司法教育活动。通过开展司法巡查、审务督察、开通举报网站等一系列举措，深入整治人民群众反映强烈的“六难三案”问题，确保司法作风建设规范化、常态化、长效化。全年纪检监察部门共收到群众来信72件，接待当事人来电来访206人次，诫勉谈话5人次，提醒谈话4人次，信访谈话18人次，对违纪违法行为“零容忍”。

【荣誉】 2014年12月29日，四川省高级人民法院、四川省人力资源和社会保障厅授予凉山州中级人民法院政治部、凉山州中级人民法院民事审判第一庭、昭觉县人民法院、布拖县人民法院办公室、会理县人民法院执行局、雷波县人民法院黄琅人民法庭、金阳县人民法院对坪人民法庭七个单位和部门“四川省法院系统先进集体”称号；授予凉山州中级人民法院办公室副主任张旭（彝族）、凉山州中级人民法院研究室副主任张黎（女）、凉山州中级人民法院立案庭副庭长、潘琼（女，彝族）、凉山州中级人民法院刑事审判第二庭副庭长吉晓红（女，彝族）、普格县人民法院刑事审判庭庭长蒋映凯、宁南县人民法院副院长李燕、美姑县人民法院办公室主任张晓冬、盐源县人民法院树河人民法庭庭长刘永华、冕宁县人民法院巨龙人民法庭庭长伍彬（彝族）、德昌县人民法院宽裕人民法庭副庭长边绍红、越西县人民法院顺河人民法庭庭长吉俄热吉（彝族）11名干警“四川省法院系统先进个人”称号。

（审核：冯成/撰稿：张黎）

司法行政工作

【概况】 2014年，凉山州司法局党委紧紧围绕适应形势任务、寻求突破创新，健全管理机制、改善工作作风，潜心基层建设、夯实发展基础，锤炼能力素质、铸造过硬队伍的工作主线，以服务全面深化改革、强化法制保障职能、推进平安法治建设三项重点工作为着力点，扎实深入开展党的群众路线教育实践活动，全力推进服务群众“八件实事”落实，司法行政各项工作强力推进，为凉山追赶跨越发展、实现同步小康提供有力的法律服务和法治保障。

【普法依法治理】 2014年，凉山州司法局充分发挥普法宣传教育在社会法治中的基础和先导性作用，以“法律七进”工作为重要载体和主要内容，全面推进实施分类普法策略。一是安宁河谷地区的6县市，在巩固以前普法成效的基础上，全面贯彻落实《四川省“法律七进”三年行动纲要》要求，不断提升全社会法治意识和法律素质，为片区率先发展提供强有力的法律支撑和保障。二是大凉山彝区10县，研究制定《大凉山彝区普法大纲（2014—2016年）》，以机关干部、青少年学生、农村群众三大群体为重点对象，分类开展差异化普法，着力提升彝区社会法治文明程度，努力将彝区社会事务管理纳入法治化轨道，为彝区扶贫攻坚、追赶跨越发展创造良好的法治环境。三是木里藏区，在巩固和发扬“木里实践”经验的基础上，突出抓好法律进寺庙工作，提高寺庙教职人员和信教群众爱国守法意识，增强寺庙依法管理能力，为推进藏区跨越发展和长治久安奠定坚实的法治基础。全州依托驻州监狱、县市强制隔离戒毒所建立法纪教育基地12个，开展警示教育91次，受教育面8万人次；在3890个村（居）民小组确定一名“法律明白人”培养对象，向890个行政村（社区）选派律师、基层法律服务工作者担任法律顾问，法律服务小分队深入180个行政村（社区）开展法律服务、法律援助、法制宣传活动530次，组织农村“两委”干部、村民小组长、村民代表集中学法1150次；启动建设法制公园5个、法制广场10个、法制长廊15个、法制文化景点5个。

【特殊人群管理】　2014年，凉山州司法局围绕社区矫正和安置帮教工作职能，多措并举攻坚克难，切实强化特殊人群教育管理。以贯彻实施《四川省社区矫正实施细则（试行）》为重点，逐级建立社区矫正协调联系机制，逐步规范社区矫正工作流程，推行社区矫正工作“四统一”（统一模式、统一评估、统一制度、统一流程），确保全州1902名矫正对象的安全监管。在西昌、会理等地率先开通“司法E通”社区矫正人员信息化监管平台，有效提高全州社区矫正的“技防”水平。建立“四川省妇女培训安置凉山基地”，对凉山籍犯罪刑释女性开展法治教育和劳动技能培训，填补凉山安置帮教基础建设的空白。

【法律援助】　2014年，凉山州司法局始终坚持将法律援助作为践行“司法为民”宗旨的最重要途径抓牢抓实，切实服务和保障民生、维护社会公平正义。一是落实分级责任，将法律援助民生工程工作逐一细化落实到州、县（市）各法律援助机构。二是整合各方资源。积极发挥乡镇司法所在人民调解与法律援助工作中的衔接枢纽作用；有力整合律师资源开展法律援助工作，严格执行“每名执业律师每年办理法律援助案件不少于2件”的硬性规定；与劳动保障部门通力合作，在岁末年初深入开展“清理拖欠农民工工资”专项行动，提供咨询服务953人次，办理为民讨薪案件29件、农民工工伤损害赔偿案件22件，涉及金额922万元，切实维护民工群体合法权益。三是打造便民服务平台。整合全州法律援助优势资源，建立集在线咨询、在线宣传、在线申请为一体的凉山州“12348”八小时法律援助咨询服务热线。四是加强培训宣传。结合新修订的《四川省法律援助条例》颁布实施，开展全州法律援助工作培训，在省、州重点报刊媒体和主流网站媒体开展多层次、多形式的法律援助工作宣传，通过街头宣传、“送法下乡”等形式向特定人群宣传法律援助，在援助服务中向受援群众开展法律援助知识和法律法规宣传。五是强化站点建设，在驻州攀西、凉山、荞窝监狱设立法律援助工作室，与北京市西城区司法局合作设立两个凉山州北京法律援助工作站，在木里县建立法律援助规范化接待受理厅，不断拓宽法律援助工作覆盖面。全年共办理各类法律援助案件数为1750件，服务受援人群14811人次，提前半年完成年度民生工程任务，全年目标完成率达246.9%。

【法律服务】　2014年，凉山州司法局围绕服务凉山经济社会科学发展、又好又快发展大局，全民提高法律服务水平。一是整合全州司法行政资源，全面建立法律顾问制度，会同州人社局、州委人才办开展法律人才库组建工作，一、二期审核入库176名，推荐135名律师担任机关单位法律顾问，州级机关法律顾问制度建设率实现100%。二是积极推荐优秀律师为125家企业担任法律顾问，帮助企业开展“法律体检”，为企业转型升级、创新发展、依法治企提供专业化的法律服务。三是组织法律专家团队，深入重点企业开展法律巡讲活动38次，对经营管理人员开展法制培训45次、3500人，推进法律服务进重点企业、进产业园区、进重点建设项目。四是建立跨界合作、部门联动服务大局工作机制，推动凉山州会东县与云南省禄劝县司法局签订合作协议，共同服务国家重点工程乌东德水电站建设项目。五是全力做好国家司法考试凉山考区的组织实施工作，顺利完成全州736名考生（同比增长23.7%）的报名参考工作，实现考务工作“零失误”，为凉山跨越发展储备专业人才。

【基层基础建设】 2014年，凉山州司法系统着力夯实基层基础，切实发挥司法行政队伍维护社会和谐稳定职能。全年全州全面完成“百所”创建三年（2012—2014年）规划目标，建成规范化司法所110个，以“百所”为支点和示范，全面推进凉山州基层司法所规范化建设，促进基层司法行政职能发挥，筑牢服务群众的“桥头堡”。全年公开招录170名基层公务员充实到基层队伍中，实现司法行政基层工作网络对全州重点集镇、交通沿线、旅游景区的全覆盖。以“百所”创建为基础，带动促进“十百千规范化调委会”建设，完成县级规范化行业性专业性调委会32个、乡级规范化调委会128个、村级规范化调委会1218个，全面实现三年创建目标，进一步筑牢人民调解维护社会和谐稳定的“第一道防线”。全年全州人民调解案件总数17060件，调解成功16669件，调解成功率97.7%。

【队伍建设】 2014年，凉山州司法系统以培树真抓实干的工作作风为重点，切实加强班子队伍建设，为司法行政事业发展提供坚实的队伍保障。一是扎实开展群众路线教育实践活动。坚持全员全面深入系统学习，切实增强广大干部职工的理论素养。开门纳谏，广泛听取意见建议，征集社会各界的意见建议46条，聚焦“四风”问题，深入开展问题查摆工作，立改立行，实现作风建设制度化、规范化和常态化。二是强化律师行业规范管理。以律师党建工作为抓手，促进广大律师积极转变服务群众作风，制定并向社会公布《凉山州律师执业八项绝对禁止的规定》，设置律师规范执业“高压线”。加强律师的职业道德和专业素质教育，组织全州300余名执业律师开展集中教育培训。2014年，全州律师代理各类案件6427件。三是抓牢基层党建工作。以强化全系统党委干部业务能力为目标，联合州委党校举办全州司法行政系统党务干部培训，组织州司法局机关、州律师协会，驻州攀西监狱、凉山监狱、养窝监狱、盐源监狱、雷马屏监狱的基层党务干部82人，开展党务知识学习和革命传统教育，为全系统党建队伍建设奠定坚实基础。

（审核：卢立武/撰稿：熊国祥　陈宗兴　段炼）

法治政府建设

【行政审批制度改革】 2014年，凉山州完成对州级部门原有373项行政审批事项的进一步清理，取缔7项、下放25项、转变管理方式144项、搁置4项、简化归并149项、最后保留审批事项44项。州级行政审批项目数共计减少329项，清理精简率达88%。成立专项工作组对行政审批前置条件进行清理。清理后未涉及前置条件的单位9家，涉及前置条件的单位15家，2014年年底项目数量为48项（20个子项）。按照行政审批制度改革工作安排，根据《四川省人民政府关于全面清理非行政许可审批事项的通知》（川府发〔2014〕35号）和《四川省深化行政审批制度改革领导小组办公室关于做好非行政许可审批事项清理报送工作的通知》要求，凉山州于2014年8月启动非行政许可审批事项清理工作。凉山州清理非行政许可审批事项186项：有101项非行政许可审批事项待国家和省级层面出台清理意见后再做处理，取消21项，1项属于行政许可，并在行政许可目录中公布，其余63项转为公共服务事项或政府内部审批事项。

【法律顾问室工作】 以政府法制机构为依托，健全政府法律顾问组织机构，把政府法律顾问职能作为政府法制机构职能的自然延伸，充分发挥法制办作为政府的参谋和助手作用；根据政府对专业法律服务需要聘任若干兼职政府法律顾问，由法制办负责组织、协调州政府涉法事务，通过法制办的协调工作，加强州政府与政府法律顾问在日常工作中的沟通，切实发挥专业法律人员的顾问作用，为政府提供更为专业、高效的法律服务。制定《凉山州人民政府法律顾问室工作规则》《州政府法律顾问遴选办法》《州政府法律顾问评选考核办法》等制度，明确政府法律顾问室职责、工作程序、组织管理以及工作方式等。及时安排法律顾问履行职责、提高法律顾问的积极性。全年先后请法律顾问16次列席州政府常务会议，参与重大行政决策的讨论，为州政府依法决策提供法律服务，确保政府的重大决策符合法律规定，促进法治政府建设步伐。先后20余次对14项政府重大活动、重要投资和重要合同进行集中讨论。请法律顾问参与《凉山彝族自治州邛海保护条例》《凉山州行政程序规定》《凉山州本级财政支出绩效评价管理暂行办法》《凉山州住房公积金内部稽核审计办法（试行）》《凉山州国有企业负责人经营业绩考核暂行办法》等20余部规范性文件进行论证、合法性审查、事后评估等。

【地方立法和政府涉法合法性审查】 对省政府法制办下发的《四川省政府非税收入征收管理条例》（草案）、《四川省野生植物保护条例》（代拟稿）、《四川省水利工程管理条例》（修订草案代拟稿）、《四川省燃气管理条例》（修订草案代拟稿）等22件征求意见的地方性法规、规章组织相关部门进行研究学习，提出意见和建议，并进行汇总，按期予以回复。积极参与州人大立法工作，经过调研论证、广泛征求意见、反复修改，向州人大常委会提交经州政府审议通过的《凉山彝族自治州邛海保护条例》和《凉山彝族自治州东西河飞机播种林区保护管理条例》的修订稿草案，为州人大制定符合本地政治、经济和文化的特点的自治条例和单行条例做了大量基础性工作。完成2014年州政府行政规范性文件立法项目征求工作，并指导有关部门完成相关起草工作；对州政府交办的《凉山州本级财政支出绩效评价管理暂行办法》《凉山州州长质量奖评审管理办法》《凉山州行政执法特邀监督员管理办法》等20件规范性文件进行合法性审查并出具审查意见，将公布施行的11件规范性文件报省政府和州人大备案。对《西昌市公共租赁住房管理办法》《会东县科学技术奖励办法》《德昌县沼气安全生产管理办法》《冕宁县农村公路（通村）建设管理实施办法》等县市政府制定的34件规范性文件进行审查备案，对2013年县市报备的规范性文件进行公布。由州政府办公室和州法制办公室共同组织州级各部门开展对州政府及州级各部门近五年制定的规范性文件进行全面清理。共清理文件1439件，清理出规范性文件59件，其中：以州政府名义出台规范性文件29件，州政府办名义出台规范性文件30件。经审查，继续有效28件，宣布废止9件，宣布失效1件，拟修订21件，报州政府常务会审定后向社会公布。对《政府购买社会组织公共服务项目合同》《凉山州、甘孜州战略合作框架协议》《2014西昌邛海湿地国际马拉松赛事协议》《州友协及企业与外国友好合作框架协议》《州政府与澳大利亚贸易委员会战略合作协议》等31件重大合同和其他重大涉法事项进行合法性审查，提出修改建议或意见。制定《凉山州重大事项社会稳定风险评估报告表》《凉山州行政规范性文件备案审查工作制度》《州政府常务会学法制度》等3个制度。

【行政权力运行平台】 对州级各部门及县市的行政权力事项、权力依据、外部流程图、服务信息等进行审核确认，共审核州级各类行政权力事项5971项。初步实现了全州行政权力事项和运行流程图向社会和公众公布并上网运行和办理。

【行政执法自由裁量权】 根据《四川省规范行政执法裁量权规定》，督促部门开展相关工作。建立行政执法自由裁量权基准制度，严格规范行政执法自由裁量权行使，细化量化基层部门行政执法裁量标准。州级行政执法部门按照《四川省行政规范性文件制定和备案规定》（省政府令第188—1号）有关规定，合法、合理、科学地对行政处罚、行政强制以外的存在裁量空间的其他行政执法权（行政许可、行政征收、行政确认、行政给付、行政裁决等）制定裁量标准。

【行政执法监督和规范行政执法管理】 2014

年，凉山州办理村组投诉市政府违法征地案、德昌烟花爆竹垄断经营案件、行政机关不作为投诉等8件，纠正7件，撤销行政行为1件。组织开展5次执法检查。与州政府信息公开办组成工作组，深入会东、会理、德昌检查指导行政执法依据及流程；深入州政务服务中心窗口部门对行政审批项目进行监督检查，并开展执法调研座谈。严格贯彻执行《四川省行政执法证管理办法》的相关规定，进一步规范行政执法证件申领工作。2014年3月，对州级各执法部门在编且在行政执法岗位的人员名单及持证情况以及应办理行政执法监督检查证人员名单及持证情况进行统计。对使用中的执法证件进行年审，对调离岗位的83人、退休23人、死亡7人、考核不称职或不合格1人，错卡、被纪委调查但还未定性、应办理监督证而办理执法证等情况10人的执法证件予以注销，并收回行政执法证件。除在省行政执法证件管理系统中加强审核外，发证时，全州采取抽查的方式，对相关情况进行再核实，发现部分行政执法单位聘用合同工、临时工执法的问题，并立即撤销其执法资格，在系统中注销，不予发放证件。截至2014年年底，全州使用中省政府统一样式的执法证共计5129册。9月至10月，对美姑、金阳、会理、会东、德昌、越西、喜德、冕宁、普格、宁南等10个县以及州公安局、州食品药品监督管理局等10多个执法部门的依法行政突出问题承诺整改工作推进情况进行抽查督导，通过座谈会、现场走访等形式查看该项工作开展情况，并针对县市政府、州级部门的不同情况提出巩固和完善此项工作的意见和建议，对全州林权工作开展专项整治工作。

【行政复议规范化建设】 2014年，凉山州畅通行政复议受理渠道、规范行政复议审理程序、建立健全行政复议案件层级把关负责制、创新重大案件合议制、完善行政复议听证制度、简化办案程序等大大提高行政复议办理效率。全年共收到行政复议申请27件（涉及行政复议申请人32人），其中受理行政复议案件15件，不予受理1件，告知处理5件，转送处理5件，其他处理1件。受理的案件审结9件，中止5件，未审结1件尚在法定期限内。审结的案件中维持5件，终止4件。2014年代理州政府行政应诉案件1件，一审、二审均胜诉。

【行政调解、行政执法、刑事司法衔接】 积极抓好行政调解的日常工作，切实完善行政调解相关考核、奖惩、问责办法等，并根据“州大调解办”凉矛调〔2014〕15号文件精神，严格落实信息报送制度，升级安装《四川省大调解工作信息管理系统》（网络版），统一规范地将行政调解案件信息录入网络平台。全年全州共受理行政调解案件1908起，成功调解1879起，调解成功率达98.5%。同时，2014年5月，对凉山州达达商贸有限公司不服凉山州人社局作出的〔2014〕036号《工伤认定决定书》关于工伤补偿纠纷进行调解并制作结案报告；2014年8月督办完成甘洛县新市坝一村民就宅基地和承包土地被甘洛县新市坝政府强拆后修建寄宿制学校的纠纷案子并制作结案报告等。与州检察院、州公安局等联合发布《关于开展“破坏环境资源和危害食品药品安全违法犯罪专项监督活动”实施方案》，开展专项监督活动。

【依法行政示范创建】 按照《四川省依法治省领导小组办公室四川省人民政府法制办公室关于开展依法行政示范创建活动的通知》（川法组办〔2014〕32号）文件精神，凉山州依法治州领导小组办公室和州政府法制办出台《关于开展依法行政示范创建活动的实施意见》（凉法组办〔2014〕18号）文件，凉山州各级机关单位积极申报创建“省级依法行政示范创建单位”和“州级依法行政示范创建单位”活动。由州依法治州办和州政府法制办审定报送申报创建“省级依法行政示范创建单位”5个。对申报创建“州级依法行政示范创建单位”的44个单位的申报材料进行审定。

【执法调研】 2014年，凉山州开展《行政强制法》实施中的执法调研工作。3月，对县市政府、州级行政执法部门对行政强制法实施中

"行政强制与应急状态下强制的界定区分""查封扣押无主财产如何处理""代履行费用如何核定"等十六个方面进行调研，并形成凉山州《实施行政强制法有关问题对策建议》的调研报告，上报省法制办。组织对交通系统执法进行评议，对全州交通系统系统的行政审批、行政执法程序规范等方面情况进行调查。赴喜德等县实地进行交通系统执法实地调研。围绕"执法经济问题"专题，先后深入西昌攀钢梅塞尔气体产品有限公司、凉山州烟花爆竹有限责任公司等12家企业调研，组织私家车主、客运、货运驾驶员代表，水电、消防安装等企业代表20余人召开调研座谈会。通过随机抽取开展针对行政执法领域中以道路交通安全监管、民爆化危物品安全监管、消防安全监管等为重点内容的专题调研，并对调研过程中存在的9方面的执法环境问题，给相关行政机关提出改进工作的建议。

【仲裁工作】 截至2014年12月，全州共受理各类仲裁案件50件，涉案标的额达到6260万元。受理的案件类型范围涉及建筑工程合同纠纷、商品房买卖合同纠纷、借款合同纠纷等。所受理的案件中，48起已结案，其中调解结案案件2起，结案率96%；中止案件1起。

（审核：艾裕双/撰稿：孙勇）

绿色家园管委会工作

【概况】 2014年，凉山州绿色家园管理委员会紧紧围绕全年工作目标，加快推进项目建设，改扩建的戒毒所、园区医院等基础设施基本建成，进一步完善健全组织机构及队伍建设，各项工作取得良好成效。

【组织机构及队伍建设】 加强机构建设，大力充实绿色家园队伍力量。2014年遴选文秘人员2名，选调民警35名，考录民警6名、医务人员4名，招聘辅警38名，绿色家园队伍壮大到108人，为开展收戒工作提供人才队伍支撑。12月，凉山州公安局绿色家园分局正式挂牌，绿色家园开展戒毒康复工作具备法律主体地位。

【项目推进】 2014年3月，在耐心深入做好群众工作的基础上，制定周密方案，严格依法处置土地纠葛，解决干海乡、下海乡的25户农户在国有土地内占地27公顷种植果树的土地权属争夺难题，彻底解决土地边界遗留问题。8月13日在省政府召开凉山州绿色家园项目建设总体规划评审会议，会议最终原则通过绿色家园总体规划省级评审；11月7日，省政府办公厅再次召集省级相关部门对修改完善的绿色家园总体规划进行研讨。同时，经过反复汇报争取，绿色家园项目被纳入大小凉山彝区"十项扶贫工程"之中，省上每年拨给绿色家园项目建设扶持经费1500万元。6月初启动强戒一所、二所改造扩建工程施工建设，10月31日完成两个强戒所的改造扩建，并进行设备安装，建成满足756人规模容量的两个强制戒毒所。

【产业发展】 构建以玫瑰、果品产业为主体，劳动密集型产业、肉食蔬菜产业为补充的园区产业体系。2014年，玫瑰园区栽种玫瑰苗木133.33公顷；肉食基地一期四幢圈舍和配套设施建设基本完成，建筑面积1320平方米，初步具备年出栏1000头肥猪能力，并配套建成化粪池；建成标准化蔬菜园地3.33公顷，扩建鱼塘水面7.6公顷。引进劳动密集型产业，与一家大型电子设备企业达成协议，生产平台建设等前期基础工作正在开展。

【配套设施建设】 一是构建园区医疗卫生保障体系，加快建设绿色家园安康医院。先后投入资金80万元，改造维修园区部分废旧房舍建成园区卫生所，2014年11月医疗用房改造修缮完工，安康医院办公器材、药品及医疗器械购置到位，"新农合"政策衔接落实。二是解决园区用水用电问题。2014年，在原来投入18万元修缮干海至园区乡村公路的基础上，继续投入14万元用于修建园区周边乡村道路桥梁；10

月自筹100余万元资金，建设完成盐源工业园区至绿色家园基地7.9千米10千伏输变电线路，极大的缓解基地周边村组电力紧张状况；筹资投入10万元疏浚维护麦地大堰，经过20余天的除险加固清淤，于10月顺利通水；盐源基地一、二号水库按照计划完成蓄水任务。

【干部教育培训】 2014年，管委会严格按照省州部署，始终把“照镜子、正衣冠、洗洗澡、治治病”的总要求贯穿全过程，扎扎实实完成了“学习教育、听取意见”“查摆问题、开展批评”“整改落实、建章立制”三个环节的工作任务，达到了活动预期的目标。立足绿色家园创业起步的自身实际，认真做好园区各类规章制度的制定、修改、完善相关工作，确保戒毒康复工作在法律法规的框架下安全有序运行；依法治州宣传广泛深入，向园区内外发放法治宣传资料和手册1000余份，制放法治宣传展板4张，制挂大型宣传标语2幅。10月开展为期20天以政治理论、队伍建设、岗位业务、体能技能等为主要内容的集中教育训练。11月2日开始，组织干警分组在荞窝监狱和西昌市强戒所进行为期40天的顶岗培训，进一步了解和熟悉戒毒所监管工作岗位职责和知识，着力提高队伍的实战能力。

【“挂包帮”活动】 开展“走基层、送温暖、聚民心”主题活动，先后投入资金50余万元帮助盐源基地周边村组修缮道路沟渠，并认真开展走访慰问，使绿色家园各项工作得到了周边乡村和群众的理解和支持，为绿色家园立足发展奠定了良好的群众基础。在州委没有安排单位的联系帮扶点的情况下，11月，主动向州直工委申请，确定盐源县沃底乡大圈村为管委会的帮扶点，并派出驻村干部和相关工作力量前往大圈村开展各项帮扶工作。

（审核：宋云/撰稿：唐斌）

经济管理

Economic Management

国有资产监督管理

【概况】 2014年，凉山州国资系统认真学习贯彻党的十八大和十八届三中、四中全会精神，认真贯彻落实州委七届五次、六次全会精神，以科学发展为主题，以加快转变经济发展方式为主线，牢牢把握“稳定增势、高位求进、加快发展”工作基调，紧紧围绕“国资监管上新水平、国企改革发展上新台阶”和“国企改革三年攻坚、国企发展五年跨越、国有资产五年翻番”战略目标，冷静应对经济下行压力，多渠道、全方位加强国资监管，扎实推进和不断深化国企改革，全州国有经济发展和国资监管各项工作全面推进，全州国有经济的影响力、控制力和活力明显增强。

【国资监管】 2014年，凉山州国资监管体系进一步健全完善。进一步建立健全《凉山州国有企业内部审计管理暂行办法》《凉山州国资系统企业资产损失责任追究管理暂行规定》《凉山州州属国有企业全面风险管理暂行办法》《企业负责人经营业绩考核暂行办法》《薪酬管理暂行办法》《内部审计管理暂行办法》等制度，基本形成较为完善、科学立体的国资监管体系，有效维护国有资产安全。监事会工作稳步推进。组建成立州属国有企业监事会及州国资委监事会工作科，明确人员编制和领导职数，配备监事会主席及监事会工作科科长。出台并完善监事会的制度性文件。制定《凉山州人民政府关于进一步改进与完善州属国有企业监事会建设的意见》《凉山州属国有及国有控股、参股企业外部监事管理办法》《凉山州国有企业监事会与企业交换意见暂行办法》《州属企业支持配合监事会依法开展日常监督工作规则》《凉山州国有企业监事会业务规范》。建立并实施外派监事会。经州委组织部批准同意，向州国有投资发展有限责任公司派出第一个监事会，派出监事会工作运行良好，认真履行监事会职责。国有企业财务监督管理进一步加强。充分利用财务信息，对州属国企2013年财务年报和监管企业2014年快报进行逐户分析，监测企业管理；对州属经营性资产进行清查摸底，涉及企业86户。对州属38户国企在农行系统逾期贷款进行清理，涉及贷款本金1.7亿元，利息1.6亿元，提出相关债务回购方案，积极推进债务回购工作。建立中介比选制度，强化代表出资人职责。切实加强预算管理，落实国有资产权益，2014年度上缴国资收益720万元，超额完成年初预算500万元目标。加大企业审计力度，采取抽查审计的方式，对不同行业、不同经营状况的州食品公司和州有色公司破产清算组等进行专项审计。国有经营性资产管理进一步加强。严格按照《企业国有产权转让管理暂行办法》（国务院国资委3号令）和四川省国资委相关规定，对需处置的国有资产进行评估并公开处置，确保国有资产保值增值。2014年共批复企业国有资产处置、企业国有资产划转和车辆购置等76件。按照《国家出资企业产权登记暂行办法》（国务院国资委令29号）、《国家出资企业产权登记管理工作指导》（国资发〔2012〕104号）和国资产权函〔2012〕73号文件要求，对企业产权按照新的办法进行重新登记，积极推进企业改制工作。企业负责人经营业绩考核和国企收入分配监管进一步加强。认真开展企业负责人经营业绩考核，对17户州属国有企业进行2013年度和2011—2013年任期经营业绩考核，兑现奖惩；按照《薪酬管理办法》，对17户州属企业负责人基薪进行测算，提出核定建议。对46户州属国有企业的人工成本进行清算和审核；加强企业负责人职务待遇、业务支出管理，严格控制一般性管理费用和非生产性支出，强化成本控制。

【企业改革发展】　2014年，凉山州国资系统紧紧围绕中央、省、州关于国资国企改革的具体要求，借鉴其他地方国资国企改革举措，代州委、州政府草拟《深化国资国企改革促进发展的意见》，以凉委发〔2014〕19号文件下发各县市、部门及企业。以深化推进大桥水电、益门煤矿公司制改革为重点，进一步完善州属国有企业法人治理结构。截至2014年年底，大桥总公司已形成国有独资有限责任公司的改制初步方案，并按产业结构和功能组建经营性发电公司、公益性供水公司和综合经营性实业公司，实行集团化分类管理，改革方案正在作进一步的细化和完善，报州政府批准后实施。凉山州益门煤矿公司制改造于2014年4月8日批复同意启动改制，该矿正在对改制方案进行修改完善。通过招商引资，实现产权多元化，大力发展混合所有制经济，以完善公司法人治理结构，增强企业综合实力，进一步做大做强国有企业。重点推进西昌汽车运输集团公司产权制度改革，西昌运输公司进行混合经济体制改革的请示经十届州政府第27次常务会议通过，企业改制工作按相关规定程序推进，西昌运输公司昭觉分公司美姑顺达公司股份制改造工作已批复启动。2014年，凉山州矿投公司组建工作有序推进，加快凉山州铅锌资源的整合进程，启动会理铅锌公司项目的建设；有序推进凉山铜业资源的整合工作。凉山州文旅集团的组建方案已上报州人民政府。州国投公司增资扩股工作全面展开。西昌猴王实业有限责任公司与省属企业战略合作取得实质进展，同时已与川航集团、重庆渝富集团等省内、省外国有企业签订合作框架协议，合作开发邛海宾馆B区，重组开发西昌猴王公司存量土地，在西昌打造康养基地。大桥水电开发总公司光伏发电合作项目已征集战略合作伙伴，该项目已在十五届西博会上签约。依据《凉山州人民政府办公室关于四川宏益化工有限责任公司职工安置方案的批复》（凉府办函〔2014〕115号），公司安置职工工作已经实施。凉山州煤炭供销公司职工安置方案，严格按照相关程序制定并通过，安置职工所需资金列入2014年惠民工程专项资金计划上报州政府，待州政府批复同意后实施职工安置工作。宁远公司及五户关联企业与四川凯丽莱公司债务纠纷问题达成和解方案。国营甘洛铅锌矿、会理岔河锡矿、州木综厂、州外贸粮油食品公司和州外贸茶土公司、原西昌绸厂、原州建筑公司等企业的遗留问题已制定解决方案，所需资金纳入2014年惠民工程专项资金计划。国营甘洛铅锌矿权处置经凉山州中级人民法院同意以公开拍卖方式进行，以1020万元拍卖成交。

【党建工作】　2014年，凉山州国资系统开展第二批党的群众路线教育实践活动圆满完成。国资委机关及56户省属、外地在州、州属国有企业全部参与教育实践活动，做到国资系统全覆盖、10200多名党员全参与、职工群众全知晓。设立5个督导组、5个联系指导组对全州国有企业教育实践活动进行督导。国资系统各级党组织先后组织开展领导讲、专家讲、典型讲、职工讲158场，组织学习交流讨论会673次。发放《群众路线教育辅导》《损害群众利益典型案例剖析》等学习读本3000余册，制发活动文件32个、专题简报32期、信息121条，《凉山日报》刊发4篇专题报道，凉山广播电视台报道国资系统教育实践活动3次。全系统实地调研240人次。发放意见征求表800余份，征集意见建议32条；国资委对2009年至2014年的19个规范性文件进行清理，2个文件宣布废除，17个文件继续有效，进一步促进各项工作全面发展。年初州国资委党委集中对所属生产经营正常的28户国有企业“四好”班子、党建、党风廉政建设和思想政治工作等进行综合考核，与53户企业签订《2014年凉山州国有企业基层党建工作目标责任书》，制定印发《凉山州国资委党委关于加强国资国企作风建设和党员干部教育管理监督的实施意见》，举办国有企业入党积极分子培训班，184名入党积极分子参加培训。加强企业领导班子建设，制定《凉山州国资委党委关于印发〈调整不适宜担任州属国有企业现职领导人员的暂行办法〉的通知》《凉山州国资委党委关于加强州属国有企业领导班子后备人才队伍建设的实施意见》等文件，不断健全完善能上能下的选人用人机制，切实加强对企业班子的管理和监督。

【党风廉政建设】 2014年，凉山州国有企业党风廉政建设进一步加强。认真落实“两个责任”，制定《凉山州国有企业落实党风廉政建设党委主体责任和纪委监督责任的实施意见（试行）》。与国资委机关11个科室和48户国有企业签订《党风廉政建设目标责任书》，6月和9月两次深入国投、农垦公司等20户企业，对贯彻落实“两个责任”“八项规定”、正风肃纪相关情况进行监督检查。认真开展“四风”监督检查，抽查面达30%。截至12月没有收到任何电话、信件举报。对在州属国有企业兼职兼薪的国资委机关工作人员进行再排查、再清理，所有兼职人员在6月10日前全部辞职，确保国资委机关在国有企业兼职人数为零。深化正风肃纪活动。国资系统领导干部带头作出廉政承诺、不出入私人会所和不接受私人会所会员卡承诺、不收受红包礼金承诺。

【企业信访稳定】 2014年，凉山州国资系统狠抓信访维稳工作，积极开展信访“积案化解月”活动，集中清理信访积案69件，初核62件，转立案2件，化解率为92%，较好地完成了信访积案化解工作。

【国有资产保值增值】2014年，凉山州地方国有企业在国际国内经济形势复杂、大宗商品市场低迷的大环境下，正确应对资金成本、劳动力成本和生产要素成本上升，矿产品价格大幅下滑，政策性停产整顿等多重困难，全州国有企业生产经营在困难中前行，在压力下奋进，资产规模和所有者权益得到继续扩张，2014年州属监管企业16户正常生产经营企业，资产总额244.7亿元，较2013年同期206.2亿元，同比增长19%。负债总额127.2亿元，较2013年同期113.6亿元，同比增长12%。所有者权益117.5亿元，较2013年同期92.5亿元，同比增长27%。实现营业总收入81.2亿元，较2013年同期84.8亿元，减少4%。营业成本79.9亿元，比2013年同期83.6亿元，减少42%。利润总额2.7亿元，较2013年同期3.2亿元，减少16%。工业总产值82亿元，较2013年同期60.3亿元，同比增长36%。劳动生产总值23.9亿元，较2013年同期21.8亿元，同比增长10%。国有资本保值增值率102.73%，较2013年同期的102.46%，上升0.27个百分点。

（审核：蔡军/撰稿：霍明忠　杨本益）

工业和信息化发展

【概况】 2014年，在宏观经济形势异常严峻复杂情况下，全州经信系统牢牢把握“稳中求进、改革创新、分类推进、统筹发展”的工作基调，深入实施“三大片区发展战略”，积极统筹稳增长、调结构、促改革、防风险，主动作为，精准施策，保持发展定力，在加快改革和转型升级中逐步释放发展潜能，全州工业呈现出“总体平稳、稳中有进”的态势。全州规模以上工业增加值同比增长 13.3%，高于省下达目标 3.5 个百分点，高于州下达目标 0.5 个百分点，全州规模以上工业增加值增速连续 11 个月居全省第一。全州工业性投资累计完成 500.0 亿元以上，同比增长 2.0%；工业企业续建和新开工的技术改造项目 135 个，累计完成投资 150 亿元以上，同比增长 35.0%。全年列入淘汰落后与化解过剩产能企业 22 户，淘汰落后钢铁产能 12 亿千克、水泥 9 亿千克，全面完成国家、省、州政府下达的淘汰落后产能任务。1—12 月全州成品油供应 4.49 亿千克，同比增长 6.5%。铁路货物运输量达 74. 90 亿千克。9 户重点企业全年发运量 55.97 亿千克，同比增长 35.6%。州内各商业银行支持州内工业企业流动资金贷款 109.01 亿元。全州 19 家发电企业累计完成发电量 64.25 亿千瓦时，较 2013 年同期增长 11.61%。全州累计用电 106.21 亿千瓦时，较 2013 年同期增长 1.31%。其中工业用电量为 76.30 亿千瓦时，较 2013 年同期增长 3.10%。全年留存电量完成 16.60 亿千瓦时，同比增长 18.40%。

【群教活动】 2014 年，按照中央、省委和州委党的群众路线教育实践活动安排部署，贯彻落实“照镜子、正衣冠、洗洗澡、治治病”的总要求，紧紧围绕“坚持为民务实清廉要求，服务凉山工业经济发展”的活动主题，积极参加第二轮教育实践活动。活动中围绕学习教育、听取意见，查摆问题、开展批评，整改落实、建章立制三个环节，扎实推进教育实践活动。结合州委“五个一”工作制度，通过制定“走出去调研”“向基层调研”的工作机制，将“领导范围调研”转变为“全体人员调研”。把党组中心组开展的专题学习调研活动扩大到全体机关干部，明确领导干部和各科室重点调研课题，要求调研成果具有务实性、创新性和可操作性，同时转化为工业经济和信息化工作的长效机制。实现工作力量从依靠内部向协调各方力量、形成推进工作合力转变，工作方式从被动完成任务向主动思考、创造性开展工作转变，全面提升服务能力、服务水平、服务质量。在学习提高上下功夫，教育引导党员干部牢固树立宗旨意识、群众观点和廉政思想，在改进工作作风、密切联系群众上做表率；在反对“四风”上下功夫，认真查找和切实解决作风不实的问题，在保持党的先进性和纯洁性上作表率；在从严抓班子带队伍上下功夫，在加强学习型服务型领导班子建设上做表率；在推动工作、服务群众上下功夫，在推进“两个跨越”上做表率。进一步改进工作作风，解决联系服务群众“最后一公里”的问题。坚持把讲政治作为第一位的要求，对党忠诚、立场坚定、服从指挥，把讲政治落实到每一项工作中、体现到实际行动上，要求全体干部职工做到令行禁止；全体干部职工要树立终身学习理念，研判新形势、学习新知识、开拓新视野、掌握新方法，不断增强素质，做到勤学善思；保持奋发有为的精神状态，尽最大努力、以最高水平、最好成效，充分发挥经信委的督促检查、综合协调和后勤保障作用，做到拼搏奉献；严格政治纪律、组织纪律、工作纪律、生活纪律，确保经信委全体党员干部在政治上毫不动摇，在工作上毫不含糊，在生活上努力做到一尘不染、一身正气，做到勤政廉政。通过开展教育实践活动，以经信委名义召开的会议数量同比减少 34%，文件制发数量同比减少 7%；经信委公务接待、公务用车管理进一步规范，“三公”经费支出同比减少 53%；全体党员干部深受教育，作风转变取得明显成效，突出问题得到切实解决，群众工作得到明显加强，制度建设取得重要成果，全委工作水平和质量明显提升。

【调研督导】 2014 年，州经信委强化政策推动督促落实和经济运行综合调节，全力稳增长。贯彻落实省政府稳增长十六条措施、支持实体经济发展措施以及州委、州政府各项决策部署，出台了确保一季度“开门红”、二季度“双过半”和全年目标完成的各项措施文件，强化督促检查，确保政策落地。结合实际，加大配套政策和资金激励支持，狠抓政策指导，加强经济运行综合调节，全州规模以上工业增加值增速连续 11 个月居全省第一。

【结构调整和产业转型升级】 2014年，凉山州积极推动钢铁、水泥、煤炭等行业加快淘汰落后产能和兼并重组工作，着力发挥环保、安全、节能等政策的宏观调控和市场机制作用，管住增量，优化存量，在加快调结构中转方式促转型，对经济社会发展作出积极贡献。一是按照国家煤炭产业政策，推进煤矿企业兼并重组，支持优势企业整合资源，促进煤矿企业做大做强，提高安全生产水平。二是严格执行国家投资管理规定和产业政策，严把过剩产能项目准入关，强化工业节能和淘汰落后产能工作。三是加强企业技术创新，加快关键共性技术的研发和攻关，加快创新成果产业化步伐，推进具有资源禀赋特色的产业转型升级、产品更新换代。四是培育战略性新兴产业。立足钒钛、稀土和有色资源优势，加快推进攀西战略资源创新开发试验区建设，加快培育西昌钒钛、冕宁稀土、会理有色、雷波磷化工等一批战略性新兴产业示范基地，促进重点企业、重点产品做大做强和规模化发展。加快推进四川江铜稀土镧铈镨钕合金、德昌志能高性能稀土抛光粉、喜德相岭冶金富钛材料、西昌钢钒冷轧及汽车板项目、德昌风电二、三期、会理太阳能发电等项目建设，形成凉山州工业经济新的增长点。

【项目建设】 2014年，凉山州把项目建设作为推动工业经济发展的重要抓手，加快推进促进产业结构调整优化。截至2014年年底，三峡金沙江川云水电开发有限公司和雅砻江水电凉山有限公司（官地、锦屏一、二级电站）等一批水电项目投产，新增水电装机1773万千瓦，新增工业总产值160多亿元（其中中小水电、风电光伏发电新增装机142万千瓦）。2014年列入省、州的15个重点项目，已完成8个。其中：攀钢集团西昌钢钒有限责任公司21亿千克/年冷轧生产线投产，新增产值14亿元；德昌县志能稀土有限责任公司年产200万千克高精度稀土抛光粉投产，新增产值1亿元。

【园区建设】 2014年，在全州大力实施好“1286园区”培育计划，着力整合成凉工业园区、西昌太和工业园区和西昌城市新区，建设西昌临港产业开发区（西昌经济开发区），培育一个省级经济开发区或省级重点工业园区；提升西昌钒钛产业园区和会理有色产业园区两个省级“51025重点园区”的发展层次和发展水平，到2017年进入全省500亿元园区行列。重点培育打造冕宁稀土高新产业园区等8个州级特色产业园区，实现产业集中、集聚、集群发展；加快会东工业集中区等6个协作配套合作园区建设发展，推进优势资源点状开发。经过几年努力，培育西昌钒钛、德昌、会理有色3个500亿元级产业园区，成凉、冕宁稀土、宁南茧丝绸、会东、雷波磷化工、盐源6个100亿元级产业园区，甘洛、越西、喜德3个50亿元级产业园区；加快推动西昌钒钛、冕宁稀土创建国家级重点产业园区，成凉、会理有色、德昌、宁南茧丝绸、雷波磷化工创建省级产业园区，其他园区（集中区）创建州级工业园区；积极规划建设国家钒钛新材料生产基地、中国轻稀土新材料基地、国家有色产业加工制造基地。全力争创国家级新型工业化产业示范基地和战略性新兴产业示范基地。

【大企业培育】 2014年，凉山州以重大项目为支撑，强化政府的引导作用，着力构建水电、矿冶两个千亿元级产业集群，化工、装备制造和农特产品加工业三个百亿元级产业集群，新能源及建材两个十亿元级产业集群，重点抓好工业增加值超100亿元、50亿元县市和工业产值超100亿元、50亿元、10亿元级企业的培育和发展，切实推动产业转型升级，加快全州新型工业化进程。

【“两化”融合】 2014年，凉山州大力推进工业化与信息化深度融合。在全州选择重点企业作为“两化”融合试点企业，提高企业研发设计、生产过程、生产装备、经营管理等信息化水平。积极组织凉山州相关企业申报国家及省“两化融合”的专项资金补助，促进信息技术在企业生产、销售全过程的广泛应用，努力建设省级“两化”融合示范企业2家，积累经验，提升传统产业创新发展能力。加强统筹协调，大力促进信息消费。按照州政府印发的《凉山州2014年度促进信息消费扩大内需重点任务及分工计划》，发挥牵头部门的职能作用，培育信息消费需求，统筹第三代移动通信（3G）、无线局域网（WLAN）、长期演进技术（LTE）等无线移动宽带网络协调发展，大力发展TD-LTE（4G技术），建设高速无线网络，推动农村公共服务体系建设。提升信息安全保障能力。统筹全州信息安全保障体系建设，加强信息安全检查和技术监测，确保信息网络、工业控制系统和重要信息系统安全。加强综合信息基础设施建设，加快建设攀西信息（通信）网络枢纽和应急保障设施建设。抓好信息基础设施建设工作。按照《关于实施凉山州"宽带中国"2014专项行动的意见》，加快推进凉山州信息基础设施建设，争创1~2个具备百兆宽带能力、普及水平广泛、应用发展丰富、政策环境完善的"宽带中国"示范县市。建立通信企业重大项目实施定期报表制度，掌握项目进展情况，协调解决通信运营商在项目建设中的困难和问题，确保全州电信业务总量目标的完成。

【无线电管理】 2014年，凉山州按照"三管理、三服务，突出做好重点无线电安全保障工作"的要求，认真贯彻执行国家、省无线电管理法规和政策，认真组织开展频率指配、台站管理、行政执法、无线电监测以及无线电安全保障等工作，切实做好无线电安全保障中信号监测、监听、设备操作，认真组织安排落实"两会"、党的十八届三中、四中全会等重要社会活动及全州各类考试保障等无线电安全保障工作。

【安全生产】 2014年，凉山州按省委、省政府的统一安排要求和下达的目标任务，切实加大煤矿清理整顿和兼并重组工作力度，按时完成第一批和第二批关闭煤矿任务，并编制全州煤矿兼并重组方案，确定全州组建生产规模达到3亿千克/年以上煤炭企业3个。进一步落实企业安全生产责任制，通过常态化的重点排查，防止凉山州重特大事故发生，2014年全州企业安全生产无重特大安全事故发生，确保生产安全和社会稳定。

【资金支持】 2014年，凉山州突出部门协调，积极争取国家、省项目资金支持。加大同各部门尤其是省级部门的沟通协调力度，同时与州、县相关部门加强协作，全力争取中央、省级资金支持。截至2014年12月，向上级部门争取到13项86户企业共计1.95亿元的资金支持。资金涉及园区建设、中小微企业发展、两化融合、技术改造、战略性新兴产业、淘汰落后产能、创新驱动等多个方面，进一步促进凉山州工业项目的建设并带动产业发展。

【基层组织建设】 2014年，州经信委进一步完善机关党建工作领导体制，把基层组织建设纳入2014年党建工作责任制的重要内容，建立健全督导、激励、约束、考核、评价等制度，结合经信委中心工作，加强机关基层组织建设。着力于工业经济管理水平的不断提高，努力把经信委打造成州委、州政府的工业"参谋部"，基层的"后勤部"和企业的"娘家"。为加快推动凉山"工业强州"建设、奋力打造西部经济核心增长极作贡献。进一步完善机关党建工作领导体制，把基层组织建设年活动纳入党建工作责任制的重要内容，建立健全督导、激励、约束、考核、评价等制度，结合机关中心工作，强化基层党的组织建设。改选党委、党支部班子。抓好机关支部、离退休支部的学习和季度组织活动。

【老干部工作】 2014年，州经委有离退休老人员233人，遗属20人，另代管企业离休干部26人。在理顺关系、做好基础工作的同时，以落实离退休干部两个待遇为中心着力开展工作。开展对离退人员通报情况、组织参观考察、健康体检、定期休假、活动室建设等大量耐心细致的服务工作，坚持元旦、春节、重阳节等重大节日走访慰问老干部制度，积极支持老协工作，坚持每月一次的学习活动。“七一”前夕，邀请退休干部上党课。

【其他工作】 在做好重点工作的同时，也注重抓好文明单位创建、依法行政、企业维稳以及州委、人大、政府、政协交办的各项工作。一是深入开展“五个一联系工作”活动、“走基层、解难题、办实事、惠民生”活动，委领导班子带头组织机关干部下基层调研，深入一线、深入现场了解基层真实情况，切实帮助企业协调生产要素，拓宽融资渠道，引导对外开放合作，推进重点工程，为企业发展排忧解难。深入走访结对帮扶村，与普格县大坪乡党员、干部、群众进行“零距离”接触、“面对面”沟通、“心贴心”交流，共商新农村建设大计，从资金、物资、项目等方面给予扶持。协调相关企业，继续解决学校600多名学生每星期多吃一顿鲜肉的资金缺口。在儿童节、教师节机关全体干部职工捐资对帮扶村小学老师和学生进行慰问，为他们带去了温暖。协调15万元物资为计生帮扶户改善居住条件，提供致富指导。二是认真办理人大、政协提案议案，24件人大提案、政协议案全部办结，满意率100%。三是认真做好12户托管企业维稳工作，在十八届三中、四中全会、省州两会期间安排专人专岗进行会期维稳保障工作，有力维护了社会稳定。

（审核：肖渝文/撰稿：蒋卫）

工商行政管理

【概况】 2014年，全州工商系统认真学习贯彻党的十八届三中、四中全会和习近平总书记系列重要讲话精神，紧紧围绕州委、州政府中心工作，按照州委经济工作会议和全省工商行政管理工作会议要求，实施四川工商“257”战略，深入推进商事制度改革，积极履行市场监管职能，切实维护消费权益，各项工作取得新的进展。2014年，州工商局荣获安全生产目标一等奖、州政府政务服务中心先进窗口、城乡环境综合治理先进单位，商务工作先进单位，省级卫生单位、州级文明单位、州级计划生育合格单位等称号。

【市场主体注册登记】 2014年，全州工商系统积极推进商事制度改革，落实各项改革措施。从3月1日起，改注册资本实缴为认缴登记制，放开出资数额、出资方式、出资期限等登记条件，公司实收资本不再作为工商登记事项，公司登记时，无须提交验资报告；10月1日起全州各类企业、农民专业合作社、个体工商户全面实施年度报告公示制度，截至2014年年底，全州有4509户企业报送公示2013年度年报，公示率31.51%。认真落实国务院确定的113项工商登记前置审批事项改为后置审批，代州政府草拟《关于放宽企业住所（经营场所）登记条件支持企业发展的实施意见》，做好“先照后证”“一照多址”“一址多照”等改革措施启动准备。全州新增各类企业2511户，较2013年同比增长125.40%；截至2014年12月，全州市场主体总量达14.51万户，注册资本（金）972.22亿元，较2013年同比分别增长25.95%、117.20%。同时，积极搭建银企合作平台，着力解决困扰民营企业融资难问题，全年办理股权出质登记、动产抵押登记137件，被担保债权总额达44.45亿元。

【市场主体监督管理】 2014年，全州工商系统强化专项整治行动，开展春节、国庆、火把节等重大节日专项整治行动32次，出动执法人员3200余人次，检查经营户18900余户次；开展城乡环境综合治理，配合整治市场秩序，为西昌市“双创”和各县“创卫”等活动作出贡献；开展投（融）资理财信息咨询类公司的清理整顿工作，对163户投（融）资理财咨询类企业进行清理排查，注销7户、变更名称和经营范围1户，立案查处违法违规案件21件；继续抓好守合同重信用企业公示工作，共有268户企业获守合同重信用企业公示（其中：国家级5户，省级58户，州级205户）；组织开展为期6个月的“法律进民企”宣传教育活动，提高市场主体遵纪守法、诚信经营的自觉性。

【公平交易执法】 2014年，全州工商系统以维护公平竞争的市场秩序为目标，提高市场监管能力和执法水平，全年立案查处各类经济违法案件299件，罚没金额598万元。认真开展“红盾春雷行动——2014”，行动期间立案查处不合格商品、商标侵权、虚假宣传、货车改拼装等违法案件73件，抽检流通领域商品质量46个批次，监测成品油、建筑材料25批次，签订《机动车销售企业（个体户）守法经营承诺书》479份。

【商标广告监督管理】 2014年，全州工商系统积极宣传新《商标法》，坚持增量与提质并举，大力打造“大凉山”品牌，积极引导企业、行业协会申请注册具有凉山特色的农产品、旅游文化商标和地理标志，全年新增注册商标77件，全州注册商标总量达到974件；加大重点商标培育力度，积极帮助企业争创驰、著名商标，通过全程跟踪服务，积极推荐上报，“盐源苹果”商标被认定为“中国驰名商标”，“三匠苦荞”“拉玛野租泉”“雷波脐橙”等3件商标被认定为“四川省著名商标”，全州拥有驰名商标6件，著名商标21件。商标战略实施示范工作向纵深推进，西昌市被省工商局确定为商标战略示范城市，西昌市思奇香食品有限公司被确定为示范企业。大力推进广告产业发展，建立广告经营单位联系点制度，加大对重点广告经营单位指导力度，支持广告经营单位和媒体整合资源，全州广告业稳步发展，广告经营单位达120余户，广告经营额6000余万元。

【消费者权益保护】 2014年，凉山州工商局开通“信用凉山·消费维权”门户网站，加强与新闻媒体合作，开展“送知识、送服务——新《消费者权益保护法》进万家”宣传活动。利用“3·15”国际消费者权益日等多种方式，加大新《消费者权益保护法》宣传普及力度，强化经营主体自律意识和消费群体维权意识。加大监督检查力度，突出强化对涉及群众切身利益的商品和重点服务领域的监管，依法查处侵犯消费者合法权益案件65件、案值153万元。组织开展流通领域商品质量监测145个批次，查处不合格商品案件9件；开展对银行业合同格式条款专项整治，组织专家对9户商业银行合同格式条款进行评审，评审合同文本24份，提出规范和整改意见11条。进一步推进“12315”平台建设，健全消费维权基层网络建设，继续做好“12315”联络站、维权服务站规范化、标准化建设。严格“12315”值班制度，进一步畅通维权渠道，强化现场处置，提升维权效率。全年共受理消费咨询3765件，受理消费者投诉1514件，解决1488件，为消费者挽回经济损失240.20万元。

【法制建设】 2014年，凉山州工商局按照州委依法治州和省工商局建设法治工商的总体要求，成立以一把手为组长，其他局党组成员为副组长，机关各科室负责人为成员的凉山州工商局推进依法治州领导小组，结合实际制定《凉山州工商行政管理局贯彻落实〈凉山州依法治州实施意见〉实施方案》，明确职责，完善制度，确保工作落到实处。加强法制宣传，推动“六五”普法工作的深入开展，制定《凉山州工商行政管理局深入推进法律“七进”工作实施方案》和《凉山州工商行政管理局关于开展培育和践行社会主义核心价值观主题法制宣传教育活动工作方案》，认真履职尽责，协同有关部门共同开展好法律“七进”工作和社会主义核心价值观主题法制宣传教育活动及法律进民企三年规划宣传教育活动，推进法制工商建设。严格落实行政执法、行政复议工作责任制。全系统共有行政处罚案件14728件，其中立案查处299件；听证案件121件，均未提出申请。行政复议2件，时效已过，不予受理；行政诉讼1件；无行政责任过错。

【党的建设】 2014年，凉山州工商局深入开展党的群众路线教育实践活动。以“为民务实清廉”为主要内容，以贯彻落实中央八项规定、省州十项规定为切入点，迅速、扎实、有效地开展党的群众路线教育实践活动。深入查找“四风”和联系服务群众“最后一公里”方面存在的问题，各项“规定动作”做得扎实有力，“自选动作”成效突出，围绕查找出的15条“四风”方面突出问题，提出42项整改措施，修订完善与群众利益密切相关制度23项；开展“三项治理”（治理执法不公、服务不周、干劲不足）活动，促进机关作风明显转变。深入开展基层组织建设年活动，就全面开展党的基层组织建设年活动进行动员和部署。加强支部经常性的活动，周密组织“三会一课”，州工商局领导上专题党课2次。认真开展“共产党员示范岗”活动，充分发挥党员的模范带头作用。认真学习新《党章》，年初进行党员点评，按照《党章》严格要求自己，全体党员自觉参加组织活动，按时足额交纳党费，全年上交党费16512元。继续抓好非公党建工作，州属非公有制经济协会被评为“先进基层党组织”。

【党风廉政建设】 2014年，凉山州工商局严格执行党的政治纪律、组织纪律、财经纪律、工作纪律等各项纪律规定。认真贯彻落实中央惩防体系建设“2013—2017年工作规划”及省州委“实施办法”，研究制定凉山州工商局贯彻落实《建立健全惩治和预防腐败体系2013—2017年工作规划》实施意见。加强和改进对主要领导行使权力的制约和监督，健全完善决策、执行、监督既相互制约又相互协调的权力结构和运行机制。进一步规范监管执法行为，提升服务效率和服务质量。以基层工商所、窗口单位和执法部门为重点，深入开展创先争优活动；以有效治理“庸懒散浮拖”问题为重点，深入开展作风纪律教育整顿，不断把作风建设、效能建设的具体要求落实到一线和基层。全面深化政务公开，以最大限度方便群众、接受监督为着眼点和着力点，深入推进“阳光工商”建设。认真落实省委、省工商局党风廉政建设“两个责任”。坚持从严执纪，加强信访监督和案件查办工作，全年共收到群众来信、来访和电话举报3件（次），澄清事实1件，批评教育2件，对有关违规、违纪人员进行相应处理。

【班子及队伍建设】 2014年，凉山州工商局推进管理体制改革，提升班子队伍建设。坚决贯彻省委省政府关于工商质监行政管理体制调整改革部署，全面完成州工商局及17个县（市）工商局的行政管理体制调整移交工作，做到思想不乱、队伍不散、工作不断。加强各级领导班子建设，巩固“四好”活动成果，全年全州工商系统18个工商局领导班子保持“四好班子”称号；贯彻执行《党政领导干部选拔任用工作条例》，积极做好优化人员配备工作，全年任免正、副科长2人、调整县（市）工商局领导班子12个，任免班子成员34人、任免所（队）长13人，激发队伍活力；切实加强学习型工商建设，做好干部教育培训工作，组织参加业务培训13期，参训人员87人次。认真开展“挂包帮”“走基层”等活动，筹集资金20多万元，帮助布拖县困难群众和贫困学生改善生活环境和学习条件。

【精神文明建设】 2014年，凉山州工商局加强对系统创建精神文明工作的领导和督促检查工作，提升队伍的社会形象。把精神文明单位创建活动与队伍建设紧密结合，制定工作意见和措施，纳入目标管理狠抓落实；积极配合州文明办，加强对“文明服务示范窗口”单位的指导和督促检查工作，全系统“州级文明服务示范窗口”累计达20个；39个单位继续保持各级命名的文明单位殊荣，其中州县（市）18个局级单位均进入“精神文明单位”之列；狠抓精神文明细胞建设，全系统爱国卫生、计划生育、社会治安综合治理工作、文明个人标兵、文明科室、“五好”家庭、党员示范岗等创建活动均取得成效。

（审核：罗刚　丁跃兴/撰稿：肖燕）

国土资源管理

【概况】 2014年，凉山州国土资源系统紧紧围绕“稳中求进、改革创新、分类推进、统筹发展”的全州工作基调，进一步创新思路，攻坚克难，扎实推进国土资源管理各项工作取得新的成效，为服务助推全域凉山加快发展作出了积极贡献。

【规划管理】 2014年，凉山州国土资源系统突出规划的龙头地位和作用，开展完成全州612个乡镇《土地利用总体规划（2006—2020年）》的编制、报批。突出凉山重要成矿区带和优势矿种，科学规划，合理布局，编制完成17个县市《矿业权设置方案》和《磷矿矿业权设置方案》，其中会东、美姑等10县的“方案”于2014年12月经国土资源部和四川省人民政府批准实施。

【地籍管理】 2014年，全州各级国土资源管理部门强力推进农村集体土地所有权、农村集体建设用地使用权和农村宅基地使用权确权登记工作，完成全州32322宗农村集体土地所有权确权登记并通过省级验收。全面加强地籍管理信息化建设，建成农村集体土地确权登记管理系统，进一步提升了土地监管能力和服务水平。

【耕地保护】 2014年，全州各级国土资源管理部门以开发促保护，共立项、实施土地开发整理项目113个，建设规模3.27万公顷，其中经省国土资源厅验收39个，新增耕地3466.67公顷。扎实推进耕地质量建设，全年建成高标准基本农田3.72万公顷。严格耕地保护责任，强化执法监管，严守耕地“红线”，全州耕地保有量稳定在42.14万公顷，基本农田保护面积保持在37.74万公顷，为省下达目标任务的100%。

【建设用地服务保障】 2014年，凉山州国土资源系统积极争取国土资源部出台支持凉山扶贫攻坚的十九条政策，并采取单列解决的方式，为凉山乌蒙山片区8县解决160公顷年度建设用地计划指标。围绕服务重大重点项目建设，提前介入，主动服务。开展完成建设项目用地初审、预审53个，涉及用地面积1531.82公顷，审查上报单独选址及批次建设项目农用地转用征收土地报件60个，涉及用地面积1084.39公顷，保障省道307西昌川兴至昭觉县城、省道212西昌缸窑至宁南汤家坪、省道216桃巴至木里县城至梅雨段、京昆（北京—昆明）高速泸黄高速改扩建等项目的用地需求。积极争取省政府和省国土资源厅支持，依法审批凉山州上报的建设用地报件66个，面积9552.34公顷，依法保障国家、省、州重大基础设施、重点产业和民生项目用地。

【市场化配置土地资源】 2014年，全州各级国土资源管理部门认真分析研究土地市场动态趋势，科学制定土地出让计划，优化配置土地资源，全年全州总供地415宗，面积10184.61公顷，实现土地出让总价款32.55亿元。坚持市场化配置资源的决定性作用，促进资源优势向经济优势转变。共拍卖挂牌出让探、采矿权4宗，实现出让价款1.46亿元。征收解缴矿产资源补偿费1.17亿元。

【矿政管理】 2014年，全州各级国土资源管理部门突出稀土、煤炭、玛瑙、铁矿等重点矿种和热点矿区，扎实深入开展矿产资源勘查开采“打非治违”和“六打六治”综合执法专项行动，依法从严查处各类违法违规行为，全年共查处边探边采、越层越界开采等违法违规行为21起，依法关闭矿山、井洞97处。积极争取国土资源部和省国土资源厅支持，投入资金1.57亿元，实施开展重钢太和铁矿低品位钒钛磁铁矿、会理拉拉铜矿废石综合利用等23个“以奖代补”“示范工程”矿产资源节约与综合利用项目。其中太和铁矿、拉拉铜矿综合利用率提高3%，实现新增销售收入2亿多元。

【地质勘查】 2014年，全州各级国土资源管理部门严格落实国务院《找矿突破战略行动纲要》，扎实推进地勘基金项目及整装勘查项目地质勘查找矿工作。争取国土资源部和省国土资源厅累计投入资金5.9亿元，实施开展甘洛县高丰铅锌矿普查、冕宁县普悟沟稀土矿普查等48个地勘基金找矿项目和会理县拉拉铜矿、会东县大梁子铅锌矿等7个国有老矿山的深部和外围接替资源勘查项目，实现磷矿、钒钛磁铁矿找矿新突破，初步探获磷矿6800亿千克、钒钛磁铁矿2.5万亿千克、铜矿金属量5亿千克、铅锌矿金属量4亿千克、稀土氧化物3亿千克。

【国土资源执法监察】 2014年，全州各级国土资源管理部门强化国土资源执法监察，推进“一家管、大家用向大家管、大家用”的转变。全州国土资源执法监管共同责任机制建设率达100%；实现违法行为发现率达98%，发现违法行为制止、报告率达100%。进一步建立落实州、县（市）办案联动机制，依法从严查处土地、矿产违规违法行为。全年共立案查处土地、矿产违规违法典型案件43件，结案39件，结案率为90.7%。其中查处土地违法典型案件16件，涉及土地面积8.77公顷，没收地上建筑物54923.71平方米，拆除复耕1000平方米，罚款159.14万元。

【地灾防治】 2014年，全州各级国土资源管理部门加强地质灾害防治能力建设，进一步细化措施，落实责任，建立起纵向州、县（市）、乡（镇）、村、组、点“六级”和横向36个部门的防灾责任体系。进一步探索推动凉山地质灾害防治工作的新措施、新办法，制定《凉山州地质灾害群测群防管理办法》《凉山州地质灾害气象风险预警工作实施细则》。同时，加强与成都信息工程学院和凉山州气象局的技术合作，高质量完成《GIS支持下的凉山州地质灾害精细化预警平台建设》课题研究项目。其成果受到州评审专家组的高度肯定，并评为凉山州科技进步奖。加强巡查排查，建立省、州、县、乡地质灾害预案点3062处，并逐点落实责任人和监测人。扎实推进宁南县白水河滑坡、雷波县乔家院子滑坡等120余处重大地质灾害治理工程及14处矿山地质环境恢复治理项目建设；实施完成避险搬迁安置2000户。努力推动实施喜德县则约乡则约沟“小流域”综合治理整村推进扶贫攻坚工程取得重大突破。该项工程预算投入1.05亿元，截至2014年年底已到位资金4400余万元。继续狠抓防灾知识宣传培训和应急避险演练，有效提高群众的识灾、防灾、避灾和自救互救能力。全年成功避让地质灾害12起，提前转移疏散群众3617人，避免因灾伤亡319人，避免经济损失2578万元，实现人员“零伤亡”。

【信访维稳】 2014年，全州各级国土资源管理部门牢固树立抓信访就是抓主业的责任意识，狠抓国土资源信访维稳工作，切实维护社会和谐稳定。全年共受理群众来信来访47件（次），其中办结43件，办结率为91.48%；共排查矛盾纠纷和信访积案24件，其中办结22件，办结率为91.67%。

【效能建设】 2014年，全州各级国土资源管理部门严格执行行政效能“首问责任制”“限时办结制”“责任追究制”，建立落实内审、会审制度，着力优化行政审批流程，提升服务水平。全年共受理行政审批事项265件，办结265件，办结率为100%。

【国土资源信息化建设】 2014年，全州各级国土资源管理部门自加压力，敢为人先，全力推进国土资源信息化建设，建成“凉山土地资源调查数据库及管理系统”“集体土地所有权管理系统”“全州矿产品运销监管系统”“建设用地预审、建设用地项目审批、土地整理开发、土地招拍挂、划拨转出让、划拨转划拨等行政审批系统”“土地矿权交易监控系统”和“党风廉政系统”。凉山因国土资源信息化建设工作实绩突出，被国土资源部列为全国首个市级地质环境信息化建设成果应用推广试点地区。

【班子队伍建设】 2014年，凉山州国土资源管理系统按照州委“建钢班子、带铁队伍”的总要求，全力推进全州国土资源系统班子、队伍建设，完成会理、宁南、德昌、冕宁等16个县市国土资源管局共29名干部的考察、任用工作。坚持自主培训与参加国土资源部、省国土资源厅举办的各类培训相结合，狠抓干部培训教育，提高干部队伍素质，推进高效国土建设。全年共举办各类培训20期，培训干部2600余人次，进一步提高干部队伍的业务能力和整体素质。

【党风廉政建设】 2014年，凉山州国土资源管理系统严格落实党风廉政建设“党组主体责任”和“纪检组监督责任”，坚持权力与责任对应，业务与廉政深度融合，形成预防和反腐的强大合力，做到守土有责、守土尽责。加强全系统纪检监察队伍建设，全面推行县市国土资源管理局纪检组长异地交流任职制度，开展完成会东、昭觉等6个缺编县纪检组长的选配、考察工作。强化警示教育，着力构建不想腐的防范机制。采取组织干部职工集中观看警示教育片、以案警示；组织参观监狱、接受特殊教育；制作案例教材、对照检查等方式，引导干部职工规范自身廉洁从政行为，严守廉政底线。

（审核：谢云川/撰稿：拉鹏　吴朝祥）

审　计

【概况】 2014年，全州审计机关共完成对614个单位的审计（其中：专项审计调查40个）。审计查出主要问题金额227852万元，其中违规金额31796万元，管理不规范金额195981万元。审计作出处理处罚92735万元。审计促进节支增收26590万元，其中已上缴财政12010万元，已减少财政拨款或补贴13587万元，已归还原渠道资金992万元，审计还督促缴纳其他资金2029万元和调账处理62562万元。审计核减为政府节约投资22983万元。移送纪检监察机关和有关单位案件线索3起。提出审计建议1981条，被采纳1777条。提交审计专题、综合性报告和审计信息511篇，被批示、采用227篇。向社会公告审计结果36篇。

【预决算审计】 2014年，全州审计机关为促进健全统一完整的政府预算体系，提高预算管理水平，推动完善公共财政体制，提高税收收入质量，摸清财政存量资金规模、结构，加强部门预算管理，全州开展2014年度预算执行和其他财政收支情况审计、地税系统2014年度税收征管情况审计、财政存量资金审计调查、部门预算执行情况审计、县级财政决算审计，并对相关单位和企业进行延伸审计。财政审计进一步扩大审计覆盖面，重点关注宏观政策贯彻落实、预算编制与执行等情况，加大对财政发展类专项资金的监督力度，推动健全政府全口径预算体系、规范资金分配管理、优化支出结构、提高资金使用绩效，努力增强财政审计的整体性、宏观性和建设性。持续关注地方政府性债务，揭示存量债务分类处理和新增债务举借情况，促进规范管理、健全制度，防范财政风险。全年全州审计机关共查出主要问题金额152317万元，并依法作出相应的处理处罚。

【专项资金审计】 2014年，全州审计机关加强对涉及群众切身利益专项资金的审计和调查，确保各项资金配套到位和合理有效使用。加强对“三农”专项资金的监督检查，从资金分配、拨付、使用等环节，着重检查涉农资金是否存在滞留限制、挤占挪用以及是否损害农民群众的切身利益等问题，注重评价资金的使用效果，严肃查处各种跑、冒、滴、漏现象，保障各项支农惠农政策不折不扣地得到落实。进一步加强对教育、社保、医疗、就业、住房等重点专项资金和财政扶持资金的审计，确保管好用好各项民生资金，提高资金使用效益，促进各项社会事业健康有序快速发展。全年共审计民生项目40个，涉及民生专项资金总额209688万元，查出主要问题金额14522万元。

【政府投资审计】 2014年，全州审计机关以竣工结算和决算审计为主要形式，以工程造价审计为重点，对重点政府投资建设项目进行审计。揭示政府投资项目前期管理中存在立项手续不合规、项目计划编制不科学、未按规定进行招投标、高估冒算工程成本、挤占挪用建设资金等问题，施工过程中存在的无设计施工、随意变更设计、施工挂靠现象和建设单位对施工单位报送的结算资料管理不到位等问题，资金管理中存在的工程造价虚高、少数项目未严格按照政府规定支付工程款等问题。科学评估项目建设的经济效益、社会效益、环境和生态效益，提出审计意见和建议，促进规范政府投资项目建设和管理。全年全州审计机关共审计263个单位，审计项目投资额272236万元，查处主要问题资金26501万元，审计核减为政府节约投资22983万元。

【经济责任审计】 2014年，全州审计机关在经济责任审计过程中，将领导干部经济责任审计与部门预算执行审计、投资审计和专项资金绩效审计相结合，将审计对象和审计重点结合，以全部政府性资金使用管理为主线，进一步实施“党政一把手”“捆绑审计”。将部门单位落实中央“八项规定”精神和国务院“约法三章”要求、对“三公”经费和省、州相关要求情况作为经济责任审计的重要内容，加强对会议、出访、接待活动、楼堂馆所建设等行政经费使用情况的监督审查，促进厉行节约和规范管理，推动简朴政府建设。受州委组织部委托，全年全州共组织实施对101名领导干部的经济责任审计，其中任中审计38名、离任审计63名，审计共查出主要问题金额21908万元，其中违规金额2872万元，管理不规范金额19036万元，提出审计建议319条，被采纳281条，进一步促进党风廉政建设和领导干部依法行政。

【企业审计】 2014年，全州审计机关依法进行企业审计，为贯彻执行国家宏观经济政策、强化国有资产监督管理职责、厘清企业运营中的体制性障碍等方面发挥重要作用。全年全州共审计企业6家，审计查出主要问题金额641万元。进一步规范市场经济秩序，保障国有资产安全增值保值，促进国有企业改革改制，提高企业经济效益。

【党的群众路线教育实践活动】 2014年，全州审计机关认真按照州委部署和要求，积极开展党的群众路线教育实践活动。在州委第23督导组的帮助和指导下，坚持以“为民、务实、清廉”为主要内容，牢牢把握“照镜子、正衣冠、洗洗澡、治治病”的总要求，聚焦“形式主义、官僚主义、享乐主义和奢靡之风”突出问题，以整风精神开展活动，坚持高标准、严要求，突出作风建设，加强制度保障，以教育实践活动的成效，推动审计任务的完成和审计事业的科学发展。一是州审计局党组于2月18日召开动员大会，对开展党的群众路线教育实践活动做出全面安排部署。随后全局上下认真按照“学习教育、听取意见”“查摆问题、开展批评” “整改落实、建章立制”三个环节，组织开展学习教育实践活动，认真学文件精神，深入调查研究，广泛征求意见建议，切实找准“四风”突出问题，深刻剖析原因，坚持边学边查边改，开展正风肃纪专项治理，加强整改落实，建立长效机制，各环节各项活动有序有效开展。二是活动启动之时，正是全州审计机关按照审计厅统一安排，全力开展财政存量资金审计调查之际，审计工作任务重、时间紧、要求高，州审计局机关审计人员都分赴各地实施审计调查，造成人员分散，工学矛盾突出，组织开展教育实践活动难度大。为此，州审计局要求各审计组利用工作之余组织开展学习教育活动，同时利用内网建立学习活动平台，保证学习活动同步顺利进行。在整个教育实践活动中，始终坚持统筹兼顾，做到教育实践活动和审计业务工作两手抓、两不误、两促进，保证教育实践活动顺利进行，促进业务工作有效开展。三是坚持从实际出发，认真抓好每个环节规定动作，做到不走样，求真务实。在学习教育、听取意见环节，组织各类理论宣讲、专家辅导、典型宣讲、反面警示等教育活动，切实解决全局党员干部思想认识问题。在查摆问题、开展批评环节，对照中央、省委、州委提出的“四风”问题的主要表现，在全局开展大讨论、大排查，认真梳理出审计局在“四风”方面的8种主要表现，全体党员干部对照检查，深刻剖析，触及灵魂。在整改落实、建章立制环节，认真制定整改方案，狠抓落实，州审计局班子针对“四风”方面主要问题的14个整改项目，制定25条具体整改措施并逐项落实。全局党员干部在教育实践活动中，进一步牢固树立为民务实清廉意识，全州审计队伍凝聚力明显增强、战斗力明显提升，基本达到“四风整改见成效 、队伍建设有提升 、审计事业有创新”的目标。

【自身建设】 2014年，全州审计机关从严治审，全面加强审计队伍建设，提升依法从审的能力和水平。全年全局按照《审计署关于进一步加强和改进审计干部队伍建设的意见》，着力在全州审计干部队伍的思想政治建设、作风建设、纪律建设、廉政建设和能力建设五个方面下功夫，全力打造一支信念坚定、为民服务、勤政务实、敢于担当、清正廉洁的审计队伍，更好地发挥审计作为国家利益捍卫者、经济发展“安全员”、公共资金守护者、权力运行“紧箍咒”、反腐败利剑和深化改革“催化剂”作用。一是根据审计署、省审计厅培训计划，结合全州审计业务现状，分期分批派出审计干部参加上级审计机关举办的以人才培养为目标，以审计质量提升为目的的各类业务培训，提升审计队伍专业化水平。全年全州审计机关共参加上级审计机关组织的社保审计、财政审计、投资审计、计算机审计系统 AO2011 版应用、计算机中级应用、统计软件等各类培训班490人次，更新审计内网网络培训课件236个，提高审计人员的信息化运用水平，提升审计工作能力、质量和效率，提升审计质量，进一步提高审计干部职工业务素质。二是组织全体审计人员通过各种方式认真学习《中华人民共和国公务员法》《行政处罚法》等法律法规。同时结合工作实际，重点加强对《审计法实施条例》《国家审计准则》和《四川省审计厅关于规范审计文书种类、审计文本格式及审计文书业务用语的通知》等与本职工作相关的法律法规。提高全体人员的法律水平，增强依法审计，依法办事的能力。三是始终把廉政建设作为审计工作的“生命线”和“高压线”，坚持审计工作进行到哪里，廉政工作就跟进到哪里。年初严格按照“一岗双责”的要求认真落实党风廉政责任制，制定《2014年落实党风廉政建设责任制实施方案》，扎实开展好廉政风险防范管理工作。并结合2014年党的群众路线教育活动，认真贯彻落实州委、州政府《关于2014年党风廉政建设和反腐败工作的意见》。把正风肃纪贯穿于教育实践活动全过程，着力解决基层审计机关党员干部“四风”方面存在的问题，进一步弘扬“实、高、新、严、细”的工作作风。全年全州切实加强对审计监督权和人财物管理权运行的制约和监督，坚持用制度管权、管钱、管事、管人，使党员干部不敢腐、不能腐、不易腐、不想腐。始终坚持抓早抓小、治病救人，注意掌握审计干部的思想、工作和生活状况，对审计干部身上的问题早发现、早提醒、早纠正、早处置。把党风廉政建设摆在重要位置，常研究、常部署、常教育、常治理，落实主体责任，切实做到守土有责。

（审核：伍皎辉/撰稿：张保权）

统　计

【概况】 2014年，全州统计系统紧紧围绕“稳中求进、改革创新、分类推进、统筹发展”工作基调，以党的群众路线教育实践活动为契机，主动顺应新常态对统计工作提出的新要求，以全面深化统计改革为主题，以依法治统为抓手，以提高统计数据质量为中心，大力加强统计基层基础建设，全面提升统计优质服务，统一思想，扎实工作，奋力而为，各项工作任务圆满完成。2014年，荣获国务院第三次全国经济普查领导小组表彰“全国第三次经济普查国家级先进集体”，省民族宗教事务委员会表彰“四川省民族统计工作优秀集体”，省统计局表彰“全省联网直报调查单位管理工作先进单位”“全省普查中心综合先进单位”，州委、州政府表彰“绩效目标考核先进单位”“全州党委信息工作先进单位”“农村经济发展目标综合考核先进单位”“全州社会管理综合治理工作和平安建设先进集体”“县市防震减灾目标管理工作先进单位”，州政府表彰“凉山州第三次全国经济普查先进集体”“国土资源管理综合目标考核一等奖”“商务工作先进单位”“档案工作先进集体”“全州政府系统办公室文电办会、信息报送先进单位”，州直工委表彰“全州优秀党组织”“州直机关信息工作先进单位”等成果。

【统计服务】 2014年，全州统计系统围绕州委、州政府中心工作，充分发挥统计信息、咨询和监督职能，努力在提供真实统计数据、把握经济运行、严格统计监测预警、及时反映发展动态、适时提供决策依据上抓好统计服务，全面提升统计优质服务能力。在每个季度召开的全州主要经济指标数据监测会商会议上，统计局作为主要发言单位，对全州经济运行情况进行客观分析、判断和预警预测，及时找出运行中存在的问题，为州委、州政府科学决策提供重要参考。2014年，州统计局撰写各类统计分析和资料61篇、《统计报告》4篇、《经济运行预警专报》2篇，发布各类统计信息近千条，提供统计咨询服务110条，回复政协委员提案1条，按月印发《凉山统计月报》《凉山工业》等资料。加强社情民意调查中心机制建设，编印《凉山州社情民意调查中心制度与规范》，积极配合相关部门完成州直部门及县市绩效管理社会评价调查、全州公安系统群众满意度调查、全州国税系统纳税人满意度调查、普格县部门及乡镇党风廉政情况调查，其中州目标绩效管理领导小组首次将绩效管理社会评价工作委托第三方机构具体实施。

【统计改革】 积极应对统计工作新要求，成立全面深化统计改革领导小组，稳步推进国家统一的经济核算制度改革、深化固定资产投资统计改革、创新城镇化统计、深化服务业统计改革、推进贸经统计改革、推进能源统计改革。抓好“四上”企业一套表联网直报工作，完善“一套表”联网直报工作制度；建立健全名录库管理细则、动态监测会商制度和“准调查单位”信息库，2014年月度申报入库单位审核确认通过率达到93.3%，居全省第二位；优化数据采集处理平台，全年“四上”企业联网直报率达95%以上，统计从业人员登记注册率96.8%，持证率62.7%，大幅提升报表准确率；强化乡镇统计基础工作，强力推行《四川省乡镇（街道）统计工作台账》《乡镇统计工作日志》。坚持对重点企业和重点行业实行动态监测，大力提升源头数据质量；严格执行数据质量评估责任制，规范审核流程；积极安排部署劳动力调查工作，扎实做好人口变动调查工作，部署2015年1%人口抽样调查工作；部门联动抓好文化产业统计工作；开展健康服务业单位认定工作；全面部署企业创新调查工作；健全城乡住户基础工作，建立访户制度，加强数据审核评估；撰写综述及各行业的发展成就专题报告，在2014年9月国家民委、四川省政府于北京民族文化宫举办的“民族自治州成就展系列活动之——凉山彝族自治州成就展”中得以采用，充分展现凉山建州62年取得的辉煌成就。

【统计执法】 依法梳理审核行政职权，建立行政职权职责目录、行政权力运行基础平台和行政权力运行监察平台，对州统计局15项行政处罚权力制定运行流程图。认真贯彻实施统计法规，强化统计法制在统计工作的引导规范作用，将法治理念贯穿于统计基层基础建设、专业统计制度建设、统计数据处理规范化建设、统计服务制度化建设。依法规范行政执法行为，严肃查处统计违法违纪行为。组成两个检查组，集中对80户单位和40户个体户开展第三次经济普查数据质量专项执法检查的重点核查工作。深入推进统计法“七进”活动，建立健全统计局党组中心组、局长办公会定期学法、专题法制讲座、集中培训等制度。

【统计基础】 大力推进县级统计机构规范化建设达标创建工作，对尚未达标的县加强基础建设指导、巡查和协调，验收统计保障、统计调查、统计服务、统计信息化建设、统计法制建设、统计管理六方面内容，整体提高统计基层基础工作水平。建立企业联网直报数据平台日志监管长效机制，对联网直报企业报送数据适时进行全程监控，及时发现和处理“一址多企”、内网报送、痕迹异常、数据异动中可能“触及底线”的行为。加强联网直报企业统计基础工作，确保源头数据质量。推动企业建立与之相适应的综合统计机构、搭建网络沟通平台、强化企业基础建设、提高企业统计人员素质；规范企业原始记录和统计台账，数据做到类别齐全、标准规范、准确及时；强化专业数据审核，不断提高源头数据。

【普查调查】 圆满完成第三次全国经济普查各阶段工作任务，全面系统地为凉山经济进行一次体检。坚守普查“六条红线”，依法做好数据和信息的核查、登记、审核、修改及验收工作。凉山州普查办代表四川省向国家统计局局长马建堂汇报实地核查、宣传动员、两员选配、业务培训、审核评估和事后质量抽查等创新工作方法，并在市州工作会上作交流发言。凉山是最早上报核查底册的市州之一；普查期间无任何违法或举报情况；数据审核通过率达97.86%，居全省第1位；事后质量抽查中凉山单位综合差错率仅为0.75%；得到国家和省督导组、检查组、省级新闻媒体的一致好评；州统计局是全省21个市州中仅有的7个第三次全国经济普查国家级先进集体之一，并代表四川省到北京参加第三次全国经济普查总结表彰会，是州统计局历史上首次派代表参加的最高规格表彰会。

【队伍建设】 高标准、高起点地组织开展州统计局党的群众路线教育实践活动，领导班子提出整改措施30项，领导班子成员个人整改清单共提出整改措施52项，纳入台账管理的30个问题，已办结26个，剩余的4个问题属于长期整改事项；公开承诺的11个整改事项，已完成10个，剩余1个属于长期整改事项；领导班子共提出制度建设计划30项，建立完善相关制度和规定47项。2014年组织140人次参加各级行政学院、高校、统计系统和相关部门组织的学习培训，鼓励干部职工开展继续教育，采取定期不定期专题授课、以会代训、科长讲业务等方式对干部职工进行针对性培训，大力提高统计人员理论水平、宏观分析能力和统计业务能力。在科室人员搭配上注重以老带新，帮助年轻干部和新岗位干部迅速提高业务水平，让年轻干部逐渐成长为统计队伍的骨干力量。突出量化考核作用，形成科学的绩效评价机制，建立针对不同科室、不同岗位的绩效评估标准，严格实行月考年评制度和目标考核责任制；开展以关心爱护干部为目的日常谈话谈心活动，与干部进行经常性的思想交流、情况沟通、意见交换，发现有苗头性问题的干部，及时进行诫勉谈话。

（审核：贺雪梅/撰稿：陈奕）

统计调查

【概况】 2014年，国家统计局凉山调查队紧紧“为国调查，为民服务”这个中心，以打造现代服务型国家调查为重点，以提高数据质量为核心，以提升调查能力为根本，以“开展党的群众教育路线教育实践活动”为主线，以深化领导班子“四好”活动为载体，以业务支撑能力、专业调查能力、综合服务能力、统筹协调能力、机关管理能力、纪律约束能力等“六大能力建设”为抓手，进一步理清思路、明确任务、迎难而上、奋力拼搏、真抓实干，系统管理得到进一步提升、内外环境得到极大改善、干部综合素质得到较大增强，调查能力得到显著提升。

【统计调查服务】　2014年，国家统计局凉山调查队按照“双向服务”和“双重保障”的要求，紧紧围绕各级领导和社会各界关注的“热点和难点”，发挥国家调查优势，积极开展分析研究和信息报送工作，提供快、精、准服务。全年共报送《工作要事》155条，比2013年增加6条，同比增长4.02%；被总队内网采用82条，增加4条，同比增长5.12%。报送《经济信息》135条，比2013年增加11条，同比增长8.87%，被国家局、省两办和总队采用55篇次，比2013年增加8篇次，同比增长17.02%。撰写《调查分析》55篇，比2013年增加4期，同比增长7.27%，报送总队11篇，被总队内网采用5篇，采用率45.45%。为地方提供优质信息，每月编印《价格调查信息专报》直接呈送州委、州政府主要领导和有关州级领导，同时在《凉山日报》、凉山电视台、州政府网站上登载24条，被地方党委政府采用31篇次，比2013年增加6篇次，同比增长24%；调查分析被各级领导签批18篇次，同比增长12.50%。

【专项调查】　在完成全国党风廉政建设和国有企业反腐民意调查、全省转变机关工作作风民意调查等国家、总队布置专项调查的同时，加强与地方部门联系配合，拓展地方专项调查。开展“凉山州全民科学素质调查”“凉山州政务中心满意度调查”“会东县农村土地流转现状调查”“冕宁县政协委员对提案办理的调查”等为地方经济建设和社会发展服务的亮点和热点调查。

【统计调查改革】　严格执行国家调查制度，全面扎实推行调查工作规范化规程，积极探索符合凉山实际的统计调查方法制度。一是稳步推进城乡住户一体化改革。国家统计局凉山调查队切实履行牵头职责，牵头安排布置、牵头数据评审、牵头发布各县（市）城乡居民收入情况通报，确保全州17个县（市）全面按时完成分县市住户调查一体化工作。二是全面认真贯彻执行总队“5+5”“263”工作法。严格按照“六大基础工作”“六大保障制度”两大主线和三个重点的要求夯实工作基础，执行保障制度，规范业务流程，促进调查工作的规范化和科学化。三是推行CPI手持数据采集系统。重视CPI手持数据采集系统推广工作，合理规划和分配任务。四是推进辅助调查员“由兼到专”。聘用4名调查员，担任西昌市专职消价采价员和城乡一体化城镇住户专职调查员。五是建立数据质量追究责任制。州、县调查队队长对所监控的主要统计数据质量负主要责任，分管副队长负直接责任，各专业负责人负具体责任。

【统计调查执法】　切实搞好“12·4”“12·8”的普法宣传日活动，做好《统计法》《统计法实施细则》的宣传活动，加大统计执法力度，坚决查处统计违法行为。一是精心部署统计法纪念活动。加强组织领导和部门配合，统一部署，形成合力；与改进和加强新闻宣传工作相结合，采取不同的宣传方式和内容，扩大国家调查的影响力。二是开展送法进乡村活动。9月9日，凉山国家调查系统在会东县姜州镇开展送法进乡村活动。三是积极部署开展企业一套表和执法专项检查工作。2014年共执法检查单位11家，其中经济处罚2家、处罚金额5000元，限期整改3家。

【经济普查个体抽样调查】　按照国务院经济普查领导小组和国家统计局的统一部署，凉山国家调查系统精心组织，周密安排，攻坚克难，真抓实干，较好完成第三次全国经济普查个体抽查调查工作。一是培训工作落实到位。及时召开第三次全国经济普查个体户抽样调查培训会，学习抽样调查方案、相关业务规定、调查方法与技巧，并对调查数据处理和管理平台软件进行培训。二是高质量上报普查数据。凉山调查队将2708户个体抽查调查数据按规定时间网上直接，并率先通过总队、国家局验收通过。三是调查工作得到督查组肯定。4月14日至18日，国家统计局四川调查总队副巡视员晏萍带领督查组一行到凉山，检查指导第三次全国经济普查个体户抽样调查工作，检查组深入调查现场，亲自核实了解调查过程，充分肯定凉山第三次全国经济普查个体抽样调查执行国家方案不走样，调查方法有技巧。

【群教活动】 从2014年4月开始，凉山国家调查系统按照“照镜子、正衣冠、洗洗澡、治治病”的总要求，紧紧围绕“为民务实清廉”主题，深入开展以解决“四风”问题为主要内容的第二批党的群众路线教育实践活动。一是狠抓学习教育环节。采取集中学习、自主学习、专家辅导、研讨交流、调查研究、社会实践等多种方式扎实抓好学习教育活动，落实工作措施。共开展集中学习20天，基层调研11天，读书笔记25篇，心得体会28篇，集中观看警示教育片3次，专题讲座4次，上报信息48期（其中：国家采用1期，总队采用9期）。二是狠抓征求意见环节。通过召开座谈会、小范围交谈、个别访谈、单独约谈、发放征求意见表、设置意见箱、公布征求意见电话、使用QQ号和电子邮箱等方式全方位、多途径征求各方面、各阶层的意见，共收集有效意见建议271条。三是狠抓查摆问题环节。严格对照“三严三实”要求、苏区调查精神问题查摆，开展问题“会诊”，主动认领问题，分析原因，形成对照检查材料。四是狠抓民主生活会环节。主要领导主导起草、自己动手、反复修改、严格把关班子对照检查材料，班子成员亲自撰写、反复修改、深刻剖析、多次修改，召开党组会专题讨论修改对照检查材料，保证材料质量。五是狠抓整改落实环节。制定《国家统计局凉山调查队群众路线教育实践活动整改方案》，召开“整改落实工作推进会”，将整改落实工作进行细化和推进。

【“挂包帮”活动】 深入开展“挂包帮”和“百乡千村教育扶贫”活动。一是扎实开展走基层活动。5月20日，班子带领全体干部职工到金阳县丝窝乡尼波洛村“走基层”，将价值20000元的棉被分发到86户困难村民手中，并开展扶贫工作调研活动。二是深入开展调研活动。8月6日，凉山调查队党组书记、队长李天寿带领相关人员深入到金阳县丝窝乡农户家中了解困难群众的思想、生产和生活现状，切实帮助他们解决生产生活中的困难和问题。三是积极扶持产业发展。向丝窝乡尼波洛村20户贫困农户捐赠价值40000元的能繁母猪，扶持贫困群众早日脱贫。四是工作得到充分肯定。9月24日，在凉山州“挂包帮”活动、百乡教育扶贫工程总结暨工作推进视频会议上，办公室主任李木比者代表凉山调查队作题为《牢记使命 真心帮扶 真情服务》的经验交流发言。9月26日，凉山州“挂包帮”活动领导小组办公室发文通报（凉领办发〔2014〕7号），国家统计局凉山调查队被评为2013年度凉山州“挂包帮”活动良好单位，“挂包帮”工作连续四年得到地方党政充分肯定。

（审核：李天寿/撰稿：李木比者）

质量技术监督管理

【质量管理】 2014年，凉山州质量技术监督管理局代州政府草拟《关于加快建设质量强州的实施意见》和《凉山州贯彻实施质量发展纲要暨建设质量强州2014年实施计划》，在全州深入推进质量强州建设；推动州政府出台《凉山州州长质量奖评审管理办法》，于8月1日起正式实施；指导17个县市质量技术监督局积极参与创建示范城市活动；继续在全州日用消费品行业大力开展质量提升工作，全州质量水平总体提升；联合州教育局开展“中小学生质量教育社会实践活动”。

【质量监督】 2014年，凉山州质量技术监督管理局完成全州34家企业工业生产许可证年审和46家获得工业产品生产许可证企业分类监管基本信息的采集汇总；开展机动车安全技术检验机构专项整治；全年共抽查163批次产商品，合格151批次，合格率92.64%，较2013年同期上升1.3个百分点，对不合格产品，采取公告、曝光、收回、整改、处罚、培训等多种形式，加强企业自律，督促引导企业改进产品质量；完成2014年《产品质量状况分析报告》，为州政府实现地方经济又好又快发展提供科学的决策依据。

【品牌建设】 2014年，全州8个产品荣获第十一届四川名牌产品称号。到2014年年底，全州四川名牌总数达到30个，其中：大凉山特色农产品及加工产品占20个，工业产品占8个，服务名牌2个，凉山州获得的名牌产品总数在三州中名列第一；雷波脐橙知名品牌示范园区获得四川知名品牌示范区命名；马湖莼菜获得国家地理标志产品保护，培育德昌桑葚汁、建昌板鸭、凉山彝绣拟申报国家地理标志产品保护。到2014年年底，获得国家地理标志保护产品15个，所获数量位居全省第三。

【特种设备安全监管】 2014年，凉山州质量技术监督管理局组织召开《特种设备安全法》宣传贯彻培训会14次，共计培训1632人，362个单位（含个体）参加宣传贯彻培训会；接受省质量技术监督局专项安全大检查1次，配合省特种设备安全监督检验研究院安全大检查1次，配合省质量技术监督局特种设备监督检查专家组专项安全大检查3次，参加州安委会组织的全州性安全大检查4次，开展专项整治6次，召开大型风险警示约谈会4次，实现全州特种设备安全零责任事故目标；完成特种设备风险评价和分类监管12家的试点工作；完成宁南县质量技术监督局、普格县质量技术监督局特种设备安全监察基层规范化建设达标考核；修订《凉山州质量技术监督局特种设备事故应急预案》；全年开展特种设备应急救援演练4次，进一步提高应急救援能力；构建17县市质量技术监督局、州特检所共享的凉山州特种设备QQ群动态监管信息平台，完善特种设备使用登记数据库录入分析工作。

【标准化服务】 2014年，凉山州质量技术监督管理局协助州烟草公司修订完成凉山州区域性烤烟地方标准57个，凉山州“国家级优质烤烟综合标准化示范州”项目以106.67分的高分通过考核验收；完成凉山州境内的地理标志保护产品四川省区域性地方标准9个；省级农业综合标准化示范区项目——西昌小香葱、德昌紫衣大蒜通过考核验收；雷波马湖彝家新寨生态农业成功申报为省级农业综合标准化示范区项目；凉山州人民政府申报的优质烤烟、西昌市安宁镇人民政府申报的洋葱农业标准化示范区被确定为2014年四川省精品农业标准化示范项目。

【代码条码】 2014年接待各种咨询1.5万人次，做到事事有落实，件件有回音；进一步简化办事流程，代码收费由原来的108元降为30元；办结各类审批项目18345件，实现限时办结率100%，群众满意度100%，无一例差错发生。

【计量监督】 2014年，凉山州质量技术监督管理局组织开展儿童玩具、金银首饰的加工、销售企业的计量器具及标识、标注、水电气三表计量专项监督检查；开展计量惠民生，诚信促和谐双十工程；完成诚信计量示范窗口单位35家；全州聘任民生计量义务监督员50名；对全州主要集贸市场开展免费计量检查，共计免费检验各类衡器1万余台。

【认证监管】 2014年，凉山州质量技术监督管理局开展家具市场环保、食品农产品认证监督检查；组织开展雷波县申报创建四川省有机产品试范县工作；配合省质量技术监督管理局评审专家组完成州内10家实验室现场考评。

【行政执法】 2014年，凉山州质量技术监督管理局开展以农资、建材、汽配、汽柴油、儿童用品为主要内容的“质检利剑”行动“五大战役”。全年全州立案查处126起，现场处罚289起；加强“12365”投诉举报中心工作，“12365”投诉举报中心接到举报4起，投诉23起，接受咨询46人次，办结率100%，为消费者挽回经济损失16.50万元。

【党的群众路线教育实践活动】 2014年，凉山州质量技术监督管理局以为民务实清廉为主要内容，围绕州委的树立为民务实清廉形象，争当全国民族地区科学发展排头兵和凉山州质量技术监督管理局的坚持群众路线，建设人民质监主题，集中解决形式主义、官僚主义、享乐主义和奢靡之风问题，着力解决群众反映强烈的突出问题，取得明显成效。全年组织党员干部集体学习31次，讨论80余次，参加学习讨论人数1920人次，撰写学习心得体会59篇；通过调查问卷、设立意见箱、召开专题座谈会、到企业和基层质量技术监督管理局调研等形式，结合州委督导组反馈的意见，查找在“四风”方面存在的突出问题29个；州质量技术监督管理局党组班子成员之间共交心谈心50余人次，党组成员与各科室负责人共交心谈心70余人次，科室负责人与党员群众谈心60余人次；班子成员和6个支部相继召开党的群众路线教育实践活动专题民主生活会，达到自我教育、自我检查和自我提高的目的；制修订70余个规章制度，50余个规章制度正在制修订。

【体制调整】 2014年12月18日，省质量技术监督管理局将凉山州质量技术监督管理系统整体移交划转凉山州政府，实行分级属地管理；12月24日，凉山州人民政府召开全州质量技术监督、工商行政管理机构职能划转工作会，将17个县（市）质量技术监督管理局整体移交划转给17个县（市）人民政府，实行分级属地管理。

（审核：陈东/撰稿：杨华安）

食品药品监督管理

【概况】 2014年，凉山州食品药品监督管理局内设12个科室，下辖凉山州食品药品监督稽查支队、凉山州食品药品检验所2个事业单位。凉山州食品药品监督管理局行政编制48名，稽查人员编制25名。各县（市）行政编制360名，工勤人员控制数40名，稽查人员编制370名。州、县（市）全部成立新的食品药品监管局和88个乡镇（片区）监管所，州级及各县（市）的食品安全委员会及办公室全部调整到位。同时整合现有的州食品药品检验所和国家食品检验实验室建设项目。全州食品药品监管对象5万余家。其中：药品生产企业8家，药品经营企业1259家，药品使用单位5277家，化妆品经营使用单位2759家，医疗器械经营企业64家。餐饮服务单位11000余家，学校食堂1170家，保健食品经营企业2884家，食品流通企业13020家，食品生产企业取得食品生产许可证的307家，未取得许可的食品生产加工小作坊、小餐饮店、小食品店和食品小摊贩有15000余家。全州食品药品监管对象量大面广，食品药品安全涉及的链条长、范围广、任务重。

【职能职责整合】 2014年，在原来只承担药品医疗器械监管职责的基础上，正式承担起“四品一械”的监管职责，即食品、保健食品、药品、化妆品和医疗器械的生产环节、流通使用环节、餐饮服务环节的质量安全监管。同时承担州食品安全委员会办公室职责。

【日常监管】 切实加强食品药品安全日常监管。全州完成申请新增和换发食品生产许可证148个申证单元，完成大中小型持证餐饮服务单位动态等级评定6190家。全州1家中药饮片生产企业通过2010年新版GMP认证，14家药品批发企业、25家药品零售企业通过新版GSP认证检查。现场驻点，确保重大活动餐饮服务食品安全，完成“2014西昌·邛海湿地国际马拉松赛”等18次重大活动的保障任务。

【食品药品专项治理】 2014年，凉山州坚持“严查、严打、严办”及“四个一律”的原则，狠抓大案要案查办，大力强化食品药品安全专项整治，严惩重处食品药品领域违法违规行为。开展食品药品安全专项整治“亮剑行动”、校园周边食品安全专项整治、农村食品市场“四打击四规范”、医疗器械“五整治”等专项整治行动。全年全州立案 638 件，结案 976 件（其中当场行政处罚 394 件），罚没款合计 241.46 万元。移交司法机关案件 11 件，配合公安抓获犯罪嫌疑人 5 人，捣毁 1 个收销死因不明的牛羊、猪肉的窝点，公安网上追捕 2 人。

【风险应急管理】 2014 年，凉山州组建州级食品药品应急队伍，与会理县人民政府成功举行办Ⅳ级食品安全事故联合应急演练，全州 15 个县（市）分别举办演练。加强凉山州食品药品检验所的食品药品风险检测能力建设。通过了食品 44 个产品、63 个检测参数，化妆品 17 个检测参数及空气洁净区环境 9 个参数的检测能力认证。全年食品抽检 829 批，总体合格率达 92.7%，对不合格产品及企业后处理率达 100%。认真开展药化风险抽验。加大药械、化妆品不良反应（事件）监测。开展食品、药品和医疗器械风险研判，对安全隐患多的企业实施专项约谈。

【食品生产经营主体调查】 截至 2014 年 12 月底，全州共录入食品生产企业信息 307 条、食品流通经营主体信息 11257 条、餐饮服务单位信息 8942 条、食品生产加工小作坊、小餐饮店、小食品店和食品小摊贩（“四小”）企业信息 15340 条。

【执业药师远程在线服务和医疗器械经营备案】 2014 年，凉山州开展药品零售连锁企业执业药师远程药学服务试点工作，解决凉山州药品零售企业执业药师严重不足的问题。采取统一制定办事指南、统一制定备案凭证、统一刻制备案专用章的方式，委托各县（市）食品药品监管局对辖区内的第二类医疗器械经营企业进行备案，极大地方便了群众办事。

【宣传引导】 2014 年，凉山州大力开展食品药品安全知识宣传活动。全年组织开展“食品药品安全知识大讲堂”5 场，在广场制作大型滚动宣传广告 1 幅；在《凉山日报》《城市新报》开辟专栏 20 余期，刊发宣传稿件 120 余篇；印制《彝汉对照食品安全宣传手册》5 万余份。

【教育培训】 2014 年，凉山州针对体制改革后新进人员业务不熟、监管任务重、监管压力大的情况，组织全系统 327 名系统新进人员，分两期到省食品药品学校进行系统培训。全年开展各类培训 8 期，共 300 余人次。组织 50 余名业务人员到 17 个县（市）现场指导、培训 70 余次。

【群教活动】 2014 年，州食品药品监督管理局根据中央、省、州委开展党的群众路线教育实践活动的总体部署，开展聚焦“四风”问题的党的群众路线教育实践活动，抓学习提高、直面问题撰写材料、开诚布公召开专题民主生活会、整改落实建立完善规章制度。共收集的班子意见 11 条，个人意见 32 条已全部整改，新建立 9 个制度，重申 5 个制度。

【“挂包帮”活动】 2014 年，州食品药品监督管理局积极推进“百乡教育扶贫工程”和“挂包帮”活动。机关党员与联系村 30 户贫困群众结对共建、结对帮扶；修通特布洛乡呷租居坡村全长 8 千米通村毛路；改造维修特布洛乡中心校学生宿舍、食堂，呷租居坡村村小校舍。

（审核：刘光超/撰稿：欧阳南希）

商　务

【概况】 2014 年，凉山州商务系统按照“科学发展、加快发展”的总体要求，坚持解放思想、改革创新，攻坚克难、逆势突破，商务经济保持良好的发展态势，为全州经济发展做出较大贡献。商务局党组将 2014 年确定为“基础工作年”，各项工作有力、有序、有效推进，商务经济发展质量稳步提升、发展基础日益夯实、发展环境不断改善，全州商务经济继续保持平稳增长。

【开放型经济】 2014年，凉山州外商投资实际到位资金4139万美元，对外贸易进出口总额实现8263万美元，均圆满完成省政府下达的目标任务。一是以“活力川企·商行世界”为主题，组织四川环太、会理元源、三匠、正中、元坤果业等32家企业，积极参加广交会、昆交会、中国西部国际投资暨进口消费品交易会、渝洽会、西洽会、青洽会、中俄博览会等“万企出国门”活动，累计成交5520万元。二是加快推进西昌东山片区流域生态综合治理及郊野公园项目、正大集团酒庄改扩建、会东松露深加工项目、红莫温泉康养中心建设、德昌洪星电力有限责任公司并购、冕宁油橄榄种植加工和香港东方矿产资源集团投资项目等外资项目，借助“知名企业四川行”“万企出国门”“中法千家中小企业合作与发展论坛”等活动平台，积极开展外资项目推介和对接洽谈，全年新审批外资企业2户。积极发展对外文化贸易，凉山文广传媒公司与老挝开展文化合作，实现对外文化贸易零突破。

【城乡消费】 2014年，全州社会消费品零售总额完成428亿元，较2013年同期增长12.8%，高于省下达目标0.8个百分点。城乡市场繁荣活跃，市场流通体系建设日趋成熟。一是不断完善现代流通体系。加快推进“国家农产品现代流通综合试点”和“万村千乡”市场工程，宏林冷链物流配送中心、卢亚公司农产品流通、金雕实业冷链物流及加工配送中心等3个试点项目顺利完工，德昌蔬菜藏业批发交易中心二期项目顺利推进，1个区域配送中心、2个县级配送中心、7个乡镇商贸中心、189个农家店项目年内完成验收，全年共争取国家、省市场体系建设资金1269万元。二是提档升级城乡消费。认真贯彻省人民政府十六条稳增长措施，积极搭建节庆消费平台，开展雷波脐橙、冕宁樱桃、盐源苹果、会理石榴等“大凉山”特色产品网络购物活动。以“开拓市场·引导生产”为主题，坚持“走出去”战略，先后组织四川环太、西昌三匠、西昌正中、凉山魂酒业、宁南南丝路、元坤果业和西昌航飞等省州知名品牌企业，参加北京、广州、呼和浩特、长春、杭州等5站“川货全国行”活动，参展企业24个，成交金额476.3万元。先后组织台北士林美食节、攀西汽车联展、“第十届中国食品博览会”“第二届中国（泸州）西南商品博览会”、2014首届攀西商品博览会暨“大凉山”特产购物节等“惠民购物全川行动”活动71场次、参展企业1922个、参展商品39536个、成交金额6.6亿元。三是不断强化市场运行监管。协调推进打击重点领域、重点产品侵权假冒工作，认真组织开展商业预付卡清理整顿专项整治、消除地区封锁打破行业垄断、电视购物卡专项整治等工作，全年全州地方行政部门立案406起并全部办结。加强对拍卖、典当、二手车交易、报废汽车回收、再生资源等特殊行业的监管。深入开展全州商务系统安全生产大检查，分组分片区进行拉网式排查，全年民爆行业和流通领域未发生一起安全事故。

【服务业发展】 2014年，凉山州商务系统将2014年确定为服务业发展“基础工作年”，着力抓项目促进、机制保障，呈现出“底部基础日益夯实、重点项目加快推进、政策机制逐步健全”的良好局面。全年全州服务业实现增加值367.6亿元，比2013年增长6.7%。一是建立健全服务业工作机制和政策体系，重点在打基础、建机制、强保障上下功夫、做文章。调整充实州、县服务业发展领导小组，健全完善服务业发展工作推进联席会制度，建立部门联动常态机制和统计业务培训机制，制定出台《凉山州服务业改革发展指导意见》《凉山州服务业发展四年行动计划（2014—2017）》等发展规划和促进政策，建立健全县市和部门的双向目标考核机制，实行目标倒逼和督办定期通报制度。二是加快推进重点项目建设，确定50个服务业重大项目实行全程跟踪。德昌县商业市场、德昌县傈僳风情旅游项目、邛海希尔顿逸林酒店、宁南县白鹤滩物流有限公司等26个在建项目已取得实质性进展，部分项目已接近尾声或完成投产；攀西国际商贸城、西昌农产品现代流通综合试点、会东县仓储式大型农超对接超市等10个新建项目积极推进；凉山宏林果蔬冷链物流配送中心、会东物流园区、中国“五彩凉山”文化产业村寨等14个拟建项目正在规划设计或招商引资。三是扎实培育“限上”企业。结合第三次全国经济普查，加大样本企业抽查力度，联合统计、工商、税务等相关部门，进一步加大“限上”企业清理力度，最大限度地将符合条件的企业纳入统计范围。鼓励和支持流通企业技术创新，跨区域兼并重组和连锁经营，大力实施“主辅分离”工程，加大对“限上”企业的申报与入库，全年培育限上企业新增29家。四是进一步改善发展环境。全年全州上下对服务业工作给予前所未有的关注、重视和支持，州委、州政府主要领导分别主持召开专题会议研究部署服务业发展工作，出台系列支持服务业发展的政策措施，形成“党政组织领导，商务牵头协调，部门各负其责”的工作机制，各地各部门对服务业高度重视程度。省商务厅在凉山服务业发展方面给予大力支持，全年共争取到省商务厅支持服务业示范州8个项目、民族地区商贸服务业发展4个项目共计900万元。

【电子商务】 2014年，凉山州将发展电子商务作为转变发展方式、调整经济结构、转移过剩产能、促进转型升级的重要抓手，着力打造本土平台、促进广泛应用、着力招大引强、推动集聚发展。建立完善体制政策，成立凉山州促进电子商务发展工作领导小组、凉山州电子商务协会，制定出台《关于加快推进电子商务发展的实施意见》《凉山州电子商务产业工作推进方案》，面向全州开展2期电子商务应用培训，150余家企业共300人参训。与阿里巴巴集团合作建设淘宝特色中国凉山馆；大凉山电子商务产业园已完成方案编制、投资及运营商引进、项目选址等前期工作，渝川大宗商品交易市场项目顺利落户美姑。同时，积极组织会理、西昌两县市申报国家和省级电子商务进农村示范县市。全年全州电子商务交易额实现15亿元，其中网络零售额达4.2亿元，增速全省第二。

（审核：柏宇/撰稿：宋心华）

投资促进

【概况】 2014年，州投资促进局依托资源优势和特色产业，大力实施优势资源开发与保护、充分开放合作和大企业大集团带动“三大战略”，科学招商、项目招商、诚信招商。通过各部门各县市高度重视和强力推进，全州投资促进各项工作保持良好的发展态势。

【招商引资】 2014年，全州履约招商引资项目203个，累计到位州外资金465.23亿元，完成全州工作目标任务300亿元的155.08%，奋斗目标任务350亿元的132.92%。其中，2014年新履约项目78个，到位资金132.3769亿元；往年签约并正在履约的项目125个，到位资金332.8531亿元。到位省外国内资金368.405亿元，完成省上下达目标任务270亿元的136.45%。新签约项目99个，协议引资额798.81亿元。仅省级平台签约就达751.8亿元。“中外知名企业四川行活动”凉山州共签约项目40个，总投资498.2亿元。第十五届西博会凉山州共签约35个项目，总投资204.6亿元。攀西战略资源创新开发试验区投资推介会凉山州共签约6个项目，总投资49亿元。

【投资合作】 2014年，凉山州进一步推进成凉、攀凉、珠凉和厅州、局州和川滇黔12市地州合作，继续选派第三批4名干部赴省政府驻浙江、上海、厦门、广州办事处挂职，驻点招商，延伸触角，建设投资促进桥头堡。充分利用大山大水大资源优势和凉山自身特点，重点推出引资额1133亿元的157个优质投资促进项目，通过“中外知名企业四川行活动”、凉山（北京）成就展、第十五届西博会等平台，以世界500强、国内500强等知名企业集团为重点投资促进对象，以现代农业、新兴工业和旅游业为重点招商领域进行有效推介。全年州县市“一把手”带队赴北京、上海、厦门、广州（深圳）、杭州、云南昆明等省（境）外开展承接产业转移投资促进活动107场次，拜访对接阿里巴巴集团、中国建设交通集团、华能集团新能源股份有限公司、葛洲坝集团股份有限公司、新奥集团股份有限公司、西部矿业集团、中国丝绸之路控股集团、香港毅德集团等企业103家，达成意向投资1190亿元。积极开展小分队招商活动。由州领导带队，州县（市）联动，组成3个小分队赴省政府10个驻外办事处所在省市开展小分队招商活动，对接拜访企业37户，达成合作意向21个。

【重大投资活动】 在“中外知名企业四川行”活动中，凉山州积极参加省上主办的“省主要领导共同分类会见知名企业代表”等3项“规定动作”；主办“四川·凉山彝族自治州投资说明暨产业推介会”、举办“凉山州与省政府驻各地办事处座谈会”“凉山州与企业嘉宾代表座谈会”。省人大常委会副主任张东升、省政府副省长黄彦蓉等领导出席凉山州投资说明会；省国资委、省发改委等10家重要部门负责人，省政府驻上海、重庆、沈阳等10个办事处负责人，中国华能集团、新奥集团、荷兰贸易促进会、以色列中国商会、德国中国商会等150多家企业集团的客商朋友和商（协会）负责人参加投资说明会，参会企业中有世界500强7户，中国500强9户，民营500强10户；副省长黄彦蓉作重要讲话。会上共签约项目40个，总投资498.2亿元。在“友好合作凉山行”活动中，邀请德国、澳大利亚、泰国、法国驻成都总领事馆官员，英中贸易协会成都代表处、哥伦比亚中国商会、意大利外贸委员会成都代表处、四川毅华国际交流中心、成都中俄文化研究所等机构负责人，以及杜邦中国集团有限公司、飞利浦（中国）投资有限公司、英国阿特金斯公司、加拿大中王国数码影视公司、美国奥克福德成都有限公司、澳大利亚沁诺斯股份责任有限公司负责人参加活动。在西昌举行投资说明推介会暨签约仪式，与美国奥克福德（成都）有限公司、哥伦比亚哥中商会签署《关于冷水鱼养殖的合作协议》《关于引进哥伦比亚咖啡在凉山试种的合作协议》。在“2014珠海市民营企业商会赴凉山考察”活动中，对接客商20家；在世界杰出华商大会上，对接客商18家。另外，凉山州各部门和17县市还主动与三峡集团、中昆集团、北京泰和普仁控股有限公司、中海阳新能源股份有限公司、鑫德谊地质勘察有限公司、天华阳光新能源投资有限公司、新星成明生物科技股份有限公司等企业集团交流对接，达成合作意向11个，意向引资额364亿元。在第十五届西博会上，世界500强、中国500强、中国民营500强以及各行业、各发达地区领军企业、知名企业276户和四川省广东商会、四川省天津商会等10家商会参会，另有上百家客商及其代表到会观摩。凉山州35个项目纳入西博会签约，总投资204.6亿元；与美国、澳大利亚、哥伦比亚、以色列、波兰等国的商贸机构和企业签署5项对外合作协议，凉山连续5年在西博会上成功签署国际产业合作协议。在“五彩凉山投资说明暨大凉山农产品推介会”上，中国电力建设集团、中粮集团、中国铝业、中国建材、世茂集团等130家企业参加。人民日报社、新华社、中央电视台、中央人民广播电台、四川日报社、四川电视台等20多家新闻媒体报道了推介会。

【督查督办】 2014年，州投资促进局采取集中汇报督查、通报进展情况、开展州领导片区联系督查等方式对第十四届西博会和“中外知名企业四川行活动”签约项目进行重点督查督办，专题研究全州签约项目推进过程中存在的具体问题和困难。在第十四届西博会签约项目中，凉山州共签约并纳入州委、州政府重点督办的项目共51个，投资总额342.3亿元，协议引资329亿元；履约项目48个，履约率94.12%；开工项目43个，开工率84.31%；累计到位资金164.3972亿元，资金到位率48.03%。纳入省政府重点督办项目14个，投资总额187.7亿元。履约项目14个，履约率

100%；开工项目 13 个，开工率 92.86%；累计到位资金 107.7459 亿元，资金到位率 57.4%。中外知名企业四川行活动签约项目中，凉山州共签约项目 40 个，总投资 498.2 亿元；“中外知名企业四川行活动”签约项目共履约 33 个，履约率 82.5%；开工项目 25 个，开工率 62.5%；累计到位资金 77.8272 亿元，资金到位率 16.62%。“三大投资促进活动”签约项目中，“三大投资促进活动”中，凉山共签约正式合同项目 13 个，签约总金额达 512.45 亿元。“三大投资促进活动”签约项目共履约 12 个，履约率 92.3%；开工项目 11 个，开工率 84.61%；累计到位资金 38.5056 亿元，资金到位率 7.51%；未履约项目 1 个，投资额 150 亿港元。列入全省 200 个重点推进产业项目中，凉山共有 4 个项目被纳入全省 200 个重点推进产业项目。一是在央企入川活动中签约投资 80 亿元的中国三峡新能源（凉山州）新能源建设项目，共涉及 8 个县，会理、会东、普格、盐源、冕宁已有到位资金，累计到位资金 7.6 亿元，布拖、金阳、木里县正进一步对接，主要问题在于对国有未利用林地租用政策不明确，项目用地困难。二是在第十四届西博会上签约投资 10 亿元的会理县蛇纹石资源综合开发利用项目，该项目已注册项目公司，待取得矿权全面开工建设，前期已到位资金 5000 万元。三是在中外知名企业四川行活动中签约投资 20 亿元的华能新能源（会理）147 兆瓦风电场建设及输、变电工程建设项目。该项目已履约，三地风电场已取得省发改委的核准，完成设备订购，正在进行进场道路建设，即将开展场内建设，马店和干海子风电场已取得开展前期工作的函，正在开展前期准备工作，前期已到位资金 1.5 亿元。四是在中外知名企业四川行活动中签约投资 12 亿元的华能新能源（宁南县）梁子乡风电场项目，该项目已履约并纳入固定资产统计库，前期已到位资金 2.8 亿元。

【专题调研】 2014 年 5 月 26 日至 29 日，由州投资促进工作领导小组副组长带队，州委、州政府相关副秘书长，州委编办、州人力资源和社会保障局、州财政局、州投资促进局负责人组成学习考察组，专程赴成都、眉山、资阳学习考察投资促进工作的先进经验，为凉山州以新思路、新机制、新举措推进投资促进工作快速发展提供参考。全年深入 17 县（市），查阅档案资料 103 卷，到 40 个项目建设现场调研，与相关县（市）、园区、乡镇及项目业主召开座谈会 20 次，全面了解“三大活动”、第十四届西博会、“中外知名企业四川行”活动等重大投资促进活动 103 个签约项目（协议引资额 1172.95 亿元）的推进落实情况，以及基层投资促进工作经验、普遍存在的问题，形成进一步做好全州投资促进工作的建议。

（审核：徐杰/撰稿：张洪俊）

供销合作商业

【概况】 2014 年，全州供销系统发展和完善新农村服务网络建设 187 个，完成目标任务的 106.3%。全年实现经营服务总额 20 亿元，完成目标任务的 111.1%，实现农业生产资料销售总额 2.9 亿元，完成目标任务的 111.5%，实现助农增收 7600 万元，完成目标任务的 108.6%，组织农副产品购销 4.1 亿元，完成目标任务的 107.9%，实现系统汇总利润 2100 万元，完成目标任务的 116.7%。两家农民资金互助合作社试点工作稳妥推进。

【服务体系建设】 2014 年，州供销合作社着力抓好农业生产资料供应服务体系建设，实现助农增收节支。加强庄稼医院建设和庄稼医生培训，全年全州新建庄稼医院 31 所，培训庄稼医生 66 人，以庄稼医院为依托，实行农资直配，平抑农资价格，指导农民科学用肥用药，全州庄稼医院达到 172 个，307 名庄稼医生取得国家认定的职业资格证书。进一步抓好创新农业科技服务，在越西县、昭觉县、美姑县、布拖县实施 26.67 公顷马铃薯配方施肥高产示范，现场对示范田和传统施肥田产量对比，配方区产量比传统区产量增加647.5千克、增产48%。

【营销体系建设】 2014年，州供销合作社着力搞好农副产品营销体系建设，促进产业化发展。全州组织11个县市供销合作社和21个农产品生产加工流通企业、农民专业合作社，共选送40多个“大凉山”特色农产品参加在德阳举行的“四川特色农产品展示展销会暨农产品电商高峰论坛”，参展产品现场销售额达到4万元，签订订单10份，共计合同金额11.8万元。州供销合作社于7月启动筹建凉山州“彝家优品”电子商务有限公司，注册资本510万元，其中凉山州供销合作社占股35%，成都趣联科技有限公司、西昌鑫叶物流有限公司分别占股25%，西昌市供销合作社占股13%，凉山州全力农业科技服务公司占股2%。公司以为凉山农业和农民服务为宗旨，社会效益和经济效益共同实现和发展的股份制企业。公司为指导农民发展生产提供市场信息，为农民提供产前、产中、产后信息分析预测和咨询服务，引导农民根据市场需要合理安排生产和销售，深入农村信息化服务，切实解决农副产品难卖问题，促进农民增收。

【社会化服务体系建设】 2014年，州供销合作社着力抓好农村社会化服务体系建设，实现项目构建新型综合服务体系。不断强化农业社会化服务，加强基层经营服务网点建设。全年全州新建或改造农村社区综合服务社76个，建成星级农村社区综合服务社3个。

【垃圾回收利用体系建设】 2014年，州供销合作社围绕垃圾减量、资源利用、环境改善、农民增收目标，按照村有回收点、乡有回收站、县有分拣利用中心具体要求，全面推进全州再生资源回收利用体系建设。积极争取省供销合作社、州政府的大力支持，充分利用体系建设，恢复和建立起供销合作社的再生资源回收利用企业。

【合作社健康发展】 2014年，州供销合作社按照《农民专业合作社法》的规定，积极指导、引导、领办和服务农民专业合作组织发展。全年全州新建18家农民专业合作社，州供销合作择优颁布15家专业合作社为州级专业合作社示范社。

【项目工作】 2014年，凉山州丰富项目库建设，做到储备一批、争取一批、实施一批。对已经建成的项目库进行不断完善。同时搞好项目的实施，加强项目资金管理，做好内力资料，完善项目实施档案，做好相关部门检查验收的准备。加强对已建成项目的管理，发挥好项目的最大效益，使建成的项目成为供销合作系统的形象和基层组织。

【增强企业活力】 州供销合作社直属州土产果品公司和州农资公司，均属州级特困企业。2011年州土产公司通过马道仓库引进合作伙伴，成立弘顺物流有限责任公司，建成凉山管理最规范，规模最大，经营效益最好的第三方物流企业。州农资公司三垭口仓库年久失修，存在很大安全隐患，州农资公司报请州供销合作社同意，于2014年8月，投资83.71万元，对建筑面积2750平方米的三栋仓库及附属设施，进行加固维修。仓库改造后资产收益在原基础上净增40万元以上，彻底消除安全隐患，增加企业效益。2014年两户供销合作企业，维持了安定，焕发了新活力，增加了资产收益。

【“挂包帮”活动】 2014年，州供销合作社结合“走基层”活动，组织州供销合作社干部职工向扶贫联系点美姑县巴古乡维勒觉村开展一系列帮扶活动。一是开展干部结对帮扶活动：对因病、因残、因失去劳力致贫的11户特困户送去冬被、毛毯11套，价值5500元。二是开展“送法下乡”“法律进学校”“法律进课堂”活动。在三岗村小学，学生认真聆听州供销合作社聘请律师开展以禁毒防艾等为主要内容的法制宣传讲解，现场发送法律宣传资料3000份。三是开展教育扶贫及送温暖活动：为92名学生送去最急需的92套崭新的冬衣，价值1.84

万元，为学校送去篮球、羽毛球、跳绳等价值4000元的文体用品，并为在村小长期从事教育工作的教师送去慰问金2000元。四是拨专项工作经费2.3万元同乡、村班子研究禁毒防艾、计划生育“三结合”、治安综合治理及基层党组织建设等工作。此次开展“走基层、送温暖”活动帮扶资金达到5.29万元。2014年，州供销合作社与《凉山日报》社在昭觉县谷曲乡举行凉山日报彝文版读者节活动，开展文化下乡、农资下乡和农技知识培训。州供销合作社出资1万元作为活动经费，并聘请农业专家现场指导咨询，向村民发放1600千克化肥、100袋农药。

【党的群众路线教育实践活动】 2014年，州供销合作社党的群众路线教育实践活动通过集中学习的方式系统学习群教活动文件及领导讲话精神，统一干部思想，积极组织干部职工认真学习，撰写学习心得、开展批评与自我批评，认真查找问题，撰写对照检查材料，开好民主生活会和5个支部的组织生活会，认真对照检查，明确改进措施，达到提高认识、统一思想、改进提高，帮助同事、增加团结的目的。州供销合作社新建、修订、完善制度共44条，通过制度管人管权管事，加强作风建设新成果，建立供销系统党的群众路线教育实践活动制度的长效机制。

（审核：唐永富/撰稿：杜荣）

烟草专卖

【概况】 凉山州烟草专卖局（公司）组建于1984年5月。实行政企合一、垂直管理。下辖17个县市局（分公司）、1个物流中心，内设23个部门、5个烟叶仓储管理中心，有在岗员工2840人。受省烟草专卖局（公司）委托代管凉山金叶化肥有限责任公司、凉山金叶运输有限责任公司两家多元化企业，是凉山州重点纳税大户，列“全州企业50强、服务行业企业50强”首位。2014年，全州系统实现销售收入112.91亿元，比2013年增长24.16%。实现税利39.01亿元，比2013年增长19.75%。资产总额71.17亿元，比2013年增长7.34%。所有者权益48.07亿元，比2013年增长16.87%。总资产贡献率58.85%，比2013年增加2.93个百分点。资产保值增值率116.72%，比2013年增加7.4个百分点。人均实现税利126.45万元，比2013年增长19.7%。荣获全国烟草行业先进集体、全州思想政治工作先进集体等荣誉，大凉山清甜香烤烟评为“第十一届四川名牌产品”。

【烟叶生产】 优化品种布局，种植烟叶6.65万公顷，扩大红大（种植3.1万公顷）、KRK26、K326等品种种植。抓壮苗培育，严格按最佳时令移栽，预盖膜移栽3.33万公顷，井窖式移栽3333.33公顷，高海拔冷凉烟区小苗移栽3333.33公顷。优化烟叶结构，严把政策宣传、措施落实、田间处理、烤房控制、补贴兑现关。坚守红线，严格合同，收购烟叶12843万千克（国内计划11816.5万千克，出口备货12026.5万千克），其中上等烟51.32%、中部烟48.14%、桔色烟88.08%，均价26.01元/千克。围绕提升凉山烟叶质量特色，积极推进山地原生态特色优质烟叶开发、凉山·津巴布韦烟草技术合作、神八航天太空育种、国家级烤烟标准化示范州建设、攀西优质烟叶科技示范基地建设、典型生态植烟新区特色优质烟叶开发、川烟1号和凉烟2号新品种选育、黑胫病生物防治、紫茎泽兰无害化处理生产有机肥等重大科技专项。凉津烟草技术2014年进入第二个三年合作期。神八太空育种取得实质性突破，选育不育系1个开展大田示范。探索新能源利用，建设太阳能提灌站2座、风能提灌站2座，太阳能供热育苗棚1座、烤房100座，太阳能风能集成提灌站1座。创新烟叶“一卡通”信息管理系统，建立生产技术落实、生产过程管理、烟叶收购和仓储物流、质量管控的全程信息化管理体系。

【卷烟销售】 2014年，全州累计销售卷烟15.41万箱，完成计划101.52%，其中，销售娇子3.005万箱，比2013年增长24.16%；销售一类娇子2186箱，比2013年增长12.29%。单箱销售收入24460元，比2013年增长8.68%。有效客户数11512户（城网4651户、农网6861户），网上订货率96.42%，电子结算率94.74%，电子结算金额比例94.89%。建设现代卷烟零售终端1176户。

【专卖内管保障】 围绕“114”工作思路，落实对标管理，推进卷烟打假，强化市场监管。2014年，查获涉烟违法案件3489起，涉案卷烟68367条、烟叶19.25万千克，案值1161万元。破获“5·25”“12·3”“12·19”“12·20”“12·22”网络案件5起，涉案金额1743万元。向公安机关移送案件34起，刑拘70人、提请逮捕30人、判刑20人。

【基础管理】 以精益管理为抓手，完善定额标准体系，强化全面预算管理，建立成本费用的监控和分析机制，提升费用管理水平。强化制度建设，融合优化现有管理资源，进行流程优化再造，完善体制机制，突出效能效率，提升规范化管理水平。健全质量体系，围绕“质量提升、规范管理”工作基调，构建系统规范的精益基础管理体系，提升质量管理水平。抓好预算管理、资产管理、站点土地权证办理、资金风险管理、“两烟”电子结算；开展管理评审，提升管理效能。加强信息化建设，扩大“一卡通”、电子结算、数字仓储等系统推广应用。推进安全标准化建设，认真落实安全工作责任制，确保平安和谐发展。以文辅政能力得到新加强，政务信息、新闻宣传工作保持全省行业领先地位。行政管理运转有序，后勤保障、车辆管理、办公用房整改有效落实。

【政治保障】 全面落实党风廉政建设责任制，建立纪委、监察、检察、烟草廉政监督工作机制。加强领导班子建设，打造勤奋、务实、清廉的高素质领导班子，各级领导班子结构更加优化，作用充分发挥。抓好法治教育，着力提高干部员工法治思维和依法管理能力，加强专卖执法、生产经营人员法制培训，做好烟农、零售客户和消费者普法宣传。推进依法治企、从严治企，以铁的制度、纪律、力度，严守规范红线、行为底线、自律防线，全面完善风险防控体系，提高依法治企和科学管理水平。

（审核：李坤忠/撰稿：傅睿）

经久工业园区工作

【概况】 凉山州西昌经久工业园区管理委员会经凉山州委、州政府批准成立（凉编委〔2004〕75号），为副县级行政管理机构，实行州市共同管理，以市为主。管委会内设机构为办公室、规划建设科、招商引资科、企业管理科、环保国土科。下设西昌经久工业园区服务中心，为财政全额拨款事业单位。管委会现核定行政编制12名，周转编制1名，工勤控制数2名。园区服务中心核定事业编制11名。2012年11月，经中共西昌市委同意，成立中国共产党西昌经久工业园区工作委员会。

【职能职责】 根据西昌市经济社会发展规划和年度计划，组织编制经久工业园区的经济发展规划和年度计划，经市政府审查批准后组织实施；根据西昌市城市总体规划，组织编制经久工业园区建设总体规划和控制性详细规划，报经批准后具体组织实施；负责工业园区范围内土地开发、基础设施和公共设施建设和管理；按照管理权限审批或审核投资项目和科技开发项目；协调管理有关部门在园区派出机构、分支机构的工作；处理工业园区的有关涉外事务、管理进出口业务；对工业园区内新办企业及原有企业单位进行指导监督，保护投资者和企业的合法利益，保护劳动者的合法利益；完成州、市党委、政府交办的其他工作。

【园区规划】 《经久工业园区总体规划》编

制工作于2005年10月启动，2008年8月21日，省政府《关于同意西昌市城市总体规划经久片区调整规划的批复》（川府函〔2008〕238号），正式批准经久工业园区总体规划。2012年，委托四川省生产性服务业协会，组织省内钒钛、钢铁、经济和管理等方面资深专家，编制完成《西昌钒钛产业园区（经久工业园区）产业发展规划》。2013年，委托北京清华同衡规划设计研究院修编园区总体规划、编制园区控制性详细规划。新版总体规划于2014年12月在成都通过专家评审，园区控制性详细规划和城市设计初稿完成。

【环境保护】 启动园区总体规划修编、总规环境影响评价、园区总规安全评价等工作，设立企业准入门槛，建设循环清洁、环保型园区。2012年，省发改委《关于公布“十二五”第一批省级循环经济示范单位的通知》（川发改环资〔2012〕1310号），西昌钒钛产业园区（经久工业园区）被命名为循环经济示范园区。2013年，省经信委关于公布“四川省新型工业化产业示范基地（第二批）”和“四川省新型工业化重点培育基地（第二批）”名单的通知（川经信园区函〔2013〕1073号），西昌钒钛产业园区（经久工业园区）被命名为四川省新型工业化产业示范基地。协调州市环保部门，督促西昌钢钒公司彻底解决烧结脱硫烟气“烟羽”问题，烧结烟气“烟羽”现象明显好转。配合市环保局，完成排污企业环境保护综合执法专项整治，制定《2014重金属污染防治实施方案》《2014年主要污染物总量减排实施方案》《突发环境事件应急预案》，建立健全突发环境事件应急机制，提高园区应对突发环境事件的能力。

【土地收储转换】 一是完成6宗土地挂牌工作，成功出让土地14.61公顷。二是完成汇源气体、蓝鼎科技、众远、晟威、经久农贸市场等项目拟入驻土地农用地转用手续。三是完成黑土湾组团的土地清理以及入驻企业的用地情况清理。四是完成西昌钢钒和凉山瑞海708.12公顷项目用地及预付款情况清理。五是完成黄水工业点3家有企业土地手续清理。六是完成39.48公顷建设用地的报批资料收集整理汇总。完成黑土湾组团、公共服务区、杨家河坝组团及西溪片区地形图补测。

【招商引资】 2014年，园区共履约招商引资项目12个，履约亿元以上项目6个，到位资金总额35亿元。一是围绕西昌钢钒等龙头企业，大力引进钒钛、钢铁新材料等产业上下游、循环及配套项目，建设钒钛、钢铁新材料产业集群。总投资30亿元的新钢业钒钛钢板材精深加工项目、北京英利光伏发电项目在第十五届西博会上签约；投资7300万元的攀西钒业科技公司清洁钒生产项目在“火把节”上签约。蓝鼎环保科技公司烟羽脱硫配套项目、汇源气体项目、冷轧剪切板项目完成初步选址；年处理钢渣4亿千克的渣综合回收利用项目进入环评公示。二是加强协调服务，确保已签约项目落地建设。西昌市招商引资督办项目已履约10个，开工项目12个，履约、开工率均达到100%。三是建立完善招商引资项目库，共包装招商项目35个，投资总额377亿余元。

【基础设施建设】 园区全力推动基础设施建设，投资环境、发展环境全面优化。一是完成给水厂和污水处理厂土地收储工作，给水厂项目全面进场施工，污水处理厂完成可研、立项、设计等工作。二是园区行政服务中心装修、装饰工作全面完成。三是投资998万元的行政服务中心断头路（一号路）项目启动，完成图纸设计、项目立项等工作；投资420万元的崩土坎道路完成施工图设计。四是投资300万元循环化改造、亮化项目基本完成。

【企业服务】 2014年，园区规模以上企业达到25户，实现工业产值177.95亿元，工业增加值53.38亿元，较2013年同比增长11.32%。实现主营业务收入168.66亿元，较2013年同比增长10.21%。一是全力解决企业生产中遇到的困难和问题。西昌钢钒强化供、产、运、销各环节紧密高效协同运作，全工序实现达产达效。21亿千克冷轧、10亿千克龙悦矿微粉等项目竣工投产，形成新的经济增长点。二是协调解决项目建设中遗留问题。完成西昌钢钒铁精矿管道工程资金清算和遗留问题处理。协调解决凉山瑞海冶金材料项目、公共服务区征地拆迁遗留问题，保证企业正常生产。三是协助企业申报项目资金。西昌帝鑫钒钛成功申报四川省第二批战略性新型产业发展专项资金300万元；凉山瑞海成功申报省、州政府支持项目资金230万元。四是加强人才服务，开展人才慰问活动，积极组织各企业进行州市有突出贡献拔尖人才申报。四是加快网格化管理，提高服务企业、服务群众的效率。

【重点项目】 加强项目建设过程中协调工作，协助企业解决用地、用电难题。2014年，列入市级的10个重点项目，完成固定资产投资34.14亿元。投资52.79亿元的21亿千克冷轧板项目、投资3亿元的热轧酸洗板项目、投资2.61亿元烧结烟羽脱硫项目竣工投产；投资5亿元凉山瑞海五星级酒店项目、投资1.85亿元西昌光能公司太阳能发电项目、投资1.6亿元久鑫公司钒氮合金项目、投资8800万元园区供水厂项目、永盛公司1.2万吨炸药生产线按计划推进。

【安全生产】 以“安全生产宣传月”“安全生产万里行”等活动为载体，以安全巡检、签订《安全自保承诺》书等形式，进一步改进和完善企业安全管理，规范职工作业行为，促进安全基础工作有效落实，严防安全生产事故发生，为企业发展提供有力保障。针对雨季期间防洪防汛、防地质灾害、防触电、防火、防有毒有害物质伤害、防危险化学品事故、防金属熔融液体伤害、防有限空间作业伤害等方面，有重点地组织西昌钢钒等企业开展应急预案演练活动。确保了园区企业全年无重特大安全事故发生。

【内部建设】 2014年，通过扎实开展为民、务实、清廉为主题的党的群众教育实践活动，认真贯彻落实州、市部署，按照“三严三实”的要求，深入基层、深入企业，访民情、听民声、办实事，共帮扶群众17户，为民办实事7件，共投入资金10余万元。通过活动开展，进一步提高工作人员的政治素质和业务素质。狠抓内部管理，园区党员干部思想进一步提高，作风进一步转变，党群干群关系进一步密切，为民务实清廉形象进一步树立，努力以作风转变推进园区经济社会科学发展。

（审核：宋廷军　赵跃/撰稿：孙旺宅）

农业与农村经济

Agriculture and Rural Economy

农村工作

【概况】　2014年，全州各地各部门紧紧围绕深化农村改革主题、农民增收核心，突出增强农业综合生产能力、新农村建设、现代特色农业发展、“大凉山”特色农产品品牌创建、劳务开发和综合扶贫攻坚等重点工作，着力创新，真抓实干，推进农业农村经济持续向好发展。全年实现农业增加值253.3亿元，比2013年增长4.5%；在全省粮食产量八年中首次减产的情况下，凉山州粮食产量比2013年增长0.6%、达到20.82亿千克，实现“十二连增”；农民人均纯收入增速继续高于经济增长和城镇居民人均可支配收入增速，比2013年增长12.3%、达到8264元，实现“十二连快”。

【农村改革】　2014年，凉山州制定“关于深化农村改革的意见”，创新农业经营机制，大力培育新型农业经营主体，抓好农村土地确权颁证工作，为农民土地承包经营权流转夯实基础。全州11个县市成立确权登记领导小组并出台实施方案，64个乡镇373个村2707个组启动土地承包经营权确权登记工作。加快推进西昌、会理、会东、冕宁4县市县级土地流转服务中心建设试点，全州农民土地承包经营权流转2.52万公顷。新建改扩建基层农技服务机构395个，改扩建乡镇农技站139个。

【品牌建设】　2014年，凉山州成功创建“中国茧丝之都”。新增中国驰名商标1个、四川名牌产品7个、地理标志保护产品2个、注册商标36件、申报省著名商标品牌8件，新增无公害农产品产地认定面积5.58万公顷。纳入“大凉山”特色农产品统一打造的产品达1180个。出台家庭农场认定管理办法、金融支持家庭农场等新型农业经营主体发展的意见，注册登记家庭农场3059个。县市级以上农业产业化重点龙头企业达到166家，新增25家，龙头企业实现销售收入215.36亿元、其中销售收入过亿元的农业企业16家，上缴税金36.63亿元。农民合作组织发展到3613个，其中农民合作社2169个，新增882个。

【开放合作】　2014年，利用凉山彝族自治州北京成就展平台，展示“大凉山”特色农产品获得肯定。组织参加第十五届西博会（2014）四川农博会，农业项目签订协议22.8亿元，现场销售3093万元。争取中国优质农产品开发服务协会、中华商标协会支持，将“大凉山”特色农产品品牌纳入中国优质农产品协会打造的120个优质农产品国际品牌。与上海天赋资本天御农业、四川金科农业、“四川特色农产品农餐对接”、四川大华国际物流中心等农产品营销平台开展对接，初步达成合作意向。

【劳务开发】 2014年，完成“凉山州劳务订单输出培训”10057人，“五大”培训全年培训农民工11万人次。成功举办“2014凉山州劳务跨区域输出对接会”及专项劳务输出对接活动。成立凉山州劳务经纪人协，凉山州驻浙江省农民工工作服务站在浙江金华挂牌成立。全年转移输出农村剩余劳动力113.23万人、比2013年增长15.56%，实现劳务收入134.62亿元、比2013年增长26.74%，全州农民人均劳务收入达到3025元，占农民人均纯收入的36.4%，较2009年提高23个百分点。

【新村新寨建设】 完成安宁河谷地区六县市新村建设目标任务为281个、28376户，超计划完成3个村、610户。210个彝家新寨建设住房主体工程完工16556户，基础设施配套工程全部启动，于2014年12月底完成住房建设，2015年1月底基本完成基础设施建设。木里藏区建设新村20个、1476户农房建设全面完成，县上自加压增加新村建设任务28个。

（审核：钟健/撰稿：严浩）

种植业

【概况】 2014年，全州各级农业部门认真贯彻落实中央、省、州关于农业农村工作的决策部署，紧紧抓住全省加快推进农业现代化的重大机遇，开拓创新，扎实奋进，有效克服干旱和洪涝等自然灾害影响，各项工作任务全面完成，农业农村经济继续保持较快发展势头。

【粮油生产】 2014年，全州粮油生产认真贯彻执行中央、省、州有关农业和粮食生产的政策措施及有关领导重要批示。围绕州委、州政府制定的工作目标，以确保全州粮增产钱增收为着力点，不断优化产业结构，进一步发展壮大优势主导产业，粮油生产继续保持平稳较快发展态势。全州粮食播面46.38万公顷，总产量20.82亿千克，比2013年增产1160万千克，增0.56%。其中：小春粮食播面11.09万公顷，产量3.02亿千克，比2013年增产1220万千克，同比增长4.22%；大春粮食播面35.29万公顷，产量17.81亿千克。四大粮食作物中，小麦面积5.64万公顷，产量1.56亿千克；水稻面积7.33万公顷，产量5.42亿千克；玉米面积10.78万公顷，产量5.36亿千克；马铃薯面积15.11万公顷，产量6.99亿千克。另外，油菜面积1.9万公顷，总产量3780万千克。

【经作生产】 2014年，全州作物（不含烤烟和蚕桑）总面积达到14.33万公顷，新增0.33万公顷，总产38.3亿千克，新增2.4亿千克，产值84.3亿元，新增10亿元，为农民纯收入增加贡献152.9元。其中：完成1000万元设施蔬菜示范建设，新建蔬菜设施173.33公顷，组建蔬菜专业合作社6个；新建现代农业万亩示范区10个，被省新命名11个；引进果树新品种15个，蔬菜新品种36个，花卉新品种2个；建成现代石榴、桑蚕为主导的重点产业基地和粮经复合产业基地共3.96万公顷；全面完成3个农业部果菜茶标准园示范建设任务。

【农技推广】 2014年，凉山州农技战线广大干部群众坚持抢抓机遇，找准对策，不断深化和强化各类粮油增产技术措施的推广应用，共推广优质稻4.87万公顷，其中杂交优质稻2.03万公顷，常规优质稻2.84万公顷。推广地膜水育秧移栽2万公顷，旱育秧移栽4.76万公顷。推广固定厢沟秸秆还田栽培4426.67公顷，宽窄行栽插4.28万公顷，抛秧9013.33公顷；推广玉米良种9.48万公顷，其中优质专用玉米4.94万公顷。推广育苗移栽2820公顷，其中，地膜育苗移栽2093.33公顷，肥球育苗移栽926.67公顷，塑料盘育苗移栽1546.67公顷。推广地膜玉米6.11万公顷；推广红苕良种2380公顷，其中红苕脱毒品种513.33公顷。推广红苕地膜育苗移栽2040公顷，独轮大厢栽播373.33公顷。

【农田基本建设】 2014年，全州共完成去冬今春高标准农田建设1.1万公顷，全面完成省州下达的目标任务。总计投劳1082.6万个，挖填土石方984.7万立方米。总投资74820.7万元，其中：国家财政投资71889.1万元，集体和群众投资2931.5万元。整个工程共修建灌溉渠1208条，长度212.3万米；修建排水沟渠814条，长度142.9万米；修建蓄水池624口，容积2.89万立方米；田形调整3466.67公顷，修筑田土埂长度1155.4千米；配套植树造林26.67公顷；修建田间机耕道273.6千米，田间生产路181.4千米。通过水利工程的建设，项目治理区新增灌溉面积3680公顷、改善灌溉面积5620公顷、新增除涝面积693.33公顷、新增节水灌溉面积2653.33公顷、年节约用水量986.7万立方米。

【农村经营管理】 2014年，全州继续稳定完善农村土地承包关系，不断加强管理，17县市全面启动农村土地承包经营权确权登记颁证工作。农村土地流转更加规范有序，全州农村土地流转面积2.47万公顷。农民合作社继续规范发展，全州农民合作社总数2482家，比2013年增加1223家。创建国家级示范合作社14家，省级示范合作社33家，州级示范合作社46家。全年全州新成立家庭农场1723个。农民负担继续保持较低水平，监管更加完善，“一事一议”程序不断规范，一事一议财政奖补项目顺利推进。全面落实粮食直补、农资综合补贴、种粮大户补贴等惠农强农政策，认真核实补贴面积，按时足额兑现到千家万户。农村集体资金、资产、资源（“三资”）管理不断强化，村民理财更加民主。

【农业行政执法】 2014年，全州开展普法培训23491人次，印发法制宣传资料11.31万份，执法检查累计出动执法检查人员3180人次，整顿农资市场1056个次，检查门店4070个次，涉农纠纷调处受理案件62个，协议赔偿金额达44.26万元，受理举报（投诉）案件24件，立案查处89个，查获违规产品703.5千克，挽回经济损失399.9万元。农业部门办理的农业行政执法案件，无一起案件被提起行政复议和行政诉讼，其中盐源县查办的1件农业行政执法案件被评为全省农业系统优秀案件。

【品牌建设】 2014年，环太苦荞茶、南丝路牌桑蚕茧、会理石榴三个农产品获得中国驰名商标，凉山州特色农业（种植业）获得中国驰名商标总数达4个；在四川省首届农业系统系列评选活动中，凉山州丁广涛、张萍、付国喜、唐朝顺、严俊波5人荣膺“四川省2013年度十大‘三农’经济人物”，环太公司、南丝路集团、三匠公司等10家企业荣登“四川省50家最受老百姓喜爱的品牌”金榜，大凉山花卉、甘洛黑苦荞、凉山桑蚕茧、大凉山特色农产品、大凉山苦荞麦成功入选为“四川20个最具影响力的公共区域品牌”，全州入选个人、企业及公共区域品牌总数占全省总量的1/4，数量居21市州之首，“大凉山”农产品的知名度、美誉度不断提升。

【农村能源】 2014年，全州完成新建农村户用沼气池1.29万口，完成全年“民生工程”计划任务。截至2014年年底，全州累计新建农村户用沼气池35.82万口，基本解决35.8万户农民的生活用能问题，为农业生产提供优质无害肥料29.09亿千克相当于2.44亿千克尿素。全年推广高效低排生物质炉3400台，新建、改建省柴节煤灶2.4万户，推广太阳能热利用装置2万平方米，全部完成省上下达任务，新增的农村能源建设，每年可产沼气达495万立方米，所开发和节约的能源折算标煤920万千克，为农户减少燃料支出1419万元，减少农药和化肥支出173万元；沼气综合利用可为农户增收节支810万元；每年可使3000公顷林地林木免受樵采、得到保护；每年可减少水土流失5800万千克；减少二氧化碳排放当量10.3万千克。

【植物检疫及病害防治】 2014年，凉山州开展植物产品产地检疫7.6万公顷，种子产地检疫1万公顷，苗木产地检疫40公顷。开展种子和植物产品调运检疫签证2367批次，1.08亿千克；开展苗木调运检疫签证66批次，22.4万千克。检疫性有害生物红火蚁、柑橘溃疡病、柑橘黄龙病、稻水象甲、水稻细条病、内生集壶病、水稻白叶枯病、樱桃致死黄化病等检疫性病虫害，全年发生面积1.27万公顷，开展检疫防治面积1.8万公顷次，挽回经济损失1839.28万元。开展重大病虫害监测预警及统防统治工作。全年发布病虫害电视预报45期，实施小麦药剂拌种4.93万公顷。全年农作物病虫草鼠螺害发生70.65万公顷次，防治86.25万公顷次，挽回损失2.76亿千克，实际损失4250万千克。全年病虫统防统治面积14.47万公顷次，其中：机防面积10.5万公顷次；绿色防控示范区2.38万公顷。

【农业质量管理】 2014年，全州省级农产品质量安全例行监测合格率为97.4%，全年未发生重大农产品质量安全事故，全州农产品质量安全平稳可控。州农产品质量安全检测中心于11月完成农产品质量安全检验检测建设项目的改扩建工程，并通过省质监局和省农业厅专家组的"双认证"复查考核。西昌市、会理县由市县政府牵头积极推进省级农产品质量安全监管示范县创建。修订的《无公害蚕豆生产技术规程》等35项地方标准经四川省质量技术监督局批准发布14项。德昌、会理、宁南整县认定为农产品产地无公害化县，认定无公害产地面积共5.58万公顷。"木里皱皮柑"获得农业部农产品地理标志登记证书。雷波脐橙在品牌质量防伪追溯建设方面初见成效。德昌、会理、西昌、越西县如期完成省农业厅农产品质量安全追溯体系建设项目，完成各项追溯制度建设和网上追溯平台建设，组织开展各类检测工作，加大风险监测力度，强化农资打假专项整治工作。

【粮油高产创建】 2014年，凉山州粮油高产创建工作着力在整建制、大协作、新机制和标准化上下功夫，突出抓好农业部和省级水稻、玉米、小麦、荞麦等作物万亩示范片和整乡整建制推进试点。小春在西昌市裕隆乡、太和镇16个村8818户农户实施"小麦整建制高产创建推进试点"建设，创建面积1633.33公顷，平均亩产达到461.2千克，较2013年增产19.2千克，增4.34%。在会理、宁南、冕宁3县20个乡镇92个村19083户农户开展了"小麦万亩高产创建示范片"建设，创建面积4073.33公顷，平均亩产达到424.7千克，较2013年增产33.5千克，增8.58%。带动3县平均亩产提高7.59千克，增3.75%。大春水稻在西昌、冕宁、会理3县7个点实施，涉及10个乡镇32村、14551户农户，完成面积4013.33公顷，平均亩产626.6千克，较2013年增产20.9千克；玉米在越西县、美姑县、宁南县3县6个示范片实施，涉及9个乡镇46个行政村、11805户农户，完成面积2793.33公顷，平均亩产617.7千克，较2013年增产39.5千克；苦荞麦在美姑县2个点实施，涉及3个乡镇20个行政村、4000农户，完成面积1360公顷，平均亩产156.3千克，较2013年增产13千克，超额完成省厅实施方案制定的奋斗目标。2014年全州马铃薯完成百亩核心攻关237公顷，落实在17个乡镇；千亩展示示范1840公顷，落实在52个乡镇；万亩高产创建1.14万公顷，落实在152个乡镇。完成现代马铃薯产业园区建设3780公顷，分布在13个乡镇。完成现代农业马铃薯产业基地10.96万公顷，超计划2946.67公顷；完成双行垄作11.08万公顷，比2013年增加3593.33公顷；脱毒种薯推广11.62万公顷，比2013年增加4260公顷。

【农民科技培训】 2014年，凉山州农民培训工作紧紧围绕创新农业经营体制，大力培育新型农业生产经营主体，转变农业发展方式，大力推进现代农业发展再上新台阶的目标，以专业大户、家庭农场主、农民专业合作社社员为主体的骨干农民为重点对象，结合"粮棉油糖高产创建""菜篮子""病虫害统防统治""农技推广体系改革与建设补助"等农业项目资源，通过规范实施、有效管理和创新机制，切实增强培训的针对性和实效性，培养一支结构合理、数量充足、素质优良的现代农业生产经营者队伍，为加快发展现代农业和建设新农村提供人才保障。全年实施示范性培训任务1292人；其中生产经营型636人，专业技能型390人，社会服务型266人，举办蔬菜各类技术培训班200多期次，培训农户达2万人次。

【现代农业产业基地】 2014年，凉山州成功筹办全省现代农业产业发展现场会，充分展现凉山现代农业建设成果。重点推进西昌、会理、宁南三个现代农业重点县建设，完成省下达给西昌、会理、宁南、雷波、盐源五县市的现代农业千亿示范工程建设任务，完成3个农业部果菜茶标准园示范建设任务；全力打造现代农业万亩核心示范区，2014年全州新建现代农业万亩示范区10个，新申报第三批万亩示范区命名15个，获省新命名11个，凉山州建成的万亩示范区47个，被省命名的36个；按省厅要求，完成对西昌、德昌、会理、会东、宁南、盐源、越西、雷波、金阳等9县市的“现代农业产业基地”建设情况督查，各县市建设工作稳步推进，建设有序。

【蚕业发展】 2014年，凉山州产茧2500万千克，比2013年增加45.29万千克，提前一年实现“十二五”蚕业发展目标，连续12年位居全省第一。全州蚕农茧款和桑葚收入达到9.5亿元，较2013年增加5129万元，同比增长5.7%。全年生产优质蚕种102万张，占全省蚕种生产总量的60%以上。

（审核：王天成/撰稿：何洋）

农业机械

【概况】 2014年，全州农机化工作积极围绕省、州下达的各项任务，不断开拓创新，牢固树立为“三农”服务意识，精心组织农机社会化服务，切实抓好关键季节关键环节农机作业，着力落实安全生产责任，强化安全源头管理，做好农机作业保障服务工作，组织协调跨区机收，加强机耕便民道建设，认真做好各项农业化工作，确保粮食颗粒归仓，农民增产增收。

【农机化情况】 2014年，全州完成机耕27.2万公顷，机播2.9万公顷，小麦机收3.77万公顷，水稻机收4.33万公顷，机耕便道925千米。农业机械化耕种收综合水平达到44.5%，农机总动力310万千瓦，全面完成省州下达的目标任务。截至2014年年底，农业机械累计拖拉机40542台，大中型拖拉机26440台，稻麦收获机械1527台，排灌机械24661台，耕整机械131103台，旋耕机械25087台，插秧机73台，农产品初加工机械88569台，机动脱粒机3735台，机动喷雾（粉）机22667台。

【机电提灌】 2014年，全州更新改造维修提灌机械1984台/18860千瓦；新增提水控灌设备1039台/11007.5千瓦，提水灌溉面积6.25万公顷，全年提水15224.48万立方米。省级财政安排全州太阳能提灌站建设资金1280万元，新建太阳能提灌站18座，截至2014年年底完成11座。与四川省农机研究设计院在会理县彰冠乡古桥村组织召开移动式太阳能提水现场演示会。

【农机化新技术推广】 2014年，全州共完成水稻机插秧面积4166.67公顷、机械化秸秆还田面积1.9万公顷、马铃薯机播面积1493.33公顷、马铃薯机收面积1146.67公顷。引进德农牌5YBG-4A型、金牛牌5YB-3型玉米联合收割机分别在西昌市的黄联、黄水、阿七等乡镇进行机械化收获试验示范，全年玉米机械化收获面积266.67公顷。从山东引进两台4CS1型单行洋葱收获机在西昌市兴胜乡举行凉山第一次洋葱机收现场会。

【农机行业管理】 2014年，凉山州加强农机维修、农机产品质量调查、农机推广许可证检查等农机市场管理工作，结合重点农时季节，对农机产品、维修市场开展执法检查，重点检查各类农机产品有无“三证”（推广许可证、产品合格证、安全强制认证）、是否明码标价和农机维修点的从业资格、维修人员资格、维修质量、维修设备技术状态、安全情况等。严格按照《四川省农机行业职业技能鉴定规范（试行）》要求，开展农机维修、拖拉机驾驶等从业人员193人的职业技能鉴定工作。积极组织喜德、德昌、会东、昭觉等县市10余人参加农业部在浙江杭州等地举办的农机职业技能鉴定考评员培训。全年对享受购机补贴项目县的购机用户进行产品质量跟踪调查，重点选择微耕机等农机产品进行调查。

【农机安全生产】 2014年，进一步修改完善《凉山州重特大农机事故应急处理预案》，规范凉山州重特大农机事故的应急处理工作，全面提高处理突发农机事故的应急处置能力，最大限度减少人员伤亡和财产损失。按照省厅和州政府安委会的安排部署，与全州17个县市签订《2014年凉山州农机安全生产监督管理目标责任书》，逐级分解任务、落实责任。分别组织开展各类专项整治行动，严格查处拖拉机无牌无证、超速超载、违法载人等违法行为，排查和整治各类农机安全生产隐患，全年全州共开展农机安全检查次数达866次，参加执法活动人员达4877人次，出动执法检查车辆1090辆次，检查农机机械14025台次，纠正违章1991起，排查隐患255个，限期整改213个，处罚金额为1.19万元，全州农机安全事故数为1起，死亡人数为零。全年拖拉机新注册登记入户1754台，联合收割机新注册登记入户59台。全州培训考试合格申领拖拉机联合收割机驾驶（操作）证达3967人，举办培训考试27期，到期换证811人，注销4人，检验机车22958台，注销12台。全州拖拉机上牌率、年检率、驾驶人员持证率均达85%以上，全州农机“三率”不断提高。开展现场农机安全宣传活动达204次，受益人数达3.8万人次，资料发放达4.1万份，制作标语、横幅、展板宣传栏等138个，发送农机安全短信1.9万条，媒体宣传报道达69篇，印制新条例宣传册6000余份。2014年，全州实现农机安全监理业务网上办理，“四川省重点机动车及其驾驶人安全管理信息共享平台”投入运行使用，实现与公安交警部门的信息共享互换。

（审核：王天成／撰稿：何洋）

林　业

【林业重点工程】 2014年，全州林业系统认真组织实施各项林业重点工程建设，完成营造林6.38万公顷，诺华川西南林业碳汇、社区和生物多样性项目造林1666.67公顷。“天保工程”人工造林333.33公顷，封山育林1333.33公顷，退耕还林补植补造2000公顷。组织开展全州雨季植树造林大会战活动，完成机关单位雨季义务植树28万株。

【森林资源保护】 2014年，全州组织实施天保工程国有公益林管护225.67万公顷，巩固退耕还林成果10.9万公顷，巩固自然保护区33.732万公顷，成功承办2014年长江湿地保护网络年会，2014年10月，西昌邛海湿地成功创建国家湿地公园。切实加强森林防火工作，全年共出动宣传人员11261人次，车辆2223台次，发放各类宣传单140.53万份，各级各部门签订责任书5377份。实现全年全州无重、特大森林火灾，森林火灾损失率连续32年控制在省控指标1‰以内的目标。严格林业有害生物防控，全州林业有害生物发生量4.63万公顷，实现无公害防治率99.67%、成灾率0.03‰的目标。

【林政管理】 2014年，凉山州严格执行森林采伐限额管理，全年全州共采伐森林蓄积7.43万立方米，占全年各类采伐限额的5.6%。按照国家林业局、省林业厅的统一部署，依法加强林地管理，开展对非法侵占林地清理排查专项行动进行动员和安排，落实责任。强化占用征收林地管理，对凉山州交通大会战和无电地区电网工程项目，开展全方位的服务，尽力为工程提供方便，保障国家、省级重点工程和民生工程建设项目用地。加强森林资源及野生动植物保护，以“亮剑行动”为重点，开展打击破坏森林资源和野生动植物资源违法犯罪行为的专项行动，对违法犯罪行为进行严厉打击。全年全州共出动警力21540人次，车辆7937台次，共受理查处涉林案件1588件，收缴非法木材908.4立方米，木炭425635千克，野生动物275头（只），收缴枪支32支，管制刀具19件，收缴毒品5022.7克，铲除罂粟501株，为国家挽回经济损失近4000万元。

【林业产业发展】 按照州委、州政府“千万亩基地、百亿级产值”的核桃产业发展目标，及时研究制定《关于切实抓好2014年度林业产业基地建设的通知》。以建4个6.67万公顷核桃强县，2个油橄榄强县，9个3.33万公顷核桃大县、2个油橄榄大县为契机，大力推进10个林业产业强县、100个林业产业强乡和1000个林业产业强村建设。2014年，完成以核桃为主的林业产业基地建设6.67万公顷，林业总产值100.3亿元，农民人均从林业上获得的收入达到1360元。

【林业科技推广】 2014年，全州组织林业科技人员下乡5500人次，培训林农3.5万人次，发放图书和宣传单8.5万余份，建立核桃、花椒、油橄榄示范面积2333.33公顷，辐射面积达3.67万公顷。《花椒品种选优与培育技术研究》和《核桃良种培育技术研究与推广应用》等4项科技成果通过省级鉴定。获得州政府2012—2013年度科技成果奖2项。全国首个《国家级油橄榄种质资源异地保存库》在凉山州挂牌成立，收集保存国内油橄榄品种195个。

【林权清理整治】 切实开展集体林权清理整治，2014年8月，按照州委、州政府的统一部署，全州林权流转问题清理整治工作正式启动。通过解读集体林权制度改革政策、文件，针对林权流转中存在的突出问题，研究拟定《凉山州林权流转突出问题整改工作指导意见》和《凉山州完善和深化集体林权制度改革方案》，截至2014年12月完成合法性审定，即将印发实施。抓好专业合作经济组织和家庭林场培育发展，投入资金200万元，扶持专合组织4个，投入资金24万元，发展家庭林场3个。

【林业惠民政策】 按时足额将退耕还林政策补助资金4.17亿元兑付给退耕还林农户。积极兑现集体生态效益补偿金，2014年集体生态补偿金2.23496亿元已下达各县市，州政府下发《凉山州人民政府关于全面完成2014年度集体公益林生态效益补偿金兑现任务的紧急通知》，督促各县市加快成2013—2014年集体生态公益林生态补偿金的兑现进度。

【党风廉政建设】 2014年，按照中央、省委、州委的统一部署，州林业局以“坚持党的群众路线，扎实转变工作作风，以为民务实清廉的良好风貌，积极投身生态文明建设”为主题，狠抓班子队伍建设。一是按照中央和省州的统一部署，认真落实“照镜子、正衣冠、洗洗澡、治治病”总要求，扎实开展党的群众路线教育实践活动。二是狠抓制度建设，对议事决策、经费管理、公车使用和生活作风等敏感事项从制度进行了规范和约束，提高队伍的整体素质。三是按照《四川省委关于落实党风廉政建设党委主体责任和纪检监督责任的意见（试行）通知》精神，组织制定《中共凉山州林业局党组关于落实党风廉政建设党委主体责任和纪检监督责任的实施意见》，将党组及班子成员责任进行细化、明确，党组成员签订《履行党风廉政建设班子成员责任承诺书》，认真履行“一岗双责”责任。

（审核：黑吉木呷/撰稿：王勇）

畜牧业

【概况】 2014年，全州畜牧业按照“推进双提升、锁定三级跳、同步奔小康”等部署，紧扣“稳中求进、改革创新”工作基调，坚持以转变生产方式为核心，以促进农民增收、企业增效、产业增值和市场有效供给为目标，深入落实现代畜牧业发展措施，在标准化创建和产业化经营等方面实施重点突破，深化特色畜产品品牌建设，强化畜产品安全监督管理，畜牧业“产、加、销”综合效益稳步提升，畜产品市场繁荣稳定。

【发展思路】 2014 年，全州畜牧业围绕发展、民生、稳定三件大事，坚持“发展生产保供给，提质增效保增收，严格执法保安全，综合施策保生态”的工作主题；着力因地制宜、三大安全、产村相融、生态平衡；着力转方式调结构、培育新型农民主体；着力机制创新、品牌创新、科技创新；着力标准化、产业化；着力发展资源节约、环境友好的新格局，着力项目工程建设；推进畜牧业向区域化布局、规模化养殖、标准化生产、产业化经营、社会化服务转变，促进经济、生态、社会发展。

【畜牧经济】 2014 年，全州肉、蛋、奶产量分别达到 4.57 亿千克、2650 万千克、4600 万千克，分别比 2013 年增长 2.6%、0.9%、4.6%；猪、牛、羊、禽存栏 4394.81 万头、138.75 万头、553.28 万只、1370.23 万羽，分别比 2013 年增长 0.3%、4.1%、3.8%、3.2%；猪、牛、羊、禽出栏 499.72 万头、29.26 万头、288.43 万只、1676.69 万羽，分别比 2013 年增长 2%、5.3%、2.9%、4.4%；能繁母猪存栏 49.2 万头；畜牧业产值 165.51 亿元，比 2013 年增长 7.3%，占农业总产值的 39.7%；农民人均畜牧业纯收入 1680 元，比 2013 年增长 80 元。

【现代畜牧业】 2014 年，凉山州有序推进省、州现代畜牧业重点县建设和试点工作。各县市强规划、增投入、谋发展、促效益，深入开展畜禽良种化、养殖设施化、生产规范化、防疫制度化、粪污无害化“五化”建设，产业发展与新农村建设互动相融，全力打造拳头产品。会理县、西昌市建设成为省级现代畜牧业试点重点县，省财政投入专项经费 535 万元；会东县、昭觉县、美姑县、宁南县列入州级现代畜牧业试点县，会东县、昭觉县同时列入省级现代畜牧业重点培育县，州级财政投入试点专项经费 400 万元，州级试点县新建标准化示范户 463 户。

【扶持项目】 2014 年，凉山州争取畜牧建设项目 45 个，获得中央和省、州财政专项发展资金 4.95 亿元（中央 40957 万元、省级 5837 万元、州级 2715 万元）；其中：草原生态保护补助奖励项目 20855 万元；生猪标准化规模养殖小区建设项目 2165 万元；基础母牛扩群项目 1896 万元；退牧还草项目 2453 万元；生猪调出大县奖励项目 2481 万元；农民专合组织建设项目 250 万元；家庭牧场建设项目 250 万元；各类扶持项目集资金、技术、扶持农户和扩大再生产于一体，改善了畜牧业发展基础条件，促进了农民增收和产业发展。

【规模养殖】 2014 年，凉山州畜牧业标准化、适度规模化养殖发展迅速，畜牧业坚持“示范创建”与“辐射带动”并重，打造相对集中的适度规模养殖小区；圈舍标准、设施配套、品种优良、管理规范、产品安全的养殖大户不断递增。全州适度规模养殖户达到 81871 户，其中：年出栏生猪 20 头以上的规模养殖户 35833 户，年出栏羊 30 只以上的规模养殖户 33367 户，年出栏牛 5 头以上的规模养殖户 8665 户，肉鸡规模养殖户 1423 户，肉鸭规模养殖户 2042 户，肉鹅规模养殖户 279 户，蛋鸡规模养殖户 143 户，奶牛规模养殖户 119 户。家庭牧场建设第一年实施，按照生猪年出栏 300 头以上、牛年出栏 30 头以上、羊年出栏 300 只以上、生态鸡年出栏 8000 只以上、肉禽年出栏 50000 只以上、蛋禽年末存栏 10000 只以上的标准，建设家庭牧场 29 个。标准化养殖场（小区）建设累计达到 382 个，其中：生猪 363 个、奶牛 8 个、羊 11 个。

【防疫监督】 2014年，全州以预防、控制、扑灭重大动物疫病和维护公共卫生安全为主题，以健全动物疫病防控体系为主线，认真落实责任制和责任追究制，强化重大动物疫病防控和动物运输检疫监测，落实防控疫苗经费4907万元，春秋两防工作和常年免疫有序开展，全年全州无重大动物疫情发生。全州在编在岗官方兽医612名；建立动物检疫电子出证点249个；建立生猪定点屠宰场41个，牛羊及家禽屠宰场24个，设立屠宰申报点65个。建立食品安全监督站点612个；建立运输检疫指定通道7条，分别设立于盐源县-省道307线、会理县-省道213线、会东县-县道东会路、宁南县-省道212线、金阳县-省道208线、雷波县-省道307线、雷波县-溪洛渡电站公路。

【草原建设】 2014年，全州深入实施草原生态补偿机制、退牧还草工程、人工牧草种植、岩溶地区石漠化治理、牧民定居行动计划等工程建设，建立健全草原保护制度，草原防火工作管理制度，加强值班制度，开展火灾隐患排查和扑救演练工作。全年全州发放17.3万户牧民生产资料综合补贴8650万元、33.33万公顷禁牧补助资金3000万元、164.8万公顷草畜平衡奖励资金3708万元、牧草良种补贴3300万元。建设围栏15.4万公顷，其中：季节性休牧13.87万公顷、划区轮牧1.53万公顷，退化草原补播4.62万公顷，舍饲棚圈建设1200户。种植人工种草23.19万公顷，其中一年生优质牧草种植19.26万公顷，多年生牧草保留面积3.93万公顷。治理鼠害面积8.67万公顷，其中生物防治6.33万公顷，化学防治2.34万公顷。虫害防治8.81万公顷，其中生物防治2.03万公顷，化学防治6.78万公顷。

【畜牧企业】 2014年，全州积极引进和培育畜牧龙头企业，引导发展农民专业合作组织，着力规范发展和提升带动能力，推行“龙头企业+专业合作社+基地+适度规模养殖农户”的发展模式，建基地、带农户、育龙头。全州有注册登记畜牧企业49个（养殖企业21个、加工企业18个、饲料企业10个）；其中销售收入超过亿元企业有4个，省级龙头企业有4个，州级龙头企业有24个；年销售畜禽产品12.58亿元，带动农户10.62万户。产品涵盖猪、牛、羊、禽、蛋、奶、蜂、兔等，主要包括手撕牛肉、火腿、油坛肉、板鸡、板鹅、板鸭、乳品、皮蛋及蜂产品等。2014年，全州畜牧专业合作社累计800个，其中：西昌市60个、木里县10个、盐源县383个、德昌县22个、会理县51个、会东县45个、宁南县12个、普格县3个、布拖县2个、金阳县2个、昭觉县14个、喜德县13个、冕宁县93个、越西县18个、甘洛县41个、美姑县13个、雷波县18个。合作社成员数达到1.63万人，带动农户12万余人。其中生猪产业占合作社总数的50.6%，牛、羊产业占21.4%，家禽产业占19.5%，兔、蜂等其他产业占8.5%；畜牧专业合作社建设获得国家级示范社2个，省级示范社7个，州级示范社12个。

【食品安全】 2014年，全州进一步加强生产环节、投入品环节、市场流通环节以及超市、学校、各类餐饮场所的畜产品质量安全监管。按照“全程监管、重点监控、及时处置”的要求，深入宣传贯彻《食品安全法》；大力开展“瘦肉精”、生鲜乳违禁物品、饲料、兽药和畜禽屠宰等专项治理，提高畜产品生产经营责任意识，提高畜产品监测频次和密度，倡导“尚德守法，提升食品安全治理能力”。全年全州检测“瘦肉精”128233头份，检出率为零；开展兽药经营企业检测875批次；开展浓缩料、配合饲料等检测45批次；切实加强违规整治，切实保障上市畜产品质量安全，保障市场有效供给和社会稳定。

【品牌建设】 2014年，全州扎实推进“三品一标”建设和申报认证。累计获得无公害产地证书的畜产品61个，获无公害产品证书的40个，获绿色食品8个，获有机食品5个，获农产品地理标志12个。豪吉鸡精、华记思奇香手撕牛肉获中国驰名商标；豪吉鸡精获中国名牌产品；豪吉鸡精、华记手撕牛肉、三牧乳品、华宁蛋品、建昌板鸭获四川省著名商标；三牧乳品、华宁鸡蛋、思奇香手撕牛肉、建昌板鸭获四川省名牌产品。西博会农产品评奖活动中，华宁牌高原阳光苦荞山鸡蛋、三牧牌凉山雪、冕宁定云火腿、思奇香手撕牛肉被评为博览会金奖；三牧牛奶、童耳朵板鸭被评为特色产品奖；思奇香鸭舍、华宁牌黑瓦苏鸡蛋、三牧牌酸奶被评为消费者欢迎奖。

【荣誉】 2014年，凉山州畜牧局获省农业厅授予四川省畜禽标准化规模养殖小区建设项目工作先进单位、四川省畜禽遗传资源保护和种畜禽管理工作先进单位、四川省兽医工作延伸绩效管理综合考核先进单位、四川省兽药质量监督先进单位、四川省屠宰监管先进单位、四川省市（州）畜牧统计工作突出单位、四川省饲料工作考核二等奖、四川省实施草原生态保护补助奖励政策绩效考核“优秀”；获州直工委授予州直机关党建信息工作先进单位、州直机关优秀党组织称号；获州委州政府授予凉山州第七次民族团结进步模范集体；获州委办政府办授予2014年度农村经济发展目标综合考核先进单位；获州政府授予2014年国土资源管理综合目标考核一等奖、地质防治目标考核三等奖、资源执法监察工作目标考核一等奖；获州政府办授予2014年度劳务经济目标考核优秀等荣誉称号。

（审核：伍学军/撰稿：罗飏）

水务

【概况】 2014年，全州投入水利建设资金9.5亿元；全州已建成各类水利工程30.06万处，其中：水库300座，总库容13.21亿立方米；塘坝3459座，窖池21.3万口，泵站350处、水闸134座，水电站679座，农村集中式供水工程7576处，机电井75182眼；农田有效灌溉面积达到15.98万公顷、节水灌溉面积达到10.36万公顷；堤防总长度854.12千米；规模以上灌区166处。年内实现新增和恢复蓄引提水能力4063.13万立方米（其中引水能力4000万立方米、新增蓄水能力63.13万立方米）；新增有效灌面3513.33公顷，新增节水灌面3846.67公顷，解决22.66万人农村人口的饮水安全问题，完成61座病险水库整治任务，治理水土流失面积482平方千米，完成地方电力发电量52亿千瓦时，完成水产品产量2900万千克。2014年2月，凉山州水务局荣获省政府授予的2013年防洪减灾先进集体称号。

【水利基建】 2014年，全州在建重点水利基本建设项目有6项。一是会东新华水库工程：主要推进渠系配套工程建设，累计完成投资2.13亿元，完成土石方开挖187万立方米，砼浇筑15万立方米。二是会理大海子水利工程：完成大海子水库坝基处理，力马河水库坝体筑坝正常推进，累计完成投资1.62亿元。三是甘洛县斯觉大堰改扩建工程：全面建成通水，启动竣工验收准备工作。四是德昌和平水库工程：完成“三通一平”、建设征地移民安置，开展导流洞洞挖工作，累计完成投资8500万元，完成土石方6万立方米，砼1300立方米。五是重要支流及中小河流治理工程：全面推进安宁河冕宁城厢段、西昌大德村段、德昌县城及阿荣段治理，完成投资3287万元；开工建设中小河流治理项目8个，完成投资9700万元。六是烟区水源工程：争取到烟草行业投入1.1亿元，开工建设会东新马灌区改扩建及盐源三道沟水库工程。会东新马灌区工程主要开展明渠马道平台开挖及隧洞开挖工程，完成投资2600万元，完成土石方26万立方米，砼600立方米；盐源三道沟水库完成了坝基开挖及导流隧洞施工，完成土石方15万立方米、砼1700立方米，完成投资650万元。

【民生水利】 2014年，争取国家预算内专项资金投入10514万元，省级财政资金投入1200万元，解决凉山州14个县市22.66万农村人口饮安全问题。完成投资8558万元，整治完成61

座病险水库。各部门捆绑投入5620万元，完成水土流失治理面积482平方千米（其中水务部门投资1600万元，治理水土流失面积23.8平方千米）。开工建设喜德县红莫堰、普格打木洛堰灌区水利血防工程建设，完成投资645万元。全面开展农村水电增效扩容改造工程招投标相关工作，16个增效扩容改造项目，除6个项目正开展招投标外，其余已完成招投标工作，2个项目已开工建设。

【农田水利建设】 完成第三批小农水重点县冕宁2013年项目的省级绩效考评和第四批会东县，第五批德昌、宁南小农水重点县2013年项目的州级绩效考评工作。凉山州5个县市参与小农水项目竞争立项全部入围，该项目申报成功后将连续实施3年，5个县市每年将获得中央、省级财政补助资金近1亿元，3年将得到中央、省补助专项资金近3亿元。马湖灌区渠系配套节水项目，2014年争取省级财政资金1400万元。普格县牧区节水示范项目总投入500万元，其中中央预算内资金400万元，项目建成后将新增饲草料基地160公顷。

【项目前期工作】 一是大型水利项目：盐源龙塘水库及灌区工程、大桥水库灌区二期工程2处大型水利工程纳入国务院确定的172项节水供水重大水利工程范畴，盐源龙塘水库及灌区工程和大桥水库灌区二期工程项目建议书取得水利部的审查意见，国家发改委对两项大型工程的项目建议书进行评估，待国家发改委批复后标志着2个工程正式立项，并可于“十三五”时期开工建设。二是中型水利项目：会理横水库项目可研报告已报省厅待审，西昌东河水库正加快可行性研究阶段的相关工作，“三个专题”报告已经省水利厅审查待批。三是小型水库项目：开展会东马头山、会理菜园子、美姑联合、宁南麻窝凼4个抗旱应急水源工程前期工作，并已到位中央投资1.44亿元。四是重要支流治理：尼日河甘洛县城段防洪治理工程可行性研究报告经省水利厅审查待批。五是水利血防：西昌西溪河堤防水利血防工程可行性研究报告经省水利厅审查待批。六是烟区水源工程：完成盐源马鹿塘水库等4处烟区水源项目水利行业审批工作，具备烟草行业复核条件；开展会理新民水库扩建、冕宁红跃灌区等6处烟区水源项目水利行业的前期工作。七是完成2015年西昌盐中灌区、甘洛斯觉大堰灌区的项目申报。

【防汛减灾】 2014年，防汛工作中及时调整充实州县防汛指挥部，细化职责，对重点江河、堤防、水库、洪涝易发区等，明确相关行政首长和部门责任人。做好汛前准备，认真开展汛前大检查，对检查中发现的问题制定了相应的整改方案，并采取相应的处置措施。夯实防汛基础，提升防御能力。加强山洪灾害防御项目建设，开展西昌市官坝河和德昌小高桥沟、雷波县东西边沟重点山洪沟治理，加强建设中小河流水文监测系统项目建设，一期工程已完工，新建项目正开展招投标。狠抓水库水电站安全度汛，加强病险水库整治工作，严格河道管理，规范河道采砂（石）管理工作，对河道内违章建筑物、行洪障碍物依法进行清除，加强防汛值守，从5月1日起坚持汛期24小时值班和领导带班制，全州无人员因洪涝灾害伤亡、失踪。全年全州共有10个县市124个乡镇10.49万人因洪涝灾害受灾，倒塌房屋350间，农作物受灾面积8128公顷、成灾4500公顷、绝收1340公顷，道路、水利及工矿企业等设施不同程度受损，全年紧急转移群众3389人，直接经济总损失1.34亿元。

【依法治水工作】 一是狠抓依法治水管水工作。按照《凉山州依法治州实施意见》，制定《凉山州水务局依法治水实施方案》，成立工作机构，2014年3月集中开展依法治州水法宣传教育活动，结合“世界水日”“中国水法宣传周”，组织水利普法依法治理知识竞赛，对涉水行政权力事项的再次清理。二是全面推行最严格水资源管理制度。开展“三条红线”划定工作，将省政府确定的“三条红线”控制指标分解到各县市，并代州政府起草《凉山州人民政府关于实行最严格水资源管理制度的实施意见》和《凉山州人民政府办公室关于实行最严格水资源管理制度的考核办法》、联合16个局委制定和印发《考核工作实施方案》。积极开展规划水资源论证工作。开展昭觉工业园区规划水资源论证审查，审批水资源论证报告书10个，其中水库工程1个，全州核发和换发取水许可证755套，其中河道外取水297套、河道内取水458套（水电站）。加快制定主要江河流域水量分配方案，建立辖区内用水总量控制体系，实施区域取用水总量控制和年度用水总量管理，加强大桥水库用水调度管理，加强库区和灌区水质监测。积极探索水权制度，运用市场机制实现水资源优化配置。

【直属单位改制工作】 一是《西礼灌区水利工程管理体制改革实施方案》于2013年经州政府常务会议审议通过后，州水务局加强与各部门的衔接争取方案落实，西礼灌区于2014年定性为纯公益性全额拨款事业单位，确定编制数为59名，人员经费、公用经费及生产性费用等由州级财政全额承担，从根本上解决灌区的稳定发展问题。二是州水务局直属企业西昌水电工程公司和州宏利水电物资有限公司经州政府专题研究，同意将两户企业移交州国资委管理，明确要求企业移交工作于2014年12月31日前完成，州国资委于2015年1月1日接手两户企业的管理。

（审核：张之栋/撰稿：吕庆昆）

烟草工作

【概况】 2014年，凉山州严格按照“大力推进现代烟草农业发展，加快建设全国重要的战略性优质烟叶基地，把凉山烟叶打造成世界知名品牌”要求，齐心协力，真抓实干，强化科技创新，大力推进现代烟草产业转型升级，烟叶质量、特色更加彰显，成功创建全国优质烤烟综合标准化示范州，进一步推进全国重要的战略性优质烟叶基地。全年全州共收购烟叶12843万千克，上等烟占51.32%，桔色烟占88.08%，烟农售烟收入33.41亿元，加上有关补贴总收入达36.32亿元，实现烟叶税7.35亿元，烟草商业税收达16.21亿元。基本实现在大灾之年减计划、减产量，尽力不减或少减烟农收入的目标。全年全州生产卷烟31.9万箱，较2013年同比增长2.9%；其中生产娇子品牌18.38万箱，较2013年同比增长4.3%；实现划拨产值44.46亿元，较2013年同比增长2%；划拨税费16.35亿元，较2013年同比增长2%。13项创优指标全部达标，10项创优指标和对标指标分别进入行业前30位。全年全州售卷烟15.18万箱，较2013年同比增长1.52%，其中销售娇子29720箱，较2013年同比增长22.79%；单箱销售收入24413元，较2013年同比增长8.47%。

【现代烟草农业建设】 2014年，全州烟草行业投入6.52亿元，建成1.7万件烟基设施及配套项目，进一步提升烟叶基础设施综合配套能力。高标准完成5446.67公顷土地整理任务，全州近期规划烟区水源工程12个，已开工建设2个，具备烟草行业复核条件项目4个、正在进行水利行业审批项目6个。通过反哺扶持、基础建设、产业带动，提升全州现代农业基础建设水平，增强全州烟区农业综合生产能力和防灾减灾能力，为烟叶可持续发展和烟农增收提供保障。严格贯彻执行国家烟草专卖局、州委、州政府和省烟草专卖局（公司）烟草工作的政策和要求，把“控总量、提质量、创品牌”作为首要任务，下发指导文件，进行全面安排部署。产烟县市顾大局、讲政治、守纪律，高度重视，强化领导，明确分工，责任到人，狠抓烟叶生产工作不放松，扎实、务实、有序推进各项工作，实现抓早动块，质量高，效果好，确保全州烟叶生产工作做到政策宣传到位、计划分解真实、品种布局合理、合同签订规范、壮苗培育扎实、提前预整地规范标准，适时、抗旱移栽效果好，田管工作有效跟进，采烤收购实现新突破。州烟草工作领导小组紧紧围绕

“质量、特色、品牌”要求和全面建成全国重要的战略性优质烟叶基地目标，统揽全局，协调各方，科学谋划，统一部署，高质量推进各项工作。抢抓全国优质烤烟综合标化示范州验收年契机，狠抓标准化、规范化，烟叶移栽时间提前，周期缩短，大田移栽规范程度高、整齐度高；严守“双控”红线，狠抓政策宣传，严格规范抓计划落实，做到计划、合同、户主、地块、面积“五相符”；主动适应工业需求，进一步加大红大特色品种种植规模，全力打造凉山山地原生态特色品牌。以创建国家级优质烤烟综合标准化示范州建设工作作为重中之重，相关部门和各县市坚定信心，坚持标准，精心抓协调，认真抓完善，全力抓提高，切实做到精心、精致、标准，6月以106.8分的高分顺利通过国家标准委考核验收，全国首个优质烤烟综合标准化示范州成功创建，为凉山烟草产业稳健发展打造一张新名片。面对市场形势，主动换位思考，下大决心、花大力气，协调配合，加强指导、督查，确保工作协调、技术指导、预检预验等落实到位，收购工作成效明显。严格执行国家烟草专卖局、省烟草专卖局（公司）烟叶收购政策、纪律和工作方针，贯彻落实州委、州政府决策部署和烟草工作领导小组具体安排，利用会议、电视、烟农短信平台等渠道，强化政策宣传，注重制度落实，发放宣传资料10万余份，培训人员3000余人次，做到收购政策家喻户晓，确保收购制度有效落实，为全州烟叶收购工作顺利开展夯实了基础。严格贯彻州委、州政府烟叶收购工作会议精神，在收购前期准确测算烟叶产量，科学合理安排收购，详细制订各种方案、预案，细化入库、调运、调拨计划，解决“前期慢、中期快、后期挤”的问题；强化领导，注重协调，全力抓指导、抓服务，实现收购进度快、烟叶调运快目标。重点解决混青、混杂、混部位、水分控制等问题，提高烟叶把内纯度，工业企业对等级纯度反映良好。全年全州收购优质特色烟叶6637万千克，较2013年增加2284.5万千克，其中红大品种2976.5万千克，占特色烟总量90.05%。种烟面积6.65万公顷，其中山地占85.73%，收购山地烟叶11036万千克，占收购总量85.93%。

【政策配套】　2014年，凉山州坚持惠农政策，稳定烟农队伍，确保烟农效益。普通品种中上等烟叶提价5%，特色品种红大收购价格在普通品种价格基础上上浮20%，K326收购价格按照国家局政策执行。普通品种产前投入补贴标准每亩440.47元，特色品种每亩663.1元。结构优化政策（不适用烟叶处理补贴和费用每亩190元），坚持按工业需求和订单要求组织生产。烟叶农特税转移支付资金继续用于现代农业包括现代烟草农业基础设施建设的配套投入，重点用于烟电配套建设。认真落实《凉山州烟叶生产灾害救助资金管理暂行办法》，筹措自然灾害救助资金，降低烟农种烟自然风险。各县市政府严格落实将烟叶税收入的3%专项用于烟叶生产基础设施的维护和管理的政策。

【调查研究】　认真做好调查研究工作，撰写调研文章，为领导决策提供参考依据。各位副主任先后完成《关于凉山州当前旱灾情况的报告》《全州烟叶收购工作的问题和建议》《当前烟叶调拨工作相关调研情况》《完善灾害救助体系，保障基础烟农利益》《凉山2014年烟叶生产工作情况调研报告》《凉山州烟叶生产基础设施建设项目调研报告》《关于调整美姑、昭觉、布拖、甘洛四县烟叶生产计划到会东县的建议方案》等文章，为州委、州政府抓好烟草产业工作提供较好的决策参考依据。

【办文办会】　全力以赴抓好办文办会工作。在州烟草工作领导小组统一部署下，与有关部门共同筹办全州烟叶生产预整地、移栽、田管与收购、基础设施建设、推进现代烟草农业建设工作会议、全州现代烟草农业发展工作大会及向国家烟草专卖局、省烟草专卖局等领导作凉山烟叶生产发展情况汇报、烟叶生产基础设施建设情况汇报、州烟草工作领导小组会、烟叶工作会等20余次会议。严格按照公文管理要求，为州委、州政府主要领导和分管领导起草各类烟草工作会议讲话稿及向上级领导和部门的烟草工作汇报稿30余篇，起草州烟草工作领导小组文件7件，凉烟办文件26件、会议纪要4期，烟草工作简报18期。

【"挂包帮"活动】 按照《州烟草工作办公室"挂包帮"活动制度》，全力支持定点扶贫乡镇红莫镇"农业立镇、产业兴镇、开发强镇"的发展思路，积极协调配合镇党委、政府，努力完成板凳工程、厕所改造、一场一所建设、基础设施和居住环境改造、产业结构调整、婚丧节俭改革、示范村打造等具体工作。2014年，红莫镇在大灾之年全面完成烟叶生产任务，收购烟叶63万千克，实现产值1349万元，烟农户均收入6.16万元。一是州烟办班子成员分别多次深入帮扶乡镇村调研指导、出主意、想办法、助其发展。烟办挂职包村干部刘骥同志坚守岗位，履行职责，坚持驻点开展工作。二是组织红莫村的村、社干部、党员及群众代表召开交流座谈会、技术培训会，制定完善《红莫镇红莫村三年发展规划》，提高认识，更新观念，为帮扶工作全面开展提供保障。三是联系上海宝冶集团公司向红莫镇小学捐赠10.6万元的衣物、学习用品、书籍等。四是向红莫镇贫困群众送去大米、食用油等价值2000余元的慰问品。五是在州烟办资金十分困难的情况下，挤出近1万元资金为红莫村发展核桃产业购植核桃苗2000余株，支持产业发展。六是继续加强教育扶贫工作。认真履行帮扶计划，落实帮扶制度。2014年的"六一"儿童节和教师节期间，州烟办干部职工一如既往同学校师生欢庆节日，对优秀教师和优秀学生给予精神和物质上的奖励。并结合百乡教育扶贫开展禁毒防艾宣传工作，取得较好成效。全年投入9000元为学校添置课桌、床铺等100余套，加强学校硬件建设。

【群教活动】 根据中央、省委和州委关于党的群众路线教育实践活动的部署要求，认真贯彻落实中央和省委、州委重要部署，结合单位实际，围绕"照镜子、正衣冠、洗洗澡、治治病"总要求和"为民、务实、清廉"主题以及"正风肃纪聚合力，攻坚克难解难题"实践载体，聚焦"四风"问题，践行"三严三实"要求，以严格标准、严肃纪律、有力措施扎实推进活动开展。认真开展学习教育（集中学习11次）、广泛征求各方（14个产烟县市、43个单位）意见、深入开展大讨论，对照查摆问题，开展交心谈心；结合"走基层"活动，深入14个产烟县市、23个乡镇、53个村社，广泛听取基层干部、广大烟农对州烟草办领导班子的意见和建议；认真撰写领导班子及成员对照检查材料，高质量召开民主生活会，领导班子进行对照检查，查找出班子在遵守党的政治纪律、贯彻落实中央"八项规定"、省州"十项规定"和"四风"方面、关系群众切身利益以及联系服务群众"最后一公里"方面存在的29个具体问题，深刻分析问题产生的原因，提出具体整改措施，拟出整改清单、时间表、路线图，认真对照整改清单，逐项进行整改落实。

【机关工作】 按照相关要求，健全学习制度，正确处理工学矛盾，切实做到学习与抓生产协调服务工作两不误，做到定期学习，学有笔记。坚持领导干部中心组学习制度，通过学习，提高了班子成员的领导水平和执政能力。重视和加强党建和党风廉政建设工作。一把手负总责，分管行政的副主任具体抓督促、抓落实。加强理论学习，重视思想建设，健全完善制度，明确岗位职责，认真贯彻《条例》，加强廉政建设，坚决执行禁止领导干部收受礼金和退出利益格局的规定，做到遵守政治纪律、勤政守法、秉公办事、廉洁自律、执政为民，有效预防职务犯罪。切实做到财务、政务和党务公开，积极参加行风建设活动，认真开展民主评议，自觉接受社会和群众监督开展形式多样的组织生活，设立党员示范岗，进一步强化勤政务实作风，自觉履行党员义务，争当人民公仆，机关工作效能明显提高。重视和加强"四好"班子建设。坚持抓好以"政治素质好、经营业绩好、团结协作好、作风形象好"为主要内容的"四好"领导班子创建活动，以讲党课为载体推动学习，完善相关制度，重点对班子成员、党员进行理想信念教育、廉洁自律教育，树立大局意识、责任意识和忧患意识，严格遵守政治纪律。充分发扬党内民主，防止独断专权。加强制度建设和阳光监督，确保不违纪、不发案。充分发挥党支部的核心作用、战斗堡垒作用、党员的先锋模范带头作用。认真开展了“关于禁止乱发工资、补贴、奖金”和“坚决禁止收受红色礼金”及整治“庸懒散浮拖”专项治理工作，以人为本，凝心聚力，促进烟草工作有序开展。重视和加强岗位职责落实。牢固树立全心全意为人民服务的思想，认真贯彻中央、省、州党委政府的各项方针政策，不断完善岗位责任制，细化到每月份，明确岗位职责，提出工作要求，提高工作效率。重视和加强保密工作。强化领导，明确责任，结合工作实际，组织学习宣传保密法规，提高干部职工保密意识，自觉遵守保守秘密规定，保守国家秘密。加强保密管理，完善保密制度，增添保密措施，防止秘密泄露。重视和加强建设文明建设。认真践行“三严三实”要求，坚决贯彻《公民道德建设实施纲要》要求，注重职业道德，发扬社会公德，爱岗敬业，努力工作，热情服务，争先创优，营造了家庭和睦的良好风范和团结和谐的工作氛围。2014 年，州烟草办严格执行中央“八项规定”和省委、州委“十项规定”，班子成员及广大干部职工思想认识到位，执行有力，无任何违反“规定”的行为发生。

【集体荣誉】 2014 年，州烟草办荣获全省烟叶生产先进单位光荣称号，受到省表彰；被州委、州政府评为全州现代烟草产业发展工作先进集体；被州委、州政府评为创建国家级优质烤烟综合标准化示范州创建工作先进集体；被州委、州政府评为全州“挂包帮”活动先进集体。副主任张旭被评为优秀党务工作者；副主任王建、秘书科科长陈林琼被评为优秀党员；副主任周斌、生产科长陈玉芳被评选为全州烟叶生产先进个人；刘骥被评为优秀公务员。

（审核：张旭/撰稿：陈玉芳）

亚热带作物研究所

【概况】 凉山州亚热带作物研究所始建于 1959 年 8 月，最初为农业部建立的西昌地区亚热带作物试验站，重点进行受国际封锁国内又稀少的重要战略物资橡胶、剑麻等引种栽培试验研究。1962 年成立西昌地区亚热带作物研究所，1979 年西凉合并，正式更名为凉山州亚热带作物研究所，是中国纬度最北（北纬 26 度 46 分），海拔最高（1080 米），从事热带、亚热带作物及经济林木的引种试验研究的亚热带作物研究所，对全国热作栽培的北移界限及作物抗寒能力的界定具有指示意义。全所占地面积 10 公顷，其中试验地 6. 67 公顷，拥有芒果品种圃、甘蔗杂交育种圃、热作资源圃、耐寒棕榈及三角梅品种资源圃等试验基地。自建所至 2014 年 10 月，亚热带作物研究住址一直在攀枝花米易县丙谷镇，2014 年 11 月，正式将总部搬至西昌市，分为西昌总部和米易基地。凉山州亚热带作物研究所为州级科研所（正县级），内设机构有 5 个：党政办公室、计划财务科、科技管理科、经济作物研究室，科技开发科。职工 89 人，其中在职职工 43 人、退休 46 人。有科技人员 27 人，含正高级 1 人，副高级 11 人，中级 4 人，初级 11 人。

【科研项目】 2014 年，凉山州亚热带作物研究所新上重大项目 8 个：四川攀西地区芒果病虫害监测与应急防治，四川攀西特色水果创新团队新品种引育研究，四川攀西特色水果创新团队病虫害防控研究，四川攀西特色水果创新团队栽培技术研究，四川攀西特色水果创新团队产后处理技术研究，设施蔬菜病虫害绿色防控技术研究，猕猴桃新品种引进及示范，猕猴桃新品种引进及示范。

【科技成果】 2014 年，凉山州亚热带作物研究所共获凉山州 2012—2013 年度科技进步奖 2 项，其中二等奖 1 项、三等奖 1 项，全年撰写论文5篇。大力示范推广新品种、新技术，试验示范优良品种和品系达50余个、新技术20余项，科技成果转化涉及热带亚热带特色水果、亚热带花卉、蔬菜、特色南药植物等相关产业，累积技术示范带动面积在3.33万公顷以上。大力开展科技培训，以项目为载体，深入生产一线送科技下乡和科技服务达150次，举办专场技术培训会50余次，培训人员5000余人次，发放技术宣传资料3000余份。

（审核：何平／撰稿：陈雪梅　冯家平）

州农科所

【概况】　2014年，凉山州西昌农业科学研究所（以下简称州农科所）面对科研任务大幅度增长、试验基地严重不足、“10·14”地震灾害、科研基础设施资金匮乏、职工福利政策性减少等形势，农科所党委团结带领全所干部职工，围绕“科研立所、人才强所”战略，紧扣年初确定的各项工作目标，以“抓项目就是抓发展，抓大项目就是抓大发展”为重点，强化项目管理，深化设施建设，优化人才队伍，全所各项工作都取得新的进展，呈现出良好的发展态势。全年全所共计承担各级科研项目44项，其中：国家级项目5项，省级项目18项，州级项目17项，自立项目4项，项目涉及水稻、玉米、小麦、油菜、马铃薯、燕麦、荞麦、蔬菜等八类作物；全年荣获省科技进步一等奖1项、三等奖1项，州科技进步一等奖1项、二等奖3项。申请国家专利1项、审定新品种一个。推广各类作物新品种和配套栽培技术20万公顷，创造社会和经济效益上亿元，为凉山农业持续发展、农民持续增收提供科技支撑，为地方经济发展做出积极贡献。

【项目管理】　2014年，州农科所鼓励科技人员积极申报项目，单位出台相关规定。将项目申报作为年终考核科室和科研人员的重要指标之一；完善科技奖励办法，对申报项目成功的部门、课题或个人给予奖励。全年新申报项目9项，新申报项目资金共计94万元。完成2015年重点研究项目大田作物空间搭载种植资源创新和新品系培育；绿色防控关键技术在凉山州特色林果研究与示范；优质、高产、抗病杂交水稻新品种选育；田园城市阳台观赏类蔬菜引进、示范的初期筹备工作。科研成果方面：合作申报的“马铃薯脱毒种薯生产关键技术创新与应用”项目获四川省科技进步一等奖，排名第七位；主持申报获奖项目5个，其中“马铃薯抗病优质高产凉薯系列新品种选育与应用”获四川省科技进步三等奖；获凉山州科技进步奖4项，其中“马铃薯晚疫病病菌及防控技术研究与应用推广”项目获凉山州科技进步一等奖，“高产、多抗玉米杂交凉单6号的选育及应用”项目获凉山州科技进步二等奖，“突变体杂交诱变育成小麦新品种西辐12和西辐13与推广应用”项目获凉山州科技进步二等奖，“优质高产水稻新品种昌米446配套技术集成与示范推广”项目获凉山州科技进步二等奖。专利申报方面：项目“一种马铃薯实生籽设施育苗的方法”于2014年6月4日获国家知识产权局发明专利授权，专利号：ZL201310002580.8。品种审定方面，新审定品种一个：“昌麦30号”。

【科技支农】　2014年，州农科所面向社会公招科技人员4名，新聘农艺师5名、推广研究员3名。获州科学技术杰出贡献奖1人、凉山州学术和技术带头人1人。全年开办技术培训班15期，培训对象主要为基层农技干部、农业合作组织技术人员和农户，累计培训3000余人次；开展科技下乡活动，组织50余名专家、学者深入基层、深入田间开展科普宣传、现场科技咨询等数百次，发放科技资料5000份。在全州范围内广泛开展水稻、玉米、马铃薯、麦类、蔬菜、花卉等新品种和配套栽培技术的试验示范工作。其中“马铃薯晚疫病综合治理集成技术”研究有效防治了马铃薯晚疫病，“安宁河一年三熟一稻一葱一薯高效种植模式”研究试验实现亩产超吨、粮产值超万元目标。良好的效益带动农民选择新品种、应用新技术，在全州各县市推广应用州农科所自育的玉米、马铃薯、荞麦、燕麦、水稻、油菜、小麦等各类作物新品种及配套栽培技术超20万公顷，进一步促进全州农业增效、农民增收。农科所坚持科技创新，加强理论研究，全年编辑《西昌农业科技》2期，发行各县市1400份；出版《凉山农业科技简报》26期，多期被州科技局、农业局等网站采用；完善科技人员绩效考核办法，激励科技人员开展理论研究，全年在公开刊物发表论文12篇、内刊发表论文15篇。

【科研基础设施建设】 2014年，州农科所投入75万元建设西宁试验基地。新打深90米机井1口，出水量8万千克/小时；田埂水泥硬化2145.02米；机耕道路面水泥硬化1189平方米；改良土壤3.33公顷。协调相关部门变更土地使用权属、设计试验基地重建规划、申报2015年试验基地改造项目资金。争取到州政府关于高山站灾后重建“三个一”政策，完成灾后受损评估，重建详规，300余米试验地围墙新建。加强各课题经费预算执行，强化对科研经费使用监督，确保科研经费按规使用；及时做好涉及职工利益的人事、财务、统计、档案工作，确保职工利益；投入28.8万元加强办公区和生活区管理。完成办公楼楼顶补漏工程，办公区、生活区监控设备新装，生活区电、水表改造升级。

【党风廉政建设】 2014年，州农科根据中央“八项规定”，省、州“十项规定”和治“庸懒散浮拖”等有关精神，以党的群众路线教育实践等活动为载体，以转变党员干部作风为切入点，以解决“四风”问题为中心，引导和凝聚全所职工全身心投入工作，全面推动单位各项事业发展。完善落实《车旅费报销制度》《公务接待制度》《报销审批流程》《物资采购管理制度》《公务用车管理制度》《考勤管理制度》等系列制度。“三公”经费同比下降61%。

（审核：马正华/撰稿：赵亮）

州畜科所

【概况】 2014年，凉山州畜科所紧紧围绕凉山现代畜牧业生产发展实际，加大牧业科研示范和推广应用力度，各项工作取得积极进展和明显成效，为全州现代畜牧业又好又快发展提供了有力支撑。

【科研成果】 凉山州畜科所与州畜牧站共同完成了《凉山半细毛羊基地建设及健康养殖关键技术集成与应用》科技成果申报，主持完成《凉山牧业实用技术培训与推广》科技成果申报。全所科技人员发表科技论文24篇，其中在《畜牧兽医》《中国草食动物科学》等省部级以上杂志发表科技论文19篇；有1篇论文被评为四川省畜牧兽医学会优秀论文。

【科研课题】 2014年度凉山州畜科所开展科技部“十二五”农村领域国家科技计划课题《南方优质饲草高效生产加工利用关键技术研究与集成示范——“攀西”地区优质饲草高效生产加工利用关键技术研究与集成示范》、“全国草品种区域试验”、四川省“十二五”饲草育种攻关项目《攀西地区优良牧草新品种选育及配套技术研究》、凉山州重点科技项目“引入河曲马改良建昌马试验研究”等15个延续项目研究，均按照实施方案或计划任务书的要求，完成年度研究目标任务，取得阶段性成果。牧业科研得到进一步支持，新增科研项目7项。《优质高产青贮玉米品种筛选及其配套青贮技术研究》《引入河曲马改良建昌马试验》《凉山草产品加工技术研究及示范》获得凉山州2014年度科技计划项目立项支持，《奶水牛同期发情人工授精技术研究》《建昌马品种资源调查》《巴克夏猪杂交改良凉山黑猪效果观察》获得2014年凉山州学术和技术带头人培养资金项目立项资助，与三牧乳业、西昌学院共同申报的2014年度四川省科技支撑计划项目——《攀西地区现代奶业产业链关键技术集成研究与产业化示范》

获得省科技厅立项支持。

【科技推广】 在搞好试验研究的同时，加大力度开展畜牧兽医科学技术和科技成果的示范推广工作。一是与四川省草原科学研究院合作，在西昌市礼州镇桂林村二组共同创建四川攀西草业创新基地，开展牧草研究创新与示范。二是开展德昌水牛杂交改良和牛郎奶水牛合作社、养殖户的技术服务工作。提高犊牛的成活率及生长发育情况，改善各养殖场、养殖户经营状况。三是为凉山科华奶牛繁育有限公司、凉山科兴猪业有限公司等提供技术支撑，解决生产中的技术问题。

【科技培训】 一是依托科技项目的应用推广和畜科所牧业科技培训中心，参加送科技下乡、“科技之春”科普月、科技活动周及教育扶贫等活动，采用多种形式在西昌、昭觉、盐源、木里等县（市）开展牧草、养马、养鸡、肉牛、牦牛等方面的专业技术培训和指导，2014年共培训畜牧兽医专业技术人员及养殖户等共800余人次，发放技术资料800余份，为广大农牧民依靠畜牧养殖致富提供了强有力的保障。二是柳茜被推荐为2014年“西部之光”访问学者，到中国农科院草原研究所研修。三是2014年度全所共计参加各种培训和学术交流活动24次，参加人员达73人（次），开阔了视野，增长了知识和技能。

【科技合作】 积极参与“一院四校四所—盐源县产学研用合作”，在棉垭、下海、白乌、干海、梅雨等乡镇开展黄牛同期发情、人工授精技术培训与示范，提高本地黄牛的生产性能，增加养殖户收入。与木里县农村产业技术服务中心、西昌思奇香食品有限公司共同实施省科技富民强县专项行动计划项目《牦牛标准化养殖及肉产品深加工技术产业化》，根据对木里牦牛生产现状进行调研的结果确定了通过加强木里牦牛本品种选育，提高草地载畜能力，种植牧草，修建暖棚，开展冬季补饲等技术手段提高木里牦牛的生产经营效益。建立木里牦牛繁育核心群9个，开展《牦牛生产经营技术》技术培训，示范推广牦牛标准化饲养管理技术。

【科技扶贫】 凉山州畜科所为昭觉县比尔乡阿呷布尔村送去后备母猪42头、脱温鸡苗1260只及猪、鸡颗粒料和浓缩料，开展养鸡、养猪、养马技术培训。全所职工向比尔乡中心校捐款4200元。

（审核：刘犁/撰稿：董开明）

财税·金融

Finance and Tax

财　政

【财政收入】　2014年，全州地方公共财政收入112.3亿元，为预算的94.4%，比2013年增长2.1%。其中：税收收入65.6亿元，为预算的88%，占收入的58.4%，比2013年增长1.0%；非税收入46.7亿元，为预算的105.1%，比2013年增长3.6%。上划中央“两税”收入34.3亿元，比2013年增长19.9%。上划中央所得税收入13.49亿元，比2013年增长15.2%。州本级地方公共财政收入15.8亿元，为预算的90.5%，比2013年下降5%。其中：税收收入8.4亿元，为预算的96.9%，占收入的53.2%，比2013年增长11.1%；非税收入7.4亿元，为预算的84.1%，比2013年下降18.4%。上划中央“两税”收入9.4亿元，比2013年增长24.5%。上划中央所得税收入4.9亿元，比2013年增长42.8%。

【财政支出】　2014年，全州公共财政支出365.9亿元，比2013年增长9.9%。其中：州级公共财政支出41.86亿元，比2013年下降11.0%。支出结构持续改善，全州民生、产业发展和基础设施建设支出303.9亿元，占公共财政支出的比重为83.1%，比2013年提高0.2个百分点；行政成本支出61.9亿元，占公共财政支出的比重为16.9%，比2013年下降0.2个百分点。州本级“三公”经费比2013年下降12.64%。全州一般公共服务支出30.66亿元，为预算的99%，比2013年增长3.2%，其中：州级4.35亿元，为预算的99.5%，比2013年增长6.4%；全州公共安全支出15.29亿元，为预算的99.5%，比2013年增长2.8%，其中：州级2.79亿元，为预算的100%，比2013年下降9.9%；全州教育支出74亿元，为预算的97%，比2013年增长13.5%，其中：州级2.31亿元，为预算的61.2%，比2013年下降26.9%；全州社会保障和就业支出37.52亿元，为预算的97.6%，比2013年增长7.6%，其中：州级4.02亿元，为预算的84.9%，比2013年下降4.3%；全州医疗卫生与计划生育支出37.56亿元，为预算的99.3%，比2013年增长25.2%，其中：州级2.94亿元，为预算的93.2%，比2013年增长26.1%；全州节能环保支出16.65亿元，为预算的97.3%，比2013年增长23.6%，其中：州级1.59亿元，为预算的95%，比2013年增长46.6%；全州城乡社区事务支出20.27亿元，为预算的97.3%，比2013年增长6.3%，其中：州级2797万元，为预算的37.2%，比2013年增长3.9%；全州农林水事务支出52.97亿元，为预算的96.8%，比2013年增长4.2%，其中：州级3.43亿元，为预算的77.9%，比2013年下降32.2%；全州交通运输支出44.54亿元，为预算的97.4%，比2013年增长24.4%，其中：州级14.13亿元，为预算的98.4%，比2013年下降20.4%；全州住房保障支出10.79亿元，为预算的99.7%，比2013年增长9.9%，其中：州级7774万元，为预算的95.6%，比2013年下降29.7%。

【上级转移支付和专项资金】 2014年，全州上级补助地方一般公共财政资金252.7亿元，其中一般性转移支付补助124.0亿元，专项转移支付补助120.1亿元，返还性补助8.6亿元。补助收入中财力性补助89亿元。

【政府性债务】 完成地方政府债务清理和甄别，2014年末全州地方政府性债务即政府有偿还责任的债务余额153.55亿元，其中：一般债务110.25亿元，专项债务43.3亿元。政府负有担保责任债务4.72亿元，政府可能承担一定救助责任债务1.78亿元，政策性挂账1.46亿元。州本级地方政府性债务即政府负有偿还责任的债务余额7.48亿元，其中：一般债务6.4亿元，专项债务1.08亿元。政府负有担保责任债务1.14亿元，政府可能承担一定救助责任债务6300万元，政策性挂账400万元。

【政府性基金预算】 全州政府性基金总收入51.45亿元，其中：2014年基金收入34.1亿元，占预算的115.8%，比2013年增长26%；上级补助及公共财政调入水利建设基金8亿元；2013年结转8.8亿元。基金支出41亿元，占变动预算的80.5%，比2013年增长30.5%。全州基金预算结余9.9亿元。州本级政府性基金收入3亿元，占预算的90.2%，比2013年下降9.5%，主要是：地方教育附加2044万元，政府性住房基金1.2亿元，分享县市国有土地使用权出让金8987万元，其他政府性基金4657万元，加上级基金补助收入7.5亿元，加调入资金和2013年结转6.3亿元，基金总收入16.8亿元。基金支出2.5亿元，占变动预算的32.1%，比2013年增长53%，主要是：交通建设土地补偿1.1亿元，部门单位用地等支出4338万元，政府住房基金2754万元，彩票公益金2935万元，减补助下级9亿元，基金预算结余5.3亿元。

【国有资本经营预算】 2014年，全州17县市尚未编制国有资本经营预算。州级国有资本经营预算收入720万元，全额组织解缴入库，并按批准的国有资本经营预算草案履行手续全额调入州级公共财政。州本级按照向州人大常委会报备的2014年国有资本经营预算收入720万元，实际执行预算100%，其中：国有独资企业利润收入279万元，国有控股公司股利、股息收入304万元，国有参股公司股利、股息收入137万元。对应安排州级国有企业改制资金，主要用于：州煤炭供销公司、州外贸粮油茶土公司等企业国有职工身价置换、基本养老保险、医疗保险、失业保险、下岗职工生活费、企业留守人员工资等费用支出。

【社会保险基金预算】 2014年，全州社会保险基金预算收入37.9亿元，完成预算105.7%；加上2013年结余资金，可供安排的收入总量76.5亿元。支出29.1亿元，完成预算的103.9%，主要用于按时足额兑现各项社会保险待遇，提高城乡居民养老保险基础养老金以及医疗保险、失业保险、工伤保险和生育保险待遇水平。收入总量减去支出后，全州结余资金47.4亿元。州级社会保险基金预算收入16.8亿元，完成预算112.23%；加上2013年结余资金，可供安排的收入总量40.5亿元。支出12.0亿元，完成预算的114.36%，主要用于：按时足额兑现各项社会保险待遇，州本级基本医疗保险、失业保险、工伤保险待遇水平。收入总量减去支出、补助市县支出、上缴统筹基金等支出后，州级结余资金28.5亿元。

【部门预算】 加强机构建设，落实经费保障。按政策将各部门非税收入纳入部门预算编制管理。按照综合预算的原则，统筹各类资金，全面、公正、科学、透明地编制部门预算。同时，规范预算编审规程，预算编制突出重点，兼顾一般，集中财力支持扶贫、交通、企业改制、社保等民生支出及重点建设。推进财政体制改革和税收政策研究、测算、汇报等相关工作。组织预算指标管理系统、财政供养人员管理系统、转移支付管理系统、政府债务管理系统建设工作。加强基层政权建设资金管理和推进全州乡镇财政规范建设工作。2014 年纳入部门预算的州级单位 198 个，部门预算编制基期以 2013 年 10 月州级单位编制内实有机构和人数编制。州级部门预算总收入 24.41 亿元，比 2013 年增长 11.9%；2014 年安排部门预算支出 23.9 亿元。

【国库集中支付】 完成 2013 年财政总决算和部门决算编审、汇总工作。做好预算执行情况旬月报工作，加强预算执行分析，为各级领导决策提供参考依据。加强财政资金拨付管理，确保资金安全。扩大实施国库集中支付资金范围，指导督促县市完善国库集中支付运行机制。2014 年 6 月，县市全面启动预算执行动态监控管理新系统。年末全州纳入动态监控预算单位 1689 个，资金量 327 亿元，查纠违规支付 8634 笔、金额 18.3 亿元。全州办理公务卡 16820 张，报账还款 3561.4 万元，其中：州本级预算单位办理 4030 张，比 2013 年增加 2117 张，报账还款额 1703.4 万元，较 2013 年同期增加 1521 元、同比增长 835%。各县市新布设 POS 机具 358 台，大大改善用卡环境。全年完成银行代收非税资金 9.78 亿元，办理非税收入缴库 8.17 亿元。做好决算工作。州本级及 17 县市 2013 年度财政总决算全部在政府门户网站上公开。全面清理全州财政资金往来、存量财政专户。清理州本级财政专户、国库存款利息收入 2247 万元，年末按规定全额缴入金库。

【收支两条线管理】 加强行政事业性收费、政府性基金的管理。开展行政性事业性收费的年度审验工作，强化收费管理。严格非税收入收缴，州本级收缴非税收入 7.38 亿元，比 2013 年下降 18.4%，其中，专项收入 9000 万元，行政事业性收费 1.1 亿元，罚没收入 9800 万元，国有资本经营收入 5100 万元，国有资源（资产）有偿使用收入 8000 万元，其他收入 3.09 亿元。政府性基金收入 2.99 亿元。规范国土、矿权收入管理。全州国有土地使用权出让金收入缴入国库 29.45 亿元，其中：土地总价款 6.36 亿元，补缴土地价款 1.59 亿元，划拨土地收入 21.31 亿元，其他土地收入 1900 万元；计提教育收入 7220 万元，农田水利建设资金收入 4040 万元，廉租房资金收入 7220 万元；按级次划分：州本级收缴及各县市上缴州 7300 万元，各县市缴入同级国库 28.72 亿元。2014 年缴入国库矿权价款 1.99 亿元。落实城镇廉租住房保障制度，筹措城镇廉租住房保障资金。落实中央、省、州保障性安居工程资金 5.71 亿元，其中：保障性安居工程专项资金新建公租房（廉租房）、公租房租金补贴和棚户区 4.37 亿元，地方政府债券 6300 万元，住房公积金增值收益 7100 万元。强化住房公积金管理，确保资金安全。认真执行验旧购新、限量供应，加强财政票据发放管理。2014 年领购各类财政票据 6364 箱，比 2013 年增加 1139 箱，同比增长 21.8%。年初票据库存结余 31.9 万元，年末向省财政厅领购各类财政票据 215.99 万元，领发各类财政票据 183.48 万元，其中，州本级发放 35.64 万元，县级领购 147.84 万元。库存结余 31.9 万元，年初库存结余各类手工票据 6.53 万本，机打票据 1159 包；年末向省中心领购手工票据 14.59 万本，机打票据 8683 包。库存结余 8.47 万本，机打票据 2560 包。

【教科文事业】 2014 年，全州下达专项资金 27.7 亿元，其中：中央、省专项 17.13 亿元，专项转移支付 10.57 亿元。批复州级部门预算教科文单位 58 个，基本支出 2.83 亿元，项目支出 4.69 亿元，对归口单位非税收入摸底清理，纳入财政综合预算编制资金 6100 万元，安排专项支出 5000 万元，统筹或集中非税收入 1100 万元；清理和收回 2013 年财政结余资金 1700 万元。教育支出 74 亿元，比 2013 年增长 13.5%。争取中央文化产业发展项目资金 1000

万元。

【行政政法经费保障】 按规定统筹27个单位的非税收入581.3万元。一方面加大与省厅的汇报衔接，争取化债资金，另一方面督促指导各县市完成化债工作任务。下达禁毒经费2162万元；争取中央和省级政法转移支付资金2.26亿元。制定《凉山州州直机关差旅费管理办法》《凉山州州直机关培训费管理办法》，配合有关部门制定会议费管理办法。完成上报全州公务用车相关数据以及公务用车改革摸底测算分析数据统计。

【农业支出】 逐步建立健全起凉山州“三农”投入稳定增长机制。2014年到位中央、省、州各类专项资金36.36亿元，比2013年增长12.88%。其中：中央、省级支农专项资金24.71亿元，比2013年增长20.39%（主要项目退耕还林4.47亿元，比2013年增长4.1%；“天保”工程财政专项1.85亿元）；扶贫专项11.66亿元，比2013年增长27.9%（专项扶贫11.66亿元：彝家新寨基础设施6.60亿元，大小凉山十项扶贫1.68亿元，摩梭家园建设1亿元，以工代赈资金2178万元）。州级各类专项资金1.59亿元。加强农业生产基础能力建设，保障国家粮食安全和农业稳定发展。重点县中央、省级投入资金1.54亿元。争取省高标准农田建设（含新增50亿千克粮食建设）资金1700万元，落实2014年新的农机购置补贴政策1.11亿元；加快推动农业生产方式转变。继续实施好西昌、会理、德昌现代农业生产发展建设，其中：中央、省3400万元，州级配套300万元；争取省现代畜牧专项资金2095万元，支持两个省级现代畜牧业培育县，完善四个州级试点县400万元项目实施工作；争取省级部门支持凉山州现代林业发展资金项目600万元，退耕还林后续产业基地建设3000万元，实施林木良种补贴试项目250万元。实施连片扶贫开发工程。实施完成10个重点县、210个彝家新寨、18294户住房建设任务，涉及97274人。中央、省、州县财政计划补助资金9.01亿元，其中：中央、省级6.61亿元，州级8386.3万元，县财政1.57亿元。实施新农村建设成片推进工程。中央、省级财政投入1.3亿元，州级财政投入5000万元，加快实施西昌、会东、宁南、冕宁四县市省级新农村建设成片推进示范县项目和西昌、会理、会东、德昌、宁南、冕宁六县市新村基础设施建设。落实中央、省的草原生态保护补助资金2.29亿元，农民培训项目补助资金307万元。下达农村饮水安全资金1.24亿元（中央财政1.06亿元，省级财政1200万元，州级600万元），省级财政农村沼气建设项目资金758万元。拨付“天保”工程资金1.89亿元，退耕还林专项资金4.47亿元，生态效益补偿2.21亿元。累计拨付各类防汛抗旱资金（含抗旱规划中央及省级补助资金）6100万元，拨付重大动物疫病防控疫苗和农作物重大病虫害资金4207.95万元、中央和省级山洪灾害防治项目经费4047.4万元、防灾减灾稳产增产资金1471万元。拨付基层农业技术体系改革建设补助资金1790万元，粮棉油高产创建补助项目资金640万元。落实农作物良种补贴政策5105.35万元，继续实施省畜牧良种补贴544万元。全州有68个家庭农场得到省州扶持资金610万元。

【社会保障】 筹集下拨城乡低保、五保、孤儿、城乡医疗救助等资金12.9亿元，养老服务资金5068.55万元，新增改造3830张养老床位；建设21个城乡社区日间照料中心；为3.66万名困难家庭失能老人和80周岁以上高龄老人提供居家养老服务。州本级财政落实社会保障民生配套资金5508.27万元。全州实际参加新农合人数392.67万人，参保率达到97%。同时农民住院补偿在原来的基础上提高10~20个百分点。全州新农合基金支出13.62亿元，基金使用率为88.05%，其中：门诊统筹补偿9318.84万元，住院补偿支出12.08亿元、家庭账户补偿支出274.71万元。全州享受城镇低保7.79万人，发放低保金1.98亿元，月人均301.6元。享受农村低保55.76万人，发放低保金6.15亿元，月人均126.03元；提高城乡困难群众医疗救助标准，全州救助74.16万人次，人均救助176.17元。征收社会保险费收入32.9亿元；筹集就业再就业资金8808万元，城镇新增就业1.88万人；城镇失业人员再就业3102万人，城镇登记失业率3.93%，开展新型农民培训9000万人，品牌和农民实用技术培训30万人次。落实城乡居民养老保险财政补助资金，全州覆盖131.1万人，城乡居民社会养老保险基础性养老金标准人均提高5元，达到60元；参保缴费财政补助补贴标准每档提高10元，达到40元至80元。落实城乡居民基本医疗保险资金，其中城镇居民医保财政补助7686.13万元，其中为4.88万名城镇低保缴纳医疗保险费用；新型农村合作医疗财政补助12.56亿元，全州城乡居民基本医疗保险补助标准人均提高40元，达到320元。落实卫生艾滋病防治经费1.23亿元、实施基本药物制度经费7262.37万元、基本公共卫生服务经费1.48亿元、县级公立医院改革经费3651.92万元、免费婚检经费380.74万元、重大传染病综合防治经费180万元、民族地区卫生发展十年行动计划补助经费3807.83万元。拨付救灾资金1238万元，重度残疾人护理补贴1632万元。

【十大民生工程】 省十项民生工程、19件民生实事、州安排十大民生工程资金124.72亿元，预算执行124.4亿元，执行进度99.74%，实际拨付122.31亿元，拨付进度98%。其中：省十项民生工程安排104.11亿元，预算执行103.87亿元，执行进度99.77%，实际拨付102.31亿元，拨付进度98.50%；省19件民生实事安排19.79亿元（不含和省十项的重复项目），预算执行19.71亿元，执行进度99.58%，实际拨付19.18亿元，拨付进度97.32%；州十大民生工程安排8193万元，预算执行8193万元，执行进度100%，实际拨付8193万元，拨付进度100%。

【政府采购监管】 进一步扩大政府采购范围和规模，做到应采尽采。全州政府采购预算14.80亿元，实际采购12.93亿元，节约资金1.87亿元，节约率12.66%，节约财政性资金1.67亿元。州本级采购预算3.94亿元，实际采购3.51亿元，节约资金4300万元，节约率10.97%。加强会议、汽修、印刷定点工作的管理。建章立制，加快政府采购标准化建设。

【财政支出绩效评价】 出台《凉山州人民政府办公室关于印发〈凉山州本级财政支出绩效评价管理办法〉的通知》。全州纳入项目支出绩效评价“自评”项目357个，涉及72.05亿元，“复评”项目187个，涉及46.58亿元，其中，州本级“复评”17个项目，涉及6.57亿元，较2013年增加5.28亿元，同比增长409.3%。县市级“复评”170个，涉及40.27亿元，较2013年增加9.05亿元，同比增长28.99%。州本级试点2个部门支出绩效评价，涉及1282.2万元。修订出台《凉山州本级财政支出绩效评价管理办法》《凉山州财政支出绩效评价问责办法》。

【财政投资评审】 2014年，全州完成基建项目评审、专项核查、财政支出绩效评价、监管项目共265个，涉及资金122.27亿元，审定59.56亿元，审减8.45亿元，审减率12.50%。其中：预算评审项目22个，送审资金7869万元、审定6820万元、审减1046万元，审减率13.34%；基建工程招标控制价评审项目175个，送审资金62.56亿元、审定54.8亿元、审减7.76亿元，审减率12.41%；基建工程结（决）算评审项目12个，送审资金2.07亿元、审定1.88亿元、审减1856万元，审减率8.99%；专项核查项目40个，送审资金2.6亿元，审定2.2亿元，审减3967万元，审减率15.27%；重大基本建设项目财政监管10个，总投资53.31亿元；财政支出绩效评价项目6个，涉及资金9483万元。

【农业综合开发】 2014年，全州农业综合开发拨付1.53亿元。其中，土地治理项目8626.4万元，产业化项目5234万元，中灌节水项目资金1400万元。完成2013年度国家农业综合开发项目统计报表编报和资金决算，2014年度产业化经营项目申报工作。经过省农发办初审，国家农发办终审，凉山州8个龙头企业项目、6个农民专合社项目、4个部门项目入围补助名单。其中，龙头企业项目1078万元，农民专合社项目476万元，部门项目518万元。完成2015年农业综合开发滚动计划项目编报工作。全州土地治理项目投资控制指标为9298.50万元，12个项目县市13个项目片区开发治理任务4929.67公顷。产业化经营财政补助项目，上报5个龙头企业、9个农民专合社项目通过省级初审。按滚动计划项目编报要求，4—5月对全州12个项目开发县市13个项目片区进行实地核查，对各县市2015年农业综合开发滚动计划产业化经营预报的5个龙头企业、9个农民专合社财政补助项目进行实地核查。编制土地治理和产业化经营滚动计划项目可研报告。完成年度第二批农业综合开发土地治理项目编报和农业综合开发项目检查验收工作。完成现代农业产业带发展项目编报工作，省下达全州2014年现代农业产业带发展项目资金2000万元。完成2015年省级项目滚动计划申报工作。土地治理项目夯实了农业基础，增强排灌水能力，新增和改善灌溉面积3626.67公顷，新增和改善除涝面积980公顷，新增节水灌溉面积2420公顷，年节约水量509.26万立方米，提高土壤肥力，改善生态环境，推进农机化建设；增强农业综合生产能力，扩大良种种植面积2306.67公顷，优质农产品种植面积3893.33公顷；促进农业科技进步。开展各类科技培训22900人次，建立各类农业科技试验、示范基地1626.67公顷，购置仪器设备16台件。促进项目区群众增产增收，全州土地治理项目累计增产粮食504.58万千克，增产油料24.61万千克，增产饲料作物8万千克，增加其他农产品341.46万千克，项目区直接受益农户数14208户，农民年增加纯收入2159.10万元，人均增加297元。产业化经营项目，新增肉产品加工能力244万千克，新增畜（禽）5003.95万头（只），新增储藏保鲜农产品60万千克，年新增总产值2.18亿元，年新增利税1261.74万元，新增净利润1155.36万元，新增固定资产总值1736.63万元，年直接受益农户数8834户，直接受益29662人，直接受益农民年收入增加总客9659万元，人均增加325.64元，新增农村劳动力就业19万人。

【国有资产管理】　参与企业、事业单位的改制工作，加强对县市企事业单位的改制工作指导，争取各级政策资金支持，帮助解决企业实际困难和问题。争取省级中小企业发展资金2145万元，州级安排企业改革发展资金3970万元。参与全州整顿关闭煤矿工作，争取省级2014年关闭煤矿资金240万元支持，落实州级2014年关闭煤矿奖补资金300万元，完成7户煤矿企业关闭任务。加强行政事业单位资产管理工作，对行政事业单位国有资产的调拨、转让、报损报废严格按法规、程序进行管理，严格现场核查制度，严把资产出口关，防止国有资产流失，使全州行政事业单位资产管理日常化、制度化。规范大中型水库后期移民扶持资金和大中型水库库区基金项目资金管理、资金拨付工作，争取省级移民后扶资金8864.24万元。

【交通大会战】　加强交通大会战财政专项资金管理和债务风险管理控制，完善车购税建设资金的拨付程序，印发《凉山州交通财政专项资金管理办法》《凉山州交通大会战财政专项资金管理工作实施方案》，草拟凉山州财政局关于对《关于加快实施凉山州2013—2015年公路水路交通建设推进方案的意见》（讨论稿）提交州委州政府。2014年争取上级交通建设安保工程资金8700万元，农村交通建设资金18.67亿元、国省干线公路养护管理资金1.26亿元。

【工业凉山】　2014年，省财政拨付凉山州工业类专项资金2.03亿元，其中：战略性新兴产业发展专项资金1880万元；产业园区产业发展引导专项资金950万元；企业技术改造专项资金761万元；创新驱动发展资金2335万元；工业节能节水与淘汰落后产能专项资金1.11亿元；军民结合产业发展专项资金200万元；“开门红”激励资金1313万元；工业应急、激励和要素保障专项资金112.28万元；工业发展资金1007万元；无线电频率占用费基金593.7万元。同时，加强项目申报、资金管理和绩效评价工作，确保财政资金合理使用，提高资金使用效益。

【环保事业】 完成中央、省级环保项目、农村综合环境整治项目的审查、论证和上报工作。争取环境保护专项资金1.22亿元，其中：邛海、泸沽湖生态环境保护资金7000万元；农村环境连片整治专项资金628万元；重金属污染防治资金1060.35万元；省级环保专项资金2973.7万元；国家环境监测网建设项目资金521万元。

【粮食农资补贴政策】 做好州级储备粮油轮换工作，确保州内粮食安全，对州、县市承担的中央、省、州和县市粮食储备情况进行全面的清仓查库，对个别县存在的问题进行通报，要求限时整改。清算拨付各县市及州属粮食企业储备粮油费息补贴711.49万元；按照分级负担的原则，各县市及州本级风险基金还款442万元。争取粮食简易建筑、粮油精深加工、粮仓维修、粮食市场建设等专项资金699.8万元。2014年，完成全州610个乡镇、涉补86.12万农户粮食直补和农资综合补贴，补贴资金4.36亿元，其中：粮食直补3183万元，农资综合补贴4.04亿元。对种粮大户补贴资金167.5万元。

【油价补贴】 严格公示制度，公开透明，及时对油补资金的拨付情况进行自查和清算，确保应保尽保，足额兑付，兑付2013年度油补资金1.86亿元。对西昌市公交公司和州林业局多报油补数据问题，提出建议，并按省财政厅要求对多拨部分进行追减。

【小额贷款担保】 州本级下岗失业人员小额担保贷款基金为1696万元，其中：州商业银行1171万元，州联社西郊分社424万元；西昌市金信村镇银行101万元。2014年到期担保贷款495万元，归还495万元，其中：州商业银行13笔65万元；州联社西郊分社71笔355万元；西昌市金信村镇银行3笔75万元，担保贷款回收率为100%；在保担保贷款余额120万元，其中：州商业银行1笔5万元；州联社西郊分社13笔115万元。

【会计管理】 做好各项会计制度贯彻培训和会计基础工作规范情况的检查工作；抓好《企业会计准则》《行政事业单位会计制度》的宣传培训和执行情况检查和企业、行政事业单位内部控制制度建设有关工作；指导全州会计人员继续教育工作，提高会计人员队伍的素质，2014年会计人员继续教育2026人；抓好农村财会人员财政支农政策的培训工作，全州培训农村财会人员4846人。指导好会计专业职称考试、会计从业资格考试、高级会计师考试的报名、评审管理工作。加强会计中介机构管理和做好代理记账机构的审批工作。

【考试考务】 2014年，全州1923人参加全国会计专业技术资格考试，343人参加全国注册会计师考试，2014人参加四川省会计从业资格考试；组织2026人完成继续教育网上培训学习，含面授1期培训43人。州本级受理从业证书业务3456次，完成从业人员调入152人，调出181人，完成继续教育培训、登记2443人。

【税政法规】 办理监狱劳教企业、宣传文化单位、奇力化工增值税退税3520.59万元，法院系统诉讼费退库673.9万元。制定《凉山州财政局依法治州宣传教育工作方案》，建立局党组和局中心学习组会前学法制度。邀请法律顾问对全局干部职工进行法律知识培训。开展“法律七进”活动。落实“六五”普法规划。加强对省“两依”示范点创建单位喜德县和州“两依”示范点创建单位的指导工作。印发《凉山州财政局依法行政依法理财工作总体方案》和《凉山州财政局加快推进财政部门依法行政依法理财的实施意见》。通过党组专题学、中心组理论学、会前集体学、专家讲解学、个人自学等方式学习新《预算法》。召开全州学习贯彻新《预算法》工作推进大会，县（市）分管财政的常务副县（市）长、财政局长及相关人员、州级各预算单位财务负责人和财务人员近千人集中参加新《预算法》学习培训。邀请省财政厅财法处、省财监局两位专家进行专题培训。强化规范性文件会签和备案审查。开展规范性文件清理和修订工作。

【一事一议】 2014年，全州下达一事一议财政奖补资金1.34亿元，实施项目595个，总投资2.83亿元，其中：村民实施筹资筹劳折资1.21亿元，村集体投入24.45万元，社会捐赠37.52万元，县级整合1234万元，各级财政奖补1.49亿元。涉及村内道路、饮水、村民活动场所、公共厕所和植树绿化等公益性项目。农村公共服务运行维护建设全面开展。覆盖17个县市1489个村，及时足额下达中央和省级农村公共服务运行维护补助资金4614万元。确定10个县市10个村开展2014年省级美丽乡村试点工作。每村按300万元标准下达资金3000万元。建设桥梁2座，村内入户路48.17千米，田间灌排渠系38.8千米，垃圾集中转运点（处理场）5个，日用超市2个；种植行道树4663棵。推进国有农场办社会职能改革工作。按照属地管理原则，将西昌农垦有限责任公司子弟校教师及资产312.7万元移交西昌市政府管理，移交及相关配套费500万元由企业承担。木里县9个国有牧场，不进行改革分离，依然由国有牧场管理，每年需103万元财政补助资金。省级财政于2014年4月下达国有农场办社会职能财政改革资金505万元，其中，500万元用于支付西昌农场移交所属子弟校所形成债务，5万元补助木里牧场。

【政府性投资】 2014年，全州政府性投资22.12亿元，其中：中央基建资金10.64亿元，省级基建资金1.66亿元，土地整理资金5516万元，矿产资源专项收入安排资源节约与综合利用、地质灾害防治2.16亿元，城镇污水管网、城乡综合治理、城市新区建设1.90亿元，农村危房改造8302万元，中小河治理、病险水库除险加固、农村水电增效扩容改造资金2.64亿元，芦山地震甘洛县灾后恢复重建补助资金1.26亿元，越西县“10·1”地震灾后重建资金1000万元，攀西战略资源创新开发试验区专项资金3320万元，其他资金522万元。

【地方金融企业】 做好地方金融企业财务监管工作，争取上级对金融企业支持，2014年下达凉山州金融企业专项补助资金1.57亿元，其中，政策性农业保险资金5925万元，定向服务、涉农贷款产量及小额担保资金等金融服务9746万元。

【内外贸企业】 2014年争取1855万元上级对凉山州内外贸易企业支持，专项用于外经贸区域协调发展促进、出口信用保险保费补助、中小企业国际市场、内贸流通服务业发展促进现代物流试点示范工程、农村市场体系建设等方面。

【农业政策性保险】 2014年，全州农业保险品种和保险额较2013年有较大的增长，森林保险实现全覆盖。全州承保水稻2.47万公顷、玉米8.04万公顷、马铃薯4.75万公顷、青稞67.53公顷、能繁母猪49.6万头、育肥猪23.8万头、奶牛2862头、牦牛2.6万头、森林352.67万公顷。签单保费1.23亿元，其中：中央补助5402万元、省级补助2485万元、州财政配套290万元、县级配套1661万元，应收取农户保费2491万元。

【监督管理】 2014年，全州17个县市和州本级检查户数785个，其中财政支出监督检查541个、会计监督检查47个、内部监督60个、其他监督检查137个。查出财政违法违规违纪资金2103.43万元，资产不实32.13万元，所有者权益不实164.47万元，损益不实529.3万元。查补财政收入310.87万元；纠正财政违法违规违纪资金2559.25万元，其中已追缴（扣拨）526.26万元，专项资金已按规定开户或实行专户存储0.36万元，其他2032.63万元；罚没款6.89万元；给予党纪政纪处分人数4人；诫勉谈话3人。在全州开展深化“小金库”专项整治工作，自查自纠阶段2319个单位作出“小金库”零设立报告，其中：州级378个，县市1941个。自查发现设“小金库”单位9个，涉及金额319.57万元，其中：州级2个，涉及金额171.34万元；县市7个，涉及金额148.23万元。对在自查自纠阶段执行不力，未按规定上报自查自纠总结和“小金库”零设立报告书的州本级4个单位进行通报。开展贯彻执行中央“八项规定”严肃财经纪律和“小金库”专项治理工作。全州2396个单位开展自查自纠，发现违规违纪单位2013年有464个，违纪金额1.19亿元；2014年1—6月有387个，违纪金额3003.32万元。全州财政、审计部门组成重点检查组对487个单位开展重点检查，发现违规违纪单位2013年有175个，违纪金额3924.45万元；2014年1—6月有113个，违纪金额450.41万元。组织全州开展2014年度会计监督检查工作，确保会计信息质量的真实性。全州投入检查人员139人，检查单位47户，查出违规问题金额829.46万元，其中会计核算不实，造成会计信息质量失真725.9万元，违规使用财政资金27.4万元，其他违规问题金额76.16万元。纠正违规问题金额829.46万元。罚没款2.3万元。对州级11个部门结转结余资金、“三公”经费、会议费、贯彻落实中央“八项规定”、省州“十项规定”、公务卡管理使用情况以及执行《党政机关厉行节约反对浪费条例》情况进行专项检查。收回2013年未严格按照部门预算批复完成支出计划结余的215.41万元项目资金、虚列专项资金支出8万元、应缴未缴非税收入11.43万元、违规发放的职工工作餐费4.82万元；注销以前年度基本支出结余49.45万元；对超范围使用专项资金3.59万元、违规采购20.42万元，不严格执行部门预算批复55.69万元，违规发放2013年度带薪年休假7.88万元，违规购买土特产5.26万元以及会计基础工作不实、不严格反映“三公”经费实际支出的违纪违规行为进行了处理。

【党风廉政建设】 2014年3月6日召开全州财政反腐倡廉建设工作视频会议，安排部署全州财政反腐倡廉建设工作，印发《凉山州财政局建立健全惩治和预防腐败体系2013—2017年实施细则》《凉山州财政局党组关于分解落实州委、州政府赋予州财政局2014年党风廉政建设和反腐败工作任务的通知》，签订《党风廉政建设责任书》。坚持“一岗双责”。层层分解落实，责任到人。抓好牵头4项、协办19项、自行确定29项和6项专项整治任务。落实中央“八项规定”、省州“十项规定”和州财政局九项贯彻实施意见。强化财政反腐倡廉宣传教育。一把手讲党课，组织学习《党章》《廉政准则》，观看《焦裕禄》《杨善洲》及警示片《财苑警钟》《阳光下的黑幕》，设立廉政谈话室。创建“凉山廉政文化进机关活动示范点”，成为凉山州第一批19个“廉政文化‘八进’活动示范点”单位之一。建立约谈制度。在州级部门率先召开科室主要负责人述责述廉会。

【队伍建设】 建立健全中心组学习制度，每月1次，全年12次。建立并落实领导干部述学、评学、考学制度，开展局长和科室负责人点题汇报工作活动，并现场点评。班子成员每人撰写1篇调研理论文章。全局党员撰写心得体会70余篇，主要领导上党课、专题宣讲报告5次。开设“道德讲堂”，建立和完善党组情况通报、情况反映和重大决策征求意见制度。坚持班子成员交心谈心制度，开设“温馨谈话室”“廉政谈话室”，财政局党组书记、局长从三个层面分别与班子成员、科室负责人、县市财政局长作集体谈心谈话和廉政谈话。认真履行机关党建工作责任制和部门党组“一岗双责”制度，推进城乡环境综合治理“进机关”工作，结合对口定点扶贫帮扶工作，开展“领导挂点、部门包片、干部帮户”和“彝区健康文明新生活运动”，完成年度百乡教育扶贫及禁毒防艾等工作任务。围绕“照镜子、正衣冠、洗洗澡、治治病”教育实践活动总要求，突出财政特色，“规定动作”一个不少、“自选动作”力求创新。印发机关《学习与实践》4期，主办学习活动板报11期。报送党建论文2篇，机关党建信息、活动简报20余篇。贯彻《条例》抓好组织建设。抓学习教育固基础、抓队伍建设强组织、抓载体建设增活力、抓责任落实促成效。“基础在支部、落实靠党员”。按年初拟定《关于创建“四型”党组织的实施意见》逐一落实，建立党建工作述职制度，把“一岗双责”同时纳入党组民主生活会的述评议程。开展“双报到”活动，抓好党建带工建、妇建、团建工作，完善活动载体。建立党员党组织基本信息库。开展“挂包帮”和“基层问症”“百姓听音”活动。坚持2月一次的党委委员会议（普通党员列席）、支部委员会，每月1次的组织生活会，每年1次的民主生活会及民主评议党员制度。建立“挂包帮”和“彝区健康文明新生活运动”的分工负责联系制度。拟定系统5年培训规划。5月，在西南财大会计学院举办两期培训班，对全州财政系统141名领导干部及一般工作人员从财政理论、业务及干部素质提高等方面进行培训。新建、修订《因公出差管理办法》《职工请假休假管理制度》《干部培训管理办法》《党组会议议事规则》等17个制度。

【荣誉】 2014年，省财政厅、省人社厅表彰：社会保险基金预决算编报工作质量考核第三名。省财政厅表彰：市（州）预算执行分析工作二等奖、2013年部门决算工作二等奖、2014年全省财政监督检查工作情况通报表扬、2013年度企业财务会计决算通报表扬、2013年度财政支出绩效评价工作考核良好单位、宪法知识竞赛通报表扬单位。州委、州政府表彰：凉山州参加第十四届西博会优秀单位、2013年艾滋病防治工作先进集体、2013年度推进县市防震减灾目标管理工作先进单位、推进县市防震减灾目标管理工作先进单位、2013年度城乡环境综合治理工作先进单位、凉山州第七次民族团结进步模范集体。州委表彰：凉山州2010—2013年度思想政治工作先进集体、凉山州2013年烟叶工作先进集体、2013年度县市和州直部门综合目标绩效考评先进单位。州政府表彰：保持州级计划生育工作合格单位、国土资源管理综合目标考核一等奖、矿产资源补偿费目标管理考核先进单位、2013年度凉山州“挂包帮”活动先进集体、优质烤烟标准化示范州创建工作先进单位、凉山州2014年烟叶工作先进集体、2013年度全州档案工作先进集体、荣获凉山州2013年度蚕业工作先进单位、2013年度州级部门地质灾害防治目标考核先进集体（二等奖）、2013年度国土资源执法监察工作目标考核一等奖、2013年度实现安全生产目标单位、凉山州第三次全国经济普查先进集体、州级部门年度地质灾害防治目标考核一等奖、国土资源执法监察工作目标考核一等奖。

（审核：高为民/撰稿：郑榜学）

国家税务

【概况】 2014年，凉山州国税局下辖17个县市国税局，全州国税系统有干部职工1244人（在职880人、离退休364人），在职职工中少数民族240人占27.3%（其中彝族180人占20.5%）；大专以上学历852人占96.8%；职工平均年龄41.28岁，35岁以下139人，占17.15%；有各类省级标兵能手53名，专业资格人员32名。州国税局机关属全国文明单位，17个县市国税局有省级文明单位7个，州级文明单位10个，有2个全国税务系统先进集体（金阳、普格）。2014年年末，全州国税系统税务登记户数为35287户（其中企业9319户），完成税收收入62.83亿元，列全省第6位；年纳税500万元以上的148户重点企业入库税收49.77亿元，占总量的79.21%。19个征收单位，收入规模10亿元以上1个，5亿元~10亿元2个，3亿元~5亿元3个，1亿元~3亿元8个，1亿元以下5个。

【税收收入】 2014年，凉山州国家税务局坚持依法征税原则，依托工业强州举措，把握税源结构变化情况，强化任务观念、分析预测和分类督导，超额完成收入目标。全州国税系统完成税收收入628314万元，比2013年同期增长18.1%，增收96127万元，列全省国税第6位；其中：“两税”完成454080万元，比2013年同期增长24.4%，增收89104万元；“所得税”完成122167万元，比2013年同期增长7.24%，增收8243万元；车辆购置税完成31413万元，比2013年同期下降7.8%，减收2653万元。完成地方公共财政预算收入17.8亿元，比2013年增长47.83%，增收5.77亿元。落实税收优惠政策，减免税收11.2亿元，比2013年增长8.13倍、增加9.9亿元；支持外向型经济发展，办理出口退税4256万元，比2013年增长12.62%、增加477万元。全州国税系统完成地方公共财政总收入596861万元，比2013年增长33.5%，增收149755万元；地方公共财政收入178247万元，比2013年增长47.8%，增收57675万元。其中：州级47693万元、县级130554万元。

【纳税服务】 2014年，全州国税系统17个县市全部建成全职能办税服务厅，最大限度实现涉税事项“一窗通办、一厅办结、一次办完”；依托重点税源、行业、企业及工业园区税源专项调查、税收宣传月、服务重大在建项目等活动，全员全面走访纳税人，共解决困难问题135个，制定整改措施84条；建立实体纳税人学校15所，累计授课78期，3242人次参加学习，开办网上纳税人学校，上传培训资料33期，建立税企QQ群23个，答疑解惑3419条。在2014年全省国税系统纳税人满意度调查中得83.83分，较2013年提高8.55分，列全省13位，上升8位。

【税收征管】 2014年，“营改增”试点纳税人库“营改增”税款2.1亿元。优化税收征管，完善以州国税局为主导的“一体两级”税源专业化团队管理服务架构，团队管理服务的做法在2014年全省大企业税收管理工作会议上作交流；组建出口退税专业化管理服务团队并开展工作，全年办理出口退税4256万元，比2013年增长12.6%、增加477万元；以风险为导向，针对起征点提高后，全州系统个体双定户“两减两增”（纳税户减少、个体税收减少，定额管理和发票管理风险增大）的征管风险，积极举措强化管理提升个体征税面及收入占比。

【依法行政】 2014年，凉山州国税系统推进依法行政，抓好清权亮权、规范用权工作；联合州中级人民法院，召开座谈会、旁听行政诉讼庭审、举办案例分析会等，深化依法行政，全年全州国税系统执法准确率达99.89%；强化稽查检查，打击发票违法犯罪，开展农产品收购行业专项整治，查补入库税款1.03亿元；加强对依法行政示范单位的指导督促，2014年会理县国税局建设成“法治税务”示范基地。

【队伍建设】 2014年，凉山州国税系统扎实开展党的群众路线教育实践活动。州县实行统筹联动，围绕“为民务实清廉”主题，真学真知“照镜子”、深听深查“正衣冠”、实写实省“洗洗澡”、促行促改“治治病”，认真完成各环节工作任务，受到国家税务总局第7督导组、省委第21督导组的肯定。抓班子建设，严格按照党政领导干部选拔任用条例，选拔任用县国税局纪检组长6名、副局长3名。抓队伍能力提升，抓好各类人才培养，选聘全州首届兼职教师，开展巡回讲学；优化人力资源配置，面向全州系统公开遴选12名州国税局机关工作人员，面向社会选调4名基层公务员。抓好党的建设，落实党建工作责任制，组织开展县市国税局党组书记抓党建工作集中述职评议；加大基层党组织建设推进力度，新建西昌、越西、木里3个党委（总支）。抓文化建设，向省国税局申报的文化建设项目，获全省系统第三届税务文化建设优秀项目评选一等奖；州国税局机关深化全国文明单位创建，在复查中获检查组及参会代表一致好评。抓民生建设，加大经费向基层倾斜力度，协调解决基层职工食堂建设等实际困难，帮扶困难职工30名，一次性兑现补助15万元。

【党风廉政建设】 认真落实“两个责任”，强化履职担责意识，党组履行主体责任，纪检监察部门履行监督责任，“一把手”履行好第一责任人责任，班子成员严格履行“一岗双责”；严格执行“三报告”“两述”制度。加强风险防控，强化“两权”监督尤其是对“一把手”的权力监督，持续推进“四位一体”风险防控格局建设。强化正风肃纪，抓好廉政建设“节点提醒”和工作纪律检查。召开恳谈会，听取行风评议员、特邀监察员和企业代表的意见及建议，落实改进措施；加强廉政文化建设，全年全系统总体实现廉洁安全稳定的基本目标。

（审核：高原/撰稿：王荣群）

地方税务

【概况】 2014年，全州地税系统共组织总收入65.96亿元，比2013年下降3.15%，减收2.14亿元。其中，税收56.95亿元，占省地税局计划的82.72%，比2013年下降9.83%，减少6.2亿元；省级及省以下税收50.83亿元，完成省地税局调减后收入目标。基金附加9亿元，比2013年增长82.21%，增收4.06亿元。完成地方公共财政收入50.08亿元，占州政府下达奋斗目标的83.6%，比2013年下降8.47%，减少4.63亿元。

【税收征管改革】 2014年，凉山州以建立现代化税收征管体系为目标，认真落实省地税局征管改革试点任务。积极推行以风险管理为导向的税源专业化管理改革，认真做好“营改增”工作，按时向国税机关移交铁路运输和邮政业纳税人43户、电信业纳税人58户；完善房地产一体化管理，全年全州存量房（商住房）交易4356套，通过存量房估价系统征收入库地方各税6352万元；进一步强化信息管税，深入干部职工对风险管理的认识，进一步加强信息化对税收的支撑作用，提升税收征管质效。

【税收优惠政策】 2014年，凉山州认真贯彻落实新一轮西部大开发、扶持现代服务业、加快中小企业发展等优惠政策，支持各项社会事业发展，确保让税收优惠政策落到实处。全年全州共落实企业所得税、二手房交易、支持和促进重点群体创业就业、扶持小微企业发展等税收优惠22869万元，充分发挥税收政策效应。

【“六五”普法和“依法治理”】 2014年，凉山州认真组织开展全国第23个税收宣传月活动，抓好税收法律“七进”“12·4”第一个全国“宪法日”宣传和“依法行政示范”单位创建活动。全年共组织人员参加各类法制培训35期，参训769人次，极大提高了税务人员法治意识。全州地税稽查系统深入开展专项检查、专案检查，打击发票违法犯罪行为，累计查补税款1085.4万元，加收滞纳金208.54万元，罚款258.95万元，进一步整顿和规范税收秩序。

【便民办税春风行动】 2014年，凉山州按照国家地税总局和省地税局统一部署和要求，把开展“便民办税春风行动”作为党的群众路线教育实践活动的有力抓手，在全州地税系统陆续推出系列便民服务措施。进一步优化办税工作流程，提速政策服务、登记办理、发票服务，加强国地税协作，扩大“同城通办”范围，增加“全职能”窗口数量，推出18项“免填单”服务项目，推行首问责任制，减轻纳税人资料报送、表单填写、税务检查等负担，在州地税局门户网站公布81项税收执法权力清单，接受社会各界的监督。

【“12366”服务热线】 2014年，凉山州充分发挥“12366”纳税服务热线作用，全年热线人工语音服务总量达2531个，总通话时长118小时，20秒内接通率96.94%，直接办结率99.96%，做到来电必接、有问必答，事事有回音，件件有落实。

【党的群众路线教育实践活动】 紧扣“为民、务实、清廉”活动主题，坚持规定动作做到位，自选动作做出彩，倾心贴近听实话、立行立改办实事。抓住“四风”突出问题和关系群众切身利益、联系服务群众“最后一公里”问题，制订“两方案一计划”，明确班子4个方面、22大项、36小项整改任务，完成班子近中期整改5项，个人近中期整改32项，建立健全规章制度14项，群众总体评价“好”达100%。通过教育实践活动，全系统广大党员干部思想接受深刻洗礼，“四风”问题得到有效遏制，群众和纳税人关切得到及时回应，作风刚性约束得到切实加强，党的基层基础不断夯实，教育实践活动取得丰硕成果。

【队伍建设】 坚持以人为本，着力提高干部队伍的综合素质和能力。加强思想政治建设，抓好领导班子建设，推进人才队伍建设，加强党建工作，深化精神文明建设，干部队伍的整体素质不断提高，队伍的活力不断增强。坚持把党风廉政建设作为税收事业科学发展的政治和纪律保证，全面落实“两个责任”，严格执行中央“八项规定”、省州“十项规定”、省局“八项规定”。加强“两权”监督制约，扎实开展执法监察和内部审计工作，深入推进正风肃纪，开展“四风”突出问题专项整治、会员卡清退及“会所中的歪风”专项整治、“小金库”专项整治、领导干部收受红包礼金专项整治、干部选拔任用中的不正之风、公务用车管理、庸懒散浮拖以及滥发奖金、工资、补贴专项整治工作，全系统形成风清气正、干事创业的良好氛围。

【精神文明建设】 深入开展“走基层”活动，真心实意为基层和困难群众办实事、解难题。建成省、州、县三级地税机关共同出资援建的喜德县孙水河且拖悬索桥，解决当地3000多名群众的出行难问题。为洒拉地坡乡瓦呷村实施教育扶贫、产业扶贫投入资金70余万元，进一步夯实当地产业基础，增强困难群众发展生产、脱贫致富的信心。扎实开展创建“全国文明城市”、城乡环境综合治理“进机关”、文明单位创建、机关节能降耗等活动，在全系统形成文明和谐良好风尚。

（审核：郭书川/撰稿：徐薇）

政府金融工作

【概况】 凉山州人民政府金融办公室（简称“州政府金融办”）成立于2009年6月。主要职责是：贯彻执行党和国家金融工作法律、法规和方针、政策；研究分析宏观金融形势、国家金融政策和全州金融运行情况，拟订全州金融业发展规划；督促落实州委、州政府金融工作部署。负责地方金融机构和金融中介机构的行业管理和服务；负责小额贷款公司和融资性担保公司、投资公司的监管；按照国有资产管理的有关规定，参与对地方国有金融资产的监管；协助中央驻州金融机构的监管工作，协调解决金融业发展中应由地方解决的矛盾和问题，维护地方金融秩序。加强资本市场的管理和服务，负责全州企业的上市指导和审核推荐工作；指导和推进上市公司规范发展和资产重组。负责产权交易市场的管理。承办州政府交办的其他事项。下设银行保险科、地方准金融机构科。核定行政编制8名。其中：主任1名、副主任2名，正科级领导职数2名。2014年，州金融办引导和督促全州金融机构优化金融资源配置，坚持稳中求进、稳中有为、稳中提质，用好增量、盘活存量，积极服务实体经济，努力满足凉山经济社会跨越发展合理资金需求，较好地保持全州金融运行总体平稳态势。

【银行业】 截至2014年年末，银行业机构人民币各项存款余额1386.67亿元，比年初增加114.78亿元，较2013年同比增长9.02%，增幅比2013年同期下降8.96个百分点，存款总量居全省第9位；人民币各项贷款余额655.43亿元，比年初增加79.96亿元，较2013年同比增长13.9%，增幅比2013年同期下降1.22个百分点，贷款总量居全省第10位。全州银行业机构新增贷款79.96亿元，完成年度目标任务105.21%。小微企业贷款新增49.41亿元，完成年度目标任务的119.29%；涉农贷款新增63.28亿元，完成年度目标任务的105.47%；累计投放贷款375.76亿元，比2013年增加36.31亿元，同比增长10.7%。其中，累计投放工业企业流动资金贷款119.13亿元；累计投放重大能源建设项目贷款43.15亿元；投放重大工业及服务业建设项目贷款3.2亿元；累计投放重大农林牧水、交通、城市建设、民生及社会事业建设项目15.92亿元。州内农业发展银行、农行、邮政储蓄银行等政策性银行和国有股份制商业银行及非银行金融机构各项改革稳步推进；州农信联社改制为凉山农村商业银行工作顺利启动；积极推进州商业银行改革工作；加快推进西昌金信村镇银行探索跨县域经营改革。四是民生服务稳中扩面。截至2014年年末，全州彝家新寨建设贷款1.99亿元，同比增长42.14%；安宁河谷新村建设贷款10.81亿元，同比增长28.69%；产村相融贷款79.24亿元，同比增长3.65%。全年落实新增金融扶贫惠农工程贷款11.03亿元，完成年度目标任务的112.32%。累计新建成金融机构空白乡镇51个便民服务网点、银行卡助农取款服务点5120个，在农村地区新布放ATM机898台、POS机11357台。

【证券期货业】　2014年，凉山州增强证券期货业投融资理财功能，积极推动企业多渠道融资。持续加强支持和指导州内辅导期企业到资本市场主板上市工作，大力推动银行间市场直接债务融资，积极组织科技企业参加新三板相关培训和对接，进一步深化与川藏股权交易中心合作机制，新引进证券公司一家，配合省政府金融办组织召开2014年“送金融到基层”系列活动攀西片区活动，优选州内企业参加直接融资培训。加强与有关职能部门的合作联动，选派专业人员到州商务局举办的凉山州外贸业务培训班向参会企业讲授有关非金融企业直接债务融资工具知识和州委党校2015年年轻优秀人才经济金融类递进班讲授有关金融知识。截至12月末，全州3家证券机构新增开户数3004户，较2013年同比下降8.64%；累计交易量478.59亿元，较2013年同比增长37.11%；实现营业收入6470.49万元，较2013年同比增长37.05%；利润总额1328.31万元，较2013年同比增长61.24%。成都倍特期货西昌营业部实现期货商品累计交易额158.81亿元。州内会理财通、凉山国投、重钢西昌矿业3户企业获准注册银行间市场直接债务融资工具24.5亿元，实现成功发行债券15.5亿元，发债额居全省第6位；冕宁锡成矿业股票获全国中小企业股份转让系统（俗称“新三板”）批准挂牌，成为全国30个少数民族自治州中第二家、全省三州少数民族地区首家挂牌“新三板”中小企业；凉山德农生物能源有限公司成功实现在上海股权托管交易中心中小企业股权报价系统（俗称“上海Q板”）挂牌。

【保险业】　2014年，州金融办强化保险业社会保障功能，大力推动保险业平稳发展。截至12月末，全州保险业机构保费收入22.25亿元，较2013年同比增长15.67%；给付和赔款7.18亿元，较2013年同比增长3.61%。进一步发挥保险保障功能，不断完善保险服务，中国人保财险金阳、布拖、美姑支公司，平安财险德昌、盐源支公司，中航安盟美姑支公司先后获四川保监局批筹，进一步增强服务县域能力。积极推进保险产品和服务创新，大病保险在2014年启动试点。“惠农保”保险成果得到进一步巩固，1—12月，“惠农保”保险累计实现保费收入2169.53万元，为全州351个乡镇291万名农村群众提供风险保障达2669.73亿元。

【两类机构】　2014年，州金融办重视地方准金融业补充作用，着力推动融资性担保公司和小额贷款公司加快发展，进一步发挥其机制灵活、快捷、方便的特点，着力增强银担合作和小额贷款服务，切实缓解中小微企业、“三农”、个体工商户及城乡居民融资难矛盾。截至12月末，全州共有12家法人融资性担保公司、6家分支机构融资性担保公司，在保余额42.85

亿元，比年初减少4.23亿元，其中投向中小微企业469户28.99亿元、城镇居民（含个体户）634户8.73亿元、农村居民（含个体户）389户5.01亿元；小额贷款公司16家，贷款余额16.05亿元，比年初增加2.81亿元，同比增长21.24%，其中投向中小微企业99户2.91亿元、城镇居民（含个体户）346户6.23亿元、农村居民（含个体户）725户6.90亿元。2014年，获省政府金融办新批筹小额贷款公司2家，新增可发放信贷资金2.5亿元。在省政府金融办的指导下，针对融资性担保公司和小额贷款公司行业整体下行、风险系统增大的情况，在进一步健全监管工作机制和落实日常监管措施基础上，着重加强对重点领域风险的防控，并与全州民间理财类公司、非融资性担保公司清理规范工作形成联动，着力确保两类准金融机构守法守规、稳健发展。

【金融生态环境建设】 2014年，会理县成功申报创建全国农村信用体系建设试验区，凉山州信用信息管理中心顺利组建挂牌，“县域金融生态环境评价”“州级信用乡（镇）”“州级信用村”和“诚实守信模范企业”创建评选等工作持续推进。先后开展对全州非融资性担保公司、投融资理财咨询服务类公司的清理规范工作，积极配合有关银行机构化解处置士达碳素、瑞康钛业等企业的信贷违约风险。全州银行业机构不良贷款余额7.44亿元，不良贷款率1.14%，不良贷款余额、不良贷款率良好程度分别居全省第2位和第3位。上海浦东发展银行、南充市商业银行、国都证券有限责任公司、中国人民人寿保险股份有限公司4家金融机构相继正式入驻凉山，异地银行信贷流入资金约490亿元。

（审核：赵朝富/撰稿：宋学刚）

人行凉山州中心支行

【概况】 2014年，人行凉山州中心支行坚持稳中求进的工作总基调，紧密结合凉山实际，认真贯彻落实稳健货币政策，积极推动金融改革，努力改善金融服务，探索深化金融管理，积极维护金融稳定，加强系统自身建设，主动作为，切实履行做好中央银行职责，促进辖区经济平稳较快发展。人行凉山州中心支行被成都分行考核评为2014年度目标管理先进单位，时隔12年再获此殊荣，继续保持“成都分行文明单位”“省级文明单位”等荣誉称号，年末，全州人民银行机构没有变化，全辖共有在职正式职工144人，其中中心支行111人、昭觉支行17人、会理支行16人。

【货币信贷政策】 2014年，人行凉山州中心支行按照稳增长、调结构、促发展、惠民生的总体要求，加强向社会各方的政策传导和宣传解释，合理引导社会预期；加大货币政策工具运用，通过差别存款准备金动态调整增加凉山州地方法人金融机构全年合意贷款2.93亿元，全年累计投放支农再贷款4亿元，再贴现窗口重新开放，优先选择“三农”和小微企业票据，引导金融机构优化信贷结构，不断扩大“三农”、小微企业信贷投放，降低社会融资成本；积极打造支农再贷款支持新型农业经营主体示范片区，实施金融支持新型农业经营主体主办行制度，指导全州4家涉农金融机构与筛选出的46户新型农业经营主体结对子，提供全方位金融服务，对新型农业经营主体授信7.15亿元，首批家庭农场信贷培育成功。扎实推进金融扶贫惠民工程建设，以在昭觉县创建金融扶贫惠农省级示范县为抓手，配合和组织省州县金融机构重点加大与昭觉、雷波县的银政银企对接，截至12月末，昭觉、雷波银企对接分别落实贷款8.79亿元、4.54亿元，落实率分别为48.2%和48%，人行凉山州中心支行的做法和经验被分行命名为“凉山模式”，经验和做法转发全省。持续推进银行间市场直接债务融资发展，全州3家企业注册银行间市场直接债务融资24.5亿元，成功发行15.5亿元，发行额位列全省第6位。2014年，全州本外币各项存款余额1387.55亿元，比年初增加115.12亿元，较2013年同比增长9.05%；本外币各项贷款余额655.49亿元，比年初增加79.93亿元，较2013年同比增长13.89%，其中，3家地方法人机构贷款新增34.93亿元；凉山州战略新兴产业融资总量96.25亿元，比年初增加1.36亿元，排名全省第3位。

【金融稳定和金融管理】 2014年，人行凉山州中心支行以“重监测、防风险、保稳定”为全年工作主线，进一步拓宽金融稳定工作领域，增强风险监测、评估和处置能力，切实提升金融综合管理效能，维护辖区金融稳定。加强流动性风险管控，在全省率先建立法人机构在紧急情况下相互开展应急救助的流动性管理机制；按照整县推进工作思路，推广“行县合作”工作模式，继续实施德昌县整县推进工作思路，实现合作备忘，并在搭建银企合作沟通平台、投融资咨询公司整顿等多个方面实现良性互动。截至2014年年末，德昌银企对接授信履约率达到84%，县内8家投融资理财公司清理整顿后有4家达到新的准入标准。中心支行还加强与西昌、盐源、雷波等其他县市的沟通，进一步扩大合作覆盖面，增强履职成效。深化开业管理预审核，确保新开业金融机构及时、顺利加入人民银行金融管理服务体系，全年批准2家机构开业。发挥综合评价和综合执法检查激励约束作用，确保国家各项宏观金融政策有效落实；开展州级银行机构重大事项报告制度执行情况的专项检查评估，促进重大事项报告有效性不断提升；扩大金融消费权益保护覆盖面，“12363”金融消费权益保护咨询投诉电话在凉山全面开通；建立“大金融”宣传格局，组织开展权益保护、金融IC卡、征信、反洗钱、反假货币等大批金融宣传活动，金融知识普及面不断扩大。

【征信建设】 2014年，会理县被人总行确定为四川唯一的全国“农村信用体系建设试验区”后，人行凉山州中心支行助推州政府成立领导小组，建立州县两级联动机制，分别出台试验区建设的指导意见和实施方案，积极推动“一库（农村信用信息数据库）一网（凉山州农村信用信息服务网）一中心（凉山州信用信息管理中心）一基地（会理县农村信用体系建设示范基础）”的建设取得明显成效。争取凉山州信用信息管理中心批准设立，推动建立与法院、发改、经信、工商等部门的信息共享和工作协调长效机制，从根本上解决信用数据采集、更新难的问题。积极探索“征信+金融服务+乡村治理”的农村信用体系建设“凉山模式”。11月，人行成都分行和州政府在会理召开全省农村信用体系建设成果展示会，人总行征信管理局副局长张子红、人行成都分行行长周晓强、副行长方昕、州委副书记苏嘎尔布出席会议。

【金融服务】 2014年，人行凉山州中心支行继续加强在农村支付环境持续改善、货币发行、国库经理、科技信息保障及外汇管理方面建设，突显央行在社会金融服务中的引领作用。积极打造助农取款服务示范点，拓展服务面，并实现联网通用。截至2014年年末，全州打造助农取款服务点5120个，其中“银讯通”业务布设服务点2106个，全年累计实现交易61.27万笔，创建并保持2个省级、9个州级、2个县级刷卡无障碍示范街区。巩固总行“一级发行库”，年初分行在凉山召开发行库规范化操作现场会，人行凉山州中心支行的经验制作成光碟在全省推广。全年累计投放发行基金232亿元，保障攀西地区现金供应。复点外包试点工作取得成效。全年办理各级国库业务87.5万笔，涉及金额858.9亿元，保障资金准确划转和安全运行。财税库银横向联网扎实推进，实现电子扣税26.5万笔，增幅85.87%，业务量占比达到81.95%。确保中支重点核心业务系统稳定运行，圆满完成ACS系统、电子档案系统、省域网集中接入等项目推广上线。强化信息安全管理，实现中支全年信息安全零事故。金融社保卡发行和金融IC卡多行业应用工作深入开展。强化外汇管理理念“五个转变”，落实银行国际收支间接申报的现场和非现场核查，有效提升跨境资金流动风险监测水平。推动跨境人民币业务实现新提升。

【党建与党风廉政】 2014年，人行凉山州中心支行以开展党的群众路线教育实践活动为契机，不断加强班子队伍建设和党风廉政建，坚持领导班子和干部队伍协调发展，以党委（党组）的有力领导带动干部职工提升素质，为有效履职提供坚强组织保障。人行凉山州中心支行采取多种形式开展学习教育，强化理论武装。征求意见建议207条，逐一落实整改并做好反馈，召开高质量的专题民主生活会和组织生活会，让班子成员及全体党员经历一场深刻的思想政治洗礼。建立长效机制，制定“两方案一计划”，整改落实作风方面的突出问题11个，废改立制度31项。狠抓纪律执行和作风建设，扎实开展“庸懒散浮拖”问题专项整治，形成用制度管人管事管权的良好局面。活动的做法和成效作为四川片区经验交流材料上报分行活动办。修订及新建6个基层组织建设长效机制配套文件，落实从严治党责任。抓基层服务型党组织建设，开展窗口部门党员“三亮三比三评”活动，完善基层党组织激励关怀帮扶机制。选好配强基层党组织书记，进一步优化基层党组织队伍，开展支行党组书记抓党建工作述职评议工作。认真学习宣传贯彻《干部选拔任用条例》，全年选拔配备2名科长，明确1名副科长主持工作，并结合内设机构调整，对42名干部进行交流轮岗。完善“双向送培”交流学习机制，推荐7人到分行机关、州委办交流学习帮助工作，从商业银行和县支行交流3人到机关学习。加强职工队伍学习教育，组织参加总分行培训259人次，自助开展各类培训、讲座22期。抓实党建带团建工作，共青团工作得到总行团委书记王英杰“有特色、有创新、有成效”的肯定。全面落实党风廉政建设责任制，确保分行“两个责任”实施意见的落实。加强党风廉政责任制建设，分层次签订责任书。强化廉政教育引导，全年党委中心组组织反腐倡廉专题理论学习6次，组织专题警示教育4场、275人次。强化监督检查责任，党委专题研究反腐倡廉工作5次，研究反腐倡廉工作11项，安排部署反腐倡廉工作20次，各行领导对分管部门的检查达2次以上。切实开展领导干部述责述廉现场会、廉政谈话，加强职工沟通联系，增强班子成员、干部职工的大局意识、责任意识和法纪意识。探索建立“法治央行”建设标准化指标体系，不断提高依法行政、依法治行能力和水平。强化普法宣传教育，坚持党委中心组集体学法、领导干部“述法”制度和职工学法用法制度，扎实推进“法治六进”和“送法下乡”活动。人行凉山州中心支行普法办被评为总行“六五”普法中期先进集体。

（审核：罗大强/撰稿：黄毅）

银行业监督管理

【概况】 2014年，凉山银监分局认真贯彻落实银监会、四川银监局工作部署，深入开展党的群众路线教育实践活动，推动机构改革，防化金融风险，服务实体经济，较好地完成各项工作任务。全年全州银行业实现稳健运行，有力地支持地方经济社会发展。

【银行业监管】 2014年，凉山银监分局督导银行业机构积极对接凉山州“十二五”规划、“双提升”战略、城乡一体化发展要求，结合实际加大对凉山州产业结构调整、转型升级的信贷支持力度，大力支持在建续建项目、重点项目建设，积极满足重点项目合理信贷需求。全年全辖银行业机构共投放贷款375.76亿元，比2013年多投放39.72亿元。新增贷款79.93亿元，完成州政府下达全年新增贷款目标任务（76亿元）的105.21%。州内特色优势产业、基础设施等重点项目信贷需求得到合理满足。持续深入推进支农服务“三大”工程，强化乡镇金融服务全覆盖，推进基层金融服务“村村通”。2014年12月末，涉农贷款余额551.90亿元，占各项贷款总额的84.20%，较年初增加66.55亿元，同比增长13.71%，增速高于全部贷款平均增速0.18个百分点；同时督导相关机构认真落实四川银监局制定下发的《四川银行业服务凉山新寨新村建设暨产村相融发展指导意见》，积极支持凉山新寨新村建设。到12月底，水利建设贷款、助学贷款、青年创业贷款等贷款余额24.17亿元；彝家新寨贷款8819户，余额1.99亿元，全年累计向6402户农户发放新寨建设贷款1.41亿元；安宁河谷新村建设贷款16667户，余额10.81亿元，累计向13223户农户发放新村建设贷款4.07亿元；产村相融贷款229973户，余额79.24亿元，累计向115737户发放贷款56.73亿元。新寨新村和产融相融贷款已完成三年授信计划的75.53%。在辖内各县市积极组织开展“服务实体、关注小微”银企对接活动，进一步扩大小微企业金融宣传活动的覆盖面和影响力，提升小微企业金融服务质量。进一步完善小微企业服务机构网络体系，科学调整信贷结构，全年召开银企对接会18次，139户参会企业获得授信5.12亿元。2014年12月末，全州小微企业贷款余额226.69亿元，比年初增加49.41亿元，同比增长27.87%，占全部贷款余额的34.58%，实现“两个不低于”目标。

【改革转型】 2014年，凉山银监分局明确改革重点，促进机构转型发展，完善公司治理体系。全年有三家法人机构修订完善公司章程和议事规则，进一步规范三会一层运作行为，改进薪酬管理和绩效考评，促进股东、董事、监事、高管正确履职，进一步完善治理结构和运营机制，增强内生动力。凉山州商业银行按事业部制重建同业业务和理财业务部门，凉山州农村信用联社实现同业业务的部门专营。凉山州农村信用联社、凉山州商业银行加快推进流程银行建设，科学审慎推进业务流程、组织流程和管理流程的再造。凉山州农村信用联社完成流程银行基础建设阶段工作，并接受攀枝花农商银行的交叉验收。省政府将凉山州农村信用联社改制组建农商银行工作正式纳入四川省政府2014年产权改革总体规划，凉山州农村信用联社成立凉山农商行筹建工作小组，有序推进凉山州商业银行改制工作、次级债发行和战略投资引进工作。2014年，浦发银行凉山分行、南充商行凉山分行相继开业。

【风险防范】 2014年，凉山银监分局督导机构及时成立风险化解小组，加强与地方党政的沟通，督导机构严格执行名单制管理和平台贷款管理要求，落实风险防控措施，做到进得科学合理、退得审慎稳妥。全年持续关注攀钢集团西昌钢钒有限公司、德昌士达碳素、西昌瑞康钛业贷款风险，加强贷款变化和风险情况监测，督促机构加强贷后管理，认真落实应对措施，抓好风险防范化解工作。加强贷款风险和舆情监测，规范信贷管理，强化同地方党政和上级行的沟通汇报，动态报告事件进展，采取有力措施，尽全力化解信贷风险，切实维护金融债权。建好与小贷公司、担保公司、投融资理财咨询公司等的“防火墙”，摸清非融资性担保公司风险状况，指导开展全州投（融）资理财信息咨询类公司清理排查和非法集资风险专项排查，及时报告省非法集资案件处置办公室和地方党政领导。配合做好重点非法集资案件处置。认真开展各机构2013年度案防工作评价，深入各县市基层开展自下而上、以点带面的案防督查，对10个县市58个基层网点进行现场督导，针对发现问题提出整改意见351条，并持续做好后续跟踪。全年辖内机构继续保持“零案件”态势。

【内部管理】 2014年，凉山银监分局坚持钢班子带铁队伍，凝心聚力强监管工作思路，以开展党的群众路线教育实践活动为契机，进一步加强领导班子和队伍建设，增强队伍凝聚力和战斗力，不断提升监管能力，增强监管质效。加强政治理论学习，认真学习贯彻习近平总书记系列重要讲话和银监会、四川银监局党委的工作部署，坚持党委中心组学习制度，全年组织党委中心组或党委扩大会议学习讨论14次，共计16天。强化干部思想教育，引导职工树立正确的世界观、人生观和价值观。抓监管能力建设，深入调研、“1+1”业务帮扶、老带新、轮岗、上派、到机构实习等方式加大学习培训力度，促进职工成长成才。

【党风廉政建设】 2014年，凉山银监分局认真落实党风廉政建设责任制和“一把手”负责制，班子带头严格执行中央八项规定及银监会、四川省银监局相关实施细则以及各项廉洁从业从政规定，严把“钱、权、人”关口，主动接受监督，做好表率示范作用。强化党委主体责任与纪委监督责任落实，落实转职能转方式转作风要求，调整监察科工作职责，及时退出与纪检监察工作无关的议事协调机构7个，制定银监分局纪检监察履职考核办法，以绩效考核为抓手，确保工作落到实处。

【精神文明建设】 2014年，凉山银监分局坚持以党建带团建、工建，深入开展文明单位、职工之家创建活动，努力提高干部队伍敬业意识、履职意识和责任意识。积极履行社会责任，全年银监分局向2个对口帮扶的贫困小学和1个极度贫困村累计捐款捐物1万余元，协调银行捐款捐物37万元。凉山银监分局获银监会系统2013年度文明单位、四川银监局系统五四红旗团委、凉山州“挂包帮”活动先进集体、凉山州第七次民族团结进步模范集体，并推荐为全国文明单位候选单位。

（审核：侯丽/撰稿：张正吉）

中国银行凉山分行

【概况】 2014年，中国银行凉山分行按照总行“打造最好银行”的工作目标，全面贯彻落实内生动力机制，根据省分行继续坚持“创一流业绩，做省内最好银行”的发展目标；坚持“稳中求进、转型图强、创新发展”的工作基调，以内生动力机制和精细化管理为抓手，全行上下齐心协力在经济下行的环境下克难奋进，努力完成州委州政府下达的各项考核目标。截至2014年12月末，分行人民币核心存款余额48.16亿元，比2013年年末减少2.54亿元，降幅5.01%。各项贷款余额为41.27亿元（不含透支卡分摊），比2013年年末减少0.56亿元，降幅1.35%。中间业务净收入3066.22万元，较2013年同期减少188.13万元，降幅5.78%。实现拨备前税费后利润10802.29万元，较2013年增长1124.25万元，增幅11.62%。

【公司业务】 截至2014年年末，中国银行四川省分行向凉山提供的公司授信额度超过700亿元，累计贷款投放超过300亿元，各类贷款余额177.6亿元，凉山地区已成为中国银行四川省分行除成都地区外信贷投放最多、支持力度最大的地区。2014年，中国银行凉山分行积极支持凉山地区重点项目建设，全年共上报项目23个，获批项目19个。除凉山分行外，省分行及辖属其他分支行重点支持6户大中型客户。2014年中国银行四川省分行均较好地执行与凉山州签订的战略合作协议，实现对凉山州各类重点项目的支持。积极支持州内重点项目建设的同时，中国银行凉山分行创新产品形式，努力为州内企业提供全方位金融服务。一是继续推动通过内部银团+外部银团方式为大型企业提供最大信贷支持，代理发放贷款40.8亿元。二是加大产品创新力度。2014年开办凉山分行首笔中银一户通业务，开办四川省辖内首笔黄金组合产品业务，同时，成功叙作两笔投融通业务，通过表外业务为企业融资1.7亿元，及时通过其他渠道缓解企业资金压力。三是全面梳理公司金融产品。召开对公网点转型专题会议，一对一为网点梳理考核指标，讲解重点公司产品，强化公司产品完成情况通报。全年对公理财业务实现网点开办率100%。四是中银“信贷工厂”中小微企业授信模式落地成效显著，全年获批中小微企业贷款11户总量11860万元。五是强化业务指导和培训，对企业客户细分市场，组织企业客户专题培训，规范客户合规经营。

【个金业务】 2014年，中国银行凉山分行积极完善激励机制，激励员工揽存。推动一线全员实行创立提成考核，全员营销体系的建设，制定2014年创利提成方案，提高员工收入，高标准设置产品单价并做到产品覆盖无盲区，重点向战略性业务和短板业务倾斜。截至2014年12月9日，分行储蓄存款余额2.4亿元；四大行市场份额占7.95%，较年初新增0.32%，新增份额排名第二。非保障类借记卡发卡24555张，全年任务完成率47.96%；保障卡新增24973张，完成全年任务的124.87%。信用卡发卡1548张，全年任务完成率18%；普通分期3152万元，全年任务完成率78.97%；个人电子银行交易客户数17297户，完成全年任务的114.41%，任务完成率全省排名第2名，手机银行交易客户数10004户，完成全年任务的129.92%，任务完成率全省排名第13名，手机银行双边交易量96416万元，完成全年任务的137.74%。ATM机正常服务率平均为97.08%，全省排名第6名；2014年9月，凉山分行柜台可迁移未迁移交易占比28.09%，比全省全年目标任务28%高0.09个百分点，全省排名第13名。

【综合管理】 2014年，中国银行凉山分行努力提高全员风险防范意识，高度关注业务经营中存在的风险苗头，及时纠正不当行为，提高对案件风险管控的主动性和敏感性。在行内继续加强合规文化教育和警示教育，严格执行落实案件防控措施，防范经营风险，通过参观监狱、案例教育、学习整顿等提高全员素质，保持队伍的战斗力。始终坚持“发展是第一要务，防风险是第一责任”的基本原则，采取如下措施控制风险：以针对性管理为手段，强化重点行业风险管控；加强金融知识宣传，严厉打击非法集资等破坏金融正常秩序的违法行为；严格落实反洗钱集中甄别工作，集中力量将可疑案例甄别落到实处；依托内部控制“三道防线”评价体系，完善风险内控长效机制，同时严格践行内控合规管理激励约束机制，有效防范操作风险。通过采取上述主动的全流程的风险管理措施，2014年该行风险控制情况良好，不良率控制在省分行规定的范围内。多次组织全行中层及以上干部专题会议学习。围绕落实内生动力促经营转型，强化业务部门和基层网点经营主体意识；简政放权，全面调动各方面积极性。放权到基层网点，全力激励业务发展；推进客户经理市场化改革，提高营销队伍市场竞争力；改革考核机制，区别化绩效考核。年初，凉山分行根据省分行绩效管理原则，制定凉山分行2014年绩效目标考核方案，与部门/网点主任签订《2014年绩效目标考核承诺书》，将各类定性、定量指标细化到个人，明确考核导向和任务目标。同时调整员工收入机制，取消大部分保障性收入，实行员工收入与业务拓展、收益、产品销售挂钩，多劳多得，不劳不得的收入分配机制；按季召开经济形势分析会，通报各项指标的完成情况，奖优惩劣，取长补短。全行上下形成一股以绩效考核为轴心，以优异业绩为目标，以攻克业务瓶颈为挑战，以积极努力提高工作效率为价值的风气。在提升服务档次方面，凉山分行制定《中国银行凉山分行重要客户服务规范》，使文明优质服务不仅限于柜面服务，而是向高端客户、大客户延伸，灵活采取“请进来”“走出去”的办法，竭诚为客户提供贴身和贴心服务，将文明优质服务的内涵不断延伸。从而提高凉山分行品牌形象，同时带来业务在质和量上的突飞猛进发展。加大文优服务检查力度，采取定期或不定期、集中与分散、现场或非现场检查的方式强抓文明优质服务工作的落实，形成检查、督导、整改机制，促使客户投诉率大幅下降，社会美誉度不断提升。

【党建工作】 中国银行凉山分行党委历来高度重视党建工作，抓实党建工作促发展，力促在业务发展进程中充分发挥党支部的战斗堡垒和党员的奋进旗帜作用。一是把振奋精神、有所作为、敢于担当作为贯穿经营管理的核心标准，坚持“实”字当先、“干”字当头，班子成员靠前指挥、带队营销，发挥优势争揽客户。二是坚持以党风廉政建设统领内控，积极构建用制度管权、按制度办事、靠制度管人的有效机制，大力推行承诺、述职、评价、问责“四位一体”的基层党风廉政建设和内控方案工作责任制，纯洁党员队伍，增强党组织活力。三是以创先争优为契机，大力开展创客户拓展之先，争服务升级之优活动，积极推进窗口为民服务落实。党委成员在创先争优活动中全力既当好全行事业发展的“领头人”，又当好履行企业社会责任的“践行者”；基层党支部既当好服务群众的“主心骨”，又当好党建工作“推动者”；广大党员干部既当好科学发展观的“传导者”，又当好创先争优的“排头兵”。四是坚持有令即行。在中央出台“八项规定”后，凉山分行党委立即传达贯彻，并对过去党风廉政建设情况作“回头看”，反思自身作风建设，不折不扣地施行“八项规定”。五是根据第二批开展群众路线教育实践活动的需要重新整合划分党支部，将支部建立在网点，将过去的支部进行整合，在教育实践活动中突显党员的先锋模范作用和基层党支部的战斗活力。

【企业文化】 2014年，凉山中行按照总行“担当社会责任，做最好的银行”战略部署，积极组织全行员工开展为期1年的“立足岗位做客户知心人”活动，让客户亲身感受到中行包容与挚爱企业文化底蕴，客户不分新老、存款不嫌多少，只要走进中行营业厅的客户，大堂经理一样上前亲切问候、耐心解答、热情引导。全年减少客户服务投诉41.2%以上。组织员工观看观摩服务能力示范教学片，让新入行员工全面了解各项业务操作流程；开展练兵活动，全年全行业务技能应参加测评人员共88人，参测率100%、其中合格率、综合达级率、IT业务达级率均得以全面完成；星级柜员获得新的成长，3人获得总行级五星级柜员，2人获得省分行及四星级柜员，另有4人获得三星级柜员、15人获得二星级柜员、6人获得一星级柜员称号。完善职工业余生活，想方设法添置图书、照相机，增添健身器材，进一步完善职工之家服务功能；其次，在“三八”节期间利用周末组织员工开展野外踏春活动；在23周年行庆期间，组织员工开展以“我行走，我健康，我快乐”为主题的徒步健身活动，使员工身心得到释放；定期组织员工开展身体检查，确保员工疾病得到有效防控；积极参加省分行文艺调演，参加四川省分行庆祝中华人民共和国成立65周年文艺调演选送节目《七月火把节》荣获一等奖。坚持以员工为本，始终把职工温暖记在心间，开展帮扶工作，全年对重疾致困职工、单身女职工、家庭负担过重职工，均进行2000元至2800元的一次性帮扶，且分行领导亲自带队登门慰问，把党委和工会组织的关爱及时传导到员工中去，让员工心有所依、情有所托，有效促进全行业务健康快速发展。

（审核：吴飞雪/撰稿：陈德辉）

农行凉山分行

【概况】 2014年，农行凉山分行认真贯彻落实“夯实管理基础，突出价值创造，提升可持续发展能力”的总要求和“转方式、调结构、强基础、增效益”十二字工作方针，以深入开展党的群众路线教育实践活动为动力，认真落实省分行党委“八要八不能”工作要求，从严治行，强化案件风险管控，守住风险底线，为保持同业领先，实现系统升位目标奠定良好基础。截至2014年年末，各项存款余额435.30亿元，列全省农行第2位；各项贷款余额179.35亿元，列全省第7位；存贷款总量在州内同业中继续保持第1位，综合绩效考核列全省农行第2位，被评为二级分行综合绩效考核先进单位，内控评价继续保持一类行。全年未发生重大经济案件、责任性刑事案件、涉枪案件和重特大治安、消防等安全责任事故，被州政府评为金融工作先进单位。

【服务“三农”】 2014年，农行凉山分行以服务城乡统筹发展为总抓手，以服务农业现代化、农村基础设施建设、新型城镇化、新农村建设和特色资源开发为重点，以“三农”品牌战略发展助力“大凉山”品牌建设，全面提升“三农”服务水平。一是依托“银讯通”产品，继续深化服务金融空白地区。截至2014年年末，共布设“银讯通”助农取款服务点3318个，行政村覆盖率达到58.23%；惠农卡累计发卡41.9万张。逐步形成以“银讯通”业务为主，以智付通、移动POS等电子机具为辅的“金穗惠农通”工程推进模式，有效消除金融服务空白乡镇和行政村，打通服务“三农”的“最后一公里”。二是大力支持特色农业产业发展。制定《中国农业银行凉山分行农业集约化经营和规模化发展金融服务规划》，选择新型农业经营主体发展初具规模的西昌、冕宁、德昌、会理、会东、宁南安宁河谷五县一市为新型农业经营主体的重点支持地区，加快农户贷款经营转型。截至12月末，全行涉农贷款余额167.88亿元，较年初增加15.83亿元，完成州政府下达目标任务的158.3%；农户贷款余额1.39亿元，纳入分行信用培植的农业产业化龙头企业有56户，金融覆盖率达56.4%，为农业产业化龙头企业授信6.88亿元。三是金融扶贫惠农工作取得实效。州县两级行均开展“为特色产业及新村新寨建设提供小额贷款”“改善基础设施”“送金融知识下乡”、实施“惠农通工程”为广大村民提供基础金融服务、“百乡教育扶贫送教下乡”和“志愿服务关爱行动”等活动。促进贫困地区经济有效发展，带动广大农村群众增收致富。认真贯彻实施省分行与州政府签署的信贷支持彝家新寨、产村相融和安宁河谷新农村建设的合作协议。2013—2014年，累计支持彝家新寨、产村相融和安宁河谷新农村建设共计13.15亿元。

【支持地方经济发展】 2014年，农行凉山分行作为凉山地区领军银行，始终秉承“立足县域、服务‘三农’”的办行宗旨，充分发挥金融主力军作用，为支持地方经济社会发展和金融服务民生方面作出积极而重要的贡献。全年累计发放贷款138笔，共计31.69亿元，较年初增加9.6亿元。一是立足资源优势，突出支持重点，大力支持特色资源开发，确保贷款保持合理增长。2014年年末，电力和采矿业两大行业贷款较年初增加11.35亿元，占法人贷款增量的82.45%；发放项目融资贷款10.59亿元，主要投向优势水电行业。二是继续深化个贷业务集中经营改革，优化信贷业务流程，促进个贷业务加快发展，2014年个贷业务取得较大增长，年末余额为18.5亿元，较年初增加2.86亿元。三是助力小微企业快速发展。年初，将西昌、会理、会东等8个支行列为小微企业重点发展行，大力支持优势产业链上下游和工业园区内的小微企业，全面推动分行小微企业金融服务水平业务有效提升。截至2014年12月末，小微企业贷款余额25.37亿元，增量和增速均达到监管部门“两个不低于”的监管要求。

【服务民生】 2014年，农行凉山分行深入推进产品创新工作和一类三农产品创新基地的持续发展，建立上下联动、部门联动、行与行联动的产品联动推广机制，产品推广和产品创新两方面的工作都致力于服务民生大众。全年共计搜集产品信息87条，上报自来水公司自动扣收水费、银讯通转账功能及巡检方法、服务点外观设计、易缴费项目等5个创新产品，其中自来水公司自动扣收水费已研发并应用，2014年在全省产品创新考核中名列第1名。银讯通、银医通等项目在持续深入的推广中。

【基础管理】 一是积极开展全方位、多层次绩效政策的传导和绩效指标考核分析，引导全行准确掌握2014年上级行绩效考评政策内容，提升绩效管理水平。二是深入经营一对一的经营情况，通过数据、模型方式在系统内和区域内进行效益管理、风险管理、持续发展等业务经营纵横比较和分析，帮助各行查找在业务发展中存在的短板及问题，业务经营分析对促进业务发展的引导力得以加强，有效提升支行价值创造能力。三是通过各种专项治理活动，加大短板指标的考核力度等措施的施行，以检查带业务辅导的促进方式，有效提升基层行运营基础管理水平，提高网点业务处理能力。四是以合规文化教育和制度执行力建设为抓手，扎实抓好“四必讲”等规定动作，促进合规文化建设纵深发展；扎实开展“六个一”专题活动，增强全行制度执行力；坚持做好“七个”继续结合，有效促进合规文化长效机制建设。

【党风廉政建设】 2014年，农行凉山分行及各支行党委（总支）狠抓党风廉政建设和反腐败工作，认真执行中央“八项规定”和总行“二十八条规定”、省州分行“二十四条措施”，带头反对和纠正“四风”；扎实开展党的群众路线教育实践活动，紧紧围绕“三个检验标准”，重点突出建立健全工作机制，切实解决好联系、服务群众“中梗阻”和“最后一公里”的问题；牢固树立群众观点，进一步增强大局意识、责任意识、服务意识和创新意识，以“注重人文关怀、关爱基层员工”为主线，加强精神文明建设为重点，加大职工之家建设力度，切实为基层行员工营造一个规范、整洁、舒适、温馨的工作学习生活环境，增强员工凝聚力和向心力。

（审核：刘毓东/撰稿：张红）

中国工商银行凉山分行

【概况】 2014年，中国工商银行凉山分行有营业机构14个，其中西昌市城区10个营业网点，会理县、德昌县、冕宁县、会东县支行4个。2014年年末在岗人员229人，其中在岗员工223人，服务代理人员6人。硕士12人，本科学历137人，大专学历80人。具有高级专业技术职称2人，中级专业技术职称11人，初级专业技术职称76人。中国工商银行凉山分行认真贯彻国家经济金融方针政策，持续立足凉山区域特色，围绕“改革、转型、客户、质量”，以科学发展、加快发展为首要目标，以推进改革为手段，以加快转型为重点，以快速拓展客户为基础，以质量提升为前提，全力推进凉山分行各项工作，实现各项业务较快稳定增长。

【业务发展】 2014年，中国工商银行凉山分行累计实现贷款投放44.65亿元，完成州政府下达目标的893%；各项贷款余额净增19.24亿元，完成州政府下达目标384.8%，其中法人贷款余额较年初净增16.89亿元，个人贷款余额较年初净增2.31亿元。小微企业贷款余额15.46亿元，较年初增加7.46亿元，较2013年同期增5.52亿元，全面完成“两个不低于”的目标；实现产村相融发展信贷投放累计投放1.76亿元，完成全年目标的1467%；全年累计向凉山地区实体经济签发银行承兑汇票4.14亿元，累计办理票据贴现7.64亿元。同时累计向州内1085户居民发放个人住房按揭贷款3.82亿元，向238户发放消费贷款4700万元，向128户经营户发放个人经营贷款1.57亿元。全年实现中间业务收入5100万元，实现净利润1.46亿元。

【主要工作】 2014年，中国工商银行凉山分行加快客户、负债、信贷和收入结构调整步伐。量质并举拓展客户，做大总量做优质量实现客户结构调整；完善“存款+理财”综合负债竞争机制，提升服务客户能力；以“争大”为抓手，“表内+表外”、大中小并举，实现信贷结构调整大突破；通过“传统+创新”，实现中间业务增收。持续做好人力资源配置，加快队伍重组、优化和提升。加强客户经理职业道德教育和竞争力提升，强化客户经理依法合规拓展业务及各类风险控制能力。关注员工职业设计、晋升发展，为各类员工提供教育培训、实践锻炼、晋升发展的机遇和平台。改革考核评价体系，引领业务发展导向。优化分行考核方式，以日均增量为考核依据，加大对综合负债（突出日均存款）、中间业务、客户质量业务指标的考核权重，调动全行转型发展的积极性。打好信贷资产质量保卫战，有效防范信用风险。全力以赴做好存量不良贷款和潜在风险贷款的清收等工作。持续加强党风廉政建设和内控案防工作。深入推进服务治理工作和人民满意银行建设活动，提升分行在当地的服务形象。加强员工队伍建设，关心、关爱员工。

【党建和队伍建设】 2014年，中国工商银行凉山分行一是落实中心组学习，抓班子自身建设。全年分行领导班子成员共召开党委中心组学习12次，时间达64小时，为党员群众上党课2次，时间达8小时，学习人数达458人次。二是继续按照“四好”班子总体要求，加大“四好”班子创建力度。三是积极开展“送金融知识下乡”“党员义工日”“参观红色教育基地”等内容丰富、形式多样的党日活动。四是开展党的群众路线教育实践“回头看”活动，召开党委专题民主生活会。五是全年共发展入党积极分子8名、预备党员7名、正式党员9名，进一步壮大党员队伍。六是积极组织开展“写春联、送祝福”、迎春游园、“三八”妇女节环保志愿活动、户外踏青樱桃采摘活动、青年团员敬老院献爱心活动和“一路有你、有我”团日活动、4人制足球联赛和篮球联赛、多场银企、银政足球联谊赛、国庆文艺晚会等活动，并支持各工会小组开展员工交流座谈会、登山、摄影、郊游、羽毛球比赛等多种活动、组织舞蹈队展开训练，配合学雷锋读书活动的开展，积极推进“职工书屋”建设，开展争创“学习型组织，知识型员工”活动，组织开展“文化墙”建设活动、开展扑克牌、省分行文艺汇演节目编排报送等文体活动。七是持续开展各类教育培训工作，提升员工素质。组织开展“科学发展”主题教育巡讲、“100-1=0”服务案例征集、“巾帼文明示范岗”“巾帼岗位标兵”“青年文明号”创先争优、“献一策”等多种活动，加强形势政策的宣传，组织分行员工学习宣传贯彻党的十八届三中、四中全会精神，继续深入开展党的群众路线教育实践系列活动，培训覆盖面达100%。同时，认真展开员工培训工作，分行员工参与面达100%，全年共举办各类面授培训班24期、视频培训班8期、专题讲座1期、班后学习1期；分行人均培训次数15.34次，人均培训天数10.94天，其中面授人均培训次数为6.79次，人均培训天数为6.69天，面授培训综合满意率在90%以上；网络培训参训率为92.17%，人均培训5.2次，人均培训2.88天；全行员工平均学习时长65.64小时。

【党风廉政及内控案防工作】 2014年，中国工商银行凉山分行制定《中国工商银行凉山分行2014纪检监察工作要点》，层层签订《案件防范目标责任书》。抓好廉政案防警示教育，分四批组织全分行员工参观凉山监狱开展现场警示教育活动，参与面达100%，引导员工珍爱自己职业生涯和人身自由。深化主题教育活动，制定《中国工商银行凉山分行2014年“反违规、反违纪、反违法”主题教育活动方案》，组织个人、专业条线和分行三个层面围绕“三反”主题教育活动进行典型案例剖析，举办“学规章、促合规”知识竞赛。加强内控体系建设，不断夯实内控管理基础。加强合规管理，为业务发展提供有效的合规保障。围绕“十大案件风险”专项整治、非法集资风险专项排查及“反违规、反违纪、反违法”廉政和案防主题教育活动，加强对各领域潜在风险隐患的揭示力度。

【企业文化及文明创建工作】 2014年，中国工商银行凉山分行召开全分行第一届职工代表大会第二次会议，广泛征求关于员工劳动合同管理、员工待岗和异常行为管理、企业年金、违规积分及违规行为处理、内退管理、“五十严禁”等事项的职工代表意见和建议。扎实开展送温暖活动，为员工办实事、做好事、解难事。深入开展特困救助工作。加强分行艺术团建设，推进员工文化建设。全面推进职工之（小）家建设。维修分行本部乒乓球室，完善篮球场、健身房等设施，为员工休闲娱乐提供更安全、齐备的场所。在经久工业园区支行开展合格小家创建活动，在各职工小家全面展开“文化墙”建设，为各小家增添、更换餐桌等，完善职工食堂生活设施，全面解决各营业网点员工午间餐问题。积极开展劳动竞赛和业务技术练兵活动及培训活动。组织女员工开展户外踏青、登山等环保志愿者活动。组织开展巾帼文明示范岗（标兵）推荐评选活动。

（审核：王凤鸣/撰稿：徐兴兵）

建设银行凉山分行

【概况】 截至2014年年末，全口径存款余额59.89亿元，较年初下降2.77亿元。其中：一般性存款59.88亿元，较年初下降1.75亿元；同业存款84.12亿元，较年初下降1.02亿元。一般性存款中对公存款29.46亿元，较年初下降9523万元；储蓄存款30.43亿元，较年初下降7993万元。各项贷款时点余额34.46亿元，新增1.15亿元；五级分类不良贷款余额77.81万元，不良率0.02%。实现中间业务收入2577万元，实现拨备前利润11171万元，较2013年增加1345万元。

【公司业务】 2014年，建设银行凉山分行以重点项目和重点客户为抓手，上下联动做好新客户营销工作。全年新开结算账户337户，销户280户，净新增账户数57户，高级版网银新开立82户。以财政、社保、交通、国资、武警等传统客户为重点，积极做好存量客户维护挖潜工作。实现对公存款年增加3.5亿元，存量网银客户激活36户，代发代扣激活客户27户。继续做好银医合作项目，与西昌市人民医院签订《银医合作协议》，完成MISPOS和银医接口程序上线运行工作。积极投放贷款支持州内企业发展。全年累计投放贷款9.48亿元，累计回收贷款9.70亿元，其中累计发放小微企业贷款9700万元。积极储备项目和推进存量贷款客户的授信工作。完成四川江铜公司、西昌三峰环保公司、能投会东风电等项目9.2亿元授信申报工作。

【个金业务】 2014年，建设银行凉山分行积极开展个人存款旺季营销，实现旺季新增3.08亿元。强化电子银行等个金业务营销，网上银行客户新增9348户、手机银行新增8568户、短信银行客户新增12584户、借记卡发卡45993张、贷记卡发卡5478张、信用卡分期业务6500万元。销售理财产品7.8亿元、黄金443万元、账户贵金属4215.4千克，代理保险销售4194万元。稳步推进个人信贷业务，全年发放个人住房贷款799笔，金额2.55亿元，余额9.95亿元，年新增1.35亿元；公积金贷款16笔，金额452万元，余额1.35亿元，年减少2200万元；个人助业贷款150万元。

【网点渠道建设】 2014年将建行西昌经久支行搬迁到航天大道更名为建行西昌西客站支行。全年新增自助银行2个，自助设备6台。同时，不断加强自助设备维护，提高网点服务效率。全年新增3个离行式点位，新增设备7台；自助设备累计清机加钞2298台次、金额约31亿元，处理故障1800余台次，保证所有设备全功能、全天候高效服务，得到广大客户的认可。

【风险内控】 2014年，建设银行凉山分行强化信用风险管理，持续深入推进信贷资产分类和项目平行作业。牵头各类信贷资产质量检查工作，积极参与建设银行四川省分行统一组织的风险条线交叉检查。不断夯实风险管理和信贷审批的基础性工作，全年共审批权限内信贷项目869笔，贷款金额15.33亿元。继续强化前台操作风险管理力度，全年共开展现场和非现场检查1146人次，检查面达100%。深入推进案件防控工作，签订“一状一书”，开展案件风险专项治理工作，落实《案件防控要点100条》，充分发挥“三道防线”的作用。加强轻微违规积分管理，对各类轻微违规行为主动积分110人次，共记-222分。

【安全保卫】 2014年，建设银行凉山分行加大对重点环节和部位的案件防查力度。对所属营业机构、办公大楼、金库、自助设备等重点部位开展定期检查。同时，与保安公司共同开展网点和ATM机夜间巡查，确保网点和自助设备安全运行。强化营业网点日常安全管理和员工应急处置能力。切实加强营业网点日常安全管理，网点员工全部做到“五不准”“五禁止”“五确认”等。全部营业机构开展防抢劫、防火、防诈骗、防地震、防突发事件等演练。加强物防、技防、消防设施建设。全年投入安防费用392.34万元。建设银行凉山分行被西昌市评为2014年度经报工作先进集体。

【党风廉政】 2014年，建设银行凉山分行认真落实党风廉政责任制。组织领导干部签订《反腐倡廉建设责任书》、全体员工签订《领导人员廉洁从业提示函》。认真贯彻落实上级行“三重一大”决策制度，明确重大决策、重要人事任免、重大项目安排和大额度资金运作的决策范围和程序。组织领导人员参加廉洁从业学习考试，全体员工参加遵章守纪学习考试，合格率100%。领导人员带头遵守总行“八个严禁”要求，发挥了廉洁从业表率作用。切实纠正行业不正之风，成立行业作风建设领导小组，明确责任分工，制定《关于2014年行业作风建设工作安排意见》。按中央金融工委“十字”行风建设的要求，开展行业作风问卷调查活动，聘请行风监督员3名。对大宗物品“集中采购”组织实施过程开展有效监督，全年完成监督项目6个，招标金额160余万元。

【企业文化建设】 2014年，建设银行凉山分行召开凉山分行第三届第四次职工代表大会和工会会员代表大会，审议通过《2013年度工作报告》《2013年度财务情况报告》和《2013年工会工作报告》基本做到民主管理，行务公开。充分发挥工会、团委的桥梁和纽带作用，通过召开座谈会、节日慰问等形式，建立沟通渠道，听取一线员工的意见和诉求，缩短一线员工与管理层之间的距离。继续投入资金，添置完善“职工之家”各类必要的活动设施及器材，为构建企业家园文化创造必要条件。工会、团委积极组织开展游泳、乒乓球、青年联谊等各类健康、有益的文体活动，为员工释放工作压力、树立自信自尊、强化团队精神起到积极作用。提倡扶贫帮困，积极履行社会责任。员工个人向美姑县柳洪乡中心小学“一帮一”捐款1.8万元、向凉山州关心下一代基金会捐赠2700元。

（审核：廖国宏/撰稿：邹翔）

农发行凉山分行

【概况】 2014年，中国农业发展银行凉山州分行认真贯彻落实年初行长会议精神，牢牢把握“稳中求进”工作基调，紧紧围绕年初制定的经营目标，不断完善基础管理工作，加强内部管控，面对整体经济下行压力，银行业经营难度持续加大之困难，分行积极采取应对措施，积极探索支农新路径，努力防控信贷风险，经营发展整体向好。分行年末贷款余额117524万元，存款余额13525万元，全年实现各项收入8821.4万元，各项支出5792.9万元，收支相抵盈利3028.5万元，较2013年增长165.2万元，增长幅度为5.8%，代理保险业务实现中间业务收入113.54万元，较2013年增长4%。2014年，分行仅有1个营业机构，为州分行营业室，下无县级机构。银行从业人员33人，平均年龄为42岁，其中：大学本科学历22人，大学专科学历9人，中专学历1人，初中学历1人。

【业务发展】 2014年，分行累计发放粮油政策性贷款1680万元，办理各级储备粮油贷款展期4亿余元，为凉山州建立和完善中央、省、州、县四级粮油储备体系、发挥粮食政策性调控职能提供强有力的信贷支持。5月，经全国统一部署，农发行抽调人员参加由州发改委牵头组织的粮油清仓查库联合检查工作组，对辖区内的国有粮食企业储备情况进行全面检查，核实储备粮油库存。通过信贷资金支持，确保全州粮食安全和粮油市场稳步运行。大力支持农业产业化龙头企业发展，尽力解决政府关注的民生问题。2014年，分行累计发放产业化龙头企业贷款3000万元，其中：支持马铃薯产业2000万元，支持畜牧业1000万元。积极支持商务部提出的“万村千乡”工程，为西昌永兴商贸公司提供1143万元流动资金支持，解决农村流动体系中的资金需求。同时，分行还积极支持蔬菜流通体系建设，为德昌蔬菜藏业有限公司提供2800万元流动资金贷款支持，解决德昌县菜农的销售渠道的问题，促进蔬菜产业生产、储存和销售，支持地方食用菌生产和销售，为企业增加效益和促进农民增收起到了较好作用。支持凉山特色农业种植项目，向凉山州中泽新技术开发有限责任公司投放小企业贷款400万元，解决企业在生产育苗过程中的流动资金需求。同时，分行还积极支持西昌邛湖食品有限公司小企业贷款415万元，用于成品鸭的屠宰、冷藏项目，解决农民养鸭季节性供需突出的矛盾。积极探索支农新路径，主动对接凉山州成熟项目，按照“发挥优势、集中力量、重点突破、稳抓稳打”的策略，以安宁河谷沿线县市为依托，逐渐覆盖全州思路，积极支持新农村项目。2014年，分行成功与会理县土地矿产储备整理开发中心对接土地储备项目，向企业投放土地储备整治贷款1.5亿元，支持会理县政府对老街乡、三元村、老街村、石厂村及果元乡南郊村、东坝村和积水村13个组、社范围内的58.76公顷土地整理工作，项目涉及拆迁农户760户2287人，建筑物面积14.0265万平方米，实现会理县有计划、有规划的城乡统筹发展，城乡建设合理布局，统筹协调，共同发展，实现“生产发展、生活宽裕、乡风文明、村容整洁、管理民主”的建设目标。

【内控案防管理】 2014年，分行进一步明确案防工作领导小组、重点客户信用风险防控领导小组、贷款风险排查领导小组工作职责，及时调整内部监督控制委员会等29个工作领导小组，全面指导全行内控案防开展工作。继续做好内控案防工作，全行职工层层签订党风廉政建设、案件防控及安全保卫等目标责任书，对全行职工非法集资的行为进行专项排查，继续搞好党风廉政建设的警示教育工作，按季召开案防风险防控分析会，认真搞好岁末年初案防和安全保卫的风险排查工作，确保全年“四无”目标的实现。严格按贷款分类十二级分类标准对贷款进行风险管理，按标准及时对客户进行信用评级和贷款授信，进一步提升信贷管理电子化水平，认真搞好贷款风险全面排查工作，严防信贷风险，做到早发现，早预警，积极做好不良贷款的前期风险化解工作，确保全面各项业务稳步推进。

【党建工作】 2014年，分行党委认真抓好党风廉政建设，及时组织党委中心组集中学习，积极组织开展党员领导干部民主生活会，切实抓好廉政教育。全年组织开展廉政讲座7次，其中党委书记廉政讲座2次、纪委书记廉政讲座4次、警示教育1次，廉政意识进一步入脑入心，廉政行为进一步入行，通过廉政教育，切实提高全体党员党性修养。按照中央要求和上级行部署要求，紧紧围绕“照镜子、正衣冠、洗洗澡、治治病”总要求，紧扣“为民务实清廉”主题，聚焦“四风”和“庸软懒散”问题，坚持高标准、严要求，讲认真、动真格、求实效，整个活动紧密衔接、进展有序、扎实深入。坚持边学边改、边查边改、立行立改，列出“四风”问题清单11个，制定整改方案和针对性措施11条，明确需要整改的事项、时间要求、落实整改行领导、部室、部室负责人。深入开展党的群众路线教育实践活动，“四风”和“庸软懒散”问题得到有效解决，进一步提升全行党员干部的党性修养和政治觉悟。加强组织宣传，积极吸收党外优秀干部职工加入中国共产党，全年组织预备党员转正1人，提交入党申请书优秀青年4人，派遣2位优秀职工参加州直工委入党前知识培训，并取得结业证书。

【企业文化】 开展好2014年职工会员大会，共计收到提案1条，会议通过和落实提案1条，通过职代会方式切实维护和落实职工权益，增强职工的主人翁意识，充分调动员工参与全行管理，真正发挥职工参政、议政和推动各项工作顺利开展的积极作用。进一步加强企业文化建设，利用节假日、纪念日等积极开展各种主题明确的文娱活动，全年先后开展“送金融知识下乡”活动、“3·5”学雷锋活动、欢庆“五一”活动，组织员工进行“岗位劳动竞赛”、参加四川凉山州分行“三个结合”助推彝区扶贫工作，积极参与“服务实体、关注小微”银企对接，防范打击非法集资宣传等活动，进一步丰富全行干部职工的业余文化生活，增强全行干部员工的凝聚力和向心力。

【社会责任】 2014 年，分行积极响应凉山州委、州政府教育扶贫工作要求，积极履行社会责任，定期组织开展扶贫工作。分行职工捐款购买学习用具、文体用品、书籍、冬衣、棉被等，给农民送去山地乌骨鸡苗、仔猪和鸭苗等供老百姓喂养，配发农用技术书籍，解决越西县瓦曲觉乡中心校自来水，学生食堂等问题，配备学校所需的电脑、打印机等设备。全行员工尽最大努力去做好对口帮扶工作，逐步改善学生的学习条件，逐步改善农民生产生活条件，通过重点抓好教育扶贫工作，逐步提高学生综合素质，改变农民“坐、等、靠”的固有观念，带动农民靠自身劳动增收致富。

（审核：张康/撰稿：郑强）

凉山州商业银行

【概况】 2014 年，凉山州商业银行以十八届三中全会精神为指引，认真贯彻落实州委、州政府工作部署，准确把握银行业监管政策要求，紧紧围绕董事会经营战略决策和年初下达的各项目标任务，坚持效益、质量、规模协调发展的方针，与时俱进，开拓创新，在注重业务发展的同时，强调风险防范和内控管理，倡导合规文化建设，在全行员工的共同努力下，各项工作稳步推进。截至 2014 年 12 月 31 日，存款余额为 166.79 亿元，比年初增长 2.66%；贷款余额为 85.01 亿元，比年初增长 7.17 长%；不良贷款余额为 7977 万元，较年初上升 6037 万元，不良率为 0.94%，较年初上升 0.70 个百分点；全年实现利润 42430 万元，比年初增长 38.7%。在经营发展中，商业银行严格遵守各项监管政策，规模发展与风险控制齐抓并进，核心监管指标持续达标，内部控制管理扎实有效，本年度未发生案件、重大风险和违规事件。

【金融服务】 2014 年，凉山州商业银行以国家产业政策为导向，向国家鼓励、支持的重点战略性新兴产业、重点文化企业进行倾斜，实行差别利率，积极创新金融产品与服务，以适应新兴产业的业务需求。截至 2014 年 12 月末，支持重点文化企业贷款余额 6830 万元；支持重点战略性新兴产业贷款 14000 万元；小微企业贷款 70.59 亿元；涉农贷款 66.42 亿元；水利建设贷款 3.26 亿元；产村相融贷款 9800 万元。凉山州商业银行于 2014 年 6 月正式发行金凉山社保卡，截至 2014 年 12 月 31 日，已累计发行金凉山社保卡 30795 张，为广大客户在养老、医疗等方面提供便捷的金融服务。

【内控建设】 2014 年，商业银行认真贯彻各级监管要求，案防工作总体思路明确，案件风险排查有效，违规和风险问题整改及时到位，巩固了案件防控工作的成果。一是配合银监部门开展对商业银行的内、外部审计工作质量评价工作，并对发现的问题进行认真清查、及时整改。二是内审部门进行 2014 年反洗钱审计工作及配合相关部门开展理财产品销售、代销保险业务和价格新政情况的检查工作。三是加强审计信息化建设工作，实施信息科技监管等级达标审计项目工作，完成第二代支付系统上线前审计的第一阶段工作。四是按年初全年案防工作安排，围绕“查防并举、注重预防”的方针，持续对全行重点领域、重点环节进行大排查，对柜面业务操作、信贷业务管理、会计主管履职情况及银行从业人员“五十个严禁”、客户经理“十个严禁”执行情况、反洗钱工作情况和全行的营业网点、金库等重点部位安全保卫情况等进行全面检查。六是加强责任追究，对检查中发现的违规问题和人员进行严厉处罚，维护制度的严肃性，确保业务健康发展。

【改革发展】 一是加强与地方党委政府的沟通和汇报工作，积极争取地方政府对改革工作的支持。2014 年上半年四川省政府下发的《关于原则同意凉山州人民政府关于〈凉山州商业银行改革发展规划方案（2013—2017）〉的函》（川府函〔2014〕12号），对商业银行近五年的发展规划提出明确要求，为商业银行积极推进各项改革工作提出指导意见。二是按照《凉山州商业银行2013—2017年改革发展规划方案》，重点推进引进战略投资者、发行次级债、提升监管评级三项工作。启动引进战略投资者的准备工作，明确对战略投资者的要求和选择方向，将重点引进有银行背景的战略投资者；委托平安证券拟承销发行期限5年，总额5亿元的次级债，完成券商尽职调查、债项评级和资料申报工作；同时按照监管评级要求，通过加强内部管理、软硬件建设、强化整改落实等措施进一步提升管理水平和监管评级。三是稳步推进“公司治理体系、业务治理体系、风险治理体系”三大改革。按照监管部门要求，商业银行制订三大改革的详细方案，并成立组织架构、明确目标任务、开展自查自纠，并完成公司章程的修订、审议及报备工作。四是推进事业部制建设，深化机构设置改革。为实施与大型商业银行不同的“错位”发展战略，着力铸造“特色化、差异化、精细化”的产品定位，商业银行自2008年起开始进行机构改革，建成“大客户中心”“财富中心”等5大中心业务板块。2014年，商业银行根据自身情况，严格按监管部门对理财业务、同业业务改革工作的要求，在现有的理财业务、同业业务管理部门和人员基础上，结合实施的流程银行改造及事业部制改革，于8月在财富中心下设理财中心、同业中心等两个专营事业部，并拟订部门、岗位职责等相应内控制度。

【科技建设】 2014年，商业银行构筑现代信息科技管理框架，建立和完善满足业务发展需要的IT支撑体系及安全防护体系，加快对科技系统的建设力度。一是按照项目建设进度要求，按时、保质完成银监局EAST和MAST项目建设开发工作，结合系统建设，下发商业银行数据治理相关制度及规范要求，积极推动数据治理工作。二是完成社保IC卡系统建设，于3月31日正式上线运行。三是完成网银系统建设工作，于4月正式上线对外推广。四是按照凉山州住房管理公积金中心要求，对商业银行住房委托贷款本金及利息扣收流程进行改造，于4月上线。五是完成四川支付结算综合服务系统项目建设，于6月正式上线。六是配合相关业务系统建设，机房基础设施改造工程于6月入场实施，并完成改造。七是顺利完成二代支付系统开发工作，于10月正式切换上线。八是完成网络双主干备份及加固工程招标工作，实现本行核心网络系统双运营商双线路、双路由互备，提高网络可用性及容灾强度。九是加强灾备系统基础设施建设，通过灾备演练验证，银行重要业务系统包括核心业务系统、支付系统、信贷管理系统、财务管理系统、综合前置系统具备有效接管生产系统以及安全回切能力，达到应用级灾备等级。

【群众路线教育实践活动】 2014年，商业银行按照州委和州国资委党委关于开展第二批次党的群众路线教育实践活动的要求，制订《凉山州商业银行群众路线教育实践活动实施方案》，活动要求做到领会精神深入人心、提高认识、净化心灵，并紧扣当前工作重心和改革发展的重要任务，在充分完成好“规定动作”的基础上，切实推进全行发展步伐不断加快、管理水平不断提升、民生服务不断深化、作风建设不断改进。在本年度先后组织开展专题讲座、警示教育、观看先进人物影片、党内外大讨论、调研走访、征求意见等活动。通过活动的开展，统一全行党员干部的思想认识，充分认识到开展群众路线教育活动对凉山商行发展的重要意义，有利于全行切实转变工作作风，促进业务的健康发展，切实做两手抓、两不误、两促进，为全行下一步的改革发展打下良好基础。

【荣誉】 2014年，凉山州商业银行在《中国商业银行竞争力排名》中荣获2013年度全国城市商业银行（资产规模500亿元以下）财务评价排名“第八名”、省企业家联合会和省企业家协会授予凉山州商业银行2014年“四川服务企业 100 强”第 41 位荣誉称号。

（审核：卢宁远/撰稿：谌李琼）

凉山州农村信用社

【概况】 2014 年，凉山州农村信用社有机构网点 281 个，占全州银行业金融机构的 41.57%，在职员工 2192 人，占全州银行业金融机构从业人员的 40%，其中：研究生学历 10 人，本科学历 693 人，占比 31.61%，大专学历 1195 人，占比 54.52%；45 岁以下职工 1738 人，其中 35 岁以下青年职工 976 人，占比 44.53%。

【经营状况】 2014 年，凉山州农村信用社按照“深耕三农、聚焦三城、专注小微、服务县域经济”市场定位，紧抓流程银行落地和改制组建农村商业银行的历史机遇，结合自身实际，由规模扩张型向质量内涵型发展，经营运行平稳。截至 2014 年年末，凉山州农村信用社各项存款 316.4 亿元，较年初增加 45.5 亿元，同比增长 16.81%；各项贷款 161.7 亿元，较年初增加 25.95 亿元，同比增长 19.11%。实现利润 9.3 亿元，比 2013 年增加 2.67 亿元。

【社会责任】 2014 年，凉山州农村信用社充分发挥县域经济金融主力军作用，勇担社会责任，无偿代理发放退耕还林、粮食直补等 30 多项财政性补贴资金。同时，围绕“十项民生工程”，着力从新农村百村示范村及安宁河谷集中连片示范片建设、“五小”水利工程建设、藏区牧民定居行动、保障性住房建设、彝家新寨建设、安宁河谷新村建设、下岗失业信贷、青年创业信贷、妇女创业信贷、生源地助学信贷等方面，纵深推进民生金融服务。2014 年累计发放彝家新寨贷款 12005 万元；安宁河谷新村建设贷款 20509 万元；产村相融贷款 329543 万元；助学贷款 1613 万元；牧民定居贷款 1152 万元；妇女小额贷款 1276 万元；青年创业贷款 154 万元。在州内金融机构空白乡镇建立金融联络点 149 个，聘请义务联络员 232 名，设立简易营业网点 23 个，开展流动服务和定时定点服务 10714 次，空白乡镇金融服务业务量达到 1043900 万元。累计投放 EPOS 电话支付终端 1754 台，迅通工程覆盖乡镇 403 个，覆盖行政村 1086 个。率先在全省配备流动汽车银行并申请获得专利，在盐源地震、雅安地震、喜德泥石流等救援抗灾中发挥金融服务功能。同时，积极组织开展送金融知识下乡、进社区、进校园等活动，爱心捐助昭觉县洒拉地坡乡中心小学，举办“四川农信杯”全民金融知识大赛、凉山州第二届“农信杯”青年创业大赛等活动，以多种方式回报社会，惠及民生。

【产权制度改革】 2014 年 7 月，省政府正式将凉山州农村信用社改制组建农村商业银行提上议事日程，在《四川省金融改革实施方案》中明确提出“启动凉山州农村信用联社组建农商行”工作；2014 年 9 月，凉山州政府召开深化农村信用社改革电视电话会议，对凉山州农村信用社改制组建农村商业银行工作进行宣传和动员部署；2014 年 10 月，凉山州农村信用社召开改制组建农村商业银行干部大会，正式拉开凉山州农村信用社改制组建农村商业银行工作。其间曾先后多次召开改革动员会和推进会，对改革工作进行宣传部署，并于 11 月 13 日和 11 月 17 日召开董事会、临时股东大会，审议通过《关于同意发起设立凉山农村商业银行股份有限公司的议案（草案）》《筹建工作方案（草案）》等多项议案并形成相关决议。

【风险内控】 2014 年，凉山州农村信用社着力提升风管能力，落实风管责任，切实防范经营风险。一是积极落实“两高一剩”行业退出方案，加强重点行业和敏感行业风险防控；二是全面开展风险深度排查，加强对担保圈、隐蔽性集团客户、房地产、融资平台、民间借贷等重点领域的风险排查和防控；三是通过开展大额贷款专项检查，充分揭示潜在风险，因户施策，采取积极措施有效处置和化解不良资产。

同时，严格按照银监部门“守底线、防风险”的监管要求，狠抓案防工作不松懈。以流程银行建设为切入点，通过加强党建和党风廉政建设、案防和合规文化建设，采取反面典型教育和警示教育学习等一系列教育、预防和惩处措施，确保了零案件。

【企业文化建设】 2014年，凉山州农村信用社按照省联社“四川农信企业文化建设推进年”活动要求，通过建立员工诉求渠道、改善基层员工工作生活条件、帮助员工提升技能素质、建立员工帮扶救助基金等方式，把关爱员工落到实处。广泛开展了职工岗位技能竞赛、员工拓展训练、庆“三八”国际妇女节工会活动、先进代表事迹报告会等丰富多彩的文体活动，进一步增强了员工队伍的向心力和凝聚力。2014年，凉山州农村信用社荣获凉山州人民政府颁发的“2014年度金融工作先进单位”荣誉称号；荣获凉山州企业（企业家）联合会颁发的“2014年凉山企业50强”荣誉称号；荣获凉山州州级机关全民健身职工游泳比赛“优秀组织奖”。

（审核：冯宗连/撰稿：杨虹）

邮政储蓄银行凉山州分行

【概况】 2007年3月，中国邮政储蓄银行有限责任公司正式成立。2012年1月21日，经国务院同意并经中国银行业监督管理委员会批准，中国邮政储蓄银行有限责任公司依法整体变更为中国邮政储蓄银行股份有限公司。截至2014年6月，中国邮政储蓄银行拥有营业网点3.9万多个，ATM机5万多台，提供电话银行、网上银行、手机银行、电视银行等电子服务渠道，服务触角遍及广袤城乡；本外币存款余额达到5.5万亿元，居全国银行业第五位；资产总规模突破5.9万亿元，居全国银行业第六位，英国《银行家》杂志“2014年全球银行1000强排名”，总资产排名第28位。

【经营情况】 2014年，邮储银行凉山州分行有84个网点，其中自营网点18个、二类网点22个、邮政代理网点44个。下辖11个一级支行，23个二级支行。安装自助银行、POS机、商易通等便民、利民服务设施1109台，拥有功能齐全的流动服务车3辆。2014年年末，全州存款余额达到94.64亿元，经营规模不断扩大，余额规模位居全州金融机构第4位。城乡居民在该行开立的账户达到140万户，成为凉山金融市场的重要力量；每年各类代收代付业务金额超过10亿元，成为凉山城乡居民资金结算的主渠道之一。

【经营管理】 在各级政府、金融监管部门以及社会各界的关心支持下，中国邮政储蓄银行凉山州分行充分依托覆盖城乡的网络优势，坚持服务“三农”、服务中小企业、服务社区的定位，自觉承担起“普之城乡，惠之于民”的社会责任，走出了一条“普惠金融”的发展道路。中国邮政储蓄银行凉山州分行依托网络优势，按照公司治理架构和商业银行管理要求，不断丰富业务品种，不断完善营销渠道，不断提升服务能力，为广大客户提供全面、便捷的金融服务，打造成为一家资本充足、内控严密、营运安全、功能齐全、竞争力强的大型零售商业银行。

【获得荣誉】 凉山州分行多次受到政府及上级部门的表彰，连续3年荣获州委州政府授予的“金融工作先进单位”、荣获省分行授予的“2014年发展优胜奖”“全省消费信贷创新先进单位”等荣誉。

（审核：李华/撰稿：魏朝阳）

中国人保财险凉山分公司

【概况】 2014年，中国人保财险凉山分公司积极贯彻十八大、十八届三中、四中全会、国务院《关于加快现代保险服务业发展的若干意见》以及州委七届五次六次全会精神，深入推进《战略合作协议》的履行，强化保险服务创新，加快与凉山经济社会发展融合步伐，提升公司服务地方经济能力。2014年，公司实现保费收入4.76亿元，为全州经济社会提供风险保障1724亿元，其中：政策性农险实现保费收入7235.11万元，为全州农业生产提供风险保障14.4亿元，“惠农保”实现保费收入895.24万元；支付各类赔款2.32亿元，公司占市场赔款的42.29%，上缴税金2250万元。

【“新国十条”】 2014年8月国务院颁布《关于加快发展现代保险服务业的若干意见》（简称“新国十条”），对保险业发展进行顶层设计，提出保险现代服务业的概念。中国人保财险凉山州分公司与州委州政府围绕完善现代金融体系、带动扩大社会就业、促进经济提质增效升级、创新社会管理方式、保障社会稳定运行、提升社会安全感、提高人民群众生活质量，展开卓有成效的互动。2014年8月26日，州委常委何邵聪率州金融办一行就“新国十条”的贯彻落实莅临公司调研。

【政策性农险】 2014年，公司积极应对政策性农险面临诸多政策调整，首先是农业直补政策的取消，种植业承保费率的下调、签单业务乡一级改为村一级，养殖业衔接数据的变化等等，主动适应政策变化，进一步强化责任意识，全力消化不利因素，加大种植业发展，确保政策性农险基本面稳定。水稻、玉米、马铃薯农户自缴保费从5.25元分别下调到4.5元、4.2元，把党和政府惠农政策原原本本地送到农户手中，让普惠金融的雨露惠及更多农村群众，得到广大农户认可，种植业参保积极性得到提升，承保面积比2013年扩大18.05%，有效地发挥财政资金的放大作用。2014年，公司执行无赔款优待的最后一年，严格按照操作流程，认真站好最后一班岗，向农户让利685.64万元。依法合规推进承保、理赔“两进门”制度，做到应赔尽赔、不拖赔、不惜赔，维护参保农户的保险合法权益，全年没有发生一起损害农户利益而引发的投诉或群体事件。截至12月底，公司共计支付赔款5129万元。加大资源投入，不断加强和完善农网建设，切实打通服务农村群众“最后一公里”，在总公司的大力支持下，为“三农”保险服务站投入9辆服务“三农”越野车、79台电瓶车，进一步提升“三农”保险服务能力，公司共计有9个乡镇“三农”保险服务站，为当地农村群众提供承保和查勘理赔“一站式”服务，农户得到“足不出乡”的保险服务。

【“惠农保”】 自“惠农保”启动后，公司就将“惠农保”出险案件的查勘理赔摆在最重要的工作位置，要求全州系统紧紧围绕州委开展“走基层、解难题、办实事、惠民生”活动，举全司之力做好“惠农保”出险案件的查勘理赔工作。2014年共计支付“惠农保”赔款394.67万元，其中：自然灾害公众责任险赔款77.1万元，农房险赔款317.57万元。

【商业保险】 2014年，全州车险市场增速放缓，1月至11月市场增速仅为9.21%，低于全省车险增速12.08个百分点；公司非车险进入结构调整期。车险市场增量急剧下滑、竞争主体增加、自律协议弱化，价格、费用、服务和产品等竞争手段齐上阵，竞争手段呈现多样化、综合化和隐蔽化，公司建立“大车险”联席会机制，车险、渠道、财务等部门实时跟踪和分析市场变化，制定并实施“雷霆—2014”行动计划。不断调整资源配置角度和力度，连续推出四个升级版本，集中资源的“饱和攻击”，有效激活销售一线及系统员工的销售积极性，10月至11月车险增速分别达到14.21%、

13.88%，为全年车险发展走出“V”形反转作出了突出贡献。会理支公司、州公司营业部分别组建高产能个代营销团队，团队保费规模达千万级。在抓好车商渠道总对总战略合作模式落地的同时，积极探索地方区域市场重要车商渠道合作方式和模式，成功拓展西昌航天和泰汽车销售服务有限公司，西昌铭强汽车销售服务有限公司等车商，主动参与到车商各类主题销售活动，以凉山州汽车行业协会“战略合作伙伴”身份，连续取得“五一”、国庆、彝族年车展唯一保险合作参展商资格，在车展舞台开展形式多样的客户服务和品牌推介活动，家用车新车增速达12.9%。持续推进电商“双进”工作，与凉山州国土资源局、中国工商银行凉山州中心支行、州人民医院等九家单位达成团购合作协议并建立团购链接。非车险坚持走有效益发展之路，按照省公司“四四九”工程指导思想，全面加强风险管控，着力扭转亏损局面，取得阶段性的成果。加大对渠道、支公司拓展新业务、新项目的支持力度，主承保州交投公司工程一切险项目。

（审核：胡山/撰稿：姜涛）

中国人寿凉山州分公司

【概况】 2014年，全州人寿保险系统共实现保费收入53145.48万元，比2013年增长1.7%（实现续期保费30462.45万元，比2013年增长6.53%）。其中：个险渠道实现长险首年标准保费3236.7万元，完成年度财务预算的109.72%；首年期交保费5152.37万元，完成年度财务预算的110.8%；10年期以上首年期交保费3862.02万元，完成年度财务预算的105.9%；短期险保费2303.02万元，完成年度财务预算的101.9%；短期意外险保费1136.79万元，完成年度财务预算的86.12%。团险渠道实现短期险保6785.34万元，完成年度财务预算的114.42%，比2013年下降3.65%；短期意外险保费3115.34万元，完成年度财务预算的102.82%，比2013年增长17.18%。银保渠道实现长险首年标准保费160.14万元，完成年度财务预算的104.67%，比2013年增长161.25%；首年期交保费1099.38万元，完成年度财务预算109.94%，比2013年增长1645.2%；首年保费8266.12万元，完成年度财务预算的103.33%，比2013年下降16.31%。从2014年全州寿险市场看，中国人寿以51.95%的市场份额领先同业公司位居第1位。经营指标总分117.9分，全省排名第4，综合评级A级公司。全年共处理各类理赔案件2万余件，支付短险赔4252.35万元，死亡赔付金额1271.82万元，伤残赔付金额13.5万元，重疾、医疗赔付金额426.42万元。短险简单赔付率46.64%，较2013年同比上升1.34%。2014年全州系统新单创费3020万元，与2013年同比减少416万元。其中，长险创费1019万元，比2013年增加225万元；短险创费2001万元，比2013年减少641万元。2014年，公司统一思想，厉行节约，加强成本管控，固定费用支出比2013年减少30万元，重点行政办公及业务拓展费比2013年减少22万元，业务推动及非基本制度比2013年减少150万，其他经营管理费用比2013年减少32万元，确保全年收支平衡。

【业务服务】 2014年个险渠道推动一是以金鑫尊为主打产品的会议营销，召开高端客户联谊会，创造单场报单886万元的最高纪录，三场合计报单1746万元，合计回收1209万元，圆满完成了省公司下达的一季度目标；二是全州共计召开财富升级会252场，参会客户5885人，回收保费1389万元，超额完成省公司下达目标；三是防癌险总计完成保单3880件，保费821万元；实现个险渠道在9月底以前完成全年主要预算目标。2014年团险业务推动一是全州生效补充医疗保险保费2246万元，同时，根据自身发展需要，公司在2013年1000万元基金规模基础上，增大877万元的基金规模，有效规避赔付率高居不下问题。二是全州共收学生险保费2985万元，完成率为101.54%。三是全年共收入西运司业务保费500余万元。四是启动小额保险全州共完成515万元，其中西昌公司农村小额保险收入达到200万元。五是拓展大病保险，并于2014年12月30日大病保险招投标工作中顺利中标。在增员工作方面采取常态化增员与集中增员相结合的增员工作方案。二季度召开创说会15场，合作商户增员206人；三季度组织代资考18场，考试通过414人，进入公司361人；通过两次集中增员，全州人力突破1500人。

【服务发展】 2014年，中国人寿凉山州分公司积极开展“送培训进职场”和“沟通协调会”，及时将新实务、新要求、新险种带给销售部门和销售伙伴。加强高风险业务风险管控，严格控制五类及以上职业投保，优化产品结构，提升经营效益。积极开展柜面直销活动，2014年直销保费33万元，柜面开单率和柜员销售持证率均达到100%。加强柜员管理，从新契约端对端时效管理、保全管理、理赔管理、调查管理、柜面管理、收付费管理、日清日结管理、客户服务管理等8个方面分别制定46条考核细则，有效推进柜面服务品质。推进综合柜员改革，12月公司正式印发《凉山州分公司柜面综合柜员制实施方案》，积极稳妥地做好柜面综合柜员制的推广工作。同时对全州6万余件历史保单进行清理，完成历史保单客户信息的清理工作。

【自身建设】 2014年，中国人寿凉山州分公司先后开展凉山国寿“龙腾卡”客户联谊活动、VIP摄影爱好者知识讲座、少年绘画比赛、国寿大讲堂等活动，不断提升服务水平，创造客户价值。

【财务管控】 2014年，中国人寿凉山州分公司对各营业单位每月预算执行结果进行对比分析并及时通报，强化高管人员的经营意识，引导基层公司在业务发展过程中紧盯预算执行结果，关注短险经营情况对费用的影响，注意协调平衡业务发展与“创费、创佣、创薪”能力的关系，把控预算执行过程。服务公司整体战略目标，建立限额管理、安全高效的资金管理模式，有效防范资金风险。积极与凉山州地方税务局沟通协调，按照税务部门的要求提供2014年预缴税款退（抵）税资料，截至2014年年底有8家单位实现退税额225.71万元，有6家单位105.1万元退税尚在税务机关的审批办理中。进一步发挥预算管理的导向作用，以预算导向安排经营活动，厉行节约、严格管控，确保全年收支平衡。

【绩效改革】 2014年，中国人寿凉山州分公司出台《员工档案层级晋升办法》，规范员工档案层级，打通员工晋升通道，建立并完善有效的员工激励机制。拟订《青年骨干员工培养管理办法》，依照“德才兼备、以德为先”的选人标准，将30名青年骨干员工纳入后备干部管理库进行管理，建立一支结构合理的后备干部队伍。召开支公司中层管理人员双向选择竞聘大会，为青年员工搭建发展平台。全州系统共有32名员工参加竞聘，通过公开、公正、公平的竞聘程序，21名竞聘者竞聘成功，充实到基层第一线，健全完善支公司组织架构，为公司干部队伍建设注入新的活力。制定县支公司班子、机关中层干部三年考核办法，通过能上能下的考核机制，进一步完善激励约束机制，强化经营绩效考核力度。

【群教活动】 按照总、省公司的统一安排和部署，2014年3月至2014年10月，作为第二批活动单位，州公司深入扎实开展党的群众路线教育实践活动。先后组建4个班子调研组，分赴县支公司和营销服务部，对开展教育实践活动进行专题调研，收集意见建议；共组织6次集中学习讨论；召开14次离退休干部、员工及营销员和客户代表参加的座谈会、恳谈会；收集意见建议30余条，提出整改落实任务11项和专项整治任务4项，推动教育实践活动有力有序开展，确保教育实践活动不虚不空不偏，不走过场。

【职能服务】　一是进一步强化单证、印章的管理责任意识，强化管控、防范风险，提升齐抓共管合力；二是将公文纳入办公室的常规考核，对各支公司实行培训考核两手抓，切实提升办文质量；三是强化舆情监测，及时发现媒体危机事件苗头并妥善处置，防范媒体危机事件发生；四是强化监控，确保全州信息基础平台稳定运行，保障各项业务工作的正常开展；五是积极发挥工会职能，开展“职工在我心——工会服务一线职工专项活动”，开展职工之家升级达标工作，推进公司全面建设。

【内部风险管控】　一是开展内控评估测试，实现404条款遵循持续合规达标；二是认真开展反洗钱和“小金库”专项治理工作，确保相关法律、法规、规章制度落实到位；三是持续开展“诚信我为先”活动，继续发挥营销员风险预警与信用品质评价系统作用；四是着力开展行风政风整治工作，持续增强各层级员工的服务意识，努力营造后台为前台服务、机关为基层服务，全员为客户服务的工作作风；五是切实开展综合治理销售误导工作，进一步排除风险隐患；六是开展效能监察工作，推进公司重点工作和风险防范工作的落实，促进了公司持续健康发展。

（审核：和绍华/撰稿：卢俊吉）

中华联合财保凉山支公司

【概况】　2014年，中华联合财产保险凉山支公司（以下简称凉山中支）紧跟总、分公司“三三九”战略规划的步子，全力以赴抓业务发展提速，抓经营效益提升。在公司全体人员的共同努力下，再次创造了四川省系统内综合考核排名第一的优良业绩，被东方资产公司评为“2014年先进集体”；被中华控股公司评为“2014十大卓越价值贡献单位”；被中华财险公司评为“2014年先进基层公司”；被四川分公司评为唯一的“中华保险杯”获得单位。此外西城营销部、会理支公司、德昌营销部被评为四川省“二十强支公司”；余吟红等人还获得了个人先进嘉奖，得到了上级公司的表彰。2014年公司保费规模突破两亿元大关，实现保费2.07亿元，是中华保险在四川省内三州民族地区首家2亿元中支公司，业务同比增长11.64%，超过了当地市场增幅；市场占比18.45%，居凉山当地财险市场第二的位置；综合成本率（考核口径）83.35%，实现利润2960万元，实现了自2008年连续第七个年头盈利。实现了保费贡献全川第二，效益贡献全川之首。

【机构队伍建设】　公司内设综合部、计划财务部、业务管理部、客户服务部、车商渠道部、公司业务部、农村保险部等七个部门。九个四级机构：会理支公司、会东支公司、冕宁支公司和泸沽营销部、宁南支公司、德昌营销部、西昌支公司、西昌西城营销部、盐源支公司。在编员工126人，其中签订劳动合同117人，劳务人员9人；大专以上学历人员113人，占比89.68%；中共党员28人，占比22%。为了不断提升员工的业务技能和个人素质，公司在年内加强岗位培训，共开展员工在职培训12次，内容涉及“新国十条”知识；反洗钱专业技能；渠道建设；财务预算管理；新财务系统上线；金融保险服务“三农”；中介业务清理整顿；优培增效专项技能培训；非车险专项培训等内容。总经理室对于培训工作十分重视，常抓不懈，公司内部学知识、学技能、比学赶帮蔚然成风，队伍素质显著提高。

【售后服务】　提升服务能力，改善客户服务体系。公司年内结合州内实际，开展“优培增效”“五个一”“八个三”活动。全面推动未决案件和已决未付案件清理，强化考试考核促进素质技能升级。尽力简化、规范理赔流程，让客户享受便捷理赔。同时，发挥个销体制优势，从车险到期续保、保单送递、车辆定期保养、证照年审等全流程、全方位服务的跟进，以优质服务留住客户。凭借显著的市场地位与服务口碑，凉山中支被凉山州企业联合会授予“2014年度凉山服务业50强”荣誉称号；同时被凉山州政府金融办主为“2014年金融工作先进单位”。客服工作质量的提高，促进了公司业务的稳步发展。2014年，优质业务续保率达到68.21%，高于全省平均水平近10个百分点。通过开展客户服务活动，密切与新老客户的关系，提高客户续保率和客户满意度，为一线激情展业营造了良好的销售环境，从而进一步拓展新客户，巩固和带动业务增长，树立了公司良好品牌形象。全年未发生有效投诉案件，未发生新闻媒体负面报道、未发生重大群体性事件和越级群体上访事件。

【重大事故理赔】 1月9日，武钢矿业有限责任公司程潮铁矿附属工程公司工人在宁南县武星村大理石采区3号洞内作业时，被顶面掉下来的矿石砸中头部、胸部造成重伤，后送至宁南县医院抢救无效死亡。接到报案后，公司查勘人员徒步数小时，及时赶赴现场。对事故真实性及该矿山公司位置、人员、设备等进行全面调查核实，最终赔付20.0953万元。2月21日，投保单位九龙县明鑫矿业有限责任公司向公司报案称，该单位员工王某被石头砸伤头部，经抢救无效死亡。公司理赔人员赶赴现场查勘，确认该次事故属于保险责任范围后，按照保险合同及时赔付了死亡赔偿金30万元。3月1日，公司承保的一辆家庭自用车，搭载5人（包括驾驶员），在会东县野租乡行驶时，因操作不当驶出道路，发生侧翻，造成2死3伤、车辆严重受损事故；公司及时赔付33.96万元，为客户缓解了伤者治疗、死者安葬之急。4月18日，公司承保的一辆重型自卸货车，由西昌市高枧乡向健康路行驶，行至健康二环路尤家小区路口转弯时，因操作不当与一辆电动车发生碰撞、碾压。造成三者车电动车上一人当场死亡，一人受伤，电动车受损的事故。公司赔付32万元。6月13日，公司承保的一小型越野客车，当车行至会理县滨河路润铭酒店门口处时，与停在道路右侧的一辆小型越野车及小型越野客车相撞，造成三车受损，公司赔付37.5168万元。

【政策性农险】 农险业务发展方面，公司主动加强与各级政府的联系及请示汇报工作，特别是在“新国十条”下达后，多次向各级政府表达了中华保险学习贯彻“新国十条”“省八条”亮点，从而在多个区县政策性、商业性农险业务陆续“破冰”，在参与社会治理中寻求新兴增长点。乘“新国十条”出台东风，协助各个四级机构及时将中华保险公司在新时期的发展思路以正式文件的形式，向各市县政府进行汇报，让公司拓展农村市场的方向得到政府的认可。在西昌市、会理、会东、冕宁、德昌、盐源等地开展了水稻、玉米、育肥猪、山羊、牦牛等品种的政策性业务；还尝试性地开办了农村黑山羊、肉牛保险；蔬菜大棚及设备保险等商业险业务，全年实现农险保费690.33万元。同时，在各个基层机构进一步建立和完善农村保险服务网络，培训农险售后服务队伍，力求拓展更多的承保项目，拓展更广阔的大农村保险市场。

【公益活动】 积极参加社会公益活动，承担社会责任，年内公司开展了“3·15”消费者权益保障日宣传活动；参加了凉山州人行举办的“金融进学校、进社区、进工厂、下农村”活动；开展了中秋节到礼州福利院给残障老人送月饼、义务体检等活动；“五一”“十一”黄金周期间，为客户提供车辆免费检测服务。国庆、春节等大假期间，凉山中支在西昌邛海及泸山景区、盐源泸沽湖等景区设立服务点共3个，为游客提供道路、气象、景点状况等咨询；为旅游景点排除车辆简单故障提供咨询；在国庆前期为28位客户提供了车辆免费检测服务。在保险宣传月活动开展期间，公司在各个网点都开展了形式多样的保险进社区、进企业、进机关、进学校、进农村的活动。加强企划宣传，助力品牌营销。内强素质、外树形象，在沃尔玛、家佳超购、达达春天百货等地标建筑上投放户外广告，宣传公司良好形象。

（审核：於宏/撰稿：耿虹鸥）

平安财保凉山支公司

【概况】 中国平安财产保险股份有限公司凉山中心支公司，成立于2003年，是平安设在四川省凉山州的综合性财产保险公司。经营范围涵盖车险、企财险、责任险、个财险、工程险、信用保证保险、货运险、船舶险、农险、意外险、健康险等300余个险种，全方位为社会各界提供保险服务。在业务发展上，公司重视经营策略，组合产品优势，参与市场竞争，在贴近市场价格竞争的同时，努力促成市场理性的价格回归和平衡，大力发展银行、汽车销售公司、4S店、经纪公司等代理渠道，加大四级机构和兼业代理网点建设，2014年已设立雷波、冕宁、会理、西昌、布拖、金阳、德昌七个四级机构，会东、盐源四级机构也进入筹备阶段。公司在凉山州所有地区设立代理点或代查勘服务网点，走多元化的售后服务之路，确保承保客户的服务质量。在业务拓展方面，公司以客户需求为导向，发掘适合客户急需、市场对路的产品积极参与市场拓销，保证业务持续性、大面积的开拓。

【业务发展】 公司认真贯彻保监局、行业协会有关文件精神，大力调整险种结构，实行精细化管理，牢固树立金融服务经济的大局意识，积极为地方经济发展做贡献，为政府、企业、家庭分散风险、减轻负担，发挥经济补偿功能。在业务发展方面，公司制订并出台2014年销售激励方案，将全年的保费任务指标分解落实到各销售组织单位，并层层落实到人头，促进公司车险、财产险和意健险三大险种的全面达成。业务拓展方面，推进渠道融通，在继续保持车险较大业务增量的情况下，加大工作创新力度，积极突破新业务新险种。市场环境方面，对外密切关注保险同业主要竞争对手的政策调整和策略变化，制定差异化的营销策略，进一步提高市场应变能力；对内调整承保政策，逐步萎缩车险亏损业务，改善公司车险经营品质。2014年公司完成保费收入1.96亿元，车险增速超市场12.4%，车险保单成本率87.7%。

【经营管理】 公司提出对干部实行强化问责制、对各职能部门强推首问负责制、在各部门与员工之间实施定期沟通制的管理方式。对外主动收集市场信息，找准目标市场，对内各职能部门积极参与，牢固树立大团队意识，打造“和谐、开放、真诚”的沟通平台，以强化队伍建设、树立市场信心、提升整体竞争力。同时强化公司的核心竞争力——服务，着重抓好综合管理部、业管部为前线和客户服好务为主要的中心工作、巩固和建设好内控管理，提高公司的各项经营管理指标，开展平安礼仪、诚信廉政教育活动，实施员工激励、季度客户服务明星评比等方案，改善员工精神面貌，增强公司凝聚力。让公司成为管而不死、活而不乱、内外齐心协力，具有坚强战斗力的队伍。2014年，人民银行、分公司合规部加强并细化公司的反洗钱检查，针对此类情况，公司在总经理室牵头下，认真总结2013年存在的反洗钱问题，优化公司2014年反洗钱工作。按照人行要求，公司变更反洗钱组织架构，成立以总经理刘华程为反洗钱领导的新的反洗钱领导、执行小组成员，同时参照分公司红头文件制定适合机构的反洗钱内控制度，指导开展公司的反洗钱工作。2014年，公司的反洗钱工作不仅局限于基础的宣传、培训工作，该项工作还多次由综合管理部牵头，对各部门反洗钱台账进行检查，对基础工作进行指导，公司的反洗钱工作持续良好开展。

【理赔服务】 公司以平安产险客户服热线“95511”为依托，7×24小时为客户提供接报案和查勘求援服务。完善的核保核赔制度，向客户作出贴心周到的“理赔服务流程”，推出简化车险小额赔案的快速理赔通道，定期向客户提供各类防灾防损的信息和建议。平安公司率先实现车险全国通赔服务，客户在投保地以外的任何地区出险，都可享受到和投保地一样便捷、高效的理赔服务。2014 年，公司积极处理地质灾害、校园方责任险等相关案件，为受灾客户提供更加完善的服务。公司以快速、简便、合理、专业的理赔服务获得客户的普遍信任和赞誉。

【队伍建设】 公司充分运用“竞争、激励、淘汰”三大机制的约束，通过全面培训，指导销售，使团队销售的单一技能向综合性技能发展，综合性技能向专业化技能转变，提升团队的整体作战能力，成功建立核心团队。在培训体制方面，公司建立完善的新人培育体系、不定期进行新人培训，使新人达到“感知保险、认同团队、加速成长、融入平安”的培训理念和目的，并建立指导人制度，对新人进行成长督导与跟踪，让新人更快适应环境，实现角色转变。通过员工培训，及时选拔员工加入兼职讲师队伍，并开设 30 多门内、外勤培训课程，涉及个人、专业几个方面，每月启动培训计划，按照员工的个人发展需求，因地制宜，以达到提高个人素质、工作技能的目的。

【企业文化】 2014 年，公司在业务发展的同时全年组织员工参加晨会、自行车环游邛海、明星旅游、趣味运动会、湿地徒步行、年终总结会，开展“创巨大差异，建诚信平台”等活动，同时组织员工进行《平安新语》《平安礼仪》等平安文化系列丛书及各类网络课程的学习，提升员工的专业技能，加大员工对公司的认同度。公司大力倡导“执行”企业文化的推广和建设，贯彻“遵纪守法”的经营理念，让员工在工作中逐步理解“一个品牌、两个终身、三大机制、四大责任、五个最好”的平安企业文化的深刻内涵。员工通过优秀企业文化的学习和实践，在实现公司价值最大化的同时，实现个人价值最大化。

【客服活动】 2014 年，凉山的客服理赔工作日趋成熟，减轻公司的理赔损失，不断升级服务。一是客服理赔部在沿用以前较为完善的理赔管理模式下，进一步加强案件品质管控。制定配件和工时，施救费的精细化管理制度，大大降低赔付率；加强案件的自主抽查的频度和范围，规范查勘及定损流程，对道德风险案件进行有力把控，有效降低理赔成本；设立专职调查岗和大案岗，加强风险案件深入调查，2014 年共计减损 442 万元。二是继续沿用客服节的活动模式，同时联合各销售渠道和四级机构，开展不同模式并且符合渠道特色的增值服务，如 3 月的“最美女人节”，4 月的“低碳环保大型骑游”，5 月“母亲节”活动，以及下半年的中秋节门店活动、司庆活动等。各项客服节活动与公司官方微信线上互动相结合，利用网络新媒体进行宣传，大力推动公司的线上服务。

（审核：刘华程/撰稿：吴纪华）

旅 游

Tourist

旅游工作

【概况】 2014年，全州旅游业紧紧围绕州委、州政府科学发展、加快发展的工作基调，全面贯彻落实州委经济工作会议精神，以建设四川旅游次中心、西部重要旅游集散地、打造西部最佳阳光休闲度假康养旅游目的地为发展目标，主动服务于构建多点多极支撑的战略部署，大力实施旅游精品战略，强化旅游带动，积极推动旅游现代服务业发展，全州旅游业呈现加快发展态势。全年全州接待旅游人数3165.47万人次，较2013年同比增长10.48%；实现旅游总收入189亿元，较2013年增长36.65%。

【假日经济】 2014年春节、火把节、国庆节、彝历年4个长假共接待游客955.95万人次，较2013年增长16.35%，占2014年全州接待游客总数的30%；实现收入25.20亿元，较2013年增长29.15%，占全年旅游总收入的13%。假日经济持续增长、品牌效应日益凸显、旅游形象日益提升，创造了良好的经济效益和社会效益。

【旅游规划】 完成《凉山州旅游发展总体规划》修编初稿工作；组织召开西昌市、喜德县、冕宁县、金阳县、布拖县旅游相关规划评审会；启动“四川藏区旅游发展三年行动计划”，助推凉山州藏区旅游发展；完成《乌蒙山片区旅游发展规划》凉山段修改建议；积极争取省级旅游发展资金755万元，第一批公共设施建设资金补助540万元，第二批州本级智慧旅游平台建设项目等补助资金215万元；制作凉山州旅游项目投资指南；上报文昌故里景区项目、会理古城等6个2015年省重点旅游项目；申报2015年省级旅游发展资金项目10个4350万元。启动美丽乡村旅游示范工程，到2015年，扶持10个贫困村开展乡村旅游，组织喜德等9个乡村旅游扶贫重点村村干部赴秦皇岛参加国家旅游局第三期乡村旅游扶贫重点村村干部培训。

【品牌建设】 启动“凉山州A级景区创建提升计划”，到2019年，力争建设A级景区29个，全面提升凉山州旅游业竞争力；邛泸景区有序推进AAAAA级景区创建工作，大力开展湿地五期“梦寻花海”、六期“梦回田园”建设项目，已经完成创建相关资料的收集，申请材料已上报省旅游局；泸沽湖景区投资3580万元，实施基础设施建设项目，正进行办理开工许可证、开展项目招投标等前期准备工作顺利；启动会理古城、马湖景区创建AAAA级景区工作，成立创建领导小组，落实机构和人员，正在编制AAAA级景区总体规划、创建工作实施方案，马湖景区投资7615万元，启动环评、土地预审等项目前期工作，征地拆迁工作已过半；灵山景区二期建设用地已通过省上批复，等州上批复落实，风景名胜区环评通过省环保厅批复。启动泸沽湖景区创建国家级生态旅游示范区、雷波马湖景区创建省级生态旅游示范区和省级旅游度假区、冕宁灵山景区创建省级度假区工作。旅游标准化试点工作成效显著，冕宁县等单位成功创建省级旅游标准化示范县等试点，顺利通过全省第三批试点单位验收；督促宁南县抓好创建省级乡村旅游示范县的整改工作，成功通过省级检查验收。

【宣传营销】 以事件为抓手，创新旅游市场营销新机制。承办第十五届中国旅行社现代企业管理沙龙旅游推介会，与中国国旅控股有限公司等大企业签订《旅游战略合作框架协议书》；承办2014世界超级模特大赛全球总决赛开幕式系列活动，来自美国、英国、奥地利等35个国家和地区的35名职业模特，50多家国内知名新闻媒体记者，自驾游组织、全球知名商会负责人共200多人参加活动，会议对凉山州招商项目和西昌市旅游文化项目进行推介；参加乐山峨眉山市首届四川国际旅游交易博览会，共发放宣传资料3万余份，宣传光碟3000余盘，接受相关咨询2000余次；参加台湾市场旅游促销，学习台湾旅游先进经验，宣传凉山旅游，培育台湾客源市场；与成都市旅游局开展区域合作，赴东北三省开展成都-凉山大型旅游促销会，邀请沈阳、长春、哈尔滨三地共100余家知名旅行社、涉旅企业参会，推荐凉山旅游。开展CCTV-4《远方的家》栏目《江河万里行》纪录片的拍摄工作。与上海东方卫视、中国旅游杂志联合拍摄的“两天一夜”大型旅游真人户外秀节目凉山篇在上海东方卫视播出。2014年共发放宣传书籍、杂志、音像、DM单等宣传资料近50万份；送出泸沽湖、螺髻山、灵山、卫星基地旅游景区近3万张门票。

【信息化建设】 推进“智慧旅游”创建工程，编制《凉山州智慧旅游总体规划》，并组织省上专家、州级相关部门、旅游景区、通讯营运商负责人参加的评审会，通过《规划》评审。落实项目资金110万元，进入实施阶段。

【法制建设】 深入《旅游法》宣传，通过新闻媒体、“3·15”活动日、安全生产宣传活动等宣传旅游法、消费者权益保护等相关知识，通过会议、培训等各种形式对旅游从业人员进行《旅游法》教育；送《旅游法》到基层（旅游集散中心、旅游企业、执法一线等），树立知法、守法、施法、执法的信心；送政策措施到旅游企业，对企业、从业人员落实《旅游法》中遇到难点问题进行指导。开展行政权力清理，清理旅游行政权力65项，其中行政处罚62项、其他权力3项，将旅行社资格认定改为初审，并将行政权力在网上对社会公示。完成州政府重点政务调研课题3个，共办理人大代表建议3件，政协提案10件。

【行业管理】 一是开展“质量强旅”活动，深化“创先争优”“诚信经营”创建活动，引导旅游企业“优化产品结构，提高服务质量，提升行业品质，拓展服务功能”，形成和谐有序的旅游市场秩序。加强旅行社管理，备案旅行社分社9家，注销备案登记分社3家，注销旅行社3家，完成国家旅游局对星级饭店调查调研情况报告及数据调查。二是全力抓好旅游安全各项工作。深入开展旅游安全生产专项集中检查，开展平安景区创建活动，进一步落实企业主体责任和行业监管责任。对照国家和行业标准要求旅游企业严格遵守旅游安全标准进行经营，有力推动“平安凉山”建设，全年全州未发生一件重特大旅游安全事故。三是行业协会工作成效明显。组织参加中国旅游商品大赛，索玛花南红玛瑙装饰、吉祥壶开瓶器获省级银奖，民族服饰情侣扣等作品获得省级铜奖；参加全国红色旅游讲解员电视网络大赛，组织开展“寻找最美导游”活动，参与凉山州旅游公益微电影基金启动仪式，协助创办《凉山旅游》杂志，截至2014年年底发行4期，印刷10000多册。

【旅游执法】 组织开展旅游市场秩序专项整治工作行动，重点治理“零负团费”“挂靠承包”，强迫或变相强迫旅游者消费等突出问题，积极配合发改、商务、工商、民宗、消防等部门对全州辖区内寺庙、宾馆饭店消防安全进行专项整治活动；购置 28 部旅游执法对讲终端机，统一配发到全州 17 县市、A 级景区，与公安、质监、工商、物价、食品药品等部门联网，实现州与县市、景区和相关部门的无缝对接，率先建立起全州旅游投诉统一受理机制和平台。重点检查旅行社、星级酒店、景区、旅游客运公司、农家乐等企业，对道路标识牌、道路安全设施、停车场和旅游接待设施等进行全面检查；全年共出动执法人员 330 人次，出动车辆 195 台次，检查涉旅企业 150 家次，检查旅游团队 60 个，下发限期责令改正通知书 4 份，对在市场检查中发现的问题进行了相应处理。

【主题教育活动】 围绕“树立为民务实清廉新形象、助推旅游惠民强州新跨越”的主题，制定了活动实施方案。采取集中学习、个人自学、专家讲解、网站专题学习、领导讲党课等方式，举办了专题辅导会、党课报告，开展向毕世祥学习活动，认真开展“五好干部怎么当”“凉山旅游跨越发展我该怎么做”等主题讨论活动；收集“四风”问题建议 110 条，涉及班子“四风”问题的建议 60 条八个方面，涉及班子成员个人的 16 条；开展“走基层、解难题、办实事、惠民生”活动，多次到联系点普格县耶底乡色各洛村开展走访调研帮扶活动，组成 39 对“一帮一”对子，建立帮扶台账，到点开展工作 52 人次，协调落实资金 15.29 万元，其中职工捐献 7200 元；为色各洛村办 30 多件涉及“发展、民生、稳定”方面的实事，协调州、县扶贫部门投入 100 万元对色各洛村实施“整村推进”项目建设的前期工作。

【党风廉政建设】 以中央“八项规定”为准则，认真落实党风廉政建设责任制，积极推进惩治和预防腐败体系建设，深入开展旅游行风评议工作，把创先争优活动作为旅游行业窗口单位的表率来抓；继续开展廉政文化进景区工作，进一步强化服务意识、提升服务水平；倡导求真务实作风，改进会风文风、改进调查研究，推动作风建设常态化；不断加强理论和业务学习，不断提升政治理论素养和扩充业务知识面，不断适应旅游工作新形势的需要。

【人才建设】 先后举办导游岗前、导游年审、旅游景区讲解员、旅游管理人员岗位资格认证培训班等 4 个专题培训班，2014 年共开展各类旅游培训 67 期，培训人数达 8509 人次（其中，组织网络培训 63 期，培训 3509 人次；组织现场培训 4 期，培训 5000 余人次）。做好本年度导游考试的报名和考务工作，115 名考生参加 2014 年导游考试。

（审核：王勇/撰稿：沈晓龙）

邛海泸山景区管理

【景区规划和建设】 2014 年，邛海泸山景区管理局协调配合州市规划、国土、环保等部门，经市政府常务会议同意，启动《泸山东坡详细规划》《邛海南岸白庙村区域详细规划》，完成现场踏勘范围确定和部分地形图的测绘成果提供，并对泸山寺庙集中区、电池厂区域、海南乡窑沟区域进行 1∶500 的地形图补充测绘工作；完成景区主入口区游客中心及大门规划，资料收集、现场踏勘、地灾评估、地形图测绘，由上海禾木规划设计有限公司、西南建筑设计院分别开展规划方案设计，正按省住建厅意见修改完善；开展《邛海—螺髻山风景名胜区邛海西岸控制性详细规划》修编完善资料收集及现场踏勘、协调服务等工作；开展四川中迪禾邦实业集团有限公司酒店项目、邛海水厂改扩建工程项目选址及方案设计协调联络服务工作；配合完成缸窑柏栎酒店至西巧路口片区规划，待评审；配合州市相关部门做好凉山州消防训练基地的选址及方案设计等协调服务工作；委托四川省城乡规划设计研究院完成邛海西岸 B-

12、B-18 等地块调规论证，完成凉山州法纪教育基地项目方案、西昌市海南乡卫生院选址及建筑设计方案、西昌市公路局新建泸山山门入口下穿隧道工程项目的选址、大箐乡白庙村小学迁建选址、四川西昌电力股份有限公司 110 千伏城大线路径迁建等景区选址修建项目的现场踏勘、方案审查及报批工作；配合市规建局，由四川省城乡规划设计研究院完成邛海西岸 A-09、C-26、D-01 三个地块的调规论证工作；完成邛海湿地五期、六期项目规划和节点小品建设设计方案的审核报批工作，通过省住建厅评审报住建部审批；完成《月色风情小镇改造升级方案》《邛海湿地五期恢复工程大箐乡白庙村彝家新寨安置区（一期）建设项目方案》的初审，并报州住建局审查通过；聘请上海同济规划院完成邛海西岸旅游服务设施（“邛海三院”）规划设计工作，已提交成果；委托四川煤田地质一三七总公司对邛海西岸 B-18、B-31 地块建设用地地质灾害危险性进行评估论证，评估报告已完成并交市国土局，为招商引资建设 2 个五星级酒店做好相关准备工作。完成邛海湿地五期、六期恢复建设项目，于 12 月 20 日开园，邛海水域面积扩大至 34 平方千米；进一步完善景区基础设施建设；规范泸山售票点、泸山旅游购物售货亭和光福寺风貌整改；启动泸山景区标识牌安装设置等项目；投资约 600 万元修建泸山山门下穿隧道。按照创国家 AAAAA 级旅游景区和创全国文明城市的标准，对景区标识牌进行升级改造，共更换 200 多块标识牌；打造大凉山特色旅游商品基地，建成大凉山南红玛瑙市场，海门渔村 8 万平方米商铺招商。大凉山南红玛瑙城已建立批发中心、交易中心等数个专业商场，招商 100 个商铺，从业人员 3000 余人，全年带动相关产值近 5 亿元。

【景区执法监管】　2014 年，邛海泸山景区管理局共巡查违法修建 35 处，发出停工通知并及时制止 31 户、强制拆除 4 户；配合海南乡制止违法修建 20 余户，完成违法修建的调查取证工作 11 户；完成海南乡政府区域内 16 处乱摆摊点的清理工作；配合做好邛海湿地五期、六期征地拆迁区域（重点是民主村、缸窑村、核桃村、古城村区域）的执法检查，协助完成好拆迁和湿地建设工作；加强对邛海湾酒店、雅砻江水电开发公司邛海培训中心项目、州法纪教育基地、宁海听涛、光福寺观景平台改造及滑坡治理工程等景区在建项目的监管及协调服务工作。

【环境保护】　2014 年，邛海泸山景区管理局完成月亮湾景点日处理量 12 万千克污水处理设施改扩建工程建设配套完善及验收工作；结合海河天街项目建设，配套实施海河两截污管网建设，将原有的 37 个排污口全部接入截污管网；配合市供排水公司建立一级保护区范围的安全巡查制度，加强截污管网的巡查和故障处置，建立水质监测体系，改造缸窑三岔口、邛海宾馆和四期湿地疗养院国道 108 公路段二、三级管网。景区环保监管重点排查邛海西岸邛海宾馆、邛海公园、月色风情小镇等单位的污水进入截污干管情况；排查月亮湾、小渔村、青龙寺等景点，俊波外国语学校、川兴中学及景区附近污水处理设施运行情况，及时清理、整治排查安全隐患。全年组织 5 次对官坝河、大沟河等入湖河海面、邛海水域的垃圾、水浮莲、水白菜的清理打捞工作；加大湿地生态恢复和管护力度，大力开展湿地水生植物枯枝败叶的清理、过盛睡莲的修剪以及菱角、水花生、水鳖的打捞工作。

【安全管理】　2014 年，邛海泸山景区管理局进一步完善安全管理工作长效机制，加强保安队伍管理，加强节前安全检查和值守工作，全年出动执法检查人员共计 168 人次，现场值守 30 余人次，及时排查和整改安全隐患 33 处；开展景区消防安全隐患排查、整治工作，会同市消防大队，重点对景区内 178 家宾馆、酒店、餐饮娱乐和住宿场所的消防安全进行全面检查，发现火灾隐患、消防违法行为 208 处，填发《责令改正通知书》67 份，督促整改火灾隐患 296 处；指导邛海游船运营公司组织 2 次水上安全演练；对景区水电设施进行统一维护管理，全年共检修水电设施300余次处，其中大型爆管12次。

【邛海渔业管理】 2014年，邛海泸山景区管理局开展渔业养殖与水体保护调研，确保水产公司开展邛海生态养殖可持续发展。全年在邛海共投放四大家鱼1124万尾，捕捞生产品60.2万千克。完成对邛海注册渔民1076人发放2014年补偿费173.67万元；规范邛海垂钓秩序、加强钓鱼证管理，全年共办理钓鱼证1217个。

【景区旅游管理】 2014年，邛海泸山景区管理局策划组织并做好春节、龙舟节、火把节、中秋节、彝族年等节日活动及相关宣传；成功举办2014中国大凉山南红玛瑙节；配合"西昌国际马拉松赛"现场的氛围营造，通过邛海湿地龙舟表演赛，展示湿地建设成果；协助举办"2014年度长江湿地网络年会"闭幕式；积极开展"创AAAAA"、创全国卫生城市、创全国文明城市、创全国科普教育基地工作。截至2014年底，资料档案组收集装档资料约50%，补充完善约5%，软件提升组可提交15%，待硬件建设组完工后提供的材料占30%；配合相关部门，做好创建宣传片、《西昌邛泸风光》画册、《大美彝风》画册刊号申请印制、一套研究论著印制、景区邮政纪念邮品印制、门票制作、景区LOGO商标注册、智慧景区建设等工作；加强景区从业人员管理，强化对景区宾馆酒店服务员、餐饮业从业人员、船工、售票员、讲解员、保安保洁人员的学习、培训和管理力度，全年景区共组织培训17期，培训旅游从业人员1800余人次；完成各级接待293次8000余人，其中国家级接待70次，省级接待57次，州、市接待158次，外宾接待6次；全年接待游客1410.38万人次，较2013年同比增长4.9%（其中：一日游1057.79万人次，过夜游352.59万人次），实现旅游收入16.84亿元，较2013年同比增长3.9%；自驾车80.73万辆，较2013年同比增长3.6%。

【景区宣传】 2014年，邛海泸山景区管理局利用景区网站，上传大量景区图片和中、英、日、韩四种文字稿件宣传推介景区，针对湿地保护对景区网站科普专栏进行细化、提升；全年在各大媒体提供新闻素材10余件，配合市委宣传部制作《西昌邛泸风光》画册和《大美彝风》画册。针对"邛海泸山风景区"政务微博，全年发布信息近300条，受众数突破10万。邛海湿地获得"国家湿地公园""全国科普教育基地""全国最佳野生鸟类观赏地"和四川"100个最美观景拍摄点"等荣誉称号。

【群教活动】 2014年，邛海泸山景区管理局党组聚焦"四风"问题开展学习教育实践活动。压缩"三公"经费13.9万元，较2013年同期下降30%；投入资金4.15万元补助湿地拆迁户3户11人；投资70多万元对泸山景区游览步道和标识牌进行改造，光福寺观景平台和滑坡治理完成基础建设；协调资金6.6万元，完成新桥村、三村村700米道路路灯安装、5户困难群众蔬菜种植大棚的搭建；制定"挂包帮"三年计划。开展"庸懒散浮拖"问题专项整治工作，制定专项整治工作方案，落实专项工作力量，任务到位、措施到位，教育引导机关党员干部自觉树立从严从实工作作风，改进存在的不良行为和作风，进一步推进管理局机关党员干部崇尚实干，大抓落实的良好局面。管理局党组把党风廉政建设与景区管理各项工作放在同等重要位置，同部署、同落实、同核查；长敲反腐倡廉警钟，结合"两个责任"的落实，由纪检组长牵头，层层签订责任书和承诺书，同时聚焦突出问题，动真碰硬强力整治，从抓学习、教育、管理和制度入手，推进作风转变。通过党风廉政建设系列工作，使党员领导干部树立起正确的权力观、地位观、利益观，进一步筑牢廉洁从政、干净干事的思想防线。

（审核：伍文江/撰稿：沙宏伟）

螺髻山旅游景区管理

【概况】 2014年，螺髻山管理局坚持以党的十八大和十八届三中、四中全会精神为指导，深入贯彻党的群众路线，切实履行工作职能，严格规范管理，全面依法行政，努力攻坚克难，扎实推进各项工作任务落实，确保景区的稳步发展。

【机构设置】 2014年，螺髻山管理局内设机构为三科一室，即办公室（挂执法保卫科牌子）、规划建设科、市场开发营销科、管理科。行政编制10人，机关后勤服务人员编制1人，实际在编10人。

【旅游经济指标】 2014年，螺髻山景区全年正常开放，节假日旅游接待井然有序，未发生游客拥堵、滞留现象，未发生旅游安全事故。全年螺髻山景区共接待游客21万人次，景区门票收入856万元。接待游客人数和景区门票收入与2013年同比，分别增长7%和11%。

【基础设施建设】 螺髻山景区快速索道于2014年春节假期投入使用，将日接待量从1500人次提高到6000人次，并在春节假期创造单日接待游客5626人次的接待记录。2014年管理局对景区购票窗口、厕所、停车场等设施进行改造。新增售票窗口3个，使售票窗口数量达到5个，方便游客快速购票；改造景区游客中心厕所1个，在景区游览沿线规划设置临时厕所4个，以满足游客需要；改造景区停车场，通过合理设置划定停车位，新增停车位200个，扩大停车场容量。

【资源环境保护】 2014年，管理局严格按照《风景名胜区条例》和《四川省风景名胜区条例》的规定，进一步强化工作措施，加强对景区资源环境的保护和管理。一是落实工作机构和人员，明确工作职责。成立珍珠湖景区管理处，配备10名工作人员，工作地点在景区，专门行使景区资源环境保护、环境卫生管理和设施维修维护等工作职能。二是与螺髻山镇、山脚下的洛博村建立联动工作机制，强化对周边群众的宣传教育和开展环境治理活动，管理局提供工作经费保障。三是借助与中科院成都山地所共建的“科研教学基地”平台，在地质灾害防治、生态环境保护、生态旅游规划和景区发展等方面加强科学研究，为景区资源环境保护提供科学依据。景区资源环境保护工作形成“山上山下联动、景区为主体周边群众自觉参与、科研机构提供科学支持”的工作格局，进一步提高景区资源环境保护工作成效。

【景区经营活动】 2014年，管理局针对景区周边群众随意摆摊设点、儿童尾随兜售小商品等破坏旅游秩序和损害景区形象的现象，管理局会同景区派出所、螺髻山镇及相关村组、工商等部门开展专项治理工作，坚决制止和杜绝尾随兜售现象，规范景区经营秩序。在整治工作中，始终按照党的群众路线教育实践活动的要求，一方面要坚决规范景区的经营活动，另一方面又要保障周边群众开展正常经营活动的客观需要。通过在周边村组深入的走访调研，开展思想发动和政策宣讲工作，最终赢得绝大部分村民的理解和信任，积极配合景区规范经营摊点。管理局在景区停车场专门开辟经营场所，统一划定摊位分配到人头，方便周边群众开展经营活动。

【A级景区复核】 2014年，管理局认真贯彻《四川省旅游景区质量等级提升标准（暂行）》和《游客高峰时段旅游景区应对标准》（A++标准），提升景区管理和服务水平。在省旅游局专家组进行明察暗访后，对螺髻山景区的管理和服务工作给予充分肯定，螺髻山景区顺利通过A级景区复核，继续保持国家AAAA级旅游景区的称号。

【宣传营销模式】 2014年，管理局着眼于景区整体形象宣传推广，加强对景区宣传营销方式的改革创新，实现从传统媒体宣传向新媒体运用和网络宣传营销转变，降低营销成本，扩大宣传效应。全年景区官方微博用户超过5000人次、微博发文400多篇、阅读量平均6万人次/月，官方微信用户近1000人、微信图文阅读量平均6000人次/月，螺髻山旅游网网站浏览量平均1210人次/月。

【申报创建工作】 2014年，管理局根据省、州旅游局的统一安排部署，螺髻山景区启动国家级生态旅游示范区的申报创建工作。管理局完成创建机构的搭建，制订工作方案，强化对创建《标准》的学习，编撰《螺髻山生态旅游示范区知识读本》。积极和普格县委县政府进行协调联系，已将国家级生态旅游示范区的申报创建工作列为普格县2015年推动旅游上档升级工作项目之一。

【依法行政】 2014年，管理局认真贯彻《依法治州实施意见》，开展依法行政“示范单位”创建。建立健全干部职工学法、守法、用法制度，深入开展普法教育；健全科学决策、法律顾问制度；依照《风景名胜区条例》和《四川省风景名胜区条例》对行政权力事项进行清理，加强行政权力公开运行平台建设，确保行政权力事项公开透明运行。

【党的群众路线教育实践活动】 2014年，管理局按照州、县委关于党的群众路线教育实践活动的统一部署，螺髻山管理局高度重视、认真研究部署、周密组织实施，深入开展党的群众路线教育实践活动。在开展教育实践活动过程中，始终坚持把学习教育贯穿始终、查摆问题和问题整改贯彻始终，高标准推动教育实践活动的开展，全体党员干部积极参与。活动中共收集各类问题、意见31条，梳理归类为12条，已整改完成10条，通过边查边学边改、正风肃纪、专项治理等活动，压缩公务接待费30%，进一步精简压缩会议、文件简报，严格公务用车管理。通过教育实践活动，进一步强化广大党员干部宗旨意识，进一步密切和景区周边群众的关系，进一步转变工作作风，进一步提高工作效能。

（审核：李银才/撰稿：曾尚文）

泸沽湖景区管理

【概况】 2014年，摩梭家园暨泸沽湖景区管理局认真执行上级党委政府安排部署，紧紧围绕“摩梭家园”这一重大项目，严格执行摩梭家园系列规划，深入开展党的群众路线教育实践活动，积极开展景区生态环境保护、基础设施建设、摩梭文化保护等工作，狠抓落实，稳步推进全局工作。2014年泸沽湖景区共接待中外游客53.11万人次，比2013年增长53.21%；实现门票收入2506.85万元，比2013年增加36.27%；实现旅游收入39938.01万元，比2013年增加29.59%。

【摩梭家园建设】 2014年，泸沽湖景区管理局领导班子紧紧围绕“摩梭家园”这一主题，团结一致，合理分工，共同协作。一是多次邀请省、州领导和专家进入景区就摩梭家园建设项目重要意义对全体干部职工、群众代表进行宣讲。联合盐源县级相关部门深入基层就摩梭家园规划、泸沽湖风景名胜区管理条例、国土法等法律法规进行宣讲。二是配合泸沽湖镇政府完成洼夸村落试点建设和550户重点村落民居改造升级，启动9个重点保护村落基础设施建设工作。三是启动投资4900万元的泸沽湖大草海生态建设，打造“自然、生态、人文”为一体的草海生态保护和旅游观光带。四是全面实施景区绿化工程，极大提高景区绿化水平，美化景区环境。五是按照摩梭家园总体规划要求，严格建设管理景区。会同盐源县相关部门继续对景区违建棚户、摊位进行全面整治和规范管理，不定时对景区进行全面巡查，严厉打击非法、违法建设行为，对非法建设进行及时整改和拆除。2014年，景区共清理拆除违法违章建筑10处75间，拆除棚户197户408间共6100平方米，整顿规范旅游接待经营户140户，审批合法建房170余户。

【景区综合管理】 2014年，泸沽湖景区管理局采取多项措施推动景区建设、管理上档升级。一是对景区内所有停车场、码头、瞭望台、游客中心等基础设施进行全面维修和更新，新修扎俄洛码头、达祖码头，改善游客乘船游览条件。二是按照国家AAAAA级景区标准新制作2000余块标识标牌，进一步完善景区导视系统。三是全面维修景区垃圾填埋场、污水处理厂、污水收集管道及污水处理设备，启动垃圾填埋场二期工程，新增景区垃圾清运设备，增加景区环卫工作人员和清运垃圾的次数。实施景区特色太阳能路灯工程，实现景区路灯全覆盖。四是对景区所有烧烤摊位进行全面整治，在洛洼、达祖、木垮、五支洛、山南新修集中烧烤摊点，规范景区管理。五是积极推进景区涉旅服务培训工作。邀请四川省博物院、四川旅游学院的专家和学者对景区所有涉旅工作人员和单位员工进行系统培训，大幅提高景区旅游服务水平。六是狠抓旅游安全工作。联合海事、交通、旅游、泸沽湖镇、环保等部门全面开展景区客运、船只、防汛、消防安全、涉旅经营户综合整治工作，为景区旅游营造平安、稳定、和谐的发展环境和旅游秩序。与云南泸沽湖景区管理委员会在景区规划建设、旅游管理、生态环境保护、宣传推介等方面进行全面合作，共同保护泸沽湖景区旅游资源，推进泸沽湖景区旅游健康稳步发展。

【宣传促销】 2014年，泸沽湖景区管理局突出宣传，创新措施，努力打造景区旅游服务品牌。一是全力推进景区申报创建国家AAAAA级景区和国家级风景名胜区各项工作，11月泸沽湖景区管理局顺利召开泸沽湖景区申报创建国家级风景名胜区考评会，向考评小组提交申报和汇报材料。泸沽湖景区管理局已招标专业公司对景区申报国家级AAAAA景区工作进行全面编制。二是积极开展宣传泸沽湖系列活动。联合东方卫视拍摄《两天一夜》综艺宣传片，让全国游客充分认识泸沽湖的风土人情。参加省作协、州文联和盐源县人民政府联合举办的“名家看四川—走进盐源泸沽湖”中国知名作家泸沽湖笔会，深入宣传泸沽湖神秘的摩梭文化和秀丽的自然风光。举办大香格里拉泸沽湖“摩梭家园杯”乒乓球邀请赛，让更多游客朋友亲临泸沽湖感受其无限魅力。三是与中央电视台、重庆电视台、四川电视台、凉山电视台，四川日报社、凉山日报社等知名媒体合作，利用景区官方网站、微博、微信等多种实效通信手段全方位、多角度宣传泸沽湖。四是积极组织举办第五届泸沽湖转山转海节、喇嘛会等独特节日，向游客展示泸沽湖摩梭文化，不断提高泸沽湖景区知名度和影响力。五是参加首届四川国际旅游交易博览会及旅游促销活动，向来自国内外的游客宣传泸沽湖独特的摩梭文化和秀美的自然风光。

（审核：杨成/撰稿：邓棋华）

社会事业

Social Undertakings

科学技术

【概况】 2014年，凉山州深入实施创新驱动发展战略，全面深化科技体制改革，大力推进科技进步和管理创新，提升区域创新能力。全年全州财政科技投入总额为2.4亿元，实现高新技术产业总产值35.74亿元，科技对经济增长的贡献率达到44.2%。

【科学技术奖励】 2014年，凉山州开展2012—2013年凉山州科技奖励评审，评选出州科技进步奖项目70项，其中一等奖9项、二等奖25项、三等奖36个项，公开票选出代清华、刘绍文2名州科学技术杰出贡献奖人员，推选冕宁、宁南等两县人民政府为获凉山州县市科技进步考核优秀奖的获奖单位。

【创新体系建设】 2014年，凉山州加大高新技术企业和省创新型企业的培育力度，3户企业通过高新技术企业认定，全州有国家高新技术企业5户，省创新型企业22户，省级科技型中小企业134户。四川省凉山稀土产业技术研究院建设正式启动，以政产学研合作方式建设，总投资2亿元。

【科技项目实施】 2014年，凉山州实施州以上科技计划项目132项，项目支持经费总额8100万元，其中包括国家“863”计划重大科技攻关项目“高效铜侧吹熔炼技术与装备研究”等国家和省级科技项目30项，经费总额为5630万元。启动实施攀西战略资源创新开发区建设重大科技攻关项目13个，其中，江铜稀土有限责任公司的“牦牛坪稀土矿资源综合利用关键技术研究”项目被列为四川省首批重大科技攻关全球招标项目，获投资2100万元。

【科技人才培养】 2014年，凉山州启动国家“三区”（贫困地区、民族地区和革命老区）人才专项支持计划，从2014年至2020年，每年从省、州科研院所和州级企事业单位选派100多名科技人员分赴全州11个国家扶贫工作重点县开展科技服务，并为每个县培养2名以上本土科技服务人员和农村科技创新创业人员，推动科技人员队伍建设，为贫困地区经济社会发展提供有效的科技人才支持和智力服务。西昌学院教授郑晓慧申报的“基于ISSR和SRAP分子标记的石榴枯萎病菌 Ceratocystis fimbriata 遗传多样性研究”课题获国家自然科学基金委立项，为全省民族地区首次获得的国家自然科学基金项目。

【农业科技创新】 2014年，凉山州首次成功申报国家科技富民强县和国家农业科技成果转化项目各1项，国家支持经费达210万元；冕宁、昭觉、会东、越西等4县获省级科技富民强县项目支持，获省级资金320万元，实施省级科技富民强县11项和省级成果转化项目2项，两户重点企业获省产业链项目200万元支持。

【科学技术普及】 2014年，凉山州以大型科普活动为载体，展示全州科技成果和专利技术，组织参观高新技术企业、大专院校和科研所，组织科技人员深入基层开展科技服务和技术指导。西昌市被列为四川省可持续发展实验区。推进邛海湿地创建全国科普教育基地申报工作。

【科技成果转化】 2014年，凉山州有7项科技成果获四川省科学技术进步奖，其中“马铃薯脱毒种薯生产关键技术创新与应用”荣获一等奖。木里、雷波、甘洛、昭觉和冕宁等5县与凉山州西昌农业科学研究所等科研单位开展技术交易，合同金额达105.8万元。首批25套“烟叶采烤机械化作业技术及成套装备”出口津巴布韦。

【科技合作交流】 2014年，凉山州油橄榄产业和现代烟草两个国际合作基地，分别承担实施“西班牙油橄榄良种良法与示范推广”“津巴布韦烟草优良品种引进及先进生产技术研究与推广应用”两项省级国际技术合作项目。组团参加第二届中国（绵阳）科技城国际科技博览会，45户企业参展，展品达397件，签约重大科技合作投资项目11项。组织召开第四届川滇黔毗邻地区科技工作联席会议在，云南省昆明市、昭通市，贵州省六盘水市、毕节市，四川省攀枝花市、凉山州等6市州科技局负责人参加会议。

【知识产权工作】 2014年，凉山州制定印发《2014年凉山州贯彻四川省知识产权战略纲要实施推进计划部门重点工作》，分解下达任务指标，明确分工合作。设立“凉山州专利资助专项资金”，按照《凉山州专利资助专项资金管理暂行办法》资助全州企事业单位和个人授权专利99件，资助总额达21.6万元。获得省专利资助79件。共申请专利336件，其中发明专利申请138件。“4·26”世界知识产权日、知识产权宣传周和中国专利周活动开展集中宣传咨询活动27次，发放知识产权宣传资料29030份，举办知识产权培训班、专题讲座45场，培训党政领导干部488人次。

（审核：周大海/撰稿：罗晶）

教 育

【概况】 2014年，凉山州教育系统紧紧围绕努力办好人民满意教育目标，坚持教育大投入、大建设，坚定不移深化教育综合改革，大力推进公共教育服务均衡化，各级各类教育蓬勃发展，各类学校达3006所，在校学生975706人，教职工47816人。2014年，凉山州教育局荣获省州表彰28项。其中荣获省级表彰5项，分获全国青少年“五好”青少年小公民“美丽中国梦我的中国梦”主题教育读书活动全国先进集体、四川省消防安全教育示范学校创建活动先进单位、全省教育系统关心下一代工作先进集体、全省教育宣传工作先进集体、2014年四川省民族地区高中教师教学技能竞赛活动组织奖；在城乡环境综合治理、艾滋病防治、防震救灾综合演练、政府信息公开等工作中，均被州委、州政府评为先进单位。

【办学条件改善】 2014年，凉山州教育系统实施校舍维修改造专项建设102个项目学校，投资11359万元，建设面积8.2万平方米；新改扩建幼儿园45所，投资21346万元，建设面积8万平方米；实施薄弱县高中建设4个项目学校，投资7296万元，建设面积3.4万平方米；实施中西部农村初中工程建设10个项目学校，投资3777万元，建设面积2.8万平方米；实施边远艰苦地区农村学校教师周转宿舍建设项目42个，投资4887万元，建设面积2.8万平方米；实施大凉山彝区教育扶贫提升工程新增省级资金工程建设项目 180 个，投资 18860 万元，建设面积 13 万平方米；启动实施大凉山彝区教育振兴行动计划新增州级资金工程建设项目 49 个，投资 9448.64 万元，建设面积 7.6 万平方米；实施农村义务教育薄弱学校改造计划校舍改造类建设项目 131 个，投资 28068.76 万元，建设面积 16 万平方米。全年中央、省州共投入到位 12 亿元教育项目资金改善办学条件，较 2013 年增加 4.4 亿元，同比增长 57.89%。

【教育惠民工程】 2014 年，全州 72 万名义务教育学生享受免费教科书、免作业本费和免杂费，享受“营养餐”；24.2 万名学生享受寄宿制生活补助补助，资金 35953.99 万元；10.44 万名学生享受高海拔地区义务教育阶段学生取暖补助，资金 2088 万元；10.46 万名学前教育儿童享受保教费减免，减免资金 5357 万元；24223 名普高学生享受普通高中家庭经济困难国家助学金，受助资金 3633.45 万元；免除 17959 名普通高中家庭经济困难学生学费，受助资金 1077.54 万元；下达中央、省预算内公用经费 53121 万元；开展奖教助学活动，资助贫困大学生 80 人，资助金额 27.3 万元；为 5697 名学生办理助学贷款，贷款金额 3400 万元；为 604 名家庭经济困难大学生办理入学资助，资助资金 35.1 万元。全州共 595 名教师和 1055 名学生获得四川省中央专项彩票公益金教育助学项目资助，资助资金 806 万元。

【学前教育】 2014 年，凉山州教育系统制定实施凉山州第二轮学前教育三年行动计划（2014—2016 年），开展幼儿园健康服务管理自查和学前教育宣传月活动，启动全国学前教育管理信息系统二期部署运行和维护工作，推进学前教育治理体系和治理能力现代化。全州幼儿园达 420 所、较 2013 年增加 96 所，在园幼儿由 12.45 万人增加到 15.5 万人，幼儿毛入园率 64.7%，较 2013 年提高 11 个百分点。

【义务教育】 召开全州义务教育均衡发展工作动员会议，制定出台《凉山州人民政府关于进一步加强义务教育控辍保学“六长”责任制的意见》《凉山州教育局关于做好小学升入初中免试就近入学工作的实施办法》，规范义务教育学校招生行为和招生秩序，强化义务教育控辍保学“六长”责任制。全州义务教育在校学生达 72.16 万人，小学学龄儿童净入学率 98.7%，小学五年巩固率 77.59%，初中三年巩固率 82.15%。

【中等职业教育】 深入实施彝区、藏区“9+3”免费职业教育，全州中等职业学校达到 16 所。全年完成中职招生 22286 人，其中彝区“9+3”学生 4307 人、藏区“9+3”学生 501 人、州内中职学校 15119 名、州外就读 2359 人，职业教育实现“应招尽招”。16735 名中职学生享受生活资助；22350 名中职学生享受学费减免。成功组织凉山州第二届中等职业学校学生职业技能大赛。

【普通高中教育】 推进 37 所普通高中优质、特色发展，普通高中在校学生达到 6.98 万人，较 2013 年净增 2483 人。2014 年，全州有 24433 名（少数民族考 8632 名）考生报考普通高校，较 2013 年增加 2719 名；普通高校录取凉山学生 19315 人，较 2013 年增加 2251 人，录取率达到 81%。其中，4 人考入清华大学，2 人考入北京大学。

【素质教育】 成功举办全州第 32 届中学生运动会，全面实施《国家学生体质健康标准》测试和数据上报工作，5 所学校通过四川省阳光体育示范学校省级评估；评选命名 9 所州级防震减灾示范学校、2 所州级语言文字规范化示范学校、10 所州级科技教育示范学校；完成 2880 名彝族中小学生体质与健康样本数据测试、采集和上报工作；成功组织四川省第十届中小学生优秀艺术人才大赛凉山片区美术书法类比赛，全州中小学生获省奖 332 人，其中一等奖 90 人、二等奖 109 人、三等奖 133 人；举办凉山州青少年科技创新大赛终评选展示会，展出优秀项目295项；在全省第29届青少年科技创新大赛上，全州获奖94项，有6项入选全国大赛，获奖排名列全省第四。

【民族寄宿制教育】 广泛开展民族团结教育、养成教育和禁毒防艾工作，大力发展双语教学；全州开展双语教学中小学校475所，接受双语教学在校生18.49万人；全州少数民族学生达50万人，寄宿制学校达666所，寄宿制学校在校学生达48万人；2014年，全州3所一类模式高中1033名毕业生参加普通高考，录取一本2人、二本39人、专科431人、本预281人、专预117人、中职9人、高职学院278人，各批次共录取879人，高考录取率达到85.1%。

【教师队伍建设】 2014年，凉山州招聘特岗教师1063名，服务期满经考核合格批准转正2011年特岗教师428人，完成教育部直属六所重点师范院校培养的17名凉山籍免费师范生就业工作，招考中小学教师1141人。全年培训中小学校长、教师省级4000人，州级3000人，县级8000人，选派32名中小学校长及教师到珠海对口支教，组织7000余人次参加国家及省州级培训，21名教师荣获四川省特级教师荣誉称号。开展教师职称评审工作，申报高级职称403人，评审中学一级667人、小学高级872人、中专讲师9人、初级7人。认定中小学、幼儿园教师、中专学校教师资格4000人。投入1.6亿元建设教师周转房2617套，建设面积91602平方米，按每人每月500元的标准对11个国家扶贫开发工作重点县农村教师予以生活补助。

【教育安全】 组织召开全州学校安全工作会议，与各县（市）教育局、直属学校、幼儿园签订“学校安全稳定工作责任书”。开展校园及周边环境综合治理，加强学校食品卫生安全、消防安全、交通安全、疾病防控、自然灾害防御、中小学生溺水、校车安全等工作，开展“清剿火患”战役和重大火灾隐患集中整治、“百安活动”等专项活动，开展安全宣传教育和应急演练，完成12所“四川省应急教育示范学校”评估认定。

【大凉山彝区教育振兴行动计划】 2014年6月13日，启动实施大凉山彝区教育振兴行动计划，实施时间为2014年至2018年，范围为盐源、普格、布拖、金阳、昭觉、喜德、越西、甘洛、美姑、雷波等10个县。按照分类指导、分层推进、“一县一策”的原则，到2016年盐源、昭觉、喜德、甘洛、雷波五县教育事业主要指标达到全省民族地区平均水平、2018年达到全省平均水平；2018年普格、布拖、金阳、越西、美姑五县教育事业主要指标达到全省民族地区平均水平。从2014年始，凉山州级财政配套1亿元，各县财政投入每年不低于2000万元，着力改善10个县的学校办学条件和提高教师工作生活待遇。

【十年行动计划】 大力实施《十年行动计划》，全年落实资金共计1.73亿元（含州配套寄宿制生活补助资金500万元）。其中，实施校舍建设项目46个，资金9496万元；实施乡镇教师工作周转宿舍建设11个，资金1190万元；寄宿制学生生活补助资金5781万元，新增享受《行动计划》寄宿制生活补助学生800人；师资培训3000人次，资金200万元；教学仪器设备资金600万元，装备中小学校、幼儿园68所；免费卧具资金33万元，为新增享受寄宿制生活补助的800名学生配发免费卧具。

（审核：蒲涛/撰稿：徐兴祥）

西昌学院

【概况】 2014年，学校党委、行政以学习贯彻十八大及十八届三中、四中全会精神为重点，深入开展党的群众路线教育实践活动，积极推进选人用人不正之风、庸懒散浮拖等系列专项整治活动，全面贯彻落实全国、全省中长期教育改革和发展规划纲要，以深化应用型本科建设为重点，统一观念、夯实基础，推进学校整体转型，学校各项事业发展取得显著成绩，为实现“十二五”规划打下坚实基础。

【专项整治活动】 2014年，学校持续深入开展党的群众路线教育实践活动，坚持“立行立改、标本兼治”的原则，积极落实整改措施，同时深入开展选人用人不正之风、庸懒散浮拖等系列专项整治活动。按照省委、州委的统一部署，10月开展选人用人不正之风专项整治活动。根据中央巡视组和中组部选人用人情况检查组反馈意见，结合群众反映和省委巡视组反馈意见，以及西昌学院实际情况，学校集中整治“拉票贿选问题”“违规任用干部问题”“跑官要官问题”“说情打招呼问题”“三超两乱问题”“跑风漏气问题”6个方面开展选人用人不正之风专项整治工作。11月全面开展庸懒散浮拖专项整治工作，围绕中央从严管党治吏要求，以《党章》为基本遵循，按照“三严三实”要求，着力解决精神不振、担当不力、为官不为，学风不浓、教风不端、校风不正、治校不严等突出问题，努力营造干事创业、崇廉尚实、风清气正的政治生态。

【党建工作】 落实两级中心组学习目标考核制度，把学习中共十八大、十八届三中、四中全会精神及中共中央总书记习近平系列重要讲话作为重点，结合庸懒散浮拖问题专项整治、选人用人不正之风专项整治、收受红包礼金专项整治等系列整治活动开展理论学习。进一步推进依法制校、依法治教进程，为构建和谐校园营造良好的法制环境。12月16日，邀请凉山州人民检察院专家在学校举行“以案说法·法律进高校”专题报告会。进一步完善党风廉政建设责任制，强化对重要部门和关键环节的制约监督，开展收受红包礼金专项整治，与学校科以上干部签订拒收红包礼金承诺书。认真落实《党政领导干部和国有企业领导人员经济责任审计规定》，严格执行对学校各级领导干部经济责任审计的制度，对1名离任的处级干部进行离任审计，完成维修工程结算审计项目125项。严肃招生考试纪律，认真做好各类考试安全保密工作，强化“专升本”“预科直升”“成教招生”等环节的监控。坚持大额度资金使用集体决策制度，严格预算管理，从严执行财务预决算制度，强化预算外资金管理。严格执行教育系统国有资产管理规定，加强学校资产监管体系建设，大宗物资设备采购严格执行《中华人民共和国政府采购法》规定，按规定委托具有政府采购资质的代理机构组织采购，纪委、监审处全程参与。

【教学工作】 2014年7月，学校召开由校领导、副科级以上干部参加的转型发展工作会，统一广大教职工对转型发展的认识。向省教育厅提交“全面推进学校整体转型发展，着力培养地方应用技术人才”的四川省综合改革试点项目任务书，用3~5年时间，实现西昌学院整体向“应用型高校”的全面转变。修订和实施应用技术型人才培养方案。构建应用型的专业体系，明晰人才培养规格和目标，构建应用型人才培养的课程体系，强化实践育人教学环节。2014年，新建风景园林、机械电子工程、轻化工程等3个本科专业，农学、动物医学专业被列为国家级卓越农林人才教育培养计划项目；农学、动物医学、园艺专业被列为省级卓越农林人才教育培养计划项目；兽医学获批省级精品资源共享课；“应用型本科院校质量标准及评价体系的探索与实践”等3个项目被省教育厅列为2014—2016年高等教育人才培养质量和教学改革项目；在无锡建立10余个实践教学基地，与成都力方国际数字科技有限公司在成都签订校企合作协议；动科类专业与通威股份、大北农集团、新希望集团等联合共建“通威班”“大北农班” “新希望班”等订单式人才培养班。

【师资队伍建设】 2014年，学校评定教授10人、图书资料研究馆员1人、副教授8人；73人参加省“精品课程”教师培训，12人参加省社科骨干教师培训，1人参加全国民族语文研究优秀中青年学者培训，1人参加高层次复合型人才进修班培训；4月至5月举办3期以教师教学能力提升为核心的教师教学业务培训，教学管理人员、骨干教师等共132人参加培训；完成2014年机构和人员编制实名制管理上报工作，清理在编不在岗人员42人。

【帮扶工作】　2014年，经由学校多方协调、筹资，向帮扶乡镇的学校和村组捐款捐物价值53.3万元；学校相关干部到联系点帮扶指导112人次；参与帮扶1000余人；走访村民200余人次，为群众办好事实事21件；开展培训活动9次；开展"禁毒防艾"宣教活动4次；培训干部、教师、村民、学生1100余人次；帮扶农户200余户。

【宣传工作】　开展以爱岗敬业、遵守《公民道德规范》为主题的教育活动；积极配合西昌市开展"公益大讲堂"主题活动；《教育导报》《四川日报》《凉山日报》及中青网、中华教育网、新华网凉山频道等媒体发稿100余篇，发表48期电视新闻，获得省级金奖2项、银奖3项、铜奖9项、最佳摄影奖1项。

【学生管理】　加大辅导员队伍建设，外派12名教师参加国家和省级辅导员培训；建立健全学生工作例会制、奖勤助贷公示制等。落实奖贷勤助政策，2014年度共4900余人次获国家奖、助学金1710余万元，济困助学金100余万元；3700人次参加勤工助学，发放勤工助学金70余万元；331人获艰苦地区就业学费补偿、义务兵学费补偿等共计439万元，2000余人获生源地助学贷款共计1200余万元。提升学生综合素质，2014年，学校被评为"四川省高校禁毒防艾宣传示范学校"；65人获省大学生综合素质A级证书；60个学生创新创业项目获批国家级和省级项目，获全国大学生创新应用总决赛特等奖1项、西南赛区特等奖1项，省大学生创新创业大赛获奖9项；省第七届大学生艺术节获奖4项，健美操获省高校比赛4个第一名。

【科研工作】　建成西昌学院科技成果转化网站，推荐科技成果62项，发布科技信息176条。与四川高地种业有限公司等签约合作项目14项，与40余家企业签订有关动植物新品种改良、作物高产优质绿色栽培、优质农产品加工等技术成果转让、基地建设、产学研合作、共建科研平台、技术开发推广等协议。2014年申报科研项目170项，获资助111项；结题项目38项，获四川省社会科学优秀成果三等奖2项，凉山州科技进步奖13项，凉山州社会科学优秀成果奖62项，SCI、EI检索论文7篇，获准专利23项；5个新品种通过四川省农作物品种审定委员会审定；建成省高校重点工程中心、省高校人文社会科学重点研究基地3个。

【科技成果转化】　召开4次科技成果转化专题工作会，加强与盐源县、普格县、州科技局，以及川渝中烟工业公司等政府、企业的合作，建立产学研基地、科技示范园等；在盐源县实施作物新品种展示、农产品精深加工及产业化研究等项目，完善九龙县农牧业产业发展规划，编制完成《雅砻江流域农业产业化发展战略规划》；将学校水培植物实验室、鱼类实验室创建为凉山州青少年科普教育基地；2014年度为布拖、普格、盐源等县培训干部5期180余人，为州烟草公司举办现代农业标准化生产培训350人；开展"教授进百村、专家入百户"技术对接活动，120余人次到凉山州、攀枝花市各县（市）开展讲座、培训、现场咨询指导38次，培训技术人员及农民800余人次；通过多形式、多层次、多途径、多渠道的科技成果转化工作，在攀西及类似生态区推广作物（兽药）新品种、新产品、新技术等成果40余项。

【招生就业】　2014年，学校录取新生5285人，报到5144人，报到率96.5%；本专科毕业生3754人，实现就业3625人，全年就业率96.6%。继续教育录取新生5443人，毕业5462人。学校在校生规模达到16358人。

【外事工作】　学校有留学生11人，首次招收

1名学历留学生，接收美国奥本大学短期语言文化交流生11人；7名学生参加“2+2中美双学位计划”和“大学生暑期赴美社会实践项目”，2人获双学位；15人赴港参加“四川大学生香港行”；2名教师参加“西部地区人才培养特别项目”，2名学生被国家汉办录取为赴泰汉语志愿者；与新西兰、荷兰等国3所高校交流合作达成初步意向。

【安全稳定】 开展消防安全知识培训，消防管理员、保安队员、宿舍管理员等800余名师生员工参加培训；发出安全隐患排查通知12次、整改通知10余次；制定反恐防暴应急工作预案，拨出专款，购置反恐防暴装备；积极配合、有效应对，协助公安部门抓获“9·2”爆炸恐吓案嫌疑人；投入120余万元，安装监控系统、红外报警系统和车辆管理系统，确保校园安全稳定。

（审核：陈小虎/撰稿：黄亮）

州民族干部学校

【概况】 四川省彝文学校、凉山州民族干部学校是实行两块牌子、一套班子体制，受四川省民委、凉山州人民政府双重领导的中专学校。2014年，学校围绕州委、州政府工作大局，结合新时期民族地区人才培养需求和干部教育培训工作的新形势，坚持“优化专业结构，突出办学特色，培养民族双语教育人才，促推两校科学发展”的办学思路，以建设一所极具民族特色和与时俱进的现代职业技术学校为工作目标，加强领导，深化改革，带领全校教职工攻坚破难，乘势而上，学校事业稳步发展。2014年，学校创先争优活动取得成效，涌现出一批优秀毕业生、先进班集体，以及优秀党员、优秀团员、优秀团干部，10余名教师被评为学校优秀教师、先进教育工作者。

【党的群众路线教育实践活动】 2014年，学校认真开展党的群众路线教育实践活动。一是建立工作机构，严格要求，着力解决“四风”突出问题。二是以支部为单位，组织党员领导干部和党员职工围绕“四风”，开展“照镜子、正衣冠、洗洗澡、治治病”的主题教育活动。三是结合个人德、能、勤、绩等表现，组织党员领导干部和支部党员召开高质量的民主评议党员活动，经自评、点评、互评形式确定合格党员，学校无不合格党员。

【党建工作】 2014年，学校加强党的建设，建立党建工作长效机制；学校党委举办第30期业余党校，2014年度发展共产党员5人，培养入党积极分子60人。积极引导青年团员进一步树立和增强热爱党、热爱社会主义祖国的思想和意识。全年表彰优秀党员、先进党务工作者8名，学校党的建设上一个新台阶。

【党风廉政建设】 2014年，学校在认真开展党风廉政建设，落实党风廉政建设责任制的同时，制定2014年学校党风廉政建设工作责任制。在党委的统一领导下，建立完善廉政风险防范长效机制，认真落实党的群众路线教育实践活动正风肃纪工作，进一步细化对学校文风会风、公务接待、节庆论坛、招生就业、设备购置，经费管理，车辆维护使用，助学金核发，职务（职称）晋升聘任，人事与管理等学校廉政风险点的监管工作。工作方案细化，程序科学，监管规范。

【“三风”建设】 2014年，学校以“学风”建设为重点，以在学生中营造浓厚的学习氛围为目标，严格执行“三禁两不准”和“五项教育”，严格执行以学校领导、中层干部参与值周的行政值周制和值周交接制。加强学生寝室文化、教室文化建设，补充、完善班风优秀奖制度、任课教师考勤制度、学生课堂点名考勤制度。强化安全教育，举行普法知识讲座，严格学生宿舍监管、内务标准化考核。深化和细化学生管理工作，学风得到明显好转。

【专业建设】 2014年，学校围绕破解发展难题，提升发展能力，做强特色专业，实现科学发展主题，发挥民族文化学科优势，突出彝汉双语师范特色，大胆探索办学模式，创新办学方式，与西南民大、西昌学院等高等院校联办彝汉双语教育、小学教育等成人本、专科专业，与绵阳师范学院、西昌学院联合举办“3+2”形式的彝汉双语小学、学前教育高职专业。实现民族音乐舞蹈、彝汉双语小学、学前教育高职专业招生工作稳步推进。扎实推进四川省彝族传统工艺文化培训基地基础性工作。“非遗”文化教研中心、“非遗”文化成果展览厅等项目初具规模。

【招生工作】 2014年，学校按照办学宗旨、目标、任务，以突出双语师范教育，做强传统特色专业，培养彝汉双语师资人才作为招生工作出发点，在科学设置适应彝族地区社会发展和学生就业需要的传统特色专业，提高办学层次，满足学生、家长的双语文化师资需求的基础上，突出双语教学的针对性、实用性，强化双语教师师德、技能的教育和提高。2014年，学校与西南民族大学、西昌学院联合举办中国少数民族语言文学（专升本）、语文教育（专科）、小学教育（专科）和学前教育（专科）四个专业。全年度共录取新生1318名，其中，五年高职112名，三年制小学教育、学前教育291名，一年制小学教育915名。在校学生达到1969人。全年共组织399名考生报名参加成考，录取人数达260名。学校成教本、专科在册学生有209名（其中，专升本26名）。

【人才培养】 2014年，学校加强社会需求和用人单位的调研，积极应对“9+3”对学校招生、就业压力增大的影响，适时调整教学内容，不断提高教育教学质量，不断提升学生在参加公务员考试、教师竞聘考试的录用率。学校全年完成1036名学生的毕业派遣工作。美姑县2014年8月招录180名教师，民干校学生被美姑县录取63名，录用率占该县录用教师总数的35%。雷波县录用144名小学、幼儿教师，录用民干校学生人数达36名，占25%。学校从建校至2014年年底，为凉山等6个地、市、州培养1.06万名中专和1032名大专以上人才。

【干部教育培训】 2014年，学校根据新时期对干部队伍的新要求，学校创新培训方式，更新培训内容，通过聘请专家、领导授课、异地培训、评选优秀学员等形式，突出干部教育的针对性和实用性，不断提高干部培训质量。全年共举办非物质文化遗产与凉山文化产业发展专题研讨班、民族地区创新社会管理专题研讨班和文秘干部培训班6期，培训干部431人（州委组织部调训4期共254人，州人力资源和社会保障局调训文秘干部培训班2期177人）。截至2014年年底，凉山州民干校已为凉山及周边地区培养（训）干部23586名。

【教育教学管理】 2014年，学校适时调整发展思路，重新拟定未来五年发展规划。严格教学管理，提高管理标准，实行班务量化考核管理制度，对学生学习、就寝、两操、卫生、纪律、行为习惯等进行综合考评，参考任课教师根据课堂综合情况评定的成绩，作为表彰先进的重要依据。定期不定期组织开展检查教师到岗情况，并对教案进行检查评比；以学风建设为重点，进一步在学生中营造浓厚的学习氛围，培养“四有”新人。继续以教风建设为重点，提高教育教学质量，增强学校核心竞争力，并严格实行教师教学常规考核办法。对教师备课、上课、批改作业、课后辅导、考试考核等环节作出明确规定，提出相应的考勤、考核措施和办法。在建立并实行重修制度的基础上，学校严格并完善命题、考试、阅卷制度，改任课教师个人阅卷为集体阅卷，提高考试质量，校风、教风和学风得到明显好转。

【教学科研】 2014年，学校校刊《校园内外》（每年两期）发表教师的科研论文40余篇，成为展现凉山民族教育和民族文化科研成果的平台，广泛受州内外科研院所、中小学双语教师的欢迎。全校教师全年在各专业刊物上发表论文、作品近80篇。学校教师王林国、时长日黑主研的凉山州决策咨询委调研课题获评审通过。全年先后派出教师参加四川省小学彝文教材审定会、凉山州申报世界遗产暨非物质文化遗产保护工作专家委员会、2014年凉山州文化生态保护实验区评审会，时长日黑成为四川省委宣传部、省文联主办的2015年文艺工作者扎根基层、服务群众文学艺术帮扶专家组成员并联系普格县，成为凉山州中职学校唯一参加该活动的教师，时长日黑、贾巴甲哈、尔古依洛、马海日古、尔恩阿孜莫参加中国多民族母语文学研讨会、第15届川滇黔彝文古籍协作会暨第10次全国彝学学术研讨会。有4名教师论文在会上交流。这也是民干校教师在国家级学术会上交流论文篇数最多的一次。

【师资队伍建设】 2014年，学校加大教师进修培训力度，进一步提高教师业务技能水平。结合专业结构，人才培养目标，加大对学前教育、小学教育专业文化课、专业课和常规管理的培训，全年先后派出14人赴成都航空职业技术学院、成都师范学院、成都东软学院、四川省直属机关实验幼儿园、江西科技师范大学、内蒙古农业大学、西北师范大学、重庆师范大学等高校进修培训信息化、学前教育、舞蹈表演等专业，提高教师政治、业务水平和能力。全年按照公开、公平、公正原则，面向社会招考10名事业单位工作人员。

【素质教育】 2014年，学校为全面推进素质教育，结合公民道德宣传月活动，在学生中开展公民道德教育；加大培养学生工作实践能力力度，增加音乐、美术、微机、普通话、三笔字、简笔画等基本技能课时量，并组织学生参加省、州的严格测试，学生取证合格率高，实践操作和实验开出率达95%以上，增强学生适应社会能力和竞争能力。

【学生管理】 2014年，学校培养基础知识扎实，高水平技能的人才。一是组织军训活动，转变学生行为习惯。二是学生管理人性化，促进“校风、教风、学风”好转。三是直接任命一批有能力、有责任的教师加入到班主任工作行列，进一步加强班主任工作。四是开展班级教室文化、寝室文化建设评比活动，建立文化育人环境，增强校园文化氛围。五是建设平安校园，安全工作万无一失。全年未发生一起安全事故。

【基础能力建设】 2014年，学校基础能力项目建设实现新突破。严格项目建设管理，挖掘潜力完善教育教学条件。一是投入134万元改建校门、维修教学楼，整修铺设田径场。二是积极调节，挖掘校内资源，最大限度发挥资源使用效率。临时应急调整教学楼部分楼层为学生寝室，学生寝室紧张的问题得到基本缓解。三是争取、自筹资金173万元加强教室、寝室的维修和设备的购置，改善学校办学条件和校园环境。

【社区服务】 2014年，学校根据西昌市的安排，充分发挥城乡环境整治领导小组及其办公室的作用，先后组织广大师生对校门、沿北门至四牌楼的街道卫生和校园环境进行大整治，在设立卫生监督岗、宣传公示栏，及时通报整治结果的情况下，还定期不定期组织有关人员对四牌楼“摩的”乱停乱放和占道经营的情况进行劝导和教育，效果明显，受到州市城乡环境整治办公室的好评。

【物业化管理】 2014年，学校继续与西昌市广平物业管理有限责任公司合作，实施校园物业化管理，校园卫生、绿化等得到根本改变，并加大乱搭乱建的治理力度。教育教学良好环境优美，活动场地空旷。

【社会治安综合治理】 2014年，在继续实行社会治安综合治理责任制的基础上，学校充分发挥护校领导小组、调解领导小组和护校队、巡逻队的作用，继续实行领导带班值周制度，加强外来人员的登记和管理，按“群防群治，预防为主”的原则，通过各种途径在师生中宣传社会治安安全知识，增强治安意识，强化安全责任制，并对新生进行军训，开展纪律、禁毒教育，增强学生禁毒意识和纪律意识；设立保安岗位，安装监控设备，排查安全隐患，加强对管制器械的排查，实行“三禁两不准”。在校内认真巡逻、检查，更换陈旧老化电线及消防器材，消除安全隐患，治安工作显著，全年未发生一起安全事故。学校被评为西昌市治安工作先进单位、模范单位。

【校园文化】 2014年，校园文化上新台阶。一是校园文化体育活动丰富多彩。学校开展第26届田径运动会、纪念“五四”运动歌咏比赛、青春歌舞等为主题的校园文体活动，以及参与州直机关职工长跑运动会，同时金月亮艺术团组建的彝族器乐班在学校开办。二是组织开展的校园文化活动人多面广，参与率高。对在活动中表现优秀，取得好成绩的科室、班级及个人进行表彰和奖励，参评率达100%，先进典型达30%以上。

【教育扶贫】 2014年，学校继续指定人员到昭觉县拉依木乡开展教育扶贫。学校领导多次率领联络组深入昭觉县拉依木乡、呷朵洛古村调查研究，切实解决办学中存在的困难，并与联络组一道制定扶贫计划，研究扶贫工作。先后多次组织全校师生开展为灾区和教育扶贫对口乡、村和灾区捐资、捐物活动，在教师节、儿童节等节日赴对口扶贫乡、村开展“送温暖、献爱心”等活动。同时积极开展“走基层、解难事、办实事、惠民生”活动，发动职工“送温暖、献爱心”。

【精神文明建设】 2014年，学校加强对城乡环境、校园美化绿化、计划生育、爱国卫生、社会治安等各项工作的领导，学校爱国卫生、城乡环境综合治理、计划生育、社会治安综合治理、禁毒、党建目标、教育扶贫等精神文明建设受到州、市高度评价。学校连续被评为西昌市社会治安先进单位，治安模范单位，卫生先进单位，计划生育先进单位，西昌市精神文明单位，被州政府和州爱卫会评为凉山州计生合格单位、凉山州卫生先进单位。

（审核：王林国/撰稿：时长日黑）

凉山卫校

【概况】 2014年，凉山卫校认真贯彻落实党的十八届三中、四中全会精神，改革创新，创先争优、依法治校，“两加强、两提高”，全面提升学校核心竞争力，以培养具有“学以致用、悬壶济世”精神的人民满意健康卫士为目标，全面推动学校工作迈上新台阶。

【管理体系建设】 2014年，凉山卫校认真落实综合目标责任，将州卫计委下达的综合目标考核任务分解到各职能科室，签订责任书，实行垂直管理、层层负责，做到各岗位责任清晰、职责明确。进一步完善各项管理制度和程序，编辑完成《行政管理制度与程序汇编》《教学管理制度与程序汇编》《学生管理制度与程序汇编》。逐步推动办公自动化，学校各项工作逐步走上制度化、信息化管理轨道。完善并落实印章、公务车、文印、通信、收发等管理制度。获2013年州政府表彰档案管理先进单位。按照物价部门核定的收费项目和标准收取各种费用。推行公务卡使用。接受省、州有关部门财务结余、国家助学金发放、中职免学费资金使用检查合格。按照中央“八项规定”制定并落实《凉山卫校公务接待管理办法》。严格按照国家公物公购公招规定采购教学及医疗设备。完成食堂煤改气、太阳能集中供热等水电设备改造。对现校园进行整体规划并分期实施。以安全培养学生成人成才为总要求，完善并落实消防、食品安全、外来人员及车辆等管理制度，并与各中层科室签订安全综合责任书，将安全工作责任落到实处。加强值班、巡逻，保证24小时有保卫人员在岗。不定期进行学生就寝、用电安全及刀具检查，确保校园安全。制定并落实防震减灾、防恐、防汛及扫黄净网等工作方案。

在师生中开展形式多样的安全知识、禁毒防艾及传染病防治等健康教育活动，聘请州地震局专家到校进行防震减灾知识讲座，组织师生观看防震减灾知识音像片，开展消防安全知识宣传教育和消防演练，参加防震减灾及安全知识网络竞赛，提高师生安全意识和防范能力。

【校园文化建设】 2014 年，凉山卫校以建设优良的校风为核心，开展丰富多彩、积极向上的校园文化活动，建设文明和谐校园。加快推进学校民主管理进程，召开教职工代表大会，讨论、表决学校规划及经适房建设等事宜。举行礼仪风采大赛。发挥校园网、校广播站、文化长廊及学习园地宣传阵地作用。组织师生参加州直工委组织的跳绳比赛取得好成绩。认真开展创建卫生城市、文明城市活动。积极参加第一届西昌国际马拉松志愿者活动。

【人才队伍建设】 2014 年，凉山卫校有计划、有组织、有考核地组织全校教职工学习《西昌市文明市民手册》《教师职业道德规范》《“六五”普法干部读本》及党和国家大政方针、时事、政策等，广大教职工政治素质显著提高。制定并落实人才管理制度及绩效实施方案，建立绩效考核体系及奖励机制，调动教职工工作积极性。通过公招、遴选、考核聘用等选拔优秀人才 11 名，优化教职工队伍。加强教职工队伍建设，制定并落实青年教师培训计划。选派 47 名教师参加各级培训进修。邀请联办院校派专家到校讲座、指导、交流学习。开展教案评比及中青年教师说课、讲课比赛，教师业务素质显著提高。2 名青年教师参加四川省医药类中职学校教师说课比赛均获一等奖。1 名教师参加凉山州语文优质课讲课比赛荣获一等奖。1 名教师荣获“全国模范教师”称号。

【教育教学改革】 2014 年，凉山卫校以每周一升旗仪式、学雷锋活动、清明节祭扫烈士陵园、纪念“五四”运动及青年志愿者服务等为载体，对学生进行爱国主义和职业道德教育，增强学生为民服务意识和社会责任感。制定并落实《班级量化考核标准》《班主任考核办法》《学生违纪处分实施条例》等多项管理制度，规范学生教育管理。重医大联办大专班评选出优秀毕业生 8 名，优良毕业生 7 名，泸州医学院联办 3+2 高职评选出优秀毕业生 15 名，学校评选出优秀中职毕业生 89 名。年终评定学习优秀奖、进步奖 930 名，三好学生 143 名、优秀学生干部 90 名。坚持公开、择优原则录取新生。做好毕业生就业指导工作，中职毕业生就业率 88.7%，高职毕业生就业率 94%，重医大专毕业生就业率 98%。改革教学管理体系，以培养“受欢迎、打得赢”的实用型、技能型人才为中心制定教学目标，采取形式多样的教学手段，完善教学质量监控体系，多方争取资金购置现代化的教学设备，提高教学质量。注重学生实践能力培养，开展职业知识和技能大赛。做好实习生管理工作。完成解剖学、病理学实验室及内科学实训中心建设。全年共计完成全日制 44 个班级 44000 多个学时、成人班 15 个班级的近 6300 学时教学任务，培养毕业生 1419 人，毕业生合格率 98%。与乐山职业技术学院签订合作协议，继续与重医大、四川大学等多所医学院校开展多层次联合办学，与学习借鉴先进的教育教学管理经验，提升办学层次，提高教育教学质量。认真做好重医专升本、护士执业、执助、执师资格考试等考前辅导工作。重医联办大专班毕业生专升本上线率达 86.5%，对口高职考试医药卫生一类上线率 85%，医药卫生三类上线率 57%，护士执业资格考试合格率为 61.8%，较 2013 年提高 1.55 个百分点。

【附属医院及社区卫生服务】 2014 年，凉山卫校完善并落实各项附属医院管理制度。实行目标管理考核与绩效工资挂钩管理体系。严格执行国家基本药物管理制度。截至 11 月底业务收入 437 万元。加强医疗质量与安全管理，完善各种操作规程，实行首诊负责制，按照《四川省医疗文书书写规范》要求规范病历管理，提高病历质量。加强院内感染管理。积极推动基本医疗、基本公共卫生服务信息化建设。着力提升医务人员水平，组织院内职工进行《手足口病的防治》《居民健康档案规范》《健康体检基本技能》等培训220人次，派出52人次参加各级医疗机构培训。大力开展社区卫生服务，建立居民健康档案4341份。认真开展老年人健康管理、儿童保健、计划免疫、孕产妇管理等工作，做好慢性病、精神疾病、传染病防治及卫生监督协管等工作。全年举办健康教育知识讲座10次，健康巡讲29次，发放各类宣传资料5万多份，制作健康教育宣传栏9期，进行各种健康宣传、义诊活动15次。

【扶贫工作】 2014年，凉山卫校继续深入推进“挂包帮”活动，大力开展对美姑县瓦西乡极度贫困村尼木则村和瓦西村对口定点扶贫工作。学校领导多次亲临扶贫乡指导扶贫工作，对争取到的3万元冬荒款使用情况进行督查。上半年向瓦西乡中心校送去价值3000余元的学习用品。为极度贫困村尼木则村109户贫困户送去价值2.4万元的化肥，捐赠防寒服、“一帮一”教育扶贫款共计6万余元。全年共计投入扶贫资金11.7万元。学校还对对口扶贫乡医疗卫生人才需求情况进行调研，为学校教育教学改革提供依据，以培养更多更优的实用型人才。

【荣誉】 2014年，凉山卫校被州委、州政府表彰为民族团结先进单位，被州卫计委评为综合目标考核优秀单位。在州直工委组织的党建工作及“四好班子”考核中均被评为优秀。

（审核：张荆辉/撰稿：朱艳）

州农业学校

【概况】 凉山州农业学校是凉山州人民政府国有公办的中等职业学校，经四川省人民政府确认为省部级重点中等职业学校。学校创建于1970年，前身是“凉山五七共大六连”，1978年单独建制后更名为凉山农业学校，于1992从昭觉县迁至现址西昌市海滨中路16号，是四川省人民政府确定的“四川省劳务扶贫培训示范基地”、共青团四川省委命名的“农村青年转移就业示范基地”、四川省农业厅“现代农业技术培训基地”、四川省教育厅“中职学生内务管理示范学校”、凉山州委组织部确定的“四川省凉山基层干部（大学生村干部）培训中心”，同时还是“凉山州劳务培训基地”“凉山水电移民培训基地”“凉山州职业技能鉴定站”。学校由凉山州农业局主管，招收应往届初（高）中毕业生，开展中专学历和五年制高职教育，同时也面向企业、政府和个人的继续教育和各类专业培训服务。

【办学思路】 举“农”字大旗，办现代职教的发展思路，以“实干兴校，多极发展、立足攀西、服务三农”为目标，以学历教育为主，各类成人教育和短期培训为辅，长短结合，采取多类型办学模式和弹性学制，开展“大专类、中专类、证训类”三个层面教学，满足不同类型学生的学习需求，同时围绕当地经济建设和产业结构调整，服务地方经济发展助力学生就业为导向，设置培育骨干专业。

【师资情况】 2014年，学校核定编制118人，实有在编人员107人，其中高级教师59人，硕士研究生3人，在读研究生6人。“双师型”教师25人，外聘专业教师68人。

【基础设施】 校园占地面积8.36公顷，校舍建筑总面积2.99万平方米，运动场6000平方米，建有各专业固定的校内外教学实习、实训基地。

【学校规模】 2014年，学校在籍学生共3478人，在校班级42个，在校学生2274人。开展各类培训5000多人次。学校努力做好职业指导工作，毕业生就业率达到96%以上。

【办学特色】 以学校办学思路为基础，形成三种办学模式、三个类型专业和三种办学层次于一体的独特办学特色。办学模式方面，一是与政府机构或部门合作办学历教育。珠海市政府智力援助合办的“珠海班”、与布拖县盐源县政府合作“布拖班”“盐源班”、在州委组织部领导和统筹下，开办“基层干部班”、与州畜牧局合作“畜牧兽医班”、与州民中合作举办“日语班”、与州（县）扶贫办、州（县）移民局、州（县）农业局合作举办各种短期培训等。二是订单式教育，菜单式教学，这些企业有州内的豪吉集团、邛海宾馆、好医生公司、省内的攀枝花田园公司、皇城老妈、攀钢公司到省外的几十家企业签订联合办学协议，学生就业率在95%以上。三是校校合作，形成优势互补、资源共享，追求教学效益最大化。与成都电子科大、四川农大、西昌学院等联合开办的成人学历班；与四川机电学院、成都工业学院联合举办五年制高职班和“3+3”高职班；与珠海技师学院、深圳宝安职校、江苏蚕校等联合办学。类型专业方面，一是农科类专业，如畜牧兽医、农业高新技术、园林绿化等；二是工科类专业，如冶金、机电、电气、工业分析等；三是服务类专业，如服装设计与制作、酒店服务与管理等。办学层次方面，一是大专类：包括联办的成人教育的多个专业的大专班和五年制高职大专。二是中专班：各个专业全日制中专班和成人的“畜牧兽医”和“农业高新技术”两个专业的弹性学制中专班。三是证训班：就是各个行业各种短期培训，如“基层农技员培训”“劳务扶贫培训”“阳光工程培训”“移民培训”“凉山州基层干部培训”等。

（审核：俞刚/撰稿：周强）

凉山民族师范学校

【概况】 2014年，学校以提高教育教学质量为中心，以“升专”为工作重点，在全体教职员工呕心沥血、任劳任怨、兢兢业业的辛勤耕耘下，在全校学生勤奋刻苦、奋力拼搏、坚持不懈的努力奋斗下，在艰苦的办学条件中，全校师生发扬与时俱进、敢为人先的时代精神，圆满地完成2014年的行政工作。2014年，学校共有教学班42个，学生2112名，教职员工419人，其中在职员工247人、离退休人员172人。

【党建工作】 学校把“勤政廉政、依法行政、提高效率、促进发展”作为每一个中层以上干部追求的目标，也作为考核干部的主要依据。要求领导干部以身作则，率先垂范，要为全体教师树立做出表率，凡要求教师不做的，自己首先不做；要求教师做到的，自己带头做到，坚持弘扬正气，引领团结广大教师形成积极向上的舆论氛围。结合省、州开展的“庸懒散浮拖专项整治工作”，具体要求中层以上干部要带头深入教育教学一线，带头遵守学校规章制度，带头履行职责，同时要求班子成员、各处室、各部门领导既要明确分工，各司其职，但同时又努力做到分工不分家，形成一支有大局观念、带头执行学校各项规章制、团结协作、廉洁自律、工作努力的强有力领导集体。

【联合办学】 2014年，学校成教部继续通过举办自考考前重点辅导班，同时加强与四川大学、四川农业大学、东北师范大学等网络教育学院和成都师范学院、内江师范学院等成人院校的工作联系等方式，全年共招收新生254人，其中网教生106人、自考生148人，学校创收25.85万元。

【学生工作】 一是加强学生行为习惯养成教育，强化常规管理。坚持在新生入学时开展军事训练，以磨炼学生的意志；坚持利用升旗仪式，开展国旗下的讲话，每一个讲话者根据学校德育教育需要确定讲话主题；制定《晨读管理规定》，加强早自习管理，全面提高学生晨读、晨练的效果；进一步加强对学生“两操”的管理；及时根据学生管理中存在的问题调整补充学校学生管理规定，先后制定《严禁在校内成立同乡会的通知》《禁止学生酗酒的通知》《加强学生晚归和夜不归宿的管理通知》《学生处关于整顿治理月活动方案》《关于技能大赛期间的几点意见》，严格管理规范学生在校的言行。二是加强学生干部队伍建设、提高学生自主管理水平。加强对学生干部和团员培训，提高学生自我管理能力和发挥其模范辐射作用。2014年，吸收83名新生加入学生会，完成13个新班团支部的建设和97名团干部的选拔工作，充实学生会、校团委的力量，使学生组织真正发挥“自我教育、自我管理、自我服务”的功能。三是坚持抓好校园文化建设，开展各项有益的德育主题活动。学校在不同时期悬挂宣传学校的横幅和励志标语，及时更新校园黑板报和宣传栏，先后举办“两室”文化建设、篮球比赛、“元旦迎新”和“五四”文艺晚会和校园周末舞会等主题教育活动。同时高规格举办首届凉山民族师范学校校园文化艺术节和凉山州首届中等职业学校学生技能大赛颁奖晚会与闭幕式等活动。充分挖掘校园人文资源，以校园文化活动为载体，以学生发展为根本，推动校园文化建设，力求让每位学生在高格调的校园文化的浸润下，激发学生爱校、爱国情感，增强学生的光荣感和责任感。四是表彰先进，努力营造崇尚先进、争先创优的局面。2014年学校有5个班级荣获先进班集体，有168名学生评为三好学生，有56名学生评为优秀学生干部；有2名学生获得国家励志奖学金各1万元，有1847名学生获得国家助学金共79.5万元，有150名学生获得川师大奖学金共45万元。还有60名学生获得美国友人“健康生活”项目助学金7.6万元，80名学生获得加拿大福惠基金8万元，20名学生获得天津日报社爱心奖学金2万元。

【培训工作】 2014年，学校培训部组织完成2700余人的“国培计划”的省级培训和州级培训；组织完成1600余人的省级信息技术能力提升培训的培训者培训、测评管理员培训和骨干教师培训以及两期省级普通话培训；组织不同学科、不同学段（幼、小、初）的各类州级培训1525人；组织开展国家“十二五”规划课题——“民族地区中小学教师教育技术培训与学科教师培训一体化模式研究”的研究。

【安全工作】 一是积极建立学校安全防范机制，建立健全学校安全隐患定期排查、安全预警、跟踪督查、情况通报、应急处置、责任追究制度，完善校园安全突发事件应急预案。经常性开展安全方面的隐患排查，防患于未然。同时发挥社会各界的作用，大力加强校园治安防控体系建设，全面落实治安综合治理各项措施，确保校园周边秩序良好，师生共建、警校共建平安校园。二是把安全教育纳入学校正常教育教学内容之中，平时注重对学生加强交通、生活等安全知识教育，全面培养学生的安全意识和自我保护意识，提高学生的综合素质。开展以提高学生自护、自救、防灾、逃生能力为主题的教育演练活动，不断提升全过程管理、全天候服务、全方位育人的水平。三是完善安全制度，落实安全措施。健全相关档案，签订安全责任书，做到领导落实、岗位落实、措施落实。实现规范化管理，同时还注重学生安全自我管理，班级中建立安全管理体系，把安全教育管理落实到每个班。四是加强安全设施的检查和整改力度，对安全设施的运行状况时时检查，及时消除隐患。定期对校舍、教育教学设施、食品卫生、电路、消防设施等进行大检查，排查隐患，随时通报。对存在隐患的方面及时整改，2014年学校实现安全零事故。

【招生就业工作】 2014年，学校招生工作抓得早、抓得新、抓得实，各项措施保障有力，再加上全体教职工的努力，招录新生1089人（其中校本部850人、联办学校239人），其中高中一年制中专292人、五年制大专582人、初中三年制中专215人，圆满完成招生计划。

【师资队伍建设】 2014年，学校重视师德师风建设，开展以“创文明校风、树师表形象”为重点的师德教育活动，提升教师形象。坚持利用每周一的政治学习会议，学习教师职业道德以及上级有关文件精神，提高教师依法执教的自觉性。通过学生评教、同行互评加强教师职业道德的考查力度，整顿师德方面突出的问题，实行师德规范一票否决制，在学校工作中以争创一流学校的目标凝聚全体教师，引导教师讲正气、讲奉献、讲业绩、讲团结，逐步形成一支爱岗敬业、积极进取、为人师表、和谐凝聚的教师群体，教师工作积极性高，教师严守考勤管理制度，进一步增强团结、协调、凝聚意识。学校积极主动抓好教师的继续教育工作，支持、鼓励教师参加提高学历层次、业务水平、教研能力的培训，推荐教师参加上级组织的各种培训和学习，通过培训学习、指导，在一定程度上丰富教师们的专业视野，更新教育观念。学校重视骨干教师队伍建设。以培养"骨干"为抓手，大力培养骨干教师，扎扎实实加强师资队伍建设，充分发挥骨干教师教学示范和骨干带头作用，积极推荐和鼓励青年教师参加上级部门组织的比赛和评比，给予教师们充分展现自己舞台的机会，有效地提高教学业务水平，加大骨干教师队伍力量。2014年，学校老师赵建宁被评为"四川省特级教师"。在四川省中职学校语文优质课比赛中，学校老师谢雅丽荣获省级三等奖；在全国"创新杯"信息化教学和说课比赛中，学校老师肖婷荣获全国二等奖；在2014年凉山州中等职业学校学前教育专业学生技能大赛中，四名老师荣获指导一等奖，十名老师分别荣获指导二、三等奖。

【老干部工作】 一是组织老干部开展学习活动，以确保老干部在政治上、思想上同以中共中央总书记习近平为首的党中央保持高度一致。二是开展半年一次的参观考察活动。如在12月11日带领在西昌离退休干部70余人参观邛海湿地五期"梦寻花海"和六期"梦回田园"。让老干部亲身感受到西昌改革的巨大成就和祖国翻天覆地的变化，增强爱党爱国、爱凉山、爱西昌的赤子深情。三是进一步推进"个十百千万"工程，发挥学校银色人才作用。四是认真落实老干部生活待遇，执行老干部住院慰问及去世吊慰制度，保证老干部离休费、生活费、医疗费按时足额到位。

【工会工作】 一是继续组织深入学习《工会法》和上级工会、计划生育等文件精神的学习，积极开展多方面的宣传教育活动。二是加强对全校教职工的思想政治教育，开展爱岗敬业的职业道德教育活动。三是认真落实和抓好计划生育工作，清理户籍在学校的所有人员生育信息，完成每月月报，流入流出学校人口的统计。四是对学校生病住院和有困难的人员进行慰问和关心，对有亲属亡故的职工，按学校规定和要求，进行慰问，把学校对职工的关心落到实处。五是积极组织职工开展健康有益的文体活动。

【财务后勤工作】 2014年，学校进一步节支创收，各项开支精打细算，做到花小钱办大事，严格财务制度。多方筹集资金，改善教职工福利待遇。补助在职教职工的通信费和网络使用费50余万元；用30余万元解决全校在职教职工误餐费；解决全校教职工（包括离退休人员）上半年的物业管理费20余万元。继续推行在职人员使用"公务卡"支付业务，新办一批"公务卡"，全校在职教职工办卡人数达76人。开展贯彻执行中央"八项规定"严肃财经纪律和"小金库"专项治理工作；开展地方政府存量债务纳入预算管理清理甄别工作；开展滥发奖金、工资、补贴问题专项整治工作；开展使用公款赠送红包礼金问题专项督查工作；开展"顶风违反中央'八项规定'、接待费居高不下"问题专项整改工作。2014年还接受并通过省教育厅对国家中职助学金和学费减免的专项检查，全年发放国家中职助学金近287万元。加强总务后勤工作，保证学校师生员工正常的工作、学习、生活所必需的物质条件和环境。坚持每月的校舍安全、水电安全和设备安全巡查制度，坚持校园、校舍定期消毒制度和卫生防疫制度，以防为主，防治结合，及时消除安全隐患，有效防止各种安全事故的发生。及时维修水电、设备设施，保证教育教学的基本需要。按要求对食堂、学生宿舍、办公楼、实验楼、板房教室等地方进行防水等维修，增添设备设施。投入一定资金购置学生课桌椅、床、电风扇等设备，对图书楼四间音乐教室进行维护装修，满足教学需要。引进新的经营者，落实学校食堂适当竞争的原则；安排新的食堂管理员，加强食堂各个环节的监管，落实食品安全制度；坚持食堂、小卖部和校园环境卫生每天的巡查和每周的检查制度；召开联席会，协调食堂经营者和学校各部门、学生的意见，督促食堂加强管理改进工作，不断提高服务水平和服务质量。进一步完善了《凉山民族师范学校财产管理办法》，并按管理办法实施。按要求清理学校公房并进行了安排分配，对海河小区娱乐室、东郊荷香苑小区空房进行招租的相关工作。对两处小区围墙进行防盗处理，安装三套门禁系统，对东郊校区的供水系统、排污系统进行维修并落实修建垃圾房等。对海河小区的房屋漏水、化粪池清理、消防设施等等进行维修完善。

（审核：余建忠/撰稿：杨凯）

州职业技术学校

【概况】 2014年，州职业技术学校认真贯彻执行《国务院关于加快发展现代职业教育的决定》和四川省职业教育工作会议精神，坚持“德育优先、技能为本、知行并重”的办学理念。切实推进“国家中等职业教育改革发展示范学校”（以下简称“国示”）项目建设，通过“国家中等职业教育改革发展示范学校”中期检查验收，学校软硬件建设跃上新台阶。学校开设有铁道施工与养护、机电技术应用、发电厂及变电站电气设备、有色金属冶炼、高星级饭店运营与管理、铁道运输管理、航空服务、石油天然气开采等8个专业；秋季中职招生530余名，在校普通中专学生1268人。成都理工大学继续教育学院西昌教学站学员1100人。在职职工178人，退休职工161人。2014年度，学校获得凉山州第二届中等职业学校学生职业技能大赛二等奖，继续保持“州级文明单位标兵”，校团委书记张宇被授予“全国优秀共青团干部”“四川省优秀共青团干部”称号。

【国示建设投资】 继2013年被国家批准为“国家中等职业教育改革发展示范学校”创建单位后，学校成为四川省民族地区唯一一所“国家示范学校”创建学校。国示建设主要内容为建设机电技术应用、铁道施工与养护、发电厂及变电站电气设备3个重点专业，以及数字化校园、“三三六”民族地区学生综合素质培养体系2个特色项目。2014年，中央财政拨款880万元；地方财政拨款990万元；行业企业投入20万元，实际到位7.5万元；其他投入74万元全部到位。本年度全面开展国示建设工作。

【校企合作】 2014年，由州职业技术学校牵头，攀钢工程技术公司等11家企业、5所职业学校、4个行业协会等参与，组建“凉山工业职教集团”，与合作企业签订《校企合作协议书》，成立理事会，向相关合作单位授予“凉山职教集团理事单位”牌匾，召开校企合作项目研讨会。开展深度校企合作，校企合作日益紧密，职教集团内涵不断深化和加强，初步呈现资源共享、优势互补、互惠双赢、共同发展的良好前景，开辟了一条技能培养的特色之路。

【人才培养模式】 2014年，学校3个国示重点专业根据自身特点探索“校企互融，产教合一”“分段培养，能力递进”“岗位导向、学练一体”的工学结合人才培养模式改革，形成新的人才培养方案并进行试点。机电技术应用专业与西昌合力锌业公司等6家企业单位合作进行校企互融、产教合一的“订单式”人才培养模式试点；铁道施工与养护专业、发电厂及变电站电气设备专业均分别与相关企业或机构开展人才培养模式的论证和试点。

【课程体系和核心课程】 2014年，学校聘请西华大学电气工程学院等高校教授张必德以及陈燕平、张雯、刘强等专家团队，全程指导三个专业课程体系建设，初步形成与行业企业充分对接的课程体系。同时初步完成与新课程体系配套、图文并茂通俗易懂的10门核心课程教材的编写（其中机电技术应用专业4门、铁道施工与养护专业4门、发电厂及变电站电气设备专业2门）。

【实训基地建设】 2014年，学校吸引企业资金、设备和技术的深度介入，建立校内、校外生产性实训基地，资源共享。3个国示重点专业分别与企业合作，新建校外实训基地1个，同时完善校内公共实训基地4个。在凉山州漫水湾供水工程开发中心漫水湾电厂建成实训基地；与国网四川省电力公司凉山供电公司培训分中心共建共用110千伏电力实训场；盐源金铁矿业集团有限责任公司等企业投资7.5万元与学校共建成立职工培训中心。

【教师队伍建设】2014年，学校通过按计划选派教师到高校、先进示范校培训、进修；引进知名专家培训指导；到企业挂职锻炼；参加企业技术培训；考取职业资格证书等方式，3个国示重点专业共培养8名专业带头人和19名骨干教师，“双师型”教师比例达到100%。建立兼职教师师资库，聘请47名兼职教师，参与专业建设和课题项目、担任教师、开办讲座、指导专业教学与实习实训。全年学校组织安排教师参加省级各类培训62人次；参加校级培训196人次；专业教师到企业学习实践35人次。安排14人赴新加坡南洋理工学院培训学习，2人到德国进修学习；3名教师参加国家级骨干教师培训。同时，聘请西华大学、成都工业学校等学校的专家21人次到校培训教师、指导教学和实训基地建设。3个国示重点专业分别与西华大学电气工程学院张必德团队、成都铁路工程学校、成都工业学校建立起专业建设、师资能力提升对口支援关系。

【数字化校园建设】 2014年，学校完成数字化校园总体规划，确定基于云平台的“网络型、共享型、服务型中职学校”的信息化战略，搭建起数字化校园基本框架，包括数字化校园网网络基础系统、数字图书馆系统、一卡通系统、公共数据库及查询系统、基于统一身份认证的门户平台、网络教学系统、集成化信息管理系统（MIS）七个部分，9月进行试运行。

【“三三六”德育体系建设】 “三三六”民族地区学生综合素质培养的综合体系，内容为三个方面的教育内容、三支德育教育队伍建设、六项重点活动举办等10个具体任务。2014年度大力开展德育体系建设，不断丰富体系内涵。表彰1名优秀思想政治课教师；培养8名校级优秀班主任、15名优秀德育工作者；开展“文明班级”、“文明礼仪之星”等丰富的评比表彰活动；完成书法、篮球等二课堂教学350余课次；开放“成长不烦恼”聊天室110余次，接待学生90余人次，网络聊天室开放210余次；开展学生艺术团培训表演、18岁成人礼宣誓、参观监狱、企业文化进校园等多层次、多形式的教育活动。

【教学科研】 2014年，学校坚持指导和督促各教研组开展每周1次的教研活动。组织专业负责人、专业带头人、骨干教师和企业、行业专家共同完善学校教育教学质量评价体系，创新学生学科成绩评价标准，全面提升学生素质。积极开展公开课、说课、微课、撰写发表论文和开展课题研究等活动，全年评选出24个公开课一等奖。5名教师参加全国、省、州说课、微课比赛，取得州级二等奖3个、一等奖2个，省级一等奖2个，全国三等奖1个、二等奖1个。校内交流论文28篇，在各级刊物上发表论文19篇，在研课题6个，凉山州优秀教学成果奖1项（二等奖）。

【招生就业】 2014年，学校面对招生工作实际，重新规划和调整招生工作。媒体宣传与深入学校、乡镇宣传相结合，与凉山州劳务培训基地、会理鑫浩科技学校等开展合作招生，加大招生工作力度，稳定招生局面。着力稳定成都铁路局成都客运段、葛洲坝电力集团凉山各项目部等既有用工渠道；加快拓宽就业途径，新增中铁十一局集团电务工程公司、四川万凯丰稀土新能源公司、钢城集团凉山瑞海实业有限公司等就业合作企业；同时，积极引导学生自主求职创业。2014 年，学校与中铁十一局集团电务工程公司、成都铁路局成都客运段等州内外大中型企业 20 余家开展实质性合作，组织双选招聘会 20 余场，提供就业岗位 650 余个，实际解决学生就业共计 400 余人次。

【改善办学条件】 2014 年，学校建成集表演、会议、展示等于一体的艺术中心并投入使用；对教学 A 楼，B 楼，学生一、二公寓进行改造装修；对校内供排水管路，供电和网络线路等进行改造；办学设施和功能更加齐备。投入资金，购买成套多媒体教学设备，建成和完善标准化多媒体教室 26 间，大力推进信息技术在教学中的应用，进一步提高教学质量。

【职业技能培训鉴定】 职业技能鉴定所按照年度工作计划，组织维修电工等七个工种的技能鉴定。2014 年共组织 126 名学生的鉴定申报，23 名中高级工的鉴定申报，48 名技师高级技师的鉴定申报工作。举办特种作业安全培训 5 期，培训人数 402 人；组织教师对攀西监狱 11 名骨干技术人员进行专业理论教学和职业技能培训；与西昌电业局职工培训中心合作，完成职工培训 424 批次，5478 人次。

（审核：高勇/撰稿：田成平）

州民族中学

【概况】 凉山州民族中学是凉山彝族自治州唯一面向全州招生的、以少数民族学生和农村贫困学生为主的民族寄宿制完全中学，是州教育局唯一一所直属中学。学校为四川省二级示范性普通高（完）中。2014 年，学校有 90 个教学班，在校学生 5800 余人，其中，初中 32 个班，1900 名学生；高中 58 个班，3966 名学生。少数民族学生占 60% 以上，农村学生占 76%。

【基础设施】 学校分南北两个校区，南校区是初中部，北校区是高中部，全校占地面积 10.29 公顷（102900 平方米），生均占地面积 20 平方米。学校建筑面积 109224 平方米，其中公用校舍建筑面积 60301 平方米，生均校舍建筑面积 11.85 平方米。各类教室 165 间，满足教育教学需要，教室间数和面积达到《四川省中小学教育技术装备标准》要求。有两个田径运动场（分别为 300 米和 250 米环形跑道）及相应的体育设施。学生宿舍 664 间，建筑面积 23053 平方米，床位 5312 个，满足寄宿制学生住宿需求。有学生食堂餐厅及开水房浴室等后勤服务设施，建筑面积 6874 平方米，餐位 3700 座，功能齐备，设备设施完善，达到国家标准化食堂规定 B 级食堂标准。

【师资力量】 2014 年，学校有在岗教职工 400 人，其中，特级教师 7 人，高级教师 80 人，中级教师 126 人。有全国模范教师、全国优秀教师、四川省有突出贡献优秀专家、凉山州拔尖人才、凉山州学术和技术带头人、凉山州专家型教师、知名教师、西昌市教学能手等共 70 余人。

【教学科研】 学校重视开展教育科研工作，教科处负责全校的教育科研组织领导工作，有专门的办公室、办公设施设备和专人负责，有专门的教研活动室。学校有完善的教育科研网络，有健全而严格的教研制度和奖惩制度。每个学科有教研组，每个年级有学科备课组。坚持开展每周一次的常规教研活动，做到“四定”（定时间、定地点、定教研内容、定中心发言人），效果好。学校教师 100% 参与教研活动，教研工作做到常规化、制度化。学校积极组织和倡导开展教育科研，积极组织教师“走出去”听课学习，或者“请进来”传经送宝，2014 年教师外出培训考察学习 300 余人次，学校荣获“凉山州教育科研一等奖”，“全国民族中学示范学校”称号，通过四川省示范性普通高中复查验收等。赵萍老师荣获“全国模范教师”称号。在第十二届全国民族中学优秀论文的评选活动中，马晶、杜向艺、边成德、郭明霞等四位老师获一等奖，江敏老师获三等奖。王芳老师在四川省民族地区高中教师教学技能竞赛教学设计单项第一名，综合二等奖。何雅菡老师在四川省巴蜀“好教育联盟”第一届生物说课评选中获一等奖。周春涛老师在四川省青年教师数学教学展示评选活动中获二等奖。组织学生参加学科竞赛，有十余名教师获得指导奖，近百名学生获得奖励。学校还先后多次派出数十名老师在喜德、会理、金阳、布拖等民族聚居县支教或开展教研活动。

【学校管理】 学校的办学理念是“以人为本，与时俱进；为学生发展奠基，为社会进步育人”。学校的办学思路是“深化改革、加强管理、注重质量、突出特色、控制规模、确保安全”。学校的办学目标是“建设高质量、有特色的全国少数民族地区一流中学、全省一流中学，创建四川省国家级示范性普通高中”（即“一个示范、两个一流”）。学校的办学指导思想是“高标准、严要求、有特色、创一流”。学校领导班子建设达到要求。2014 年有校级领导 5 人（1 正 4 副），学校实行校长负责制，校长主持学校全面工作，各副校级领导分工明确各司其职。学校认真贯彻落实以教学为中心，以质量为生命，对教育教学工作进行目标导向、过程管理、质量控制、奖惩激励，实行教育教学质量目标考核，设立阶段质量奖、高考中考奖、管理服务奖等质量调控措施，形成有效的质量控制管理机制。学校坚持实施校务公开，设立有校务公开栏，重大事项都要向全校公示。学校重视安全工作，成立有以校长为组长的安全工作领导小组，学生处、安全保卫科专门负责学校安全工作；分校区有安全执行组，人员齐备，各类安全工作机构健全，安全制度齐全，安全措施到位。

【办学成果】 2014 年高考，考生人数 1224 人，文科考生 367 人，理科考生 857 人。理科上线 399 人，上线率 47%，名列全州第二；文科上线 95 人，上线率 26%，名列全州第二。其中文科应届生上线 75 人，全州第一名。加民族地区照顾分后总体上本科线 671 人，上线率 54.8%。高中毕业会考的平均分、优分率、及格率、差生控制率等多项指标均居全州同类学校第一名。高中毕业会考的综合分排位居全州同类学校第一名。

【其他工作】 认真开展党的群众路线教育实践活动、治理“庸懒散浮拖”“9+X”专项政治活动。认真开展“挂包帮”活动。组建 36 个学生社团，在周末积极开展活动，校工会广泛开展“在社会做一个好公民，在单位做一个好职工，在家庭做一个好成员”活动，形成“学校大家庭，文明树风尚，歪风齐抵制，娱乐须健康”的良好风气。学校创四好活动、党建工作、党风廉政建设责任制、惩防体系建设等保证目标工作成效显著，得到考核部门认可和好评。安全工作、档案工作、社区工作、警校共育等工作取得成效。

（审核：邹华 / 撰稿：陈虹舟）

文化广电新闻出版

【概况】 2014 年，凉山州文化广电新闻出版系统紧紧围绕州委、州政府中心工作，立足工作实际，推动落实文化改革发展各项任务，全州文化广电新闻出版工作呈现出稳步推进、加快发展的良好势头。人社部、文化部授予凉山州文化广电新闻出版局全国文化系统先进集体荣誉称号。

【服务体系建设】 2014 年，凉山州文化广电新闻出版局创新提出“建为先，覆盖全；用为本，功能齐；管为要，运维好；养为魂，机制活”的公共文化服务体系建设总体思路，推广实施公共文化服务示范站点建设“五十百千”工程。全年全州 14 个公共图书馆、18 个公共文化馆、608 个乡镇综合文化站、5 个博物馆纪念馆继续实行和深化免费开放。放映农村公益电影 4.5 万场，安装广播电视直播卫星接收设备68801套，解决近30万边远山区农村群众看不到电视的问题。全州广播综合人口覆盖率达到81.73%，电视综合人口覆盖率达到92.24%，有线电视用户达到32.33万户。

【群众文化、艺术创作、展演和交流】 2014年，凉山州歌舞团下基层演出42场，大凉山惠民音乐会举办50场，各县市文艺队伍送演出下乡32场，送图书及各种科普资料33110册（份）。继续实行免费艺术培训和流动图书车等文化惠民服务。完成凉山彝族奴隶社会博物馆附属设施升级改造，提升接待能力，全年免费接待参观者突破30万人次。成功举办凉山州第四届民族文化艺术节。凉山歌舞团民族歌剧《彝红》在第二届中国歌剧节荣获优秀剧目二等奖，随后连续荣获第六届国际戏剧奥林匹克奖，四川省第三届文华奖。精心组织节目参加省首届农民工艺术节和省第七届少数民族艺术节，《彝红》《我的弦》《诺苏的孩子》《欢乐的甲搓》等（剧）节目荣获最佳剧目奖、金奖、一等奖等16个奖项，17幅美术书法摄影作品获奖，凉山州文化影视新闻出版局荣获优秀组织奖。成功举办新歌创作暨演唱比赛和微电影大赛，《俄尔则俄》荣获亚洲微电影艺术节“金海棠”优秀奖。《彝红》获得国家艺术基金资助350万元。

【文化遗产保护】 2014年，凉山州文化广电新闻出版局扎实开展第一次全国可移动文物普查，在全省率先完成国有单位文物收藏情况调查工作。凉山州申报8个项目入选第四批国家级非物质文化遗产项目名录，占全省入选项目的42%，19个项目入选省级名录公示名单。创新开展文化遗产保护工作，评审公布首批凉山州文化生态保护实验区8项。编辑和出版《秘境家园·彝彩》精品图书及纪录片，开通“非遗”网站，凉山广播电视台开播“非遗”专题片——《非遗之光》。

【市场管理】 2014年，凉山州文化广电新闻出版局积极推进审批制度改革，按要求完成审批事项清理工作。进一步加大监管力度，扎实开展“扫黄打非”专项行动、出版物专项治理“利剑行动”、清源行动、秋风行动、广播电视违规广告等专项整治行动，促进文化市场执法规范化建设。深入开展文化市场“树形象、练精兵”活动，加强节假日文化市场监管，以杜绝未成年人进网吧为重点，加强对网吧等互联网营业场所的管理。以打击违规经营行为为重点，加强对演出、娱乐市场的监管，全年全州文化行政执法人员出动2130人次，检查文化娱乐场所1506家次。开展文化市场“三个一遍”整治活动，全州共出动15856人次，检查5979家次，警告42家，责令改正189家次，受理举报案件10件，立案调查47件，移送案件7件，办结案件32件，停业整顿5家，吊销许可证1家，收缴盗版软件150余张，侵权盗版光碟1260余张，盗版书籍900余册。在全州文化市场综合执法队伍中开展行政处罚案卷评比和执法能手考核比赛活动，共收到各县（市）上报执法案卷32件，通过评查，评出优秀案卷8卷，进一步提升和监督全州文化市场综合行政执法案卷质量。

【产业发展】 2014年，凉山州文化广电新闻出版局努力推动文化与旅游、文化与科技、文化与生态建设深度融合，着力文化产业项目包装推介。文化部、财政部在凉山州举办全国《藏羌彝文化产业走廊规划》解读研讨会议。凉山文广传媒集团获文化部、财政部藏羌彝文化产业走廊项目补助1000万元。贾佳彝族传统服饰生产有限公司、喜德县犇驰彝族漆器有限公司成功申报为第四批省级文化产业示范基地。凉山文广传媒集团公司投资开发的北京阿斯牛牛餐饮连锁有限公司运营良好，成功搭建彝族风情餐饮、民族文化演艺、“大凉山”特色农产品综合推介平台，成为展示凉山民族文化的对外窗口；该公司承办“2014老挝金三角首届国际旅游文化节”取得圆满成功，得到主办方的认可，受到老挝人民民主共和国党中央政治局委员、国家副总理宋沙瓦·凌沙瓦等老挝国家领导人的高度评价，创汇33.6万美元。

【广播电视覆盖】　2014年，凉山州68801套直播卫星“村村通”“户户通”工程、1150个广播“村村响”工程、6156户地面数字电视无线覆盖建设任务有序推进，完成全年任务目标。扎实开展安全生产大排查大整治行动，确保广播影视安全播映，严格管理有害视听节目上网传播。安全播出工作常抓不懈，实现全州广播电视安全播出零事故。

【广播电视宣传】　2014年，全州广电系统完成广播电视节目（新闻类）评奖工作，参评节目148件，送省参评节目27件，获省优秀奖4件，提名奖18件，获奖率达81%。深入开展以“净化荧屏声频，呼应人民心声”为主题的“五粮液”杯四川省第三届广播电视绿色频率频道创建活动，组织开展“美丽四川、美丽凉山微电影大赛”，凉山州推荐报省广电局的微电影荣获一等奖1件、二等奖2件、三等奖2件，组织奖1项，居全省各市州送评并获奖数之首，《俄尔则俄》荣获亚洲微电影艺术节“金海棠”优秀奖。认真组织开展广播电视“短消息”作品大赛、“十佳主持人评选”活动和“开展第三届广播电视公益广告创作大赛”活动。凉山州作品在“四川省第二届广播电视公益广告创作大赛”中荣获电视类：二等奖1件，三等奖1件；广播类：二等奖2件，三等奖1件，优秀组织单位1项。

【机关建设】　2014年，凉山州文化广电新闻出版局着力查找“四风”方面突出问题，扎实开展党的群众路线教育实践活动。确定“树立为民务实清廉新形象，推进民族文化强州新跨越”的活动主题，班子成员公开作出反四风“六项承诺”，凉山州文化广电新闻出版局党组针对全州文化影视新闻出版系统工作实际和班子干部队伍现状，提出“知全局、明职责、干实事、敢担当”的明确要求。着力班子民主集中制建设，着力干部队伍思想、能力、作风、制度建设，强化“珍惜岗位、感恩组织、敢为善成”理念，建立健全约谈制度、述职制度、绩效考核制度、公共文化服务体系建设项目库制度、项目台账和资金管理等制度，确保“两个责任”落实到位，不断加强文化影视新闻出版干部队伍建设。按照四川省文化体制改革和发展领导小组要求，完成四川省有线广播电视网络股份有限公司凉山分公司机关事业人员安置和身份转换工作。深入开展“走基层、解难题、办实事、惠民生”活动，扎实开展扶贫济困送温暖活动，做好昭觉县极度贫困村库莫瓦哈村的对口帮扶和新农村建设等工作，凉山州文化广电新闻出版局被州委、州政府表彰为全州“挂包帮”活动优秀单位。继续在凉山毒品和艾滋病重灾区，开展彝语电影“禁毒防艾”宣传，以农村电影放映为载体，以行政村为重点，辐射自然村，全年全州放映“禁毒防艾”电影6000余场，抓好禁毒防艾工作，提高人民群众对毒品危害和艾滋病防治的认识和自觉防护意识。

（审核：陈方勇/撰稿：何明强）

卫　生

【概况】　截至2014年年底，全州医疗卫生机构总数5482个，其中：医院101个（含公立医院49个）、基层医疗卫生机构5245个〔含乡镇卫生院615个、社区卫生服务中心（站）15个、村卫生室4343个〕、专业公共卫生机构128个（含计划生育技术服务机构70个）、其他机构8个。医院按等级分：三级医院4个，二级医院32个，一级医院13个，未定级44个。全州医疗卫生机构门诊量1074.24万人次（不含村卫生室）。医院次均门诊费用135.3元，医院人均住院费用4222.0元。全州卫生人员总数21251人，其中卫生技术人员17492人，执业（助理）医师6263人，注册护士6865人，医疗卫生机构床位数19729张，按2013年年末户籍人口算，每千人口执业（助理）医师数、注册护士数、床位数分别为1.24人、1.36人、3.88张。

【医改工作】 2014年，凉山州稳妥推进公立医院改革。巩固县级公立医院实施取消药品加成为主的综合改革，29所县级公立医院取消药品加成让利群众7500万元。出台《凉山州县级公立医院综合改革实施方案》，全州17县市纳入国家和省确定的县级公立医院综合改革试点，补偿机制、人事薪酬、医保支付等改革举措稳步开展。付费方式改革、临床路径管理整体推进，分级诊疗制度全面启动，预约诊疗、窗口服务等惠民便民举措加快落实，取得阶段性成效。进一步巩固完善新农合制度。全年全州新农合参合率98.99%，创历史新高，人均筹资标准提高至390元，21种重大疾病纳入医疗保障，出台《凉山州城乡居民大病保险工作实施方案》；加快支付方式改革及省内异地就医即时结报平台建设，政策范围内住院补偿比、住院实际补偿比和重大疾病住院实际补偿比分别提高至76.30%、61%、84%。继续深入实施基本药物制度。全州基层医疗机构全部实行基本药物集中采购和零差率销售，共采购2396个品规1.14亿元，药品售价同比下降23.47%，门急诊和住院次均药费平均同比下降9.51%和22.06%。落实基本公共卫生服务。均等化项目补助标准由人均30元提至35元，项目扩增为12类43项；推进持续动态和均等的健康管理，建立规范化电子健康档案410.92万份，规范化电子建档率90.01%；在管高血压、糖尿病和重性精神病患者13.15万人、4.74万人和3982人，65岁以上老年人管理34.70万人，孕产妇和儿童系统管理3.75万人和40.53万人，中医药服务27.07万人次；卫生监督协管5.71万次，健康教育143.46万人次。

【规划财务】 2014年，凉山州卫生系统统筹规划和推进基础设施建设，全年投入建设项目资金2亿元，实施基层医疗卫生服务体系、重大疾病防控体系、区域医疗卫生中心等1110个项目建设；投入设备购置资金2200万元，为3家州级医疗卫生单位和9个彝区县中彝医院配置设备。截至2014年年底，四年累计下达项目2221个，相继投入使用或开工建设，年度“民生工程”73个村卫生室建设项目全部投入使用，乡镇卫生院、村卫生室建设达标率达95.21%和97.31%，较2013年提高36.2%、34.49%。

【艾滋病综合防治】 2014年，凉山州卫生系统探索和创新防控管理模式，推进防治体系和能力建设，坚持以扩大干预覆盖面为抓手，全面落实综合防治措施。全年全州新发现报告艾滋病感染者及艾滋病病人4407例，较2013年增长6.50%；医疗机构开展就诊者HIV抗体筛查57.87万人次，随访感染者病人1.32万人，CD4检测9225人，累计抗病毒治疗和美沙酮维持治疗1.19万人和1.18万人；民生工程艾滋病病人体检项目实际完成8626例，完成率108%。《凉山州防治艾滋病工作评估报告（2008—2013）》通过评估，“禁毒防艾人民战争”取得阶段性成效；省政府四大领域75个指标完成68个，完成率90%。

【疾病防控】 2014年，凉山卫生实施疾控机构能力建设和创等达标，成功创建3个二级甲等疾控中心，4个创建二级乙等疾控中心送审待评。强化免疫规划和疫苗针对传染病防控，“五苗”全程合格接种率82.45%，较2013年提高6.24%，乙肝首针及时接种率70.77%。全州法定管理传染病继续保持“稳中有降”，发现管理活动性肺结核病人、新发麻风病人较2013年下降4.31%和32.69%。推进西昌市、普格县血吸虫病传播阻断达标进程，昭觉县通过血防传播阻断省级验收，民生工程包虫病病情调查1万名任务超额完成。

【食品安全与卫生监督】 2014年，凉山卫生统筹医疗服务与卫生监督，全面开展《执业医师法》《母婴保健法》等10部法律法规实施情况专项督查，依法实施医疗机构、公共卫生、学校卫生、放射诊疗安全等卫生监督。全年开展卫生监督1.63万户次，监督合格率99.25%；查处卫生违法案件128件，1116户次违规监管对象采取行政措施，责令改正1153户次，取缔

13 户次。

【妇社卫生】 2014 年，凉山州加快妇幼保健机构等级创建和孕产妇急救中心建设，落实农村孕产妇住院分娩补助政策、免费婚检和妇幼卫生重大专项。全年落实农村住院分娩补助 4.435 万人，免费婚检 4.70 万对，婚检率 96.18%，较 2013 年提高 21.2%。全州住院分娩率 80.55%，较 2013 年提高 5.5%，孕产妇死亡率、婴儿死亡率、五岁以下儿童死亡率分别比 2013 年下降 15.82/10 万、0.96‰和 2.11‰，全州妇幼健康指标继续呈现“一升三降”良性发展。

【医政管理】 2014 年，凉山州全面加强医疗质量控制，出台《凉山州医疗服务与质量考核评价标准（2014 年版）》，落实 14 个州级医疗质量控制分中心质控指导职能。严格医疗技术准入，全面开展二、三类医疗技术专项督查。严格医疗服务监管，规范医疗服务行为，深化单病种质量控制、临床路径管理和抗生素专项整治，推进合理检查、合理治疗、合理用药。加强采供血安全管理，全年采血 584.37 万毫升，总供血 767.01 万毫升。依法开展医院评审评价，出台《凉山州医院评审暂行办法》，完成 5 个县级医院等级评审（复查）和 6 个县级重点临床专科申报工作。推进远程会诊系统建设，12 所县级公立医院开展远程服务，远程会诊量占院外会诊比和远程医疗服务量比 2013 年增长 57.7% 和 24%。实施服务百姓健康行动，强化基层服务能力提升，落实城乡对口支援目标责任制管理，全年派驻 312 名专业技术人员累计诊疗 13 万人次，州级下派人员量、基层诊疗服务量同比增长 9% 和 6.88%，培训基层人员量、进修量同比增长 8% 和 5%。实施社会资本办医促进工程，非公立医疗机构发展纳入全州卫生发展规划。民营医院增至 59 所，床位扩增至 2616 张，比 2013 年增长 10.29%；总诊疗量 60.44 万人次，同比增长 64.75%；出院 12.12 万人，同比增长 106.45%。以“三好一满意”和“优质护理”活动为载体，落实惠民便民举措，二级及以上公立医院住院人均费用较 2013 年分别下降 3.59%、1.10%。协调改善医患关系，推进“平安医院”建设，加大医疗纠纷防范和治理力度，共建立第三方调解组织 343 个，调解医疗纠纷 34 起，调解成功率 91.2%。

【行政审批】 2014 年，凉山卫生简政放权，深化行政审批改革，行政许可审批事项由 13 项减少为 4 大项，坚持“两集中、两到位”，提高行政效能，全年共办理卫生行政审批 1221 件，按时办结率 100%。

【中医药事业】 2014 年，凉山卫生实施基层中医药服务能力提升工程，加强基层中医科（室）标准化建设和适宜技术推广，协调中彝医医院编制，推进 9 个中彝医院建设步伐。实施“三名”战略，持续开展等级创建和规范管理，成功创建三乙中西医结合医院 1 所、二甲中医院 7 所、二乙中医院 1 所。全州 18 所中医类医疗机构门诊和住院人次较 2013 年同比上升 8.40% 和 29.63%，业务收入上升 18.76%，平均开展适宜技术推广项目 45 个，培训 3470 人。

【卫生应急】 2014 年，凉山州强化卫生应急保障，手足口病疫情得到及时有效控制，全州突发公共卫生事件首次实现“零”报告。协助处置木里麦地龙乡突发事件；牵头组织 8 家州直医疗卫生单位 111 人参加 2014 年省级防震救灾综合演练；组织宁南、布拖医疗救援队参与云南鲁甸 6.5 级地震医疗卫生救援，救治伤病员 265 人次、巡诊 1020 人次、心理咨询 193 人次、发放宣传资料 2960 份。宁南县创建省级卫生应急综合示范县通过评审，成为凉山州第一个省级卫生应急综合示范县。

【爱国卫生】 2014 年，凉山州 1500 户农村改厕项目全面完成，加快西昌、宁南、会东等卫生城市创建和攻坚，西昌、宁南分别通过国卫和省卫技术评估并进入考核公示程序，全年成功创建省级卫生乡镇 10 个、省级卫生村 75 个，较 2013 年增长 25% 和 30%。

【基层卫生】 2014年，凉山卫生探索推进县乡村一体化管理，实施“四项职业素质”提升行动，实行乡镇卫生院独立核算和目标责任制管理，加快基层医疗卫生机构“管理与质量、效益与能力”综合提升。西昌、德昌、会理、宁南等4县市开展乡村（社区）医生签约服务试点，签约率56.47%。利用项目招聘乡村两级卫生人员195名，全科医生转岗进修培训456人。推进乡村两级评审，乡镇卫生院和村卫生室评审达标率分别为84.07%和63.81%。

【人事科教】 2014年，凉山卫生贯彻落实州委、州政府关于加强彝区和木里藏区医疗卫生队伍建设两个实施意见，加快人才招录、引进与培养。组织专业培训项目35个5684人次，公考录聘专业技术人员1625名，全州卫技人员总数1.75万人，同比增长8.95%，每千人口卫技人员1.36人。启动实施州级医学重点学科（专科、实验室）建设，在已建2个四川省甲级重点专科和6个乙级重点专科基础上，立项建设21个州级重点专科（学科）。加强安宁河流域县市与民族县对口帮扶，推进珠海与凉山对口帮扶，6名珠海市卫技骨干帮扶凉山重点学科建设，选派12名技术骨干赴珠海进修学习。

【信息化建设】 2014年，凉山卫生编制完成《凉山州区域人口健康信息化建设规划》，论证确定区域卫生信息平台建设内容。在已有4家数字化医院基础上，新申报4家数字化医院待评审，3家二级以上医院启动病案首页直报系统。17县市医院信息能力建设项目完成12个，西昌和宁南基层医疗卫生机构管理信息系统完成建设，建设覆盖率100%，15个县完成硬件设备配置，待系统集成安装。

【卫生宣传】 2014年，凉山卫生借力州政府门户网站和州内外主流媒体，拓展卫生宣传平台，推进卫生文化建设，加大卫生政策、医改成果、经验典型等宣传；建立新闻发言人制度，加强卫生新闻宣传“三支队伍”建设，完成两期卫生新闻宣传培训。加强沟通和舆论引导，州长热线、厅局长信箱和其他信访事件按时办结率100%。联合州内媒体推出“健康大讲堂”“寻找凉山好医生”“行动起来，向零艾滋迈进”“医改专题”等宣传报道，全年发表宣传文章71篇、艾防征文143篇、政务微博393条、电视专题和健康大讲堂17期，州卫生局网站发布信息1306条，综合考评位列全州第二名，荣获政府网站建设“先进集体”。

【群教活动】 2014年，凉山州卫生系统按照“照镜子、正衣冠、洗洗澡、治治病”总要求，紧扣“树立群众观点、坚持卫生为民、服务百姓健康”活动主题，紧密聚焦“四风”突出问题，紧密联系卫生工作实际，扎实完成“学习教育、听取意见，查摆问题、开展批评，整改落实、建章立制”三个环节工作任务，达到预期目标，有力促进各项卫生工作有序开展。

（审核：蔡寅宗/撰稿：李武）

州一医院

【概况】 2014年，医院全面贯彻党的十八大、十八届三中、四中全会和中共中央总书记习近平系列重要讲话精神，认真落实国家、省、州关于医药卫生体制改革的方针政策和决策部署，忠诚履行为人民健康服务的神圣职责，凝心聚力，攻坚克难，把握稳中求进的工作总基调，坚持用改革的思路和方法破解难题，着力提升服务品质，持续改进医疗质量，实施双向转诊与分级诊疗，国家基本药物制度实施进一步巩固完善，重大突发事件卫生应急工作有力有序有效，人才队伍建设取得新突破，信息化建设提速提质，基础工作不断夯实，服务能力明显提高，中医康复特色和优势进一步发挥，推动发展模式从治疗为中心向健康为中心转变。大力弘扬“全心全意为各族群众健康服务”的宗旨，坚持以实际行动践行党的群众路线，严格执行中央“八项规定”精神和医疗卫生行风建设“九不准”规定，开展送医送药“三下乡”

及大型义诊等活动，推行便民利民惠民举措，优化医疗服务流程，切实改善群众看病就医体验，努力构建和谐医患关系，医院改革发展迈出稳健步伐，取得积极成效。

【完成情况】 2014年，医院完成门诊901754人次，日均门诊2471人次，其中，专家门诊272210人次。院前急救出车7579次；急诊留观116515人次，急诊抢救成功率99.08%。期末实有床位1257张，出院43689人次。住院病人平均住院日11.58天，病床使用率117.42%，病床周转次数3.3次（次/月），病房抢救成功率96.43%。完成手术及操作15155人次。医院总收入7.09亿元，其中，财政补助收入5582万元，医疗收入6.03亿元，其他收入5076万元。

【三级甲等医院复审】 按《医院评审暂行办法》《三级综合医院评审标准》要求，坚持“以评促建、以评促改、评建并举、重在内涵”的方针，以医院复审为契机，围绕质量、安全、服务、管理、绩效，将等级医院评审与日常工作紧密结合，狠抓“以病人为中心”和服务质量的持续改进，全面提升医院服务品质与管理水平。2014年1月3日至7日，省卫计委专家组对医院进行评审现场检查，通过对医院的书面评价、医疗信息统计评价、现场评价和社会评价，于5月7日省卫计委“川卫办发〔2014〕138号”文确认州一医院通过三级甲等医院复审。

【质量与安全】 坚持以质量为核心，认真落实医疗质量和安全核心制度，落实患者安全措施。医院手术前后诊断符合率达98.26%（规定≥95%），处方合格率>95%，平均住院日11.58天（规定≤12天），病床使用率117.42%，CT检查阳性率为62%，MRI检查阳性率为87%，医院感染现患率1.79%（要求≤10%），治愈好转率达95.44%（要求≥90%），病床周转次数39.54次/年（要求≥19次/年），基础护理合格率≥90%，危重患者护理合格率≥90%。积极做好分级诊疗、双向转诊工作，到会理、会东进行分级诊疗、双向转诊宣传工作，并和当地医保、新农合、卫生行政管理部门和医院进行座谈，探索共同做好分级诊疗、双向转诊的方式和方法。严格执行医疗保险管理措施和考核办法，加强医保基金的监控和管理，特别加强对新农合次均费用的控制、降低药占比以及限制辅助用药等工作的宣传和监管力度，保证全年新农合费控指标达到预期目标。按州医保局统一部署，实施并完成全州城镇职工医疗保险“金保网络”联网对接转换工作，并及时进行“四库”信息的对码、核查等基础数据准备和审核工作，保证了全州“金保网络”联网转换工作的顺利完成。铁路医保、城镇居民医保的联网对接工作也按时按质对接成功。在省州医保局的指导下，经过不懈努力搭建起全省城镇职工异地住院即时结算平台，2014年年底一医院全省异地住院即时结算平台按时开通。四川省卫计委2014年对省内各级医院进行的数字化医院评审中，州一医院获四川省数字化二星级医院。2014年春夏之交的“手足口病”疫情和年底出现的“麻疹”疫情，在州、市党委政府和卫生行政部门的指导下，在州内兄弟医疗机构的协助下，通过全院医护人员的共同努力，疫情得到有效控制。认真完成上级下达的指令性任务，完成木里森林大火医疗应急救治处置和盐源重大交通事故救治等多项指令性任务；完成州内各种重要会议、贵宾以及西昌国际马拉松比赛等医疗保健任务20余次。严格执行疾病诊疗规程，规范诊疗行为。加强合理用药管理，健全完善处方医嘱和检查检验单动态监测、分析点评、公示通报、约谈整改四项制度。实行医疗缺陷院科两级管理，对较大医疗纠纷（争议）提交院学术委员会讨论，由学术委员会集体确定纠纷性质、责任科室、责任程度。作为州医院感染控制分中心，医院承担全州医院感染质控工作，2014年举办一期全州感染质控师资培训班，17个县市和州级医院相关人员参加培训。

【护理服务】 医院继续巩固和扩大优质护理

服务成效，结合“三甲”复审工作，重新修订护理质控构架，实施护理质量持续改进。制定护士长“月考年评”制度，促进护士长提高管理水平。修订《护理部质量管理手册》加强病区护理质控管理。结合实际全面实施责任制整体护理，改造和细化工作流程，把制度、标准、规范、职责等贯穿融汇到流程中，加强细节管理，提高护理人员操作能力和执行力。凉山州护理质量控制分中心2014年在一医院挂牌成立，召开质控专家组成员会议及全州护理质量管理培训，建立国内首家“艾滋病护理与职业防护培训中心”并举办培训班；全年举办包括省级继教项目在内的各种护理讲座和培训74次，提高医院和全州各级医院的护理水平。

【新技术新项目】 引进美国GE公司ECT开展全身骨扫描、肾动态显像、甲状腺静态显像等。消化内镜中心ERCP开展无痛检查技术；B超室开展产前畸形初筛检查；介入导管室开展外周血管介入、先心病封堵等；放射科开展冠状动脉、肺动脉CTA、尿路CT成像CTU；检验科HIV实验室进行HIV初筛及确认，CD4、HIV病毒载量分析。骨科开展MSCT三维重建技术在胸腰椎骨折伤椎置钉技术，PFNA内固定系统在老年股骨粗隆间骨折的应用、全髋关节置换、双膝关节置换、关节镜下置管冲洗滑膜切除术；妇产科开展腹腔镜下直肠代阴道术、腹腔镜下子宫广泛切除、镜下治疗深部浸润型子宫内膜异位症、产后康复、新生儿智护、围产保健等项目；心内科和胸外科开展胸腔镜下巨大心包囊肿切除、房缺PDA封堵、多瓣膜置换等项目；泌尿外科开展后腹腔镜技术、经尿道内切开等新手术路径治疗多种疾病、输尿管镜下气压弹道联合超声碎石与经皮肾镜碎石取石术；肝胆外科开展腹腔镜辅助脾切除、腔镜下部中肝叶切除等。ICU开展多种机械通气新模式的临床应用、纤支镜肺灌洗术治疗耐药菌肺炎、中西医结合治疗重症胰腺炎、抗血栓压力泵预防深静脉血栓形成等。中西医结合科开展自动痔疮套扎吻合术；肿瘤科开展癌痛规范化诊疗和治疗恶性肿瘤的一系列技术和项目。2014年医院有18项新技术经医院学术委员会讨论通过并实施，全年分别向四川省卫计委和省医学会申报二类医疗技术16项、内镜诊疗技术12项。

【艾滋病防治】 2014年，医院接收艾滋病重症机会感染严重毒副反应HIV住院患者220人次，处理职业暴露13例，接收艾滋病免费抗病毒治疗44人，全年初筛24942例，初筛阳性率3.56%。由国家、省、州配套实验室设备36台件的艾滋病新实验室投入使用；4项艾滋病科研项目获得凉山州科技局立项，1项申报科技进步奖。对17个县市艾滋病防治工作进行督导检查28次；举办各类培训4次，培训各县市艾防人员100多人；参加国家、省、州艾滋病相关知识培训11次，参加培训人数47人；在州电视台对社会各界就艾滋病健康教育、艾滋病防治知识、艾滋病流行现状等进行广泛宣传和系统、全面讲解。艾滋病防治工作在年底省卫计委专家组代表国家卫计委的评审验收中得到各位专家的高度肯定。

【教学科研工作】 2014年，医院申报国家卫计委医药卫生科技发展研究中心协作科研1项；省科技厅科研项目1项；省卫计委科研课题3项；省卫计委青年科研基金项目1项；省医学会协作科研1项；州科技局科研课题获立项10项；完成州科技局组织的科研课题成果鉴定7项；申报2014年度四川省医学科技奖3项；申报2012—2013年度州科技进步奖9项，州科技局已公示，拟获一等奖1项、二等奖3项、三等奖4项；申报省卫计委2014年卫生适宜技术推广项目1项。2014年申报医学影像科为四川省乙级医学重点专科建设项目。肾病内科和骨科申报凉山州重点学科建设项目，并已接受州卫生局组织的专家组评审。外派进修学习35人次，外出参加学术会、学习班390人次。在各级各类期刊发表论文38篇。组织规培生参加四川省卫计委和四川省卫生厅毕业后医学教育委员会办公室（“毕教办”）主办的“成医杯”四川省第二届住院医师规范化培训临床技能竞赛，获得非手术组第三名；接受省“毕教办”对医院规培基地的动态评审；成功申报成为国家第一批住院医师规范化培训基地。2014 年共接收实习学生 576 人，首次接收古巴留学生 51 人到医院实习，并按实习大纲要求安排到科室轮转。接收下级医院选派到医院进修医生 52 人；接受州卫生局培训项目：2013 年贫困地区儿童医疗保健人员临床实习任务，培训学员 19 人；2014 年民族地区乡镇卫生院卫技人员培训任务，培训学员 40 人；2013 年凉山州基层医疗卫生机构全科医生转岗培训的临床培训任务，共接收 99 人。召开全院科技大会，表彰奖励五年中在管理期内荣誉专家 22 人，对 2013 年医院获得省医学科技奖和凉山州科技进步奖的 8 项科研成果及 14 篇专业技术人员撰写的论文获得省医学会、省卫生信息学会和凉山州第六届自然科学优秀学术论文进行表彰和奖励。

【人力资源建设】 本着“精简机构，优化配置、合理定编、增强活力、提高效益”的原则，对个别岗位设置、科室人员结构比例、梯队建设等方面进行调整。同时，配合省州开展的“两项督查”工作，开展选人用人专项自查，及时发现和纠正工作中存在的“庸懒散浮拖”现象，不断加强职工思想作风建设和行风建设。在重医、泸医、川北医学院等医学院校进行毕业生双选，意向性接收毕业生 300 人（其中硕士研究生 24 人），并进行考核考察及面试工作。

【扶贫对口支援】 启动凉山州 2014 年十大惠民工程之一的“贫困家庭先心病患者救助”工作，筛查 284 人，对符合救治条件的患者，按照“自愿”“不限年龄”的原则施行医疗救助，已行手术治疗 85 人，所有手术均成功，术后恢复良好。与州残联合作开展贫困儿童手术矫正项目，前往昭觉、布拖、金阳等县进行残疾儿童筛查，对符合手术条件的 43 名患儿进行手术治疗，术后恢复良好。参与由民盟中央牵头，由温州医科大学附属眼视光医院具体实施的，旨在帮助中西部地区贫困眼病患者重见光明，提高中西部地区眼科诊疗水平的“明眸工程”爱心活动，已免费医治贫困白内障患者 70 例。医院接受国家卫计委“健康快车”项目，初步拟定“健康快车”再进凉山公益活动。继续对昭觉、布拖、宁南各县开展对口支援工作。对定点帮扶乡开展帮扶工作，赠送“致富羊”；捐赠生活用品；根据州委“走基层、送温暖”活动安排，医院购买大米等过冬物资，职工自发捐赠了大量冬衣，送到昭觉县龙沟乡极度贫困村村民家中。组织医务人员开展“践行群众路线、服务百姓健康”专题义诊活动，发放药品。

【党风廉政和行业作风建设】 按照群众路线教育实践活动实施方案，成立活动领导小组，开展警示教育、法制教育、十八大宣讲、向先进人物学习等。用实际行动践行群众路线教育实践活动，将原门诊大楼 6、7、8、9 楼的行政办公区整体迁到综合楼（进修生、实习生宿舍），进修生、实习生搬搬迁至大成小区闲置房。行政用房缩减 30% 的面积，病房增加病床 200 张。新迁妇产科病房（137 张病床），极大改善妇科、产科患者住院条件。认真组织中心组成员、党员干部学习党风廉政文件精神、医疗机构从业人员行为规范、廉政标准、中央“八项规定”、省州“十项规定”、十八大精神以及州委六届七次全会精神，积极开展正风肃纪和三项建设活动，按方案完成医院党政领导、各职能科室、临床科的《廉政责任书》签订。组织召开 2014 年医德医风监督员座谈会，广泛征求群众意见、建议，对存在的问题进行整改。组织院内外人员满意度调查，搞好患者来信来访工作，对存在的问题及时查处。严禁医务人员在医疗活动中接受患者“红包”、物品和宴请等违规行为，巩固和扩大省级最佳文明单位成果。召开第三届第一次职工代表大会，严格按照职代会章程，完成职工代表换届工作。院长曹力生作《持续改进，锐意进取》的工作报告。

（审核：曹力生/撰稿：杨剑勇）

州二医院

【概况】 2014年，凉山州第二人民医院紧紧围绕州卫生局的工作部署，深入贯彻落实国家卫生工作改革各项方针政策，精心打造医院“实力、效率、服务、品牌、和谐”特色品牌，巩固“三甲”医院成果，全面推进医院工作。全年完成门诊人次301995次，比2013年增长5.1%；急诊人次29494人次，比2013年增长37.1%；住院人次完成20384人次，比2013年增长4.1%；出院人次完成20239人次，比2013年增长8.5%；住院手术台次4973，比2013年增长4.5%；病床使用率98.9%，比2013年增长9.5%；完成业务收入近3亿元，圆满完成全年各项工作目标任务。

【“三甲”创建】 医院于2009年被评为国家三级乙等医院，于2014年5月7日由四川省卫生和计划生育委员会以“川卫办发〔2014〕138号”文件评定为国家三级甲等综合医院。

【数字化医院】 2014年，医院新信息系统完成初步验收，基本实现预期功能。按照凉山州医保局关于“四川省医疗保险异地就医结算平台”工作统一安排，完成对州医保现行收费项目和省级异地结算平台将要执行收费项目的对码，其中州级医保在用各级编码达5万余项，省级编码接近20万项；完成对“三甲”医院8000余条收费项目的维护，保证医院“三甲”物价标准的规范性；开通全州17个县市的医保、新农合一站式结算业务；初步完成医院门户网站资料组织、构架设想、基本建设，实现网上预约挂号等功能。

【医改举措】 2014年，医院分级诊疗、逐级转诊是根据患者属地及病情的“轻、重、缓、急”程度，按照相关规定在不同层级医疗机构之间逐级就诊的一种新的诊疗管理模式，是缓解群众“看病难、看病贵”问题的重要举措之一。医院高度重视分级诊疗工作，根据省州卫计委相关文件精神，采取多项举措确保分级诊疗、逐级转诊工作的落实。首先，按照《分级诊疗工作实施方案》要求，成立分级诊疗工作领导小组，制定分级诊疗流程图，负责分级诊疗工作的具体实施；其次，在院内以LED电子显示屏、宣传橱窗、悬挂横幅的形式，积极向群众宣传解读分级诊疗政策，让患者充分知晓和理解建立分级诊疗的意义；三是与州内县级医院、乡镇卫生院、私立医院等共计105家医院签订双向转诊协议书，明确转诊流程，确保双向转诊渠道畅通，确保医院医疗资源能够全面的为全州病员服务。

【志愿服务】 2014年，“心光常亮”志愿者团队分3期招募培训社会志者共计22人，短期的暑期志愿者体验营30人，开展大型上岗服务培训7次，免费为市民进行健康体检义诊活动4次，共测量血压366人次，测量血糖177人次，测量视力及检查眼睛207人次，并针对有问题的人群进行健康教育指导，发放健康教育资料250份及宣传预防AIDS和倡导环保意识等。足迹涵盖医院、社区、学校、广场等，全年共计完成4587.4小时的志愿服务，进一步促进和谐社会建设。

【健康教育】 2014年，医院通过有计划、有组织、有针对性地对彝族住院及出院患者进行系统的健康教育干预，使彝族患者自觉地采纳有益于健康的行为和生活方式，消除或减轻影响健康的危险因素，促进康复，提高生活质量的彝汉双语健康教育。截至2014年年底医院已培养彝汉双语护士44名，针对患者的健康需求，灵活应用健康教育方式方法，为患者提供个体化的、详细具体的、易于接受的健康教育。同时，医院还编译《彝汉双语健康教育资料内科分册》《彝汉双语健康教育资料外科分册》《彝汉双语健康教育资料妇产科分册》《彝汉双语健康教育资料儿科分册》《医院常用彝语会话手册》等资料，并拍摄彝汉双语健康教育宣传短片，此短片已成为凉山州特色示范教育片，截至2014年年底，17个县市多家医院已经与医院达成订购协议。

【规培基地建设】 2014年度医院麻醉科通过住院医师规范化培训基地实地评审。至此，医院完成内科、外科、妇产科、儿科、神经内科、麻醉科、医学影像科等7个住院医师规范化培训基地建设，在培学员50人。

【科技兴院】 2014年，全院共发表论文27篇，经专业论文数据库检索证实，A类11篇，B类16篇，其中，平旭聪著《我院2007—2013年住院费用增长原因分析》获得“四川省卫生经济学会第五次会员代表大会暨学术年会优秀论文奖”；罗伦才著《愈疡胶囊抑制金黄色葡萄球菌抑菌的研究》获得“2014年西南药学大会优秀论文奖”；申报州级科研项目5项，省级科研项目4项；申报新技术15项，获得学术委员会和伦理委员会授权开展12项；完成鉴定科研课题5项；获得立项科研课题1项，立项经费10万元。

【重点专科】 2014年，全院申报州级重点学科（专科）7个，分别是：泌尿外科、护理部、儿科、影像科、制剂室、骨外科、眼科，其中泌尿外科、护理部、儿科、影像科已经进行实地评审。医院11名“凉山州卫生局医学科研管理专家委员会”专家分7批次参加西昌、冕宁、宁南、德昌、会理等医院州级重点专科评审。

【队伍建设】 2014年，医院办理高级职称资格证书19人次，中初级资格证书61人次，申报高级职称聘任资料33人次，中级18人次；另外，全年还安排了36人赴卫生部中日友好医院、北京佑安医院、四川省人民医院、四川大学华西医院、四川省肿瘤医院、泸州医学院附一院等国内著名院校进修深造，并外派短期学习247人次，医院带回了新技术、新知识，进一步提高了医院的科研及业务水平。

【医院公益】 2014年，医院领导先后三次率队到盐源县大河乡、盖租乡马扎村开展帮扶工作，累计捐款捐物3万余元。9月，医院为马扎村协调到位20万元修建的通村公路建成通车。

【荣誉】 2014年，医院荣获四川省2013年度卫生先进单位，四川省2013—2014年度城市医院管理优秀奖，凉山州敬老爱老先进单位，州直机关2014年度机关党建工作目标责任考核优秀党组织，2013年度州级党政机关、事业单位领导班子开展“四好”活动为优秀，凉山州工会2013年综合目标考核先进单位二等奖，共青团凉山州“五四”红旗团委，2013年度凉山州本级部门决算工作优秀，2013年度文保系统先进集体，2013年度百万志愿者结核病防治知识传播行动团体二等奖，2013年度东城街道环境卫生优秀单位等荣誉称号。李列平获四川省卫生厅2013—2014年度城市管理优秀院长，平旭聪获四川省卫生经济学会2008—2013年度优秀学会工作者，邢晋苓获2011—2013年度艾滋病防治工作先进个人，代频、张勋柱、杨正萍获2013年度“凉山州银色人才十大志愿服务活动”先进个人，季小平、李铭、陈启翼、王源凯获2014年度文保系统和州档案工作先进个人。

（审核：李铭/撰稿：王源凯）

州中西医结合医院

【概况】 2014年，凉山州中西医结合医院认真贯彻执行各项重要会议精神和卫生工作方针，认真践行党的群众路线，聚焦“四风”，始终坚持“以病人为中心”的服务理念，坚持“三手抓、三手硬”，进一步强化医院管理，持续改进和提高医疗服务质量，狠抓党风廉政和工作作风建设，稳步推进整体搬迁进程，广大职工以良好的精神风貌服务于广大病患，医院工作取得了较好的成绩。全年门诊145131人次、较2013年减少0.7%，出院10268人次、较2013

年增长0.4%，手术3938台次，总收入较2013年增长11.25%。

【持续改进工作】 2014年，凉山州中西医结合医院进一步发挥中医药特色优势，加强医院人才队伍建设、科室建设、中医临床路径和临床方案推广实施、药事管理方面持续改进工作，夯实基础，加强制度，尤其是十六项核心制度的执行力，不断提高医疗质量和管理水平，促进医院各项工作按照持续改进要求良好发展。12月，医院接受省中管局对三级中医医院持续改进及重点专科建设检查评估，将继续发挥中医药特色优势，进一步完善三级中医医院和重点专科建设工作。

【创先争优活动】 2014年，凉山州中西医结合医院以“一创”（创建平安科室）、“九争当”（争当管床能手、接诊门诊患者能手、院前急救能手、手术能手、医技操作能手、患者喜爱护士、科室管理能手、“五好”干部、中医药“三进”服务能手）、“四个零投诉”（医疗护理质量零投诉、服务态度零投诉、收费价格零投诉、医德医风零投诉服务）为抓手优化创先争优活动方案。全年共评出各岗位能手299人次，收到满意度调查表4478份、满意率98%，收到锦旗6面，感谢信32封。2014年获得州巾帼文明岗荣誉，康复科、内三科创建州级“青年文明号”，截至2014年年底已建成4个州“青年文明号”荣誉科室。培树先进典型，进一步激发职工争创热情。

【医疗业务】 2014年，凉山州中西医结合医院落实分级诊疗工作，拟定双向转诊协议及流程，制定分级诊疗各项制度，专人管理、联络协调，定期与151家协议单位沟通联系。ICU开展血液灌流技术治疗中毒患者、内三科州内率先开展人工血浆置换技术治疗重型肝炎。组织并指导妇产、普外、胆道、消化内镜、呼吸内镜5个专业申报二类腹腔镜技术，眼科、外五科、内三科、ICU4个科室申报二类技术。“四川省中医数字化诊疗平台”项目已得到中管局批复，获得资金支持用于医院信息化建设。

【护理工作】 2014年，凉山州中西医结合医院按照卫计委和国家中管局新标准，修订医院《平安医院科室创建评价标准》的护理质量评价标准，制定《护理安全规定》《安全用药流程》等制度以及《中医护理方案》，建立健全中医护理方案临床实施应用工作小组。累计开展中医护理技术操作20余项，32万余人次，实施中医护理方案1556人次。制定并落实护理人员分层培训计划，每月认真落实“三基”培训计划，全年进行中西医护理技术培训和考核18项，共计871人次，进行中西医理论考试4次，参考506人次；继续开展品管圈知识培训。首次开展护理情景教学——儿科病房管理。

【人才科教工作】 2014年，凉山州中西医结合医院新增外五科，设置神经外科专业，开放病床23张。耳鼻喉专业从眼科分离，开放床位20张，与肛肠科同病区管理。医院开放床位达417张。组织申报四川省中医药管理局科研立项2项，州科技局科研项目1项；组织申报科技成果奖2项，分别获得为全国首届民族医药科技奖民族医药传承贡献奖集体和个人三等奖、凉山州科技进步三等奖。6月，顺利完成2014年公招工作，招收12个专业22人。全年共派出20人次到省内外进修，50余人次参加省内外短期学习培训或学术活动。完成省住院医师规范化培训任务，共培训规培生22名并完成2014年度考核。完成省继续教育项目3项，先后培训100余人，参与省全科医师培训临床带教工作，培训临床医师10名。组织省全科医师师资培训10名、省中医师资培训4名。组织全员性学术讲座39次、西学中讲座22次，完成2013年度医师定期考核，参考164人全部合格。坚持低年资住院医师“三基”培训。完成2013—2014年度77人医院新进人员岗前培训。

【中医治艾工作】 2014年，凉山州中西医结合医院继续与州中医药治疗小组及省中医药治艾专家组到布拖、昭觉治疗点复诊发药4次，治疗病人 800 多人次，出现一批具有实际价值的典型病例。

【彝族医药研究】 2014 年，凉山州中西医结合医院发挥彝族医药研究所作用，继续开展彝族医药研究和彝族医药适用技术推广。12 月，组织全州 70 人培训彝族医药知识及适宜技术。建立彝医科，开展彝医火草灸治疗原发性痛经、颈腰椎病以及彝医烟熏疗法治疗牙痛等 12 种特色治疗方法。

【群教活动】 2014 年 2 月至 10 月，凉山州中西医结合医院开展了为期 9 个月的党的群众路线教育实践活动，共组织集中学习讨论 20 次、57 学时，中心组学习讨论 11 次；党员干部撰写心得体会 96 份，剖析检查材料 84 份；医院领导班子及党员认真开展专题民主生活会和专题组织生活会，梳理出 17 个方面 62 项整改问题，提出 116 条具体整改措施；开展亲民爱民送温暖活动 2 次、义诊活动 13 场次；原有制度全面清理，续用 511 条、废弃 37 条、修改 30 条、重新设立 50 条，编辑《医院制度（三）》。活动开展有实效有特色。

【党风廉政建设】 2014 年，凉山州中西医结合医院制定《关于认真贯彻“三严三实”要求加强党员干部教育管理监督的实施意见》，开展中层及以上领导干部述职述廉评议工作，进一步规范干部选拔任用程序，对拟提拔任用干部严格考核和民主评议，建立干部任前档案，专人归档存放。建立加强党的建设及党风廉政建设的十八条工作制度。制定并下发《建立健全惩治和预防腐败体系 2013—2017 年工作规划》《加强行风建设“九不准”实施方案》。药剂科、总务科、设备科坚持签署廉洁购销协议 53 份。自 5 月 1 日起，与入院患者签订医患双方不收和不送“红包”协议书。先后开展进出私人会所和持有私人会所会员卡、“小金库”、选人用人不正之风、庸懒散浮拖等专项整治工作，及时上报清查情况和“零”报告，组织干部签订承诺书，对医院“四风”、医德医风和工作作风进行严格整治。按照中央“八项规定”、省州委“十项规定”，严控“三公”经费支出，新制定加强“三公”经费管理的制度，“三公”经费较 2013 年同期下降 57.03% 。医院率先在州内卫生单位中开设廉政讲堂，全年开展廉政讲堂 3 期，切实弘扬廉政文化。2014 年获得“廉政文化进医院示范点”称号。

【富民惠民工作】 2014 年，凉山州中西医结合医院帮扶组到越西县叶祖村考察调研 3 次，划拨 3 万元地震灾后重建资金，为村民发放 180 件防寒大衣、92 床冬用棉被、92 桶食用油，向当地村小学生发放 50 套文具等价值 2 万余元物资，开展义诊及“禁毒防艾”、卫生健康知识宣讲 2 场、发放 4000 余元药品，结合 2013 年投放的 40 只半细毛羊养殖情况研究制定下年度帮扶计划。按照州卫生局安排，对全州 9 所公立中医医院和 1 所民营中医骨伤专科医院进行等级评审后的整改情况进行指导。下派第三批医疗专家继续开展对木里中藏医院对口帮扶工作。开展中医药“三进”志愿义诊服务，主动深入到会理县、布拖县以及西昌市礼州、川兴、裕隆等乡镇开展义诊服务 13 次，参与活动医、护、技专业人员志愿者 200 余人次，受惠群众 3000 余人次，施药 6000 元。

【公益活动】 2014 年，凉山州中西医结合医院参加州、市组织的义诊宣传 18 次，参与 42 人次，发放宣传资料 1500 余份，健康咨询 528 人次，测量血压 509 次。23 人参与无偿献血 7300 毫升。按市卫生局要求到市五中进行健康讲座 2 次。积极参与州科协活动，开展科普讲座 5 项、科普宣传及公益活动 1 项，负责州科协科普知识中医部分编撰工作。积极响应西昌市“双创”号召，开办健康教育宣传栏 15 期，组织党员参加社区“党员义工日”活动 6 次，认真完成创卫、创文分配工作。

【文化建设】 2014 年，凉山州中西医结合医院开展创建“节约型医院”活动、趣味运动会、中医药方剂经典大赛等活动；职工积极参与州级机关全民健身暨庆“五一”职工运动会及西昌国际马拉松比赛。与凉山日报健康周刊合作，开设《国粹养生》专栏，35名专家为广大群众介绍特色养生防病知识。下发《讯息荟萃》院报4期，其中党的群众路线教育实践活动专刊2期。药剂科成功被评为“青年廉洁示范岗”，手术室杨鹏被评为“四川省优秀共青团员”，院团委被评为“五四红旗优秀团委”。

（审核：朱林／撰稿：潘天齐）

人口计生

【概况】 2014年，全州常住总人口466.24万人，育龄妇女122.12万人；人口自然增长率6.21‰，控制在省下达的8.5‰以内；符合政策生育率91.63%，达到省下达的90%的目标；出生人口性别比112.21∶100，控制在目标任务值113以内。完成国家在会理县、西昌市开展240人的流动人口动态监测入户调查任务。2014年，州人口和计划生育委员会内设7个科室，有4个下属事业单位，有1个挂靠单位（州计划生育协会），在职干部职工51人。全州共有州县级计划生育服务站（所）18个，乡（中心）级计划生育服务站47个，技术服务人员349人；有州县药品器械管理机构18个，在职干部职工38人。

【政策法规】 全年组织开展示范县（乡镇）、阳光计生行动、诚信计生示范活动，不断提升全州人口计生执法水平，没有恶性案件发生。配合州人大开展《四川省人口与计划生育条例》执法情况检查和《凉山州实施〈四川省人口与计划生育条例〉的补充规定》修订调研工作。清理非行政许可审批事项，依法清理保留22项行政职权事项。依法有序实施单独两孩政策，全州共有380对夫妻网上申请，已处理357对，处理率为93.95%，通过处理的有282对，通过率为78.99%，已办证的207对，正在办理的有14对。“三项制度”扶助对象资格确认到位，全年共有2.5万人享受农村计划生育家庭奖励扶助政策，新增3414人，发放金额达2400万元；2080人享受农村计划生育家庭特别扶助政策，新增187人，发放金额达861.92万元；352户享受少生快富政策，发放金额达105.6万元。征收历年和2014年社会抚养费7.2万元，其中3.7万元是2014年的抚养费。

【人口信息化建设】 建立人口信息采集新机制。5月启动全员人口信息移动采集系统（计生E通）建设项目。开展PIP系统计生公安身份证信息比对核查工作，全州共核查问题信息130万条，修改身份证信息100万条，退出虚假、错误问题数据10万条，核查处理率达到94.26%，身份证误差率为1.63%，达到了小于5%的省标准。加强信息化设备配备，为全州210个乡镇配发笔记本电脑，采购400余台身份证阅读器发到各县。

【宣传教育】 全年投入项目资金200余万元，在巩固全州2640个村级人口文化活动室，88个人口文化中心的同时，规划建设17个人口文化中心。注重特色打造，将人口文化工程融入幸福美丽新农村和彝家新寨建设惠民工程，构建体现民族风格、地方特色的人口文化宣传品牌，做到一村一品。注重媒体宣传，在四川电视台、凉山电视台、《四川日报》《凉山日报》等主流媒体，《中国人口报》《家庭与生活报》等行业媒体中对人口计生工作动态、政策法规知识、生育服务证、准生证办理流程、基层人口计生工作者先进事迹，特别是单独二孩政策实施等内容进行报道。2014年在《凉山日报》开办人口计生宣传专栏50期，刊发稿件170条，在州外媒体刊发稿件30条。开展婚育新风进万家活动，安排资金50万元，统一订制《中国人口报》《家庭与生活报》等主渠道宣传品，分发到村人口文化活动室；印制《州人口计生宣传案例动漫丛书》《人口和计划生育服务指南》《凉山州实施〈四川省人口与计划生育条例〉的补充规定》，订制人口计生宣传环保袋、围裙、书包、光碟等宣传品分发到各县市、乡镇，做到进村入户；普格、美姑等县结合实际编印彝汉双语的《优生优育》《生殖健康·防艾》《人口计生便民办事指南》《人口计生法规小手册》免费发放到基层农户手中；通过世界人口日、男性健康日、“5·29”协会宣传日、省卫生和计划生育委员会开展的“健康相伴·幸福同行”人口文化巡演活动开展以“婚育文明、性别平等，计划生育、优生优育，生殖健康、家庭幸福”为主题的集中宣传活动。

【目标绩效管理】 2014年人口和计划生育业务目标管理考核结果为：西昌市、会理县、宁南县、雷波县、普格县、木里县、美姑县人口和计划生育局为完成人口计生业务工作优秀单位。冕宁县、会东县、德昌县、甘洛县、越西县、盐源县、喜德县、金阳县、昭觉县、布拖县人口和计划生育局为完成人口计生业务工作优良单位。

【规划统计】 开展人口清漏工作，清理出近年出生漏报10万条，死亡漏报1万条。核查出重复总人口数据10万条，处理率达到90%以上。核查出身份证有误个案120余万条，处理率达到95%以上。加强统计信息业务培训，针对基层专干更换频繁，部分专干人口计生统计信息业务不熟的情况，对7个县市的乡镇计生统计信息业务进行培训。加强省监测点工作指导，指导监测点的村每月上报报告单，督促乡镇每月将数据及时录入系统，并对数据质量差的乡镇还进行实地检查。17个县市人口计生局和300余个乡镇已经接入专网，各县市已处于运行调试阶段。

【计生技术服务】 按照《全国计划生育药具服务规范》，结合“扎根群众——药具服务基层工作年”活动，推进药具标准化、规范化建设，夯实基层工作网络，为全州17县市药具工作人员配备笔记本电脑，在全州城镇和流动人口集聚地免费安装8台第二代身份证智能取套机。全年全州各县市共调供药具计价188万元，库存计划比控制在15%以内。推进国家免费孕前优生健康检查项目，将盐源县、木里县、普格县、金阳县、布拖县、越西县纳入该项目工作，并实行分类指导和重点督导相结合，对新增6个县实行州内“一对一”牵手帮扶和重点指导。完成人口计生技术服务机构执业许可证和服务人员合格证效验工作，全州共有17个县级计划生育服务站、47个乡镇（中心片区）级计划生育服务站和349名技术服务人员效验合格。继续开展病残儿和术后并发症鉴定工作。

【计生协会工作】 加强计划生育基层群众自治工作，不断完善《计划生育村（居）民自治章程》和《计划生育协议》。2014年西昌市经久乡幸福社区、雷波县锦城镇城东村、冕宁县漫水湾镇西河村、宁南县披砂镇码口村被中国计划生育协会授予“全国人口计生基层群众自治示范村（居）”称号。争取国际微笑行动中国基金在全州开展“生育关怀·微笑行动”，邀请国内外40余名专家在州二医院为189名唇腭裂患者免费进行检查和手术治疗，免费救助经费达200万元。争取国家“幸福工程”项目，为布拖县22户贫困母亲落实救助资金11.6万元，支持其家庭发展种养殖生产。争取省计划生育协会关爱关怀救助资金11万元，支持救助盐源县长柏乡100余户计生贫困家庭。

（审核：蔡寅宗/撰稿：沙马快吉）

体　育

【概况】 2014年，凉山州体育局成立党的群众路线教育实践活动领导小组，通过开展动员大会、专题学习会、讨论会、专题党课辅导、邀请马剑霞先进事迹报告、督导组督查、领导干部撰写个人剖析材料、民主生活会、组织生活会、党员民主评议、总结大会等各种形式，践行党的群众路线教育实践活动。彻底整治本单位“庸懒散浮拖”现象。2014年完成农民体育健身工程574个点。采购了凉山州民族体育馆、凉山民族体育场两个场馆的为市民免费开放的时间。全州 2014 年免费开放体育场馆人数达 53 万人次。

【西昌邛海湿地国际马拉松赛】 2014 年 11 月 8 日，凉山州体育局与西昌市政府共同承办了由国家田径协会、四川省体育局、凉山州政府主办的四川省境内首场“西昌邛海湿地国际马拉松赛”，本次赛事共有肯尼亚、埃塞俄比亚、美国、荷兰、加拿大、法国、印度、俄罗斯、坦桑尼亚、英国等 25 个国家（地区），国内 30 个省市的 18366 名运动员参加竞赛。其中特邀外籍运动员 40 人，自主参赛外籍运动员 24 人；参加全程马拉松的运动员有 1643 人；参加半程马拉松的运动员有 2612 人；参加迷你马拉松的运动员有 14151 人。本次比赛线路选择在西昌市的城市湿地——邛海湿地公园，景区道路 28.7 千米，城市道路 6.2 千米，一级公路 7.3 千米。CCTV-5 对赛事进行 2 小时 30 分钟的全程直播。

【体育场地普查工作】 2013 年 10 月至 2014 年 10 月历时一年的全国第六次体育场地普查工作，在全州 17 县市体育局部门及相关单位的支持和配合下，克服困难、通力协作，按时按质按量完成普查工作任务。此次普查共收回普查表 5284 份（甲表 2160 份、乙表 3119 份、丙表 5 份）。根据汇总数据结果统计，全州有体育场地的数量、规模、分布、开放、投资情况是：一是场地总数。截至 2013 年 12 月 31 日，全州共有各种类型的体育场地 3388 个（室内场地 68 个、室外场地 3320 个）；包含体育场 10 个，田径场 19 个，小运动场 34 个，体育馆 7 个，游泳馆 1 个，室外游泳池 9 个，综合馆 6 个，篮球房 4 个，乒乓球房 16 个，足球场 3 个，室外轮滑场 1 个，健身房 11 个，棋牌房 4 个，台球房 2 个，网球馆 2 个，摔跤柔道馆 6 个，体操房 1 个，五人/七人制室外足球场 3 个，举重房 2 个，射箭场 2 个，篮球场 2183 个，乒乓球场 319 个，羽毛球场 43 个，排球场 22 个，三人制篮球场 10 个，室外网球场 14 个，健身路径 359 条（器械 2966 件），城市健身步道 4 条，登山步道 1 条，水上场地 1 个，室外门球场 4 个，地掷球场 1 个，其他类型场地 269 个，共 36 种类型。二是场地规模。全州体育场地总用地面积 3097157.55 平方米，建筑面积 98982.27 平方米；场地面积 2705844.97 平方米。三是场地投资。全州体育场地建设总投资 79366 万元。其中财政拨款 60868 万元、单位自筹 15246 万元、社会捐赠 486 万元、其他 2766 万元。四是场地分布。①中央单位 5 个，省级单位 54 个，州级单位 105 个，县级单位 732 个，街道/乡镇 1508 个，居民/村民委员会 948 个，其他 36 个。②行政机关 266 个，事业单位 2000 个，企业 174 个，其他单位 948 个。③体育系统 74 个，高等院校 35 个，中专中技 53 个，中小学校 1727 个，其他教育系统 24 个，其他系统 1441 个。五是场地开放。全天开放 1275 个，部分开放 608 个，不开放 1505 个。

【竞技体育】 2014 年 4 月，凉山州体育局与凉山州教育局联合在西昌市举办第 32 届中学生运动会。本次运动会设置篮球、田径、排球、乒乓球等项目，共有 2018 名运动员参加比赛，其中有 30 名获得运动员等级证书。5 月，由凉山州政府主办，凉山州体育局与凉山州老体协共同承办的“凉山州首届老年人体育健身大会”在凉山州民族体育馆开幕。本次运动会设置乒乓球、羽毛球、健身气功、太极拳、健身秧歌、健身球、象棋、桥牌、门球、排舞、气排球、柔力球 12 个项目。参赛运动员达到 3400 人。8 月，由田径、游泳、篮球、足球、乒乓球、射箭、举重、摔跤、柔道、拳击、武术套路、武术散打、跆拳道、激流回旋、体操、艺术体操 16 个项目 324 名运动员组成的凉山州体育代表团参加在遂宁市举办的四川省第十二届体育运动会。本次运动会共获得金牌 27 枚、银牌 43 枚、铜牌 17.5 枚、4~8 名 65 个，团体总分 1678 分，奖牌总数和团体总分均超过十一届，凉山体育代表团在本届运动会上还获得“第十二届体育运动会优秀运动员输送奖”和“体育道德风尚奖”。10 月，由民族式摔跤、射弩、板鞋、高脚、珍珠球（男、女）、蹴球、陀螺、押加、苗族手毽九个项目组成的凉山体育代表团，参加在宜宾市举办的四川省第十四届少数民族体育运动会。共获得金牌32枚。金牌总数和团体总分均获得四川省第一名。全年全州还选派15名教练员参加全国、省举办的教练员培训班的学习。

【群众体育】 2014年4月，凉山州体育局与凉山州直工委联合举办州直机关职工运动会。本次赛事设置拔河、跳绳、迎面接力三个项目，有3000名干部职工参加比赛。5月，举办一期有135人参加的二级社会体育指导员培训班，有120人获得资格证书；截至2014年12月31日，全州各级社会体育指导员达到2701名。火把节期间凉山州体育局与西昌市政府共同举办第八届“环邛海湖自行车赛”。本次赛事共有参赛队伍35支，运动员320名。10月，凉山州体育局与盐源县政府共同承办“香格里拉摩梭家园杯”四川省西南片区及云南省部分市州参加的乒乓球邀请赛，本次比赛共有22支队伍、160名运动员参加了竞赛。11月，完成全国第四次国民体质监测，凉山州在西昌、喜德、德昌三县市共采集3600个监测样本，并将数据报四川省体科所。截至2014年12月底，全州各级体育组织和协会举办的群众性体育比赛共达到600余场次，参与群众达40万人次。

【体教结合】 为落实州政府〔2013〕361号文件精神，凉山州业余体校派出11名骨干教练员与成都体育学院附属医院和成都体育学院生理生化专家组成的生理生化检测组按照开设项目在凉山州甘洛、美姑、木里、盐源等14个县检测208名体育优秀苗子的生理生化指标，最终确定90名符合要求的优秀体育苗子进入凉山州体育局与西昌市二中联办的田径（中长跑）、篮球班，与西昌市川兴中学联办的游泳、摔跤专业训练班学习，实行“三集中”管理。2014年年初，凉山州体育局在全州27所中小学布局12个重点竞技体育和传统体育项目的训练，进一步推进全州共同培养体育后备人才的工作。

【荣誉】 2014年，凉山州体育局获2014年度四川省群众体育先进单位；获得凉山州政府办公室“全州敬老爱老助老先进单位”的表彰（凉府办函〔2014〕274号）；获得四川省第十二届运动会优秀运动员输送奖“第二名”（省十二届运动会组委会）；凉山州代表团体育道德风尚奖（省十二届运动会组委会）。

（审核：吉觉作哈/撰稿：赵兴）

防震减灾

【概况】 2014年，全州防震减灾工作立足凉山面临的严峻复杂震情形势，以最大限度减轻地震灾害损失为根本宗旨，以“基础突破年”为奋斗目标，紧紧围绕地震监测预报、地震灾害预防、地震应急救援、地震科技创新“3+1”体系建设主线，围绕中心、服务大局，强化巩固、落实保障，防震减灾“八大基础”得到全面夯实；监测预报基础实现突破、专业技术基础实现突破、人才队伍基础实现突破、依法行政基础实现突破、社会参与基础实现突破、应急保障基础实现突破、震害防御基础实现突破、科技创新基础实现突破。2014年度凉山州防震减灾综合评比再次取得全国先进、全省第一的优异成绩，州政府目标考核迈入州级机关第一方阵，获得第10名的好成绩。

【地震活动】 根据四川省地震监测台网测定，2014年度，凉山境内共发生2.5级以上地震286次，其中，2.5~2.9级219次、3~3.9级63次、4~4.9级3次，5级1次，州内最大地震为2014年10月1日越西5.0级，邻区最大地震为2014年8月3日云南鲁甸6.5级地震。小震活动主要分布于盐源—木里区域；雷波、美姑、永善附近；宁南—巧家—昭通—东川附近。小震群活动：据台网测定，截至2014年12月，盐源、木里交界已发生小震活动30000余次，其中ML3.0级地震70次，ML4.0级地震5次，最大震级M4.1级。自2013年7月后、雷波黄琅一带小震活动密集，已发生小震活动300多次，其中ML3.0~3.9级14次。2014年12月后，美姑巴普镇一带小震活动频繁密集，已发生小震活动200余次。

【监测预报】 2014年，凉山州监测预报工作，先后投入136万元完成大桥水库专用地震台网建设；投入500万元开展川-03号地震监测井迁址重建项目；投入187万元完成全州8个数字化温泉观测台阵改造项目；同时继续加大对地震宏观观测网、震情灾情速报网、地震科普宣传网的建设力度，切实加强宣传教育，将“三网”拓展到村组一级，全州防震减灾助理员由2013年的600人增加至743人。3月3日，测震监控系统完成升级改造；3月中旬，州防震减灾局牵头组织召开川西南协作区2014年度第1次震情跟踪工作会议；9月18日，通过公开招考和人才引进3名专业人才充实到州地震监测中心工作；10月27日，防灾减灾综合信息服务系统顺利通过四川省地震局减灾救助研究所验收。在全省2014年度市、州地震分析预报工作评比中，州防震减灾局获得第1名，提交《凉山及邻区地震趋势研究报告》获省地震局评比第3名。

【震灾防御】 2014年，凉山地震灾害预防工作方面加快推进一般工业与民用建设工程抗震设防要求备案审查，有序组织实施“农村民居地震安全示范点”建设，积极开展科普示范学校、示范社区创建，广泛深入开展防震减灾科普知识宣传教育。成立“凉山州一般工业与民用建设工程抗震设防要求审查专家委员会”，开展行政审批事项363件，转报地震安全性评价项目2件；盐源县、宁南县活断层探测工作全面完成，《盐源县防震减灾规划》《宁南县主城区活断层探测与地震危险性评价工程技术报告》分别通过国家、省专家组评审验收；将农村民居地震安全工作纳入社会主义新农村、彝家新寨和藏区牧民新村建设，全年按计划安排西昌、普格、会理等9个县完成“农村民居地震安全示范点”建设工程18个；新创办县级科普示范学校24所、州级示范学校9所、省级科普示范学校3所；完成德昌、木里、会东3县综合能力建设任务，越西县纳入新一轮县级防震减灾综合能力建设县；结合“防灾减灾日”“科普宣传周”，共开展各项宣传40余次，编印《凉山州防震减灾知识读本》等宣传资料15万份，设立现场宣传点18个，张贴悬挂宣传横幅、标语17幅，发送公益宣传短信1.6万条。

【地震应急】 2014年，凉山州在地震应急工作中，牢固树立“宁可有备无震，不可有震无备、备而不足”的思想观念，严格执行“领导责任追究、应急预案专用、基础设施完善和工作措施备案倒查”四项专项制度。先后修订印发《凉山州地震应急预案》，制定印发《凉山州2014年度重点危险区地震应急专项预案》和《凉山州2014年度地震应急准备工作应对方案》等文件；筹资20万元为州地震灾害紧急救援队购置专业设备；建成各类应急避难场所187个，停机坪79个；圆满完成4月19日省州县三级联动防灾减灾综合演练工作；调整充实凉山州防震减灾系统地震现场工作队，建成凉山州第二支地震灾害紧急救援队；加强对志愿者的登记造册和动态管理，全州地震应急志愿者达到4056人；先后科学高效开展云南永善5.0级和5.3级地震、云南鲁甸6.5级地震、越西5.0级地震、康定6.3级地震等现场应急处置工作。

【机关建设】 2014年度，州防震减灾局紧密结合“党的群众路线教育实践活动”相关工作要求，以“照镜子、正衣冠、洗洗澡、治治病”为总要求，立足实际，知行合一，狠抓正风肃纪工作，深入开展中央21项专项整治、省委“9+X”专项治理与州委“10+X”项专项整治工作，动真碰硬解决“四风”突出问题。凉山州地震监测中心完成升级改造通过省地震局验收并投入运行；川-03号地震监测站提前完成深井钻探工作；冕宁大桥水库专用监测台网正式投入运行，台网总运行率达到95%，可监测到以大坝为中心10千米内，小于1.5级的地震；按照州政府要求赴云南省完成隔震支座考察任务；成立“凉山州一般工业与民用建设工程抗震设防要求审查专家委员会”，专门负责对州境内一般工业与民用建设工程的抗震设防要求进行审查；按照省委、省政府和州委、州政府的统一安排部署，出色完成“4·19”省州县三级联动防灾减灾大演练工作；凉山地震应急准备工作得到国务院抗震救灾指挥部、省抗震救灾指挥部和省地震局的充分肯定；有力有效组织开展全州地震监测专项执法和抗震设防要求专项执法检查工作。

【科研及项目建设】 2014年，凉山州防震减灾局狠抓科技创新，认真组织实施《凉山州防震减灾“十二五”规划》重点项目，组织开展州政府重点调研课题《凉山州建设工程抗震设防要求管理办法实施途径调查研究》、州重点科技项目《凉山地震灾情及防震减灾对策研究》、州决策咨询委2014年度重大课题《凉山州地震监测台网普查优化升级》等课题，《凉山州地震应急救援系统研究》项目获2012—2013年度凉山州科学技术进步三等奖，《凉山州地震灾情速报实践与思考》在国家级刊物《中国应急救援》发表，《凉山州地震应急救援系统研究》被中国系统科学研究会会刊《系统科学学报》录用。

（审核：周仕伦／撰稿：陈思同）

气　象

【概况】 2014年，凉山州气象局认真贯彻落实各项部署，克难攻坚，扎实推进气象现代化建设，提高气象防灾减灾和公共气象服务能力，履行气象社会管理和依法行政职能，各项工作稳步提升。

【基础业务】 2014年，全州各项基础业务质量稳定并完成指标，无任何责任性事故。开展预报业务指导和视频培训4次，开展全州“复合型人才”和“综合观测竞赛技能培训”等全州性业务骨干培训班5次。与州人力资源和社会保障局、州总工会联合举办凉山州首届气象行业综合业务技能竞赛。在2014年全省综合业务竞赛中，获团体第4名、个人全能第2名。

【现代气象业务体系】 2014年，全州完成5个新型自动气象站的安装调试、18个自动气象站观测场及1个探空气象站探测环境评估和全州5个自动气象站现场的检定，完成全州98个山洪雨量站建设并全面完成各县气象局数据接收中心的建设。

【人才队伍建设】 2014年，完成全州32个县级气象局事业单位法人登记，对县气象局机构、职能科室进行重新划分，人员进行合理调配，实现职能转变和事业结构优化。布拖、昭觉两县分别落实1~2名地方气象事业人员编制。自立16个气象科研项目，投入资金12万元予支持，重点科研项目《GIS支持下的凉山州地质灾害精细化预警平台》获得凉山州科技进步二等奖；《西昌养生休闲气象舒适度气候评价》《凉山州苦荞麦气候适应性分析研究及区划》通过省气象局课题验收。

【重大气象服务】 2014年，凉山州气象局启动12次应急响应，其中暴雨Ⅳ级应急响应10次，暴雨Ⅲ级应急响应2次；开展41次暴雨天气预报服务工作，制作发布重要天气警报41期、重要气象信息特报4期、雨情快报53期及各类专题预报服务材料131期，发布重大天气信息及雨情通报60余次。2014年，凉山州成功避让地质灾害12起，疏散转移避让3617人，避免可能造成的人员伤亡319人。

【为农气象服务】 2014年，凉山州气象局与州农业局签订《关于开展面向新型农业经营主体直通式气象服务的合作协议》，开展系列为农气象服务工作。制作各类农气服务材料201份，其中10余份农业气候预报分析材料被州委、州政府、州农办、州烟办、州农业局等决策指挥部门转发或引用。

【气象科技服务】　2014年，凉山州气象局为白鹤滩、乌东德、溪洛渡、锦屏等大型水电站的建设运行及2014西昌邛海湿地国际马拉松赛提供优质的气象保障服务，完成白鹤滩电站雷达建设并开展探测服务；为卫星发射基地提供航危报、多普勒气象雷达专项监测保障服务，为“嫦娥5号T1”绕月返回试验器的成功发射提供及时、有效的气象保障服务。

【人工影响天气】　2014年，人工影响天气工作机构建设、人员编制、工作经费被列入凉山州人民政府财政预算，并纳入对各县市政府的目标考核，对全州人工影响天气事业发展起到促进作用。根据天气形势，抓住时机积极开展森林防灭火、人工增雨及防雹作业，全年共耗用高炮弹、车载火箭弹、JFJ火箭弹2万余发（枚），防灾减灾效果显著。

【气候概况】　2014年，全州降水量、日照正常，气温略偏高，冷空气活动频繁，强降温天气较多；出现了正常程度的冬干、春旱和轻度伏旱，初夏高温干旱突出；雨季开始期正常或偏早，但降水时空分布不均；6月5—30日，大部分地区出现1—2段连阴雨天气；局地强降水十分频繁，8月10—11日、17—18日，全州出现区域性暴雨天气过程；全州洪涝灾害严重，地质灾害及森林火灾偏重，雷电、风雹灾害较轻。

【基本气象要素】　2014年，凉山州大部分地区气温10.0℃～18.0℃，除西部、南部、中部气温偏高0.6℃～1.2℃外，其余地区接近常年；各地年降水量719～1267毫米，均接近常年降水量；年日照时数大部分地区1000～2600小时，除雷波偏少2成外，其余地区接近常年。

【强降温天气】　受冷空气影响，全州分别于1月6—9日、11—14日、20—21日、25—27日，2月9—11日，3月12—14日、19—21日，12月10—13日、15—18日出现强降温天气过程。其中2月9—11日，州内大部地区气温同比下降了6～12℃，布拖降温幅度达13.7℃，雷波降了小雨夹雪。12月10—13日，州内大部地区气温同比下降了3℃～5℃，西昌、普格、冕宁、喜德、雷波、美姑、昭觉、布拖降温6.1℃～7.5℃，州东部、北部地区出现了雨雪天气。10日晚拖乌山普降大雪，导致雅西高速、108国道积雪结冰，引发多起交通事故，西昌至成都交通中断至12日才得以恢复。3月21—26日越西、雷波、美姑、昭觉、布拖出现了3～6天春播低温。

【夏旱】　2014年5月中旬以后，州内大部地区持续无降水或仅有微量降水，全州均出现不同程度的初夏旱，州中部、西部、南部及金沙江河谷地区旱情严重。据凉山州民政局统计：因初夏干旱，共造成西昌、普格、宁南、会理、会东、盐源、木里、布拖、金阳、雷波10县（市）124.6万人受灾，其中因干旱需救助人口59.63万人，37.55万人和36.09万头大牲畜饮水困难，农作物受灾面积91789.17公顷，共造成经济损失43632.06万元，其中农业经济损失30301.06万元。

【高温】　2014年5月上旬末至6月上旬前期，气温较常年同期特别偏高约3℃～6℃，其中西昌、德昌、宁南、普格、会东、喜德6县（市）持续5～21天日最高气温≥35℃。6月1—4日，西昌、德昌、宁南、会理、会东、木里、布拖、金阳、冕宁、喜德、美姑11县（市）日极端最高气温刷新历史极值；其中6月3日宁南日最高气温达41.7℃，为全州日极端最高气温纪录。高温天气导致旱地土壤水分严重匮缺，部分旱地大春作物及烤烟出现缺窝、死苗现象，部分地区居民出现饮水困难。

【暴雨洪涝】　2014年，凉山州共出现暴雨44站次，其中大暴雨2站次，暴雨次数较常年偏多67%。暴雨主要出现在8月，共25站次。全州最大日降水量135.0毫米，8月10日出现在德昌县。6月20日西昌、德昌、布拖，6月28日会理，7月3日冕宁、喜德，7月7日、7月

15日会理，9月21日德昌，7月14—16日会东达到洪涝标准；8月10—12日德昌、普格达到重度洪涝标准。8月8—12日，凉山出现持续强降水天气过程，出现1站次大暴雨、7站次暴雨和8站次大雨。此时段2个区域站降水量超过200毫米，62个区域站降水量超过100毫米。据凉防汛办〔2014〕14号灾情报告显示，德昌、西昌、冕宁、布拖4个县（市）31个乡镇、41544人受灾，共造成全州直接经济损失5281.1万元。8月17—18日，凉山出现区域性暴雨天气过程。据凉山州民政局灾情报表显示，西昌、普格、越西、冕宁、金阳5县（市）共23085人受灾，紧急转移人口153人，需紧急生活救助人口268人，倒塌房屋68间，房屋严重损毁110间，损毁农田、水利和中断道路交通，共造成全州直接经济损失3004.16万元。

（审核：王发荣/撰稿：胥德梅）

公共建设

Public Construction

交　通

【基础设施建设】　2014年，凉山州完成交通固定资产投资共计95.53亿元，完成里程4337.326千米。其中：干线公路完成投资28.71亿元，完成里程198.65千米；农村公路完成投资63.44亿元（其中木里县卡拉—杨房沟电站专用道路投资38.4亿元），完成里程2857.94千米；其他专项完成投资2.87亿元，完成里程1280.74千米；站点建设完成投资0.5亿元，完成县级提升改造项目1个，乡镇站18个、村级招呼站11个、货运站1个。

【高速公路建设】　高速公路和畅通联网工程推进取得重大突破，G5高速泸黄段与国家发改委对接后，按经营性收费公路完善申报核准。西香高速、永会高速和西昌绕城公路已进入省PPP示范项目库，其中西昌绕城过境公路畅通联网工程已与四川路桥成功签约，西香高速与中交集团等大型国有企业（潜在投资人）对接，永会高速编制工可和报批要件，并已多次和有关意向投资方接触。宜攀高速已获省政府BOT授权，已开展前期工作并着手招商。西昭高速前期工作全力推进。

【国省干线公路建设】　2014年，国省干线及重点公路工程开工近80%，共45个项目总里程3033.2千米，两批次34个项目已开工26个1539.5千米、开工率76.47%，其中已完工10个共490.3千米、在建16个（其中续建4个、2014年新开工12个）共1049.2千米；省道216线甘孜界至木里桃巴段等8个项目658.3千米和加快前期的11个项目835.4千米，在抓紧前期工作和招投标工作。

【农村公路建设】　2014年，目标任务是建成通乡油路2500千米、通村水泥路1000千米、通村通达路4000千米，分别建成1098千米、1653千米和2556.8千米，分别占目标任务的43.9%、165.3%、63.9%，占总目标7500千米的70.77%。12月18日，全省民族地区农村公路工作会议在凉山州雷波县召开。

【水运码头建设】　雷波港2个作业区建设顺利进行；50个农村渡口改造任务完成27个，在建13个、开展前期10个；向家坝库区航道58千米整治工程由省交通运输厅组织开展可行性研究。

【客运站场建设】　2014年，3个县级客运站开工3个，其中竣工投入使用2个，95个乡镇客运站建成45个，其余50个乡镇客运站项目进入前期工作。

【公路路政管理】 2014年，凉山州共检查货运车辆184302辆，查处超限车辆1756辆，卸载车辆1756辆，劝返车辆678辆，卸载货物吨位212.3万千克。截至2014年11月30日，全州共收取超限运输补偿费2265万元，并全额上缴财政专户。

【公路养护管理】一是认真落实公路养护和施工企业的安全生产主体责任，加强对项目安全生产状况的监管，严厉查处冒险违章施工行为；二是对事故多发路段、急弯、险路的安全警示标志和防护设施情况进行检查，及时清除妨碍行车安全的路面障碍物，确保和规范施工路段安置醒目的行车指引标志和安全防护设施。

【道路运输管理】 2014年，全州开展安全生产标准化达标考评工作，“六打六治”打非治违专项活动和市场专项治理工作，截至11月30日全州共查获非法客运车辆2780辆次，处罚2057辆次；查处货车经营性违章6580辆次，查处客车经营性违章820辆次；查处驾驶培训机构违章1起；对23家危险化学品运输企业进行安全生产标准化达标考评，22家经整改达标(一家尚未达标，拟停业整顿)；对2家客运站、3家客运企业进行整改并验收。

【公路水路客货运输】 2014年，全州实现客运量9716万人，旅客周转量789910.8万人千米；货物周转量1048.8亿千克，货物周转量88728.48亿千克千米；分别比2013年同期增长4.26%、10.8%、15%、18.35%。水路实现客运量114.95万人次，比2013年同期增长26.22万人次，同比增长率为12.1%，旅客周转量为769.46万人千米，比2013年同期增长371.04万人千米，同比增加48%；水路货物运输共完成3.535亿千克，比2013年同期减少7180万千克，同比减少20.3%，货物周转量170.119亿千克千米，比2013年同期减少12.866亿千克千米，同比减少7.5%。

【春运保障】 2014年春运期间，凉山州道路运送旅客573.88万人次，其中运送游客1.7283万人次，比2013年同期增长1.11%，日均投放车辆4812辆次，共发班152647班次，其中加班1626班次，旅游车493班次。水路春运工作，日均投送运力280艘，高峰期达到600艘，发送游客17万人次。未发生一例安全生产责任事故和重大服务质量投诉事件。

【汛期交通安全】 为切实保障汛期旅客出行安全，凉山州交通系统各部门结合防汛救灾面临的形势，在汛期来临之前对水陆运输安全保障工作进行早安排、早准备、早部署。在上级业务部门的精心指导下，凉山州交通防汛工作认真贯彻“安全第一、常备不懈、以防为主、全力抢险”的工作方针，紧紧围绕“以人为本，确保安全”这一中心，立足于防汛保通的实际要求，全面落实防汛责任制，精心部署，扎实工作，从早、从严、从实做好全州公路交通防汛各项工作，严格安全生产汛期工作责任落实。

【安全管理】 严格落实安全生产“一岗双责”责任体系，全年共召开了7次安全工作会议，安排部署安全生产工作，从运输企业、从业人员、车辆船舶、客运站场、道路状况等环节入手，组织开展了安全生产月、百日安全督查等一系列活动，围绕道路客运安全、公路养护施工、交通工程建设项目、危险化学品、烟花爆竹运输、公共交通运行等方面，加强安全监管，全面排查隐患，严格细节管理，强化制度落实，落实应急措施，提高监管能力，全州交通安全形势平稳。2014年，全州发生道路交通事故1起，死亡4人、受伤8人，水上交通事故为零，均未突破省州下达的控制指标。

【抗震救灾】 2014年10月1日，凉山越西县发生5.0级地震后，凉山州交通运输局立即响应，启动抗震救灾应急预案，按照州委部署要求，成立州交通运输局越西地震灾区交通恢复重建领导小组，组织人员机械进驻灾区，指导督促灾区灾后重建交通基础设施保通工作，

2014年年底已完成灾后交通公路桥梁恢复重建规划上报审批工作。

【领导调研】 3月25—28日，省交通运输厅厅长彭琳率领交通部调研组一行到凉山调研交通工作，其间，实地查看G108线西溪至黄水段、凉山州公路局机养中心、S212线西巧路西昌段改扩建工程、邛海水上安全及凉山港总体规划情况、泸沽大桥加固工程、泸（沽）喜（德）路改扩建工程、喜德冕山至越西中所改建工程项目建设情况，听取了凉山州交通大会战进展情况汇报后，彭琳对凉山州交通大会战取得的成绩给予了高度评价，并对下一步工作提出了具体要求。5月6—7日，交通运输部副部长翁孟勇率领交通部调研组一行到凉山州昭觉县调研农村公路建设和水路交通工作。实地查看国省干道、农村公路项目建设等情况，看望慰问基层养路职工，深入昭觉县解放乡燕子洛村、尼地乡洼你洛村，了解彝家新寨通村公路建设情况，听取了金沙江航运发展情况的汇报，详细询问了金沙江在凉山州境内的河流概况和水路运输需求。他指出，交通运输部将高度关注，并统筹协调相关部委共同研究加快推进金沙江航运发展，研究解决航运发展的瓶颈问题。

【大型会议】 2014年7月8日上午，凉山和攀枝花两州（市）航务海事部门在会理县召开水上交通安全工作联席会议，会议就进一步强化沟通协作，共同打击会理县鱼鲊码头至攀枝花市金江码头非法营运、非法载客、超载以及不穿戴救生衣，切实解决群众安全出行等议题进行了深入、广泛的研讨，提出了应对措施。在对共同谋划推动金沙江水运发展、海事安全监管及通航管理、运力调控、投放及行政许可、船舶检验管理、航道管理及建立协调会议机制等方面达成共识，凉山州与攀枝花市共同签署了《凉山州和攀枝花市水上安全管理协调会议备忘录》，会议取得实效。12月18日，全省少数民族地区农村公路工作现场会在凉山州雷波县召开。会议传达学习了中央、部、省领导关于农村公路发展的系列重要指示及12月8日全国推进农村公路发展工作电视电话会议精神，总结交流民族地区农村公路发展经验，分析问题，进一步动员部署，打好民族地区农村公路发展攻坚战，为民族地区与全省同步全面建成小康社会提供有力保障。与会人员参观观摩了雷波农村公路建设情况。

【惠民帮扶】 2014年，凉山州交通运输局按照“走基层、解难题、办实事、惠民生”的要求，深入联系点雷波县一车乡瓦古村了解农村群众生产生活情况，开展访贫问苦，帮助解决人畜饮水工程、通村公路立项审批等生产生活困难，送去村民过冬棉被，干部职工帮扶困难户41户，送帮扶现金18万元。

（审核：陈俭/撰稿：邹国胜）

公 路

【概况】 2014年，凉山州公路管理局认真抓好工程建设、行业管理、监督检查、公路养护和内部建设工作，以开展党的群众路线教育实践活动为抓手，继续全力启动开展“交通大会战”，“凉推方案”各项目工程在全州17个县（市）展开，进、出州府西昌的通道除国道108线畅通外，其余道路通行能力严重受阻，公路养护管理工作开展相应受限。

【国省干线公路养护管理】 2014年，凉山州公路养护对各县（市）缺乏行之有效的管理考核办法，养护经费使用缺乏有效监管，加之凉山州17个县（市）中11个县为国贫县，养护资金保障困难，全州国省干线公路整体路况水平下降。2014年，州公路管理局草拟《凉山州国省干线公路养护管理办法》《凉山州国省干线公路养护考核办法》《凉山州国省干线公路大中修工程项目管理办法》《凉山州国省干线公路小修工程管理办法》《凉山州国省干线公路管理养护资金管理办法》等五个办法报州人民政府审批，实现“统一领导，分级管理，州为中心”的管养模式，进一步明晰管理主体责任。

【重点工程】 2014年，凉山州公路管理局围绕“一个中心，三个推进，五个提高”要求，加强组织领导，抓好G108线示范工程凉山段后续工作的开展，进一步梳理问题，增添措施，强化项目要素保障。2014年7月8日，泸沽大桥修复通车，G108线凉山段总里程390.899千米、总投资10.9亿元、历时27个月、共13个建设项目的“双示范工程”全面完成。越西中所至喜德冕山公路改建工程总里程52.361千米，总投资2.595亿元，由州公路管理局代建。工程建设项目于2014年3月28日开工，指挥部制定“优化设计、保证安全、资金控制”的推进措施，并抽派两名专职纪检干部进驻工地全程监督工程建设管理。截至2014年12月底，完成路基挖方59.1万立方米，填方19.3万立方米；挡防工程4.77万立方米；完成涵洞65道；累计完成产值5896.7万元。

【机械化养护中心】 2014年，按照四川省交通运输厅公路局《关于四川省国省干线公路养护中心建设实施方案》的要求，由凉山州发改委立项批准，省公路局补助400万元、州公路局自筹资金600多万元，在西昌黄联油库建成凉山州第一家机械化养护中心。该中心主要承担全州国、省道干线公路的大、中修工程建设及养护管理工作。

【桥梁安全管理】 2014年，凉山州公路管理局认真贯彻落实省政府关于加强公路桥梁安全管理的通知精神，全面掌握全州国省干线公路桥梁现状，确保道路安全运输，全年州政府出资1000万元，由州公路局组织三家有桥梁检测资质的单位，对全州586座桥梁进行检测。截至2014年年底，三家单位已完成外业数据的收集。

【抢险保通】 2014年，凉山地质灾害频繁，全州道路交通受损严重。截至9月30日，17个县市道路交通均不同程度受损，特别是昭觉、越西、美姑、宁南、德昌、金阳、木里等县公路水毁严重，全州公路路面损毁458356平方米；路基损毁43567.2立方米；桥梁损毁7座284.5延米；涵洞损毁183道；防护工程损毁46处18381.3立方米；发生水毁坍方427473立方米，道路中断34条644处；水毁损失达5571.99万元。灾害发生后，全州各县市公路职工不等不靠，生产自救，共投入机械台班1271个，人工5419人次，投入抢险资金1152.57万元，抢通公路34条共643处，把灾害损失降低到最小，确保道路的安全通行。

【群教活动】 2014年，凉山州公路管理局按照“照镜子、正衣冠、洗洗澡、治治病”总要求，围绕“为民务实清廉”主题，分三个阶段在全局7个基层党组织和198名党员中扎实有力开展。州公路管理局将工程建设与党的群众路线教育实践活动紧密联系，将活动安排意见及相关资料送到工地，实现工程建设与党的群众路线教育实践活动同步开展，成为开展群众路线教育实践活动的一大亮点。

【安全生产】 2014年，凉山州公路管理局在年初召开“2014年安全生产工作会议”，结合州公路管理局具体的工作范围，安排布置全年安全生产工作的具体方案，签订目标责任书；组织开展2014年“春运”“安全生产月”“百安”等专项活动；对中冕路在建工程实施施工现场安全管理；参与全州国省干线公路安全检查工作，保障全州道路的安全通行，杜绝安全事故的发生，推动全局各项工作的顺利开展。

（审核：韩丹/撰稿：陈静）

城乡规划建设和住房保障

【概况】 2014年，全州城乡规划建设和住房保障系统坚持围绕中心、服务大局，加快推进以人为核心的新型城镇化，推动凉山州住房城乡建设事业科学发展，为全州经济社会发展做出了新贡献。

【新型城镇化有力推进】 2014年，凉山州城乡规划建设和住房保障局充分发挥牵头部门和主力军作用，在会东召开全州推进新型城镇化建设工作现场会，制定下发《2014年凉山州加快推进新型城镇化重点工作实施方案》，全面开展新型城镇化工作专项督查，有力推动各项任务的落实并取得成效。2014年全州城镇化率提高1.5个百分点，达到32.07%。一是参与并完成攀西城市群规划编制，西昌被定位为攀西城市群中心城市，西昌城市总体规划获得省政府批准实施，泸沽湖申报国家级风景名胜区评估报告、美姑县城市总体规划和昭觉、金阳、会理县城市总体规划实施评估报告以及泸沽湖大草海详细规划、雷波马湖省级风景名胜区详细规划、彝海风景名胜区详细规划等均已通过省住建厅评审，完成会理县黎溪镇、西昌市裕隆镇、宁南县松新镇等18个镇乡总规与控规编制和50示范村及新农村建设规划。二是坚持把城市新区作为拓展城市空间的主战场，坚持产城一体、融合发展，扎实推进城市新区建设，以现代化、生态化的定位和视野，突出抓好西昌新区建设，13.37平方千米的邛海湿地保护区全面建成；德昌、会理、会东、宁南、冕宁、盐源等县城市新区建设稳步推进，县城新区建设步伐加快，质量不断提高，全年全州新增城市建成区面积4平方千米。三是认真贯彻省政府《关于加快城镇基础设施建设实施意见》和《关于加强城镇地下管线建设管理的意见》，坚持新区旧城协调发展，坚持“先地下、后地上”和“绿色生态”原则，完成全州“十二五”城市供水、排水、防洪、城镇污水等专项规划编制，统筹推进城市（镇）基础设施建设，新增城市道路29.5千米，新建和改造市政地下管网51.8千米，新增公园绿地2.8万平方米，增强综合承载能力，提升生态和居住环境。喜德、布拖、雷波、盐源等8个县垃圾填埋场建成投用，宁南、德昌、冕宁3个县污水处理厂建成并投入试运行。全年全州完成市政公用设施建设投资13.4亿元。四是深入开展“百镇建设行动”，新增“百镇建设行动”镇7个，截至2014年年底，全州共有11个镇进入全省示范镇建设行列，充分发挥11个示范镇的带动作用，加快20个州级重点镇建设，西昌市安宁镇、昭觉县新城镇等17个镇纳入全国重点镇，着力抓好规划编制，落实配套政策，建设基础设施，培育特色产业，全州小城镇完成基础设施投资2.4亿元，就地就近转移农业人口3180人，城镇新增二、三产业就业人员1.86万人。五是认真落实户籍制度改革实施方案，全面放开中小城市和建制镇落户条件，建立城乡统一的户口登记制度和流动人口服务管理制度，为农业转移人口在城镇落户提供便利，全州共有1415人转为城镇居民户口。出台《经济发达镇行政管理体制改革试点工作指导意见》，有序推进行政区划调整，全州撤36个乡、1个镇，建11个镇、1个乡和2个街道办事处。

【保障性住房建设】 2014年，凉山州全力推进以危旧房棚户区改造为重点的城乡安居工程建设，“百万安居工程建设行动”取得突出成就。各县市政府按照与州政府签订的目标责任书，积极落实建设用地和到位建设资金，按时开工建设。州政府先后3次组成督查组开展保障性住房建设情况专项督查，有力推动全州保障性住房建设。全州改造危旧房棚户区和建设保障性住房24055套（户），竣工7582套，定向供应农民工公租房458套，发放廉租住房租赁补贴16800户。强化资金保障，积极争取中央和省级财政保障性安居工程建设专项资金支持，全年共获得专项补助资金2.8亿元。积极协调争取国家开发银行危旧房棚户区改造专项贷款支持，西昌、昭觉等市县共计获得国家开发银行危旧房棚户区改造第一、二批专项贷款11.74亿元，为加快推进保障性住房建设提供了资金保障。强化农房建设，结合藏区新居、彝家新寨、安宁河谷新村、幸福美丽新村建设和农村人居环境治理，统筹实施农村住房建设

33394户，其中完成农村危房改造17778户。强化农房建设任务督查和目标考核，建立完善农房建设信息平台，大幅提升农村住房建设信息录入率。

【建筑业和房地产市场】 2014年，全州城乡规划建设和住房保障系统认真贯彻省政府出台的《关于促进建筑业转型升级加快发展的意见》，积极搞好协调服务，新增州外进入凉山备案建筑施工企业39家。支持骨干企业做大做强，切实为有条件有实力的企业晋升资质提供帮助，凉山州金宇建设有限责任公司成功晋升国家一级建筑施工企业，成为凉山州唯一一家一级建筑施工企业。全州完成建筑业总产值82亿元、比2013年增长13.5%。加强房地产交易秩序监管，清理取消不合理的行政干预手段，加快推进住房信息系统建设，提高房地产市场交易活跃度。全年全州完成房地产开发投资22.1亿元，销售商品房9.8万平方米，较2013年同比增长11%。

【城乡环境综合治理】 2014年，全州城乡规划建设和住房保障系统以大气污染防治和改善农村人居环境为重点，统筹实施“五大行动计划”，城乡环境综合治理取得新成效。全州环境质量持续改善，城镇品质有效提升，圆满完成建设“美丽乡村”示范村45个的民生工程目标任务。新增环卫设施设备30多台，生活垃圾机械化清扫率提高1个百分点。大力推进农村生活垃圾治理，建有生活垃圾收集点的行政村达到60%。州城乡环境综合治理数字化监管平台基本建成，西昌、会理、宁南、越西等市县已经建成或正在推进城市管理数字化平台建设。深入开展城乡环境综合治理“五十百千环境优美示范工程”建设，有4个镇45个村被省委省政府命名“环境优美示范镇、村庄”，有3个村落被列入中国传统村落名录、有4个村落被列入四川省传统村落名录。

【自身建设】 2014年，凉山州城乡规划建设和住房保障局把党风廉政建设与住房城乡建设工作同部署、同落实、同检查，建立健全廉政风险防范制度，进一步强化行政审批、招投标、建筑质量安全、住房交易等重点领域的监管，扎实开展党风廉政教育和庸懒散浮拖等专项治理，组织机关党员干部30多人到荞窝监狱接受现场警示教育，严肃纠正整改突出问题，全系统党风廉政建设取得了新成效。认真学习贯彻州委《依法治州实施纲要》，对依法行政中存在的突出问题进行专题整改，积极推进行政审批机制改革创新，大力推行约时服务、延时服务、上门服务和走访服务，为140余人次提供优质高效服务；坚持“两集中、两到位”，积极推行权力清单制，全面清理非行政审批事项37项，已纳入行政审批事项2项，拟下放和取消非行政审批事项17项。全州实施建设行政处罚18件，纠正违法违规行为165件。将全系统政风行风建设纳入全年重点工作和群众路线教育实践活动整改的重要内容，及时召开全州住房城乡建设系统政风行风建设工作会议，制定下发《关于加强全州住房城乡建设系统政风行风建设的意见》，在解决群众反映强烈的突出问题上添措施、动真格、求实效，上下联动、立行立改，全面整治部门和行业不正之风，机关作风进一步转变，群众满意度得到提升。大力推进学习型机关创建活动，努力营造崇尚学习、善于学习、终身学习的良好氛围，全系统干部职工立足本职岗位，自觉加强学习和实践锻炼，干部队伍政治素质和业务能力得到进一步提升。

（审核：陈忠/撰稿：程晓芸）

住房公积金管理

【概况】 2014年，凉山州住房公积金管理中心认真贯彻落实党的十八大、十八届三中、四中全会和中央、省、州经济工作会议精神，按照《中共中央关于全面深化改革若干重大问题的决定》提出的“健全符合国情的住房保障和供应体系，建立公开规范的住房公积金制度，改进住房公积金提取、使用、监管机制”和州委《关于贯彻落实党的十八届三中全会精神全面深化改革决定》中提出的“构建多层次住房供应体系，提高住房保障能力，完善住房公积金风险防范机制”的要求，紧紧围绕凉山州加快推进新型城镇化工作为中心，以“精细化管理、亲情化服务”为抓手，以“优化环境、扩大增量、规范信贷、确保安全”为重点，充分发挥住房公积金在住房保障制度中的作用，为改善缴存职工的住房条件提供有力保障，较好地完成2014年度各项工作目标任务。

【公积金缴存】 2014年，州住房公积金管理中心狠抓缴存扩面，提高住房公积金的覆盖面，把维护干部职工权益放到首位。广泛宣传住房公积金政策，州住房公积金管理中心结合党的群众路线教育实践活动，把4月定为住房公积金法规政策宣传月，通过州电视台、《凉山日报》《凉山新报》、印发宣传手册、凉山广播电台《阳光政务》行风热线节目、“12329”电话咨询平台、州中心网站、举办街道广场大型宣传活动等，多角度、多方式宣传住房公积金法规政策；及时采取情况通报、简报、专题报告、网站信息等方式向州委、州政府、州管委会、各县市政府和人民群众通报凉山州住房公积金缴存动态；以规范收入分配制度为目的，巩固住房公积金缴存“控高提低”成果，严格按照住房公积金法规政策规定，印发《关于2014年度住房公积金缴存基数上限和下限的通知》，规定凉山州2014年7月至2015年6月住房公积金缴存基数上限为13021元，下限为1070元，缴存比例按5%~12%执行。2014年新增缴存单位107家，新增缴存人数10447人，新增缴存公积金24.84亿元，归集总额130.90亿元，归集余额84.30亿元。

【公积金使用】 2014年，州住房公积金管理中心加大住房公积金的提取和贷款业务办理，认真执行国家发展住房公积金个人住房贷款政策，印发《凉山州人民政府办公室关于发展住房公积金个人住房贷款业务的通知》，采取措施放宽住房公积金个人住房贷款条件：缩短缴存时限至6个月；推进异地贷款业务；调整贷款首付款规定；降低贷款中间费；州中心承担评估收费；优化贷款办理流程；提高贷款服务效率；两次调整贷款额度，将职工在西昌市及州外购房职工住房公积金贷款最高额度每户调至40万元。将职工在德昌、冕宁、会理、会东、木里、盐源、宁南、越西等县购房住房公积金贷款最高额每户调至30万元，将职工在州内其他县购房职工住房公积金贷款最高额度每户调至25万元。全年新增住房公积金贷款3.93亿元，贷款总额47.36亿元，贷款余额19.00亿元。严格执行《凉山州住房公积金提取管理办法》，积极支持缴存职工在购房、建房、退休、终止劳动合同关系、偿还贷款、支付房租等条件下提取使用住房公积金，全年提取住房公积金13.16亿元，累计提取金额46.60亿元。

【公积金管理】 2014年，住房公积金管理中心认真深入开展党的群众路线教育实践活动，坚决落实为民务实清廉要求，自觉遵守党的纪律，自觉抵制“四风”，严格执行廉政准则，规范权力行为；大力开展学习型机关建设，着力人才队伍建设，引导干部职工结合凉山住房保障、住房公积金管理工作顺势而谋，把住房公积金管理和发展放到推进凉山新型化城镇化大局来思考和推动，积极组织干部职工参加各种培训，激励干部职工立足工作岗位需要，树立学习理念，建立学习机制，拓展学习领域，提高学习实效；严格执行《凉山州住房公积金廉政风险防控责任制度》《稽核审计办法》《勤政廉政制度》，加强领导班子成员和下属分支机构负责人的廉政教育，组织州中心领导、科室负责人、各分支机构负责人到凉山监狱接受警示教育，组织职工观看警示教育影片和专题教育光盘，严禁利用职权谋取私利，发放人情贷款，帮助亲友骗提骗贷住房公积金，挪用挤占住房公积金；认真开展禁止私设小金库专项整治、公款乱发钱物专项整治、公款赠送红包礼金问题专项整治、领导干部收受红包礼金问题专项整治等工作，州中心科级及以上领导干部作出书面公开承诺，稽核审计工作被四川省内部审计协会评为先进集体；加强住房公积金管理，防范资金运行风险，印发《凉山州住房公积金零余额账户管理办法》，确保全州各分支机构当天归集账户资金上划州中心，为实现全州住房公积金统一管理、统一核算、控制风险奠定坚实基础；大力加强作风建设，坚决贯彻中央“八项规定”和省州委“十项规定”，严格要求分支机构负责人，杜绝公款吃喝，乱发钱物，铺张浪费问题，彻底根治作风涣散、纪律松懈、服务态度差、工作效率低的问题；积极开展“走基层，解难题，办实事，惠民生”活动。落实领导挂点，部门包村，干部帮户责任，组织工作组多次深入帮扶的越西县铁西乡银河村访贫问苦，入户走访，了解乡村经济发展，村民贫困情况。研究制定帮扶方案，全年投入帮扶资金60.7万元，2013年度被州委、州政府“挂包帮”领导小组评为先进集体；强化住房公积金档案管理，2014年被州政府评为先进集体；规范岗位职责制度，统一印制住房公积金各业务岗位职责公示牌，发放到州中心各科室、各县市分支机构上墙，规范岗位责任制度，公开州中心领导、业务科室、各县市分支机构负责人和业务部门联系电话，方便群众办事和政策业务咨询；州中心认真分析国家货币政策变动对住房公积金运营的影响。严格执行风险防范措施，降低运作风险，规范中心行政权力，建立综合监督管理机制，实行层级管理，严格风险部门和岗位的责任及责任追究办法，中心主任授权管理风险得到有效控制，省财政厅委托四川鹏程会计师事务所对中心2013年度住房公积金管理工作进行全面审计，审计总体评价为：全州住房公积金运行较好，管理较规范，资金安全性能得到保障；在国家货币政策允许范围内，积极制定存量资金保值增值措施，在保证职工提取、贷款需求的同时，精打细算合理调配资金分期存储，合理地与受托银行协商存款利率，实现管理资金的效益最大化，2014年实现增值收益16.84亿元，增值收益率2%，上缴州财政廉租住房补充金1.1亿元。

（审核：陈德琳/撰稿：林帮权）

环境保护

【概况】 2014年，州环保局团结带领全州环保系统干部职工，深入贯彻落实党的十八大、十八届三中、四中全会精神和以中共中央总书记习近平为核心的党和国家领导人对生态文明建设和环境保护工作的一系列重要讲话精神。始终坚持工业强州、生态立州、开放兴州，始终坚持经济社会发展与环境保护相协调，切实解决影响科学发展和损害群众健康的突出环境问题。以生态州建设为载体，以环境保护为主阵地，以主要污染物总量减排为重要抓手，强化环评审批源头控制，加强环境污染综合防治，严格环境监察执法，有力保障全州环境安全，切实维护人民群众的环境权益，促进经济发展方式的转变，全域凉山生态文明水平得到进一步提高。

【主要污染物总量控制】 2014年，全州共减排化学需氧量96.12万千克、氨氮7.75万千克、二氧化硫445.6万千克、氮氧化物87.5万千克。完成攀钢集团西昌新钢业有限公司、西昌新太平冶金炉料有限公司等大气污染物结构减排项目6个、水污染物结构减排项目7个。完成大气污染物工程减排项目6个、水污染物工程减排项目13个。畜禽养殖工程减排：完成60个畜禽养殖水污染物工程减排项目。加强环境监察巡查执法，督促排污企业环保设施正常运转，污染物稳定达标排放。安装重点企业污染源在线监控系统。建成州内5个机动车环保检测站，并于2014年12月8日正式投入运行，全年共核发机动车环保标志72758个，其中新车18918个、在用车53840个；按期淘汰3000辆黄标车及老旧车。

【环境污染综合防治】 开展宁南、会东、金阳、布拖县16家企业的督查工作；编制《四川省凉山州重金属重点防控区域典型企业周边土壤重金属污染特征及环境风险研究》报告，基本掌握全州重金属污染现状、潜在的风险和变化的趋势，对开展土壤重金属污染防治工作，提供科学依据；完成会理县马鞍坪矿山废石综合利用有限责任公司等7个重金属污染整治项目。有效控制虚报重金属产品产量，虚增重金属污染物排放量。编制《凉山州大气污染防治行动计划实施细则》《凉山州大气污染防治行动计划实施细则〈2014年度实施计划〉》，并通过州政府发布实施；完成2个脱硫技改项目，2个脱硝技改项目、10个清洁能源项目、5个餐饮服务业高效油烟净化项目和攀钢集团西昌钢钒公司64套除尘治理设施改造项目；完成西昌市建成区内的6台10蒸吨以下的燃煤小锅炉淘汰任务；淘汰宁南县南丝路集团银鸿丝业有限公司等14家落后产能。2014年11月17—18日，省大气污染防治工作领导小组第五督查组对凉山州大气污染防治行动计划推进情况进行督查，对凉山州大气污染防治所做的工作给予高度评价，要求进一步细化工作目标，切实做好大气污染防治工作。危险废物管理：完成全州危险废物预计产生量统计核实，科学规划凉山州危险废物处置利用单位；按照“一企一档”的要求分别对危险废物经营单位建立专档。2014年全州共办理危险废物省内转移10批次，转移入州的HW48有色金属冶炼废物共205万千克；转移出州HW49其他废物4.4千克、HW08废矿物油9.86万千克、HW04农药废物100千克。核与辐射管理：制定并下发《2014年凉山州辐射环境安全监管工作实施方案》；编制《辐射事故应急预案》，督促各县（市）分别编制《辐射事故应急预案》并备案；构建核与辐射安全监管系统，17个县市分别成立辐射安全监管工作小组；依法审批10家核技术利用单位辐射安全许可；协助省辐射站完成西昌学院一枚不明放射源和攀钢西昌新钢业16枚Cs-137放射源两起放射源收贮工作。

【生态州建设规划】 协调、指导、督促德昌县、宁南县、会理县完成省级生态县验收的各项准备工作；对52个省级生态乡镇、400个州级生态村进行检查、验收和命名，完成全州52个省级生态乡镇技术报告核查；全面开展8个国家级生态乡镇创建、52个省级生态乡镇创建、400个州级生态村创建、3900个县级生态家园创建、61个农村饮用水源地立标、3个农村面源污染治理项目、6个畜禽养殖限期治理项目；完善全州“十二五”农村环境综合整治项目库建设，储备项目675个，申报资金5.97亿元。州环保局委托环保部环境规划院开展《邛海流域生态环境保护规划》的编制工作，并通过国家、省、州相关专家的技术审查。《西昌市邛海湿地恢复工程建设项目环境影响报告书》获四川省环境保护厅批复，恢复区面积约864.12公顷，项目总投资36.6亿元，其中环保投资1540万元。

【建设项目管理和环评审批】 开展建设项目专项清理工作，共清理建设项目574个。查处2012年至2014年未批先建项目20个，其中已按整改要求补办手续的项目10个，已停止建设正在开展环评工作的项目10个。在此基础上，进一步对铁合金等行业进行专项清理，清理未批先建项目11个，由州环境监察执法支队依法进行处罚。2014年，环保竣工验收项目22个，总投资17亿元，环保投资6800万元，其中环保投资占总投资的4%。2014年，国家环保部审批凉山州项目4个，总投资713亿元；四川省环保厅审批凉山州项目35个，总投资166亿元，其中环保投资5.14亿元，环保投资占总投资的2.1%；凉山州环保局审批项目171个，其中报告书项目12个，报告表项目82个，登记表项目77个，总投资67亿元，其中环保投资：2.1亿元，环保投资占总投资的3%。2014年，州环保局共审批交通项目42个，总投资48亿元。协调环保部、省环保厅审批泸黄高速公路改建项目，美姑—峨边椅子垭口隧道，雷波港洋丰码头等交通大会战重点项目。

【环境监察执法】 将涉重金属排放企业专项整治列为重点，以“十大专项”执法检查为抓手，统筹推进“环保执法检查年”活动。全州共出动3100余人次，执法车辆1000余台次，检查企业1100余家次，向企业下发限期整改通知350份，对20家企业不符合产业政策的生产设备设施进行关闭、拆除，对15家环境违法企业进行行政处罚，累计处罚金额67万元。由州委、州政府牵头，从州级各相关部门抽调工作人员组成9个工作组，于2014年11月3日至10日分赴全州17县（市），对各县（市）新《环保法》实施工作准备情况、辖区环境风险隐患排查情况、工业园区及重点排污企业环评制度执行情况、环保基础设施建设情况、环保年度目标任务完成情况、环境信访问题办理情况等6个方面的工作进行深入细致的排查和督查。州政府目督办针对排查出的问题，发出整改督察通知。2014年，全州共立案查处环境违法案件28起。全年全州实现排污费征收入库5335万元。及时掌控网络舆情，强化“12369”环保举报热线电话值守工作，适时开展行政执法后督察，2014年，全州接到各类信访投诉共计493件，其中：来信投诉53件，网络投诉33件，电话投诉297件，群众来访110批（230人次）。所有信访件都做到按时办结，办结率100%。

【环境信息公开】　在继续推进空气、水环境质量信息公开的基础上，加强建设项目环境影响评价、污染源监管、大气污染防治等信息的主动公开。2014年，共发布信息1291条，通过省政府信息公开填报系统发布574条，在州级部门中名列前茅。

【环境宣传教育】　联合凉山州委宣传部、凉山州经济和信息化委员会、凉山州教育局下发《关于认真做好2014年“6·5”世界环境日宣传活动的通知》（凉环发〔2014〕59号），要求各县（市）环保局及相关部门严格按通知精神，认真开展好“6·5”世界环境日宣传活动；同时联合西昌市环境保护局，组织开展向污染宣战进机关、进学校、进企业、进社区等一系列内容丰富、形式多样、主题突出的宣传活动；结合“安全生产月”和“爱国卫生月”活动进行环保法制宣传；与凉山日报社、凉山电视台、凉山人民广播电台等州内主流新闻媒体加强合作，创办环保专栏、专刊；通过一系列宣传工作的扎实开展，让环保法律、法规深入人心，有效提高广大干部群众的环保意识和环保法制观念。

【依法行政】　建立健全法律顾问制度，与四川元航律师事务所签订常年律师顾问合同；严格文件审查制度，重要文件送请州政府法制办审查；成立依法行政领导小组，制定并下发依法行政工作实施方案、依法行政工作要点，建立依法行政工作制度28项；完成行政权力事项清理、录入及授权工作，清理后的行政权力为246项；完成西昌瑞康钛业有限公司、西昌明源磷化工有限公司环境污染责任保险试点工作。

【环境监测】　2014年，州环保局按照环境空气质量新标准的要求，完成西昌市城区5个国控环境空气质量自动监测站的设备更新升级。按照州编办向州环境监测中心站下发的《凉山州行政事业单位编制使用通知卡》（编号276）要求，2014年，州环境监测中心站考核聘用相关专业研究生4名，公招公考相关专业本科生6名，在职监测人员达到43名；已正式建成西昌、会理、冕宁、宁南、甘洛5个县级环境监测站，正在建设越西、会东、雷波、盐源、美姑、木里6个县级监测站，其余6个县正在筹建当中。州环境监测中心站于2014年10月顺利通过计量认证扩项评审；于2014年11月顺利通过13名分析人员152项299项次的上岗考核；于2015年1月通过标准化建设二级站达标验收。全面开展环境质量监测、地表水重金属监测、重点污染源监督性监测、土壤环境质量例行监测、城镇集中式饮用水水源地监测等各项监测工作。全年共完成环境质量现状监测163个，各类验收监测68个，排污现状监测64个，送检来样监测32个。

【自身建设】　2014年，州环保局把党组中心学习组理论学习和党的群众路线教育实践活动有机结合起来同步推进。坚持领导班子带头、全体党员参与，坚持立足实际，严督实导，按照学习教育、听取意见、查摆问题、开展批评、整改落实、建章立制等环节，以严的标准、措施和纪律确保活动有力有序有效开展。紧紧围绕“四型”（学习型、创新型、服务型、纯洁型）党组建设和党的群众路线教育实践活动，积极开展“思想建设、组织建设、作风建设、制度建设和反腐倡廉建设”。完善“三会一课”制度，以建强建实基层党组织为工作目标，使党建工作在环境保护中起到核心领导和组织作用。州环保局紧扣为“民务实清廉”主题，按照“照镜子、正衣冠、洗洗澡、治治病”的总要求，以贯彻落实中央“八项规定”和省州“十项规定”为总揽，认真组织全体干部职工积极参与，强化学习，净化思想。以学为基，学以致用，结合实际做好规定动作，搞好自选动作。坚持严的纪律、严的措施、严的标准，切实解决发生在群众身边的不正之风和群众反映突出的环境问题，通过“四风”专项整治，干部职工达到受教育的目的，及时解决法律不熟、底数不清、互相推诿、互相扯皮的问题。废止20项制度、修改完善5项制度、新制定凉山州环境保护局工作作风十项规定等7项制度，调整充实13个专项工作领导小组，确保党的群众路线教育实践活动成果的规范化、制度化和长效化。州环保局党组全面落实党风廉政建设“两个责任”，认真组织全局干部职工学习贯彻《党内监督条例》《廉政准则》，抓好领导干部述职述廉、民主生活会、个人重大事项报告制度，州环保局党组成员及全体中层干部签订党风廉政建设承诺书。州环保局党组专题组织学习，中心组集中学习，对容易出现腐败问题的重点岗位人员进行示范教育、警示教育和岗位廉政教育，进一步提高全局党员干部拒腐防变意识和能力。紧扣行政审批、环境执法、环保专项资金的使用和管理等重点工作环节，认真落实党风廉政建设责任制，建立健全惩治和预防腐败工作体系。

【贯彻落实新《环保法》】 一是公、检、法、司、环保各部门负责人在凉山州电视台“今晚800”栏目上，根据各自的职能职责解读新《环保法》。二是举办规模大、规格高的3期新《环保法》培训班，邀请国家、省法律专家授课，各县市长、分管副县市长、环保局局长、企业法人等参加培训，参训人员达1000余人，为新《环保法》的实施做好舆论上和思想上的准备。公、检、法、司、环保形成协同作战的态势。

（审核：罗萍/撰稿：吉日鲁者）

邮政管理

【概况】 2014年，凉山州邮政管理局认真贯彻落实党的十八届三中、四中全会以及州委、州政府经济工作会议和四川省邮政管理工作会议精神，紧紧围绕州委、州政府的中心工作，按照稳中求进工作总基调，围绕“加快发展、依法治邮、强化安全、提升服务、履职监管、清正廉洁”的要求，抓好各项工作落实。凉山州邮政管理局荣获2014年度全州实现安全生产目标单位二等奖、2014年度州级商务工作先进单位；凉山州邮政管理局邵建洲荣获2014年度四川省“扫黄打非”工作先进个人和全省邮政管理系统优秀共产党员、优秀公务员等奖励。

【行业发展】 2014年，全州邮政行业业务总量累计完成18707.29万元，较2013年同比增长26.59%，占全省业务总量的1.59%，排名第17位；邮政行业业务收入累计完成17598.95万元，较2013年同比增长4.17%，占全省业务总量的1.75%，排名第17位。其中：2014年快递业务量累计完成343.52万件，较2013年同比增长68.55%，占全省快递业务量的0.91%，排名第11位；2014年快递业务收入累计完成4430.25万元，较2013年同比增长36.16%，占全省快递业务收入的0.92%，排名第18位。

【综合工作】 2014年，凉山州邮政管理局认真做好人事管理及财务工作，加强制度保障；

积极参与地方工作；先后被纳入州服务业发展领导小组成员单位、中共凉山州委保密委员会成员单位。凉山州邮政管理局认真开展法治宣传工作，全年报送的政务信息共被省邮政管理局采纳40余篇，国家局网站采纳7篇，新闻稿《凉山日报》2篇，内刊3篇，《快递》杂志2篇；凉山州邮政管理局还于4月份开展依法治市法制宣传活动、10月份开展以“情系万家、信达天下”为主题的世界邮政日宣传活动。推进电子信息化工作，推行统一门户系统。做好保密制度建设工作，开展讲保密专题党课、保密制度建设等一系列保密工作；制定并学习保密管理基本制度，了解信息化条件下保密的基本技能。

【乡镇邮政局所补建工作】 2010年，国家开始推动全国空白乡镇邮政局所补建工作，“十二五”期间，国家下达凉山州空白乡镇邮政局所补建任务476个。凉山州邮政管理局于2012年9月成立开始，便致力于补建工作的推进。2014年，凉山州邮政管理局与凉山州发改委、四川省邮政公司凉山州分公司于2月21日联合发文《关于转发〈四川省补建空白乡镇邮政局所项目交接实施方案〉的通知》推进空白乡镇邮政局所项目交接工作。凉山州发改委牵头，由发改委、邮政管理局和邮政公司组成调研组于3月下旬开始对普格、宁南、会理、德昌、西昌、冕宁等县市补建工作进行调研，认真分析补建工作中存在的问题，努力寻求解决方案。7月至8月，凉山州邮政管理局、州发改委、州邮政分公司又多次召开会议，认真分析形势，明确责任主体，落实工作措施，推动工作开展。8月6日，国家、省空白乡镇邮政局所补建督导调研组到凉山开展督导调研。对凉山州补建工作取得的成绩给予充分肯定，对补建工作中存在的问题进行指导，并提出空白乡镇邮政局所补建工作“全国决战在四川，四川决战在凉山”，要求全州各级部门站在讲政治的高度，全力推进补建工作，确保按时完成任务，州政府主要领导表态大力支持补建工作，采取多种措施确保补建任务的完成。9月5日，州政府召开全州空白乡镇邮政局所补建项目推进会，各县市分管副县长、发改委领导、邮政企业领导以及州级相关部门参加会议，会上要求各县市政府加大对补建工作的推进力度，采取新建、购买、置换等多种方式确保任务如期完成。同时，会上还签订补建工作目标责任书，将补建项目纳入州政府重点督办项目，对全州补建工作基本情况进行督导。9月中旬开始，凉山州邮政管理局开展对全州17县市的补建工作进行督导，充分掌握各县工程进度，并针对各县补建工作中存在问题分别给出指导性意见，再三明确邮政企业作为执行业主的责任，强调补建工作的重要意义。10月21日至24日，四川省邮政管理局、四川省邮政公司领导到凉山调研补建推进情况，先后到喜德、甘洛和越西县，召开现场会，听取各县分管副县长对全县补建工作情况的汇报，对补建过程中遇到的问题因地制宜进行分析，提出解决方案。10月中旬，凉山州邮政管理局和邮政公司召开项目分析会，凉山州邮政管理局听取州邮政公司补建工作推进情况汇报，要求州公司认真落实州政府会议精神，责成各县市邮政企业主动向各县市政府汇报，促使县政府将补建工作纳入重要议事日程，采取多种补建方式，切实推进工作进度。从10月份开始，由州政府目督办按月对补建工作完成情况进行督办，对工作不力的县市提出批评，对做得好的县市进行通报表扬，强力推动工作的开展，截至2014年12月31日，全州476个空白乡镇邮政局所补建项目，未选址0个；已选址未开工13个，占总任务的2.73%；已开工未竣工39个，占总任务的8.19%；已竣工424个，占总任务的89.08%；已运营344个，占总任务的72.27%，完成省上下达的截至2014年年底完成85%的目标任务。

【其他工作】 一是开展邮政普遍服务营业场所基础信息普查工作。1月开始，凉山州邮政管理局历时7个月，分批次对全州17个县市开展邮政普遍服务营业场所基础信息普查工作，普查工作行程7000余千米，对全州166个普服网点进行全面现场核查，做到数据准确，照片真实，保证核查质量。重点实地核查邮政企业上报数据与实际数据相符情况，填写普查记录表并加盖营业场所日戳。二是开展邮政行业统计专项调查工作。5月份开始，凉山州邮政管理局开展了全州邮政行业统计专项调查工作。通过实地调查，现场采集信息，对调查对象的基本情况、经营与规模情况、安全与事故情况以及邮政企业位置信息和相关影像信息等进行了采集，掌握了全州邮政行业的基本情况。三是开展邮票发行专项监督工作。1月份，凉山州邮政管理局对《甲午年》特种邮票开展专项监督检查，8月份，对邓小平诞辰110周年纪念特种邮票发行开展专项监督检查确保全州邮票发行秩序。3月份，凉山州邮政管理局组织凉山州集邮公司及集邮协会召开“诚实守信、共建和谐集邮市场”座谈会，规范全州集邮市场，为广大市民提供良好的集邮环境。四是开展全州城镇居民住宅楼信报箱建设统计工作。8月份，凉山州邮政管理局联合凉山州城乡规划建设和住房保障局向各县市城乡规划建设和住房保障局下发《凉山州城镇居民住宅楼信报箱建设统计表》，对全州城镇居民住宅楼信报箱建设工作进行统计。五是发挥社会监督员作用，加强邮政普服工作监督。3月份，开展邮政社会监督员快递服务质量测试工作，9月份由邮政公司和社会监督员共同参与开展邮政基本公共服务供给和需求情况调查工作，并对邮政基本公共服务供给和需求情况数据进行整理，充分发挥社会监督员对邮政普遍服务的社会监督的作用。六是加强党报党刊测试，确保党的舆论畅通。为全面掌握邮政企业的投递能力和服务水平，监督党报党刊投递时限和质量，凉山州邮政管理局积极主动与中共凉山州委宣传部沟通协调，充分利用宣传部门资源优势，选取部分县级部门和乡镇作为调查样本点，开展《人民日报》投递情况测试工作，掌握全州《人民日报》投递时限和投递深度，进一步监督邮政企业开展好普遍服务工作。

【快递行业监管】　一是狠抓安全管理之手不松。3月初召开2014年寄递渠道治安管理与信息安全工作会议对2013年全州寄递渠道治安管理与信息安全工作情况进行总结，对2014年全州快递市场管理和安全相关工作作出安排，以寄递渠道协调领导小组的名义与各邮政、快递企业签订安全目标责任书，落实安全生产目标责任。5月份与州商务局、工商局、商务局、安检局、西昌市公安局、运管所等相关部门联合召开物流、快递行业禁毒工作会议，物流、快递行业法定代表人共200余人参加大会。会议对各企业进行系统的毒品知识培训，向企业介绍毒品的种类名称、易制毒物品及寄递渠道中易遇到的毒品问题。凉山州邮政管理局在会上强调寄递渠道安全的重要性，要求各企业提高认识、强化培训、落实责任、严格验视，防止毒品通过寄递渠道传播。会议组织各物流、快递企业法定代表人发言并签订禁毒工作责任书。凉山州寄递渠道治安管理及信息安全协调领导小组在全国两会召开前和快递业务旺季前针对寄递渠道治安及信息安全、市场经营秩序、企业各项安全制度、安全责任落实等情况以及各项快递安全法律法规执行情况等方面开展两次有针对性的联合执法检查，确保行业安全法律法规的执行，企业安全责任制度的落实，确保渠道治安及信息安全。除部门联动开展安全检查外，凉山州邮政管理局在日常工作中进一步加大市场巡查频次和密度，做到安全工作常提醒、常监督。对未经许可经营快递业务的成都宅急送快运有限公司西昌分公司、全峰快递成都公司西昌分公司、成都西部中通有限公司、韵达快运西昌市公司发放责令整改通知书。并对韵达快递、国通快递、速尔快递营业场所安全设施不完善情况进行复查。凉山州邮政管理局在凉山州扫黄打非办的领导下，积极会同州文化影视新闻出版局认真开展对邮政报刊发行、销售渠道进行联合检查，严防非法出版物通过寄递渠道传播。二是规范经营促行业可持续发展。针对全州快递网点建设“散、乱、小”的现状，凉山州邮政管理局提出将全州快递营业网点逐步建成“基本型、标准型、精品型”三种不同层次的快递营业场所的规划，全州快递网点建设按照“先试先行、以点带面、循序渐进”的原则，逐步改造全州快递营业场所，彻底改变凉山快递行业的社会形象。10月，凉山州邮政管理局向各快递企业转发《四川省邮政管理局转发国家邮政局关于规范使用快递电子运单的通知》，对电子运单条款的规范性、电子运单制作的规范性及电子运单管理及使用的规范性提出具体要求。凉山州邮政管理局2014年先后对德昌国通快递营业部、会理国通快递营业部、会理顺丰快递分公司等开展快递业务经营许可现场核查工作，确保企业经营合法。三是积极争取地方政策支撑促进行业发展。通过积极努力，州政府将凉山州邮政管理局纳入州服务业发展领导小组、州物流园区规划领导小组和州电子商务发展领导小组成员单位。作为成员，凉山州邮政管理局在参加州上相关会议时，主动作为，积极向政府提出行业发展对策建议，努力提高政府领导对邮政行业的关注度，争取扶持政策。同时，凉山州邮政管理局积极与州商务局对接，共同协商凉山州电子商务与快递行业协同发展相关事宜，并就如何推动电子商务与快递行业协同发展达成初步共识：将快递业发展纳入服务业发展规划，为电子商务和快递行业协调发展搭建平台，提供支持电子商务和快递共同发展的政策环境；将促进快递发展作为重要内容，纳入电子商务工业园区和物流园区规划方案，为快递业发展提供支持；着力培育重点快递企业，通过商务部门争取政府重点扶持，挖掘典型，打造凉山民营快递行业重点企业。凉山州邮政管理局还联合共青团州委在全州各县（市）民营快递企业中开展创建青年文明号活动。四是积极引导企业成立行业协会。2014年，凉山州邮政管理局多次组织邮政企业与快递公司召开快递协会成立座谈会，与企业共同分析凉山州快递行业发展现状、凉山州快递行业发展形势和成立快递协会的重要性和必要性，并就成立快递企业协会相关事宜征求企业意见达成共识，并开始办理协会成立相关手续。五是做好旺季服务保障工作，确保行业运行顺畅。凉山州邮政管理局多次召开快递行业监管工作会议并开展节前安全大检查工作，并于10月份制定《凉山州2014年快递业务旺季服务保障工作方案》，向各快递企业强调要做好落实收寄验视制度工作，做好节日服务保障和安全生产工作，保证节日期间全州寄递渠道安全畅通。凉山州邮政管理局还于春节前夕深入快递企业，进行慰问。六是加强行业统计，为行业发展提供支撑。加强对普服网点的统计，凉山州邮政管理局于1月份收集、整理、修改、录入邮政普遍服务基础设施系统里全州166个网点的邮政普遍服务基础设施资料及全州所有法人企业及其分支机构的基本信息。加强快递业务发展数据统计，对统计资料进行审核、分析整理，确保统计资料完整真实，为行业发展提供数据支撑。

【群教活动】　一是广泛开展形式多样的学习教育活动，深入领会教育实践活动的深刻意义。一方面强理论学习，提高对教育实践活动重要意义的认识；另一方面则是开展形式多样的教育活动。二是开展调研活动，掌握群众心声，着力解决行业发展中遇到的困难和问题。开展“下基层、听民声、解民忧”活动，并配合四川省邮政管理局开展群众路线调研工作。三是召开专题民主生活会，开展批评与自我批评。在开展好学习教育的同时，凉山州邮政管理局认真组织开展交心谈心活动，通过谈心，查找在“四风”方面存在的问题深入分析原因，在此基础上，邮政管理局党组深刻查找“四风”方面存在的问题，全局党员干部对党组成员在“四风”方面存在的问题提出意见，并由四川省邮政管理局督导组进行点评。四是落实整改，促进工作上台阶。针对专题民主生活会上提出的“四风”方面存在的问题，制定措施加以整改。制定专项整治方案并贯彻落实。凉山州邮政管理局制定《凉山州邮政管理局第二批活动专项整治工作方案》，共计提出13个方面的问题，并已完成整改，完善制度21项，其中修改18项、废止1项、重新制定2项。

（审核：毛健鸿/撰稿：张曼妮）

中国电信凉山分公司

【概况】 2014年，中国电信凉山分公司认真贯彻落实国家“宽带中国”战略和电信集团“新三者”转型方向，以“012”发展策略为全年工作主线，聚焦重点市场，结合实际加快推进有质量的规模发展，圆满完成2014年度经营任务，实现连续9年超额完成省公司下达的经营收入任务，收入规模已跃居至全省电信市州分公司第八位。2014年9月，集团公司董事长王晓初亲临凉山考察，对公司干部员工的精神面貌、士气、激情给予高度赞扬，对公司取得的骄人成绩给予充分肯定。公司荣获2014年度全国工人先锋号、全省电信先进市州分公司称号，连续保持省级最佳文明单位、四川最佳诚信企业、凉山州50强企业等称号。

【经营发展】 2014年，公司经营收入和业务发展持续快速提升，收入增幅19%以上，收入份额较2013年末同比提升1.6%。重点业务发展取得新突破，主要业绩考核指标位居全省市州前列。2014年，公司大力推进“宽带中国”“智慧城市·光网凉山”“宽带乡村”惠民工程，发挥差异化优势和品质领先优势，展示“新电视、新宽带、新服务”三新形象，做大做强光网品牌效益。大力加强渠道服务网点建设，渠道销售服务能力进一步提升，全年新建营业服务网点数百个，打造“4K超高清电视”体验专区，提供全新的体验和升级感受。同时，以信息化为引领，聚集政企中高端客户需求，以融合产品、应用及解决方案进一步增强发展能力。

【网络建设】 2014年，公司加快宽带网络基础建设，城市家庭20Mbps及以上宽带接入能力达93.6%，农村家庭4Mbps及以上宽带接入能力达97.5%，完成省公司考核指标，全面完成共建共享等省通管局考核指标。光网/IPTV预警整治、光衰整治、移动网主动优化、传统设备退网、能耗管理、电源差异化维护保障等排名全省前列。维护支撑和服务进一步前置化，有效提升了客户感知。

【智慧城市】 2014年，公司主动融入地方社会经济发展大局，持续快速推进“光网凉山·智慧城市”建设。4G网络、光纤网络通过大规模建设，完成全州17个县市城区光纤化建设和改造工作，完成12个工业园区、250个乡镇、17个县市公路沿线、852个行政村的光纤接入，同时完成2150个行政村无线网络覆盖。2014年，全州“智慧城市”云服务平台建设完成，并完成基于云服务平台的电子政务办公系统、电子商务系统、经纪人系统等配套服务系统20余套。同时，成功实施社会化管理信息化、计生信息化、园区级专网、园区数字化基础运营、居家养老信息等平台上线启动工作。

【宽带乡村】 2014年，公司根据国家发改委、财政部和工信部联合发文《关于组织实施“宽带乡村”试点工程（一期间）的通知》精神，扎实实施1市8县“宽带乡村”试点。通过加快建设和提速发展，凸显“调结构、促增长、惠民生”的积极作用。宽带新建区域用户使用宽带业务和4K高清影视业务，极大地丰富了群众文化生活，促进农村社会稳定和经济发展，教育医疗、居家养老、农技宝等业务也逐步展开，有效提升农村区域农林技术、教育医疗水平，进一步缩小城乡差距。通过宽带互联网应用，利用“淘宝”“天虎云商”等探索农村电子商务推广，帮助农村种植、养殖、旅游等方面解决生产原材料购买、产品销售等难题。

【三网融合】 2014年，公司加速推进“三网融合”，4K超高清影视高起点推广，形成新一轮互联网电视升级浪潮，构建城乡家庭信息化集成模式，受到广大消费者的青睐，也得到各级政府的深度认同。三网融合与宽带信息化应用极大地丰富城乡群众文化生活，提升网络和信息安全保障能力。

【服务质量】 2014年，公司加强重视客户服务工作，创新服务措施，持续推进落实“五个一”服务举措。完善全州服务品质管理团队，将服务事后结果管控转变为包括生产运营全过程的管理，客户综合满意度持续提升。聚焦重点，解决服务短板问题，组织开展装维明星、分支局及班组竞赛活动，加强营业厅服务规范和质量监督，大力提升装维服务能力，优化简化服务流程，努力提升客户服务质量和服务效率。

【文化建设】 2014年，公司以企业文化建设为载体，切实把文明、诚实、守信贯穿到企业各项经营管理工作中。一是党政工团齐抓共管，加强公民道德规范教育、增强责任感为主题的爱岗敬业教育活动。二是强化员工素质能力提升，强化学习型班组建设，开展各种劳动竞赛等活动。三是坚持“冬送温暖夏送清凉”等慰问基层活动，持续关爱员工，开展“一帮一”结对帮扶活动。四是公司积极参加凉山州“挂包帮”活动，定点帮扶甘洛县阿嘎乡中心校，发动公司员工捐资助学，参加助孤助残等社会公益活动。

（审核：柳国云/撰稿：戴卫平）

中国移动凉山分公司

【概况】 2014年，中国移动通信集团四川有限公司凉山分公司（以下简称凉山移动）围绕“政府倡导、社会关注、群众需要”，树立为社会和客户创造价值的理念，积极顺应政策导向，契合客户需求，服务社会、助推发展，在社会各界的大力支持下，成为凉山通信行业和地方经济发展的主力军。公司有员工1045人，下设6个综合职能部门、7个业务职能部门、20个县（市）分公司。2014年年底用户数达到245万户，全年完成运营收入13亿元。2014年1月29日，凉山移动面对公众市场4G发布会在西昌月城广场举行，移动4G在凉山地区正式进入商用模式。

【网络建设】 2014年，凉山移动不断夯实2G/3G网络基础，加快4G网络建设，加强网络维护优化管理，做好通信保障工作，全面启动信息化项目建设。全年全州共建成基站4586个，开通4G基站1558个，2014年年底有4G小区4418个，全州各县市及重点乡镇实现4G网络100%覆盖，4G网络容量达到88万户，开启移动通信的高速通道、网络“快”时代。率先完成四川三州民族地区“村通工程”建设，凉山全州606个行政乡实现100%全覆盖，全州3745个行政村100%移动网络覆盖，全州30818个自然村移动网络覆盖率达到71%。载频总数达到25028块，传输线路38566皮长千米，是全省最长、最大的光纤传输网络。此外，凉山移动进一步规整网络插花现象，有效解决凉山水电站、矿山等区域的移动通信问题，继续加强风景区、过境国道、省道、县到县干道公路的深入覆盖，使干道公路的覆盖率达到95%。2014年，实施“宽带乡村”惠民工程，启动建设“宽带乡村”小区建成端口数12186个，签订智慧新农村协议171个。

【信息化建设】 2014年，凉山移动承建各级党政网、电子政务网、国防通、云教育平台、惠农通、凉山党群通等150多个关系到民计、民生和民情的信息化惠民工程，促进凉山城市信息化进程，为推动凉山经济建设、社会进步、民族安定和繁荣发展做出积极贡献。2014年10月22日，凉山移动承建的协同办公APP应用平台、CA认证平台，依托移动TD-LTE快速的网络，利用移动终端安全可靠的实现随时随地办公。全州协同办公系统率先在各县市政府部门、州级机关试运行，12月1日正式运行。凉山移动与州农行深度合作开展“惠农银讯”信息化平台业务，以移动营业厅、空中营业厅为承载渠道，基于移动手机操作实现农行账户的代缴代付功能，有效解决农村金融网点少、农村用户存取款难等问题；利用双方资源优势开展惠农通银讯业务的铺点工作，在全州偏远山区新增加1492个金融网点，解决偏远山区农民存取款难的问题。为充分利用信息化手段，实现优质教育资源共享、促进教育公平化、均衡化；同时加强学校安防管理、对学生校内、校外进行360度的安全监护。根据“三通两平台”建设规划，凉山移动分公司搭建“三网素质教育云平台”。为教育局、学校、老师、学生、家长提供个人空间，支持电脑、电视、手机多终端访问。凉山试运行期间深获学生、家长、老师喜爱，不到半年时间，用户达到6.9万户。用信息化手段密切党群干群联系，提升民族地区基层党建科学化水。凉山移动积极打造集管理、服务和教育等功能为一体的党建手机信息直通平台（简称“凉山党群通”），助力政府党建工作信息化。2014年12月25日该平台初步搭建完成，并与州委组织部举行“凉山党群通”手机信息平台签约启动仪式。“凉山党群通”信息平台共有“党群直通”“党建网格”“移动党校”“掌上家园”等9大功能模块，实现党群双向互动、时事上情下达，党课线上教育、建议实时反馈。

【党建工作】 2014年，公司党委紧紧围绕集发展、稳定、转型的大局，充分发挥共产党员的先锋模范作用，上下努力奋斗，在持续做好提升企业发展力、竞争力的同时，狠抓企业发展健康度，积极打造优秀干部员工队伍，努力营造内顺外和、团结奋进的工作氛围，全面实现凉山移动较高速发展。始终严格贯彻落实中央“八项规定”等相关精神，对省公司下达的32项责任制考核目标进行逐项分解落实、狠抓责任考核和责任追究，使党风廉政建设与公司业务发展工作同部署、同推进。领导班子成员带头落实党风廉政建设责任制，党委书记作为第一责任人，坚持签订《党风廉政建设责任书》。以惩防体系建设、职务消费为重点，制定并下发《凉山移动分公司建立健全惩治和预防腐败体系实施方案》，完善《凉山分公司“三重一大”议事规则和决策程序实施办法》等10余项制度流程，开展举办廉洁教育讲座，观看警示教育片，组织中层干部和重要岗位人员到凉山监狱、攀西监狱接受案例警示教育，增强拒腐防变的能力，筑牢防腐防线。连续多年，公司党委被州国资委评为“党风廉政先进集体”。

【社会责任】 凉山移动连续15年开展帮扶共建活动，深化实施“爱心助学、敬老爱老、拥军慰问、抗灾抢险”四大行动，努力实现企业经营与社会责任的高度统一。凉山移动广大干部员工上下齐心，以承担社会公民责任为己任，坚定不移的做好各项应急通信保障支撑工作，全力保障灾区的通信畅通，抢险救灾工作顺利开展。专门在西昌火把广场、民族体育场设立两个常态化应急通信库房，应急抢险物资充沛，定期开展通信保障应急演练，提高网络保障能力和全体干部职工的应急处置能力。公司每逢重大节日来临之际都组织全体干部员工对部队开展节日慰问活动，2014年7月中旬起，在凉山移动总经理姜凌的带领下，公司干部员工到部队开展慰问活动，先后到德昌、普格、喜德为驻训部队带去丰富多彩的文艺演出和送去猪肉、蔬菜等慰问品。每逢中国传统佳节的来临之际，凉山移动以实际行动开展关爱社会弱势群体，持续打造受人尊敬的企业，凉山分公司一直坚持看望和慰问留守学生、贫困户、百岁老人和敬老院的孤寡老人，为他们送去温暖和祝福，让弱势群体感受到来自社会的关心和关爱。凉山移动获得首届全国“敬老文明号”荣誉称号。围绕凉山州委提出的“走基层、解难题、办实事、惠民生”活动要求，凉山移动在认真开展为基层员工解决难题调研工作的同时，先后赴昭觉、美姑、布拖、金阳、雷波、西昌市黄联关镇、甘洛看望当地中心校的孩子们，送去慰问帮扶的物资，积极践行省公司提出“做政府倡导的事，社会关注的事，群众需要的事”的思想，勇担社会责任，为贫困孩子送去冬日暖阳，为凉山教育尽自身绵薄之力。2014年凉山分公司被集团公司授予“中国移动企业文化二星级示范点”荣誉称号，公司通过全国文明单位检查验收，被国家关工委授予优秀组织等荣誉称号。公司党委书记、总经理姜凌被授予中国移动“最美移动人”提名、四川移动“最美移动人”荣誉称号。

（审核：周荷英/撰稿：张明）

中国联通凉山分公司

【概况】　中国联合网络通信有限公司（简称“中国联通”）是2009年1月6日经国务院批准在原中国网通和原中国联通的基础上合并成立的国有控股的特大型电信企业。在中国大陆31个省（自治区、直辖市）和境外多个国家和地区设有分支机构，控股公司是中国唯一一家在香港、纽约、上海三地上市的电信运营企业。2014年中国联通在“世界500强”中国企业中位列第36位，在“全球企业500强”中排名第210位，较2013年上升48位。中国联通拥有覆盖全国、通达世界的现代通信网络，具备固定通信，移动通信，国内、国际通信设施服务，卫星通信、数据通信、综合网络接入和各类电信增值业务，与通信信息业务相关的系统集成业务等。2013年12月，中国联通获得FDD-LTE制式的4G牌照。正致力于向移动宽带和互联网业务领先的运营商迈进。中国联通拥有的WCDMA制式3G和FDD-LTE制式4G牌照，是当前世界上采用的国家及地区最广泛、最成熟、网络速率最快、终端种类最丰富的一种移动宽带业务标准。中国联合网络通信有限公司凉山州分公司（简称“凉山联通”）是中国联通在四川省凉山州的分支机构，下设17个县（分公司）业务部，在全州各乡、镇、村设有营销网络。截至2014年年底，资产规模达到6.14亿元，员工总数179人，移动用户17万户，固网用户3.5万户。同时，在全州建有上千个移动通信基站，光缆累计达12500皮长千米，移动网络覆盖全州所有17个县市，县城覆盖率97%，乡镇点覆盖率70%以上，经济发达和重要乡镇点覆盖率达100%，省级以上旅游名胜点覆盖率达100%。完成全州17个县市3G网络建设，主要覆盖县城、风景区、高速、A类、B类重点乡镇。3G弱覆盖区域为县城内及周边、风景区及部分乡镇，后期分公司将加大对3G弱覆盖区域进行深度覆盖，解决3G弱覆盖区域。凉山联通充分发挥WCDMA技术优势和全业务经营优势，面向政府、金融、媒体、大中小型企业提供包括移动办公、物联网、监测监控、位置服务和电子商务五大类行业应用。移动办公、移动执法、汽车信息化、智能公交、股票机、远程定损、无线抄表、位置服务、无线数传、监测监控、集团炫铃、集团短信、集团V网、云计算等信息化解决方案广泛应用于各行各业，为广大集团行业用户提供优质、快捷、安全、高效的服务。凉山联通秉承“以客户为中心，用服务促发展”的服务理念，以及“建设凉山、服务凉山”的企业承诺，为广大凉山用户、外来投资企业做好通信服务保障，不断提升客户感知、提升达标水平、提升服务效能。坚持以发展为目标，以管理为基础，以创新为动力，以市场为导向，以经营为龙头，以客户为中心，以效益为根本的发展战略，在推动信息基础设施建设的同时努力实现企业“三分天下有其一”的战略目标。2014年5月，凉山联通第一张FDD-LTE制式的4G体验网络在西昌开通，2014年9月凉山联通第一张TDD-LTE制式的4G体验网络在西昌开通。

【基础管理】　2014年，凉山联通紧紧围绕“实施移动宽带领先与一体化创新战略，持续推进企业创新转型”的工作部署，以“深化转型强化运营、提升企业竞争能力”为中心，以“突出规模、提升价值”为目的，以“深化六大转型、提升六大能力”为主线，深化“机制体制、运营模式、管理模式、发展模式、销售模式、价值结果”六大转型，提升六大能力，踏踏实实、稳扎稳打，实现公司在变革期企业价值和竞争能力。继续强化基础管理，修订各项标准、制度、流程，做好内控体系建设，完善物资管理，严格成本管控，强化绩效管理，规范后台管理，夯实基础管理，提升公司运营效率和执行力。坚持低碳绿色，绩效导向发展理念，探索成本低、实效好的信息化发展模式，推进节能降耗，持续提高信息化的绩效，高度重视信息安全和诚信体系的建议，防范各种新技术、新应用所带来的新问题和新挑战，建立可信的发展环境。抓抢机遇，奋发图强，聚焦市场谋发展，注重效率提效益，实现公司规模效益发展和综合实力全面提升。

【网络建设】 在注重业务发展的同时，公司以满足客户需求、促进客户感知为目标，不断提升网络支撑能力。2014 年凉山联通移动网总共涉及 9 个项目的建设。一是 2014 年中国联通四川 WCDMA 无线网络新建工程；二是 2014 年中国联通四川 WCDMA 网配套（不含传输）新建工程；三是 2014 年中国联通四川 WCDMA 无线网络新建二期工程；四是 2014 年中国联通四川 WCDMA 网配套（不含传输）新建二期工程；五是 2014 年中国联通四川 WCDMA 无线网络新建年中调整专项工程；六是 2014 年中国联通四川 WCDMA 网配套（不含传输）年中调整专项工程；七是 2014 年中国联通四川 TD-LTE 无线网（第二阶段增补）工程；八是 2014 年中国联通四川 WCDMA 室内覆盖扩容（一期）工程；九是 2014 年中国联通四川 WCDMA 室内覆盖扩容（二期）工程。工程建设总投资 13052 万元，新建 WCDMA 网站点 665 个（包含室内覆盖）；新建 TDD-LTE 试验站点 13 个。2014 年传输工程包括 8 个工程项目。

一是 2014 年中国联通四川 WCDMA 移动基站传输接入新建工程（一期），建设规模：本期工程新增 971 千米传输线路，其中 GYTA-24B1 通信光缆 771 千米，GYTS04-24B1 通信光缆 150 千米，GYTA-24B1+2×5.0mm^2 光电复合缆 50 千米；新增 136 套华为分组设备，其中 40 套 ATN950B -10GE，96 套 ATN950B。二是 2014 年中国联通四川 WCDMA 移动基站传输接入新建工程（二期），建设规模：新建 GYTA-24B1 通信光缆 767 千米，新增 88 套华为 ATN950B 分组设备。三是 2014 年中国联通四川 WCDMA 移动基站传输接入新建年中调整专项工程，建设规模：新增华为分组设备 375 套，新建 24 芯通信光缆 3677 千米。四是 2014 年中国联通四川本地传送网工程，建设规模：本期工程新增华为 CX600-X3 分组设备 10 套。五是 2014 年中国联通四川本地接入主干光缆工程，新建 GYTA-144B1 光缆 70 千米，新立 576 芯光缆交接箱 63 个，扩容原有 288 芯光缆交接箱 44 个。六是 2014 年中国联通四川本地主干光缆工程（二期），建设规模：新建 GYTA-24B1 光缆 134.8 千米，新建 GYTA-96B1 通信光缆 45 千米，新建 576 芯光交箱 32 个。七是 2014 年中国联通四川本地核心汇聚光缆工程，建设规模：新增 148.3 千米传输线路，其中 GYTA-24B1 通信光缆 101 千米，GYTA-48B1 通信光缆 10 千米，GYTA-96B1 通信光缆 37.3 千米。八是 2014 年汇聚机房新建工程，建设规模：新建汇聚机房 7 个，涉及区域为：西昌、盐源、冕宁、布拖、会理、宁南。2014 年未发生重大故障，各项考核指标均达标，其中作业计划完成率≥98%，实际为 100%；大客户业务考核响应及时率≥99%，实际为 100%；考核电路开通及时率 99%，实际为 100%。3G 网络接通率≥95.5%，移动网络掉话率≤0.4%。重点是巩固和完善基站、传输清查整治成果，继续开展传输线路的清查整治成图成册工作，开展核心网络的清查整治工作。加强网络基础维护管理能力，根据网络资源情况、运行情况，加强传输网络的优化调整，提高网络安全性能、保障业务快速开通，提升市场发展支撑能力。以网络质量体系化为牵引，打造网优专业化队伍，注重日常优化、专项优化及专业协同。开展全程全网的业务质量端到端的优化，打通无线网、接入网、核心网、数据网、业务平台等关键环节，加强专业协同，提示数据业务性能和用户感知。

【行业发展】 打造“智慧凉山”，加快实现基础设施智能化。大力提升基本资源、交通、生态环境、人口、市政市容、公共安全数字化管理水平，逐步实现基础设施智能化，城市管理精细化，社会服务网格化，构建支撑领导科学决策的网络体系，满足市民在医疗、卫生、缴费等基本生活方面的数字化需求。2014 年，凉山联通为西昌电力公司下辖的 86 辆公车安装监控设备，该项目主要实现车辆GPS实时定位功能、车辆与监控指挥中心语音对讲功能、车辆油料智能分析及统计功能、驾驶员及车辆图片抓拍功能，通过车载系统的应用监控中心可实时对车辆进行监控管理。同时构建由财务管理、营销管理、安全生产管理、协同办公管理、物资管理、人力资源管理、项目管理、综合管理等子系统和相关硬件组成综合业务信息平台，并采用凉山联通公司网络传输、移动设备以及电力远程抄表系统。

【客户服务】 2014年，分公司服务质量评价及KPI考核呈逐月提升态势。从3月KPI考核分6.20分，4—8月得分逐月提升至8.22分，9—12月均得满分10分。分公司服务线绩效及排名由年初末位提升到全省并列第一。分公司未发生被集团、省分通报的零容忍典型案件。2014年，客服部以全省工作会服务转型要求，结合大服务体系的实践运营，围绕“转型、转变、深化”的指导思想，重点组织强化和落实服务保障、“全”满意度的提升工程、服务管理办结、降低投申诉率等重点服务工作。同时，不断加大服务管理力度，积极进行服务创新，强化客户服务管理和流程的优化组合，进一步提高服务效率，增强服务能力。加大升级、申诉率管控，全年申诉量14件，比2013年下降36%，工信认定2件（首处妥当，企责为零），低于全年6件目标；全年用户向集团反映各类使用问题118件，正式形成投诉的仅有10件，首处有效率达91.53%，处理及时率达100%。自2月起，投诉工单及时完结率从70%开始每月逐步提升2%，12月达到92.91%，高于年末达到90%的省分目标；截至12月，投诉处理满意率93.98%，高于83%的省分目标值。重复投诉率自9月起，均达到省分目标值，未被纳入事件性考核扣分。全年VIP目标续约用户数3439户，截至12月，客户经理完成大服务系统中续约关怀共5925次，成功续约用户数为1673户，完成全年VIP续约用户数的48.65%。全年共组织开展服务问题传递18个，有效解决16个，服务问题传递解决率为89%。截至12月，全年积分共兑换2299.06万分，积分应用率达46.16%（高于省分目标值11.16%，比2013年的32.05%提升了14.11%），名全省第六，提前超额完成省分下达兑换任务，为公司创收22.9906万元。全年持续推广“全”满意工程、一线窗口员工关爱评选活动、行风建设暨纠风工作、“沃”的美拍大赛等工作，通过多项服务提升客户感知。

【文明单位建设】 2014年，分公司坚持以科学发展观为指导，以市场为导向，以客户为中心，以有效发展和提升效益为目标，通过体制机制创新、管理创新、业务技术创新来促进发展，开创发展新局面；力促和谐，推动发展，以建设学习型、发展型党组织为引领，引导广大党员在执行和落实中走前列、作表率、当标兵，团结和带领周围的人员积极投入到公司改革发展中来。凉山联通以创建“四好”领导班子活动为载体，加强各级干部队伍建设。以争创“四强”党组织为载体，加强党建、党风廉政建设；以争当“四优”党员为载体，发挥党员先锋模范作用；以“教育扶贫”活动为载体，加强与地方的沟通与互动。积极开展创建“学习型党组织”活动，提高党员队伍素质；大力加强党委领导班子建设，促进企业科学发展；深入推进基层党组织建设，发挥好党组织作用；持续开展精神文明创建工作，不断提高企业文明水平；不断加强共青团、工会和群众组织工作，充分发挥其协同效应；进一步加强党风廉政建设工作，打造“钢班子铁队伍”。制定分公司纪委书记下基层实施方案并实行；对雷波县谷米乡岩峰村进行帮扶，并根据2013—2015年帮扶规范，下派帮扶干部；拟定创先争优长效机制；成立分公司渠道管理效能监察工作机构并制定实施方案开展效能监察工作；全面开展“关爱员工”专项活动，建立分公司职工重大疾病帮扶机制、设立帮扶基金，同时发放16个县小食堂建设补助，建设成立7家县级业务部小食堂。2014年，凉山联通认真贯彻落实党风廉政建设责任制，继续深化反腐倡廉教育，逐级签订党风廉政建设责任书、认真检查《廉政准则》的执行情况及廉洁从业情况、严格执行“三重一大”事项集体决策制度，全面完成党委、纪委年度思想政治、党建工作，以及创四好班子、党风廉政建设工作，获得优秀党建工作单位荣誉。

（审核：陈刚/撰稿：何静）

中国铁塔凉山分公司

【概况】 为深入贯彻落实党的十八大和十八届三中全会精神，在党中央、国务院的亲切关怀下，在国资委、工信部的直接领导下，7月18日，中国铁塔股份有限公司（简称中国铁塔）在北京揭牌成立。中国铁塔由中国移动、中国联通和中国电信三家电信基础运营企业联合出资100亿元组建，其中，中国移动占股比例为40%，中国联通占比30.1%，中国电信占比29.9%。公司经营范围包括：铁塔建设、维护、运营；基站机房、电源、空调配套设施建设、维护、运营；室内分布系统的建设、维护、运营；基站设备的维护。中国铁塔股份有限公司四川省分公司于2014年9月完成工商注册登记，10月正式挂牌。凉山分公司于12月5日正式挂牌成立。

【组建背景】 1998—2014年，中国通信信息产业经历了多次大的体制调整和产业重组，形成了相互协同、竞争发展的格局。三家基础通信运营商迅速发展，取得了骄人业绩，在国际资本市场上迸发出前所未有的活力。但是，由于竞争原因，三家运营商竞相加快网络建设速度，在发展过程中共建共享、互联互通的问题一直没有彻底解决。重复投资、重复建设带来的通信资源浪费，以及对环境资源的破坏比较严重，城市、乡村和许多热点地区出现多个铁塔现象，对土地资源、生态环境带来了负面影响。中国铁塔公司成立后，将根据政府统一规划，成为唯一主体，集中资源、统筹安排，系统解决这一问题，从根本上避免重复投资建设，最大限度地提升社会效益和经济效益。

【组建意义】 首先，中国铁塔承担了新一轮国有企业改革的实验使命，将为国企改革探索新的路子，成为发展混合所有制经济的试验田，提供向全社会开放民营资本投资电信行业的机会。其次，成立铁塔公司，将减少重复投资，提高资产回报，为运营商转方式、调结构带来契机。再次，加快4G建设。铁塔公司成立后，基础设施由铁塔公司承建，三家运营商共享，将极大地降低运营商初期建站成本，鼓励并引导运营商加快农村地区4G网络建设，改变农村地区闭塞、经济落后的现状，对促进经济发展，维护民族稳定，将起到积极的推动作用。最后，保障信息化安全。铁塔公司成立后，将按照通信设施标准统一建设铁塔、机房等基础设施，逐步改造、迁建不合规范的基础设施，将极大地增强通信基础设施的防灾抗灾能力，满足维稳的需求，对实现信息化安全具有重要意义，可以更好地将政府规划与电信企业需求结合起来，更广泛地服务于政府、广电、公安、教育、农业等各行业，为推进信息化社会建设起到很好的促进作用。

【建设情况】 中国铁塔凉山州分公司成立之初，在全州各级党委政府、四川铁塔的正确领导下，在社会各界的大力支持下，凉山铁塔克服一手抓存量资产清查，一手抓新建承接。短短一个月，协调三家电信运营商，利用仿生树、美化塔等环保设备，在国家AAAAA级景区“西昌国家湿地公园”率先建成12座三家“共站”基站，在不破坏人文环境和自然环境的基础上，有效提升该景区的通信质量。

（审核：陈鹏/撰稿：宋寒）

中国邮政凉山分公司

【概况】 2014年，紧扣“改革创新、转型发展”的工作基调，深入贯彻落实党的十八大精神，进一步坚定信心，鼓足干劲，坚持“转型升级、重质提效”的发展主题，把握地方经济发展机遇，乘势而上，圆满完成2014年的各项工作。

【领导班子】 中国邮政集团公司凉山州分公司领导班子由党委书记、总经理许波，党委成员、副总经理、西昌邮区中心局局长、纪委书记邓伟，党委成员、副总经理、工会主席陈江组成。

【经营管理】 2014年，全州业务收入完成省公司预算目标的96.17%，比2013年增长2.57%，2014年凉山邮政在全省继续保持为二类局。在人力资源管理方面强化人才队伍建设，提高员工队伍素质，加大少数民族干部培养，创新选人用人机制，建立科学规范的邮政企业领导班子后备人员储备制度；深化薪酬制度改革；完善用工制度，加强工时管理；进一步推行职业资格证书制度，推行邮政营业员、邮政储汇业务员持双证上岗，制定《全州邮政代理金融从业人员整体素质提升2014—2016年规划方案》，规划银行从业持证率2014年达到30%，2015年80%，2016年100%；进一步提高企业从业人员整体素质，实现“富民强邮”战略提供人才支撑。在财务管理方面顺利完成营改增工作，制定《凉山州邮政公司省级财务集中核算手册》，顺利向省邮政公司移交集中核算的相关账务资料，进一步规范财务行为，理顺审批内控流程。加强会计检查工作，强化基础管理，规范企业财务行为。

【服务民生】 2014年，凉山州进一步落实两岗履职，加强检查力度，落实各项规章制度，强化两岗人员的履职检查；完善基础管理、规范操作行为，提升服务技能、提高管理水平；加强员工学习培训及基础设施投入，进一步提高邮政生产服务能力。

【网路运行】 2014年，凉山州打破邮运区域界限，提高实物传递效率。采取外包和自营的形式实现西昌—盐源—木里邮路和西昌-德昌邮路逐日班，有效加快三县邮件的传递速度。增加邮件转接点、调整生产作业组织和运邮车辆发运计划，完成越西、甘洛至石棉栗子坪邮件运输外包工作，开通西昌到成都汽车邮路，进一步加快邮件的传递速度；完成全州8台自助金融设备的新增上线工作，及8台ATM机的更新工作；新增图形终端76台、新安装助农取款商易通67台、身份证识别仪18台；新增手持终端（PDA）112台；更新干线邮车1台。

【安全管理】 2014年，凉山邮政加强领导、落实责任，层层签订安全责任书；坚持不懈对人员、邮件、财产、车辆安全进行分季节、分时段的安全防控，全年无任何事故发生；全年组织各种应急演练48次，参加职工1100多人次；加大安防设施、设备的建设投入，改造业务库锁具，配备防护器具，增设电视监控；组织开展代理金融网点规范化服务队伍提升年、非法集资风险专项排查、邮政金融合规大行动等代理金融专项活动；开展风险等级自评工作，全州共有一级风险网点11个、二级网点风险32个、三级风险网点23个，消灭了四级、五级高风险网点，网点风险防控取得突出成效。

【企业文化】 2014年，凉山邮政持续开展职工重病医疗互助工作，全州申请重病和住院补助金已发放到职工；持续巩固职工小家建家成果，促进基层职工生产生活条件的全面改善；保障职工正常的休假权利，继续强力推进第二轮职工疗休工作；加强人文关怀，深化服务职工，全州邮政持续广泛开展送温暖活动，对外勤职工发放降暑药品，并以提供免费绿豆汤的方式开展“送清凉”活动。坚持开展“金秋助学”活动，实现建档困难职工子女就学全覆盖；积极组织开展全州邮政职工第二届乒乓球比赛及职工演讲比赛，开展游艺、登山活动；提供员工培训机会，为员工个人成长提供有效的平台支撑；大力促进企业各项业务大发展，不断提高各类员工的劳动报酬；继续开展对口扶贫工作，重点联系金阳县尔觉西乡中心学校；信访维稳化解矛盾纠纷，保障企业稳定和谐环境。

【党风廉政建设】 公司党委高度重视党风廉政建设和反腐败工作，强化从源头预防和治理腐败。签订2014年度党风廉政建设责任书及2014年度国有企业“双廉”责任书，印发年度党风建设和反腐倡廉工作任务及分工表；切实履行职责，认真做好全州自查检查工作；积极开展党风廉政宣传教育活动，强化廉洁自律意识，推动领导干部作风不断好转；积极开展效能监察，强化从源头预防和治理腐败；贯彻落实省公司党组《建立健全惩治和预防腐败体系2013—2017年实施办法》。

【党务工作】 扎实组织开展以“为民、务实、清廉”为主要内容的党的群众路线教育实践活动；以开展“四型”党组织创建活动为抓手，进一步加强党建工作；进一步加强组织建设，严格执行各项党建制度。

（审核：王进/撰稿：莫婷婷）

西昌车务段

【概况】 2014年，西昌车务段管辖北起沙马拉达站，南至攀枝花站，连接一条货物支线（渡口支线），共42个车站，1个乘务车间、1个装卸车间。货运办理站22个，客运办理站10个（2014年增加桐子林为客运办理站），区编站3个，段管内战略装车点9个。营业里程355千米，其中成昆正线313.071千米，渡口支线41.929千米。主要承担成昆线中南段凉山州境内5县1市及攀枝花市境内2县1市的旅客、货物运输及军、专、特运任务。段设11个职能科室（新增保卫科、物流营销部更名为市场营销部）、12个车间，在职职工2147人，固定资产20009.64万元。

【基础管理】 2014年，西昌车务段按照“持续提升管理，全面管控风险，从严整治两违，加大落实力度”的思路，抓好“四个注重”，以“三标”“三线”暨“安标线”建设为载体，坚决盯控“九个关键、十四个重点”，坚持“科学化、规范化、人性化”管理理念，不断拓展工作思路，创新工作方法，以“高标准找差距，讲科学定标准，不懈怠抓落实”的要求，统筹做好客车安全、劳动人身、防洪、调车、施工、军专特、货装等安全重点工作，确保春运、火把节、暑运、国庆、彝族年等小长假安全阶段目标的顺利实现，7月26日实现安全生产200天的百安目标；以确保现实安全为核心，全面强化现场安全监督检查，从班子成员到一线管理人员持续加大现场检查密度和频次，形成常态化、网格化、多种手段并用的安全监督检查体系，安全检查整治常态化模式基本建立；以提升自控能力为抓手，创建“放心调车组”评选机制，以日常“两违”考核为评选硬指标，通过班组整体参与创建的方式，用团队荣誉感和共同利益激励班组成员增强自控、互控能力。

【安全管理】 2014年，西昌车务段共计完成军列运输89列（到达40列、始发49列），完成一级整列运输1列（通过）、漫水湾站到达二级整列运输2列。针对军专特运任务，段技信科提前做好人员安排，派员到车站进行现场组织及盯控，确保军专特运任务的安全顺利完成。完成“1·16”春运列车运行图、“7·1”调整运行图和暑期临客运行图共2次调图。共计完成计划施工509处，综合维修2492处。（其中含重点施工：弄弄坪站修改室内信号设备电路施工、瓦祖站继电器轮换施工、西昌站继电器轮换施工、乐跃站继电器轮换施工、西昌南站驼峰改造施工、西昌南站换岔施工、渡口支线倮果、密地、渡口弄弄坪站的换岔施工、沙马拉达—喜德间线路大修清筛施工、攀枝花站换岔施工以及黄联关—月华间的线路大修清筛施工），圆满地完成各项施工任务。2014年全段日均办理辆数为14208辆、接发列车4929列、调车钩数达到1328钩，全年停时完成17.4小时/车，中时完成8.2小时/车。2014年8月10日2时22分德昌至黄家坝区间613千米+150米处下行运行方向右侧发生边坡溜坍上道中断行车，于8月10日5时23分恢复列车放行条件（中断行车181分钟），确保运输稳定和旅客列车及旅客的安全，圆满完成“8·10”抗洪抢险任务。截至2014年12月31日18时，西昌车务段实现无责任一般A类事故及以上事故8964天，无责任一般B类事故884天，无责任一般C类事故918天，无责任一般D类事故95天。

【客货运输】 2014年，西昌车务段客运方面牢固树立“以服务为宗旨、待旅客如亲人”服务理念，以落实“三个出行”常态化为基础，以“确保安全、平稳有序、旅客满意”为目标，大力强化安全风险管理，丰富服务内容，创新服务方式，重点做好节假日客运组织，全年在春运、清明、“五一”、端午、火把节、国庆节、彝族年等节日加开临客共99趟次，最大限度地满足旅客出行需求，实现年发送旅客432.6万人，完成客运收入5.78亿元，比2013年分别增长2.1%、5.35%。货运方面本着“实货敞开受理、最大限度方便客户”的目标，积极推动电商平台集装箱信息预订系统和“吨转车”系统应用，畅通需求提报渠道，广泛吸收零星“白货”和108类货物通过铁路运输，灵活运用运价政策，全面推行“一口价”收费，积极落实货运组织改革举措，在全力稳定大宗货源的同时，以抓好西南快运货物列车开行和108类“白货”批量快运组织为重点，努力拓展零散“白货”市场，进一步优化货源结构。全年发送货物369.265亿千克，日均装车完成1588车，完成货运收入47.51亿元，比2013年增长1.83亿元；全年日均卸车达到1071车，比2013年每日增卸54车，2014年，全段运输总收入完成53.29亿元，比2013年增长4.18%。

【队伍建设】 2014年，西昌车务段举办段级集中培训22期，参培人员达到1067人次，全年投入的职教经费达30.95万元；在加强作风建设方面，结合群众路线教育实践活动，引领各级管理人员认真践行“主动担当、务实苦干”的要求，常态化开展干部作风督查，加大管理问责力度，转变工作作风；积极提供发展平台，全年全段有37名职工获得提职任用，3人取得技师资格，8人获得专业技术职称，17名管理人员提职提级，全段人才队伍进一步充实。引进和吸纳新增职工44名，大幅缓解西昌车务段系统性缺员状况。同时，充分挖掘既有人力资源，通过兼职并岗、下放车间管内作业人员临时调整权限等方式有效解决局部人员紧张问题。2014年，立足于让职工共享发展成果，车务段加大改善民生建设力度。经过积极争取，在路局的支持下，瓦祖、倮果、密地等11站新建或改建单身宿舍，车务段行政自筹94.71万元完善相关配置，极大改善一线职工住宿条件；对铁口、联合乡等5个车站食堂进行局部改造，全年下拨食堂补助368.06万元；全面启动渡口支线饮用水管网改造工程，完成渡口、弄弄坪站改造，倮果站改造工程正在加快推进中；投入332.61万元实施175项基建零小工程。

【荣誉】 2014年，西昌车务段荣获“2014年度安全优质站（段）单位”称号；“2014年度关心下一代工作先进集体”称号；攀枝花站荣获“2013—2014年度全局路风工作先进集体”称号；攀枝花站客运班组荣获2014年度全局春运工作先进集体称号；西昌车务段工会在2014年度路局“两模三优”表彰中荣获“模范职工之家”称号，西昌车务段德昌站工会小组、经久站工会小组均荣获“2014年度模范职工小家”称号；攀枝花客运班组荣获“2013—2014年度先进女职工集体”称号；西昌车务段市场营销部在路局货运营销“五比五创”劳动竞赛中荣获“营销模范团队”；2014年，车务段团委书记张衡被评为“铁道部团委优秀团干部”。

（审核：韩霞/撰稿：李小莉）

西昌青山机场

【概况】 2014年，西昌青山机场航班放行正常率100%。全年保证航班起降4129架次，比2013年增长4.76%；旅客吞吐量34.9万人次，比2013年增长9.9%；货邮吞吐量136.93万千克，比2013年下降8.9%；货邮行吞吐量263.1万千克，比2013年增长0.3%。

【安全管理】 2014年，西昌青山机场按要求成立换证领导组织机构，组织专门编写人员，对机场使用手册进行全面换版。机场质量保证体系经过一年运行、调整和完善，7月份接受上海认证中心监督审核，得到了高度评价，审核组认为机场的组织结构、人员的意识、培训、资格和权限保持适宜，质量管理体系通过年度外部审核。同时，机场成立安保审计迎审领导小组，开展安保教育培训活动，完善安全保障体系文件，顺利通过第二轮安保审计。并在完成上述体系的同时坚持做好安全标准化建设，成立组织机构，制定工作计划，研究工作措施。一是大力推进基础设施改造。完成飞行区排水沟整治，并按照191号令管理规定，对飞行区状况进行全面评估和鸟情调查分析，对飞行程序里面公布的所有障碍物进行重新测量和定位，确保各类飞行安全运行。梳理新建机坪PCN、停机位坐标、停机位号等数据，最终向总局情报中心公布准确的机场资料。根据集团公司统一规划，委托民航局航科院对机场进行PBN飞行程序研究设计开发，等待局方复审、批准、试飞、公布。经与集团职能部门以及地方政府的多轮磋商、洽谈，下滑台迁建工作，2014年完成空管设备招投标，土地收储工作即将完成，保护区建设工程开工在即。二是积极采取措施，有效开展反恐防暴。昆明“3·1”暴恐事件发生后，西昌青山机场迅速行动，主动争取到地方政府和公安机关的支持，制定《西昌青山机场反恐防暴应急处突预案》，积极预防有效应对严重暴力恐怖事件。三是扎实开展平安机场建设。按照民航局部署有效开展“平安机场建设”专项行动，依照“六个不发生”原则制定《平安机场建设专项行动实施方案》并严格执行，此项工作获得支线机场最好成绩。

【经营管理】 2014年，西昌青山机场本着“安全保障为主、经济效益为先”的原则，不断规范内部管理，严格内控采购，加强财务管控，提升经营品质，努力增收节支，实现机场止滑增量。一是积极争取地方政府的政策和财政支持，加大航空市场培育力度。二是积极开展市场营销，组织客源，由西昌机场牵头推出的“一张机票游西昌”航空旅游产品，提高机场进出港客座率。三是围绕集团公司枢纽战略，积极推进西昌—成都—西安航线的前期工作，该航线已经管理局批准；厦航开通西昌—重庆—厦门（杭州）航线也已经批准。四是成功承办第十七届全国航线航班商务洽谈会，进一步推动西昌航空运输业发展。

（审核：李滔/撰稿：戴婧）

工业·企业

Industry and Enterprises

国网凉山供电公司

【概况】　国网凉山供电公司始建于1974年，是国网四川省电力公司直属的特一型供电企业。下设13个职能部门、7个业务支撑和实施机构。管辖12个县供电公司。其中，直供直管县供电公司1个，即国网凉山州安宁供电公司；全资县供电公司1个，即国网木里县供电公司；控股县供电公司9个，分别为国网喜德县供电公司、国网越西县供电公司、国网德昌县供电公司、国网会理县供电公司、国网雷波县供电公司、国网宁南县供电公司、国网甘洛县供电公司、国网会东县供电公司、国网布拖县供电公司。代管县电力公司1个，即盐源县电力公司。管理全资、控股、代管单位各类员工4344人。其中，全民员工547人。凉山电网是四川主网与攀西电网的连接枢纽和川电外送的骨干通道，覆盖凉山州15县（市）和雅安的石棉、汉源两县，承担着凉山州11县（市）的工农业生产及人民群众生产生活用电任务，担负着西昌卫星发射中心、成昆电铁凉山段、攀钢西昌钒钛资源综合利用项目、国家重点工程——白鹤滩电站、乌东德电站、锦西、锦东电站等的安全供电保障任务，在国家航空航天事业、四川电力发展和凉山经济社会发展中具有举足轻重的地位。截至2014年年底，该公司拥有固定资产原值49.29亿元（不含全资、控股单位），同比增长20.99%%。拥有220千伏变电站14座（西昌、樟木、周家堡、杜家湾、永郎、会理、会东、冕山、越西、尔足、雷波、盐源、美姑河、普格），110千伏变电站29座（县公司10座），35千伏变电站78座（县公司59座）。变电总容量6282.565兆伏安。220千伏线路29条，线路全长1625.212千米；110千伏线路80条（县公司17条），线路全长1716.05千米；35千伏线路116条（县公司94条），线路全长1491.7千米；10千伏线路443条（县公司406条），线路全长11260.38千米。初步形成以220千伏电网为骨干、110千伏及以下各电压等级电网协调发展的格局。

【人力资源】　截至2014年年底，公司有直供直管全民职工547人，具有研究生学历26人，占4.75%；具有本科学历323人，占59.05%；具有专科学历129人，占23.58%；中等职业教育46人，占8.41%；高中学历12人，占2.19%；初中及以下11人，占2.01%。直供直管单位具有高级职称68人，中级职称149人，初级职称174人；具有高级技师30人，技师83人，高级工72人，中级工56人，初级工6人。生产技能岗位双师型人才13人。有国网四川省电力公司专家人才12人。2014年，公司人才当量密度完成0.8844，同比2013年0.87提高

1.66%。其中直供直管单位人才当量密度完成1.031，同比2013年1.014提高1.68%。2014年，该公司（含全资、控股单位）全员劳动生产率35.51万元/人·年。

【电网建设与发展】 2014年，公司新开工110千伏及以上输变电工程3个，变电容量14万千伏安，线路137.6千米。建成11个110千伏及以上输变电工程，变电容量83万千伏安，线路长度280.56千米，新增110千伏及以上变电站共7座。这些输变电工程项目的建成投产，进一步优化凉山电网结构，提高供电可靠性，同时也增强凉山水电、风电、光电等清洁能源的外送能力。公司2014年有15个110千伏及以上输变电工程获得国网公司优质工程称号。普格220千伏变电站获得省公司2014年第一次质量管理流动红旗称号。公司设计咨询公司设计的甘洛海田110千伏输电线路工程获得省公司2014年度设计流动红旗二等奖，海田110千伏变电站获得设计流动红旗三等奖。

【经营管理】 2014年，公司财务工作以深化财力集约化管理为主线，以深化全面预算管理为重点，以依法从严治企为抓手，紧紧围绕企业中心工作，切实增收节支、规范管理，持续改善企业财务状况。一是按照“坚持稳增长基调、坚持量力而行、坚持勤俭办企业、坚持预算集约精益管控”的原则，全力保障生产、经营领域重点工作有序推进，定期开展预算执行情况通报、分析和考核，实现成本精益管控，确保全年经营目标圆满完成。二是全面推行工程标准成本，有效对接工程标准成本与基建部门造价控制目标，强化财务与工程管理部门的工作协同，保证完工项目及时转资、工程竣工决算率指标圆满完成。三是将资产权证办理作为日常工作持续开展，有效推进房屋、土地权属确认和办证工作，完成资产PMS台账与ERP台账联动、对应工作。四是强化内控体系建设与应用，财务风险控制信息系统上线运行，财务在线稽核取得实效。五是上网小水电厂购电精益管理项目在省公司发布，取得较好效果。六是积极配合审计署、省公司专项审计和资金管理专项检查，对检查发现的问题及时全面整改，举一反三，牢固树立依法从严治企理念。七是积极争取财税政策，防范化解企业财税风险。八是全面开展会计基础工作治理和提升，公司本部和雷波公司荣获国网公司会计基础工作达标单位。九是加强控股公司财务检查和指导，规范县公司经营管理，改进公司经营状况，提升县公司管理水平。十是积极组织财务人员参加培训、调考和竞赛，不断提升财务人员的履职能力和对公司发展的支撑能力。2014年，受企业自备电厂自发自用电量统计口径变化影响和部分大工业客户因节能减排政策影响关停和停产整顿的影响，该公司全口径售电量完成59.36亿千瓦时，较2013年同比减少16.02%；销售收入完成26.1亿元（不含税、不含基金），税收完成5.08亿元。线损率完成8.12%，较2013年同比下降2.81个百分点。其中，母公司售电量完成44.56亿千瓦时，较2013年同比减少26.79%，销售收入完成20.24亿元（不含税、不含基金），较2013年同比下降22.63%。税收完成3.72亿元，较2013年同比下降23.61%。线损率完成3.27%，较2013年同比下降了0.44个百分点。综合电费回收率100%，应收电费余额继续保持为零。

【农电工作】 2014年，该公司认真履行央企社会责任，大力实施电力民生工程。大力推进无电地区电力建设。公司无电地区电力建设包括1个110千伏项目、24个35千伏项目及653个10千伏及以下项目组成。截至12月31日，公司所有无电地区电力建设项目全部开工建设，累计投资完成19.646亿元，占全部投资的84.17%（总投资23.34亿元）。其中35千伏及以上项目线路基础工程完成99%，杆塔组立完成96%，大部分项目已转入放线阶段，但因林木采伐手续尚未解决，放线工作无法开展（主要是木里、盐源地区），布拖交际河、布拖拖觉、布拖城北已进入工程验收阶段。10千伏及以下项目共计653个，水泥电杆组立15.57万根，完成90.1%；10千伏线路架设2286.4千米，完成63.2%；低压线路架设5668.4千米，完成73.87%。截至2014年年底，完工319个项目，通电43080户无电户，为近20万老百姓送去光明。深入实施农网改造升级工程。公司2014年农网改造升级工程计划投资8000万元，截至2014年年底完成投资7200万元，投资完成率90%，完成省公司下达年度计划目标。

【安全生产】　2014年，公司以安全管理提升活动为主线，扎实开展“三清理、一提升”“六打六治”等各类安全专项活动。加强电网安全风险管控，及时发布风险预警，落实各项预警措施。加强现场安全风险管控，深入各类施工、检修现场开展安全督查，确保安全措施落实到位、执行到位。截至2014年12月31日，公司连续安全运行2104天。未发生有人员责任的各类安全质量事件；未发生因输配电线路引发的山火事故；未发生有人员责任的交通事故、火灾事故，无刑事治安案件。荣获省公司“2014年度安全生产特殊贡献单位”荣誉称号。

【科技与信息化工作】　2014年，公司完成申报2项发明专利、10项实用新型专利，组织完成省公司管理科技项目1项、自管项目9项，圆满完成公司年度科技项目计划目标。大力加强信息化工作，率先在全省地市公司完成信息第二汇聚点建设，实现凉山地区信息网络逐级双汇聚、双上联的高可靠网络容灾体系架构，确保各类信息业务可靠运行。积极向省科技信通部申请承担IMC信息网管系统试点工作，并在8月牵头组织全省各单位验收工作；参与编写《国网公司信息通信专业技术技能人员实训标准化作业指导书》；实施西昌城区供电所网络双路由改造，超前实现直管供电所网络路由“N-1”。

【市场服务】　2014年，公司积极应对售电量增速放缓，努力拓展售电市场，完成业扩报装新增用电容量42.62万千伏安，较2013年同比增长88.08%。全面落实留存电量政策，完成留存电量16.51亿千瓦时，较2013年同比增长16.45%。强化内部管理，严格落实电费回收责任，深入开展营销大普查和反窃电行动，挽回经济损失78.82万元。狠抓营配基础数据清理、“电力服务进社区”等工作，用电客户基础数据可用率持续提升。完成10.06万户智能电表换装，407个非统调电厂全部实现电能量信息采集及远程抄表。

【党的建设和精神文明建设】　公司坚持以问题为导向，聚焦“四风”，狠抓整改落实，扎实推进各环节工作，实现高起点开局、高标准开展、高质量推进。深化包片进村，架起密切联系群众的“连心桥”。深入开展“机关引领风尚”百日行动，作风建设和服务意识逐步增强。教育实践活动得到省公司督导组的充分肯定和公司员工的广泛认同。完成惩防机制，严格监督问责，党风廉政建设取得实效。坚持讲政治、讲政策、讲感情，落实老同事“两项待遇”。着力提升信访稳定综合治理能力，依法依规化解信访问题，保持和谐稳定局面。加强精神文明建设，公司顺利通过创建全国文明单位验收。公司直属安宁公司里庄供电所荣获“中国最美供电所”荣誉称号。“黄泥巴村蹲点日记”、《舌尖上的中国》凉山专题等在央视的播出，有力地提升公司品牌形象。公司先进典型殷显树2014年被评为省公司“十大心桥使者”和省公司“最美员工”，并入选四川省委宣传部组织的“四川好人”20人候选名单，藏族女劳模牟杨荣获全国“三八红旗手”荣誉称号。

【国网凉山州安宁供电公司】　国网凉山州安宁供电公司始建于2003年10月9日，下设马道供电所等5个供电所，承担供电面积2485平方千米，35个乡（镇）、144个行政村的电力供应与维护管理。2014年年末，公司拥有在职员工230人；10千伏线路37条，全长1225千米。2014年售电量完成44.56亿千瓦时，较2013年同比下降26.79%；销售收入完成22.99亿元，较2013年同比下降16.88%；线损率13.34%，较2013年同比下降0.79百分点。截至2014年

12月31日，公司累计连续安全生产735天。

【国网喜德县供电公司】 国网四川喜德县供电有限责任公司（单位全称）始建于1964年3月。下设光明、红莫、两河口等3个供电所，承担全县2206平方千米，24个乡（镇）、170个行政村的电力供应与维护管理。截至2014年底，固定资产原值5206.87万元（净值1899.59万元）。2014年年末，公司拥有在职员工201人；拥有35千伏变电站8座，变电容量53.65兆伏安，线路9条，全长132.44千米；10千伏线路50条，全长773千米 。2014年售电量完成3.4亿千瓦时，较2013年同比下降30.16%；销售收入完成14512万元，较2013年同比下降35%；线损率6.18%，较2013年同比增加2.3个百分点；购电均价完成273.93元/千千瓦时，较2013年同比下降1.48%，较计划199元/千千瓦时高74.93元/千千瓦时；售电均价（不含税）完成425.59元/千千瓦时，较计划335元/千千瓦时高90.59元/千千瓦时；电费回收率99.72%，全年亏损321.44万元。截至2014年12月31日，该公司连续安全生产2014天。

【国网越西县供电公司】 国网越西县供电公司始建于1958年，其前身为越西县电厂、越西县电力公司，2001年经越西县人民政府（越府函〔2001〕47号）批准，将原越西县电力公司整体改制，改组成立四川越西县电力有限责任公司，2007年12月28日公司与四川省电力公司共同组建四川越西供电有限责任公司，于2013年6月按四川省电力公司（川电人资〔2013〕110号）关于规范公司各层级单位机构名称的通知要求更名为国网四川越西县供电有限责任公司，简称国网越西县供电公司。公司下设普雄、中所、新民、乃托、申果等5个供电所，承担全县2256.47平方千米，40个乡（镇）、289个行政村的电力供应与维护管理。截至2014年年底，固定资产原值12679.72万元，净值5975.13万元。2014年年末，公司有在职员工238人。拥有110千伏变电站2座，变电容量100兆伏安，35千伏变电站6座，变电容量35.75兆伏安。110千伏线路4条，全长31.634千米，35千伏线路9条，全长108.38千米，10千伏线路48条，全长791.68千米。2014年售电量完成5.10亿千瓦时，较2013年同比下降14.85%；销售收入完成18044.27万元，较2013年同比下降31.95%；线损率4.73%，较2013年同比增长26.13%；购电均价完成181.5元/千千瓦时，较2013年同比下降23.72%，较州公司计划193元/千千瓦时低11.5元/千千瓦时；售电均价完成355.67元/千千瓦时，较州公司计划351元/千千瓦时高4.67元/千千瓦时；电费回收100%，应收电费余额为零，亏损567.15万元。截至2014年12月31日，该公司连续安全生产2560天。

【国网德昌县供电公司】 国网四川德昌县供电有限责任公司（狮子山电站）始建于1964年，1979年改为德昌县电厂，1987年12月德昌县电厂改制为德昌县电力公司，1998年公司改制为德昌县电力有限责任公司，2007年8月经四川省电力公司与德昌县政府达成一致协议，双方共同出资（四川省电力公司出资3400万元，占比例51%；德昌县人民政府出资3268万元，占比例49%）在德昌县电力有限责任公司的基础上组建成立四川德昌供电有限责任公司（国有控股公司），并于2013年7月更名为国网四川德昌县供电有限责任公司。2014年年末，公司有在职员工143人，农电工138人。供电所6个，供电营业网点7个。供电范围涉及全县22个乡镇137个行政村，有供电客户67471户，其中城区客户28560户，农村客户38911户。截至2014年年底，公司拥有乐跃二级电站和狮子山电站两个径流式自备发电站（总装机容量8500千瓦）。供电线路北至西昌，南至米易，年供电量3亿多千瓦时。公司拥有110千伏变电站1座（容量为60000千伏安）；35千伏变电站8座（容量为82850千伏安），110千伏输电线路6条、124.58千米；35千伏输电线路13条、156.118千米、10千伏线路37条、698千米。2014年公司有资产1.88亿元。2014年售电量完成3.6224亿千瓦时，较2013年同比上升 14.81%；销售收入完成 1.3986 亿元，较 2013 年同比上升 18.13%；线损率 7.17%，较 2013 年同比下降 2.78 个百分点；购电均价 229.23 元/千千瓦时，较 2013 年同比上升 6.2%；售电均价 385.45 元/千千瓦时，较 2013 年同比上升 2.9%；电费回收 100%，应收电费余额为零；实现利润 1093 万元。截至 2014 年 12 月 31 日，公司连续安全生产 2687 天。

【国网会理县供电公司】 国网四川会理县供电有限责任公司始建于 2007 年 4 月 26 日。下设红旗供电所等 6 个供电所，承担全县 4527 平方千米，50 个乡（镇）、303 个行政村的电力供应与维护管理。截至 2014 年年底，固定资产原值 2.056 亿元（净值 9888.42 万元）。2014 年末，公司拥有在职员工 515 人；拥有 110 千伏变电站 4 座，线路 10 条，全长 267.261 千米；变电容量 351.5 兆伏安；35 千伏变电站 9 座，变电容量 166.8 兆伏安，线路 21 条，全长 327 千米；10 千伏线路 66 条，全长 2155.63 千米。2014 年售电量完成 8.72 亿千瓦时，较 2013 年同比增长 3.44%；销售收入完成 50113.33 万元，较 2013 年同比增长 3.35%；线损率 12.52%，较 2013 年同比增长 0.49 个百分点；购电均价完成 352.96 元/千千瓦时，较 2013 年同比增长 1.67%；售电均价完成 557.47 元/千千瓦时；电费回收 100%，应收电费余额为零，全年亏损 168.59 万元。截至 2014 年 12 月 31 日，公司连续安全生产 2312 天。

【国网雷波县供电公司】 国网四川雷波县供电有限责任公司始建于 2012 年 4 月 23 日。下设锦城供电所、黄琅供电所、永盛供电所、马颈子供电所、上田坝供电所、卡哈洛供电所、西宁供电所等 7 个供电所，承担全县 2932 平方千米，48 个乡（镇）、281 个行政村的电力供应与维护管理。截至 2014 年年底，固定资产原值 1.2045 亿元（净值 0.7346 亿元）。2014 年年末，公司拥有在职员工 251 人；拥有 110 千伏变电站 1 座，线路 2 条，全长 34.906 千米；变电容量 100 兆伏安；35 千伏变电站 3 座，变电容量 28 兆伏安，线路 4 条，全长 74.01 千米；10 千伏线路 29 条，全长 684.579 千米。2014 年售电量完成 4.7 亿千瓦时，较 2013 年同比增长 11.64%；销售收入完成 12971.99 万元（主营业务不含税），较 2013 年同比增长 11.50%；线损率 5.48%，较 2013 年同比增长 10.04%；购电均价完成 249.5 元/千千瓦时，同比下降 3.59%，较省公司计划 234.1 元/千千瓦时高 15.4 元/千千瓦时；售电均价完成 316.8 元/千千瓦时，较省公司计划 347 元/千千瓦时低 30.2 元/千千瓦时；电费回收 100%，应收电费余额为零，实现利润 -3996.98 万元。截至 2014 年 12 月 31 日，公司连续安全生产 982 天。

【国网宁南县供电公司】 国网四川宁南县供电有限责任公司始建于 2012 年 8 月 8 日。下设 6 个部门（综合管理部、人力资源部、财务资产部、安全监察质量部、发展建设部、电力调度控制中心），业务实施机构 2 个（运维检修部、营销部），5 个供电所（景星供电所、华弹供电所、松新供电所、竹寿供电所、白鹤滩供电所），承担全县 1670 平方千米，25 个乡（镇）、125 个行政村的电力供应与维护管理。截至 2014 年年底，固定资产原值 1.66 亿元，净值 1.15 亿元。2014 年末，公司拥有在职员工 187 人；拥有 110 千伏变电站 1 座（宁南 110 变电站），线路 5 条，全长 119.57 千米；变电容量 120 兆伏安；35 千伏变电站 7 座，变电容量 94.9 兆伏安，线路 22 条，全长 198.889 千米；10 千伏线路 40 条，全长 1103.775 千米。2014 年售电量完成 3.61 亿千瓦时，较 2013 年同比增长 7.76%；销售收入完成 1.68 亿元，较 2013 年同比增长 9.81%；线损率 3.52%，较 2013 年同比下降 4.22 个百分点；购电均价完成 231.93 元/千千瓦时，较 2013 年同比增长 13.35%，售电均价完成 466.94 元/千千瓦时，较 2013 年同比增长 2.04%，电费回收 100%，应收电费余额为零，亏损 97.3 万元。截至 2014 年 12 月 31 日，公司连续安全生产 875 天。

【国网甘洛县供电公司】 国网四川甘洛县供

电有限责任公司始建于2013年2月5日。下设新市坝供电所、田坝供电所、玉田供电所、海棠供电所、吉米供电所、阿兹觉供电所、普昌供电所7个供电所，承担全县2155.94平方千米，28个乡（镇）、227个行政村的电力供应与维护管理。截至2014年年底，固定资产原值2.2381亿元（净值1.089亿元）。2014年末，公司拥有在职职工226人；拥有110千伏变电站1座，变电容量90兆伏安，线路2条，全长83.715千米；35千伏变电站5座，变电容量53.9兆伏安，线路9条，全长60.98千米；10千伏线路26条，全长1196千米。2014年售电量完成4.5819亿千瓦时，较2013年同比增长7.93%；销售收入完成1.3678亿元（不含税），较2013年同比增长10.42%；线损率14.44%，较2013年同比下降5.26个百分点；购电均价完成188.7元/千千瓦时，较2013年同比增长3.17%；售电均价完成295.99元/千千瓦时；电费回收100%，应收电费余额为零，亏损1934.81万元。截至2014年12月31日，公司连续安全生产1799天。

【国网会东县供电公司】　国网四川会东县供电有限责任公司成立于2013年9月，由原四川会东供电有限责任公司吸收合并会东县电力有限责任公司重组改制而成。公司下设11个科室（办公室、政工科、财务科、人事劳资科、农电科、生产技术科、安全监督科、发展建设科、供电营销科、物资供应站、电力调度中心），1个修试所，1个集体企业，9个供电所，拥有5座水电站。公司承担全县3226平方千米，47个乡（镇）、318个行政村的电力供应与维护管理。截至2014年年底，公司固定资产原值2.75亿元（净值1.72亿元）。2014年年末，公司拥有在职员工345人；公司拥有110千伏变电站2座，线路2条，全长33.928千米，变电容量71.5兆伏安；35千伏变电站9座，变电容量59.35兆伏安，线路16条，全长232.741千米；10千伏线路56条，全长1453千米。2014年售电量完成3.92亿千瓦时；销售收入完成1.72亿元；线损率10.92%；购电均价（含税）完成299.87元/千千瓦时；售电均价（含税）完成496.43元/千千瓦时；电费回收率100%，应收电费余额为零，实现利润310.62万元。截至2014年12月31日，公司连续安全生产433天。2014年国网会东县供电公司全面启动会东县2013年无电地区电力建设，工程涉及8乡1镇11个村，2335户农户，投资1855万元。2014年年底主体工程已全部完工。

【国网木里县供电公司】　国网四川木里县供电有限责任公司始建于1958年。2011年10月1日，由国网四川省电力公司代管。2014年1月16日，国务院国资委正式批复同意木里县公司地方国有100%产权无偿划转给国网四川省电力公司。2014年12月29日，国网四川木里县供电有限责任公司正式成立。公司承担着木里县13222平方千米，29个乡（镇）、78个行政村的电力供应与维护管理。截至2014年年底，固定资产原值4203.77万元（净值2411.87万元）。2014年年末，公司拥有在职员工130人；拥有110千伏变电站1座，线路1条，全长79.106千米；变电容量12.5兆伏安；35千伏变电站3座，变电容量11.9兆伏安，线路3条，全长52.352千米；10千伏线路17条，全长399.715千米。2014年售电量完成4960.65万千瓦时，较2013年同比增长19.67%；销售收入完成2225.80万元，较2013年同比增长24.11%；线损率16.49%，较2013年同比下降5.43个百分点；购电均价完成263.58元/千千瓦时，较2013年同比增长22.76%，较省公司计划280元/千千瓦时低16.42元/千千瓦时；售电均价完成433.76元/千千瓦时，较省公司计划480元/千千瓦时低46.24元/千千瓦时；电费回收100%，应收电费余额为零，实现利润总额344.63万元。2013—2014年木里县无电地区电力建设电网延伸供电总投资75183.92万元。工程涉及35千伏输变电工程项目6个，10千伏及以下建设项目共计77个（其中10千伏线路长980.24千米。变电台区480台，变电容量44.58兆伏安；低压线路长2057.73千米）。涉及22个乡镇、74个行政村，解决15656户居民用电。截至2014年12月31日，累计完成总投资的80%，完成工程总量的83.69%。

【国网布拖县供电公司】 国网四川布拖县供电有限责任公司于2014年12月29日，由原布拖电力有限责任公司改制成立。下设5个供电所，承担全县1685平方千米，30个乡（镇）、190个行政村的电力供应与维护管理。截至2014年年底，固定资产原值6862万元，净值4687万元。2014年末，公司拥有在职员工159人；拥有110千伏变电站1座，线路1条，全长83千米，变电容量40兆伏安；35千伏变电站7座，变电容量28450兆伏安，线路12条，全长205千米；10千伏线路47条，全长780千米。2014年售电量完成6278万千瓦时，较2013年同比增长25%；销售收入完成1930万元；线损率15%，较2013年同比增长30个百分点；购电均价完成455元/千千瓦时，较2013年同比增长20%；售电均价完成393元/千千瓦时，电费回收100%，应收电费余额为零，实现亏损860万元。截至2014年12月31日，公司连续安全生产2190天。

（审核：陈斌/撰稿：叶久德）

川烟公司西昌分厂

【概况】 四川烟草工业有限责任公司西昌分厂前身是成立于1985年的原西昌卷烟厂。2006年四川烟草工业有限责任公司成立，西昌卷烟厂更名为四川烟草工业有限责任公司西昌分厂，成为四川烟草工业有限责任公司的生产厂之一。企业占地面积20万平方米，拥有国产化制丝线1条、包装机10台（套）、卷烟机10（套）、连接装置10台（套），具备年产35万箱以上卷烟生产能力。2014年，西昌分厂内设职能机构共17个，分别是：厂部办公室、人力资源科、财务科、企业管理办公室、政治工作办公室、审计办公室、生产科、卷包车间、制丝车间、动力车间、工艺质量检验科、设备信息科、纪检监察专卖办公室、物资管理科、安全管理科、工会办公室、内退退休职工管理办公室，有从业人员638人。

【生产经营】 2014年，分厂生产卷烟31.9万箱，合计159.5万支，比2013年增长2.9%，生产的卷烟品牌有娇子、天下秀、五牛，其中生产娇子18.38万箱，合计91.9万支；实现划拨产值44.46亿元，实现划拨税费16.35亿元。全年万支卷烟综合能耗为2.428千克标煤，烟叶消耗7.136千克/万支，比2013年下降0.056千克；嘴棒消耗1670.6支/万支，比2013年下降1.2支；盘纸消耗617.6米/万支，比2013年减少0.6米；商标消耗500.6张/万支，比2013年下降0.4张；卷接设备运行效率98.32%，比2013年上升2.69%；包装设备运行效率92.14%，比2013年上升5.44%。

【企业管理】 2014年，西昌分厂将“精益制造”作为工作主线，狠抓基础管理的精细严实，努力提升工厂“软实力”。一是积极优化目标构架，将目标管理设计为核心指标类、基础指标类、精益及创新项目类，搭建起针对性强、量化充分、重点突出、指标细化的目标体系。二是加强生产精细化组织，努力实现科学组织生产、合理调配资源、投料精准精细、生产规范有序的基础上，着力抓好产品质量，使产品质量在川渝公司各厂保持较好水平。三是做实安全管理，围绕安全抓精益。积极推进安全班组标准化建设。2014年对标指标有10项进入行业前30位，创优指标有8项进入行业前30位，分厂被四川公司评为“先进工厂”。2014年4月，分厂被国家烟草总局授予2012—2014年度“行业基层标兵单位”荣誉，成为全国94家卷烟工厂中11个基层标兵单位之一。

【内部监管】 2014年，分厂坚持严格标准，强化内部监管，努力推进生产管理活动向规范化发展。一是制定《进一步规范领导干部生活作风的规定》《管理人员问责实施细则》等相关制度，采取廉政教育专题会及讲座等多种形式，让反腐倡廉教育工作潜移默化的融入全体干部职工中。二是切实加强采购管理，在实施采购中严格贯彻落实“应招尽招、真招实招”的要求，坚持以公开招标为主要方式，制定经济事项办理要求及流程图，进一步规范经济事项的办理程序。三是切实抓好审计监督和专卖内管，促进各方面工作规范运行，符合法律法规和制度要求。

【思想政治工作】 2014年，分厂在抓好生产管理的同时，工厂围绕作风转变抓党建，凝聚发展力量，确保队伍稳定。一是着力转变作风，深入基层接地气。分厂领导班子深入开展党的群众路线教育实践活动，切实转变工作作风，深入车间、班组，围绕分厂中心工作和部门重点、难点工作开展调研，并及时把调研成果转化为推动工作的具体举措。二是纵深推进“服务型”党组织建设，同时，抓好团建促党建，持续推进团建目标管理，开展多种形式的青年活动，着力打造青年成长成才、学习、交流和娱乐的良好平台。三是做好正面宣传，注重思想引导。坚持月度和季度开展职工思想动态调查分析，紧扣政治舆论导向，宣传抓重点、聚焦点，突出宣传工作的针对性。四是认真做好办事公开民主管理和维稳工作，落实办事公开、民主管理的有关要求，确保分厂的整体和谐稳定。

【队伍建设】 2014年，西昌分厂结合精益育人的目标，不断加强团队建设。一是强化作风改进，按照中央“八项规定”和反“四风”要求，组织各级各线从改进文风会风、转变工作作风、厉行节约等方面认真贯彻落实，各项重点费用比2013年大幅下降，在分厂形成廉洁、务实、团结、高效良好氛围。二是健全激励机制，通过实施岗位绩效管理，重点岗位管理，大力开展职工教育培训等工作，进一步增强职工队伍活力，部门之间、职工之间互帮共进，形成一种主动作为、主动担当、团结协作、互促互进的工作氛围。三是着力推进班组建设，开展劳动竞赛，助推做精制造上水平。一方面制定班组建设具体推进方案，并积极开展试点工作，初步探索建立起了班组管理的基本模式。另一方面，积极开展一系列技能比武和劳动竞赛，掀起“攻坚决战”、比学赶超的热潮，充分调动班组成员的积极性、主动性和创造性，提升队伍技能水平。

（审核：刘援非/撰稿：郑洁）

西昌电力股份公司

【概况】 2014年，西昌电力股份公司售电量18.56亿千瓦时，比2013年上升27.57%，完成年度目标16.5亿千瓦时的112.48%；发电量6.73亿千瓦时，比2013年上升7.38%，完成年度目标6.8亿千瓦时的99.02%；实际线损率10.64%，比2013年下降0.81个百分点，比年度目标11%降低0.36个百分点；应收电费余额3452.07万元，比2013年下降34.2%，比年度目标3500万元低1.37%；经营效益与2013年基本持平。

【安全生产】 2014年，公司加强安全生产目标管理责任制的落实。签订安全生产目标责任书，推行三级责任管理；坚持安委会定期会议制度，强化工作检查和布置，规范安全运行管理。狠抓安全生产现场监察和隐患整改闭环管理。开展春季、冬季安全生产大检查和防汛、防森林火灾专项检查；加强节假日、重大活动安全用电大检查；加强各类预案演练工作；对电力工程检修、施工作业现场监察73次、督察23次、隐患排查38次、突击检查17次，发出整改通知32份，有效杜绝检修、施工作业中的不安全因素。强化安全生产培训，提升安全意识和水平。多次组织观看学习安全宣传光碟，进行警示教育；组织、协调公司人员参加州应急救援中心“自救互救”培训；组织人员参加安全生产监督管理培训并考取安全资格证书；组织全体员工进行新《安全生产法》学习、考试。全年共组织安全生产培训达1000人次，进一步提高员工安全意识和技能水平。截至2014年12月31日，公司连续安全生产3774天。

【经营管理】 2014年，公司针对现有内控制度的缺失及实际工作的变化，制定完善线损管理、非招标物资采购、工程财务管理、工程竣工、设备停电检修管理、效能监察、保险管理、离退休人员管理等多方面的内控制度。加强干部队伍管理上，制定中层干部及中层后备干部有关管理办法，强化中层干部考核、考评，干部的推荐、考察、提拔、任用、考核更加规范健全。制定员工劳动纪律管理办法、待岗管理办法，大力开展正风肃纪活动，打破传统“铁饭碗”误区，对于长期违反公司劳动纪律的人员进行清理，按法律程序解除了劳动合同。财务管理实行重点岗位人员交流，严格控制非生产性费用，严格规范“三公”消费支出，清理、核销处理无效、低效资产，提高资产质量。强化物资采购、存储过程的计划管理、竞争性谈判等重点环节管控，优化流程，提高效率。对多年积存的废旧物资进行全面清理和处置，增加收益，缓解存储压力和风险。提升优质服务。进一步完善营业大厅功能区，加强用电业务、受电工程办理指南、电价收取标准、供电服务承诺等方面的公示；建立“3830110”自动呼叫系统、短信发送平台；实施“绿色通道”紧急电力服务，用户故障抢修严格执行新“三个十条”的规定；规范电力客户受电工程管理，业扩工程实行“一站式”交费服务，缩短办结时效；制定配电（用户）及架空线路（35~220千伏）验收标准表，实行三级验收制度；全年新增接入高压用户197户，接装容量12.4万千伏安，低压用户532户，接装容量1.3万千瓦。促进执行力建设。建立月度工作总结与计划制度，实施重大项目里程碑计划，加强对工作计划、项目实施、决定决议落实推进情况跟踪督办，实行《建设项目进展情况跟踪》月报制度，通过一系列举措，干部职工的工作执行力有所提升，推诿搪塞现象有所减少，沟通协调情况明显好转。发挥内部监察审计作用。开展业务流程及风险管控等内部控制评价工作，众多缺陷得以发现并整改落实。清理整顿“小金库”，防范廉政风险。采取明察暗访对劳动纪律、行风建设和供电服务等开展检查巡查。开展工程建设项目专项审计，对发现问题进行整改，并结合公司工程项目管理实际对管理缺陷提出管理要求，促进公司工程建设项目的规范管理。

【重点建设】 2014年，公司完成基本建设投资1.7亿元。其中：新建大修更改零购及维护完成34项，正在进行58项，总进度资金为6174.41万元；续建项目完成20项，正在进行17项，总进度资金为9119.36万元。开展“十三五”电网建设规划，进行城东片区、新城区、北工业园区的区域配网规划；“两站一线”完成投资1600万元，基本完成用地手续、设备、施工招标；“盐源、木里升压工程”竣工投运；“漫水湾输变电技改工程”“瑶山变电站技改扩容工程”“110千伏锅城线技改工程”“大营变电站新出两回10千伏线路”等骨干网络建设项目正按计划统筹实施。实施老城区改造、川兴高枧线路改造、超负荷配电台区改造。2012年和2013年的2086万元农网升级改造项目施工基本完成，1145.51万元无电地区建设项目完成工程量70%；2014年度3070万元农网升级改造项目完成工程量50%；落实2015年农网改造资金4000万元。

【改革创新】 借鉴国网公司和同业兄弟单位经验，完成绩效考核总体办法及相关细则的制定，完成机构改革后续的人员岗位、薪酬对接。改革临时用工模式，对公司遗留多年、矛盾突出、风险较高的农电用工、临时用工100余人进行彻底清理，探索引入劳务派遣、业务外包的新模式，解决多年持续的用工矛盾及风险的老大难问题。改革员工招聘模式，按照国务院和国资委“公开发布、考试录用”的相关要求，结合自身实际，修订完善员工招聘管理办法，对新招聘的“门槛”等进行重新规定，并将发布平台、考试录用纳入省电力公司统一的公开考试录用体系，进一步实现人员招聘的公开、公平、公正、合规。成立全资子公司“可信”公司，拓展建安业务，用良好的服务、低廉的价格去规范公司范围内的建安市场，扩展新的利润增长点。积极探索技术创新和科技进步，启动拉青电厂技术改造试点，探索发电厂技术改造路径，向无人值班、少人值守迈进，通过技术进步减少人工成本增加公司效益；积极推行智能电表、费控装置、用户采集装置的安装使用，促进电费回收和用户用电信息的采集管理。通过网络业绩说明会、股东大会网络投票、上证 e 互动、上证报互动平台等多种形式与投资者进行交流和沟通，实时在线回答投资者提问，增进了投资者对公司的了解和认同。

【遗留问题】 2014 年，公司成立以董事长为组长的固增电站招标遗留问题处置领导小组，彻底解决违规招标的历史遗留问题，对监理、施工单位提起起诉，用法律的手段维护公司权利，推动固增电站依法依规加快建设。全力推动州司法机关对原华西证券 5000 万股权开展追偿工作；凉山州商业银行 640 万元担保案达成执行和解，并将佳信公司土地过户到公司，确保公司利益；通过“朝华”复牌，努力追偿回资金 1000 万元，积极同州解债办与甘肃建新公司协商，就后续 5000 万元债权偿还主体进行变更；积极推进参股的永宁河公司的债权追偿；采取司法手段解决电费长期欠费遗留问题，向法院提交合力锌业、德昌铁合金等企业欠费起诉书，依法维护公司权益。

【党群工作】 各级党组织突出党建工作与生产经营深度融合，通过开展党的群众路线教育实践活动、谈心谈话活动、“四型”党组织创建活动、“如何做一名合格共产党员”大讨论活动、党务知识培训活动、《廉规》考试、行风建设专项考试等专题，把党建渗透到安全生产、经营管理、企业发展与服务员工等各个领域、各个环节，充分发挥各级党组织的战斗堡垒作用和党员先锋模范作用，实现党建工作与生产经营有机融合，相互促进。开展春节联欢晚会、员工篮球赛、乒乓球赛等文体活动，丰富员工业余文化生活。为贫困地区儿童赠送心愿礼物、帮扶昭觉县大石头村村小爱心捐赠活动、对布拖县乐安乡、牛角湾乡、洛古乡和拖觉镇四所中心校慰问、对口帮扶布拖县乐安乡老达村、百乡教育扶贫布拖县乐安乡中心校等，很好地履行国有控股企业的社会责任，树立良好形象。积极与省水电投资集团公司、凉山供电公司、63818 部队、州公路局、州一医院、州广电传媒等单位开展联谊活动，增进各兄弟单位间友谊，为共建精神文明友好单位起到了积极作用。

（审核：肖铭　陈劲松/撰稿：秦付林　陈康）

大桥水电开发总公司

【概况】 2014 年，大桥水电开发总公司认真贯彻落实党的十八大、十八届三中、四中全会精神，深入开展“党的群众路线教育实践活动”，按照“供水为主，水电互动，以电兴水，综合发展”的基本定位，以“四风整治”为契机，不断建立健全各项规章制度，进一步加强管理，在安全生产上下功夫，在降本增效上做文章，在内控管理上查漏补缺，在“三项制度”建设中抓规范，全年实现经济增长、企业发展、职工增收，生产经营指标再创历史新高。总公司（大桥电厂）全年实现上网电量 37540 万千瓦时，售电收入 14660 万元；灌区一期工程漫水湾电厂实现发电产值 3308 万元，供水水费征收 848 万元。

【综合管理】 2014 年，总公司坚持“全面规划、综合防治、加强管理、注重实效”的方针，按照建设“平安水库、和谐库区”的理念，与冕宁县政府联动，不断推动大桥水库的综合治理工作，并取得显著的生态效益、经济效益和社会效益。完成水库消落带生态修复设计；建成 110.53 公顷库区防护林。采取发放和张贴宣传材料方式宣传贯彻《大桥水库工程管理条例》，共张贴和发放 460 份宣传资料、悬挂 5 条横幅、签订1766份“水库安全责任书”、出动船60余次清理库区垃圾206袋，配合冕宁县执法部门取缔影响库区生态环境的洋芋粉厂10余家，确保水库安全运行和水质清洁。将水库综合治理与“挂包帮”工作有机结合，逐步把大桥水库打造成人民富裕、生态环境优美、人水和谐的库区。

【灌区一二期工程】 公司筹资160万元，对漫水湾闸首进行自动化改造，安装监控电视，实现远程自动化控制；筹资47万元，在渠道重点部位安装防护栏，有效提高渠道枢纽的安全性。上半年，安宁河流域遭遇历史极端持续高温干旱天气，加之2013年大桥水库蓄水减少3000多万立方米，春灌期漫水湾闸坝来水仅有20立方米/秒左右，灌区城镇生活、灌溉和工业用水遇到前所未有的困难。公司采用夜蓄昼放和分片区供水的方式，科学调度水量，不计发电损失，全面完成流域农业灌溉、城镇生活、灌溉和工业用水的供水任务。大桥灌区二期工程《项目建议书》经专家组评审，正式《评估报告》报国家发改委。

【体制改革】 对《凉山州大桥水电开发总公司体制改革方案》和《大桥水库工程管理体制改革方案》进一步进行修改和完善，待方案经主管部门批复后实施。《大桥总公司薪酬改革实施办法》经总公司职工代表大会审议通过，大桥总公司“内部三项制度”改革正式启动。

【安全生产】 坚持“强化红线意识，促进安全发展”的方针，坚持生产经营与安全工作齐抓共管，进一步加强领导，强化员工的安全生产意识，落实岗位安全生产职责，保证安全投入，积极消除隐患，兑现安全考核管理，确保总公司年度安全生产目标的实现。2014年开展“百日安全活动”和“安康杯”知识竞赛活动及各类安全检查共12次，参与模拟冕宁7.0级地震演练，通过演练，有效检验《大桥水库工程防汛抢险应急预案》科学性和可操作性。2014年总公司实现生产经营、交通等综合安全管理零事故。

【光伏发电建设】 2014年，公司决定利用管理、人力、土地、线路等资源，与华东勘测设计研究院有限公司合作开发光伏发电项目。远期目标装机达到10万~15万千瓦。2014年完成“冕宁中建电大桥新能源开发有限责任公司”的注册工作。

【党风廉政建设】 按照党的十八大、十八届三中、四中全会和习近平总书记系列讲话精神，公司党委深入开展党的群众路线教育实践活动，以“四风”整治和治理“庸懒散浮拖”为契机，切实推动各级党组织的思想、组织、作风建设。制订完善《党建目标考核细则》等考核制度3个；按照中央“八项规定”及“四风”整治要求，修订完善《凉山州大桥水电开发总公司差旅费管理办法》等制度；按照构建“不能腐”的约束机制，修订完善《总公司“三重一大”集体决策制度实施细则》《工程建设招投标监督制度》等5个制度；强化警示教育，积极组织公司全体员工学习“两片一书”，组织相关管理人员60余人到荞窝监狱接受“现身说法教育”；在公司范围内初步构建起“不敢、不能、不想腐”的机制。

【精神文明建设】 全面贯彻中国工会十六大精神，围绕公司的中心工作，不断强化自身建设，切实抓好职工经济技术活动、技能培训、民主管理、帮贫解困工作。一是开展丰富多彩的文体活动，增强职工凝聚力和向心力。2014年看望住院职工7人，慰问职工11人，给2名困难职工送去4000元的慰问金，投资6万余元改善职工健身场所和引水系统；对库区大桥镇店子村20户特困户送去价值6556元的羊毛被、大米、1000余件衣物和油等慰问品、16000元慰问金，向店子村捐赠电视机30余台，捐赠30万千克水泥修建“爱心桥”。

【荣誉】 2014年，公司继续保持已荣获的全国“模范职工之家”、漫水湾供水中心“全国模范职工小家”、大桥电厂“省级模范职工小家”、全省水利系统“水利宣传工作先进单位”“西昌市幸福家园”“市级文明单位标兵”“四川省档案工作先进集体”“西昌市社会治安综合治理先进单位”“人口与计划生育工作先进单位”“凉山州十佳卫生先进单位”等荣誉称号。

（审核：邓邦辉/撰稿：周立学　吕厚宏）

州国投发展公司

【概况】　2014年，州国投发展公司按照“主动适应经济发展新常态，坚持科学发展、转型发展、特色发展、开放发展，把握稳中求进工作总基调，以提质增效为中心”的要求，着力抓好和扎实推进公司改革，结合开展党的群众路线教育实践活动，锁定预期目标，强化各项管理，创新工作举措，以提升融资能力，发挥好投融资职能为工作重点，加强与州内外金融机构合作，努力对接争取融资，助推全州经济社会发展。公司在资产规模继续保持较快增长的同时，投融资平台作用进一步凸显，公司经营发展能力不断增强，各项运营目标任务圆满完成，改革创新发展取得新成绩。截至2014年12月，公司注册资本金已达39.5亿元，新增15亿元。公司本部资产总额128.5亿元，较2013年增加70.82%，实现营运收入及投资收益26651万元，较2013年同比增长15.8%；实现利润4815万元，其中自营利润1439万元，国有资本保值增值率100.44%。公司合并会计报表资产总额243.6亿元。

【公司建设】　2014年，公司按照现代企业制度要求，积极推进企业经营机制转换，进一步健全和完善内控管理机制。一是增资扩股整合资产、扩大资产规模，新增冕宁、德昌、甘洛、会理、会东、宁南、布拖、昭觉、越西、雷波10个县国资股东，州国投由原国有独资公司改革成为国有控股公司，进一步提升整体融资能力；二是与国泰君安证券股份公司签订战略合作协议，在借力发展方面取得新的突破；三是在公司中长期规划编制工作有新突破，委托北京泰达国计开展公司发展战略研究及五年规划编制工作；四是努力拓展投融资渠道，广泛与州内外银行、券商、信托等金融机构开展多领域、多项目、多方位的融资合作；五是充分发挥投资平台主体职能作用，以公司投融资为纽带，开展投融资项目合作，为政府基础设施建设项目提供投融资支持，助推州属国企和县域经济发展；六是员工招聘管理方式有新突破，公司进一步规范《员工进出管理办法》，首次面向社会公开招聘；七是不断拓展公司自营业务，实施“多元化”发展战略。

【融资工作】　2014年，公司在融资业务方面为全州基础设施建设、公益事业、州县属企业项目实现融资额20.96亿元，较2013年增加46.92%，其中：成功发行中期票据直接融资11亿元；采用黄金租赁模式，以下属子公司采矿权、所持子公司股权质押向平安银行融资2亿元；以公司所持西昌电力股权质押向国泰君安融资1.2亿元；与国开行四川省分行对接，为凉山州争取到抗灾应急贷款1亿元；与相关各方配合，完成凉山州棚改国开行贷款项目第一期、第二期的各项前期调查、可研编写、项目申报等各项工作，落实第一期棚改国开行贷款项目贷款资金5.5亿元；公司用固定资产抵押向西昌市农信社贷款2800万元。公司为凉山州部分州级及县（市）国有企业和个别混合制重点企业提供融资担保服务10笔，担保服务金额3.98亿元。

【项目投资】　2014年，公司新增自营项目长期投资共计6901.5万元，完成年计划任务的115%，其中，参与组建攀西金稀土（集团）公司参股13.89%，到位资本金694万元；参与组建凉山新奥燃气公司参股10%，到位资本金1800万元；对金源电力公司新增投资到位资本金3020万元；将原重鑫公司所欠委托贷款债务转作四川锦宁公司投资增持股权5%。

【党建工作】 公司加强党在企业的组织建设工作，发挥党组织在深化国企改革、推动企业发展、构建和谐氛围、维护安定团结、强化企业管理、创建企业文化、加强精神文明建设中的核心主导作用。一是组织开展党的群众路线教育实践活动；二是注重加强政治思想理论教育，组织学习讨论，开展主题实践活动；三是加强党建目标管理，落实工作责任制，认真学习和贯彻中央关于改进作风、密切联系群众的各项规定，加强纪检监察工作，积极推进惩治和预防腐败体系建设，以年度营运目标为重点开展效能监察；四是加强作风建设，开展“庸懒散浮拖”专项治理，制定切实可行的整改措施，建立长效机制；五是以思想政治工作为先导，增强员工的主人翁意识，积极倡导求真务实、爱岗敬业精神，注重员工专业理论、业务知识和工作技能的培训，提高综合业务素质；六是继续开展创先争优活动，推进公司精神文明建设，构建良好的企业文化氛围。

【内部管理】 经州国资委批准，公司董事会、监事会、党委会及经营层“三会一层”完成换届，进一步规范和完善公司法人治理结构。2014年，公司认真贯彻落实国有及国有控股企业“三重一大”集体决策制度，加强建章立制工作，创新内部管理，切实推进项目建设管理、财务管理、绩效考核管理等各项制度建设。围绕经营目标，落实管理责任，推行效能监察；加强现代企业制度建设工作，不断建立健全并完善相关业务规范、风险防控、责任追究、激励奖惩等制度；强化执行力监督，严格制度管理，确保各项工作做到规范化和制度化，逐步形成高效、规范的现代企业运营模式。

（审核：安旭源/撰稿：许琦）

雷波林业局

【概况】 2014年，雷波林业局紧紧围绕“保民生、保发展、保稳定”的工作大局，以“生态文明”建设为抓手，以认真开展现代林业建设和全力搞好“天保”二期工程为载体，把开展党的群众路线教育实践活动、依法治企以及各项专项整治工作与加强基层服务型党组织建设结合起来，继续深入开展“中国梦”和“走基层”活动。全局职工团结一致、齐心协力、扎实工作，顺利完成天保工程各项计划目标。

【森林管护】 根据《雷波林业局天然林资源保护工程二期实施方案》和凉财农〔2013〕216号文下达森林管护面积12.344万公顷。按照州林业局统一安排，雷波林业局及时抽调业务骨干编制完成《四川省雷波林业局天然林资源保护工程2014年度国有林管护实施方案》。2014年实施管护森林面积12.344万公顷。

【公益林建设】 2014年，雷波林业局根据凉发改农经〔2014〕731号文下达雷波林业局2014年中央预算内投资计划，完成人工造林133.33公顷，造林地点盐源县双河乡黄沙沟村，林种水土保持林，完成率100%；完成封山育林333.33公顷，完成率100%，建设地点在雷波林业局211林场1作业区，封育对象疏林地。

【项目实施】 根据川林造函〔2014〕992号和凉财农〔2014〕125号文下达雷波林业局2014年中央财政造林补贴试点项目。完成造林补贴试点项目人工造林核桃1000公顷，完成率100%，造林地点在盐源县德石乡摸鱼村、田湾乡吉隆村、雷波县箐口乡鸡脚坪村、金阳县丝窝乡尼波洛村和西昌市荞地乡。

【森林抚育】 根据川林造函〔2014〕1041号和凉财农〔2014〕124号文下达雷波林业局2014年中央财政森林抚育补贴工作计划，国有中幼林抚育1333.33公顷，2015年2月底完成，抚育建设地点木里县俄亚林场。

【森林植被恢复】 根据凉财农〔2014〕233号文下达雷波林业局2014年省级森林植被恢复项

目1个，营造核桃林160公顷。雷波林业局完成160公顷，建设地点盐源县田湾乡吉隆村，完成率100%。

【人工造林】　根据《诺华川西南林业碳汇造林、社区和生物多样性项目四川省美姑县2014年度造林实施方案》要求，雷波林业局参加公开竞标并中标，共营造峨眉冷杉、华山松222.2公顷，建设地点在美姑县瓦古乡尼勒觉村。

【森林保险】　按照国家政策规定，2014年完成全局管护区政策性森林保险工作，投保面积112828.2公顷，保费1473119.7元（其中：公益林投保面积101477.6公顷，保费1217731.2元；商品林投保面积11350.6公顷，保费255388.5元）。

【库区移民】因向家坝电站建设，屏山县城迁建至原屏山县新发乡，距离宜宾市仅20千米左右，屏山县集镇（新市镇）移民迁建指挥部规划同意新市镇综合服务公司、汽车修理厂迁建，拟在新县城新市分流区开发修建，集住宅、商贸、停车、物业等为一体的综合商住楼盘。截至2014年年底，妥善安置需移民的全部住户79户计300余人，同时解决许多历史遗留问题。

【资源管理及安全生产】　2014年，雷波林业局高度重视森林防火工作，按照“预防为主，积极消灭”的森林防火方针，认真制定防火预案，全年共印发宣传资料10000余份，张贴标语200余幅，2014年管护区内未发生森林火灾，特别是在雷波林业局施业区实现连续45年无森林火灾的好成绩。同时积极配合林业公安严厉打击破坏森林资源、乱占林地、乱捕滥猎野生动物的违法行为，积极维持林区秩序稳定。认真组织“安全生产月”和“百日安全”活动，积极做好自然灾害预防工作，年初在职工代表大会上与基层各单位签订2014年安全生产责任书、防火责任书，将责任落实到人头，全局职工共签订责任书520份，全年未发生任何安全伤亡事故。强化林业有害生物防治工作，针对全局有害生物的发生情况，及早做好预测、预报和防治工作，确保做到有虫不成灾。

【企业文化建设】　2014年6月26日至27日，中国共产党四川省雷波林业局召开第八次代表大会，全局43名党员代表参加会议。会议听取第七届党委、纪委的工作报告，选举产生新一届党委领导班子和纪委领导班子。州国资委、州林业局领导到会指导并对选举全过程进行监督。6月29日，隆重召开雷波林业局第八次职工代表大会。共有59名正式代表和列席代表参加会议。会议听取、审议并通过《行政工作报告》《职代会工作报告》《财务工作报告》和《加强企业综合管理工作意见的报告》，并以投票的方式进行推荐局领导班子后备人才和表彰2013年度先进工作者。11月组织参加凉山州林业局主办的“践行群众路线、迎接建国65周年”演讲比赛，荣获个人二等奖和单位组织奖。

【产业发展】　一是挖掘潜力，充分利用雷波林业局林区丰富水能资源。控股成立雷波汇森水电开发有限公司，公司注册资金3000万元，按照《公司法》相关规定制定雷波汇森水电开发有限公司章程、公司股东会出资协议、公司股东会决议，并进行各项前期准备工作，于2013年3月1日中沙坪电站开工建设，工程建设顺利推进。二是依据《四川省小额贷款公司管理暂行办法》和《凉山州小额贷款公司试点工作方案》的规定，2013年11月29日经四川省人民政府金融办批复同意筹建，成立西昌金通小额贷款有限公司，为发展中企业提供资金支持和缓解中小企业贷款难等问题，公司注册资本人民币1.5亿元。经州国资委同意，雷波林业局出资3000万元入股，2014年2月开业，运营良好。三是2014年12月利用企业原木材综合加工厂闲置的8公顷厂房，开始建设年产300万千克的竹笋综合加工厂，主要生产盐渍笋、清水笋、调味笋、速冻笋、干笋及笋罐头等竹笋制品。

【党建工作】 一是完善党建工作责任制。年初就将党建工作目标层层下达，建立目标考核机制，党政一把手亲自抓，相关负责人具体抓，逐项抓落实，不定期地对全局各支部组织开展活动情况进行检查。进一步规范“三会一课”、党委中心学习组、民主生活会、保持党员纯洁性、联系服务职工群众等工作，进一步完善党务公开制，增强党组织工作透明度，层层签订党风廉政建设责任书。二是继续深入开展“四型”党组织创建活动。在全局广大党员中继续深入开展学习型、服务型、创新型、纯洁型“四型”党组织创建活动。雷波林业局党委在2014年度荣获凉山州国有企业党建工作优秀单位，同时荣获2014年度凉山州国有企业先进基层党组织称号。三是深入贯彻中央精神，在4—10月间按照州委、州国资委安排扎实开展党的群众路线教育实践活动，通过讲授党课、重温入党誓词，撰写学习心得、调研报告、对照材料等活动，切实把全局职工的思想和行动统一到党的十八大精神上来。并于8月15日召开领导班子专题民主生活会，制定《中共雷波林业局委员会关于领导班子对照检查材料存在问题的整改方案》，同时对现行的规章制度进行认真梳理，切实做好建章立制的“废、改、立”工作。四是认真实施“送温暖工程”。结合“走基层”活动，按“进万家门、知万家情、解万家难、暖万家心”的要求，企业自筹部分资金，结合上级下拨资金，开展送上一袋米、一桶油走访慰问，慰问困难职工132户；在“助残日”对残疾职工进行看望慰问；传承发扬敬老爱老良好风尚，开展春节团拜会、重阳敬老茶话会看望慰问离、退休职工。同时帮扶助学救助5人，医疗救助30人，生活救助65人，帮扶困难职工84人。金秋助学帮扶困难职工家庭子女4人。对企业的5户困难职工，局级领导也实行一对一结对帮扶。五是坚持以人为本，切实搞好民生工作。以关心和爱护职工身体健康为主题，2014年再次开展全局在岗职工体检活动；同时，机关建立“职工之家”，设有棋牌、乒乓室，羽毛球场地，健身活动器材等，把建家与企业文化建设相结合，丰富职工文化娱乐生活。认真落实民政部门的各项工作任务，低保做到公开、公平、公正和应保尽保，2014年对165户343人城镇低保户进行普查；为355人办理城镇居民医疗保险参保手续。

【党风廉政建设】 严格按照州委、州国资委的要求，认真落实全局党风廉政建设党委主体责任和纪委监督责任工作，并结合企业实际制订出落实“两个责任”的实施办法；务实开展“庸懒散浮拖”治理活动，制定《中共雷波林业局委员会关于开展庸懒散浮拖问题专项整治工作实施方案》；加强对重点领域、环节和岗位的廉政风险排查防控，强化对违规违纪者和发生问题责任人的问责制；严格执行“三重一大”工作制度，始终坚持按照民主集中制议事，凡是涉及的重大决策，重要干部任免和奖惩，重要项目、大额资金的使用，均通过局办公会、企管会、党委会集体研究和其他规定的程序进行决策，认真把“三重一大”制度落到实处。

（审核：杨培双/撰稿：李成章　周辉）

凉北林业局

【概况】 2014年，凉北林业局完成公益林人工造林：计划造林200公顷，实际完成200公顷；公益林封山育林：计划新封333.33公顷，实际完成333.33公顷，续封1066.67公顷；森林管护：完成常年森林管护面积51246.27公顷。造林补贴及森林抚育补贴项目：中央财政造林补贴项目计划666.67公顷，实际完成666.67公顷；中央财政森林抚育补贴项目计划1666.67公顷，实际完成1666.67公顷。

【森林防火】 2014年，凉北林业局森林防火工作严格按照“预防为主，积极消灭”的方针，圆满完成“两个确保”目标任务，有效保护施业区森林资源和生态安全。2014年，与州政府及木里县政府分别签订森林防火责任书，并延伸签订个人护林防火目标管理责任书158

份，将责任细化到个人、山头、地块，形成森林防火责任体系。各单位、职能部门定期、不定期检查维护保养各种灭火机具、通信设备和车辆；进行职工体能、安全自救等方面培训，测试防火工具的性能以及管护人员的快速反应能力，提高综合防控能力；组织人员对本辖区内的火灾隐患开展拉网式排查，发现问题及时整改，不留死角；对重点部位、重点时期、重点区域固定专职管护人员，加强巡查，分片包干，死看硬守，严格火源管理；加强特殊人群管理，减少人为火灾隐患；严格坚持24小时值班制度及领导带班制度，确保信息畅通；一旦发现火情，确保能够迅速行动、及时开展扑救，确保打早、打小、打了。按时上报工作信息，及时完成统计资料的收集、整理、汇总、上报及归档，加强了计划、统计、信息化建设管理。2014年，凉北林业局获得州林业部门森林防火目标三等奖、任务考核先进单位。

【森林资源管护】 2014年，完成对凉北林业局森林资源管护区域内林地的监测任务和林业有害生物越冬代调查和监测，共设线路128条，标准地256个；配合州林业规划设计院完成“十三五”采伐限额编制工作和森林资源规划设计调查启动工作；完成凉北林业局2014年森林管护实施方案、天然林资源保护工程公益林建设、中央财政森林抚育补贴、造林补贴作业设计工作，并经凉山州林业局审查合格；对到期的人工造林、封山育林成效和当年成活质量以及森林常年管护进行自检；完成州林业局安排的凉山无电地区电力建设35千伏等项目占用征收林地现场查验任务17个，为企业增加了收入；完成申报四川省滥龙河森林公园的前期准备工作以及四川省凉北林业局2014年林下种养殖项目实施方案的编制工作。

【劳资劳险】 企业劳资劳险工作继续本着“规范细致、严谨守则、勤勉耐心、服务热情”的原则，加强与相关部门的协调沟通，扎实做好有关退休职工、在职职工各项保险、待遇落实等日常工作，较好地完成了年度工作任务和目标；2014年，凉北林业局积极配合，耐心收集、提供个人信息，为职工办理社会保障卡，并发放到个人手上；为198名一次性安置人员发放社保补贴421.58万元。9月，单位劳资劳险科、工会、财务室组织人员先后到三台、南江、开县等地走访慰问，开展现场办公，为46位遗属发放抚恤金51.5万元，尽企业所能为广大离退休人员、遗属排忧解难并送去组织的关怀和温暖。

【多种经营】 2014年，凉北林业局的小灶烤酒生产出优质白酒12483千克，实现产值30万余元；养殖高山羊90只、高山猪9头，实现产值9万余元；在2013年成功试种玛卡的基础上，扩大种植面积，在林区种植玛卡13余公顷，产量10000余千克，产值200多万元，种植的玛卡被州林业局选送到北京参加农产品展销会，得到专家、消费者的一致好评；在普雄试种经济药材金铁锁、重楼；凉北林业局作为油用牡丹的试验和示范单位，分别在越西普雄、西昌马道、盐源等地开展油用牡丹示范基地种植试验，为油用牡丹在凉山大面积推广积攒经验。结合企业实际，盘活企业现有优良资产，出租场地、办公室等租赁收入60余万元，比2013年租赁租金增加6万余元，实现国有资产保值增值。

【党建工作】 2014年，凉北林业局党建工作深入学习贯彻党的十八大、十八届三中、四中全会精神，按照州委及州国资委的安排部署，结合党的群众路线教育实践活动，反对“四风”、转变工作作风，密切联系职工群众，维护企业和谐稳定，以加强生产经营管理，建设生态文明，盘活国有资产，推进企业发展转型为中心；以落实党建工作责任制，签订党建工作目标管理责任书为主要形式，切实加强单位党的建设。通过抓基础、强制度、建队伍，服务企业发展、服务改善民生、服务企业稳定，始终保持党组织和党员的先进性，始终保持党员干部队伍的纯洁性，充分发挥了党组织政治核心和战斗堡垒作用，为企业全面完成各项生产经营工作任务提供了坚强的政治和组织保证。

【其他工作】 2014 年，凉北林业局养路段在 6 月和 10 月组织人员、物资突击进行林区公路养护，分别连续工作 45 天、50 天未休息，投工投劳 1300 余个，完成人工备料 1500 余立方米，经过全段职工努力，保障普洪公路的畅通。凉北林业局还对企业资产进行全面清理；积极配合四川林业化工厂破产清算组开展原四川林业化工厂破产案件的诉讼工作；通过司法程序解决原长安联营项目纠纷。

（审核：罗大章/撰稿：周玲梅）

木里林业局

【概况】 2014 年，木里林业局设党委办公室、局长办公室、纪委、政治处、工会、计划处、天保工程管理处、护办、安全设备处、劳资劳险处、保障房领导小组办公室、财务处等 12 处室，下属单位有第一营造管护处、第二营造管护处、第三营造管护处、第五营造管护处、第六营造管护处、第八营造管护处、凉山州木里中心苗圃、专业扑火队一二队、林业调查规划设计队，多种经营项目有后勤管理服务中心、西昌绿宝石大酒店和成都蜀光特种工程塑料厂。全年共有在职职工 571 人（其中专业技术人员 150 人），离退休人员 3764 人。

【天保工程】 2014 年，木里林业局完成 24.2 万公顷国有林管护、7.05 万公顷森林生态效益补偿等项目的编制、评审、批复工作，并对其常年有效管护。完成 2000 公顷中幼林抚育项目的编制、评审、批复和实施。完成森林资源二类调查招标和森林火灾受害面积测设工作。完成移床 0.08 公顷，留床管理 0.04 公顷，维修围栏 2875 米。核减公益林林地 164.44 公顷。实现森林面积增加 2080 公顷和森林蓄积增加 61.4 万立方米的“双增”目标。

【森林管护】 2014 年，木里林业局森林管护工作，实行局长总责制，企业与局属单位签订《天保工程二期 2014 年目标责任书》7 份；落实各级行政一把手负责制，签订管护责任书和填写责任卡，执行木里林业局关于印发《森林管护人员管理办法》的通知（木林发〔2014〕6 号）文件，把国有林、公益林管护责任落实到人头和山头地块；林业局工作组深入到各管护处的水电开发、矿山开采、公路修建、输电线路等建设单位进行宣传、检查林政管理工作，对采矿、占用林地、乱砍滥伐林木等不法行为现场制止并如实报与木里县森林公安局查处；12 月中下旬，由一名局长助理带队，对非法侵占林地予以专项清查；做实巡山日志；加强森林管护综合质量的考评工作，全局自查综合得分 94.5 分；对 24.2 万公顷国有林进行常年有效管护。

【森林防火】 2014 年，木里林业局认真落实局长负责制，执行《森林防火工作预案》。一是强化领导，落实责任，分别与营造管护处、划片包干工作组、职工签订责任书。二是开展防火工作法律法规宣传、培训 5 场次。三是采取超短波、电话、飞信等方式发布短信 600 多条次，制发防火工作动态简报，使其上下共享。四是强化值班值守与督导巡查工作。五是为 421 名职工办理森林防火人身意外保险。六是加强基础设施建设。“重点森林火险综合治理三期工程”，除 1 套视频监控设备和部分瞭望台未施工外，其他项目已完成投资计划；凉山州西部高山峡谷森林防火通信系统建设，除海事卫星电话外，企业辖区基站调整、改迁、升级和通讯车完成建设计划。七是制定非常规措施。林业局在森林防火警戒期冻结一切有薪假；除开展党的群众路线教育实践活动外，不召开大型会议；指挥部成员对责任片区负责督查基层在岗、工作开展和派驻人员到位情况。八是加强扑火队伍的常规训练，着力提升科学扑救森林火灾的能力。发生森林火灾，贯彻科学扑灭的方针，将森林受灾损失降至最低，全年共发生一般性森林火灾 5 起，其损失率在州级考核指标≦0.8‰的控制范围内。

【森林有害生物防治】 2014年，木里林业局林业有害生物发生面积913.33公顷，完成防治面积906.67公顷，防治率99.27%，产地检疫率100%。经凉山州林业局验收达到省州森林病虫害防治目标管理要求。

【野生动植物保护】 2014年，木里林业局加强野生动植物保护工作的法律法规宣传，对其不法事件，按程序报与木里县森林公安局查处，全年发生一般林政、刑事案件各1件，无重特大林政案件发生。

【森林保险】 2014年，木里林业局森林参保面积共计23.28万公顷，保费总额252.77万元；全年发生火灾损失面积399.98公顷，受赔金额300.02万元。

【棚改工程】 2014年，木里林业局在西昌市高枧乡张林村建设的棚改工程，新建住宅230户推进至基础工程实施阶段；新建经济适用住房929户，已推进至配套设施施工阶段，两项目预计2017年9月完工。木里县城2010年新建棚改房待分配入住。木里县城2011年新建棚改房项目临近完工。

【工资收入与保险】 2014年，木里林业局年平均人数572人，开支总额2055万元，人均3.6万元/年。按照上级政府部门的参保精神，企业在岗职工571人全员参加了基本养老、医疗、失业、工伤、生育保险和住房公积金缴存。基本养老保险实缴604.3万元，缴费率100%；基本医疗保险实缴725万元，缴费率100%；失业保险实缴10.8万元，缴费率100%；工伤保险实缴21.6万元，缴费率100%；生育保险实缴10.8万元，缴费率100%。

【安全生产】 2014年，木里林业局贯彻落实上级关于安全生产工作的系列决策部署，严格按照安全生产工作要求，深化执法检查、隐患治理、宣传教育，突出安全生产大检查活动，加强安全生产管理制度、目标管理控制，全局安全生产事故处于受控状态，总体形势趋于稳定，发生各类生产安全事故2起，零死亡、零重伤、零轻伤；道路交通事故2起，经济损失约12万元；全年未发生重特大安全生产事故。

【党建】 2014年，木里林业局党委根据《凉山州国有企业2014年度党建工作目标责任书》的规定和要求，局党委与局属总支、支部责任人签订党建工作目标责任书，召开党委会11次（其中专题研究党风廉政建设的党委会议3次）、党建工作专题会16次、领导小组会议6次，实施党委成员联系单位、部门制度，落实领导干部“五个一”蹲点制度。认真开展“走基层”“党的群众路线教育实践活动”“正风肃纪”“庸懒散浮拖专项整治活动”“践行党的十八届三、四中全会学习活动”等主题活动，充分发挥党组织的战斗堡垒作用和优秀党员、先进工作者、劳模的示范作用，让职工树立正确的世界观、人生观、价值观，助推企业生态文明建设的新风尚，共建和谐新林区。全年为职工、家属、离退休等85户家庭发放困难补助4.89万元，为11名困难职工子女发放助学金2.2万元。为木里县麻撒和央沟村帮扶引水管9000余米及贫困生助学金3200元；帮扶博科乡八科村小寄宿制学生70床绒毯及贫困生和高考状元姚龙梅助学金各3000元。中层以上干部捐款3.47万元，帮扶木里县麻撒和央沟村的困难党员、村民、残疾、孤寡等人员和企业困难职工。

【荣誉】 2014年，木里林业局被四川省人力资源和社会保障厅四川省林业厅评为四川省森林资源保护管理工作先进单位。

（审核：黄军/撰稿：蒲孝国）

川林五处

【概况】 2014年，四川省林业第五筑路工程处（简称：川林五处）处机关内设党办、行办、工会、人事、劳资、财务、天保、护办、多经、安全、保卫、总务共 12 个科室及部门。下设 3 个管护队和驻木里办事处 4 个二级核算单位，凉山大自然园林绿化有限责任公司实行独立核算；截至 2014 年年底有在职职工 243 人，离退休人员 890 人，救济抚恤人员 156 人。

【天保工程】 2014 年，川林五处完成 2010 年天保工程公益林建设人工造林 2000 公顷的自查工作，完成国家下达 2014 年度天保工程公益林建设任务封山育林 666.67 公顷，常年森林管护任务 51390.87 公顷。完成 2014 年财政造林补贴 666.67 公顷的林地落实及设计。完成全处各管护队的森林管护、月、年报表，大自然公司的报表，收集整理工作以及对天保工程档案的各类资料收集整理及归档工作，完成川林五处管护区政策性森林保险工作，完成投保面积 47631.87 公顷。

【森林防火】 2014 年，川林五处认真贯彻《四川省森林防火条例》，坚持“预防为主，积极消灭”的防火方针，成立 40 人的专业扑火队伍，层层签订防火责任书，坚持召开联防会议，落实护林防火责任，充分利用宣传栏、宣传车、横幅、标语、短信等宣传载体，开展形式多样的防火宣传活动，发放各类宣传资料 6500 份，横幅 6 条，手机短信 120 条，发放《四川省森林防火条例》200 册，喷绘、刷新宣传标语 50 幅，制作安装金属标语牌 110 块，防火期坚持主要领导带班制度和 24 小时值班制度，根据管护区的实际情况制定了相应的防火预案，处级领导及护办工作人员 16 次深入到各防火责任区检查指导防火工作，维护检修完善扑火设备设施，确保各项高火险应急响应措施落实到实处。

【安全生产】 2014 年，川林五处始终坚持“安全第一、预防为主”的方针，建立健全“党政同责、一岗双责、齐抓共管”的安全生产监管责任体系，落实安全生产管理和监督责任制，层层落实责任制，针对基层巡山安全、森林防火、扑火安全、行车安全、防洪等安全管理工作制定有效可行的措施，多次开展隐患排查整治和治理纠正违规违章行为，督促全处各单位、部门严格做到：隐患整改措施、责任、资金、时限、预案“五到位”，进一步完善相关安全标准，安全制度，坚持标本兼治，构建长效机制，实现上级下达的各项安全生产目标。

【劳资保险】 2014 年，川林五处严格按社保、医保政策的规定，按时为职工申报和缴纳“五险一金”，办理一卡通，定期对离退休人员和抚恤人员进行核查和验证，对工伤人员进行实地医学检查，按医保政策规定，对职工和离退休人员的门诊、住院和慢性病治疗费票据进行及时整理、统计并核销。

【经适房和棚改房】 花园路的 304 户经济适用房以及马坪坝的 288 套棚户区改造工程主体工程已完工，完成施工面积 62890 平方米。2012 年追加计划的 120 套和计划的 144 套正在建设之中。

【班子建设】 2014 年 6 月，川林五处领导班子进行调整，班子的团结协作进一步加强，凝聚力、执行力进一步提高。形成党政齐抓共管、纪检组织协调，科室、部门各负其责的领导体制和工作机制，庸懒散浮拖现象得到明显改善；全处营造职工爱岗、尽职、敬业、奉献的良好工作氛围，全处职工业务素质得到全面提高。

【党风廉政建设】 2014 年，川林五处党委扎实开展党的群众路线教育实践活动，认真落实“照镜子、正衣冠、洗洗澡、治治病”的总要求，集中开展庸懒散浮拖以及选人、用人等各项专项整治，同时全面开展批评与自我批评，多渠道狠抓学习教育，强化班子党建责任，层层抓落实；修订完善出台常规管理制度，制定民主议事、民主决策、处务公开、民主监督及科室、部门和各岗位职责等管理制度。

（审核：张登荣/撰稿：任小玉）

西昌汽车运输公司

【概况】 西昌汽车运输（集团）公司成立于1956年9月，2010年12月经州政府批准改制为国有独资有限责任公司。公司具有国家道路旅客运输二级资质，系凉山州最大一家道路运输骨干企业。西运（集团）公司以高速、跨区、县际、农村短途旅客运输服务，以及站务服务为主业；以出租车经营、城市公交经营、汽车维修、驾驶员培训、成品油经营、宾馆经营、旅游经营、物业租赁管理等相关附属配套产业为辅业，逐步形成了一个能为社会大众提供安全、舒适、方便、快捷、优质服务的大型、专业道路运输集团。

【公司营运】 2014年实现营业收入3亿元，利润2298万元，企业不断发展壮大，总资产4.05亿元。公司连续多年获州政府“国有保值增值突出贡献”奖，领导班子也多次被州委、州国资委党委授予“四好班子”称号。截至2014年年底，公司有在岗员工及从业人员2133人，下辖16个分公司、22个汽车站、4个控股公司、参股7家公司，分布在全州16个县市及成都市。有营运客车1547辆，经营客运线路312条，日发客运班车1730班次，日均运送旅客2.9万人次。客运线路主要为长途客运线路，覆盖成都、重庆、昆明、丽江、攀枝花、雅安、乐山、宜宾、甘孜等地区及全州各县市。公司还开行了全州大部分农村客运线路，承担着全州人民群众道路出行的主要任务。

【党建工作】 2014年西运（集团）公司在认真学习贯彻党的十八大和十八届三中、四中全会精神的基础上，深入开展“走基层、解难题、办实事、惠民生”活动和“党的群众路线教育实践”工作，把推进改革创新作为集团公司的工作重点和工作动力，以加强企业管理，提高经营服务质量和企业效益，积极拓展经营范围，狠抓安全生产工作，妥善处理工作中的重点难点问题为抓手。公司进一步加强企业党建和党风廉政建设工作，把党建工作和党风廉政建设工作纳入全年工作的重要内容来抓，同经营发展工作同布置同检查同落实同考核。坚持党在企业经营发展中的核心地位和堡垒作用，提出“管业务必须管廉政，管党风必须管行风”的原则，坚持科学发展和“以人为本、为民服务”的理念，全面深入开展党的群众路线教育实践活动和“创先争优”活动，改进工作作风，密切联系群众，让广大员工共享企业发展成果。推进“四型”党组织建设，打造学习型党组织和学习型国企领导班子，围绕企业改革和运输生产抓党建工作，充分发挥党组织的政治核心和战斗堡垒作用。坚持惩防并举，加强惩防体系建设；落实党风廉政建设责任制及效能监察和专项监督工作，加大防腐、反腐力度，增强了班子成员抓党风廉政建设的政治责任意识和搞好自身廉洁自律的自觉性。

【安全管理】 2014年，集团公司安全生产保持基本平稳态势，全年未发生因违反道路运输车辆动态监控管理制度而导致的责任事故，汽车运输行业安全生产四项控制指标均低于控制数。着力于抓改革、促发展；抓经营、促效益；抓安全，促稳定；抓学习、促进步，推动公司持续、稳定、健康的发展，确保职工收入和福利稳步增长，实现公司各项工作再上新台阶。公司根据道路运输安全生产管理特点，严格按照各级主管部门关于安全生产的各项要求，坚持把安全生产放在企业经营管理的首要位置来抓，健全机制，规范管理，加强监督，全面强化安全生产管理。2014年，集团公司进一步加强了GPS两级监控平台对全司跨区、跨县经营车辆24小时监控的日常管理工作。同时按照省、州政府及相关部门对安全生产大检查的要求，集团公司先后组织开展了农村客运安全大检查、汛期及各节假日前安全大检查及安全学习教育培训等专项检查，按照“全覆盖、零容忍、严管理、重实效”的总要求，成立安全大检查工作领导小组，细化了检查内容，做到了检查有方案、工作有简报、隐患有整改、检查活动有总结。

【企业文化】 2014年西运（集团）公司坚持司务公开制度，不断丰富公开内容，拓展公开渠道。集团公司坚持定期对司务公开工作进行自检自查和对基层单位贯彻落实情况重点抽查，切实尊重和保障职工群众的知情权、参与权、表达权、监督权，积极营造民主、公开、透明、和谐的氛围。西运（集团）公司始终秉承“以人为本、优质服务”的经营理念和“爱岗敬业、诚实守信、奉献社会”的员工职业道德准则，坚持以改革求发展，以质量求生存的经营之道，2014年集团公司整体工作健康稳步发展，经济效益和社会效益均取得较为满意的成绩，得到了省州主管部门的肯定和了广大旅客的信任，受到了社会各界的认可。2013年、2014年连续被凉山州企业家协会评为“凉山州服务企业50强”，2014年被凉山州国资委推荐为“凉山州第七次民族团结进步模范集体”和“凉山州诚实守信模范企业”参评企业。

（审核：彭建松/撰稿：罗七一　徐瑞栋）

攀西高速公路开发公司

【概况】 2014年，攀西高速公路开发公司紧密结合公司实际，强化收费过程管理、切实堵漏增收，深入开展“制度建设年”活动，激发公司发展活力，全年实现通行费收入4.824亿元，占年度目标任务的93.66%；所辖路段平均MQI值为89.43，优良路率83.73%。基本完成攀田路工程审计，全年保持安全生产形势总体稳定。2014年，凉山州境内的泸沽至永郎10个收费站荣获“凉山州诚信计量示范单位”。

【收费管理】 公司以迎接全省营运收费质量大检查为契机，结合检查内容对管理处、收费站内业资料及内部管理进行全面稽查，对存在的问题进行及时整改完善，进一步健全营运管理长效机制。一是严格按照《四川省公安厅、四川省交通运输厅关于加强道路交通安全管理的公告》要求，制定《入口治超应急预案》《治超工作方案》《治超员工作流程及行为规范》《治超设施设备维护保养工作规范》等相关管理制度，招聘专职治超工作人员80名，并完成19个收费站入口计重静态秤改造，认真做好入口治超工作。二是公司制定ETC相关管理办法、ETC职责职能操作流程及异常情况处理规程，各管理处就ETC相关知识开展多种形式的集中培训学习，使一线收费员能熟练操作。同时，利用电子显示屏、地方报社、电视台等媒介进行宣传，并与各相关银行联合设立咨询网点，为群众答疑解惑，为办理ETC卡提供及时服务。公司6个收费站顺利开通ETC车道，运行良好。三是配合四川高速公司与凉山州政府协调泸黄路改扩建各项前期工作，并认真落实凉山州政府在《框架协议》有关承诺，基本明确协议中承诺补偿的西昌33.33公顷土地位置及取得方式等。积极协调攀枝花市政府，争取到鱼塘收费站改造提升项目政府补助资金2800万元。与四川睿能新能源公司签订《光伏电站建设框架协议》，拟利用公司高速公路收费站、服务区、互通立交、临时停车区等闲置空地建设光伏电站，联合开发利用攀西地区丰富的太阳能资源，达到互惠双赢。与交投中油签订加油站租赁合同，根据油品销售数额确定租赁费用，提高服务区的租赁收入。完成服务区办公室人员配备，完善相关硬件设施设备，软件上完善服务区管理制度、理顺管理体系，全面提升服务区的硬件设施配置与服务质量，德昌、米易、攀枝花3个参评服务区顺利通过厅高管局组织的服务区星级评定，进一步提高服务区服务管理水平。

【养护工作】 公司按照“迎国检”标准要求建立长效养护管理机制，逐步推行常态、高效的日常养护管理行为，着力提升管养路段的路况水平。一是严格落实“日常养护巡查制度”要求，养护科和养护施工单位每天至少对管辖路段进行一次全面巡查，及时了解路况信息，对于发现的问题及时进行妥善处治，确保管养道路的安全和畅通。2014 年实际完成日常养护金额 1219.79 万元，占年度预算的 99.98%。二是完成除“2014 年桥隧定期检测”外的所有 16 项专项养护工程，实际完成专项养护工程金额为 8446.36 万元，占年度预算的 86.89%。同时，还完成隧道机电系统修复、入口治超静态秤安装及部分监控和收费设施修复，全年机电专项工程完成 4757 万元，占年度预算的 95%。三是与高速交警、高速交通执法部门联合制定应急抢险预案，进一步完善高速公路防汛抢险快速反应工作机制，在 2014 年 3 月 16 日西攀路王家河沟中桥火灾及 8 月 10 日西攀路泥石流断道抢险中，公司合理组织、科学抢险，均在第一时间完成道路抢通，确保车辆安全通行。

【攀田路工程】　2014 年，公司重点开展攀田路竣工审计工作，先后与审计厅、审计中介、施工单位进行多次沟通，对相关问题进行解释，共提交《对量记录单》《审计取证单》书面回复及其他证明文件 296 份。截至 2014 年年底，审计已经结束，攀田路 23 个施工合同段中的 21 家已经完成“竣工结算审核结果定案表”的签署、签章工作，攀田路工程审计基本结束。同时省档案局、省发改委联合将攀田路评为“档案管理示范工程”。

【安全工作】　2014 年，公司调整安全生产工作领导小组，层层签订安全责任书，明确安全职责，强化安全培训、完善安全制度，做到“人员、经费、机构、制度”四到位，强化安全宣传，提高安全意识，在强化日常道路巡查的同时，适时开展安全隐患大检查、大排查，做到安全隐患排查不留死角、不留盲点，全年公司安全生产形势总体稳定，公司内部未发生人员伤亡事故，所辖路段未发生安全责任事故和重特大交通安全事故。

（审核：庹颖/撰稿：郭高州）

四川盐业凉山分公司

【概况】　2014 年，四川盐业凉山分公司实现营业总收入 6601 万元，利润 718 万元，在省公司下达的目标利润 480 万元的基础上超额完成 238 万元，完成年计划的 149%。其中：盐品销售收入 5936 万元，多种经营销售收入 673 万元。全年实现盐品销售 4218 万千克，比与 2013 年增加 250.2 万千克，同比增长 6.31%。食盐销售 3290.3 万千克，占全年计划的 108.23%，比 2013 年增加 137.4 万千克，同比增长 4.36%。其中：小包装食盐销售 1704.7 万千克，比 2013 年增加 102.2 万千克，同比增长 6.38%；大袋散碘食盐销售 1585.6 万千克，比 2013 增加 35.2 万千克，同比增长 2.27%；工业盐销售 927.7 万千克，比 2013 增加 112.8 万千克，同比增长 13.84%。全年公司多种经营实现销售收入 859 万元，完成年计划的 101%；实现毛利额 60 万元，完成年计划的 120%。全年实现物业租赁收入 205 万元，完成年计划的 117.14%。

【食盐调运】　2014 年，公司领导带领运销部门多次前往云南盐化开展工作洽谈，及时解决生产、调运问题，确保生产计划调整后盐品计划的顺利调入和市场需求。加强与食品加工用盐、一般工业用盐大客户的走访、回访服务，与西昌、普格豪吉，德昌久源钒钛等大客户建立长期互信、共赢的合作关系，加强战略合作。年初与少数民族食盐代理批发县签订目标管理责任书，下达年度销售指标，加强食盐计划、供应的管理、督导，保证少数民族地区合格碘盐的供应。在农村市场以 500 克、1000 克铝膜袋食盐为主，在县城逐步扩大 350 克绿标盐及以上多品种盐的销售比例，原 320 克逐渐淡出市场，实现食盐品种结构稳步调整。

【盐政管理】　2014 年，公司先后抽调 12 名盐政执法人员赴乐山、自贡开展驻厂监控工作。并在10月份，对盐源县顶泰盐化公司进行驻厂监控，12月底共完成放运两碱工业用盐127.64万千克。州盐政市场稽查处联合卫生、疾控及17个盐政稽查所共同开展宣传活动，全年共出动盐政人员60多人次，发放各种宣传资料、纪念品4万余份。并定期组织广大职工、盐政执法人员深入广场、超市、社区、乡镇、学校等地开展“科学用盐、健康用盐、安全用盐”宣传达20余次，发放宣传手册、资料2万余份，吸引媒体和报刊采访、报道5次，科学用盐知识进入千家万户。州盐政市场稽查处与疾控部门一道，对全州居民食用碘盐进行抽样监测，全州非碘盐率0.01%、碘盐覆盖率99.99%、碘盐合格率98.62%、合格碘盐食用率98.61%，中位数26.1。完成州级部门的行权录入工作，指导7个县盐政所及时完成盐业行政行权录入工作。认真清理行政审批项目，积极同州政府法制办协商，保留州盐政市场稽查处2项行政审批事项（食盐专营代理批发许可及食盐运输许可）。州盐政市场稽查处对全州食盐市场进行巡查，重点检查两会、接壤和少数民族县地区，加强工业盐、食品加工用盐监管，共检查行业用盐户300多户。全年共查办盐业违法案件3件，查获私盐2260千克。

【财务管理】 2014年，公司财务科对照新《会计法》等，对各种原始凭证、记账凭证进行认真的审核，保证会计信息的真实性、正确性和可靠性。修改和完善收入、利润考核管理办法，确保公司总体目标利润的顺利完成。加强费用控制管理，修订完善差旅费管理办法、会议费管理办法，六大费用开支总额约214万元，完成省公司下达的费用控制指标。对13个基建维修项目、2个财务收支专项审计的真实性进行内部审计，基建审计金额36.3万元。顺利完成省总公司3年经济责任审计。

【自身建设】 2014年，公司与四川省盐业学校合作，举办为期一周的财务会计业务知识培训，培训会计、出纳人员共计20人。组织财会人员参加大成方略举办的会计相关知识培训，共计12期，共计培训30人次。组织2人参加省盐业总公司在自贡举办的多种经营电子信息平台培训。组织2人参加省公司举办的视频会议操作知识培训。还组织1人参加州工商局举办的《企业信息公示暂行条例》培训，1人参加州保密局举办的保密工作培训。共计举办的各类培训12项，培训职工达184人次。

【思想政治】 2014年，公司党委三次邀请州委党校专家教授对新时期党的群众路线、中国共产党的光辉历程作了专题讲座。公司党委深入基层7次，走访慰问职工109人次，征集“四风”问题23条、发展意见19条；召开专题民主生活会1次，专题组织生活会1次，认真开展批评与自我批评，深入剖析“四风”问题，并制定整改措施，立行立改，建立党的群众路线教育实践活动长效机制。深入推进“四型党组织”创建和基层党组织、党员到社区“双报到”活动；切实做好党员评议、党费收缴等基础工作，不断推进党组织规范化管理。进一步强化党委主体责任、纪委监督责任，坚持“一岗双责”，及时与州国资委签订党风廉政建设责任制书、与支公司签订“双廉”责任书，形成“一把手”亲自抓、分管领导具体抓，一级抓一级，层层抓落实的良好局面。

【社会责任】 2014年，公司继续积极主动践行社会责任，相继成立“百乡教育扶贫、禁毒防艾”“走基层驻村帮扶”工作领导小组，并制订相关工作计划。在工作任务繁重、人员少的情况下，公司认真落实各项工作计划。1月16日，领导小组带着公司干部职工的一片爱心，前往布拖县洛古乡阿保村开展“暖冬关爱”行动，为阿保村248户彝族同胞每户送上暖冬棉被1床，价值共计3.22万元，看望慰问2户困难群众。5月28日，“六一”儿童节前夕，公司小组再次到布拖县洛沽乡中心校开展“一帮一”助学活动，为帮扶困难学生送去了价值4000多元的儿童图书、书包、学习用具、生活物资和教育基金2500元。9月5日，教师节前夕，公司小组又一次到洛沽乡，带着价值3300余元的慰问品看望、慰问在艰苦环境下辛勤工作的乡中心校全体教师，向教师们表示节日的问候。12月2日，公司干部驻村帮扶工作组深入对口帮扶村——布拖县洛古乡坡里村开展村情调研，就该村稳定和发展与乡政府负责人、村干部广泛交换意见，就解决实际困难达成帮扶共识。

（审核：张晋文/撰稿：褚远谋）

交通投资开发有限责任公司

【概况】 2013年6月13日，经凉山州委、州政府批准，凉山州交通投资开发有限责任公司正式成立。公司系州国投公司控股的有限责任公司，为一级法人，列入州重点国有企业绩效考核单位。

【组织机构】 公司设董事会、监事会，实行董事会领导下的总经理负责人；公司健全党委、纪委及工会组织。2014年设有党群办（纪检监察室）、行政办、工程处、经营处、财务处、人力资源劳资处等6个职能处室，下属1个分公司。有员工66人。其中：研究生2人，大专以上文化59人，中级以上职称18人。

【主要职责】 公司成立后，坚持一手抓项目建设，一手谋多元发展，在全面实行项目法人责任制，履行项目业主职责的同时，积极拓展多元化发展之路，以期实现国有资产保值增值，做强做优企业的目标。

【项目建设】 2014年，公司围绕“凉推方案”国省干线9个在建项目规范程序、严格管理，项目的质量、安全、进度、计量、畅通等各方面均得到有效保障，累计完成投资20.73亿元，并通过严格把关、调整变更，为国家节省大量的变更资金。与此同时，在各要件保障部门的全力支持下，前期工作完成招标的新增项目4个，促成乌甘路、布三路、208省道、103省道等4个项目的开工，余下项目的前期工作按计划有序推进。

【多元经营】 2014年7月，公司着手组建多种经营公司。截至12月底，物贸公司的组建工作取得实质性进展，已完成工商注册登记。物贸分公司投资战略重点是以交通产业为依托，开展多元化的项目投资。

【党群工作】 2014年，在公司党委的领导下，以开展党的群众路线教育实践活动为契机，以增强党组织活力和提升服务群众能力为主线，公司围绕凉山州交通大会战，认真抓好党建、“四好”班子创建、党风廉政建设、中心组理论学习、思想政治等工作，充分发挥桥梁纽带作用，积极有效地开展各项活动，完成公司各项工作任务，促进公司可持续发展。

（审核：郝晓明/撰稿：张倩玫）

西昌农垦有限责任公司

【概况】 西昌农垦有限责任公司原名凉山州国营西昌农场，始建于1972年，属国有农牧企业单位，自负盈亏。1999年经凉山州体改委批准，凉山州国营西昌农场改制为西昌农垦有限责任公司（以下简称“公司”），公司成立后，作为凉山州最大的国有控股农业企业，主要延续经营原蚕桑、渔业、养殖业等农业项目，承担着凉山州农业产业化发展中解决关键问题、积极示范、推广高新技术的社会责任。公司注册资本金3833.3万元，其中国有股2033.29万股，占53.04%；职工股1800.01万股，占46.96%。下属有西昌农垦农业公司、西昌农垦商业公司、西昌攀西乳业公司、西昌月亮神床上用品公司、凉山良圆马铃薯有限责任公司、西昌农垦多种经营公司6个二级子公司和西昌三牧乳业有限公司、凉山瑞龙资源综合利用有限公司、西昌裕农仓储物流有限公司3个出资企业。主管单位凉山州国资委、凉山州农业局，是四川省最大的国有控股农业企业。2014年，公司有职工472人，其中：在职职工143人，离退休人员329人。设董事会成员7人，董事长1人；党委委员7人，党委书记1人，党委副书记2人（由董事长和总经理兼任）；总经理1人，副总经理2人；监事会3人，监事会主席1人；财务负责人1人。

【经营管理】 1999年公司成立后，公司领导班子本着"确保国有资产保值增值，确保企业效益不断增加，确保职工收入逐步提高"的"三个确保"经营理念，紧紧围绕公司的经营目标，全面引进企业现代管理机制，改变经营模式，努力寻求发展机会，盘活公司资产，2001年扭转了改制前严重亏损的局面，实现扭亏为盈。截至2014年12月31日，公司资产总额14412万元，其中：流动资产3969万元，固定资产2158万元，无形资产4651万元，长期投资3634万元；负债合计6800万元，所有者权益合计7612万元。公司有土地2153.8公顷，账面价值46509799.34元，其中：经营性土地222.19公顷，均为农业划拨用地，由省农场局和州政府进行双重管理；非经营性土地1913.61公顷（国道、县道、专用道18.02公顷；泸山风景林区地1328.19公顷；未利用荒山305.53公顷；被农民强占土地261.87公顷），其土地所有权属国家，由政府委托农垦公司代管，行使土地管理权利。截至2014年年底，累计实现利税1600多万元。资产从1999年的9327万元增加到2014年年末的14412万元；营业总收入从1999年 的430万元增加到2014年年末的2167万元。

【党建工作】 2014年，西昌农垦有限责任公司认真贯彻落实中纪委三次全会精神，认真履行"一岗双责"和"两个主体责任"，自觉增强党要管党、从严治党的意识，认真落实党委书记"第一责任"、分管书记"具体责任"、党员领导干部"基本责任"、基层党支部负责人"直接责任"的职责，建立健全党委基层联系点。公司继续开展"四好"班子创建活动，提高公司领导班子成员的综合素质和决策能力、驾驭能力和执行能力，增强班子集体的凝聚力、向心力和战斗力。一是坚持有序推进对遗留问题的解决，以不断促进企业的发展。对职工重点关注的职工股转让，农业公司与冠城官司工作均取得进展，职工股转让兑现完成；冠城官司取得最高院发回重审的阶段性成果；危旧房改造进入规划阶段。二是坚持服务中心工作的正确导向，在瞄准促发展的目标上各子公司按各自的经营目标完成其经营计划。在省财政厅、省农场局、州农业局、州财政局的支持帮助下，争取到国务院综改办支持企业办社会项目资金500万元，归还公司2010年移交子弟校的贷款500万元，减轻部分企业发展负担。在改造办公楼的同时，为月亮神床上用品公司修建车间1000平方米，改造生产环境，增添部分设备，增强生产能力，提高市场竞争力，马铃薯良圆公司2014年生产脱毒苗1000万株，脱毒种薯800万粒，销售收入超过500万元，利润达到100万元以上。与成都裕铧信公司共同出资设立合资公司，修建矿场近2公顷，正在寻求合作伙伴。加强各项制度建设，修订完善《西昌农垦公司干部任免考察办法》《西昌农垦公司人力资源管理制度》《关于重大事项社会稳定风险评估工作的方案》《西昌农垦公司差旅费管理办法》《西昌农垦公司负责人职务消费管理规定》等制度。

（审核：贺飞/撰稿：兰金祥）

益门煤矿

【概况】 凉山州益门煤矿始建于1958年，位于四川省会理县益门镇，距108国道3千米，系州属地方国有中型企业，股权结构：国有独资。资产情况：总资产45455.9万元，负债28405.45万元，净资产17050.45万元。无质押和担保情况。企业占地面积：923748.32平方米，其中，生产经营性用地：179835.45 平方米；非生产经营性用地：743912.87 平方米。企业法定代表人：余昌辉。2014 年，企业有职工 1255 人，退休职工 1587 人；有各类专业技术人员 215 人，其中高级 9 人、中级 55 人、初级 151 人；凉山州学术和技术带头人 2 人、后备人选 2 人。设有掘进队、二矿井、通风队三个井下车间，承担着矿的采掘和“一通三防”工作；另设有机关、后勤服务部、职工医院等辅助服务单位。西昌市月城阳光物业管理有限公司为下属子公司；控股凉山州顶泰盐化有限责任公司 73%的股份 。顶泰公司下属的西泥塘煤矿将兼并重组，盐厂 2 亿千克的技改项目即将完工，进行试生产。

【生产经营】 2014 年，企业生产原煤 5.55 亿千克，完成计划的 92.48%，销售原煤 4.61 亿千克，完成计划的 83.13%，企业总收入 2.09 亿元，上缴税费 3700 万元，实现利润 25.85 万元，缴纳各种保险费用 3353 万元，资产保值增值率 100.15%，全矿职工人均年收入 38942 元，较 2013 年增加 15.72%。确保按时发放井下农民工工资，全年农民工人均收入 41261 元，较 2013 年增加 31.2%。在全国煤炭行业近 70%的企业处于亏损的大背景下，益门煤矿不仅没有减薪降薪、拖欠农民工工资，还使从业人员收入有小幅增加，确保职工队伍和矿区稳定。

【安全生产】 益门煤矿化压力为动力，认真执行新安法，牢固树立以人为本、生命至上的理念，坚守发展决不能以牺牲人的生命为代价这条“红线”，主动作为，加大投入，不断夯实安全基础，2014 年共投入资金 1989.85 万元。切实加强制度建设，坚持按质量安全标准化二级标准进行管理，大力推进隐患排查治理“五落实”常态化管理，加大安全考核整改力度，坚持发挥群安员监督作用，积极开展“安康杯”“百安活动”“师徒活动”等劳动竞赛，丰富矿安全文化。增强安全宣传教育力度，组织中层及以上领导干部和安全管理技术人员参加省煤监局攀西分局局长李怀兵一行到矿作的“国办发〔2013〕99 号文件宣讲及煤矿警示教育会”；以第十三个“全国安全生产月”为契机，组织全矿中层干部参加安全知识竞赛，强化“安全生产人人有责”的意识，在全矿营造“学安全”“讲安全”的良好氛围；组织矿领导和安全生产管理人员共 39 人参加主管部门举办的新安法学习培训，并深入贯彻到各个车间、班组、井下作业人员。发挥独特优势，培训中心全年培训班组长、新工人、特种作业人员及职工复训共 1234 人。矿 1941 米水平 9 线采空区回填及村民搬迁工作领导小组与益门镇、村、组做大量艰苦细致的工作，历时一年半完成 9 线一期搬迁工作，搬迁农户 62 人，解决了矿安全生产的一大隐患。实现全年零死亡、煤矿百万吨死亡率为零的目标，掘进队实现安全生产 1100 多天。

【节能减排】 2014 年，益门煤矿自觉以经济发展新要求为导向，花大力气，全年超额完成节能减排目标，摘掉国家监控重点污染源企业的帽子。在以 1700 千瓦柴油发电机组作为应急备用电源，完善矿井双电源，保障矿应急电源需求的基础上，关停 2×1500 千瓦自备火电站发电，实现淘汰落后产能和企业节能减排目标。同时，矿党政亲自挂帅，分管矿领导具体落实，克服自备火电站职工年龄大、技能单一、转岗难等困难，稳妥安置原电站职工 137 人；对电站资产进行编号、照相、存档，确保国有资产不流失。电站的关停节约除尘、脱硫等发电成本 184.85 万元，节约各种环保费用 40 余万元。重介质跳汰加浮选洗煤厂也采取闭式循环排放，实现环保达标。

【改革改制】 成立改革改制领导小组和发展改革办公室，围绕企业改革改制积极开展工作，建立台账，着手收集资料、方案制定等相关前期准备工作，对机关实行减员不增员，最终因前任法人代表离任审计未完成，改制工作未能按州政府、州国资委要求如期完成。组织人员到川内嘉阳、汪洋和南江等煤矿考察学习，积累改制经验。稳步有序实施内部改革，推行劳动用工清理、工资结构调整及绩效考核，为下一步企业改制奠定基础。劳动用工清理工作量大，涉及广大农协工的切身利益，矿积极协调，最终在州国资委主要领导的重视下，在州、县政府和劳动部门的大力支持下，为符合参保条件的井下农协工318人按省统筹基数的40%缴纳养老保险，理顺并规范企业用工。对工资结构进行调整，取消原低工资补贴，一部分进入工效工资，一部分作为绩效考核，根据矿的效益每季度进行考核发放，各车间、科室对分配的绩效工资可根据个人的工作量、工作表现等再进行二次分配，这是奖勤罚懒，改变吃“大锅饭”现象的一次探索。实行工龄工资、节假日加班工资，这是矿对职工的关爱。

【党建及党风廉政建设】 矿各级领导干部层层签订“双廉”责任书，认真履行“一岗双责”，形成党委统一领导，党政工齐抓共管，纪委组织实施，部门各负其责，职工群众参与的工作格局，切实落实党风廉政建设和反腐败工作责任。矿不仅把党风廉政建设和反腐败工作纳入对各党支部的考核中，还把该项工作融入企业的安全管理、生产经营、企业文化建设中，做到与企业生产经营任务同安排、同落实、同考核。以《进一步推进国有企业贯彻落实“三重一大”决策的实施意见》为指导，进一步细化《益门煤矿“三重一大”集体决策办法》，使领导班子集体决策更加制度化、民主化、科学化。调整4名纪委成员，设立车间纪检监察委员，加强纪委监督力量，保证纪委专注做好监督执纪问责工作。

（审核：冯楠/撰稿：付薇）

凉山矿业

【概况】 2014年，凉山矿业股份有限公司紧紧围绕“冶炼矿山保产量，运营转型促管理，资源项目强推进，文化引领创和谐”的年度工作方针，克服市场形势严峻、矿山开采难度增加、冶炼成本压力巨大、营销组织困难等重重阻碍，公司全体上下凝心聚力、迎难而上，矿山产量持续攀高、冶炼企业生产情况良好、首次实现全年满负荷生产、经营目标圆满完成。全年生产铜精矿含铜2440万千克，铁精矿5.22亿千克，阳极铜8260万千克（含代加工），硫酸2.89亿千克；完成营业收入32.13亿元，利税总额3.41亿元，利润总额1.51亿元；完成投资1.24亿元；全面完成云铜集团和凉山州国资委下达的各项目标任务。公司位列四川企业100强第67位、稳居凉山企业50强第2位。

【生产管理】 2014年，凉山矿业股份有限公司以确保长周期稳定生产为重点，以抓现场管理、保设备运转率为突破口，优化生产组织，实现生产协调高效。拉拉公司发挥主力矿山核心作用，马鞍坪公司、鑫联公司、五龙富民公司、矿产品公司、万通公司等单位全力保生产，昆鹏公司不断强化内功，抓好设备管理、操作技能等基础工作，实现连续、均衡、满负荷生产，产品产量超额完成。全年共完成采剥总量72.85亿千克，完成年度计划的106.60%；完成处理矿量56.81亿千克；全年生产作业时间342天，阳极铜冶炼厂开工率97%，艾萨炉作业率92.51%。

【基础管理】 2014年，凉山矿业股份有限公司以成本控制为核心，以对标考核、精细化管理为手段，推广和运用运营转型新方法，开展矿山及冶炼对标、PMO项目管理、中控室数据管理、技术比武、五型班组创建、模范工厂等管理活动，持续推进降本增效，提升基础管理水平。主产品成本进一步下降，阳极铜加工成本下降尤其明显，矿山铜金属回收率、阳极铜合格率等指标保持高水平，部分指标有新突破。主产品铜精矿含铜单位制造成本22.05元/千克，比2013年下降1.45元/千克，阳极铜单位制造成本3.63元/千克，比2013年下降1.55元/千克。实现阳极铜合格率99.38%（超设计指标98%），铜金属总收率97.96%。

【营销策略】 2014年，凉山矿业股份有限公司以控风险为重点，采取头寸日闭合操作、产品换原料等新方式，规避市场风险，灵活原料采购方式，加大国内原料采购、严格合同规范管理、提高物流周转效率、加强阳极铜、硫酸销售，全面提升营销能力，实现营销工作新的突破。全年组织铜原料8260万千克；阳极铜产销率97.66%，货款回笼率97%；硫酸产销率99.89%，货款回笼率77.71%。坚持先现货后期货的闭合操作，确保当期不留风险敞口，实现当日购销净头寸趋零，库存运作量累计320万千克。

【科技创新】 2014年，凉山矿业股份有限公司坚持"科技兴司"战略，加大科技投入、加强对外合作、加快技术和产品升级、提升技术指标和盈利能力，科技创新创效取得显著成果。鹏晨公司铜冶炼废渣铜回收浮选工艺获发明专利；马鞍坪公司铜钼矿专用浮选柱、槽式洗矿机、铜钼混合精矿脱药斜板浓密机，鹏晨公司铜冶炼废渣浮选装置、尾矿处理设备、回收处理系统等13项成果获国家知识产权局实用新型专利证书；鑫联公司炭质板岩型铜矿浮选提升金银回收率研究与应用、马鞍坪高效回收矿山废石中贵重金属的选矿新工艺研究创效明显。难选炭质板岩型铜矿选矿新工艺技术、数字化矿山技术应用等4个科技项目获得支持或奖励资金310万元。

【资源战略】 2014年，凉山矿业股份有限公司以抓资源增量为重点，资源勘探与老矿山找矿齐头并进，实施资源战略获得新成果。全年累计完成钻探34821米，完成年度计划105%；坑探5319米，完成年度计划113%；地质勘查投资5938万元，完成年度计划91%；新增铜金属资源3亿多千克，钼金属资源4000多万千克。基本摸清香格里拉铜厂沟铜钼矿东部矿体的变化规律，勘探程度已能满足采矿生产需要；西部矿体达到详查级别。拉拉铜矿延深详查探矿权转采矿权的办理工作已经进入划定矿区范围程序。"四川省会理县拉拉铜矿接替资源勘查""四川省会东县淌塘铜矿接替资源勘查"2个老矿山深部和外围找矿项目共获中央财政专项经费1260万元。矿产资源节约与综合利用"以奖代补"项目，获财政部奖励资金1000万元。

【项目建设】 2014年，凉山矿业股份有限公司以抓项目规范建设为重点，严控项目投资，加速推进重点项目建设。五龙富民公司小团山尾矿库完成竣工验收。拉拉公司绿房箐沟尾矿库工程累计完成投资1.35亿元，节省概算总投资7.40%，已经进入投产试运行阶段。会东县淌塘铜矿深部延伸接替工程累计投资5800多万元，完成项目总投资41%，进入设备安装阶段。香格里拉鼎立公司铜厂沟铜钼矿100万千克/日采选项目已经开工建设，鑫联公司尾矿库持续接替工程（小沟头尾矿库）初步设计获中铜公司批准。

【安全环保】 2014年，凉山矿业股份有限公司树立红线意识，底线思维，健全企业安全生产责任体系、强化安全防范措施、落实安全环保大检查和隐患排查治理、"打非治违"专项行动、落实重大危险源和应急管理，安全环保目标顺利实现。昆鹏公司生产的压缩液化气体和硫酸全部获得全国工业产品生产许可证；拉拉公司质检车间职能班荣获2013年度"全国'安康杯'竞赛优胜班组"称号；修订完成《HSE管理职责及20项HSE管理规定》；公司所属各单位顺利通过安全标准化复审验收；公司《清洁生产实施方案》通过审核验收，争取到四川省环境保护专项支持资金150万元。

【集团管理】 2014年，凉山矿业股份有限公司以抓制度执行力为重点，进一步建立完善公司制度体系，应用先进管理方法，进一步增强集团管控能力。推进管理层级整合，完成注销克州云铜凉山矿业开发公司工作；强推制度执行力建设，健全完善公司制度体系，深化分配制度改革，坚持效益导向、突出价值创造，制订完善公司《绩效考核办法及薪酬制度》《专业技术职务聘任》等7个管理制度；借助云铜集团BPC系统，上线预算、资金系统，并与SAP模块衔接；检斤检化验系统成功运行；启动本质脱困人员分流安置工作；固化“财务三集中”制度，降低财务费用1840.58万元。坚决贯彻中央“八项规定”，业务招待费用下降46.03%；深入开展运营转型和持续改进工作，采用PMO项目和中控室数据管理模式，提升基础管理水平。

【改善民生】 2014年，凉山矿业股份有限公司深入开展以“正风肃纪聚能量，勤政务实促目标”为主题的党的群众路线教育实践活动，立行立改企业改革发展、生产经营管理、员工切身利益、作风转变等突出问题37条，为员工办实事11件；西昌经济适用房建设顺利推进，一期工程616套经适房交房入住、二期工程修建至第4层、三期工程启动建设、青㭎林国企小区完成购房合同签订；帮扶济困深入开展，组建帮扶志愿者队伍；开展“走基层、解难题、办实事、惠民生”活动，发放“两节”送温暖慰问金90.99万元。

（审核：叶德生/撰稿：贺春锋）

四川锦宁矿业有限责任公司

【概况】 四川锦宁矿业有限责任公司（以下简称公司）成立于2010年5月，是由四川省矿业投资集团有限责任公司（2012年8月变更为四川蜀裕矿业投资有限公司）、四川省泸沽铁矿、凉山州国有投资发展有限责任公司等共同发起成立的国有控股有限责任公司。公司注册资本2.5亿元人民币，设置二级单位4个，机关职能部门14个，2014年有员工940人。董事长王益民（2010年5月至2014年12月连续任职），总经理陈忠华（2010年5月至2014年12月连续任职）。公司资源以铁矿石为主，同时伴生锡、铜等有色金属和锗等稀有金属，探矿区内蕴含多种金属矿产资源，主要从事铁矿石开采、加工、销售及矿业开发技术服务和资源勘探。主要产品为铁精矿，主要销往乐山德胜集团等地。截至2014年年底，公司总资产达4.35亿元，所有者权益2.33亿元。2014年，面对前所未有的复杂形势和困难挑战，公司不断应对成本高位运行、市场急剧下滑，销售极度艰难等的严重冲击，果断调整生产经营思路，奋力爬坡，逆势前行，一手着力于增产增量，一手着力于加强内部管理，采取保质、增量、强销售、控成本等各种举措，保持生产持续稳定，产量、发运量和销售量再创历史新高，全面完成调整后的生产任务，全年实现销售收入2.54亿元，利润46.48万元，上缴税费3475.71万元，均比2013年有较大幅度增长，安全实现“六个为零”的目标，在行业普遍低迷的情况下，实现扭亏为盈的经营目标。分别获得2014年冕宁县目标责任考核上台阶奖、2014年度凉山州州级守合同重信用企业称号。

【安全环保】 2014年，公司高度重视安全、环保工作，继续坚持安全生产方针，不断适应新形势和新要求。一是把握工作重点，层层落实责任。二是完善制度，加强安全目标考核。三是加强全员安全教育和培训。全年共组织安全培训26期，参培1052人次，占员工总数的122%，大力开展新《安全生产法》《环境保护法》的宣传学习。四是全面落实安全检查制度。组织开展月度、专项、季节性、重大节假日和特殊时期安全大检查。五是强化隐患排查治理。加强尾矿库、炸药库和油库等重大危险源和交通运输管理，下发整改通知书37份，排查和完成隐患整改58项，整改率达100%。六是严查严处“三违”行为，习惯性违章得到有效遏制。七是规范安全基础台账。八是建立和完善应急管理体系。编制矿山、选厂、尾矿库《安全生产事故应急救援预案》，通过专家和安监部门的评审。九是加强职业健康安全管理。

【组织和协调】 2014年，公司生产保持持续稳定的势头，顺利实现“开门红”“双过半”，扭转采矿顺序失调现象，生产系统步入良性循环。一是加强生产组织。二是加强采矿管理。围绕改善“两率”工作，重点加强中深孔施工质量管理，提高成孔率、采矿回收率，主要经济指标有一定提升，并为2015年生产做好准备。三是抓好原矿加工。充分利用自然水，边生产边进行设备维护，大大降低生产用电成本。四是审时度势，及时调整年度生产经营计划，制定扭亏增盈措施，促进生产任务的完成。

【营销工作】 2014年，公司在市场持续走低、渠道变窄、销售价格连续7次下调。一是公司增加产品销量。全年累计销售商品铁矿石3.97亿千克，较2013年同比增长20.82%，比计划增长2.3%，超额完成销售任务。二是把握准销售时机。在密切关注市场和客户的同时，提前销售，产品价格在周边地区同行业中一直保持较高水平，确保公司经营目标的实现。三是销售策略转变快。按照以销为主的原则，使产品一直保持“零库存”。四是加强资金回收，防控经营风险。货款回笼率达88.42%，保证生产的顺利进行。

【制度建设】 2014年，按照公司生产和劳动组织的要求，公司对年度生产经营和投资计划等目标责任进行详细的测算，组织召开2014年度工作会，对生产经营工作作出全面安排，指导生产经营工作。同时，公司制定《用电管理办法》《质量管理办法》《合同审查管理办法》等，规范生产经营和各项管理活动，将制度建设贯穿于生产、安全、人力资源、物资采购、合同签订等各个环节。

【成本控制和资金管理】 2014年，公司针对薄弱环节，充分挖掘潜力，进一步降低生产成本和费用支出。一是严控生产成本和费用。二是加强物资采购计划审查和材料成本核算。三是强化用电管理，减少生产用电。四是控制资金支付。五是抓好财务监督和管理。六是继续加强业务招待费、因公出差、公务用车和办公用品等的管理。全年业务招待费、差旅费、办公用品采购同比分别下降30.21%、33.80%、26.03%，公车私用现象得以制止。七是进一步改进文风和会风，规范发文范围，精简和控制文件的发放数量。

【质量管理】 2014年，公司采取有效措施，明确职责，加强对质量工作的领导；修订完善《质量管理办法》（暂行），规范内部质检、计量流程；加强产品质量管理。全年输出矿质量稳定，品位稳中有升，进一步优化产品结构，加强工程质量管理，无质量争议和投诉。全年工程质量有一定改善，成巷率上升，中孔施工合格率提高，支护质量转好，采矿回收率提高，各项工程基本达到验收要求。

【工程项目】 2014年，公司加强对外委工程的协调和管理，开展大顶山、铁矿山两矿区残矿回采、技术指导和服务，抓好大顶山矿区采选技改扩建工程2390米中段和2330米中段井巷掘进工程建设，完成项目投资3133.6万元。全年由于2540米以上残采矿量增加，加之公司充分利用与西科大的合作成果，改善“两率”，提高采矿回收率，减少采场消耗，调整开拓工程进度，极大地减少资金投入。

【考核和分配制度】 2014年，公司多措并举，狠抓考核和监督。一是将中层管理人员的工资收入、岗位职务与全年任务完成情况和工作业绩挂钩考聘。二是继续进行中层管理人员工作写实制度，作为加强中级管理人员考核和管理的重要手段和依据。三是强化纪律，正风肃纪。全年要求2个部门进行劳动纪律整顿，对3名中级管理人员进行问责。四是继续严格实行全员收入与产量挂钩考核制，调动员工的积极性，生产量与收入同步增长。五是将浅采、回采统一按产量结算，扭转一些工作动则外委的被动现象，减少一定的劳务支出。六是规范公司生产、技术、行政、后勤辅助等岗位员工的收入分配，把工资倾斜在生产一线，加强对收入分配的监管。

【人力资源管理】 2014年，公司组织员工培训92次，参培1450人，占总人数的152.79%，主要涵盖安全操作规程和岗位职责、企业管理、财务、铁路运输、治保等方面，主要生产车间实现全员覆盖，培训资金28.55万元。同时，强化劳动用工管理，多渠道分流员工，提高劳动生产率。全年12名员工与公司解除劳动关系，34人正常退休，84名员工办理内退、工伤病休、待岗等手续。

【合同管理】 2014年，公司明确合作双方的权利、义务和责任，减少合同风险和纠纷，切实维护公司的合法权利，公司成立合同审查委员会，制定《合同管理办法》，对所有涉及生产、技术、工程项目等的合同（含协议）进行审查，在形式和程序上规范合同的签订。全年公司共签订和审查各类合同148份，合同审查成为常态。

【民生工程】 2014年，公司强化辖区治安防控，确保公司和谐稳定。加强民主管理，与工会签订《工资集体协议》《职业病防治专项集体合同》等四项专项合同，建立和完善平等协商、工资谈判、集体合同制度。抓好惠民工作，关心弱势群体。继续开展对外帮扶，积极履行社会责任。依法经营，诚信经营。无虚假宣传、虚报注册资本、提交虚假效仿证明材料、虚假出资、恶意拖欠银行债务、偷排（超标）排放、虚报瞒报统计报表、安全不达标、劳动用工违法等不良记录，员工队伍稳定，企业和谐发展。

（审核：解代祥/撰稿：刘凤英）

西昌永盛实业有限责任公司

【概况】 西昌永盛实业有限责任公司位于四川省凉山州西昌市安哈镇，公司始建于1965年5月，1998年由国营企业（西昌化工厂）改制为国营控股企业（西昌永盛实业有限责任公司），2007年8月再次改制整合，由云南民爆集团有限责任公司控股51%，凉山州国资委占49%的股份，为国有独资企业。公司注册资本729.3万元，经营范围为：改性铵油炸药、乳化炸药（胶状）生产。石化产品销售。整合后公司于2008年相继启动“年产1200万千克改性铵油炸药生产线技术改造”、新建“年产1200万千克乳化炸药生产线”、新建“年产500万千克多孔粒铵油生产线”、新建“72万千克炸药总库”等四个技改项目，四个项目耗时两年，总投资4800多万元，技改项目的完成使公司的产能由原来的1000万千克达到现在的2900万千克。经过几年的发展，公司初具民爆产品生产、销售、运输、爆破服务一体化雏形。2014年，公司拥有一家全资子公司（凉山州民用爆破器材有限责任公司），三家控股公司（盐源县雷爆化工实业有限责任公司、西昌安泰民爆运输有限责任公司、凉山立安科爆有限责任公司），两家参股公司（凉山三江民爆有限责任公司、凉山龙腾爆破服务有限责任公司）。公司有员工和离退休人员645人，其中在岗职工304人，离退休职工341人，公司资产总值达1.60亿元。公司先后荣获“2009年度、2010年度、2011年度国有资产保值增值突出贡献奖”“‘十一五’期间民爆行业管理工作先进单位”等荣誉称号。公司也连续多年被凉山州国资委党委评选为“四好”领导班子创建活动先进单位、党风廉政建设工作先进单位和思想政治工作先进单位。

【生产经营】 2014年，公司生产炸药2035.3万千克（西昌永盛实业有限责任公司：1853.7万千克，盐源雷爆化工实业有限责任公司：181.6万千克）；销售炸药20973712千克（西昌永盛实业有限责任公司：18123712千克，盐源雷爆化工实业有限责任公司：1816000千克，凉山州民用爆破器材有限责任公司：1034000千克），雷管95万发，索类57万米，起爆具1万发。实现营业总收入14952万元，完成工业总产值13343万元，工业增加值5968万元，上缴税金 1791.9 万元，实现利润总额 2320.20 万元，净利润 1856.20 万元。

【技改项目】 一是新建年产 1200 万千克胶状乳化炸药生产线技改项目。该项目于 2013 年立项，2014 年 12 月 15 日施工单位进场施工。二是冕宁县牦牛坪乳化现场混装炸药生产项目。该项目于 2014 年 4 月份全面启动。

（审核：殷元飞/撰稿：吴万琼）

会理大铜有限责任公司

【概况】 2014 年，四川会理大铜有限责任公司下设分厂、部门共 15 个，下属投资开发独资或合资公司 13 个。年底有在职员工 294 人，其中具有本科和大中专学历的 57 人，取得专业技术职称的 66 人，汇集采矿选矿、地质测量、机械电气、检验分析、土建施工、酒店管理、财务管理、思想政治等各类专业技术人才。公司党委下设 7 个党支部，含 1 个退休支部，有 148 名党员，其中在职党员 85 名。

【生产经营】 2014 年，四川会理大铜有限责任公司全体干部员工在公司党委、董事会的正确领导下，开拓创新管理思路，努力提高经营质量，应势而变，迎难而上，全面完成年初下达的主要任务：全年生产铜精矿含金属量 172.1 万千克；精矿品位 21.67%；实际回收率 84.54%；产品单位生产成本 36.34 元/千克；全年销售产品铜精矿含金属量 2186424 千克，产销率为 127.04%，铜精矿含白银 9783.71 千克；产品销售收入 11043.59 万元；实现工业总产值 8974.9 万元；实现利润总额 838.32 万元，上缴各项税费合计 1749.94 万元。

【多元发展】 酒店餐饮业：公司位于西昌市航天大道一段的精品四星级酒店“美丽山水大酒店”完成装修装饰工程和外部亮化工程，开始试营业。大铜旗下的 8 家酒店积极探索，大胆尝试，转变经营策略，创新营销模式，寻找新的收入增长点，全力稳住效益下滑的局面。酒业经营：拉玛酒业“野租泉”商标通过四川省著名商标评审工作，2014 年 11 月 29 日起在四川日报和华西都市报上进行公示。其系列产品结束有机食品生产转换期，进入到有机产品复审阶段，燕麦酒古法酿酒方法也成功申报省级非物质文化遗产，年内先后参加了成都糖酒会、第十届中国食品博览会、北京“凉山成就展”、首届攀西商品博览会、泸州酒博会和会东中华松露美食国际品鉴会等，推广企业形象，展示产品诚信。2014 年，四川会理大铜有限责任公司荣获四川省“守合同、重信用企业”和凉山州“农业产业龙头企业”等称号。矿业经营：盐源盛泰矿业有限责任公司继续做好矿权的维护和延续，于 2014 年 2 月全面启动补勘工作，对整个矿区的资源状况有更加准确地了解，为开发利用相关资源提供了更为可靠的依据。2014 年，公司通过实地调查和资料分析相结合，共对矿业和酒店业方面的 8 个项目进行考察。

【安全管理】 2014 年，四川会理大铜有限责任公司始终坚持多种形式组织安全生产教育培训，形成浓厚的安全生产氛围，真正做到安全生产。5 月 5 日，组织公司涉爆部门负责人和工作人员共 40 余人参加民用爆炸物品安全管理“四员”培训会；6 月初，公司工会、安委会联合下发《关于开展二〇一四年度安全宣传工作暨“安全生产月”活动的安排意见》，活动以“强化红线意识、促进安全发展”为主题，公司下属各单位通过集中开展系列安全生产宣传教育活动，强化“红线意识”，提高安全素养，促进安全发展；7 月 15—19 日，组织公司一线作业人员共 111 人进行上岗资格证取证培训，由会理县职业安全健康协会的四位专业教师亲自授课，并在培训结束后，对参训员工进行闭卷考试，考试合格方能上岗；8 月 6—7 日，组织公司共 286 名员工参加 2014 年“全国职业病防治知识竞赛”，活动分 4 场进行，覆盖率达 93%。此外，各支部积极开展了厂区环境卫生清理活动、安全文明生产自查活动和汛期防洪专项检查，并多次结合重点岗位实际进行专题班组安全教育，不断加强现场管理工作力度，确保相关设备的完好率和运转率，杜绝安全事故。

【群团工作】2014年春节期间，公司同会理县委宣传部、县影视文化新闻出版局、县文化馆联合，在会理文化广场举办“大铜·拉玛酒业杯新春文艺表演大赛”、第二届“拉玛酒业杯”大铜员工迎新春摄影作品展等系列宣传活动，丰富全县人民的文化生活，提升企业形象，弘扬企业精神；3月5日，公司团委在矿部组织开展“清洁卫生、美化环境”义务劳动和“传递爱心、服务社会”无偿献血活动，展现公司员工、青年的良好精神风貌；3月7日，组织召开庆祝“三八”国际劳动妇女节104周年暨2013年度先进女员工和五好家庭表彰大会；4月29日，公司工会和团委联合举办“五一”“五四”庆祝表彰活动；7月1日，公司党委举行了庆祝建党93周年暨“七一”总结表彰活动，活动以“走群众路线、显党员本色、促科学发展”为主题，以亲临会理会议遗址、重温红色历史、总结工作、表彰先进为内容，101名党员参加活动；9月22—24日，公司举办第十二届职工篮球运动会；10月21—23日，举办第十二届象棋运动会；各类活动的积极开展，释放职工工作压力，增强企业凝聚力。

【公益事业】 2014年3月，公司在市场低迷、收益剧减的情况下仍热心公益慈善事业，向凉山州关心下一代基金会捐赠5万元，弘扬公益文化。9月10日教师节，公司工会、人力资源部专程前往铜矿村中心小学和会理县实验中学进行走访慰问，向教师们送上节日的祝福与问候，同时为学校送上慰问金。

（审核：张平/撰稿：沙倩）

县市概况

Counties & Cities

西昌市

【概况】 2014年，全市辖区面积2655平方千米。辖37个乡（镇）、6个街道办事处。年末户籍总人口64.29万人，其中农业人口43.96万人、占67.33%，非农业人口20.33万人、占32.67%。男性人口33.11万人，占总人口的50.7%。男女性别比（以女性人口为100）为102.8。少数民族人口15.2万人，占总人口的23.29%。

【经济社会发展主要指标】 2014年，西昌市全年实现地区生产总值418.69亿元，按可比价格计算，比2013年增长11.5%。其中：第一产业实现增加值40.49元，同比增长4.8%；第二产业实现增加值223.69亿元，同比增长14.2%；第三产业实现增加值154.51亿元，同比增长9.0%。按常住人口计算，全市人均GDP达到56011元。工业增加值184.08亿元，按可比价格计算，比2013年增长17.2%；建筑业总产值79.92亿元，同比增长13.76%；民营经济增加值227.21亿元，同比增长14.4%；农林牧渔业总产值63.78亿元，比2013年增长4.9%；粮食总产量28.44万千克，同比增长0.4%；肉类总产量5.76万千克，同比增长1.8%；社会消费品零售总额201.37亿元，比2013年增长13.9%；旅游总收入126.8亿元，同比增长20.6%；全社会固定资产投资完成额283.40亿元，比2013年增长-1.6%；地方公共财政收入32.58亿元，比2013年增长13.07%；公共财政支出54.50亿元，同比增长16.12%。年末金融机构存款余额487.79亿元，同比增长2.2%；年末金融机构贷款余额324.01亿元，同比增长0.1%。2014年，城镇居民人均可支配收入28194元，按同口径比，比2013年增长9.2%；农民人均纯收入11561元，比2013年增长11.8%。2014年，城市建成区绿化覆盖率40.07%，建成区绿地率39.14%；生活垃圾无害化处理率100%；污水处理厂污水集中处理率67.59%，污水集中处理率67.59%；2014年西昌市环境空气综合污染指数为1.33〔采用综合污染指数（p）评价〕；西昌市区域环境噪声均值为51.1分贝，交通干线噪声均值68.4分贝，达标率均为100%。2014年，西昌市普通高校在校生数16347人，同比增长2.5%，专任教师747人；卫生技术人员4919人，其中医生1565人；广播综合覆盖率100%，电视综合覆盖率98%，与上年持平。2014年，西昌市城乡居民养老保险参保人员258621人，城镇职工医疗保险参保人数43745人，失业保险参保人数14800人；参加新型农村合作医疗41.9万人。2014年，西昌市年末常住总人口75.1万人，城镇化率 55.94%。

【工业经济】 三大园区入驻规模以上企业 57 户，实现产值 409.16 亿元，钒钛综合利用、有色（黑色）金属、食品医药、烟草、装备制造等主导产业基本成型。经久园区 210 万千克冷轧、100 万千克龙悦矿微粉等项目竣工投产，蓝鼎环保科技、帝鑫钒钛等项目完成技改，供排水项目加快推进；成凉园区 6 条园中园道路竣工通车，食品产业园建设有序推进，大学生创业中心等 14 个项目完成前期工作；太和园区 200 万千克抛尾矿综合利用、垃圾焚烧发电等项目竣工投产，众鑫金融仓储公司组建运行。环保减排工程：全面关停新钢业、新太平等 5 户落后产能企业，关闭康德和力、永安煤焦化 80 万千克焦炭产能，关停泸山铁合金、兴鑫硅业 3 台电冶炉，西昌钢钒完成烧结烟气脱硫项目。

【第三产业】 服务业实现增加值 154.51 亿元，同比增长 9%。旅游产业：知青博物馆、安哈风情旅游区等创建为国家 AAA 级景区。南红玛瑙城成为全国最大的南红玛瑙集散地，销售额超过 5 亿元，带动 3000 余人就业。“一张机票游西昌”活动吸引游客 8350 人次。全年实现旅游收入 127 亿元，同比增长 20%。新型服务业：银泰百货、苏宁电器等 33 家企业相继开业，浦发银行、南充商业银行正式入驻，邛海国际老年社区投入运营。会展经济成效初显。成功举办邛海湿地国际马拉松赛、全国良好型湖泊工作会、第十五届中国旅行社沙龙、形象中国百家媒体进西昌、世界超模决赛等 22 个大型会议、活动、赛事。

【现代农业】 实现农业增加值 40.5 亿元，同比增长 4.8%。设施农业：建成省级 667 公顷示范区 2 个、水稻高产高效基地 1467 公顷、玉米制种基地 4400 公顷、标准化设施蔬菜大棚 100 公顷。花卉产业园入驻企业 20 余家，建成花卉温室大棚 34 万平方米，新增花卉面积 67 公顷。民族乡镇产业扶贫：出台《少数民族乡镇产业发展实施意见》《扶贫攻坚实施意见》，大力发展草食畜等生态畜牧业、核桃等林果业、高山蔬菜等特色种植业。在民胜、荞地等 11 个乡镇实施核桃“双百万”工程，完成高枝嫁接核桃 99.7 万枝，种植优质核桃苗 101 万株。乡村旅游：全年举办各类乡村旅游节 19 个，实现旅游收入 7.09 亿元。品牌建设：新培育重点农业龙头企业 9 家、农产品品牌 6 个，注册农民专合组织 102 个，“华记思奇香”获中国驰名商标。劳务输出：转移农村剩余劳动力 9.5 万人次，实现劳务收入 12.95 亿元，荣获全省农民增收先进市称号。

【新村建设】 整合资金 12.3 亿元，启动琅环、响水等 10 个乡镇规划编制，实施西乡民源等 16 个新农村建设点、中坝山嘴等 25 个旧村改造点、海南钟楼等 13 个棚户区改造点、阿七大田等 5 个幸福美丽新村建设点、安哈镇长板桥等 2 个彝家新寨建设点建设，荣获全省新农村建设优秀示范市称号。海南、樟木箐等 11 个乡镇成功创建国家级生态乡镇。安宁、礼州列入全国百镇建设试点。荞地乡荣获第八届中华宝钢城镇环境类优秀奖。实施农村道路改造工程：安宁河马裕大桥、大兴烟草试验基地大桥竣工通车。通乡油路西溪—安哈段改造工程全面开工建设。实施能源示范工程：投入资金 1157 万元，新建沼气集中供气点 2 处、大中型沼气工程 4 处、沼气池 1625 口；安装太阳能热水器 625 台，太阳能路灯 646 盏。

【农田水利】 整合资金 2.88 亿元，实施 20 个重点水利工程。省小农水重点县项目（小水池、小提灌站、小渠道）、杨家河坝防洪排涝整治、安远堰临时大坝、泸山森林防火专用水窖、七一水库整治等 15 个项目竣工投入使用，官坝河老银厂拦沙坝、安宁河黄联关段防洪治理等 5 个项目开工建设。整合资金近 7000 万元，实施农田综合整治工程。建设高标准农田 4333 公顷，整理烟田 1007 公顷，改造中低产田 500

公顷。

【城市空间骨架】　五大片区实施在建项目77个，总投资289.83亿元，已完成投资111.04亿元。规划面积867公顷的五期、六期湿地建设基本完成，邛海水域和湿地面积恢复到34平方千米，成为中国最大的城市湿地，被命名为国家湿地公园。天王山大道北延线、环海路改扩建、城建环保综合服务中心、海南有机农业示范基地等13个项目竣工，四袁路改扩建、航天大道东延线、保安金融大厦及海河、川兴、海南片区棚户区拆迁安置房等44个项目开工建设。

【城市建设】　航天阳光路、电信路等3条断头路畅通工程，老西门街、下西街、三岔口西巷等28条道路路面硬化工程，胜利北路、三岔口南路、团结一环路等11条道路人行道改造工程，东仓巷、北门、龙眼井等23条道路路灯亮化工程，泸山山门下穿隧道全面竣工。胜利大桥重建、胜利南路和长安南路跨海河桥、名店街过街天桥等城市畅通工程正加紧建设。

【老城区综合整治】　启动规划投资5亿元的老城区（2平方千米）综合整治工程。2014年完成投资2.59亿元，共拆除房屋面积1.5万平方米，重点实施道路、电力、消防、供排水等12项改造工程，恢复古井8口，新建7个生态广场、5座公厕，铺设沥青路面10千米、路沿石7.16千米，架设强电28千米，埋设弱电37千米、自来水管18.8千米、污水管5千米，完成5个房屋整治示范点建设，扩建农贸市场1个，新建3个停车场，增加停车位195个。

【城市人居环境建设】　开展主城区扬尘、禁煤、噪音等10项环境专项整治，全年立案查处环保违法企业7家、整治237家，空气质量优良等级天数达100%。完成泸山等火灾地块造林187余公顷。建成城西生态公园，城市植绿增绿4.9万平方米。整治入河排污口9个，建成城区垃圾房105个，垃圾中转站48座。北山水厂、邛海污水处理厂扩建项目主体完工。新增40辆公交车，完成250辆到期出租车更新投放。

【平安西昌】　出台《依法治市实施意见》，实施10项重点工作，建立5项保障机制。深化“6411”网格化服务管理体系建设，设立监管中心1个、分中心47个、工作站255个，划分网格1420个。开展“两抢一盗”等专项整治16次，破获刑事案件668起，查处治安案件5315起，打击各类违法犯罪人员7873人，打掉犯罪团伙35个。开展“法律十进”活动，法律宣传教育1598场、1.69万人次，提供法律咨询425人次，援助办理案件205件。受理劳动监察案件115件，为1000余名劳动者讨回工资500余万元。高度重视因民间融资等不稳定因素引发的群体性事件，调解矛盾纠纷9495件，办结化解信访积案32件。

【八大民生工程】　1. 教育助学工程。投入5.2亿元，实施基建项目58个，新建校舍15.6万平方米；蓝天幼儿园建成招生；航天学校二期等9所学校建设有序推进；1.13万平方米农村学校食堂标准化建设全面启动。2. 医疗卫生工程。完成市医院海河分院和6个村卫生室建设，启动市中心医院和川兴等6个卫生院规划建设；免费实施12类基本公共卫生服务，新农合参合人数41.92万人，参合率达98.19%。3. 社会保障工程。城镇基本养老、医疗、失业、工伤、生育保险参保人数持续增加；2.62万名城乡低保对象全部纳入最低生活保障，1380名“五保”对象、孤儿、特殊困难儿童全部纳入基本保障体系。4. 百姓安居工程。整合资金40.47亿元，新开工棚户区改造项目21个、153.78万平方米；中所、团结、尤家屯、北门、康宁等顺利完成回迁安置，完成回迁100万平方米、新开工100万平方米安置房任务；建成经适房1558套、廉租房636套、公租房900套，惠及群众3万余人。5. 扶贫解困工程。投入6000万元，完成“十大重点扶贫工程”。6. 就业促进工程。新增就业2858人，城镇登记失业率控制在3.9%以内。文体、食品等民生工程均全面完成。

【十件民生实事】 一、投入1038万元，解决西乡、樟木箐等13个乡镇、18个村、2.38万人的安全饮水。二、投入近7000万元，新建通乡油路26.4千米、彝区通村水泥路130千米，硬化坝区村道100千米，实现村村通水泥路。三、发放独立光伏设备723套，完成白马、银厂等5个乡、总投资3605万元的农村电网改造规划。四、免除全市义务教育阶段学生作业本费，实现义务教育全免费。五、完成太和敬老院升级改造，西昌阳光养老福利中心已完成规划选址。六、主城区内直管的22所公厕实现全部免费开放。七、环保监控中心项目设备政府采购已完成。八、10个“最差住宅小区”整改工作全部通过验收。九、新建33.58千米波型防护栏，全市防护栏累计达118.58千米。十、发放农民工住房补贴46.8万元，受益农民工260户，房屋面积7800平方米。

【领导人】 市委书记：李俊；市人大常委会主任：罗开莲（彝族，女）；市长：马廷贵；市政协主席：李永华。

（审核：赖文江/撰稿：王勇）

德昌县

【概况】 2014年，县委、县政府团结带领全县各族人民，积极应对宏观经济下行压力加大、结构调整阵痛加剧、资源环境约束加紧、要素保障难度加深的复杂严峻形势，在州委、州政府和县委的正确领导下，在县人大及其常委会和县政协的监督、支持下，认真履行政府职能，沉着应对各种困难和挑战，坚持以科学发展观为指导，务实推进“科学发展、加快发展、竞相发展”，着力“转方式、调结构、稳增长、惠民生”，突出“投资拉动、工业跨越、农业提升、旅游突破、城镇做精、管理创新、环境创优”七大重点，基本完成了十五届人大三次会议确定的目标任务，全县经济社会持续健康发展，人民群众安居乐业，社会大局和谐稳定。

【综合经济】 2014年，全县地区生产总值578726万元，比2013年下降0.7%。其中，第一产业增加值154879万元，比2013年增长4.4%；第二产业增加值260050万元，比2013年下降3.6%；第三产业增加值163797万元，同比增长0.6%。人均GDP达到26669元，比2013年下降1.4%。经济结构略有调整，一、二、三产业占GDP的比重，由上年的24.6：47.8：27.6发展为26.8：44.9：28.3。非公有制经济全年实现增加值371025万元，比2013年下降0.1%；占GDP的比重为64.1%，比2013年下降0.1个百分点。财政状况继续改善。全年公共财政总收入达64695万元，比2013年增长3.3%，其中地方公共财政收入48434万元，同比增长0.2%；人均地方公共财政收入2295元，同比增长0.1%。全年公共财政支出146233万元，比2013年增长6.9%。居民消费价格上涨。全年居民消费价格总指数同比上涨1.1%，其中，服务项目价格指数上涨0.8%，消费品价格指数上涨1.2%。食品类上涨2.3%，居住类上涨1.5%，医疗保健和个人用品类上涨0.8%，烟酒及用品类上涨0.1%，娱乐教育文化用品及服务类上涨0.1%，家庭设备用品及维修服务类同比下降0.1%，衣着类和上年持平，交通和通信类同比下降0.6%。

【农业】 全年农林牧渔服务业总产值（现价）达到255354万元，比2013年增加19777万元，同比增长8.4%。其中，农业产值153385万元，比2013年增加15360万元，同比增长11.1%；林业产值6023万元，比2013年增加506万元，同比增长9.2%；畜牧业产值84881万元，比2013年增加2479万元，同比增长3.0%；渔业产值7087万元，比2013年增加1135万元，同比增长19.0%；服务产值3978万元，比2013年增加297万元，同比增长8.1%。种植业：全年粮食作物播种面积达16242公顷，比2013年增加132公顷；粮食总产9100万千克，比2013年增加61461万千克，同比增长0.7%；其他主要农作物产量如下：油料产量93万千克，比2013年增长9.2%；产烟1483万千克；产茧176万千克、桑葚1044万千克；新建蔬菜大棚67公顷，蔬菜复种671公顷；新植核桃、板栗等林果5333公顷，新增农村专业合作组织30个，登记注册家庭农场13家。凉山国家级优质烤烟综合标准化示范州德昌示范区、省级紫衣大蒜农业标准化示范区分别通过国家和省级验收。实施农田水利基本建设，完成2个烟叶单元建设和小农水工程，土地整理4640公顷、农业综合开发667公顷、现代农业建设667公顷、新增和恢复灌面3333公顷、水毁修复41处、水利工程岁修1469处。绿化造林：坚守11933公顷耕地红线和165333公顷林地红线，完成州下达耕地和基本农田保有量任务；规范国土和矿产资源管理，水源地保护取得新成效；实施省州重大地质灾害治理工程6处，地质灾害避让搬迁265户；因成功避险，全年地质灾害无人员伤亡；巩固森林覆盖率，加强92000公顷国有林管护和集体公益林生态效益补偿、护林防火、退耕还林、草原生态奖补政策兑现等工作，森林保险参保率100%。畜牧业：全年出栏肉猪27.4万头，同比增长2.0%；羊出栏6.54万只，同比增长1.2%；牛出栏1.18万头，同比增长1.5%；家禽出栏234.7万羽，同比增长4.7%。全年肉类总产量达2451万千克，同比增长2.4%。其中，猪肉产量1809万千克，同比增长2.0%；羊肉产量115万千克，同比增长1.2%；牛肉产量101万千克，同比增长1.5%；家禽肉产量389万千克，同比增长4.7%；牛奶产量12.6万千克，增速和上年持平；全年蚕桑产茧量176万千克。全年水产品产量605万千克，同比增长3.5%，各类牲畜存栏稳定，为农民收入的增加提供了稳定的财源。农田水利建设：全县年末农田有效灌溉面积8865公顷，比2013年增加805公顷，同比增长9.9%；全年化肥施用量（折纯）817万千克；年末农业机械总动力20.5万千瓦，比2013年增长9.5%；农村用电量为4190万千瓦时，同比增长9.5%；全年农用塑料薄膜使用量达81万千克，地膜覆盖面积12740公顷。

【工业和建筑业】　受国际国内整体工业品市场价格疲软，以及德昌县部分退出规模以上工业企业的不利因素影响，2014年全社会全部工业总产值685743万元，比2013年下降18.6%；其中规模以上工业企业全年实现工业总产值595710万元，比2013年下降21.3%。在规模以上企业主要工业产品产量中：石墨电极产量796万千克，与上年同期4018万千克相比，同比下降80.2%；工业硅产量5200万千克，同比下降20.0%；水力发电量119558万千瓦时，同比下降9.4%。全县34户规模以上工业企业全年实现营业收入520468万元，同比下降26.8%；工业产品产销率94.5%，同比减少了3.9个百分点；实现现价工业增加值210234万元，同比下降11.9%；全年利税总额98223万元，同比下降24.1%，其中利润总额75284万元，同比下降33.2%。建筑业生产稳步增长。全社会建筑业生产完成增加值99204万元，比2013年增长4.1%。

【固定资产投资】　进一步深化投资体制改革，不断改善投资环境，招商引资和吸纳民间投资成效显著，重点项目和基础设施建设取得新的成绩。年末全县500万元以上施工项目达到73个，全年全社会完成固定资产投资总额603096万元，比2013年增长5.6%。在投资构成中，第一产业投资2139万元，同比下降82.9%；第二产业投资206789万元，同比下降2.3%；第三产业投资394168万元，同比增长13.6%。基本建设投资完成284273万元，同比下降21.1%；更新改造投资完成102469万元，同比下降9.0%；其他投资完成216354万元，同比增长14.4%。完善并落实招商引资优惠政策，着力创优环境、创新机制，落实招商责任，灵活招商方式，强化项目落地。利用西博会、中外知名企业四川行、攀西战略资源创新开发试验区投资洽谈会等平台，新签约项目12个，签约资金51.7亿元；到位资金32.5亿元，完成130.0%。

【国内贸易和对外经济】　城乡居民收入不断增加，在新的消费升级和消费热点的带动下，全县消费品市场繁荣、购销活跃。全县全年社会消费品零售总额达201576万元，比2013年增长10.9%。批发和零售业实现增加值28396万元，比2013年下降14.3%；住宿和餐饮业实现增加值18632万元，比2013年增长8.1%。从城乡结构看，农村市场零售额增速高于城镇。城镇市场零售额126524万元，农村市场零售额55015万元，分别比2013年增长12.0%、9.6%。对外贸易不断增长，全年出口总额（包括转口贸易）1765万美元，同比下降0.7%。

【交通、运输、邮电和旅游】　交通运输整体发展势头良好，运输能力不断增强，道路质量明显改善，行业内部竞争也日趋激烈。2014年全县公路旅客周转量33489万人千米，比2013年增长20.2%；公路货物周转量85236000万千克千米，同比增长19.3%。年末全县公路通车里程达到1412千米，同比增长1.6%，其中，等级公路通车里程941千米，同比增长1.7%，高速公路通车里程57千米。邮电通信业：全县邮电通信企业全年完成主营业务收入1.53亿元，同比增长28.0%，其中电信业务总量1.46亿元，同比增长26.4%。年末国际互联网上网用户数1.1万户，同比增长10.0%；固定电话用户2.8万户，与2013年相比基本持平，移动电话用户17.5万户，同比增长8.5%。全县电话普及率达到68.5%，比2013年提高2.5个百分点。旅游业发展：旅游总收入达58802万元，比2013年增长54.6%，旅游人次达158万人次，比2013年增长46.5%。

【金融和保险业】　2014年，金融部门认真落实国家货币政策，正确处理促进经济发展和防范金融风险的关系，在抓信贷资金组织和推广的同时，狠抓信贷结构的合理调整和资金的有效投入，努力改进金融服务，稳定金融秩序，较好地支持了全县经济发展。年末全县金融机构各项存款余额547471万元，比年初增加34381万元，同比增长6.7%；各项贷款余额261719万元，比年初增加29600万元，同比增长12.8%。保险事业稳定发展，保费收入持续增加，受益群体不断扩大。全年保险机构保费收入8936万元，比2013年下降1.6%；全年处理各种赔案支付金额2082万元，比2013年增长2.0%。

【教育】　狠抓义务教育、职业教育、民族教育、学前教育、特殊教育和民办教育发展，努力提升高中教育教学质量，普职招生比47∶53；创新“1+1+1”办学模式，攀西绵阳南山国际学校落地建设；全面落实义务教育“三免一补”“营养改善计划”等教育惠民政策；投入4706万元实施学校安全工程；全面拆除中小学D级危房，重建工作正抓紧进行；加快三中等学校建设。不断加强教师队伍建设，教育教学质量稳步提高，小学、初中入学率分别达100%、98.8%。

【文化、体育和卫生】　文化体育欣欣向荣。加强城乡文化市场体系和公共文化服务体系建设，加快实施城区“光进铜退”网络改造，城区有线电视用户“模转数”达到90%。建成18个乡镇文化站，“2131”工程放映电影1700场次，送文化下乡演出16场。投入科技成果转化资金100万元，农村实用技术培训11万人次，获评全国科技进步考核先进县。完成四川省“宽带乡村”试点工程县项目、“智慧城市”项目和空白乡镇邮政所补建工作。县级公立医院取消药品加成789种，让利于民410万元；加快实施县中医院整体搬迁工程，新建村级卫生室15个；城乡居民健康档案电子建档率95.36%；新农合参合人数17.34万人，参合率99.08%；加强艾滋病、血吸虫病、结核病、手足口病等重大疫病防控；省级卫生县城通过复查验收。免费实行婚前检查和孕前优生健康检查，认真落实单独二孩政策，继续稳定低生育水平，人口出生率、自然增长率分别为14.29‰和5.6‰，符合政策生育率95.4%。年末全县有卫生机构29个（不含诊所），其中医院2个；卫生机构实有床位1004张，其中医院789张；卫生技术人员758人，其中执业医师和助理医师402人。

【环境保护】 环境污染得到一定控制，工业"三废"治理比2013年有所好转，年内对27户规模以上工业企业污染排放及处理利用情况进行了监测，各企业有专职环保人员142人，34户规模以上企业全年工业废水排放量45100万千克；工业用水重复利用率达到83.1%；单位工业增加值新鲜水耗18立方米/万元；环境保护投资占GDP的2.8%，环境保护明显得到改善。节能降耗工作取得一定成效。万元GDP综合能耗为865千克标煤，比2013年下降9.2%，其中规模以上工业万元增加值综合能耗为1320千克标煤，同比下降14.2%。

【人口】 据公安人口统计，全县年末户籍人口211003人，同比增长0.4%。坚持计划生育基本国策，全年出生人口2913人，人口出生率14.29‰，自然增长率5.6‰，符合政策生育率95.4%。

【人民生活和社会保障】 城镇居民收入和农民人均纯收入呈稳步增长势头，生活条件继续改善。城镇居民可支配收入23541元，比2013年增长8.2%，增加1784元；农村居民年人均纯收入11253元，同比增长10.8%，增加1098元。劳动结构有所调整，职工收入稳定增长，城镇单位在岗职工年平均货币工资收入55008元，比2013年增长8.6%，城乡居民储蓄存款余额稳定增长，年末余额达357130万元，比年初余额增加43822万元，同比增长14.0%；年人均储蓄存款余额达16926元，比2013年增加2013元，同比增长13.4%。社会保障体系：完成麻栗移民后扶整村推进示范片建设项目58个，惠及3000余人；实施精准扶贫，减少贫困人口2991人；"五大保险"扩面新增参保人员3000余人；新增城镇就业1309人，城镇登记失业率控制在3.7%以内；农村11090人、城镇2337人享受低保；城镇医疗救助2745人次，农村医疗救助1014人次，资助新农合13242人；福利院已动工建设，康复院搬迁完成主体工程；对80岁以上老人发放长寿补贴；"五保"户、孤儿供养和特殊困难儿童补助实现全覆盖。

【领导人】县委书记：王顺云；县人大常委会主任：贾普祥；县长：苏正清（彝族）；县政协主席：徐启萍（女）。

（审核：周雯/撰稿：李艳玲）

会理县

【政区人口】 2014年，全县辖区面积4527平方千米，辖6个工业（生态农业）园、50个乡镇。年末人口总数43.9万人。出生人口3172人，出生率6.83‰，同比上升0.01个千分点；死亡人口2758人，死亡率5.94‰，同比上升0.56个千分点。人口自然增长率0.89‰，同比上升0.5个千分点。

【综合经济】 2014年，全县实现地区生产总值216亿元，同比增长6.6%。其中：第一产业实现增加值36.69亿元，同比增长4.3%；第二产业实现增加值131.83亿元，同比增长8.2%；第三产业实现增加值47.47亿元，同比增长3.5%。对经济增长的贡献率分别为10.1%、78.5%、11.4%，拉动经济增长0.7个、5.2

个、0.7 个百分点。人均国内生产总值 49313 元，同比增加 2194 元，同比增长 4.7%。

【农业及支柱产业】 全县实现农林牧渔业产值 62.42 亿元、同比增长 4.9%，其中种植业 36.12 亿元，同比增长 5.3%。粮食总产 27018.8 万千克，同比下降 0.5%；烤烟产量 2925 万千克，同比下降 0.8%；石榴总产 36500 万千克，同比增长 19.7%。畜牧业产值 21.56 亿元，同比增长 2.9%；肉类总产量 7880 万千克，同比增长 2.7%；大牲畜存栏 25.75 万头，同比增长 7.5%，其中：牛存栏 21.83 万头，生猪存栏 69.08 万头，羊存栏 70.73 万只。“四双”工程深入实施，“双退”造林 2466.67 公顷，24.14 万公顷森林得到有效管护。强力推进以煤烤烟，清理整治涉林项目 117 个，查处涉林案件 26 件，有效遏制涉林违法犯罪行为，获得全省森林资源保护管理工作先进集体荣誉。林业产值 3.2 亿元，同比增长 15.9%。

【工业强县】 坚定不移实施工业强县战略，2014 年实现工业增加值 115.2 亿元，同比增长 9.4%，对 GDP 增长的贡献率 77.1%，拉动 GDP 增长 5.1 个百分点。规模以上工业企业实现总产值 284.3 亿元，同比增长 9.2%；实现主营业务收入 265.72 亿元，同比增长 4.8%；实现销售产值 273.2 亿元，同比增长 11.6%；产品销售率 96.1%。实现利税总额 17.57 亿元，盈亏相抵后利润总额 7.94 亿元。规模以上工业增加值同比增长 9.2%。规模以上工业企业主要产品产量：铁矿石（成品矿）完成 5956200 万千克，同比增长 13.1%；原煤完成 60890 万千克，同比增长 33.9%；铜选矿含铜 6100 万千克，同比下降 7.6%；铅选矿含铅 1100 万千克，同比下降 8.3%；锌选矿含锌 2500 万千克，同比下降 3.9%；发电量 4.7 亿千瓦时，同比增长 2.2%。

【商贸物流】 2014 年，在一系列消费政策和商家灵活多样的促销活动推动下，居民潜在消费需求有效释放，全社会消费品零售总额实现 43 亿元，同比增长 11.6%。其中：批发业、零售业、住宿业、餐饮业增加值分别为 4.37 亿元、29.35 亿元、0.39 亿元、8.89 亿元，同比分别增长 54.7%、9.9%、30.7%、7.4%；城镇、乡村零售额同比分别增长 11.9%、12.6%。

【民营经济】 非公有制经济快速发展，工商登记制度激发经济活力，新增企业 300 户、注册资金 9.47 亿元，新增个体工商户 966 户、注册资金 6172.3 万元。2014 年年末非公有制经济达 12953 户，其中个体企业 11822 户、私营企业 1127 户、外商和港澳台企业 4 户，非公有制经济对经济增长的贡献率达 80.3%。实现非公有制经济增加值 132.55 亿元，同比增长 8.6%，比 GDP 的增速高 2 个百分点。非公有制经济增加值点 GDP 的比重 61.4%。非公有制经济税收 1.61 亿元。民间投资完成 39.51 亿元，同比增长 28.6%，占固定资产投资比重为 51.2%。

【招商引资、固定资产投资】 2014 年，对外开放和招商引资工作再上新台阶，签署协议 11 份，引进资金 63.4 亿元，外来投资履约项目 28 个，到位资金 45.4 亿元，利用外资 1257 万美元。完成固定投资 77.1 亿元，同比增长 4.2%。本年施工项目 110 个，同比增长 10%，新开工项目 66 个，同比增长 17.9%。

【财政、金融、保险业】 2014 年，全县公共财政总收入 15.73 亿元，同比下降 17.9%。其中地方公共财政收入 11.44 亿元，同比下降 18.4%。截至 12 月末，全县各类金融服务网点达 55 个，金融机构存款余额 117.8 亿元，同比增长 110.5%；金融机构贷款余额 73.91 亿元，同比下降 10%。年末有保险机构 10 个，保险机构保费收入 1.76 亿元，同比增长 8.4%；各种赔案支付金额 6433 万元，同比增长 8.3%。

【交通运输、邮电、旅游】 2014 年全县公路通车里程达 4363 千米，公路旅客周转量 51781

万人千米，同比增长10.6%；公路货物周转量103442000万千克千米，同比增长12.9%。全年邮电业务收入1.92亿元，同比增长10.9%；邮政业务总量1139.6万元，同比增长1.7%。年末固定电话用户数3.89万户、移动电话用户数30.65万户、国际互联网用户2.94万户。全年旅游人数110万人次，实现旅游产业收入4.52亿元。

【教育、科技】 2014年，小学在校学生30774人，招收新生4753人，毕业5791人。小学学龄儿童净入学率99.8%。初中在校生17881人，招收初中新生5715人，毕业生6212人。普通初中学龄人口净入学率98.1%。全县2014年高考本科上线662人，摘取全州理科状元桂冠。会理一中创建省“二级示范性普通高中”通过州级评估，现代职业技术学校学生就业率100%，“改薄计划”全面启动。192所学校实现营养午餐全覆盖，5.12万名学生受益。鹏晨、金叶等4户企业产品在中国第二届科博会亮相，2户企业申报国家高新技术企业通过省级评审，5户企业申报省科技创新型培育企业，31户企业认定为省级科技型中小企业，获专利授权36件，获州科技进步奖4个，科技创新能力不断增强。

【文化、卫生、体育】 文化艺术事业繁荣昌盛。2014年全县文化市场各项目经营户中网吧17家，音像零售、出租8家，图书零售、出租15家，印刷、复印打字30家，歌舞娱乐场所12家。体育场馆2个，国家级标准文化馆1个，国家三级图书馆1个。文艺创作繁荣。乡（镇）文化站50个，设施不断完善，申报非物质文化遗产省级名录11项、国家级名录3项，可移动文物普查工作全面完成。2014年年末有线数字电视用户2500余户，全县广播覆盖率达90%，电视覆盖率达98%。2014年文化馆创作编排的舞蹈参加凉山州第四届民族艺术节，获一等奖1个、二等奖2个、三等奖1个。舞蹈《我的弦》《永远的长号》入选代表凉山州参加第七届四川省少数民族艺术节，舞蹈《我的弦》代表凉山州参加四川省首届农民艺术节荣获一等奖。州书画美术作品展中，县书画家刘洪的作品获得一等奖。继续开展新型农村合作医疗工作，参合人数39.54万人，新农合参合率99.6%，提高0.7个百分点；开展城市低保医疗和农村医疗救助。健全了县、乡、村三级医疗预防保健网。2014年全县有卫生机构472个，其中县级医院4个、城市社区1个，卫生院47个、村卫生室417个；有床位1248张，卫生技术人员1101人。基层医疗卫生服务体系建设不断加强，5所乡镇卫生院、85个村卫生室标准化建设顺利推进，12类基本公共卫生服务项目全面开展，建立规范化电子档案41.91万份。体育场地总占地面积44.7万平方米，场地面积34.68万平方米，建筑面积3.77平方米；土地资源利用率达77.6%；共有体育场地593个，其中有标准体育场地358个，非标准体育场地174个，场地建设总投资1.7亿元。24个单项体育协会常年开展形式各异、内容丰富的群众性、趣味性、竞技性体育活动得到州体育局的肯定并向全州推广。

【就业和社会保障】 2014年社会保障全面有力，城镇新增就业3671人、再就业565人。妥善解决60起农民工工资拖欠问题，涉及金额1020万元。扶贫救助扎实开展，3.01万人纳入城乡低保，帮扶残疾人5230人，医疗救助2373人，生活救助7.32万人次。新农合、城镇基本医疗保险覆盖44.41万人，25.32万人次报销医疗费用1.93亿元；22.89万人参加养老保险，4.22万人次参加工伤、生育、失业保险。

【领导人】 县委书记：李怀良；县人大常委会主任：花定明；县长：王显晖；县政协主席：张顺银。

（审核：牟洪亮　刘承理/撰稿：张望）

会东县

【概况】 会东县辖区面积3227平方千米，其中耕地面积3.32万公顷；森林覆盖率42.9%。辖41个乡，6个镇，318个村，7个社区。年末，全县有总人口423745人，其中男性226319人、占53.41%，女性197426人、占46.59%；坚持计划生育基本国策，稳定低生育水平，启动“单独二孩”政策，符合政策生育率达93.47%，人口自然增长率达3.84‰。全年出生3966人，人口出生率9.52‰，同比下降1.78个千分点；死亡2150人。县境内居住着28个民族，其中汉族384874人，占全县总人口数的90.83%，彝族32232人，占全县总人口数的7.61%。全年实现地区生产总值120.58亿元，同比增长6.4%；其中：第一产业增加值363975万元，同比增长4.6%；第二产业增加值598318万元，同比增长7.4%；第三产业增加值243556万元，同比增长6.2%。经济结构比为30.2∶49.6∶20.2。2014年农民人均纯收入10840元，同比增长11.01%。城镇居民人均可支配收入达到21661元，同比增长8.6%。随着收入的稳步增加，城乡居民的生活水平进一步提高。

【基础设施建设】 2014年新建通乡公路79千米、通村公路106千米，县境内公路总里程达1669千米。完成新华水库专用通道、小河嘴大桥、小街乡老峰岩改建工程；凉山州南环线G353会东段改建工程开工建设；投资1200万元对会发路、会淌路等主要干道进行路面整治修复，投资2455.9万元完成安保工程公路隐患治理125.4千米。投资1.3亿元全面推进高产稳产粮田和高标准农田建设、土地整理以及水利设施建设，新增耕地347公顷，新增有效灌面920公顷、节水灌面73公顷；全县农机化综合作业水平达48%。加快城乡电网建设步伐，500千伏输变电工程、海坝220千伏变电站扩建工程已完成前期工作；惠及8000余名群众的无电村电力建设任务基本完成。

【农业】 2014年全县农林牧渔业总产值达到603441万元，同比增长8.6%。全年粮食总产量达23998.2万千克，比2013年增加88.2万千克，同比增长0.37%。其中，小春粮食产量达5328.2万千克，同比增长7.64%；大春粮食产量达18670万千克，同比下降1.5%。烤烟产量达3148万千克，同比下降10.29%，烟农收入达9.43亿元。全年蚕茧产量达515万千克，同比增长0.8%，蚕农收入1.82亿元。年末“四畜”存栏达143.5万头（只），同比增长5.5%，“四畜”出栏97.23万头（只），同比增长2.98%，肉类总产量达4980万千克，同比增长3.3%。

【工业】 以国家攀西战略资源创新开发区建设为带动，坚持工业园区化、产业集群化、开发集约化，做大做强以铅锌、铁、铜、磷和建材为主的优势产业。鑫联公司矿山延伸接替工程、兴泰公司新田铜选厂等项目稳步推进；景安矿业60000万千克磷矿洗选厂、大梁矿业66000万千克铅锌采选技改、10万千瓦风电项目竣工投产；金川公司6000万千克黄磷技改、3万千瓦光伏发电项目基本完成；投资15.2亿元的10000万千克/年锌冶炼项目开工。

【商业】 随着市场流通体系的不断健全和完善，县域经济的不断发展，城乡居民收入的不断增加，全县城乡居民的购买力进一步增强，全年实现社会消费品零售总额36.99亿元，同比增长13.0%。其中，限额以上企业消费品零售总额达10.64亿元，同比增长30.4%。开放合作成效显著，新签约招商引资项目6个，协议引资54.4亿元，累计履约（含在建）项目22个，实际到位资金41亿元；第十四届西博会6个签约项目全部落地开工（其中：外资履约资金到位538万美元，首次实现外资利用零突破）。分解落实重点建设项目106个，2014

年已完工27个，在建22个，前期推进57个，完成投资79.36亿元，同比增长38.9%。会东松籽、会东块菌、会东黑山羊、“清甜香型”烟叶等农特产品声名远播，共注册“大凉山”商标65个，野租泉燕麦酒荣获四川省著名商标，省著名商标增至2个，获国家地理标志产品保护认证4个、有机食品认证5个、绿色食品认证5个，会东县被上海大世界基尼斯授牌认证为“松露产区面积最大的县”。民营经济稳步增长，个体工商户10261户、私营企业501户，全年民营经济增加值占比达63.9%。

【城乡建设】　统筹推进城镇基础设施和公共服务设施建设，城镇化率达35.2%。小河嘴进出口景观风貌、城北啤酒广场等项目全面竣工，全面推进旧城改造、城北农贸市场、城南保障房、消防站等13个城市重大项目建设。整合投入项目资金6.35亿元，建设社会主义新农村42个、8190户，整村推进幸福美丽新村5个；建成彝家新寨200户，确定两大电站移民安置点20个，完成乌东德电站枢纽工程区2个移民安置点基础设施建设。创建州级生态村34个，完成300户生态家园的申报工作；实施国有林管护55613公顷，完成县城周边绿化、植被恢复等植树造林1780公顷，种植优质核桃6667公顷，巩固退耕还林5000公顷，完成退耕还林工程配套荒山荒地造林和封山育林667公顷。

【财税金融】　2014年，会东县财政实施支出效绩评价，创新财政资金监督管理新机制，全年实现公共财政预算总收入107282万元，同比下降2.33%；地方公共财政预算收入达到87993万元，同比增长2.84%。公共财政预算支出达227247万元，同比增长11.46%。坚持依法治税，累计实现税收收入78722万元，同比下降5.69%，其中：国税收入29802万元，同比增长4.57%；地税收入48920万元，同比下降11.01%。年末，全县金融机构各项存款余额681456万元，同比增长11.07%；各项贷款余额335519万元，同比增长39.63%。

【文化卫生】　坚持教育优先发展，完成城南小学、县城第二幼儿园、职业技术培训中心项目前期工作；免除义务教育阶段5.9万名学生教科书费等4355万元，为1.3万名寄宿制学生提供生活补助1504万元；投入3817万元实现农村义务教育学生营养改善计划全覆盖。年末全县有各级各类学校159所，在校中小学生63588人，在园幼儿10896人，教职工3316人，其中专任教师2981人。学龄儿童入学率达99.87%。“会东彝族燕麦酒古法酿造工艺”成功申报省级非物质文化遗产保护项目。医药卫生体制改革深入开展，国家基本药物制度实现全覆盖，共让利群众845万元。完成卫生执法监督大队业务用房建设，启动71个村卫生室建设；2014年，全县新型农村合作医疗参合361557人，参合率达98.9%。参合农民报销医疗费用1.39亿元。

【社会保障】　社保体系逐渐完善，城镇新增就业1480人，下岗失业人员和失地农民再就业250人，城镇登记失业率1.82%；各项社会保险参保人数22.39万人次，征收五项保险金1.61亿元。全年对纳入保障范围的9259名城镇低保对象发放低保金2193.5万元，对27775名农村低保对象发放低保金3032.6万元。对农村2511名五保供养对象应保尽保，并对954名“五保”人员实行了集中供养，集中供养率达38%，发放农村五保供养金940.4万元。发放城镇和农村低保补助5225万元；农村“五保”集中供养率达38%以上。积极开展“就业促进行动”，以帮助困难人员就业再就业为重点，以增大资金投入和夯实基础工作为保障，强化失业保险功能，加大职业和再就业技能培训，2014年城镇新增就业1480人，下岗失业人员和失地无业农民再就业250人，就业困难对象再就业65人，城镇登记失业率为1.82%。加强外出务工人员的职业技能培训工作，全年完成技能培训9000人次，注重劳务输出，促进劳务增收，全年劳务转移输出9.6万人，实现劳务收入16亿元。

【领导人】 县委书记：袁文林；县人大常委会主任：吴贤位；县长：张伟；县政协主席：冯祥明。

（审核：刘芙蕖/撰稿：钱雪燕）

宁南县

【概况】 2014年，全县辖区面积1670平方千米，辖25个乡镇、125个村、819个村民小组。年末总人口19.33万人，人口自然同比增长率为6.62‰。年平均气温19.4℃，降水量1065.3毫米，日照时数2507.2小时。2014年，全县实现地区生产总值49.2亿元、同比增长9.9%，其中，第一产业增加值13.4亿元，同比增长4.7%；第二产业增加值22.1亿元，同比增长12.1%；第三产业增加值为13.7亿元，同比增长10.9%。三次产业结构由2013年的27.5：45.3：27.2调整为27.1：45.0：27.9。全县社会固定资产完成投资80.07亿元，同比增长45%；规模以上工业增加值同比增长7.9%；地方公共财政收入完成3.09亿元，同比下降19.8%；实现社会消费品零售总额15.5亿元，同比增长13.2%；农民人均纯收入10123元，同比增长11.2%；城镇居民可支配收入21592元，同比增长8.6%。

【农村经济】 坚持转变发展方式，深入实施“五大富民工程”，加快建设万亩现代农业产业示范区。全年实现农林牧渔总产值22.1亿元，增4.96%；增加值完成13.4亿元，增4.7%，增速位居全州第2位。全年共落实粮食播种面积16600公顷，粮食总产7800万千克。新栽桑树3400万株，养蚕27.23万张，产茧1254.5万千克，蚕农收入4.43亿元，“养蚕量、产茧量、蚕农收入”三项批示再创历史新高，继续保持全省蚕桑第一大县桂冠，荣获“中国蚕桑之乡”称号。种植烤烟4666.67公顷，产烟859.5万千克，烟农现金收入1.9亿元。点播核桃15万千克、嫁接179万株，完成杉树、华山松造林102万株，建成现代林业科技示范园区2个，实现林业综合产值6.5亿元，核桃早熟品种“状元黄”荣获首届“四川果王子”评选活动银奖，白鹤滩“米核桃”通过省级良种认定。“四畜”存栏47.46万头（只）、出栏37.88万头（只），实现畜牧业产值9亿元。种植冬季马铃薯0.6万公顷，产薯18000万千克、产值3.6亿元。马铃薯、荞麦等5个无公害农产品已获农业部审核批复。全年转移输出农村劳动力6.45万人，实现劳务收入11.56亿元。

【工业经济】 持续凝聚“工业强县”战略，锁定“一区四组团”发展格局，认真落实各项政策，建园区、推项目、优服务，发展质量和效益不断提高。2014年，全县26户工业企业实现主营业务收入67亿元，增20%。茧丝绸工业集中发展区成功创建“省级知名品牌示范区”，累计收储土地74.2公顷，投入3.57亿元完成茧丝绸工业园区一期、银鸿丝业20组8000绪自动缫技改扩能、谊兴丝业17组6800绪自动缫技改扩能、宁鑫河绢纺开发等项目。南丝路集团荣获“全国丝绸行业创新企业”称号。冬桑凉茶固态饮品生产线竣工投产。

【现代服务业】 深入开展“名品、名店、名小吃、乡村特色农家乐”争创活动，第三产业集中集聚发展。全县拥有服务业经营户5588户、专业合作社161个，实现服务业增加值13.33亿元、增9.5%。现代物流加快发展，全年完成货运273万千克；投入3072万元新增改造城区金融营业网点5个，全县存款余额37.34亿元、贷款余额13.4亿元；商业保险、政策性农业保险覆盖面不断扩大，全年保费收入4761万元。打造省级旅游示范乡镇4个、示范村5个、三星级农家乐7家，接待游客31.4万人次，实现总收入1.72亿元，成功创建“省级乡镇旅游示范县”。

【城乡建设】 一是坚持规划引领，强化项目支撑，投入资金5.4亿元，同步推进新城区开发、老城区节点改造和中心集镇建设，城镇化率达到31.29%。完成羊圈沟和阴阳沟石拱涵、原城关粮站农贸市场等工程建设，完成民族中学一期、执行所教育卫生小区、初级中学扩建等项目3.54万平方米房屋征收工作，有序推进惠风路F型干道、城北新农村综合体等项目建设。春生国际一期、金沙明珠等商品房建成投入使用，春生国际二期、金沙大道南延建设加速推进。披砂镇成功申报为全国重点镇、松新镇申报为四川省“百镇试点镇”。深入开展城乡环境综合治理，城市整体形象进一步提升，荣获“省级环境优美示范县城”称号。二是坚持产村相融、基础配套、连片打造，突出“蜀风桑韵”特色，整合投入各类资金5.5亿元，深入实施四川省第二轮新农村成片推进示范县建设。建成新村新寨45个、幸福新村5个，实施新村道路改建、进村入户路和机耕道硬化77.6千米，整治沟渠10.1千米，惠及群众4222户。

【基础建设】 一是始终把交通建设放在全县经济社会发展的突出位置，依托南环线项目构建宁南快速通道，依托金沙大桥项目促进产城相融，依托通乡油路、通村通畅项目统筹城乡发展。南环线改造项目G248（原S212线）和G353（原S310线）宁南段改造工程于2014年5月20日破土动工，到年底累计完成投资9000余万元。金沙大桥建设项目，桥梁全长411米，宽28米，双向四车道，预计投资1.2亿元，到2014年年底已完成投资1500余万元。全年完成通村通畅项目5个49.5千米。二是加快农田水利基础设施建设，整合资金1.36亿元，实施病险水库整治、饮水安全、烟水配套、农村能源、农机购置等重点工作。全年整治病险水库、山坪塘18座，新建、整治沟渠154千米，新增有效灌面、节水灌面2160公顷。安装供水管道730千米，解决1.7万人饮水安全问题。新建、改造太阳能风能提灌站6座。三是无电地区电力建设加快推进，35千伏跑马输变电工程建成并投入使用，10千伏建设项目稳步实施，投资1458万元的光伏独立供电工程投入使用。

【社会事业】 一是大力实施教育优先发展战略，深入推进“名生、名师、名校”工程，积极开展“远学衡中，近学成外”活动，教育惠民优学不断提升。2014年，普通高考硬上省定本科线285人，本科上线率首次跃居全州第一。全年为义务教育阶段学生提供免费教科书、公用经费、寄宿制生活补助和营养改善计划资金4802万元。二是积极推进医疗联合体建设，卫生计生事业取得新实效。成功创建“省级卫生应急示范县”，“省级卫生县城”通过专家级技术评估，县医院通过“二甲”复审。总投资6500万元的县中医院住院大楼、门诊大楼项目主体工程完工。认真贯彻落实国家人口和计划生育政策，强化流动人口服务管理，宁南县被确定为国家免费孕前优生健康检查项目试点县。三是坚持以文化发展提高群众素质，以体育发展增强群众体质，奋力打造“书香宁南”和“中国游泳之乡”。整合资金4768万元，建成全州唯一县级国家三级图书馆一座，藏书21万册、全年借阅图书22万册；建成村级文化活动室55个，乡镇综合文化站25个、广播电视无线基站7座，安装“村村通”7684套，解决了3万余名边远山区群众看电视难问题；建成农村固定电影放映点15个，全年放映公益电影1610场。

【改善民生】 一是民生工程高效实施。协调推进保障性住房，完成914套保障性住房主体工程，启动286套保障性住房建设。深入实施扶贫工程，投入810万元完成项目5个，争取扶贫两资项目1111万元，圆满完成“综合扶贫开发重点工程”目标任务。二是保障就业不断加强。积极引导城乡居民自愿参保，保障覆盖面不断扩大。城镇基本养老、医疗、工伤、生育、失业等保险参保人数达3.62万人，收缴1.13亿元、发放资金1.15亿元；新农合能保人数达16.57万人、参合率99.68%；累计为2.07

万人发放低保金 2194 万元，发放各类补助救济金 1061 万元。城镇登记失业率 3.7%。

【领导人】 县委书记：张硕；县人大常委会主任：吴同林；县长：代兵；县政协主席：罗定山。

（审核：焦道未　朱正英/撰稿：邹英）

普格县

【概况】 普格是“中国彝族火把节之乡”，位于四川省西南部、凉山州东南部，距西昌 74 千米，辖区面积 1918 平方千米，辖 34 个乡镇、153 个行政村、8 个居委会，有彝族、汉族、苗族、布依族等 21 个民族，总人口 19.89 万，其中彝族人口占 83.3%、农业人口占 91.7%，是一个以彝族为主体的少数民族聚居县、国家扶贫开发工作重点县、国务院批准的对外开放县。境内日照充足，雨水充沛，气候宜人，旅游资源丰富，民族文化浓郁，有国家 AAAA 级风景名胜螺髻山以及温泉瀑布、温泉山庄等特色旅游景点，有彝族火把节、彝族年、朵乐荷等民风民俗。2014 年，普格县认真落实中央和省州一系列工作部署，牢牢把握“攻坚克难、改革创新、稳中求进、统筹发展”工作基调，以多点多极支撑战略为总揽，以“农业现代化、新型工业化、新型城镇化、旅游特色化、发展生态化”同步发展为路径，以创新驱动为动力，深入开展“道路交通会战年”“特色产业培育年”“城镇建设推进年”“重大项目攻坚年”“群众路线教育年”主题活动，力抓经济谋发展，实抓民生重民利，狠抓稳定创和谐，严抓作风强党建，保持经济社会平稳健康发展。全县实现地区生产总值 21.84 亿元、同比下降 0.5%，公共财政总收入 2.38 亿元、同比增长 16.9%，地方公共财政收入 1.60 亿元、同比增长 14.4%，城镇居民人均可支配收入 20684 元、同比增长 7.0%，农民人均纯收入 6287 元、同比增长 13.03%。

【气候】 全年气温正常略偏高，降水、日照接近常年平均值。年内有较严重的春、夏连旱天气出现，水稻抽穗扬花期无低温，有一般性伏旱。秋季无连阴雨，冬季无严重低温冷害，总体年景属丰年。年平均气温为 17.3℃，较历年偏高 0.6℃；年极端最高气温为 37.6℃，较历年偏高 0.6℃；年极端最低气温为 -1.2℃，较历年偏高 3.4℃；年总降水量为 1228.0 毫米，较历年偏多 62.4 毫米，其距平百分率为 5%。年日照总时数为 2177.0 小时，较历年偏多 116.8 小时，其距平百分率为 6%。

【农业经济】 全县实现农业总产值 12.21 亿元，同比增长 3.6%；实现第一产业增加值 7.55 亿元、同比增长 4.3%；农民人均纯收入 6278 元，同比增长 13.03%。全年完成粮食作物播种面积 18844 公顷，实现粮食总产量 7060 万千克。马铃薯种植面积 8493.3 公顷，实现总产量 20320 万千克，总产值达 1.73 亿元，薯农收入 10480 万元。种植各类蔬菜 1700 公顷，总产量 4210 万千克，实现总产值 1.17 亿元；种植各类水果 993.3 公顷，实现总产值 2183 万元。牲畜存栏 41.39 万头，同比增长 0.4%，牲畜出栏 24.25 万头，同比增长 1.9%。肉类总产量 1170 万千克，同比增长 2.1%。全年养蚕 1.71 万张，同比增长 0.9%，产茧 46.94 万千克，同比增长 2.6%，蚕茧产值 1583 万元，同比增长 5.6%。足额兑付了农作物良种补贴、粮食综合直补、农资综合直补等国家对农户的惠农资金 2350.12 万元；投入 590.4 万元完成农业综合开发土地治理项目 333.3 公顷，超额完成任务 233.33 公顷；投入 660 万元完成财政奖补一事一议项目 33 个；兑付农机补贴资金 302 万元，购置补贴机具 1065 台；开展技术培训 320 期，培训农民 2.1 万人次，发放各类技术资料 1.75 万份；劳务输转 4.5 万人次，创收 3.6 亿元。

【工业经济】 2014年，完成规模以上工业产值11.25亿元，实现第二产业增加值7.13亿元；完成固定资金投资总额15.02亿元，同比增长19.8%；社会消费品零售总额完成7.13亿元，同比增长9.1%；城镇居民人均可支配收入20684元，同比增长7.0%；完成黄草坪工业集中区规划编制评审工作，鼎昇石英砂加工项目竣工投产，英雄坡一级水电站项目完工，鲁溪河一级水电站竣工投产，实现豪吉食品和电力公司技改。外贸出口鸡精2200万千克，同比下降10.1%，实现出口交货值2.33亿元，同比下降10.02%。

【第三产业】 2014年，完成螺髻山索道提速改造，节俭办“两节”，旅游产业持续向好。全年接待游客151.6万人次、同比增长11.0%，实现旅游综合收入2.90亿元、同比增长15.0%。完成社会消费品零售总额7.13亿元、同比增长9.1%，实现第三产业增加值7.16亿元、同比增长4.9%。金融服务能力明显增强，年末各项存款余额23.63亿元、同比增长15.4%，各项贷款余额5.82亿元、同比增长17.2%。

【招商引资】 创新引资方式，完善招商机制，建立引资项目全程跟踪服务制度，实行领导联系、部门包抓、专人对接，定期召开招商引资工作调度会，强化项目落地，精致石英砂生产线、页岩标砖生产项目竣工投产，甘肃锦泰、湖南东能等6家省内外企业落户普格，火把山庄、城镇燃气管管道、螺髻山园艺场等10个项目动工建设。全年签约项目3个，协议引资18.6亿元，到位资金8.5亿元。

【基础建设】 成功承办凉山州农村公路现场会，争取奖补资金1000万元。全面启动西巧路升级改造，新建通乡油路52.5千米，新修通村公路224千米，新建1个农村客运站，实施安保工程84.2千米。维修改造骨干渠系5千米，改造中低产田土300公顷，新修和维修沟渠52千米，铺设管网20千米，新增有效灌面133.33公顷，改善灌面200公顷。新架输电线路24.38千米，解决5200户用电难问题，220输变电、熊家梁子至螺髻山110千伏输变电、荞窝35千伏变电站等工程全力推进。新建15个4G移动基站，C网覆盖26个乡镇，实现移动信号全覆盖。新建沼气池700口。新建灌溉渠1条（2600米）；实施村内道路建设4条13.3千米；安装太阳能400余套；新建乡村小型桥梁3座。

【优化生态环境】 新建螺髻山污水处理站，建设彝家新寨污水处理站54个，垃圾收集池94个，淘汰富昌冶炼落后产能。创建省级生态乡镇3个、州级生态村15个、县级生态家园300户。实施1900公顷高标准基本农田建设，动工建设12个土地开发整理项目，制止违法占地175起。启动姚家山滑坡等4处地质灾害治理工程，完成60户防灾避险搬迁安置。巩固“两大工程”成果，配套造林1133.33公顷，种植核桃3333.33公顷，义务植树150万株。治理贾家河沟水土流失2.55平方千米。实施退牧还草围栏建设14000公顷，补播退化草原5000公顷。

【民生工程】 巩固完善“六大保险”制度，统筹基金8821万元，覆盖9.98万城乡居民。发放低保金3773万元，保障973名特殊儿童基本生活。补贴895名重度残疾人护理费，改造20户残疾人住房。发放下岗失业人员创业、妇女创业小额贷款878万元。新建保障房250套，发放住房补贴1200户。兑现“4050”保险补贴153万元，城镇新增就业804人，城镇登记失业率控制在3.48%。

【社会事业】 开通“数字电视”用户8737户，完成43个村“村村响”工程建设，放映“2131”工程电影1884场，新建6个彝家新寨村民健身活动场所。新建8个图书服务网点，“月琴音乐”成功申报国家级非物质文化遗产。引进各类人才40名，推广先进实用技术24项，试验推广新品种32个，科技对经济增长贡献率达40%。启动大凉山彝区教育振兴行动计划，全面落实彝区“9+3”免费职教计划和“三免一补”政策。新建农村义务教育薄弱学校食堂7720平方米，改造危房6095平方米，全面消除中小学D级危房，建设教师周转房1764平方米，撤并村点校14所。落实重点寄宿制1400名学生每生每年补助500元生活费。新建5个乡镇卫生院，县医院住院部、急救中心及计生服务站工程项目完成主体建设。新农合参合率达98.2%。狠抓艾滋、结核、血吸虫等疾病防治工作，成功创建省级免疫规划示范县，基本药物制度实现全覆盖。人口自然增长率控制在9.68‰。

【扶贫开发】 完成19个村1646户彝家新寨建设任务，整村推进5个乡7个村11个村民小组，总投资939.3万元，完成住房改造4200平方米，新修村内道路14千米，维修通村公路9千米，完成圈舍改造135间，马铃薯标准化示范基地建设26.67公顷。易地移民搬迁475户，发放1646套彝家新生活“四件套”，改善10607名贫困群众生产生活条件，项目总投资17424.3万元。继续与珠海市扶贫协作，神华集团、省烟草局、省教育厅定点帮扶，红军树新村、顺河新村、洛乌沟中心卫生院等建设项目投入500余万元。

【群教活动】 在全县379个党组织、7130名党员中开展以“坚持为民务实清廉要求，推动普格又好又快发展”为主题，以县级领导班子为重点，层层建立领导机构，以“躬身为民”征文比赛、“闪光言论”征集竞赛、“警钟长鸣”案例教育、“公仆情怀”形象展示、“情满螺髻”帮扶行动五项活动为载体的群教活动后，全县“三公”经费、接待经费同比下降17%、12%；县四大班子及办公室制发文件127份、减少13.7%，召开全县性会议25场次、减少25.6%，会议经费支出减少27.38%；清理整治多占办公用房3204.82平方米、整治率100%；落实县级领导包案12件、解决12件。

【深化改革】 完成撤乡建镇方案报批、事业单位分类，推进行政审批事项改革，取消、调整行政审批（许可）项目68项，全面实施政府权力清单制度，清理、公开行政权力清单4892项，保留审批事项100项，调整取消68项。积极推进户籍制度和公务用车制度改革。“单独二孩”政策启动实施。推进工商注册资本改革，新增注册登记458户。全面启动税收分享、专项资金管理、绩效预算管理等8项财税体制改革。

【领导人】 县委书记：刘长猛；县人大常委会主任：海来日古（彝族）；县长：沙英（彝族，女）；县政协主席：张凌（女）。

（审核：王莉/撰稿：陈思洁　吕灵）

布拖县

【概况】 2014年，全县辖区面积1685平方千米，辖3个镇、27个乡、190个行政村、2个社区，总人口19.1万，符合政策生育率91.77%；人口出生率18.07‰；自然增长率8.89‰。全县地区生产总值完成23.78亿元，同比增长1.3%。一、二、三产业的比例为27.2∶49.8∶23。完成地方公共财政收入1.26亿元，同比增长9.7%；公共财政支出12.37亿元，同比增长16.96%，其中民生性支出4.16亿元，同比增长18%，占地方公共财政支出的33%。城镇居民人均可支配收入达到21024元，同比增长7.1%；农民人均纯收入达到5368元，同比增长14.12%。

【工业经济】 实现第二产业增加值11.84亿元，同比下降1.2%，规模以上工业增加值增速-5.3%，比州上下达布拖县目标-10%高4.7个百分点。完成企业技术改造投资1.3亿元。

则洛食品药品工业集中区通过州级评审、木尔钙产品工业集中区通过县级评审。投资1.6亿元装机1.44万千瓦、年发电量7200万千瓦时的大田坝水电站并网发电。装机3.84万千瓦交际河流域梯级电站项目进展顺利。坤宇矿业公司年产24000万千克生石灰项目四座高炉建设完成，两座高炉已试运行。成宗矿业加紧开展铅、锌、萤石探矿工作，洗选厂建设稳步推进。

【农业经济】 粮食总产量达6780万千克，同比增长0.44%。种植马铃薯13333.33公顷，产量达28700万千克，商品率达63%，实现销售收入2.34亿元。种植烤烟358.93公顷，产量362900千克，实现烟农收入1048.9万元。“四畜”存栏44.15万头（只），出栏24.25万头（只），肉类总产量达1120万千克；人工种草21666.67公顷。种植白杨120万株，青花椒32万株，核桃30万株。种植附子133.33公顷，产量达130万千克，实现销售收入800万元。扶持农业产业化龙头企业4家。新建农民专业合作社3个，辐射带动农户4881户。拉达乡特尔村、建茂公司林下养殖项目进展顺利，特木里镇民主村大棚蔬菜试点种植初见成效。“布拖附子”获得国家地理标志保护产品称号，“布拖乌洋芋”“布拖燕麦”两个品牌成功申报国家地理标志商标，“布拖乌洋芋”走进央视“舌尖上的中国”栏目。兑现粮食直补、良种补贴、农机购置补贴、草原生态补奖、退耕还林及生态公益林补助等涉农政策性补贴6077.93万元。发放高海拔地区特困农牧民补贴838万元。有序转移农村富余劳动力5.2万人次，创收4.38亿元。

【第三产业】 实现第三产业增加值5.47亿元，同比增长4.7%。充分利用春节、火把节、国庆节等节假日，积极组织商家举办让利惠民活动，培育新的消费增长点。社会消费品零售总额实现3.52亿元，同比增长10.7%。建成35户“惠民农家店”和1个商贸中心。主动融入省州旅游发展布局，着力推进乐安湿地和民俗文化等旅游资源开发，《布拖县旅游发展总体规划》进入评审阶段。加强旅游宣传推介工作，接待游客6.5万人，实现旅游总收入4330万元。全县金融机构存款余额达19.81亿元，同比增长13.3%；各项贷款2.23亿元，同比增长29.2%。平安保险布拖分公司正式成立，并开展涉农保险等业务。

【项目建设】 围绕9个州重点项目和32个县重点项目，着力项目带动，推动投资持续增长，完成固定资产投资16.5亿元，同比增长17.7%。稳步推进24个续建项目和17个新开工项目建设，火烈风电场建设项目竣工试运行，其220千伏送出工程项目开工。2013年续建100套保障性安居工程、无电地区电力建设35千伏及以下工程项目竣工并交付使用。2014年彝家新寨建设项目、保障性安居工程、公路侧护栏建设，交际河流域水电开发项目，补尔、乐安风电场建设项目，G356县城至三湾河公路升级改造工程，现役制消防站建设等项目有序推进。

【招商引资】 招商引资到位资金8.77亿元，其中国内省外资金6.13亿元，省内资金2.64亿元，完成工作目标的146%，奋斗目标的125%。在第十五届西博会上与中国华能新能源集团成功签约总投资13亿元的布拖乌科风电场项目。先后对接洽谈了西藏天建集团、上海华声集团和成都豪仕诚基金公司等3家企业，初步达成投资意向。

【基础建设】 G356县城至三湾河段改建工程完成实物调查，G353布拖界完成方案初评。XW05普格至特木里镇界段公路改建工程、包谷坪至罗家坪通乡油路工程项目开工。投入5390万元实施通村通达7条49.5千米，通村通畅26条88.8千米。投资1.17亿元的龙潭镇沿江村等10个土地开发项目通过县级初验，预计新增耕地1113.33公顷。实施无电地区电力建设，解决96个村3.15万人用电难问题。实施地洛乡桥边村等3处泥石流治理工程。投入366

万元实施2013年中央预算内投资农村饮水安全项目，新建16处集中式饮水安全工程。投入419万元实施2014年彝家新寨饮水安全项目。特木里河河道治理工程基本完成。新建沼气池300口，发放省柴节煤灶680台。

【城镇建设】　大力实施城乡基础设施建设，着力拓展县城发展空间，不断提升小城镇承载能力和服务功能。县城新区建设基本完成，龙潭镇红旗新村建设有序推进。启动滨河新区控制性详细规划、县城总体规划修编、县城新区基础设施规划。《城市排水（雨水）综合规划》《城市污水处理及再生设施利用建设规划》通过省级评审。投入61.28万元实施措楚巷改造，阿都街、都寨大道绿化，老城区街道道路交通标示、标线更新完善。投入36.5万元建成31个公交招呼站。城市生活垃圾填埋场基本完工，城市污水处理厂建设进展顺利。实施补洛乡、俄里坪乡垃圾填埋场建设。

【生态环境】　严格控制主要污染物排放总量，加强重点污染源企业的环境监管。全力推进省级生态县建设，逐步实施生态乡镇规划。积极组织开展义务植树活动，种植华山松、桤木60万株，森林管护面积81000公顷，森林覆盖率达32%。创建2个省级生态乡镇、20个州级生态村、100户县级生态家园。加强乐安湿地自然保护区建设，推进泥姑河流域生态修复项目，投入804万元实施退牧还草工程16666.67公顷。切实加强水资源管理工作。加强环境卫生治理，实行门前“五包”责任制和环卫管理分段责任制，重点对“脏、乱、差”地段进行治理，城乡环境综合治理形成常态化。

【禁毒防艾】　建成特木里小学等5个青少年禁毒教育基地，深入开展禁毒宣传教育活动。与云南省签订协作协议，全力整治外流贩运毒，开展“除毒害”集团作战、“飓风扫毒”等专项行动，共破获毒品违法犯罪案件195起，缴获海洛因37813.5克，麻古2122.2克。深入推广“支部+协会”民间禁毒模式，不断巩固禁毒成果。着力构建艾滋病防控体系，开展国家“十二五”重大科研专项复检工作，复检25583人，复检率达80%以上。创新宣传教育模式，进村入户工作纵向延伸13个乡镇，新增宣传员259名、督导员36名，覆盖群众87742人。大力加强特殊人群行为干预，全面落实“四免一关怀”政策，免费婚检3860对，美沙酮维持治疗3284人，纳入抗病毒治疗3081人。

【综合扶贫】　实施乌蒙山片区区域发展扶贫攻坚规划，积极构建政府、市场、社会协同推进的大扶贫开发格局。扎实推进十项民生工程和省上19件、州上10件民生实事，减少贫困人口4800人。投入8499.8万元，实施16个村1402户彝家新寨住房建设，捆绑资金建设通村公路8.6千米，入户路及支路35.2千米，实现集居村组道路硬化率达80%以上。投入900万元实施整村推进项目建设，惠及9个村973户7468人。投入970万元，实施11个以工代赈项目。会理帮扶300万元实施九都村彝家新寨建设，神华集团投入帮扶资金200万元购置医疗设备，省人社厅投入帮扶资金50万元支持乌科村扶贫。投入36万元开展彝绣文化产业培训，受益297人。建立精准扶贫工作机制，对163个贫困村8569户贫困户34776个贫困对象建档立卡。修改完善世行贷款项目可行性研究报告。

【教育卫生】　深入实施教育优先发展战略，进一步强化政府主体责任，落实“五包”措施，推行“七长”责任制，大力整治非法组织未成年人外出务工，着力抓实控辍保学，不断巩固“两基”攻坚成果。积极落实“三免一补”政策，义务教育阶段学生营养改善计划涵盖82所学校，惠及学生28617人。落实高寒山区学生供暖计划，受益学生10315人。投入62万元，实施学前教育资助计划，覆盖学生2000人。建立完善教育帮扶机制，全面落实彝区“9+3”免费职业教育政策，组织130名毕业生到内地中职学校就读。不断充实教师队伍力量，新招录特岗教师91名，发放农村教师生活补助资金510万元。投入资金3816万元，实施单体工程19个。拆除D级危房校舍4985平方米，推进薄弱学校改造和寄宿制学校标准化建设。大力推进基本公共卫生服务均等化，县医院创建二级甲等综合医院接受省专家组评审。投入84万元新建14个村卫生室。继续强化妇幼卫生服务，住院分娩率达56.5%。新农合参合15.49万人，参合率达98.71%，全年就诊4.36万人次，报销3602.24万元。累计建立居民健康档案15.2万份，建档率达83%。招录聘用医疗卫生人才54人，基层医疗服务能力不断提升。

【社会保障】　大力实施就业促进工程，实现城镇新增就业353人，城镇登记失业率控制在3.8%，完成农村劳动力实名制登记入库8.52万人。积极推进社会保险工作，“五大保险”参保人数达8.53万人。发放2013年、2014年五类人员高海拔临时补贴4003万元。城乡低保全面提标，发放城镇低保1013.68万元、农村低保3563.35万元、“五保”供养资金408.6万元。健全社会救助体系，加大对弱势群体的帮扶救助力度，城乡医疗救助4.26万人次，发放救助金745.11万元。发放特困儿童生活保障金872.43万元、孤儿生活保障金1021.61万元、艾滋病病毒感染儿童生活补助129.9万元。下拨救灾资金150万元。加大农村危房、城市棚户区改造力度，完成150套廉租房分配，发放廉租住房租赁补贴67.14万元。受理农民工投诉案件9起，为200余名农民工讨回工资150余万元。

【文体事业】　投入使用24个乡镇综合文化站和178个农家书屋，完成文化馆、图书馆升级改造并向社会免费开放。实施100个村广播“村村响”工程，发放卫星直播设备6520套，放映农村公益电影2280场。成立艺术摄影协会、龙潭镇腰鼓队等社会文化组织，开展文化下乡、广场舞活动，丰富群众文化生活。积极开展非物质文化保护工作，“中国火把文化之乡”申报获省级评定，完成“全国第一次不可移动文物普查”摸底调查。特木里镇日嘎村被命名为首批中国少数民族特色村寨。参加凉山州第四届艺术节喜获佳绩。深入推进全民健身活动，建立单项体育协会3个。投入57.6万元，新建24个农民体育健身场所。积极参加省州各类竞技体育赛事活动，相继在州内外体育赛事上获得优异成绩。

【改革创新】　不断推进行政审批制度改革，清理行政审批事项238项，减少41项，提高审批效率，行政权力运行平台建设稳步推进。启动电子政务大厅建设，新政务服务中心即将投入使用，完善县乡政务服务体系。完成政府机构和人员编制清理工作，积极稳妥推进事业单位分类改革，撤销5个区域协调办，继续推进食品药品监管体制改革。强化政府债务、政府项目资金及其他财政资金的统一监管，健全公共财政资金绩效评价体系。成立公共资源交易服务中心，不断规范政府采购行为。推进公务用车、公务卡改革。稳步推进公立医院改革，取消以药补医。“单独二孩”政策全面实施。户籍制度改革稳步推进。深化国有企业改革，国网四川布拖供电公司挂牌运营，信用联社改制工作积极推进。加快农村经营机制改革，推进农村集体建设用地、宅基地使用权确权登记工作。依法规范林地流转、林权交易行为。

【自身建设】　深入开展党的群众路线教育实践活动，着力解决“四风”等突出问题，严格落实中央“八项规定”、省州县“十项规定”，县本级“三公”经费支出同比下降11.88%。全面实施依法治县，将法治理念贯穿于经济、政治、文化、社会及生态文明建设各方面，公共权力依法规范运行。主动接受人大及其常委会依法监督和政协民主监督，办理人大代表议案、建议、批评和意见30件、政协委员提案和建议40件。修订完善《政府议事规则》等制度。深入开展纠正涉及民生重点部门和窗口单位不正之风，不断加大重点领域信息公开，推进行政机关协同办公等新技术运用，服务环境不断优化。严格落实党风廉政建设“两个责任”，反腐倡廉工作持续深入开展，监察、审计、信访监督进一步加强，受理群众来信来访115件（次）。建设项目招投标、政府采购、药品采购等各项制度得到严格执行。组织民兵、医疗等抢险救援队伍赴云南鲁甸开展抗震救灾。安全生产形势总体平稳，全县社会大局保持和谐稳定。

【领导人】　县委书记：沙文（彝族）；县人大常委会主任：乃古科且（彝族）；县长：卢史体（彝族）；县政协主席：王金秀（彝族，女）。

（审核：谢勇/撰稿：姚仲华）

昭觉县

【概况】　2014年，全县辖区面积2702平方千米，辖47个乡（镇）、271个行政村、837个农牧服务社，年末总人口31.45万人，其中彝族占98.03%。

【综合经济】　2014年，全县地区生产总值23.37亿元，同比增长6.7%；社会固定资产投资19.34亿元，同比增长24.2%；公共财政总收入1.778亿元，其中地方公共财政收入本级1.34亿元，同比分别增长13.44%和16.1%；城镇居民人均可支配收入19858元，同比增长7.2%；农民人均纯收入5611元，同比增长14.07%。第一产业增加值9.24亿元，同比增长4.6%，其中农业增加值4.3亿元、牧业增加值4.2亿元。第二产业增加值6.4亿元，同比增长9.5%，其中规模以上工业增加值同比增长7.14%。第三产业增加值7.73亿元，同比增长6.4%，社会消费品零售总额同比增长12.1%。

【工业】　扎实推进新型工业化，强化保障煤、电、油、运等生产要素，着力优化工业结构，做强工业支撑，重点发展清洁能源等战略性新兴产业。2014年，华能风电一期、二期项目建成投产并发电4275.5万千瓦时，各水电站共发电5.4亿千瓦时；金鑫水泥公司、国泰公司等9户规模以上骨干企业产销顺畅。全县工业集中度达35.23%。

【新型农业】　推进现代烤烟生产，打造“玛咖大县”“核桃大县”“雪松王国”和畜牧强县，壮大传统农业规模，增加劳务收入。2014年，全县种植烤烟556.13公顷，生产烟叶7万千克，产值1479万元；投入3000万元集中连片种植玛咖673.33公顷，产量50.5万千克，实现产值1.01亿元，带动种植农户人均增收约1500元；种植绿色蔬菜666.67公顷。全县栽植核桃131万株、脆红李2万株，以“公司+基地+农户”的产业模式建成核桃种植专业合作社1个、投入600万元的核桃苗圃和采穗圃共31.33公顷，投入1400万元培育的42万株雪松苗已具备移栽条件。全县种植粮食作物1866.67公顷，生产粮食10220万千克，其中种植苦荞麦333.33公顷、绿色食品马铃薯标准化生产12666.67公顷（马铃薯折粮产量8800万千克）。全县肉类总产量达2230万千克，捆绑投入1376万元建成高标准现代化养殖小区11个，建有畜禽圈舍305间1.5万平方米，培育养殖大户627户，建成退牧还草围栏13333.33公顷。全年组织劳务培训约7000人次，转移输出农村劳动力8.05万人，实现劳务总收入6.44亿元，同比增长43%。经中科院鉴定，昭觉县生产的吗咖，其关键成分玛咖酰胺和玛咖稀含量均超过南美洲原产地，品质为世界顶尖水平。

【现代服务业】　加快编制《昭觉县旅游业发展总体规划》《昭觉谷克德国家湿地公园修建性详规》，依托谷克德高原湿地公园、民俗村落、自驾游营地建设，发展高原生态旅游和民俗旅游，突出发挥旅游业带动作用；增强商贸金融服务能力，逐步提升东五县人流物流集散地地位；落实农机购置补贴等各类消费补贴制度，加快培育新兴消费热点，不断扩大城乡群众消费规模。2014 年，全县实现旅游总收入 1.2 亿元，同比增长 61%；西南地区规模最大（四川首家）的大坪坝汽车自驾游营地（总投资 1.7 亿元）投入试运营；凉山州东五县汽车尾气环保检测站、县级农产品质量安全检验检测站等项目建成并投入运营，跨克物流中心项目前期工作有序推进；金融机构年末存款余额 28 亿元、贷款余额 5 亿元，同比分别增长 9.83%、46.59%。

【公路建设】　着眼构建凉山州东部地区交通枢纽，全面落实州“交通大会战”战略部署。截至 12 月 31 日，全县年内共完成交通投资 3.28 亿元，建成国省干线公路 45.15 千米、农村公路 226.6 千米、交通安保工程 24 千米、客运汽车站 9 个，县城至竹核 14.4 千米快速通道建成通车，完成了省道 208 线昭觉庆恒至金阳县城段改建工程（昭觉段）的 80%，完成了国道 245 线西昌川兴至昭觉县城段改扩建工程（昭觉段）的征地拆迁补偿工作和路基工程的 30%，开展 G245 线越西至昭觉马家院公路升级改建工程、昭觉三湾河至布拖县城段公路升级改造工程等重点公路项目的前期工作；昭觉县城至竹核、比尔、四开、美甘四条城乡公交线路正式运营，共投入公交车辆 12 辆。

【城乡规划建设】　加快推进重大市政基础设施建设、《昭觉县城市总体规划》第二轮修编扩编和矿业权设置方案编制工作，扎实推进农田水利建设和农网升级改造及无电地区电力建设工程建设。截至 12 月 31 日，基本完成《昭觉县城市总体规划》第二轮修编扩编工作，将新增城镇建成区面积 3.3 万平方米，城镇化率提高 4 个百分点（达到 23.1%）；编制完成矿业权设置方案；完成县城生活垃圾卫生填埋场一期工程的 90%、新城镇污水处理站建设工程的 70%，并开展了县城生活垃圾卫生填埋场二期工程、县戒毒所、玄生坝禁毒卡点、庆恒禁毒卡点等项目的前期工作；铺设了县城管道燃气项目的主管道 4780 米，完成城区供水管网改造二期工程 5.7 千米；通过实施土地开发项目新增耕地 1000 公顷。2014 年，新增有效灌面 46.67 公顷、节水灌面 40 公顷；投入 900 万元解决了 44 个村 1.8 万人的饮水安全问题；投入 3.33 亿元实施农网升级改造及无电地区电力建设工程，解决了 4.98 万户 19.94 万人的用电问题。另外，县看守所、县武警中队、县消防站、县法院审判庭等项目建设已全面开工建设。

【生态环境建设】　加大森林管护力度，创新造林模式，加强企业合作，大力推动绿色发展，整治环境违法行为。编制完善《昭觉县地质灾害防治规划》，严格执行地质灾害危险性评估报告制度，加强国家生态功能区建设，全力开展县城饮用水源保护区立标工作和主要污染物排放年度控制工作。2014 年，全县实施“天保”工程二期森林管护 129666.67 公顷，巩固退耕还林后续产业 1000 公顷；营造林 1000 公顷，荒山造林 2666.67 公顷，义务栽植白杨 120 万株；治理水土流失 11.5 平方千米，建成了比尔和城北两个国家生态功能区，成功创建了生态乡镇 2 个、生态村 20 个、生态家园 100 户，并完成了县城饮用水源保护区立标工作。

【民生工程】　持续加大民生投入，全力实施大小凉山彝区“十项扶贫工程”“十项民生工程”、省州民生实事。坚持专项扶贫、行业扶贫、社会扶贫和对口帮扶并重，推进整村连片扶贫开发工作，开展村民避险搬迁安置。2014 年，全县通过财政投入涉及民生资金 3.72 亿元，占地方公共财政支出的 26.5%；全面完成了“十项民生工程”的年度任务，投入 1 亿元实施了省 19 件民生实事和州 10 件民生实事；全年通过大小凉山彝区“十项扶贫工程”共减少贫困人口 7272 人；整合扶贫、移民、以工代赈等各类扶贫资金 1.43 亿元，基本完成 14 个村 1209 户彝家新寨建设和 4 个整村推进项目建设任务，并及时配套了水、电、路等基础设施；实施村民避险搬迁安置188户。

【社会保障】 狠抓“五大保险”，加强银政对接，全力做好受灾群众安置和救济，扎实开展保障性安居工程建设。2014年，全县共发放各类惠农资金8164万元、城乡居民最低生活保障金7440万元、特殊困难儿童及孤儿救助金1751万元、农村“五保”供养金536.5万元、城乡医疗救助金1268万元、救灾资金164.31万元；争取到国家开发银行棚户区改造贷款1.16亿元，建设保障性安居工程住房247套，累计竣工504套；新增城镇就业395人，城镇登记失业率控制在4%以内。参加新农合22.92万人次，参合率达98.5%，报销金额8059万元，基金使用率达89.3%；基本药物制度实现乡镇卫生院全覆盖，实行零差价销售，网上采购率达100%；建立居民健康档案24万份，建档率93.8%。

【教育事业】 启动民族教育振兴行动计划，强化控辍保学“六长”责任（县长、教育局长、乡镇长、校长、村长、家长），继续探索借力办学、集中办学教育发展新模式，深化职教改革，不断改善学校教育教学环境。2014年，全县共实施教育类工程项目131个，D级危房校舍全面消除；全县在校学生达5.63万人，学前教育毛入园率78.26%、小学入学率99.22%、初中阶段入学率95.23%，招收“9+3”免费教育学生418名，完成了昭觉中学塑胶跑道和教师经济适用房建设等。

【禁毒】 2014年，全县共破获毒品刑事案件124起，缴获毒品海洛因约6.7万克，特别是成功破获了建州后最大的毒品连环犯罪案件。

【领导人】 县委书记：子克拉格（彝族）；县人大常委会主任：贾尔体（彝族）；县长：杨昌林（彝族）；县政协主席：吉觉古史（彝族）。

（审核：王伟/撰稿：朱文峰）

金阳县

【政区与人口】 2014年，全县辖区面积1588.23平方千米，其中耕地1.59万公顷，与2013年持平。辖4个镇、30个乡、178个村（居委会）、801个村（居）民小组。年末总人口20.28万人，同比增长1.0%，其中：彝族16.46万人，占总人口的81.2%，同比增长0.05%；汉族3.71万人，占18.3%，同比增长0.01%；藏族、回族、满族、白族、苗族、羌族、侗族、布依族、景颇族等民族1032人，占0.5%，同比下降0.01%。男性人口10.40万人，占51.28%；女性人口9.87万人，占48.67%；男女性别比为105∶100。全年出生人口2742人，出生率16.74‰；全年死亡人口1182人，死亡率6.96‰，同比增长0.77个千分点；人口自然增长率9.78‰，同比增长0.25个千分点。

【经济概况】 2014年，全县地区生产总值28.06亿元，同比增长15.7%，其中：第一产业增加值5.88亿元，同比增长6.4%；第二产业增加值16.15亿元，同比增长23.8%；第三产业增加值6.04亿元，同比增长6.2%。三次产业对经济增长的贡献率分别为5.4%、88.8%和5.8%，一、二、三次产业占生产总值的比重由2013年的23.3∶53.8∶22.9调整为21.4∶57.5∶21.1。全县地方财政收入2.81亿元，同比增长63.3%，其中：一般预算收入（不含基金收入）1.47亿元，同比增长17.1%。县级财政总支出13.15亿元，同比增长26.2%，其中：教育支出2.73亿元，同比增长28.4%；住房保障支出16337万元，同比增长16.0%；医疗卫生支出12357万元，同比增长19.0%；节能环保支出5784万元，同比下降16.3%。农林水事务支出21477万元，同比增长33.5%；文化体育与传媒支出2273万元，同比增长24.9%；全年完成全社会固定资产投资15.22亿元，同比增长15.3%。按投资构成分：建筑工程11亿元、同比下降0.8%，安装工程16254万元、同比增长186.7%，设备购置13177万元、同比增长11.3%，其他费用12709万元、同比增长257.1%；按产业分：第二产业投资58747万元、同比增长43.8%、占总投资的38.6%，第三产业投资9.36亿元、同比增长2.6%、占61.4%。城镇新增固定资产10.55亿元、同比下降17.1%，投资对经济的增长贡献率为2.6%，拉动GDP增长0.5个百分点。全县社会消费品零售总额5.71亿元、同比增长11.7%，按经营地分：县消费品市场零售额3.38亿元、同比增长11.9%，县以下消费品市场零售额2.33亿元、同比增长11.4%；按行业结构分：批发零售业866.3万元、同比增长16.2%，零售业5.26亿元、同比增长11.5%，餐饮业3325.6万元、同比增长13.2%，住宿业247.2万元、同比增长14.8%。金融机构各项存款余额26.20亿余元，同比增长10.90%，其中城乡居民储蓄存款余额8.46亿元，同比下降21.5%；各项贷款余额3.48亿元，同比增长19.0%。城镇在岗职工年均工资5.09万元，同比增长0.6%，城镇居民可支配收入20514.3万元，同比增长7.3%；年末城镇居民人均住房面积32.95平方米；农村居民人均纯收入5318元、同比增长14.1%，农村居民人均可支配收入3539.61元，同比增长26.8%。

【工业经济】 2014年，完成规模以上工业总产值1.04亿元，同比下降35.4%；工业对全县国内生产总值的贡献率为86.2%，占GDP的比重为49.1%，拉动GDP增长16.6个百分点。全年规模以上工业销售收入10.39亿元，同比下降35.4%；实现利润4540万元，同比下降49.5%；工业产品产销率100%。

【民营经济】 2014年，全县民营经济从业人员2932人，同比增长14.5%；注册资金6.17亿元，同比增长16.2%。实现增加值12.41亿元，同比增长18.3%，其中：第一产业增加值2.13亿元，同比增长4.3%；第二产业增加值7.85亿元，同比增长33.9%；第三产业增加值2.43亿元，同比增长6.2%。上缴税金4335万元，同比增长22.0%。民营经济占GDP的比重为44.2%，对经济增长的贡献率达49.5%。

【农业及农村经济】 2014年，实现农林牧业总产值11.40亿元，同比增长6.1%；农村居民人均纯收入5318元，同比增长14.1%。全县主要粮食作物产量保持稳定。粮食总产量6110万千克，同比增长0.7个百分点；油料产量19万千克、麻类产量1.4万千克、烟叶产量6.6万千克、魔芋产量5036万千克，均分别与2013年持平；水果产量387万千克，同比增长0.4%；蔬菜产量3800万千克，同比增长0.2%；甘蔗产量7438万千克，与上年同期持平。实现农业产值6.07亿元，同比增长10.0%。养殖业：牲畜出栏31.47万头（只），同比增长0.9%，其中：生猪14.25万头，同比增长1.6%；肉牛1.09万头，同比增长0.5%；羊16.13万只，同比增长0.4%。全年肉类总产量1330万千克，增1.2%，其中：猪肉910万千克，同比增长1.6%；牛肉89.3万千克，同比增长0.4%；羊肉281.3万千克；禽肉产量46.2万千克，同比增长1.3%；禽蛋产量74.5万千克，同比增长0.7%；蚕茧产量2.1万千克，与上年同期持平；水产品2万千克，与上年持平。全年造林2233公顷，同比增长245.3%，四旁零星植树473万株，同比增长33.9%，林产品仍是农民增收支柱之一。全年生产核桃947万千克，同比增长20.%；花椒550万千克，同比增长3.6%；生漆9万千克，板栗产量1.4万千克，分别与2013年持平。实现林业产值5360万元，同比增长0.35%。

【交通、旅游】 2014年年末，全县34个乡镇、178个村（居）委会有127个通公路。完成公路货物周转量594万千克，同比增长10.0%；公路旅客周转量1812万人千米，同比增长6.8%。全年实现旅游收入总额6501万元，同比增长48.02%，入境旅游65.01万人次，同比增长44.8%。

【社会事业】 2014年，教育事业稳步发展，基础教育数量、质量、结构明显提升，继续实施“两免一补（免学费、免书本费、补助生活费）”和“四川省民族地区十年行动计划”以及普及九年义务教育政策，境内入学率逐步上升，教学质量稳步提高。年末全县有各类学校46所，其中：小学38所，普通中学8所；专任教师1415人，其中：小学专任教师1042人，中学专任教师373人；在校生29966人，同比增长1.75%，其中：小学在校生24840人，中学在校生5126人；学龄儿童入学率94.96%，其中：女童入学率92.83%。初中毕业生升学率62.07%，高中毕业生升学率50.28%。卫生事业全面推进，加快医疗急救体系、疾病预防控制和乡镇卫生院建设，年末全县有乡镇卫生院及以上医疗机构35个、病床634张，医疗卫生技术人员304人，实际参加新型农村合作医疗的农民13.34万人。加强广播电视基础设施建设，促进广播电视事业健康发展。年末有调频发射机66部，电视转播发射台1座、电视发射机164部。有线广播电视用户3180户，552个自然村通广播电视，广播人口覆盖率70.25%；电视人口综合覆盖率88.19%。

【社会保障】 2014年，全县参加基本养老保险职工2094人，同比增长5.8%；参加城镇基本医疗保险职工1.09万人，同比增长1.2%；参加失业保险职工2400人，同比下降5.4%。领取城镇居民最低生活保障人员2852人，同比增长3人；领取农村居民最低生活保障人员3.52万人，同比增加45人。

【领导人】 县委书记：阿比合几（彝族）；县人大常委会主任：黄格哈（彝族）；县长：毛正文（彝族）；县政协主席：谭福宣。

（审核：李江/撰稿：王健）

雷波县

【概况】 2014年，全县辖区面积为2932平方千米，其中：耕地面积1.6262万公顷，比2013年同期减少0.99%；播种面积3.2414万公顷，有林地面积19.0899万公顷。辖43个乡，5个镇，8个社区，281个村，1230个村民小组。年末总人口25.64万人，比2013年减少9510人，同比减少0.24%；少数民族14.47万人，占总人口的56.43%；人口出生率17.73‰，死亡率5.63‰；自然增长率9.11‰。年平均气温为14℃，比2013年减少0.9℃。年日照时数为861.9小时，比2013年减少275.8小时；年平均降水量830.1毫米，比2013年减少371.5毫米。全年全县生产总值完成54.5亿元，按可比价（下同）同比增长23%；地方公共财政收入4.8亿元，同比增长13.7%；固定资产投资95.2亿元，同比增长11.6%；社会消费品零售总额9.6亿元，同比增长12%；城镇居民可支配收入20067元，同比增长8%；农民人均纯收入5980元，同比增长13.7%。规模以上工业增加值同比增长56%，增速为全州第一。银行业机构年末存款余额达40.7亿元，同比增长8.2%；贷款余额10.4亿元，同比增长35.2%；保险业机构实现保费收入3949万元，同比增长27.4%。

【工业经济】 2014年，溪洛渡水电站18台机组全部投产发电，总装机34.5万千瓦的坪头、互助、三望坡等11座中、小水电站发电12.8亿千瓦时。实现产值3.7亿元。安寨坪电站扩容项目成功完成，新增发电装机1万千瓦；总装机达8万千瓦的中沙坪、磨子岩等7座续建电站建设积极推进，柑子河流域水电开发环评工作取得实质性进展。洋丰公司110万千克磷铵工程、施可丰一期60万千克长效缓释肥项目保持正常生产，生产磷酸一铵115万千克；施可丰二期50万千克项目加快实施，凯瑞公司6万千克黄磷项目建成并已投料试产，明信公司新型热法动力波法磷酸中试项目建成并已投料试产，为20万千克生态型磷化工项目产品升级换代奠定了基础；宝盛达公司20万千克精细磷酸盐项目已启动土地储备和相关前期工作。建成投产2个磷矿洗选项目，磷矿运销140万千克。

【农业经济】 2014年，全县农业增加值完成10.03亿元，同比增长4.4%；粮食总产8.73万千克，同比增长1.002%；肉类产量1.69万千克，同比增长1.02%；农村劳动力转移输出6.81万人，同比增长13.8%；实现劳务收入9.01亿元，同比增长36.5%；新增脐橙基地133.33公顷，核桃基地700公顷，以脐橙、白魔芋和核桃为主的特色农业产值达9.53亿元，占农业总产值的40.1%；实现第三产业增加值9.97亿元，同比增长1.9%。

【旅游经济】 2014年，马湖景区国家AAAA创建积极推进，全年接待国内外游客64.7万人，同比增长26%；实现旅游收入4.02亿元，同比增长33.2%。

【交通运输】 2014年，投资4.38亿元，建成通乡油路工程47.6千米，通村通畅公路21条65.7千米，通村通达公路15条33.7千米；建成客运站2个，村级招呼站6个，安装路侧波形护栏100.5千米，启动建设了59个村225千米通村通畅工程和36个村191千米通村通达工程。金沙江沿岸雷波港区的下河坝、回龙场、瓦屋、金沙口等6个码头完成水下作业部分建设。溪洛渡库区县、乡复建公路路基工程基本完成，路面工程完成工程总量的90%，桥梁工程完成总量的97%，隧道工程完成总量的95%，除一车大桥、溜筒河大桥、簸箕中桥、卡坪隧道正在进行后期桥面铺装及防护设施建设外，余皆达到通行条件。投资3100万元建成的长达7.4千米的磷化工业园区马道子、顺河专用公路已经全面建成并投入使用。

【农业基础设施建设】 2014年，完成中低产田改造333.33公顷，标准农田建设266.67公顷，西宁河流域3.5千米防洪治理工程全面完成，乐水湖水库除险加固工程基本完成，修复水毁工程97处，整治病险水库1座，堰塘4座，新增有效灌面153.33公顷，恢复和改善灌面466.67公顷；为3.8万名农村村民解决了饮水安全，治理水土流失面积10.2平方千米，完成坡改梯88公顷，建设沼气池600口。完成营造林1800公顷，天然林保护67333.33公顷，封山育林666.67公顷。

【电力通信建设】 2014年，城郊220千伏变电站主变扩容工程投入使用，新增变电容量18万千伏安；县城至顺河工业园区、至拉咪和西宁的110千伏输变电项目建成投用，投资4.2亿元建设的农村无电地区电力建设工程完成工程量的86%，惠及群众2万余人。溪洛渡库区149.6千米电力复建输电线路和5个变电站基本建成。架设光缆400千米，新建移动通信基站76个。

【政企改革与发展】 2014年，全县清理核实行政权力5943项，并在网上公开试运行；顺利启动新一轮政府机构改革，食药监管体制改革全面完成，撤销政府采购中心，县公共资源交易中心规范运行，共承接交易项目170项次，完成交易金额6200万元，资金节约率达8.9%；财政预算管理改革不断深入，推行使用公务卡成效显著，资金监管力度加大，支出结构进一步合理。国有企业改制迎难推进，启动了县百货公司、县铁合金厂2户县属国有企业改制工作；信用合作联社改置为农村商业银行稳步实施，事业单位分类改革已完成分类确认，县级公立医院改革成效明显，全面推进医疗费用即时结算，取消药品加成，直接让利群众160余万元。农村土地确权登记试点有序展开，办理农村土地承包经营权证380本，流转土地510.2公顷。

【生态环境建设】 2014年，落实草原生态保护奖惩政策，退牧还草围栏12000公顷；开展了5个省级生态乡镇31个州级生态村2500户县级生态家园的创建工作，完成了县城污水处理厂和锦城、汶水、西宁、黄琅4个集镇污水处理站以及县城周边荒山和三号公墓绿化工程的前期工作。加强了对溪洛渡、向家坝2个水电站库区周边地质灾害的群测群防，完成影响区移民搬迁123人。投资1800万元开展了永盛乡槽田村乔家院子滑坡应急处理，实施地质灾害排危项目8个，避险搬迁安置381户。

【城镇建设】 2014年，县城新区建设迎难推进，实现37户房屋搬迁移交，完成1号、2号、3号统一规划自建点、引资医院、1号道路A段、2号道路A段、18号道路B段、思源学校等的征地实物调查和公示复核工作，锦城污水处理站和消防站已基本具备进场开展建设条件，溪洛渡和向家坝水电站库区7个复建集镇和1个移民安置点已建成投用。

【民生工程建设】 2014年，10项“扶贫工程”稳步实施，完成了投资1.39亿元建设22个彝家新寨村的任务，新建住房1164户，风貌打造762户，完成通村通组道路建设29.1千米，开展了村委会、文化娱乐场所、垃圾池等公共设施建设。投资1200万元，完成了12个村的整村推进工作，受益农户达1194户5130人；建设完成村内道路12千米，进村入户路29千米。发展经济林、干果林和家杉速丰林等扶贫产业林1622公顷。完成了12410户45582人的贫困户建档立卡工作，组建了170个516人的驻村扶贫工作组，使6189名贫困人口脱贫。10项民生工程、19件省级民生工程和10件州级民生工程以及10件县级民生工程建设顺利推进，城镇新增就业1012人，下岗失业人员实现再就业290人；全年为963名农民工追回工资1435万元，企业退休职工人均养老金达到人均1696元/月，城镇、农村低保实现应保尽保，补助标准分别提高到196元/月和90元/月，“五保”“三无”人员和孤儿集中供养标准分别提高到400元/月和1130元/月；上年只为90岁以上高龄老人发放高龄补贴，本年度将高龄老人年龄界限延伸到80岁以上范围；为5596名残疾人提供了26899项“量体裁衣式”个性化服务，向1837名重度残疾人发放了护理补贴。投入4300余万元，实施了惠及广大学生的教育“三免一补”学生营养改善计划和彝区“9+3”职业教育政策，投资260万元建成13个村级组织活动场所，投资500万元实施“厨房式”工作法。大岩洞乡半坡村通村公路、大岩洞乡地质灾害避让搬迁200户，曲依乡木洛村饮水工程、曲依乡新植优质核桃林286.67公顷、改造低产核桃林268.67公顷，谷米乡下坝村6.67公顷脐橙基地建设全面完成；海湾小学扩容、海湾200套保障性安居房建设、无电地区电力建设、县城第二幼儿园建设正在有序推进。

【社会事业发展】 2014年，大力实施“大凉山彝区教育振兴计划”，制定出台《雷波县推进义务教育基本均衡发展实施方案》《雷波县教育振兴计划实施方案》《雷波县辍学保学工作实施方案》。投资9373万元实施校安工程、十年行动计划、薄弱学校改造等项目36个，新建校舍44103平方米，拆除D级危房5069平方米，新招录补充教师387名，高考升学率达到82.4%。7个复建卫生院建成并投用，新招录医生63名；新农合参合率达到98.2%，报销医疗费6646万元，参合群众受益率达到80%以上。人口自然增长率控制在6.63‰。成功举办了“2014中国·雷波彝族民歌邀请赛”，雷波县的“表哥表妹”组合、老彝腔文化小组获比赛金奖，“牛牛合”和“彝族月琴制作技艺”成功申报为省级非遗产节目；全县建成社区书屋33

个，安装村村通5393套，村村响100个，广播、电视覆盖率分别达到91.4%和77.3%，《雷波县志（1991—2006）》出版面世，详细介绍人民解放军进军凉山、解放雷波的史书《不该忘却的岁月》与众多读者见面。

【社会治安综合治理】 2014年，依法治县工作被州委、州政府授予“全州依法治县工作先进集体”，法律“六进”活动深入开展，各项反恐维稳措施得到认真落实，社区“网格化”管理推行顺利，对“两抢一盗”、涉毒贩毒、诈骗等各类违法犯罪活动保持了严打的高压态势，禁毒防艾工作成效显著，大力开展“推进依法治县，深化平安雷波建设的‘10大专项行动’”，刑事案件发案率同比下降了25.3%，治安案件发案率同比下降了0.3%，全县政法干警在县委、县政府的正确领导下，成功摘掉了省级“社会治安重点整治县”的帽子。规范信访工作行为和内容，信访案件办结率达到94.5%，认真抓好移民和失地农民重点信访人群稳控，实现了进京赴省零信访、零集访目标，确保了在全国、全省、全州和全县的‘两会’等重特大活动特殊敏感时段的社会稳定，荣获了“全州信访综合目标考核”第二名，安全事故发生件数、受伤和死亡人数、直接经济损失“四项指标”明显下降，集中并成功开展了模拟破坏性地震和食品安全应急演练，兵役工作被四川省军区评为“全省征兵工作先进集体”，民族宗教工作被评为“全省民族团结先进集体”，县残联理事长沙马友古荣膺“全国残联先进工作者”和全省第五届“人民最满意的公务员”，白友坡、张鲁洗2人被授予“见义勇为公民”。

【领导人】 县委书记：王荣华；县人大常委会主任：阿木布沙（彝族）；县长：王永贵（彝族）；县政协主席：杨光平（彝族）。

（审核：白史且　杨尔坡/撰稿：张延林）

美姑县

【概况】 2014年，美姑县辖36个乡（镇）和3个社区居民委员会，辖区面积2573平方千米，其中耕地1.84万公顷；森林覆盖率52.3%；年末户籍总人口26.87万人，人口出生率18.91‰，死亡率5.71‰，自然增长率2.51‰。全年实现地区生产总值18.72亿元，同比增长0.3%。其中，第一产业实现增加值7.80亿元，同比增长4.2%；第二产业实现增加值5.04亿元，同比下降5.0%；第三产业实现增加值5.88亿元，同比增长1.6%。全年社会消费品零售总额4.36亿元，同比增长11.6%。全年固定资产投资16.1亿元，同比增长14.3%。地方公共财政收入1.04亿元，同比下降25.8%。地方财政预算支出14.18亿元，同比增长25.4%。年末金融机构存款余额23.10亿元，同比增长17.77%。年末金融机构贷款余额4.86亿元，同比增长24.77%。城镇居民人均总收入2.27万元，同比增长6.63%。农民人均纯收入5244元，同比增长15.1%。

【基础设施建设】 2014年，国道348（原省道103）线瓦嘎觉至大桥段改扩建工程已动工；马边界至瓦嘎觉段已完成前期工作；椅子垭口隧道工程成功立项；省道S307线改扩建工程基本完成；省道217线、省道563线、省道308线3条对外交通干线升级为省道正编制工可报告；启动纳龙风景区等3条旅游公路工可报告编制；56.5千米通乡油路工程已动工，完成196千米农村公路建设和60.5千米环线公路路基建设；改线28.6千米有安全隐患的路段；完成65.3千米危险路段护栏建设；县、乡客运站和村级招呼站建设进展顺利。完成联合水库、市政道路建设、彝族特色城镇风貌打造设计和2所福利院改扩建、救灾物资储备库、救助管理站、儿童福利服务指导中心、烈士陵园和殡仪馆搬迁、巴普镇污水处理站建设前期工作。

四星级彝族文化主题酒店渝美大酒店破土动工；启动武警中队和消防大队营房建设；制定危旧房棚户区改造实施办法，启动598套棚户区改造项目；开展海子坝和下俄普新区开发征地拆迁工作；完成污水处理厂和城市燃气管道工程建设用地预审；实施连渣洛河新建防洪堤和清淤疏浚项目。完成666.67公顷土地开发项目施工和666.67公顷立项报批；完成1333公顷荒草地开发项目立项批复。完成集体土地所有权、集体建设用地和宅基地使用权测绘确权6.4万宗，确权率100%。

【工业经济】 2014年，全年实现规模以上工业总产值7.01亿元；同比下降18.3%。实现工业增加值2.7亿元，同比下降17.6%。主要开展和完成的工业项目有：新佳源磷化工循环产业链首期5000万千克黄磷项目环评通过评审；完成矿热炉硅钙合金项目厂房和基础设施建设；完成美姑县绿色农产品加工集中区选址；美姑河220千伏开关站项目竣工投运；完成城关110千伏变电站新建总工程量的25%；完成普及、峨曲古、龙门水电站建设前期工作；瓦古、瓦以、胜利水电站建设有序推进；成功注册2家风电公司，签订13亿元的风电开发项目一期合同。

【农业经济】 2014年，实现农、林、牧、渔业总产值12.46亿元，比2013年增长4.2%。全年粮食播种面积2.03公顷，与上年持平。粮食总产量7850万千克，同比增长0.4%；肉类总产量2290万千克，同比增长2.7%。马铃薯良种种植1.3万公顷，建设良种基地1466.67公顷，马铃薯良种推广、秋荞、苦荞米、豌豆、蔬菜、小春播种面积共达1.59万公顷。种植光叶紫花苕和多年生牧草1.17万公顷。

【招商引资】 2014年，全年完成固定资产投资16.1亿元，比2013年增长14.3%。新增3户限额以上商贸企业，“万村千乡市场工程”农家店覆盖率达86%；凉山渝川大宗商品交易市场顺利落户美姑。

【品牌建设】 2014年，探索农业规模化发展方式，成立第一家蔬菜种植专业合作组织；美姑被列入全省肉羊生产基地县，美姑山羊完成地理标志证明商标注册；美姑山羊、美姑岩鹰鸡、美姑生态黑猪养殖稳步推进。

【民生工程】 2014年，实施“十大重点扶贫工程”和十项民生工程，改善了1万人的生产生活条件；完成1745户彝家新寨建设和10个村整村推进产业计划；健全精准扶贫机制，完成272个贫困村5.18万人识别建档立卡工作；“四件套”发放1116套；解决1万人安全饮水问题。完成洛俄依甘村智能并网风光储互补发电及太阳能路灯示范项目；实现劳务输出6.32万人，劳务收入4.52亿元；开展防震救灾综合大演练，避险搬迁70户；成功避让地质灾害2起，获州级通报表扬。

【教育卫生】 2014年，有各类学校180所，在校学生41519人，其中，高中学生719人，初中学生6423人，小学学生34377人。全县中小学教职工1897人，其中，专任教师1834人。全县幼儿园共有2所，有教职工71人，其中，专任教师57人，在校幼儿3627人。适龄儿童入学率达99.71%，九年义务教育完成率为46.84%，小学升学率达97.4%。落实大小凉山彝区教育振兴行动计划，输送大小凉山彝区“9+3”和中职学生717人，招收6872名适龄儿童入学，39370名义务教育阶段学生享受营养餐，美姑中学西昌校区教育教学质量不断提高。医药卫生体制改革稳步推进，公共卫生均等化免费服务项目步入正轨，有卫生机构42个，病床位829张，在编在岗卫生工作人员456人。新农合参合率99%，住院分娩率64.84%，婚前医学检查率100%，艾滋病防治核心指标全面完成。人口自然增长率控制在7‰以下。

【社会保障】 2014年，民政救助人数4.91万人；城乡居民养老保险参保人数 8.57 万人，缴费人数 6.88 万人，享受人数 1.7 万人。城乡低保覆盖面达 21%，列支城乡医疗救助金 316.6 万元。对城乡低保户、五保户、孤儿和特殊困难儿童发放各类生活补助金共 7427.8 万元；下拨救灾救济款 180 万元。

【民俗文化】 2014 年，举办首届“莫硕”剪羊毛节和每月文化惠民展演活动，在省第十四届民运会、州第四届艺术节上取得优异成绩；确定古候、曲尼结盟纪念碑设立地界；毕摩音乐、毕摩绘画、彝族尼木措毕祭祀入选国家级非物质文化遗产名录，美姑成为四川非物质文化遗产第一县，全国并列第一；彝族毕摩文化生态保护实验区入选第一批凉山州文化生态保护实验区；建立中国彝族谱系研究与传播中心，彝族谱系成功申报州、省、国家级课题；中国彝族毕摩文献申报世界记忆遗产名录和《中国四川彝族毕摩典籍大全》编纂工作进展顺利。

【领导人】 县委书记：曲木克古（彝族）；县人大常委会主任：熊志华（彝族）；县长：蔡光阳（彝族）；县政协主席：吉古尔石（彝族）。

（审核：孙学元/撰稿：廖加伟）

甘洛县

【概况】 甘洛县地处四川省西南部、凉山州北部，素有凉山“北大门”之称。东与乐山市金口河区、峨边县交界，南与美姑县、越西县接壤，西与雅安市石棉县毗邻，北临大渡河与雅安市汉源县相望。甘洛于 1956 年建县，全县辖区面积 2155.98 平方千米，辖 28 个乡镇、227 个行政村、3 个居委会、837 个村民小组。县境内居住着彝族、汉族、藏族等多个民族，其中，彝族人口占总人口的 74.89%，是一个以彝族为主的民族聚居县。境内最高海拔 4288 米，最低海拔 570 米，年平均气温 16.2℃；有出境公路 3 条，成昆铁路由北向南纵贯县境 62.5 千米；县人民政府所在地新市坝镇，海拔 1061 米；全县森林覆盖率 57%。是国家扶贫开发工作重点县，中国黑苦荞之乡。2014 年年末总人口 22.77 万人；人口出生率 21.87‰，自然增长率 16.79‰。全年地方公共财政一般预算收入 1.557 亿元，同比增长 14.7%；地方公共财政一般预算支出 14.22 亿元，同比增长 14.1%。全县地区生产总值 24.98 亿元，同比增长 7.3%，其中：第一产业增加值 5.72 亿元，同比增长 4.2%；第二产业增加值 10.95 亿元，同比增长 8.4%；第三产业增加值 8.30 亿元，同比增长 7.4%。城镇居民人均可支配收入 20287 元，同比增长 7.5%；农民人均纯收入 5265 元，同比增长 14.53%。

【农业经济】 2014 年，全县农林牧渔业总产值 94839 万元；农业产值 44451 万元；畜牧业产值 48651 万元。粮食播面 21720 公顷，其中大春播面 17473 公顷、小春播面 4246 公顷。粮食总产 7760 万千克，同比增长 0.47%。种植黑苦荞 3466.6 公顷、马铃薯 6406.6 公顷、蔬菜 33.3 公顷、黄果柑 33.3 公顷。核桃产量 535.4 万千克，产值 9101.8 万元；在新市坝镇、田坝镇等 5 个乡镇栽植“川早一号”嫁接苗 10 万株 166.6 公顷。肉类总产量 1473 万千克，同比增长 2.14%；出栏猪 18.617 万头，出栏牛 1.28 万头，出栏羊 9.782 万只，出栏家禽 25.642 万羽，分别比 2013 年增长 2%、2.8%、2.62% 和 3.11%。全县生猪标准化养殖示范小区达到 21 个。审核认定家庭农场 59 个，新发展农民专合组织 30 个，争创省级示范农民合作社 1 个。劳务经济持续发展，转移输出劳务 4.42 万人次，实现劳务总收入 4.58 亿元。

【工业经济】 2014 年，实现工业增加值 8.396 亿元，比 2013 年同期增长 10.2%（可比价）。规模以上工业增速降低 56.4%；发电量 15.07 亿千瓦时，比 2013 年下降 10.1%；铅金属含量3800万千克，比2013年增长23.4%；锌金属含量2240万千克，比2013年增长22.4%；蓄电池3.3万千伏安时，比2013年增长38.5%。投入资金2918万元全面完成海棠产业园区第一、二批次100.6公顷土地收储工作；总投资1.03亿元的海田110千伏输变电工程扎实推进；总投资4290万元的海棠产业园区三级联网公路全面完工；抢抓“全省布点建设铅酸蓄电池集中发展区”的重大机遇，全力推进园中园建设，《甘洛县铅酸蓄电池集中发展区规划》顺利通过环评并获正式批复，全省唯一一个铅酸蓄电池集中发展区落户甘洛。狠抓项目推介和招商引资，制定《海棠产业园区招商引资政策》，实行“一企一策”，成功引进鑫晶源纯化石墨项目等总投资14.95亿元的7家企业入驻工业园区。

【第三产业】　全年完成社会消费品零售总额7.98亿元，比2013年增长11.55%。大力发展服务业，餐饮、娱乐等产业健康发展。以“大凉山”农产品品牌建设为引领，加快培育壮大凉山魂、海棠腊肉等25家农业龙头企业，彝家山寨农牧业科技有限公司成功争创为省级重点龙头企业。旅游业加快发展，完成了2014年旅游经济普查及甘洛县旅游总体规划初编工作。全县金融机构年末存款余额28.91亿元，同比增长12.8%；贷款余额6.38亿元，同比增长2.6%。

【项目建设】　全年完成社会固定资产投资13.51亿元，同比增长14.1%。将计划总投资9.17亿元的34个项目列入全县重大重点项目，年度完成投资6.34亿元。高标准、高质量全力推进总投资2.79亿元的18个“4·20”芦山地震灾后恢复重建项目建设，城乡住房维修加固项目、农业产业基地核桃嫁接项目和畜牧业恢复重建项目已全面完工，殡葬服务中心建设、普昌粮库改扩建等项目强力推进；18个重建项目到位资金2.04亿元，完成投资0.93亿元。加强项目规划，加大项目库建设力度，做深做细做实项目前期工作，形成了竣工一批、启动一批、储备一批的项目工作良好格局。农业基础不断夯实。斯觉大堰改扩建工程全面完成；投入资金2020万元完成田坝河中小河流域治理防洪堤工程，新建防洪堤5.48千米；投入资金144.44万元，完成甘洛河吉米以呷村及阿嘎乡灾后堤防重建工程；投入资金1540万元，实施各类小型水利工程34处，解决17个村9812人饮水困难，新增有效灌面86.6公顷；投入资金200万元全面完成牧区节水灌溉工程。加强农村能源建设，新建沼气池150口。投入资金3822万元，在9个乡镇18个村实施无电地区电力建设工程，解决了2384户用电难问题。全年发放彝家新生活物资“二选一”1716套、“四件套”1000套。实施总投资811万元的村级公益事业“一事一议”项目65个。

【城乡建设】　加快推进河东新区建设，第一期44公顷土地征收工作全面完成，162户房屋征收任务完成72.65%，兑付土地补偿款、安置配套资金5427万元；总投资1.86亿元的路网、桥梁等基建项目的前置手续基本完成。县公安局指挥大楼、县法院审判大楼、县环保局办公用房等老城区舒展提升工程建设项目基本完工。完成了集“产业、文化、生态、旅游”为一体的海棠产业新镇规划编制工作。田坝大树村灾后恢复重建工程全面完工，受灾群众全部迁入新居，小城镇建设有力推进。200公顷城乡建设用地增减挂钩项目全面启动。

【交通建设】　畅通出境通道，总投资2050万元的甘石公路水毁恢复和滑坡病害整治工程和总投资5500万元的甘洛县城至白沙河段公路路面整治工程全面完工；乌斯河至甘洛县城段公路改建工程、甘石公路甘洛段改建工程以及普昌镇、阿尔乡、蓼坪乡3条通乡公路路基工程等项目有力、有效推进；成昆铁路技改扩能工程甘洛站点选址工作全面完成；全年建成通村通达通畅公路52千米；投资2000余万元安装路侧护栏69.9千米。完成《甘洛县公交站场规划（2014—2020）》编制及评审工作。全县现有7个客运站，其中三级客运站1个，四级乡镇客运站6个。2014年有道路旅客运输经营业户3户、道路货物经营业户1327户，道路运输从业人员1397人，拥有农村客运车332辆、2919座；公交车18辆；出租车60辆；货运车1456辆、176.2万千克。

【改革开放】 农村综合配套、农村集体土地确权登记、集体林权制度、医药卫生等各项改革深入推进。制定出台《关于推进民营经济又好又快发展的实施细则》，在扩大投资领域、放宽准入条件等14个方面给予特殊政策支持，民营经济不断加快发展。加强行政审批项目清理，精简行政审批79项，保留行政审批165项、公共服务46项，全年累计受理各类审批事项31261件，现场办结率100%；组织公共资源交易152次，节约资金703万元。对外开放不断扩大。积极推进资源优势向经济优势转变，创新招商引资机制，通过实施组团招商、会展招商、叩门招商、园区招商，着力构建全方位、宽领域、多层次的开放格局；切实强化政府服务职能，不断优化投资环境，推动签约项目落地。全年完成招商引资到位资金8.53亿元，完成工作目标的142.1%。

【民生工程】 大力实施“十项民生工程”，总投资1220万元的110套廉租房工程和101户城市棚户区改造工程全面启动；总投资700万元的田坝敬老院项目基本完工。社会保障体系进一步完善，城乡低保实现应保尽保，累计发放各类救助金6550万元。全面落实就业再就业政策，新增就业536人，下岗失业人员再就业126人，就业困难人员再就业114人；城镇登记失业率控制在3.5%以内。养老保险、医疗保险、工伤保险、城乡困难救助等社会保障体系不断健全。劳务培训、特殊困难儿童救助等10件民生实事扎实推进。以产业发展、基础设施建设为重点，大力推进扶贫攻坚工作。高效、有序抓好总投资1.9亿元的1716户彝家新寨建设工作，实际启动3637户，年度完成投资1.15亿元。全年实施建档立卡贫困人口扶贫解困6034人。2个幸福美丽新村、6个整村推进、16个以工代赈易地移民项目扎实推进。总投资400万元的“四小”工程项目等11个扶贫工程建设有力推进。

【生态建设】 总投资1770万元的“九一五”矿区重金属污染区域综合整治工程全面完成。认真落实46666.6公顷国有林和10万公顷公益林管护任务；巩固退耕还林工程6200公顷，完成2006年退耕还林66.6公顷国家阶段检查验收及后续产业作业设计工作。大力实施草原生态补助奖励机制项目，发放补助补贴资金552.7万元，受补奖农户37724户；完成草原禁牧6133.3公顷、草畜平衡43333.3公顷、人工种草4186.6公顷。大力推进节能减排，严格执行环境影响评价和“三同时”制度，切实做好工业节能和公共机构节能工作。深入开展城乡环境综合治理，着力营造干净、整洁、舒适的人居环境。

【社会事业】 《凉山彝区教育振兴行动计划》有力推进；投入资金6564万元实施薄弱学校改造工程等建设项目40个，全县办学条件不断改善；全年完成彝区“9+3”免费教育计划214人；投入资金4787万元实施“三免一补”、营养午餐计划等教育惠民政策，惠及学生3.3万人；教育系统行风整顿有力推进，教育质量进一步提高；全县高考成绩排名进入全州前十，创历史新高；县职业技术学校在凉山州第二届中等职业学校学生技能大赛中荣获团体第一名。民族地区卫生“十年行动计划”大力推进；国家基本药物制度全面实施，实行药品零差率销售；县医院成功争创“二甲医院”；县医院住院部综合大楼完工投用；乡村公共卫生基础条件和基本医疗服务体系不断健全；新型农村合作医疗参合率达99.95%，连续三年名列全州第一；城乡居民健康档案建档率达86.5%。认真贯彻实施计划生育政策，完成免费孕前优生健康检查667对。科技文体广电事业广泛开展，广播“村村通”“村村响”项目建设有序推进，全年放映公益电影2724场次，广播综合覆盖率82.3%，同比增长3.3%，电视综合覆盖率92%，同比增长0.2%。认真做好非物质文化保护传承工作，成功申报彝族刺绣省级非遗示范基地和传习基地；举办群众性体育活动7次，完成14个村级农民体育健身工程。大力推进移风易俗，积极倡导厚养薄葬，丧礼上谢绝牵牛的良好风尚逐步兴起；全县彝族年时间实现了统一。纵深推进“六五”普法，大力推进依法治县。加强矛盾纠纷排查化解，有力化解和妥善处置群体性事件。着力推行“三本台账”工作法，全年累计建账6915件，办结6528件，办结率94.4%。

【领导人】 县委书记：薛文贵（藏族）；县人大常委会主任：何廷云（彝族）①；县长：刘若尘；县政协主席：梁学祥②。

（审核：李学康/撰稿：鲁小东）

越西县

【概况】 2014年，全县辖区面积2256.56平方千米，辖40个乡镇、289个村、5个居委会、968个村民小组。总户数104479户，年末户籍总人口352556人，比2013年增加6541人。地区生产总值完成32.28亿元，地方公共财政收入完成1.699亿元；固定资产投资完成24亿元，同比增长6.47%；农民人均纯收入完成6047元，同比增长16%；城镇居民人均可支配收入完成20470元，同比增长8.79%。

【农业】 农业增加值10.68亿元，同比增加0.63亿元，同比增长6.26%；粮食总产量11660万千克，同比增长0.07%。六大农业产业稳步发展，收购烟叶473.5万千克，烟农现金收入9726.5万元，创两税3320万元；马铃薯、油菜、甜樱桃、无公害蔬菜助农创收8.38亿元；牲畜出栏42.55万头、同比增长1.73%，肉类总产量达到2470万千克、同比增长1.7%。畜牧业总产值7.54亿元。17家企业、合作社、个体工商户使用“大凉山”品牌标识，涉及29个品种、38个包装，发展新型农业经营主体4683户。投资3195万元整治土地600余公顷，投资1510万元实施“一事一议”财政奖补项目，受益44个村4.61万人。有序输出劳务8.12万人次，实现收入7.08亿元。

【工业】 积极应对繁重的节能和减排任务，坚持效益与质量并重、生态和环境并驱，关闭丰年公司、三民薯业2户高污染企业，投资5200万元加大乃托水泥、索玛锌品等企业技改力度。进一步严把行业准入条件，严格限制高耗能、高污染企业发展空间，富银苦荞、大川新材料、壮心公司等企业建设取得实质性进展。通过转方式、调结构和强化要素保障、落实促进民营经济增长16条措施，全县工业经济特别是规模以上工业企业增加值实现大幅回落到渐次回升的转变，呈现结构改善、质量提升、活力增强、风险可控的局面，全年规模以上工业增加值完成11.30亿元、主营业务收入27.45亿元。狠抓工业发展平台建设，工业集中区总体规划和环境影响评价通过专家组评审，“一区五组团”格局初具雏形。

【第三产业】 第三产业增加值10.3亿元，可比价增速4.5%。旅游产业竞争力增强，水镇中所AAAA级旅游景区加快建设，投资2600万元实施“一路一桥一坝一库”等景区基础设施改造，基本完成文昌大庙古迹恢复、观音碧潭扩容及丁山桥至水观音的观景道路、污水处理站

---

① 何廷云：因违纪，2015年5月受到党内严重警告处分。
② 梁学祥：因违纪，2015年5月受到党内严重警告处分。

等工程建设。消费市场持续活跃，交通运输、仓储、邮政、中介等产业蓬勃发展，社会消费品零售总额完成12.9亿元，同比增长9.43%。全县新增个体工商户133户、私营企业9户，新增注册资本1.19亿元；贡莫乡、保石乡农贸市场建设有序推进。银政银企合作持续加强，各金融机构信贷支持中小微企业960户，发放贷款2.6亿元，全县存款余额37.94亿元，同比增长15.8%；贷款余额10.32亿元，同比增长5.7%。保险、通信事业发展迅速，移动4G、家庭宽带等新兴业务覆盖范围进一步扩大。

【项目建设】 要素保障机制、协调服务体系更加完善，项目建设成为拉动固定资产投资增长的重要引擎。酒店和房地产打捆项目、文昌民族风情街项目、天然草原退牧还草工程等7个州级重大项目全面开工，完成投资6.63亿元；烟叶基地单元土地整治、基层卫生服务体系建设、教育基层设施建设等18个县级重大项目进程加快，形成2.2亿元工程实物量。

【城镇及基础设施建设】 高起点定位、多渠道谋划、高质效推进城镇建设，10家行政单位迁入新区，总投资4.32亿元的新区续建项目有序实施，县城综合农贸市场升级改造工程前期工作抓紧进行，文昌大酒店主体工程完工；总投资6.9亿元的19个旧城改造项目陆续竣工，城市品位、城镇形象进一步提升。城乡环境持续改善，“六乱”治理不断深化，卫生文明县城成果有效巩固；县城区非法载客三轮车依法取缔，各类城市业态有序发展。中所镇百镇试点全面启动，大瑞乡撤乡建镇步伐加快。中冕公路升级改造工程全面启动，已完成总工程量的31.7%、总投资额的31.7%，国道245中所至昭觉马家园段升级改造工程进入招投标阶段，小相岭隧道出口方案确定，成昆铁路扩能工程峨眉至米易段即将在越西率先动工。县乡村路网建设持续加强，捆绑投入8537万元实施通村通畅80千米、通村通达17.9千米，新建村道87.9千米；投资1447.6万元，建成公路护栏65.8千米，两裤路、新保路升级改造工程即将破土动工。投资7225.49万元的“无电地区”电力建设工程在全州率先完工，1.07万人告别无电历史，迎来现代光明。农田水利基本建设扎实推进，解决9550人饮水困难，投资1635.97万元实施马敞河治理，瓦里觉牧区节水灌溉示范工程如期竣工，新增有效灌面160公顷，大花水库可研获省水利厅批复。

【生态文明建设】 创建省级生态乡镇5个、州级生态村30个、县级生态家园200个，实施人工种草1.47万公顷、退牧还草1.33万公顷、核桃产业建设1733.33公顷。8800公顷退耕还林和4.38万公顷国有林管护成效不断巩固，林权流转问题清理整治有序开展。节能减排全面加强，地区生产总值综合能耗同比下降2个百分点，化学需氧量同比下降1个百分点，氨氮排放量同比下降3.8%，氮氧化物削减30%。立足环境优美、村落整洁、通达宜居三大目标，捆绑投入2.5亿元，完成28个村2312户彝家新寨建设，1.16万人喜迁新居。

【社会治理】 普法教育深入实施，荣获全国“六五”普法先进县称号。依法治县进程加快，全民法治思维进一步提升。政务、村务、校务依法公开。畅通群众利益诉求表达渠道，及时办理70件州长、县长热线反映事项，妥善处理各类信访案件，“三大调解中心”化解各类矛盾纠纷1358件。重拳打击吸贩毒、两抢两盗一诈骗等突出治安问题，全县治安秩序持续好转。防震减灾取得新成效，连续两年获省级先进县称号。安全生产不断强化，道路交通、消防、煤矿、非煤矿山、危化品等重点领域和关键环节安全监管体系不断完善，全年无重大安全责任事故发生。食品药品监督管理体制进一步理顺，县、乡、村三级监管网络日趋健全，动物检疫持续加强，舌尖上的安全得到进一步保障。

【社会事业】 教育振兴行动计划全面实施，营养餐改善计划惠及151所学校5.17万名学生。新建学校食堂1.6万平方米、教学功能用房1.5万平方米。义务教育阶段学校全部实现“三免一补”政策。控辍保学“六长”责任制深入落实，小学和初中辍学率分别控制在0.96%、2.78%以内。越西中学、越城镇中心校（文昌小学）迁建项目完成选址等前期工作。幼儿教育、普通高中教育、职业技术教育有所进步，两支队伍管理日趋规范，农村教师岗位生活补贴全面兑现。公共卫生服务均等化和可及性进一步增强，新型农村合作医疗参合率达到98.8%，农村孕产妇住院分娩率达73.3%，建立城乡居民电子健康档案21.19万份。基层医疗体系建设、卫生人才队伍培养、卫生执法监督不断加强。重点疾病防治不断深入，艾滋病防治取得重大进展，荣获全州综合考核先进集体。城乡医疗救助体系日渐完善，全年实施农村医疗救助5.09万人次。“单独二孩”生育政策有序实施，各类奖扶政策全面落实，优质计生服务持续跟进，人口自然增长率控制在9.1‰。289个农家书屋和37个乡镇综合文化站建设全面完成，文化市场和新闻出版进一步规范。艺术长廊、文化广场大家跳等13个项目免费开放，组织参加四川省健身秧歌比赛，荣获银奖和最佳风采奖，群众性文体活动如火如荼。“2131”农村电影放映工程深入边远山寨，3468场次电影放映为广大群众送上精神食粮。“丁山桥及零关题记”“新民古城遗址”等国家级、省级文物保护单位得到妥善保护。如期完成1.1万套“村村通”数字电视发放及安装任务，县乡数字电视联网工程步伐加快。

【史志工作】 认真贯彻落实党史工作“三个意见”文件精神。在全县广泛开展党史教育宣传活动。先后组织人员到12个乡镇23所中小学校、8个单位开展党史宣传和党史专题讲座，受教育师生、干部群众6795人次。为基层干部群众分送志书资料3250册，编发史志工作信息14期，形成全社会关心支持地方志工作的新局面。编纂出版《越西年鉴（2014）》。组织指导全县各部门、各单位、各乡镇开展部门志的编纂工作，出版了《中共越西县委组织志》《越西县检察志》《越西县工会志》《越西县板桥乡志》《越西县白果乡志》等12部部门志、乡镇志。

【社会保障】 全年城镇新增就业1205人，城镇登记失业率控制在4.0%以内；新建公租房98套、改造棚户区住房406套；城乡5.08万人纳入最低生活保障，实现动态管理下的应保尽保，城乡居民养老保险覆盖9.68万人。统筹解决城镇“三无”、农村“五保”和低保老人新农合参保金，全面落实老年人高龄生活补贴，按时兑现困难弱势群体各项救助金。起步实施精准扶贫，建档立卡识别贫困村208个14920户5.7万人，7737人实现扶贫解困。

【改革开放】 政府职能转变加快推进，清理减少行政审批13项，行政权力公开透明运行平台及电子政务大厅上线运行，公布行政权力4741项；公务卡改革扎实有效，办理数量同比上升341.94个百分点，公务接待费用同比下降9.1%。启动农村承包土地经营权确权试点，集体土地确权登记发证工作有序推进。稳妥推进政府机构改革，工商、食药监、质监职能划转基本完成，事业单位分类改革、医药卫生体制改革、户籍制度改革等各项工作落到实处。主动融入攀西经济圈，与州内县市区域合作取得新成效，同杭州上城区、绵阳梓潼县友好合作关系更加巩固。已签约的恩波水电、驿道古风建设等5个招商引资项目完成投资10.54亿元。总投资15.8亿元的华润风电、冷水鱼养殖等第十五届西博会签约项目加紧推进，一批事关长远、拉动发展的项目完成整理、储备工作，全年招商引资实际到位资金12.04亿元，完成工作目标的120.4%、奋斗目标的100.3%。

【灾后重建】 2014年10月1日9时23分，越西县发生里氏5.0级地震，造成17个乡镇、79个村（社区）、2750户11554人不同程度受灾，受灾区域面积达到1063.45平方千米，直接经济损失2.03亿元。地震发生后，启动三级应急响应，迅速集聚救灾物资，全力以赴开展抗震救灾，在省州领导和部门的关心指导下，抗震救灾工作组织有序、应对有效、推进有力，受灾群众得到妥善安置，社会秩序井然，抗震救灾取得阶段性胜利。投资3.15亿元实现灾后恢复重建项目。

【自身建设】 坚定不移推进依法治县、依法行政，自觉接受县人大及其常委会的法律监督、工作监督和县政协的民主监督，限时办结县人大代表议案、建议、批评、意见82件，县政协委员提案36件。借助党的群众路线教育实践活动，全面执行中央和省州县委作风建设相关规定，扎实开展“9+6”突出问题专项整治，不断规范公务用车、办公用房、公务活动和“三公”经费管理，整改腾退办公用房1162.9平方米，查处单位私设“小金库”548万元，督促清退126万元违规发放资金，清查长期不上班等人员30人，党组会撤销14名干部在国资公司中的职务。强化行政监察和审计监督作用，支持纪检监察机关依法开展工作，查处副科级以上领导干部10人，移送司法机关1人；实施政府投资控制价招投标审核和竣工决算审计，减少、核减高估冒算3441万元，节约财政资金和审计费用3712万元；开展政府采购127宗，资金节约率达10%。33个部门、237项行政审批事项统一纳入政务服务中心，实行窗口动态管理，全年办理行政审批及便民服务事项27883项，群众满意率99.5%。

【领导人】 县委书记：袁洪；县人大常委会主任：邹向志；县长：肖正权（彝族）；县政协主席：谢宇光。

（审核：马进臣/撰稿：王茂茜）

喜德县

【概况】 2014年，全县辖区面积2206平方千米，其中耕地2.319万公顷。森林覆盖率37.57%。辖24个乡镇、170个行政村、3个社区。全县年末总户数68326户，总人口229690人，非农业人口20076人。少数民族人口为209020人，其中彝族人口为208604人，占总人口的90.8%。人口出生率15.75‰，人口自然增长率9.53‰，死亡率6.22‰，计划生育率91.72%。

【综合经济】 全县地区生产总值（GDP）完成191458万元，比2013年下降4.8%。其中：第一产业完成增加值60650万元，同比增长4.5%；第二产业完成增加值67393万元，同比下降17.8%；第三产业完成增加值63415万元，同比增长6.3%。人均GDP达到11499元，比2013年下降461元。一、二、三产业结构由上年的28.64：41.64：29.72调整为31.7：35.2：33.1。全年民营经济实现增加值109613万元，同比下降7.9%，占地区生产总值的比重为57.3%。财政总收入17158万元，同比下降6.5%。一般预算收入9576万元，同比下降12.3%；财政总支出134768万元，同比增长6.1%。一般预算支出130757万元，同比增长9.3%。

【固定资产投资】 积极调整投资结构，大力实施投资拉动战略，优势产业和重点项目投资支撑作用明显，实现了投资总量的不断增长。全社会完成固定资产投资额（500万元以上）120508万元，比2013年增长14.7%。其中：建筑工程82054万元，同比增长1.8%，安装工程15645万元，同比增长118.3%，设备购置22809万元，同比增长92.0%。在总投资中，第二产业投资47954万元，同比下降19.4%，占总投资的39.8%；第三产业投资72554万元，同比增长59.4%，占总投资的60.2%。

【农业生产】 2014年，全年实现农业增加值60650万元，同比增长4.5%。粮食生产：全年粮食完成7624.2万千克（调整数），同比增长0.9%。主要粮食作物播种面积及产量：水稻播种面积1500公顷，水稻产量470万千克；小麦播种面积25公顷，产量92000千克；玉米播种面积3200公顷，产量937.6万千克；其他谷物播种面积2680公顷，产量163.3万千克；马铃薯播种面积12034公顷，产量5689.2万千克（折粮），马铃薯产业化工作完成种植面积12034公顷，种薯基地333.33公顷，县级中心示范片133.33公顷，高产高效示范面积1666.67公顷，规范化种植面积9146.67公顷。全县烤烟播种面积712公顷，产量182万千克；蔬菜产量2270万千克。林业：全年全县林业用地114253.33公顷，非林地106400公顷。完成2013—2014年森林植被恢复核桃产业项目作业设计，造林地涉及了拉克乡、贺波洛乡、则约乡、红莫镇、米市镇、博洛拉达乡6个乡镇共428.47公顷。花椒产量120.1万千克；核桃产量130万千克；板栗64000千克。年末果园面积660公顷。畜牧业：喜德阉鸡产业涉及24个乡镇166个村559个组35875农户，存栏喜德阉鸡6.7万只，出栏46万只，产值5520万元，纯利润1656万元，户均纯利润461元。全年出栏肉猪149701头，同比增长1.5%；羊出栏120647只，增长3.0%；牛出栏8423头，增长1.6%；家禽出栏705938羽，增长1.5%；其他大牲畜2691头，增长0.7%。全年肉类总产量达13228吨，同比增长1.7%。农机化管理服务：全年检维修农业机械3834台（套），农机化总投入38.4万元，农业生产燃油消耗234.5万千克，拥有拖拉机1438台、拖拉机配套家具1037台、耕整机3837台，完成机耕面积5866.67公顷、机收面积3586.67公顷次、机电灌溉面积3000公顷、机械化秸秆还田427公顷、固定式机械脱粒24000千克、粮食加工29300千克、农机运输作业780000万千克/千米耕整机。

【工业和建筑业】 全年全部工业实现增加值45275万元，同比下降26.1%，下拉经济8.4个百分点，占地区生产总值的比重23.6%。规模以上工业增加值下降54.1%。规模以上工业主要产品产量中，企业用电量1.6亿千瓦时，同比下降5.9%；铁矿石原矿产量35100万千克，同比下降35.6%；生铁产量4000千克，同比下降86.7%；水泥78000千克，同比下降17.0%；铁合金12000千克，同比增长33.3%；饮料酒100万千克，同比持平。建筑业完成增加值22118万元，同比增长4.8%，对经济增长的贡献率为112.0%，拉动经济增长0.6个百分点，占地区生产总值的比重达11.6%。

【旅游业】 加大旅游资源的宣传力度，拓展旅游市场，进一步完善喜德县旅游开发总体规划，以阳光温泉大酒店为龙头，带动了第三产业发展，全年接待游客60万人次，旅游业总产值15000万元。

【扶贫开发】 深入落实统筹型、捆绑式扶贫开发机制。全年各类扶贫资金投入13708.7万元，省财政扶贫资金9700万元，州财政扶贫资金1099.7万元，县财政扶贫资金1600万元，社会扶贫资金147万元，以工代赈资金270万元，其他资金892万元。资金分别投向种植业、养殖业、人畜饮水工程、社会事业、加工业、基础设施、扫盲、道路、林业和其他项目。2013年精准扶贫建卡数为39334人，到年末，贫困人口减少5416人，全县2736元以下（2300元扣除价格因素不变价）贫困人口33918人，贫困人口变化率为13.76%。

【基础设施建设】 加大农业基础设施建设，全县2014年度农田基本建设改造中低产田土486.67公顷，总投资861万元。完成农田有效灌溉面积3233.33公顷；治理水土流失面积

11600公顷；全部达标堤防长度19.01千米；全县总节水灌溉面积2260公顷。全县公路通车里程（县、乡、村、专用公路）达1195千米，其中：县道209千米，乡道149千米，村道811千米，专用公路26千米，170个行政村中通公路的村有169个。有专业运输企业2户，三级汽车客运站1家，全县营运客车210辆，座位2054个；出租汽车共50辆；货运车辆397辆，总吨位1849吨（184.9万千克）。全年完成公路货物周转量18941000万千克千米，增长11.6%；公路旅客周转量5062万人千米，同比增长7.0%。邮电通信业持续快速增长，服务领域不断扩大。年末国际互联网上网用户数3780户，增加211户。年末邮电固定电话用户达3175户，比2013年增加28户，村村通（无线固定）电话1154户，C网用户7482户。年末移动电话用户4.3万户，移动宽带用户608户，全县建基站152座。

【社会事业】 教育：全县有各级各类学校142所，其中：幼儿园10所、148个班，在校学生数7222人，教职工152人；小学123所、592个班，在校学生数27277人，教职工1331人；初中7所、97个班，在校学生数6052人，教职工333人；高中2所、28个班，在校学生数2060人，教职工222人；中等职业中学1所，在校学生146人，专任教师8人。科技管理：申报州科技计划项目《喜德县测土配方施肥技术推广》《脱毒马铃薯原种繁育地膜覆盖高产栽培技术研究与示范推广》《凉山圆口铜鱼人工驯养繁育技术研究》《川西南地区特色野生果树杉枔叶与核桃果仁复合功能的开发研究》和《原矿石加工及尾砂脱水系统技术创新》等5项，共申报州科技计划项目资金195万元。得到州级科技项目支撑三项：《喜德县测土配方施肥技术推广》《脱毒马铃薯原种繁育地膜覆盖高产栽培技术研究与示范推广》《原矿石加工及尾砂脱水系统技术创新》扶持资金83万元。文化：有公共图书馆1个，馆藏书量1.7万册。文化馆1个，乡镇文化站24个。完成广播电视安全播出网络管理系统工程；完成电视光纤的干线改造；全县有线电视用户4000户，电视综合人口覆盖率85.7%；广播综合人口覆盖率85.7%。地面广播电视无线数字发射站22个，用户11000户。卫生：全县有卫生机构212个，其中：医院4个，基层医疗卫生机构202个，专业公共卫生机构4个，其他卫生机构2个；实有病床位数466张，在岗职工848人；拥有卫生技术人员419人，其中：执业（助理）医师149个，其中执业医师111人，注册护士126人。在卫生机构中，疾病预防控制中心机构1个，卫生技术人员32人；妇幼保健机构1个，卫生技术人员23人；乡镇卫生院24个，卫生技术人员169人。体育：实施“校体结合”模式开展业余训练，分别在喜德中学、县民族中学、城关小学、民族小学和冕山中学等中小学校设立训练点，开设篮球、举重、摔跤、拳击、跆拳道、散打等业训科目。成功申报国家级县阳光青少年体育俱乐部。投入111万元，新建37个行政村农民体育篮球场建设。在四川省第十二届运动会比赛中，取得国际式摔跤2金、1银，举重2银，拳击1金等成绩。民生：城镇居民可支配收入18786元，增加1327元，同比增长7.6%，城乡居民储蓄余额119071万元，同比增长14.3%。农民人均纯收入为5329元，比2013年净增679元，同比增长14.6%，农民人均现金收入2954元，农民人均生活消费支出3638元。参加基本养老保险的人数3344人；其中退休职工1141人；养老金足额发放率和社会化发放率均保持100%。新型农村合作医疗参合人数161497人；全县城镇职工、居民参加基本医疗保险参保人数15041人，其中城镇职工参加基本医疗保险参保人数7823人；城镇居民参加基本医疗保险参保人数7218人。参加失业保险参保人数3506人。城镇登记失业人数83人（办了失业证的），城镇登记失业率为4.0%。城镇最低生活保障面扩大，纳入保障的4514人次，发放保障金1037.4万元；城市医疗累计救助4466人，救助金额59.4万元。农村居民最低生活保障人数42497人，发放保障金

4669.5万元；农村医疗累计住院救助41196人次，救助金额662.3万元。农村“五保户”供养901户，901人，发放救助金324.36万元；抚恤定补对象322人，发放定抚定补资金171.4万元。

【领导人】 县委书记：曲木伍牛（彝族）；县人大常委会主任：杨开华（彝族）；县长：卓雪梅（女）；县政协主席：宋国平。

（审核：翁古合家/撰稿：阿别如火）

冕宁县

【概况】 2014年，全县辖区面积4421平方千米，其中耕地33115.49公顷，森林覆盖率56.3%。辖11个镇27个乡、232个村（社区）。年末总人口39.8万人，其中以彝族为主的少数民族人口占总人口的42.39%。人口自然增长率7.31‰。

【工业经济】 规模以上工业企业达37户，工业增加值比2013年增长24.8%。面对国际国内市场疲软和经济持续下滑形势，江铜稀土、方兴稀土等创新营销思路，积极消化库存；高载能企业基本维持满负荷生产；嘉华锦屏水泥发挥特种水泥优势，开拓大中型电站市场；锦宁矿业在钢铁行业严重亏损的不利形势下，实现生产、销售双提升，亏损额大幅下降；锡成滑石矿业成功在新三板上市；编制完成《稀土工业园区核心区控制性详细规划》《建材工业园控制性详细规划》和《食品加工产业发展区控制性详细规划》。园区完成基础设施建设投资5.8亿元，纳入园区统计范畴工业企业14户，就业人数3152人，实现工业总产值48.7亿元，实现利润1.80亿元，完成税收1.48亿元。

【现代农业】 全年粮食总产量16350万千克，同比增长3.18%；肉类总产量3150万千克，同比增长3.8%；培育核桃基地14000公顷；产茧122万千克；新增110家专业合作社，达256家。烤烟产量758万千克，烟农收入1.81亿元，农业增加值比2013年增长4.7%。农村剩余劳动力转移输出9.17万人，劳务总收入10.68亿元，同比增长31.37%。实施49个新村点建设，完成投资7.57亿元。新建民居1895户，改扩建3530户；总规模2380公顷的复兴镇红星村等10个土地整理项目申报立项。新解决3.34万人饮水安全，投入3600万元完成21个项目村“小农水”建设。“凉山·津巴布韦”烟草合作、香港元升集团油橄榄种植、源森林农特产品加工、三匠苦荞茶饮品、利源养殖等一大批示范特色产业规模不断壮大。

【第三产业】 旅游业全年接待游客218.06万人次，实现旅游综合收入8.81亿元。省级旅游标准化示范县创建通过验收，红色冕宁展示中心主体完工开始布展，灵山景区项目建设积极推进，卫星基地“红色旅游”项目工程旅游公路、参观平台、生态停车场建设完成，建设村创建国家AAA级旅游景区、西康休闲庄创建五星级农家乐通过省级验收。《冕宁县旅游发展总体规划（修编）》等五个旅游规划通过评审。物流快递发展迅速，电子商务逐步兴起，华联等一批知名企业入驻冕宁。全县共有非公有制经济9244户，民营注册资金38.83亿元，从业人员22640余人；民营经济增加值占全县生产总值的59.9%。六家银行累计实现存款64.87亿元，累计贷款19.20亿元，其中惠农贷款7.74亿元，贷存比为29.60%；新增存款3.23亿元，新增贷款2.97亿元，新增贷存比91.96%；两家小额贷款公司累计发放贷款2.42亿元；两家国有商业保险机构实现保费收入0.67亿元，理赔0.15亿元。

【基础设施建设】 全年重点建设项目共8大类129个，包括续建项目47个、新开工项目71个、争取开工项目11个。道路交通快速发展，G248线冕宁段改建工程完成投资1.2亿元，泸苏路冕宁段完成投资1200万元，雅西高速冕宁东服务区、雅砻江溜索改桥、冕先路南河桥新建、宏模乡安宁河桥新建、彝大路改造等工程完成立项工作，新建通村公路125千米；城镇建设实施有序，县城和泸沽镇总体规划及控制性规划成果转化顺利推进，全县房屋建设及市政工程在建项目89个，工程造价11.73亿元，已完工38个。总投资1.4亿元的城东南新区保障性住房建设工程主体完工，投资1013.65万元的公安消防站投入使用。

【生态环境】 编制《冕宁县安宁河上游重金属污染区域综合整治二期工程实施方案》，县城生活污水处理厂建成试运行。启动森林资源二类调查，开展石龙、铁厂、宏模生态乡镇创建工作，推动20个州级生态村创建，300户县级生态家园创建完成；完成3个饮用水源地立标。巩固和扩大天保工程、退耕还林、退牧还草成果，开展破坏野生动植物资源专项整治行动，全县国有林管护面积18.98万公顷，森林覆盖率达56.3%，草原综合植被覆盖率达84.3%。

【社会保障】 全县城镇新增就业1361人，城镇登记失业率2.85%；城乡青年技能培训惠民行动培训535人；处理拖欠民工工资投诉23起，涉及劳动者1417人，追讨拖欠工资496万元；完成27113个贫困人口的基本识别和建档立卡，扶贫解困6705人，实施“两资项目”8个。全年发放各种民政救助金4472.3万元，帮助困难群众、城乡低保户、“三无”人员、“五保”老人、孤儿群体等77338人；下拨救灾资金338.7万元，救助受灾人口83253人；向80岁以上老人发放津贴155.97万元。推进680套棚户区改造；公租房完工80套、新开工40套；第一批次廉租房入住，第二批次廉租房分配开始审核；住房租赁补贴受益对象850户。

【社会事业】 教育质量上水平，高考总录取率达83.34%，比2013年上升5.56个百分点，全年共投入1.59亿元实施教育民生工程；科技文体再创佳绩，全年完成科技计划项目29项；医改重点工作全面推进，取消药品加成让利群众492万元，药品总费用平均下降30%；积极推进首个凉山稀土产业技术研究院建设工作；发放计生专项奖励扶助资金203.27万元；顺利完成“4·19”省州县三级联动地震应急综合大演练；《冕宁年鉴（2014）》出版，《中国共产党冕宁历史》第二卷编撰顺利，《冕宁县林业志》出版，《川西南散居藏族》交付印刷。

【改革开放】 深入推进行政审批制度改革，全面清理审批项目，县政务服务中心集中办理审批项目达276项。投资152万元完成行政权力规范运行信息平台建设，清理录入行政权力事项5584项。积极推进预决算信息公开，全面推进农村土地承包经营权确权登记。招商引资签约11个，协议引资30.1亿元，到位26.55亿元，2013年度省级投资平台签约项目全部履约开工建设。

【作风建设】 坚决执行中央“八项规定”和省州“十项规定”，扎实开展好第二批党的群众路线教育实践活动，大力整治“四风”问题。深入开展“走基层、解难题、办实事、惠民生”活动，深化拓展“五个一”“挂包帮”和“一线工作法”，精文简会，深入基层调查研究，真心实意为群众排忧解难。优化政府目标管理绩效考核办法，强化督查问责，推进工作落实。严控“三公”经费和一般性支出，“三公”经费大幅下降。加强廉政制度建设，提高制度执行力，对违规违纪行为“零容忍”，努力营造干部清正、政府清廉、政治清明的良好环境。

【荣誉】 冕宁县获四川省2013年度平安建设先进县、四川省2013年度县域经济发展先进县、四川省中央财政小型农田水利重点县2013年度县级绩效考评优秀、四川省新村基础设施建设项目县考核优秀、四川省新村建设示范县绩效考核优秀；冕宁县史志办《冕宁年鉴（2014）》获四川省第十六次地方志优秀奖、《中国共产党历史》第一卷（1935—1950）获四川省第十六次党史学科优秀成果二等奖；冕宁县农业局“川农饲麦1号”获四川省科学技术成果登记；冕宁县防震减灾局获四川省2013年度地震监测统评ADSL+SDH信息节点第一名；冕宁县民政局获四川省退役士兵安置工作先进集体；冕宁县统计局获四川省第三次全国经济普查先进集体；中共冕宁县委群众工作局获四川省信访工作先进集体；冕宁县教育局获四川省第二十二届少年百科知识竞赛优秀集体奖；冕宁县石龙镇团委获四川省五四红旗团委称号。中共冕宁县委书记赵勇被评为四川省优秀县委书记；中共冕宁县漫水湾镇党委书记陆建平被评为四川省优秀乡镇书记；冕宁县投资促进局局长严革被评为四川省投资促进工作先进个人；冕宁县人民法院巨龙法庭庭长伍彬被评为四川省法院系统先进个人。

【领导人】 县委书记：赵勇；县人大常委会主任：郑国松；县长：陈建生；县政协主席：吴拉布（彝族）。

（审核：王大钊/撰稿：胡绍丽）

盐源县

【概况】 盐源县位于青藏高原东南缘，雅砻江下游西岸，辖区面积8398平方千米，年末户籍人口数392318人，常住人口35.7万人。境内风光旖旎，物产丰富，气候宜人，民风淳厚。历史上曾以“南方丝绸之路”而兴盛，而今又以盐铁之利、山川之胜和泸沽湖摩梭人婚俗而远近闻名，有神秘“女儿国”之称。2014年，盐源县在州委、州政府的坚强领导下，团结和带领全县干部群众，认真履行职能，沉着应对多重困难挑战，主动适应经济新常态，全力稳增长、调结构、促改革、惠民生，各项工作取得新成效。全年完成地区生产总值84.89亿元，同比增长10.1%；地方公共财政收入完成8.73亿元（不含上划州级部分），同比增长13.2%；地方公共财政总收入完成12.4亿元（不含上划州级部分），同比增长13.6%；社会固定资产投资完成42.04亿元，同比增长13.6%；规模以上工业增加值同比增长18.3%；社会消费品零售总额完成16.65亿元，同比增长12.33%；城镇居民人均可支配收入完成21587元，同比增长8%；农民人均纯收入完成7458元，同比增长13.3%，全面完成各项目标任务。

【农业生产】 紧紧围绕“农业立县”战略，着力建设农业“八大基地、十大产业”，扎实推进农业品牌创建，培育壮大龙头企业，积极发展农民专合组织，保持了农业农村经济社会平稳较快发展。苹果、核桃产业不断壮大，2014年分别实现产值12.8亿元、7.8亿元，盐源苹果在2014年四川农业博览会中获得金奖。大力支持建立新型农业经营主体，鼓励农户、专合组织投资建设冷藏库，全县果蔬冷藏能力达3860万千克。农业综合开发项目圆满完成，综合机械化水平达48%。动物疫情防控成效显著，各项惠农补助全面落实。全年实现农业产值16.3亿元，同比增长4.4%，助农增收超过800元。

【工业经济】 大力实施“1334”工业发展战略，科学研判资源优势，突出产业转型升级，着重发展新能源，以工业带动全县经济发展。锦屏、官地大型水电站投产发电，马角石铜矿开发等强县工业项目稳步推进，金铁集团黄草坪尾矿库即将完工，久益硅业技改项目投入营运，煤炭产业兼并重组强力推进，新型工业化进程不断加快。按照“三个紧盯、三个优先”思路，围绕重大产业招大引强，在中外知名企业四川行活动及第十五届西博会上，完成招商引资签约24亿元。省州重点督办的签约项目，履约率、开工率均为100%，工业园区投融资平台正在积极筹建，B园主干道改造工程有序推进，B园供水工程沙坝水库完成主体工程建设，110千伏专用输变电工程已竣工投入使用。全年实现工业增加值40.86亿元，同比增长16.6%。

【第三产业】　全面推进摩梭家园建设保护各类项目，加快推进旅游业等第三产业全面发展。完成摩梭家园550户重点村落民居改造，摩梭文化传承人及摩梭母系大家庭认定工作全面完成，四川博物院—摩梭博物馆正式挂牌，第二届摩梭母系文化学术研讨会等活动成功举办，王妃府遗址博物馆申报、布展及土司府遗址恢复工程规划设计等工作有序推进。同时，泸沽湖草海规划全面完成，景区控制性详规和"五个一"科学发展工程加速推进，景区创国家AAAAA、申报国家级风景名胜区、国家级生态示范区积极推进。全力打造县城片区周边景点，卫城镇大堰沟美丽乡村游成功启动。全年接待游客239.1万人次，同比增长83.5%，创旅游收入10.23亿元，同比增长85%。服务业发展进一步加快，对具有行业代表性、成长性好的企业进行分解培育。全年完成服务业增加值14.93亿元，增速8.1%；完成社会消费品零售总额16.65亿元，同比增长12.33%。

【交通路网建设】　西香高速公路前期工作全面完成，正按省州要求优化相关政策，启动新一轮BOT招商。348国道、227国道改造提升工程加速推进，建成通乡通村油路137千米、通村通达公路197千米、通村水泥路50.2千米。小高山隧道、盐米公路杨柳桥至米易界升级改造、盐宁公路卡坝至宁蒗界公路升级改造、泸沽湖右环湖改线工程等前期工作有序推进。

【水利建设】　龙塘水库项目被列入国家分步建设规划的172项重大水利工程范围，还被列为水利部部长亲自督办的全国七个水利项目之一，项目建议书已通过水利部审查并转报国家发改委，即将立项建设。老沟水库全面开建，已完成投资3.9亿元。三道沟水库建设顺利推进。中央小农水重点县建设项目及农村安全饮水工程正在抓紧实施，26座小（二）型病险水库整治加固前期工作积极推进。

【基础设施建设】　完成34个乡镇永久基本农田划定工作，完成棉垭乡塘泥湾村177.8公顷土地开发任务，新增耕地132.9公顷。捆绑投入资金7.46亿元，积极推进综合扶贫开发，全年减少贫困人口7427人，建成22个村1874户彝家新寨。启动实施卫城镇大堰沟村生态田园民居二期示范工程，农村人居环境明显改善。木邦营村被评为"四川省文明村"，大堰沟村被评为"四川省省级园林新村"。实施雅砻江沿江经济发展战略，创新设立每年1200万元发展资金，推进全域盐源可持续发展。无电地区电力建设项目有序推进，输变电工程进展积极。

【城市规划建设】　县城总体规划、控制性详细规划编制工作加快推进，完成11个乡镇城镇总体规划和部分控制性详细规划及22个彝家新寨重点村的规划编制工作。泸沽湖镇被省政府列入全省第三批"百镇建设行动"名单。泸沽湖大道、润盐大道一期工程全面竣工，泸沽湖大道二期工程开工建设。完成江家巷农贸市场改扩建一期主体工程。月湖公园棚户区改造进场施工。新增城镇建成区面积0.15平方千米，城镇化率提高1.4个百分点。

【节能减排】　工业企业污染治理、工业节能、淘汰落后产能积极推进，金冠水泥有限责任公司烟气脱硝项目已投入使用，伯特利焦化厂停产关闭。县城生活污水处理厂已进入设计招标阶段。梅雨、卫城污水处理站前期工作已全部完成。主要污染物化学需氧量和氨氮去除率分别达到90%和70%，成为全省县域生态环境质量综合考评唯一获得"轻微变好"的县。

【生态环境保护】　大力实施"山清水秀"生态工程，全年植树造林808.3公顷，完成省级财政农业专项资金项目及2012年至2013年度省、州植被恢复项目。泸沽湖生态环境保护试点项目正在加紧实施，创建县级生态家园1000个、州级生态村50个。百灵山水源涵养、头二三道沟生态治理、金河集镇周边绿化等工程正在有序开展，“山上有树、树上有鸟，河中有水、水中有鱼”的生态建设目标取得初步成效。实施草原禁牧7.39万公顷，推进草畜平衡18.2万公顷，实施人工种草1.35万公顷。树河中学、平川中学、甘塘小学等6个滑坡治理工程有序推进。全年完成地质灾害避险搬迁312户。

【民生改善】　全年累计保障城乡最低生活对象72.1万人次，发放保障金7185.2万元。实施城乡医疗救助6.46万人次，发放救助金586.8万元。所有乡镇全面实现由金融机构代发民政资金的发放模式，确保资金按时、足额发放到困难弱势群众手中。林业、农垦、畜牧等棚户区改造项目全面实施，289套保障性住房和棚户区改造安置房主体工程已竣工，110套公共租赁住房已完成设计、地勘工作，完成8万户农村D级危房的调查汇总录入工作。农村移民搬迁安置有效落实，兑现移民建房困难补助费1800万元，加大水、电、路等基础设施整治力度，移民后期扶持成效明显。

【社会事业】　规划建设盐井镇城南幼儿园，把干海中学交由盐源中学托管、鱼脊小学交由盐井小学托管，将县城优质教育资源向周边地区转移辐射。加强教师队伍建设，全面规范全县中小学教师工作调动，大力推行教师轮岗交流制度。深化免除贫困家庭子女高中学费、重奖高考优秀学生等惠民助教政策，累计投入2357万元，资助贫困学生27639人次。大力推进区域医疗中心建设，持续推进县级公立医院“取消药品加成”工作，全面完成免费孕前优生健康检查。累计投入1528万元，补贴农民“新农合”保险金，参合率居全州第二。完成500户村村通农村卫星电视覆盖和20个乡镇“社区书屋”建设任务。深入开展食品药品安全专项整治，对全县食品生产经营主体进行全面调查并建立档案。

【公共服务】　扎实开展党的群众路线教育实践活动，严格执行中央“八项规定”、省州“十项规定”和县“六项规定”，切实开展“走基层、解难题、办实事、惠民生”活动，认真查找“四风”突出问题，立行立改带动政风好转。完善县政府全体会、党组会、常务会议事规程，精简办事程序，减少审批环节，加强服务监督，不断提高政务服务水平与质量。各单位窗口办事效率进一步提高，全年共受理行政审批事项6357件，办结率达100%。加大政府信息公开力度，开通政务微博、电子政务大厅，认真办理省长、州长信箱，主动公开信息3929条，逐步实现了行政权力的公开透明运行。认真执行人大及其常委会的各项决议、决定，人大代表建议和政协委员提案办复率达100%。强化监察、审计职能，扎实开展“正风肃纪”活动，严格公车管理，大力削减“三公”经费，严肃查处违规违纪行为，加强惩防体系建设，政府自身建设取得新成效。

【社会治安综合治理】　2014年，全县以社会稳定、群众满意为目标，加大刑事案件侦破和治安案件查处，持续对各类违法犯罪活动保持严打高压态势。全面落实《依法治县实施意见》，完善社会治安防控体系，加强网格化社会管理，加大突出治安问题和重点地区的专项整治，社会治安秩序明显好转。创新设立1000万元禁毒专项资金，全面打响力度空前的“盐源在行动”禁毒人民战争。全年共破获毒品刑事案件62起，刑事拘留84人，行政拘留348人，强制隔离戒毒375人。外流贩毒人员下降率居全州第一，强制隔离戒毒人数居全州第一，收集上报案件线索并生成产品数居全州第一，毒品违法刑事打击数居全州第三，缴获毒品海洛因数居全州第三，禁毒人民战争取得阶段性胜利。同时，建立健全安全生产责任体系，认真开展以煤矿、非煤矿山、道路和水上交通、建筑施工、危险化学品等行业领域为重点的“打非治违”“六打六治”专项行动，杜绝了重特大安全责任事故发生。

【领导人】 县委书记：周乃祥；县人大常委会主任：郑德平（回族）；县长：瓦西亚夫（彝族）；县政协主席：李呷补（彝族）。

（审核：罗朝蓉/撰稿：马金华）

木里藏族自治县

【概况】 2014年，全县辖3个镇、26个乡（含5个民族自治乡）、113个行政村、1个居委会。总人口138788人，其中男性70914人，女性67874人，境内居住有汉族、藏族、彝族、苗族、蒙古族、纳西族、壮族、布依族、傈僳族、回族、白族、羌族、土家族、满族、布朗族、傣族、瑶族、朝鲜族、黎族、普米族、侗族21个民族，其中藏族45470人，占总人口的32.76%。当年出生人口1710人，出生率12.69‰，死亡人口812人，死亡率6.02‰，人口自然增长率6.67‰。全县常住人口13.2万人，城镇化率为13.39%。

【经济社会发展】 全县国民经济增长较快，实现国内生产总值（GDP）261233万元，同比增长6.6%；在凉山州17个县市排位中GDP总量居第十位，增速居第九位；其中：第一产业实现增加值52853万元，同比增长4.6%；第二产业实现增加值136159万元，同比增长7.6%，其中：工业增加值73599万元，同比增长38.9%；第三产业实现增加值72221万元，同比增长5.9%。三次产业结构比为20.2∶52.1∶27.7。2014年非公有制经济实现增加值121033万元，同比增长9.5%，占全县GDP的46.3%，非公有制经济增加值增速比全县GDP增速高2.9个百分点，对全县经济增长的贡献率为64.64%，拉动全县经济增长了4.3个百分点。

【“木里实践”】 认真贯彻中央、四川省委和凉山州委藏区工作系列部署，主动作为，着力发展创稳、主动维稳、强基促稳、创新抓稳，使木里成为藏区经济发展快、社会稳定的藏区县，木里藏区长足发展长治久安的木里实践基本经验得到中央和省州肯定并在全面推广。2014年4月，四川省委组织部向凉山、甘孜、阿坝三州印发了《木里藏区长足发展长治久安的基本经验》，把“木里实践”归结为6个方面20条经验，作为藏区跨越发展和长治久安实践基础经验。6月7日至10日，由人民日报四川分社、新华社四川分社、四川日报、四川电视台、凉山日报、凉山广播电视台等26人组成的媒体采访团分别深入到木里县进行实地采访报道，感观“木里实践经验”为木里带来的发展变化，感受木里藏区干部群众积极奋进、蓬勃向上的精神风貌，感知木里藏区团结、民主、富饶、文明、和谐的“正能量”。

【基础设施建设】 积极推进新型城镇化建设，乔瓦镇成功入选国家重点镇；县自来水厂、县中学高中部、中藏医院、影剧院、县政府花园、核桃湾和韩家湾公路安保及路灯亮化工程等一大批项目建成投入使用；实施土地开发整理项目1个，完成博瓦河堤防工程和4个抗旱水源工程建设，新增有效灌面6.67公顷、节水灌面6.67公顷，恢复灌面26.67公顷，治理水土流失面积30平方千米，治理河道4.5千米，新建和整治河堤6.2千米。投资近11亿元，实施12个交通重点项目，省道216线升级为国道227线，李子坪至棉垭段和棉垭至梅雨段全面开工建设，桃巴至李子坪段已挂网招投标，“亚三”公路工可已通过评审，木里王顺友“马班邮路”升级为省道469线，处于工可报告阶段。完成唐央至博窝、项脚至白碉两条环线通乡公路和芽祖通乡油路建设，项脚通乡油路和木里大寺油路开工建设，唐央、麦日等乡通乡油路工程前期工作有序推进，新建通村公路123.4千米，完成安保工程129.7千米，新建32千米通乡公路，完成337千米乡村道路和通寺道路整治工程。每年投入1000多万元公路养护资金，将通乡公路以上的公路都纳入县公路局养护。新建1条水路运输航线并完成航运公司引进工作。新建7个乡镇政府基层政权、5个乡镇办公接待服务设施、7个乡镇邮政所、5个村（社区）办公场所和综合服务设施、90套干部周转房，改善了基层干部工作生活条件。

【农业经济】 “木里皱皮柑”成功申报农产品地理标志保护登记产品。签订科技创新技术合同1个，完成专利申请2项。新发展3个专合组织，新增3个生猪规模养殖场、10户生猪标准化养殖大户、30户生态鸡养殖户，发展适度规模养殖户1208户，新建标准化圈舍2992平方米，建成标准化牲畜棚圈6560平方米，新建暖棚21600平方米，全县畜牧业总产值4.87亿元，同比增长5%，中药材产量28万千克、同比增长38%、产值722万元，蔬菜产量40100万千克、同比增长1.4%、产值8520万元，水果产量750万千克、同比增长6.7%、产值1500万元。

【新型工业】 全县规模以上工业企业达到5户。全年新增装机量514.2万千瓦（含锦屏一级、二级水电站），建成投产发电水电站10座、总装机938.08万千瓦，在建水电站16座、总装机186.76万千瓦，“一江三河”水电开发完成投资63.52亿元，累计完成投资355.21亿元（不含锦屏一级、二级水电站）。

【新农村建设】 全县同时统筹新型城镇化与新农村建设，按照“五新一体”要求成片推进藏区新村建设，新改建藏区新村48个，惠及22个乡镇29个村2170户9826人。统筹推进投资3530万元的藏区新居、近8亿元的无电地区电力建设、1.06亿元的农村公路、2756万元的农村安全饮水工程、960万元的村（社区）办公服务场所和综合服务设施项目、近4000万元的核桃花椒等特色产业化项目和2025万元的以“四小工程”为主的“一事一议”和村级公共设施运行维护项目等项目建设，实施“六到农户”工程和“一池五改”工程，藏区农牧民生产生活条件得到改善。

【民生保障】 全县“五大”社会保险参保达76026人次，征收保险基金7475.43万元，支付6638.22万元，其中：城镇低保户共1799户3758人，累计保障45398人次，支出金额1086.1万元；农村低保共6249户20875人，累计保障338751人次，支出金额3484.3万元；救助城镇低保人员1829人次，发放城镇医疗救助金47.3万元；农村医疗救助34663人次，发放农村医疗救助金490.3万元；进行孤儿生活补助共22名，累计发放178.992万元。开展城乡居民健康档案管理、慢性病管理等11类基本公共卫生服务，新农合参合率达到99.48%，居凉山州第一。完成全县社会保障“一卡通”信息采集并审核通过39431张，完成33270人转移就业农村劳动力登记入库工作，接待并办结21起拖欠农民工工资案件，为1174名农民工追回拖欠工资2034万元。新增城镇就业223人，失业人员再就业125人，城镇登记失业率3.23%。新建保障性住房148套、在建144套、竣工390套，发放住房租赁补贴927户、发放资金221万元。完成锦屏电站库区新增滑坡塌岸实物指标调查登记工作，启动474人搬迁安置。实施85户分散农户地质灾害防灾避险搬迁安置，成功避让地质灾害2起、安全转移群众221人。

【社会事业】 全县投入资金3608.5万元，实施义务教育阶段“两免一补”政策，享受学生人数达到10.19万人次；县财政专项补助1581万元，实现乡镇中心校义务教育阶段学生免费就餐，惠及全县14365名学生；投入资金300万元，免除1112名困难家庭高中学生书学费；为109人发放助学贷款60万元；投入资金117.32万元，帮扶资助各类困难学生1129人；投入450万元用于全县教育教学质量奖励，投入52.8万元奖励优秀教育工作者。小学入学率

100%、辍学率 0.48%，初中阶段入学率 98.8%、辍学率 2.16%。藏区“9+3”免费教育计划全面落实，招收 2014 级“9+3”学生 501 名，2011 级“9+3”学生就业 446 名，就业率达 98%。2014 级本专科及“1+2”高职录取学生 491 名，其中本科以上录取 64 人，录取率达 94.4%。免费开放 1 个图书馆、1 个文化馆、18 个乡镇综合文化站，免费放映农村公益电影 1356 场次，完成广播电视“村村通”工程 10421 套直播卫星设备的分发安装、28 个行政村广播“村村响”建设、800 多户地面数字电视建设和 8 个乡镇文化站建设。完成仁江寺文物保护等工程，完成 700 多件可移动文物普查外业工作，新增省级“非遗”项目 3 个。

【光荣榜】 2014 年 2 月 25 日，木里县被四川省委办公厅、省政府办公厅评为 2013 年度全省维护社会稳定和社会管理综合治理工作目标先进县；2014 年 9 月，木里县人民政府被国务院评为全国民族团结进步模范集体；2015 年 3 月 17 日，木里县委被国务院评为国务院第六次民族团结模范集体；2014 年 4 月 28 日，四川华电木里河水电开发有限公司职工侯忠发被全国总工会授予“全国五一劳动奖章”；2014 年，木里县信用社俄亚分社巴交龙布被四川省信用联社评为第七届“劳动模范工作者”；2014 年，木里县俄亚纳西族乡小学教师王偏初荣获全国“最美乡村教师”荣誉称号。

【领导人】 县委书记：张振国；县人大常委会主任：杨乔包（蒙古族）；县长：伍松（藏族）；县政协主席：杨克祖（藏族）。

（审核：曾英奎/撰稿：田尚春）

附 录

Addendum

2014年凉山州州级领导名录

中共凉山州委

书　记：翟占一

副书记：罗凉清　赵世勇（3月止）

　　　　苏嘎尔布　滕中平（6月起）

常　委：滕中平（6月止）

　　　　胡　云（6月起）

　　　　胡　坤　王阿呷　冯　斌

　　　　达久木甲　杨文泉　龙　伟

　　　　张　力　叶　佩

　　　　何邵聪（挂职，5月起）

凉山州人大常委会

主　任：王金铁

副主任：熊正林　刘建蓉　刘明书

　　　　钟承先　何绍忠　海来木呷

　　　　李　军　周　斌

凉山州人民政府

州　长：罗凉清

副州长：滕中平（5月止）

　　　　胡　云（7月起）

　　　　杨　卉　周德文　施　遐

　　　　余　毅　白　云　肖　春

　　　　熊自力　朱学雷

凉山州政协

主　席：邓显祥

副主席：黄志富　香根·边玛仁青

　　　　熊仿秋　季晓静　蒋若枫

　　　　马　报　宋光明　杨洪清

　　　　苏燕凌　王　萌

凉山军分区

司令员：申　玮

政　委：叶　佩

凉山州中级人民法院

院　长：李　俊

凉山州人民检察院

检察长：米　滨

2014年凉山州州直部门主要负责人名录

单　位	负责人
州纪委监察局	李东明
州法院	李　俊
州检察院	米　滨
州委办	邓天友
州人大常委会办	王泽文
州政府办	陈　军
州政协办	苏　彬
州委组织部	禄兴云
州委宣传部	陈甫林
州委统战部	高旦珠
州委政法委	米色尔海
州委政研室	马孝林
州直机关工委	杨太荣
州委编办	姚云成
州委老干部局	杨国敏
州烟草办	戚天福
州委台办	杨少波
州委农工委	宋福猛
州委群工局	阿力尔木
州委维稳办	宋光明
州接待办	石　芳
州保密局	伍　斌
州委人才办	廖　虎
州精神文明办	李小雄
州委外宣办	陈甫林
州委机要局	陈有清
州委党校	卢　健
州委讲师团	张晓文
州史志办	尹克发
凉山日报社	龙德华
州发改委	李宏伟[①]（8月止）　赵玉聪（10月起主持工作）
州经信委	杨跃发
州教育局	谢　宁

① 李宏伟：因涉嫌严重违纪违法，于2014年8月接受组织调查。

单 位	负责人
州科技局	周大海
州民宗委	吉伍吉史
州公安局	余 毅
州民政局	罗剑平
州司法局	卢立武
州财政局	吴 闯
州人力资源社会保障局	罗卫平
州国资委	蔡 军
州规划建设住房保障局	黄 凤
州交通运输局	沈鲁清
州水务局	马小林
州农业局	王 正
州林业局	黑吉木呷
州畜牧局	杨光富
州商务局	环江红
州文化影视新闻出版局	陈方勇
州卫生局	苏 杰
州人口计生委	贾巴尔土
州审计局	刘 斌
州环保局	吉伍木牛①
州体育局	吉觉作哈
州统计局	贺雪梅
州旅游局	游开军
州安监局	卢 强
州外侨办	贾 帅
州移民局	康 曦（1月止）
州国土局	张邛林
州扶贫办	黄玉超
州食品药品监管局	岳雄华
州政务中心	张秀林②
州邛泸管理局	伍文江
州法制办	艾裕双
州人防办	杨洪彬
州金融办	曹吉奎
经久工业园区	宋廷军
州档案局	孙子拉约
州防震减灾局	周仕伦（局长） 李志健（党组书记）

① 吉伍木牛：因涉嫌严重违纪，于2015年4月接受组织调查。
② 张秀林：因涉嫌严重违纪，于2015年6月接受组织调查。

单　位	负责人
州供销社	徐吾权
州语委	贾瓦盘加
州公路局	赵　勇（局长）　韩　丹（党委书记）
州投资促进局	李云会
州政府驻京联络处	周　毅
州政府驻蓉办	李世斌（主任）　李子禄（常委书记）
州公积金管理中心	陈德琳
州绿色家园管委会	宋　云（主任）　马小宁（党工委书记）
州总工会	王　英
团州委	何建梅
州妇联	马燕灵
州科协	杨　康
州社科联	哈小华
州文联	倮伍拉且
州残联	张建英
州红十字会	方　虹
州工商联	宋光明（主席）　田　华（党组书记）
州国安局	刘　伟
国家统计局凉山调查队	李天寿
州工商局	罗　刚
州国税局	晏　飞
州地税局	张小力
州气象局	田　宏
州质监局	陈　东
州监狱管理局	鲁　蓉
州邮政管理局	邵建洲
凉山烟草专卖局	杜如万
人行凉山州中心支行	吴　彬
凉山银监分局	黄　将

州委州政府重要文件目录

一、2014年中共凉山州委文件目录

序号	文件标题	文号	发文单位
1	中共凉山州委凉山州人民政府关于深入推进农村改革加快发展现代农业的意见	凉委发〔2014〕1号	中共凉山州委
2	中共凉山州委关于深入开展党的群众路线教育实践活动的实施意见	凉委发〔2014〕2号	中共凉山州委
3	中共凉山州委关于印发《凉山彝族自治州依法治州实施意见》的通知	凉委发〔2014〕3号	中共凉山州委
4	中共凉山州委凉山州人民政府关于2014年推进现代烟草农业工作的指导意见	凉委发〔2014〕4号	中共凉山州委
5	中共凉山州委关于进一步加强领导班子和干部队伍建设的实施意见	凉委发〔2014〕5号	中共凉山州委
6	中共凉山州委关于进一步转变作风加强党的群众工作的实施意见	凉委发〔2014〕6号	中共凉山州委
7	中共凉山州委关于印发《凉山州县级领导班子和领导干部综合考核评价实施办法（试行）》的通知	凉委发〔2014〕7号	中共凉山州委
8	中共凉山州委关于加强和改进宣传思想工作的意见	凉委发〔2014〕8号	中共凉山州委
9	中共凉山州委关于印发《凉山州建立健全惩治和预防腐败体系2013—2017年实施办法》的通知	凉委发〔2014〕9号	中共凉山州委
10	中共凉山州委关于贯彻落实党的十八届三中全会精神全面深化改革的决定	凉委发〔2014〕10号	中共凉山州委
11	中共凉山州委凉山州人民政府关于2013年度县市防震减灾目标考核情况的通报	凉委发〔2014〕11号	中共凉山州委
12	中共凉山州委关于印发《凉山州实施县级领导班子和领导干部差异化标准及结构模型化选配办法（试行）的通知》	凉委发〔2014〕12号	中共凉山州委
13	中共凉山州委凉山州人民政府关于2014年党风廉政建设和反腐败工作的意见	凉委发〔2014〕13号	中共凉山州委
14	中共凉山州委关于印发《2014—2018年凉山州干部教育培训规划》的通知	凉委发〔2014〕14号	中共凉山州委

续表

序号	文件标题	文号	发文单位
15	中共凉山州委凉山州人民政府关于印发《凉山州目标绩效管理办法》的通知	凉委发〔2014〕15号	中共凉山州委
16	中共凉山州委凉山州人民政府关于加快县域经济发展的意见	凉委发〔2014〕16号	中共凉山州委
17	中共凉山州委关于认真贯彻“三严三实”要求进一步加强党员干部教育管理监督的实施意见	凉委发〔2014〕17号	中共凉山州委
18	中共凉山州委关于建立健全作风建设长效机制的实施意见	凉委发〔2014〕18号	中共凉山州委
19	中共凉山州委凉山州人民政府关于深化国资国企改革促进发展的意见	凉委发〔2014〕19号	中共凉山州委
20	中共凉山州委关于坚持思想建党与制度治党紧密结合全面推进从严治党的意见	凉委发〔2014〕20号	中共凉山州委
21	中共凉山州委关于贯彻落实党的十八届四中全会精神全面深入推进依法治州的意见	凉委发〔2014〕21号	中共凉山州委

二、2014年凉山州人民政府文件目录

序号	文件标题	文号	发文单位
1	凉山州人民政府关于设立凉山州应急委员会的通知	凉府发〔2014〕2号	凉山州人民政府
2	凉山州人民政府关于抓好2014年马铃薯产业发展的意见	凉府发〔2014〕3号	凉山州人民政府
3	凉山州人民政府关于下达2014年重点建设项目计划的通知	凉府发〔2014〕4号	凉山州人民政府
4	凉山州人民政府关于表彰奖励见义勇为人员朱育德王汉林王国辉同志的决定	凉府发〔2014〕5号	凉山州人民政府
5	凉山州人民政府关于加强彝族古籍抢救保护工作的意见	凉府发〔2014〕6号	凉山州人民政府
6	凉山州人民政府关于进一步落实义务教育阶段控辍保学“六长”责任制的意见	凉府发〔2014〕7号	凉山州人民政府
7	凉山州人民政府关于大凉山彝区教育振兴行动计划的实施意见	凉府发〔2014〕8号	凉山州人民政府
8	凉山州人民政府关于调整凉山州交通战备领导小组成员的通知	凉府发〔2014〕9号	凉山州人民政府
9	凉山州人民政府关于鼓励民间资本兴办社会化养老服务机构的实施意见	凉府发〔2014〕10号	凉山州人民政府
10	凉山州人民政府关于加快推进我州苦荞麦产业发展的意见	凉府发〔2014〕11号	凉山州人民政府

续表

序号	文件标题	文号	发文单位
11	凉山州人民政府关于进一步加强应急管理工作的意见	凉府发〔2014〕13 号	凉山州人民政府
12	凉山州人民政府关于下达州政府序列单位 2014 年度重大工作及职能工作目标方案的通知	凉府发〔2014〕14 号	凉山州人民政府
13	凉山州人民政府关于加快建设质量强州的实施意见	凉府发〔2014〕15 号	凉山州人民政府
14	凉山州人民政府批转凉山州经济和信息化委员会关于综合利用高钛型高炉渣的指导意见的通知	凉府发〔2014〕16 号	凉山州人民政府
15	凉山州人民政府关于实行最严格水资源管理制度的实施意见	凉府发〔2014〕17 号	凉山州人民政府
16	凉山州人民政府关于做好西昌新钢业有限公司淘汰落后产能推进转型升级发展相关工作的通知	凉府发〔2014〕18 号	凉山州人民政府
17	凉山州人民政府关于调整全州最低工资标准的通知	凉府发〔2014〕19 号	凉山州人民政府
18	凉山州人民政府关于进一步深化政务公开工作的通知	凉府发〔2014〕20 号	凉山州人民政府
19	凉山州人民政府关于改革完善州与县市分税制财政体制的通知	凉府发〔2014〕21 号	凉山州人民政府
20	凉山州人民政府关于执行新一轮征地统一年产值标准的通知	凉府发〔2014〕22 号	凉山州人民政府

凉山州统计局　国家统计局凉山调查队
2014年国民经济和社会发展统计公报

（2015年3月）

2014年，在复杂严峻的宏观经济形势下，全州切实落实中央、省委、州委经济工作会议部署，坚持科学发展、加快发展的工作指导思想和稳中求进、改革创新、分类推进、统筹发展的工作基调，深入实施工业强州、生态立州、开放兴州发展战略，着力投资拉动、产业支撑、改革创新，统筹推进稳增长、调结构、促改革、惠民生等各项工作，全州经济社会在新常态下实现平稳发展。

一、综合

国民经济实现平稳增长。2014年全州地区生产总值（GDP）达到1314.3亿元，同比增长8.5%。其中：第一产业增加值253.3亿元，同比增长4.5%，对经济增长的贡献率为9.3%；第二产业增加值693.4亿元，同比增长10.6%，对经济增长的贡献率达到69.1%；第三产业增加值367.6亿元，同比增长6.7%，对经济增长的贡献率为21.6%。人均GDP达到28556元，比2013年增长7.8%。三次产业比重为19.3∶52.7∶28.0。

民营经济。全年民营经济实现增加值747.4亿元，同比增长10.0%。其中，一产业增加值87.0亿元，同比增长4.5%；二产业增加值471.1亿元，同比增长11.8%；三产业增加值189.3亿元，同比增长7.6%。民营经济增加值占地区生产总值的比重为56.9%，比2013年提高0.5个百分点，对经济增长的贡献率达65.7%。

居民消费价格。全年居民消费价格总指数（CPI）同比上涨1.8%。居民生活消费八大分类指数呈“五升三降”的态势，其中食品类上涨2.8%，衣着类上涨1.1%，医疗保健和个人用品类上涨0.3%，娱乐教育文化用品及服务类上涨2.4%，居住类上涨3.0%，烟酒及用品类同比下降1.1%，家庭设备用品及维修服务类同比下降0.3%，交通和通信类同比下降0.5%。

工业品出厂价格。全年工业品出厂价格指数（PPI）同比下降2.6%，其中：轻工业产品上涨1.0%，重工业产品同比下降3.0%；工业生产者购进价格（IPI）同比下降2.7%。

二、农业

加快推进农业产业化进程，农业综合生产能力进一步提高。全年实现农业总产值416.8亿元，同比增长4.7%。

种植业增产增效。全年粮食作物播种面积46.4万公顷，同比增长0.4%，占农作物总播种面积的比重为67.6%；全年粮食总产量达到208.2万吨，同比增长0.6%，平均亩产299千克。主要经济作物中，油类作物产量4.4万吨，同比下降1.8%；烤烟产量13.4万吨，同比下降4.5%；蔬菜产量258.9万吨，同比增长6.5%；园林水果产量114.7万吨，同比增长11.5%。

生态建设顺利推进。巩固和扩大以天然林保护和退耕还林工程为重点的生态建设成果，全年完成造林面积1.83万公顷，其中：完成退耕还林造林面积733公顷，年末全州森林覆盖率达43.0%。森林保护工作继续巩固，森林火灾损失控制在0.12‰以下，森林病虫害防治率达到100%。

畜牧业稳步增长。全年出栏肉猪499.7万头，同比增长2.0%；羊出栏288.4万只，同比增长2.9%；牛出栏29.3万头，同比增长5.3%；家禽出栏1676.7万羽，同比增长

4.4%。全年肉类总产量达45.7万吨，同比增长2.6%，其中猪肉产量34.6万吨，同比增长2.0%；羊肉产量4.9万吨，同比增长3.5%；牛肉产量3.3万吨，同比增长5.7%；家禽肉产量2.5万吨，同比增长5.0%；牛奶产量4.6万吨，同比增长4.6%；蚕茧产量2.5万吨，同比增长2.5%。实现畜牧业产值165.5亿元，同比增长4.4%。

农田水利建设成效显著，生产条件进一步改善。年末累计农田有效灌溉面积16.0万公顷，新增0.1万公顷；全年农用化肥施用量（折纯）13.6万吨，同比增长2.1%；年末农业机械总动力311万千瓦。

三、工业和建筑业

坚持新型工业化道路，强力推进工业转型升级。全部工业实现增加值530.0亿元，同比增长12.4%，对经济增长的贡献率为60.5%。年末规模以上工业企业达到360个，规模以上工业增加值增长13.3%，销售产值增长5.7%。

规模以上工业主要产品产量中，铁矿石原矿产量10028.5万吨，同比增长9.2%；铜选矿金属量7.6万吨，同比下降6.2%；铅选矿金属量21.9万吨，同比下降26.3%；锌选矿金属量25.3万吨，同比下降28.1%；磷矿石（折含$P_2O_5$30%）产量399.3万吨，同比下降1.1%；发电量867.9亿千瓦时，同比增长95.3%。成品钢材产量348.0万吨，同比下降4.7%；水泥产量441.8万吨，同比增长0.6%。

规模以上工业企业实现主营业务收入1267.8亿元，同比增长2.9%；盈亏相抵后的利润总额为120.2亿元，同比增长62.4%；利税总额为200.9亿元，同比增长41.8%。企业总资产贡献率10.5%，流动资产周转率3.1次/年，成本费用利润率10.3%，年末规模以上工业企业亏损面为23.2%，比2013年上升2.5个百分点；亏损额20.0亿元，上升14.4%；产销率96.2%。

建筑业稳步增长。全社会建筑业实现增加值163.4亿元，同比增长5.2%。全州资质等级四级及四级以上的建筑企业35个，完成建筑业总产值82.1亿元，同比增长11.0%。

四、固定资产投资

大力推进项目建设，以重大产业、重大基础设施和民生设施项目为重点，增强投资拉动。年末全州施工项目达到930个，完成固定资产投资额1045.9亿元，比2013年增长7.2%。

在投资构成中，第一产业投资12.7亿元，同比增长45.7%，第二产业投资534.7亿元，同比增长2.1%，第三产业投资498.5亿元，同比增长12.5%。基础设施投资156.4亿元，同比增长31.0%，产业投资508.3亿元，同比下降0.4%，民生及社会事业投资235.6亿元，同比增长16.1%，其他投资126.5亿元，同比增长1.3%。更新改造投资完成153.4亿元，同比增长20.6%；房地产开发投资完成19.1亿元，同比增长8.4%。

主要行业中，农林牧渔业投资17.5亿元，同比增长15.5%；采矿业投资57.2亿元，同比下降15.5%；制造业投资70.4亿元，同比下降21.0%；电力、热力、燃气及水的生产和供应业投资405.7亿元，同比增长11.7%；交通运输、仓储和邮政业投资7.5亿元，同比增长52.0%；水利、环境和公共设施管理业投资48.6亿元，同比增长0.1%；教育业投资18.0亿元，同比增长134.7%。

全年投产项目达到563个，项目建成投产率达到60.5%。新增固定资产808.7亿元，同比增长48.6%；固定资产交付使用率达到77.3%。

五、国内贸易和旅游

消费品市场。在国家扩大内需、提升消费的政策效应下，消费品市场繁荣活跃。全年社会消费品零售总额447.8亿元，比2013年增长12.8%。其中：商品零售额378.1亿元，同比增长13.0%；餐饮收入69.7亿元，同比增长11.5%。

从城乡市场看，城镇市场零售额为331.3亿元，同比增长13.0%；乡村市场零售额为116.5亿元，同比增长11.9%。

批发零售贸易业。批发零售贸易企业完成销售总额794.6亿元，同比增长14.7%，其中：批发业销售额364.1亿元，同比增长12.2%；

零售业销售额430.5亿元，同比增长17.0%。

深入实施资源聚合型和精品带动型旅游发展战略，促进旅游产业转型升级。全年共接待国内外旅游者3165.6万人次，同比增长10.5%；旅游总收入189亿元，同比增长36.7%；旅游外汇收入36万美元，同比增长113.2%。

六、对外经济

对外经济合作不断扩大。广泛开展国际经贸交流合作，推进区域合作，不断拓宽对外经济合作领域。全年共签约招商引资项目99个，协议引进资金798.8亿元，实际到位资金465.2亿元。

全年出口创汇8233万美元，同比增长6.2%。

七、交通、运输、邮电

交通运输稳步发展。年末全州公路通车里程达到24928千米，同比增长20.9%，其中等级公路通车里程18619千米，同比增长26.9%，高速公路通车里程达到213千米。全年完成公路货物周转量1124087万吨千米，同比增长13.7%，旅客周转量249333万人千米，同比增长10.7%。

邮电通讯业快速增长。全州邮政通信企业全年完成主营业务收入22.31亿元，同比增长11.1%。年末国际互联网上网用户数29.2万户，同比增长13.8%；公网电话用户达349.29万户，同比增长3.7%；其中：固定电话用户36.25万户，同比增长0.2%，移动电话用户313.04万户，同比增长4.1%。全州电话普及率达到75.89%，比2013年提高2.19个百分点。

八、财政、金融、证券和保险

地方财政收支持续增长。公共财政总收入完成160.1亿元，同比增长6.5%。地方公共财政收入完成112.3亿元，同比增长2.1%，其中：税收性收入65.6亿元，同比增长1.0%。公共财政支出完成365.9亿元，同比增长9.9%。

金融。年末全社会金融机构各项存款余额1388.67亿元，同比增长9.0%。年末各项贷款余额665.43亿元，比2013年净增79.96亿元，同比增长13.9%。其中：短期贷款余额172.14亿元，同比增长0.3%；中长期贷款余额438.96亿元，同比增长12.3%。

年末全州证券经营机构2个，全年证券交易额464.2亿元，同比增长40.4%。

九、教育和科学技术

教育事业积极推进。全面落实义务教育国策，“两基”攻坚成果得到巩固提高，深入实施大凉山彝区教育振兴行动计划，推进彝区、藏区“9+3”免费职业教育。年末全州有各级各类学校1655所，在校学生数83.35万人；其中少数民族学生52.67万人，比2013年增加1.98万人；专任教师4.35万人，比2013年增加0.18万人。

基础教育。年末全州小学学校数1428所，招生10.22万人，在校学生54.01万人，学龄儿童入学率98.7%，其中少数民族学龄儿童入学率98.1%。普通中学209所，招生8.9万人，在校学生25.1万人。

职业教育。中等专业和技术职业学校6所，在校学生1.1万人，职业高中11所，在校学生1.78万人。

高等教育。西昌学院本年度招生4270人，毕业3754人，在校学生15503人，其中少数民族学生2614人。

科技研究和应用。州级各部门全年共承担科研项目132个，其中省部级项目30个，获得省级重大科技成果奖二等奖2项、三等奖9项。

十、文化和卫生

文化艺术事业不断发展。年末拥有艺术表演团体3个，公共图书馆16个，藏书量78.37万册，文化馆18个，乡镇文化站603个，博物馆7个，文物保护机构16个。

广播电视事业继续加强。全州有线广播电视用户32.67万户，电视人口覆盖率92.29%，广播人口覆盖率81.43%。

新闻出版事业持续发展。全州出版地方报纸彝、汉文版三种，发行量1284万份；出版地方杂志彝、汉文版两种，发行量7300册。

卫生事业不断进步。医疗服务体系、疾病

预防控制体系和突发公共卫生医疗救治体系进一步完善。新型农村合作医疗制度不断推进，参合农民392.7万人，参合率达98.99%，统筹支出医疗费用补助（含家庭账户支出）13.56亿元，同比增长5.1%。年末全州有卫生机构1131个，病床位19669张，拥有卫生技术人员17496人，其中：执业医生6267人，护师护士6865人。在卫生机构中，疾病预防控制中心18个，妇幼保健站18个，拥有卫生防疫技术人员928人，妇幼保健技术人员563人；乡镇卫生院615个，拥有执业医生1728人。

十一、人口

据公安人口统计，全州年末户籍人口511.78万人，同比增长1.06%。其中：少数民族人口为282.34万人，占总人口的55.2%；彝族人口为264.78万人，占总人口的51.74%。全年出生人口6.76万人，出生率为13.28‰；死亡人口2.44万人，死亡率为4.79‰。

十二、人民生活和社会保障

城乡居民收入稳步增加。城镇居民人均可支配收入23609元，同比增长8.8%，人均消费支出16525元，同比增长8.3%。农民人均纯收入8264元，比2013年净增905元，同比增长12.3%，农民消费支出5456元，同比增长26.6%。

城乡居民储蓄余额稳定增长。全州城乡居民年末储蓄余额686亿元，同比增长9.7%，其中：城镇居民储蓄余额466亿元，同比增长7.5%；农村居民储蓄余额220亿元，同比增长14.6%。

社会保障就业事业进一步推进。年末全州参加职工基本养老保险的人数达到25.66万人，参加职工基本医疗保险人数34.34万人。全年新增城镇就业人员1.9万人，年末城镇登记失业率3.9%。

社会福利与救助力度加大。城镇纳入最低生活保障的人数7.79万人，保障金支出1.96亿元；农村纳入最低生活保障的人数55.76万人，保障金支出6.34亿元。全州共有各类福利院、敬老院80个，床位数11182张。

注：1. 公报中各项数据为初步统计数，正式数据以《凉山州统计年鉴》为准。

2. 公报中生产总值及产值指标的绝对数按当年价格计算，增长速度按可比价格计算。

2012—2013年度凉山州科技进步奖获奖项目

序号	项目名称	完成单位	主研人员	等级
1	国产大型高压辊磨机金属矿应用示范工程	重钢西昌矿业有限公司	陈大元 满先云 李从德 龙茂华 扈维明 马钟瑞 朱 菱 薛忠言 杜洪周	一
2	盐源苹果病虫害综合防治关键技术研究与应用推广	盐源县农科局经作站、四川省农业科学院园艺研究所、西昌学院	谢红江 宋枢平 李晓军 郑晓慧 杨文渊 陶 炼 罗良英 尹向华 王仁祥	一
3	200t半钢炼钢转炉复合吹炼工艺技术研究	攀钢集团西昌钢钒有限公司、攀钢集团研究院有限公司	龚洪君 陈 钧 徐 涛 曾建华 杜利华 熊开伟 杨晓东 陈 路 喻 林	一
4	痰液细菌半定量培养新法（十二级法）探索	凉山州第一人民医院	杨肇立 周 文 李俊如 李 键 任 萍 陈 旭 黄 静	一
5	核桃良种与扩繁关键技术研究	冕宁县林业局产业科教站、冕宁县生产力促进中心、冕宁县顺兴经果林种植专业合作社、四川省林业科学研究院、冕宁县源森林林果种植专业合作社	李德荣 吉格木加 陆裕远 赵 成 王平菊 包月洪 鲁启惠 罗春辉 袁世祥	一
6	透水性混凝土关键因素研究	西昌学院	钱 波 胡青龙 郭 宁 胡建春 李 鹏 岳华英 刘 高	一
7	凉山半细毛羊基地建设及健康养殖关键技术集成与应用	凉山州畜牧站、凉山州畜牧兽医科学研究所、昭觉县畜牧局、凉山半细毛羊原种场、四川省畜牧科学研究院	刘 凌 傅 平 马 庆 王同军 皮特依格 刘火史铁 骆佳锐 吴登俊 朱远祥	一
8	马铃薯晚疫病病菌及防控技术研究与应用推广	凉山州西昌农业科学研究所	徐成勇 刘波微 肖连康 陈学才 李华鹏 李洪浩 张 荣 王世忠 刘 斌	一
9	软破厚大矿体开采综合技术研究	四川会理铅锌股份有限公司、长沙矿山研究院有限责任公司	陈华强 刘 韬 尹贤刚 杨春林 肖木恩 谌立勇 杨应江 刘良发 赖 伟	一
10	苦荞麦即食方便食品生产技术研究与应用	西昌学院、西昌航飞苦荞科技发展有限公司、西昌市正中食品有限公司	肖诗明 巩发永 李 静 蔡 利 罗晓妙 史碧波 张 忠 林 巧 刘晓燕	二

续表

序号	项目名称	完成单位	主研人员	等级
11	凉山州医务人员艾滋病知识认知、态度、防护行为及职业暴露的调查分析	凉山州第一人民医院	赵光昱 朱建军 刘梅瑶 喻安云 吴 雪 张 璐 起建平 沈 娟 陈 娟	二
12	攀西地区果树新病害及综合防控技术研究	西昌学院、冕宁县农业局植检植保站	郑晓慧 朱国翱 涂 勇 张 宇 刘 铭 孙 劲 卿贵华 罗庆英 张 燕	二
13	凉山半细毛羊群体整齐度技术研究与示范	凉山州畜牧站、四川农业大学、四川省畜牧科学研究院、凉山半细毛羊原种场	木乃尔什 马 庆 徐文福 罗拉体 赵 燕 曲木力且 刘 琳 陈 瑛 王同军	二
14	民族地区县级科研部门科研项目申报管理系统研发	西昌学院	曾陈萍 蔡光泽 柳 刚 秦 光 范 礼 吴德萍 郝红英	二
15	水指甲制剂的开发研究	凉山州第二人民医院、成都医学院	李列平 罗伦才 季小平 张仲林 李泰忠 曹晋峰 杨 彬 陈 礴 王利平	二
16	新生儿床旁颅脑 B 超检查的价值研究	西昌市人民医院	陈昌秀 黄仕琼 孙 健 冯 露 刘 蓉 张德刚 王渝娜	二
17	介入超声技术在艾滋病并发肝脓肿，盆、腹腔脓肿治疗中的操作规程设计及临床应用	凉山州第一人民医院	王雪岩 张晓峰 邓 瑾 漆 俊 银 丽 毛 颂 沙玛曲卓 杨 敬 王丽娟	二
18	凉山特有药用植物（凉山杜鹃）叶的毒性成分及其生物活性的研究	西昌学院	杨勇勋 罗 茜 黄海燕 朱静平 颜 瑜 陶 明 马金华	二
19	内镜逆行胰胆管造影诊疗技术（ERCP）的应用研究	凉山州第一人民医院	王登映 解 平 胡菊英 张力华 宋振宇 陈 兰 李 红	二
20	低品位含铜废石综合利用技术研究及产业化应用	会理县马鞍坪矿山废石综合利用有限责任公司	赵庆红 代清华 陈刚平 吴莉娟 肖 政 张 静	二
21	盐源县肾综合征出血热防治研究	凉山州疾病预防控制中心、盐源县疾病预防控制中心	王启兴 张甫国 陈先美 张正纯 白 锐 邬劲松 陈志刚 刘学成 张佳珂	二
22	铜冶炼废渣综合回收利用技术研究与应用	会理县鹏晨废渣利用有限公司	周 俊 林德发 刘建祥 唐树民 李小洛 顾偲议	二
23	低品位钒钛磁铁矿综合回收利用应用技术	重钢西昌矿业有限公司	满先云 李从德 陶治其 吴丰祥 薛忠言 朱 菱 扈维明 万书超 龙 敏	二

续表

序号	项目名称	完成单位	主研人员	等级
24	石榴病虫害绿色防控技术研究集成与应用	凉山州亚热带作物研究所、西昌学院、会理县农业局、攀枝花市仁和区农牧局植保植检站、西昌市农业局	何　平　郑晓慧　余　爽 王友富　刘大章　陈建雄 马　川　张　玲　李在华	二
25	高产、多抗玉米杂交凉单 6 号的选育及应用	凉山州西昌农业科学研究所、盐源县农业和科学技术局	龙永昌　谢果林　李　旭 明渝林　王　梅　何志晶 罗　蓉　唐文峰　谢联翠	二
26	突变体杂交诱变育成小麦新品种“西辐 12”和“西辐 13”与推广应用	凉山州西昌农业科学研究所	辜义芳　李达祥　吉琼芳 吉克呷呷　李建岚　漆泽军 谢联翠　杨德琪　李　旭	二
27	大顶山矿区缓倾斜中厚矿体无底柱分段崩落法采矿工艺优化研究	四川锦宁矿业有限责任公司、西南科技大学环境与资源学院	陈忠华　覃顺平　朱志利 叶　青　李英碧　韩方建 许发新　卢国明　谭　虎	二
28	优质高产水稻新品种“昌米 446”配套技术集成与示范推广	凉山州西昌农业科学研究所、西昌市良种场、西昌攀星农业开发有限公司、德昌县农业和科学技术局	鄢章林　樊均长　杨宗新 欧阳朝晖　孔令宇　吴天龙 李荣进　刘奎明　吴观明	二
29	特色优质烟叶（红大）生产技术研究与应用	西昌学院、川渝中烟工业有限责任公司、凉山州烟草公司	张文友　袁　颖　尹福强 刘朝科　王　勇　罗　维 刘　铭　赵益强　梁　涛	二
30	花椒品种选优与培育技术研究	冕宁县林业局、凉山州林业局、冕宁县源森林食品有限责任公司	李德荣　杨利民　陆裕远 吉格木加　王德荣　罗春辉 代仕高　魏　毅　敬　彬	二
31	县级以下地区个体零售商品的物流成本控制关键技术研究——以卷烟物流为例	四川省烟草公司凉山州公司、西南交通大学	杜如万　王　强　尹健康 郭　江　李文杰　黄登仕 余　坤　瞿　鑫　叶　岚	二
32	共振破碎技术在凉山州旧水泥混凝土路面改造中的应用研究	凉山州公路管理局、西昌学院	龚　平　赵　勇　刘茂明 钱　波　李兴平　殷显平 阮　林　杨　刚　李　勇	二
33	邛海污染现状与治理对策研究	西昌学院、凉山州环境保护局环境监测站	彭　徐　吉伍木牛　杨红 陈　忠　罗　茜　陶明 朱静平　李海涛	二
34	GIS 支持下的凉山州地质灾害精细化预警平台建设	凉山州气象局、凉山州国土资源局、成都信息工程学院	吴莉娟　江智全　王增武 徐　辉　肖天贵　顾林康 殷万清	二
35	炭质板岩型铜矿浮选提升金银回收率研究与应用	会东县鑫联矿业有限责任公司	贺信学　郤秀春　吴自勉 李云峰　韩江峰　曹声林 喻正安　彭武坤	三

续表

序号	项目名称	完成单位	主研人员	等级
36	高成形性 SAPH370、SAPH400 汽车结构用钢带研发	攀钢集团西昌钢钒有限公司、攀钢集团研究院有限公司	吴菊环 王 羿 何 为 翁建军 陈 亮	三
37	输尿管镜及膀胱镜辅助下膀胱穿刺造瘘术的临床应用研究	凉山州第二人民医院	何秉勋 季小平 李列平 康厚彬 朱智虎 薛 斌 艾航宇 廖 志	三
38	会理绿陶金沙釉的传统工艺创新	会理县钧虹绿陶艺术品有限责任公司	韩进富 唐 英 吴 坚 韩春寅 杨 坤	三
39	西葱 3 号选育及配套技术研究	西昌科威洋葱种业有限责任公司、西昌学院农业科学院、西昌科威洋葱研究所	李成佐 潘天春 袁志刚 单成海 赵丽华 李丽娜 罗成焕 李 瑶 李成香	三
40	川滇高原粳稻资源遗传多样性及抗逆性分子标记研究	西昌学院	蔡光泽 戴红燕 华劲松 刘 成 刘新宇	三
41	原料粒度及磁性物对转浸率的影响及控制技术研究	攀钢集团西昌钢钒有限公司、攀钢集团研究院有限公司	王绍东 付自碧 刘武汉 刘恢前 申 彪	三
42	蚯蚓粪复合基质在烤烟漂浮育苗中的应用研究	凉山州金叶现代农业科技发展有限公司、会理县烟草公司、成都市美农美家蚯蚓养殖专业合作社、四川农业大学	张 勇 王 剑 吴俊龙 刘 挺 蹇立明 杨晓东 黄 江 秦自强 纪极勋	三
43	彝族医药烟熏法治疗牙痛适宜技术推广	凉山州中西医结合医院、凉山州彝族医药研究所	霍晓清 朱 林 沙学忠 樊鹤莹	三
44	多囊卵巢综合征卵泡发育异常相关因素的干预性治疗研究	凉山州第一人民医院、西昌学院经济与管理学院	李雅琪 宋致蓉 彭 俊 龚 勋 杨炜婷 马 燕 张 瑜 廖国芳 程绪礼	三
45	灾害救援护理备灾体系的构建与应用	凉山州第一人民医院、西昌市疾病预防控制中心、凉山州卫生学校	朱建军 赵光昱 刘梅瑶 朱兴莲 徐 峰 李金萍	三
46	漂浮育苗 TMV 快速检测及综合防控技术研究	四川省烟草公司凉山州公司	杜如万 王 剑 卢 军 王 勇 刘东阳 杨 柳 高 峻 刘 挺 刘 国	三
47	肿瘤热化疗的临床应用观察	凉山州第一人民医院	刘 娱 吴永芬 李 杰 郑宇春 余托娅 尹亚丽 周开玲 陈淑秀	三

续表

序号	项目名称	完成单位	主研人员	等级
48	魔芋精粉无硫护色干湿法结合加工技术研究与应用	西昌学院、会理纵横实业有限公司、会东县恒溢农业科技发展有限公司、金阳县阿果白魔芋有限公司	巩发永 李 静 肖诗明 张 忠 蔡光泽 陈金发 刘晓燕 韩 兵 张 建	三
49	微通道经皮肾镜碎石取石术治疗复杂性输尿管上段结石的临床应用研究	凉山州第二人民医院	何秉勋 季小平 李列平 康厚彬 薛 斌 朱智虎 艾航宇 廖 志	三
50	设施蔬菜绿色防控技术研究示范	冕宁县生产力促进中心、冕宁县植检植保站	朱国翱 李贵友 刘仲琦 王平菊 赵 成 鲁启惠 邓帮琼 熊安宁 罗庆英	三
51	6.25cm捣固焦炉配套干熄焦技术应用研究	攀钢集团西昌钢钒有限公司	张廷刚 彭志辉 陈卫明 王建明 张少春 赵显良 许银麟 刘 爽	三
52	凉山彝族自治州西昌市6-16岁儿童注意缺陷多动障碍流行病学调查及临床研究	凉山州第一人民医院	杨 尧 王西蓉 石 艳 方 敏 陈 雪 王 勤 张天菊 庄晓玲 黎 明	三
53	凉山牧业实用技术培训与推广	凉山州畜牧兽医科学研究所、德昌县畜牧局畜牧站、美姑县畜牧局畜牧站、会理县畜牧局畜牧站、凉山州科兴猪业有限责任公司	王世斌 王 玮 孙 艳 瓦西石波 陈 艳 王 强 杨昌富 傅 平 邱拉古	三
54	小针刀治疗屈指肌腱狭窄性腱鞘炎的应用解剖学研究	西昌市人民医院	王 勇 李杨健 周 龙 韩 鹏	三
55	甘洛县主要粮经作物病虫绿色防控技术应用与推广	甘洛县农业局、甘洛县普昌镇农业综合服务中心、甘洛县新市坝镇农业综合服务中心、甘洛县气象局	黄齐学 曾 莉 李政府 莫什沙布 陈昌芳 张德洪 林 俊 李 辉 陈利敏	三
56	盐源苹果高光效树形研究与示范	凉山州亚热带作物研究所、盐源县农业和科学技术局	张 平 宋枢平 李元良 李晓军 何 燕 尹向华 陈艳琼 罗良英 秦建农	三
57	经济型热轧耐硫酸露点腐蚀钢带开发	攀钢集团西昌钢钒有限公司、攀钢集团研究院有限公司	刘庆春 付开忠 郑之旺 许哲峰 张龙超 张功庭 冯远超 王海云	三
58	川西南马铃薯种质资源创新利用与品种配套技术研究	西昌学院	李佩华 刘小文 陈从顺 李明春 黄竞雄 海来吉木子 余前媛 王安虎 华劲松	三

续表

序号	项目名称	完成单位	主研人员	等级
59	玫瑰精油产业化关键技术研究与应用	越西县壮心有限公司、四川省农科院园艺所、西昌学院、越西县农业和科学技术局	李永禄　谢红江　李　静 巩发永　张　莉　韩　勇 唐兴茂　杨德勇　张　伟	三
60	刺梨系列产品加工技术研究	冕宁县源森林食品有限责任公司、冕宁县林业局产业科教站、四川大学轻纺与食品学院农产品加工研究院	高　颖　马江红　袁世祥 包月洪　罗春辉　张兴秋	三
61	越西县人工打贮草基地建植综合配套技术组装与应用	越西县畜牧局	耿贵蓉　林辉儒　海来阿沙 苏　茂　赵　燕　兰江雄 郑成胜　曲木古瓦　杜雄伟	三
62	特种设备检验制图专业软件设计	凉山州特种设备监督检验所	陈　康　杨正毅　曾　茜 彭晓丽	三
63	1750m^3高炉炉料结构优化研究	攀钢集团西昌钢钒有限公司、攀钢集团研究院有限公司	饶家庭　陆高峰　文永才 林文康　谢洪恩　邹仕华 甘　勤　黄　云　付卫国	三
64	凉山州地震应急救援系统研究	凉山州防震减灾局	环江红　李志健　黄昌云 袁远亮	三
65	凉山州电子文件管理系统的设计与研发	四川省网瑞科技有限责任公司	孔令鑫　汪　洋　徐世富 杨良辉　陈　志	三
66	流动护理观察车在护理工作中的应用研究	凉山州第二人民医院	吉晓丽　徐　燕　田娟娟 赵发燕　刘淑敏　蒋润英 谭邦春　陆　涛　冯　锐	三
67	城镇居民医疗保险网络管理系统开发研究与应用	冕宁县社会保险中心、冕宁县生产力促进中心	刘永生　宋素远　游世琼 王平菊　李贵友　俞世芬 杨庆辉　赵　成	三
68	沉浮式倒燃节能炉	宁南县益农机械研究所	顾国友　巫崇贵　王正贵 巫朝莲　王施荣	三
69	轻型高效板式播种器研制及应用	西昌新叶农业科技有限公司、凉山州烟草公司普格分公司	蒋鑫桥　李仕惠　邓　翔 吴　艳　赵云飞　郭　涛 冒　伟　喻惠波　周劲松	三
70	冕宁火腿标准化生产技术研究与应用	冕宁县畜牧局	熊　斌　邓　旭　陈金华 邹廷钦　雷新明　陈兆贤 谭光奇　侯绍云	三

备注：资料来源于《凉山州人民政府关于授予2012—2013年度凉山州科学技术奖的决定》（凉府发〔2015〕2号）

凉山州1—4批国家省州级非物质文化遗产名录

一、凉山第1—4批国家级非物质文化遗产名录（共18项）

第一批

序号	项目类别	项目编码	项目名称	申报地区或单位
1	民俗	Ⅸ—10	彝族火把节	凉山彝族自治州

第二批

序号	项目类别	项目编码	项目名称	申报地区或单位
1	民间文学	Ⅰ—75	彝族克智	美姑县
2	传统音乐	Ⅱ—136	口弦音乐	布拖县
3	传统舞蹈	Ⅲ—67	甲搓	盐源县
4	传统技艺	Ⅷ—101	彝族毛纺织及擀制技艺	昭觉县
5		Ⅷ—128	彝族漆器髹饰技艺	喜德县
6		Ⅷ—40	彝族银饰制作技艺	布拖县

第三批

序号	项目类别	项目编码	项目名称	申报地区或单位
1	传统音乐	Ⅱ—115	藏族民歌（藏族赶马调）	冕宁县
2	民俗	Ⅹ—129	彝族年	凉山彝族自治州
3		Ⅹ—139	婚俗（彝族传统婚俗）	美姑县

第四批

序号	项目类别	项目编码	项目名称	申报地区或单位
1	民俗	Ⅰ—141	毕阿史拉则传说	金阳县文化馆
2		Ⅰ—152	玛牧	喜德县文化馆
3	传统音乐	Ⅱ—163	毕摩音乐	美姑县文化馆
4		Ⅱ—128	洞经音乐（邛都洞经音乐）	西昌市邛都洞经古乐艺术团
5	传统美术	Ⅶ—114	毕摩绘画	美姑县文化馆
6	传统技艺	Ⅷ—100	传统棉纺织技艺（傈僳族火草织布技艺）	德昌县文化馆
7	民俗	Ⅹ—156	彝族服饰	昭觉县文物管理所
8		Ⅹ—90	祭祖习俗（凉山彝族“尼木措毕”祭祀）	美姑县文化馆

二、凉山州 1—4 批省级非物质文化遗产名录（共 96 项）

第一批

序号	项目类别	项目编码	项目名称	申报地区或单位
1	民间文学	Ⅰ—3	阿嫫妮惹	州语委
2		Ⅰ—4	支格阿龙	州民间文艺家协会
3		Ⅰ—8	彝族克智	美姑县人民政府
				喜德县人民政府
4	传统音乐	Ⅱ—18	彝族阿都高腔	布拖县人民政府
5		Ⅱ—19	朵乐荷	普格县人民政府
				布拖县人民政府
6		Ⅱ—25	义诺彝族民歌	雷波县文化体育局
7		Ⅱ—40	口弦	布拖县人民政府
8	传统舞蹈	Ⅲ—56	甲搓	盐源县人民政府
9	传统技艺	Ⅷ—103	凉山彝族毛纺织及擀制技艺	昭觉县人民政府
10		Ⅷ—129	凉山彝族漆器制作工艺	喜德县人民政府
11		Ⅷ—130	凉山彝族银饰手工技艺	布拖县人民政府
12	民俗	Ⅹ—166	火把节（彝族火把节）	凉山州文化局
13		Ⅹ—163	彝族年	凉山州文化局
14		Ⅹ—164	藏历年	木里县文化局
15		Ⅹ—179	泸沽湖摩梭人母系氏族习俗	盐源县人民政府
16		Ⅹ—187	凉山彝族“尼木措毕”祭祀	美姑县人民政府

第二批

序号	项目类别	项目编码	项目名称	申报地区或单位
1	民间文学	Ⅰ—8	勒俄特依	喜德县文化馆
2		Ⅰ—9	玛牧特依	喜德县文化馆
3	传统音乐	Ⅱ—9	彝族挽歌	宁南县文化馆
4		Ⅱ—10	藏族赶马调	冕宁县文化馆
5		Ⅱ—11	彝族克西举尔	昭觉县文物管理所
6				雷波县文化馆
7		Ⅱ—12	彝族马布音乐	越西县广播电视文化体育局
8				昭觉县文物管理所
9		Ⅱ—13	彝族月琴音乐	普格县文化艺术馆
10		Ⅱ—14	毕摩音乐	美姑县文化旅游体育局
11		Ⅱ—15	大号唢呐	会理县文化馆
12		Ⅱ—12	川西藏族山歌（扩展）	木里县文化馆

续表

序号	项目类别	项目编码	项目名称	申报地区或单位
13	传统舞蹈	Ⅲ—11	木里藏族“嘎卓”舞	木里县文化馆
14		Ⅲ—13	傈僳族嘎且且撒勒舞	会东县文化馆
				德昌县文化馆
15		Ⅲ—14	彝族苏尼舞	布拖县文化馆
16		Ⅲ—15	蹢脚舞	会理县文化馆
17		Ⅲ—16	藏族杜基嘎尔	木里县文化馆
18	传统体育、游艺与杂技	Ⅵ—7	彝族磨尔秋	甘洛县文化馆
19	传统美术	Ⅶ—5	毕摩绘画	美姑县文化旅游体育局
20		Ⅶ—6	彝文书法	盐源县文化馆
21	传统技艺	Ⅷ—2	酿造酒传统酿造技艺（彝族杆杆酒酿造技艺）	甘洛县文化馆
22		Ⅷ—28	民族乐器制作技艺（傈僳族葫芦笙制作技艺）	德昌县文化馆
23		Ⅷ—29	绿釉陶瓷品制作技艺	会理县文化馆
24		Ⅷ—30	红铜火锅制作技艺	会理县文化馆
25		Ⅷ—31	传统茶具制作技艺（藏式竹制茶具制作、藏式木制茶具制作、藏式烧制茶具制作技艺）	木里县文化馆
26	民俗	Ⅹ—15	彝族婚俗（彝族婚礼歌、彝族婚俗）	越西县广播电视文化体育局
				美姑县文化体育局
27		Ⅹ—16	傈僳族服饰	德昌县文化馆
28		Ⅹ—17	彝族服饰（彝族服饰、义诺彝族服饰、彝族奥索布迪服饰艺术）	昭觉县文物管理所
				美姑县文化旅游局
				会东县文化馆
29		Ⅹ—18	傈僳族阔时节	德昌县文化馆
30		Ⅹ—19	傈僳族婚俗	德昌县文化馆
31		Ⅹ—20	摩梭人成丁礼	盐源县文化馆
32		Ⅹ—21	彝族“阿依蒙格”儿童节	雷波县语委
33		Ⅹ—22	藏族尔苏射箭节	甘洛县文化馆
34		Ⅹ—24	摩梭人转湖节	盐源县文化馆
				木里县文化馆

第三批

序号	项目类别	项目编码	项目名称	申报地区或单位
1	民间文学	Ⅰ—4	毕阿史拉则传说	金阳县文化馆
2		Ⅰ—5	傈僳族民间传说	德昌县文化馆
3		Ⅰ—7	阿都歌谣	布拖县文化馆
4		Ⅰ—8	什喜尼支嘿	布拖县文化馆

续表

序号	项目类别	项目编码	项目名称	申报地区或单位
5	传统音乐	Ⅱ—4	彝族“久觉合”	甘洛县文化馆
6		Ⅱ—5	木模拉格	越西县文化馆
7		Ⅱ—6	热打（“里惹尔”）	甘洛县文化馆
8		Ⅱ—7	阿古合	甘洛县文化馆 越西县文化馆
9		Ⅱ—8	金江鼓乐	会东县文化馆
10		Ⅱ—11	阿惹妞	甘洛县文化馆
11		Ⅱ—18	四川洞经音乐（邛都洞经古乐）	西昌市邛都洞经古乐艺术团
12	传统舞蹈	Ⅲ—6	纳西族“金佐措”	木里县文化馆
13	传统美术	Ⅶ—2	彝族传统刺绣技艺	甘洛县彝族妇女刺绣协会
14		Ⅶ—3	傈僳族刺绣技艺（傈僳族刺绣技艺、新山傈僳族刺绣技艺）	德昌县文化馆
15	传统技艺	Ⅷ—6	藏族牛羊毛手工编织技艺（藏族毛纺织品编织技艺）	木里县文化馆
16		Ⅷ—9	傈僳族织布技艺（新山傈僳族织布技艺、傈僳族火草织布技艺）	德昌县文化馆
17		Ⅷ—10	彝族金属锻造技艺（喜德彝族叶形双耳腰刀制作技艺）	喜德县文化馆
18		Ⅷ—11	藏族手工皮制品制作技艺	木里县文化馆
19		Ⅷ—12	擦窝制作技艺	木里县文化馆
20		Ⅷ—13	饵块手工制作技艺	会理县文化馆
21		Ⅷ—28	民族乐器制作技艺（傈僳族口弦制作技艺、竹制口弦制作技艺）	布拖县文化馆 德昌县文化馆
22	传统医药	Ⅸ—2	传统彝医药	西昌彝医药研究所
23	民俗	Ⅹ—12	彝族嘎库甘尔习俗	布拖县文化馆
24		Ⅹ—13	藏族服饰（尔苏藏族服饰）	甘洛县文化馆
25		Ⅹ—14	苗族服饰	木里县文化馆
26		Ⅹ—17	藏族服饰（呷咪服饰）	木里县文化馆
27		Ⅹ—22	还山鸡节（尔苏藏族还山鸡节）	甘洛县文化馆

第四批

序号	项目类别	项目编码	项目名称	申报地区或单位
1	民间文学	Ⅰ—30	博葩（万物起源口头文学）	喜德县文化馆

续表

序号	项目类别	项目编码	项目名称	申报地区或单位
2	传统音乐	Ⅱ—65	傈僳族高腔	德昌县文化馆
3		Ⅱ—66	阿依阿芝（彝族女性叙事歌）	越西县文化馆
4		Ⅱ—67	牛牛合（“牛牛”调）	雷波县文化馆
5		Ⅱ—68	摩梭人阿哈巴拉调	盐源县文化馆
6	曲艺	Ⅴ—13	彝族克格（彝语相声）	昭觉县文管所
7	传统美术	Ⅶ—32	藏族尔苏图画文字	甘洛县文化馆
8	传统技艺	Ⅷ—117	彝族泥染	金阳县文化馆
9		Ⅷ—118	摩梭人苏里马酒的酿造技艺	盐源县文化馆
10		Ⅷ—119	摩梭人青娜油制作技艺	盐源县文化馆
11		Ⅷ—28	民族乐器制作技艺（彝族月琴制作技艺）	雷波县文化馆
12		Ⅷ—8	麻布制作技艺（木里麻布手工纺织技艺）	木里县文化馆
13		Ⅷ—20	传统民居营造技艺（木里藏族民居营造技艺）	木里县文化馆
14		Ⅷ—2	酿造酒传统酿造技艺（彝族燕麦酒古法酿造技艺）	会东县文化馆
15	民俗	Ⅹ—74	摩梭人“若哈舍”习俗	盐源县文化馆
16		Ⅹ—75	彝族剪羊毛节	金阳县文化馆
17		Ⅹ—76	摩梭人服饰	盐源县文化馆
18		Ⅹ—77	彝族赛马习俗	昭觉县文管所
19		Ⅹ—83	木里“桑股”头饰	木里县文化馆

三、凉山州1—4批州级非物质文化遗产名录（共214项）

第一批

序号	项目类别	项目编码	项目名称	申报地区或单位
1	民间文学	Ⅰ—1	阿嫫尼惹	州语委
2		Ⅰ—2	支格阿尔	州民间文艺家协会
3		Ⅰ—3	彝族克智	美姑县人民政府 喜德县人民政府
4		Ⅰ—4	月亮女儿的传说	州民间文艺家协会
5		Ⅰ—5	甘嫫阿妞的传说	州民间文艺家协会
6		Ⅰ—6	勒俄特依	州语委
7		Ⅰ—7	玛木特依	州语委
8		Ⅰ—8	姿子里乍	州语委

续表

序号	项目类别	项目编码	项目名称	申报地区或单位
9	传统音乐	Ⅱ—1	彝族口弦	布拖县人民政府
10		Ⅱ—2	彝族阿都高腔调	布拖县人民政府
11		Ⅱ—3	朵乐荷	普格县人民政府
				布拖县人民政府
12		Ⅱ—4	彝家哭嫁歌	越西县人民政府
13		Ⅱ—5	彝族竖笛	昭觉县人民政府
14		Ⅱ—6	彝族马布	昭觉县人民政府
				越西县人民政府
15		Ⅱ—7	彝族长号	会理县人民政府
16		Ⅱ—8	义诺彝族民歌	雷波县人民政府
17		Ⅱ—9	毕摩音乐	美姑县人民政府
18		Ⅱ—10	冕宁汉族栽秧歌	冕宁县文化馆
19		Ⅱ—11	阿惹妞	州文化馆
20	传统舞蹈	Ⅲ—1	甲搓舞	盐源县人民政府
21		Ⅲ—2	彝族踰脚舞	会理县人民政府
22	传统美术	Ⅶ—1	毕摩绘画	美姑县人民政府
23	传统技艺	Ⅷ—1	彝族漆器	喜德县人民政府
24		Ⅷ—2	彝族银饰手工技艺	布拖县人民政府
25		Ⅷ—3	瓦拉手工技艺	昭觉县人民政府
26		Ⅷ—4	佳史手工技艺	昭觉县人民政府
27		Ⅷ—5	冕宁民间挑花手工技艺	冕宁县文化馆
28		Ⅷ—6	冕宁烙铁画、烙铁书法	冕宁县文化馆
29	民俗	X—1	彝族婚礼	美姑县人民政府
30		X—2	泸沽湖摩梭人习俗	盐源县人民政府
31		X—3	俄亚纳西族习俗	木里县人民政府
32		X—4	彝族年	州文化局
33		X—5	藏历年	木里县人民政府
34		X—6	彝族火把节	州文化局
35		X—7	泸沽湖摩梭人转山转海节	盐源县人民政府
36		X—8	凉山彝族“尼木措毕”祭祀	美姑县人民政府
37		X—9	灵山寺祖师会	冕宁县文化馆

续表

第二批

序号	项目类别	项目编码	项目名称	申报地区或单位
1	传统音乐	Ⅱ—1	彝族克西举尔音乐	雷波县文化局
				昭觉县文化局
2		Ⅱ—2	傈僳族高腔	德昌县文化局
3		Ⅱ—3	藏族赶马调	冕宁县文化局
4		Ⅱ—4	彝族挽歌	宁南县文化局
5		Ⅱ—5	彝族月琴音乐	普格县文化局
6		Ⅱ—12	川西藏族山歌（扩展）	木里县文化馆
7	传统舞蹈	Ⅲ—1	傈僳族嘎且且撒勒舞	会东县文化局
				德昌县文化局
8		Ⅲ—2	藏族杜基嘎尔	木里县文化局
9		Ⅲ—3	藏族嘎卓舞	木里县文化局
10		Ⅲ—4	彝族苏尼舞	布拖县文化局
11	传统戏剧	Ⅳ—1	马马灯	越西县文化局
12	传统体育、游艺与杂技	Ⅵ—1	彝族磨尔秋	甘洛县文化局
13	传统美术	Ⅶ—1	彝文书法	盐源县文化局
14	传统技艺	Ⅷ—1	红铜火锅制作技艺	会理县文化局
15		Ⅷ—2	绿釉陶瓷制作技艺	会理县文化局
16		Ⅷ—3	砂锅制作技艺	越西县文化局
17		Ⅷ—4	建昌板鸭制作技艺	德昌县文化局
				西昌市文化局
18		Ⅷ—5	彝族杆杆酒酿造技艺	甘洛县文化局
19		Ⅷ—6	藏式烧制茶具制作技艺	木里县文化局
20		Ⅷ—7	藏式木制茶具制作技艺	木里县文化局
21		Ⅷ—8	藏式竹制茶具制作技艺	木里县文化局
22		Ⅷ—9	傈僳族葫芦笙制作技艺	德昌县文化局
23	民俗	Ⅹ—1	摩梭人成丁礼	盐源县文化局
24		Ⅹ—2	彝族阿依蒙格礼仪	雷波县文化局
25		Ⅹ—3	傈僳族阔时节	德昌县文化局
26		Ⅹ—4	傈僳族婚俗	德昌县文化局
27		Ⅹ—5	藏族尔苏射箭节	甘洛县文化局
28		Ⅹ—6	摩梭人达巴信仰	木里县文化局
29		Ⅹ—7	彝族服饰	昭觉县文化局

续表

序号	项目类别	项目编码	项目名称	申报地区或单位
30	民俗	Ⅹ—8	彝族奥索布迪头饰	会东县文化局
31		Ⅹ—9	傈僳族服饰	德昌县文化局
32		Ⅹ—10	彝族德古调解习俗	昭觉县文化局
33		Ⅹ—11	彝族义诺服饰	美姑县文化局
34		Ⅹ—12	彝族十月太阳历	州彝学会

第三批

序号	项目类别	项目编码	项目名称	申报地区或单位
1	民间文学	Ⅰ—1	毕阿史拉则传说	金阳县文化局
2		Ⅰ—2	文昌故里传说	越西县文化局
3		Ⅰ—3	阿都情歌	布拖县文化局
4		Ⅰ—4	什喜尼支嘿	布拖县文化局
5		Ⅰ—5	傈僳族红腰带传说	德昌县文化局
6		Ⅰ—6	傈僳族黄谷祖宗的传说	德昌县文化局
7		Ⅰ—7	傈僳族媒山菩萨的传说	德昌县文化局
8	传统音乐	Ⅱ—1	阿惹牛	甘洛县文化局
9		Ⅱ—2	博帕合	甘洛县文化局
10		Ⅱ—3	阿古合	甘洛县文化局 越西县文化局
11		Ⅱ—4	久觉合	甘洛县文化局
12		Ⅱ—5	热打	甘洛县文化局
13		Ⅱ—6	库史莫莫合	布拖县文化局
14		Ⅱ—7	卓强强	木里县文化局
15		Ⅱ—8	邛都洞经古乐	西昌市文化馆
16		Ⅱ—9	波哈妞妞	越西县文化局
17		Ⅱ—10	木莫拉格	越西县文化局
18		Ⅱ—11	阿苏巴底	金阳县文化局
19		Ⅱ—12	阿尔来嘎	金阳县文化局
20		Ⅱ—13	金江鼓乐	会东县文化局
21	传统舞蹈	Ⅲ—1	纳西族金佐措	木里县文化局
22	传统美术	Ⅶ—1	藏族尔苏图画文字	甘洛县文化局

续表

序号	项目类别	项目编码	项目名称	申报地区或单位
23	传统技艺	Ⅷ—1	饵块手工制作技艺	会理县文化局
24		Ⅷ—2	土法造纸技艺	会理县文化局
25		Ⅷ—3	彝族刺绣技艺	会理县文化局 甘洛县文化局
26		Ⅷ—4	傈僳族刺绣技艺	德昌县文化局
27		Ⅷ—5	傈僳族火草织布技艺	德昌县文化局
28		Ⅷ—6	傈僳族口弦制作技艺	德昌县文化局
29		Ⅷ—7	藏族尔苏服饰技艺	甘洛县文化局
30		Ⅷ—8	苗族服饰制作工艺	木里县文化局
31		Ⅷ—9	藏族手工皮制品制作技艺	木里县文化局
32		Ⅷ—10	藏族毛制品编织技艺	木里县文化局
33		Ⅷ—11	喜德彝族腰刀制作技艺	喜德县文化局
34		Ⅷ—12	彝族泥染	金阳县文化局
35		Ⅷ—13	擦窝制作技艺	木里县文化局
36		Ⅷ—14	竹质口弦制作技艺	州曲艺家协会 布拖县文化局
37	传统医药	Ⅸ—1	传统彝医药	西昌彝医药研究所
38	民俗	Ⅹ—1	彝族餐饮习俗	凉山映象酒楼
39		Ⅹ—2	彝族历算	普格火文化研究会
40		Ⅹ—3	藏族尔苏还山鸡节	甘洛县文化局
41		Ⅹ—4	释巴习俗	木里县文化局
42		Ⅹ—5	呷咪服饰	木里县文化局
43		Ⅹ—6	铁水花习俗	雷波县文化局
44		Ⅹ—7	摩梭人达巴习俗	盐源县文化局
45		Ⅹ—8	彝族嘎库甘尔习俗	布拖县文化局

第四批

序号	项目类别	项目名称	申报地区或单位
1	Ⅰ 民间文学	勒格斯惹的传说	西昌市文化馆
2		查尔木嘎故事	喜德县文化馆
3		阿依措平与阿斯木呷	昭觉县文化馆
4		斯都呐嘎体	普格县文化馆

续表

序号	项目类别	项目名称	申报地区或单位
5	Ⅰ 民间文学	孟获的传说	雷波县文化馆
6		博葩	喜德县文化馆
7		郭倮几毕的故事	普格县文化馆
8		摩梭人格姆女神的传说	盐源县文化馆
9		得布洛摩传说	越西县文化馆
			甘洛县文化馆
10		谷玛嘎玛	布拖县文化馆
11		藏族尔苏人毛希滋尔般	甘洛县文化馆
12		藏族尔苏人略曼识	甘洛县文化馆
13		古莫阿支传说	金阳县文化馆
14	Ⅱ 传统音乐	阿吉姆惹	越西县文化馆
15		阿依阿芝	越西县文化馆
16		牛牛合	雷波县文化馆
17		彝族安灵歌	雷波县文化馆
18		摩梭人啊哈巴拉调	盐源县文化馆
19		摩梭人四季歌	盐源县文化馆
20		甘洛田坝彝族山歌	甘洛县文化馆
21		阿合阿嘎	西昌市文化馆
22		伙啰朵	雷波县文化馆
23		藏族尔苏阿佳曼拉阿佳嘎	甘洛县文化馆
24		藏族尔苏西嘎尔嘎	甘洛县文化馆
25		藏族尔苏哇哇嘎	甘洛县文化馆
26		藏族尔苏思底曼底嘎唱	甘洛县文化馆
27		藏族尔苏贵喂央	甘洛县文化馆
28		彝族葫芦笙音乐	凉山州文化馆
29		木里藏族“当歇”歌	木里县文化馆
30	Ⅴ曲艺	彝族克格	昭觉县文化馆
31	Ⅵ传统体育	彝族摔跤“格”技艺	美姑县文化馆
32	Ⅶ传统美术	摩梭达巴原始图符	盐源县文化馆
33		摩梭人绘画	盐源县文化馆
34		藏族尔苏人沙巴绘画	甘洛县文化馆
35		藏族尔苏人剪纸	甘洛县文化馆

续表

序号	项目类别	项目名称	申报地区或单位
36	Ⅷ传统技艺	彝族都沓制作技艺	甘洛县文化馆
37		彝族马尾蓑衣制作技艺	昭觉县文化馆
38		彝族羊皮大袄制作技艺	昭觉县文化馆
39		会东汉族挑花工艺	会东县文化馆
40		摩梭人青娜油的制作技艺	盐源县文化馆
41		摩梭人花花糖的制作技艺	盐源县文化馆
42		摩梭人苏里玛酒的酿造技艺	盐源县文化馆
43		摩梭人猪膘肉的制作技艺	盐源县文化馆
44		彝族月琴制作技艺	雷波县文化馆
45		彝族燕麦、苦荞蒸馏酒酿造技艺	昭觉县文化馆
			甘洛县文化馆
			会东县文化馆
46		彝族建筑技艺	美姑县文化馆
47		彝族皮胎漆器制作技艺	美姑县文化馆
48		彝族烟斗制作技艺	喜德县文化馆
49		彝族弩制作技艺	凉山州体校
50		彝族牛角铜花手镯制作技艺	西昌市文化馆
51		彝族马具制作技艺	昭觉县文化馆
52		彝族“伊玛尔布”编制技艺	昭觉县文化馆
53		藏族尔苏酒酿造技艺	甘洛县文化馆
54		金阳金沙江碗儿糖制作技艺	金阳县文化馆
55		会理踩缸菜制作技艺	会理县文化馆
56		会理土法制香制作技艺	会理县文化馆
57		龙灯制作技艺	会理县文化馆
58		德昌枕头粑制作技艺	德昌县文化馆
59		金沙江流域古法制作红糖技艺	会东县文化馆
60		金沙江大锅盐制作技艺	会东县文化馆
61		会东皮蛋制作技艺	会东县文化馆

续表

序号	项目类别	项目名称	申报地区或单位
62	Ⅷ传统技艺	甘洛田坝榨榨荞面制作技艺	甘洛县文化馆
63		甘洛海棠灰豆腐制作技艺	甘洛县文化馆
64		木里麻布手工纺织技艺	木里县文化馆
65		木里藏族“桑股”编制技艺	木里县文化馆
66		木里藏族高原牦牛奶加工技艺	木里县文化馆
67		木里“藏黄酒”酿造技艺	木里县文化馆
68		木里藏族民居建筑技艺	木里县文化馆
69	Ⅸ传统医药	摩梭人传统医药	盐源县文化馆
70		西昌刘氏中医药	西昌市文化馆
71	Ⅹ民俗	彝族尝新节	昭觉县文化馆 甘洛县文化馆
72		彝族妇女凑粮节	昭觉县文化馆
73		彝族谱系习俗	美姑县文化馆
74		彝族剪羊毛节	美姑县文化馆
75		彝族丧葬礼仪	金阳县文化馆
76		万人“清明饭”风俗	会东县文化馆
77		彝族太阳运动观测习俗	普格县文化馆
78		摩梭人丧葬习俗	盐源县文化馆
79		摩梭人“若哈舍”习俗	盐源县文化馆
80		摩梭人“依善节”	盐源县文化馆
81		马湖大烛会	雷波县文化馆
82		泸山儒释道三教共存文化习俗	西昌市文化馆
83		傈僳族野蜂养殖习俗	德昌县文化馆
84		吉觉习俗	美姑县文化馆
85		彝族谷则尔则习俗	凉山州语委
86		彝族赛马习俗	昭觉县文化馆 金阳县文化馆
87		莫作滋习俗	甘洛县文化馆
88		什拉罗习俗	金阳县文化馆
89		会理县端午节习俗	会理县文化馆
90		会理小黑箐白沙村彝族祭龙节	会理县文化馆
91		德昌傈僳族端午节药市	德昌县文化馆

续表

序号	项目类别	项目名称	申报地区或单位
92	X民俗	巴洞鱼洞寺草坝场习俗	德昌县文化馆
93		木里藏族呷咪婚俗	木里县文化馆
94		摩梭人服饰	盐源县文化馆
95		彝族瓦岗服饰	雷波县文化馆
96		木里明清土著服饰	木里县文化馆
97		木里藏族普咪服饰	木里县文化馆
98		木里藏族马背装饰习俗	木里县文化馆

凉山州农业产业化国家省级名牌名录

一、中国名牌产品

序号	品牌（产品）名称	创牌时间
1	“豪吉”牌鸡精	2005年9月

二、中国驰名商标

序号	品牌（产品）名称	创牌时间
1	“豪吉”牌鸡精	2005年11月
2	“好医生”系列药品	2010年10月
3	“環太 HUANTAI 及图”茶饮料	2012年4月
4	“会理石榴”	2012年4月
5	“南丝路”茧	2012年4月
6	“华记思奇香”肉、肉干	2012年12月
7	盐源苹果	2013年12月

三、四川省名牌产品

序号	品牌（产品）名称	创牌时间
1	“豪吉”牌鸡精	1997年
2	“南丝路”牌桑蚕茧	2008年2月
3	“金沙江”牌白砂糖	1997年12月
4	“好医生”牌石榴浓缩汁	2010年8月
5	“西部村寨”苦荞食品	2012年
6	“火把液”牌白酒	2012年
7	“彝家山寨”牌黑苦荞	2010年
8	“葆青”牌浓缩苹果清汁	2009年
9	“大凉山”清甜香烤烟	2011年
10	“环太”牌苦荞系列产品	2012年
11	“彝珍”牌野生菌	2012年
12	“华记思奇香”肉制品	2012年
13	“一品榴金”石榴酒	2012年

序号	品牌（产品）名称	创牌时间
14	“南丝路”生丝	2012年2月
15	“三牧”牌乳制品	2014年7月
16	“雷波脐橙”牌大凉山雷波脐橙	2014年7月
17	“好医生”牌康复新液	2014年7月
18	“好医生”牌抗感冒颗粒（儿童装）	2014年7月
19	“好医生”牌附片	2014年7月
20	“汇荞”牌全胚芽茶	2014年7月
21	“三匠”牌苦荞茶	2014年7月

四、四川省著名商标

序号	品牌（产品）名称	创牌时间
1	“豪吉”牌鸡精	2001年
2	“南丝路”牌茧	2009年1月
3	“好医生”牌系列药品	2010年
4	“火把液”牌白酒	2012年12月
5	“天喜”牌花卉	2010年12月
6	“华记思奇香”肉制品	2012年12月
7	“三牧”乳品	2010年12月
8	“环太”牌系列产品	2010年1月
9	“会理石榴”	2008年1月
10	“芬柔”牌蚕丝被	2012年12月
11	“建昌及图”板鸭、腌腊肉	2012年
12	“华灵及图”蛋；皮蛋（松花蛋），咸蛋	2012年
13	“三匠”	2014年12月
14	“雷波脐橙”	2014年12月
15	“野租泉”	2014年12月

五、国家地理标志保护农产品

序号	品牌（产品）名称	序号	品牌（产品）名称
1	金阳白魔芋	5	越西甜樱桃
2	会理石榴	6	凉山桑蚕茧
3	凉山马铃薯	7	甘洛黑苦荞
4	凉山清甜香烤烟	8	凉山雷波脐橙

序号	品牌（产品）名称	序号	品牌（产品）名称
9	凉山苦荞麦	22	“喜德阉鸡”
10	西昌洋葱	23	泸宁鸡
11	越西苹果	24	冕宁火腿
12	盐源苹果	25	西昌高山黑猪
13	西昌小香葱	26	“凉山半细毛羊”
14	大凉山苦荞茶	27	会东黑山羊
15	大兴蒜薹	28	建昌鸭
16	马湖莼菜	29	西昌钢鹅
17	布拖附子	30	金阳青花椒
18	“美姑山羊”	31	越西贡椒
19	“美姑岩鹰鸡”	32	会东松籽
20	“会理黑山羊”	33	会东菌块菌
21	“雷波芭蕉芋猪”	34	木里皱皮橘

2014 年度感动凉山十大人物

博基力子

男，彝族，宁南县林业局原副局长。退休后，一个人上山，10 年来吃住都在山里，绿化荒山荒坡，种植 12 万株核桃和 130 多公顷青冈林，后来带动村民发展核桃产业，86 家农户种植核桃 1300 多公顷。他是老有所为的模范，是“杨善洲”式的人物，是党的作风建设永远在路上的典型。

朱　东

男，汉族，成都铁路公安局西昌公安处越西普雄车站派出所民警。他不是富翁，却在 9 年的时光中联系爱心人士为 800 多名山区儿童送去了 200 余万元的无私帮助；他不是潮人，却在四十多岁的不惑之年学会上网，为的是联系更多爱心人士来帮助山里的贫困学子。从一个人的默默付出到一群人的跟随参与，他带来的是爱的连锁反应和慈善效应。

俄木阿呷

女，彝族，50 岁，昭觉县妇幼保健院党支部书记、院长。从事妇幼卫生工作 30 年以来，以高尚的医德、严谨的作风、热情的服务赢得了彝族群众的广泛好评。她心系全县广大妇女儿童的身心健康，工作中兢兢业业、廉洁自律、不断创新，带领全院干部职工大胆改革，为妇女儿童健康事业做出了积极贡献。

朱育德

男，汉族，2011 年到西昌市保安公司从事保安工作。他认真履行职责，工作中不讲任何条件，遇到困难和危险总是冲锋在前，曾在海河边两次勇救落水之人。2014 年 2 月 26 日，这是他入职以来的第三次跳入冰冷的河水中救人，可他却再未上岸。他用行动和生命谱写了一曲舍生忘死、挽救他人的壮歌。

古绍洪

男，52 岁，汉族，德昌县一名普普通通的城市协管员。20 年来兢兢业业，用手及时清通化粪池、下水道等。城市里的排污管道、LED 灯箱线路他都了如指掌。他用心、用情，为许多小贩解决了一个个难题。在当地他叫“老黄牛”“古市政”“过得古”。同事说，他做市政工作太投入，他却把工作当成一种乐趣、一种享受，他让温暖传递，让爱心汇聚，直到更多人的心里都开满春天的花朵。

陈正清

男，汉族，木里县博科乡卫生院院长。女儿身带残疾，独自在外读书，因为没有时间照管，致使她中途辍学；绵阳老家的父母，26载光阴他只回家与亲人团聚过一次；岳父患癌症，生病时他没时间去照顾，去世时也无法离开工作岗位去看上老人家最后一眼。他长年行走在大山的沟坎田间，穿梭于湍急河流的溜索桥边，用他的无私，践行着医者仁心的高尚医德。

张兴明

男，汉族，会理县力马河管委会主任。辖区整修农贸市场、重启医院运转、维修过河钢桥、新建水毁河堤、架设引水管道……在他的亲力亲为和管委会一班人的群策群力下得以解决。辖区内，有一火车站，在门面拆迁中，经过他努力协调为居民们换回价值400多万元的房产。

叶德菽

女，汉族，凉山州慈善总会专职副会长。“慈善是阳光、是雨露，做慈善工作，让我深深体会到了爱与被爱的幸福。”她如是说。事实上，她牢牢扎根，默默奉献，在“弱势”的岗位上做出了“强势”的事业，用自己的爱心、努力和付出，换来了1031颗健康的心脏，让1100多双眼睛重见了光明，让500多名唇腭裂患者绽放出了迷人的笑容。

郑 权

男，汉族，美姑县医院院长。作为一名医生，他时时刻刻“以病人为中心”，治病救人，医德高尚；作为一名院长，他敢于担当，率先垂范，在医院推广“讲彝话、促交流、建和谐医患关系”活动，极大地提高了医患沟通效果。他还以人才引进等措施为医院注入新鲜活力，近年引进和考录了50余名医学本、专科生，充实医院技术力量。

贾巴子则

女，彝族，凉山州贾佳彝族传统服饰总经理。创业初期，一日三餐均为清水面条，靠一些服装订单勉强维持生计，经过她的不懈努力，订单日渐增多，先继在云贵川三省设立彝族服饰批发和销售点，年产值达到160多万元。成功后的她传授彝绣技术，是彝绣非遗传承人，带动1000多名彝家姐妹从事彝族服饰加工和缝制产业。

2014 年度感动凉山人物特别奖

施永清夫妇

汉族，西昌市居民，施永清是西昌市有名的“开水爷爷”。一生奉行勤俭助人，生前的十多年来坚持做一件事情，每天烧好两桶开水免费提供给过往路人饮用。直到 2013 年年底，“开水爷爷”辞世，老伴王彩仙秉承这一美德，又当起了“开水婆婆”。夫妇俩的爱心接力连邻居也被感动，也纷纷加入到了助人为乐的队列。

马　丽

女，汉族，冕宁县健美乡洛居村卫生院医生。10 年前，她下乡去给藏族老人看病，回来的路上不小心摔下山沟，原本已经怀孕的她从此失去了做母亲的权利。6 年前，接到病人求助信息，她把病床上的父亲交给了弟弟照顾，错过了见父亲最后一面的机会。多年来，守护生命健康，她总是舍小家顾大家，用汗水、用青春、用热血，做好一名朴实无华的乡村医生。

审核人撰稿人名单

供稿单位	审核人	撰稿人
凉山概况	尹克发 刘尧平	肖元东
大事记	邓天友 骆国兴 尹克发	郑宏扬 詹金涛 罗 艳
州委办	邓天友 顾 炯	周卫平
州纪委（监察局）	李东明	税洪昌
州委组织部	张 剑	张启琳
州委宣传部	陈甫林	宋兴龙
州委统战部	高旦珠	陈 敏
州直机关工委	杨太荣	王 佳
州委编办	屈 炜	林彰宏
州委政研室	马孝林 李文静	姚大成
州保密局	伍 斌	刘 忠
州委群工局	杨成华	张志杨
州精神文明办	李小雄	宋海音 杨 斌
州委外宣办	格及依呷	阿俄小沙
州史志办	尹克发	罗 艳
州委老干部局	杨国敏	王人伟
州委党校	卢 健	杨福灵
凉山日报社	龙德华	唐 刚
州关工委办	饶云一	刘 杰
州人大常委会办	刘建蓉	赵忠恺
州政府办	骆国兴	詹金涛
州发改委	赵玉聪	王 宁
攀西资源开发	赵玉聪	陈昌友
州民政局	杨洪忠	雷 刚
州人力资源社会保障局	罗卫平 王建芳	程 勇 沙马瓦作
州民宗委	石一史军	李 娅
州外侨办	贾 帅	王 团
州移民局	邓寿祥	刘 英
州扶贫办	黄玉超	董红兵

供稿单位	审核人	撰稿人
州安监局	卢　强	王德美
州语委	贾瓦盘加	林　燕
州委台办	杨少波	何　瑛
州档案局	杨　宏	殷小琴
州政务中心	王　蕾	王溢华
州接待办	王建蜀	樊飞雄
州信息中心	涂　刚	邹玉萍　郭　菲
州政协办	邹学军	陈耿毅　蒲林恒
凉山军分区	申　玮　叶　佩	谭守平
武警凉山州支队	周建军	张经国
武警凉山州森林支队	张宏伟　刘永刚　张永强	吴　彬
州消防支队	陈　斌	罗　勇
州人防办	杨洪彬	刘国勇
民革	肖　春	张　强
民盟	刘建蓉	李　龙
民建	王　萌	张武霞
九三学社	熊仿秋	于泽军
州工商联	宋光明	邹学琼
州总工会	王　英	吴　恒
团州委	何建梅	黄晓波
州妇联	雷　琼	吴邦华
州科协	杨　康	宋永国
州文联	倮伍拉且	沈　英
州残联	张建英	杨　宓
州社科联	哈小华	吴　伟
州红十字会	方　虹	孙云华
州委政法委	米色尔海	张　雁
州公安局	梁小辉　石援外	古　浩
州检察院	米　滨	丁　梅
州法院	冯　成	张　黎
州司法局	卢立武	熊国祥　陈宗兴　段　炼
州法制办	艾裕双	孙　勇
州绿色家园管委会	宋　云	唐　斌
州国资委	蔡　军	霍明忠　杨本益

供稿单位	审核人	撰稿人
州经信委	肖渝文	蒋 卫
州工商局	罗 刚 丁跃兴	肖 燕
州国土局	谢云川	拉 鹏 吴朝祥
州审计局	伍皎辉	张保权
州统计局	贺雪梅	陈 奕
国家统计局凉山调查队	李天寿	李木比者
州质监局	陈 东	杨华安
州食品药品监管局	刘光超	欧阳南希
州商务局	柏 宇	宋心华
州投资促进局	徐 杰	张洪俊
州供销社	唐永富	杜 荣
凉山烟草专卖局	李坤忠	傅 睿
经久工业园区	宋廷军 赵 跃	孙旺宅
州委农工委	钟 健	严 浩
州农业局（农业机械）	王天成	何 洋
州林业局	黑吉木呷	王 勇
州畜牧局	伍学军	罗 飚
州水务局	张之栋	吕庆昆
州烟草办	张 旭	陈玉芳
州热作所	何 平	陈雪梅 冯家平
州农科所	马正华	赵 亮
州畜科所	刘 犁	董开明
州财政局	高为民	郑榜学
州国税局	高 原	王荣群
州地税局	郭书川	徐 薇
州金融办	赵朝富	宋学刚
人行凉山州中心支行	罗大强	黄 毅
凉山银监分局	侯 丽	张正吉
中行凉山分行	吴飞雪	陈德辉
农行凉山分行	刘毓东	张 红
工行凉山分行	王凤鸣	徐兴兵
建行凉山分行	廖国宏	邹 翔
农发行凉山分行	张 康	郑 强
州商业银行	卢宁远	谌李琼

供稿单位	审核人	撰稿人
州农村信用联社	冯宗连	杨　虹
邮政银行凉山州分行	李　华	魏朝阳
人保财险凉山分公司	胡　山	姜　涛
中国人寿凉山分公司	和绍华	卢俊吉
中华联合财保凉山支公司	於　宏	耿虹欧
平安财产保险凉山分公司	刘华程	吴纪华
州旅游局	王　勇	沈晓龙
州邛泸管理局	伍文江	沙宏伟
螺髻山景区管理局	李银才	曾尚文
泸沽湖景区管理局	杨　成	邓棋华
州科技局	周大海	罗　晶
州教育局	蒲　涛	徐兴祥
西昌学院	陈小虎	黄　亮
州民干校	王林国	时长日黑
凉山卫校	张荆辉	朱　艳
凉山农校	俞　刚	周　强
凉山民族师范校	余建忠	杨　凯
州职业技校	高　勇	田成平
州民中	邹　华	陈虹舟
州文化影视新闻出版局	陈方勇	何明强
州卫生局	蔡寅宗	李　武
州一医院	曹力生	杨剑勇
州二医院	李　铭	王源凯
州中西医结合医院	朱　林	潘天齐
州计生委	蔡寅宗	沙马快吉
州体育局	吉觉作哈	赵　兴
州防震减灾局	周仕伦	陈思同
州气象局	王发荣	胥德梅
州交通运输局	陈　俭	邹国胜
州公路局	韩　丹	陈　静
州规划建设住房保障局	陈　忠	程晓芸
州公积金管理中心	陈德琳	林帮权
州环保局	罗　萍	吉日鲁者
州邮政管理局	毛健鸿	张曼妮

供稿单位	审核人	撰稿人
中国电信凉山分公司	柳国云	戴卫平
中国移动凉山分公司	周荷英	张 明
中国联通凉山分公司	陈 刚	何 静
中国铁塔凉山分公司	陈 鹏	宋 寒
州邮政公司	王 进	莫婷婷
西昌车务段	韩 霞	李小莉
西昌青山机场	李 滔	戴 婧
国网凉山供电公司	陈 斌	叶久德
川烟公司西昌分厂	刘援非	郑 洁
西昌电力股份公司	肖 铭 陈劲松	秦付林 陈 康
大桥水电开发公司	邓邦辉	周立学 吕厚宏
州国投发展公司	安旭源	许 琦
雷波林业局	杨培双	李成章 周 辉
凉北林业局	罗大章	周玲梅
木里林业局	黄 军	蒲孝国
川林五处	张登荣	任小玉
西昌汽车运输公司	彭建松	罗七一 徐瑞栋
攀西高速公路公司	庹 颖	郭高州
盐业凉山分公司	张晋文	褚远谋
州交投公司	郝晓明	张倩玫
西昌农垦	贺 飞	兰金祥
益门煤矿	冯 楠	付 薇
凉山矿业	叶德生	贺春锋
锦宁矿业	解代祥	刘凤英
永盛实业	殷元飞	吴万琼
会理大铜	张 平	沙 倩
西昌市	赖文江	王 勇
德昌县	周 雯	李艳玲
会理县	牟洪亮 刘承理	张 望
会东县	刘芙蕖	钱雪燕
宁南县	焦道未 朱正英	邹 英
普格县	王 莉	陈思洁 吕 灵
布拖县	谢 勇	姚仲华
昭觉县	王 伟	朱文峰

供稿单位	审核人	撰稿人
金阳县	李　江	王　健
雷波县	白史且　杨尔坡	张延林
美姑县	孙学元	廖加伟
甘洛县	李学康	鲁小东
越西县	马进臣	王茂茜
喜德县	翁古合家	阿别如火
冕宁县	王大钊	胡绍丽
盐源县	罗朝蓉	马金华
木里县	曾英奎	田尚春

（领导调研图片由州“四大”班子办公室、凉山日报社、凉山州摄影家协会和有关单位提供）

索　引

Index

本年鉴索引为目与子目索引，按汉语拼音字母顺序排列。外文字母和阿拉伯数字开头的条目集中排在最后。

A

B

C

D

F

G

H

J

M

N

P

Q

R

S

T

W

X

Y

Z

2014年10月30日，水利部部长陈雷在德昌县麻栗水厂调研

2014年4月25日，国务院改革领导小组副组长袁振国考察德昌职中

2014年2月21日，省委常委、农工委主任李昌平在德昌县小高乡安宁村调研

德昌县

2014年7月10日，省政府副省长刘捷在德昌风电场调研

2014年5月27日，省政协副主席、州委书记翟占一在县委书记王顺云的陪同下在德昌志能稀土有限责任公司调研

通村道路

2014年3月31日，省委常委、组织部部长范锐平在县长沙英的陪同下在普格县螺髻山镇调研

2013年2月2日，县委书记刘长猛慰问螺髻山镇老党员

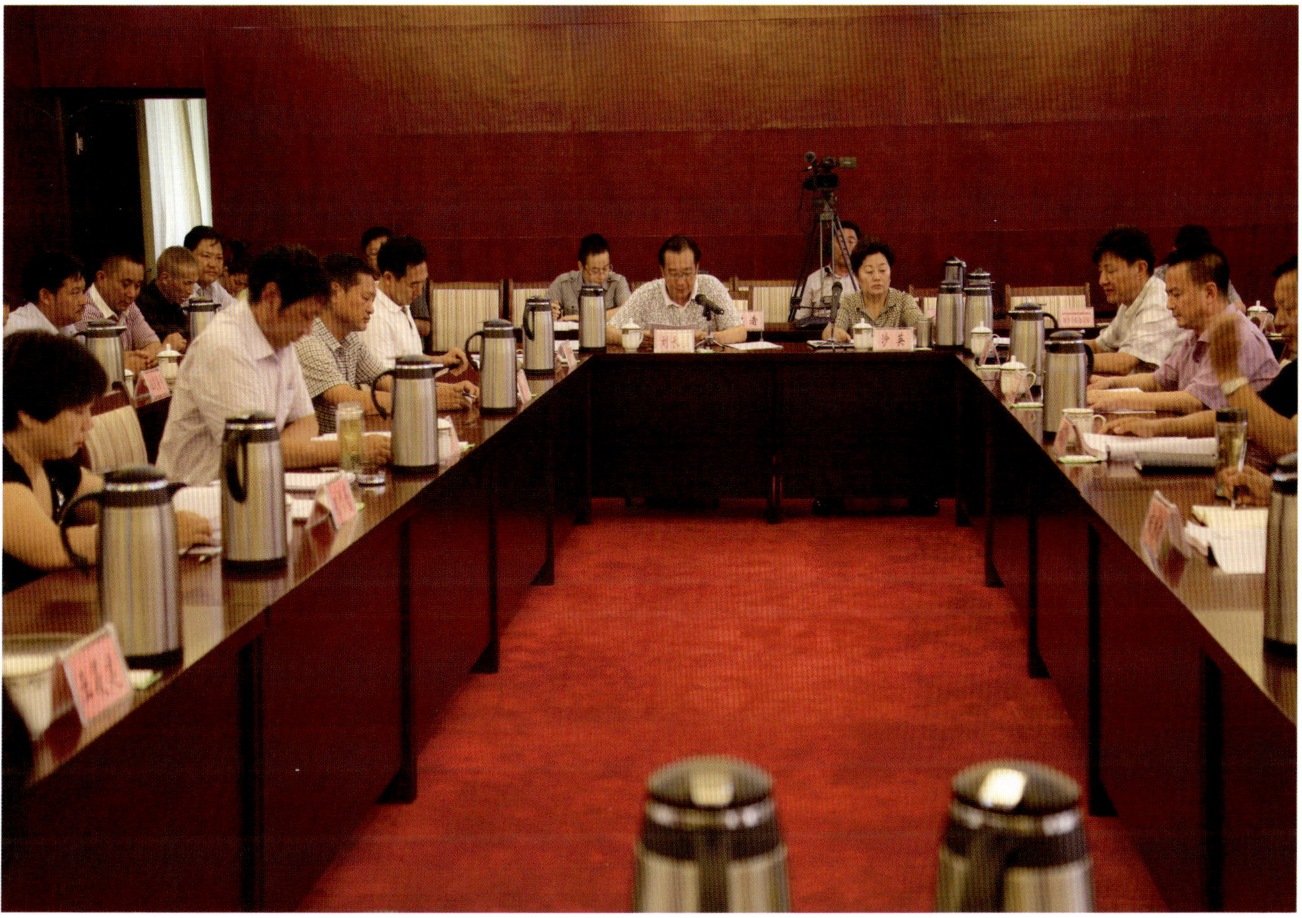

2014年7月28日，县委班子召开党的群众路线教育实践活动专题民主生活会

普格县

洛博村彝家新寨

螺髻山黑龙潭

大槽河温泉瀑布

火把节开幕式

2014年5月29日，县委书记沙文看望慰问学生

2014年3月4日，县长卢史体在县医院调研

布拖县

2014年12月22日，县人大常委会主任乃古科且在补洛中心校慰问贫困学生

2014年4月16日，县政协主席王金秀在火烈乡中心校调研

2014年5月14日，省政府副省长黄彦蓉在昭觉中学调研

“凉山之舞”比赛

特口甲谷风电场

2014年5月8日，昭觉县宜牧地乡干部群众冒雨护送大熊猫下山

甘洛县

2014年12月24日，中纪委监察部扶贫办主任钱武军在甘洛县前进乡桥头村调研

2014年6月9日，省政协副主席、州委书记翟占一在甘洛海棠产业园区调研

2014年4月27日，州委副书记、州长罗凉清在甘洛海棠产业园区调研

2014年10月23日，州委常委、统战部部长达久木甲在甘洛海棠产业园区调研

2014年5月21日，州政府副州长白云在甘洛海棠产业园区调研

建设中的甘洛海棠产业园区

盐源县

"名家看四川—走进盐源泸沽湖"
中国知名作家泸沽湖笔会
Lugu Lake PEN for China Renowned Writers on
"Masters Taking You to See Sichuan –Walking into Lugu Lake in Yanyuan County"
2014.10

县城泸沽湖大道

摩梭姑娘

盐源苹果

盐源红辣椒

州委老干部局

2014年5月28日，省委组织部副部长、省委老干部局局长彭德秋调研检查凉山州老干部工作

2014年1月10日，春节慰问老干部暨情况通报会

2014年6月26日，州委老干部局组织州一医院离退休老专家为群众义诊

攀钢西昌钢钒公司全景图

阳极铜冶炼项目设备

昆鹏铜业公司阳极铜板浇铸

太和选铁厂房

州教育局

成长的女童

2014年12月15日，凉山州举行中职学生技能大赛

2014年4月17日，州政府副州长施遐带领国家科技惠民项目州级协调领导小组成员单位在昭觉县开展“四川省昭觉县统筹城乡艾滋病综合防控体系建设”项目调研

2014年4月17日，州政府副州长施遐带领国家科技惠民项目州级协调领导小组成员单位在昭觉县调研

2014年1月8日，州科知局与相关部门组成科技服务团，深入基层开展“科技下乡”活动

州规建局

2014年10月15日，州规建局局长黄凤、副局长陈忠一行在贫困户家庭慰问

2014年3月10日，州规建局副局长娄书荣在布拖县调研

2014年8月12日，会东县召开全州新型城镇化推进工作现场会

2014年5月7日，交通运输部副部长翁孟勇在省交通运输厅厅长彭琳，州委副书记、州长罗凉清的陪同下看望慰问彝族乡亲

2014年12月18日，省交通运输厅副厅长张琪在州委常委、州国资委书记胡坤的陪同下参观雷波县汶水镇农村客运站

改造后的108国道

108国道白果段

州水务局

2014年10月30日，水利部部长陈雷在德昌县和平水库工地调研

冕宁县沙坝河防洪治理工程

水窖

中央财政小农水项目——德昌县阿月乡福隆村农田水利综合整治工程

2014年7月4日，州委副书记苏嘎尔布参加凉山州义务植树活动

州委常委、统战部部长达久木甲向全国绿化模范单位授牌

绿色卫士

核桃嫁接现场培训

州卫计委

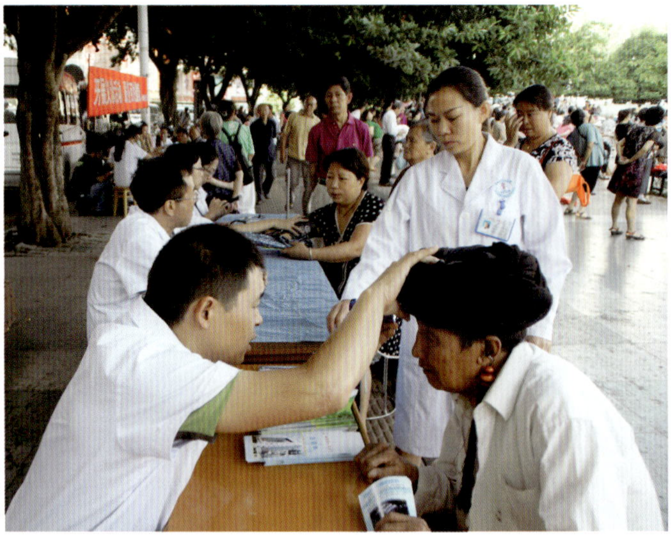

2014年9月14-20日，全州开展为期一周的“服务百姓健康行动”大型义诊活动

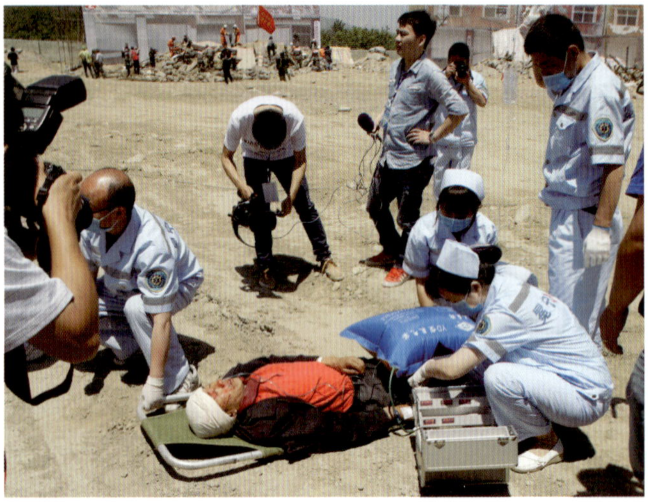

2014年4月19日，州卫生系统参加省州县模拟冕宁县7.0级地震应急防震救灾演练

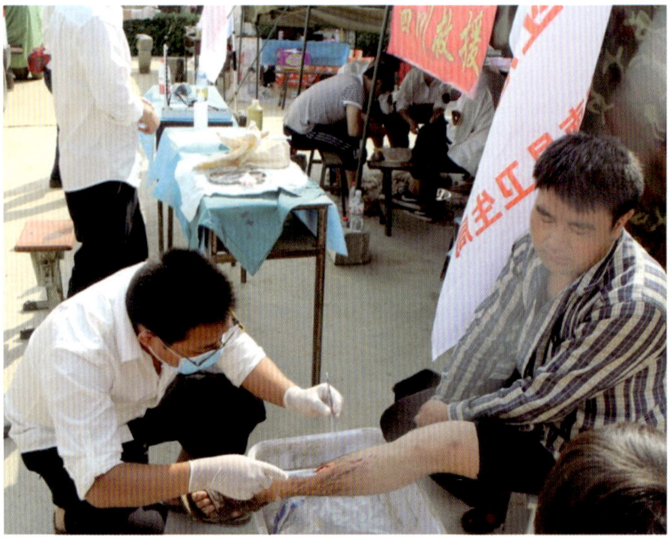

2014年8月3-13日，凉山州宁南、布拖医疗救援队支援云南鲁甸地震灾区

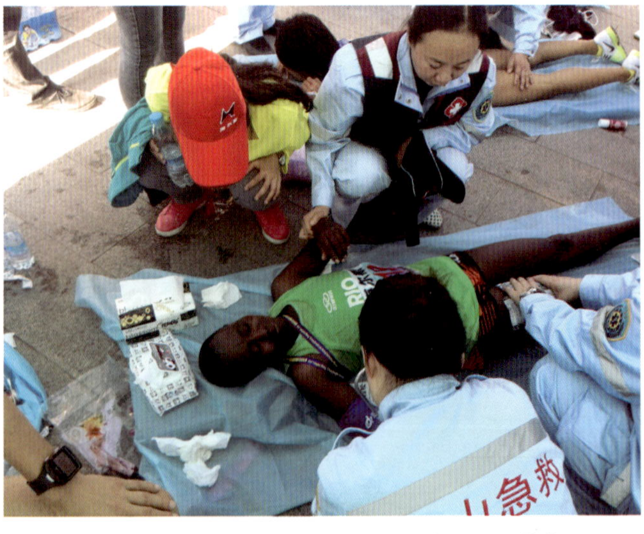

2014年11月9日，“2014年西昌邛海湿地国际马拉松赛”医疗卫生保障工作现场

应急演练

州统计局

2014年4月24日，省统计局局长范秋美在州委副书记、州长罗凉清陪同下调研川渝中烟西昌分厂

2014年12月18日，州统计局局长贺雪梅在普格县红莫依达乡特莫波石村开展扶贫帮困工作

2014年12月18日，州统计局局长贺雪梅在普格县红莫依达乡特莫波石村向群众捐赠大米

2014年3月17日，省政府副省长黄彦蓉在凉山调研旅游工作

2014年1月28日，州旅游局局长游开军看望慰问贫困户

2014年1月28日，州旅游局副局长陈翔看望慰问贫困户

州扶贫移民局

2014年7月3日，国家能源局副局长刘琦一行考察会东县姜州安置点

2014年2月26日，省扶贫移民局副局长向伟益在宁南县葫芦口调研

2014年3月20日，省扶贫移民局纪检组组长杨晖在宁南县白鹤滩库区调研

2014年1月27日，州政府副州长杨卉在广平农贸市场检查食品安全

2014年7月18日，州食品药品监管局联合有关单位开展食品安全大检查

州投资促进局

2014年12月22日，州投资促进局局长李云会在会理县大黑山电站调研

2015年1月11日，州投资促进局组团考察红豆杉集团

2014年3月2日，省地震局局长张宏卫在凉山检查防震减灾科普示范学校创建工作

2014年4月22日，凉山向国务院抗震救灾指挥部督察组汇报防震减灾工作

2014年5月27日，全州防震减灾工作会议在西昌市召开

2014年4月19日，省、州、县三级联动防灾救灾大演练在冕宁县举行

州档案局

2014年1月9—12日，省档案局巡视员张新在凉山开展档案工作目标考核

2014年5月19—21日，省档案局法规处处长张晓芳在凉山检查档案安全工作

2014年3月21日，全州档案工作会议在西昌召开

2014年5月30日，州档案局在普格县哈力洛乡补觉村开展“走基层、解难题、办实事、惠民生”活动

2014年12月2日，西昌学院举行“防治艾滋▪你我同行”启动仪式

抗震救灾演练

州地税局

2014年1月26日，州地税局局长张小力在昭觉县洒拉地坡乡开展送温暖活动

2014年1月25日，全州财税工作会在西昌召开

2014年4月1日，州地税局、国税局联合走访攀钢集团西昌钢钒有限公司

2014年8月6日，国家邮政局副局长赵晓光在凉山调研空白乡镇邮政局所补建工作

2014年2月26日，州政府副州长肖春在凉山州邮政管理局领导陪同下检查邮政企业

移动凉山分公司

2014年12月25日，州委常委、组织部部长冯斌出席“凉山党群通”基层党建手机信息平台签约暨启动仪式

2014年4月15日，州政府副州长肖春在总经理姜凌的陪同下检查模拟冕宁7.0级地震应急通讯指挥部工作

2014年1月29日，凉山移动面对公众市场4G发布会在西昌月城广场举行

2014年1月13日，凉山移动新春慰问驻西昌部队

农行凉山州分行

2014年10月16日，州委常委何邵聪、州政府副州长杨卉在农行凉山州分行调研

2014年5月20日，农行凉山州分行行长范承与小微企业主签约

2014年5月29日，农行凉山州分行开展打击非法集资宣传教育

2014年9月28日，农行凉山州分行开展送金融知识进校园活动

农发行凉山州分行

2014年2月26日，农发行总行党委书记、行长郑晖在凉山“三牧”牛奶公司调研

2014年5月16日，农发行凉山州分行党委书记、行长米才华在越西县瓦曲觉乡开展扶贫慰问工作

2014年5月14日，农发行凉山州分行副行长张大鹏参加州农发行技能比赛

2014年5月20日，农发行凉山州分行副行长张康在“服务实体、关注小微”宣传活动上宣传农发行信贷政策

凉山州农村信用联社改制组建农村商业银行干部大会

凉山州农村信用联社深化改革工作电视电话会议

凉山农校

2015年1月13日，州委副书记、州长罗凉清一行参观民族刺绣实训基地

凉山农校教学楼、办公楼

凉山农校全景

2014年5月28日，州委常委、宣传部部长王阿呷在州一医院调研

2014年5月20日，“明眸工程”温州医科大学附属眼视光医院眼科专家筛查眼疾患者

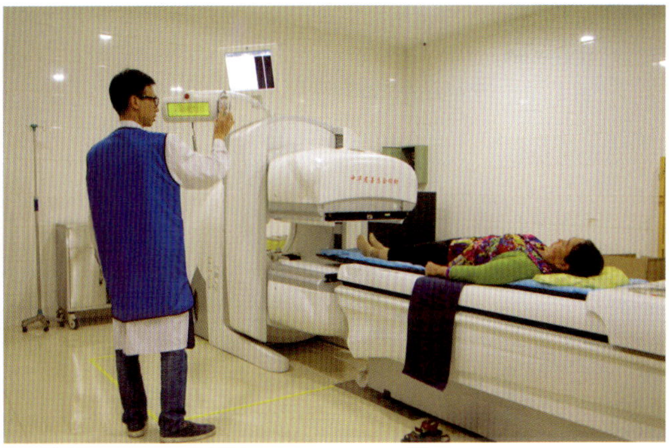
中华慈善总会捐助的ECT投入使用

州中西医结合医院

2014年4月24日，院长朱林率义诊队员在州老年活动中心开展义诊志愿服务

中医药“三进”志愿义诊服务活动

2014年，医院率先在州内卫生行业开展“廉政讲堂”活动

2014年2月13日，州委副书记、州长罗凉清调研消防安全工作

2015年2月16日，州政府副州长杨卉检查春节前消防安全工作

2015年2月16日，州政府副州长、州公安局局长余毅检查春节前消防安全工作

西昌农垦

新办公大楼

棚户区改造新居

春节慰问

建党93周年座谈会

益门煤矿职工住宅区

煤矿全景图

锦宁矿业

2014年1月22日，公司召开2014年度工作会

2014年4月8日，公司召开党的群众路线教育实践活动动员大会

2014年1月31日，公司工会组织开展迎春拔河比赛

松毛沟尾矿库

2014年1月14日，州国资委领导在公司进行综合考评

2014年3月28日，公司领导与干部职工签订2014年党风廉政建设“双廉”责任书

2014年4月16日，公司举行第四届职工代表换届选举

2014年12月24日，公司与城关社区艺术团联合举办迎新年文艺晚会

雷波磷化工

园区效果图一

园区效果图二